CW00470382

MEMOIRES
POUR SERVIR A
L'HISTOIRE
D U
XVIII SIECLE,
CONTENANT
LES NEGOCIATIONS, TRAITEZ, RESOLUTIONS,
ET AUTRES DOCUMENS AUTHENTIQUES
CONCERNANT
LES AFFAIRES D'ETAT;
RECUEILLIS
Par Mr. DE LAMBERTY.
TOME QUATORZIEME,
CONTENANT
L E
SUPPLEMENT
AUX ANNEES M. DCC. V., M. DCC. VI. ET M. DCC. VII.

A AMSTERDAM,
CHEZ PIERRE MORTIER LIBRAIRE.
M. DCC. XL.
AVEC PRIVILEGE.

☿. ₄+₅. F. 7919.
14.

F. 2619.
14.

TABLE

GENERALE DES

PIECES

CONTENUES DANS CE

QUATORZIEME VOLUME.

ANNE'E · M. DCC. V.

AFFAIRES DES PROVINCES-UNIES.

Tome XIV.   **❉**   *Lettre*

AFFAIRES DE GUELDRE.

AFFAIRES DE LA SUCCESSION D'ORANGE.

AFFAIRES D'ANGLETERRE ET D'ESPAGNE.

AFFAIRES DE DANNEMARC ET DE SUEDE.

Pro-

LETTRES POLITIQUES ET HISTORIQUES DE DIVERS ENDROITS.

Lettres de France, d'Italie & de Genève, depuis le dernier de Février jusqu'au 27 Mars 1705.

Let-

Lettre

ANNE'E M. DCC. VI.

AFFAIRES DES PROVINCES-UNIES.

AFFAIRES DES PROVINCES PARTICULIERES.

AFFAIRES DE LA SUCCESSION D'ORANGE.

Mé-

Tome XIV. ** ** *ter-*

Extraits de diverfes Lettres, & fur-tout de celles que Mylord Péterborough écrivit au Roi d'Efpagne en 1706.

Plein-

AFFAIRES D'ALLEMAGNE.

Ré:

AFFAIRES DE SUEDE, DE POLOGNE ET DE HONGRIE.

ANNE'E M. DCC. VII.

AFFAIRES DES PROVINCES DE ZELANDE ET DE GUELDRE.

*V*Erbal en forme de plaintes, présenté à LL. NN. PP. les Seigneurs Etats de la Principauté de Gueldre & Comté de Zutphen, actuellement assemblez en Diète à Nimègue par & de la part des Srs. Bartholt Schaets, Président dans la Magistrature de Wageningue, du Docteur Jean van der Horst, Gerard van Ede, & Antoine van der Horst, Echevins, touchant ce qui s'est passé à Wageningue le 10 d'Octobre jusqu'au 19 du même Mois, au sujet de la déposition des Tribuns par les Collèges, & l'établissement de nouveaux Tribuns par les mêmes Collèges; comme aussi par rapport à la demande que les Tribuns déposez ont faite aux

Ma-

** 3

Ré-

Pu-

AFFAIRES DE LA SUCCESSION D'ORANGE.

vin-

ETAT DES TROUPES DES ALLIÉS EN M. DCC. VII.

AFFAIRES D'ALLEMAGNE ET PARTICULIEREMENT DE MUNSTER.

Lettres Diverfes.

AFFAIRES DE SUISSE ET DE NEUFCHATEL.

AFFAIRES DE FRANCE.

Lettres de Paris fur les Affaires de France, d'Efpagne, &c. depuis le 1 Février, jufqu'au 14 Novembre 1707.

Tome XIV. 中采和 *Let-*

Affaires de Suede, de Pologne, et de Hongrie.

E R-

ERRATA

Du Tome XIV.

Pag.	Lig.	
6	1.	du boire, lifez, de boire.
7	4.	généaal, lifez, général.
7	16.	c'eft dont, lifez, c'eft ce dont.
8	38.	navoit, lifez, n'avoit.
9	11.	qui dépend, lifez, qui en dépend.
10	5.	moutures, lifez, moulures.
11	36.	& ailleurs. prémies, lifez, prémes.
11	dern.	fofidité, lifez, folidité.
14.	tout au bas.	WAYEN, lifez, WAEYEN.
15	4.	on, ont.
15	12.	dépofition, lifez, dépofitions.
15	35.	ordes, lifez, ordres.
16	tout au bas.	DUISELAAR, lifez, DÚIVELAAR.
17	29.	quoiqueque, lifez, quoique.
18	2.	les tous, lifez, de tous.
19	5.	Méhaine, lifez, Méhaigne.
19	10.	le Comte, lifez, du Comte.
19	13.	Hompes, lifez, Hompefch.
19	31.	Hornes, lifez, Horn.
23	29.	le Teneur de, lifez, la Teneur des.
23	tout au bas.	VRYBERYEN, lifez, VRYBERGEN.
24	13.	particables, lifez, praticables.
24	36.	Genap, lifez, Gennep.
24	40	Jeune, lifez, le Jeune.
27	18.	denier, lifez, dernier.
29	6.	acpuis, lifez, acquis.
30	17.	qu'apès, lifez, qu'après.
30	41.	lui faire y avoit, lifez, l'y faire avoir.
30	43.	óter, lifez, l'óter.
31	4.	délire, lifez, d'élire.
33	4.	Siegneurs, lifez, Seigneurs.
35	6.	Bruygpoort, lifez, Brugpoort.
35	13.	déployez, lifez, déployées.
35	36.	Offiiers, lifez, Officiers.
36	26.	abfulument, lifez, abfolument.
37	dern.	ni, lifez, n'y.
39	39.	éliront, lifez, en éliront.
40	9.	& ailleurs. élifibles, lifez, éligibles.
40	37.	des, lifez, les.
40	38.	élire, lifez, en élire.
41	15.	n'en, lifez, ne s'en.
42	20.	telles, lifez, tels.
42	43.	quel, lifez, quelque.
46	16.	trouvée, lifez, trouvé.

Pag.	Lig.	
46	42.	témoignaffent, lifez, ne témoignaffent.
47	4.	peut voir, lifez, peut le voir.
47	10.	Confeillers, lifez, les Confeillers.
48	11.	hors les, lifez, hors des.
48	22.	ci-jointe, lifez, ci-joint.
49	3.	fur l'affaire, lifez, l'affaire.
49	4.	d'en bas. l'arigent, lifez, l'argent.
50	9.	florins, lifez, florins.
50	10.	ainfi, lifez, ainfi.
50	14.	Nimgue, lifez, Nimègue.
50	25.	corrompte, lifez, corrompre.
50	26.	déchiroient, lifez, déchireroient.
50	39.	fois, lifez, fois. tetirez, lifez, retirez.
52	10.	contumacé, lifez, contumace.
52	34.	careétére, lifez, caraétére.
55	5.	cavaillations, lifez, cavillations.
55	8.	fur, lifez, fur.
56	4.	on fur quoi, lifez, fur quoi on.
57	32.	le, lifez, les.
58	1.	paffon, lifez, paffons.
58	21.	ce ce, lifez, ce.
58	37.	teuu, lifez, tenu.
62	13.	Weldern, lifez, Welderen.
62	21.	Effacez en.
75	22.	carrece, lifez, carcere.
75	15.	déltis, lifez, délits.
78	23.	Jaques Na, lifez, Jaques Nagel.
85	7.	colonne 2. Régenc, lifez, Régence
117	30.	& ailleurs. Arien, lifez, Adrien.
118	9.	coute qu'il, lifez, conte que.
120	38.	mife, lifez, mis.
126	6.	inflitué, lifez, inflitué.
126	24.	Prinde, lifez, Prince de.
127	30.	de Haut-Quartier, lifez, du &c.
128	43.	on, lifez, ont.
129	5	& ailleurs. feu, lifez, feue.
130	24.	le, lifez, la.
130	37.	écoient, lifez, étoient.
131	37.	Remarquers, lifez, Remarques.
132	33.	des, lifez, de.
134	20.	faites, lifez, faites.

F I N

SUPPLEMENT

A U X

MEMOIRES

D E

LAMBERTY.

ANNÉE M. DCC. V.

MEMOIRES,

NEGOCIATIONS,

TRAITÉS,

ET

RESOLUTIONS D'ETAT:

ANNÉE M. DCC. V.

AFFAIRES DES PROVINCES-UNIES.

Extrait du Regître des Réfolutions de L. H. P. les Seigneurs Etats-Généraux des Provinces-Unies; du 29. Janvier 1705. (*) ·

AYANT été délibéré par Réfolution fur le Mémoire du Sr. Palmquift, Envoyé-Extraordinaire de S. M. le Roi de Suède, portant Plaintes fur la partialité des Gazetiers & Nouvelliftes en debitant des nouvelles au préjudice de Sa dite Majefté, plus amplement [mentionné dans les Notules du 2 du courant, il a été trouvé bon & arrêté, qu'il fera remis audit Sr. Palmquift pour réponfe à fon Mémoire, que comme Sa Majefté a donné tant de preuves de fa bonne foi & de fa fermeté en exécutant les Traitez où Elle eft entrée avec L. H. P. & les autres Alliez, de même que de fes bonnes intentions

Réfolu- tion des Etats en Réponfe aux Plain- tes du Mi- niftre de Suède contre les Gazetiers.

A 2

pour

(*) Il n'y a que le Précis de cette Réfolution dans les *Mémoires*, Tom. III. pag. 636.

pour leur bonne Caufe, L. H. P. n'ont jamais douté, que Sa Majefté n'y
perfiftât toujours, comme Elle l'a fait jufqu'à préfent: que L. H. P. voyent
avec regret, par le fusdit Mémoire, qu'on.a fait courir quelques bruits du
contraire, & que même ces bruits ont été debitez par des Gazetiers & Nouvelliftes de ce Païs, ce qui n'a certainement pu venir que des Ennemis de Sa
Majefté, chofe affez ordinaire lorfqu'on eft en Guerre avec quelqu'un : que
lui Sr. Palmquift peut être perfuadé, que L. H. P. font extrêmement fâchées
de ce qu'on a divulgué ces chofes, & toutes les autres qui pourroient être
préjudiciables à Sa dite Majefté ; & que comme L. H. P. ont la ferme confiance, que S. M. fuivant fa haute fageffe & magnanimité, méprife certainement les bruits, qui pourroient être répandus dans le Public à fon desavantage, Elles La prient, qu'Elle veuille bien être perfuadée que L. H. P. n'y ont
eu, & n'y ont aucune part. Que pour ce qui eft du cas particulier, dont il
a été fait mention dans le fusdit Mémoire, L. H. P. en ont fait prendre information, & ont appris, que ce n'eft pas une chofe forgée par celui qui a fait
imprimer la Gazette où il a été inféré, mais un Extrait d'une Lettre à lui
envoyée de Pologne; qu'on a néanmoins fait là-deffus une réprimande au Ga-
zetier, en lui enjoignant de rétracter ce qui fe lit dans fon Papier, & en lui
ordonnant férieufement de fe bien garder de retomber dans une pareille faute
à l'avenir, ou de debiter quelque chofe qui puiffe être préjudiciable à Sa fusdite Majefté. Que cependant lui Sr. Palmquift s'eft abufé, en paroiffant croire
que les Gazettes & autres Papiers de cette nature s'impriment par Autorité
publique, à caufe que cela ne fe fait qu'avec permiffion, mais la vérité eft,
que tout ce qu'on y infère ne doit être confidéré que comme des avis de
Perfonnes privées qui en font refponfables particuliérement, & qui par la permiffion générale qui leur a été accordée d'imprimer des Gazettes, n'ont reçu
aucune autorité: que L. H. P. efpérent auffi, qu'il aura une meilleure opinion
de la Régence, que de croire que celle-ci faffe quelque réfléxion fur ce qui fe debite de cette maniére, & que cela ait quelque influence fur les Délibérations
publiques : que cependant on aura foin qu'on n'infère plus rien à l'avenir
dans les Gazettes, qui puiffe donner à Sa Majefté quelque mécontentement,
& que ceux qui s'émanciperont à cet égard, feront punis rigoureufement felon les Loix, puifque L. H. P. eftimant à un haut prix l'amitié de Sa dite Majefté, font portées à Lui en donner dans toutes les occafions des preuves é-
videntes; & l'Extrait de cette Réfolution de L. H. P. fera remis par l'Agent
Rofenboom entre les mains dudit Sr. Palmquift.

Lettre & Confidérations fur le Commerce avec la France ; du 11 & ... Février 1705.

MONSIEUR,

Lettre
touchant
le Com-
merce
avec la
France.
VOTRE Lettre du 16. Janvier dernier, & qui, fans paroître en Public, fe
promene dans l'obfcurité, ne m'a rencontré par hazard que le 9. du
courant.

Les

Les douze Queſtions que vous y avancez, ne ſont nullement capables de me convaincre des prétendues pernicieuſes ſuites d'un libre Commerce avec la France, même ſur le pied qu'on le fait préſentement, vû que les poſitions ſur leſquelles vous avez fondé vos dites Queſtions, ſont pour la plûpart éloignées de la vérité, & abuſives. *Affaires des Pro-vinces-Unies.*

Je prendrai la liberté de vous faire voir vos faux Principes, mais je vous prie de me faire avoir auparavant votre ſolution ſur les Conſidérations ci-jointes, que j'ai dreſſées, il y a déja quelque tems, contre certains quatre Ecrits, ſans intention pourtant de les mettre au jour ; mais uniquement par ſpéculation pour moi-même, afin de voir ce qui pourroit être dit, tant contre ceux qui ſont pour la défenſe du Commerce avec la France, qu'en faveur de ceux qui ſont du ſentiment contraire. Car puiſque vous vous faites fort de réſoudre aiſément toutes les Objeſtions, je n'ai pu me diſpenſer de vous envoyer proviſionnellement ces Conſidérations de ma part, comme des Objeſtions ; & dès que j'aurai reçu votre ſolution là-deſſus, vous pouvez vous attendre à une prompte Réponſe. Je ſuis,

M O N S I E U R,

Le 11. *Février* 1705.

Votre &c.

Conſidérations dreſſées pour l'Amour du Bien de l'Etat & de ſes Habitans en général, contre certains quatre Ecrits.

IL eſt étonnant que certaines Gens faſſent tous leurs efforts, & ſe donnent quaſi la torture à eux-mêmes, pour changer la Lumiére en Ténèbres & la Vérité en Menſonge. *Conſidé-rations ſur la Com-merce avec la France.*

Si cela ſe fait par un homme qui a le cerveau foible & bleſſé, on peut l'attribuer facilement à ſa tête mal timbrée, & lui pardonner cette extravagance ; mais quand un homme d'eſprit & de bon ſens tombe dans une faute auſſi énorme, c'eſt une preuve convaincante de la méchanceté de ſon naturel. Or cette méchanceté n'eſt jamais plus blâmable, que quand on l'exerce ſur des choſes qui regardent le Bien de l'Etat & de ſes Habitans en général, ni jamais plus odieuſe, que quand, après l'avoir pratiquée de bouche, on la met par écrit.

Qu'on n'aille pas s'imaginer, qu'on puiſſe ſe laver de cette tache de méchanceté, en diſant : *Qu'on le fait ſeulement pour avoir de l'argent, & qu'on fera inceſſamment d'autres Ecrits contraires, pourvû qu'ils en rapportent.* Un langage ſi étrange ne peut jamais ſortir de la bouche d'un Homme bien intentionné & qui a des ſentimens d'honneur ; mais bien de celle d'un Eſprit méchant & affamé d'argent, puiſque celui qui parle de la ſorte donne à connoître, que ſa langue & ſa plume ſeroient, pour ainſi dire, au ſervice du Diable même, s'il vouloit les payer.

Car comme ce n'eſt pas une preuve qu'un Hollandois ſoit bon Citoyen, par- *Voyez le ſecond Ecrit.*

ce qu'il fe contente de boire de la Biére au lieu du boire du Vin de France qu'il pourroit avoir à bon marché; de même ce n'eſt pas une marque qu'un homme qui a une grande paſſion pour l'argent ſoit bien intentionné.

Mais il eſt digne d'un véritable Hollandois de ne repréſenter que des vérités à ſes Souverains; & il convient à un bien intentionné de maintenir & d'apuyer toujours & en toutes occaſions l'interêt de l'Etat, ſans offuſquer la clarté de la Vérité pour quelque avantage pécuniaire.

Ce qui m'a donné lieu de faire ce raiſonnement, ſont certains quatre Ecrits imprimez depuis peu, & dont le premier eſt intitulé: *Conſidérations pour les Marchands de Vin & autres de la Ville d'Amſterdam* qui négocient en France: le ſecond eſt une Requête *Aux Seigneurs Bourguemaîtres & Régens de la Ville d'Amſterdam*: le troiſième une autre Requête *Aux Nobles, Grands & Puiſſans Seigneurs Etats de Hollande & de Weſt-Friſe;* & le quatrième un *Petit Mémoire pour les Marchands de Vin & autres de la Ville d'Amſterdam* qui négocient en France.

En liſant ces quatre Ecrits avec quelque attention, on trouvera que l'Auteur plaidant pour la défenſe du Commerce avec la France, tâche de ſaper & de détruire le Bien de l'Etat & de ſes Habitans en général, quoiqu'avec des poſitions ſi erronées, ſi abuſives, ſi extravagantes & ſi ridicules, qu'on ne ſauroit décider ſi c'eſt méchanceté ou foibleſſe d'eſprit.

Voyez le premier & le ſecond Ecrit. Toutefois ce que l'Auteur ſuppoſe eſt tout-à-fait abuſif, quand il dit: *Qu'il feroit d'autant plus dur pour les Habitans d'Amſterdam d'employer des Vaiſſeaux neutres, vû que les Suédois & les Danois en prendroient occaſion d'intercepter l'avantage du tranſport des Marchandiſes de ces Provinces en France, & de là ici: que par le moyen des Vaiſſeaux Suédois & Danois, leur conſtruction de Vaiſſeaux & leur Navigation, avec tout ce qui en dépend, augmenteroit au préjudice des Hollandois, & pourroit être cauſe que le Négoce des Denrées de France, établi dans ces Provinces en tems de Paix, ſe retireroit à jamais d'ici dans le Nord; ce qui par conſéquent affoibliroit en même tems la Force navale de l'Etat par la deſertion des Matelots &c.* On fera voir ci-après le contraire de tout cela.

C'eſt une autre extravagance de l'Auteur, quand il dit: *Que les Rafinaderies de ce Païs qui, avec tout ce qui en dépend, peuvent, par la défenſe de l'entrée des Syrops de France, tant ſoit peu ſe ſoutenir, tomberont au contraire entiérement en décadence, en permettant le Négoce, à la ruïne des Colonies de Suriname, de Berbices & d'Iſequebe, de même que d'un grand nombre de Sujets de cet Etat, qui doivent tirer leur ſubſiſtance deſdites Rafinaderies & Plantations, & de tout ce qui en dépend &c.*

Voyez les Conſidérations. *Que le Droit de Tonneau & les Péages que tire le Roi de France du cru & du produit de ſon Royaume, ſeroient de l'argent comptant pour acheter des couteaux, & pour nous en couper la gorge à nous-mêmes &c.* L'extravagance de cette poſition ſera démontrée ci-après.

Il eſt ſans doute hors de toute conteſtation, que le Commerce, la Navigation & le Change font l'établiſſement, l'accroiſſement & la Puiſſance de cet Etat. C'eſt pourquoi on les regarde avec juſte raiſon comme les fondemens, ſur leſquels eſt poſé le Bien de l'Etat & de ſes Habitans en général. Et ces

fon-

fondemens font fi étroitement liés enfemble, que l'un ne fauroit fubfifter fans l'autre ; le Commerce ne pouvant être fait & continué fans le Change & la Navigation, ni la Navigation fans le Commerce & le Change, ni celui-ci fans les deux autres. Et puisque le Bien de l'Etat & de fes Habitans en généaal eft fondé fur cette Bafe ; il s'enfuit néceffairement, que fi elle eft altérée & affoiblie, foit par défenfe, impofition, ou autrement, cette altération & cet affoibliffement rejailliront fur le Bien de l'Etat & de fes Habitans en général.

Cela va fi loin, que fi le Commerce, la Navigation & le Change étoient divertis de ces Provinces par défenfe, par impofition, ou par des forces ennemies ; l'établiffement changeroit en deftruction, l'accroiffement en décroiffement, la Puiffance en diminution, & l'Etat feroit réduit au point où il étoit au commencement.

Et comme le Commerce, la Navigation & le Change d'un Royaume & d'un Païs font comme enchaînez au Commerce, à la Navigation & au Change d'autres Royaumes & Provinces, non-feulement le Commerce, la Navigation & le Change établis avec la France fouffrent, quand ils font défendus, & c'eft dont il s'agit ici ; mais même ceux qu'on a avec d'autres Royaumes & d'autres Provinces, en ce qu'ils tirent d'ici quelques Marchandifes de France, & qu'ils y en livrent d'autres en échange qui fe transportent en France.

De forte que la défenfe renouvellée non-feulement préjudicieroit aux *Négocians François*, (*nom que l'Auteur des quatre Ecrits donne abufivement aux Acheteurs des Denrées de France*) vû qu'ils feroient privez de l'avantage d'envoyer leurs Marchandifes en France, & de celui de recevoir leurs retours, de même que de leurs Commiffions, à l'égard de ce qu'on a avec d'autres Royaumes & d'autres ; mais auffi ceux qui trafiquent en Allemagne, en Mofcovie, en Suède, en Dannemark, en Pologne, en Pruffe & dans les Indes Occidentales, en fouffriroient extrêmement.

Ajoutez à ceux-là les Intereffez dans la Compagnie des Indes-Orientales, à qui, par le prix baiffé de la foye, du poivon & d'autres Marchandifes Indiennes, que la France a tiré plufieurs fois, & encore en dernier lieu en grande quantité, il feroit fait un tort confidérable dans leur Divident : les Propriétaires des Vaiffeaux qui vont en Groenlande & à la pêche du Harang, qui, en gardant leur Huile & leurs Barbes de-Baleines, leurs Harangs falez & forez, s'affoibliroient extrêmement dans leurs entreprifes : de même que les Négocians Hollandois, que l'Auteur même regarde comme des Piliers de notre Républi- que ; & qu'il faudroit foutenir pour brider l'ambition de la France ; le tout à la perte ineftimable des Habitans de cet Etat, mais principalement de ceux d'Amfterdam, qui fe trouvent déja chargés de plufieurs Marchandifes montant à quelques Millions, & dont le tranfport en France eft interdit par la derniére défenfe. Ce qui pourroit par conféquent ruïner un grand nombre d'honnêtes familles, qui par la liberté du Commerce peuvent fubfifter, & qui font en état de concourir aux frais de la Guerre, chofe trop douloureufe à ces familles & certainement très-préjudiciable aux Finances. C'eft ce qui pourroit auffi réduire à la beface des milliers de perfonnes, qui ne vivant que du Trafic, de la Navigation, du Change, & de la grande & petite Pêche, & qui n'ont pas d'autre fonds pour pouvoir contribuer, tant par la confommation qu'autrement, au maintien de la Caufe commune.

Sans

AFFAIRES
DES PRO-
VINCES-
UNIES.

Sans compter, ce qui néanmoins eft en foi-même de la derniére conféquence, que le Commerce, la Navigation & le Change en France, & delà
ici, étant par le renouvellement de la défenfe divertis de ces Provinces, ils fe
retireroient certainement, avec tout ce qui en dépend & qui peut enfuivre,
dans l'Orient & le Nord, à la perte irréparable des Habitans de ce Païs, vû
que l'un & l'autre pourroient s'y établir petit à petit de maniére, que quand
même la Paix viendroit à être rétablie, ils refteroient pour toujours dans
l'Orient & le Nord; outre que cela pourroit être caufe que le Commerce des
Grains, qui eft la Bafe de tout le Trafic, & d'une conféquence inconcevable
pour cet État & fes Habitans, feroit éloigné pour la plus grande partie de ces
Provinces.

Voyez le
fecond
Écrit.

Car outre qu'il y a en Suède, en Dannemarck & ailleurs, comme l'Auteur
des Écrits l'avoue lui-même, des Marchands affez riches, pour pouvoir équiper fur leur propre compte des Vaiffeaux, trafiquer & faire des Changes; il
eft encore notoire, que pendant la derniére défenfe un grand nombre de familles eft déja parti de ces Provinces pour Coppenhague, afin d'y établir un
Entrepos des crus de France.

Ce qui, d'autant que la Navigation de ce Païs diminueroit, affoibliroit la
Force navale de l'État par la defertion des Matelots, & dépeupleroit nos Villes Marchandes par le départ d'encore plus de familles, à la diminution confidérable non-feulement de toutes les Finances publiques, de même que de tous
les Négoces & Métiers; mais auffi à la ruïne des Maifons, Magazins, Caves
qui fervent de logis, de Magazins & de Chambres, & enfin à la defolation des
Rentiers, des Veuves, & des Orphelins, dont les Capitaux confiftent le plus
fouvent en Biens immeubles.

Ainfi, la permiffion de faire entrer des Marchandifes de France ne peut
qu'être extrêmement avantageufe aux Bourgeois & Habitans d'Amfterdam;
& cela même indifféremment, fi les Marchandifes font fuperflues en
France & très-néceffaires dans ce Païs, ou fi l'entrée s'en fait avec des Vais-
feaux Hollandois ou neutres.

Voyez le
fecond
Écrit.

Car en effet, il eft ridicule que ledit Auteur s'oppofe à l'entrée des Marchandifes de France, parce qu'*elles font*, dit-il, *fuperflues en France, & ici non
néceffaires & même très-pernicieufes,* ainfi qu'à l'ufage des Vaiffeaux neutres dans
un tems de Guerre; vû que c'eft une vérité conftante, qu'Amfterdam &
toutes les autres Villes de Commerce de ces Provinces, ne feroient jamais venues à leur grandeur & opulence préfentes, & que par conféquent cette République n'auroit jamais atteint le degré d'une fi grande puiffance, fi l'entrée
des Marchandifes fuperflues dans le Païs ennemi & non néceffaires ici, navoit
pas été permife.

Et comment l'emploi des Vaiffeaux neutres, en tems de Guerre, pourroit-il
être fâcheux aux Habitans l'Amfterdam; puifqu'on ne fauroit naviguer vers
le Païs ennemi, & delà ici, que par le moyen des Vaiffeaux neutres, à moins
qu'on n'en foit convenu autrement de part & d'autre? Auffi les Marchands
& Habitans d'Amfterdam fe font-ils fervis dans toutes les Guerres très-fage-
ment, & à leur louange & profit, des Vaiffeaux neutres, fans craindre que

ceux

ceux-ci s'attiraffent l'avantage du tranfport des Marchandifes dans le Païs ennemi & de là ici, ni que ce même tranfport fût chargé de plus d'Impôts au profit de l'Ennemi, & de frets plus hauts au profit des Neutres.

Car par les allées & venues de ces Vaiffeaux Neutres, le Commerce, la Navigation & le Change, de même que la Conftruction des Vaiffeaux, avec tout ce qui en dépend, tant d'équipages que d'avitaillement & autres, feront tenus hors du dépériffement & en train à l'avantage des Marchands & des Habitans Hollandois.

Et comme on peut clairement voir par ce que ci-deffus, que le nombre des familles & des perfonnes, qui fubfiftent par le Commerce, la Navigation & le Change en France, & delà ici, & de tout ce qui dépend, eft beaucoup & mille fois plus grand que le nombre de ceux qui font intereffez à leur Défenfe; il s'enfuit irréfragablement que les Finances publiques de l'Etat en fouffriroient un tort & un préjudice incomparablement plus grands, en renouvellant la Défenfe, qu'en permettant de nouveau le Commerce, les Acheteurs des Vins de France, Brandevins, Sel & autres produits & crus de France, étant quafi les feuls, qui afpirent à une nouvelle Défenfe, dans l'efpérance de debiter à fa faveur leurs Marchandifes à un fort haut prix. Au-lieu que fans cela, leurs gains imaginaires doivent s'évanouïr, & qu'à proportion de leurs engagemens, ils pourront fort bien faire de grandes pertes, vû qu'ayant acheté dans cette Ville & ailleurs tous les Vins, Brandevins & autres Denrées de France, & les ayant enchéris à l'envi l'un contre l'autre, ils en ont arrêté l'envoi de dehors & empêché pour une grande partie la confommation en dedans. C'eft ce qui fait que ces Enchériffeurs fe trouvent encore actuellement, comme l'Auteur dit, gorgez de Marchandifes de France, dequoi ils n'ont qu'à s'en prendre uniquement à leur avidité du gain & nullement au Placard publié de L. H. P. en date du 11. Mai 1703.

Voyez les Confidérations.

Car quoique pendant cette Guerre, on ait défendu par ce Placard l'Entrée des Vins de France, Brandevins, Sel & autres produits & crus de ce Royaume; néanmoins il a été affez connu aux Marchands & Habitans d'Amfterdam, que L. H. P. avoient accordé feulement pour une année cette Défenfe, & cela pour des raifons d'Etat, qui l'emportent fur tous les autres interêts. Celles-ci ayant ceffé, L. H. P. ont eu raifon de révoquer ladite Défenfe, & tous les Habitans fages & bien intentionnés ne peuvent lire qu'avec la dernière indignation la Cenfure que l'Auteur defdits Ecrits fait à ce fujet par manière de queftion.

Voyez les Confidérations.

Mais comment l'Auteur peut-il faire un fi terrible bruit des Diftillations des Grains qui font dans le Païs; vû que le *court Mémoire au fujet des Diftillations d'Eau-de-Vie de grains*, remis en 1692 & 1797 à L. N. & G. P. les Seigneurs Etats de Hollande & de Weft-Frife, reffemble à un Temple de Fées, & ne fauroit en aucune manière fouffrir la touche? Car pour peu qu'on l'examine, on trouvera bien-tôt qu'il n'eft établi que fur des pofitions chimériques entaffées à deffein l'une fur l'autre pour abufer l'Etat.

Voyez le premier & le fecond Ecrit.

L'Auteur de ce Mémoire avance au fujet des Diftillations d'Eau-de-Vie de grains: „Que pour les raifons connues de la Défenfe de l'Entrée, le nombre en „ eft

Tome XIV. B

,, eft accrû dans la Province de Hollande & de Weft-Frife à trois cens Chau-
,, diéres, en prenant chacune à trois Minots, ce qui en eft la grandeur ordi-
,, naire : que ladite Province en peut profiter par an de chaque Chaudiére u-
,, ne fomme de f. 2559: 10: ce qui n'eft que le produit des Impôts fur les
,, Grains, la petite mefure, les moûtures de Seigle, les Charbons pour faire
,, des grains germés, de même que de ceux fur les Tourbes & charbons pour
,, diftiller, dixième augmentation, & les Accifes pour les Villes; de forte qu'il
,, enfuivroit defdites pofitions, que la Province de Hollande profiteroit par
,, l'emploi de trois cens Chaudiéres d'une fomme de f. 767850: uniquement
,, des Impôts qui fe payent des matériaux néceffaires pour les diftillations, &
,, qu'elle confume ainfi une quantité de 46800 Laftes, tant en Seigle moulu
,, qu'en Orge germé. On comprend aifément de tout cela la grande im-
,, portance & les fuites qui en dépendent, par rapport à l'emploi du nombre
,, d'hommes qui font mis à l'œuvre, ce qui s'étend à tous les gros Métiers,
,, & outre ceux-là à la Navigation en dehors & en dedans, favoir à l'égard
,, du tranfport des Grains, Charbons, Tourbes, Bourdillon, Fer, Cuivre
,, & autres Matériaux. Le tout, outre la quantité fufmentionnée de Grains, re-
,, quiert une quantité de 2340000 Tonnes de Tourbes, dont on peut diftiller
,, 187200 Ames de Brandevin que lefdits 46800 Laftes peuvent rendre pour
,, le moins, & pris fur le pied d'à préfent à 28 flor. l'Ame, font un Capital de
,, cinq millions, deux cens quarante & un mille fix cens florins, dequoi les
,, Braffeurs à caufe de la levûre de Biére & autres liquides, dont les Diftil-
,, lateurs d'Eau-de-Vie doivent fe fervir indifpenfablement pour exercer leur
,, négoce, tirent un Capital de plus le 5¼ Tonnes d'or: puifqu'on a pofé & dé-
,, montré, qu'au moyen de 300 Chaudiéres on peut diftiller 46800 Laftes
,, de grains, & enfuite faire 4 Ames par Laft, ce qui monte à une quantité,
,, comme on a dit, de 187200 Ames; & puifqu'un Diftillateur a befoin pour
,, 3 flor. de levûre de Biére & autres liquides pour un Ame de Brandevin,
,, cela fait une fomme de 561600 flor. au-lieu qu'au défaut de ces Diftilla-
,, teurs, les Braffeurs n'ont que faire de cette levûre de Biére & autres li-
,, quides. Les Diftillateurs en ont même befoin d'une fi grande quantité,
,, qu'ils n'en peuvent pas trouver affez chez les Braffeurs en Hollande, &
,, qu'ils font obligez d'en faire venir avec de grands fraix des Provinces &
,, Villes voifines, comme de Groningue, Deventer, Bois-le-Duc, Breda &
,, même Mâftricht & d'autres endroits. Que tout eft d'une fi grande impor-
,, tance, qu'on croit n'avoir pas befoin de perfuafion pour faire balancer au-
,, cun Régent d'aider à contribuer à la Défenfe de tous les Brandevins qui
,, viennent de dehors, ou du moins à les tant charger, que ceux qui fe font
,, dans le Païs foient préférez dans leur debit &c. On n'a pas encore démon-
,, tré dans ce qu'on vient de remarquer, qu'on peut engraiffer par an avec
,, la lavûre de chaque Chaudiére 120 Cochons maigres, ce qui, à compter
,, plus de 300 Chaudiéres, fait pareillement un nombre de 36000 Pièces,
,, qu'on tire, pour la plus grande partie, des Provinces de Gueldre, d'Over-If-
,, fel, Groningue, du Païs de Drenthe, &c." Quelle preuve y a-t-il, donc dans

toutes

toutes ces pofitions? De cette maniére on pourroit égaler les forces d'une Sou-
ris à celles d'un Eléphant.

La preuve de ce que cette Province profite des Diftillations qui fe font dans
le Païs ne doit pas être tirée d'une fuite de ces pofitions chimériques, ni de ces
conféquences abfolument impraticables, mais de la confonimation des Eaux-de-
Vie de grains, laquelle, à ce que j'apprens, n'a jamais été, tant dans cette
Province que dehors, même dans l'état le plus florifant des Diftillations de
grains de Hollande, à 40000 Ames par an; cette Somme déduite de la quantité pofée de 187200 Ames, on n'y a commis qu'un petit abus de 147200 Ames,
& ainfi à proportion dans toutes les autres pofitions. Ainfi tombe cet Edifice
Gigantefque de 46800 Laftes, tant de Seigle que d'Orge, de 187200 Ames,
d'Eau-de-Vie de grain, 2340000 Tonnes de tourbes, 36000 Cochons maigres, 767850 Flor. de profit pour la Province de Hollande, 561600 Flor.
de levûre de Biére pour les Braffeurs & 5241600 Flor. de Capital pour les
Diftillateurs; l'Auteur ne pouvant jamais vérifier que ladite Province de Hollande, & de Weft-Frife, ait jamais profité dans une année de la fomme de
cent mille flor. par les diftillations qui fe font dans le Païs.

Mais fuppofé que tout le debit des Eaux-de-Vie de France, tant pour la
confommation au dedans que pour le tranfport au dehors, vint au profit des
Diftillateurs de grains de Hollande; ne feroient-ils en ce cas-là avantagez
que de 40000 Ames?

La narration fuivante de l'Auteur n'eft pas de meilleur alloi: ,, Que les Ra-
,, finaderies de ce Païs-ci, qui, avec tout ce qui en dépend, peuvent par la
,, Défenfe de l'entrée des Syrops de France tant foit peu fe foutenir, tomberont
,, au contraire tout-à-fait en rüine par le Négoce permis au préjudice des Co-
,, lonies de Suriname, de Berbices & d'Ifequebe, de même que d'un nombre
,, confidérable d'Habitans de cet Etat, qui doivent fubfifter defdites Raffina-
,, deries & Plantages avec tout ce qui en dépend ''.

Il femble, qu'on devroit faire ici la queftion: fi la décadence des Raffinade-
ries qui font dans le Païs, & la rüine des Colonies de Suriname, de Berbices &
d'Ifequebe que l'Auteur prédit avec tant d'affûrance, ne met pas au jour la foi-
bleffe de fon cerveau, & fon ignorance dans les chofes qui regardent le Commerce?

Car comment peut-il venir dans la penfée d'un Efprit médiocre que les Rafinaderies du Païs, & les Colonies de Suriname, Berbices & Ifequebe, qui,
depuis deux ans font reftées fans décadence & rüine en pleine Paix & dans
un Commerce libre & non troublé, lorsque les frets étoient bas, *les premies*
de l'affûrance petites, & les Syrops à meilleur marché qu'auparavant, nonobftant les grands Impôts; que ces Rafinaderies & Colonies, dis-je, périront
tout-à-fait, & décherront, à préfent que le Négoce eft libre, dans un tems
de Guerre, que les Syrops qui viennent de dehors reftent chargez de grands
frets, & de groffes premies d'affûrance? Comment l'Auteur a-t-il pu fe mé-
prendre jufqu'à avancer devant les Seigneurs de la Magiftrature, & L. N. &
G. P. un argument dont une expérience fi nouvelle du contraire fait voir le
peu de fofidité?

　　　　　　　　　　　　　　　　　　Quant

AFFAIRES
DES PRO-
VINCES-
UNIES. Quant à nos Moulins à Papier, il se fait déja tant d'envoys du papier qui s'y fabrique, que ceux de France ne peuvent guère causer de préjudice là-dessus. Et nos Manufactures l'emportent déja si fort sur celles de France, que celle-ci ont à attendre plus de dommage que de profit par la liberté du Commerce.

De tout ce que ci-dessus, tout homme impartial, & expert dans le Négoce, remarquera aussi clair que le jour, que la perte inexprimable que les Marchands & Habitans de ces Provinces souffriroient en général par le renouvellement de la Défense, l'emportera de beaucoup sur la perte que feroient quelques Particuliers en permettant le Commerce. Si, pour s'en convaincre, on tire une juste balance du profit de l'Etat & de ses Habitans d'un côté, & des avantages du Roi de France & de ses Sujets de l'autre, en supposant le Négoce entre ce Royaume & ce Païs tel qu'il a été avant la derniére Défense, on trouvera, contre le sentiment de l'Auteur, que le profit de l'Etat, & de ses Habitans, égale non-seulement les avantages du Roi de France & de ses Sujets, mais qu'il les surpasse même de beaucoup.

Voyez
les Confi-
dérations. Car supposé, *comme l'Auteur le suppose*, qu'en prolongeant cette Défense, le Roi de France soit premiérement préjudicié dans ses Tailles & Impôts extraordinaires: 2. Privé de son Droit de Tonneau sur les Bâtimens: 3. Frustré de ses Péages ou Droits d'Entrée & de Sortie: & par conséquent destitué de ces Revenus: il faut remarquer d'un autre côté, que cet Etat seroit pareillement préjudicié dans ses Accises, Impôts & autres Taxes, si la défense étoit prolongée:

2. Privé du *Last-geld* sur les Vaisseaux:

3. Frustré de ses Droits d'Entrée & de Sortie; & ainsi pareillement destitué de ces Revenus.

Et si le Droit de Tonneau & les Péages que le Roi de France reçoit des crûs & produits de son Royaume, est, comme l'Auteur le veut, *autant d'argent comptant pour acheter des couteaux, afin de nous en couper la gorge à nous-mêmes,* nous n'avons qu'à tenir prêts nos cols, puisque nous ne saurions par la prolongation ou le renouvellement de la Défense, empêcher ce Monarque de recevoir des Neutres le Droit de Tonneau & les Péages de ses crûs & produits. Au lieu qu'en permettant le Négoce, les Accises, les Impôts, le Last-geld, & le Droit d'Entrée & de Sortie que cet Etat reçoit des crûs & produits de France est du moins un revenu aussi grand & un argent aussi comptant pour acheter des couteaux, afin d'en défendre nos cols & d'égorger les François.

Voyez
les Confi-
dérations. *Et comme les Sujets de France seront appuyez par la liberté du Négoce, pour* maintenir, *moyennant le payement de leurs Taxes, l'ambition & l'insatiable desir de régner de leur Roi, au préjudice de toute l'Europe, & particuliérement de l'Etat de ces Provinces;* de même les Négocians & Habitans de cet Etat seront appuyez par la liberté du Commerce, pour, en payant leurs Taxes, soutenir & maintenir cette République, qui a entrepris si généreusement une Guerre onéreuse, afin de réprimer les violences & l'ambition de la France, en faveur de toute l'Europe, & particuliérement pour la liberté, de nos Biens, de nos vies & de notre Religion.

Les

Les autres objections que l'Auteur fait, *que la France ne peut fur le pied* *d'à préfent, quand même la correfpondance de Lettres viendroit à être rétablie, fe fervir du Change de Hollande fans envoyer ici l'argent en efpèce; au lieu qu'en allant chercher fes Denrées, qui pour la plus grande partie font confumées dans cè Païs, on lui procureroit un fonds de crédit pour entretenir par le moyen des Let-tres de Change de Hollande fes Armées en Italie, en Allemagne, en Flandres & ailleurs, & pour faire ainfi avec notre propre argent la Guerre à ces Provinces & à nos Alliés. Et que nos Marchandifes doivent être payées argent comptant par les François à Gênes, à Livourne & dans les autres Places neutres, au lieu que par la liberté du Commerce il leur feroit donné un moyen de faire le payement en Hollande avec leurs Denrées & leurs Manufactures;* ces objections, dis-je, ne font bonnes à rien qu'à faire encore mieux voir l'ignorance de l'Auteur.

Car premiérement, il eft aifé de calculer, que le fond de crédit qui feroit procuré au Roi en allant chercher fes Denrées, feroit à la vérité quelque cho-fe, mais ne fuffiroit pas à beaucoup près pour entretenir à l'aide des Lettres de Change de Hollande fes puiffantes Armées en Italie, en Allemagne & en Flandres, & pour faire ainfi la Guerre avec notre propre argent à notre Pro-vince & à celles des Alliez, comme l'Auteur l'a avancé peu humainement dans un fens général.

En fecond lieu, le Négoce de Change eft fi grand de Paris, de Lyon, de Rouen, de Bourdeaux & d'autres Villes de France pour Gênes, Milan, Bologne, Venife, Naples, Rome, Florence, Livourne, Genève, St. Gal, Lille, Anvers, Madrid & ailleurs, que le Roi peut fort bien fe paffer de Lettres de Change de Hollande.

En 3. lieu, fi la France, dans le fens que l'Auteur l'avance, avoit entretenu fes Armées à l'aide des Lettres de Change de Hollande, elles n'auroient pas été à caufe de la derniére Défenfe fi fubite, en état de paroître en Campagne.

En 4. lieu, on fait par expérience que la France a confidérablement aug-menté fes Armées en Italie, en Allemagne & en Flandres, durant la derniére Défenfe, & qu'elle les a entretenues fans fe fervir d'aucune Lettre de Change de Hollande.

Par conféquent il ne faut pas croire que le Roi envoye ici l'Argent en efpèce de fon Royaume, pour fe fervir du Change de Hollande.

C'eft auffi une chofe qui fe réfute d'elle-même que nos Marchandifes doivent être payées par les François argent comptant à Gênes, à Livourne & dans les autres Places neutres, vû que les Négocians François ont chez eux affez d'occafions d'y remettre par le Change le montant des Marchandifes.

Quelle apparence y a-t-il, que les Marchands & Habitans de ces Provinces envoyent en France de l'Argent en efpèce, puifque le Roi s'y joue des Efpèces en les hauffant & baiffant felon fon bon plaifir; & que perfonne ne peut comp-ter fur la valeur de fon argent ni fur le Change.

Il eft impoffible d'épuifer la France d'argent, même par les augmentations tyranniques des Efpèces; car comme elles fe font toujours au profit du Roi & au préjudice de fes Sujets, Jufqu'à ce que ceux-ci foient enfin privez de tous leurs Capitaux, il y en a beaucoup, qui, malgré la rigueur des Edits & des

Ordon-

AFFAIRES DES PRO-VINCES-UNIES. Ordonnances, cachent leurs Efpéces fonnantes, au lieu de les porter, confor mément aux ordres du Roi, à la Monnoye pour en fraper d'autres ou pour leur donner un nouveau coin.

Ces Gens-là ne fouhaitent que l'occafion de pouvoir envoyer leurs Efpéces cachées, qu'ils gardent dans des tranfes perpétuelles; & la liberté du Commerce leur fourniroit cette occafion defirée, au lieu qu'ils la perdroient par le renouvellement de la Défenfe.

Réfolution de l'Etat, pour engager le Czar à ne point bombarder Riga; du Mercredi, 6 Mai 1705.

Réfolution pour empêcher la Bombarde-ment de Riga. LEs Srs. Députez de la Province de Hollande & de Weft-Frife ont propofé à l'Affemblée, que les Seigneurs Etats de ladite Province, croyant pouvoir affez juger par les avis reçus, que l'intention de Sa Maj. Czarienne pourroit bien être d'aller bombarder Riga, avoient fort appréhendé la chofe; cela pouvant porter grand préjudice tant au Commerce en général qu'en particulier à plufieurs Négocians de ces Provinces, dont les Marchandifes & Effets qui y font, & qui montent à des fommes confidérables courroient, rifque d'être ruï-nées par un tel Bombardement.

Outre que cette ruïne rejailliroit auffi fur les Sujets de Sa Maj. Britannique, qui ont pareillement beaucoup de Marchandifes & d'Effets à Riga, de même que fur les Sujets des autres Princes & Etats Alliez; que par cette raifon eux Srs. Députez étoient chargez de remettre la chofe à la délibération de L. H. P. & de les prier d'employer tous les moyens convenables pour prévenir cette perte & ruïne appréhendées.

Surquoi ayant été délibéré, il a été trouvé bon & arrêté, qu'on écrira fur ce que ci-deffus en termes civils à S. M. Czarienne, pour la prier de vouloir bien, en confidération de la ruïne, qui par le Bombardement de Riga feroit caufée à tant de Sujets de L. H. P. & d'autres Princes & Etats, qui ont pa-reillement l'honneur d'être en amitié avec Sadite Maj. Czar. de même qu'en confidération de l'interceffion de L. H. P. d'avoir la bonté de fe défifter de fon deffein contre Riga: que cette Lettre fera enfuite envoyée avec la Copie d'icelle au Réfident Van der Hulft, avec ordre de délivrer cette Lettre à Sa Maj. Czar. s'il fe trouve préfent auprès d'Elle, autrement de la Lui envoyer: que de plus Copie de ladite Lettre fera remife entre les mains du Sr. Am-baffadeur de S. M. Czar. réfidant ici avec demande d'en apuyer le contenu par fes bons Offices. Et qu'enfin le Sr. Stanhope, Envoyé-Extraordinaire de Sa Maj. la Reine de la Grande-Bretagne fera requis, (d'autant que les Sujets de Sa Maj. Brit. font pareillement fi fort interreffez à cette affaire & qu'il pa-roît y avoir *periculum in mora*) de vouloir paffer les mêmes Offices auprès du-dit Sr. Ambaffadeur à l'effet fufmentionné, pour laquelle fin l'Extrait de cette Réfolution de L. H. P. fera remis par l'Agent Rofenboom entre les mains du-dit Sr. Stanhope.

J. V. WAYEN.
S'accorde avec le Regître des Réfolutions de L. H. P. les Etats-Généraux &c.
F. FAGEL.

Pla-

Placard pour découvrir les Malverfations préfumées des Officiers du Païs, & particuliérement de ceux de l'Amirauté ; & arrêté par les cinq Membres des Etats de Zélande le 15. Juin 1705 ; avec la Protestation, que les Srs. de Ziriczée on fait contre.

L Es Etats de la Province de Zélande, à tous ceux qui verront les Préfentes, ou qui les entendront lire Salut. Savoir faifons qu'ayant établi des Commiffaires pour examiner les Malverfations que les Officiers du Païs & de l'Amirauté pourroient avoir exercées ci-devant à l'égard des Armateurs & leurs Souverains, & à l'égard du Droit qui compete au Païs, nous fommes informez tout fraîchement, que quelques Habitans craignent de faire à ce fujet une Confeffion ingénue, vû que quelques Perfonnes malicieufes tâchent d'infinuer à d'autres qu'en conféquence de leurs dépofition on pourroit former quelqu'action à leur propre préjudice ; & puisque nôtre intention n'eft point de charger nos Habitans de leur propre Confeffion, Livres ou Papiers particuliers, de quelque blâme ou juftification, mais d'examiner feulement par eux & par la production des Comptes foldez avec les Commiffaires des Ventes publiques de l'Amirauté, & rendus dans leurs Livres de Vaiffeaux aux Propriétaires affociez, ce que ceux qui ont été au ferment & employez par le Païs & l'Amirauté, & qui par conféquent auroient dû fe contenter des émolumens affectez à leurs Charges, ont néanmoins extorqué outre cela aux Armateurs, Reclamans ou Acheteurs, & puis s'ils ont effectivement rendu compte au Païs de ce qu'ils ont pris pour fon compte à ces Armateurs, Reclamans ou Acheteurs : & d'autant que cette recherche eft l'unique moyen pour faire avoir, d'un côté au Païs commun les deniers retenus par les Officiers, & d'un autre côté pour empêcher chacun qui eft actuellement au Service du Païs, de prendre à l'avenir rien injuftement aux Habitans, ou d'efcamoter ce qu'ils ont reçu pour le compte du Païs : Nous ne doutons pas non plus, que tous les fincères & honnêtes Habitans, qui ne veulent pas être des Défenfeurs des mauvaifes actions, ne concourent volontiers à faciliter ladite recherche : pour laquelle fin & pour les y encourager d'autant plus, & prévenir toutes les fusdites mauvaifes impreffions de blâme, nous avons trouvé bon de ftatuer, comme nous ftatuons par les Préfentes, que perfonne de nos Habitans, qui ont équipé pour aller en courfe, ou qui ont fervi les Reclamans, ou qui font reftés Acheteurs dans les Ventes publiques de l'Amirauté, & qui ont fatisfait ou fatisferont aux ordes des Commiffaires, (quand même on trouveroit qu'ils en auroient profité, par le paffé cent mille florins & d'avantage fans en avoir payé le Taux du Païs ou autre Droit de l'Amirauté :) ne feront en aucune façon accufables, ou refponfables à ce fujet, mais qu'au contraire ils garderont tout, & autant, outre cela Droit d'exiger non-feulement des Commiffaires refpectifs des Ventes publiques, qu'ils vérifient avec la production des autorifations de notre part, ou de L. H. P. ou de l'Amirauté, ou de la Chambre des Comptes, les Articles mis dans leurs Comptes ; mais de redemander auffi aux Commiffaires des Ventes publiques ce qu'on trouvera qu'ils leur ont paffé en compte

&

& enfuite rabattu fans en avoir eu autorifation de Nous, de L. H. P. ou de
l'Amirauté, ou de la Chambre des Comptes quand même ces Comptes, feroient
foldez & quittez, de quoi nous déclarons par les Préfentes annuller la rigueur
pour autant qu'il eft néceffaire. Et comme nous fommes outre cela informez,
que quelques-uns de nos bons Habitans ont été néceffitez pour avoir bonne
juftice, ou quelques Emplois, ou Livraifons à faire au Païs, de donner de
l'argent ou de la valeur d'icelui, fans qu'ils ayent encore ofé s'accufer au tems
fixé par nos Placards émanez fur ce fujet, Nous avons, confidérant que ce
n'eft pas tant la faute des Habitans particuliers qui ont donné, que de ceux,
qui ont reçu leurs dons & préfens à cette fin, & altéré par conféquent tous nos
précédens Placards, pour autant qu'ils viennent à difpofer de quelque chofe à l'égard & à la charge de ceux qui ont donné, avons ftatué de nouveau, que tous ceux, qui pour parvenir à quelques Charges ou Emplois dépendans de Nous, des Confeillers Committez, de l'Amirauté, des Compagnies des Indes Orientales & Occidentales, & d'autres Corps, ou bien pour
avoir une Livraifon au Païs, ou une expedition de Juftice devant l'Amirauté ou
autres Bancs de Juftice, foit par forme de gageure, ou pour faire faire ceffion
l'un à l'autre, ou de toute autre maniére directe ou indirecte fans aucune exception, ont donné quelque chofe foit par eux-mêmes ou par d'autres, ou
ont fait donner, feront exempts non-feulement de toute pénalité & blâme;
mais qu'ils feront même outre cela en droit eux, leurs Héritiers, ou ceux qui
ont acquis leur Droit de redemander tout cela en tout tems à ceux, ou à leurs
Héritiers, à qui ils l'auront donné de la maniére comme ci-deffus, ou fait
donner, fans qu'ils perdent par-là l'Emploi obtenu, la Livraifon ou l'effet de
la Sentence prononcée, ou qu'ils foyent jamais fujets pour cela à quelque blâme de la part des Particuliers, bien moins à quelque accufation de la part
de nos Officiers; à condition pourtant, que ceux, ou leurs Héritiers, qui
auront donné avant la publication de la Préfente quelque chofe à quelqu'un
à l'effet fufmentionné, fans s'être encore dénoncé conformément à nos précédens Placards, feront obligez de venir encore s'annoncer auprès defdits Srs.
nos Commiffaires dans le tems de fix femaines après la Publication de la Préfente, fous peine aux négligens de perdre le Droit de la redemande & de
l'effet ultérieur de celui-ci notre Placard, & de refter même fous les pénalitez
mentionnées par nos précédens Placards. Et afin que perfonne n'en prétende
caufe d'ignorance, mais que tous nos Habitans & principalement nos Officiers
& Juges, à qui nous enjoignons & ordonnons fpécialement l'exécution des
Préfentes, fe réglent en conféquence, les Préfentes feront par-tout publiées
& affichées, où l'on eft accoutumé de faire publication & affixion. Ainfi fait
& arrété à l'Affemblée de L. N. P. les Seigneurs Etats de Zélande, à la Cour
de Middelbourg, le 15. Juin, 1705.
              Plus-bas,
        Par Ordonnance des Susdits Seigneurs Etats:
              Signé:
                    PIERRE DUISELAER
                         Junior.
                                          Pro-

Proteſtation de la Ville de Ziriczée.

Affaires
des Pro-
vinces-
Unies.
Protesta-
tion de la
Ville de
Ziriczée.

L Es Députez de la Ville de Ziriczée ont propoſé à l'Aſſemblée, que les Sigrs. leurs Principaux ayant peſé mûrement le Placard projetté pour découvrir les *Malverſations préſumées* des Officiers du Païs, & particuliérement de l'Amirauté, de même que ce qui en peut ſuivre ou dépendre, plus amplement mentionné dans ledit Placard, étoient de ſentiment à ne pas mettre obſtacle aux moyens qu'il faudroit employer à cet effet, comme ils en avoient donné une preuve viſible dans les Années de 1702 & 1703, en conſentant à trois différens Placards, ſavoir celui de *Purgations*, d'*Achapt d'Ordonnances* & de *Sultan Soliman*, nonobſtant qu'il eût dans ces tems-là paru à Leurs Seigneuries, qu'ils avoient plus pour but un interêt perſonnel ou propre, pour, s'il étoit poſſible, rendre ſuſpects quelques Régens que *re vera* pour en apporter au Païs quelque avantage eſſentiel : mais que les recherches en devroient être laiſſées au Juge ordinaire en conformité des Droits écrits, Privilèges & anciennes Coutûmes du Païs, ſans établir de nouveau une *Cour Politique* & des Commiſſaires pour Juges, qui étant bien mis à l'épreuve ne ſeront pas trouvez ſans paſſion & par conſéquent guère munis de qualitez requiſes d'un Juge débonnaire & impartial & d'un pouvoir légitime : que les Placards des Années 1702 & 1703 ſont aſſez rigides & éclatans, & que la bonne Province n'en a été que trop deshonorée tant en dedans qu'en dehors, ſans qu'il ſoit néceſſaire de troubler encore par de nouveaux Projets d'inquiſition les Sujets d'un Etat commerçant, & de les intimider encore par l'introduction des Recherches inoüies juſqu'à préſent, peu convenables dans cette République, & dont on trouveroit à peine la pareille en Europe : vû que ce nouveau Placard eſt, à le bien conſidérer, de beaucoup plus grande étendue que jamais la Chambre ardente en France, ou qu'aucune Puiſſance Chrétienne en ait introduit, leſquels, pour la plûpart, n'ont pour objet qu'une ſeule, ou du moins peu de ſortes de crimes, au lieu que ce nouveau Placard rend accuſables toutes ſortes d'hommes ſur toutes ſortes d'actions, & les expoſe à l'inquiſition criminelle, ſans que rien conſte du *Corpus delicti*, quoiqueque par les précédens Placards de 1702 & 1703 on ait exhorté chacun aux découvertes ; que l'invitation ultérieure qu'on fait aux bons Bourgeois & Habitans pour ſervir l'un contre l'autre, de Mouchard, d'Eſpion & d'Accuſateur, devroit être haïſſable & même déteſtable à la Haute Régence, ſuivant la nature de leur Etat Ariſtocratique, qui n'eſt pas en droit d'abuſer de telle ſorte de leur Bourgeoiſie. Car on peut aiſément juger & voir aſſez clairement par le Placard dreſſé que diverſes poſitions & cas qu'on y a inférés, avec des circonſtances particuliéres, proviennent des perſonnalités & interêts particuliers plutôt que d'un zèle droit & ſincère de réformer le *Public* : Qu'il règne par-tout dans cette Minute une dérogation aux Loix écrites, pour autant qu'on eſt, ſuivant la pratique de ces Provinces, accoutumé à les ſuivre tant dans les Judicatures *Civiles* que dans les *Criminelles* : & ce qui plus eſt, qu'on va debiter par une *nouvelle Loi & expreſſément à faire à cet effet*, des cas puniſſables de leur nature pour de non puniſſables : qu'il vaudroit mieux & qu'il ſeroit moins odieux pour la Province de chercher des *Juges Déléguez*, & de ſe décharger ſur eux, (quoique le nom ſeul ait

Tome XIV.　　　　　C　　　　　　　ait

AFFAIRES ait caufé non-feulement du tems du Comte de Leicefter, mais auffi après, une
DES PRO- mauvaife impreffion fur l'Efprit les tous les Amateurs de la véritable Liberté
VINCES- & une horreur aux Habitans de cette République, dont la fûreté & conferva-
UNIES. tion ne peut pas être comptée de confifter dans la partialité ou dans une mauvaife conception d'un ou de peu de Perfonnes, mais dans un Corps folide de
Perfonnes ordinaires,expertes & fur-tout impartiales,que de faire des Loix uni-
verfelles des interêts particuliers & vifibles, au moyen desquelles on peut renverfer toutes fortes de Succeffions, de Familles & d'Economies : que le Placard eft rempli & contient des Loix & des cas fpécifiques, auxquels l'influence
immédiate de l'ordinaire Puiffance fouveraine ne fuffit point, mais où il eft requis *Interpofitio plenitudinis Poteftatis*, qui eft un *Dominium eminens*, dont les
bons Princes & Rois ne fe fervent jamais fans danger : que cette pofition fe
vérifie par ce que ledit Placard fraye le chemin à farfouiller les Livres des
Marchands & à tourner & retourner l'état, la pauvreté & la richeffe de chacun, à caffer les Contrats légalement célébrez, à annuller des Comptes fignez
& foldez, à pardonner, entre deux malfaiteurs égaux, à l'un par une nouvelle
Loi, & d'exiger de l'autre au-delà de la pénalité : que quant aux Brigues illicites des Charges &c. ce point eft quafi tiré par force dans ce Placard, comme
fi par le *Verbal de Purgation* plufieurs Familles & Perfonnes n'étoient pas affez
expofées, & comme fi la Régence n'auroit pas plus d'honneur d'en borner
l'examen à la *délégation* expreffe & éclatante qui en a été faite *à la Cour de Juftice*, & d'en recommander la pourfuite au *Fifc* : à moins qu'il ne refte encore
quelques Régens après le ferment de purgation, que l'un ou l'autre prend interêt de marquer d'une fève noire, lefquels Leurs Seigneuries aimeroient mieux
voir indiquez *nominatim*, afin de pouvoir les renvoyer à un Juge impartial qui
les condamneroit ou abfoudroit felon l'exigence du cas ; que Leurs Seigneuries
croyent, que comme prefque chaque période contient ou *dérogation* aux Droits
écrits, ou Actes profluans *ex plenitudine Poteftatis*, rien ne fauroit & ne doit fe
conclure dans cette affaire par le Confeiller Penfionnaire, ou quiconque auroit
envie de l'entreprendre fans lui, fi non d'une parfaite unanimité, & alors feulement après avoir porté l'affaire dans toute fon étendue aux Confeils refpectifs
des Villes. Les Seigneurs leurs Principaux peuvent bien fouffrir, que tous ceux
qui fe font rendus coupables de crimes en foient accufez en conféquence des
Loix pénales qui font déja faites, & qu'on leur faffe fubir les peines qu'ils ont
meritées. C'eft pour cela que les Srs. Députez, par ordre exprès des Seigneurs
leurs Principaux, proteftent contre cette *prétendue* & *nulle* Conclufion, puisque c'eft une nouveauté inouïe & un préjudice notoire à l'ordre établi de la
Régence, que de vouloir procéder par la pluralité dans des affaires de cette
délicateffe & conféquence : d'autant plus, que la Province en eft non-feulement de nouveau troublée, mais que les Habitans trafiquans, les Nerfs de cet
Etat, font même expofez à une inquifition générale ; ce dont on ne trouvera
aucun exemple pareil dans ces Provinces ou dans d'autres,

Plus-bas,

S'accorde avec les Notules du Confeil ordinaire de la Ville de Ziriczée.

Fait, le 13. Juin.   *Signé :*

1705.   ADRIEN HOFFER.

Rela-

Relation de ce qui s'est passé aux Lignes, écrite de l'Armée de My-lord Duc de Marlborough au Camp de Tirlemont, le 19. Juillet 1705.

MYLORD Duc ayant pris beaucoup de peine & de soin, pour s'informer du véritable état des Lignes de l'Ennemi, & ayant pris les meilleurs avis de l'endroit où elles pouvoient être forcées avec le plus d'apparence de suc-cès, Son Excellence résolut de les attaquer ce matin, à la pointe du jour, à Ne-charpen & Hilesheim. Pour cet effet Elle pria Mr. d'Ouwerkerk de passer la Mehaine hier au matin avec son Armée, pour faire accroire aux Ennemis qu'on devoit les attaquer de ce côté-là, & les obliger d'y attirer leurs plus grandes forces, ce qui fut éxécuté par Mr. d'Ouwerkerk; & un Détache-ment de vingt Bataillons & trente-huit Escadrons, ordonné pour commencer l'attaque, marcha à neuf heures du soir sous le commandement le Comte de Noyelles, du Lieutenant-Général Scholte, & du Lieutenant-Général Engel-by, la Cavalerie qui devoit principalement agir étant commandée par le Lieu-tenant-Général Lumly, & le Lieutenant-Général Hompes. A dix heures, My-lord Duc suivit avec le reste de notre Armée, & Mr. d'Ouwerkerk fut prié en même tems de nous joindre. A quatre heures du matin, nos gens arrivé-rent aux Lignes,& tout aussi-tôt firent leurs Ponts & entrérent dans lesdites Li-gnes avec tant de diligence, que trois Régimens de Dragons qui étoient cam-pez auprès, n'eurent pas le tems de s'y opposer, mais furent obligez de se re-tirer à Leuwen. Peu après Mr. d'Alègre parut avec un gros Corps de Cava-lerie & d'Infanterie, qui avoit pris l'allarme des Postes voisins; il étoit com-posé d'environ cinquante Escadrons & vingt Bataillons avec lesquels il avança sur nous avec beaucoup de résolution. Mais Mylord Duc ayant déja passé a-vec la plus grande partie de la Cavalerie de l'Aîle droite, & l'ayant formée, les Ennemis furent attaquez avec tant de bravoure, qu'après un rude Com-bat de deux heures, ils furent obligez de plier & de se retirer avec très-gran-de perte; après quoi Son Excellence envoya un Détachement vers cette Vil-le, qui a obligé un Bataillon de Montluc, qui s'y trouvoit, de se rendre à dis-crétion. Un autre Détachement de Dragons que son Excellence envoya pour poursuivre les Ennemis, a eu pareillement le bonheur de les atteindre & de s'emparer d'une bonne partie de leur Bagage. Nous avons pris Mr. d'Alè-gre & le Comte de Hornes Lieutenans-Généraux, deux Majors-Généraux, & un grand nombre d'autres Officiers & Soldats, dix Pièces de Canon, huit desquels tirent trois coups à la fois, avec plusieurs Drapeaux & Etandarts.

Prise des Lignes.

Placard concernant les Armateurs; du 28. Juillet 1705.

LEs Etats-Généraux des Provinces-Unies des Païs-Bas à tous ceux qui ver-ront ou entendront lire les Présentes Salut. Savoir faisons, que nous a-vons trouvé bon sur le sujet des Armemens en course de ces Provinces, pour arrêter les irrégularitez & pour prévenir les plaintes des Habitans de cet État,

Placard concernant les Arma-teurs.

de nos Alliez & Neutres, d'ordonner ultérieurement & de ftatuer, comme nous ordonnons & ftatuons par les Préfentes ce qui fuit.

I. Aucun des Habitans de cet Etat ne doit aller en courfe fi non avec une Commiffion de rétorfion, qu'on nous demandera & qu'on obtiendra de nous à cet effet.

II. Cette Commiffion obtenue fera délivrée au Collége de l'Amirauté, d'où l'Armateur partira pour avoir des Lettres d'Attache.

III. Afin d'avoir cette Attache on prêtera caution de la Somme de trente mille florins, outre l'engagement particulier des Perfonnes & Effets des intereffez à l'équipement.

IV. Après qu'on aura reçu l'Attache, ou du moins avant que l'Armateur ofe partir, il fera délivré par le Teneur de Livres audit Collége les Inftruêtions & ordres arrêtez par les Propriétaires du Vaiffeau pour les Capitaines & Officiers, afin de fe régler en conformité.

V. Et ledit Teneur de Livres fera obligé de délivrer en même tems une Déclaration par écrit, fous ferment, qu'il n'y a point d'autres ordres de donnez fous main.

VI. Surquoi le même Collége vifitera & examinera ces Inftruêtions & ordres, & s'il y trouve quelque chofe de contraire à nos Ordonnances ou Placards, ou qu'il y manque quelque chofe, il le fera changer & corriger.

VII. On remettra un double de cette Inftruêtion & de ces ordres audit Collége pour y être gardé.

VIII. On tiendra néanmoins fecret ce qui y fera contenu par raport au Projet & au deffein de la courfe.

IX. Outre tout cela le même Collége de l'Amirauté établira le Clerc fans la concurrence des Propriétaires ou du Capitaine.

X. Les gages du Clerc de l'Armateur feront auffi payez par le Receveur de l'augmenté *Laft-* & *Veyl-geld* fur un Aête du Collége de l'Amirauté portant un Certificat, par raport au tems que le voyage a duré, du montant de fes gages; bien entendu que les fraix ultérieurs à fon égard refteront à la charge des Propriétaires.

XI. Tout cela étant obfervé, il fera permis à l'Armateur de mettre en Mer & de prendre & amener fans diftinêtion tous les Vaiffeaux ennemis, de quelque endroit qu'ils pourroient venir, & pour quelque endroit qu'ils pourroient être deftinez.

XII. Excepté qu'aucuns Vaiffeaux ennemis ne pourront être pris dans le Détroit de Samos, Icaria, Delos, Andro & Negroponte; tout ainfi qu'aucuns Vaiffeaux dans quelque endroit qu'ils pourroient être pris, ne doivent pas être menez dans les Ports de Scio, Metelines & autres Places défendues.

XIII. Tous les Effets des Sujets & Habitans de cet Etat, comme auffi ceux des Alliez & Neutres, étant trouvez dans des Vaiffeaux ennemis, feront confifquez indiftinêtement.

XIV. Excepté les Sujets du Grand-Seigneur, qui, quoique trouvez fur des Vaiffeaux Ennemis, feront traitez en conféquence de la Capitulation avec la Porte Ottomane, laquelle fera donnée à cet effet à l'Armateur.

XV. Pour ce qui eft des Marchandifes de Contrebande, de même que des

Vais.

Vaisseaux des Habitans de cet Etat, les Armateurs se régleront à cet égard sur le Placard émané aujourd'hui à ce sujet.

XVI. Et quant aux Vaisseaux des Alliez & Neutres, ils se conformeront aux Articles des Traitez & Conventions faits avec eux respectivement, qui leur seront donnez ; bien entendu que les Alliez & Neutres ne seront pas troublez dans telle course, ou par rapport au transport de telles Marchandises, qu'il est permis aux Habitans de cet Etat.

XVII. A l'égard de la destruction des Vaisseaux de Guerre, ou Armateurs ennemis, & de la reprise des Vaisseaux des Habitans de cet Etat, de même que de la rédemption de ceux qui seront pris pour la rançon des Vaisseaux des Habitans de cet Etat, ils se régleront sur le Placard du 6. Juin 1702 , entant que cet Article n'est pas changé dans le Placard émané aujourd'hui sur ce sujet, & ensuite sur le Placard derniérement mentionné & émané aujourd'hui.

XVIII. Quant à la reprise des Vaisseaux des Alliez & Neutres, & à la rédemption de ceux qui auront été pris de leurs Vaisseaux dans des Vaisseaux ennemis, ils se contenteront de ce dont on est convenu , ou dont on conviendra encore.

XIX. De plus, les Capitaines, Officiers, Clercs & Matelots allans en course, auront à se conformer à l'Instruction & aux Articles arrêtez de Nous le 6. Juin de l'année 1702 , & ampliez aujourd'hui dans quelques endroits, & ils prêteront serment là-dessus entre les mains des Srs. Commissaires du Collège de l'Amirauté d'où ils partiront.

XX. Et Nous ordonnons aux Fiscaux des Colléges des Amirautés de faire observer autant qu'il leur est possible, ladite Instruction & lesdits Articles.

XXI. Les Conseillers respectifs de l'Amirauté pourvoiront à cette fin les Avocats Fiscaux d'un nombre suffisant de Personnes habiles, qui se trouveront toujours présens devant les Conseillers pour pouvoir recevoir leurs ordres; & Nous enjoignous à la Soldatesque qui s'y trouvera, de les assister s'il est besoin dans ce cas-là.

XXII. A l'arrivée de quelques Prises, le Fiscal du Collége de l'Amirauté, sous la Jurisdiction duquel elles seront menées, s'informera exactement auprès du Maître, des Officiers & des Matelots de la Prise, & les confrontera contre le Capitaine, le Clerc, les Officiers & les Matelots de l'Armateur, pour découvrir de cette maniére, si les derniers ont tenté ou fait quelque chose contre l'ordre ci-devant établi, & s'il le trouve ainsi, il procédera contre les Transgresseurs, ou fera des recherches ultérieures suivant l'exigence du cas.

XXIII. Et lesdits Fiscaux sont chargez précisément & spécialement sur le serment qu'ils ont fait au Païs, de veiller sans la moindre connivence, & de tenir la main à ce que la susdite notre Instruction & les susdits Articles soient observez sous peine de notre ultérieure disposition selon l'exigence du cas.

XXIV. Et il est ordonné aux Conseillers de prêter dans tout cela la main aux Avocats Fiscaux, & d'administrer sur leurs accusations une courte & prompte Justice suivant le contenu des précédens Articles.

XXV. Le Teneur de Livres sera obligé de délivrer dans deux fois vingt

C 3   &

& quatre heures après l'arrivée de la Prife, tous les Documens, Chartres &
Papiers qui regardent la Prife, conjointement avec un Extrait du Verbal du
Clerc, pour autant qu'il y eft applicable; car aucun Document ne fera reconnu pour légitime, à moins qu'on ne voye *in dorfo* par la déclaration du Clerc
& par fon feing, qu'ils fe font trouvez dans la Prife du tems de la faifie.

XXVI. Et le Teneur de Livres y pourra ajouter encore dans d'autres deux
fois vingt & quatre heures une Relation fommaire, avec les vérifications y
fervantes, afin d'indiquer les raifons pourquoi ce même Vaiffeau eft pris &
devroit être confisqué.

XXVII. Cela fait, ledit Collége de l'Amirauté, fans admettre d'autres
Pièces ou Documens, examinera dans trois fois vingt & quatre heures, pour
le plus tard, tous ces rapports & Documens, & trouvant que la Prife eft faifie & amenée à tort, la relâchera *de fatto* & fans autre forme de Procès, fans
fraix & dépenfes, & fans autre pourfuite, & fera rembourfer par prompte & réelle exécution les fraix & dépenfes à la charge des Garants & Propriétaires.

XXVIII. Et Nous voulons, que dans les Colléges refpectifs de l'Amirauté
la difpofition foit faite, que cinq Confeillers, & que parmi eux un du moins
des Confeillers n'étant pas domicilié dans la Province où refide le Collége de
l'Amirauté, vaquent particuliérement à ajufter & terminer les affaires qui
concernent ce Réglement.

XXIX. Quand on aura vu par les Pièces délivrées, que la Prife eft effectivement un Vaiffean ennemi, & qu'il ne peut y avoir d'autres fcrupules à
ce fujet, il fera, pour prévenir des fraix & termes inutiles, fixé un tems certain & convenable felon la difcrétion du Confeil de l'Amirauté & publié par
des affiches, auquel chacun, ayant quelque interêt dans cette Prife, pourroit
être admis pour la défenfe d'icelle, fous peine que perfonne ne comparant,
& ce tems étant expiré, on fera Juftice pareillement *de Plano* en conféquence des Pièces fournies & fans autre forme de procès.

XXX. Dans tous les autres cas, où, pour de bonnes raifons, on ne peut fe
réfoudre *de Plano* ni de relâcher ni de confifquer le Vaiffeau, l'affaire fera
renvoyée au *Judicium*.

XXXI. Et les Colléges de l'Amirauté étant requis, feront tenus de rapporter fans délai les raifons, pourquoi ils auront été d'avis que l'affaire n'a pu
être terminée *de Plano*.

XXXII. Toutes affaires renvoyées à la Juftice feront inftruictes & décidées
fommairement pour les Habitans dans un tems de fix femaines au plus tard,
& il fera accordé aux Etrangers un tems convenable à proportion de leur
éloignement.

XXXIII. Et après la conclufion du Procès, la Sentence enfuivra dans quinze jours au plus tard.

XXXIV. De plus, il fera permis aux Parties, qui croyent avoir fujet de
fe plaindre de la lenteur de l'expédition, de s'addreffer à Nous, & c'eft alors
que nous fixerons un tems court & peremtoire, auquel le Procès doit être terminé, ou autrement il fera permis aux Parties intereffées d'évoquer devant
Nous

Nous le Procès même indécis, auquel cas nous finirons par Arrêt le même Pro- Affaires
cès fans les fraix des Parties par les Srs. nos Députez pour les Affaires de la des Pro-
Marine, après leur avoir fait prêter le ferment fur la Judicature, fans qu'aucu- vinces-
ne Révifion puifle alors avoir lieu. Unies.

XXXV. La Sentence étant prononcée foit *de Plano* ou après la Judicature,
il fera permis, tant à celui qui a amené la Prife qu'au Reclamant d'en venir à
la Révifion & de propofer erreur.

XXXVI. Cette Propofition d'erreur doit être interjettée par un Habitant
de cette Province dans deux mois, & par un Etranger dans quatre mois après
que la Sentence fera prononcée.

XXXVII. Cette Révifion étant interjettée, l'Affaire fera apointée & conclue dans fix femaines, & enfuite terminée & décidée par les Révifeurs dans
un mois après au plus tard.

XXXVIII. Pour Révifeurs on établira par le fort, des Membres du Collége qui aura prononcé la Sentence, trois Perfonnes, & Nous pareillement par le
fort notre Affemblée, & y ajouterons dans chaque Caufe dont erreur eft propofée quatre Seigneurs des quatre Provinces particuliéres.

XXXIX. De ces fept Perfonnes, avec un Adjoint ou Secrétaire, tout le Collége des Srs. Révifeurs confiftera dorénavant.

XL. Il fera baillé auxdits Sieurs Révifeurs venans du dehors, outre les fraix
du tranfport, pour les vacations, les jours de befogne, & outre cela encore
fix jours pour le voyage en venant & allant, dix florins par jour; mais aux
Confeillers de l'Amirauté, qui feront Révifeurs, de même qu'au Secrétaire,
fix florins.

XLI. Outre cela chacun, foit Habitant ou Etranger, prêtera Caution pour la
Juftification & fraix du Procès, tant de la première que de la feconde inftance.

XLII. Toutes les Sentences prononcées à la charge des Armateurs feront
exécutées, premiérement fur la Caution prêtée avant d'aller en courfe, & enfuite fur le Teneur de Livres & les Propriétaires du Vaifleau.

XLIII. Et les Sentences prononcées à la charge du Reclamant feront exécutées fur fa Caution.

Et afin que perfonne n'en prétende caufe d'ignorance, Nous prions & re-
quérons les Seigneurs Etats Confeillers Committez, & Etats Députez des Provinces refpectives, & tous les Jufticiers & Officiers des mêmes Provinces,
de faire fur le champ publier par-tout cette notre Ordonnance, & de
faire afficher dans tous les endroits où befoin fera, & où l'on eft accoutumé de faire telle Publication & affixion. Enjoignons & Ordonnons en outre
aux Confeillers de l'Amirauté, aux Avocats Fifcaux & à tous ceux que cela
peut regarder en quelque manière, de fe conformer précifément au contenu des
Préfentes, puifque telle chofe Nous avons trouvé convenir au Service du Païs.
Ainfi fait à l'Affemblée des Susdits Seigneurs Etats-Généraux; à l'Haye, le 28
Juillet 1705.

Paraphé, M. Van Vryberyen, Vt.
Plus-bas. Par Ordonnance d'iceux.
Signé. F. Fagel.
Relation:

Relation de ce qui s'est passé à l'Armée de Flandre depuis le 10me. jusqu'au 20. Août 1705.

Relation
de l'Ar-
mée de
Flandre
en Août
1705.

LE Corps de 1000. hommes d'Infanterie qui fut commandé le 10 étoit pour couvrir les Fourageurs de la seconde Ligne & les Maraudeurs Anglois, qui sortirent le 11. Ce même jour les Régimens de Swartzel & Schonefeld marchérent à Thienen. L'après midi, un Parti François vint attaquer deux Chariots de Vivandiers, environ à la portée du Canon de la premiére Ligne, desquels ils prirent les Chevaux, tuérent un homme & en blessérent deux. Le 12. on attendoit le Convoi de pain; mais il n'arriva que le 13. Il fut ordonné de ne le point partager avant le 14. mais de donner de l'argent en place de pain. Le 13. la seconde Ligne alla fourager pour deux jours, & le soir il fut donné ordre aux gros Bagages de se tenir prêts à marcher pour le lendemain à deux heures après midi. Le 14. au matin, 200. Travailleurs à la suite de l'Artillerie, furent commandez, pour réparer les chemins & les passages, & les rendre particables pour les Armées. A la pointe du jour, on donna à toute l'Armée du pain pour cinq jours, & tous les malades & blessez furent envoyez à Thienen. Tous les Postes avancez furent retirez à 10. heures du soir. A minuit, tous les Quartiers-Mestres & Fouriers s'assemblérent derriére l'Artillerie & le Bagage, pour prendre les devans avec l'Avantgarde, qui consistoit en quelques Escadrons de Cavalerie, & pour tracer le Camp; ce qui s'exécuta le lendemain à 3. heures du matin, tournant à gauche. On battit alors la générale, une demie heure après l'assemblée, & à 4. heures la marche; sur quoi premiérement l'Armée sous Mr. d'Ouwerkerk & incontinent après celle de Mylord Duc prirent aussi le chemin à gauche, marchant sur cinq Colonnes, savoir 2. de Cavalerie, deux d'Infanterie & une d'Artillerie & de Bagage, jusqu'à Corbaix, où étoit le Quartier Général de Mylord Duc, & où les deux Armées assirent le Camp. Des Deserteurs rapportérent, que l'Armée Françoise se tenoit encore tranquile dans son Camp près de Louvain, & en partie près de Neeryssche, sans faire le moindre mouvement sur notre Marche. Le 16. les Quartier-Mestres, avec les Banderoles & les 200. Travailleurs commandez pour réparer les chemins, se trouvérent devant le Régiment de St. Paul sur l'Aîle gauche de la premiére Ligne, & à trois heures il y vint aussi un Lieutenant-Colonel avec 400. hommes, pour couvrir l'Artillerie. On battit la générale, une demie heure après l'assemblée, & à quatre heures les Armées continuérent leur marche à gauche, & passérent au-delà du Mont de St. Hubert un Pont qu'il y a à la droite du Château du Cours St. Etienne sur un Bras de la Riviére de Jyl; elles s'arrêtérent à Genap, où étoit le Quartier Général des deux Armées. Vers le soir, le Lieutenant-Général Scholts, & les Brigadiers Elst & Webbe furent commandés avec 14. Bataillons d'Infanterie, savoir

Des Anglois, Taton, Sabin, Ferguson, Ferrington, Lalo & Meredith.
Des Hollandois, Latorf, Jeune Sekkendorff & Hirtzel.
Des Hessois, de Grenadiers.

Des

Des Hanovriens, Goor.

Des Zellois, Rantzau & Luc.

Des Danois, Funen.

Comme aussi de l'Armée de Mr. d'Ouwerkerk, le Marécal de Camp Murray & le Brigadier Zitten avec 6. Bataillons, savoir 1. des Gardes, 1. d'Orange, 1. d'Oxenstiern, 1. de Berner, 1. de Colyear, 1. d'Amama.

En même tems on commanda des deux Armées 20. Escadrons de Cavalerie; de sorte que tout le Détachement étoit composé de 20. Bataillons & de 20 Escadrons, lequel fut commandé par le Général Churchill, & devoit se tenir prêt à marcher à tous momens. Des Deserteurs rapportérent que l'Armée Françoise étoit sortie de son Camp de Louvain, & s'étoit postée avec l'Aile droite près du Bois de Soignies, du côté du Village d'Overyssche, & avec l'Aile gauche près du Village de Neeryssche, ayant la Rivière d'Yssche devant elle. Le soir, on fit des Lignes de communication, par où 20. hommes pouvoient marcher de front.

Le 17. les Quartiers-Mestres s'assemblérent encore à 3. heures du matin devant le Régiment de St. Pol, comme aussi 200. Pionniers, pour réparer les chemins. A 4. heures on battit la générale, une demie heure après l'assemblée, & à 5. heures la marche. Alors les Armées levérent le Camp & marchérent du côté de Placenot, de là à Gomont & Obaix, où elles formérent une Ligne, qui s'étendit depuis Hulpen, où étoit l'Aile droite, jusqu'à Breine-la-Leu où étoit la gauche, & le Quartier-Général à Frichermant. Le soir, on reçut avis que les Ennemis étoient en mouvement, & avoient fait des Ponts sur la Rivière d'Assche: sur quoi Milord Duc se mit d'abord à cheval & alla le reconnoître; mais ayant trouvé la chose fausse, il revint à 10 heures du soir au Quartier-Général, où l'on ordonna au Bagage de marcher avec l'Artillerie.

Le 18. les Armées se mirent en marche à 3. heures. La prémière Ligne passa par un très-mauvais Défilé, au-delà de Hulpen, un Pont qui y est construit sur la Rivière de Hulpen, & après cela par un Bois jusques sur les Plaines vis-à-vis d'Overyssche. La seconde Ligne passa à la droite de la prémiére jusqu'aux mêmes Plaines: l'Artillerie & le Bagage suivirent. On y resta jusqu'à ce que les Armées eussent enfin passé les Défilés, & on croyoit à tout moment attaquer l'Armée Françoise. Quelques-uns de nos Escadrons trouvérent un grand Parti de Hussards postez derrière un Bôcage, qu'ils attaquérent & chassérent jusqu'au-delà de la Rivière. Le Détachement qui avoit passé près de Hulpen, marcha par le Bois de Soignies jusqu'au Couvent de Groenendale, où il fit alte, pour attendre de nouveaux ordres. L'Armée Françoise étoit en attendant toujours en mouvement, marchant çà & là. Elle occupa tous les passages sur la Rivière, qui étoient au nombre de 8., & posta beaucoup de monde tout près de la Rivière dans le Vallon. Elle planta quelques Piéces de Canon dans le Village de Hoelberg, lesquelles on fit jouer sur nous, sans pourtant nous faire de mal; elle mit aussi le feu à plusieurs maisons en deçà de la Rivière. Pendant que l'Aile gauche de notre Armée se rangeoit vis-à-vis d'Overyssche, & que la droite marchoit vers Neeryssche, on comman-

da

da 300. hommes pour chasser quelques Travailleurs des Ennemis, du Village de Hoelberg: ils les attaquérent vigoureusement; mais comme les Ennemis avoient posté un Corps de troupes dans ledit Village, les nôtres furent obligez de se retirer. Cependant on vit que l'Ennemi commençoit à se retrancher tout le long de la Rivière; & comme cela nous ôtoit toute espérance de pouvoir la passer, parce que la nuit approchoit, on trouva à propos d'élargir le Camp; de sorte que notre Aile gauche vint vis-à-vis de Neeryssche, & la droite vis-à-vis d'Overyssche. Bien des Officiers n'étoient pas contens de ce qu'on avoit si long-tems différé l'attaque, & donné par-là le tems à l'Ennemi d'être sur ses gardes: au lieu, comme ils disent, que si nous avions passé près du Village de Hoelberg, & y avions laissé du monde, nous aurions tellement coupé l'Armée ennemie, que les Ailes n'auroient pu s'entresecourir. Mais ceux qui parlent ainsi, ne considérent pas les peines que nous aurions eues à passer par tous ces Défilés, ni que le tems étoit trop court, & que l'Artillerie ne nous pouvoit joindre que le lendemain: outre que le terrain n'étoit pas propre à faire agir la Cavalerie, n'y ayant que Haies, Chemins creux & Bôcages.

Le 19. l'Artillerie & le Bagage nous joignit. Le matin, 20 Carabiniers François à pied vinrent jusqu'à la Garde avancée du Régiment du Prince Héréditaire de Prusse, sur l'Aile droite de la première Ligne; & tirérent plusieurs coups sur le Régiment, sans faire aucun mal; mais le Piquet du même Régiment s'avança sur le champ, & en ayant tué deux, le reste prit la fuite. A une heure après midi, les deux Armées levérent le Camp, & marchérent à gauche du côté de Waveren, où elles l'affirent. Le Quartier-Général est au Couvent de Waveren, & la Généralité des deux Armées dans le Bourg de Waveren. Le 20. on alla au fourage pour deux jours, & l'Armée reçut du pain pour quatre.

Etat de l'Artillerie & des Munitions de Guerre trouvées dans Leeuwe, le 5. Septembre, 1705.

No.   2. Canons de Cuivre de 12. livres, avec leurs affuts.

7. Canons de Cuivre de 5. livres, quelques-uns avec les Armes d'Espagne.

1. Canon imparfait.

2. Mortiers de Cuivre de 40. livres, avec les Armes de France.

6. Canons de Fer de 12. livres.

1. Canon de Fer de 6. livres.

1. Canon de Fer de 4. livres.

2. Affuts de Canons de 12. livres, de réserve.

5. Roues

Nº.

5. Roues d'Affuts.

2. Affuts Hollandois de 12. livres, pris à Tongre.

1. Affut pour un Mortier.

2. Affuts de Mortier imparfaits.

19000. Pefant de Poudre à Canon.

300. Bareils de Poudre des François, enterrez fous les Remparts de la Ville.

6. Barils de Poudre gâtée.

7000. —— de Mêche.

3. Tas de Bales de 12. livres.

3. Tas de Bales de 6. livres.

1. Tas de Bales de 4. livres.

50. Bombes préparées, pefant 40. livres chacune, trouvées en-de-dans des Remparts.

1. Tas de Bombes déchargées.

5000. Grenades chargées.

4000. Grenades déchargées.

73. Barils de Bales à fufil, de 12. à la livre.

1. Tas de Bales à fufil au calibre Hollandois.

200. livres de Bales à fufil, au calibre Hollandois.

1200. Fufils François.

1. Tas de Fufils Bifcayens.

5000. Sacs à Laine.

1. Tas de Bougettes ou Poches de Cuir. } prifes à Tongres.

1. Tas de Bandoulieres.

Plufieurs Jentes.

2. Barils de Pierres à feu.

12. Moulins à bras.

4. Civiéres à bras.

12. Efpontons.

5000. Outils.

D 1

1. Tas

No. 1. Tas de Brouettes.

1. Tas de grandes Haches.

3. Chauffe-trapes.

3. Barils de Pointes de fer.

Bois de Charpente de toute forte.

1. Panier avec du Sel.

1. Tas de Bifcuit.

Reçu de la Garnifon.

196. Fufils.   ⎫
33. Moufquets. ⎬ dont quelques-uns font défectueux.
                ⎭

1. Tas d'Epées & Bayonettes.

1. Tas de Bandoulieres.

1. Tas ————————

Plufieurs Piques d'Officiers.

5. Tambours.

26. Fufils, pris lorfqu'ils quitterent l'arriére-garde, dont quelques-uns font défectueux.

Réfolution des Etats d'Utrecht fur la Séance du Stathöuder de Frife dans le Confeil d'Etat, du Vendredi 14 Août 1705.

APRES avoir délibéré par refomption fur la Réfolution des Preud'hommes de la Ville d'Utrecht du 10. du courant, inférée dans nos Actes d'hier, au fujet de la féance que quelques Seigneurs *Stathouders* & Gouverneurs de Provinces particulieres ont pris dans l'Affemblée du Confeil d'Etat, & avoir en même tems réfléchi fur la Conftitution préfente de la République, pour de bonnes & fuffifantes raifons cette Province n'a élu aucun *Stathou-der*; mais au contraire elle a de nouveau arrêté le 27. Avril 1702. l'ordre & la forme de Gouvernement établie & pratiquée depuis l'année 1651. jufqu'à 1702.; & par conféquent ce ne pourroit être fans un très-grand préjudice pour cette Province & pour toutes les autres qui n'ont point de *Stathou-der*, fi celle de Frife introduifoit le fien dans le Confeil d'Etat, & fi, par fon autorité auffi-bien que par fa voix, elle prenoit le deffus fur les autres, en bouleverfant l'égalité qui doit fubfifter entre des Confédérez fi étroitement liez: car la Province de Frife & celle de Groningue, affiftées de leur *Stat-houder*, auroient alors cinq des treize voix qui compoferoient en ce cas-là le
Con-

Conſeil d'Etat, & ſurpaſſeroient par conſéquent dans toutes les délibérations **AFFAIRES** cette Province & les autres, qui n'ont eu juſqu'ici qu'une ſeule voix, de qua- **DES PRO-** tre, & même elles ſeroient égales à la Province de Hollande. Qu'outre cela, **VINCES-** après avoir examiné toutes les anciennes Inſtructions du Conſeil d'Etat avec **UNIES.** les *Retroacta* qui y ſont applicables, comme auſſi l'Inſtruction dont il s'agit de 1651. on n'a pas trouvé que ledit Conſeil ait prêté ſerment deſſus, mais les Provinces ont fait faire différens Enregiſtremens à ce ſujet. Les Députez de Gueldre ont dit n'avoir point d'inſtructions: ceux de Friſe & de Gronin- gue y ont conſenti avec l'approbation de leurs Principaux: peu après ceux de Groningue ont déclaré ne l'avoir acceptée qu'à condition que l'Art. XX. qui regarde les Solliciteurs, ne ſeroit pas encore mis en exécution, & qu'ils pré- tendoient que notre Province, & celles d'Over-Iſſel & de Groningue ſe roient en droit, ſelon l'exemple des autres, d'envoyer auſſi chacune encore un Député au Conſeil d'Etat; de ſorte que par la défectuoſité des délibérations qui ont été tenues de tems à autre ſur ladite Inſtruction, elle ne peut pas être regardée comme une Pièce formée par les Confédérez, & encore moins peut-on ſoutenir qu'elle les oblige en aucune façon; vû que les Confédérez reſpectifs n'ont pas même encore envoyé leurs avis ſur le denier Projet d'In- ſtruction dreſſé par le Conſeil d'Etat, & dépêché par L. H. P. aux Provinces le 16. Septembre 1653. pour délibérer là-deſſus dans l'Aſſemblée des Etats & communiquer leurs conſidérations à la Généralité. C'eſt pourquoi on ne ſau- roit prouver par ladite Inſtruction, qu'elle autoriſe les Provinces de Friſe & de Groningue, ou les autres qui pourroient, contre toute attente, préſente- ment ou à l'avenir ſe réſoudre d'élire un *Stathouder*, & l'introduire dans le Conſeil d'Etat ſur leur Commiſſion particuliére. A quoi il faut ajoûter, que ce droit ne ſauroit être appuyé ſur quelque Convention obligatoire ou Ceſ- ſion, ne s'en trouvant aucune, ni dans l'Union, ni dans les Réſolutions de l'Aſ- ſemblée tenue par tous les Confédérez dans la grande Sale à la Haye; au con- traire il eſt évident & palpable, que l'intention des Confédérez n'a jamais été de permettre aux Provinces de Friſe & de Groningue d'introduire leur *Stat- houder* particulier dans le Conſeil d'Etat, quand eux Confédérez pour des rai- ſons d'Etat, ne jugeroient plus à propos d'élire un *Stathouder*, ou trouve- roient quelque autre moyen de jouïr dans ledit Conſeil de la même autorité & du même avantage par rapport aux ſuffrages: vû qu'il eſt notoire & in- diſputable que toutes les Loix & toutes les Maximes de cette Libre Républi- que ſont fondées ſur l'égalité & réciprocation; & qu'il ſeroit outre cela contre toute juſtice & équité d'accorder aux deux Provinces de Friſe & de Gronin- gue, ou à l'une d'icelles, une prérogative ſi conſidérable ſur les cinq autres Pro- vinces, ſur-tout au préjudice de celles de Gueldre, d'Utrecht & Over-Iſſel, qui n'ont qu'une ſeule voix chacune dans ledit Conſeil. Sur toutes ces raiſons ayant été mûrement délibéré, les trois Membres de cette Province ont unani- ment trouvé bon & arrêté, que les Députez de cette Province déclareront à l'Aſſemblée de LL. HH. PP. que leurs Nobles Puiſſances ne ſont pas obli gées, & ne peuvent, ſans déroger à leur dignité, conſentir, que de la part de la Province de Friſe, ou de quelque autre des Provinces reſpectives, quel-

D 2

qu'un

qu'un puisse être introduit ou admis dans le Conseil d'Etat, en vertu de son élection pour *Stathouder* ou Gouverneur, ni sous aucun autre prétexte que ce soit, sans le libre consentement de LL. NN. PP. ou en dépit d'un seul des Confédérez, auxquels lesdits Srs. Députez doivent notifier ce que ci-dessus de la maniére la plus convenable & la plus efficace, afin de le mettre en usage, sans souffrir qu'on y contrevienne par voye d'induction, de pluralité de voix, ou en aucune autre façon.

Et de plus, il a été arrêté que cette Résolution sera envoyée par Lettre aux Srs. Députez à la Généralité, afin d'en donner connoissance au plutôt à l'Assemblée de LL. HH. Puissances.

Lettre des Etats de Frise touchant l'Entrée de leur Stathouder dans le Conseil d'Etat; du 11. Septembre. 1705.

NOBLES ET PUISSANS SEIGNEURS, TRÈS-CHERS AMIS, VOISINS ET CONFEDEREZ,

Lettre des
Etats de
Frise sur
l'Admis-
sion de
leur Stat-
houder au
Conseil
d'Etat. VOs Nobles Puissances sauront sans doute, que premiérement les Seigneurs Etats d'Utrecht, & peu de jours après les Seigneurs Etats de Hollande, ont porté & communiqué à l'Assemblée de LL. HH. PP. leur Résolution, contenant qu'eux Seigneurs Etats, par les raisons plus amplement déduites dans ladite Résolution, ne sont pas obligez, & ne sauroient, sans dégorer à leur dignité, consentir que de la part de la Province de Frise ou de quelque autre des Provinces respectives, quelqu'un puisse être introduit ou admis dans le Conseil d'Etat, en vertu de son élection pour *Stadthouder* ou Gouverneur, ni sous aucun autre prétexte, quel qu'il puisse être, sans le libre consentement de LL. NN. PP. ou en dépit de quelqu'autre Confédéré, chargeant leurs Députez de notifier ce que ci-dessus aux Confédérez respectifs de la maniére la plus convenable & la plus efficace, afin de le mettre en usage, sans souffrir qu'on y contrevienne par voye d'induction, pluralité de voix, ou en aucune autre façon.

Après avoir mûrement examiné lesdites Résolutions, & pesé toutes les raisons & motifs sur quoi elles sont fondées, nous ne les avons pu considérer que comme très-préjudiciables au droit des Provinces respectives, & particuliérement de la Nôtre, qui, conjointement avec celle de Groningue, a le Prince de Nassau pour *Stathouder*; & c'est pourquoi nous avons jugé nécessaire d'obvier à cette entreprise par des voyes amiables, & de l'étouffer dans sa naissance.

Pour cet effet, Nous avons trouvé à propos de représenter à Vos Nobles Puissances aussi-bien qu'aux Seigneurs Etats des autres Provinces, les réfléxions suivantes.

Que le droit des Provinces respectives d'introduire leur *Stathouder* dans le Conseil d'Etat, est fondé sur la concession réciproque de tous les Confédérez, laquelle paroît clairement par l'Instruction du Conseil d'Etat formée dans l'année 1588. & renouvellée dans la grande Assemblée, tenue en 1651. laquelle

quelle dit en termes exprès, que les Gouverneurs des Provinces refpectives, qui en ont, (à quoi l'Inftruction de 1651. ajoûte notamment, ou qui en pourroient avoir dans la fuite,) auront en tout tems accès, place & féance dans le Confeil d'Etat. Ces Inftructions ayant été arrêtées & établies d'un confentement unanime de toutes les Provinces, doivent être regardées comme une Convention générale, par laquelle les Provinces ont acpuis le droit d'introduire leur Stathouder dans ledit Confeil, & de lui faire avoir féance & voix, lequel ne leur peut être ôté que d'un pareil confentement unanime, fans préjudicier à leur dignité, droits & prérogatives: & par conféquent fans écrouler les Loix fondamentales fur quoi l'Union eft appuyée; ce qui doit avoir d'autant plus lieu dans le cas dont il s'agit, puifque le droit acquis par ces Inftructions, eft outre cela affermi & confirmé par une poffeffiou non interrompue de plus de cent ans, pendant lequel tems tous les Actes publics du Confeil d'Etat, & en particulier les Pétitions générales, font toujours émanés au nom des Seigneurs *Stathouders* de ce tems-là, & feulement en leur abfence au nom du Confeil même. Une telle poffeffion immémoriale eft feule fuffifante, felon tous les droits, pour établir une entiére proprieté.

Nous ne pouvons pas trouver le fondement de ce qu'oppofent à ceci les Seigneurs Etats de Hollande dans leur Réfolution de l'année 1668 (fur laquelle LL. NN. PP. appuyent de nouveau celle du 28. Août dernier,) & les Seigneurs Etats d'Utrecht dans leur Réfolution, comme fi la fufdite Inftruction du Confeil d'Etat renouvellée dans l'année 1651. n'avoit point été arrêtée, & devoit être regardée comme flottante & indécife, puifqu'elle a été traverfée par les Enregîtremens de quelques Provinces, & que le Confeil n'a pas prêté ferment là-deffus, ni que les Provinces n'ont point répondu au dernier Projet d'Inftruction formé par ledit Confeil le 16. Septembre. 1653. & envoyé par LL. HH. PP. aux Provinces; pour lesquelles raifons on ne fauroit dire, que cette Inftruction ait été faite & établie par tous les Conféderez enfemble, & encore moins qu'elle les oblige en aucune maniére, ni qu'elle donne droit aux Provinces qui ont un *Stathouder*, ou à celles qui en pouroient choifir encore, de l'introduire fur leur Commiffion particuliére. Car outre que Nous ne nous attendions pas que ces Objections nous feroient faites par deux Provinces, qui dans l'année 1651. ont confenti purement & fimplement à ladite Inftruction, le contraire de ce qu'on vient d'alléguer paroît clairement par les paroles de la Réfolution de LL. HH. PP. du 18. Juillet 1651. où il a été trouvé bon & arrêté d'établir ladite Inftruction fur le pied qu'elle a été dreffée dans la Conférence conciliatoire, & délivrée le 6. du même mois à l'Affemblée des Etats-Généraux, où elle fe trouve inférée dans les Actes. Il eft bien vrai que les Srs. Députez de Gueldre déclarérent alors qu'ils n'étoient point inftruits, & que ceux de Frife & de Groningue confentirent avec l'approbation des Seigneurs leurs Principaux; mais il n'eft pas moins vrai que ces mêmes Provinces, non-feulement ne fe font jamais oppofées à l'établiffement de la fufdite Réfolution & Inftruction, mais qu'au contraire elles l'ont agréée & approuvée tacitement & *non contradicendo*;& que par conféquent cette Inftruction doit être tenue pour entiérement arrêtée. De forte qu'il paroît encore plus

évidem-

évidemment par-là, que le Conseil d'Etat différant de prêter serment sur ladite Instruction, sous prétexte que quelques-uns de ses Points étoient impraticables selon la lettre, LL. HH. PP. l'y ont exhorté réïtérément sans la moindre opposition ou Enregîtrement d'aucune des Provinces.

Aussi ce délai du Conseil d'Etat de prêter serment sur cette nouvelle Instruction ne peut rien faire à l'affaire, & encore moins l'envoi d'un nouveau Projet d'Instruction aux Provinces, qui n'y ont pas répondu; car le premier ne sauroit enfreindre ni tenir en suspens une Résolution prise par tous les Confédérez ensemble dans une Assemblée aussi solemnelle. Et qu'est-ce qu'on peut conclure du silence des Provinces sur le Projet d'Instruction, sinon qu'elles ont voulu persister tacitement dans la Résolution déja prise & confirmer par-là l'Instruction arrêtée?

Mais pour mettre ce principal Point dans une entiére évidence & hors de toute contestation, il plaira à Vos Nobles Puissances de remarquer, que LL. HH. PP. par une Résolution du 20. Juillet 1671. ont, d'un commun accord de tous les Confédérez, arrêté & établi, pour couper court aux difficultés du Conseil d'Etat, de faire serment sur ladite Instruction, & qu'apès les paroles du Serment que les Srs. Députez au Conseil d'Etat sont tenus de prêter, il y seroit ajoûté les paroles suivantes: *Qu'ils se régleront précisément sur le contenu de cette Instruction, comme un fidèle Conseiller d'Etat peut & doit faire: que le Formulaire de ce Serment a été dressé en conséquence de cette Instruction; & que tous ceux qui seront Députez audit Conseil doivent prêter ce Serment sans aucune exception.*

Ainsi, quand il y auroit quelques raisons apparentes, ce qu'on ne sauroit cependant jamais prouver, que ladite Instruction n'avoit pas eu toute sa force & toute son autorité jusqu'à ce tems-là, il est pourtant incontestable que depuis elle doit être tenue pour pleinement arrêtée & établie, & qu'elle reste par conséquent encore dans toute sa force & vigueur; d'autant plus que tous les Membres qui ont été Députez de tems à autre audit Conseil, & qu'on y envoye encore journellement, font Serment sur cette Instruction en conséquence de la Résolution de LL. HH. PP. & promettent solemnellement de s'y conformer.

Nous croyons donc avoir démontré & prouvé très-clairement, que ladite Instruction du Conseil d'Etat a été arrêtée par toutes les Provinces, & qu'elle est observée encore *in viridi observantia.* Par-là tout ce que les Seigneurs Etats de Hollande & d'Utrecht ont proféré pour la représenter comme incertaine & indécise, tombe de lui-même, & au contraire la vérité & la solidité de ce que Nous avons avancé ci-dessus paroît d'autant plus évidemment, savoir que par une Convention & Concession réciproque des Provinces respectives, elles ont acquis un droit incontestable d'introduire leur *Stathouder* dans ledit Conseil, & de lui faire y avoit séance & voix; lequel droit, dont tout dépend dans cette affaire, étant établi, il s'ensuit naturellement qu'on ne sauroit sans une injustice notoire le disputer ou ôter à une Province, en considération de quelque interêt contraire d'une ou de plusieurs autres Provinces.

Nous ne pouvons non plus passer aux Seigneurs Etats d'Utrecht ce que L.
N. P.

N. P. avancent dans leur Réfolution, qu'il eſt évident & palpable que l'intention des Confédérez n'a jamais été de permettre aux Provinces de Frife & de
Groningue d'introduire leur *Stathouder* particulier dans le Confeil d'Etat, quand
eux Confédérez, pour des raiſons d'Etat, ne jugeroient plus à propos délire
un *Stathouder*, ou trouveroient quelque autre moyen de jouïr dans ledit
Confeil de la même autorité & du même avantage par rapport aux ſuffrages; car nous ne devons point juger de la véritable & intérieure intention des Confédérez ſur des conjectures formées ſelon la ſituation & les
interêts du tems poſtérieur, mais ſur le Texte & la lettre expreſſe de ladite
Inſtruction, qui accordant, ſans aucune exception & limitation au *Stathouder* des Provinces reſpectives, qui en ont ou qui en pouroient encore avoir
dans la ſuite, ſéance & voix dans le Confeil d'Etat, tranche par conféquent
toutes ſortes de diſtinctions & interprétations qu'on voudroit y oppoſer.

Outre cela cette Thèfe touchant l'intention des Confédérez ſe trouve efficacement réfutée par la Réfolution & Déclaration de LL. HH. PP. en date
du 21. de Juillet 1651. dans laquelle, ſur la difficulté formée par cette Province & celle de Groningue, que dans le premier Article des Inſtructions
pour les Srs. Députez à l'Affemblée de LL. HH. PP. ſur laquelle ils devoient ſe régler dans les Lettres Patentes pour la Guerre & les Frontiéres
de l'Etat, on n'avoit pas ajoûté après les paroles, *de l'avis du Confeil d'Etat*,
celles, *du Stathouder*, LL. HH. PP. déclarent expreſſément, que par leur
Réfolution ſur les affaires de la Guerre & la difpofition de Lettres Patentes,
prife le 16. du même mois, Elles ne prétendoient en aucune manière énerver, altérer, ou préjudicier aux Articles de l'Union, ni à ceux de l'Inſtruction
du Confeil d'Etat, pour autant qu'il y eſt parlé du *Stathouder*. Cette Déclaration doit être d'autant plus de poids dans le cas dont il s'agit, qu'elle a été
faite dans une conjoncture toute ſemblable à la préfente, où cinq Provinces
n'avoient point de *Stadthouder*, & où du moins celle de Hollande témoignoit
déja dans ce tems-là peu d'inclination pour en élire un. Nous ne difputons nullement aux Seigneurs Etats des autres Provinces la liberté de nommer chez
eux un *Stathouder*, ou de n'en pas nommer, ſelon qu'elles le jugeront de
leur bienféance particuliére & de leur interêt domeſtique; mais nous ne ſaurions comprendre quel changement ou préjudice cela pourroit porter au droit
des Provinces qui en ont déja élu un, ou qui en voudroient élire encore; vû qu'il n'eſt ni juſte, ni équitable, que le droit une fois légitimement
acquis par quelque Province reſte pour toujours dans l'incertitude, & dépendant du caprice variable de quelques-uns de leurs Confédérez, avec leſquels
ils ne ſont en tout cas entrez dans l'Union qu'*æquo jure*, & avec une égale autorité. Nous avouons très-volontiers à LL. NN. PP. qu'il faut entretenir
parmi les Confédérez reſpectifs une égalité & réciprocation, & Nous ne con-
tribuerons jamais à en empêcher l'exacte obſervation; mais les Provinces ſe
doivent imputer à elles-mêmes, ſi, par l'amortiſſement du *Stathouderat*, elles
ſe trouvent privées du droit qui eſt ici en difpute.

Nous avons auſſi de la peine à comprendre, pourquoi les Seigneurs Etats de
Hollande & d'Utrecht paroiſſent tant appréhender que cette Province & cel-

le de Groningue ne gagnent trop le deſſus dans les Délibérations de l'Aſſemblée du Conſeil d'Etat, puiſqu'on croit que, du moins ſuivant le 51. Art. de l'Inſtruction dudit Conſeil, les Membres qui le compoſent doivent en entrant dans leurs fonctions renoncer entr'autres par ſerment à toute correſpondance particuliére, & promettre qu'ils n'auront point d'égard aux Provinces ou aux Villes qu'ils regardent comme leur Patrie, ou deſquelles ils ont été Députez, ni à aucun profit particulier; mais qu'ils ſe propoſeront pour unique but l'honneur de Dieu, ainſi que l'avantage & la conſervation des Provinces-Unies & de la Cauſe commune.

Outre que lesdites Réſolutions des Seigneurs Etats de Hollande & d'Utrecht ſont deſtituées de raiſons ſuffiſantes d'équité & de juſtice: & que par conſéquent elles ſont défectueuſes quant à la matiére; Nous jugeons auſſi qu'elles ſont directement contraires à la forme & à la maniére de procéder preſcrite par l'Union & obſervée de tout tems entre les Confédérez. C'eſt de cette façon que Nous regardons le Paſſage très-remarquable où lesdits Seigneurs Etats de Hollande & d'Utrecht déclarent dans leſdites Réſolutions, qu'ils ne ſouffriront pas que quelqu'un, en vertu de ſon élection pour *Stathouder* ou Gouverneur, puiſſe être introduit ou admis dans le Conſeil d'Etat, ſans le libre conſentement de LL. NN. PP.; comme auſſi qu'ils ne ſouffriront point, qu'on y contrevienne par voye d'induction, de pluralité de voix, ou en aucune autre maniére.

Comme Nous avons démontré ci-devant d'une façon convaincante, que le droit d'introduire le *Stathouder* dans le Conſeil d'Etat ne ſauroit ſans injuſtice être ôté aux Provinces que d'un conſentement unanime de tous les Confédérez, tel qu'elles l'ont acquis, Nous pouvons d'autant moins accorder auxdits Seigneurs Etats, qu'une ou deux Provinces puiſſent empêcher la libre poſſeſſion & la jouïſſance de ce droit, même dans le cas où la pluralité des Provinces ſeroit pour le maintien de ce droit. Nous ne le diſons qu'avec peine, Nobles & Puiſſans Seigneurs; mais nous ne ſaurions nous diſpenſer de déclarer, que ces ſortes de Maximes nous paroiſſent de dangereuſe conſéquence, puiſqu'elles marquent des voyes de fait & une eſpèce de ſupériorité incompatible avec les véritables fondemens de la République.

L'artifice de vouloir priver les Provinces de la louable & ſalutaire méthode de gagner l'une l'autre par voye d'induction & de perſuaſion, n'eſt pas moins contraire à l'amitié, à l'harmonie & à l'union, qui doivent néceſſairement être entretenues entre des Confédérez ſi étroitement liez. Ces ſortes de maniéres de procéder ne devroient jamais être miſes en œuvre parmi les Provinces, mais on devroit très-ſoigneuſement éviter tout ce qui peut donner matiére & ocaſion à mécontentement & méfiance, ſur-tout dans un tems où l'Etat ſe trouve engagé dans la guerre la plus onéreuſe & la plus dangereuſe qu'il ait jamais eue à ſoutenir; & c'eſt pourquoi Nous avons été d'autant plus ſurpris de ces Réſolutions des Seigneurs Etats de Hollande & d'Utrecht, ne pouvant pas comprendre pour quelles raiſons LL. NN. PP. ont, ſi promptement, & dans le tems qu'on s'y attendoit le moins, mis ſur le tapis un Point de cette importance, ſur lequel elles pouvoient bien prévoir qu'elles rencon-

tretrcroient des oppofitions & des contradictions.   Quel préjudice y avoit-il à craindre pour Elles, fi cette matiére avoit été remife à un autre tems? Car le Seigneur Prince de Naffau, *Stadthouder* Héréditaire de cette Province, & *Stadthouder* défigné de celle de Groningue, lequel les Siegneurs Etats de Hol- lande & d'Utrecht ont eu principalement en vûe, à ce qu'ils font affez claire- ment entrevoir, ne doit entrer, fuivant fa commiffion & fon inftruction, dans l'exercice des fonctions du *Stadthouderat* qu'à l'âge de 20. ans, & Son Al- teffe ne vient que d'accomplir dix-huit ans; par conféquent le cas en difpute n'exiftera que dans ce tems-là.

Mais Nous efpérons que lefdits Seigneurs Etats de Hollande & d'Utrecht, felon leur prudence, fincérité & modération accoutumées & témoignées en toute autre ocafion, après avoir réfléchi fur les dangereufes fuites qui pourroient réfulter, tant à préfent qu'à l'avenir, de pareilles entreprifes, ne feront point difficulté de changer d'avis, & de rétracter leurs Réfolutions fur ce fujet; c'eft de quoi nous prierons LL. NN. PP. de la manière la plus amiable & en même tems la plus férieufe.   Et afin que Nos inftances faffent d'autant plus d'impreffion fur les efprits defdits Seigneurs Etats, Nous avons jugé à propos & néceffaire de Nous addreffer à Vos Nobles Puiffances, pour les prier de vouloir bien appuyer notre demande par leurs puiffantes repréfentations; mais en cas que, contre toute attente, lefdits Seigneurs Etats perfiftent dans leur réfolution, Nous prions V. N. P. & les fommons même, en vertu de l'Union perpétuelle, de contribuer à Nous maintenir dans la jouïffance d'un droit qui nous compète auffi-bien qu'aux autres Conféderez, & d'empê- cher pour cet effet qu'il ne foit rien conclu à la Généralité qui y puiffe cau- fer la moindre infraction.   Ce qu'efpérant indubitablement de l'équité de V. N. P. nous prions le Tout-Puiffant,

Nobles & Puiffans Seigneurs, qu'il ait V. N. P. dans fa fainte protec- tion.   Fait à Leuwaerden le 11. Septembre 1705.

De V. N. P. les bons Amis, LES ETATS DE FRISE.

Paraphé :

J. V. Goslinga
Par ordre d'iceux
H. Hubert.

Lettre du Brigadier Gaudecker fur ce qu'il a été pris, avec quel- ques Régimens, par les François; du 30 Octobre 1705. (*)

HAUTS ET PUISSANS SEIGNEURS,

MEs. Seigneurs &c. C'eft avec une douleur extrême que je me vois obligé de faire à VV. HH. PP. le rapport fuivant. Après avoir été en- voyé le 28. Septembre par Monfieur le Veld-Maréchal d'Owerkerk à Dieft,

(*) Cette Lettre n'eft qu'indiquée, Tome III, pag. 497.

pour y commander, & ayant trouvé à mon arrivée cette Place en très-mauvais état & dépourvue de tout ce qui eſt néceſſaire à la défenſe, comme auſſi de tous les Matériaux requis pour la réparation des Fortifications, j'en ai ſouvent rendu compte à la Généralité dans l'Armée, repréſentant les mauvaiſes ſuites qui en pourroient arriver. Surquoi on m'a répondu, qu'il ſeroit pourvu à tout. J'ai auſſi fait part de tout ceci aux Députez de V. H. P. à l'Armée; & Mr. l'Intendant Peſters m'a aſſûré qu'il avoit fait de ſérieuſes repréſentations là-deſſus, tant à Mrs. les Généraux qu'à L. N. P. à la Haye. J'ai pareillement toujours remontré, que la Garniſon étoit trop foible & incapable de faire, dans une Place en ſi mauvais état & de ſi grande étendue, tout ce qu'on pourroit peut-être s'en promettre; ce que la Liſte ci-jointe de l'état des Régimens fera voir plus clairement à V. H. P. Outre cela j'ai auſſi, ſur les ordres de S. E. Mr. le Veld-Maréchal d'Ouwerkerk de lui envoyer une ſpécification de l'Artillerie qui ſe trouvoit à Dieſt, rendu compte qu'il ne s'y trouvoit pas une ſeule Pièce de Canon, & ai prié enſuite, le jugeant de la derniére néceſſité, de m'en vouloir envoyer; mais je n'ai eu aucune réſolution là-deſſus. En attendant, je n'ai pas manqué, dès que notre Armée a été partie de Herental, par où je me croyois fort abandonné, d'envoyer jour & nuit des Eſpions à pied & à cheval, pour reconnoître les mouvemens des Ennemis, tant auprès des Lignes de Bouchaert qu'à Louvain, où je ſavois qu'on avoit détaché quelques Troupes; mais, malgré toutes ces précautions, l'Ennemi a ſi bien ſu cacher ſon deſſein, que trois Eſpions m'ont encore rapporté le 24. du courant, que tout étoit fort tranquile. Auſſi n'ont-ils pu apprendre autre choſe, vû que les portes de Louvain ont été fermées juſqu'au ſoir, ſans que ni Officiers, ni Bourgeois, ayent pu ſavoir quel deſſein on méditoit, juſqu'à ce que tout étant prêt, l'Ennemi en eſt ſorti à 7. heures du ſoir, & s'étant appointé avec les Troupes des Lignes, eſt venu de toutes parts à trois heures du matin, devant Dieſt: & a tellement inveſti la Ville avant que le jour commençât à paroître, que je n'en ai pu dépêcher aucun Courier pour en donner connoiſſance à l'Armée; cependant j'y ai envoyé trois Païſans à pied, mais je ne ſai s'ils ont pu paſſer par les Ennemis ou non. Le 25. à la pointe du jour, nous apprimes que l'Ennemi s'étoit poſté de tous côtés, tout proche de la Ville, & nous vîmes que les Troupes qui nous entouroient conſiſtoient en 19. Bataillons & 30. Eſcadrons, outre quelques Eſcadrons de Dragons, & 30. Pièces de Canon, parmi leſquelles il y en avoit de fort gros calibre, quelque Pièces à trois canons, 3. Mortiers, & tout le reſte de groſſe Artillerie. Il y avoit auſſi pluſieurs Chariots chargez de Munitions de Guerre, & de tout ce qui pouvoit être néceſſaire à l'exécution de leur deſſein. Ils formérent cinq attaques, dont la plus éloignée n'étoit pas encore à 400. pas de la Muraille, & plantérent leur Canon à huit endroits différens; ce que nous fumes obligez de regarder les bras croiſez, faute d'Artillerie. Après cette répartition, le Comte d'Artagnan, Lieutenant-Général des Troupes Françoiſes, envoya à 7. heures du matin un Trompete, pour me dire, qu'il étoit arrivé devant la Ville, qu'il avoit formé ſes attaques, planté ſon Artillerie, & qu'il vouloit ſavoir ſi je rendrois la Place ou non? Surquoi je répondis,

pondis, que je n'y étois pas envoyé pour rendre la Place à la première fom-
mation, mais pour la maintenir auſſi long-tems qu'il feroit poſſible. Là-deſſus on commença auſſi-tôt à faire jouer le Canon de diverſes Batteries, & à
la faveur de ce feu leurs Troupes approchérent de plus en plus, & firent des
Pontons, tout près de la Ville, ſur le Demer, pour paſſer aux Prairies entre
la *Waterpoort*, & la *Bruygpoort*. Après quoi on vit qu'ils formérent leurs attaques ſur le Retranchement qui eſt devant la Porte de Tous-Saints, dans lequel j'avois mis les Dragons de Waleff, avec quelque Infanterie, quoique je
jugeaſſe ce poſte très-dangereux à maintenir, vû qu'il n'y avoit ni retraite,
ni ſecours pour ce Détachement, ſans baiſſer le Pont-levis du Rempart & ouvrir la Porte. Quelque longue & furieuſe que fût l'attaque des Ennemis, qui
ſe fit par 4 à 500 Grenadiers, ſecondez par deux Bataillons, & enſuite encore par trois autres, tous Enſeignes deployez, ils furent pourtant repouſſez
la première fois ; mais à la fin nos gens ſe voyant obligez de plier devant cette force ſupérieure, les Ennemis les pourſuivirent juſqu'au Pont-levis, qu'on
eut bien de la peine à lever, parce qu'ils avoient déja mis les mains aux chaî-
nes. Le peu de feu qu'on pouvoit faire ſur eux de nos Murailles, les obligea
pourtant à reculer de quelques pas. Dans cet aſſaut ils eurent 200. hommes
de tuez & 80. de bleſſez. Là-deſſus ils ſe retranchérent en cet endroit, &
y ayant fait amener trois Pièces de Canon, ils commencérent à tirer ſur le
Pont-levis & la Porte. Sur ces entrefaites, cinq Bataillons défilérent avec cinq
Canons ſur le Ponton, & ſe poſtérent ſur la Prairie, tout proche de la *Waterpoort*, environ à 250. pas de la Muraille, qui n'avoit pas un pied d'épaiſſeur,
& le Canal trois de profondeur ; & ils enfilérent avec 4. Batteries, de la
hauteur de la Porte d'Anvers, tout ce qui étoit poſté pour défendre cette
Muraille. En même tems 4. Bataillons ſe mirent à pareille diſtance proche
de la Porte de Louvain, avec quelques Pièces de Canon, & encore autant de Bataillons vers la Porte d'Anvers, & tirérent de toutes leurs
Batteries avec tant de ſuccès, que chaque coup fit une ouverture dans la
Muraille par où un Soldat pouvoit paſſer. La Cavalerie & pluſieurs Chariots
étoient occupés à apporter à toutes les attaques des faſcines & de la paille; de-
ſorte que tous ces préparatifs des Ennemis & la réfléxion ſur l'impoſſibilité qu'il
y avoit de pouvoir tenir plus d'une petite heure contre une force ſi ſupérieure, me firent juger néceſſaire d'en parler avec le Directeur des Rocques, qui
me déclara qu'il trouvoit notre ſituation ſi mauvaiſe, qu'il falloit nous rendre
ſans délai; & comme j'étois du même ſentiment, je fis aſſembler les Officiers
Commandans des Régimens, le tems ne permettant point de tenir un Conſeil de Guerre général, lesquels déclarérent unanimement être de la même
opinion. Malgré cela, je paſſai encore à cheval de la Porte d'Anvers juſqu'à
celle de Tous-Saints, avant de faire battre la Chamade, pour voir de mes propres yeux l'effet du Canon des Ennemis & leurs diſpoſitions ultérieures ;
mais trouvant le péril extrême, je fus enfin néceſſité de faire battre la Chamade, pour voir s'il y auroit encore quelque apparence de pouvoir ſauver la Garniſon. Sur cela, le Major-Général Mylord Clare & le Brigadier Greeder, avec
quelques autres Officiers, vinrent à la Porte nous demander ce que nous ſouhai-
tions?

tions? Je répondis que nous demandions qu'on nous envoyât quelques Officiers pour convenir d'un accord ; mais ils repliquérent, que puifque nous nous étions opiniatrés trop long-tems, il n'y avoit point de Capitulation pour nous. Là-des-fus je leur dis qu'ils n'avoient donc qu'à fe retirer, que j'étois réfolu à toute ex-trémité, & que je me défendrois tant qu'il me refteroit un homme. A ces pa-roles Mylord Clare, le Brigadier Greeder & deux Colonels entrérent dans la Ville, fans demander réciproquement des ôtages de notre côté. Je leur pro-pofai un projet de Capitulation, qu'ils croyoient que le Comte d'Artagnan ne nous accorderoit jamais ; ce qui me fit envoyer au Camp, avec ces mêmes Officiers, le Lieutenant-Colonel Rummelin du Régiment du Prince George, le Lieutenant-Colonel Soufin de celui de Walleff, & le Directeur des Rocques, pour dire que fi cette Capitulation n'étoit pas trouvée acceptable, nous ai-merions mieux nous laiffer prendre par affaut. Surquoi le Comte d'Artagnan figna enfin la Capitulation. Le 26. on nous mena à Louvain, & le 27. à Bruxelles, où nous fommes encore, & où l'on nous traite fort généreufement, tant Soldats qu'Officiers.

Il eft chagrinant pour moi, qu'après avoir fervi 34 ans avec honneur & fans reproche, on m'ait à la fin fourré dans une Place, où un honnête homme n'eft pas capable de fe défendre, comme tous les Généraux le favent. Je fou-haiterois bien pouvoir être difpenfé de mander une nouvelle fi defagréable à V. H. P., mais j'efpére qu'Elles reconnoîtront que ce n'eft pas par ma faute ; & je me flatte qu'Elles ne m'oublieront pas dans cet état, & ne me laifferont pas long-tems prifonnier. J'ai l'honneur d'être,

Hauts & Puiffans &c. A Bruxelles le 30 Octobre 1705.

H. VAN GAUDECKER.

P. S. Je dois auffi rendre compte à V. H. P. que la nouvelle Fortification ne nous a abfulument point fervi pour notre défenfe, la terre s'étant ébou-lée ; ce qui a été avantageux aux Ennemis. J'auɭois rendu compte plutôt à V. H. P. de ce fàcheux accident, mais on ne me l'a pas voulu permettre ; & ce n'eft que dans ce moment qu'on m'en accorde la permiffion.

Etat des Régimens qui étoient en Garnifon à Dieft, tels que je les ai trouvés le 23. Octobre 1705.

Régimens.	Officiers.	Sergens.	Soldats fervans.	Soldats malades.	Dragons & Chevaux.
Walleff,	16.	14.	256.	20.	190.
Prin. George,	21.	33.	283.	27.	
Elverfeld,	23.	24.	380.	106.	
Ammama,	26.	19.	282.	70.	
Ripperda,	28.	20.	323.	41.	
Total.	114.	110.	1524.	264.	190.

Lifte Générale des Corps fuivans.

	Chevaux perdus par Maladie.	Chevaux perdus au Fourage.	Cavaliers & Chevaux perdus avec toute la Monture contre les Ennemís.	Cavaliers, fans Chevaux, perdus contre les Ennemis.	Chevaux fans Cavaliers, perdus contre les Ennemis.	Cavaliers bleffés.
Cavaliers & Dragons Danois, de 8 Régimens de Cavalerie & d'un de Dragons, en tout 9.	1816.	202.	131.	89.	94.	18.
Deux Régimens de Dragons de Saxe-Gotha.	261.	49.	16.	5.	17.	4.
Cavaliers & Dragons de Hannover, de 3 Régimens de Cavalerie & de 2 de Dragons, en tout 5.	345.	99.	2.	11.	17.	7.
Cavaliets & Dragons de Heffe, de 3 Régimens, un de Cavalerie & 2 de Dragons,	179.	47.	3.	2.	2.	2.
Et cela jufqu'à la fin d'Octobre. Total.	2601.	397.	152.	107.	130.	31.

Soufcriptions de l'Affociation des Villes de Gueldre.

DEssous l'Affociation des Villes de Gueldre étoit écrit Zutphen, *ad referendum.*

Deutecom, Hendrick Eybergen, Gerrit Verlit, comme étant fpécialement ordonné & authorifé par les Magiftrats & la Bourgeoifie jurée.

Doesbourgh, Bekker, Laensweerde, comme étant fpécialement ordonnée & authorifé par les Magiftrats & la Bourgeoifie jurée.

Arnhem, Swaan, Bouwens.

Harderwyck, Arent van Thiel, W. B. de Gruyter, Egbertus Berger, comme étant fpécialement ordonné & authorifé par les Magiftrats, la Bourgeoifie jurée & Communautés, par Commiffaires de la Ville de Harderwyck.

Wageningen,

Elburgh,

Hattem, n'ont rien figné ni annoté.

Nimegen, *ad referendum.*

Les Villes de Thiel & Bommel ni y ont rien fait.

AFFAIRES
DE LA
PROVINCE
DE GUEL-
DRE.
Troubles
de Zut-
phen.

Réglemens touchant les Troubles du Quartier de Zutphen; du 19. Mars. 1705.

COMME quelques Bourgeois & Habitans de la Ville de Doesbourg tâchent d'exciter à leurs Régens préfens de nouveaux troubles fur le point de la création des Magiftrats: qu'il eft à craindre, fi l'on n'y met ordre à tems, que les Régens des autres Villes ne foient expofez à de pareils inconvéniens: & qu'il eft de la derniére néceffité de rétablir une bonne fois la tranquilité & la concorde dans les Villes refpeétives de la Province de Gueldre, fur-tout dans ces conjonétures d'une Guerre onéreufe; à ces caufes les Villes refpeétives de ladite Province, voulant, autant qu'il eft en leur pouvoir, détourner & s'opofer aux fufdits & autres troubles qui font à appréhender, ont réfolu & trouvé bon de concerter & d'établir les Points & Articles fuivans.

I. Si dans une des Villes de cette Province il venoit à s'élever quelques troubles contre les Magiftrats préfens, foit qu'ils fuffent excitez ou fomentez par quelques Régens déplacez, ou par quelques autres Perfonnes de quelque profeffion ou condition qu'elles puiffent être, on procédera contre iceux, comme contre des Perturbateurs du repos public, ainfi que le Magiftrat dans chaque Ville le jugera le plus convenable; & fi l'un ou l'autre Magiftrat dans fa Ville ne fe trouvoit pas en état de mettre cela duement en exécution, les Villes refpeétives promettent par la Préfente de fe donner l'une à l'autre, fur la première demande, tout le fecours & toute l'affiftance néceffaires & imaginables.

II. Les Villes refpeétives fe promettent l'une à l'autre de s'entraider à maintenir leurs Droits & Privilèges, comme auffi les Contrats & Conditions conclus avec leurs Communes refpeétives, en cas que quelqu'un veuille, fous quelque prétexte que ce puiffe être, empiéter là-deffus: & de ne pas permettre, qu'on leur faffe quelque importunité ou Procès à ce fujet devant la Cour de Gueldre, ou devant quelque autre Tribunal; mais que bien loin de là, toutes les affaires domeftiques dans chaque Ville refteront & feront maintenues.

III. Lesdites Villes s'engagent de ne procéder jamais à la nomination & à l'eleétion d'un Stadthouder, ou Capitaine-Général, ou Amiral, fi non d'un commun confentement, & non pas à la pluralité des voix.

IV. Que fi pour le Service de l'Etat il eft jugé néceffaire de faire un Stadthouder, ou Capitaine-Général, ou Amiral, dans un tel cas ces trois Charges ne pourront être conférées à une même Perfonne; de forte que le Capitaine-Général ne pourra jamais être Amiral, ou *vice verfa*; & que fur ce point la pluralité n'aura pas lieu non plus, mais qu'une feule Ville le pourra empêcher; & que toutes les Perfonnes de la Magiftrature des Villes refpeétives qui font préfentes, & qui enfuite feront établies, doivent pour mieux obferver ce que ci-deffus, prétant leur ferment d'Echevin, le préter auffi fur ce troifième & quatrième Article, ou en cas de refus n'y pas être admis.

V. Les

V. Les Villes refpectives promettent d'aider à rejoindre de la maniére la **Affaires** plus convenable à la Principauté de Gueldre & à la Comté de Zutphen, tous **des Pro-** les Biens, Domaines, ou Seigneuries, qui en font démembrés depuis l'an-**vince de** née 1672. Tous ces Points, avec réferve néanmoins de les augmenter d'un **dre.** commun confentement pour le Service de la Province en général, ou de fes Villes en particulier, arrêtez & conclus par les Souffignez Committez des Villes, étant préfens ici à la Diéte Provinciale, fur l'approbation & la ratification de leurs Principaux refpectifs & de leurs Communes jurées. A Zutphen, le 19. Mars 1705.

Réglement fur la Régence de la Ville d'Arnhem.

COMME dans l'Acte de l'établiffement du Magiftrat de cette Ville d'Ar- **Régle-** nhem, en date du 25. Janvier 1703. il étoit ftipulé que les Bourgue- **ment** maîtres, Echevins & Magiftrats de cette Ville drefferoient & conclueroient **pour la** conjointement avec les Tribuns & Communautés, un Réglement pour la Ré- **Ville** gence; c'eft en comformité de cet Acte que les Bourguemaîtres, Echevins & **d'Arn-** Magiftrats de la Ville d'Arnhem, auffi-bien que les Tribuns & Communau- **hem.** tés repréfentans la Bourgeoifie de la même Ville, ont arrêté & établi un Régle- ment qui confifte dans les Articles fuivans.

I. Que la Ville d'Arnhem fera régie & gouvernée par deux Colléges, fa- voir celui des Bourguemaîtres, Echevins & Magiftrats, & celui des Tribuns jurez, en conformité des anciennes Chartres.

II. Que le Collége de la Magiftrature fera compofé, comme ci-devant, de douze Perfonnes, qui doivent gouverner felon les Droits & Priviléges, conformément à leur ferment; & s'il arrive à quelques-uns d'entre eux, ou à tous enfemble, d'y contrevenir, alors les Tribuns, les Communautés & les Bourgeois feront en droit de les dépofer fur le champ, fans autre forme de procès.

III. Que le Collége des Tribuns jurez fera compofé de quarante-huit Per- fonnes, qui pareillement doivent régir fuivant les Droits & Priviléges, con- formément à leur ferment; & dès que quelques-unes d'entr'elles, ou toutes en- femble, viendront à y manquer, les Communautez & les Bourgeois feront en droit de les dépofer fur le champ, fans aucune forme de procès.

IV. Que la nomination pour les places vacantes dans les deux Colléges fera & reftera à celui des Tribuns, qui préfenteront aux Magiftrats le jour de Ste. Agnès, ou quatre jours avant la St. Paul, pour chaque place vacante dans la Magiftrature, quatre perfonnes, & pour chaque place de Tribun, deux perfonnes des plus confidérables & habiles Bourgeois, defquelles les Magif- trats éliront une.

V. Ceux qui feront élifibles pour Echevins doivent avoir toutes les qualités fuivantes.

1. Qu'ils ayent fait confeffion de la véritable Religion Chrétienne Réfor- mée.

2. Qu'ils foyent nez dans la Province de Gueldre.

3. Qu'ils

3. Qu'ils ayent été pendant quatre ans Bourgeois dans la Ville d'Arnhem, & qu'ils y ayent demeuré.

4. Que dans le tems de leur élection ils demeurent encore actuellement dans la dite Ville, & qu'ils y foyent poffeffionnez, ou du moins dans la Veluwe, ou Veluwenzoom.

5. Qu'ils ne foyent pas trop proches parens, ni en ligne droite, ni collatérale, des Echevins auxquels ils doivent être ajoints, jufqu'à Oncle & Neveu, ou le troifième degré inclufivement.

VI. Ceux qui feront élifibles à l'avenir pour Tribuns jurez, doivent avoir toutes les qualités fuivantes.

1. Qu'ils ayent fait confeffion de la véritable Religion Réformée.

2. Qu'ils ayent été dépuis un an & fix femaines Bourgeois de cette Ville, & qu'ils y ayent demeuré pendant trois ans.

3. Qu'ils ne foyent pas Supôts de la Ville, comme Secrétaires, Huiffiers, Sergens &c.

4. Qu'ils ne foyent pas trop proches parens, ni en ligne droite, ni collatérale, de ceux qui fe trouvent déja dans ledit Collége, jufqu'à Oncle & Neveu inclufivement. Bien entendu pourtant que le parentage dans un Collége n'empêche pas qu'on ne puiffe entrer dans l'autre; & que les alliances contractées après l'entrée dans l'un ou l'autre de ces Colléges, n'empêchent pas qu'on n'y puiffe refter.

VII. Et en cas que, contre toute attente, il fût élu dans les deux Colléges quelques Perfonnes dont on s'apperçût dans la fuite qu'ils n'avoient point toutes les qualités ci-deffus requifes, l'élection fera nulle & de nulle valeur; même jufque là, que les élus feront obligez de quitter la place dont ils avoient déja pris poffeffion, fans qu'aucune prefcription ou allégation d'un ufage contraire puiffe avoir lieu.

VIII. Que du Collége des Tribuns jurés fix Perfonnes feront établies pour Maîtres ou Directeurs des Communautés, comme ci-devant; de forte que tous les ans trois de ces fix refteront & trois feront changez. Et par ces fix Maîtres des Communautés, favoir tant par les trois qui quittent que par les trois qui reftent, conjointement avec douze Gardiens des Communautés dont les Maîtres feront changez, il fera fait une nomination le jour de Ste. Agnés, ou le 21. de Janvier, de fix perfonnes du même Corps, lefquelles ils jugeront, fuivant leur ferment, les plus capables; & cela de cette manière, que les fix Maîtres des Communautés auront chacun deux voix, & ainfi en tout douze voix, & les Gardiens chacun une voix. Cette nomination de fix Perfonnes fera envoyée aux Magiftrats pour en élire trois, & des trois Maîtres des Communautés qui quittent les Magiftrats doivent élire deux pour Sous-Cenfeurs.

IX. Les élections étant faites de cette manière, les Echevins feront pris à ferment par Monfr. le Juge, & les Tribuns par les Magiftrats, lequel ferment portera en termes exprès, qu'ils n'ont donné, ni promis, ni ne donneront ou promettront aucun préfent ou aucune récompenfe, pour parvenir à ces Charges.

X. Les Magiftrats doivent tenir exactement leurs Séances, de même que
les

les Tribuns Jurez leur Affemblée ordinaire, qui fe tient tous les quinze jours le Lundi à onze heures. Et s'il eft befoin de quelque Affemblée extraordinai- re, foit que Meffieurs de la Régence ou quelque autre circonftance l'exige, la convocation fe fera par un des Huiffiers au nom du plus ancien Maître des Communautés.

XI. Les appointemens des Bourguemaîtres & Echevins refteront comme ci-devant, & le falaire des Cenfeurs ne fera pas plus grand que celui des Sous-Cenfeurs, c'eft-à-dire, la pâture d'une Vache, ou huit florins en argent, fans que les Régens puiffent entre eux hauffer leurs appointemens ; mais cela fe doit faire de concert & avec le confentement des Tribuns Jurez. Les Régens ne doivent non plus rien prendre pour rapport ou comparution dans des procès d'un Bourgeois contre l'autre, ni dans ceux qu'un Bourgeois peut avoir contre un Etranger devant le Tribunal de cette Ville.

XII. Les anciens Droits & Privilèges de la Ville & des Bourgeois feront maintenus, & on n'en pourra défifter que d'un confentement unanime.

XIII. L'élection des Bourguemaîtres régnans, & de toutes les autres perfonnes qui ont du rapport aux fonctions des Echevins, comme Maîtres de Police, Cenfeurs, Prifeurs, Verdiers, Maîtres des Rues & des Chemins, Infpecteurs des Digues de la Haute-Betuwe & Otterlo, Directeurs dans les Maifons des Orphelins, Hôtels-Dieu & Hôpitaux, comme de St. Catherine, de St. Pierre, de St. Antoine, Curateurs des Ecoles, Colonels des Bourgeois, fera & reftera à la difpofition des douze Echevins, pour régler toutes ces différentes fonctions de la maniére qu'ils jugeront la plus convenable. Ils difpoferont auffi des Commiffions à donner en dedans & au dehors de la Province, de même que des Emplois de la Ville, comme Secrétaires, Capitaines, Lieutenans, Enfeignes, Sergens à Verge, Huiffiers, Huiffiers-Audienciers, Afficheurs, Maîtres-civils, Prifeurs & de tous les autres Emplois de la Ville: excepté de ceux de Juges-Gardes, Commiffaire des Gardes, Guet au Clocher, comme auffi de tous les Receveurs & Maîtres de Comptes ou Collecteurs des Deniers de la Ville ou de la Province, pour lefquels Emplois la nomination fe fera par les Magiftrats, & l'Election par les Tribuns Jurez: bien entendu pourtant que ces derniers, en donnant ces Emplois, choififfent des perfonnes capables & de la Religion Réformée, qui foient Bourgeois de la Ville, du moins depuis trois ans ; excepté que dans le choix des Maîtres d'Ecole, Organiftes & autres pareilles perfonnes où la fcience & l'adreffe doit l'emporter, ils ne doivent pas avoir tant d'égard au droit de Bourgeoifie.

XIV. Que pour Sous-directeurs des Hôtels-Dieu, Hôpitaux & Maifons des Orphelins, comme auffi pour Curateurs des Ecoles, il fera choifi des perfonnes pieufes & entendues d'entre les Tribuns Jurez.

XV. Que la Charge du Receveur de la Ville ne fera pas à vie, mais feulement pour le tems de quatre années ; bien entendu pourtant qu'il peut être continué de quatre ans en quatre ans, fi les Magiftrats & les Tribuns Jurez le jugent à propos.

XVI. Que l'élection du Receveur de la Ville fe doit faire fur la nomination des fix Maîtres des Communautés, qui, au jour de Ste. Agnès, ou le

21. Janvier, en cas que le terme preſcrit ſoit expiré, ou en cas de mort, quinze jours après le decès, mettront ſur un Billet les noms des trois perſonnes d'entre les Tribuns Jurez & l'envoyeront au jour de St Paul 25. Janvier, ou autrement le lendemain de la nomination faite, dans une Lettre cachetée, aux Magiſtrats, afin d'élire le lendemain de la St. Paul, ou en cas de mort, dans l'eſpace de quatre jours après la nomination reçue, un de ces trois Sujets pour Receveur.   Lequel Receveur ainſi élu ne doit plus aſſiſter aux Aſſemblées des Communes tant qu'il poſſédera cette Charge; mais quand il vient à la quitter il peut y rentrer & y reprendre ſon rang.   Il doit prêter ſerment aux Magiſtrats & aux Maîtres des Communautés, & fera les payemens extraordinaires de peu d'importance ſur les ordres des Bourguemaîtres, Echevins & Magiſtrats; mais les *payemens extraordinaires & conſidérables de groſſes ſommes*, comme de cent Ecus & au-delà ne ſe feront qu'avec le conſentement des Maîtres des Communautés. Il doit auſſi tous les ans, du moins huit jours avant de rendre compte, remettre deux ſpécifications exactes de la Recette & Dépenſe, l'une aux Magiſtrats & l'autre aux Maîtres des Communautés, afin de pouvoir les communiquer aux Communes & apprendre leur avis là-deſſus. Enſuite de quoi il rendra compte devant les Magiſtrats & les ſix Maîtres des Communautés, ou devant leurs Députez ſi on le juge à propos.   Au reſte, il entrera dans l'exercice de ſes fonctions ſur telles gages & *inſtructions* que les Magiſtrats & les Maîtres des Communautés trouveront bon de lui donner.

XVII. Les Comptes de la Léproſerie, ou de l'Hôpital de St. Antoine, comme auſſi de tous les Biens Eccléſiaſtiques & Vicariaux, de même que de l'Impôt ſur les maiſons (*Verponding*), & de tous les autres Deniers publics, ſe doivent rendre de la même manière qu'il a été dit dans l'Article précédent à l'égard du Receveur de la Ville; & tous ces différens Receveurs & Caiſſiers doivent, pour la tranquilité des Magiſtrats & des Maîtres des Communautés, donner bonne & ſuffiſante caution.

XVIII. L'Adminiſtration de la Juſtice, tant pour le Civil que pour le Criminel, reſtera, comme ci-devant, au Collége des Magiſtrats, ſans que les Communes ayent en aucune façon à s'en mêler; excepté que le Juge & les Magiſtrats ne pourront examiner un Bourgeois d'Arnhem, ni le punir pour crime, ou lui impoſer *une Amende plus haute que de* 150. *florins, tout au plus*, ni même l'abſoudre ſans le conſentement des ſix Maîtres des Communautés, qui doivent concourir aux Réſolutions à prendre ſur de pareils ſujets.

XIX. Les Magiſtrats ne doivent conclure aucune Alliance ou Ligue, ni faire la Paix ou la Guerre, ni conſentir à l'établiſſement d'un nouveau Souverain, ou d'un *Stadthouder*, ou Capitaine-Général, ni à boucher les Riviéres, qu'avec l'approbation des Tribuns Jurez.

XX. Ils ne doivent non plus, ſans le conſentement de ces mêmes Tribuns, conſentir à aucune Pétition des Etats-Généraux, ou du Conſeil d'Etat, ni établir aucune Taxe ou Impôt, ſous quel nom que ce puiſſe être, ſoit Provincial ou du Quartier, quand même ce ſeroit pour le profit particulier de cette Ville, ni continuer d'eux-mêmes les Taxes qui ſont déja impoſées.

XXI.

XXI. Les Magiftrats ne doivent auffi engager ni dégager aucun Bien de la Ville, quelque petit qu'il foit, ni rien aliéner, acheter ou vendre, donner à ferme, ou lever des Capitaux pour le profit de la Ville fous la garantie des Bourgeois & habitans, fans le confentement comme ci-deffus.

XXII. Ils ne doivent non plus accorder aucune rémiffion aux Fermiers & autres Receveurs des Deniers publics au-deffus de cent florins, fans le confentement des Tribuns Jurez, & au-deffous de cent florins, fans celui des fix Maîtres des Communautés.

XXIII. Item, point de nouveaux gages, de nouveaux falaires, ou penfions annuelles, ni augmentations d'icelles, fans l'approbation des Tribuns Jurez.

XXIV. Les Magiftrats pourront bien faire d'eux-mêmes de petits prefens qui n'excédent pas la Somme de 25. florins; mais tout ce qui eft au-delà doit fe faire avec le confentement des Tribuns Jurez.

XXV. Et en cas qu'à l'égard des Points ci-deffus mentionnez dans les Articles 19. 20. 21. 22. 23. & 24. il fût fait quelques difpofitions fans communication avec les Tribuns Jurez, ces difpofitions refteront bien nulles & de nulle valeur quant à la Ville, fans que même aucune prefcription ou ufage contraire puiffe avoir lieu; mais afin que ceux avec qui il a été contracté fur quelques Biens, Revenus, Rentes ou Impôts de la Ville, ne foyent point trompez, les Magiftrats feront tenus de les fatisfaire de leur propre bourfe, favoir les Membres qui ont fait de telles conventions, chacun pour fa côte-part. C'eft pourquoi ceux qui n'y ont pas confenti doivent faire enregîtrer leurs oppofitions & en donner connoiffance aux Communes.

XXVI. Tous les Biens & Revenus de la Ville doivent être affermez publiquement, à moins qu'on ne s'apperçoive de quelque complot entre les Admodiateurs; auquel cas les Magiftrats & les Maîtres des Communautés en difpoferont autrement, felon qu'ils le jugeront le plus convenable au fervice de la Ville. Les conditions en feront couchées par écrit, & remifes huit jours auparavant entre les mains des Maîtres des Communautés, pour les communiquer aux Tribuns Jurez.

XXVII. Les Deniers de l'un ou de l'autre Comptoir, & les Revenus de la Ville en général, ne feront employez à aucun autre ufage qu'à celui auquel ils font deftinez dès le commencement, ni au profit d'un autre Comptoir, fans connoiffance & approbation préalables des Tribuns Jurez; pour lequel effet les Receveurs refpectifs des Comptoirs doivent enregîtrer mot à mot la Réfolution ci-devant mentionnée au fujet des payemens.

XXVIII. Les Magiftrats ne pourront faire aucune Ordonnance touchant les Métiers ou Profeffions : & en cas qu'il s'y gliffât quelques défauts par rapport à leurs Statuts, ils ne pourront d'eux-mêmes les corriger ou changer; mais cela fe doit faire avec la connoiffance & le confentement des Tribuns Jurez.

XXIX. Ils ne pourront non plus, fans le confentement de ces mêmes Tribuns, établir de nouvelles Communautés, ni faire aucun changement dans les Lettres Patentes des Communautés refpectives, telles qu'elles ont été de nou-

veau

veau conçues; bien entendu pourtant que l'interprétation de ces Lettres Patentes reste toujours aux Magistrats & aux Maîtres des Communautés, qui
n'oseront ni les uns ni les autres y faire entrer, par manière de dispensation ou
faveur, des personnes qui ne font pas en état de satisfaire aux conditions desdites Lettres Patentes qu'on doit observer ponctuellement. Et en cas qu'un
Confrere de quelque Communauté contrevint à ces Lettres, ou qu'il arrivât
quelque dispute là-dessus, ce fera au Maître de la Communauté, conjointement avec les Gardiens, à décider la question, permis au condamné, s'il se
croit lezé par cette décision, d'en appeller à la Magistrature.

XXX. Les Communautés ayant quelque affaire devant le Tribunal de la
Ville, peuvent satisfaire en payant simplement les droits.

XXXI. Quand on a consenti à quelque Impôt, qui doit être mis sur le
Peuple par répartition ou taxation, cette taxation & répartition doit se faire
par les Colonels & Hauts-Officiers de chaque Enseigne, qui pour cet effet
doit avoir un Maître de quelque Communauté dans son Corps, afin de contribuer à régler cette répartition; laquelle étant faite, il en fera remis Copie
aux Maîtres des Communautés, pour en cas de besoin communiquer là-dessus
avec les Tribuns Jurez.

XXXII. Les Magistrats pourront recevoir dans la Ville les Troupes qui
y passent, ou qui viennent pour y rester, après qu'elles auront prêté le ferment accoutumé; mais en cas que les Tribuns, selon les conjonctures, ju-
geassent n'être pas convenable à la Ville d'y recevoir des Troupes, il ne sera
pas permis aux Magistrats d'en faire entrer en dépit des Communes, ni de
les loger chez les Bourgeois & Habitans à l'insçu des Tribuns Jurez.

XXXIII. Aucun grand Bâtiment ne pourra être entrepris aux dépens de la
Ville sans le consentement des Tribuns Jurez.

XXXIV. Les Amendes, pour autant qu'elles regardent la Ville, tant grosses que legéres, feront la moitié pour la Ville & la moitié pour les Bourguemaîtres de ce tems-là. Pour lequel effet les Secrétaires feront obligez de tenir
non-feulement une Liste exacte de toutes les Amendes, & de les enregîtrer
dans leur Protocole, dès qu'ils en auront connoissance par les Echevins ,
Maîtres des Communautés ou autres personnes; mais d'annoter aussi précisément la Somme pour laquelle on a composé.

XXXV, Enfin il fera accordé aux Tribuns Jurez dans leur Assemblée, toutes les fois qu'ils le demanderont, de voir les Résolutions des Magistrats,
moyennant que cela se fasse dans la Secrétairerie, pour prévenir tout abus.

Nous Bourguemaîtres, Echevins & Magistrats de la Ville d'Arnhem, a-
près avoir examiné tous les Articles de ce Réglement, & délibéré mûrement
là-dessus, avons conjointement avec les Tribuns, trouvé bon d'ordonner &
de statuer; comme nous trouvons bon, ordonnons & statuons par la Présente, de maintenir & faire maintenir tous lesdits Articles comme une Loi inviolable; enjoignant en même tems à tous ceux que cela peut regarder en aucune maniére, d'exécuter, observer & maintenir ce Réglement dans toutes
ses parties. En foi de quoi ce Réglement a été signé par un des Secrétaires
de la Ville, & par le Scribe des Tribuns Jurez, comme aussi par les Teneurs
de

de Livres des Communautés refpectives, en y appofant le Sceau fecret de cette Ville. Fait à Arnhem le 24. Févr. 1705.

AFFAIRES DES PRO- VINCE DE GUEL- DRE.

Par ordre des Très-Nobles & Vénérables Bourguemaîtres, Echevins & Magiftrats de la Ville d'Arnhem

HENRI OTTERS, Secrétaire.

Par ordre des Tribuns Jurez de cette Ville d'Arnhem.

J. SWAAN, Scriba.

ÉVERARD ARISSEN, Teneur de Livres de la Communauté de St. Nicolas.
WALTER ZIMMERS, Teneur de Livres de la Communauté de St. Jofeph.
MICHEL HERBERTS, Teneur de Livres de la Communauté des Boulangers & Braffeurs.
GIRARD RAATGEVER, Teneur de Livres de la Communauté des Cabaretiers
HENRI CLEULJES, Teneur de Livres de la Communauté des Cordonniers.
PIERRE BOLCK, Teneur de Livres de la Communauté des Orfèvres.
ÉVERARD JANSEN, Teneur de Livres de la Communauté de St. Loïola.
ÉVERARD PENNEKAMP, Teneur de Livres de la Communauté appellée la Con-frairie de Cofme & Damien.
JURIEN JOGEMS, Teneur de Livres de la Communauté des Tifferands.
BALTAZAR JORDENS, Teneur de Livres de la Communauté des Tailleurs.

Toutes les Pièces authentiques des Procédures de ce qui eft arrivé à Nimègue le 7. Aout 1705. de même que de ce qui s'eft paffé avant & après ce tems-là.

Relation fuccincte de ce qui s'eft paffé le 7. Août de cette année 1705. & quelque tems auparavant, touchant le Magiftrat de la Ville de Nimègue.

LEs Bourguemaîtres, Echevins & Confeillers de la Ville de Nimègue étant le 29 Juillet 1702. élus librement par les Communautez & Bourgeois, & établis pour leurs Régens, après avoir appris, que quelques Perfonnes mal-intentionnées, ayant plus en vûe leur vanité & leur interêt particulier que le Bien général de la Ville & de leurs Concitoyens, ont pris à tâche de tems en tems, fous toute forte de prétextes faux & frivoles, de rendre odieux leurs légitimes Régens auprès de la Bourgeoifie, afin, s'il étoit poffible, de les dépofer contre tout Droit & leur ferment, & de fe mettre eux-mêmes con-jointement avec les Régens déplacez à leur place, & d'entrer ainfi par force dans la Régence, vû qu'ils ont déja en 1703 couru à cet effet de nuit & à des tems indus avec des Ecrits le long des portes des Bourgeois, pour les faire figner, afin d'empêcher par-là l'Election qui devoit fe faire le 2. Jan-vier 1704. Les Bourguemaîtres, Echevins & Confeillers avoient cru que par leur modération & douceur ils auroient furmonté entiérement cela : il eft pourtant arrivé au contraire, que les Coureurs de nuit fe font mutinez avec leurs Complices de plus en plus, & qu'ils ont pouffé avec beaucoup de fauffe-tez les chofes au point, que leur troupe a augmenté & s'eft fortifiée, s'ad-dreff-

Relation des trou-bles arri-vés à Ni-mègue au fujet du Magi-ftrat.

F 3

dreſſant à des Perſonnes qui avoient ſuccombé dans leurs Procédures, ſoit devant les Srs. Echevins ou devant les Conſeillers, leſquels joints à une partie des Régens déplacez, à leurs Parens, & à ceux qui ſoutenoient d'avoir été oubliez dans l'Election de la Bourgeoiſie du 29. Juillet 1703. faiſoient un aſſez grand nombre. Ce ſont ceux-là, qui s'étant addreſſez l'année paſſée aux Srs. Committez des Seigneurs Etats de Hollande & de Weſt-Friſe envoyez aux Seigneurs Etats de Gueldre, ſe ſont plaints de leurs Régens légitimes, les noirciſſans de pluſieurs menſonges. Or les Bourguemaîtres, Echevins & Conſeillers, à l'exemple des Seigneurs Etats de Friſe, en conformité de leur·Réſolution du 7. Février 1678. auroient fort bien pu faire procéder criminellement par leur Procureur-Général contre eux, comme contre des Perturbateurs de la Tranquilité publique & deſtructeurs des Prérogatives, Privilèges, Juriſdiction & Souveraineté de leur Ville; mais les Bourguemaîtres, Echevins & Conſeillers préférant encore les moyens les plus doux, dans l'eſpérance de vaincre par-là les Eſprits turbulens & de les adoucir, y ont connivé. C'eſt pourquoi ils ont trouvée enſuite, à leur grand regret, que ces Têtes mutines tâchoient d'exécuter leur mauvais deſſein & de dépoſer le Magiſtrat établi validement & légitimement, s'adreſſant à cet effet à quelques Tribuns pour les attirer dans leur complot, & pour qu'ils les aidaſſent contre leur ſerment de Bourgeois & contre l'Acte d'Aſſociation ſigné encore en dernier lieu le jour de l'Election 2. Janvier 1705. à mettre en exécution leur déteſtable & maudit deſſein. Les Bourguemaîtres en ayant été avertis à tems, ont conformément à leur devoir, appréhendé & empriſonné Dimanche au ſoir 21. Décembre 1704. l'Arc-boutant dudit complot, Jaques Nagel, qui a été ſouvent exhorté tant par ſa Femme que par une de ſes Couſines, à ne ſe point mêler de la Régence, comme on peut le voir par les Lettres ci-annexées ſub N°. 1. 2. 3. 4 & 5. & ils ont trouvé bon enſuite de faire procéder criminellement contre lui par leur Procureur-Fiſcal, laquelle procédure étant pouſſée ſi loin, & les Echevins ayant réſolu par Decret, que la Procédure de Srs. Bourguemaîtres accuſans *Ratione Officii* contre Jaques Nagel détenu & accuſé, ſe feroit par écrit & par termes de huit jours à huit jours, afin que la Cauſe étant ainſi venue au point d'être finie par Arrêt, elle puiſſe être envoyée à des Juriſconſultes impartiaux pour demander leur avis là-deſſus, comme il conſte par le Decret des Srs Echevins *Sub* N°. 6. Après ce Decret il prit envie à Nagel le 30 me. de forcer avec l'aide d'autres Perſonnes la Priſon publique & de s'évader: en ſorte que les Srs. Bourguemaîtres ont été contraints de pourſuivre ſelon les Statuts de la Ville leur procédure contre ledit Nagel, comme il paroît par la ci-jointe Juſtification des Srs. Bourguemaîtres délivrée aux Srs. Echevins *Sub* N°. 7. lui Nagel s'étant depuis tenu aux environs de cette Ville, & ayant avec d'autres de ſes Complices & les Régens déplacez, qui étoient bannis par un Placard du 31. Décembre 1704. de la Ville & de ſon Territoire, à moins qu'ils ne s'adreſſaſſent aux Magiſtrats dans un certain terme, & temoignaſſent du regret & repentir de leur comportement continué depuis deux ans, avec déclaration qu'ils reconnoiſſoient la préſente Régence pour légitime; & ayant de nouveau, délibéré de quelle maniére on pourroit déplacer la Régence préſente.

C'eſt

C'eſt alors qu'ils ont concerté, de s'emparer les armes à la main le 31. Juil- *Affaires* let dernier de la Maiſon de Ville avec l'aſſiſtance de quelques Soldats que le *de la* jeune Nagel & quelques Perſonnes avoient gagnez par argent par le moyen *Province* du Dr. Sewaas de Cuylembourg, comme on peut voir clairement par l'Ex- *de Guel-* trait ci-joint des Interrogatoires faits *Ratione Officii* par le Juge de cette *dre.* Ville-là *ſub* No. 8. de même que de quelques Bourgeois & fils de Bourgeois de Nimègue corrompus pareillement à cet effet par Didier de Witt, Antoine Schoemacker, le jeune Nagel & van Halfenberg, de dépoſer en partie la préſente Régence, de faire Bourguemaître le Conſeiller van Loon, conjoin- tement avec le congédié Bourguemaître Rouckens, & Conſeillers Eck van Panthaleon Seigneur de Gendt, Beekman, Verheiden, le Commis du Bu- reau de Poſte, Dr. Melchior van Loon, & Heynſius le Syndic de la Com- munauté. Ce deſſein ne pouvant être exécuté au tems fixé, on a renvoyé cet abominable forfait à huit jours le 7. Août, lorſque le Sénat étant aſſem- blé le matin, à neuf heures environ, & occupé d'affaires importantes, il eſt arrivé, qu'après que les Srs. Bourguemaîtres, Jaques & le Conſeiller Jean de Beyer furent congédiez par bonheur, leſquels ont fait tous leurs efforts pour mettre la Bourgeoiſie ſous les armes, il eſt avancé environ à 10 heures & demie avec un grand bruit vers l'Audience environ 50 à 60 hommes armez d'épées, de piſtolets de poche, & d'autres armes meurtriéres, ayant à leur tête Didier de Wit, le jeune Nagel, Van Halfenberg, Antoine Schoemacker & Henri Melot. Un de ces principaux Boute-Feux, Didier de Wit, ayant arraché par force à l'Huiſſier à Verge la Porte de l'Audience, & l'ayant ain- ſi ouverte, eſt entré avec ſes complices (laiſſant quelques-uns dehors pour garder les avenues de l'Eſcalier & de l'Audience) & ſous de terribles ſermens & juremens & avec des reproches odieux & mal fondez ils s'aviſérent, ſous le prétendu nom des Communautez & de la Bourgeoiſie, de dépoſer ſept Meſſieurs du Sénat qui y étoient préſens, & de leur ordonner ſous des mena- ces effroyables & inouïes parmi les Chrétiens, de vuider au plutôt l'Audien- ce mettant les épées & piſtolets ſur la poitrine des Régens, s'ils ne vouloient prêter inceſſamment obéïſſance à ces mutins. Ils prirent d'une maniére déteſ- table par la manche le Préſident Bourguemaître Verſteegen & le chaſſérent avec pluſieurs autres mauvais traitemens dans la Chambre nommée de Zutphen. Le même ſort échut en partage aux ſix autres Meſſieurs, qu'on vouloit mener dans la Chambre de Veluwe; mais cette Chambre étant fermée à clef & celle de Zutphen pareillement fermée par le Préſident Bourguemaî- tre, le jeune Nagel ſous beaucoup de malédictions & de menaces heurta ſi fort avec les pieds contre la porte, que ledit Sr. Bourguemaître fut obligé de l'ouvrir: ſurquoi on força les ſix autres Meſſieurs avec des piſtolets de po- che, épées & autres armes meurtriéres d'entrer dans la Chambre de Veluwe: & on enjoignit aux ſept Meſſieurs de ne point ſe trouver à la fenêtre ou quils ſeroient tuez à coups de piſtolet ou d'épée, mettant outre quelques-uns de leurs Complices avec deux Soldats d'une autre Garniſon en ſentinelle dans ladite Chambre, qui ſe trouvant continuellement tantôt avec l'un, tantôt avec l'autre des mutins dans la Chambre, vomiſſoient contre les Meſſieurs Régens,

y

y arrêtez, des expreſſions terribles & injurieuſes, en les menaçant de tems en tems de leur caſſer le col, juſqu'à ce qu'après plus d'une heure on batit enfin la Caiſſe, & que Meſſieurs les Régens furent ſecourus par le zéle inexprima- ble, ſincérité & valeur de leurs louables Bourgeois, lorſque quelques-uns des meurtriers furent tuez à coups de fuſil & empriſonnez, dont quatre ont été condamnez unanimement l'après midi, après mûre délibération & examen des choſes, à être pendus le même ſoir hors des fenêtres de la Chambre. En mê- me tems, & lors de l'exécution, on arrêta en habit de femme, le vieux Jean van Halſenberg, qui le lendemain au matin, étant condamné unanimement en plein Sénat, n'y ayant la veille que le Sr. Vermeer d'abſent, a été pendu hors les fenêtres de la même Chambre, & le Dr. Guillaume Rouckens attrapé pareillement *in flagranti delicto* & condamné la veille par l'unanimité des voix, à été décapité ſur la Place de l'Hôtel de Ville.

Ainſi fait & arrêté au Sénat le 30. Septembre 1705.

Par Ordonnance de Leurs Seigneuries.

M. L. SINGENDONK, Secrétaire.

C O P I E. No. L.

TRES-CHER Mari, ſachez que tout va encore bien ici; mais je vous prie par toute amitié d'aller au plutôt à Weſel, & de ne pas reſter plus long-tems où vous êtes, ou je ſortirai auſſi de la maiſon, & laiſſerai aller les choſes comme elles voudront. C'eſt pourquoi je vous prie encore une fois, d'aller à Weſel & de ſuivre mon conſeil, & faites aller notre Janus à Bolduc & ne vous mêlez plus de rien. J'envoye ci-jointe la liſte des Peaux; gardez- la bien, qu'elle ne s'égare point; car je n'en ai point de copie. Encore un coup, Mon cher Mari, faites comme je vous écris: vous me ferez plaiſir. *Plus bas.* Votre affectionnée femme. *Signé*, Aletta de Beyer, nommée Na- gel.

A Nimègue le 14. Juillet 1705.

Plus bas étoit : Je n'ai encore reçu ni Cuir d'Angleterre, ni Lettre; ſi je ne reçois pas aujourd'hui de Lettre, j'écrirai à Harlem. Répondez-moi là- deſſus. Je voudrois que le Bon Dieu terminât les choſes d'une maniére ou d'autre, car il m'eſt impoſſible de vivre comme cela plus long-tems: & je voudrois bien mettre un Billet devant la Maiſon pour la vendre; qu'eſt-ce que Nimègue nous fait? Répondez-moi par Liſette.

Le deſſus étoit :

A Monſieur
Monſieur Jaques Nagel, chez Mr. Soeshoeff.
à Huyes.

S'accorde avec ſon Original comme il a été trouvé le 7. Août 1705. ſur Jaques Nagel.

W. ENGELEN, Secrétaire.

COPIE.

COPIE. No. 2.

TRES-CHER Mari, fachez que tout va encore bien ici, j'efpére qu'il en fera de même avec vous & tous les amis. Il n'y a rien de nouveau ici, fi non qu'on traitera demain fur l'affaire de Lembourgh. J'ai reçu avis de Rotterdam que le Cuir que vous avez acheté chez Hoep, eft revendu, & que Leonhard Rogebroef avoit acheté 10 douzaines de. . . . mais qu'il lui faloit premiérement de l'argent: j'y ai donc envoyé aujourd'hui deux cens foixante florins, mais à préfent vous êtes tout-à-fait fans cuir & perdez prefque tous les Chalands; mais n'importe, pourvû que l'affaire foit terminée. Écrivez à notre Janus qu'il fe rende à Bolduc. Tenez-vous à couvert, de peur que je ne tombe en plus grand malheur; ne babillez pas trop, & ne vous fiez à perfonne. La van Raveftein vous prie de mander où font les papiers qui lui apartiennent. J'ai expofé en vente les deux Maifons, mais il ne vient aucun Acheteur; écrivez-moi. Dieu veuille que nous puiffions une bonne fois vivre enfemble en repos! Les Parens & Voifins vous font faluer & tous les amis; mais de grace tenez-vous à couvert. Je fouhaite d'être avec vous à Wefel, car je ne me plais plus ici. Adïeu, mon cher Mari. Nos Enfans vous font faluer, de même que le Frere & la Sœur. *Plus bas:* Votre affectionnée femme. *Signé:* Aletta de Beyer.

Plus bas: A Nimègue le 22. Juillet 1705.

Le deffus étoit:

A Monfieur,
Monfieur Arnold de Beyer, pour remettre à Mr. Jaques Nagel.
à Wefel.

S'accorde avec fon Original comme il a été trouvé dans la poche de Jaques Nagel le 7. Août 1705.

W. ENGELEN, Secrétaire.

COPIE No. 3.

TRES-CHER Mari, fachez que tout va encore bien ici. J'ai reçu votre Lettre; mais je n'ai point encore de réponfe du Dr. Duran, puifque le Confiftoire n'eft pas encore affemblé. J'ai été furprife, qu'un jour vous avez donné à Madame Hekelom une Affignation de quatre cens florins, qu'elle recevroit à Aix-la-Chapelle: comme vous n'avez pas écrit au Marchand, Madame n'y a point pu avoir d'argent: elle en étoit fort en peine; préfentement elle a donné par Mademoifelle Brouwers un Billet de 350 florins. Elle voudroit bien que vous euffiez la bonté d'écrire à Aix-la-Chapelle pour qu'il fût payé, car il y a déja trois femaines, & elle avoit promis de lui faire avoir de l'arigent dans deux femaines; de quoi Madame Hekelom eft fort en peine. Vous n'auriez pas du lui rien promettre, fi vous ne le vouliez pas faire. J'aurois cru que vous fuffiez devenu quelque autre chofe; mais je vois bien que c'eft toujours de même. C'eft pourquoi nous n'avons plus que faire du négoce. Je n'ai point encore de cuir d'Angleterre, & j'ai envoyé déja l'argent : je ne fai ce qui en eft, le meilleur fera de quitter ; car je ne veux pas être dans cet état plus long-tems. Il n'y a plus d'ouvrage non plus : perfonne ne vient plus chez nous toute la femaine ; ainfi, comme vous voyez bien, il n'y a plus rien à faire. Allons demeurer à Slyckewick : vous y ferez auffi en fûreté ; & nous mangerons & boirons *tant qu'il y aura de quoi fournir.* Scheers a envoyé les peaux Mardi paffé, & je n'en veux plus faire venir ; auffi n'en vient-il pas qui en vaillent la peine. Vous me chargez d'aller chercher cent florins chez van de Wal, il lui faut encore plus d'argent à caufe de la Maifon de Boshoff & des nôtres ; ainfi je n'y pourrai point chercher d'argent. La Maifon de Boshoff feule rapporte bien cent cinquante florins, & je puis fort bien la vendre. Marquez-moi ce que vous en demandez, avec ou fans la Grange. Mais *il ne vient aucuns Acheteurs pour nos Maifons ; j'efpére que Dieu voudra que nous puiffions bien-tôt nous rejoindre, mais pas ici à Nim-gue parmi tant d'ennemis.* Prenez garde fur-tout de vous tenir en fûreté ; & je prie Dieu qu'il nous donne ce qui nous eft falutaire. Les Enfans, Voifins & Amis, le Frere & la Soeur vous faluent. Adieu, Mon cher Mari. *Plus bas :* Votre affectionnée femme. *Signé :* Aletta de Beyer.

Encore Plus bas : A Nimègue le 31. Juillet 1705.

S'accorde avec fon Original comme il a été trouvé le 7. Août 1705. fur Jaques Nagel.

W. ENGELEN, Secrétaire.

C O P I E No. 4.

MON CHER MARI,

JE fuis bien retournée hier au foir, & il y avoit eu un fi terrible bruit des Meres, dont les Fils font auprès des autres, & qui difent que notre fils eft caufe qu'ils feront pendus & roüez, & pourquoi il cherche à corrompte leurs Enfans ; ainfi qu'il fe garde bien de venir à Nimègue, car ils le déchi-roient en pièces. Ils font, difent-ils, plus de vingt à Lendt, qui fe foulent furieufement, & qui font des bravades, en difant : Trinquons, les Mes-fieurs qui font à Huyffen le payeront bien. Ainfi vous vous rendrez mal-heureux, vous, votre femme & vos Enfans ; & il fe peut que nos Maifons foient pillées tôt ou tard. On fait le même bruit chez le Coufin Keer, où il y a eu auffi des Perfonnes qui en ont fait. Je vous prie donc pour l'amour de Dieu, d'aller à Wefel, vous & votre fils, & ne me caufez plus d'angoiffes, ou je ferai une chofe dont vous & vos enfans auront du regret. J'ai été af-fez long-tems en peine : qu'eft-ce que Nimègue vous fait ? allez demeurer autre part, & laiffez faire à d'autres ce qu'ils trouveront à propos. On dit que le pere eft un Mutin, de même que le fils ; & vous ferez que la derniè-re fottiffe fera pire que la première. C'eft pourquoi je vous le dis enco-re une fois, tetirez-vous avec votre fils ; & que je n'apprenne plus que vous êtes encore à Huyffen. J'envoye ci-joint les Echantillons, vous pou-vez en choifir un ; autrement vous pourriez bien attendre encore 3 ou 4 fe-
mai-

maines, & vous faire faire alors un habit de Drap d'Irlande, dont vous aurez pourtant befoin vers l'Hyver. *Plus bas*: Votre affectionnée femme. *Signé:* Aletta de Beyer, nommée Nagel.

Encore Plus bas:

Je me lave les mains de tout ce qui peut vous arriver : je vous ai averti affez fouvent, comme je le fais encore: ne faites rien dont vous puiffiez vous repentir; car je ne vous plaindrois guères. Tenez-vous en fûreté, & faites que notre Janus fe tienne tranquile & ne vienne pas à Nimègue.

Le deffus étoit:

A Monfieur,
Monfieur Jaques Nagel
à Huyffen.

S'accorde avec fon Original comme on l'a trouvé dans la poche de Jaques Nagel le 7. Août 1705.

W. ENGELEN, Secrétaire.

C O P I E No. 5.

MON TRES CHER COUSIN,

JE fuis fur mon depart pour Amfterdam: je ne faurois me difpenfer de vous mander ce qui fe paffe ici. Dimanche paffé, à midi, il y eut deux femmes chez nous, qui firent grand bruit de ce que votre fils féduit leurs Enfans, & qu'il feroit caufe qu'ils feroient pendus ou rouez; pourquoi ils les avoit amenés de Bolduc pour faire ici de pareilles chofes? Ihier il vint auffi ici un méchant qui dit que c'étoit la faute à Nagel, autrement leurs deffeins auroient réuffi à Thiel, & qu'il les avoit menez avec lui, & qu'ils avoient du payer chacun un mauvais efcalin pour revenir ici. Vous faurez ce que vous avez à faire. J'écrirois plus au long, mais je n'ai pas le tems: gardez-vous de venir ici ; c'eft-là vôtre affaire.

S'accorde avec fon Original trouvé pareillement le 7. Août 1705 fur Nagel, fans fignature du nom.

W. ENGELEN, Secrétaire.

Pro Civitate. No. 6.

Extrait du Protocole Criminel de la Ville de Nimègue.
Dimanche le 26. Avril 1705.

DANs la Caufe criminelle des Srs. Bourguemaîtres, *Ratione Officii* accufans d'un côté contre Jaques Nagel détenu & accufé de l'autre, le Tribunal des Echevins, rejette la Conclufion prife du côté de l'Accufé, & entend que le Procès fera inftruit par écrit, favoir par Accufation, Réponfe, Replique & Duplique, de même que par avertiffemens de Droits de huit jours à huit

G 2 jours,

AFFAIRES jours, pour prendre dans la fuite l'avis fur ce fujet des Jurifconfultes impar-
DE LA tiaux par un Arbitre à nommer comme de coutume.
PROVINCE
DE GUEL-   *In fidem Extracti,*
DRE.   P. BEEKMAN, Secrétaire.

Ratione Officii   No. 7.

JUSTIFICATION de la demande & conclufion criminelle du Tribunal des Echevins de la Ville de Nimègue, remife au nom & de la part des Srs. Bourguemaîtres de cette Ville, Accufans *Ratione Officii* d'un côté

Contre

Jaques Nagel, accufé, fugitif & contumacé de l'autre.

Nobles & Eftimables Seigneurs,

Pour faire voir clair comme le jour fous les Proteftations & Implorations ufitées de tous les bénéfices de Droit, en particulier d'exemption de toutes preuves inutiles & fuperflues, que l'Accufé eft coupable du Crime de fédition & mutinerie, & pour juftifier ainfi duement la demande & Conclufion criminelle faite à cette fin,

On donne à confidérer préalablement & comme la Bafe de cette Procédure criminelle, entamée non par quelque paffion particulière, mais uniquement pour l'amour du repos public conformément à nos Charges & fermens:

Que c'eft une vérité indifputable qu'aucun Habitant de la Ville de Nimègue & à peine même aucun Hollandois ne fauroit ignorer,

Que les Tribuns & les Communautez refpectives de la Ville de Nimègue ont, par un amour particulier & naturel de leur Liberté ineftimable & fi chérement acquife avec leur fang & Biens, trouvé bon en 1702 de congédier quelques Régens élus fans la forme anciennement établie dans la République & de mettre à leur place quelques autres qualifiez & qui leur étoient agréables.

Comme il eft pareillement connu à chacun, que depuis ladite année 1702 il s'eft manifefté fans ceffe dans cette Ville plufieurs Efprits féditieux, brouïllons & tumultueux, qui ont tâché nuit & jour, & qui même fe font efforcez par toutes fortes de voyes intérieures & extérieures, employant tout leur favoir, pour remettre, s'il étoit poffible, les Congédiez & leurs Adhérens fur le trône.

Cela eft allé fi loin, que même, *ô Tempora! ô Mores!* plufieurs Perfonnes particulières, fans caractère, &, qui plus eft, fans aucune ombre de Régence, ont ofé de la manière la plus injurieufe noircir les Régens préfens auprès des Voifins Confédérez, deftituez notoirement de toute Jurifdiction par rapport aux affaires domeftiques de Nimègue, & les rendre odieux par toutes fortes de blâme.

Bien plus, les Efprits mutins ont éclaté jufqu'à foulever & exciter le Peuple par toutes fortes de déteftables moyens à une fédition & à un tumulte contre

leurs

leurs élus Magiftrats : afin de troubler de cette maniére par la violence ouverte d'une quantité de Confpirateurs la Tranquillité publique, de renverfer
fens deſſus deſſous toute Juſtice, Finance & Police, & de donner ainſi par
force à la Ville de nouveaux Régens ſelon leur fantaiſie particuliére : Deſſein
qu'ils ſe ſont propoſé d'exécuter à tout prix, fût-ce même de la maniére la plus
deſeſpérée & déteſtable, au moïen des Bandes auxiliaires amaſſées au maſſa-
cre inévitable & à la deſtruction d'un Bourgeois contre l'autre ; comme ſi ce
Dicton infernal & abominable,

Flectere ſi nequeo Superos, Acheronta movebo.

pouvoit & devoit ſe mettre en pratique comme une Maxime héroïque.

Pour venir au fait, l'Accuſé donne d'une pareille conduite mutine une
preuve vive & convaincante.

Car Leurs Seigneuries voyent clairement par les Dépoſitions ci-jointes fub
No. 1. juridiques & vérifiées par ferment des trois Tribuns Jurez, François
van Eck, Jean Sterck & Jean Berckenboom,

Que l'Accuſé ayant invité chez lui le 25. Décembre 1704. ledit François
van Eck, Tribun & Diacre de cette Ville, lui avoit propoſé,

S'il ne feroit pas extrêmement néceſſaire, & même d'une néceſſité très-preſ-
ſante (Notez *l'animoſité de l'Accuſé en conſidération du prochain jour d'Election
des Seigneurs de la Magiſtrature étant comme à l'ordinaire le 2 Janvier de l'année ſuivante*) de faire un redreſſement total dans la Régence préſente ?

Et comment ? de quelle maniére ? & par quels moyens ?

Que lui Accuſé a prié ledit van Eck de parler ſur ce ſujet avec quelques-
uns de ſes Confreres,

Que là-deſſus van Eck, Sterck & Berckenboom ſont venus Samedi 27
Décembre 1704. à 7 heures du ſoir chez lui Accuſé, pour écouter plus amplement les propoſitions faites par lui le 27. à van Eck pour un changement de la Régence,

Que l'Accuſé ayant entendu de van Eck ladite propoſition, l'a avouée, & a
dit enſuite aux Dépoſans,

Que dans ce Projet ou deſſein de changer par force la Régence, lui Accuſé *ne feroit pas le dernier, mais le premier.*

Peut-on être plus clairement & plus effectivement non un caſuel Complice,
mais le principal Chef d'une ſédition ?

Il y ajoutoit enſuite, qu'étant Committé conjointement avec trois des principaux Bourgeois de cette Ville (en vérité c'eſt un affront ſenſible à tous les honnêtes Bourgeois de Nimègue, comme ſi les principaux Bourgeois de cette
Ville n'étoient que des Committens, des Gens ſéditieux :) il avoit déja été ſur
le Yacht des Srs. Commiſſaires de la Province de Hollande, les avoit abordés
lui-même, & s'étoit plaint de la Régence préſente comme intolérable, &
qu'on ne faiſoit pas juſtice duement & impartialement.

Qui eſt-ce qui ne remarque pas ici un Avocat principal des Complaignans
criminels, noirciſſans leurs Régens, auxquels ils doivent tout honneur & reſpect, & les décrians comme des Tyrans intolérables, & des Violateurs de la
Juſtice ?

Et

Et que Messieurs de la Régence avoient abusivement rapporté auxdits Srs. Commissaires, qu'il y avoit présentement dans cette Ville un Gouvernement paisible & bien établi.

N'est-ce pas faire passer les Régens, soit dit avec respect, pour des Menteurs publics? n'est-ce pas vouloir, prétendre une domination supérieure sur eux? n'est-ce pas desavouer un Gouvernement paisible & bien établi, sous le prétexte de quelques Mutins, qui ne manqueront pourtant jamais?

Outre cela, l'Accusé a déclaré dans la suite de son discours, que même deux Committez des douze Tribuns déposez, & encore sept autres Committez répondans pour un grand nombre de Bourgeois & Habitans, avoient porté pareilles plaintes aux Sieurs Commissaires de Hollande.

Et qu'on voyoit assez par-là, sur qui on avoit à se fier, savoir dans une telle entreprise séditieuse.

N'est-ce pas confesser comme le Fondement & la Base de ce soulevement, savoir la vaine confiance sur un grand nombre de séditieux plaintifs?

Principalement il dit, si les Tribuns vouloient bien ouvrir à présent les yeux, eux qui étoient si indignement traitez par les Sieurs de la Magistrature, & qui étoient non-seulement lezez mais même méprisez; prétendant de plus qu'il étoit impossible de vivre plus long-tems sous un tel joug.

Peut-on concevoir un langage plus séditieux? Un homme impartial peut-il en juger autrement, si non que l'Accusé a voulu secouer par force un tel joug imaginaire?

Prétextant ensuite qu'eux Tribuns étoient en droit de déposer les Magistrats, pour avoir mal fait; & qu'il y avoit à présent assez de raisons pour le faire.

Qu'étant uni avec les douze autres on pouvoit le faire sans peine.

Et que lui Accusé étoit assuré, que les Soldats ne se mêleroient point des différends des Bourgeois;

· Marque que l'Accusé s'est flaté lui-même, d'avoir conduit son dessein séditieux avec tant de prétendue sagesse, que bien loin d'échouer, il pouvoit être exécuté sûrement & sans danger.

Là-dessus François van Eck ayant demandé à l'Accusé, à quelles Personnes on pourroit mieux confier le Gouvernement? celui-ci a nommé & proposé auxdits Déposans les Régens déplacez, nommément Dr. GUILLAUME ROUCKENS, le Seigneur de GENDT, P. BEECKMAN, VERHEYEN, & PIERRE CORNEILLE BEECKMAN.

Preuve convaincante, que l'Accusé a, avec toute sa trame séditieuse, cherché à remettre de vive force sur le trône les Régens congédiez par les Tribuns & Communautez.

Que le second Déposant, Sterk, après avoir entendu un dessein si séditieux a dit à l'Accusé avec beaucoup de modération & de raison: Qu'il avoit bien du déplaisir d'apprendre une telle proposition, & que les desseins de lui Accusé ne convenoient point, & étoient même fort dangereux, le priant de changer d'avis avant qu'il se rendît malheureux lui & toute sa Famille, & qu'il mît la Ville en feu & en flammes.

Cette

Cette dépofition unanime des trois Témoins feroit feule fuffifante, felon le Droit même, pour convaincre duement l'Accufé de deffeins féditieux contre fa Magiftrature, & pour lui faire fubir en conféquence la peine juftement dic-tée par les Loix.

Cependant pour couper pied à toutes les cavaillations imaginables dans u-ne affaire de cette importance, qui concerne la Tranquilité publique de la Ville & de fes bons Habitans, & où l'on a fait tant de bruit de la préten-due innocence des Régens déplacés; il faut faire voir fur quoi cette Ac-cufation criminelle eft fondée.

Le deffein féditieux de l'Accufé eft très-confidérablement confirmé par les motifs & moyens fuivans :

1. Par la Confeffion volontaire faite le 21. Décembre 1704. qu'on ne produit qu'*in quantum pro* & pas autrement. Sub No. 2.

Où l'Accufé à fa propre confufion avoue lui-même que van Eck, Sterck & Berckenboom étant chez lui le foir du 27. Décembre 1704. la veille de fon appréhenfion, il leur avoit confeillé de fe joindre aux douze Tribuns con-gédiez pour concerter alors enfemble les moyens de congédier les Magif-trats.

Où il fait pareillement confeffion d'avoir été fur le Yacht des Commiffaires de Hollande, & ne defavoue point d'y avoir fait la Propofition.

Et, où affez décontenancé, & fe trouvant dans une affaire embaraffante, il vient, à fa propre conviction, à fe contredire notablement.

Pendant qu'il prétexte d'un côté d'avoir voulu s'acquiter *quafi vero* de fon devoir pour affoupir les troubles qu'il y avoit dans la Ville, & dont il étoit néanmoins le premier Arc-boutant, & pour en découvrir le tems & la manié-re; étant en paffant à remarquer par-là que l'Accufé a fans doute fu le tems & la manière d'exécuter ce deffein féditieux.

Et comme on avoit là-deffus exigé de l'Accufé dans fon dit examen de découvrir quelques-uns de ceux qui avoient part à ces troubles, *il a répondu* avec plus d'emportement, & directement contraire à la précédente prétendue volonté de découvrir, qu'il aimeroit mieux fe faire brûler tout vif que de paffer pour un délateur.

Au lieu qu'il étoit néanmoins indifputablement obligé en conféquence de fon ferment de Bourgeois de découvrir telles entreprifes féditieufes.

Sur-tout puifque par fa confeffion il fuppofe par une conféquence incontef-table, qu'il connoiffoit & les Perfonnes, & le tems & la manière de ce def-fein féditieux.

Car c'eft ce que comportent clairement ces paroles de *découvrir* & de *dé-noncer.*

D'autant que la chofe parle d'elle même, qu'on ne peut découvrir ni dé-noncer ce qu'on ne fait pas, vû que le bon fens nous apprend, *quod non En-tis nullæ fint qualitates & nulla accidentia.*

2. Par la confeffion de l'Accufé du 4. Janvier 1705. qu'on n'allégue pas non plus autrement, ni à d'autre effet, finon *in quantum pro.* Sub. No. 3.

Parce

Parce qu'étant interrogé dans le 4me. Article, sur ce qui étoit attesté par van Eck, Sterck & Berckenboom sur le 5me. Article interrogatoire, sub No. 1. il ne l'a ofé contredire; mais qu'il prétend quasi ignorer, que ce on sur quoi l'avoit interrogé s'étoit passé à peu près de cette maniére, sans cependant particularifer la moindre différence.

Pareillement l'Accusé étant interrogé dans le 5. Article sur la teneur du sixième Article interrogatoire des susdits trois Déposans, il n'a non-seulement pas contredit la déposition de ces Témoins; mais il l'a même approuvée d'une affirmation expresse en ces termes positifs: *déclare qu'oui.*

L'Accusé tàche ensuite de colorer sadite affirmation positive; comme s'il l'avoit fait pour tirer à van Eck les vers du nez, & pour découvrir son intention, *quasi vero*; mais *Credat hoc Judæus Appella.*

Car toutes les circonstances de l'affaire dictent d'elles-mêmes, que cela ne consiste que dans une frivole, vaine & fausse invention, dont rien au monde n'est évident, & où plutôt tout est destitué de toute apparence.

Puisqu'au lieu que l'intention ou la vûe de l'Accusé ait été de découvrir le Projet d'un autre, il a ci-devant déclaré par l'information du 31. Décembre 1704. avec beaucoup de passion & de chaleur, qu'il aimeroit mieux se faire brûler tout vif que de découvrir ou dénoncer quelque chose à ce sujet.

Cela n'empêche pourtant pas que l'Accusé ne cherche à colorer ou à cacher sadite positive affirmation dans ledit cinquième Article, en disant que ce n'étoit que dans la vûe de découvrir ce qui se tramoit, qu'il a donné pour réponse ces expressions criminelles: *Que dans cette affaire il ne seroit pas le dernier, mais le premier:*

Egregiam vero laudem & spolia ampla refertis!

Comme l'Accusé confesse par-là irréfragablement, & établit à sa plus grande confusion & honte, qu'il a tenu ledit discours *savoir, que dans cette affaire-là*, c'est-à-dire concernant un soulevement contre la Regence: *il ne seroit pas le dernier, mais le premier*; selon tout jugement impartial ce discours ne sauroit se rapporter à autre chose, qu'à l'affaire & au dessein de changer séditieusement la Régence.

C'est dequoi l'Accusé avoit auparavant parlé à van Eck, Sterck & Berckenboom, & ce qui étoit le seul sujet de leur conversation.

Car c'est une Maxime connue de Droit, que, quoique ladite relation soit sujette à quelque équivoque, ce qui n'est point, elle ne peut néanmoins souffrir d'autre interpretation qu'*ex subjecta materia. Everh. loc. Leg.* 23.

Et quant à la confession de l'Accusé sur le 6. Article interrogatoire, ce que van Eck, Sterck & Berckenboom ont déposé dans leur déclaration sur le 7 Article interrogatoire n'en est pas peu confirmé.

Puisque non-seulement l'Accusé avoue clairement en conformité dudit septième Article interrogatoire, qu'il a été sur le Yacht avec trois autres, savoir le Maître de Postes Dr. Melchior van Loon, le Capitaine van Gendt & Jean Halfenberg.

Mais puisqu'on peut voir aussi outre cela par la déclaration de l'Accusé sur le ledit 6e. Article interrogatoire, que bien loin d'oser contredire les plaintes d'une Régence intolérable, & d'une Justice irrégulière & partiale; plaintes qui sont unanimement attestées par van Eck, Sterck & Barckenboom & à lui proposées dans ledit 6e. Article de l'Information du 4 Janvier, il les a passé sous silence à dessein, comme ne revenant pas juste à son affaire.

Quant à ce qu'il prétend sur ledit 6e. Art. interrogatoire, qu'il auroit dit aux Srs. Commissaires, qu'il étoit bien aise de leur présence, & qu'il les avoit priés de vouloir faire une autre tentative pour rétablir le repos; cela ne fait rien au sujet.

Car non-seulement on en peut assez conclure, qu'il a porté la parole à ces Messieurs en qualité de premier Complaignant; mais que sa Réponse sur ce qu'on l'avoit inrerrogé par le 6e. Article n'est qu'un verbiage pour éluder la plainte d'une prétendue intolérable Régence.

Etant constant *in Criminalibus*, que si l'Accusé ne répond point sur la chose interrogée, & vient à s'en écarter, cela donne lieu, selon le Droit, à une forte présomption d'une mauvaise cause.

Comme on peut voir chez *Ant. Matth. D. de Quæstion. Cap*, 1. *num.* 10. *ubi docet, si Reus in criminalibus non respondeat ad rem, id aut contumaciæ, aut desperatæ malitiæ indicium sit.*

Et c'est plutôt au préjudice qu'à l'avantage de l'Accusé ce qu'il dit sur le susdit 6e. Article, qu'il vouloit bien élever ses doigts qu'il n'étoit point de l'ancienne Faction, mais pour le repos & la concorde.

Car outre qu'il n'étoit point interrogé, si il étoit de l'ancienne Faction, cela ne venoit pas à propos.

De plus, une telle offre volontaire de vouloir élever les doigts ne mérite en Droit aucune considération; *Si enim quis juraverit, nemine ei Jusjurandum deferente, Prætor id Jusjur. non tuebitur, sibi enim juravit, & alioqui facillimus quisque ad Jusjur. decurreret. L.* 3. *D. de Jurejurando.*

Il est outre cela assez évident par toutes les circonstances de cette Procédure criminelle, & spécialement par ce qui a été ci-devant déposé sur le 12 Art. interrogatoire de van Eck, Sterck & Berckenboom, que l'Accusé a tâché de remettre par force dans la Magistrature le anciens Régens.

On peut de même voir indisputablement par les Documens produits à cet égard en grande quantité, que l'Accusé n'a pas cherché par sa conduite séditieuse & tumultueuse le repos & la concorde, bien loin de là; mais effectivement émotion populaire & discorde tragique.

D'où il résulte incontestablement, combien témérairement l'Accusé s'est offert par sa Réponse sur le 6e. Art. interrogatoire, d'élever ses doigts. Où l'Homme n'est-il pas entraîné, lorsqu'une fois il s'est écarté du bon chemin, & qu'il vient à s'apuyer sur sa propre sagesse? Peut-on pousser l'hypocrisie & la dissimulation à un plus haut degré, que quand un Habitant particulier, sous prétexte de chercher le repos & la concorde dans une Ville, vient à se révolter si séditieusement & tumultuairement contre ses Magistrats légitimes?

Tome XIV.   H   Si

Si nous paſſon au 9. Article touchant la confeſſion que l'Accuſé avoit faite le 4. Janvier 1705, elle ne confirme pas moins ce que lesdits trois Témoins ont dépoſé ſur le 10. Article interrogatoire..

Car outre que l'Accuſé ne ſauroit alléguer autre choſe contre tout ce qui a été atteſté par ces trois Témoins dans ledit 10. Article, ſinon qu'il ignoroit, *quaſi vero*, qu'un tel diſcours eût été tenu, ſans rien exprimer de ce diſcours qu'il prétend n'avoir point été tenu..

Il eſt encore *in confeſſo* par la Réponſe de l'Accuſé ſur ledit neuvième Article., qu'il a été parlé entre lesdits Témoins & l'Accuſé, des Perſonnes qu'il faudroit démettre de la Régence; & de ceux qu'on devroit remplacer.

Comme il paroît auſſi aſſez clairement par les Réponſes de l'Accuſé ſur les 11, 13 & 15 Articles, qu'on a traité amplement le 27. du même mois chez Nagel du changement de la Régence, c'eſt-à-dire, d'un ſoulévement ſéditieux..

Juſque-là qu'il conſtè pareillement par la Réponſe de l'Accuſé ſur le 16. Article, que le Tribun Sterck a tâché, conformément à ce qui a été atteſté ſur le 17. Article par lesdits trois Témoins, de le détourner d'un deſſein ſi pernicieux..

3. Par la confeſſion de l'Accuſé du 12. Janvier 1705. qu'on ne produit pareillement, que *in quantum pro*, ſub No. 4. il paroît aſſez;.

Que tout ce ce que l'Accuſé a traité le 27. Décembre 1704 avec lesdits trois Témoins van Eck, Sterck & Berckenboom, n'a concerné dans le fond & en ſubſtance, que le point de ſédition & de tumulte en queſtion, touchant un changement violent de la Régence,.

Que l'Accuſé dans ſa Réponſe ſur le 4. Art. interrogatoire avoue lui-même leur avoir conſeillé de ſe joindre aux douze Tribuns congédiez.

Que l'Accuſé ne deſavoue point ſur le 6. Article interrogatoire le diſcours ſéditieux d'une Régence intolérable qu'il avoit tenu auxdits trois Témoins; mais que cela ne s'étoit pas fait ſur le Yacht.

Que ſur le 8e. Art. interrogatoire l'Accuſé prétend d'avoir ouï dire, qu'il y avoit été quatre Tribuns ſur le Yacht.

Au lieu qu'il le ſavoit fort bien comme un Témoin oculaire, & qu'il avoit même déja déclaré le 4. Janvier 1705 ſur le 8. Art. interrogatoire de le ſavoir non par ouï dire, mais abſolument par lui-même.

Que l'Accuſé dans ſa Réponſe ſur le 9. Art. interrogatoire déclare ne rien ſavoir de tout cet Article-là, & qu'il répond ſur le 9. Article des Informations du 4. Janvier 1705, ne point ſavoir que tout ce diſcours s'eſt teuu; variant ainſi dans ſa déclaration à ſa grande agravation.

Que l'Accuſé étant encore interrogé ſur le 9. Article des Informations du 12. Janvier 1705, ne deſavoue point que tout ce diſcours a été tenu; mais qu'il tâche en vain de ſe ſauver en diſant que cela s'étoit paſſé d'une autre maniére,.

Qu'il confeſſe même à ſon entière confuſion dans le 9. Article d'avoir dit à van Eck: *Si vous voulez faire quelque choſe de bon*, c'eſt-à-dire ſuivant

la.

la connexion des paroles précédentes fi vous voulez déplacer les Régens, *il y a bien trois cens Bourgeois qui vous affifteront.*

Que l'Accufé confeffe ingenûment fur le 11 Article des Informations du 12. Janvier 1705. avoir propofé Rouckens & Verheyen pour les mettre dans la Régence.

Et enfin que l'Accufé confeffe fur le 16. Article de cette même Information, que Sterck, en prenant congé de lui, l'avoit prié de fe défaire de pareils fentimens.

4. Par la Déclaration jurée de Didier Ariens, Roulier de la Ville, fub No. 5.

Où on voit non-feulement, comment l'ancien Confeiller Verheyen a cherché, pour le fuccès d'un tel féditieux changement dans la Régence, à lever, au moyen dudit Témoin, du monde & des Troupes.

Mais il confte même par-là en particulier, comment l'affaire s'eft paffée Samedi avant Noël 1704 chez Jean Adams dans la petite Chambre de la Pofte.

Savoir qu'il eft venu chez lui, Témoin, ledit ancien Confeiller Verheyen, le Maître de Poftes van Loon, l'Accufé & l'ancien Confeiller Rouckens.

Et que ledit Verheyen a demandé à lui Témoin, en préfence desdites Perfonnes, combien de monde il avoit déja.

Que lui Témoin ayant répondu là-deffus, environ 40 hommes, l'Accufé avoit reparti, comment! rien que 40 hommes? Je croyois que vous en euffiez déja plus de foixante, en y ajoutant: Cà, Didier, faites bien votre devoir, il ne vous fera pas desavantageux.

Que de plus ledit Verheyen difoit à lui Témoin: Voilà le Maître de Poftes van Loon & Nagel, faites tout ce qu'ils vous difent; y ajoutant, van Loon vous donnera quelque chofe.

Et que le Maître de Poftes a fourré là-deffus à lui Témoin quelque argent, favoir neuf florins & demi, confiftant en une Pièce de 3 florins, quelques florins, un Ecu & le refte en mauvais efcalins.

Il paroît encore par ce qui a été dépofé, que l'Accufé l'a fondé, fi lui Témoin avoit toujours fon monde prêt, & comment il l'affembleroit quand il en feroit befoin.

Sur quoi lui Témoin ayant répondu, au bruit de la Creffelle, l'Accufé à repliqué que cela ne vaudroit rien.

Qu'enfuite ledit Verheyen avoit dit à lui Témoin, allez de tems en tems chez Nagel & le Maître de Poftes van Loon, qui vous diront bien ce que vous aurez à faire.

Indiquant ainfi affez ces deux-là comme deux Chefs principaux de cette Faction déteftable.

De plus, que l'Accufé lui avoit dit alors très-férieufement à diverfes reprifes: Didier, faites en forte d'avoir beaucoup de monde, cela ne vous fera pas desavantageux.

H 2   Que

Que l'Accufé & le Maître de Poftes avoient auffi alors demandé au Témoin combien de monde avoit déja Egbert le Chartier?

Que Jean van Halfenbergh difoit ledit Samedi au foir, chez Jean Adams, à lui Témoin, que van Kefteren avoit auffi déja environ trente hommes.

Que lui Témoin fut le Dimanche fuivant, au foir, avec Egbert le Chartier dans le fusdit Cabaret chez Jaques Nagel, & qu'il difoit audit Nagel qu'Egbert avoit déja près de cent hommes; & que l'Accufé avoit dit là-desfus, comme tranfporté de furprife & de joye, parbleu, cela eft bien!

5. Par la Déclaration jurée de Martin van der Lynden dépofant, fub. No. 6.

Que Didier Ariens lui avoit fait connoître à deux diverfes reprifes au mois de Décembre 1704, qu'il avoit dans fa Maifon de la compagnie, & une Ancre de Vin, avec une Tonne de Biére, le priant très-inftamment d'en vouloir être.

Que lui Didier Ariens avoit déja amaffé cinquante hommes pour fe foulever contre les nouveaux Régens, & que lui Témoin le vouloit faire Lieutenant, s'il vouloit entrer dans ce deffein.

Que ledit Didier Ariens difoit de plus que le Fils de Didier van Kefteren leveroit pareillement à cette fin une Compagnie.

Item, que le même Ariens étoit encore venu 3 ou 4. jours après chez lui Témoin, le régalant de quelques Verres de Brandevin, & infiftant très-férieufement de fe foulever contre la Régence préfente.

Item, que ledit Ariens en buvant ce Brandevin tiroit hors de fa poche une poignée d'argent, difant, fi cela eft dépenfé j'en puis avoir davantage.

6. Ce qui confte de la dépofition de Pierre Roéters, Maître Serrurier, fub No. 7. tend pareillement à la fédition & au tumulte en queftion; favoir, que lui Témoin étant invité Samedi avant Noël 1704. chez la Veuve du Secrétaire van Loon, a été mené par fon Fils le Maître de Poftes dans fon Bureau & régalé d'un verre de Vin.

Qu'alors le Maître de Poftes van Loon, ayant entamé le difcours, entre quatre yeux, des nouveax Régens, a dit entr'autres: Tout va mal, vous n'avez qu'à regarder comment mon frere eft traité.

Difant de plus: mais à préfent il y a moyen, nous pouvons être tirez hors d'affaire; car les nouveaux Régens n'ont pas voulu accepter la Médiation des Meffieurs qui font ici de Hollande.

Et nous avons près de trois ou quatre cens hommes à la main; c'eft pourquoi il faut nous fervir des moyens pendant qu'on nous les offre.

Que lui Maître de Poftes van Loon difoit auffi alors à lui Témoin, qu'il y avoit trop de défauts aux Revenus des Finances, que les nouveaux Régens faifoient beaucoup de commiffions coûteufes & infruétueufes, le tout à la charge des Bourgeois.

De même, qu'on continueroit les Srs. van Loon, Knipping & Joffelet.

Dé-

Déclarant en outre, qu'il y avoit chez Paton jufqu'à vingt hommes, qui iroient pareillement au Yacht des Srs. Députez de Hollande.

Et qu'il étoit fûr, qu'on aboliroit toutes les Confrairies & Communautez de cette Ville.

7. Une preuve confidérable de ce déteftable complot fe voit pareillement par la Déclaration jurée de Herman van Kefteren , fub No. 8. favoir, qu'au mois de Décembre 1704. lorfque quelques Meffieurs étoient ici de Hollande, lui Témoin a été mené par Jean van Halfenbergh, notoirement un des principaux Inftrumens de la mutinerie en queftion, premiérement à l'Auberge de Laurent van Hervelt, au Marché des Pots, & enfuite à celle de Jean Adams, & régalé dans ces deux endroits d'un verre de Vin.

Que Jean van Halfenbergh apprenant alors, que le Maître de Poftes van Loon n'étoit point dans cette Auberge, a mené le Dépofant chez ledit Maître de Poftes, chez qui lui Dépofant fut fort bien reçu & régalé enfuite d'un verre de Vin.

Que c'eft alors que Jean van Halfenbergh, le Maître de Poftes van Loon & fon Frère le Marchand de Vin, ont follicité long-tems le Dépofant de figner certain Ecrit qui lui fut lu par ledit Maître de Poftes.

Portant entr'autres, que les Bourgeois de cette Ville étoient extrêmement préjudiciez par la Régence préfente, & nullement maintenus dans leurs Droits & Privilèges; & qu'on en porteroit des plaintes aux Sieurs Commiffaires de la Province de Hollande.

Qu'enfuite lesdites trois Perfonnes ont demandé à lui Dépofant, s'il ne pourroit pas mettre fur pied quelque monde?

Que lui Dépofant a répondu là-deffus: Ouï, da, je trouverois bien encore une trentaine d'hommes; mais il faudroit alors que les Seigneurs Régens m'en fiffent Capitaine, & que je tiraffe de l'argent des Etats.

Que Jean van Halfenbergh difoit là-deffus: Cela eft bien; mais il faudroit aller d'une autre maniére, & faire fortir à un certain tems les nouveaux Régens de la Maifon de Ville.

Que lui Dépofant ayant repliqué, alors il nous arriveroit comme à Amfterdam, prit congé & s'en alla.

De plus, que quelques jours après il eft venu vers lui Didier Ariens, Roulier de la Ville, demandant, fi lui Dépofant avoit déja tout prêts ces trente hommes.

Que Didier Ariens y ajoutant en même tems: Dites le hardiment: j'ai auffi déja cinquante hommes à la main; & que cela s'étoit fait fur le Marché près de la Pierre bleüe.

Qu'il a fouvent entendu Jean van Halfenbergh fe plaindre des Régens actuels, & particuliérement du tort qu'ils avoient fait au Marchand de Vin van Loon, & qu'on les chafferoit dans peu de la Maifon de Ville.

Et que Jean van Halfenbergh avoit fait prefque tout cela lui, où il invitoit fouvent le Dépofant à boire un verre de Vin avec lui.

8. Une preuve encore du deffein féditieux formé contre la Régence, eft ce que Ruth Roeters a déclaré, fub No. 9.

H 3   Qu'il

Qu'il y a environ cinq femaines que lui Dépofant ayant été invité, le matin, premiérement chez Paton par un certain Garçon, & qu'y étant, il a encore été invité l'après midi par Henri Meloth.

Que le matin il a trouvé dans l'Auberge Manné le Tailleur, & le Marchand de Vin Becker, & le foir Nagel, le Maître de Pofte van Loon, Jean van Helfenbergh, le vieux Becker, le vieux Cordonnier Scheers, Manné le Tailleur, le jeune van Kofteren, Henri Meloth & Odekercken.

Que Meloth l'a prié le matin d'aller l'après midi avec lui & d'autres au Yacht, & que dans ladite compagnie on a aufli parlé en général d'aller au Yacht.

Qu'à la verité il n'avoit pas entiérement entendu le difcours de Meloth, mais qu'il lui avoit entendu parler des cinq Régens provifionnels: item, que Monfieur de Weldern avoit dit qu'on aboliroit les Confrairies & Communautez: de même qu'il ne feroit pas permis aux Tribuns de s'affembler à l'infçu du Magiftrat; & qu'il avoit propofé le tort qu'on avoit fait à fa propre perfonne en lui ôtant fa Charge.

Et que lui Dépofant eft allé avec lesdites Perfonnes du Yacht à l'Auberge de la Veuve Paton, où ils ont été défrayez & régalez de Vin & de Biére.

9. La Dépofition jurée de Jean Harting, fub. No. 10. contribue pareillement à prouver en quelque façon le complot féditieux contre la Régence préfente, formé criminellemeut par l'Accufé & fes Adhérens; car il en confte,

Que le Maître de Pofte van Loon eft venu chez lui Dépofant le même Dimanche après midi, lorfque l'Accufé fut appréhendé le foir, favoir le 20. Décembre.

Et que lui Maître de Pofte van Loon étoit fort altéré de la notification de François van Eck touchant le deffein de Nagel, difant d'un air effrayé & décontenancé: *Qu'eft-ce que van Eck a fait?*

De quoi on ne fauroit inférer autre chofe, à en juger impartialement, finon que le Maître de Pofte van Loon trouvant, contre toute attente, que van Eck, à qui on avoit tant communiqué de cette abominable révolte, l'avoit découvert & notifié à la Régence, n'a été tant altéré & effrayé que par une mauvaife confçience, plus forte fans doute que mille témoins.

10. Ce qu'on voit par la Déclaration de l'Intendant d'Arnhem, fub. No. 11. tend encore au même but d'un changement de la Régence: favoir,

Que l'Accufé étant venu un jour chez lui Dépofant, lui avoit dit alors, qu'il falloit travailler à remettre quelques-uns des anciens Régens dans la Magiftrature.

Que l'Accufé avoit encore parlé à lui Dépofant le 28. Décembre dernier, & qu'il avoit paru alors fort embaraffé la-deffus.

Qu'il avoit fait ouverture à quelques-uns des Tribuns, (les fusdits trois Témoins) du deffein de remettre les vieux Régens dans la Magiftrature, & que bien loin de vouloir plus fe mêler de ces affaires, il vouloit partir le lendemain fuivant pour Wefel.

Re-

Requérant en même tems l'Intendant d'Arnhem de vouloir faire son devoir pour aider à procurer une Amniſtie après le jour de l'Election.

11. On peut viſiblement comprendre les mouvemens & les menées ſéditieuſes de l'Accuſé par la relation de l'Huiſſier à verge Moltzet, en date du 28. Décembre 1704. ſub, No. 12.

Par laquelle on voit, que la femme de l'Accuſé apprenant le 28. Décembre 1504 l'appréhenſion de ſon mari faite par Meſſieurs les Bourguemaîtres *Ratione Officii*, s'eſt trouvée dans une ſi grande conſternation, qu'elle n'a pu ſe retenir de faire pluſieurs exclamations & de dire avec beaucoup de grimaces: *Ne l'ai-je pas aſſez dit? ne l'ai-je pas aſſez dit?*

Une preuve convaincante, Nobles & Eſtimables Seigneurs, que l'Accuſé a été porté & entraîné d'un emportement furieux & enragé pour un changement tumultueux de la Régence; c'eſt qu'il a même mépriſé obſtinément & opiniâtrement le bon & fidèle avertiſſement de ſa propre femme, ſans avoir voulu ſe laiſſer détourner de ſon maudit propos.

12. Pareille preuve de la ſédition en queſtion eſt à voir par la relation de l'Huiſſier du 4. Février 1705. ſub No. 13. par laquelle il conſte,

Que Jean van Halfenbergh, qui par les Pièces produites & toutes les circonſtances, paroît être un des principaux Boutes-feux de cette Conſpiration, eſt & demeure encore fugitif.

Quoiqu'il ait été déja, par ordre exprès de Mrs. le Bourguemaîtres, ſommé à diverſes repriſes le 28. & 31 Janvier, & le 4. Février dernier, de comparoître devant eux à la Maiſon de Ville.

Que même la femme de Jean van Halfenbergh étant aſſez embaraſſée par rapport à ſon mari fugitif, s'eſt contredite elle-même; & qu'en conſéquence elle a tantot promis de vouloir lui notifier l'ordre de Mrs. les Bourguemaîtres, & tantôt ptétendu ignorer où il ſe tenoit.

Laquelle ſuite priſe par lui avant qu'on ait entamé l'inquiſition contre lui, ne peut que cauſer à tous les impartiaux un grand ſoupçon d'une conſcience cautériſée. *Hynſing. Cent. 6. Obſ. 98. No. 1. 2. Zanger. de Tort. reorum Cap. 2. No. 91.*

13. On voit encore comme une marque de l'eſprit ſéditieux de l'Accuſé par la Déclaration jurée du Maréchal Jean Peters, ſub No. 14.

Que dans le tems que les Commiſſaires de Hollande furent ici, l'Accuſé ayant invité le Dépoſant chez lui, n'a point eu honte de témoigner par un ſerment téméraire de chercher le Bien des Bourgeois.

Ce qui pourtant ne ſauroit être concilié avec une telle conduite ſéditieuſe & ruïneuſe, dont les ſuites ne peuvent être que des malheurs terribles & la derniére confuſion.

Et qu'après la préſentation d'un ferment ſi frivole l'Accuſé, comme un des principaux Complaignans de la Régence, a tâché par des inſtances furieuſes de porter le Dépoſant à ſigner certain Ecrit contre la Régence pour être remis à Meſſieurs lesdits Commiſſaires.

Ajoutez à cela la dépoſition du Témoin ſur le 13e. Art. interrogatoire, par la-

laquelle on voit affez que l'Accufé n'a pas rougi d'imputer fort témérairement au Magiftrat des malverfations.

Car autrement, ce que lui Dépofant répondit n'étoit pas à propos ; favoir, Mr. Nagel, nous ne pouvons rien faire à cet égard, les Tribuns font les Chefs de la Bourgeoifie, *& fi le Magiftrat a commis quelque malverfation, c'eft à eux de le faire favoir à la Bourgeoifie,*

Preuve évidente & inconteftable que le fujet du difcours féditieux de l'Accufé n'a abouti qu'à rendre la Régence fufpecte de prétendues malverfations, & par conféquent odieufe au Peuple. En effet n'eft-ce pas là l'air, le genre & la nature des Efprits féditieux & turbulens, & des Violateurs & Perturbateurs de la Tranquilité publique ?

14. Il faut encore en même tems remarquer qu'on peut voir par la déclaration jurée de la femme de Didier de Kefteren fub No. 15.

Non-feulement que Jean van Halfenbergh & le Maître de Pofte van Loon font, conformément à plufieurs autres marques, pareillement des Chefs principaux de la fédition en queftion ; mais que l'Accufé a auffi été confideré par les mêmes Complices comme leur Correfpondant particulier. De forte que dans le 8. Article, Jean van Halfenbergh a tâché de difpofer, moyennant le refpect de la Dépofante pour l'Accufé, à permettre que fon fils allât pareillement au Yacht pour fe plaindre de la Régence.

15. Il eft à remarquer que l'Accufé eft auffi aggravé à cet égard par diverfes préfomptions de Droit.

Car il eft connu par-tout pour un Efprit brouillon, remuant, & qui au lieu de s'attacher aux affaires de fa profeffion, s'avife de fe mêler plutôt de celles qui ne le regardent pas & qui font au-delà de fa portée.

Perfonne n'ignore auffi dans cette Ville qu'il a entretenu une correfpondance intime & très-familiére avec des Ennemis publics & jurez de la Régence préfente ; & qu'il s'eft, en abandonnant fon Métier de Bourgeois, déclaré affez ouvertement pour un mécontent.

Par conféquent il faut préfumer de plus en plus, fuivant les Droits, le foulévement & la fédition qui viennent d'être fuffifamment déduits à fa charge.

Car les Légiflateurs font accoutumez, principalement dans des chofes criminelles, & dans un jufte examen d'icelles, de faire fouvent exactement & réfléxion fur la conduite précédente, l'humeur & la qualité de l'Accufé ; comme on peut le voir chez *Carpzov. Part.* 3. *Quæft. Crimin.* 120. No. 17, 18. & cela en conformité de la Conftitution criminelle de l'Empereur Charles V. Art. 28.

16. Ce qui mérite une réfléxion particuliére, c'eft que tant s'en faut que la prétendue innocence de l'Accufé foit prouvée par les Requêtes du mois d'Avril 1705. fub No. 16. qu'on en peut au contraire inférer fa cabale finguliére & fa conduite féditieufe

Vû que ſes Adhérens, au nombre de trente, n'ont pas rougi de reprocher a- vec une animoſité particuliére publiquement & en face aux Nobles & Véné- nerables Magiſtrats une prétendue infraction des Privilèges des Bourgeois. Juſqu'à s'exprimer dans ces termes ſéditieux: que Leurs Seigneuries, au lieu de maintenir l'Accuſé dans ſes prétendus Privilèges, faiſoient ſouffrir par un abus imaginaire d'un Membre le Corps entier de la Bourgeoiſie.

Et, ce qui plus eſt, les Supplians ne rougiſſent pas de prétendre effrontément par cette même Requête impertinente,

Que Meſſieurs les Bourguemaîtres ſeroient chargez, de faire relâcher l'Accuſé promptement & ſans délai, ſous caution de ſon Droit de Bourgeoiſie, ce qui eſt pourtant appliqué fort mal-à-propos: *Hem! ſatis pro imperio.*

Car comment des Supplians peuvent-ils tenir un langage plus impérieux & moins reſpectueux? Comment peut-on s'imaginer une conduite plus ſéditieuſe? lorſque plus de trente perſonnes, qui ont ſigné, entrent par force à la fois dans une Maiſon de Ville, pour préſenter une Requête aux Seigneurs de la Magiſtrature, ce qu'un ſeul pouvoit fort bien faire, & qu'on n'a preſque jamais entendu qu'il ſe ſoit fait par une multitude ſi extraordinaire.

Conduite d'autant plus extravagante & ſéditieuſe, lorſqu'on conſidére en même tems que, Parties ouïes, ce prétendu relâchement *ex carcere* étoit déja rejetté à diverſes repriſes tant par un Vénérable Sénat que par les Echevins.

Et qu'il eſt outre cela notoire & ſûr, que le *crimen ſeditionis*, la perte du Païs & de l'Egliſe, eſt compté unanimement, par tout les Docteurs qui ont écrit des Cauſes Criminelles, parmi les délits les plus aggravans & pernicieux; de forte qu'il égale même en nature, ſelon les Droits, le *Crimen Læſæ Majeſtatis L. 1. D. ad. L. Jul. Majeſt.*

Et que par conſéquent l'affaire va ſans dire, que dans un Crime de cette nature, qui, ſelon les Droits, mérite punition corporelle, il ne peut être admis ni caution, ni fidejuſſion. *L. 3. D. de Cuſtod. & exhibit. reor.*

La raiſon en eſt *Juris Naturalis*, puiſque perſonne n'eſt maître de ſon Corps. *L. 13. D. ad Leg. Aquil. Grot. Introduct. dans la Juriſp. Holl. Liv. 2. Chap. 1. No. 29.* & par conſéquent ne ſauroit s'engager pour un autre à quelque punition corporelle, comme on le peut voir plus amplement chez *Ant. Matth. Tit. de Cuſtod. reor. Cap. 2. No. 14. 15. Arn. Vinn. ad §. 1. J. de Fidejuſſ. Sim. à Leuwen in Cens. Forenſ. L. 4. Cap. 17, No. 11. 12.*

La prétendue caution tendante au relâchement dans le cas préſent eſt d'autant moins admiſſible, quand on conſidére en même tems que le Crime de ſédition contre la Régence implique néceſſairement la concurrence & la conſpiration de divers Complices.

D'autant que l'Accuſé avoue même par les informations, *qu'il pouvoit mettre ſur pied juſqu'à trois cens hommes, mais qu'il aimeroit mieux ſe faire brûler que de les dénoncer.*

Etant une vérité indiſputable, que la derniére néceſſité exige à l'avantage du Bien public, qu'un Accuſé dénonce de tels Complices ſéditieux.

Mais cette découverte importante ſeroit éludée & empêchée ſi un Sédi
Tome XIV. I ieux

tieux étoit relâché de la prifon fous une prétendue caution, & remis en liberté.

Sans que ce qui eft ftatué dans le 6me. *Article de l'Ordonnance Ciminelle de
la Ville*, dont l'Accufé a fait tant de bruit, puiffe y faire la moindre altération.

1. Parce qu'un tel relâchement fous caution a été déja rejetté à diverfes
reprifes par un Vénérable Magiftrat de même que par les Srs. Echevins; &
que Leurs Seigneuries ont affez prouvé plus d'une fois *in contradictorio judicio*,
que cet Article 6 objecté n'eft point applicable aux circonftances de cette affaire.

2. Parce que dans ledit fixième Article il eft expreffément requis une caution fuffifante, comme on peut le voir dans le mot *fuffifamment*.

Etant à préfent plus clair que le jour que dans le Crime de fédition aucune
caution fuffifante ne peut avoir ni trouver lieu.

Puifque non-feulement par une telle prétendue fidejuffion on éluderoit la
découverte des Complices *contra publicam folutem Populi*, *adeoque contra Supre-
man Legem*.

Mais qu'auffi on ne fauroit prévenir par une prétendue caution le péril &
la difficulté dont le Crime de fédition menace une Ville & les bons Habitans
d'icelle.

Car la chofe eft claire & parle d'elle-même, qu'un Séditieux étant mis par
une prétendue caution en liberté & élargi de fa détention, eft & demeure en
état d'exécuter avec fa cabale fon deffein féditieux.

Et, ce qui plus eft, le péril de la fédition augmenteroit plutôt par un tel relâchement impertinent, au lieu de le prévenir, lorfque on confidere en même tems,

Que l'Accufé irrité par fon appréhenfion, & mis dans un danger de perdre
fes Biens & fa vie, feroit mis, en cas d'un tel prétendu relâchement, en é-
tat de pouffer avec fes Adhérens d'autant plus & avec plus d'impétuofité fa
mutinerie; & que par conféquent on ne pourroit pas, en cas de ce prétendu
relâchement, obtenir la fûreté publique.

3. Puifque par ledit fixième Article il n'eft pas fimplement ou abfolument
ftatué, qu'un Bourgeois étant emprifonné doive être fous caution relâché de
la prifon;

Mais qu'au contraire on y donne à connoître qu'un tel relâchement dépend
fuivant les circonftances du délit & de la perfonne, du fage & difcret arbitrage
& connoiffance de Meffieurs les Echevins, comme on peut voir par les paroles *de la connoiffance desdits Echevins*.

Conformément à ce qui a été établi par le Droit Provincial de Nimègue
des quatre Hauts Baillages. Tit. 34. Art. 4. dans ces paroles finales: *le tout
pourtant de la connoiffance du Tribunal.*

De même que conformément à ce qui a été ftatué par la Ville de Thiel.
Part. 2. Tit. 19. Art. 4. *ibi: en le laiffant pourtant au jugement des Echevins:*

Tout ainfi généralement le point de caution dépend fouvent de la con-
noif-

noiſſance du Tribunal, ſuivant ce qu'en dit *Menoch. de arbit. Judic. Lib.* 2.
Caſ. 142. *Mev. Part.* 3. *Deciſ.* 55. *N°.* 6.

Laquelle connoiſſance s'eſt déja faite quelquefois *in hypotheſi* en rejettant
cette prétendue caution, & pour la quelle raiſon Meſſieurs les Accuſans ſont
blàmez non ſans la derniére impertinence par l'Accuſé.

4. Puiſque la diſpoſition dudit Article 6. eſt dans le point de caution expreſſément limité à l'égard des délits capitaux, ſtatuant fort clairement que
dans ce cas aucune caution ne peut avoir lieu & qu'on ne peut les punir que
ſur la perſonne qui les a commis.

Etant parallèle avec ce qui eſt ſtatué dans le Droit Provincial de Nimègue
des 4 Hauts Baillages. Tit. 34. Art. 4. attachant la caution à des délits qui
ne ſont pas corporels, dans ces paroles: *Mais ſi le Crime n'eſt pas puni corporellement, la Caution admiſe pour ſon Droit Provincial.*

Tout cela en conſéquence du Droit Naturel, qui ne permet pas, que per-
ſonne s'engage pour un autre à la punition corporelle, *L.* 13. *D. ad Leg.
Aquil.* ou que la punition excède la perſonne du délinquant. *L.* 22. *C. de
Poen.*

De ſorte que ſi quelque Statut de Ville ou Provincial permettoit, que
quelqu'un s'obligeât comme caution pour un autre à la peine corporelle, cela
ne doit pas être admis ni obſervé étant injuſte & déraiſonnable,

Comme cela eſt remarqué & confirmé par de bons argumens par *Ant.
Matth. in Tract. de Criminil. Tit. de Cuſtod. reor.*

Où concluant en vertu des précédentes Prémiſſes il s'exprime dans ces paroles notables: *His porro conſequens eſt, conſuetudinem, qua fidejuſſor ad pœnam
corporalem obligatur, nullo modo excuſari poſſe, ſed tanquam impiam & irrationa-
bilem judicandam eſſe.*

*Ac licet tolerabilia eſſe dicantur, quæ vetus conſuetudo comprobat, L. Impera-
tores,* 13. *§.* 1. *D. de Pollicitation.* id tamen non de conſuetudine impia & ir-
rationabili intelligendum, ſed ea duntaxat quæ deflectit quidem non nihil à recto
aut decoro, non tamen prorſus honeſto contrariatur. Poſſis audacius dicere Ictum
in D. L. 13. loqui non de turpium rerum, ſed adiaphorarum conſuetudine; uti
parum interſit, utrum hoc an illo modo quid fiat, tametſi decentius ſit, illo potius quam hoc modo fieri.*

5. Puiſque le Crime de ſédition, impliquant une ſorte de Lèze Souveraineté,
eſt à cauſe de ſon atrocité & de ſes ſuites terribles compté par les Juriſconſultes
inter Crimina excepta, où réguliérement la diſpoſition ordinaire de Droit n'a
point lieu, & pour laquelle raiſon ledit 6. Article eſt encore moins applicable *in hypotheſi.*

6. Puiſque dans le cas préſent on ſe trouve dans un Crime avéré de ſédition contre la Régence, dénoncé même avant la date de l'appréhenſion de
l'Accuſé à Meſſieurs les Bourguemaîtres par trois Témoins uniformes en conſéquence de leur devoir & ſerment de Bourgeois, & ci-devant abondamment
confirmé.

Leſquels crimes avérez ne ſont pas, ſelon la teneur dudit 6. Article ſuſ-
ceptibles de caution.

7. Puiſ-

7. Puifque le Crime de fédition eft fuivant l'opinion unanime de tous les Criminaliftes, & même de tous les Auteurs Politiques, d'une telle nature, qu'il doit être étouffé dans fes premiers commencemens & quafi dans fa naiffance, & qu'il ne faut par confequent pas remettre en liberté fous une prétendue caution un Séditieux pour traîner la juftice en longueur. *Boër. in Tract. de Seditiof. §. 1. No. 6. Bavo in Crimin. §. Læfæ Majeft. No. 185. & feqq.*

Enfin & en dernier lieu le crime de fédition & de mutinerie de l'Accufé eft confidérablement aggravé,

En ce que la nuit d'un Mecredi étant le 29. Avril 1705. il a ofé violer la Prifon publique, & après en avoir rompu avec force une muraille épaiffe, s'évader de telle forte *ex carcere* avec violence.

Laquelle effraction violente de la Prifon publique & la fuite, qui en eft fuivie, d'un Prifonnier criminel, eft jugée fuivant la commune opinion de plufieurs fameux & grands Jurifconfultes d'une telle importance & confequence,

Que ceux qui s'évadent fi violemment ne font réputez autrement finon comme s'ils avoient affez confeffé le délit capital, pour lequel ils étoient accufez & appréhendez par l'Officier, ou comme s'ils en étoient entiérement convaincus.

Siquidem ejusmodi evadentes pro convictis & confeffis habeantur L. pen. D. de cuftod. reor. Plus amplement déduit par *Mafcard. Tract. de Probat. cond.* 265. *Menoch. de Arbitr. Jud. Caf.* 301. *No.* 6 & *Lib.* 1. *Præs.* 89. *No.* 45. *Clar. §. fin. Quæft.* 21. *No.* 25. *Gomes. Var. Refolut. Tom.* 3. *Cap.* 9. *No.* 11. *Damhoud. in Prax. Crimin. Cap.* 18. *No.* 1. *Crufius in Tract. de indic. Part.* 1. *Cap.* 49. *No.* 1. 2. *Bachov. ad Treutler. V.* 2. *Difp.* 31. *Th.* 4. & *ad Wefemb. Tit. de Effract. Bavo in Prax. crimin. §. fuga. No.* 1. 2. 3.

Toutefois il eft hors de toute contradiction auprès de tous les Jurifconfultes, que cette effraction & évafion d'un Prifonnier criminel caufe au moins une telle préfomption de Droit contre celui qui s'eft évadé, qu'elle fait qu'un Accufé pourroit pour cela feul & même fans la concurrence d'autres preuves être condamné à la torture, & qu'elle rend non-feulement plus fortes toutes les preuves précédentes, mais emporte même une preuve à demi, confequence de ce que dit, *Carpzov. Part.* 3. *Quæft. crimin.* 111. *No.* 94. *Zanger. in Tract. de tortura reorum, Cap.* 2. *No.* 92. *Gilhaufen in arbitr. Jud. Crim. Cap.* 6. *Part.* 7. *No.* 38.

Il eft pareillement hors de toute difpute, que le délit de fédition de l'Accufé eft par une effraction confidérablement aggravé & rendu plus capital, comme le remarque fort bien, *Damhoud. in Prax. Crim. Cap.* 18. *No.* 1. *ubi notat, quod captivi delictum ejusmodi effractione majus & intenfius reddatur, ideoque nec mirum fit, fi actius puniatur. L.* 28. *§.* 3. *D. de Pœn.*

Tout cela, Nobles & Honorables Seigneurs, eft d'autant plus applicable *in hypothefi*, vû que l'Accufé ayant trouvé fa caufe après qu'elle à été publiquement plaidée fi defefpérée, qu'il ne pouvoit pas s'attendre à une bonne iffue d'icelle, & que par confequent il s'eft trouvé contraint par les remords de fa

mau- -

mauvaife confcience, ce *mille tefles*, ou mille témoins, de fe fauver d'une manière fi criminelle & préjudiciable par une effraction, & de fe fouftraire de telle forte moyennant la confpiration de quelques-uns de fes Adhérens à la peine capitale.

Nonobftant même que Meffieurs les Echevins pour fermer la bouche à tous les Médifans & Calomniateurs, & pour faire ceffer toutes les fauffes imputations des Mécontens, avoient déja eu la bonté, hors du ftile ordinaire des procédures criminelles d'accorder favorablement par Decret du 16. Avril 1705. à l'Accufé fur fa requifition fpéciale,

De procéder par écrit dans la caufe en queftion en des termes courts de huit jours en huit jours, pour de l'avis des Jurifconfultes impartiaux prononcer enfuite là-deffus comme il feroit trouvé convenir en Droit fuivant la demande & l'exigence du cas.

Il confte de tout cela *in facto*, Nobles & Honorables Seigneurs, plus clair que le jour, que l'Accufé a cherché à renverfer par violence la Régence, & qu'ainfi il a commis un Crime de fédition & de mutinerie.

Que par confèquent il eft à démontrer dans l'ordre *quoad punctum Juris*, qu'un tel délit de fédition mérite fuivant la difpofition des Droits punion corporelle,

Per Textus apertos in L. 1 C. de Seditiof. dans les paroles: *Si quis contra evidentiffimam juffionem fufcipere Plebem & adverfus publicam Difciplinam defendere tentaverit, mulctam graviffimam fuftinebit.*

Item in L. 2. C. eod. Tit. ubi illi qui per tumultuofa & petulantia verba tumultus in Populo concitent, fubdendi pænis, quas de feditionis & tumultus Auctoribus vetuftiffima Decreta fanxerunt.

Lefquelles peines des Séditieux ne font, principalement à l'égard des principaux Chefs de la fédition, particularifées par les Légiflateurs que comme capitales.

Comme on peut le voir *in L. 3. §. 4. D. ad Leg. Corn. de Sicariis*, ubi auctor feditionis pæna Legis Corneliæ punitur.

Item in L. 38. §. 2. D. de Pœn. ubi *Auctores feditionis & tumultus Populo concitato pro qualitate dignitatis aut in furcam tolluntur, aut Beftiis objiciuntur, aut in Infulam deportantur.*

Conformément à ce qui a été ftatue par la Province voifine de Frife, *L. 2. Tit.* de la Sédition 15. dans ces paroles expreffes: *Si un ou deux avec leurs adhérens font un foulévement, ou l'entreprennent avec des paroles ou des faits contre le Droit & le Bien commun des Villes ou Villages, celui ou ceux-là feront décapitez. Et fi cela arrive contre le Souverain du Païs ou fes Régens, ceux-là perdront leurs corps & Biens.*

Conformément auffi à ce que ftatue *Tulden. C. de Seditiof. No. 2. Gail. in Tract. de Pace Publ. Lib. 2. Cap. 9. No. 33. Capzov. Part. 1. Quæft. Crimin. 44. No. 43. Chriftin. Vol. 4. Decif. 200. No. 20.*

Tout cela eft même confirmé *ex Jure Divino.* Voyez *Pet. Gregor. in Syn. Tholos. Lib. 35. Cap. 6. No. 15.* ubi notanter inquit: *Concitarant in Populo Dei feditionem Chore, Datan & Abirum, putantes fe dignos imperio & fub-*

tra-

trahentes Populum à Mosis gubernatione, verum gravissima pœna à Deo tantæ temeritatis sumpta. Numeror. Cap. 16.

Ce qui n'est pas étonnant, puisque *Crimen seditionis* commis contre la Régence est censé de si grande conséquence, qu'il passe même pour une espèce de crime de Lèze-Majesté.

Per Textum disertum in L. 1. D. ad Leg. Jul. Majest. ibi : Majestatis Crimen est, quod adversus Populum Romanum, vel adversus securitatem ejus committitur, quo homines adversus Rempublicam conveniant, vel ad seditionem convocentur.

Plus amplement déduit par *Carpzov. Part. 1. Quæst. Crimin. 44. No. 43. Ant. Matth. ad Tit. D. de Læs. Majest. Cap. 2. No. 5. Gudelin. de Jure Noviss. Lib. 5. Cap. 20. Vers. Venio.*

Et puisque c'est outre cela une vérité incontestable, que le fait à cet égard, savoir de vouloir renverser la Régence au moyen de sédition & de mutinerie, est un délit d'une terrible & dangereuse conséquence, tendant à bouleverser la tranquilité publique.

C'est par-là qu'une Ville ne peut que tomber dans un état déplorable & digne de pitié, dans la derniére confusion, dans un péril visible d'effussion du sang, de pillage, de saccagement, d'embrasement & d'autres terribles calamitez, qui d'ordinaire accompagnent de telles séditions, même par l'attroupement d'une Populace effrenée.

Comme parmi plusieurs Jurisconsultes cela est remarqué notablement par *Boer in Tract. de Seditios. §. 1. No. 13. Crusius de indiciis. Part. 2. Cap. 4. No. 17. Sande, Lib. 5. Tit. 9. fol. 12. Bavo in Praxi Crimin. §. Læsæ Majestatis. No. 155. dans* ces paroles: *multa crimina ex seditionibus oriuntur, hinc crudelitates, hinc homicidia, incendia, furta, rapinæ &c.*

Le soulévement de l'Accusé contre la Régence est d'autant plus criminel & punissable, quand on considére en même tems *in hypothesi* les circonstances particuliéres qui font proprement & par-tout le mérite & le nœud de l'affaire.

1. Que l'Accusé est à réputer pour un Chef principal & l'Arc-boutant de la sédition entreprise,

D'autant qu'il a lui-même suivant la déposition jurée des 3 Témoins conformes produite ci-dessus, sub. No. 1. fait voir avec beaucoup d'animosité & de chaleur, qu'il ne seroit pas le dernier, mais le premier dans cette affaire, savoir le changement violent de la Régence,

Donnant par-là assez à connoître, qu'il se mettroit en qualité de Chef à la tête de ces Bandes séditieuses, & qu'il les meneroit hardiment & courageusement comme un Officier au projetté exploit séditieux.

C'est-là aussi que tend ce qu'on voit par la déposition jurée de Didier Ariens, Roulier de la Ville, que l'Accusé a souvent animé sérieusement & encouragé le Déposant d'avoir soin d'assembler beaucoup de monde, & que cela ne lui seroit pas desavantageux.

De même ce qu'on voit par ladite déposition de Didier Ariens, que l'Accusé apprenant, que Egbert le Chartier, ayant [déja levé près de cent

hom-

hommes, s'eſt écrié avec tant de tranſport & une joye ſi particulière : Parbleu, cela eſt bon ! En vérité c'eſt comme ſi triomphant déja de ſa révolte, il s'étoit écrié: *Io, triomphons, Camarades.*

Ajoutez à cela ce qui paroît par les précédentes dépoſitions, que l'ancien Conſeiller Verheyen a pareillement conſidéré l'Accuſé comme un Chef,
pour ne pas dire Commandant de la Troupe mutine.

Savoir, quand ledit Verheyen a tenu audit Dépoſant ce diſcours directe : *Voilà le Maître de Poſtes van Loon & Nagel, faites tout ce qu'ils vous diſent ; van Loon vous donnera de l'argent*

2. Que l'Accuſé s'eſt émancipé conjointement avec quelques-uns de ſes
Adhérens de s'aller plaindre ſur le Yacht aux Commiſſaires Hollandois de la
préſente Régence,

Au lieu que de telles plaintes des Habitans de leurs légitimes Régens eſt
eſtimée non ſans raiſon pour un Crime de Lèze-Souveraineté.

Sur-tout quand ces plaintes ſe font de concert & avec conſpiration de pluſieurs Complaignans, comme cela s'eſt fait dans le cas préſent, ſub. N°. 9.

Et quand ces plaintes extravagantes ſe font à des Perſonnes, qui n'ont
point de Juriſdiction ſur la Régence dont on ſe plaint, quand même ce ſeroit à quelques Confédérez les plus voiſins, comme le remarque avec raiſon
Mr. Huber dans ſa Juriſpr. Mod. Part. 2. Liv. 3. Chap. 16.

Vû que l'affaire parle d'elle-même qu'il ne compete aux Seigneurs de
Hollande aucun Pouvoir ou Juriſdiction, ni même aucune apparence de Jurisdiction ſur le Gouvernement de cette Ville, *cum par in parem non habeat imperium* ; de ſorte que l'Accuſé eſt à cet égard à conſidérer pour d'autant
plus criminel.

3. Que l'Accuſé, comme un ſimple Particulier & Bougeois, à qui il ne
reſtoit que la gloire de l'obéïſſance, n'a eu ni directement ni indirectement la
moindre raiſon ou apparence de raiſon de ſe mêler d'un tel changement ſéditieux de la Régence

Ce qui plus eſt, une telle révolte entrepriſe par l'Accuſé contre la Régence
ne ſauroit être conciliée avec la fidélité & l'attachement jurés dans ſon ſerment
de Bourgeois, & par conſéquent l'Accuſé eſt à cauſe de ce ſerment d'autant
moins excuſable.

Car il y a non-ſeulement juré en général d'obéïr en tout à Meſſieurs de
la Magiſtrature ; mais il a auſſi confirmé en particulier par ſerment, que
s'il venoit à ſa connoiſſance quelque choſe qui pourroit aboutir au préjudice de l'Etat de ces Provinces, ou de cette Ville en particulier, il le dénon-
ceroit inceſſamment, & en avertiroit Meſſieurs les Bourguemaîtres ou quelqu'un des Membres du Sénat; & qu'il ſeroit en tout fidèle à la Ville & feroit
tout ce qu'un bon & fidèle Bourgeois doit faire.

Ce qui a du rapport avec ce qui eſt ſtatué par les Loix de Friſe, que ſi
quelqu'un apprend, qu'il ſe trame une révolte contre le Bien public ſoit par
des paroles ou par des faits, & qu'il ne le dénonce ou manifeſte pas, il ſera
jugé comme le ſéditieux.

Comme cela eſt pareillement conforme à ce que *Carpzov.* a remarqué
Part.

Part. I. *Quæst. Crimin.* 35. *Num.* 11. *quod violatores Pacis publicæ rumpant habenas debitæ & juratæ fidelitatis*

D'autant plus qu'un Bourgeois est même obligé *in foro conscientiæ*, & tenu de notifier à la Régence tels délits, qui lèsent le Bien public, & qui le font courir risque, ainsi qu'il est à voir chez *Amesius de Casib. Conscient. Lib.* 5. *Cap.* 54. *No.* 19. 29.

4. Que la révolte de l'Accusé n'a pas été entreprise contre l'un ou l'autre Régent particulier, ni contre la Régence de quelque Baillage, Seigneurie, ou contre la Régence d'une Ville sujette à une autre ;

Mais contre la Régence d'une Ville libre Impériale, qui dans son Territoire usurpe & exerce *jura Principis* suivant la Souveraineté ordinaire & prééminence des Villes libres Impériales.

Comme cela est remarqué avec raison par *Gail. Lib.* 2. *Obs.* 57. *No.* 7. *Reinking. de Regim. Sæcul. & Ecclesiast. Lib.* 1. *Class.* 4. *Cap.* 20. *No.* 11. 12. *Knipschild. de Jur. & Privilegiis Civit. Imperial. Lib.* 2. *Cap.* 8. *No.* 8. *& Cap.* 4. *No.* 95.

De sorte que l'Accusé a sans doute par sa sédition attentée lezé la Souveraineté de la Ville, & que par conséquent il ne peut-être excusé par rapport au Crime de Lèze-Majesté.

Conformément à ce qui est remarqué par *Mr. Huber*, dans sa *Jurispr. Mod.* Part. 2. Liv. 3. Chap. 15. *No.* 5. où il *applique même le Crime de Lèze-Majesté aux Villes libres Impériales de l'Allemagne.*

Parallèle à ce que *Mejer* enseigne in *Colleg. Argent. Tit. ad Leg. Jul. Majest. No.* 6. *Cypman. ad §.* 3. *J. de Publ. Judic.*

Maxime, cùm hodie omnes, qui adversus Principem aut Statum Reipublicæ quibuscunque modis aliquid moliuntur, promiscue rei Majestatis dicantur & omnium eadem pæna sit, nimirum capitis, verba sunt Arnoldi Vinnii ad §. 3. *J. de Publ. Judic.*

Il est de même remarquable à ce propos ce que dit *Boerius in Tract. de Seditios. §.* 6. *Num.* 4. 5. 6. *& 8.* Savoir, *quod Crimen Læsæ Majestatis etiam committatur contra Civitates Superiorem non recognoscentes, regalia & fiscalia jura habentes, quod Reipublicæ Romanorum & aliarum Civitatum in hoc parificentur. Lib.* 1. *D. ad Leg. Jul. Maj.* Où il applique cela même particuliérement à plusieurs Villes libres d'Italie, *mimirum Florentia, Perusia, Bononia.*

5. Que la révolte de l'Accusé est d'autant plus terrible & criminelle, qu'elle a été entreprise dans un tems dangereux de Guerre.

Où par une telle confusion & desordre d'un Bourgeois contre l'autre la Finance de la Ville auroit été sans doute ruïnée, & par conséquent mise hors d'état de contribuer comme il faut aux fraix de la Guerre,

De sorte que les Séditieux devroient par la frayeur & la crainte être d'autant plus retenus & réprimez.

En conformité de la Maxime fondamentale de Droit, qui dicte, *quod crescentibus delictis exasperandæ sint pænæ, & exemplo opus sit. Lib.* 16. *§. fin. D. de Pæn. Ant. Fater C. ad Leg. Jul. Majest. def.* 4. *No.* 9.

Maxime cum mali non oderint peccare nisi formidine pænæ.

6. Que

6. Que le soulévement de l'Accufé eſt d'autant plus déteſtable, qu'il eſt entrepris contre les Seigneurs de la Régence préſente, leſquels non-feulement
par la nature de leur Charge & fonction publique ſont ſuivant toutes les Loix
divines & humaines vénérables & inviolables auprés de tous les bons Habitans.

Semper enim Civibus honeſta, ſancta, & venerabilis debet eſſe Perſona Superio-
rum, quod ex ſimili ratione de Parentibus & Patronis cavit Juriſprudentia in L.
Liberto 9 D, de obſequiis Parentibus & Patronis præſtandis. Mevius Part. 6.
Decif. 17. No. 8. 15.

Mais qui outre cela méritent *in hypotheſi* d'autant plus de reſpect & d'affection auprès des Habitans, que dans une conjoncture ſi dangereuſe & terrible ils ont, pour rétablir la libre Régence de cette Ville, hazardé & avanturé,
pour ainſi dire, leur Bien & leur ſang, & tout ce qui leur étoit cher & précieux.

D'autant plus quand on réfléchit, que le point de Régence ne ſauroit en
effet être conſidéré autrement d'un honnête & brave Régent, qui n'a pas en
vûe ſon propre interêt, mais celui du Public, que comme un fardeau d'une extrême peſanteur.

Particuliérement dans une circonſtance, où les Régens ont ſuccédé dans
l'adminiſtration d'une Hérédité, qu'on ne trouve pas peu deſolée par une
mauvaiſe œconomie.

7. Que l'Accufé a conſidérablement aggravé ſon crime de ſédition & de
révolte, en s'émancipant avec le ſecours de ſes adhérens factieux, de violer de
nuit la Priſon publique, & de s'évader *ex carrece*, de peur de la peine corporelle.

Vû que les Légiſlateurs ont trouvé bon autrefois, de punir corporellement ceux qui forcent la Priſon publique.

Per Textus apertos in L. 1. in princip. D. de Effractoribus. L. 38. §. pe-
nult. D. de Pœnis. L. 13. §. penult. de Re Milit.

Plus amplement confirmé par *Ant. Matth. Tit. D. de Effractor. No. 1. 2.*
3. Wiſſembach eod. Tit. Theſ. 26. Damchoud. Prax. Crimin. in Cap. 18. N. 1.

Conformément même au Statut Provincial de Ruremonde, *Part. 6. Tit. 2.*
§. 2. No. 1. dans ces paroles claires, que ceux qui forcent ou aident à forcer les Priſons pour en élargir les détenus priſonniers, ſeront punis au corps
pour autant que ces Priſonniers y étoient pour des crimes notoires & capitaux.

Et cela non ſans des raiſons importantes, puiſque la vigueur de la Diſcipline
publique & de l'interêt qui en dépend, exige, que ces *Effracteurs* des Priſons
publiques ſoient grièvement corrigez, afin que les crimes ne demeurent pas
impunis dans un Païs, où la Juſtice eſt en vigueur, *Brunneman. in L. 1.*
D. de Effractoribus.

D'autant plus que ces *Effracteurs* des Priſons ſont tenus par une forte pré-
ſomption de Droit *pro confeſſis & convictis. Gomes. variar. Reſolut. Tom. 3.*
Cap. 9. No. 11.

Ajoutez à cela, que les murs des Priſons auſſi-bien que les Portes & les
murailles de la Ville, ont des qualitez & prérogatives particuliéres, concernant l'état public de la Province & ſon Bien & ſûreté, & qu'elles ſont par con-

Tome XIV.   K

féquent eftimées dans toutes les Républiques pour facrées & inviolables; en forte qu'anciennement les Violateurs d'icelles ont été punis au corps par les Légiflateurs, comme on voit chez *Pomponius in L. fin. D. de Rerum divif. Bachov. ad Treutlerum Tit. D. de Effractoribus Thef.* 4. *& ad Wefemb. D. eod. Tit. No.* I.

Quoique que le deffein féditieux de l'Accufé n'ait point été mis effectivement en exécution, & qu'il ne puiffe lui être infligé une peine capitale.

Car une pareille fédition attentée pour renverfer la Régence emporte fuivant le Droit *Crimen Læfæ Majeftatis, L.* I. *& 7. §. 3. D. ad Leg. Jul. Majeft.*.

Comme il eft plus amplement déduit par *Carpzov. Part.* I. *Quæft. Crimin.* 44. *No.* 43. *Ant. Matth. dict. Tit. D. Cap.* 2. *No.* 5. *Gudelin. de Jure Noviffimo. Lib.* 5. *Cap.* 20. *Verf. Venio.*

Dans ces fortes de délits, favoir de Lèze-Majefté & de fédition, l'attentat eft auffi corrigible & puniffable què le fait mis en exécution.

Per Textum apertum in L. Quifquis 5. C. ad Leg. Jul. Majeft. dans ces paroles: *In crimine Læfæ Majeftatis eadem feveritate voluntatem fceleris qua effectum puniri Jura voluerunt.*

Item per Textus in Leg. I. *C. de Seditiof. ibi: tentaverit, & in. §. 3. Inft. de Publicis Judiciis. verb: moliti funt contra Rempublicam.*

Ce qui eft de plus confirmé par *Ant. Matth. ad Tit. D. de Pœnis,* Cap. 4. *No.* 13. & ad *Tit. D. de læf. Majeft. Cap.* 3. *No.* 4. *Bavo in Prax. Crimin. §. Læfæ Majeftatis, No.* 156. *Criftin. Vol.* 4. *Decif.* 200. *No.* 26. *Gudelin. de Jure noviffimo Lib.* 5. *Cap.* 16. *Plan. Zypæ. in Not. Jur. Belg. ad L. Jul. Majeft. vers. in tumultibus, ubi etiam folum conatum in crimine feditionis puniri teftatur.*

Tout cela non fans des raifons importantes, car quoique d'autres délits foient d'ordinaire punis après qu'ils font exécutez,

Il en eft néanmoins tout autrement des délits de fédition & de révolte contre la Régence, où l'on fongeroit trop tard à des remedes, quand la fédition feroit parfaite.

Poft factum, inquit Boërius in Tract. de Seditiof. §. 7. No. 40. *Seditiofi non haberent Judicem punitorem.*

Cætera maleficia, inquit Cato apud Saluft. in Bell. Catilin. tunc perfequare cum facta funt, hoc, nifi provideris ne accidat, ubi evenit, fruftra judicia implores.

De forte que la derniére néceffité dicte, que de tels deffeins féditieux foient étouffez & réprimez dans leurs commencemens.

Ne ex parva neglecta fcintilla, uti folet, exoriatur incendium.

Etant même falutaire à cet égard la connue Maxime Medicinale, *Venienti, occurite morbo, fero medicina paratur, cum mala perlongas invaluere moras.*

Il ne s'agit pas de dire que dans les Tribunaux d'ici bas perfonne n'eft puni pour de fimples penfées, *fiquidem cogitationis pœnam nemo patitur. L.* 18. *D. de Pœnis.*

Car le deffein féditieux de l'Accufé n'a pas été borné à de fimples penfées: il a été pouffé *ad actus externos,* jufqu'à des actions externes féditieufes,

&

& à l'encouragement du Peuple contre la Régence, comme on l'a vu *ex præcedentibus*; & par conféquent le Paffage de Droit in *L. 18. D. de Pœn*, ne fauroit être apliqué *in hypotheſi*, au cas préſent, comme on le peut voir plus amplement chez *Ant. Matth. in Tract. de Criminibus in Proleg. Cap. 1. No. 5. 6. & Tit. de Pœn. Cap. 4. No. 13. & de Crimin. Læſ. Majeſt. Cap. 3. No. 4. Brunneman. in D. L. 18. Gothofr. C. L. 18. Bagnyon de Legib. abrogat. Lib. 1. Satir. 56. ibique Criſtin. in Addit.*

Il ne fait rien non plus à l'affaire fi on vouloit alléguer contre les Témoins produits quelque prétendue fingularité ou quelque autre prétendu défaut.

1. Puiſque le délit de fédition & de Lèze-Majeſté eſt affez prouvé par trois Témoins conformes, étant même fous ferment comme des Tribuns (& que toutes les autre Preuves, ont été au furplus produites à la plus grande conviction de l'Accuſé;) & que par conféquent aucun reproche n'y peut apporter de changement.

2. Puiſque dans les déltis de Lèze-Majeſté & de fédition c'eſt une coutume conſtante, d'admettre fans reproche au témoignage même les Complices de tels délits, comme auſſi des témoins particuliers; &, qui plus eſt, ceux qui autrement font inhables de rendre témoignage.

Per Textus apertos in L. famoſi 7. & L. 8. D. ad Leg. Jul. Majeſt.

Conformément à ce qu'enſeigne *Carpzov. Part. 1. Quæſt. Crimin. 41. No. 3. 4. Bavo in Prax. Crimin. §. Læſæ Majeſtatis. No. 99. & 163. Ant. Faber Cod. de Teſt. def. 20. & ad L. Jul. Majeſt. def. 4.*

3. Puiſque même dans les délits publics, où pluſieurs faits du délinquant concourent à la même fin & au même but, on admet felon le Droit la dépofition de témoins finguliers pour fuffifante.

Per Textum in L. 16. Cod. de Pœnis, dans les paroles; *in unum conſpirante concordanteque rei finem.*

Ce qui eſt amplement à voir chez *Ant. Matth. ad Tit. D. de Læſ. Maj. Cap. 4. No. 5. & Tit. de Probat. Cap. 6. No. 5. Faber. C. de Furtis. def. 5. No. 2. Gail. L. 2. O. 66. No. 11. Card. Tuſch. lit. T. Concluſ. 265. No. 11. & ſeqq.*

4. Puiſque, quand même on trouveroit à redire fur l'une ou l'autre dépofition produite, il fuffit néanmoins qu'il y ait dans le préſent pour convaincre l'Accuſé une concurrence de tant de preuves, qu'étant jointes enfemble elles ne laiſſent aucun doute en arrière.

Siquidem plures probationes, licet imperfectæ, ad plenam fidem conjungi poſſunt, etiam in Cauſis criminalibus. L. 3. §. 1. D. de Teſtib. Ant. Matth. de Criminibus. Lib. D. 48. Tit. 15. Cap. 6. No. 5. Wiſſembach ad Tit. §. de Probat. Theſ. 17. Carpzov. Part. 3. Quæſt. crimin. 123. No. 57.

Idque propter publicum favorem, ne probandi facultas coarctetur aut reſtringatur. L. curent. 22. D. de Teſtib. Mynſing. Cent. 2. Obſ. 100.

Avec tous ces moyens & motifs Meſſieurs les Accuſans croyans leur intention fuffiſamment juſtifiée *omni meliori modo, via & forma juris,*

Soutiennent pour concluſion, que, comme l'Accuſé s'eſt émancipé au

mois

AFFAIRES DE LA PROVINCE DE GUELPER. mois de Décembre 1704, de rendre abſolument odieuſe & haïſſable la Régence par des diſcours ſéditieux & injurieux, & en ſe plaignant d'un Gouvernement intolérable, qui ne faiſoit pas due & impartiale juſtice: au point même qu'il n'étoit plus poſſible de vivre ſous un tel joug: & qu'enſuite il a tâché ſéditieuſement de renverſer & de changer la Régence de la Ville de Nimègue: ce qui étant inconteſtablement un crime d'une très-mauvaiſe & terrible conſéquence, tendant de la propre nature de la choſe à la perturbation particuliére du Répos public de la Ville & des bons Habitans, comme auſſi à jetter la Ville dans un péril évident d'une affreuſe effuſſion de ſang, derniére confuſion & deſordre, & dans d'autres funeſtes calamitez: & qu'il a outre cela paru à Meſſieurs les Bourguemaîtres par l'inſpeƈtion oculaire de la violence paſſée, que le ſuſnommé Nagel, après que ſa cauſe a été plaidée publiquement devant Meſſieurs les Echevins, a eu l'audace la nuit du Mercredi 29. Avril 1705. de forcer avec le ſecours de ſes adhérens la Priſon publique, de s'évader & après cela ſe tenant encore caché nonobſtant trois Citations Ediƈtales: il ſera arrêté pour ces raiſons par Sentence de Meſſieurs les Echevins, que l'Accuſé eſt contumacé & privé de toutes les exceptions, banni en conſéquence de cette Ville & de l'Echevinage & condamné aux fraix & miſes de la Juſtice; & que ſi un tems ou autre il tombe ici entre les mains de la Juſtice, alors il aura pour cauſe des fuſdits crimes de ſédition & d'effraction de la Priſon publique la tête tranchée à toute autre fin que Meſſieurs les Echevins trouveront le plus convenir ſuivant le Droit & l'exigence du cas. *Cum expenſis.*

C O P I A. No. 1.

Jurez le 16. Janvr. 1705. devant Monſieur le Bourguemaître Ingenool, comme Vice-Juge, & les Echevins van Dilſen & Urmondt, ſigné. W. Engelen Secrétaire.

1.
Tous d'un âge compétent.
2.
Affirmant.

Interrogatoires, pour ouïr là-deſſus ſous ſerment ſur les inſtances de Meſſieurs les Bourguemaîtres *Ratione Officii*, & pour examiner François van Eck, Jean Sterck & Jean Berckenboom, Tribuns de cette Ville, y étant aſſignez à cet effet de Droit.

1.
Age.

2.
Si eux, Dépoſans, ne ſont pas allez Samedi 27. Décembre. 1704. le ſoir, environ à ſept heures, chez Jaques Nagel, Marchand de Cuir, & Proviſeur de l'Hôtel des Bourgeois de cette Ville étant détenu préſentement?

Ut

Ut fupra.

3.

3.

S'il neft pas vrai, que ledit Jaques Nagel, les ayant reçus, eux Dépofans, avec beaucoup d'amitié, s'eft plaint enfuite à eux, que depuis long-tems on s'étoit regardé l'un l'autre de travers & comme par-deffus l'épaule, & que lui Nagel ne doutoit pourtant point, qu'eux Dépofans ne foient avec lui dans les mêmes fentimens, puisque lui Nagel témoignoit & efpéroit d'eux Dépofans, qu'ils avanceroient avec lui l'interét public, ou quelque chofe de pareil en fubftance?

Affirmant.

4.

4.

S'il n'eft pas vrai, que ledit Jaques Nagel étoit enfuite allé chercher une bouteille de vin, & avoit porté à lui fecond Dépofant un verre d'amitié, ajoutant que c'étoit un vin de prefque 15 ans?

5.
Affirmant, excepté que van Eck & Berckenboom ne favent pas précifément, que Nagel ait prononcé le mot de jour d'Election.

5.

S'il n'eft pas vrai ce qui fuit, favoir, que le 25. Décembre 1704 Jaques Nagel avoit invité chez lui François van Eck par fa Servante, & y étant venu lui avoit propofé s'il n'étoit pas de la dernière néceffité, & s'il ne convenoit pas extrêmement, de faire promptement & le prochain jour ufité d'Election, un redreffement entier dans la préfente Régence, & comment, de quelle manière, & par quels moyens: que lui van Eck avoit aux inftances de lui Nagel parlé là-deffus à quelques-uns de fes Confreres, & n'avoit pas jugé néceffaire de venir chez lui avec un fi grand nombre; mais qu'ils étoient venus provifionnellement à eux trois, pour écouter plus amplement les propofitions faites ledit 25. par lui Nagel à lui van Eck, ou quelque chofe de femblable en fubftance?

Affirmant.

6.

6.

S'il n'eft pas vrai, que Jaques Nagel

K 3

gel ayant entendu ladite propofition de lui van Eck, l'a avoué, & dit enfuite à eux Dépofans, que dans ladite affaire il ne feroit pas le dernier, mais le premier?

7.

Affirment, & difent qu'on s'étoit fervi du mot de L. H. P. & non de celui de Commiffaires de Hollande.

7.

S'il n'eft pas vrai, que Jaques Nagel y ajoutoit enfuite, qu'ayant commiffion, il avoit déja été avec trois des principaux Bourgeois de cette Ville fur le Yacht auprès des Sieurs Commiffaires de la Province de Hollande: qu'il leur avoit lui-même porté la parole fe plaignant de la préfente Régence comme intolérable, & qu'on ne faifoit point duement & impartialement juftice; & que Meffieurs de la Régence avoient abufivement rapporté aux fusdits Commiffaires, qu'il y avoit préfentement dans cette Ville un Gouvernement paifible & bien établi, ou quelque chofe d'équivalent en fubftance?

8.

Affirmant.

8.

S'il n'eft pas vrai, que Jaques Nagel a dit en même tems à eux Dépofans, qu'il s'attendoit qu'il feroit pour tout cela fommé par Meffieurs de la Magiftrature?

9.

Affirmant.

9.

S'il n'eft pas vrai, que Jaques Napourfuivant fon difcours a dit à eux Dépofans, que deux Committez des douze Tribuns dépofez avoient porté les mêmes plaintes aux fusdits Meffieurs les Commiffaires de la Province de Hollande, de même que fept autres Committez répondans pour un grand nombre de Bourgeois & d'Habitans?

10.

Affirmant.

10.

Si Jaques Nagel n'y ajoutoit pas qu'il paroiffoit affez par ce que deffus fur quoi on pourroit faire fond, furtout, fi les Tribuns d'à préfent fe fervoient

voient de leurs yeux; que lui Nagel connoiſſoit pour un ſi illuſtre Collége & qui étoit tant eſtimé des Bourgeois, mais qui à preſent étoient traitez de Meſſieurs de la Magiſtrature avec tant de mépris; &, ce qui plus eſt, que non-ſeulement eux Tribuns étoient lèzez, mais même mépriſez, & qu'il n'étoit plus poſſible de vivre ſous un tel joug; que tout l'avantage des Bourgeois & Habitans étoit confié aux Tribuns, qui comme des Peres devroient en avoir ſoin; & qu'ils n'avoient point fait leur ſerment au Magiſtrat pour le maintenir, mais pour avoir ſoin du Peuple, étant en tout tems en droit de dépoſer le Magiſtrat pour des malverſations, & qu'il n'y en avoit préſentement que trop de raiſons; qu'étant à préſent d'accord avec les douze autres on pouvoit le faire ſans crainte, & que lui Nagel étoit aſſûré que la Milice ne ſe mêleroit point des différends des Bourgeois, ou quelque choſe d'aprochant en ſubſtance?

11.

S'il n'eſt pas vrai, que là-deſſus lui François van Eck demandoit à Jaques Nagel, de quelle ſorte de Gens on pourroit ſe promettre le plus?

12.

S'il n'eſt pas vrai, que ſur cela Jaques Nagel nommoit & leur propoſoit Dr. Guillaume Rouckens, ajoutant qu'il étoit dépoſé d'une maniére ſi irréguliére, de même que Mr. de Gendt, Meſſieurs Pierre Beeckman & Verheyen; & qu'il ſeroit néceſſaire que la place d'Ecrivain des Gabelles fût remplacée, de quoi on repaiſſoit à préſent quelques Tribuns?

13

S'il n'eſt pas vrai, que lui François van Eck répondit là-deſſus: Comment!

11.

Affirmant.

12.

Affirmant.

13.

Déclarent qu'oui.

14,

Ut fupra.

ment! Monfr. Guillaume Rouckens qui a caufé aux Bourgeois tant de peur, de peines & de fraix?

14.

Si Jaques Nagel ne répondoit pas là-deffus, fi lui, favoir Dr. Guillaume Rouckens, n'avoit pas fait cela, il auroit été un grand Jean f. . . . & qu'il n'avoit fait que ce qui convient à un honnête homme en fe défendant?

15.

Déclarent ut in textis.

15.

S'il n'eft pas vrai, que Jaques Nagel étant durant le difcours apellé à diverfes reprifes par fa Servante pour venir chez fes hôtes, difoit enfuite, qu'il étoit fâché d'être obligé de finir, priant eux Dépofans de reïtérer aue autre fois leur vifite?

16.

Déclarent qu'oui, excepté que Berckenboom dit n'avoir pas entendu nommer diftinĉtement le Sr. van den Bergh parmi fes Conviez; & les Dépofans que ce qu'eft ici interrogé s'eft paffé au milieu du difcours & non en prenant congé.

16.

Si Jaques Nagel en prenant congé ne leur difoit pas, qu'il avoit entr'autres à fouper le Sr. Criftophle van den Berg, à qui la Ville de Nimègue avoit une extrême obligation; & qu'il faloit abfolument que lui de même que le Sr. van Leeuwen fuffent continuez?

17.

Affirmant.

S'il n'eft pas vrai, que lui fecond Dépofant difoit enfuite à Jaques Nagel, que lui Sterck avoit bien du regret, de ce qu'il avoit le malheur d'entendre une telle propofition, & que les deffeins de lui Nagel étoient indécens & dangereux; & qu'il le prioit d'aller un autre chemin, avant que lui Nagel fe rendît malheureux lui-même, ainfi que fa famille, & révoltât la Ville?

18.

Affirmant.

18.

S'il n'eft pas vrai, que Jaques Nagel voyant qu'eux Dépofans n'aprouvoient point fesdits deffeins, vouloit alors changer de ton, furquoi eux Dépofans s'en alloient.

S'accorde avec fon principal. W. Engelen. Secrétaire.

C O P I E.

C O P I E No. 2.

Ingenool. van der Lynden.

C O S S.

Mercredi, 31. Décembre 1704.

Ainsi ouï en présence de moi soussigné le 31. Décembre 1704. Gu: Engelen. Secrétaire.

LE Sr. Jaques Nagel dit avoir été seul chez l'Intendant van Arnhem pour boire un verre de vin, & n'y avoir parlé que de leur amitié réciproque.

Que depuis quelque tems il s'est aperçu de quelques troubles dans la Ville, qu'il l'a même dénoncé il y a un mois à l'Echevin van den Bergh, l'avertissant d'être sur ses gardes.

Qu'il a fait son devoir de le découvrir, qu'il est même allé chez M. van der Lynden pour le lui donner pareillement à connoître en qualité de Bourguemaître, & que ne le trouvant pas au logis, il a été chez Monsieur l'Echevin van den Bergh, à qui il a dit qu'il y avoit certaine chose sur le tapis, & qu'il vouloit faire son devoir en découvrant dans la suite le tems & la manière, conseillant audit Mr. van den Bergh, que le Magistrat y veuille pourvoir moyennant un Placard rigide, & en publiant un Placard d'Amnistie pour prévenir tous les troubles.

Etant requis de déceler quelques-uns de ceux qui participoient auxdits troubles, il a répondu quil aimeroit mieux se faire brûler tout vif que de faire le métier de délateur.

Dit avoir fait venir van Eck pour apprendre de lui davatange desdits troubles.

Et que pour cette raison il lui a conseillé de se réconcilier avec les douze Tribuns remerciez, puisqu'il étoit assûré que lui van Eck en étoit un grand antagoniste.

Que van Eck a répondu là-dessus qu'il

qu'il en vouloit parler à un a-
mi.

Et que le lendemain au foir il eft
revenu ayant avec lui Sterk & Berck-
boom, Tribuns de cette Ville.

Que là-deffus van Eck prenant la
parole dit, qu'il y avoit près de 10
à 12 Tribuns enfemble, qui enten-
droient volontiers les confidérations
du Sr. Nagel, de quelle maniére on
pourroit changer le Magiftrat, &
quel feroit le meilleur moyen pour
réuffir, jugeant que lui Nagel le fauroit mieux qu'eux.

Surquoi Nagel répondit avoir
beaucoup de refpeét pour les Tribuns, qu'ils le fauroient apparemment
mieux que lui, & qu'ils n'auroient
qu'à fe joindre aux 12 remerciez pour
concerter enfemble fur les moyens de
congédier le Magiftrat, jugeant que
c'étoit-là la fonétion des Tribuns &
non celle des Bourgeois.

Que van Eck demanda, qui à
fon avis devoit être continué, & qui
déplacé?

Sur quoi il avoit répondu, que c'é-
toit à lui van Eck à favoir qui leur é-
toit agréable, & qui non.

Que là-deffus van Eck avoit demandé fi toute l'affaire ne feroit pas
faite en y remettant Monfieur de
Gendt?

Sur quoi Nagel avoit répondu qu'on
avoit voulu le lapider, lorfqu'il étoit
pour fes affaires particuliéres fur le
Yacht auprès de Mr. de Gendt, & que
pour cette raifon il ne pouvoit pas en
parler.

Et que pourfuivant fon difcours il
avoit dit, s'il faloit qu'ils euffent quelqu'un, ce qu'il leur fembloit de Rouckens & Verheyen?

Qu'il dit être un fidèle Bourgeois.

Que van Eck étoit fon plus grand
en-

ennemi, & que pour cette raifon il l'avoit fait venir à ce fujet pour fe vanger de lui de cette maniére.

Que Berckenboom & van Eck difoient qu'ils ne venoient pas chez lui comme Délateurs, & que chacun avoit fon fentiment libre.

Que lorfque tout cela fe paffoit, il avoit chez lui, Nagel, en gafte van den Bergh avec fa femme, & fon Voifin Wanraey & fa femme.

Etant interrogé, s'il n'avoit pas été fur le Yacht des Commiffaires de Hollande, il dit qu'oui.

Etant encore interrogé qui étoient ceux qui avoient été avec lui fur ledit Yacht, il refufa de le dire, de même que la propofition qu'il y avoit faite, difant qu'on n'étoit point dans un Païs d'inquifition.

S'accorde avec fon principal. Gu. ENGELEN, Secrétaire.

COPIA. No. 3.

*Coram Coff. entendu jufqu'au 16.
Article inclufivement le 4. Janvier 1705.*

Informations prifes *Ratione Officii* par Meffieurs les Bourguemaîtres, de Nagel, Marchand de Cuir, & Provifeur de l'Hôtel des Bourgeois de cette Ville, préfentement détenu.

I.

Affirmant.

S'il n'eft pas vrai, que le 27. Décembre 1704. il eft venu chez lui le foir, environ à fept heures, Jean Sterck, François van Eck & Jean Berckenboom, Tribuns de cette Ville?

2.

Déclare que le difcours contenu dans cet Article s'eft tenu après une propofition faite par François van Eck.

S'il n'eft pas vrai, que lui Détenu, ayant reçu lesdits Tribuns avec beaucoup d'honnêteté, s'eft plaint enfuite à eux, que depuis long-tems on s'étoit regardé quafi de travers & par-deffus les épaules, & que lui détenu ne doutoit pourtant point, que lesdits Tribuns ne fuffent de fes fentimens, puifque lui détenu témoignoit & efpéroit des

3.
Affirmat ; mais qu'il n'avoit cherché le vin qu'après avoir déja été quelque tems enfemble.

4.
Déclare ne pas favoir que l'interrogé fe foit tout ainfi paffé en fubftance.

5.
Déclare qu'óui, mais qu'il avoit fait tirer à van Eck les vers du nez pour découvrir fon Projet ; & qu'à l'égard de ce qu'il avoit dit que dans cette affaire il ne feroit pas le dernier, mais le premier, c'étoit une fauffeté.

6.
Déclare avoir été fur le Yacht avec

---

desdits Tribuns qu'ils avanceroient a-vec lui l'interêt public , ou quelque chofe de femblable en fubftance ?

3.
S'il n'eft pas vrai, que lui Détenu a été enfuite chercher une bouteille de. Vin, & a porté au Tribun Jean Sterck un verre d'amitié , en y ajoutant que c'étoit un vin de près de 15 ans.

4.
S'il n'eft pas vrai, que le Tribun van Eck a enfuite, en préfence des Tribuns Sterck & Berckenboom, pro-pofé à lui détenu ce qui fuit, favoir que le 25 Décembre 1704. lui Déte-nu avoit invité François van Eck chez lui par fa Servante , & que celui-ci y étant venu il lui avoit propofé, s'il n'étoit pas de la derniére néceffité, & s'il ne faloit pas mettre au plutôt en exécution , de faire le prochain jour ordinaire d'Election un changement to-tal dans la Régence, & comment, de quelle maniére & par quels moyens? & que lui van Eck avoit à la demande de lui détenu parlé là-deffus à quel-ques-uns de fes Confreres, mais que lui van Eck n'avoit pas jugé néceffai-re de venir chez lui détenu à un fi grand nombre ; & qu'ils étoient ve-nus chez lui provifionnellement à eux trois, pour entendre plus ample-ment les propofitions faites par lui Dé tenu ou quelque chofe d'aprochant en fubftance ?

5.
S'il n'eft pas vrai, que lui Détenu ayant entendu ladite propofition du Tribun van Eck , l'a avouée , & a dit enfuite auxdits trois Tribuns , que dans ladite affaire lui detenu ne feroit pas le dernier, mais le pre-mier ?

6.
S'il n'eft pas vrai, que lui Détenu
trois

trois autres, fans favoir qu'il fe foit fer-
vi du mot de Commiffaires: qu'il y a
été avec le Maître de Pofte van Loon,
le Capitaine de Gendt & Jean van
Halfenbergh: que van Loon a fait
la propofition, mais qu'il ne favoit point
la fubftance de ce qu'il a dit: de plus
qu'il avoit dit étre bien aife qu'ils étoient
ici, & qu'il les prioit de faire encore une
tentative pour rétablir la tranquilité;
qu'il vouloit bien faire un ferment, qu'il
n'étoit point de l'ancienne Faction, mais
pour le repos & la concorde.

7.

Ignorat.

8.

Déclare avoir dit, que quatre des an-
ciens Tribuns & fept des Bourgeois ont
été fur le Yacht; mais qu'il ne fait
point tous leurs noms.

9.

Déclare ne pas favoir que tout ce dif-
cours ait été tenu: qu'il avoit pourtant
répondu fur la demande, lequel il conve-
noit de dépofer & de rétablir, qu'il avoit
beaucoup de refpect pour les Tribuns, qu'il
ne dépendoit point des Bourgeois, mais
des Tribuns: que c'étoit à eux de favoir
qui leur étoit agréable ou non; qu'ils de-
voient comme des Gardes des Bourgeois
favoir ce qui étoit le meilleur, ou quelque
chofe de femblable en fubftance.

y ajoutoit enfuite, qu'ayant commif-
fion il avoit été conjointement avec
quatre des principaux Bourgeois de
cette Ville fur le Yacht des Commif-
faires de L. H. P. & que lui Détenu
avoit porté lui-même la parole, fe plai-
gnant de la Régenc préfente comme
intolérable, & qu'on ne faifoit point
de duë & impartiale Juftice; & que
les Seignurs de la Régence avoient
par abus rapporté auxdits Députez de
L. H. P. qu'il y avoit préfentement
dans cette Ville un Gouvernement
paifible & bien établi, ou quelque
chofe d'aprochant en fubftance?

7.

S'il n'eft pas vrai, que lui Détenu
difoit en même tems auxdits trois
Tribuns, qu'il s'attendoit que Mef-
fieurs de la Magiftrature le citeroient
pour tout cela?

8.

S'il n'eft pas vrai, que le Détenu,
pourfuivant fon difcours, a dit auxdits
trois Tribuns, que deux Committez
des douze Tribuns remerciez avoient
auffi porté les mêmes plaintes auxdits
Commiffaires, de même que fept au-
trez Committez répondans pour un
grand nombre de Bourgeois & d'Ha-
bitans, & qui font ces Committez?

9.

Si lui Détenu n'y ajoutoit point,
qu'il paroiffoit affez par ce que ci-def-
fus, fur quoi on pourroit faire fond,
fur-tout fi les préfens Tribuns fe fer-
voient de leurs yeux, lefquels lui Dé-
tenu connoiffoit pour un fi illuftre Col-
lége, & qui étoit fort eftimé des Bour-
geois, mais qui étoit traité préfente-
ment avec tant de mépris par Mef-
fieurs les Magiftrats: & que, ce qui
plus eft, eux Tribuns étoient non-feu-
lement lézez mais même méprifez;
qu'il n'étoit plus poffible de vivre fous

L 3   un

un tel joug; que tout le Bien des Bourgeois & Habitans étoit confié aux Tribuns, & qu'ils étoient obligez d'en avoir foin comme des Peres; qu'ils n'avoient pas fait leur ferment aux Magiftrat pour le maintenir, mais pour avoir foin de Peuple, & qu'ils étoient en tout tems en droit de dépofer le Magiftrat pour des malverfations; qu'il y avoit à préfent affez de raifons pour cela; qu'à préfent unis avec les autres douze on pouvoit le faire fans rien craindre, & que lui Détenu étoit affûré que les Milices ne fe méleroient point des différends des Bourgeois, où quelque chofe de femblable?

10.

Dit n'avoir pas entendu que van Eck lui ait demandé cela.

10.

S'il n'eft pas vrai, que là-deffus le Tribun van Eck demandoit à lui Détenu, de quelles Perfonnes on pourroit donc avoir meilleure efpérance?

11.

Sur la demande de François van Eck s'il ne faudroit pas rétablir Mr. van Gendt, & qu'alors tout feroit en repos, il a répondu, qu'il ne pouvoit rien dire de Mr. van Gendt, vû qu'on avoit voulu le lapider, lorfqu'il étoit pour fes affaires particuliéres fur fon Yacht: que lui Nagel difoit à van Eck, ce qui lui fembloit du Bourguemaître Rouckens & Verheyen, & que François van Eck repartit, que dites-vous de mon Capitaine qui mériteroit avant tout autre d'y être admis? & que Nagel avoit répondu en fouriant, celui-là s'accommoderoit mieux de la Place d'Ecrivain des Péages.

11.

S'il n'eft pas vrai, que lui Détenu nommoit là-deffus & propofoit à eux Tribuns D. Guillaume Rouckens, y ajoutant, qu'il étoit dépofé d'une maniére fi irréguliére, de même que Mr. de Gendt, Mr. P. Beeckman & Verheyen, & qu'il faudroit rendre à Mr. Pierre Beeckman la Place d'Ecrivain des Péages, laquelle on faifoit efpérer à préfent à quelques Tribuns?

12.

Ignorat.

12.

S'il n'eft pas vrai, que le Tribun van Eck répondit là-deffus, comment Monfieur Guill. Rouckens, qui a jetté les Bourgeois dans tant d'inquiétudes, de peines & de dépenfes!

13. *Dé-*

13.

Déclare avoir dit , que ſi Dr. Rouckens jugeoit qu'on lui avoit fait tort , il feroit bien de s'en plaindre.

14.

Affirmat.

15.

Déclare qu'oui , mais ne point ſavoir , qu'on ait parlé de la continuation de Meſſieurs van Leeuwen & van den Bergh, ou de l'obligation que la Ville a à Mr. van den Bergh.

16.

Déclare, que Sterck a dit qu'il vouloit conſeiller à lui Nagel de changer de propos : ſur quoi Nagel a répondu, Mes Amis , vous ne connoiſſez pas encore bien mes deſſeins ; & que là-deſſus van Eck & Berckenboom ont répondu, il eſt permis à chacun de dire ſes deſſeins, nous ne venons pas ici comme Délateurs.

14.

Si lui Détenu ne repliquoit pas là-deſſus , ſi lui D. Guill. Rouckens n'avoit pas fait cela, il auroit été un grand Jean f. . . . & qu'il n'avoit fait que ce qui eſt permis à tout honnête homme , ſavoir de ſe défendre?

14.

S'il n'eſt pas vrai, que lui Détenu étant pendant ce diſcours appellé à diverſes repriſes par ſa Servante pour venir joindre ſes Convives , ne diſoit pas enſuite qu'il étoit fâché de rompre l'entretien en priant leſdits Tribuns de réïtérer encore leur viſite un autre jour ?

15.

Si en prenant congé, lui Détenu ne diſoit pas auxdits Tribuns, qu'il avoit entr'autres Convives le Sr. Chriſtophle van den Bergh, à qui la Ville de Nimègue étoit infiniment obligée, & qu'il faloit abſolument que lui & Mr. van Leeuwen fuſſent continuez.

16.

S'il n'eſt pas vrai, que le Tribun Sterck diſoit enſuite à lui Détenu , que ſes deſſeins étoient mauvais & dangereux, lui conſeillant de prendre un tout autre chemin, avant que lui Détenu ſe rendît malheureux lui & ſa Famille, & avant qu'il révoltât la Ville ; & que là-deſſus les ſusdits Tribuns ont pris congé?

S'accorde avec ſon principal. Gu. ENGELEN. Secrétaire.

COPIA. No. 4.

Ainſi oüis le 12. *Janvier* 1705. *Plus bas par moi Gu. Engelen, Secrétaire.*

INFORMATIONS priſes *Ratione Officii* par Meſſieurs les Bourgue-maîtres , ſur Jaques Nagel, Marchand de Cuir & Proviſeur de l'Hôtel des Bourgeois de cette Ville, étant détenu préſentement.

1. *Af-*

I.

Affirmat.

I.

S'il n'eſt pas vrai, que le 27. Décembre 1704. ſont venus chez lui le
ſoir, environ à ſept heures, Jean Sterck,
François van Eck & Jean Berckenboom, Tribuns de cette Ville?

2.

*Déclare que van Eck a entamé le
diſcours, & que ce qu'on interroge ne
s'eſt pas paſſé, mais que ledit van Eck
diſoit à lui Détenu, qu'il s'étoit aſſemblé près de 10 ou 12 Perſonnes pour
changer le Magiſtrat, & qu'il vouloit
bien entendre là-deſſus de deſſein du Détenu pour ſavoir, lequel il faudroit démettre ou continuer.*

2.

S'il n'eſt pas vrai, que lui Détenu
ayant reçu leſdits Tribuns avec beaucoup d'honnêteté, s'eſt enſuite plaint
à eux, que depuis quelque tems on
s'étoit regardé comme de travers &
par deſſus les épaules, & que lui Détenu ne doutoit pourtant point que
leſdits Tribuns ne fuſſent avec lui dans
les mêmes ſentimens, puiſque lui Détenu témoignoit & eſpéroit deſdits
Tribuns qu'ils avanceroient avec lui
le commun interêt, ou quelque choſe
de pareil en ſubſtance?

3.

*Affirmat que cela s'eſt paſſé preſ-
qu'à la fin de leur diſcours.*

3.

S'il n'eſt pas vrai, que là-deſſus lui
Détenu a été chercher une bouteille de
Vin & a porté un Verre d'amitié au
Tribun Jean Sterck, ajoutant, que
ce Vin avoit près de 15 ans?

4.

*Déclare qu'il a fait venir van Eck le
jour d'auparavant chez lui, puiſque lui
Détenu avoit ouï dire, qu'ils vouloient
aſſembler les Confrairies pour faire un
changement dans le Magiſtrat, & qu'il
lui donnoit à conſidérer, s'il ne valloit
pas mieux, qu'ils ſe joigniſſent au douze
Tribuns; & qu'il diſoit cela pour tirer
à van Eck le vers du nez, puiſqu'il ſavoit bien, que van Eck étoit un grand
Antagoniſte deſdits douze Tribuns?*

4.

S'il n'eſt pas vrai, que le Tribun van
Eck a enſuite, en préſence deſdits Tribuns Sterck & Berckenboom, propoſé
au Détenu ce qui ſuit, ſavoir que lui Détenu avoit le 25. Décembre 1704. fait
inviter chez lui par ſa Servante François
van Eck, & qu'y étant venu il lui avoit
propoſé, s'il n'étoit pas extrêmement
néceſſaire & s'il ne faloit pas exécuter
au plutôt, à faire le prochain jour ordinaire d'Election un redreſſement total dans la préſente Régence, & comment, de quelle maniére & par quels
moyens? & que lui van Eck avoit en
conſéquence de la demande de lui Détenu parlé là-deſſus à pluſieurs de ſes
Confreres, mais que lui van Eck n'a-
voit pas jugé à propos de venir chez
lui

lui Détenu avec un fi grand nombre; mais qu'ils n'étoient venus que provi- fionnellement à eux trois, pour écou- ter plus amplement les propofitions faites par lui Détenu, ou quelque cho- fe de femblable en fubftance ?

5.
Déclare que ce qu'on vient d'inter- roger n'eft pas arrivé.

5.
S'il n'eft pas vrai, que lui Détenu ayant entendu ladite propofition du Tribun van Eck, l'a aprouvée, & a dit enfuite auxdits trois Tribuns, que dans cette affaire, ou dans ce deffein, lui Détenu ne feroit pas le dernier, mais le premier ?

6.
Dit vouloir déclarer par ferment, que ce qu'on interroge n'eft pas arrivé fur le Yacht, qu'il ne l'a point entendu, & qu'il n'a pas porté non plus la parole; mais que le Maître de Poftes a fait la propofition, portant en fubftance, que puifque lesdits Commiffaires étoient en- core ici, & que les anciens Régens fai- foient encore tant de mouvemens, il les prioit de faire une derniére tentative, pour diriger l'affaire qu'il faudroit ajufter par un accommodement, ou une tranfac- tion amiable.

6.
S'il n'eft pas vrai, que lui Détenu y ajoutoit enfuite, qu'ayant commiffion il avoit déja été, conjointement avec quatre des principaux Bourgeois de cette Ville, fur le Yacht des Commif- faires de L. N. & G. P. & qu'il avoit lui-même porté la parole, fe plaignant de la préfente Régence com- me intolérable, & de ce qu'on ne fai- foit point duë & impartiale Juftice; & que Meffieurs les Régens avoient rapporté abufivement aux fufdits Com- miffaires, qu'il y avoit à préfent dans leur Ville un Gouvernement paifible & bien établi, ou quelque chofe de femblable en fubftance ?

7.
Dit de ne rien favoir de ce qui eft, in- interrogé.

7.
S'il n'eft pas vrai, que lui Détenu difoit en même tems auxdits trois Tribuns, qu'il s'attendoit pour cela à une citation de la part de Meffieurs de la Régence.

8.
Déclare qu'il a ouï dire qu'il y avoit eu quatre Tribuns & fept de la Bourgeoi- fie; mais qu'il ne fe fouvenoit plus d'eux.

8.
S'il n'eft pas vrai, que lui Détenu pourfuivant fon difcours, a dit aux- dits Tribuns, que deux Committez des douze Tribuns remerciez avoient auffi porté de pareilles plaintes aux- dits Commiffaires, de même qu'en- core fept autres Committez répondans pour

9.

A déclaré ne rien savoir de tout cet Article.

Encore interrogé là-dessus dit, que cela ne s'étoit pas passé de cette façon, mais que lorsqu'ils lui demandèrent ses considérations sur le changement du Magistrat, il avoit dit, que c'étoit-là l'affaire des Tribuns; pour qui il avoit beaucoup de respect, & non pas la sienne: surquoi van Eck avoit répondu qu'on auroit bien besoin de trois centaines d'hommes pour déposer la Régence, & que le Détenu avoit dit là-dessus; si vous voulez faire quelque chose de bon, on peut bien avoir trois cens Bourgeois qui vous assisteront.

10.

Dit que van Eck a demandé lequel on devoit déposer de la Magistrature ou y admettre, & si tout ne seroit pas tranquile en y admettant Mr. van Gendt, & qu'il avoit sur-tout du respect pour son Capitaine Pierre Corn. Beekman.

11.

Déclare n'avoir pas parlé de démettre, ni de remettre, mais que van Eck avoit lui-même proposé Mr. van Gendt & Pierre Corn. Beekman; & que là-dessus lui Dé-

pour un grand nombre de Bourgeois & d'Habitans, & qui font ces Committez?

9.

Si lui Detenu n'y ajoutoit pas, qu'on voyoit assez par ce que ci-dessus, sur quoi on pourroit faire fond, sur-tout si les Tribuns présens vouloient ouvrir leurs yeux, lesquels il connoissoit pour un si illustre Collége, qui étoit fort estimé de la Bourgeoisie, mais qui étoit traité à présent avec tant de mépris par Messieurs de la Magistrature: &, ce qui plus est, qu'eux Tribuns étoient non-seulement lezez mais aussi meprisez, & qu'il n'étoit plus possible de vivre sous un un tel joug: qu'on avoit confié aux Tribuns l'interêt de la Bourgeoisie & qu'ils devroient en avoir soin comme des Peres: qu'ils n'avoient point prêté leur serment au Magistrat pour le maintenir, mais pour avoir soin du Peuple: qu'ils étoient en droit en tout tems de déposer le Magistrat pour des malversations: qu'il y avoit assez de raisons pour cela, & que joint aux autres douze on pouvoit à présent le faire sans appréhension; & que lui Détenu étoit aussi persuadé que les Troupes ne se mêleroient point des différends des Bourgeois, ou quelque chose de pareil?

10.

S'il n'est pas vrai, que le Tribun van Eck demandoit là-dessus à lui Détenu, de quelle sorte d'hommes on pouvoit se faire une meilleure espérance?

11.

S'il n'est pas vrai, que lui Détenu nomma là-dessus auxdits Tribuns & leur proposa Dr. Guillaume Rouckens, ajoutant qu'il étoit déposé d'une ma-

poſant répondoit, que vous ſemble-t-il de
Rouckens & Verheyen , ce ſont auſſi
d'honnêtes gens ?

12.

Affirmat, excepté qu'on n'a pas parlé
de peines & de dépenſes , mais ſeulement
de plaintes.

13.

Qu'il n'a dit là-deſſus autre choſe ſi
non que s'il ſe croyoit lézé , lui Rouckens,
il ne feroit pas mal de ſe plaindre.

14.

Dit qu'il ſe pourroit bien que ce qu'on
interroge ſe fût paſſé ainſi, & qu'il
ſait fort bien qu'il a été ſouvent appellé
dehors.

15.

Affirmat ; mais qu'il ne ſait pas que
l'on ait parlé de continuation, ni de Mr.
van Leeuwen.

16.

Dit que Sterck avoit dit en prenant
congé , j'ai entendu votre intention : &
qu'il avoit prié lui Détenu d'abandonner
un tel ſentiment. Sur quoi lui Détenu a-
voit répondu en ſouriant , qu'ils n'avoient
pas encore aſſez compris ſes ſentimens ;
& qu'enſuite van Eck & Berckenboom ,

nière ſi irrégulière , de même que
Mr. van Gendt, Mrs. P. Beekman &
Verheyen , & qu'il faloit rendre à
Mr. Pierre Corn. Beekman la place
de Clerc des Péages, dont on flatoit à
préſent quelques Tribuns ?

12.

S'il n'eſt pas vrai, que le Tribun
van Eck repliquoit là-deſſus, comment Mr. Guill. Rouckens ! qui a
cauſé tant d'embaras , de peines & de
dépenſes à la Bourgeoiſie ?

13.

Si lui Détenu n'a pas répondu là-
deſſus , ſi le Dr. Guill. Rouckens
n'avoit pas fait cela, il auroit été un
grand Jean f. . . & qu'il n'avoit fait
que ce qu'un honnête homme peut
faire en ſe défendant ?

14.

S'il n'eſt pas vrai, que lui Détenu
étant pendant ce diſcours appellé à
diverſes repriſes par ſa Servante pour
venir joindre ſes Convives, a dit enſuite qu'il étoit fàché de rompre l'entretien , priant leſdits Tribuns de vouloir une autre fois rëïtérer leur viſite?

15.

Si, en prenant congé , le Détenu n'a
pas dit à ces Tribuns qu'il avoit entr'autres à ſouper chez lui le Sr. Chriſtophle van den Bergh , à qui la Ville
de Nimègue avoit infiniment d'obligation, & qu'il faudroit néceſſairement
que lui & Mr. van Leeuwen fuſſent
continuez ?

16.

S'il n'eſt pas vrai, que le Tribun
Sterck diſoit enſuite à lui Détenu ,
que ſes deſſeins étoient indignes de lui,
& qu'il lui conſeilloit d'aller un autre
chemin , avant que lui Détenu ſe rendît malheureux lui & ſa Famille , &
révoltât la Ville; & que là-deſſus les-

　　　　　　　　　　　　　　　　avoient

avoient dit, chacun a ſes ſentimens libres,
nous ne venons pas ici comme des Délateurs.   17.

*Dit ne pas ſavoir qu'il ait parlé avec
l'Intendant van Arnhem ſur le changement de la Régence, mais avoue qu'il
a été chez lui.*

18:
*Negat, diſant qu'ils n'ont pas été
chez lui.*

19.
Déclare comme ci-deſſus.

20.
*Dit ne rien ſavoir d'un Ecrit, excep-
té que, lorſque les Commiſſaires de Hollande étoient ici, le Maître de Poſtes van
Loon lui en préſenta un chez lui pour
le ſigner, mais qu'il l'avoit refuſé; &
que cet Ecrit n'étoit encore ſigné de perſonne & qu'il contenoit la propoſition
qu'on feroit ſur le Yacht, ſans qu'il y
eût pourtant la moindre plainte du Magiſtrat.*

21.
Il s'en référe à l'Article précédent.

22.
Déclare comme ci-deſſus.

23.
*Dit ne pas ſavoir qui l'a dreſſé, ni
qui l'a écrit.*

24.
Affirmat.

dits trois Tribuns prenoient leur congé.& s'en alloient ?
17.
S'il n'eſt pas vrai, que lui Détenu
a été quelques jours avant le 27. Décembre 1704. ſe plaindre pareillement
à l'Intendant van Arnhem du Magiſtrat préſent de cette Ville, & s'il ne
l'a pas excité à un changement dans
la Régence ?
18.
S'il n'eſt pas vrai, que le 27. Décembre 1704. il a donné à ſouper
chez lui à Dr. Guill. Reynders & Dr.
Melchior van Loon ?
19.
S'il n'eſt pas vrai, qu'alors il s'eſt
entretenu avec eux ſur le changement à faire dans la Régence ?
20.
S'il n'eſt pas vrai, que lui Détenu
a ſigné un certain Ecrit contenant entr'autres la violence & le tort qui auroit été fait au Marchand de Vin van
Loon par cette Régence, ou par les
Bourguemaîtres ?

21.
Si cet Ecrit-là n'a pas été ſigné par
ſix ou ſept autres Perſonnes, & par
qui ?
22.
Il a été demandé au Déténu ce que
cet Ecrit contenoit outre ce qui eſt
dit ci-deſſus ?
23.
Par qui cet Ecrit a été dreſſé ?
24.
S'il n'eſt pas vrai, qu'il y a quelques ſemaines que Henri Meloth a
demandé audience aux Etats Com
mit·

mittez de Hollande pour lui Détenu & le Maître de Poftes van Loon, de même que pour le Capitaine van Gendt & Jean van Halfenbergh?

25.
Déclare qu'il a entendu parler à van Loon d'un Procès, fans qu'il fache de quel Procès.

25.
S'il n'eft pas vrai, que le Maître de Poftes van Loon s'eft pareillement plaint alors aux fusdits Commiffaires de la préfente Régence de cette Ville, & principalement de l'injuftice & violence faite à fon Frere le Marchand de Vin?

26.
Affirmat.

26.
S'il n'eft pas vrai, que le Capitaine van Gendt s'eft plaint en même tems auxdits Meffieurs de fon déplacement?

27.
Affirmat.

27.
S'il n'eft pas vrai, que lui Détenu a eu, conjointement avec le Dr. van Loon, le Capitaine van Gendt & Jean van Halfenbergh, une audience des fusdits Meffieurs les Commiffaires les la Province de Hollande dans la Maifon de la Demoifelle Paton à la Rofe?

28.
Il s'en rapporte à l'Art. 6. in fine.

28.
S'il n'eft pas vrai, qu'il y a délibéré avec les fusdites Perfonnes & concerté, quelles plaintes chacun d'entr'eux feroit aux fusdits Meffieurs?
S'accorde avec fon Principal. Guill. Engelen, Secrétaire.

C O P I A No. 5.

Jurez devant le Bourguemaître Ingenool comme Vice-Juge & les Echevins Heert & van der Lynden, le 22. Janvier 1705. Signé: Guill. Engelen, Secrétaire.

INTERROGATOIRES pour Ratione Officii de Messieurs les Bourguemaîtres & à leurs inftances entendre là-deffus & examiner Didier Ariens, Roulier de cette Ville y étant affigné de Droit.

1.
Agé de 39. ans.

1.
Age.

2.
Affirmat, & qu'elles font fituées dans le Galgevelt.

2.
S'il n'eft pas vrai, que lui Dépofant a quelques terres à ferme de Monfieur

fieur Guillaume Verheyen, ci-devant Confeiller de cette Ville, ou de fa Mere, fituées dans l'Echevinage de de cette Ville?

3.
Affirmat.

3.
S'il n'eft pas vrai, que lui Dépofant a, environ 3 femaines avant Noël 1704. payé la ferme de ces terres à Mr. Verheyen?

4.
Dit qu'oui.

4.
S'il n'eft pas vrai, que ledit Mr. Verheyen l'a invité, lorfqu'il lui paya cette ferme, de venir un foir chez lui?

5.
Déclare qu'oui.

5.
S'il n'eft pas vrai, que lui Dépofant y étant venu a été mené par Mr. Verheyen dans un apartement, où é-toit Mr. Guillaume Reynders, ci-de-vant Bourguemaître de cette Ville?

6.
Ut fupra.

6.
S'il n'eft pas vrai, que Mr. Reyn-ders demandoit à lui Dépofant, s'il favoit bien ce qu'il avoit dit ou décla-ré de lui Reynders?

7.
Ad idem.

7.
Si lui Dépofant ne répondoit pas là-deffus que le Livre le feroit voir?

8.
Affirmat.

8.
Si Mr. Verheyen ne difoit pas là-deffus à Mr. Reynders, comment! quoi! il faut rétablir cet homme-là: il fera de nouveau notre Roulier; il eft connu par toute la Ville, & nous fera fans doute avoir du monde?

9.
Dépofe comme ci-deffus.

9.
S'il n'eft pas vrai, que Mr. Ver-heyen demandoit enfuite à lui Dépo-fant, s'il ne favoit pas du monde pour lui Verheyen?

10.
Dit comme dans le Texte.

10.
Si lui Dépofant ne demandoit pas là-deffus quel monde?

11.
Affirmat. Et le Dépofant difoit là-

11.
Si Mr. Verheyen ne repliquoit pas
def-

deſſus: ſi vous voulez donc me repren-
dre, alors les autres, ſavoir Reynders
& van de Wal me haïront ; ſur quoi
Verheyen repliqua, s'ils ne vous repren-
nent point, je quitte avec vous le parti.

12.

Affirmat.

13.
Affirmat, & que Verheyen ſouhaitoit
d'en ſavoir les noms, ſurquoi Didier di-
ſoit, ſi je vous dis leurs noms, ils ne
veulent point aller avec moi.

14.
Déclare avoir dit entre les 30 & 40.

15.
Affirmat.

16.
Affirmat.

17.
Affirmat.

là-deſſus, de tels, qui ſont de notre parti; car nous rentrerons dans la Régence & nous vous reprendrons?

12.
Si, ſur les inſtances ſérieuſes, lui
Dépoſant n'a pas promis audit Verheyen de procurer quelques perſonnes pour les anciens Régens, & ſi
là-deſſus il ne s'en eſt pas allé?

13.
Si quelques jours après, lui Dépoſant n'a pas donné à connoître à lui
Verheyen, qu'il avoit déja en main
trente hommes pour les anciens Régens?

14.
S'il n'eſt pas vrai, qu'encore quelques jours après il a dit à Monſr. Verheyen, qu'il avoit déja quarante hommes?

15.
S'il n'eſt pas vrai, que là-deſſus
Monſr. Verheyen a fait préſent à lui
Dépoſant d'une demie Tonne de Biére
de la Braſſerie du Dr. Didier Rouckens ci-devant Conſeiller, en payant
l'Acciſe, pour la boire avec lesdits
hommes?

16.
S'il n'eſt pas vrai, que Samedi a-
vant Noël 1704 Monſieur Verheyen
a enſuite fait inviter lui Dépoſant par
ſa femme, lorſqu'elle portoit de la crè-
me, pour venir le ſoir, environ à ſix
heures, à l'Auberge de Jean Adams
dans le Burg-ſtraet?

17.
S'il n'eſt pas vrai, que lui Dépoſant y étant venu ledit Samedi, a
premiérement bu dans la Cuiſine un
pot de mol, & a été appellé enſuite
par le Sr. Verheyen dans la Chambre
de la Porte?

18. *Af-*

18.

Affirmat.

18.
S'il n'eſt pas vrai, qu'il y eſt venu auprès de lui Dépoſant le Sr. Ver-heyen, le Maître de Poſtes van Loon, Jaques Nagel & le Dr. Didier Rouc-kens, ci-devant Conſeiller de cette Ville?

19.

Dit qu'oui.

19.
S'il n'eſt pas vrai, que le Sr. Ver-heyen demanda à lui Dépoſant en pré-ſence desdites Perſonnes, combien de monde il avoit déja?

20.

Affirmat.

20.
Si lui Dépoſant ne répondit pas là-deſſus, environ quarante hommes?

21.

Affirmat ut in textu.

21.
Si Jaques Nagel ne diſoit pas là-deſſus, comment rien que quarante! je croyois que vous en aviez déja plus de ſoixante, ajoutant en même tems, çà Didier faites bien, il ne vous ſera pas deſavantageux?

22.

Ut ſupra.

22.
S'il n'eſt pas vrai, que Mr. Ver-heyen diſoit de plus à lui Dépoſant: voilà le Maître de Poſtes van Loon & Nagel, faites tout ce qu'ils vous diront; van Loon vous donnera quel-que choſe?

23.

Ad idem.

23.
Si lui Dépoſant ne diſoit pas là-deſ-ſus: qu'eſt-ce que j'ai à faire à van Loon?

24.

Ad idem.

24.
Si le Sr. Verheyen ne répondoit pas là-deſſus, comment! pourquoi? c'eſt la même choſe.

25.

Affirmat.

25.
S'il n'eſt pas vrai, que là-deſſus le Maître de Poſtes a fourré quelque argent dans la main du Dépoſant?

26.
Dit, neuf florins & demi, conſiſtant en une Pièce de 3 florins, 4. florins & un Ecu, & le reſte en mauvais Eſca-lins.

26.
Combien c'étoit, & de quelle eſpè-ce ou ſorte d'argent?

27. *Af-*

Affirmat.

27.

Si Jaques Nagel ne demandoit pas alors, si lui Déposant avoit toujours son monde à la main?

Affirmat.

28.

Si lui Déposant ne répondoit pas là-dessus qu'oui?

Affirmat.

29.

Si Jaques Nagel & le Sr. Verheyen ne demandoient pas encore, s'il s'agissoit un jour d'assembler son monde, comment il s'y prendroit?

Affirmat.

30.

Si lui Déposant ne répondoit pas là-dessus, au bruit d'une Crecelle?

Ad idem.

31.

Si Jaques Nagel ne disoit pas là-dessus, que cela ne vaudroit rien?

Déclare comme dans le Texte.

32.

Si après cela le Sr. Verheyen ne disoit pas à lui Déposant: Allez quelquefois chez Nagel & le Maître de Postes van Loon, qui vous diront ce que vous avez à faire?

Dit comme ci-dessus.

33.

S'il n'est pas vrai, que Jaques Nagel a dit alors très-sérieusement à diverses reprises à lui Déposant: Didier, faites en sorte que vous ayez beaucoup de monde, ce ne sera pas à votre desavantage.

Ad idem.

34.

S'il n'est pas vrai, que Jaques Nagel & le Maître de Postes van Loon, demandoient pareillement alors à lui Déposant, combien de monde avoit déja Egbert le Chartier?

Déclare comme dans le Texte.

35.

S'il n'est pas vrai, que le dit Samedi au soir Jean van Halsenberg disoit chez Jean Adams dans le Vestibule, en sortant, à lui Déposant, que van Kesteren avoit aussi déja environ soixante hommes.

36.

Affirmat.

36.

Si le Samedi enfuivant, au foir, lui Dépofant n'a pas été dans la même Auberge avec Egbert le Chartier auprès de Jaques Nagel?

37.

Dit que Jaques Nagel ne lui avoit pas demandé le nombre du monde ; mais que lui Dépofant étant allé lui-mê-me chez Nagel, il lui avoit dit qu'Egbert avoit déja près de cent hommes.

37.

Si Jaques Nagel ne demandoit pas alors, combien de monde Egbert a-voit déja?

38.

Il fe référe à l'Article précédent.

38.

Si lui Dépofant ne répondoit pas là-deſſus qu'il avoit près de cent hom-mes?

39.

Affirmat.

39.

Si Jaques Nagel ne difoit pas là-deſſus? Parbleu cela eſt bon!

40.

Dit ne plus rien favoir , fi non que Verheyen lui a dit : Joſſelet eſt hors de la Ville , à fon retour nous faurons comment il faut faire , & Knipping de-viendra pareillement un de vos meilleurs amis ; fur quoi il a demandé , quel Knip-ping? & que Verheyen a répondu, là bas dans le Heſelſtraet.

40.

Le Dépofant eſt interpelé de dé-clarer ce qu'il fait de plus à cet égard, fans rien cacher directement ou indi-rectement.

S'accorde avec fon principal. Guill. Engelen, Secrétaire.

C O P I A. No. 6.

Jurez le 14 Janvier 1705. en pré-fence de Mr. le Bourguemaître Ingenool comme - Vice Juge & des Echevins van Lynden, & Dilfen. Etoit figné: Guill. Engelen , Secrétaire.

ARticles interrogatoires pour entendre fous ferment là - deſſus *Ratione Officii* , & à l'inſtance de Meſ-fieurs les Bourguemaîtres , Martin van der Lixden , Hôte dans le Heſelſtraet, y étant aſſigné comme de Droit.

1.

A 51. ans.

1.

Age?

2.

Affirmat.

2.

Si au mois de Décembre 1704. Di-dier Ariens Roulier de cette Ville n'a pas abordé à deux diverfes reprifes lui Dépofant environ proche de fa Mai-fon dans le Heſelſtraet, lui faifant fa-voir , que lui Didier Ariens avoit u-
ne

ne compagnie chez lui & de la Biére; & qu'il prioit très-inftamment lui Dé-pofant de vouloir auffi y venir?

3.

Affirmat.

3.

Si ledit Didier Ariens ne lui difoit pas de plus, qu'il avoit déja levé cin-quante hommes, & qu'il en feroit Lieutenant lui Dépofant, en cas qu'il voulût agir de concert?

4.

Déclare comme ci-devant.

4.

Si lui Dépofant ne demandoit pas là-deffus à Didier Ariens, ce que c'é-toit que cette levée, & à quoi elle fer-viroit?

5.

Dit qu'oui.

5.

Si Didier Ariens ne répondoit pas fur cela, pour fe foulever contre les nouveaux Régens?

6.

Ad idem.

6.

Si Didier Ariens ne difoit pas de plus, que le Fils de Didier van Kefte-ren leveroit pareillement une Compa-gnie à cet effet?

7.

Déclare comme dans le Texte.

7

S'il n'eft pas vrai, que ledit Di-dier Ariens eft encore venu 3 ou 4 jours après chez lui Témoin, & l'a régalé de quelques verres de Brandevin chez André le Savetier dans le Hefelftraet; & s'il ne l'a pas très-férieufement ex-cité à fe révolter contre la Régence?

8.

Dépofe comme ci-devant.

8.

S'il n'eft pas vrai, que ledit Didier Ariens voyant, qu'il ne pouvoit point engager lui Dépofant à ce que deffus, difoit de plus: Vous ne voulez pas vous déclarer contre les nouveaux Ré-gens, mais il en ira bien autrement?

9.

Affirmat.

9.

Si Didier Ariens ne tiroit pas de fa poche en buvant ce Brandevin une poignée d'argent, difant, quand cela eft fini je puis en avoir davantage?

S'accorde avec fon principal. Guill. Engelen, Secrétaire.

CO-

COPIA No. 7.

Jurez le 20. Janvier 1705. devant Mr. le Bourguemaître Ingenool comme Vice-Juge & les Echevins Heert & Pels. Etoit signé: Guill. Engelen, Secrétaire..

A RTICLES interrogatoires pour entendre fous ferment & examiner là-deffus *Ratione Officii* & à l'inftance de Meffieurs les Bourguemaîtres, Pierre Roeters Maître Serrurier étant affigné à cet effet de Droit.

I.

De 36. ans.

1.

Age?

2.

Affirmat..

2.

S'il n'eft pas vrai, que le Samedi avant Noël 1704. lui Dépofant a envoyé par fa femme un Compte de clous livrez à la Maifon & charge de la Veuve de feu le Secrétaire van Loon, demeurant dans le Priemftraat?

3.

Déclare que cela s'eft paffé environ à deux heures & demie.

3.

S'il n'eft pas vrai, que le même Samedi après midi, environ à trois heures, lui Dépofant a été requis par un Valet ou Garçon de venir à la Maifon de ladite Veuve chez fon Fils le Maître de Poftes van Loon?

4.

Déclare que cela eft vrai, & que van Loon lui a préfenté un Verre de vin.

4.

S'il n'eft pas vrai, que lui Dépofant y étant venu a été honnêtement reçu par le Maître de Poftes van Loon, mené dans fon Bureau de Poftes, & régalé enfuite d'un Verre de vin?

5.

Dit qu'oui.

5.

Si le Maître de Poftes ne demandoit pas alors à lui Dépofant entre quatre yeux: Maître Pierre comment vous va?

6.

Ut fupra.

6.

Si lui Témoin ne répondoit pas là-deffus, fort bien?

7.

Affirmat, & déclare qu'il s'eft fervi du mot de nouveaux Régens.

7.

Si le Maître de Poftes van Loon ne demandoit pas de plus comment va-t-il avec les nouveaux Régens?

8.

Affirmat.

8.

Si lui Dépofant ne répondoit pas là-

là-deffus : Que voulez-vous que je vous dife ? pour moi je n'ai rien à faire à la Maifon de Ville ; mais les affaires vont affez mal avec notre Métier ?

9.

Affirmat.

9.

S'il n'eft pas vrai, que le Maître de Poftes difoit là-deffus : mal ! vraiment il va par-tout mal : vous pouvez le voir entr'autres à mon Frere comme il eft traité ; car on a toujours protefté contre l'exécution militaire, & avec le tems il ira toujours encore pis ?

10.

Déclare comme dans le Texte.

10.

S'il n'eft pas vrai, que le Maître de Poftes van Loon difoit encore : mais à préfent il y a moyen, nous pouvons être fecourus, car les nouveaux Régens n'ont pas voulu accepter la médiation des Meffieurs de Hollande qui font ici ; & nous avons à la main trois à quatre cens hommes, c'eft pourquoi il faut que nous employions à préfent les moyens qui nous font offerts ?

11.

Affirmat.

11.

S'il n'eft pas vrai, que le Maître de Poftes y ajoutoit : Un Paifan fe trouvant embourbé avec fa Charette chargée, dans un chemin creux, cria à Notre Seigneur pour qu'il voulût le dégager ; mais une voix du Ciel répondit, aidez vous vous-même & vous ferez aidé ?

12.

Déclare qu'oui.

12.

Si le Maître de Poftes ne difoit pas alors à lui Dépofant, qu'il y avoit de confidérables défauts dans les Finances : que les nouveaux Régens faifoient beaucoup de Commiffions coûteufes & infructueufes ; & que tout cela venoit à la charge des Bourgeois ?

13.

Dit comme ci-deffus.

13.

Si le Maître de Poftes van Loon ne difoit pas auffi, qu'on laifferoit

14.
Dit que cela s'est passé ainsi, & ' que le Déposant y ajoutoit encore ces mots trop précipitans.

15.
Affirmat.

16.
Dit qu'il a prié lui Déposant d'aller chez les Seigneurs sur le Yacht.

17.
Déclare qu'oui.

18.
Affirmat.

19.
Affimatr.

20.
Dit qu'oui.

21.
Ut supra.

22.
Ad idem.

roit dans la Régence les Sieurs van Loon, Knipping & Josselet?

14.
Si lui Déposant ne disoit pas là-dessus: Mais comment en seroit-il de moi & d'autres, si les anciens Régens étoient un jour rétablis dans leurs postes?

15.
Si lui Maître de Postes ne répondoit pas là-dessus: Alors ils publieront incessamment une Amnistie générale, & ce n'est qu'alors que les Bourgeois verront quels Droits & Privilèges ils ont?

16.
Si le Maître de Postes van Loon n'a pas alors prié lui Déposant d'aller avec lui à quatre heures sur le Yacht chez les Seigneurs Etats de Hollande?

17.
Si lui Déposant ne demandoit pas, à ce propos, ce qu'on y feroit?

18.
Si le Maître de Postes van Loon ne répondoit pas là-dessus: il y aura quelqu'un qui portera la parole, vous n'avez qu'à écouter?

19.
S'il n'est pas vrai, que lui Déposant refusant cela, le Maître de Postes van Loon lui disoit: Pourquoi non? il y a bien une vingtaine chez Paton qui iront avec?

20.
Si le Maître de Postes ne demandoit pas entr'autres comment les autres Maîtres de la Confrairie des Serruries étoient intentionnez?

21.
Si lui Déposant ne répondoit pas là-dessus, bien?

22.
Si le Maître de Postes van Loon ne disoit pas là-dessus, cela est bien?

23. Dé-

23.
Déclare comme dans le Texte.

23.
Si le Maître de Poſtes van Loon, ne diſoit pas à lui Dépoſant en prenant congé : Venez quelquefois le ſoir chez moi ?

24.
Déclare que cela s'eſt paſſé dans le Groote-ſtraat devant la Porte de Mr. l'Echevin Urmondt, environ à 9. heures du matin.

24.
S'il n'eſt pas vrai, que Dimanche ſuivant N. van Egeren écrivant ſur le Bureau du Maître des Convois Beeckman, proche du Marché, a dit avant midi à lui Dépoſant, que le Seigneur Jean de Welderen, Baillif de la Betuwe Inférieure, avoit dit qu'on caſſeroit toutes les Communautez & Confrairies de cette Ville ?

25.
Affirmat, & que cela étoit arrivé après le Prêche d'après midi.

25.
Si quelque peu de tems après, lui Dépoſant n'a pas fait ſavoir ce qui eſt dans l'Article 24. précédent au Maître de Poſtes van Loon, ſe trouvant proche du grand Marhé, & ne lui a pas demandé, s'il étoit vrai qu'on caſſeroit toutes les Communautez & Confrairies de cette Ville ?

26.
Affirmat.

26.
Si le Maître de Poſtes ne diſoit pas là-deſſus, cela eſt ſûr ?
S'accorde avec ſon principal. Guill. ENGELEN, Secrétaire.

COPIA. No. 8.

Jurez le 14. Janvier 1705. devant Monſieur le Vice-Juge Ingenool & les Echevins van der Lynden & Dilſen. Etoit ſigné : Guill. Engelen, Secrétaire.

ARTICLES interrogatoires pour entendre & examiner là-deſſus ſous ferment, *Ratione Officii* & à l'inſtance de Meſſieurs les Bourguemaîtres, Herman van Keſteren, Bourgeois & Habitant, étant aſſigné à cet effet de Droit.

I.
A 24 ans.

I.
Age.

2.
Affirmat que cela eſt arrivé à la rue.

2.
S'il n'eſt pas vrai, qu'au mois de Décembre 1704. lorſque quelques Meſſieurs furent ici de la Province de Hol-

Hollande , Jean van Halfenberg eft venu environ à 4 heures après midi chez lui, le priant très-inftamment & amiablement de fortir un peu avec luî?

Dit qu'oui. 3.

3.
S'il n'eft pas vrai, que lui Dépofant l'a décliné ou refufé?

Dépofe comme dans le Texte. 4.

4.
S'il n'eft pas vrai, que nonobftant cela Jean van Halfenberg eft encore venu le même jour environ à fix heures chez lui Dépofant , & a reïtéré cette inftance de fortir un peu avec lui, ajoutant , qu'il vouloit payer la bouteille de vin que lui Dépofant lui avoit gagnée ?

Affirmat. 5

5.
S'il n'eft pas vrai, que lui Dépofant a encore refufé d'abord cette demande ; mais l'a accordée à la fin fur les inftances continuelles & férieufes d'icelui Halfenberg ?

Déclare comme ci-deffus. 6.

6.
S'il n'eft pas vrai, que lui Dépofant a été mené là-deffus par Jean van Halfenberg à l'Auberge de Laurent van Hervelt au Marché au Bled, & y a été régalé d'une bouteille de vin?

Ad idem. 7.

7.
S'il n'eft pas vrai, que Jean van Halfenberg a mené de-là lui Dépofant à l'Auberge de Jean Adams étant en compagnie dans la grande Chambre au-deffus de la Cuifine?

Dit qu'oui. 8.

8.
S'il n'eft pas vrai, que lui Dépofant y a encore été régalé d'un verre de vin par ledit Jean van Halfenberg ?

Déclare comme dans le Texte. 9.

9.
S'il n'eft pas vrai que Jean van Halfenberg y demandoit après le Maître de Poftes van Loon?

Ut fupra. 10.

10.
S'il n'eft pas vrai, que Jean van Hal-

Halfenberg apprenant, que le Maître de Poftes van Loon n'étoit pas dans ladite Auberge, difoit à lui Dépofant: Venez van Kefteren, allons chez van Loon?

11.

Affirmat.

Si lui Dépofant ne demandoit pas là-deffus, qu'eft-ce que nous y ferons?

12.

Ad idem.

Si Jean van Halfenberg ne répondoit pas là-deffus venez feulement je vous le dirai bien?

13.

Déclare que cela eft vrai.

S'il n'eft pas vrai, que lui Dépofant, venant avec Jean van Halfenberg chez le Maître de Poftes, y a été reçu de lui fort honnêtement, & régalé enfuite d'un Verre de vin?

14.

Dit que le Marchand de Vin le faluoit comme Confrere.

S'il n'eft pas vrai, que Jean van Halfenberg & le Maître de Poftes fe faluoient l'un l'autre fort amiablement, & fe donnoient réciproquement le nom de Confreres?

15.

Affirmat.

S'il n'eft pas vrai, qu'après avoir bu quelques Verres de vin, Jean van Halferberg demandoit au Maître de Poftes van Loon, en préfence de fon Frere le Marchand de Vin van Loon, où eft cet Ecrit?

16.

Affirmat.

S'il n'eft pas vrai, que le Maître de Poftes van Loon répondoit là-deffus, je l'ai dans ma poche; s'il n'a pas tiré après cela cet Ecrit de fa poche, & remis à Jean van Halfenberg?

17.

Ut fupra.

S'il n'eft pas vrai, que Jean van Halfenberg a enfuite donné cet Ecrit à lui Dépofant, le priant de le lire?

18.

Affirmat.

S'il n'eft pas vrai, que lui Dépofant étant occupé à le lire, le Maître de

Tome XIV, O

Affirmat

19.

---

de Poftes lui difoit, çà que je vous le life une fois?

19.

Si le Maître de Poftes, ayant lu cet Ecrit, ne difoit pas à lui Dépofant: Que vous en femble-t-il? vous plaît-il le figner? car vous voyez comment nous fommes traitez?

20.

Dit que tous trois ont tâché de l'obliger à figner cet Ecrit, & particuliérement le Maître de Poftes van Loon & Jean van Halfenberg.

20.

S'il n'eft pas vrai, que lui Dépofant refufant de le figner, Jean van Halfenberg & le Maître de Poftes van Loon, de même que fon Frere le Marchand de Vin, ont infifté long-tems auprès de lui Dépofant, & tâché de le porter à figner ledit Ecrit & de lui faire croire qu'il n'avoit que faire de s'inquiéter à ce fujet?

21.

Affirmat.

21.

Si cet Ecrit ne portoit pas entr'autres, que les Bourgeois de cette Ville étoient extrêmement préjudiciez par la préfente Régence, & point maintenus dans leurs Droirs & Privilèges; & qu'on fe plaindroit là-deffus à Meffieurs les Commiffaires de la Province de Hollande, ou quelque chofe d'approchant?

22.

Dit qu'oui.

22.

S'il n'eft pas vrai, que ces Trois perfonnes ont enfuite demandé à lui Dépofant, s'il ne pouvoit pas mettre fur pied quelque monde?

23.

Déclare comme ci-deffus.

23.

Si lui Dépofant ne répondoit pas là-deffus: Oui je pourrois bien trouver encore trente hommes; mais alors il faudroit que les Régens m'en fiffent Capitaine, & que je tiraffe de l'argent des Etats.

24.

Déclare qu'oui, excepté qu'au lieu du mot mener, on fe fervoit de celui de chaffer.

24.

Si Jean van Halfenberg ne difoit pas là-deffus: Cela eft bien, mais il faudroit que cela allât d'une toute autre maniére, & que nous allaffions me-

25.

Déclare comme dans le Texte.

26.

Dit que Didier Ariens lui demandoit en général, fi lui Dépofant avoit déja prêts ces 30 hommes dont on lui avoit parlé auparavant.

27.

Affirmat.

28.

Déclare que cela s'eft dit au Marché près de la Pierre bleue.

29.

Dit que cela eft vrai en fubftance; mais qu'on n'a pas parlé alors de chaffer les Régens de la Maifon de Ville, & qu'il ne lui a dit quelquefois ces paroles qu'en particulier.

30.

Qu'il en a fait la plûpart chez lui même, où il a fouvent invité le Dépofant pour boire un Verre de vin avec lui.

mener à un certain tems les nouveaux Régens hors de la Maifon de Ville.

25.

S'il n'eft pas vrai, que lui Dépofant repliquoit là-deffus : Alors il nous arriveroit comme à Amfterdam; & que prenant congé il s'en alloit?

26.

S'il n'eft pas vrai, que quelques jours après il eft venu chez lui Dépofant Didier Ariens, Roulier de la Ville, demandant fi lui Témoin pouvoit affembler préfentement ces trente hommes pour aller mener les Régens hors de la Maifon de Ville?

27.

Si ledit Didier Ariens n'ajoutoit pas en même tems: Parlez librement, j'ai déja moi-même cinquante hommes prêts pour cet effet, ou quelque chofe de femblable?

28.

Où & en quel endroit Didier Ariens lui a dit ce que ci-deffus?

29.

Si depuis quelques femaines lui Dépofant n'a pas entendu Jean van Halfenberg fe plaindre plufieurs fois & en divers tems & endroits, en préfence de plufieurs hommes, de la préfente Régence, & en particulier de la violence qu'elle avoit faite au Marchand de Vin van Loon, & qu'on la chafferoit dans peu de la Maifon de Ville?

30.

Dans quels endroits & chez quelles perfonnes Jean van Halfenberg a fait lesdites plaintes & menaces contre la préfente Régence?

Collata concordat. Guill. Engelen, Secrétaire.

C O.

COPIA No. 9.

Jurez le 26. Janvier 1705: devant Mr. le Bourguemaître Ingenool, comme Vice-Juge, & les Echevins Heerdt & van Dilfen. Plus bas étoit, en ma préfence, & figné, Guill. Engelen, Secrétaire.

ARTICLES interrogatoires pour entendre & examiner fous ferment là-deffus, *Ratione Officii* & à l'inftance de Meffieurs les Bourguemaîtres, Rut Roeters, Maître Maréchal, étant affigné à cet effet de Droit.

1.

A 29 ans.

Age?

2.

Déclare qu'il n'a été mandé que le matin chez Paton, par un Garçon; & qu'y étant il a encore été apointé vers l'après midi par Henri Meloth, puifqu'il n'y avoit pas moyen de voir les Meffieurs du Yacht le matin.

S'il n'eft pas vrai, que lui Dépofant a été prié, il y a environ cinq femaines, fans qu'on fache le jour précis, l'après midi, de venir dans l'Auberge de la Veuve Paton proche de la Craanpoort.

3.

Déclare que ledit Garçon ne nommoit perfonne, & qu'il difoit feulement que le Dépofant devoit venir chez Paton.

Quelles perfonnes y ont fait inviter lui Témoin?

4.

Se rapporte à l'article précédent.

Par quelles perfonnes il a été prié d'y venir?

5.

Dit qu'il a été introduit le matin dans la Cuifine, & le foir dans une Chambre.

Dans quel Apartement ou Chambre lui Dépofant venant à l'Auberge a été introduit?

6.

Dit y avoir trouvé le matin Mannen le Tailleur & le Marchand de Vin Becker, & le foir Nagel, le Maître de Poftes van Loon, Jean van Halfenberg, le vieux Becker, le Cordonnier Scheers, Mannen le Tailleur, le jeune van Kefteren, Henri Meloth & Odekercken.

Quelles perfonnes lui Dépofant a trouvé dans ce même Apartement ou cette Chambre?

7.

Ignorat.

Quelles perfonnes fout venues après lui dans cette compagnie.

8.

Déclare n'avoir pas entendu cela.

Si dans cette compagnie on ne s'eft pas plaint que les Bourgeois de cette Ville étoient fort préjudiciez par la préfente Régence, & non maintenus

nus dans leurs Droits & Privilèges, ou quelque chose de semblable?

9.

Quelles personnes ont fait ces plaintes?

9.

Ut supra.

10.

S'il n'est pas vrai, que quelques-uns de la compagnie ont ensuite proposé, d'aller au Yacht chez Messieurs les Commissaires de la Province de Hollande, pour s'y plaindre, comme cela est marqué à l'Article 8. & qui sont ceux qui ont fait cette Proposition?

10.

Dit que Meloth l'avoit prié le matin d'aller après midi avec lui. & d'autres au Yacht, sans dire pourquoi.

11.

Si Jean van Halfenberg & le Maître de Postes van Loon n'ont pas principalement incité lui Déposant à aller audit Yacht?

11.

Dit qu'on avoit généralement parlé dans cette compagnie d'aller au Yacht.

12.

Quelles Personnes ont été avec lui Déposant sur le Yacht chez les susdits Messieurs?

12.

Meloth, Mannen, le vieux Becker, van Kesteren & Odekercken.

13.

A quelle heure environ lui Déposant est allé audit Yacht?

13.

Déclare entre six & sept heures.

14.

Quelle personne y a porté la parole devant les susdits Seigneurs de la Province de Hollande?

14.

Dit que c'étoit Henri Meloth.

15.

Le Déposant a été interrogé pertinemment, & sur toutes les circonstances de cette Proposition.

15.

Dit qu'il ne l'a pas parfaitement entendu, mais qu'il lui a entendu parler des cinq Régens provisionnels: que le Seigneur de Welderen avoit dit, qu'on casseroit les Communautez & Confrairies: que les Tribuns ne pourroient pas s'assembler à l'insçu du Magistrat; & qu'il a même fait mention du tort fait à sa propre personne en lui ôtant sa Charge.

16.

Le Déposant a été interrogé sur ce que lesdits Seigneurs ont répondu à cette Proposition?

16.

Déclare qu'il ne sauroit le dire, puisqu'il a été parler proche de la porte de la Cabine avec van Kesteren.

17.

Si lui Déposant n'est pas retourné avec

17.

Affirmat.

18.

Dit qu'après y avoir bu encore un Verre de vin il s'en eft allé chez lui.

19.

Déclare avoir bien bu du vin & de la biére, mais fans fumer du tabac.

20.

Dit que non.

21.

Dit comme ci-deffus.

avec les fusdites perfonnes du Yacht à l'Auberge de la Veuve Paton?

18.

Combien de tems lui Dépofant y eft refté avec cette compagnie?

19.

Si lui Dépofant n'y a pas bu du vin, de la biére, ou du mol, & fumé du tabac?

20.

Si lui Témoin en a payé quelque chofe t

21.

Si lui Témoin fait qui y a payé l'é-cot pour lui?

· S'accorde avec fon principal. Guill. Engelen, Secrétaire.

C O P I A. No. 10.

Jurez le 3. Février 1705. devant Monfieur le Bourguemaître Ingenool, com-me Vice-Juge, & les Echevins Heerdt & Pels. Etoit figné: Guill. Engelen, Secrétaire.

A R T I C L E S interrogatoires pour entendre & examiner fous fer-ment là-deffus, *Ratione Officii* & à l'inftance de Meffieurs les Bourguemaî-tres, Jean Harting, Maître Tailleur y étant affigné de Droit.

1.

Environ 44 ans.

2.

Dit qu'oui.

3.

A ce que j'ai pu remarquer il en étoit confterné, & autant que je m'en fou-viens, il difoit qu'eft-ce que van Eck a fait?

4.

Répond qu'il fe fouvient que le Maî-tre de Poftes van Loon étoit venu vers

1.

Age?

2.

S'il n'eft pas vrai, que le Maître de Poftes van Loon eft venu chez lui & dans fa maifon le Dimanche après midi, lorfque Jaques Nagel fut empri-fonné le foir?

3.

S'il n'eft pas vrai, que le Maître de Poftes étant alors fort confterné & embaraffé, démandoit à lui Dépofant: Qu'eft-ce que dit François van Eck de Nagel?

4.

Si lui Témoin a avant ou après ce tems-là jamais parlé au Maître de
lui

lui Dépofant, lorfqu'il fe trouvoit avec quelques autres Bourgeois proche de la Pierre bleue, après qu'on avoit prefque ceffé de caufer, & qu'il ne pouvoit pas dire ce donc on y avoit parlé, vû qu'il y avoit déja long-tems; mais qu'il ne fe fou-venoit point d'avoir jamais vu ni parlé à van Loon chez lui, ni d'avoir jamais été chez ledit Maître de Poftes.

Poftes van Loon, ou s'il a jamais été dans fa compagnie?

S'accorde avec fon Original. Guill. Engelen, Secrétaire.

C O P I A. No. 11.

JE Souffigé attefte & déclare par la Préfente, à la requifition de Meffieurs les Bourguemaîtres, *Ratione Officii*, & cela fur le ferment que j'ai dès l'entrée dans mon Emploi prêté à la Ville, que le Sr. Jaques Nagel eft venu un jour chez moi pour faire tranfporter une obligation qu'il avoit à la charge de la Ville, à laquelle occafion il difoit entr'autres difcours, que quant aux diffenffions, on devroit faire en forte que quelques-uns des anciens Régens fuffent rétablis dans la Magiftrature; & que pour cela il faudroit procu-rer un pardon & une parfaite réconciliation entre eux & les nouveaux Ré-gens, de même qu'entre les Tribuns préfens & les remerciez, par où tout feroit charitablement oublié.

Sur quoi moi Souffigné répondis ne pouvoir pas m'expliquer là-deffus avant que d'en avoir donné connoiffance au Collége des Tribuns.

Je Souffigné déclare en outre, que le 28. Décembre dernier ledit Jaques Nagel m'a encore parlé paroiffant fort embaraffé & avoir du regret de ce qu'il avoit fait ouverture de ce que ci-deffus à quelques-uns des Tri-buns, déclarant en même tems qu'il ne vouloit plus fe mêler de ces affaires, & qu'il étoit dans l'intention de partir le lendemain fuivant pour Wefel pour des affaires preffantes qu'il ne vouloit point négliger, afin d'ôter par-là tout foup-çon contre fa perfonne; & que de plus il m'a prié, pour rendre à la Ville la tranquilité & la concorde, de faire mon devoir pour aider à procurer une Amniftie après le jour de l'Election.

Sur quoi je lui ai confeillé d'aller parler là-deffus à Mr. le Bourguemaî-tre van der Lynden même. En foi de quoi j'ai fouffigné la Préfente, A Ni-mègue le 1er. Janvr. 1705. *Signé:* A. van Arnhem, Intendant.

S'accorde avec fon Original. Guill. ENGELEN, Secrétaire.

C O P I E. No. 12.

JE Souffigné Huiffier de la Ville de Nimègue, rapporte & déclare par la Préfente, que le 28. Décembre dernier j'ai été par ordre de Meffieurs les Bourguemaître à la maifon de Jaques Nagel pour faire favoir à fa femme au nom de Meffieurs lesdits Bourguemaîtres, que fon mari étoit détenu chez le Geolier, & que le même foir il ne viendroit point au logis, lequel

mef-

meſſage j'ai fait inceſſamment par ledit ordre à ladite femme, qui témoignant
là-deſſus une grande altération, s'écrioit à diverſes repriſes: ne l'ai-je pas aſſez
dit? ne l'ai-je pas aſſez dit? *Actum ut ſupra*, & *Signé*: François Moltzet Huiſſier.
S'accorde avec ſon Original. Guill. E N G E L E N , Secrétaire.

C O P I E No. 13.

JE Souſſigné Huiſſier de la Ville de Nimègue rapporte & déclare, que par
ordre de Meſſieurs les Bourguemaîtres de cette Ville je me ſuis rendu le
28. Janvier 1705. environ à onze heures, à la Maiſon de Jean van Halſenberg
pour le requérir de venir à la Maiſon de Ville chez Meſſieurs lesdits Bourguemaîtres, où j'ai ſonné par trois fois ſans qu'on m'ait ouvert la porte.

Qu'environ à midi j'ai encore été par ordre de Meſſieurs lesdits Bourguemaîtres à ladite Maiſon,& qu'alors la Servante étant venue, je lui ai demandé
où étoit ſon Maître, & qu'elle a répondu, qu'il étoit hors de la Ville, ſans ſavoir dans quel endroit; mais qu'elle croyoit que ſa femme ſeroit chez Duy-
mer.

Le 31 du même mois, après midi, environ à deux heures, j'ai encore été
par ordre comme ci-deſſus à la dite Maiſon, où la femme qui eſt venue alors
à la porte, m'a répondu que ſon mari n'étoit point au logis, & m'a demandé
en même tems pourquoi demandez-vous cela? qu'eſt-ce qu'on lui veut? Je
lui ai répondu, que j'y venois par ordre de Meſſieurs les Bourguemaîtres pour
requérir ſon Mari de venir Mercredi prochain à la Maiſon de Ville chez
Meſſieurs leſdits Bourguemaîtres, & ſi elle ne pouvoit pas le lui faire ſavoir,
ce qu'elle promit avec ces paroles : Je le ferai ſavoir à mon mari, &
peut-être vientdra-t-il encore ce ſoir au logis'

Le 4. Février, après midi, ayant encore été par ordre à ladite Maiſon & y
ayant fait le Meſſage comme ci-deſſus, la femme me dit, je ne ſai pas où
eſt mon Mari: je vous ai bien dit l'autre jour que je lui ſerois ſavoir que
Meſſieurs les Régens veulent lui parler; mais je ne ſai pas où il eſt, il eſt
hors de la Ville pour ſes affaires. Fait, le 4. Février 1705. *Signé*: Moltzer,
Huiſſier.

Concordantiam teſtor : Guill. E N G E L E N , Secrétaire.

C O P I A. No. 14.

*Jurez le 14. Janvier 1705 devant
Mr. le Vice-Juge Ingenool & les E-
chevins Heerdt & Pels. Signé : Guill.
Engelen, Secrétaire.*

ARTICLES interrogatoires pour
entendre là-deſſus ſous ſerment
& examiner *Ratione Officii*,& à l'inſtance de Meſſieurs les Bourguemaîtres,
Jean Peters, Maître Maréchal de cette Ville, y étant aſſigné de Droit.

I.

De 46. ans.

2

Dit qu'il y a environ 8 à 9 Semaines, & que c'étoit dans le tems que les Commissaires de Hollande étoient ici.

3.

Dit qu'oui.

4.

Affirmat.

5.

Affirmat.

6.

Déclare ne pas savoir au juste, s'il le lui a lu entiérement ou en partie.

7.

Affirmat.

8.

Ad idem.

9.

Ut supra.

10.

Dit qu'oui.

Tome XIV.

I.

Age?

2.

Si à un matin, environ à 11 heures, on ne l'a pas fait venir, il y a environ 7 ou 8 semaines, chez Jaques Nagel?

3.

Si le dit Nagel ne dit pas à lui Déposant: Maître Jean, je sai que vous êtes un honnête homme & que vous cherchez l'interêt des Bourgeois?

4.

Si lui Déposant ne répondoit pas là-dessus : Pour cela je puis vous en asfûrer; & Nagel, & moi, j'en attefte le Ciel, levant fes doigts?

5.

Si Nagel n'y ajoutoit pas: Vous savez, que les Régens font fous l'arbitrage, & tant qu'il durera il ne peut y avoir de repos parmi les Bourgeois; c'eft pourquoi nous voulons remettre cet Ecrit à Meffieurs les Commiffaires qui font ici?

6.

Si Nagel ne lui a pas lu cet Ecrit, si non entiérement du moins en partie?

7.

Si cet Ecrit ne contenoit pas entr'autres le point d'arbitrage, fans avoir retenu le refte du contenu; & si Nagel ne demandoit pas qu'il fignât ledit Ecrit?

8.

Si lui, Maître Jean, ne répondoit pas là-dessus je ne figne plus?

9.

Si Nagel ne difoit pas là-dessus : Pourquoi non ? tout le monde ofe voir cela, & tous les Bourgeois peuvent fort bien le figner; c'eft ainfi que nous obtiendrons le repos?

10.

Si lui Déposant ne l'a pourtant pas refufé?

P   11. Dit

11.

Dit qu'oui & que la Servante l'avoit prié de venir chez le Sr. Nagel.

11.

Si lui Dépofant quelque tems après & notamment le Samedi d'après Noël, à midi, lorfque fon Frere & fa Sœur étoient chez lui à dîner, & qu'on avoit fervi, n'a pas encore été prié par la Servante de Nagel de venir chez lui, parce que fon Maître avoit à lui parler.

12.

Affirmat.

12.

Si lui Dépofant y étant venu, Nagel ne demandoit pas: Eh bien, Maître Jean, comment va-t-il avec les différends des Meffieurs de la Magiftrature & des Tribuns?

13.

Dit avoir répondu: Ecoutez, Nagel, nous n'y faurions que faire, les Tribuns font les Chefs de la Bourgeoifie, & c'eft à eux, fi le Magiftrat a mal fait, de le faire favoir à la Bourgeoifie.

13.

S'il ne répondoit pas là-deffus: Ecoutez, Nagel, nous n'y faurions que faire, cela regarde les Tribuns, c'eft à eux à favoir s'ils font mal?

14.

Affirmat,

14.

Si Nagel ne répondoit pas là-deffus, je fuis du même fentiment; que cela fe faffe donc?

Collata concordat. Guill. Engelen, Secrétaire.

C O P I A No. 15.

Jurez le 19. Mars 1705 devant Mr. le Vice-Juge Ingenool, & les Echevins Vermeer & van der Lynden. Signé: Guill. Engelen, Secrétaire.

ARTICLES interrogatoires pour entendre là-deffus fous ferment, & examiner *Ratione Officii* & à l'inftance de Meffieurs les Bourguemuftres, la Femme de Didier van Kefteren, étant à cet effet affignée de Droit.

1.

A paffé 40 ans.

1.

Age?

2.

Déclare que Halfenberg & van Loon étoient enfemble devant la Porte de chez ledit Halfenberg, qu'ils faifoient figne à elle Dépofante, & que là-deffus elle eft allée les joindre.

2.

S'il n'eft pas vrai, qu'il y a quelques femaines, lorfque Meffieurs les Commiffaires de Hollande étoient ici, le Maître de Poftes van Loon & Jean van Halfenberg & elle Dépofante fe font trouvés devant la Porte dudit Halfenberg fur le pavé?

3. *Dit*

3.

Dit qu'il s'est plaint de ce qu'on avoit fermé la Cave de son frere.

3.

Si le Maître de Poste van Loon ne se plaignoit pas alors, que les Seigneurs faisoient tort & violence à son frere le Marchand de Vin en fermant sa Cave?

4.

Déclare qu'oui.

4.

Si Jean van Halsenberg ne demandoit pas alors à elle Déposante: combien de Valets avez-vous dehors?

5.

Dit qu'oui.

5.

Si elle Déposante ne répondoit pas là-dessus, pas un, mais je crois, que mon Mari a encote deux Bateurs de bled.

6.

Déclare comme ci-dessus.

6.

S'il n'est pas vrai, qu'elle Déposante, ayant après demandé à Jean van Halsenberg, ce qu'il vouloit en faire, celui-ci répondoit là-dessus, qu'un jour on pouvoit en avoir affaire?

7.

Dit qu'en ce tems-là il vint un soir chercher son Fils chez elle, & qu'elle Déposante demandant ce qu'il vouloit à son Fils, lui Halsenberg répondit: Il faut que je lui parle, nous voulons aller demain ensemble au Yacht.

7.

S'il n'est pas vrai, que Jean van Halsenberg est encore venu le lendemain chez elle Déposante, & l'a priée de permettre queson Fils, qui alors n'étoit pas au logis, allât avec eux au Yacht de Messieurs les Commissaires de Hollande?

8.

Affirmat.

8.

S'il n'est pas vrai, qu'elle Déposante faisant difficulté d'accorder cela, Jean van Halsenberg disoit de plus: Laissez-le donc aller avec moi chez Nagel, pour qui vous avez tant d'égard, & qui toutefois lui conseillera bien.

9.

Dit qu'oui.

9.

Si Jean van Halsenberg n'a pas même alors conseillé & encouragé elle Déposante, d'aller avec eux au Yacht chez Messieurs les Commissaires de Hollande, pour se plaindre du mauvais traitement que les Régens d'ici lui font.

10.

Dit que le premier point de l'Interro-

P 2

10.

Si Jean van Halsenberg n'a pas dit

ga

Affaires de la Province Guel-dre. *gatoire eft vrai, & que le Magiftrat, vû qu'il traitoit fi durement les Communes par l'exécution militaire, feroit obligé d'abandonner de lui-même la Régence.*

à diverfes reprifes que les préfens Seigneurs n'étoient pas capables de régner, & que par cette raifon ils feroient obligez d'abandonner d'eux-mêmes la Régence?

Concordat cum Originali, quod teftor: Guill. ENGELEN, Secrétaire.

COPIE. No. 16.

Pro Privilegio.

AUX TRES NOBLES ET TRES HONORABLES SEIGNEURS DE LA MAGISTRATURE DE LA VILLE DE NIMEGUE.

MESSIEURS.

COMME il eft inconteftable, que parmi les autres Privilèges & anciennes Coûtumes bien établies dans cette Ville de Nimègue, ce n'eft pas un des moindres:

1. Qu'aucun Bourgeois, Bourgeoife, ou Habitant de Nimègue ne doit ni ne peut-être criminellement accufé avec effet, ou qu'on ne peut rien faire contre lui fans la concurrence des Maîtres de St. Nicolas, ou fans les préfens Commiffaires des Tribuns, *fub. A. 1.*

Comme cela confte par l'Ecrit figné de main propre de Meffieurs Adrien van Heert, Jean Ingenool, François van der Linden, Jaques de Beyer, Thomas Pels, Jean van Dilfen, G. V. Urmont, Henri Morrées & Guillaume Knipping, *fub. A. 2.*

Ce qui pour plus grande confirmation a été arrêté & conclu en 1471 le 1. jour après la Converfion de St. Paul, par la Convention entre les Bourguemaîtres, Echevins & Confeillers de la Ville de Nimègue d'un côté, & toute la Bourgeoifie de l'autre, & qui va ci-jointe *fub. A. 3.*

2. Qu'aucuns Bourguemaîtres ou Juges ne peuvent attaquer quelques Bourgeois ou Habitant de Nimègue, ni mettre en aucune façon la main fur eux, finon après la Sentence préalable des Echevins, *ut fub. B.*

3. Que les Bourguemaîtres ayant duement obtenu la Sentence des Echevins & appréhendé quelqu'un de nos Bourgeois, Bourgeoifes ou Habitans de Nimègue, doivent, avant que de le faire emprifonner, le faire conduire prémiérement, en conféquence des Privilèges de nos Bourgeois, autour de la Pierre bleue, en faifant crier s'il y a quelqu'un qui veuille felon les Droits de la Ville être fa caution.

4. Qu'après ce cri un Bourgeois fera alors, faute de caution, mené par les Bourguemaîtres dans la Prifon des Bourgeois.

5. Que l'emprifonné, Bourgeois, Bourgeoife, ou Habitant de Nimègue, peut en-

encore 24 heures après qu'il a été conduit autour de ladite Pierre, faire felon
les Droits de la Ville prêter caution pour lui entre les mains des Bourguemaîtres, au profit de la Ville, fuivant l'importance de l'action ou de l'accufation,
fans diftinction de ceux qui ne font pas attrapez fur le fait ; & après cette
caution prêtée le Bourgeois détenu doit être relâché, *ut fub* C. 1. 2. 3. A. 4.

Et quoiqu'en confidération de tout cela, nous, Bourgeois, aurions cru de
tems en tems, mais infructueufement, que notre Concitoyen Jaques Nagel,
Provifeur de l'Hôtel des vieux Bourgeois, emprifonné par les Bourguemaîtres, auroit été inviolablement maintenu dans ces Privilèges libellez, & inconteftablement compétens aux Bourgeois de Nimègue: Nous Concitoyens,
en vertu de cette grande affociation, & pour le maintien de ces Privilèges fi
importans, nous fommes trouvez obligez par notre ferment de repréfenter
par la Préfente, ce que ci-deffus, afin de rapeller à Vos Seigneuries ces dits
Privilèges & de les prier en même tems inftamment, vû que dans le tort fait
à un Membre tout le Corps de la Bourgeoifie en fouffre, que l'Honorable Sénat veuille requérir Meffieurs les Bourguemaîtres & Accufans, ou, s'il eft
néceffaire, leur ordonner & les charger de relâcher promptement & fans délai
de fa prifon ledit Provifeur Jaques Nagel, fous caution de fon Droit de Bourgeoifie, préfentant pour plus de fûreté de l'effet de l'action, en cas que les
Bourguemaîtres *Ratione Officii* en ayent une contre l'Accufé, pour caution de
l'Arrêt rendu, ou bien que l'Accufé, viendra fi les Accufans le fouhaitent,
comparoître à ce fujet à chaque moment, nos Perfonnes & Biens tous & chacun en particulier, attendans fur cela apointement & maintenue de ce qui a
été fi fortement promis & confirmé de main propre par l'Honorable Sénat
d'un côté, & nous Bourgeois de l'autre. *Plus bas*: Ce que faifant &c. *Signés*:
Rut Keer, Jean Peters, Regnier Reynders, Herman Beeckman, Chrétien
van der Weyden, Jean Alb. Ignolandt, Jean Harting, Gerard Hauts, Michel van Appeldoorn, Jaques Scheers, F. J. van Briffen, Maurice Bruyn,
Jean van Bruffel, François van Bilevelt, G. Aalberts, Etienne Greveler,
Jean Sonnius, Roland Scheers, Jean Keer, Arien van der Weyden, D. de
Wit, Jean Vorftman, Jean Engelen, G. Bernts, Matth. Beekman, Regnier Crynen, W. V. Egeren, S. Poft, Guillaume Diets, Bernard van O-
dekerk, H. Reynders, Severin Feeft, le Grand,

S'accorde avec fon Original, où il y avoit encore plufieurs noms de rayez:

Guill. ENGELEN, Secrétaire.

No. 8.

IL paroît clairement par les informations prifes à Thiel par le Juge
Ratione Officii, & par 4 Perfonnes jurées, desquelles les Originaux fe
trouvent à la Secrétairerie de cette Ville, que le Dr. Guillaume Rouc-
kens, Didier de Wit, Dr. Didier Rouckens, Verheyden, Nagel & fon Fils,
Halfenberg & fon Fils, Henri Meloth, le Clerc Poft, Henri Backer,
Nol, ci-devant Valet de Rouckens, & autres Complices, ont non-feule-

ment

ment corrompu & animé quelques Bourgeois & Habitans de Nimègue, à dépofer par force & à main armée le Magiftrat établi volontairement par les Bourgeois, & à remettre les anciens Régens remerciez; mais que, pour pouvoir exécuter d'autant mieux leur exécrable deffein, ils fe font fervis du Dr. Servais van Cuylenbourg & du Dr. Guill. Garp. Matth. van Vincelaer, qui, fous des promeffes de Charges & de récompenfes, ont corrompu quelques Bourgeois & Habitans de Thiel, pour concourir à mettre en exécution, premiérement à Nimègue, un Crime auffi innouï, & pour defcendre tous enfuite à Thiel, & y dépofer pareillement coûte qu'il coûte le Magiftrat, & pour rétablir quelques Régens déplacez.

Que lui Cuylenbourg, employant à cet effet fes créatures, à fu attirer à lui par un nommé Arien van Leeuwen plufieurs perfonnes; de forte que le 30 Juillet dernier 1705. environ à 11 heures du foir, étant venus chez lui proche du grand Baftion, où lui Servais van Cuylenbourg étoit fur la Digue, il a perfuadé ces gens-là d'aller avec lui plus loin, & qu'étant venu du côté du Cigne il a fait chercher une Bouteille de Genèvre dont il les a régalés de tems en tems fur la Digue, avancant toujours avec eux vers Yfendoorn & Ogten.

Qu'étant venu extre Yfendoorn & Ogten, il leur a, fans leur découvrir encore fon déteftable deffein, propofé un ferment de fecret, confiftant à ne révéler jamais ni publier ce qui feroit fait par eux tous, ni ce qui fe pafferoit en chemin,

Qu'un des Complices marquant là-deffus quelque crainte & quelque fcrupule, ledit Cuylenbourg difoit: Quelle difficulté y a-t-il! cela vous fera avantageux & à vos enfans.

Qu'alors infiftant encore à favoir, 'où ils iroient, ledit Cuylenbourg repliquoit, à Lent, qu'ils buffent bravement leur faifant boire de la Bouteille de Genèvre en chemin, & à chaque Carrefour des Digues, & leur donnant à manger & à boire lorfqu'ils furent arrivez au Cigne.

Qu'étant arrivé le 31 Juillet, avant fix heures du matin, à Lent, proche des Moulins, lui van Cuylenbourg a tiré, de même qu'un nommé Jobft Vulder, des piftolets de fa poche, les a chargés à bales, & font retournez à Lent quelques uns au Maquignon, & Cuylenbourg avec quelques autres à Crynen, où ledit Cuylenbourg les chargea en paffant avec le Pont, de venir fur fes ordres au plutôt dans la Ville chez Henri Meloth, au Tilleul, & de s'y tenir prêts pour venir fur le premier avis au Marché, où la Bourgeoifie s'affembleroit pour dépofer les nouveaux Régens & rétablir les anciens.

Qu'ils ont à la requifition de Jean van Halfenberg paffé en Bâteau, & qu'ils font allez à la Maifon de Henri Meloth, où l'ainfi nommé des Poftes van Loon difoit à un de la fuite, qui n'étoit point pourvu d'une Canne ou d'autre arme, qu'il y en trouveroit & tout ce dont il auroit befoin.

Qu'ils y ont trouvé un grand nombre de perfonnes, tant connues qu'inconnues, à deffein de mettre en exécution ce maudit Projet, & qu'il y eft auffi venu le Dr. Vincelaer, qui, après avoir bu un ou deux verres de brandevin, s'en eft allé,

Alors ayant appris, que leur deffein avoit échoué, ils font fortis de la Ville le l'un après l'autre, & étant arrivez à Lent au Maquignon, ils y ont trouvé Affaires une grande Compagnie, entr'autres le Dr. Guillaume Rouckens, Dr. Di- de la Province dier Kouckens, Guillaume Verheyden, Halfenberg avec son Fils, le jeune de Guel- Nagel, Vincelaer, Henri Meloth, Nol, le Valet de Rouckens, un autre nom- dre. mé Nol, le Clerc Post, Becker & encore d'autres incconnus.

Alors le Dr. Guillaume Rouckens leur dit dans l'entre'e de cette auberge le Maquignon: Il faut que nous nous soyons fideles l'un a l'autre, et faire en sorte que nous cassions le col a tous les nouveaux re'gens.

Que là-dessus quelques-uns sont partis de Lent, y laissant Henri Meloth, le Clerc Post, Becker, Nol, le Valet de Guillaume Rouckens, & quelques inconnus.

Le soir, ils ont mangé tous à une table, où Cuylenbourg dit: Messieurs, n'est-ce pas une bonne Table garnie d'hommes?

Etant partis le matin & venus jusqu'à l'Altena, ils apprirent qu'on attendoit le jeune Nagel avec quelques Grenadiers de Grave, desquels un étant vu de Cuylenbourg dans sa monture, il le fit Caporal des autres qui étoient présens, & il exigea d'eux encore un serment, qui consistoit à se promettre d'être fideles l'un à l'autre en tenant secret ledit dessein, & de ne rien divulguer de tout ce qui se passoit entr'eux, lequel serment fut prêté par quelques-uns de ceux qui y étoient présens.

Après quoi ils se sont mis dans le Bâteau à l'Altena pour aller exécuter à Thiel leur dessein qui avoit échoué à Nimègue.

Mais abordant à Leeuwen ils y trouvérent une Lettre, après la lecture de laquelle Cuylenbourg déclara, que le dessein avoit pareillement échoué à Thiel.

Sur quoi ils partirent avec le Bâteau, & ayant mis pied à terre à Hees & à Leen, & s'étant séparez sur la demande de Cuylenbourg, afin d'ôter toute sorte de soupçon, ils se rejoignirent ainsi à Thiel dans une Auberge.

De plus il a été déclaré par les dépositions jurées de quatre Bourgeois de Thiel, que le 7 Août étant un autre jour fixé pour exécuter à Nimègue leur détestable dessein, lui Servais van Cuylenbourg avoit loué entre six & sept heures du matin un Chariot à Ysendoorn, afin de pouvoir être de bonne heure à Nimègue avec ses complices pour exécuter leur maudit & exécrable dessein.

Mais la bonne & brave Bourgeoisie ayant secouru assez à tems & courageusement les Régens qu'elle avoit établis elle-même, Cuylenbourg est venu trop tard à Lent avec ses Compagnons, qui sur le bruit de l'arrivée de quelques Bourgeois fidèles & armez se sont retirez avec confusion.

Cuylenbourg avoit toujours assûré ses Complices que le Commandant de la Garnison ne se mêleroit point des différends des Bourgeois.

No. 8.

ASSIGNATION du Juge de Thiel donnée Ratione Officii *au Dr.
Servais van Cuylenbourg en vertu des Informations précédentes.*

COMME le Dr, Servais van Cuylenbourg, Bourgeois & Habitant de cette Ville, s'eſt émancipé, depuis quelque tems, d'exciter & d'animer, ſous de mauvais & faux prétextes, pluſieurs perſonnes, tant dans cette Ville que dans celle de Nimègue, non-ſeulement à dépoſer les Magiſtrats dans ces Villes & d'en mettre d'autres à leur place ; mais à tenir à cet effet conjointement avec pluſieurs autres, tant dans cette Ville que dehors, diverſes aſſemblées clandeſtines, pour exécuter ledit deſſein avec un grand nombre de perſonnes, qu'il a cherché de tems en tems à s'attacher à cette fin :

Comme auſſi ce même Cuylenbourg & ſes adhérens & complices ont enſuite réſolu de concerter, ſous un ferment de Secret pratiqué à ce ſujet, un déteſtable & horrible deſſein, ſavoir, de venir à un jour fixé avec du monde armé & amaſſé ſur la Maiſon de Ville à Nimègue, d'y dépoſer violemment les Magiſtrats de leurs Emplois & de les maſſacrer, pour enſuite mettre ſelon leur bon plaiſir d'autres à leur place, avec le deſſein d'entreprendre le même abominable complot dans cette Ville, après l'avoir exécuté, & de maſſacrer pareillement à cet effet, avec l'aſſiſtance de quelques gens de Nimègue & d'ailleurs, leurs complices, les Nobles & Honorables Magiſtrats de cette Ville :

Que ce deſſein n'étant pas mis en exécution à Nimègue le 31 Juillet, qui étoit le jour fixé pour cela, parce qu'alors ils n'y voyoient pas moyen, lui Dr. Servais van Cuylenbourg a enſuite fixé conjointement avec ſes complices un autre jour pour cet effet, ſavoir le 7. Août, 1705.

Et comme ledit Cuylenbourg s'eſt rendu enſuite audit jour fixé avec pluſieurs de ſes complices à Lent, dans l'intention de paſſer la Riviére à Nimègue, & que cependant ſes autres complices ayant commencé, à ſon arrivée à Lent, à exécuter ledit exécrable & horrible deſſein, y ont été arrêtez par la bonne Bourgeoiſie de Nimègue, & empêchez en fermant la Porte de la Ville afin de ne laiſſer plus entrer de monde de dehors pour aider à exécuter un complot ſi terrible, ce qui a même empêché Servais van Cuylenbourg & ſes adhérens d'entrer dans la Ville de Nimègue pour aſſiſter ſes complices, s'étant ſauvé enſuite de Lent ſur l'approche de quelques Bourgeois armez de Nimègue.

Tout cela étant des choſes de la derniére conſéquence, & des faits qui, ſuivant toutes les apparences, auroient pu mettre inévitablement à feu & à ſang la Ville de Nimègue & cette Ville de Thiel, & des crimes conſiſtant en des meurtres maudits attentez contre les légitimes Magiſtrats deſdites Villes, & qui ont été prêts à être exécutez, ce qui auroit renverſé tout-à-fait la Régence de ces Villes & quaſi miſe en proye aux meurtriers & violateurs, ce dont ces deux Villes & leurs Habitans auroient été notoirement ruïnez &

per-

perdus de fond en comble. Et comme cela ne peut ni ne doit être souffert Affaires
dans une Ville bien policée & de Juftice, mais que les Auteurs, & forfai- de la
teurs en doivent être rigoureufement punis pour donner un exemple à Province
d'autres: Le Noble Seigneur Floris Adrien van Brackel au Brackel, Juge de Guel-
de la Ville de Thiel & de l'Echevinage de Sandwyck, s'eft trouvé obligé dre.
Ratione Officii, après avoir obtenu la Sentence des Echevins du noble &
honorable Tribunal de cette Ville, de faire chercher la perfonne dudit Dr.
Servais van Cuylenbourg, afin de l'appréhender corporellement,& de procéder
enfuite contre lui comme il convient. Cependant puifqu'on trouve, après la
recherche faite, que ledit Servais van Cuylenbourg fe tient caché, ou qu'il eft
fugitif, *A ces caufes*, le fusdit Seigneur Floris Adrien van Brackel au Brackel,
Juge de la Ville de Thiel & de l'Echevinage de Sandwyck, fait citer *Ratione
Officii* par le préfent Edit, & affigner pour la première fois la perfonne dudit
Servais van Cuylenbourg, afin que l'Affigné comparoiffe en propre perfonne
Jeudi 3. Septembre 1705 au Tribunal devant le Banc de Juftice de cette
Ville, pour venir entendre telle demande & couclufion que ledit Seigneur
Juge fera *Ratione Officii* contre lui, à caufe desdits délits & forfaits, avec in-
timation qu'en cas qu'il ne comparoiffe point, il fera de plus procédé con-
formément aux Droits.

Plus bas:

Publié de la Maifon de Ville le 15. Août 1705.

Juftification des Remarques Sommaires, faites de la part de S. M. Affaires
Pruffienne fur le dernier Projet d'un Acommodement provifionnel de la
propofé de la part de S. A. Madame la Princeffe Douairiére de sion d'o-
Naffau &c. &c. &c. avec la Difcuffion des prétendues Solutions range.
données & publiées depuis, au nom de ladite Princeffe Douairiére,
à ces mémes Remarques Sommaires.

L'IMPOSSIBILITE' qu'il y a pour S. M. Pruffienne d'accepter le Projet Juftifica-
en queftion, pour entrer en quelque négociation d'acommodement, a été tion du
fi clairement démontrée par les jufdites *Remarques*, & prouvée d'une manié- Roi de
re fi convaincante, qu'on ne s'attendoit pas que de l'autre part on travaille- Pruffe fur
roit avec tant de zéle & d'application, pour faire accepter, nonobftant cela, à fion d'O-
fa Majefté ce même *Projet* pour un Plan d'accommodement. Cet empreffe- range;avec
ment pour faire paffer ledit *Projet* doit paroître d'autant plus étrange, que un Mé-
premièrement, tant à la tête des prétendues *Solutions*, que dans tout cet E- Mr. Sche-
crit, on en parle d'une manière à perfuader qu'on eft encore férupuleux de re- mettau,
connoître ledit Projet pour le fien; & qu'en fecond lieu dans la dernière du 9. A-
Conférence entre les Perfonnes autorifées de chaque côté, en préfence des vril 1705;
Députez de L. H. P. on avoit propofé de la part de Madame la Princeffe de
Naffau, & l'on n'avoit point refufé de la part de S. M. Pruffienne, que tous

les Projets & toutes les autres Pièces produites pour l'avancement d'un accommodement, fuſſent remiſes entre les mains desdits Srs. Députez de LL. HH.
PP. afin qu'ils en formaſſent un *Plan* pour reprendre la négociation interrom-
que ; ce qui ſe feroit exécuté avec tant d'équité & d'impartialité, & avec tant
de ſoins de ne préjudicier à perſonne, que les deux Parties auroient du le reconnoître comme faiſable & acceptable.

Et quoique pour ces raiſons on auroit pu laiſſer les fusdites *Solutions* ſans
réponſe, vû que par la ſeule lecture & conférence de ces *Solutions* avec lesdites *Remarques Sommaires*, il conſte *illico*, que dans les premiéres la difi-
culté touchant l'impoſſibilité qu'il y a pour Sa Majeſté d'accepter aujour-
d'hui ledit Projet pour un Plan de négociation, comme il a été démontré par
les *Remarques Sommaires*, n'a pas été réſolue; on a pourtant jugé à propos
de juſtifier encore pour le ſurplus ces *Remarques* par une courte difcuſſion des
ainſi nommées *Solutions*.

Pour ce qui regarde donc l'introduction de ces *Solutions*, où l'on met pour
baſe ou fondement du prétendu Projet d'acommodement *le Traité connu de partage de l'année* 1609. il y a à remarquer *in ipſo principio*, qu'on tâche à engager S. M. dans une Suppoſition préalable d'une choſe qu'Elle defavoue, du
moins pour autant que ſon Alteſſe veut en inférer que par ce même Traité
*tous les Fideicommis des Ancêtres de cette illuſtre Famille ſont énervez, même, cum
jure primogenituræ:* de ſorte que Sa Majeſté ne pourroit même reclamer ces
fideicommis ni les mettre en aucune maniére à profit ; mais le contraire a
déja été démontré ci-devant, & dans la ſuite on touchera encore cette matiére en paſſant., ſe réſervant de publier en ſon tems une plus ample Déduction à ce ſujet s'il eſt néceſſaire. Ici on ſe contente de dire, que les *Teſtamens de René de Châlons, de Guillaume I., & d'Anne d'Egmond*, qui dans ledit Projet ſont mis à côté, doivent être regardez néceſſairement comme
un des principaux objets de négociation, vû que tout le *Fideicommis* de la
Famille eſt particuliérement fondé là-deſſus.

On paſſera ici ſous ſilence les réflexions particuliéres qui pourront être faites en tems & lieu ſur le Teſtament du Prince Philippe-Guillaume.

Et pour ce qui eſt du Teſtament de S. M. Britannique, on ne diſpute pas
que S. A. le Prince de Naſſau n'y ſoit inſtitué ſon Héritier: mais avec cette
modification, que pour autant que cette inſtitution regarde les *Fiefs*, elle ne
peut pas s'étendre au-delà de *ceux qui relevens de L. N. & Grandes Puiſſances
les Seigneurs Etats de Hollande* ; bien entendu pour autant que quelques-uns
en ſont *Francs & ne ſont point chargez de Fideicommis*, à quoi le Roi d'Angleterre, dans ſa Diſpoſition, a expreſſément reſtraint cet héritage féodal.

C'eſt cette reſtriction que S. M. Pruſſienne ſe réſerve toujours, proteſtant
ſolemnellement que tout ce qui ſera dit ci-après, ou qui a déja été dit ailleurs
ſur cette matiére, ne peut ni ne doit être entendu que ſans préjudice à cette
réſervation. Nous paſſons auſſi ſous ſilence tout ce qui a été avancé dans
lesdites Solutions ſur la diſpoſition des chapîtres & la méthode du ſusdit Projet, comme auſſi ſur les prémiſſes des *Remarques Sommaires* ; tout cela ne demandant point de juſtification particuliére.

I. Pour

I. Pour entrer donc en matiére, on trouve d'abord que tout ce qui eſt dit AFFAIRES
dans les ainſi-nommées *Solutions* contre les Remarques faites de ce côté-ci ſur DE LA
le premier Article dudit Projet, n'eſt qu'une ſimple répétition du contenu SUCCES-
de nos Remarques, ſans y répondre autrement qu'en niant la choſe, & en ſe SION D'O.
rapportant à ce qu'on prétend avoir déja démontré ailleurs ſur ce ſujet, & ce RANGE.
qu'on promet de prouver encore plus clairement. Par conſéquent il n'eſt beſoin d'aucune juſtification ſur ce premier Point.

On eſpére de ce côté-ci que par tout ce qui a été publié depuis long-tems
de la part de S. M. Pruſſienne, il a été démontré ſuffiſamment, que les trois
Freres d'Orange ont été liez aux *Fideicommiſſa Majorum cum jure primogenituræ*,
& que ſur ce pied-là S. M. Pruſſienne eſt le plus proche aux Biens fideicom-
miſſaires de ſes Ancêtres de la Maiſon d'Orange, ſans que le ſusdit *Traité de
partage*, ni les Teſtamens des Princes Philippe-Guillaume ou Maurice puiſſent
donner aucune excluſion légitime à S. M. vû que lesdits Freres ont bien pu
convenir entre eux d'un partage amiable pendant leur vie ; mais qu'ils n'ont
nullement pu diminuer, & encore moins annuller, le droit de la Poſterité, *exiſ-
tente caſu fideicommiſſi, quando non ultimo morienti poſſeſſori, ſed avito & primo
authori fideicommiſſi cenſentur ſuccedere, præſertim in fideicommiſſo illuſtriſſimo Familiæ, cum jure primogenituræ.* La qualité d'Héritier ou de Repréſentant du
défunt ne fait rien à l'affaire, à moins qu'on ne la faſſe valoir par d'autres
moyens, à quoi il a été pourvu. On ne ſauroit non plus tirer aucun profit
du paſſage qu'on prétend avoir été inféré dans le *Traité de partage, que chacun des trois freres poſſéderoit les biens de ſa portion en propre, & qu'il en pourroit
diſpoſer & ordonner en toute liberté comme il le jugeroit à propos;* car une telle
prétendue ceſſion ou renonciation ne ſauroit être étendue aux Enfans ou Héritiers. Il n'eſt pas beſoin pour le prouver d'alléguer tous les Juriſconſultes
qui confirment cette thèſe, l'autorité d'un ſeul fameux Conſeiller de ces Païs-
Bas ſuffit, lequel s'exprime ſur de pareils cas de la maniére ſuivante : *In hæ-
rede conſentientis alienationi, vel renuntiantis fideicommiſſo, diſtinguendum eſt, u-
trum defunƈtus ſimpliciter conſenſerit, ac renunciaverit? an vero conſenſerit ac renunciaverit pro ſe, filiis & hæredibus? Priori caſu conſenſus & renunciatio præju-
dicat ipſi conſentienti & renuncianti, non ipſius liberis aut hæredibus, in quæ
jure ſucceſſivo deferuntur, ut in fideicommiſſis, feudis, &c: quia quisque præſumi-
tur tantum renunciando, aut conſentiendo remittere jus ſibi, non etiam ſucceſſoribus
ſuis ex propria perſona competens, nec ſimplex conſenſus ac renunciatio abſorbet jus
futurum.*

C'eſt pourquoi il n'y a rien de plus mal fondé que la difficulté, ou plutôt la
piquante & inutile expreſſion, qui ſe trouve dans la ſuite desdites Solutions,
*que ſi un pareil Traité de partage n'étoit point obligatoire pour S. M. Pruſſienne,
on ne ſauroit concevoir de quelle maniére on pourroit en venir ſûrement avec S. M.
à un acommodement, qui ne fût pas ſujet aux mêmes objeƈtions de la part de ſa poſterité.* Car dans ce Païs-ci, comme par-tout ailleurs, on connoît trop bien les
moyens qu'il faut employer pour faire légitimement approuver des accords
faits ſur des *Fideicommis*, & même pour faire entiérement lever les *Fideicommis;*

mis; ce qui arrive journellement & fe pratique en tout Païs par des *Pacta Familiæ*, *interveniente authoritate & approbatione Principis.*

Comme à l'égard des Comtés de Meurs & de Lingen, nous trouvons qu'en place de folution on ne fait que fe rapporter à certain Ecrit publié depuis peu fous le Titre de *Déduction du droit du Prince de Naffau fur ces deux Comtés*, nous nous référons pareillement, pour être bref ici, à une réfutation plus ample qui eft fous main. Outre qu'à l'égard de *Meurs*, l'affaire étant litispendante devant la Chambre Impériale, ce n'eft que là que le droit des deux Hautes Parties peut être compétemment & utilement difcuté, & où Elles doivent s'attendre à une Décifion judiciaire, à moins qu'elles n'aiment mieux tranfiger volontairement.

Quant à la Comté de *Lingen*, on eft en état, outre ce qui en a déja été dit ci-devant, de prouver plus amplement la nullité & l'irrégularité incontef-tables de la Tranfaction, Poffeffion & Prefcription qu'on allègue de la part du Prince de Naffau contre le droit du Comte de Tecklenbourg, qui a été de-puis tout tems fuffifamment confervé & garanti contre toute prefcription.

Et comme il n'a pas été permis à l'Empereur *Charles* de chaffer un Com-te de l'Empire, de fon Païs *de facto, nullo fervato juris ordine*, & encore moins de détacher ce même Païs du Cercle de Weftphalie, pour tâcher, au profit de fes propres Etats, de le faire relever, contre les Loix & Conftitutions de l'Empire, premiérement du Duché de Gueldre, & enfuite de la Province d'Overyffel: le Jugement rendu, à ce qu'on prétend, par contumace, de la Cour féodale d'Overyffel dans l'année 1684. ne peut non plus que les autres raifons alléguées derriére les fusdites Solutions, pag. 18. porter aucun préjudice ni au Comte de Tecklenbourg, ni à S. M. Pruffienne, qui fe peut fervir du même droit en vertu d'une ceffion; en tout cas la difcuffion de toute cette affaire appartiendroit toujours comme ci-devant *ad Comitia vel Di-cafteria Imperii.*

Ce qu'on allégue dans le fusdit Ecrit, pour réfuter notre argument de l'in-validité de la difpofition teftamentaire du Prince Maurice, ne peut avoir au-cun lieu, ni par rapport à Lingen, ni à l'égard du droit dévolu à S. M. Pruf-fienne en vertu du Teftament du Prince Fréderic Henri, *qui jure fuo, ex pro-pria perfona, non ex Teftamento Fratris Mauritii proveniente ad prædictum Comi-tatum pervenerat.* Lequel droit inconteftable compète abfolument à S. M. ou-tre ladite ceffion, en vertu du *Fideicommis* établi par ce même Teftament du Prince Fréderic Henri.

Quant aux Biens du Prince Philippe-Guillaume, on ne peut pas dire que notre objection faite dans lesdites Remarques foit deftituée de fondement; car il eft notoire qu'autrement ils auroient fans doute été compris dans le paffa-ge général du 1. *Article dudit Projet*, où il eft parlé *de tous les Biens de la fucceffion du Prince Maurice*, *quel nom qu'ils puiffent avoir & en quel endroit qu'ils puiffent fe trouver*, *fans en excepter ou réferver aucun.* Mais fur quel fon-dement veut-on apuyer ce qu'on avance, que pour la prétention qu'un Tiers, favoir le Prince de Naffau Siegen, tâche de former fur ces mêmes Biens, un Héritier notoire doive en attendant être exclus de la poffeffion de fon héritage,

&

& les Biens mêmes rester sous la direction des Conseillers de feu S. M. Britannique?

Enfin, pour ce qui regarde notre argument tiré de l'acceptation de l'Héritage du Prince Fréderic Henri, savoir que *parce que le Prince Guillaum II. a reconnu & approuvé la volonté & disposition du Prince son Pere, qui pouvoit validement disposer* de re Hæredis, *le Roi d'Angleterre n'a pu par conséquent faire aucune disposition contraire.* On dit là-dessus pour toute solution, *que pour rendre ceci applicable au cas dont il s'agit & digne de réflexion, il faudroit prouver évidemment que ledit Prince Fréderic Henri avoit eu la volonté & l'intention de disposer aussi de ces Biens fideicommissaires, & qu'il en avoit disposé effectivement; mais que cette volonté ne paroissoit nulle part, & que selon le Droit elle ne peut pas être présumée, ne s'en trouvant absolument rien dans le Testament de ce Prince.* Par cette prétendue solution on convient *in Thesi* de la vérité & solidité incontestables de notre argument, mais on soutient qu'*in nostra specie aut hypothesi* il n'est pas applicable; parce que le Prince Fréderic Henri n'avoit pas eu la volonté ni l'intention de disposer des Biens fideicommissaires qu'il avoit hérité du Prince Maurice. Mais on n'a qu'à lire le susdit Traité de partage & le Testament du Prince Maurice, conféré avec celui du Prince Fréderic Henri, pour voir d'abord évidemment combien on s'abuse aussi en ceci de la part de la Princesse Douairiére de Nassau. Par le Traité de partage il est clair, que le Prince Maurice a eu pour sa portion *la Comté de Vianen, la Seigneurie de Doesburg, St. Vyth & Butgenbach, & tous les Biens de la Maison d'Orange situez dans le Païs de Luxembourg;*& par le Testament de ce même Prince Maurice il est évident que lui Testateur a disposé & déclaré, en termes exprès; que *l'Aîné, de ligne en ligne, & de degré en degré,* doit hériter tant par institution que par substitution, *tous les Biens immeubles &c. avec défense d'aliénation, comme aussi de soustraction des portions falcidique ou Trebellianique.*

Nonobstant tout cela, on voit par le Testament du Prince Fréderic Henri, qu'il a disposé d'une manière directement contraire des Biens qu'il avoit hérité du Prince Maurice, ayant *in illum casum, & s'il venoit à procréer encore un fils, institué ce second fils pour sa portion héritier de la Comté de Vyanen, & des Seigneuries & Païs de Doesbourg & de Butgenbach,* lesquels suivant la susdite disposition devoient tomber au fils aîné, de ligne en ligne &c. Le même Prince Fréderic Henri a outre cela institué son second fils, *casu prædicto,* héritier de la Seigneurie de Gertruydenberg, de la Haute & Basse Swaluwe, comme aussi des Pêches y appartenantes, avec toutes les appendances & dépendances, de la même maniére que ces Biens lui étoient dévolus, sans exception aucune.

D'où l'on peut inférer manifestement, que ledit Prince Fréderic Henri a non-seulement eu la volonté & l'intention de disposer des Biens immeubles qu'il avoit hérité du Prince Maurice, chargez, comme prétend le Prince de Nassau, de *Fideicommis;* mais qu'il en a aussi effectivement disposé. Outre cela, quand on considere que le Prince Fréderic Henri a assigné encore à son second fils *titulo institutionis,* comme il a été dit, *Gertruydenberg, la Haute & Basse Swaluwe, avec les Pêches & toutes les autres appendances & dépen-*

dan-

dances, & que ce font-là tous les Biens qu'il a eus par le Traité de partage, hors defquels & de fes Aquets il n'a pofsédé d'autres biens que ceux qui lui é-toient dévolus de fes freres les Princes Philipe-Guillaume & Maurice. On en peut encore conclure évidemment, que comme ces derniers Biens, favoir ceux des Princes Philippe-Guillaume & Maurice, font prefque toute la Maffe de la Succeffion, de laquelle le Teftateur a inftitué fon fils Guillaume Héritier Univerfel : ainfi le *Fideicommis* univerfel dont le Teftateur a chargé fondit fils Guillaume, doit auffi principalement être appliqué à ces mêmes Biens ve-nus des Princes Philippe-Guillaume & Maurice, vû que par la portion que lui Teftateur avoit affignée à un fecond fils, de ce qu'il poffédoit pendant la vie de fes freres, il ne reftoit quafi que ces biens, ou du moins très-peu de cho-fe; de forte qu'il paroîtroit ridicule à tout le monde, d'avoir pris foin de char-ger fon Fils aîné d'un *Fideicommis* pour la confervation de l'honneur, autorité & dignité de fa Maifon & Famille, s'il n'avoit compris fous ce *Fideicommis* les biens venus des Prince Philippe-Guillaume & Maurice, & ceux qu'il avoit deftinés pour la portion de fon fecond fils à naître. Ainfi le Prince Fréderic Henri a témoigné fi efficacement & fi clairement fa volonté & fon intention, quoique le cas ne foit point arrivé faute d'un fecond fils, qu'il ne fauroit plus refter le moindre doute que ce Prince n'ait voulu effectivement difpofer, & n'ait difpofé expreffément au préjudice du *Fideicommis* du Prince Mauri-ce, fur lequel on prétend proprement fonder le droit du Prince de Naffau. Et fi donc cette difpofition n'eft pas contraire à l'honneur & à la bonne foi qu'on attribue *fummo jure meritoque* dans les fusdites Solutions mêmes à ce glo-rieux Prince Fréderic Henri, Ayeul de Son Alteffe, & Bifayeul du Prinde Naffau, on devroit de la part de Madame la Princeffe avoir d'autant plus d'eftime & de vénération pour cette même difpofition.

Ayant été ainfi démontré que les propofitions & les argumens rapportez dans lesdites Solutions, font fans preuves & fans fondement, & qu'au con-traire les *Remarques* fur ce premier Article dudit *Projet pour un acommodement provifionnel* ont été fuffifamment juftifiées, il s'enfuit néceffairement pour conclu-fion, que comme le fujet dudit premier Article n'a pas été acceptable pour S. M. le Roi de Pruffe, pour former là-deffus un Plan d'accommodement pro-vifionnel, il doit être préfentement d'autant moins acceptable, & même re-jettable pour S. M. fi l'on veut s'en fervir comme d'un ingrédient pour le Plan d'un acommodement abfolu.

II. Quant à l'*Article fecond*, il ne fe trouve rien d'affez confidérable dans lesdites *Solutions* contre ce qui a été avancé dans les *Remarques Sommaires*, pour qu'il foit néceffaire d'une juftification ultérieure. Nous acceptons plu-tôt *pro confeffo* & en notre faveur qu'on n'a pu contredire par ces *Solutions* le *jus ab inteftato* de S. M. Pruff'enne fur les Biens fpécifiez dans les *Remar-ques Sommaires* fur ledit Article, comme *Dieren* & *Loo*, de même que *le Païs fitué le long de l'Yffel fous-Veluwe & Veluwen-Zoom*, entiérement, *la Seigneu-rie & les Biens de Bredevoort*, pour la moitié, & les Biens en *Flandres fous Hul-fter-Ambacht*, pour deux tiers.

On ne pourra pas auffi prouver que dans la fpécification de ces Biens on fe

foit

foit abufé en aucune maniére, bien moins groffiérement comme on a trouvé à propos de s'expliquer. Car quand il eft dit dans lesdites *Remarques* que les *Biens fous Hulfter-Ambacht* n'étoient pas venus du Prince Maurice, mais de Fréderic Henri, cela ne doit pas s'entendre *du tems qui précéde la date du partage*, vû qu'il eft vrai que les Etats de Flandres ont fait préfent de ces Biens au Prince Guillaume I. dans l'année 1583. mais après que Hulft fût pris dans la même année, du vivant du Prince Guillaume par les Troupes du Prince de Parme, cette Ville fut bien reconquife dans l'anné 1590. par le Prince Maurice; mais étant de nouveau réduite fous le pouvoir Efpagnol en 1596. elle a refté depuis, malgré que le Prince Philippe - Guillaume fût domicilié fur le Territoire d'Efpagne, pendant fa vie & celle du Prince Maurice entre les mains des ennemis avec fon Diftrict nommé le Hulfter-Ambacht, jufqu'à ce que ladite Ville fût reconquife dans l'année 1645. par le Prince Fréderic Henri, qui reprit poffeffion de ces Biens fous Hulfter-Ambacht, appartenans ci-devant à l'Abbaïe de Duynen & au Couvent de Sande.

Et comme dans ledit *Traité de partage* conclu entre les trois Princes freres dans l'année 1609. il n'a pas été fait la moindre mention de ces Biens fituez dans le Diftrict de *Hulft*, ou *Hulfter-Ambacht*, bien moins encore qu'ils ayent été affignez au Prince Maurice fur fa portion, ou qu'ils l'ayent pu être avec effet, il a été bien & juftement remarqué, que parce que dans le Traité de partage, qu'on met *dans lesdites Solutions* pour la Bafe de toute cette affaire, il n'a pas été fait mention de ces Biens, & qu'ils ne font point rentrez dans la Maffe des Biens de la Maifon d'Orange, on ne fauroit dire à l'égard du *Traité de partage en queftion* qu'ils font venus du Prince Maurice.

Pour ce qui regarde l'invalidité de l'*Octroi de S. M.* Britannique *touchant la Seigneurie de Montfort cum Annexis*, outre que Sadite Majefté n'a voulu faire ufage dans fon Teftament d'aucun autre Octroi que de celui des Seigneurs Etats de Hollande & de Weft-Frife, on n'a non plus rien avancé dans les *Remarques Sommaires* qui ne puiffe être d'abord prouvé & mis hors de toute conteftation par le Droit Coûtumier de Haut-Quartier de Gueldre, par des Jugemens rendus, & par les fentimens des meilleurs Auteurs & Jurisconfultes des Païs-Bas Efpagnols. Auffi cette affaire ayant été portée par fon Alteffe Madame la Princeffe de Naffau même à la Chancellerie ou la Cour de Roermonde, où Elle avoit demandé provifion de juftice, ladite Cour en a déja ajugé la récréance à S. M. Pruffienne par Sentence prononcée *in judicio contradictorio*, quoique au grand étonnement de tout le monde Madame la Princeffe de Naffau, ait fu jufqu'ici, par des furféances obtenues & par d'autres voyes, éluder l'effet d'une Sentence fi formelle. Cependant c'eft par ladite Cour que l'affaire doit être jugée définitivement.

Quant au Droit de Péage & d'Accife à Gennep fur la Meufe, nous nous rapportons à ce qui en a été dit dans les *Remarques Sommaires*; fur quoi l'on paffe dans lesdites *Solutions* tout comme fur le précédent Article, fans alléguer aucune raifon qui puiffe le détruire, fe contentant de dire fimplement qu'avec le tems le contraire paroîtra évidemment.

On ne contredit point ici à ce qui eft dit dans les *Solutions* au fujet des dettes

tes héréditaires & des autres conditions onéreufes de la Succeffion du feu Roi de la Grande-Bretagne, à quoi S. M. Pruffienne doit contribuer à proportion, par rapport aux Biens qu'il doit avoir *ab inteſtato*, & S. M. eſt toute prête dès qu'Elle ſera parvenue à la poffeffion desdits Biens, & que lesdites dettes & autres charges feront duement liquidées, d'y contribuer *pro ratione emolumenti*; mais S. M. ne fauroit en attendant être privée de la poffeffion de ces Biens, ni par l'Héritier, ni par les Exécuteurs Teſtamentaires: nonfeulement parce qu'en vertu du Teſtament on ne peut pas s'attribuer un droit & une direction fur des Biens pour lefquels il n'y a point *Teſtamenti factio*, & dont on n'a pu même en aucune maniére difpofer par Teſtament; mais auffi parce qu'outre cela il eſt notoire par le Droit, que les Créanciers mêmes ne peuvent pas empêcher l'Héritier d'entrer dans la poffeffion des biens de la fucceffion, fous prétexte qu'il doit préalablement payer les dettes du décédé, *Non enim cum facco hæres adire debet hæreditatem ut creditoribus antea folvat de fuo.*

Pour ce qui eſt des améliorations des Biens fideicommiffaires, on fe rapporte à ce qui a été déclaré fur ce fujet dans les *Remarques Sommaires*.

III. Comme fur le contenu du troifième Article il n'y a point de difpute, il eſt inutile d'en faire mention ici.

IV. Quant au *quatrième Article dudit Projet d'accommodement* & aux amples raifonnemens qu'on fait dans les *Solutions* fur ce qui fe trouve dans les *Remarques fur le même Article*, touchant l'exception de *Gertruydenberg*, *Drimmelen &* des *Pêches qui en dépendent*, ces raifonnemens ne font fondés que fur cette fuppofition abufive, *que tout le droit que le Prince Fréderic Henri avoit eu par le partage, & dont il avoit jouï jufqu'à fa fin, fur Gertruydenberg &c. n'avoit été en effet qu'un droit de gage, qu'on pouvoit dégager pour une fomme de fept mille florins.* Or on a montré fi clairement dans les *Remarques Sommaires* la fauffeté & l'abfurdité de cette fuppofition, qu'il eſt étonnant que l'on continue d'infifter là-deffus, & encore plus qu'on prétende caufe d'ignorance de la poffeffion antérieure, avant cet engagement, de laquelle il eſt fait mention dans les *Remarques Sommaires*. Car outre que les gens du Prince de Naffau ayant un libre accès aux anciennes Chartres & aux Papiers, ce qui n'a pas encore été accordé au Miniſtre du Roi de Pruffe fur fes Mémoires confécutifs, ne peuvent l'ignorer, toute la terre fait ce que les Curateurs de feu S. M. le Roi de la Grande-Bretagne, & depuis ce Roi même, ont avancé & foutenu au fujet de cette poffeffion antérieure des Biens & Revenus non fpécifiez dans l'obligation, & par conféquent non compris fous ce gage. Auffi a-t-on toujours tenu dès le commencement de cet engagement & longtems après, des Comptes féparez de ce qui appartenoit au gage & qui n'avoit rien de commun avec les autres Revenus, dans lefquels Comptes on ne trouvera que la petite fomme exprimée dans les Remarques Sommaires; ce que les Confeillers & Maîtres des Comptes ayant auffi reconnu & rapporté de la même façon, Leurs Nobles & Grandes Puiffances, fur l'avis desdits Confeillers, on converti le gage en un Fief perpétuel, & n'ont eſtimé le profit qui en réfulteroit qu'à une fomme de treize mille florins, dont l'ancien prêt de fept mille feroit augmenté jufqu'à vingt-mille florins en tout. Nous
paf-

paſſons ſous ſilence que *les Pêches.*, en quoi conſiſtent les Revenus les plus clairs de Gertruydenberg, &c. n'ont ni avant ni après jamais été régardées par perſonne comme compriſes ſous le gage, bien loin d'avoir jamais été diſpu- tées. De ſorte que S. M. Pruſſienne, quant à Gertruydenberg &c. a pour Elle la propre déclaration de feu S. M. Britannique, dans laquelle il eſt fait une différence ſi remarquable entre ledit gage, qui y eſt reſtraint à la Haute Juriſdiction, & *un revenu ſeulement d'environ* 284. *florins*, & entre les autres biens & droits Seigneuriaux non compris ſous ce gage, *qui ont rapporté pen- dant pluſieurs années beaucoup au-delà de* 30000. *florins.* Il n'eſt pas moins in- conteſtable que l'intention & la volonté des Princes Philippe-Guillaume & Maurice, auſſi-bien que du Prince Frédéric Henri, n'a pu non plus être con- traire à cette déclaration; ou que les deux prémiers Princes n'ayant donné à leur frere le Prince Frédéric Henri par le ſuſdit Traité que Gertruydenberg, Drimmelen &c. & les Pêches, en y ajoûtant ſeulement la Haute & Baſſe Swaluwe, pour tout ſon Apanage, l'ont encore chargé en conſidération de ces mêmes Biens du Douaire de la Princeſſe ſa Mere. Le Prince Frédéric Henri engagea pareillement par ſon Teſtament Gertruydenberg & les Pêches pour le Doüaire de la Princeſſe ſon Epouſe, qui étoit de vingt-quatre mil- le florins par an. Il eſt donc incompréhenſible que leſdits Princes ayent fait ou voulu faire des aſſignations ſi conſidérables & ſi importantes ſur des Biens dont le Poſſeſſeur auroit pu être deſtitué à tout moment par la reſtitution d'un Capital de ſept mille florins une fois pour toutes; & comme S. M. Bri- tannique s'eſt expliquée elle-même ſi clairement ſur ce point, la ſuſdite ſupoſi- tion abuſive & tout ce qu'on prétend fonder là-deſſus dans les *Solutions* doit tomber de lui-même. De ſorte qu'il n'eſt pas beſoin d'une plus ample réfutation; & par conſéquent il paroît encore évidemment par ceci que le ſuſdit *Projet d'acommodement* n'eſt pas acceptable pour S. M. Pruſſienne, particuliérement à l'égard de l'exception mentionnée dans ledit Article.

Pour ce qui regarde la demande de *l'exhibition des Chartres & Papiers* ſur quoi l'on inſiſte dans les *Remarques Sommaires ſur le quatrième Article*, il n'eſt nullement ſatisfaiſant, qu'on la remette dans leſdites *Solutions juſqu'à ce qu'on en vienne à la ſéparation & liquidation de ce qui appartient à la Succeſſion du Prin- ce Frédéric Henri*, puiſque cela doit s'accorder d'abord après la mort du Teſta- teur & en tout tems à tous les héritiers qui y ont interêt. Auſſi eſpére-t-on que *LL. HH. PP. comme Exécuteurs du Teſtament du Prince Frédéric Henri* ne feront plus de difficulté ſur ce ſujet, mais donneront les ordres néceſſaires pour accorder à l'héritier de ce Prince en tout tems libre accès à tous les Chartres & Papiers qui regardent ſa Succeſſion & tout ce qu'il a poſſédé pen- dant ſa vie, & qu'il lui ſera permis d'en faire tirer par proviſion tels Extraits & Copies authentiques qu'il demandera.

V. Quant au *cinquième Article*, il n'eſt pas néceſſaire de rien dire ſur la ma- niére propoſée de traiter cette affaire en général, vû que S. M. Pruſſienne y eſt toute portée, pourvû que du côté du Prince de Naſſau on veuille don- ner lieu à un Acommodement raiſonnable; mais le contenu de *ce cinquième Arti-*

cle & les amplifications qu'on en fait dans les *Solutions* ne peuvent pas fervir d'ingredient à un Plan acceptable.

On y veut·ftipuler une *Souftraction des portions legitime & Trebellianique*, contre l'obfervance & la pratique ordinaire des *Fideicommiffa Majorum* dans les familles des Princes, *cum jure primogenituræ;* & l'on prétend encore fonder ce fentiment fur une fimple négative, comme fi hors du *Fideicommis* du Prince Fréderic Henri, *il n'y avoit point de pareils Fideicommis ici, & encore moins qui puiffent être applicables aux fusdits Biens qui font tombez en partage au Prince Fréderic Henri.* Car quant au premier point, que dans les *Fideicommiffa Majorum*, & fur-tout dans des Familles de Princes, aucune fouftraction de la Légitime, ou de la Portion Trébellianique ne fauroit avoir lieu entre les Héritiers, cela eft fi notoire dans le Droit, qu'il n'eft pas befoin de le prouver ici; & la fupofition qu'il y a ici effectivement de tels *Fideicommis*, a été démontrée ci-devant plufieurs fois, à quoi l'on fe rapporte.

Pour ce qui eft de la négative, que les *anteriora Fideicommffa Familiæ* n'étoient pas applicables auxdits Biens qui font tombez en partage au Prince Fréderic Henri, le contraire fe peut aifément conclure de ce qui a été annoté fur le quatrième Article; c'eft même une vérité inconteftable, que *la Haute & Baffe Swaluwe font auffi venues de René de Naffau Châlons*, comme de ce même Prince font venus *la Principauté d'Orange & les Biens dans la Franche-Comté*, en *Bourgogne & dans le Duché de Luxembourg*, auffi-bien que *Breda*, *Oofterhout*, *Dongen*, *Steenbergen*, *Dieft*, *Grimbergen*, *Sichem*, *Herftal*, *Polanen*, *Meerhout*, le *Burggraviat Héréditaire d'Anvers*, *la Maifon* ou *le Palais d'Orange à Bruxelles* &c. de tous lesquels Biens on ne fauroit outre cela avec le moindre ombre de raifon prétendre aucune Souftraction de la Légitime, quand même cette fouftraction pourroit quelquefois avoir lieu par rapport à d'autres perfonnes, & dans d'autres cas, qu'il n'y a dans cette Succeffion & dans cette Famille.

Pour les mêmes raifons cela ne peut être non plus foutenu à l'égard des Biens que le Prince Guillaume I. a laiffés outre les ci-devant fpécifiez, lesquels ont été premiérement poffédez par les Princes Philippe-Guillaume & Maurice, & ne font dévolus qu'après leur mort *ex difpofitione & providentia Teftatoris* au Prince Fréderic Henri.

Il eft inutile d'objecter, comme on fait dans lesdites *Solutions*, à l'égard de tous les Biens que ce dernier Prince a laiffés en mourant, que *dans ce Païs-ci il étoit hors de toute controverfe que tous les enfans, qui par teftament de leurs parens font chargez d'un Fideicommis univerfel, écoient en droit de rabattre les deux dites portions;* d'où l'on prétend inférer, que puifque la mort du Prince Fréderic Henri eft arrivée ici, ce même rabais devoit être permis par rapport à toute fa Succeffion; car outre que cette Thèfe générale eft fujette à contradiction, elle ne fouffre point d'extenfion à des *Fideicommis* dans des Familles de Princes, *cum jure primogenituræ*, comme il a été dit ci-devant, ni à des Biens fituez ailleurs & hors de ce Païs-ci, nonobftant que la mort foit arrivée ici, ni à des Fiefs, où le fils fuccede *ab inteftato*, fi le Pere ne l'en exclut pas par Teftament, mais les laiffe à lui & à fes defcendans dans leur entier; & qu'ainfi il

n'y

n'y a point de grief effentiel contre ce fils. Les mêmes rabais n'ont pas non plus lieu *in Teftamento Militis*, *ubi querelæ inofficiofi Teftamenti, & proinde etiam Legitimæ aut Trebellianicæ nullus eft locus*, fur-tout fi ces rabais y ont été expreffément défendus. Enfin, ils ne trouvent pas place lorfque le fils a acquiefcé à la derniére volonté du Teftateur, qu'il l'a reconnue & exécutée. Toutes lefquelles confidérations & plufieurs autres concourent dans le cas dont il s'agit de la maniére du monde la plus efficace, pour juftifier l'intention & le bon droit de Sa Majefté; c'eft pourquoi il n'eft pas néceffaire d'appliquer ici cette réflexion, que dans des *Fideicommis* particuliers, quand même la Légitime, à l'égard de la prétérition d'un fils aîné & premier héritier *ab intefta-to*, pourroit avoir lieu en quelques cas ou en quelques endroits, les autres enfans qui ont fouffert pareille prétérition, & qui font exclus de l'héritage par des legs ou par des penfions alimentaires, devroient faire à leur frere aîné *numerum in legitima & ejus computatione*.

VI & VII. Malgré ce qui eft allégué dans lesdites *Solutions* contre les Remarques faites fur les Articles 6. & 7. du Projet d''acommodement, on perfifte fur ce qui a été annoté à cet égard dans les *Remarques Sommaires*, étant manifefte, que comme la Succeffion & les Biens tant du Prince Philipe-Guillaume, que du Prince Maurice, ne peuvent pas être eftimez & mis à leur jufte prix, *nifi deducto ære alieno*, il faudroit auffi, fans préjudice à ce qu'on foutient de la part de S. M. fur le feptième Article, obferver par-tout une egalité réciproque, & ainfi les contre-prétentions de S. M. Pruffienne font pour le moins auffi folides & auffi fondées que celles qu'on prétend faire valoir en vertu du Roi d'Angleterre.

Le prétexte qu'on allégue pour différer la liquidation des Biens du Prince Guillaume, difant, que conformément à l'onzième Article ils devroient encore refter entre les mains de LL. HH. PP. comme Exécuteurs Teftamentaires, n'eft pas non plus fatisfaifant.

Et quant à ce qu'on foutient de la part de S. M. Pruffienne fur le feptième Article, on n'en defifte en aucune maniére; mais on protefte expreffément par la Préfente, que S. M. s'en tient abfolument & à tous égards à fon fentiment là-deffus, qui eft que le Prince Guillaume II. par la récognition & exécution de la derniére volonté du Prince Fréderic Henri fon Pere s'eft obligé à fe conformer au Teftament de fondit Pere en toutes fes parties & en tous fes points tels qu'ils fe trouvent couchez par écrit.

VIII. Sur le huitième Article on avance abufivement dans lesdites *Solutions*, que dans les Remarquers faites fur le même Article, on avoit fait réflexion à *tous les fusdits rabais*, & qu'on avoit aquiefcé de liquider là-deffus; vû qu'on n'y aquiefce abfolument à rien par rapport aux prétendus *rabais des portions Légitime & Trebellianique*, & qu'on n'y a égard qu'aux dettes, charges & legs mentionnez dans le précédent Art. 7. en fe réfervant pourtant ce qu'on foutient de la part de S. M, fur le même Article.

IX. Les Remarques faites fur le neuvième Article ne demandent aucune nouvelle juftification, puifque rien ne fauroit être plus agréable à S. M. Pruffienne que d'en pouvoir venir à une fin des affaires, fans longueur ou fans

R 2

for-

forme de procédure; mais faute d'un accommodement amiable, S. M. croit avoir bien jugé, comme il a auffi été démontré par de précédens Ecrits d'une maniére convaincante, qu'on ne peut trouver *univerfalem Judicem, ou un* Juge compétent ni fur le *Fideicommis univerfel* de la Maifon d'Orange, ni fur *chaque Fief particulier*; & que dans un tel cas il faut néceffairement avoir recours à d'illuftres Arbitres à choifir *hinc, inde.*

X. A l'égard du dixième Article qui parle de *retention*, on dit dans lesdites *Solutions,* qu'il *viendroit préfentement à ceffer, puifque la négociation qui alloit être mife fur le tapis avoit pour objet un Acommodement général;* ce qu'on peut laiffer paffer de la part de S. M. Pruffienne, moyennant que l'extradition des Biens ne foit ni différée, ni arrêtée par des difficultés & embaras qui pourroient fe rencontrer fur le point de liquidations, &c.

XI. Quant à l'onzième Article on fubtilife fort mal à propos dans les *Solutions* fur ce qui a été remarqué là-deffus, difant que S. M. Pruffienne *étoit virtuellement engagée dans les procès intentez par le Prince de Naffau-Siégen, puifque les Confeillers de S. M. Britannique, & en leurs perfonnes LL. HH. PP.* à ce qu'on prétend, comme Exécuteurs du Teftament du Prince Frédéric Henri, & repréfentant S. M. Pruffienne, étoient auffi *in lite.*

Car outre cela ne paroît par aucune Pièce ni conclufion du Prince de Naffau-Siégen, les Confeillers de S. M. Britannique n'ont pris fur leur compte dans cette affaire, non plus que dans aucune autre, le droit de S. M. Pruffienne; auffi ne peut-on pas croire ni dire, que LL. HH. PP. avoient donné ordre d'occuper dans ladite affaire pour S. M. Pruffienne & pour fes interêts, comme la repréfentant, puifqu'on ne fauroit s'imaginer de la haute fageffe & difcrétion de LL. HH. PP. qu'Elles euffent voulu faire cela, ni permettre qu'il fût fait, fans communication avec S. M. Pruffienne, ou autrement que de concert & conjointement avec le Miniftre Plénipotentiaire de Sa Majefté.

Ce qu'on en inſére de plus dans lesdites *Solutions* eſt tout-à-fait inouï. On prétend, que parce qu'il avoit été entamé un procès fur les Biens du Prince Philippe-Guillaume, & que *ces Biens avoient été rendus litigieux*, LL. HH. PP. *ne fauroient permettre que* pendente illa lite, *aucun de ces Biens foient mis hors des leur direction.*

Car il feroit contre tout droit & toute équité qu'un Exécuteur, fous prétexte qu'un Etranger, qui n'agit point en vertu du Teftament par lequel l'Exécuteur eſt établi, mais qui au contraire vient l'attaquer, voulût en attendant tenir l'héritier hors de la poffeffion de fes biens héréditaires.

Auffi LL. HH. PP. font trop éclairées fur les Matiéres du Droit, & leur équité eſt trop renommée, pour que fous prétexte du procès ou des procès du Prince de Naffau-Siégen, qui n'appuye pas fur le Teftament du Roi d'Angleterre, ni fur celui du Prince Fréderic Henri, defquels deux Teftamens feulement LL. HH. PP. font Exécuteurs, Elles veuillent priver encore plus longtems le Roi de Pruffe de la poffeffion des biens qui lui appartiennent fi juftement de la Succeffion du Prince Philippe-Guillaume, & qui font fituez dans les Provinces Unies; d'autant moins que dans ce Pays-ci *Res litigiofæ,* ou des

biens

biens en difpute, peuvent durant le procès être partagez, aliénez & vendus, fauf le droit d'un Tiers, jufqu'à la fin de l'affaire; *imo cum in toto Belgio, pariter ac in Gallia obtineat, res litigiofas, præfertim immobiles, pendente lite, oppignorari, vendi, & quovis modo alienari poffe, falvo jure tertii.*

Ce qui eft d'autant plus raifonnable dans le cas dont il s'agit, puifqu'autrement, après le Prince de Naffau-Siégen, la Princeffe d'Ifenguien, comme auffi le Comte de Solre, dont les Ancêtres ont déja formé des procédures dépuis l'année 1622. ou 1623. au fujet de la Succeffion du Prince Philippe-Guillaume, viendroient auffi en oppofition; & de cette maniére S. M. Pruffienne, & apparemment auffi quelques-uns de fes defcendans & Succeffeurs, ne verroient peut-être point de fin à tous ces procès; & par conféquent fi ce qui à été propofé dans l'Article XI. & le contenû desdites *Solutions* devoit avoir lieu, Sa Majefté refteroit toute fa vie privée de la poffeffion & jouïffance de l'héritage qui lui appartient.

Enfin, on ne fauroit paffer fous filence l'embaras vifible où l'on eft dans lesdites *Solutions*, n'ayant pas trouvé un mot à redire aux quatre principales & effentielles Remarques fur lesquelles on appuye de la part de S. M. Pruffienne, favoir que le Prince de Naffau-Siégen provoque à des *Pacta Familiæ*, qui pourroient bien faire obftacle au Prince de Naffau-Dietz, mais non au Roi de Pruffe: que quelques Biens venus de la Maifon d'Egmont-Buren, n'ont jamais appartenu à la Succeffion du Prince Maurice: que le Prince Fréderic Henri a eu droit fur lefdits Biens en vertu du Teftament d'Anne d'Egmond-Buren, Mere du Prince Philippe-Guillaume; & enfin que le *Fideicommis* dont le Prince Fréderic Henri a chargé ces Biens de la Maifon d'Egmond-Buren, & autres, a été déclaré jufte & valable par une Réfolution de LL. NN. & Grandes Puffances, prife fur les avis des deux Cours de Juftice. D'où l'on peut aifément conclure, avec combien peu de fondement on prononce fi hardiment dans lesdites *Solutions*, *qu'étant une chofe inconteftable que l'Article XI. étoit en toutes fes parties conforme à la juftice, il devoit par conféquent néceffairement être & refter un ingrédient du Plan de négociation.* Au contraire il eft manifefte que cet Article eft abfolument rejettable pour S. M. Pruffienne, & qu'Elle ne peut jamais y aquiefcer ou l'accepter.

XII. & XIII. Sur les Articles 12. & 13. il n'y a point de difpute, & il n'a rien été dit dans les *Solutions* qui demande aucune réfutation.

Voilà donc les fusdites *Remarques Sommaires* pléinement juftifiées. Il eft facile de comprendre par tout ce qui vient d'être dit, fi l'on a raifon de former dans lesdites *Solutions*, fur des propofitions abufives & entiérement détruites, la conclufion fuivante: *Que ledit Projet d'accommodement pouvoit commodément fervir d'un Plan de négociation, & que tous les Articles étoient remplis d'une équité & d'une juftice inconteftables.*

Laquelle conclufion, étant fondée fur de fauffes prémiffes, ne mérite point de réfutation. On n'a qu'à retourner l'argument & il en réfultera une toute autre conclufion conforme à l'intention de S. M. Pruffienne, favoir fi, comme il a été démontré, tous les Articles dudit Plan font déftituez de tout droit, équité & juftice, il s'enfuit qu'on ne peut pas exiger de S. M. Pruffien-

ne

ne d'accepter un tel Plan, ou d'entrer en aucune négociation là-dessus. Lorsqu'on s'étend encore plus, disant d'une maniére décisive, *qu'il ne seroit jamais possible de parvenir sur aucun autre Plan à un accommodement entre les Parties, & qu'on ne pourroit même sur aucun autre fondement raisonnablement exiger un accommodement de la Princesse de Nassau, comme Mere & Tutrice du Prince son fils mineur:* il paroît encore évidemment par-là, combien peu d'espérance il y a donc pour un Accommodement, après une déclaration si positive de la part de la Princesse de Nassau, par rapport au susdit Projet inacceptable, & combien peu cette déclaration quadre avec les représentations & les instances faites de sa part sur la derniére conférence, auxquelles S. M. Prussienne a aquiescé que LL. HH. PP. veuillent faire dresser un Plan équitable &, *hinc & inde* acceptable. On voit aussi par-là combien peu de réalité il se trouvé dans toutes les protestations souvent réïterées de la bonne volonté & du desir qu'on a de parvenir à un promt accommodement, & que par conséquent, tout au contraire de ce qui est à la fin des *Solutions*, S. M. Prussienne en doit tirer de justes raisons d'inquiétude que de la part de la Princesse de Nassau ces bonnes dispositions ne se trouvent pas, & qu'elle n'apportera point toute la facilité nécessaire à moyenner un accommodement raisonnable. Quant à la sincère intention de S. M. Prussienne, on s'en rapportera, en finissant cette justification aux déclarations cordiales faites de tems en tems par S. M. & encore en dernier lieu dans sa Lettre du 20. Septembre de l'année passée.

Avertissement touchant certain Projet d'un Accommodement général, abusivement attribué à S. M. le Roi de Prusse, & les prétendues Remarques Sommaires présentées là-dessus de la part de S. A. Princesse Douairiére de Nassau.

QU O I Q U E du côté de la Princesse de Nassau on ait été assez scrupuleux pour ne point vouloir simplement reconnoître pour son Ouvrage le Projet antérieur proposé de sa part, & sur lequel on persiste dans les susdites Solutions opiniâtrement, ou que du moins on ait jugé à propos de rendre la chose encore en quelque maniére douteuse par les paroles y jointes, *à ce qu'on prétend*, on n'en a pourtant pas usé de ce côté-là avec la même retenue & modération, pour dire aussi décisivement qu'abusivement, que le Projet qui a paru depuis a été présenté par S. M. Prussienne. C'est pourquoi on a jugé à propos d'en desabuser le Public, & de l'avertir préalablement par cet Ecrit, que ledit dernier Projet vient d'une Puissance impartiale, bien intentionnée & Alliée avec cet Etat, laquelle par pure amitié & par un simple desir de voir les différends sur cette Succession accommodez à l'amiable, a remis ce Projet pour un accommodement général, dans l'opinion que cette affaire pouroit le plus commodément se terminer *in globo*; & que vouloir s'attacher à chaque point en particulier & par le menu, seroit l'embrouiller & la rendre à jamais hors d'état de pouvoir être finie. Et comme S. M. Prussienne n'a pareillement rien plus à cœur, & ne souhaite rien avec plus de passion, que de pouvoir venir à une prompte fin de ces fâcheux différends: comme aussi S. M.
ne

ne voit pas non plus qu'il y ait aucune apparence d'obtenir ce falutaire but fi l'on entre dans le détail, Elle n'a pas voulu tarder de déclarer, qu'Elle approuve ledit Plan, pour entrer là-deſſus en négociation d'un accommodement général, fi S. A. la Princeſſe de Naſſau vouloit auſſi y aquieſcer, ce que Sadite Alteſſe a refuſé tout à plat, pour les prétendues raiſons, qui ſont déduites dans les fusdites Remarques. On n'a pas jugé néceſſaire d'entrer ici dans une difcuſſon particulière de ces raiſons, tant parce que S. M. n'eſt pas obligée de ſe charger de la défenſe d'une Pièce qui vient d'un tiers & d'une perſonne neutre, que parce que lesdites raiſons trouveront, à ce qu'on eſpére, ſuffiſamment leurs réponſes & réfutations dans la juſtification ci-deſſus. On eſt de plus d'opinion que les deux Projets étant bien peſez l'un contre l'autre, toute la terre trouvera le dernier infiniment plus équitable, & par conféquent plus acceptable que le premier. S. M. a témoigné en tout ceci tant de ſincérité & de cordialité, qu'ayant dans ſa Lettre à ce ſujet marqué entre autres que ledit Projet ſeroit auſſi *de la convenience de LL. HH. PP.* pour être débaraſſées de cette affaire, on auroit bien pu & du côté de Madame la Princeſſe s'abſtenir de la réflexion auſſi injurieuſe que mal placée, que le droit du Prince de Naſſau ne devoit point être expoſé à ſervir de victime à l'interêt & à la convenience commune. S. M. a encore moins mérité que ſur ſa déclaration on inſinue, quaſi *per præteritionem,* de tels ſoupçons odieux, puiſque dans le même paſſage où il eſt parlé *de la convenience de LL. HH. PP.* il y eſt ajoûté, *in eodem contextu* qu'il ſeroit *très-avantageux au Prince,* ce qui ne peut-être applicable à une victime d'autrui. Le peu de fondement de la ſeconde réflexion touchant les biens provenus du Prince Philippe-Guillaume, comme ſi pendant le procés avec le Prince de Naſſau-Siégen ils devoient reſter entre les mains de LL. HH. PP. a deja été pleinement démontré par la Juſtification ci-deſſus; ce qui y a auſſi été fait à l'égard de ce qu'on répete ici touchant les Portions Légitime & Trebellianique des Biens du Prince Fréderic Henri, à quoi l'on ſe raporte. Ce n'eſt pas non plus la peine de répondre à ce qu'on y ajoute comme une ſeconde Remarque ſur les Biens de ce Prince, ſavoir qu'on ne ſauroit parvenir à une juſte ſpécification des Biens de ce Prince, à moins qu'on ne rende préalablement la Succeſſion du Prince Maurice claire & liquide; car ils ſont aſſez connus, & perſonne n'ignore ce que ce Prince a aquis pendant ſa vie, par la ſpécification qui en a deja été donnée ci-devant, outre que par les Chartres & Papiers appartenant à ſa Succeſſion, lorſque la communication requiſe en ſera accordée, on en poura faire des découvertes encore plus claires.

Quant aux Remarques faites ſur la portion qui a été aſſignée par ledit Projet préalablement au Prince de Naſſau, & pour autant qu'on fait mention dans la première de ces Remarques *des Biens du Prince Guillaume II.* on ignore encore à l'heure qu'il eſt de ce côté-ci, que ce Prince ait conquis quelques autres Biens outre ceux qui lui ſont dévolus du Prince ſon Pere ſous condition & à la charge de *Fideicommis,* excepté Dieren, ſitué dans le Quartier de Veluwe, dont il n'a pu teſter, non plus que ſon Fils le Roi de la Grande-Bretagne, & qui par conféquent ne peut pas être compris dans l'Accord

cord fur ces difputes teftamentaires & fideicommiffaires. Au refte S. M. Pruffienne confent, que fi l'on peut montrer plus de conquétes du Prince Guillaume II. qui foyent d'une autre nature, on les compte parmi les Biens particuliers de S. M. Britannique.

Pour ce qui regarde les obfervations fur les Biens du Prince Maurice, on a fuffifamment prouvé de ce côté-ci par les *Remarques Sommaires* & par la Juftification qui les a fuivie, combien ce Prince a eu les mains liées par des Teftaments antérieurs & *Fideicommiffa Majorum*, & que l'ainfi nommé *Traité de Partage* ne peut porter aucun préjudice au Droit de S. M. Pruffiénne; c'eft pourquoi on fe raporte à ce qui en a déja été dit.

Il ne feroit pas non plus néceffaire de faire aucune réponfe aux Remarques fur les Articles III. & IV. dudit Projet, parce que l'Auteur bien intentionné de ce Plan n'y a réflechi que fur un Acommodement en gros & *in globo*, fans entrer dans le détail de chaque Bien en particclier, ce qui étant réjetté de l'au-tre côté, S. M. confent auffi d'en défifter. Cependant en examinant bien les chofes, on trouvera qu'en acceptant ce qui eft propofé dans ces Articles, ce feroit S. M. & non point le Prince de Naffau qui y perdroit. Car c'eft à tort que dans lefdites Remarques on repréfente la chofe de façon comme s'il n'y avoit guére de Biens, excepté ceux du Prince Fréderic Henri, qui fuffent fituez fous la domination de cet Etat, vû qu'au contraire il eft notoire quels Biens importans du Prince Philippe-Guillaume, il y a dans ces Provinces provenus tant de la Maifon d'Egmond, que du Prince fon Pere, lefquels tous, fans exception, doivent venir à S. M. Pruffienne, à moins, qu'on n'en convien-ne autrement par un accommodement amiable. Les autres Biens fituez hors de l'étenduë de la Jurifdiction de cet Etat, excepté Meurs & Lingen, font bien en affez grand nombre & contiennent beaucoup de noms & de titres fpécieux, mais à les regarder par leur valeur & leurs revenus, ils ne peuvent entrer en au-cune comparaifon avec ceux qui font fituez fous la domination de cet E-tat. Or S. M. a un pareil droit privatif à ces derniers biens *ex Fideicom-miffis Majorum*, dont la validité a été prouvée depuis long-tems & va l'ê-tre encore d'avantage. De forte que le Partage propofé dans le fusdit Pro-jet ne cauferoit non-feulement point de préjudice au Prince de Naffau, mais lui feroit au contraire tout-à-fait avantageux, parce qu'il y gagneroit des Biens fi importans, auxquels autrement il n'oferoit pas afpirer, & qu'il pour-roit contenter S. M. Pruffienne par des Biens éloignez, auxquels le Prince de Naffau n'a fans cela pas plus de droit qu'aux autres.

Il fera également inutile d'entrer ici en aucune difcution de ce qui a été remarqué au fujet de Meurs & de Lingen, parce que, comme il a été dit dans la Juftification, cela fera différé jufqu'à la déduction particuliére & plus détaillée qui eft fous main fur cette matiére. Dans laquelle on fera voir d'une maniére convaincante, & l'on prouvera par des Piéces au-thentiques, que la Comté de Meurs a effectivement été, & eft reftée un Fief de Clèves, & qu'elle eft retombée *revera* à ce Duché, fans qu'on puiffe avec le moindre fondement alléguer aucune prefcription qui y foit contraire.

Et

Et quant à Lingen, cette Comté appartient pareillement à S. M. Prus-
fienne, de fa propre nature & en vertu du Teftament du Prince Frédéric-
Henri, outre le droit que S. M. a encore acquis fur la Comté de Tecklenbourg, droit par rapport auquel il n'eft pas queftion ici de ce que S. M. en
peut avoir donné, ou de ce qu'Elle en donnera encore; mais uniquement fi
ce même droit eft fondé ou non. Nous croyons ainfi avoir montré fuccinc-
tement, que ledit dernier Projet eft incomparablement plus avantageux que
préjudiciable pour le Prince de Naffau, & que par conféquent S. M. Prus-
fienne auroit plus de raifons que lui de le décliner. Cependant S. M. a bien
voulu à cet égard relâcher tant de fon intérêt, comme Elle eft encore prête
à le faire, qu'à entrer fur ce Projet en négociation d'un accommodement,
fi du côté de S. A. Madame la Princeffe de Naffau on veut auffi s'y prêter.
Faute de quoi S. M. infiftera fur fon plein droit & fur toutes fes prétentions,
comme Elle fe les réferve avec proteftation par la Préfente.

Mémoire du Baron de Schmettau préfenté à LL. HH. PP. fur les différends furvenus à l'occafion de la Succeffion a'Orange.

L E Plan du Roi de Pruffe pour accommoder les différends fur la Succeffion
d'Orange, contenu dans fa Lettre à Leurs Hautes Puiffances du 20. Septembre 1704., & dans les Déclarations fouvent faites de la part de fa Majefté, confifte en ce qui fuit:
Que fous la Médiation de Leurs Hautes Puiffances on fépare de la Maffe
de l'Hérédité les Biens particuliers du Prince Frédéric-Henri & fes Acquets.
Qu'on mette le Roi de Pruffe en poffeffion de ces Biens, comme étant à
cet égard Héritier indifputable dudit Prince Frédéric-Henri en vertu de fon
Teftament.
Qu'on fépare pareillement les Biens & Acquets du Prince Guillaume II., &
du feu Roi de la Grande-Bretagne, & qu'on en donne la poffeffion à Son Alteffe Monfieur le Prince de Naffau, excepté ceux où la Succeffion ab inteftat
a lieu, laquelle appartient au Roi de Pruffe par Tranfaction avec Son Alteffe Madame la Princeffe d'Anhalt la Douairiére; & puifque cette Action
ab inteftat n'a rien de commun, ni avec les Fideïcommis, ni avec le Testament du feu Roi de la Grande-Bretagne, par conféquent point avec
l'Exécution de Leurs Hautes Puiffances, le Roi de Pruffe la pourfuivra devant les Juges compétens.
Pour ce qui eft des prétentions qu'on fait de part & d'autre fur lesdits
Biens, le Roi de Pruffe remettra celles qu'il a fur l'Hérédité du feu Roi de
la Grande-Bretagne, à la liquidation qui eft à faire, laquelle Sa Majefté fa-
cilitera autant qu'il fera poffible, efpérant que Son Alteffe Madame la Princeffe Douairiére de Naffau en voudra bien faire autant.
Quant aux prétentions que Madame la Princeffe croit avoir pour Monfieur le Prince fon Fils, fur les Biens du feu Prince Frédéric-Henri, elles
font de deux fortes: les unes regardent les Fideïcommis, & doivent être re-

mifes à la décifion des Arbitres: les autres feront remifes à la liquidation à faire. Cependant les Biens du Prince Frédéric-Henri, fituez dans les Provinces-Unies, feront engagez pour ces prétentions, de même que ceux de Monfieur le Prince de Naffau, provenans du feu Roi de la Grande-Bretagne, & du Prince Guillaume II., le feront pour les prétentions que le Roi a là-deffus.

Sa Majefté réitére très-inftamment fa requifition à Leurs Hautes Puiffances, qu'il leur plaife de donner ordre au Confeil des Domaines du feu Roi de la Grande-Bretagne, de lui communiquer les *Inftrumenta Domus Araufionenfis Defcendentibus communia*; comme auffi en particulier tous les Documens qui regardent les Biens & les Acquets du Prince Frédéric-Henri.

Sa Majefté confent que fous la Médiation de Leurs Hautes Puiffances on continue à accommoder le refte defdits différends autant qu'il fe pourra, & Elle y apportera toute la facilité raifonnable.

Ce qui ne pourra pas être accommodé à l'amiable de la maniére fufdite, fera remis de la part du Roi de Pruffe à un Arbitrage impartial, fuivant la coutume ufitée en pareil cas entre les Princes; Sa Majefté étant réfolue de requérir pour cet effet deux Puiffances Amies & Alliées de cette République, par conféquent point fufpectes à Elle, & remettant à Son Alteffe Madame la Princeffe de faire de fon côté un pareil choix & requifition. Ces Puiffances feront requifes de décider le différend principal *in puncto fideicommiffi univerfalis in Domo Araufionenfi cum jure primogenituræ inftituti*, & ce qui en dépend, pour ce dont on n'aura pu tomber d'accord amiablement.

Sa Majefté fe promet de fon côté que tous les Impartiaux jugeront bien, que les Tribunaux des Provinces particuliéres ne peuvent point être Juges compétens pour décider cette caufe du Fideïcommis univerfel de la Maifon d'Orange, inftitué par droit d'Aineffe. Ce qui eft reconnu par les propres Réfolutions de Leurs Hautes Puiffances prifes l'année 1687. & par les décifions des Cours de Juftice qui font ici. A la Haye ce 9 d'Avril 1705.

AFFAIRES D'ANGLETERRE
ET D'ESPAGNE.

Votes des Seigneurs & des Communes d'Angleterre, du Vendredi 14. Décembre 1705. Que l'Eglife n'eft pas en danger.

ADRESSE A LA REINE.

NOus les très-fidéles & très-foumis Sujets de Votre Majefté, les Seigneurs Spirituels & Temporels & Communes affemblez en Parlement, après mûre délibération, avons pris la Réfolution fuivante.

,, Réfolu par les Seigneurs Spirituels & Temporels & Communes af-
,, femblez en Parlement, que l'Eglife Anglicane, comme établie par la
,, Loi, qui a été tirée d'un très-grand danger par le Roi Guillaume III. de
,, glorieufe mémoire, fe trouve maintenant par la grace de Dieu fous
,, l'heureux Régne de Votre Majefté, dans un état fûr & floriffant. Et qui-
,, conque tâche de fuggérer & d'infinuer, que l'Eglife eft en danger pen-
,, dant l'Adminiftration de Sa Majefté, eft Ennemi de la Reine, de l'E-
,, glife, & du Royaume ''.

Ce que nous demandons permiffion de préfenter à Votre Majefté : & comme Votre Majefté a daigné témoigner une jufte indignation contre toutes ces méchantes Perfonnes, pareillement nous affurons Votre Majefté, que nous ferons toujours prêts à affifter Votre Majefté de tout notre pouvoir, en empêchant & en renverfant leurs deffeins : & nous fupplions humblement Votre Majefté de prendre les mefures néceffaires pour publier cette préfente Réfolution, & pour punir les Auteurs & les Semeurs de ces féditieux & fcandaleux Difcours; afin que perfonne n'ofe à l'avenir troubler la Tranquilité publique par des méfiances & des foupçons fi mal fondez.

AFFAIRES D'ANGLE-TERRE EN D'ESPAGNE,

† R
R

Relazione diſtintiſſima in forma di Diario-della Preſa di Barcellona, e di molte altre Piazze in Cattalogna dalle Armi di S. M. Catt. ſin' alli 3. di Novembre.

Relation
de la priſe
de Barce-
lone &c.

ALLI 18. di Settembre la Maeſtà del Rè Cattolico coll' accompagnamunto di alcune Compagnie di Cavalleria, come anco de' principali Cattalani, ſi portò à vedere il Caſtello di Monjuì, hieri tanto felicemente espugnato, & havendolo veduto ritornò all' ora una doppo pranzo nel Regio ſuo Quartiere. Ciò ſeguito ſi ſpedì con Fregatta andante per Genoua la Poſta verſo Vienna. Sua Maeſtà Cattolica eleſſe dal Braccio Militare Cattalano 7. Sogetti, liquali giornalmente aſſiſtono alle Conferenze, & ajutano à dirigere gli affari tanto à riguardo dè Micheletti, quanto all' emergenti intereſſi del Paeſe. Le Bombe cadute per alcune notti ſuſſeguenti nella Città di Barcellona, ſono cagione, che intiere Familie, moltiſſime Monache, e Monaci, e molte altre Genti ſono venute fuori della Piazza, lequalli al maggior ſegno ſi lamentano delle atroci, e Tiranniche procedure del Velaſco; con aggiunta, che già molti Edifizii erano parte abbruggiati, e parte rouinati; e ch'eſſo Velaſco dimoſtraſſe apertamente un particolar guſto di queſtà rouina, perche tenevà ſoſpetti li Cittadini d'una occulta diſinclinazione al Duca d'Angiù, e d'una grandiſſima propenſione verſo l'Auguſtiſſima Caſa d'Auſtria. E che il medeſimo oltre di ciò per timore d'un Conventicolo, è di Sollevazione hà proibito, che niſſuno doveſſe in qualſivoglia modo aſſiſtere nè anco alle Donne parturenti, come nè meno ad altre Perſone inferme, e moribonde. Sopra il buon parere del Milord Peterboroug ſi cominciò dal Molino ſituato poco lontano dal Quartiere Regio à tirare una Linea verſo il Mare, affine di poterne impedire le ſortite all' Inimico, ſicome venendo la Città ad eſſere preſa colla forza, la ſuga al Velaſco. Il Torrione ſituato di là appiè del Monjuì al Mare, ch'era munito di 5. Cannoni, fù preſo queſta ſera. Peraltro durante queſta notte ſi bombardò non contra la Città, mà ſolamente contro i Terrapieni, & Opere. Trè Soldati à Cavallo venuti oggi da noi, confermarono la mancanza di Vino, Legna, e Carne, che ſi provava nella Città.

Alli 19. Li Micheletti capitarono oggi, ſicome hieri, à Compagnie nel Quartiere Regio, liquali immediatamente furono mandati a' Poſti aſſegnatigli. Queſto doppo pranzo comparuero anche quì ubbidientemente i Deputati della Città di Cardona, liquali à nome di eſſa proſtraronſi ſommeſſiſſimamente a' piedi di Sua Maeſtà Catolica, riconoſcendola fedeliſſimamente per il ſuo Legitimo Rè, e Padrone. In eſſa Città ſi ritrova qualche quantità di Munizioni da Guerra, e da bocca. Nel medeſimo tempo ſi ſparſe generalmente la voce della Città di Lerida, che havendo il Governatore di quel
Caſtello

Caftello domendate ad effa Città alcune Compagnie in foccorfo, e quefta ri-
fituategliele, detta Città fi foffe immediatamente dopò dichiarata in favore
del Rè Cattolico Carlo III. e che il medefimo Governatore fopradiciò haveffe
abbandonato il Caftello, e fe ne foffe fuggito.   Quefta fera S. Maeftà Cattolica andò reiteratamente à ricopofcere (*Il y a ici quelques mots d'effacés dans*
l'Original, qui ne font pas lifibles.)

Alli 20. fi travagliò gagliardamente agli Approcci, come pure alla perfezzione dell' incominciata Batteria, sbarcatifi già à tai effetto 40. Cannoni,
liquali intanto fi trafportarono appiè della Montagna in ficurezza.   La Vit-
toria riportata dal Seren. Prencipe Eugenio appreffo Treviglio nel Milane-
fe, con ftragge di alcuni 1000. Francefi, fù confermata oggi per una Barca
quà arrivata da Genoua.

Alli 21. il Rè con tutta la fua Corte doppo fatta la mattina fua divozione,
fi moffe dal fuo Quartiere andò ad alloggiarfi alla diftanza d'una buona ora
di camino più in fù poco lontano dal Villaggio di Satria, e dal Convento de
Cappuccini colà vicino, fopra una Collina circondata tutti all' intorno da un
profondo Foffo, in una Caza deliziofa appartenente à Don Lorenzo Liodo,
da dove Sua Maeftà molto ficura può fcuoprire tutte le Operazioni militari,
lequali fi fanno dentro, e fuori della Città.   La notte d' hieri, e d' oggi
non fi è gettata alcuna Bomba; profeguitifi all' incontto gli Approcci, e la
fabrica delle Batterie; colla motte in tutto di foli 9, e ferite di 6. Huomini,
à caufa di non havere il Velafco per tema di numerofa defertazione de' Soldati, permeffa fin' ora veruna Sortita; come anco per havere il fuoco de'
Mofchetti fatta di notte tempo dalle Mura della Città cagionato poco danno
ne' noftri Approcci.   Furono bensì quefta notte dalla Mofchetteria della
Città fieriffimamente incommodate negli Approcci le Milizie Paefane, à tal
fegno, che perderono il Coraggio, & in gran parte fe ne fugirono; mà per
rimedi re à ciò il giorno feguente, cioe.

Alli 22. fù trà il Maggiorduomo Maggiore Regio Sig. Prencipe di Liechtenftein, & i Deputati di Cattalogna tenuta Conferenza, e conchiufo in effa,
che 5000. Huomini fenza quefto già prefenti, foffero accettati in ordine,
Lifta, e Soldo, de' quali 5000. Huomini, debbano giornalmente 800. impie-
garfi a' Lavori; il che fenza una minima perdita di tempo fù ridotto in effe-
cuzione, appoggiatofi per tal fine ad un beu' efperimentato Uffiziale il Comando di quefta Gente.   Oggi dalle 9. ore della fera fin' à mezza notte fi
continuò più fieramente che mai prima à gettar Bombe, come anco ad a-
vanzare gli Approcci, non oftante il reiterato gagliardo fuoco de Mofchetti
nemici: Et effendofi ormai ridotta à perfezzione una nuova Batteria di 10.
Cannoni in diftanza di circa 250. piedi della Città appie del Caftello, fi prin-
cipiò.

Alli 23. collo fpuntare del giorno da quefta Batteria furiofamente à cannonare il Baftione di S. Antonio, continuatofelo così tutta quella giornata
con buon effetto, e la difmonta di buona parte de Cannoni nemici condotti
da quefta parte ful medefimo Baftione: La notte fù profeguito il Bombarda-
mento; effendo, reftati negli Approci, e nelle Opere 4. uccifi, e 4. feriti
de'

de' Noftri. Meditò bensì il Velafco di fpedire in una Scialuppa un Ajutante con Lettere verfo Tarragona, il quale già era paffato per la Flotta, mà fù da alcuni Villani prefo, e menato priggione al Campo. Dette Lettere ritrovatefi appreffo di lui contengono, che effo Velafco follecitava in ogni modo un Soccorfo dalla Francia, afpettandolo quantoprima. Oggi trafuggirono di nuovo 3. &c.

Alli 24. 15. Mofchettieri, come pure 3. Soldati à Cavallo preffo di noi, liquali unanimamente confermarono la mancanza di Vettouaglie, e la poca voglia à combattere della Guarniggione, laquale moftraffe una gran cupidità di defertare in cafo di formata Breccia. Il Corriere di ritorno da Madrid per Barcellona fù prefo da' noftri Micheletti, e condotto nel Regio Quartiere; mà non fi trovarono appreffo di lui fole 5. Lettere, di verun capitale contenuto. Peraltro fi avanzarono la notte paffata competentemente i Lavori degli Approcci, con perdita di 3. Morti, e 2. Feriti, e tutto quel giorno fù di nuovo continuato dall' accennata Batteria il gagliardo fuoco contro detto Baftione di S. Antonio. Ormai anche la Città d'Urgel confinante coll' Arragona infieme cel fuo Caftello fi è refa nel feguente modo à Sua Maeftà Cattolica come fuo Legitimo, e Naturale Rè, e Signore: cioè 4000. Micheletti incirca fi accamparono fotto la predetta Città, e poi le intimarono la refa, laquale però il Comandante ricusò di fare, facendo nell' ifteffo mentre dare fuoco con Cannoni contro effi Micheletti, che vi fi erano avicinati; mà quefti di ciò nulla curandofi marchiarono inanzi con tutta fretta, e prefero Pofto fotto il Cannone appiè della Mura della Città, nella quale poi fi battè la Chiamata; e fopra di ciò quefta importante Città, e Caftello gli fù fubito intieramente ceduta.

Alli 25. venne per Efpreffo l'accertata, e confermata nuova, che non folo la Città di Flix, mà anche infieme col fuo forte Caftello, quella di Lerida accennatafi fotto li 19. confinante coll' Arragona, e ne' tempi andati più volte affediata, mà giamai fuperata, eranfi fenz' alcuna oftilità fottopofte alla Protezzione, e Giurisdizzione di S. M. Cattolica, havendovi li Noftri ritrovate molta Provifione, e Munizioni, come anco, oltre quelli di Ferro, 12. Cannoni di Bronzo. Un Trombetta mandato oggi dal Velafco fuori della Piazza, e condotto cogli occhi bendati alle ore 12. nel Quartiere Regio, non portò altro fe no del Denaro per trattenimento de' Soldati ultimamente fatti priggioni nel Caftello di Monjuì. La Linea motivata fotto li 18. è ormai intieramente perfezzionata, e tirata fin' alla fpiaggia del Mare; e fi crede, che la nuova Batteria, fulla quale fi hanno da piantare 40. Cannoni, farà pure in termine di 2. à 3. giorni ridotta à perfezzione; perloche vi fi ftà premurofamente lavorando, fenza notabile noftra perdita. Da 5. giorni in quà faffi da una picciola Batteria fabricata quafi nel mezzo della Montagna, ov'è il Caftello, e montata con 3. Mortari, e 2. Pezzetti da Campagna, di giorno, e di notte inceffante fuoco contro le Mura della Città, con gran danno dell' Inimico.

Alli 26. non accadde cofa di particolare, fuori del continuo connonare, e

bom-

bombardare la Piazza; non eſſendo reſtato ferito veruno de Noſtri negli Ap- AFFAI-
procci.   RES
                                                                           D'AN-
    Alli 27. il Rè Cattolico fece la ſua divozione nel Covento de' Cappuccini GLETER-
aggiacente al Regio ſuo Quartiere Capitale, ove di nuovo fù grande il con- RE ET
corſo del Popolo colle ſolite acclamazioni di *Viva* CARLOS *Tercero*. Vedendo D'ESPA-
ora l'Inimico, che la Città ſtà per eſſere principalmente attaccata dalla GNE.
banda della Montagna del Caſtello, fà eſſo perciò in queſta vicinanza, ove
per il più ſono Giardini, approntare nuove Opere, e Tagliate; dal che ſi
può arguire, che ad ogni apparenza vorrà laſciare le coſe pervenire ad un'
Aſſalto, & all' Eſtremità. Oggi capitarono eſpreſſi aviſi, e Lettere conte-
nenti, che il Caſtello di Berga, come pure il Paſſo Capitale per entrare in
Arragona, chiamato Tremp, ſi erano anche volontariamente reſi, con havere publicamente proclamata S. M. Cattolica per ſuo Legitimo Rè, e Padrone. Oggi furono 5. Huomini feriti, mà niſſun' altro ucciſo.
    Alli 28. il Rè Cattolico colla ſua Corte celebrò in Caſa la Feſta di Vences-
lao. Intanto i Micheletti conduſſero quà nel Quartiere Regio 37. Moſchet-
tieri priggioni, inſieme col loro Capitano, Tenente, & Alfiere, liquali
erano ſtati dal Comandante di Roſes ordinati ad andare à Figueras. Li me-
deſimi vedendoſi per Strada perſeguitati da detti noſtri Micheletti ſi ritiraro-
no in una Chieſa, mà ſubito dopò ſegli arreſero à diſcrezione: Queſti Priggionieri dicono, che in eſſo Roſes ſi ritrovi una Guarniggione di 500. Huomini, & un Comandante ottimamente affezzionato a' Franceſi. Queſto
doppo pranzo ſi diede principio à cannonare, e tirare Breccia dalla nuova
intieramente perfezzionata Batteria, e condottiviſi ſopra durante la notte
più Cannoni, ſe ne continuò.
    Alli 29. per tutto il giorno con sì buon' effetto, che appreſſo il Baſtione
di S. Antonio rottoſi circa 70. ad 80. paſſi di mezzo il Muro, cadde inſieme con 4. Cannoni nel Foſſo. Oggi giunſe nel Quartiere Capitale Regio
un Eſpreſſo, cioè il Sindico della Città di Tortoſa, colla lieta nuova, ch'
eſſa Città aggiacente a' Confini de' Regni di Valenza, e di Arragona, e ce-
lebre per il Fiume Ebro, doppo haverne il Colonello Naboth, nato Cattalano co' ſuoi Micheletti, preſe ſenza perdita di alcun' Huomo le Opere eſ-
teriori, ſi era ſubito dopoi reſa per Accordo, haveva con univerſale alle-
gria, e grandiſſimo giubilo proclamato il Rè Carlo III. per ſuo Legitimo
Sovrano, e fatto ſotto lo ſparo de' Cannoni cantare feſteggiando il *Te Deum*
in tutte le Chieſe. Per l' Acquiſto di tal importante Fortezza, meritamente
chiamata una Chiave Capitale di Spagna, ſi dimoſtrarono à queſta Corte,
e da' fedeli Cattalani ſegni di grandiſſima gioia. S. M. Cattolica per Paterna cura Patriotica ſpedì à tutte le Città, e Fortezze di queſto Paeſe, reſeſele
fin' ora, ordini, che quei Luoghi, ove ſi provaſſe qualche mancanza di
Viveri, Munizioni, ò di qualche altra coſa, foſſero proviſti d'ogni biſogne-
vole, come pure che ſi fabricaſſero di nuovo in buona quantità ogni ſorte
d'Armi, & in ſomma tutto ſi poneſſe in ogni miglior poſſibile Stato di diffeſa, e di ſicurezza. Peraltro in una longa Conferenza tenutaſi oggi trà li
Miniſtri degli Alti Confederati fù deliberato circa le ulteriori Impreſe da
                    R 3   farſi

AFFAI-
RES
D'AN-
GLETER-
RE EE
D'ESPA-
GNE.

farſi doppo l' Eſpugnazione di Barcellona, e ſe Sua Maeſtà Cattolica reſtarà qui, ò nò. Ormai oltre il Braccio Militare, ſi è anco formato da' più principali Eccliſiaſtici di queſto Paeſe (trà liquali li più coſpicui ſono il Veſcovo di Solſona, e l'Abbate di Campredona) un Broccio Eccleſiaſtico, il quale ſi è eſſibito d'aſſiſtere in ogni modo nelle preſenti congiunture con Conſiglio, e mezzi Sua Maeſtà, e di ajutare à dirigere gli affari della Provincia occorrenti nel ſuo Foro. Negli Approcci reſtarono 5. Huomini feriti, & uno ammazzato. In quel giorno trafuggirono da noi dalla Cità 7. &c.

Alli 30. 16. Soldati, e trà eſſi 4. Cavallieri inſieme co' loro Cavalli; liquali tutti confermarono l'accennato di ſopra ſotto li 24. di queſto Meſe. Si proſeguì à tirare Breccia con tanto fervore, che dalla Città oggi non ſi fece più alcun tiro contro le noſtre Batterie formate appiè della Montagna del Caſtello. Il doppo pranzo S. M. andò à Cavallo nel Caſtello di Monjuì, ove ſcuoprì non ſolo la Città, mà anco in maggior parte le nuove Opere formatevi, non meno che la noſtra Batteria, e la già fatta Breccia. Queſta notte furono di nuovo feriti 5. Soldati, & un Capitano Ingleſe dell' Artiglieria nella gran Batteria colpito da Palla di Moſchetto. Venuto l'aviſo, che nel Contorno di Lerida foſſero comparſi 500. Cavalli, e 1000 Fanti nemici per riprendere quella Piazza, S. M. Cattolica commandò il Terzo Spagnuolo numeroſo di 4. à 500. Huomini di marchiare ſubito verſo Lerida medeſima; à qual fine anco lo ſteſſo Prencipe Enrico Landgravio di Haſſia-Darmſtat ſi offerſe d'incaminarſi immediatamente à quella volta, per fare ogni poſſibile reſiſtenza all' Inimico, al qual deſiderio di eſſo Prencipe la M. S. tanto più volentieri condeſceſe sì riſpetto a' proprii ſegnalati di lui meriti, e gran valore da lui lodevolmente moſtrato in Gibilterra, e nuovamente alla preſa del Caſtello di Monjuì, e d'indi giorno e notte negli Approcci per Servizio della medeſima Sua Maeſtà, e del Publico, come à riguardo di queſto Popolo, il quale à ſentire chiamare il Nome di *Darmſtat*, per amor del di lui Fratello Landgravio Giorgio perſo ultimamente all'eſpugnazione del Caſtello di Monjuì, teſtimonia ogn'imaginale prontezza, amore, e divozione; trafpirando perciò buona ſperanza, che detto Prencipe in breve ſia per adunare in quella parte un numeroſo Corpo di Gente per la diffeſa della Patria. Lerida, e Tortoſa doppo fatta loro ſommeſſione, e preſtato Omaggio al Rè Cattolico, domandarono mediante i loro Deputati Emiliſſimamente la Clementiſſima Conferma de' precedenti loro Privileggi Regii; ſopradiche S. M. in riguardo della fedeltà, e divozione moſtrata da ambe queſte Città con così accelerata loro reſa, acconſentì intanto generalmente à queſta loro petizione. Oggi furono portati da' Micheletti nel Quartiere Capitale Regio 3. Pieghi di Lettere, ritrovate nella Caſa del Veſcovo di Lerida fuggitoſene in Arragona; vedutaſi trà eſſe anco una ſpedizione del Duca d'Angiù di queſto tenore: Che in caſo il Velaſco veniſſe à muorire, od altrimente à mancare, il Marcheſe di Risburgo, in deficienza di queſto il Duca di Popoli, & in mancanza di queſto, gli-ſuccedeſſe nel Vice Reato, e Comando il Marcheſe di Aitona. L'Inimico mandò reiteratamente fuori un Trombetta al Milord Peterboroug à ricercare un Paſſaporto

per

per le Dame effiftenti nella Città di Barcellona, cioè la Ducheffa di Popoli,
e Marchefa d'Aitona, affine di potere fortire, & andate più oltre in Ifpa-
gna; mà gli fù rifpofto, che' effe Dame havevano da imputare à loro medefime di non efferfi da primo principio prevalute di quefta Regia grazia;
mà che le congiunture ora foffero talmente coftitute, ch' effo Milord gran-
demente dubitava, fe Sua Maeftà prefentemente foffe per accordare tal do-
manda; ftante maffime l'efferfi offervato peraltro, che colla prima Gente,
laquale all'ora che fi cominciò à gettare Bombe, venne à folla, & ufci dalla
Città, più tofto per timore di effe Bombe, e delle Palle di Cannone, che
per amore verfo il Rè Cattolico, n'erano fortite tante Spie, e Nemici,
quanti Amici : Onde ftante il cangiamento del primo Quartiere Capitale
Regio, & il formal Affedio della Città, non fi concedeva più tal ufcita.
Le Conferenze trà il Maggiorduomo Maggiore Regio Sig. Prencipe di
Liechtenftein, & il Braccio Militare Cattalano, come anco l'ultimamente
formato Braccio Ecclefiaftico fi continuano giornalmente con ogni maggior
diligenza.

Al primo di Ottobre fi finì un' altra nuova Batteria, à 40. paffi più vicina
alla Città della maggiore; condottivifi 6. Cannoni. Da una Scintilla, caduta inavertentemente dalla pipa d'un Mofchettiere, che fumava Tabacco
fulla noftra gran Batteria, accefe, e fece volare in aria 6. Barili di Polvere,
con ferire 16. Perfone, e frà effe 6. à morte. Anche per quefta medefima
trafcuraggine oggi doppo pranzo fulla Batteria Olandefe di 9. Cannoni, fituata in giù verfo il Mare fopra un' eminenza della Montagna, furono mandati in aria 2. Barili di Polvere, colla ferita di 12. Perfone. Il Comandante
Milord Peterboroug durante tutto l' Affedio è ftato giorno, e notte prefen-
te in Perfona negli Approcci, fulle Batterie, e da per tutto, ove accadde
qualche facenda di rilievo; à fegno che lo ftraordinario fuo Zelo, e prudente condotta non fi può à baftanza lodare. La paffata notte detto Milord
trovoffi di nuovo fin' alle ore 12. negli Approcci, mà riffentitofi alquanto
d' incommodo di falute, fi portò nella fua Tenda eretta vicina alle Batterie.
Quefta notte furono per la prima volta gettate dalla Città circa 16. Bombe
contro la noftra Batteria; però fenza danno: Effendo di più cofa degna d'
ammirazione, che non oftante l' efferfi ogni notte fatte da' Ripari della
Città molte migliaia di Mofchettate contro le noftre Genti, con tutta ciò
appena uno od altro ne fia ftato ferito od ucciſo. Si fcuopre dalla Montagna del Caftello, che dietro alla Breccia da noi già formata, gagliardamente fi lavora, fenza poterfi fin' ora difcernere fe fia una mina, overo qual-
ch'altra Opera. Hieri, & oggi fono di nuovo venuti da noi 7. defertati
Soldati, liquali differo, che tutta la Guarniggione, ch' è in iftato di Servizio, perora fi eftenda à 4000. Huomini; e peraltro nella Città fi penuriaffe
d'ogni cofa, eccetto che di Pane. S. M. Cattolica fece hieri comandare à
tutta la Corte, che oggi il di lei Giorno Natalizio, non fi faceffe Gala; facendo pure notificare all' Ammiralità della Flotta, laquale ftava pronta per
dare triplicata Salva da tutt' i Vafcelli, che accettava con fommo gradimen-
to quefta fua offequiofa difpotezza; che però più volentieri vederebbe, che

nelle

AFFAI-
RES
D'AN-
GLÉTER-
RE ET
D'ESPA-
GNE.

nelle prefenti congiunture, e maffime per il Duolo della Corte, foffe per quefta volta tralafciato tal Atto.

Alli 2. il Rè con picciola Comitiva fi trasferì nuovamente nel Caftello di Monjuì, e di colà nelle noftra Batterie, dalle quali S. M. Cattolica, in prefenza dell' ormai intieramente reftituito Milord Peterboroug, e di tutta la Generalità ottimamente fcuoprì non folamente il nuovo Lavoro perfezzionatofi fin dalli 30. del Caduto, e la Breccia notabilmente allargata, mà etiandio il Trincieramento fatto dall' Inimico tutt' intorno dietro alla medefima noftra Breccia, & al riferire delli 10. Trafuggitori d' oggi, minato tutto, & attorniato di Fornelli. La notte fcorfa fi diede principio dalla terza Batteria motivata fotto il 1. di quefto Mefe à formare una Linea ò fià più tofto una Strada cuoperta verfo il Muro della Città, con un picciolo fpalleggiamento al capo di quefta Opera, diftante ad una fola piftolettata dal medefimo Muro, e con cui viene maggiormente cuoperta effa Linea: ridottafi per la moltitudine de' Lavoranti, fenz' alcun danno di quefti, in una fola notte à perfezzione. Un Mofchettiere Inglefe, il quale voleva trafuggire all' Inimico, fù acchiappato con molte Lettere per Strada. Il tutto fi trova, Dio lodato, in iftato tale, che frà pochi giorni, in cafo che la Città prima non penfi à fottometterfi colle buono, ò con Capitolazione, fi potrà tentare un' Affalto generale contro la medefima; onde Sua Maeftà Cattolica ordinò, che oltre li Micheletti già prefenti, tutte la Città, Borghi, & altri Luoghi di quefto fedel Principato mandino quà per li 5. del Mefe corrente maggior numero di Micheletti, per efpugnare la Città di Barcellona, e per diffendere la Patria, provedendoli colla neceffaria Provianda per alcuni giorni: affinche però quefti comandi Regii veniffero con tanto maggior preftezza, & effetto effeguiti, furono effi incaricati, e dati alli Principali del Paefe, liquali perciò fenza perdita di tempo partirono verfo i Luoghi conofciutigli, e fenza dubio ricondurranno feco il fiore della Milizia Paefana, che fenza quefto intieramente hà abbracciato il Partito di Sua Maeftà.

Alli 3. al capo della prefata Strada cuoperta fù alla finiftra tirata in giù una paralella fenza la minima noftra perdita, & anco all' altra parte un' altra fimile, che domani fi fpera farà perfezzionata, & havrà communicazione colla nuovamente compita Batteria di 10. Cannoni; & in cafo di bifogno vi fi potrà formar ancor un' altra Batteria di 4. Cannoni. Trà le ore 8. e 9. della fera una noftra Bomba cadè ful Trincieramento nemico, di cui hieri fi fece menzione, e ch'è proveduto con Fornelli: effa Bomba vi accefe alcuni Barili di Polvere, che communicò anco il fuoco à detti Fornelli, ò Mine, e le mandò in aria, uccidendo anco, fecondo il riferire de' Defertori venuti poco dopò, circa 100. Huomini, e cagionando parimente una tal confufione nella Città, che li Borghefi, credendo, che feguiffe un' attual affalto, uccifero à Mofchettate 6. Huomini della Guarniggione; il Milord Peterboroug haverbbe fenza dubbio intraprefo un' affalto generale, fe alcune ore prima non haveffe mandato dentro la Città un Trompetta con Lettere al Velafco. Si dice anco, ch' il Magiftrato di effa Città fi era porta-

ta-

tato appreſſo il medeſimo Velaſco, e gli haveva rimoſtrato, come già avan- AFFAI-
ti molti anni alla ſteſſa Città trà altri era ſtato conceduto un Privilegio Re- RES
gio, ch' eſſa in caſo l'Inimico veniſſe ſotto la Città, e l' aſſediaſſe, anzi già D'AN-
haveſſe fatta una Breccia aperta, poſſa indi capitolare coll' Inimico, & ar- GLETER-
renderſegli: onde la Città, purche non foſſe ſtata diſarmata da lui Velaſco, RF ET
trovarebbe ſufficiente Cittadinanza à mantenere queſto ſuo Privilegio. Per- D'ESPA-
altro marchiò di quà verſo Lerida il Terzo Spagnuolo, mentouato alli 30. GNE.
del Caduto.

Alli 4. fù per tutto il giorno continuato colle Cannonate à ſlargare la
Breccia: verſo la ſera però il Milord Peterboroug comandò di ceſſare dapertutto col dare fuoco, à cauſa ch'il Velaſco haveva domandato à capitolare,
à qual fine queſto ancora quella notte mandò dalla Città fuori nel Campo il
Conte di Riveira; il Milord Peterboroug all'incontro mandò dentro di eſſa
il Brigadiere Ingleſe Stanhope; mà non havendo li noſtri Soldati negli Approcci compreſo, che ſotto il vietamento del dare fuoco parimente ſi doveſſe tralaſciar il lavorare, proſeguendo in contrario coſtantemente loro
Lavori, diedero perciò quelli della Città gagliardo fuoco da' Moſchetti contro li noſtri Lavoranti, con ammazzarne uno, e ferire 4. altri; onde anco
queſti ricominciarono à tirare colli Cannoni, & à gettare Bombe, conti-
nuandolo così fiu' alle ore 2. doppo mezza notte, datiſi all'ora reiterati ordini, di tralaſciar ogni ſorte di oſtilità.

Alli 5. ſi continuò queſto Armiſtizio; & il Milord Peterboroug in Perſona portò circa le ore 6. della ſera Sua Maeſtà Cattolica 50. Articoli di Capitolazione propoſti dal Velaſco, liquali perciò in una Conferenza (à cui in-
tervenne anco il Sig. Prencipe di Liechtenſtein, il Milord Peterboroug,
l'Ambaſciatore di Portogallo, e più altri Principali Perſonaggi) furono ven-
tilari; e poi data ad eſſo Milord la finale riſoluzione, & ordine di Sua Maeſtà Cattolica, quali Punti ſi haveſſe da accordare ò nò; ſopradiche il Milord
medeſimo la mattina.

Delli 6. li mandò per mezzo di un Trompetta dentro la Città al Brigadiere Stanhope, per communicarli ulteriormente al Velaſco, concedendogli il
tempo di ſole 3. ore per riſoluzione: mà perche queſto tardava per tutto il
giorno à mandare la ſua riſpoſta, e riſoluzione finale, il Milord Peterboroug mandò di nuovo un Trompetta nella Città per far affrettar in ogni modo l'affare, e dire, che ſe il Velaſco differirà più oltre à dichiararſi, il Brigadiere Stanhope ſenz' aſpettar altra riſoluzione haveſſe da uſcire dalla Città: mà finalmente.

Alli 7. vennero fuori dalla Città detto Brigadiere, & il Marcheſe di Risbourg, portando ſeco li Punti di Capitolazione ſtipulati col Velaſco. Durante queſta negoziazione cioè da 3. giorni in quà giunſero nel noſtro Campo da ſole 9. à 10. Leghe di quà 9. à 10000 Micheletti pronti à combattere, & à dar aſſalto. Nè ſi può ſufficientemente eſprimere, e lodar il gran
zelo, & amore di queſti Nazionali verſo Sua Maeſtà Cattolica, poiche la
maggior parte de' Luogfii in vece del preſcritto loro contingente hanno ra-
Tome XIII. S du-

AFFAI-
RES
D'AN-
GLETER-
RE ET
D'ESPA-
GNE.

dunato , e mandato il doppio di Gente à fpefe loro per il fervizio della Maeftà Sua.

Agli 8. marchiarono di quà con ogni fegreteza verfo Girona circa 2000. Cattalani, a'quali per ftrada fi unirono ancora 4000. altri; e frà poco fi fentirà il Succeffo delle loro operazioni. Nelli Punti di Capitolazione fi era parimente ftipolato , che doppo la reciproca fottofcrizzione del Trattato, alli Noftri fi haveffe da ceder, e da lafciare prefidiare una Porta, e Baftione della Città; il che perciò fi credette, che quefta fera conforme a' Patti medefimi farebbe ftato effeguito; mà effendo ciò tanto dal tempo piovofo, e nebbia, come dalla forvenuta notte, ftato impedito, fù perciò folamente nel feguente giorno : cioè la mattina.

Delli 9. alle ore 9. da' Noftri prefidiata con 700. Granadieri la Porta, & il Baftione, detti dell' Angelo, come pur per maggior ficurezza accampati fuori avanti la Porta medefima ancora 2000. Huomini. In feguito di che ogn'uno tanto maggiormente fi rallegrò, perche, doppo effere durante tutto l'Affedio corfo belliffimo tempo, fopravenne nell'incominciare, e conchiudere la Capitolazione un tempo affai piovofo: il che, fe la Capitolazione non foffe ftata conchiufa, haverebbe apportato gran coraggio all' Inimico, & in contrario notabil impedimento alli noftri nell' efpugnare quefta Città; anzi la pioggia continuò.

Alli 10. à cadere più dirotta che mai. La Defertazione de' Soldati dell' Inimico, che da alcuni giorni in quà vengono appreffo di noi, è ftraordinaria; effendone alli 7. del Corrente venuti 10. Soldati communi; agli 8. altri 25. Communi, e due à Cavallo; hieri di nuovo 18. Communi, & uno à Cavallo; & oggi mattina una intiera Compagnia di 48. Fanti, infieme col loro Capitanio, Tenente, & Alfieri; come anco quefto doppo pranzo ancora 37 Huomini, tutti in maggior parte proveduti con buone Armi.

Agli 11. vennero appreffo di noi reiteratamente 62. Defertori dalla Città: tutti quefti Defertori ò vengono accettati nel Servizio Regio, ò quando ciò non loro piace, proveduti con Denari, e Paffaporti, e rimandati alla loro Patria. Oggi giunfero nel Quartiere Regio li Deputati efpreffamente mandati quà dalla Città di Tortofa, liquali à nome della medefima , oltre il preftamento del folito Omaggio, afficurarono fommeffiffimamente à Sua Maeftà Cattolica come al loro legitimo Rè, e Signore ogni Fedeltà, e Divozione, coll' offerta anco di tutt' i loro haveri, Corpi, e Vita. Parimente fi recevè da Lerida avifo ficuro, che quelli Borghefi, come anco trà di loro molti Religgiofi di diverfi Ordini, unitamente colli Micheletti, fecero una Sortita contro l'Inimico, il quale fi haveva lafciato veder in quella vicinanza con 2000. Huomini: egli però vedendo venire quelli della Città, fubito fi diede alla fuga, con lafciar in abbandono alli Noftri un gran Bottino. E' anco giunto quà un' Efpreffo mandato dal Colonnello Naboth, con avifo, ch' effo Colonnello, doppo effere paffato à Tortofa di là dal Ponte con una numerofa Partita, incontrò 120. Huomini à Cavallo, ch'erano ufciti da Valenzia, li circondò fubito, gli tolfe tutt' i loro Cavalli, come anco

due

due Stendardi alle Armi di Valenza, liquali pure fono ftati trafportati nel
noftro Campo, e lafciò liberamente andare li Valenziani, con rimandarli
doppo qualche eſſortazione à cafa. Il tempo piovofo continua tuttavia, e
talmente, che dapertutto le Strade ne vengono refe impratticabili. Oggi
fono di nuovo giunti appreſſo di noi 62. Defertori: ficome anco.

Alli 12. altri 63. Communi; colli quali tutti fi tratta nel preaccennato
modo.

Alli 13. capitò quà Corriere da Girona colla lieta nuova, che il Ten. Colonnello Sig. di Kolpaz, come anco il Sig. di Rofental mandati da S. M.
Cattolica con 2000. Micheletti, erano alli 12. di queſto Mefe arrivati fotto
eſſa Girona, havendo prefi feco per Strada, con licenza della Superiorità
di cadaun Luogo tutt' i Cavalli, e Muli, e provedutine quanti Micheletti
era ſtato poſſibile; e che doppo il loro arrivo in vicinanza di quella Città havevano prefidiata con queſta la Montagna di fopra, e di fotto verfo la medefima Città, e poftata ogni cofa in tal ordine, che ogn' uno haverebbe
creduto eſſervi ancora più Gente dietro à detta Montagna. In feguito di
ciò fù mandato incontinente un Tamburrino al Comandante del Luogo Ba-
rone vander Beck, che per indifpofizione guardava il Letto, con Lettere,
intimandofegli non folo la Refa della Piazza, mà anco communicandofegli
per la fua direzione ulteriore, la notizia che Barcellona era effettivamente
nelle noſtre mani; Sopradiche eſſo Comandante fi era dichiarato, che in
queſta conſtituzione degli affari domandava à capitolare con i Noſtri: del
che avifati queſti, gli aſſegnarono fubito un termine di fole 3. ore: Intanto
tardando il Comandante nella formazione de' fuoi Punti di Capitolazione, i
Micheletti fi approſſimarono alla Città, e la Guardia nemica, che da quella
parte ne cuſtodiva la Porta, l'apri, & eſſi Micheletti vi entrarono fubito
à forza per prendere Pofto; mà gli fù comandato da fudetti 2. Uffiziali à
riufcirne avanti la Porta, atteſoche il Tamburrino mandato nella Piazza
non era ancora ritornato, dovendofi fratanto ftare tranquillo. Appena feguito queſto, fortì l'iſteſſa fera circa le ore 7. il Magiſtrato della Città, congiuntamente con altri Deputati Eccleſiaſtici, portando feco una Capitolazione di 11. Punti, con fommetterfi umiliſſimamente à Sua Maeſtà Cattolica;
9. de' quali furono accordati, rifervatine 2. alla Clementiſſima decifione
della M. S. Doppo queſto fù da' Noſtri alle ore 11. di quell' iſteſſa notte
prefidiata una Porta della Città, & il feguente giorno fatto l'intiero in-
greſſo non folo in eſſa Città, mà anco nel forte Caſtello fituatovi dirimpet-
to di là dal Fiume Ter, rimaſto il Sig. di Kolpaz con queſti 2000. Huomini da eſſo comandati in quella Piazza, laquale à caufa del vantaggiofo fuo
Sito, e della fua Fortificazione, è ſtimata altretanto più forte di Barcellona, infieme col fuo Caſtello, e perciò non fenza ragione fi chiama una
Chiave di Francia. Oggi vennero da Noi altri 70. Soldati fuggiti dall' Inimico.

Alli 14. circa le ore 9. della mattina inforfe nella Città di Barcellona un
pericolofo tumulto, nel feguente modo; cioè il Velafco haveva oggi comandato, che quella Torre, nella quale venivano da alcuni Anni in quà
S 2

dite-

Affai-
res
d'An-
gleter-
re et
d'Espa-
gne.

ditenuti in arrefto, & inumanamente trattati i Cattalani fedeli, e ben' affezzionati all' Auguftiffima Cafa d'Auftria, non folo foffe maniera infolita ben guardata da 200. Huomini, mà eziandio di fopra prefidiata con alcuni Granatieri, accioche in ogni evento ch'il Popolo voleffe ufarvi contro qualche violenza, quefta Soldatefca foffe in iftato di baftantemente diffenderfi, e di difporre poi ulteriormente di quefti Priggionieri, per condurli, come apertamente fi minacciava, affatto feco via. Di più effo Velafco comandò oggi, ch'effendofi molti Uffiziali, e Soldati della fua Guarniggione ricoverati nelle Chiefe, e Luoghi Sacri, tutti quefti ne foffero eftratti colla forza condotti legati fu' Vafcelli, e poi trafportati feco altrove. Liquali due ordini, e fatte minaccie contrariando del tutto alla Franchiggia delle Chiefe, e Cafe di Dio; e maffime alli Punti della Capitolazione, in virtù de' quali non folo li Priggionieri haveffero dovuto fin da 2. giorni effere rilafciati, e rimeffi in libertà, mà pure lafciato ad ogn' uno, il quale non più defidera di fervire il Duca d'Angiù, la libera volontà di paffare da noi. Laonde per quefta illegale procedura del Velafco nacque trà tutto il Popolo della Città un' aperta Sollevazione, laquale divenne tanto maggiore, e più pericolofa, per efferfi fuonate tutte le Campane della Città per l'Allarma, e fopra diciò anche i Villani, e Micheletti, effiftenti nella vicinanza di fuori, accorfi, & entrati à folla per la Breccia in effa Città, liquali attruppativifi con tutti gli altri Cittadini, fcacciarono per principio la Guardia dalla Torre fudetta, liberarono li loro Concittadini, e poi diedero fuoco contro il refiduo Prefidio nemico, non meno che contro tutti quelli, liquali non gridarono ad aperta voce: *Viva* CARLOS *Tercero*, affaltarono le Cafe di molti Francefi à loro previamente noti, e doppo la ronina delle medefime, gettarono per le fineftre fulla ftrada tutt'i Mobili ritrovativi dentro; havendo fino le Donne portata attorno la Polvere, e ripartitala trà li Concittadini, e Micheletti; perciò il Velafco vedendo, che in tal tumulto non più potrebbe alla longa effere ficuro, fi pofe à tempo à fuggire infieme col Risbourg, Aitona, Popoli, e 30. altri Signori principali, voltandofi verfo la Porta di S. Angelo prefidiato dag l'Inglefi. Intanto il Milord Peterboroug fubito fentito lo fparare nella Città, diede fubito ordine a' Colonnelli delle Truppe accampate attorno alla Città, di farle nel miglior ordine marchiare nella Città medefima; In feguito di che l' Infanteria vi entrò per la Breccia, ove fubito prefe Pofto, e la Cavalleria per la predetta Porta di S. Angelo, fenza commettere il minimo difordine, havendo nell'ifteffo tempo prefo poffeffo di tutta la Città, occupati tutt'i Pofti di effa, e così fedata ogni follevazione. La propizia forte del fuggitivo Velafco volle, che per ftrada in poca diftanza dalla Porta di S. Angelo incontrò detto Milord col fuo Seguito, il quale falvollo dalla perfecuzione de' Micheletti, e lo conduffe nel fuo Quartire fuori della Città. Durante quefta confufione, e tumulto divenne tanto grande la defertazione del Prefidio nemico, il quale affollatamente marchiò dalla Porta di S. Antonio da effo forzatamente aperta, che folamente oggi 170. Huomini delle Guardie à Cavallo, come pure 400. altri Cavallieri, fenza Cavalli, e da 1300. Fanti paffarono da noi; di modo che

all'

all' Inimico della fua Guarniggione numerofa ancora di 5000. Huomini ,
appena fono rimafti 5. à 600. Soldati ; liquali accioche non haveffero camp o
dì fuggirfene parimente furono tutti condotti legati fulli Vafcelli: E quefta
è la gloriofa Ufcita del Velafco, li quale, conforme al foppraccennato, à
dirittura hà controvenuto alle Capitolazioni, havendo nè meno voluto rif-
parmiare le Chiefe, e Luoghi Sacri ; per il che a niffun'altro che alla propria fua illegale procedura hà da afcrivere quefta fua difgrazia.   Sopra di
quefto anco li migliori Mobili, e più preziofe fue Softanze, e del Risbourg, e del Popoli, lequali imbarcatefi fopra una Nave da trasporto Inglefe dovevano effere trafportate per Mare, fono ftate da un'improvifamen-
te inforto Turbine, infieme con molta Gente, roverfciate, & andate à
fondo.

Alli 15. fù mandato quà un' Efpreffo da Tarragona, e notificato al Rè
Cattolico, qualmente i Cittadini di quella principale Città, e Caftello, doppo l'arrivo fotto la medefima del Colonnello Naboth con 1000. Huomini,
e fattifi contro di effa alcuni tiri di Cannone da 4. Fregatte Inglefi, e get-
tatevi dentro da una Palandra 3. à 4. Bombe, fubito corfero alla Porta della
Città, e l'aprirono a' Noftri fenza la minima refiftenza della Guarniggione,
compofta di 100. Soldati à Cavallo, e 200. à piedi: Il che feguito i Noftri
prefidiarono tutt' i Pofti, e fecero priggione di Guerra la predetta Guarniggione nemica; havendovi inoltre ritrovata copia di Munizione da Guerra,
e da bocca, con molti Cannoni.   Oggi il Velafco con tutt' i fuoi Aderenti
in tutta fegretezza, e per migliore fua ficurezza è paffato pro interim, fin-
che gli venga affegnato un' altro, ful Vafcello da Guerra Inglefe *Gran Brit-
tannia;* & in vece di dover' effere colla fua Guarniggione convogliato à Girona, ficome s'era capitolato, farà trafportato à Malaga, per efferfi effo
Velafco fin dal tempo della fottofcritta Capitolazione, laquale fù ftipolata
alli 9. di quefto Mefe, prefervati 4. giorni fin' all' ufcita; durante qual termine, cioè alli 12. detta Girona già fi era refa a' Noftri. E non oftante
tutte quefte circonftanze, non fi sà precifamente, fe il mentouato Velafco
reftarà come priggioniere degl' Inglefi, ò fe haverà effetto quello fi è detto
di fopra.

Alli 16. Havendo Sua Maeftà Cattolica ormai rifolta la formazione di alcuni Reggimenti à Cavallo, & à piedi de' Defertori, hà Ella per tal effetto dichiarato per il fuo Reggimento di Guardie quello del Corpo del Duca d'
Angiù à Cavallo, paffato quafi intieramente da noi, e conferito il medefimo Clementiffimamente all' Anziano de' fuoi Camerieri quì effiftenti Sig.
Rudolfo Conte di Sinzendorf.   Hà pure detta S. M. conceduto à Don Pie-
tro di Moras, già Commiffario Generale à tempo del Rè Carlo II. un' altro
Reggimento di Cavalleria, che parimente viene formato da Trafuggitori.

Alli 17. capitò avifo dal Conte Cifuentes, che la Città d' Alcaniza fituata
in Arragona, infieme co' Luoghi circonvicini, full' avicinamento di effo Conte
colle fue Truppe, fi foffe incontinente fottomeffa umiliffimamente alla divozione di Sua Maeftà Cattolica.   Peraltro la Deputazione, come anco il
Braccio Ecclefiaftico, e Militare della Città di Barcellona, non meno ch'

effa

AFFAI-
RES
D'AN-
GLETER-
RE ET
D'ESPA-
GNE.

essa Città mandò i suoi Deputati alla Maestà Sua, liquali prostratisi a' di lei Piedi supplicarono S. M. a volere Clementissimamente determinare un giorno, nel quale a Lei fosse commodo, che questi Grembi comparissero in Corpo, e dimostrassero l' umilissima loro Divozione, e Fedeltà.

Alli 18. Il Concorso de' Deputati delle Città, Borghi, & altri Luoghi, come anco de' Nobili della Città di Barcellona è grandissimo, & indicibile l'allegrezza, e l' amore, che mostra tutto il Popolo da ogn' intorno, verso il Legitimo Sovrano. Nella Città tutto con grandissimo fervore s' affatica in preparare, & addobbare il Palazzo per Sua Maestà Cattolica, in scieglere Quartieri per i Domestici della Regia Corte, & in nettare essa Città, e Strade; seguito il che la Maestà Sua con la prefata sua Corte vi si portarà dentro.

Alli 19. li Deputati, come pure il Magistrato della Città, & il Braccio Militare, vennero la mattina fuori della Città di Barcellona nel Convento de' Cappuccini situato a poca distanza dal Quartiere Capitale Regio, ove sopra previa umilissima insinuazione ciascun Corpo doppo l'altro fù Clementissimamente ammesso alla Presenza di Sua Maestà Cattolica; cioè la Deputazione, consistente ora in sole 4. Persone (essendone durante l' Assedio morto un' Ecclesiastico, & un Secolare) e rappresentante tutta la Provincia ò Principato di Cattalogna, vestite alla Spagnuola, precedute dalli suoi 4. Trombetti, e poi da 4. altri Servitori in Abito Spagnuolo, colle solite loro Insegne: Doppo questi seguitò l' istessi Deputazione, e portossi nel Regio Quartiere Capitale, e d'indi nell' Anticamera, ove sedeva la Maestà del Rè, standovi da parte il Regio Marggiorduomo Maggiore Sig. Prencipe di Liechtenstein. Sua Maestà rispose circostanzialmente all' Arringa fatta dal più Anziano della Deputazione, e la demise molto consolata. Doppo detta Deputazione il Magistrato della Citta composto di 6. Persone, vestite di Damasco, a cui parimente precedevano 4. Trombetti, e quindi li 6. loro Servitori vestiti di rosso, mà senza Insegne: Detto Magistrato fù nell' istesso modo che la Deputazione, e doppo questo il Braccio Militare, consistente in più di 50. Persone Nobili, vestite alla loro foggia, Clementissimamente ammesso, udito, e consolato, con questa differenza però, ch'esso Magistrato a causa del Privileggio concessogli del Grandato di Spagna, come anco il sudetto Maggiordomo Maggiore Regio, come Grande di Spagna, all' intromessione e Clementissima udienza di questo Corpo, tutt' insieme si cuopri; havendo all' incontro gli altri 2. Corpi colla Testa scuoperta fatta la loro Arringa. Questo doppo pranzo Sua Maestà Cattolica spedì già ordine agli accennati 3. Corpi, che ogni Grembo debba denominare 2. Commissarii; e mandarli senza dilazione fuori della Città: acciochè si potesse ulteriormente deliberare, & ordinare, tanto circa l' erezzione di alcuni Reggimenti; quanto circa il trattenimento, sicome circa altri Interessi della Provincia, e della Città.

Alli 20. oltre li Cannoni, e Mortari fù una competente quantità di Polvere, Pale, & altre Munizioni, scaricata della Flotta Anglolanda, e condotta nella Città di Barcellona per sicurezza della medesima; dovendo per-

al-

altro la Milizia Inglefe, & Olandefe al numero di 6000. Huomini reftare Affai-
quì, e quella di Marina reftare fulla Flotta. Intanto facendofi l'Inimico res
coftantemente vedere attorno à Lerida, fono pertanto già marchiate à quel- d'An-
la volta alcune Truppe Inglefi; incaricatafi alle medefime l'offervanza di gleter-
buona difciplina, e l'ordine a' Luoghi, ove hanno da paffare, di affifterle d'Espa-
con vettuaglie, e tutti altri bifognevoli. gne.

Alli 21. un Terzo Spagnuolo di 450. Huomini, il quale doppo conchiu-
fafi la Capitolazione di Barcellona, fubito fi era nafcofto nelle Chiefe, e
Luoghi Sacri, per isfugire il Velafco, ufcì fuori della Città, marchiando
in ordine colle Armi bianche, e da fuoco, mà fenza Montatura, al Quartiere Regio, ove umiliffimamente fi offerfe alla Clementiffima difpofizione,
e fervizii militari di Sua Maftà Cattolica: Quefto e uno de' più vecchi Ter-
zi Spagnuoli, il quale già più di 10. Anni è ftato di Prefidio in Barcellona,
ftimato fempre per il migliore; li rifidui 50. Huomini del medefimo Terzo
fono ftati col Maeftro di Campo Navarrha imbarcati, per accompagnare il
Velafco.

Alli 22. tutta la Corte s' occupò alla condotta del fuo Baggaglio nella Città; e ftando ormai in procinto di partire di quà la Flotta Anglolanda, per
la maggior parte di ritorno à cafa (havendone 6. Fregatte da fvernare quì,
e 25. Vafcelli da Guerra nel Porto di Lisbona) diede perciò la medefima
quefta mattina per il fegnale di partenza una Salva di 21. Cannoni, corrif-
pofta, e ringraziata dalla Batteria, avanti Barcellona con altretante Cannonate.

Alli 23. Sua M. Cattolica abbandonò il vecchio fuo Quartiere di Sarria, &
il doppo pranzo accompagnata dalla fua Corte, e da' principali Cattalani,
portoffi à Cavallo, all' incognito nella Città di Bacellona, ove ammaffatofi
il Popolo in gran moltitudine nelle Strade, nelle Finiftre, anzi fulli Tetti
inceffantemente gridò Viva Carlos Tercero. Subito fmontata la M. S. nel
fuo Palazzo, calò à piedi per un Corridore fatto dal medefimo Palazzo à
traverfo di una Cafa di Cittadino fin nella Chiefa di S. Maria del Mare, &
ornato tutto di belle Pitture, ove non folamente nel Coro, mà anche fulla
Cattedra, & à tutt' i Cantoni di effa Chiefa ftavano de'Mufici co' loro Stro-
menti Muficali, per fare congiuntamente un' Armonia, mà il Popolo reiteratamente concorfo, in innumerabil copia, intuonò di nuovo in così fatta maniera il Viva Carlos Tercero, che non fi fentì alcun Mufico, non potutofi effo Popolo nè meno fraftornarfene co' fegni datifi due volte colla mano dalla medefima Sua Maeftà. A' molti per allegrezza grondavano le lagrime dagli occhi,
liquali ringraziarono l'Onnipotente, dell' effere eglino mediante l'arrivo del
Naturale, e Legitimo loro Signore, e Rè tanto mirabilmente liberati, e reden-
ti dal Giogo de' Francefi, e dalla dura Cattività, in cui molti Principali da
molti anni in quà gemevano, & erano quafi riffervati ad una certa morte.
Doppo cantate le Litanie, e data la Benedizzione col Santiffimo la M. S. fi
riconduffe nel fuo Palazzo fuperbiffimamente addobbato, nel quale.

Alli 24. con ammirazione fi vidde, qualmente la prima noftra Romba,
che dalla Flotta fù gettata nella Città, in effo Palazo non folo hà perforato
il

AFFAI-
RES
D'AN-
GLETER-
RE ET
D'ESPA-
GNE.

il Tetto, mà anco trè Stranze l'una sotto l'altra, havendo anzi nella seconda di esse Stanze, in cui il Velasco sempre sedeva nel Tribunale, e fece pronunziar, e publicare le Sentenze contro li Ben-Affezzionati della Casa d'Austria, spezzato, e conquassato il Ritratto del Duca d'Angiù, che vi pendeva al Muro; e poi la terza & ultima Stanza in chi li soli Atti, e Stritture fattesi a riguardo di detti Ben-Affezzionati Austriaci si conservavano, talmente rouinata, & abbruggiata, che' esse Scritture intieramente ne restarono consumate, non essendone nè una Lettera rimasta in essenza. Alcuni giorni dopò una reiterata nostra Bomba caduta nel Palazzo, in cui la Deputazione Regia tiene Consiglio, penetro in una Stanza, ripiena di Scritture, e Documenti Angioini, laquale insieme colle medesime ne restò pure rouinata, e consumata; in modo tale, che di tutto quanto durante il tempo del Duca d'Angiù qui è stato negoziato, non ne resta la minima memoria. Qual effetto poi due altre nostre Bombe cadute nel Castello di Monjui, & un' altra sul Trincieramento nemico fattosi dietro la nostra Breccia, habbiano havuto, già si è raccontato: dal che evidentemente si vede l'Assistenza Divina, come anco ca che il numero della Milizia regolare degli Assedianti era solamente di 7000. Huomini, poiche non vi erano appresso sin' al tempo dell' incominciata Capitolazione che 3000. Cattalani; e nondimeno con sì poca Gente non solo il Castello di Monjui, ma anco la Città stessa, senza essere restati uccisi de' Nostri in tutto cento Huomini, siano stati così felicemente espugnati. La Flotta Anglolanda è ormai partita di quà, rimasto però qui il Milord Peterboroug, per comandare le Truppe Inglesi, & Olandesi.

Alli 25, e 26. non seguì altro di rimarco, solo che Sua Maestà Cattol. fece publicamente la sua divozione nella prefata Chiesa; e si tenne à Palazzo una longa Conferenza in presenza della Maestà Sua.

Alli 27. fù ripartito in Compagnie il Reggimento Sinzendorff, che in maggior parte si trova compito, e di cui S. Maestà hà dichiarato Ten. Colonnello il Sig. Riodor già stato Colonnello nel Servizio Inglese, e Sargente Maggiore il Sig. Kolberg, à riguardo de' buoni loro prestati servizii, & acquistati meriti.

Alli 28. essendo venuti da qualche tempo in quà da diverse parti lamenti, che li Micheletti commettevano alcuni eccessi, furono perciò mandari gli ordini necessarii ad arrestar, e punire quelli, che in ciò sono colpevoli. Fù peraltro celebrato con mezza Gala il Giorno Natalizio della Regina Vedoua di Spagna.

Alli 29. d'ordine del Comandante Generale Conte di Peterboroug fù data la mostra a tutta la Cavalleria, & Infanteria quì essistente, che poi passarono sulla Piazza avant' il Palazzo in presenza della Maestà del Rè, consistendo in bellissima Gente, e ben montata: e dovendosi apprehendere, che durante l'imminente Inverno qualche Luogo di questo Principato potesse esser infestato dall' Inimico, fù.

Alli 30. ordinato, che parte di esse Truppe marchi tanto verso Tortosa, e Lerida, che verso Girona, come Luoghi al più esposti al per i colo, per

rin-

rinforzare quelli noſtri Preſidii ; datiſi anco li neceſſarii ordini per il loro Affa-
ſoſtentamento: potrebbe però ben eſſere, che la preſente pioggia ritardaſſe res
per à cuni giorni la partenza delle Truppe medeſime. d'An-

Alli 31. ſi ricevè aviſo da Lerida, ch'il Capitanio di Cavalleria Don Fran- gleter-
ceſco Barnoya con 60. Huomini à Cavallo, e con alcuni Micheletti, e d'Espa-
Paeſani, era entrato in Arragona, & haveva à nome di S. M. Cattol. ri- gne.
cevuto l'Omaggio da' Luoghi di Iamerite, di S. Steffano, e da più altri
circonvicini: Doppo di che, portatoſi egli alli 26. dello Spirante ſotto la
Città di Monzon nuovamente fortificata, con poſtarviſi vantaggioſamente,
il Comandante di eſſa D. Giuſeppe di Aſcon domandò à capitolare e ſubito
ſì arreſe: poco doppo queſta Capitolazione il prefato noſtro Capitanio con
forza attaccò, e ſuperò il Ponte ſopra il Fiume Cinca, ſtato preſidiato con
Nemici; & havendo ſenza perder tempo inveſtito pure quel fortificato Caſtello, lo preſe per accordo, con farvi priggionieri di Guerra 300. Huomini, oltre l'acquiſto di molta Munizione, e Proviſione.

Al primo, e ſecondo di Novembre Sua Maeſtà Cattolica paſsò il maggior
tempo in divozione : peraltro vengono quaſi giornalmente tenute Conferenze trà il Sig. Prencipe di Liechtenſtein, e li Deputati Cattalani ſopra le preſenti come anco future Operazioni militari.

*Lettre d'un Miniſtre à ſon Ami ſur la Queſtion, ſi les Offices
que Sa Majeſté, le Roi de Dannemarck fait faire en faveur
de ſon Alteſſe, le Prince Charles, ſon Frere, au ſujet de la
Coadjutorerie de Lubeck, ſont contraires au Traité de Travendahl?*

MONSIEUR,

JE vous ai beaucoup d'obligation des nouvelles qu'il vous a plu de me Affai-
communiquer par votre Lettre du 26. du mois paſſé, & principalement res de
des avis que vous m'y donnez de ce qui ſe paſſe chez vous, à l'égard de Danne-
la Coadjutorerie de Lubeck. Pour n'être pas ingrat, je me charge avec et de
plaiſir du ſoin que vous me demandez ſi obligeamment, de vous inſtruire Suede
ſur la queſtion, ,, S'il eſt vrai que les Offices que Sa Majeſté, le Roi de Dan- ―――
,, nemarck, fait faire en faveur de Son Alteſſe, Monſeigneur le Prince Charles, Coadju
,, ſon Frere, au ſujet de ladite Coadjutorerie de Lubeck, ſont contraires au Traité de Lu-
,, de Travendahl ", comme il eſt debité dans le monde, & principalement beck.
chez vous & en Angleterre?

Je le fais d'autant plus volontiers encore, que c'eſt une des queſtions il-
luſtres du tems, dont on a les oreilles battues preſque dans toutes les Cours
de l'Europe, & je ne ſaurois mieux employer mon loiſir, qu'en faiſant
voir, qu'un Prince auſſi religieux & auſſi juſte que le Roi de Dannemarck,
eſt accuſé à faux de faire des injuſtices. Certes, ſi Sa Majeſté avoit eu
deſſein de manquer au Traité de Travendahl, Elle n'en auroit pas exécuté,

Tome XIII. T com-

AFFAI-
RES DE
DANNE-
MARCK
ET DE
SUEDE.

comme Elle a fait, les Articles les plus onéreux, dans un tems où Elle étoit recherchée par toutes les Puissances de l'Europe: & vous pouvez être assûré qu'Elle en useroit de même à l'égard de l'Article qui traite de l'Evêché ou de la Coadjutorerie de Lubeck, s'il y avoit aucune obligation réelle de sa part; mais cela n'étant pas, comme je vous le ferai voir assez claire-ment, j'espére que vous serez desabusé, & que vous contribuerez à desa-buser les autres d'un préjugé, qui n'est né que du peu de soin qu'on a de s'informer à fond de ces affaires du Nord, parmi tant d'autres qui occu-pent maintenant l'Europe.

Comme ordinairement c'est une marque assûrée qu'on soutient une bonne cause, quand on procéde dans l'ordre, & méthodiquement en la plaidant, je commencerai par le fondement en vous mettant devant les yeux l'Article en question du Traité de Travendahl, & je vous montrerai après, que Sa Majesté, le Roi de Dannemarck, n'a rien fait, ni ne fait à présent rien de contraire, soit au sens, soit aux expressions de cet Article. Il me semble que c'est-là tout ce qu'on peut demander, & tout ce qu'on peut dire sur ce sujet. L'Article 8. dudit Traité est donc conçu en ces termes: *Wegen des Pacti, so Anno 1647. mit dem Capittel zu Lubeck an Seiten Holstein-Gottorff, wegen der Bischofflichen Wahl, auff 6. Generationen errichtet worden, wollen Jhro Königl. Majest. zu Dennemarck es bey dem Glückstatischen Recess de Anno 1667. und dar in beschehenen Versprechen, allerdings bewenden, und solchem auff keine Weise, directè oder indirectè entgegen handeln lassen.* C'est-à-dire: *Pour ce qui est de la Convention que la Maison de Holstein-Gottorp a faite avec le Chapi-tre de Lubeck, l'année 1647. qui lui assûre l'Election Episcopale pour six Générations, Sa Majesté Danoise promet d'aquiescer à ce qui en est stipulé au Recès, ou à l'Ac-te à Glückstat, l'année 1667. & qu'Elle n'y fera pas contrevenir ni directement ni indirectement.*

Vous voyez, Monsieur, que cet Article ne dit rien de soi-même, mais qu'il se rapporte simplement à celui du Recès, ou de l'Acte de Glückstat, qui en est le deuxième, & dont voici les propres termes: *Was von Ihrer Hochfürstl. Durchl. Herren Vaters, Christmiltester Gedächtnis, seiten, mit dem Capitulo zu Lubeck wegen der Anwartung der Bischofflichen Wahl auff gewisse Fürstl. Personen, Gottorffischer Linien, Anno 1647. den 6. ten Julij, geschlos-sen, dabey lassen Ihre Königl. Majest. es bewenden: Es versprechen aber Ihre Hoch-Fürstl. Durchl. bey dem Capitulo müglichst, bey ersehender Gelengenheit, zu-cooperiren, auf dasz selbiges, mit der Wahl dergestalt bey dem Königl. und Fürstl. Hause Holstein zu verbleiben sich anheischig mache, dasz hinfuhro, wannbe-sagte Fürstl. Personen, oder Generationen vorbey, von Ihrer Königl. Majest. und Fürstl. Durchl. Nachkommen, so durch Gottes Gnade als dan verhanden, alterna-tivè einer dazu gelange.* C'est-à-dire: *Sa Majesté Danoise acquiesce à ce dont le Pere de Son Altesse, Monf. le Duc de bienheureuse mémoire, est convenu avec le Chapitre de Lubeck, le 6. de Juillet de l'année 1647. touchant la survivance à l'Election Episcopale, pour un nombre déterminé de personnes de la Maison Duca-le; en échange Son Altesse, Monsr. le Duc, promet de cooperer efficacement aux occasions, afin que ledit Chapitre s'oblige d'attacher son élection tellement à la*

Mai-

AFFAI-
RES DE
DANNE-
MARCK
ET DE
SUEDE.

Maifon Royale & Ducale de Holftein, qu'à l'avenir, quand ledit nombre de per-fonnes ou générations fera paffé, on prenne alternativement de ladite Maifon Roya-le & Ducale fes Evêques. Tel eft le fait.

Par-là vous voyez bien, Monfieur, que Sa Majefté Danoife, & le Roi fon Grand-Pere, Fréderic III. de glorieufe mémoire, ne fe font obligez à rien qu'à acquiefcer à ce qui auroit été ftipulé entre le Duc & le Chapitre le 6. de Juillet de l'année 1647. A cette heure tout homme de bon fens conviendra, que naturellement cet *acquiefcement* préfuppofe trois chofes : en premier lieu que la Convention, du 6. Juillet, 1647. foit faite effective-ment, & dans les formes requifes, entre le Duc & le Chapitre; car fans cela il feroit très-abfurde de dire qu'on y devroit acquiefcer: *Non entis enim nullæ funt affectiones* (a). En fecond lieu, que cette Convention fubfifte toû-jours, & ne foit point détruite par fa propre nature, à caufe de fon injuf-tice, foit par la difpofition du Droit, foit pas un Arrêt de Juftice, ou bien par l'accompliffement des conditions ftipulées. En troifième lieu, qu'une des Parties contractantes n'ait pas mis l'autre par fes contraventions en droit de retirer fa parole & de rendre la Convention nulle (b). Au défaut d'une feule de ces trois chofes requifes, vous comprenez aifément, Monfieur, que celui qui a promis d'acquiefcer, n'eft plus obligé à rien, puifque la Convention même ne fubfiftant pas, *l'acquiefcement*, qui n'eft que fon ac-ceffoire, ne fubfifte pas non plus. Auffi celui qui a ftipulé, n'étant pas en état d'en profiter, ne peut pas demander raifonnablement qu'un autre, qui ne s'étoit obligé qu'en fa faveur, fe dépouille des avantages, qui d'ail-leurs lui reviennent (c). Or, je vous prouverai, que non-feulement une feule, mais toutes ces conditions requifes, pour obliger Sa Majefté Danoi-fe à confentir aux prétenfions de la Maifon Ducale de Holftein-Gottorp fur l'Evêché de Lubeck, manquent; & que par conféquent Sadite Majefté eft en pleine liberté d'appuyer les juftes prétenfions du Prince Charles de Dannemarck, fon Frere, qui eft élu Coadjuteur à la pluralité des voix.

Pour ce qui eft du premier Article, favoir, fi la prétendue Convention entre le Duc & le Chapitre, du 6. de Juillet, 1647. s'eft faite effective-ment? Je vous dirai que Sa Majefté eft, depuis le Traité de Travendahl, très-bien informée, que jamais une telle Convention n'a été faite, & qu'il ne s'en trouve rien d'authentique ni dans les Protocolles, ni dans les Ar-chives du Chapitre; auffi n'en a-t-on jamais produit que des Copies, & on défie la Cour de Gottorp & tous fes Partifans, d'en faire voir un (NB.) *bon Original.*

Mais quand même cela feroit, & qu'ils en pourroient montrer un bon Original, il eft évident que cette Pièce n'obligeroit perfonne à rien, parce

(a) Si enim promiffio fundata fit in præfumtione quadam facti quod non ita fe ha-bet, naturaliter nulla ejus eft vis. Grot. de Jure B. & P. Lib. 2. Cap. 11. §. 6.

(b) Si pars una fœdus violaverit, poterit altera à fœdere difcedere, nam fingula foederis capita conditionis vim habent. Grot. de Jure B. & P. Lib. 2. Cap. 15. §. 15.

(c) Promiffa non fervanda funt ea, quæ funt iis quibus promiferis inutilia. Cic, de Offic. Lib. 1. Cap. 10. & Lib. 3.

AFFAI-
RES DE
DANNE-
MARCK
ET DE
SUEDE.

ce que la promeſſe contient un fait illicite (a), contraire aux Canons & à l'Article 5. §. 16. & 17. de la Pacification de Weſtphalie, qui ne permettent pas, que la liberté des élections ſoit aucunement reſtrainte, moins encore qu'elle puiſſe être ôtée par Contract aux Succeſſeurs *in dignitate & præbenda*; ainſi cette Convention tombe d'elle-même, & eſt nulle *ipſo jure.*

A

La Cour Impériale l'a conſidérée de cette maniére au Traité d'Altena, comme il eſt clair par la Proteſtation formelle, que les Miniſtres Impériaux firent alors le 21. de Février (2. de Mars) 1688. contre le Projet d'un Article que les Miniſtres de Gottorp y voulurent faire inſérer en faveur de cette Convention. Et de plus, pour ne laiſſer aucun doute ſur ce ſujet, Sa Majeſté Impériale a caſſé formellement cette prétendue Convention, par ſon Decret du 4. de Juin, de l'an 1698. dans les termes ſuivans: *Geſtalt wir dann auch ſo ein als anderen falles, die Pacta, ſo Ihr mit gedachtem Hauſe Holſtein errichtet, in ſo weit ſolche die freye Wahl einſchrencken, und daher obgedachter maſſen denen Rechten und Inſtrumento Pacis zuwider ſind, hiemit, von Allerhöchſten Käyſerlichen Amts wegen, caſſiret und aufgehaben, und alles was dar auf gefolget, vernichtet und abgethan haben wollen.* C'eſt-à-dire: *Comme donc par les préſentes, en toutes maniéres, & en vertu de notre très-éminente Charge Impériale, nous caſſons, annullons & amortiſſons les Conventions que vous avez faites avec ladite Maiſon de Holſtein en tant qu'elles reſtraignent l'élection libre, & ſur ce fondement, comme il eſt dit, ſont contraires aux Loix & à l'Inſtrument de la Paix de Weſtphalie: Auſſi bien nous caſſons & annullons tout ce qui s'eſt fait enſuite desdites Conventions.*

Il me ſemble que l'Empereur parle là aſſez poſitivement, & les Partiſans de Gottorp n'y ſauroient rien repliquer de ſolide. Ils ſe retranchent bien ſur un Mandement poſtérieur de l'Empereur, en date du 28. de Juillet, de l'an 1700. par lequel il eſt enjoint au Chapitre *de procéder inceſſamment à la nomination d'un Individu, ou à la détermination d'une perſonne de la Maiſon de Holſtein-Gottorp, pour être Coadjuteur;* mais vous remarquerez, Monſieur, qu'il n'y eſt pas dit que ce ſera en vertu de la Convention de l'année 1647. mais *en vertu de deux Aſſemblées générales du Chapitre,* où il doit être conclu, qu'on élira un Prince de la Maiſon de Gottorp. Je laiſſe à Meſſieurs les Chanoines de dire ce qui eſt du fait, & ſi ces prétendues Aſſemblées générales du Chapitre, ont été convoquées dans les formes pour pouvoir procéder à un tel Decret? dont je ſai bien qu'ils ne conviennent pas tous, vû que la plupart d'entre eux y ont contredit expreſſément dans un Mémoire

B

donné à Sa Majeſté Impériale au mois de Mai 1701. comme auſſi, ſi les élections ſe peuvent canoniquement faire ainſi par morceaux, & *actibus interruptis?* j'ai ſeulement entrepris de vous prouver, que Sa Majeſté Danoiſe en appuyant les interêts du Prince ſon frere, ne fait rien contre la Paix de Travendahl, ni contre l'Article du Recès ou de l'Acte de Glukſtadt, de l'annee 1667. à quoi cette Paix ſe rapporte: & pour cet effet il me ſuffit

que

(a) Non valent promiſſa facti per ſe illiciti, quia ad illa nemo jus habet, nec poteſt habere. Grot. de Jure B. & P. Lib. 2. Cap. 11. §. 8.

AFFAI-
RES DE
DANNE-
MARCK
ET DE
SUEDE.

que la prétendue Convention de l'année 1647. ne foit plus rien, comme
elle n'eft rien en effet: autrement le bon fens nous dit, que fi une Convention du Chapitre, comme celle de l'an 1647. eft contraire aux Canons
& à la Paix de Weftphalie, parce qu'elle limite la liberté des Elections; les
Decrets d'une Affemblée générale du Chapitre, en ce cas-là ne le font pas
moins, & ne peuvent fervir de fondement à une prétendue nomination d'un
Individu, ou à une Election, qui fe fait vingt ou trente ans après. On fait
qu'un Mandement fe donne fans entendre fcrupuleufement les parties, & qu'il
n'a aucunement la force d'un Decret: qu'il eft révocable, quand il eft émané
(comme celui-ci l'eft notoirement) *ad falfa narrata*, ou fur des fauffes fuppofitions : or la date feule du 28. Juillet de l'an 1700. rend la maniére
dont on a obtenu ce Mandement de la Cour Impériale fufpecte, quand on
fait réflexion fur l'hiftoire de ce tems-là; Enfin, les Refcrits ou Mandemens ultérieurs de l'Empereur & de fon Confeil Aulique à feu Monfr. l'E-
vêque de Lubeck, du 10. de Juillet, & du 18. de Septembre de l'an 1702.
montrent bien que la Cour Impériale trouve, que l'affaire principale eft
encore indécife, & qu'elle a befoin d'une autre décifion finale de S. M. I.
Mais comme je vous ai dit, qu'il ne fait pas à mon deffein d'écrire de cette pièce, je pafferai au refte, & vous dirai encore fur ce fecond Article,
que ladite prétendue Convention eft expirée, il y a long-tems, par l'accompliffement d'une de fes conditions, qui fixe précifément le tems de fa durée. Les termes exprès en font tels: *Da, (welches der allmächtig Gott in
Gnaden nicht verhängen wolle) diefes Fürftlichen Gottorfifchen Haufes, voor hoch
benante beyden Fürftlichen Herren Brüder, und deren Fürftliche Mænliche Leibes
Erben, bis auff etwa noch eine übrige Perfon ausfterben folte, fo foll als dan
(NB.) weil auff eine Perfon keine Wahl fallen kan, diefe guthwillige Verpflich-
tung, auff folchen unverhofften Fall, wie auch, wan in difer Gottorfifchen Linie,
beyder Fürftlichen Herren Brüder keiner der Lutherifchen oder Catholifchen Religion zugethan im Leben feyn möchten ipfo jure, an ihr felbft hinwieder todt und
erlofchen, und von keine Kräfften mehr feyn, &c.* C'eft-à-dire: *Si, (ce que le
bon Dieu ne permette pas) cette Maifon Ducale de Gottorp, les defcendans en ligne
mafculine des deux Princes freres fufdits, venoient à faillir, qu'il n'en reftât qu'u-
ne feule perfonne, (NB.) parce que fur une feule perfonne il ne peut pas tomber
aucune élection, ou fi de ces deux lignes des Princes freres, il n'y avoit perfonne qui
fût de la Religion, foit Lutherienne ou Catholique ; en ces cas inefperés, cette
Convention feroit amortie & annullée ipfo jure, & fans aucune force pour l'a-
venir.*

Ces paroles, Monfieur, font très-claires: la raifon, qui en fait le fondement, ne l'eft pas moins, favoir, *que fur une feule perfonne il ne tombe
point d'élection.* Donc, s'il n'y a qu'une feule perfonne de la Maifon de Gottorp, (ou ce qui eft la même chofe) s'il n'y en a qu'une feule qui puiffe
être élue par les Canons, & par les Statuts du Chapitre, la Convention tant
vantée eft nulle, & expirée *ipfo jure.* Or, ce cas eft déja effectivement
arrivé par deux fois depuis l'an 1647., la première fois, quand Son Alteffe, Monfr. l'Evêque d'à préfent fut élu Coadjuteur, l'an 1656. Car alors

il y

AFFAI-
RES DE
DANNE-
MARCK
ET DE
SUEDE.

il y avoit bien quatre Princes de la Maifon de Gottorp en vie, mais dont pas un n'étoit en état de pouvoir être mis fur les rangs, finon ledit Evêque. Le Duc Fréderic, fon Pere, étoit exclus par les Statuts du Chapitre, ré. pétez dans toutes les Capitulations des Evêques, parce qu'il étoit Prince Régent: le Duc Chriftian Albert fon frere, étoit déja Evêque, & par con- féquent hors d'élection: Son Coufin, le Duc Jean Augufte, ne put pas être élu à caufe de fon bas âge & du trouble de fon efprit, dont il n'y avoit point d'efpérance qu'il guérît, comme en effet il n'en eft jamais guéri. L'E- vêque donc étoit l'unique qui pouvoit être élu: Et voilà le cas qui exiftoit. Les mêmes circonftances fe trouvérent encore, quand ledit Evêque paffa de la Coadjutorerie à l'Evêché, l'an 1666., après la réfignation de fon fre- re, le Duc Chriftian Albert, qui alors étoit Prince Régent. La feconde fois ce cas a exifté lorfque quelques-uns des Chanoines entreprirent d'élire le Prince Chriftian Augufte de Gottorp pour Coadjuteur, l'an 1701.; il n'y avoit alors hors celui-ci, & l'Evêque lui-même, que le Prince Régent Fri- deric, qui étoit exclus par la raifon que je viens de vous dire, & fon fils Charles Fréderic, qui n'avoit pas encore trois ans, & étoit fuffifamment exclus par les Canons, dont il n'y avoit nulle difpenfe.

Il ne me refte qu'à vous dire, comment la Maifon de Gottorp par fes propres contraventions à détruit cette prétendue Convention de l'année 1647., & remis le Chapitre de Lubeck en liberté d'en ufer à l'avenir com- me il le trouvera à propos. Sur cet article je pourrois vous donner une Lifte entiére, fi je voulois examiner tout ce que cette Maifon a fait contre ladite Convention, & contre les Capitulations des Evêques, dont l'obfer- vation eft une des principales Conditions ftipulées dans cette même Con- vention; mais j'ai peur d'abufer de votre patience. C'eft pourquoi je ne vous entretiendrai que d'un feul exemple, qui eft éclatant par-deffus les au- tres, & qui vous donnera une jufte idée du peu d'exactitude des Miniftres de Gottorp à obferver, ou feulement à pallier l'inobfervation de leurs Trai- tez; eux qui, pour la moindre chofe qui ne fe paffe pas à leur gré, crient à l'inobfervation & à l'injuftice. Les termes exprès de leur prétendue Con- vention de l'année 1647. difent, que le Chapitre a réfolu: *Dafz zum Falle vorhochgedachte Seine Fürftliche Gnaden nach wie vor für diefes uhralten löblichen Stiftes und Capitels Hoheiten, Frei-und Gerechtigkeiten, famt und fonders, Fürft- lich und unnachläflich vigiliren und ftreiten, auch alle vorgehabte, und künftig fich weiters eræugende, eines woblehrwürdigen Thumb-Capitels wohlher gebrachter freyen Bifchöfflichen Wahl höchft-nach-theilige Alternative, (worin Venerabile Capitulum ohne das gar nicht confentiren würde) und alle anderen Neuerungen, ohne einiges Entgelt, gnädig und getreulich abwenden und verhüten werden, fi als dann, und auf folchen Fall, zu unterthäniger demühtiger Danckbarkeit, auffer und benebenft den anitzo regterenden Herren Bifchoff, und bereits poftulirten Herren Coadjutore, annoch fechs Furftliche Herren nach ein ander, aus dem Hau- fe Holftein, Gottorffifcher Linien zu Bifchoffen oder Coadjutoren, und künftigen Bifchöfflichen Succefforen unfelbahr eligiren oder poftuliren wollen.* C'eft-à-dire: Qu'en cas que fon Alteffe, Monfr. le Duc, veuille veiller & combattre fans ceffe
pour

pour la conservation de la Jurisdiction, des Privilèges, & des Droits de cet an-
cien Chapitre & Evêché, & s'opposer fidèlement, & sans remunération, à toutes
les nouveautez, principalement à ce que le Chapitre ne soit engagé à aucune Al-
ternative, comme contraire à la liberté des élections, (& à quoi sans cela le Cha-
pitre ne consentira pas) alors, & en ce cas, le Chapitre, par reconnoissance,
prendra six personnes consécutivement de la Maison Ducale de Gottorp pour Evê-
ques ou Coadjuteurs, par Election ou par Postulation, &c.

Ayez à cette heure la bonté, Monsieur, de conférer ces mots avec ceux
du deuxième Article de l'Acte de Gluckstadt de l'an 1667. que je vous ai alléguez ci-dessus, où le Duc de Holstein-Gottorp s'oblige formellement au
Roi de Dannemarck, Frédéric III. de glorieuse mémoire, de procurer de
tout son possible ladite alternative entre les deux Maisons Royale & Ducale, du Chapitre, & jugez vous-même, si naturellement il ne s'ensuit pas
deux choses; L'une, que le Chapitre est quitte de sa promesse, parce que
le Duc de Gottorp s'est engagé formellement à appuyer l'Alternative, contre la teneur expresse de la Convention, où elle est déclarée contraire à la
liberté de l'élection, & où il s'engage à la combattre sans cesse; l'autre,
que Sa Majesté, le Roi de Dannemarck, est de même quitte de l'obligation
dudit Article de Gluckstadt, qui vient d'être répété seulement au Traité de
Travendahl, parce que la Maison Ducale de Gottorp ne s'est jusques ici
aucunement mise en devoir d'exécuter cet Article de son côté; ni n'a jamais
voulu faire un pas pour cela.

Il est tems, Monsieur, de finir. Vous vous souviendrez donc, s'il vous
plaît, que je vous ai fait voir distinctement, qu'on ne sauroit prouver, que
la prétendue Convention de l'an 1647. ait jamais été faite effectivement,
pour faire naître aucune obligation de la part du Chapitre: Que quand même cela se feroit fait, elle contient un fait illicite & contraire aux Canons
& à la Pacification de Westphalie, & que par conséquent elle est nulle *ipso
jure:* Que Sa Majesté Impériale, qui en est Juge compétent, l'a déclarée
telle du Thrône de sa Justice, en termes formels: Que par un double accomplissement d'une condition qui régle la durée de cette Convention, elle
est expirée il y a long-tems: Enfin, que par les contraventions de la Maison de Gottorp, le Roi aussi-bien que le Chapitre, sont en droit de rétracter ladite Convention, & de la déclarer sans effet. D'où il s'ensuit, que
l'acquiescement stipulé du Roi, qui est un accessoire, étant détruit en même
tems que son principal, savoir la prétendue Convention de l'année 1647.
elle-même, on ne peut pas prétendre, que Sa Majesté, le Roi de Dannemarck, se dépouille des sentimens généreux que la nature & l'honneur lui
inspirent, en abandonnant les interêts du Prince Charles son frere, & en
rebutant les égards que la plus grande partie du Chapitre de Lubeck, & en
même tems la plus saine, a pour la famille Royale, à qui ce Chapitre est
redevable d'autant & de plus de bienfaits qu'à la famille Ducale de Gottorp: Et cela purement pour l'amour d'une chimère, comme la prétendue
Convention, dont ladite Maison de Gottorp n'est en état de profiter aucunement, qu'autant que le Chapitre voudra lui-même librement témoigner
de

AFFAI-
RES DE
DANNE-
MARCK
ET DE
SUEDE.
de la bonne volonté pour elle dans les éléctions, auquel cas Sa Majefté, le
Roi, n'y trouve rien à redire.

Voilà Monfieur, ce que j'avois à vous dire préfentement fur ce fujet,
fuivant vos ordres: Je n'y ajoûterai que cette feule reflexion, favoir, que
quand même les raifons, que je vous ai.alléguées ci-deffus, pour vous prouver que Sa Majefté le Roi a fatisfait de fon côté au Traité de Travendahl,
& à l'Article de Gluckftadt de l'an 1667. n'auroient aucune folidité, il eft
pourtant inconteftable, que Sadite Majefté n'a pu aucunement préjudicier par fa promeffe au droit d'un tiers, tel qu'eft le Prince Charles, fon
Frere, & tel qu'eft le Chapitre de Lubeck, dont l'un eft légitimement élu,
& l'autre ne peut être en aucune maniére troublé dans fon éléction libre.
Ainfi le fcrupule, qu'on fait naître à la Cour Impériale, en Angleterre, en
Hollande, & aux autres Cours de l'Europe, comme fi en appuyant la jufte
caufe de Son Alteffe, le Prince Charles de Dannemarck, on contrevenoit
à la garantie que quelques-unes de ces Puiffances ont bien voulu promettre,
du Traité de Travendahl, eft fans doute très-mal fondé : & l'on efpére
que toutes ces Puiffances ouvriront enfin les yeux & reconnoîtront, comme
il faut, tant la juftice de la caufe, que l'amitié de Sa Majefté & de fa Maifon Royale, auffi-bien que les bons offices qu'elle leur a rendus en tant de
rencontres. Je fuis au refte,

Monfieur,

Votre &c.

A.

*Proteftation faite par les Miniftres de Sa Majefté Impériale au
Traité d'Altena.*

SON Alteffe le Duc de Holftein-Gottorp ayant fait offrir aux Miniftres
de Sa Majefté Impériale, & des Electeurs, Médiateurs au Traité qui
fe négocie préfentement entre Sa Majefté le Roi de Dannemarck & Son
Alteffe fufdite, fous le 2. de Décembre, de l'an 1687. par écrit certaines
demandes, où il y a, entre autres, au nombre 13. certain point, concernant l'éléction à faire d'un Evêque de Lubeck, qui contient en fubftance:
*Que Sa Majefté Danoife veuille promettre d'acquiefcer au Traité, fait le 6. de
Fuillet de l'an 1647. entre Son Alteffe, Pere du Duc, & le Chapitre de Lubeck,
pour faire élire certaines générations de la Maifon Ducale de Gottorp pour
Evêques:* & nous, Miniftres de Sa Majefté Impériale à ladite Médiation,
nous étans bien fouvenus, non-feulement *de ce qui eft, entre autres, clairement & expreffément déterminé, au fujet de telles Eléctions ou Poftulations, au Traité d'Ofnabruck & de Munfter, à l'Article 5. §. poftulati verò & electi,* 17 mais
*auffi des Ordonnances très-juftes, que Sa Majefté Impériale, notre Maître, felon
le Zéle paternel qu'Elle a pour le bien de l'Empire, a faites déja dans cette affaire, moyennant divers Mandemens donnés, & fpécialement celui du 28. Septembre*
1684.

1684. *comme auffi de la communication qu'Elle en a fait faire, par fes Commif-* AFFAI-
faires Impériaux, au Corps de l'Empire affemblé à Ratisbonne la même année: RES DE
Nous, Miniftres fufdits de Sa Majefté Impériale, n'avons pu nous difpen- DANNE-
fer, & avons cru être de la néceffité & de notre devoir, non-feulement MARCK
de faire à la Conférence nos Proteftations verbales, envers les deux Minif- SUEDE.
tres Médiateurs de Saxe & de Brandebourg, contre le Point fufdit, comme
faifant ceffer ou limiter l'Election libre du Chapitre, mais auffi de déclarer,
comme nous faifons ici par écrit, au nom de Sa Majefté Impériale, en ré-
pétant les Proteftations ci-deffus alléguées, *que nous nous trouvons obligez de*
regarder le Point fufdit 13. *touchant l'élection Epifcopale, comme non inféré, &*
ici qui ne peut être traité ou négocié, ni ici, ni aucune part, faifant ceffer, ou
limitant au moins, l'élection libre d'un Evêque ou Coadjuteur, & qu'au contraire
ce Point doit être féparé des autres & *abfolument rejetté.* Ce que nous n'a-
vons pu diffimuler aux autres Miniftres Médiateurs, puifqu'il a été de néceffité de nous expliquer là-deffus. Fait à Hambourg ce 21. de Février,
2. de Mars 1688.

B.

Extrait du Mémoire préfenté au Mois de Mai 1701. *à Sa Ma-*
jefté Impériale, par les Chanoines du Chapitre de Lubeck, qui
ont élu Son Alteffe, Monfeigneur le Prince Charles de Dan-
nemarck.

C'Eft *contre la vérité & par erreur, qu'on a informé* Votre Majefté Impériale, en cinquième lieu, comme s'il y avoit des Arrêts des Affemblées générales du Chapitre tenues l'an 1666., & l'an 1676., que Votre Majefté Impériale pourroit expliquer, approuver, & confirmer comme une
Election libre : *puifqu'en effet il n'y en a jamais eu de tels.* Et fi par hazard il y a des Lettres, dont on puiffe inférer quelque chofe par les conféquences tirées de loin, il eft fûr qu'elles font de formes à être
d'elles-mêmes nulles, & d'aucune valeur, obligation, force, ou effet.
Confirmatio enim ejus quod nullum eft, nihil operatur &c. C'eft *contre la véri-*
té & *par erreur* auffi, qu'on a informé Votre Majefté Impériale, en
fixième lieu, *qu'une Election fe peut faire par fa nature, fans fpécifier ou nom-*
mer un Individu, &c.

C'eft *contre la vérité & par erreur,* qu'en dixième lieu, on a informé Votre Majefté Impériale, *que ces Arrêts imaginaires du Chapitre, qui n'ont ja-*
mais paru, & la dénomination d'un Individu, qu'on demande là-deffus
comme fur un prétendu Contract & droit acquis, font compatibles avec
le Droit Canon & l'Inftrument de la Paix de Weftphalie, &c.

AFFAI-
RES DE
DANNE-
MARCK
ET DE
SUEDE.

C.

*Extrait d'un Refcrit de Sa Majeflé Impériale à feu fon Altelfe
Monfeigneur l'Evéque de Lubeck , en date de Vienne ,
du 10. de Juillet 1702.*

MArs, comme tout ce que ledit Comte (*d'Eck*) a fait dans cette affaire,
s'eft fait conformément à Notre intention, & qu'il a, fans cela, de
Nous une Commiffion générale d'employer fes bons offices en toutes rencontres de cette nature , on ne le doit foupçonner d'aucune partialité : Vû que par fon entremife l'affaire eft conduite à ce point , que les
Chanoines fe font offerts, moyennant un Projet qu'ils ont envoyé, de faire
leurs foumiffions, de reconnoître le Prevôt & le Doyen du Chapitre, de fe
trouver paifiblement à fes Affemblées, & de procurer fidèlement le bien &
l'avancement de l'Evêché, & *qu'ils ne fe veulent réferver aucune autre chofe
que notre Décifion dans l'affaire de la Coadjutorerie. &c.* Ainfi que nous avons
donné la Commiffion ultérieure au Comte d'Eck de preffer & d'exécuter
auprès de Ta Dilection, enfuite de quoi *nous ne manquerons point de publier
au plutôt Notre Décifion dans l'affaire de la Coadjutorerie.* Dans cette confiance , .&c.

*Extrait d'un autre Refcrit de Sa Majeflé Impériale, à feu S.
A. Mgr. l'Evéque de Lubeck, en date d'Ebersdorff, du
18. de Septembre 1702.*

NOus avons vu par la Relation de Notre Envoyé au Cercle de la Baffe-
Saxe, le Comte d'Eck, du 26. d'Août paffé, le détail de la déclaration de Ta Dilection fur notre Refcrit à Elle, du 10. de Juillet paffé, qui
Lui a été bien infinué, & comme Ta Dilection a voulu foutenir, que l'U-
nion des Chanoines des différens partis ne feroit point de durée, à moins
que Nous ne vouluffions ne pas publier préalablement notre Réfolution
dans l'affaire principale de la Coadjutorerie, & qu'il feroit pour cet effet
mieux, fi cela fe pouvoit faire à l'avenir à même tems: que fur ce prétexte
Ta Dilection a refufé, nonobftant les remontrances à Lui faites, de faire
venir ces Chanoines au Chapitre, de caffer leurs Sufpenfions, de leur faire
rendre leurs revenus, tant du paffé que pour l'avenir , & d'accepter leur
Soumiffion par écrit; & qu'ainfi notre Ordonnance Impériale eft demeurée fans l'effet qui lui étoit du. Comme donc Nous trouvons fort étrange,
que Ta Dilection ait refufé d'obéïr à nos Ordonnances réïtérées, & d'accepter la Soumiffion offerte par les Chanoines, que pour cet effet nous lui en-
voyons encore ci-jointe, en termes, comme elle eft par Nous approuvée; Nous Lui commandons encore une fois férieufement, d'accepter enfin ladite Soumiffion, d'admettre les Chanoines au Chapitre, de les faire

jouïr

jouïr de leurs revenus & diftributions, qui leur font dus, fans aucun rabat, AFFAI-
& de rendre au Chapitre l'union & la tranquilité, *jufques à ce qu'il nous plai-* RES DE
ra de publier notre Réfolution fur l'affaire principale, &c. &c. DANNE-
MARCK
ET DE
SUEDE.

Extrait du Protocolle du Confeil Aulique à Vienne; du 10. Juillet 1702.

COMME donc Sa Majefté Impériale ne veut pas croire, que Mr. l'Evêque voudra, contre la coutume, l'Obfervance des autres Evêchez
de l'Empire, & par une innovation contraire aux Loix, établir un Vicaire,
dans le tems *que Notre Décifion Impériale approche;* Ainfi, en cas que ce foit
l'intention de Monfieur l'Evêque, Sa Majefté l'en dehorte férieufement, &
Lui commande de s'en defifter entiérement, *& d'attendre Sa Décifion Impériale en repos.*

*Véritable Contre-Rapport fur le bref & folide Rapport publié
dans le mois d'Octobre, touchant la violente & injufte Prife
de Poffeffion de l'Evéché Sécularifé de Lubeck, après la mort
du Révérendiffime & Séréniffime Prince Augufte Fréderic,
élu Evéque de Lubeck, Prince Héréditaire de Norwegue, Duc
de Sleswick-Holftein &c. par le Séréniffime Prince Chrétien
Augufte, Prince Héréditaire de Norwegue, Duc & Adminiftrateur des Duchés de Sleswick-Holftein, ufurpant les Titres
de Coadjuteur & Evéque; imprimé & publié, par ordre du
Révérendiffime & Séréniffime Prince Charles, Prince Héréditaire de Dannemarck &c. Vrai Coadjuteur légitimement
élu per Majora & par conféquent Evéque de Lubeck, lorsqu'il
fut indifpenfablement forcé d'en prendre la poffeffion le dernier
de Décembre 1705.*

DE's que la mort inopinée & fubite du Révérendiffime & Séréniffime Prife de
Prince AUGUSTE FREDERIC, élu Evêque de *Lubeck*, Duc de Poffef-
Sleswic-Holftein &c. laquelle arriva la nuit du 1. au 2. Octobre de cette an- fion de
née, fut connue par tout l'Evêché, le Séréniffime Prince CHRETIEN Au- l'Evê-
GUSTE, Duc & Adminiftrateur des Principautés de *Sleswic-Holftein*, fit ché de
prendre poffeffion *de facto & manu militari* du Château de l'Evêque *Euthin*, Lubeck.
& y mit la Compagnie de Grenadiers qui fe tenoit pour cet effet dans le
voifinage à *Neuftadt*. Le lendemain 3. dudit mois, avant midi, le Confeiller de la Cour & Docteur en Médecine *Fortfch* prit encore de fa propre
autorité, mais au nom de Sadite A. S. Mr. *l'Adminiftrateur*, poffeffion de
la Cathédrale dans la Cour de l'Evêque à Lubeck, ce qui fe fit *per tactum
Annuli Chori;* mais l'après midi S. A. S. Mr. *l'Adminiftrateur* vint en perfonne

Affai-
res de
Danne-
marck
et de
Suede.
ne à Lubeck, & logea la premiére nuit, contre toute attente, chez Mr. le
Doyen *Didier Guillaume de Witzendorff*, afin de l'attirer d'autant mieux &
plus vîte dans ses interêts. Le *Conventus Capitularis*, qui se tint dans ce
même tems *in Curia Decanali*, & où Mr. le Doyen assista, desapprouva bien
cette violente prise de possession du Château & des biens de l'Evêque; mais
Mr. le *Doyen* trouva des difficultés dans ces circonstances, de prendre possession du Château d'*Euthin*, *nomine Capituli*, comme cela s'est toujours pratiqué en pareil cas, ne voulant conseiller à aucun des Chanoines de se laisser employer à cette fonction. Enfin, il fut résolu de se servir des voyes
de la Justice, & de protester solemnellement contre cette violente prise de
possession, en cas qu'il n'y fût pas remédié sur le champ. On députa Mr. le
Doyen, à S. A. S. pour lui représenter le danger qui pourroit résulter de
cette entreprise pour le bon Evêché & tout le voisinage, & pour la prier
très-humblement de vouloir bien, pour prévenir tous les inconvéniens &
malheurs qui en étoient à appréhender, faire retirer les Grenadiers du
Château d'*Euthin*, accorder gracieusement au Chapitre, suivant ses Droits
& Privilèges, la possession & administration tranquiles *Sede vacante*, attendre
paisiblement la Décision de S. M. Impériale sur la succession, & songer à
de justes moyens pour soutenir son prétendu droit sans préjudice de personne. Mr. le *Doyen* se chargea de cette Commission, & promit de proposer
le plus efficacement qu'il feroit possible à S. A. S. les intentions du Chapitre; mais tout cela fut inutile & ne servit qu'à amuser le tapis, jusqu'à ce que
les Conseillers Privez du Duc de *Sleswic-Holstein*, & tous les Chanoines qui
ont voix en Chapitre, & qui tous, sans exception, de même que Mr. le
Doyen, sont au service du Duc de *Sleswic-Holstein*, & n'avoient pas paru au
Chapitre pendant plusieurs années, arrivérent enfin l'un après l'autre, pour
être sûrs de la pluralité des voix, & pour l'emporter sur les Membres, qui
avoient légitimement élu *per Majora* le Révérendissime & Sérénissime Prince Charles, Prince Héréditaire de Dannemarck, pour Coadjuteur &
Evêque de *Lubeck*, & qui ne se trouvoient pas tous présens, & n'étoient
pas même convoquez. Après ces précautions prises, & que S. A. S. eût
occupé elle-même la Cour Episcopale à *Lubeck*, on tint encore Chapitre le 6. du même mois, sans que le *Doyen* communiquât la veille avec les
plus anciens sur les *res quam maxime arduas*, qui étoient sur le tapis, comme il étoit pourtant obligé de faire, en vertu du VI. Article de la Capitulation à quoi il s'est engagé par serment. Il y communiqua aux Membres la réponse de S. A. S. Mgr. l'Administrateur, savoir qu'il ne pouvoit
se résoudre, pour le maintien de ses Droits, à retirer les Grenadiers du
Château d'*Euthin*: que cependant il étoit prêt à donner des assûrances au
Chapitre, que ce *Casus planè extraordinarius*, de la prise de possession du
Château d'*Euthin* & des Biens Episcopaux, ne feroit point de préjudice ni
de tort au Chapitre dans la jouïssance de deux années des Revenus Episcopaux, qui lui appartenoit en vertu de la Capitulation faite; comme cela
paroît plus clairement par les Lettres de S. A. S. lues & délivrées au Chapitre, dans lesquelles Elle s'arroge le plein Titre d'Evêque. Les sept
Mem-

Membres préfens qui avoient élu S. A. le Prince Charles, favoir Mrs. *Rei-*
marus, *Pierre de Rehder*, *Jean de Wickeden*, *Chrétien Augufte Rantzow*, *Godfchalck*
Kirchring, *Henri Fock*, & *François Joachim Rantzow*, proteftérent fur le
champ par leurs fuffrages *in optima Juris forma* contre l'ufurpation du Titre
Epifcopal *pendente lite*, & contre l'irréguliére prife de poffeffion & faifie
des Biens Epifcopaux: ils contredirent à tout ce que le Parti contraire allégua, & réfervérent à S. A. aux Chanoines abfens & au Chapitre tous leurs
droits, vû que cette affaire devoit être décidée par une Affemblée générale ; mais nonobftant tout cela les huit Chanoines oppofans, qui étoient
venus au Chapitre, comme il a été dit, fans qu'on s'y attendît, & qui a-
voient été convoquez fous main, lefquels étoient Mrs. le Confeiller Privé
& Doyen *Didier Guillaume de Witzendorff*, le Confeiller Epifcopal *Antoine
Henri Meyer*, le Confeiller de la Cour *Joachim Chrétien Pintzier*, le Confeiller Privé *Chrétien Augufte de Perkentin*, le Confeiller Privé *Magnus de Wedderkop*, & le Confeiller Privé *Jean Louïs Pintzier*, Baron de *Königftein*, continuérent dans leur entreprife, reconnurent fous le faux prétexte de la pluralité des voix, *fub nomine Capituli*, S. A. S. Mgr. l'Adminiftrateur *pro E-
pifcopo*, & nommérent Mrs. le *Doyen Witzendorff*, *Meyer & Wedderkop.*,
pour entrer en négociation avec Mr. le Confeiller Privé de *Kettenbourg*, fur
les *Lettres Reverfales de non præjudicando*, fur la jouïffance de deux années
des Revenus Epifcopaux, & fur la manière dont l'Adminiftration de tout
l'Evêché feroit conférée à S. A. S. Le 7. du même mois, lefdits Députez firent rapport de leur Commiffion *in Conventu Capitulari*, remettant les Lettres Reverfales & l'obligation de S. A. S. Mgr. l'Adminiftrateur, touchant
la fomme accordée de deux années des Revenus Epifcopaux, & Mr. le
Doyen fut nommé une feconde fois conjointement avec Mr. *Perkentin*, pour
introduire le lendemain folemnellement S. A. S. comme prétendu nouvel
Evêque, à Euthin, quoique les Electeurs préfens de S. A. le Prince Charles s'oppofaffent à tout cela & perfiftaffent fur la proteftation qu'ils avoient
fait inférer la veille dans le Protocole. Comme Mrs. le *Doyen Witzendorff*,
& le Sécrétaire *Pintzier* étoient encore partis le même jour pour *Euthin*,
afin d'exécuter *pro forma* cette prétendue introduction Epifcopale, quoiqu'elle fe fût faite déja 6. ou 7. jours auparavant *manu militari* par les Grenadiers, & qu'ils ne revinrent de plufieurs jours; de forte qu'il n'y avoit
point d'efpérance de pouvoir avoir un Extrait du Protocole, & qu'au contraire il étoit à craindre, comme cela arriva, que ceux qui avoient élu S.
A. le Prince Charles, ne fuffent remis d'un tems à l'autre, ils prirent
le parti de réïtérer leurs proteftations, contradictions & réfervations inférées dans le Protocole, & même approuvées depuis par les trois Chanoines qui avoient été abfens le 6. *ejufdem*, favoir Mrs. *Frédéric Chrétien* Baron
de *Kielmanfegge*, *Gafpar André d'Elmendorff*, & *Frédéric de la Lippe*, *coram No-
tario & Teftibus* le 10. Octobre, & d'en faire dreffer un Inftrument, pour le
joindre à une Requête qui devoit être préfenté à S. M. Impériale, pour
demander très-humblement fa haute Décifion en faveur de S. A. auffi-bien

V 3 que

Affai-
res de
Danne-
marck
et de
Suede.

Irrita
funda-
menta
adverſæ
partis.

que la caſſation & annullation du ſuſdit procédé injuſte, irrégulier & in-
ſoutenable.

Les Miniſtres du Duc de *Sleswic-Holſtein* tâcheront ſans doute de colorer
& de défendre en quelque maniére leur conduite impardonnable, comme il
paroît par les diſcours que le Conſeiller de la Cour & Doĉteur en Médecine
Fortſch à tenu ſur la Place du Château d'*Euthin*, anſſi-bien que par le faux
rapport que le Parti contraire en a publié; ils appuyeront non-ſeulement
ſur les fondemens peu ſolides qu'ils ont déja proféré, ſavoir I. Sur l'accord fait en l'année 1647. entre le Duc *Fréderic de Holſtein* de pieuſe Mémoire, & le Chapitre de *Lubeck*. II. Sur pluſieurs Réſolutions ou Ecrits
du Chapitre, & le prétendu *jus quæſitum* qui en réſulte. III. Sur le *Reſcrit*
de l'Empereur obtenu le 28. Juillet 1700. IV. Sur le *Recès de Gluckſtadt*,
de même que ſur la Paix d'*Altena* & de *Travendahl*. Et V. Sur la *denominatio Individui*, comme ils l'appellent, ou ſur l'élection qui s'en eſt ſuivie le 12.
Mai 1701. Mais ils feront auſſi valoir pluſieurs prétendus avantages obtenus depuis, comme VI. le *Decret* de S. M. I. Léopold I. de glorieuſe Mémoire du 3. Juin 1702. à Mr. le Baron *Gortz*. VII. La poſſeſſion priſe
après la mort de S. A. S. Mgr. l'Evêque; & VIII. que S. A. S. Mgr. l'*Adminiſtrateur* a été reconnu le 6. Octobre de cette année *per Majora in Capitulo
pro Epiſcopo*, & introduit *per Deputatos Capituli* dans la poſſeſſion de l'E-
vêché.

Ad I.
Pactum
de Anno
1647.

Toutes ces objections & raiſons apparentes ne ſont d'aucun poids, &
ſont pour la plûpart tirées & répétées *uſque ad nauſeam*, des Actes produits,
il y a quelques années, devant le Conſeil Aulique ſur cette matiére. Elles
proviennent toutes (*Ad I.*) *ex fonte & origine omnium malorum*, ſavoir de
l'Accord fait en l'année 1647. quoique cette ſource ait déja été tarie depuis
long-tems, étant une vérité inconteſtable, que cet Accord qu'on fait ſonner
ſi haut, eſt *de genere prohibitorum*, & qu'il eſt *ipſo Jure & facto* nul & de nulle
valeur, vû qu'il a été fabriqué *tempore belli tricennalis*, d'une maniére tout-
à-fait inexcuſable, *in Conventu particulari*, *nec convocatis convocandis*, *nec ſine
contradictione quorumdum Capitularium*, *abſque conſentu Superioris*, *nempe Imperatoris & Imperii*, *in præjudicium ſucceſſorum*, *nulla neceſſitate cogente*, *ſine
ulla juſta cauſa*, *contra propriam conſcientiam*, *ſub prætextu cujuſdam periculi;*
mais il a été rejettée, deſapprouvé, caſſé & annullé *per Inſtrumentum Pacis
Weſtphalicæ Art. V. num.* 16. & 17. *Art. XVII. num.* 3. & 4. Par le *Decret*
Impérial du 27. Décembre 1684. & le *Mandement* Impérial émané dans la
même année, par la Réſolution Impériale remiſe le 12. Avril 1692. aux
Miniſtres du Roi de Dannemack, en donnant des Troupes en *Hongrie*, par un
Caſſatorium formel du 4. Juillet 1698. par la Recommandation Impériale
d'un Prince de *Dannemarck*, du 3. Juin de la même année, & par quantité
d'autres Reſcrits de S. M. Impériale; *Quod enim omnes tangit*, *ab omnibus
approbari debet*, *indeque in alienatione Rerum Eccleſiaſticarum*, *inter quas quam
maxime libera electio cenſenda eſt*, *non tantum certæ quædam cauſæ*, *ſive caſus*,
uti utilitas aut incommoditas Eccleſiæ &c.: *ſed etiam ſolemnitates*, *uti conſenſus
om-*

omnium Capitularium collegialiter congregatorum , *verſio in utilitatem Eccleſiæ*
&c. : (*quæ omnes in noſtro caſu deficiunt*) *conjunctim & copulativè requiruntur* , *&*
ad illas tam Religioni Pontificiæ , *quam Auguſtanæ Confeſſioni addicti* , *obli-*
gantur.
  Cothman Vol. I. Conf. 28. *per tot.* *Klock Tom. I. Conf.* 3. *num.* 33. *ſeqq. &*
  per tot.

  Et *poſito* , *nunquam tamen conceſſo* , que cet Accord ait été bon , il eſt
pourtant tombé de lui-mème , parce que dans la Maiſon Ducale il n'y a
pas deux perſonnes éliſibles , & que ladite Maiſon y eſt contrevenue en
différentes occaſions; auſſi n'y a-t-on pas fait la moindre réflexion dans la
précédente élection d'un Coadjuteur & Evêque ; & bien loin que dans
aucune Capitulation d'Election on en ait ſonné mot , on y trouve au contraire clairement , que le *Chapitre* a pris de louables ſoins dans pluſieurs
Articles pour la conſervation de ſon ancien Droit de libre élection. Et
quant à la Clauſe que le dernier Evêque le Duc *Auguſte Fréderic* a ajoutée à la
Capitulation , *ſalvo Pacto cum Domo Holſato Gottorpienſi inito* , c'eſt une choſe
intolérable & une nullité manifeſte , dont le Parti contraire a tout lieu d'a-
voir honte plutôt que de s'en glorifier; *ſubſcribens enim non contradicere* , *ſed
conſentire ſubſcriptis cenſetur.*
  Per L. fin. §. 2. C. de Jure deliberandi.
  L 8. §. 15. ff. quibus modis pignus ſolv.
  Clauſulaque acceſſoria in fine poſita non refertur ad præcedentia , *quæ ſunt con-
traria* , *capienda igitur eſt interpretatio* , *ne incontinenti quis videatur ſe corrigere* ,
& ne clauſula ſit potentior ipſo Actu principali.
  Klock all. loco num. 195. 196. *&* 197.
  C'eſt auſſi pourquoi cette Clauſe ne ſe trouve pas dans la tranſcription de
ladite Capitulation , qui a été envoyée *ſub ſigillo Capituli* au Conſeil Aulique ,
pour obtenir l'inveſtiture de feu S. A. S. Mgr. l'Evêque , dans laquelle on
a eu grand ſoin d'ômettre ce paſſage.
  Outre cela , il paroît par le Recès de l'Aſſemblée Générale de l'année
1646. lequel les Miniſtres du Duc de *Sleswic-Holſtein* allèguent eux-mèmes
dans leurs Ecrits , ſans qu'il ſoit cependant encore prouvé *ex Protocollo Capituli* , que quoiqu'il ſe rapporte & ſe fonde ſur la Capitulation imparfaite du
Duc *Chrétien Albrecht* , & par conſéquent ſur l'Accord de l'année 1647. ce
même Accord a pourtant été regardé comme annullé ou comme de nulle
obligation ; parce qu'on a propoſé dans ladite Aſſemblée de poſtuler un
Prince Danois *ad Coadjutoratum* , ce qui n'auroit pu ſe faire *ſalvo & præſup-
poſito hoc Pacto* , comme les Miniſtres du Duc de Holſtein le prétendent préſentement.
  Par-là (*Ad II.*) les Réſolutions ou plutôt les Ecrits du Chapitre , fondez
ſur cette Baſe peu ſolide , tombent d'eux-mêmes , parce qu'ils ne ſauroient
être provenus qu'*ex errore & falſis præſuppoſitis* , de même que l'imaginaire *Jus*
quæſitum loco liberæ & Canonicæ electionis , qu'on appuye là-deſſus , & dont il
ne ſe trouve pas la moindre trace. En particulier ledit Recès du Chapitre
de l'année 1676. lequel le Miniſtère de *Sleswic-Holſtein* allégue , ſans le
                   prou-

AFFAI-
RES DE
DANNE-
MARCK
ET DE
SUEDE.
_____

prouver *ex Protocollo Capituli*, auquel les autres conclusions du Chapitre de 1682. & 1684. se rapportent, & sur quoi le prétendu Droit de la Maison Ducale de *Sleswic-Holstein ad Coadjutoratum Episcopatus Lubecensis* doit être fondé, se référe à la Capitulation imparfaite du feu Duc *Chrétien Albrecht*, & celle-ci, comme il a été dit ci-dessus, *ad Pactum de Anno* 1647. & ainsi tout est fondé sur un rien, *Referens enim regulatur secundum naturam relati, id est, Pacto nullo, nullum datur consequens.* Sur-tout parce que l'Assemblée où de telles conclusions ou Ecrits ont été dressez, n'a pas été convoquée *ad eligendum Coadjutorem*, (ce qui est un point essentiel d'une élection) & parce que les absens n'ont pas envoyé leurs suffrages; *ad prætensa enim conclusa unius contemtus totum Actum facit nullum.*

> *Cap. bonæ Memoriæ* 36. *de Electione & Electi potest.*

Aussi ceux qui ont élu S. A. S. Mgr. l'*Administrateur* avouent eux-mêmes suffisamment, que les *Conclusa* dont on fait tant de bruit, sont *Actus imperfecti*, puisqu'il y manque *denominatio Individui*, qui est le principal point dans chaque Election. *Imperfectorum autem nulla est obligatio.*

Ad III.
Rescrip-
tum Cæ-
sareum
de Anno
1700.
die 28.
Julii.

Il en est de même (*Ad III.*) du *Rescriptum Cassatorium Cassatorii* accordé *per falsissima narrata* le 28. Juillet 1700. lequel se rapporte sur lesdites Conclusions du Chapitre, & par conséquent *ad Pactum de Anno* 1647. *& nihilum*, comme cela a été suffisamment démontré dans le très humble Mémoire que les Electeurs de S. A. le Prince *Charles* ont présenté le 10. Juin 1701. à S. M. I. *pro clementissima Confirmatione*, étant une chose rare, extraordinaire & digne de réflexion, que le Référendaire du Conseil Aulique ait tout à coup changé de sentiment dans ledit Rescrit, diamétralement contraire à ce qui se trouve dans les *Ante-Actis* & dans quantité de précédens Rescrits, qui ont pareillement passé par ses mains & dont il a eu l'expédition. Aussi ledit *Rescriptum Cassatorium Cassatorii* n'a-t-il été produit que huit mois après qu'il fut émané, lorsque les Chanoines du parti contraire jugérent la conjoncture favorable par la mort de Mr. le *Doyen Rantzow*, qui étoit au fait des affaires, & dans le tems que le *Directorium ad interim* avoit été conféré à feu Mr. le *Senior, Ludovicus Pintzier*; outre que ledit Rescrit est rempli *de formulis loquendi & clausulis* tout-à-fait inusitées. *Ex his autem quæ præter morem fiunt, aut ex insolito quodam Actu, fraus & dolus præsumitur.*

Ad IV.
Pacem
Traven-
dalens.
& Alto-
naviens.
& Re-
cessum
Glucksta-
diensem.

Après cela il suit (*Ad IV.*) dans la même malheureuse année pour la Couronne de *Dannemarck*, de 1700. la Paix de Travendahl. Mais l'Art VII. de ce Traité que le parti contraire fait, sans raison & sans nécessité, sonner si haut, ne lui est pas si avantageux qu'il prétend, parce que 1. cet Article ne contient rien de nouveau, mais se rapporte à la paix d'*Altena*, au *Recès de Gluckstadt* & enfin encore à l'Accord nul de 1647. Or le Ministère de *Holstein* s'est servi dans ce Recès, & dans ces Traités de Paix d'une subreption & obreption manifestes, & a proposé pour fondement de toute l'affaire comme un ouvrage permis & légitime, l'*Accord* nul, ou du moins annullé à présent, afin d'en obtenir de cette façon la confirmation, qu'il ne pouvoit pas avoir *in Foro competenti*, savoir dans le Conseil Aulique; quoique ledit *Recès* & les Traités de Paix, quand même ils auroient pu prétendre à ladite

ladite confirmation (*quod constantissime negatur*) ne pouvoit confirmer, pro- AFFAImettre & affermir plus de Droit à la Maison Ducale de *Sleswic-Holstein*, RES DE
qu'elle n'avoit *ex ipso Pacto, quod nullum est*; *si enim principale non tenet, nec* DANNE
accessorium, quod ex eo, vel ob id dignoscitur, sequitur; *quia, ubi causa non est* MARCK
efficax causatum non efficax erit; *confirmans etiam nihil novi dat, sed vetera Ju-* ET DE
ra solummodo confirmat. Nec quicquam operatur confirmatio circa id, quod nul- SUEDE.
lum, ab initio inutile est: sicuti non Entis nullæ sunt qualitates, & paria sunt
non esse omninò, vel minus ritè esse factum

Outre cela (2.) la Paix de Travendahl & d'Altona, de même que le
Recès de Gluckstadt, sont par rapport à S. A. le Prince *Charles*, & l'Evêché de Lubeck, comme un Etat libre & immédiat de l'Empire, ni l'un ni
l'autre n'ayant été ni *causa* ni *pars belli*, selon le propre aveu souvent réïtéré du Parti contraire, *res inter alios actæ*, qui ne peuvent leur porter aucun préjudice.

Sur-tout (3.) parce qu'ils n'ont pas été présens à ces Traités de Paix &
Recès respectifs, ni n'ont même été écoutez avec leurs prétentions sur le
droit passif au actif d'Election.

Actus autem ipso jure est nullus, qui, inauditis quos causa contingit, celebratur,
& tantum inter præsentes tenet, nec cuiquam invito jus suum auferri potest, sicu-
ti obligatio nulla est sine consensu ejus qui obligari debet.

La *Paix de Travendahl* (4.) n'est non plus que celle d'*Altona*, & le *Recès*
de Gluckstadt, locus aut judicium competens, pour rétablir la validité de l'Accord
de 1647. entièrement désapprouvé par la Paix da Westphalie, & tant de
Decrets du Conseil Aulique, & cassé & annullé en effet; mais la principale
question est, *an hoc Pactum valeat nec ne?* Le Parti contraire cherche à éviter cette matiére & ne veut pas entrer en discussion de ce point, qui, sans
contredit, étant notoirement une affaire de l'Empire, doit être décidé par
le Conseil Aulique.

Et comment (5.) une Paix particuliére, comme celle de *Travendahl* & d'*Al-*
tona, ou bien un Recès tout-à-fait particulier, comme celui de *Gluckstadt*,
peuvent-ils renverser & annuller le Traité général de la Paix de Westphalie, qui est *Lex fundamentalis Imperii*, établie non-seulement *consensu Impe-*
ratoris sed omnium Statuum Imperii? Sur ce pied-là toutes les Constitutions &
Ordonnances de l'Empire, de même que les Etats les moins puissans, pourroient être renversez avec la même facilité *via facti*, par des Alliances &
des Recès particuliers, *cum summo contemptu Imperatoris, totiusque Imperii*, quand
on ne pourroit pas parvenir à son but *viâ Juris*; *Unum autem quodque eodem*
modo solvi debet quo ligatum, Prætorque ita demum se Pacta servaturum pollice-
tur, si neque dolo malo, neque adversus Leges, Plebiscita, Consulta, Edicta Prin-
cipum, neque quo fraus alicui eorum fiat, facta sunt, unde Statibus Imperii non
competit contra Pacem publicam, imprimis transactionem Pacis Westphalicæ,
fœdera facere.

Art. 8. §. Gaudeant. Instr. Pac. Osnabr.

C'est pourquoi (6.) non-seulement les Ministres Impériaux à la Paix d'*Al-*
tona ont avec raison & droit protesté solemnellement, en date du 21. Fé

Tome XIV.   X   vrier,

AFFAI-
RES DE
DANNE-
MARCK
ET DE
SUEDE.

vrier, & du 2. Mars 1688. contre l'Article touchant l'élection de l'Evêque de Lubeck, & l'Accord de 1647. fur quoi les Miniftres du Duc de *Holftein* infiftérent fort, les Impériaux déclarant que comme cet Article étoit contraire au Texte exprès des Traités de Paix d'*Ofnabrug*, & de *Munfter Art.* §. 17. *Poftulati vero.* auffi-bien qu'à plufieurs Decrets & Ordonnances Impériales qui étoient déja émanées fur cette affaire, ils le regardoient *pro non inferto*, & comme un objet fur quoi il ne falloit traiter ni à la Paix d'*Altona*, ni nulle part ailleurs, dans le deffein d'arrêter ou d'empêcher par-là l'Election d'un *Coadjuteur* de l'Evêque, & que ledit Article devoit tout-à-fait être féparé & diftingué des autres; mais la plûpart des Chanoines de l'Evêché de *Lubeck* eurent auffi foin, dès que l'Article VIII. de la Paix de *Travendahl* parvint à leur connoiffance, d'employer tous les dus moyens pour s'y oppofer. Pour quelle fin ils mirent cette affaire fouvent en mûre délibération dans leurs affemblées du Chapitre, & réfolurent enfin unanimement de s'addreffer par une Requête à S. M. Impériale, *pro falvandis juribus Capituli & fuffragio libero.* Sur ces entrefaites Mr. le *Doyen Rantzow* vint à mourir, & le *Directorium* auffi-bien que les Seaux du Chapitre tombérent entre les mains du plus ancien, qui fut Mr. *Louïs Pintzier.* Celui-ci retint *de facto* l'expédition fouvent réfolue *per Majora*, & par l'affiftance d'un nombre de parens qu'il avoit parmi les Chanoines, & du Syndic & Secrétaire, il trouva moyen de fupprimer tout-à-fait cette Réfolution, puifque fon fils & fon beau-fils Mrs. *Wedderkop* & *Pintzier* Baron de Königftein, tous deux Chanoines de *Lubeck*, avoient conclu & figné la Paix de *Travendahl* comme Confeillers Privez du Duc de *Sleswic-Holftein.* Mais nonobftant cela ladite Requête fut fignée le 5. de Mars 1701. de la plûpart des Chanoines, & expédiée à S. M. Impériale; de forte que les *jura Capituli pro libera electione*, ont été fuffifamment réfervez dans les deux Traités de Paix.

Il eft vrai (7.) que Sa Majefté, pour l'amour de la paix & de la tranquilité a confenti, qu'aux inftances des Miniftres de *Sleswic-Holftein* il fut inféré très-*inconvenienter* dans l'Art. VII. du Traité de *Travendahl*, que quant à l'Accord de 1647. Elle s'en tiendroit au Recès de Gluckftadt de 1667. & aux promeffes qui y avoient été faites, fans permettre qu'on y contrevint ni directement ni indirectement; mais qui ne voit que cela doit s'entendre *de proprio non autem alieno facto*, par où S. M. n'eft point obligée, ni ne prétend l'être fuivant fa haute équité & fa juftice renommée, à priver le bon Evêché de Lubeck de fon ancien droit d'élection, ni à retenir le Chapitre d'élire S. A. fon frere in *Coadjutorem & Epifcopum*, ou a empêcher S. A. d'accepter la dignité Epifcopale qu'on lui offroit; *Quia promiffio facti alieni, quod in promittentis poteftate non eft, nihil valet, nec alteri per alterum iniqua conditio inferri debet, jufque tertii femper in omni actu cenfetur effe refervatum.*

Bien loin de là (8.) Sa Majefté ne s'eft engagée par l'Art. VIII. de la Paix de *Travendahl*, qu'à laiffer ledit *Pactum* dans fa validité ou invalidité: de ne rien entreprendre *de facto*, ni directement ni indirectement qui pût y être contraire, mais d'attendre là-deffus tranquilement la Décifion du Confeil

AFFAI-
RES DE
DANNE-
MARCK
ET DE
SUEDE.

feil Aulique, comme de *judicio competenti*, où le Parti oppofé avoit lui-même porté cette affaire depuis plufieurs années, & à qui elle appartient auffi inconteftablement. *Actus enim judicatur à principali intentione agentis; unde femper infpiciendum, quid actum, ne actus contra voluntatem agentis fuftineatur. Præfertim cum Pactum, quod alteri jus fuum fine facto fuo aufert, odiofum fit, & potius reftringendum, quam extendendum; Inftrumentum quoque eft ftricti juris, cujus interpretatio ex ejus verbis defumenda; quod igitur illis non continetur, hoc pro omiffo haberi & in præjudicium tertii iniqua interpretatione extendi non debet, nec actum inter partes creditur, quod Inftrumento omiffum eft.*

De forte que c'eft (9.) le Miniftère de Holftein qui a cherché *callidè* par l'Art. VIII. inféré *inconvenienter* dans la Paix de *Travendahl*, de priver le bon Evêché de *Lubeck de facto* de fon ancien droit d'Election, & d'étendre le nombre des fix Princes nommez dans l'Accord invalide à 6. *Générations*, n'y ayant pas pu parvenir, malgré tout le mouvement qu'il s'eft donné, tant avant qu'après la Paix de *Travendahl*, via *Juris in Foro competenti*, qui eft le Confeil Aulique; *cum tamen malitiis hominum non fit indulgendum, nec decipientibus, fed deceptis Jura opitulentur.*

Cette affaire (10.) n'a pas été laiffée dans le même état, ni traitée fur le même pied que *tempore Receffûs Gluckftadienfis, Pacis Altonavienfis & Travendalenfis*, puifque ni S. M. ni S. A. ni le Chapitre n'ont renoncé par l'Art VIII. du Traité de *Travendahl*, au procès qui pendoit déja au Confeil Aulique fur le fufdit Accord, où les Miniftres du Duc de Holftein l'ont pouffé eux-mêmes, tant avant qu'après la Paix de *Travendahl*, jufqu'à ce qu'on en eft venu aux fuffrages même dans l'affaire principale, ce qui leur fit connoître qu'ils n'y pourroient pas réuffir *via Juris*. Si la pluralité des voix avoit été pour eux, la chofe auroit certainement refté-là, & l'exception *incompetentiæ Fori* n'auroit pas été alléguée, du moins on n'y auroit pas infifté; mais fe voyant fruftrez de leur attente au fujet de cette pluralité, il faut, felon eux, que le Confeil Aulique ne foit plus *Forum & Judicium competens* : que la queftion ne foit pas, *quid Juris circa validitatem Pacti de anno* 1647. & *quorumdam Concluforum five Litterarum Capituli*; & que l'affaire foit décidée par les Garants de la Paix de *Travendahl*.

L'Article VIII. du Traité de *Travendahl* (11.) de même que le *Recès de Gluckftadt*, (par lequel la Maifon Ducale de *Sleswic-Holftein* s'eft obligée d'effectuer auprès du Chapitre, que quelque tems après l'Accord de 1647. il fixât fes élections aux Maifons Royales & Ducales de *Sleswic-Holftein*, & avançât alternativement à l'Evêché un des defcendans de S. M. & de S. A.) font une contravention manifefte audit Accord, où la Maifon Ducale a promis folemnellement, *fub claufula annulatoria & caffatoria his verbis* : De vouloir veiller pour chacune des prérogatives, libertés & droits du Chapitre, & détourner tout changement vifible & préjudiciable à (NB.) l'ancien droit d'élection du Chapitre, auffi-bien que toute autre nouveauté. Quand donc bien même la prétention de la Maifon Ducale de *Sleswic-Holftein*, pourroit fubfifter fur ce fondement dans le Droit, *id quod nunquam conceditur* : & quand même il n'y auroit point de *claufula annulatoria in hunc cafum*

ajou-

AFFAI-
RES DE
DANNE-
MARCK
ET DE
SUEDE.

ajoutée, ladite Maiſon a pourtant par cet acte de contravention deſiſté du droit qui lui compétoit en quelque façon *ex Pacto*, & y a ſuffiſamment rénoncé.

Per Cap. cum acceſſiſſent 8. *de Conſtitutionibus*, Gail. Lib. 2. Obſ. 60. *num.* 10.

Cum contraveniens Actui ex eo non juvari, nec auxilium eo jure, in quod committit, impetrare poſſit.

De ſorte que (12.) *ceſſante obligatione principali ex Pacto*, Art. 2. *Receſſûs Gluckſtadienſis, & Art.* 8. *Pacis Travendahl. obligatio acceſſoria ex fidejuſſione & guarantia dictæ Pacis*, doit néceſſairement ceſſer auſſi & ne point trouver lieu.

Per L. cum Lex venditionibus 46. *ff. de fidejuſſoribus, L. ſi Mulier* 16. §. 1. *ff. ad Sc. Vellej. L. ſed ſi Pater* 9. *ff. de V. V. Hering Cap.* 10. *n.* 14. *uſque ad* 59. *Goedd. Conf. Marp.* 24. *num.* 129.

Enfin (13.) S. M. Impériale n'a pu ſe charger de la garantie de l'Art. VIII. de la Paix de *Travendahl*, ni par conféquent du *Recès de Gluckſtadt* & de l'Accord de l'année 1647. parce qu'ils ſont directement contraires aux diſpoſitions expreſſes des Traités d'*Oſnabrug* & de *Munſter*, comme le Conſeil Aulique l'a avoué depuis long-tems dans pluſieurs Decrets & Reſcrits, de même que les Miniſtres Impériaux à la Paix d'*Altona* dans leur Proteſtation, en date du 21. Février, & du 2. Mars 1688. Et ſi S. M. Impériale y a été induite *per inſignes ſub & obreptiones* du Miniſtère de Holſtein, cette garantie ne peut du moins avoir aucun effet *quoad hunc Articulum octavum*, puiſque l'Empereur *Léopold* I. de glorieuſe Mémoire, auſſi-bien que S. M. l'Empereur Régnant, ont très-gracieuſement promis dans leurs Capitulations, comme il paroît dans le commencement §. 1. 2. 3. *item* §. 37. *Capitulat. Joſephi I. Imperatoris, &* §. 38. *Capitulat. Leopoldi I. Imperatoris*, de vouloir comme Suprêmes Avocats & Protecteurs de tous les Evêchés de l'Empire, les maintenir & conſerver, de même que tous les autres Etats de l'Empire, dans tous leurs droits, prérogatives & immunités, ſans aucune infraction ou empêchement, & n'accorder, ni permettre qu'il ſoit accordé à perſonne rien qui pût y être contraire; mais en cas qu'il arrivât par *ſub & obreption* quelque choſe contre les Conſtitutions de l'Empire & *contra Jus tertii*, & avant que celui-ci fût écouté, de le caſſer & annuller, & de maintenir (NB.) inviolablement les Traités de Paix de *Munſter* & d'*Oſnabrug*, ſans y contrevenir en aucune maniére, ni permettre qu'il y ſoit contrevenu par d'autres.

Ad V. Denominatio Individui, Anno 1701. die 12. Maii.

Le cinquième argument du Parti contraire n'eſt pas mieux fondé. On y prône l'ainſi nommée *Denominatio Individui*, ou l'Election de S. A. Mgr. l'*Adminiſtrateur de Holſtein*, qui a été entrepriſe le 12. Mai 1701. d'une maniére tout-à-fait irréguliére & illégitime, & que le Conſeiller de la Cour Docteur *Fortſch* a dit *præpoſtere* & erronément ſur la Place de Château d'*Euthin*, avoir été déclarée pas S. M. Impériale *in anteceſſum, pro libera & Canonica Electione.* De ſorte que l'Election ſeroit renfermée *in Capituli Concluſis ſive Litteris*. Or dans les Actes, & *Ad II. irritum fundamentum*, il a été ſuffiſamment

ment prouvé, qu'il ne s'eft point fait de véritable Election, mais feulement quelques *Actus imperfecti*, vû qu'il ne peut y avoir d'Election *fine denominatione Individui*. Et combien de nullités & d'abfurdités ne découvre-t-on pas dans l'ainfi nommé *Denominatio Individui*, ou l'Election du 12. Mai 1701. tant *ratione Prœliminarium*, l'entreprife & la convocation, que *ratione ipfius actûs*, par rapport à ceux qui ont donné leur voix au Sujet qu'on prétend avoir été élu, à la maniére d'élire, à la confirmation & exécution: outre qu'il en naît *abfurdum abfurdiffimum*, qui eft que *Minor pars Capituli* peut nommer & établir *de facto* un Coadjuteur & Evêque, & forcer *Majorem partem contradicentum & proteftantem* à l'accepter; ou bien que *Major pars Capitularium*, *inverfo ordine*, feroit obligée d'approuver ce que *Minor pars eorum* pourroit conclure? On peut voir tout cela plus amplement détaillé dans le très-humble Mémoire que ceux qui ont élu S. A. le Prince *Charles* ont préfenté le 10. Juin 1701. *ad Imperatorem*, *pro clementiffima confirmatione*, dans le Contre-Rapport des mêmes Electeurs fur la Lettre de S. A. en date d'*Euthin* le 26. Juin 1701. & dans le Mémoire de S. A. même préfenté à. S. M. Impériale dans fon Confeil Aulique le 15. Décembre 1701. *pro clementiffima confirmatione*.

Pour ce qui regarde le Decret Impérial du 3. Juin 1702. à Mr. le Baron *Görtz*, émané du Confeil Privé, où S. M. Impériale doit avoir défifté de fa décifion, & promis de s'en tenir à la Paix de *Travendahl*, & l'Ordonnance publiée par le Confeil Aulique du 28. Juillet 1700. cela ne peut non plus que le précédent fubfifter felon le Droit.

Parce que (1.) ledit Decret a été levé *in Judicio incompetenti*, le Confeil Privé ne pouvant pas s'attirer les affaires de l'Empire qui appartiennent au Confeil Aulique, ni s'en mêler, ou contrecarer en aucune façon ce Tribunal, bien loin de l'empêcher ou de lui lier les mains par des Ordonnances, ou (NB.) des Decrets, par où les affaires conclues feroient embrouillées; mais ce qui a été réfolu dans le Confeil Aulique *in Judicio contradictorio*, *cum debita eaufæ cognitione*, refte terminé.

Capitul. Imperat. Leopoldi I. §. 42.
Capitul. Imperat. Jofephi I. §. 41.

Le Texte même du Decret du Confeil Privé prouve (2.) fuffifamment, que ce n'eft pas ledit Confeil, mais la Cour Aulique qui eft *Judicium competens* dans cette affaire, & qu'il n'y a rien de décidé définitivement, ayant feulement donné des affûrances à Mr. le Baron *Görtz*, qu'on avoit fait à S. M. Impériale un rapport favorable pour S. A. S. Mgr. le Duc de *Sleswic-Holftein*, & qu'on en alloit (NB.) à l'avenir donner connoiffance au Confeil Aulique.

Ce qui (3.) n'eft pourtant pas arrivé; mais comme ledit Decret eft directement contraire au contenu de la Capitulation Impériale, & que S. M. Impériale s'eft réfervée à elle-même *contrario actu* la décifion de cette affaire dans les Refcrits du 10. Juillet & 18. Septembre à S. A. S. Mgr. l'Evêque, & que dans un autre Refcrit à Mr. le Comte d'*Eck*, en date du 18. Septembre de la même année, Elle a trouvé mauvais qu'il eût été écrit de

Marginal notes:
AFFAI-
RES DE
DANNE-
MARCK
ET DE
SUEDE.

Ad VT.
Decret.
Cæfar.
de Anno
1702.
die 3.
Junii.

Vien-

AFFAI-
RES DE
DANNE-
MARCK
ET DE
SUEDE.

Vienne, qu'Elle avoit promis par son Conseil Privé de vouloir confirmer la Coadjutorerie en faveur de la Maison de *Gottorp*, ledit Decret a été par-là, apparemment après un rapport plus juste, entiérement annullé & cassé; *Mutatio enim voluntatis ex Actu contrario præsumitur.*

Ce Decret du Conseil Privé (4.) a été donné *sine debita Causæ cognitione & sine Actis*, qui étoient encore long-tems après dans le Conseil Aulique, pour servir à dresser d'autres Rescrits Impériaux à S. A. S. Mgr. l'Evêque & à Mr. le Comte d'*Eck*, *Juris ordine debita consuetudine*, *& Constitutionibus Imperii non observatis*; par conséquent il est *ipso Jure* nul.

Per L. Judices oportet 9. C. de Judiciis ibique Brumen.

Sur-tout ayant été dressé (5.) sur le rapport manifestement faux du Rescrit de la Cour Aulique en date du 28. Juillet 1700. & l'Art VIII. du Traité de *Travendahl*, & sur les *insignes sub & obreptiones* dont les Ministres du Duc de *Holstein* se sont servis dans cette occasion. Il faut donc à l'égard de tout cela supposer la Clause, *si preces veritate nitantur & salvo jure tertii*: & le peu de fondement dudit Rescrit, aussi-bien que de l'Art. VIII. de la Paix de *Travendahl*, a déja été suffisamment prouvé & déduit *ad irritum fundamentum adversæ Partis III. & IV.* de même que dans les très-humbles Mémoires ci-dessus mentionnez, lesquels S. A. le Prince *Charles*, & ceux qui l'ont élu ont présenté à S. M. Impériale dans son Conseil Aulique en 1701. *pro clementissima confirmatione.*

*Ad VII.
Appre-
hensio-
nem Pos-
sessionis
Episco-
patûs
Lube-
cens.
post obi-
tum Se-
reniss.
Episcop.
Anno
1705.
die 2.
Octobris.*

Quant (*Ad VII.*) à la possession violemment & injustement prise, après la mort du feu Sérénissime Evêque, par S. A. S. Mgr. l'Administrateur *Chrétien Auguste*, *manu militari*, *propria authoritate*, *ante Confirmationem & Decisionem Imperatoris*, *tanquam in Ecclesiis August. Confess. addictis superioris*, tant s'en faut qu'il en puisse tirer aucun avantage, qu'il perd plutôt par-là toute prétention & droit à l'Evêché, supposé qu'il en eût eu, ou qu'on pût prouver *ex prædictis irritis fundamentis* que tout s'étoit passé dans les formes avec sa nomination & Election à la Coadjutorerie. Tous les Droits Ecclésiastiques & Civil annullent un tel procédé directement contraire aux Constitutions de l'Empire. Le Droit Canon dit (1.) en termes exprès, *quod ille, qui post Electionem, ante Confirmationem administrat, ipso jure privetur, quod illi per Electionem quæsitum fuerat.*

Cap. Avaritiæ 5. de Electione in 6.

Et qui vi & injustè dignitatem & beneficium occupat, eo ipso jus, quod illi forsitan in Dignitatibus & Beneficiis occupatis aliàs competebat, amittet; non enim decet, quod invasor eo qui juste ingreditur, Privilegio gaudeat potiori.

Cap. 17. de Præbendis & Dignitatibus in 6.

Sed ad dimittenda propria authoritate occupata beneficia compelli, & debita animadversione puniri debet.

Cap. ad aures 3. de excessibus Prælatorum.

Quia intrusus est, qui possessionem ingreditur propria authoritate.

Rebuff. prax. Benef. pag. m. 164.

Le Droit Civil exige pareillement (2.) *quod vi invadens, vel occupans privetur jure suo.*

Per

Per L. exstat. 13. ff. quod metus causa. L. si quis in tantum 7. C. Vndevi.
Nec Prætor violentam possessionem defendit.
  Per L. Prætor. 1. ff. Quod vi aut clam.
  Unde possessio ab initio vitiosa Juris effectum operari non debet, cum ex malo
principio legitima causa non inferatur.
  Klock Relat. 110. num. 20. & 21.
Quique sibi ipsi jus dicendo, jus dicentis authoritatem, quam implorare debue-
rat, neglexit, indignus est, ut Legis aut Magistratûs opem sentiat.
  Per L. Auxilium 37. in fin ff. de Minorib.
  Carpz. Part. 4. Const. 46. def. 10. num. 13.

AFFAI-
RES DE
DANNE-
MARCK
ET DE
SUEDE.

Or (3.) la décision sur cette double nomination & Election faite le 12. &
13. Mai 1701. laquelle, comme sur une affaire manifeste de l'Empire, appartient incontestablement au Conseil Aulique, n'est pas encore arrivée, vû
que S. M. l'Empereur *Léopold I.* de glorieuse Mémoire, a non-seulement déclaré par des Rescrits du 4. Août 1701. à S. M. le Roi de Dannemarck, &
sous la même date, comme ensuite aussi du 13. Sept. *ejusd. Anni* au Sérénissime
Evêque alors encore vivant, qu'Elle feroit communiquer les Ecrits présentez sur cette affaire de part & d'autre, & décider selon le Droit sur les différends qui s'étoient élevez à cette occasion, en exhortant les deux Hautes Parties d'attendre tranquilement cette décision; mais S. M. I. s'est aussi
depuis expressément réservée sa décision dans les Rescrits du 20. Février,
10. Juillet & 18. Septembre à S. A. S. le défunt Evêque, prenant en fort
mauvaise part qu'on eût écrit de *Vienne*, qu'Elle avoit promis dans
son Conseil Privé de vouloir confirmer la Coadjutorerie en faveur de la Maison Ducale de *Gottorp.*

De plus, S. M. I. de glorieuse Mémoire a remis au Conseil Aulique tous
les Ecrits & Mémoires qui lui avoient été présentez *extra judicialiter*; & la
Maison de Gottorp avec ses Ministres & Chanoines, après avoir agi devant
ce Haut Tribunal par leurs Agents, tant avant qu'après la Paix de Travendahl, témoin le Protocole du Conseil Aulique, n'auroit pas cherché à renverser tout ce qui y avoit été prononcé, par son exception *incompetentiæ*
Fori, post Festum, & après que l'affaire y étoit déja pendante, si le Référendaire par son Rescrit impardonnable du 28. Juillet 1700. & l'Art VIII. de
la Paix de Travendahl, y avoit pu réussir. Et comment le Conseil Aulique auroit-il pu accepter les Ecrits délivrez sur cette affaire, donner des
Résolutions, & en faire rapport à S. M. s'il avoit été *Judicium incompetens*
& si l'affaire n'y avoit pas été pendante? *Probatio autem litis pendentiæ,*
tanto expeditior & facilior est, quod ea per solam citationem inducatur, nec litis
contestatio requiratur.
  Regn. Sixtin. 2. Vol. 2. Consf. Marp. 18. num. 71.
  Judex enim ex officio incompetentiam Fori tam in decidendis quam in decernendis
processibus attendere.
  Gail. Lib. I. Obsf. 42. num. 8. 9.
  Et ubi semel, & quidem prius, lis cœpta est ibi finire debet.
  Per L. 30. ff. de Judiciis.

Indè

AFFAI-
RES DE
DANNE-
MARCK
ET DE
SUÈDE.

Indè lite pendente, nihil innovandum vel attentandum.

 Regn. Sixtin. cit. loco num. 78.

 Blum. Proceſſ. Cam. tit. 53. *num.* 10. 11.

Poſſeſſionem etiam, lite pendente, capere, utique attentatum eſt.

 Klock Relat. 34. *num.* 37.

Nec dici poteſt, nihil actum eſſe in præjudicium partis, cui poſſeſſio, pendente lite, eſt exorta, quin & jus contemptum & ſpreta Judicis authoritas, in quibus tribus extremis, vitium attentatorum conſiſtit.

 Klock ibidem num. 43.

Judex igitur attentata ante omnia, imò parte non petente, ex officio revocare poteſt.

 Gail. Lib. I. *Obſ.* 148. *num.* 1. 6. 7. & 11.

 Et (4.) c'eſt du Droit Coutumier de l'Evêché de Lubeck, qu'après la mort de chaque Evêque, l'Adminiſtration & les Revenus de l'Evêché ſoient laiſſez au Chapitre *in ſolatium & ſupplementum* de ſes Revenus chétifs, & pour la plûpart perdus *Tempore Reformationis Religionis*, ce qui s'eſt fait quelquefois pour une année & demie, pour deux, & même pour trois ans, quand même il y a eu un Coadjuteur légitimement élu *vivente Epiſcopo cum ſpe futuræ Succeſſionis*; ce qui ſe trouve dans la Capitulation du Duc *Jean George* du 5. Novembre 1640. dans la Capitulation du Duc *Chrétien Albrecht*, du 2. Août 1655. & dans celle du dernier Evêque le Duc Auguſte Frédéric de l'année 1659. dans le mois de Juillet.

 Et S. M. I. *Léopold I.* de glorieuſe Mémoire a très-gracieuſement approuvé & confirmé cet ancien uſage dans les Inveſtitures, avant leſquelles le Chapitre a été obligé d'envoyer toujours la Capitulation faite avec le nouvel Elu. Lorſque dans l'année 1701. il arriva le 12. & 13. Mai la double Election à la Coadjutorerie, les deux Elus conſentirent également dans leurs Capitulations à ce droit fondé dans les précédentes Capitulations, touchant l'Adminiſtration & la jouïſſance des Revenus de tout l'Evêché. Les Miniſtres & Officiers de l'Evêque ont auſſi du vivant de feu S. A. S. promis *eventualiter* par ſerment au Chapitre, de vouloir exactement obſerver la Capitulation. Outre cela l'Adminiſtration & la Poſſeſſion du Chapitre appartiennent d'autant plus indiſputablement & d'elles-mêmes au Chapitre, puiſque *Lis, ratione Coadjutoriæ, in Judicio Aulico adhuc notorie pendens*, doit faire regarder le Siège Epiſcopal *uſque ad deciſionem Imperatoriam pro vacante.*

 Nonobſtant tout cela, S. A. S. Mgr. l'Adminiſtrateur *Chrétien Auguſte* a d'abord après la mort du dernier Séréniſſime Evêque, arrivée le 2. Octobre de cette année, & avant même que cette triſte nouvelle fût connue à tous les Chanoines, fait prendre poſſeſſion *de facto* par une Compagnie de Grenadiers du Château d'*Euthin* & de tout l'Evêché, privant ainſi *armata manu* le Chapitre de l'Adminiſtration.

 Venons préſentement (*Ad VIII.*) au Chapitre tenu le 6. Octobre de cette année, & à ce qui y a été réſolu d'une maniére intolérable, *reclamante & proteſtante majore parte Capitularium*, par la pluralité qui ſe trouva alors

                 in

in Conventu particulari, où l'on avoit convoqué tout-à-fait *callidè* les Chanoines qu'on favoit être pour la reconnoiffance & l'introduction de S. A. Mgr.
l'Adminiſtrateur comme Evêque. (1.) Il a déja été fuffifamment prouvé
ad præced. irrit. fundamentum, num. 4. & il eſt outre cela généralement notoire, que l'affaire de la Coadjutorerie, & par conféquent auſſi de la Succeſſion
Epifcopale eſt pendante devant le Confeil Aulique, & que S. M. I. s'en eſt
réfervée *toties quoties* la décifion. Comment donc eſt-il poſſible qu'on ait pu,
fans bleſſer la Suprême Autorité de S. M. I. & fans commettre des attentats
impardonnables & très-puniſſables, *per Majora vel Minora*, dans une Aſ-
femblée particuliére, reconnoître S. A. S. Mgr. l'Adminiſtrateur *pro ritè*
& legitime electo Epifcopo, & confentir à fon introduction? D'autant plus
que (2.) fuivant l'ufage obfervé en tout tems dans l'Evêché de *Lubeck*, on
doit convoquer immédiatement après la mort de l'Evêque une Aſſemblée
générale, où le Coadjuteur ci-devant élu *ritè & legitimè cum fpe futuræ Suc-*
ceſſionis, doit être proclamé *pro Epifcopo*. Ce qu'on auroit bien du obferver après la mort du dernier Evêque, & ne pas procéder ſi précipitamment, puifqu'y ayant alors *Electio Coadjutoris dubia & indecifa*, ce qui
devoit faire regarder *Sedem pro vacante*, l'Adminiſtration appartenoit inconteſtablement au Chapitre, jufqu'à la décifion de S. M. I. Mais comme
dans le cas préfent Mr. le Doyen, avec les Chanoines du parti contraire, &
les Miniſtres du Duc *Sleswic-Holſtein*, ne trouvérent pas leur compte, *ex*
diffidentia caufæ, dans cette convocation d'une Aſſemblée générale, pouvant bien fe figurer que les trois Chanoines alors abſens, favoir, Mrs. *Fré-*
deric Chrétien Baron *de Kielmanſegk, Gafpar André d'Almendorff*, & *Fréderic*
de la Lippe, qui avoient élu S. A. le Prince *Charles*, & qui fe trouvoient
tous à portée, excepté Mr. de la Lippe, fe joindroient, comme il eſt auſſi
arrivé depuis, aux autres fept qui étoient pour ce Prince, & feroient ainſi
dans l'Aſſemblée générale une pluralité de 10. voix contre 8. Il falloit
donc que l'introduction fe fît *extraordinario modo* par les Grenadiers ; &
après que ceux-ci eurent commencé, continué & fini cet Acte, on forma
le 6. Octobre une Aſſemblée extraordinaire & particuliére, où par de certaines mefures prifes on pouvoit être aſſez fûr de la pluralité. C'eſt dans
ces vûes que Mr. le *Doyen* n'a pas communiqué aux plus anciens *res quam*
maximé arduas qui étoient fur le tapis, à quoi il étoit cependant obligé par
l'Art. 6. de fa Capitulation appuyée par ferment. Son but n'étoit en tout
ceci que de gagner, *ex improvifo*, quelque avantage fur ceux qui avoient élu
S. A. le Prince *Charles de Dannemarck*, & de colorer en quelque maniére
per Majora hujus Conventus l'ineffaçable *Vitium violentiæ* de l'injuſte prife de
poſſeſſion par les Grenadiers. C'eſt pour le même effet (3.) que l'Auteur
du Rapport abuſif du Parti contraire, compte les fuffrages d'une maniére
auſſi fauſſe que malicieufe, ne pouvant nier en bonne confcience, que les
ci-devant nommez fept Electeurs de S. A. n'ayent paru le 6. Octobre dans
le Chapitre & ne fe foient oppofés à l'entreprife irréguliére des autres huit ;
qua fronte & qua confcientia peut-il donc aſſûrer ſi hardiment, qu'il y a eu
de fon côté neuf, & de l'autre côté feulement cinq voix? Peut-être que (4.)

Tome XIV.   Y   ledit

AFFAI-
RES DE
DANNE-
MARCK
ET DE
SUEDE.

ledit Auteur veut compter le *Syndic Woltersdorff*, proche parent de *Pintzier*, parmi ceux de son parti, & prétendre par-là neuf suffrages. Mais tous les gens sensez & impartiaux qui ont la moindre connoissance des affaires d'un Chapitre, ne peuvent que trouver fort ridicule de vouloir compter parmi les voix décisives des Chanoines celle d'un Syndic & Ministre du Chapitre, sur-tout dans des affaires d'élection, lorsque les Chanoines sont en dispute & de différens sentimens. Aussi a-t-il été démontré & prouvé *ex Protocollis Capituli*, à la derniére Election d'un grand Prevôt, que le Syndic n'a aucun droit de donner sa voix: ce qu'on lui avoit déja fait entendre dès le commencement de son intrusion, puisque, comme tout le monde sait, il n'a été reçu que par le moindre nombre des Chanoines & par les parens de *Pintzier*, *contradicente majori parte Capitularium*; cependant on l'a pour l'amour de la paix toléré jusqu'a présent & on ne l'a point renvoyé du Chapitre, se contentant de protester toujours contre le droit de suffrage qu'il prétend s'arroger. Certes dans d'autres Chapitres on n'auroit pas eu tant de ménagemens pour lui, que dans celui-ci. De l'autre côté (5.) le mauvais Auteur du Rapport ne fait des sept voix incontestables qui ont été pour le Prince *Charles* que cinq, parmi lesquelles il ne compte pas celle de Mr. *Jean Adolphe* Baron de *Kielmansegk*, quoiqu'il ait insisté sur sa voix d'élection, & sur la résolution prise dans le précédent Chapitre du 3. Octobre, où l'on est convenu unanimement de protester contre toute autre élection: outre qu'il a provoqué à la Décision Impériale qu'on attendoit encore, réservant au Chapitre tous ses droits; ce qui est tout-à-fait incompatible avec le procédé du Parti contraire, & l'intention dudit. Baron de ne le pas approuver, paroît déja assez évidemment par-là, mais encore plus par sa signature de la protestation, contradiction & réservation réïtérées le 10. Octobre *coram duobus Notariis*, & du Mémoire présenté à S. M. Impériale. Quant à la septième voix incontestable, notre Auteur juge à propos de n'en dire mot, ne voyant apparemment point de moyen de l'éluder.

Et à quoi bon (6.) tous ces suffrages, & cette cérémonie affectée de reconnoissance & d'introduction? S. A. Mgr. l'Administrateur s'étoit déja déclaré & érigé lui-même par force, *pro Coadjutore & Episcopo*. Les Grenadiers avoient déja occupé le Château & les biens Episcopaux, avant que la mort du dernier Evêque fût seulement connue à tous les Chanoines. Mr. le *Doyen* ne trouva pas à propos de prendre possession du Château d'*Euthin*, *per Deputatos Capituli*, comme cela s'est toujours pratiqué en pareil cas, & il ne voulut même conseiller à personne de s'en mêler, pour ne point s'exposer; aussi ledit *Doyen* & les autres sept Chanoines de son parti, étoient-ils tous actuellement au service du Duc de *Sleswick-Holstein*, & ne vouloient ni n'osoient s'opposer aux desseins de S. A. S. Mgr. l'Administrateur, mais faisoient plutôt tous leurs efforts, conjointement avec le Syndic *Woltersdorff* & le Secrétaire *Pintzier*, tous deux proches parens de Mrs. *Wedderkop* & *Pintzier* Baron de *Konigstein*, Conseillers Privez de S. A. S. pour avancer ses vûes. Enfin, que le Chapitre consentît ou non, la chose étoit déja arrêtée, & la résolution prise long-tems avant que le Chapitre fût convoqué, que

S. A.

S. A. S. Mgr. l'Adminiftrateur fe mettroit en poffeffion de l'Evêché ; ce que les Chanoines de fon parti font eux-mêmes entendre affez clairement, & que toutes les circonftances prouvent d'une maniére convaincante. Tout le monde impartial, & fur-tout la Poftérité reconnoiffante, auffi-bien que chaque Lecteur qui n'eft pas préoccupé, verront donc aifément par-tout ce que ci-deffus, combien on a d'obligation à S. A. le Prince *Charles de Dan-nemarck*, & que le Chapitre, avec toute fa poftérité, ne fauroit jamais mar-quer affez de reconnoiffance à S. A. & à toute la Maifon Royale, de ce qu'il leur a plu très-gracieufement (pour ne point faire mention préfente-ment des tous les autres bienfaits répandus en grand nombre fur le Chapitre,) de fauver la Liberté agonifante de l'Evêché, & d'arrêter en toute maniére les intrigues, les machinations, les attentats impardonnables, & les nullités inouïes que le Miniftère de *Sleswick-Holftein* à mifes en œuvre avec tant d'application dès le commencement de cette affaire, & d'avoir bien voulu faire tant de frais par l'envoi de plufieurs Miniftres & autres expéditions, pour foutenir les Chanoines bien intentionnez, qui d'eux-mêmes fe trou-voient trop foibles pour porter leur bonne volonté à l'exécution. D'un autre côté on peut auffi juger par-là combien il fera difficile au Miniftres de *Holf-tein*, fur-tout à ceux qui font en même tems attachez par ferment au Cha-pitre, de juftifier un jour leur conduite impardonnable devant Dieu, Juge auffi clairvoyant que jufte, devant S. M. Impériale, devant toute la Terre, devant le Chapitre, & même devant leur propre Maître S. A. S. Mgr. l'Adminiftrateur, dont l'équité & la juftice font trop connues pour lui attri-buer ce procédé, qui pourroit facilement entraîner après lui, par l'inftiga-tion defdits Miniftres, ne leur reftant pas d'autre moyen pour redreffer leur mauvaife caufe, une funefte Guerre (ce que Dieu veuille détourner) dans les Quartiers voifins de la Baffe-Saxe, contre l'interêt de toute l'Europe en général, & de S. M. I. & du St. Empire en particulier; à moins que S. A. S. Mgr. l'Adminiftrateur, felon fa bonté & douceur naturelles, ne prenne d'elle-même un meilleur parti, & n'accepte les moyens propofez jufqu'ici inutilement, & qui ne portent préjudice à perfonne, favoir de laiffer au Chapitre la libre Adminiftration de l'Evêché, ou du moins de l'en laiffer conjointement en poffeffion, jufqu'à ce que le point de la Coadjutorerie foit terminé par la voye ordinaire de la Juftice, & que la Décifion de S. M. I. foit arrivée. Car S. A. le Prince *Charles*, après avoir inutilement cherché tous les moyens d'accommodement, s'eft enfin vue indifpenfablement for-cée, uniquement pour redreffer le préjudice & tort intolérable qui lui a été caufé par l'injufte prife de poffeffion de S. A. S. Mgr. l'Adminiftrateur, de fuivre l'exemple du Parti contraire, & de prendre *Jure naturalis & legitimæ defenfisnis*, le 30. & 31. Décembre pareillement poffeffion de l'Evêché, en faifant ouvrir par force le chemin au Château d'*Euthin*, vû que le Capitaine du Séréniffime Adminiftrateur, *Nummerfen*, qui étoit dans le Château, refufoit de le faire de bonne grace, mais fit tirer par trois fois, & la derniére fois par une décharge générale fur les Troupes avançantes de S. A. par où il fit le commencement des hoftilités. Nonobftant cela S. A. fe fiant entière-ment

ment

AFFAI-
RES DE
DANNE-
MARCK
ET DE
SUEDE.

ment en fa jufte caufe, eft toujours prête, par un fincère amour pour le
Bien commun, & dans l'efpérance que du côté du Séréniffime Adminiftrateur on en fera autant, de fe retirer de fa poffeffion, pour la confervation
des bons Habitans & Sujets de l'Evêché, & de laiffer non-feulement l'entiére Adminiftration au Chapitre, mais auffi le libre cours à la Juftice, ou
bien d'accorder que jufqu'à la Décifion Impériale, il refte pareil nombre
d'Officiers & Soldats du Séréniffime Adminiftrateur, & des fiens dans
la poffeffion du Château & de tout l'Evêché: ce qui a été réïtérément offert
audit Capitaine & encore en dernier lieu à fon depart; mais en cas que
contre toute attente le Parti contraire ne veuille pas aquiefcer à ces propofitions raifonnables, & continue de fe fervir des voyes de fait, S. M. I.
non plus qu'aucune autre Puiffance ne pourra pas trouver à redire, fi S.
A. le Prince *Charles*, par l'affiftance de S. M. le Roi fon frere, dont l'autorité fe trouve pareillement lezée dans cette affaire, employe les moyens de
défenfe permis dans tous les Droits de l'Univers, & fi Elle cherche à fe
maintenir & défendre contre toutes les violences par lefquelles on l'attaque.

Remontrances des Marchands de Suède à leur Roi; du 28. *Juillet.* 1705.

S I R E,

Remon-
trances
des Mar-
chands
Suédois
à leur
Roi.

IL eft, hélas! trop évident, & trop connu à tout le monde & à Votre
Majefté, même par nos très-humbles Plaintes fouvent réïtérées, de quelle maniére le Commerce & la Navigation des fidèles Sujets trafiquans de
Votre Majefté en général a depuis quelque tems été empêché, & traverfé
en toutes façons par les Puiffances étrangéres engagées dans la guerre,
comme auffi de quelle maniére la Nation Angloife a cherché jufqu'ici &
cherche encore à troubler, & à interrompre en particulier notre Commerce
& notre Navigation en France, en faififfant tous les Vaiffeaux Suédois qui
y vont ou qui en viennent fans diftinction, ni attention à leurs bons
Paffeports: ce que les Vaiffeaux de Guerre, auffi-bien que les Armateurs de
S. M. Britannique, difent leur être enjoint expreffément, & par où tous les
Sujets de Votre Majefté qui font intereffez dans ces Vaiffeaux pris, n'ont feulement pas fouffert des pertes confidérables, mais en font même, la plûpart,
entiérement ruinez; tant par les procès longs & coûteux, que par les fraix
de la reclamation, & par l'entretien de l'Équipage, de même que par le
long efpace de tems que cet arrêt a fouvent duré, par où les Vins & autres
Marchandifes fujettes à corruption fe font entiérement gâtées: de plus, par
le feu qu'on a mis foit à deffein ou par négligence à plufieurs Vaiffeaux, ou
bien par les endroits où on les a menés, ou par l'eau baffe où ils font demeurez fur le fable & entiérement échouez; outre le danger & le hazard auquel
ils font expofez fur Mer lorfqu'ils ne font relâchez que dans l'arriére Saifon,
ayant fouvent été obligez & preffez par les gros tems, d'entrer dans d'autres

Ports

AFFAI-
RES DE
DANNE-
MARCK
ET DE
SUEDE.

Ports peu propres, ou de périr entiérement, par où, outre le degât des Vins & autres marchandifes, les droits de Péage de Votre Majefté font auffi confidérablement diminuez. Tout cela étant notoire, il paroît inutile d'en faire un plus long détail ou de le prouver amplement.

Mais comme Meffieurs les Etats-Généraux ont obtenu à la Cour Britannique, pour leurs Sujets le libre Commerce & Navigation en France & en Efpagne, & qu'il feroit trop dur & même injufte de refufer cette liberté à des Puiffances Neutres, & en particulier aux fidèles Sujets de Votre Majefté, pendant que les Hollandois, qui font en guerre avec la France, en jouïffent: & comme pour ces raifons les Sujets de Sa Majefté Danoife, ont déja follicité & obtenu des ordres de leur Souverain à fon Miniftre à Londres, d'infifter férieufement fur cette liberté pour fa Nation, à ce que le Commiffaire Barckman nous mande dans la Lettre ci-jointe ; nous Souffignez fupplions auffi très-refpectueufement Votre Majefté de vouloir faire expédier au plutôt de pareils ordres à fon Miniftre à la Cour d'Angleterre, afin que nous Suédois puiffions jouïr de la même liberté & éviter par-là notre ruïne totale, qui ne fauroit manquer d'arriver fans cette précaution.

Comme il paroît de plus par la même Lettre du Commiffaire Barckman, que le Roi de Dannemarck, a outre cela conclu un Traité avec le Roi de France, par lequel les Sujets Danois font exempts tant en tems de Guerre que de Paix des gros droits de Tonneau, comme on l'appelle, montant à 50. fols par Tonneau, exemption que la République de Hollande a obtenue par fon dernier Traité de Paix avec la France ; & comme les Sujets Suédois font non-feulement obligez de payer ces Droits pour les Vins, & autres Marchandifes qu'ils amenent annuellement chez eux de France, mais qu'ils font auffi empéchez par-là de faire le même Commerce entre la France, & autres Places étrangéres, nous prions pareillement Votre Majefté avec tout le du refpect, qu'Elle veuille envoyer les ordres requis & néceffaires à fon Miniftre à Paris, de faire les inftances les plus efficaces, pour obtenir une pareille exemption générale, fans aucune reftriction ni limitation, pour les Sujets trafiquans de Votre Majefté, afin que nos conditions ne foient pas pires que celles des autres Nations. En attendant là-deffus une favorable, & très-gracieufe Réfolution de Votre Majefté, nous fommes avec la plus profonde foumiffion & dévotion jufqu'à la mort. A Stockholm le 28. Juillet 1705. v. ft. &c.

Lettre du Commiffaire Barckman à Elfeneur au Directeur Witmack à Stockholm.

MONSIEUR LE DIRECTEUR,

A L'arrivée du Batelier Ferrier, je lui rendrai la Lettre qui m'a été adreffée pour lui, ce que j'ai déja fait avec celle pour Torftenfoon. Comme préfentement les Hollandois ont le Commerce libre avec la Fran-

AFFAI-
RES DE
DANNE-
MARCK
ET DE
SUEDE.
ce, Mrs. les Négocians Suédois devroient pareillement folliciter que Sa Majefté donnât des ordres à fon Miniftre à la Cour Britannique, pour infifter fur la même liberté, afin que les Vaiffeaux des Sujets Suédois puffent auffi paffer librement. Les Danois follicitent fort pour le même effet, & ont déja obtenu des ordres au Miniftre de cette Couronne en Angleterre de pouffer cette affaire. Les Danois ont auffi conclu un Traité avec la France, en vertu duquel leurs Vaiffeaux font exempts, tant en tems de Paix que de Guerre, des droits de Tonneau, qui montent à 50. fols par Tonneau, & qu'ils ont ci-devant toujours été obligez de payer; cela leur fera d'un grand foulagement, dont Mrs. les Négocians de Suède devroient auffi chercher l'occafion de profiter, pour la confervation de leur Commerce.

Au refte, je fuis &c.

Signé:

S. BARCKMAN,

Elfeneur, le 12.
Juin 1705.
Addreffée à Mr. le Directeur NICOLAS WITMACK, à Stockholm.

Lifte des Vaiffeaux de Guerre, qui compofent l'Efcadre nouvellement fortie de Carelscroon pour aller croifer vers Revel.

	Canons.
Le Wefmanland, l'Amiral.	60
Le Halland, Vice-Amiral.	48
Le Wachtmeefter, Contre-Amiral.	44
Gottenbourgh.	44
Le Wreede.	44
Norkoppingh.	44
Revall.	30
Stralfund.	30
Le Faucon.	30
Le Dauphin.	20
Le Poftillon.	20
Le Cigne Ardent.	20
La Frelle Frederica Eleonora.	18
Rufchenfeldz.	24
. . . . . Yagt d'Avis.	8
Brigantins. { Caftor.	10
Scorpion.	10
6 autres Bâtiments pour les Provifions &c.	

LETTRES
POLITI-
QUES ET
HISTO-
RIQUES
DE DI-
VERS EN-
DROITS.

Lettres de France, d'Italie & de Genève, depuis le 1. Février jufqu'au 27. Mars 1705.

SI j'ai différé fi long-tems à vous écrire, c'eft parce que je n'avois aucune bonne nouvelle à vous mander, & que je fai que les mauvaifes ne vous plaifent pas. Cependant je fuis encore obligé de vous dire, que celles que nous avons reçues d'Efpagne, il y a deux jours, ne nous font pas trop favorables. On nous mande que l'on continue le Siége de Gibraltar; mais fort lentement, & que l'on doute fort du bon fuccès, à caufe que lẽs Troupes font fort diminuées & que l'argent manque pour les payer. On nous mande aufli qu'il y a quelques Vaiffeaux de Guerre, qui viennent de Toulon, arrivés au Port de Malaga, & que l'on croit, qu'ils font deftinés pour convoyer les Gallions plutôt que pour fe joindre à Pointy; mais que les Gallions ne partiront qu'après la décifion du Siége, & que tout eft en defordre. Voilà les nouvelles d'Efpagne, & pour celles de notre Pays elles font aufli mélancoliques, quoique nos Généraux faffent tout leur poffible pour encourager le Peuple en donnant fouvent des repas magnifiques, des Bals, des Opera & des Comédies; car tout cela n'affifte en rien les pauvres Officiers qui font tous en arrière de cinq ou fix mois fans apparence de recevoir. Et ce qu'il y a de plus ridicule, c'eft qu'après que ces pauvres Officiers fe trouvent fans un fol, les Généraux leur ont encore fait défenfe de jouer, à peine d'être mis en prifon; ce qui fait voir la contrainte & la mortification où l'on eft obligé de vivre. Quant à notre pauvre Pays, l'argent y devient fi rare que l'on commence à ne plus vouloir négocier aucune Lettre de Change.

Le dernier Février 1705.

Le 8. de ce mois les Ennemis ayant donné 2. Affauts fur la Contrefcarpe de Verue furent repouffés la première fois; mais on ne put les empêcher la feconde de fe loger à la droite fur la Palliffade. Dans cette action nous avons eu 305. hommes tant morts que bleffés. Parmi les derniers il fe trouve 2. Colonels. Le Chevalier de Blaujac, a été non-feulement bleffé, mais fait prifonnier, & eft mort depuis de fes bleffures. Pendant que les Ennemis travailloient à leur Logement, le Gouverneur fit fauter une Mine qui leur tua un Lieutenant-Colonel 2. Capitaines & 60. Grenadiers.

Le 10. on fit encore jouer une autre Mine qui leur tua beaucoup de monde.

Le 13. nos Mineurs ayant entendu cela, en firent avertir S. A. R. qui ordonna à l'inftant qu'on fît fauter une autre Mine, dont l'effet doit avoir été grand; parce qu'on n'entendoit pas feulement des lamentations & des cris épouvantables, rouler beaucoup de poudre & d'ais, mais qu'un Corps mort des Ennemis fut aufli jetté dans la Place.

Un grand brouillard qu'il fit alors empêcha d'en voir tous les effets, & on

LETTRES POLITIQUES ET HISTORIQUES DE DIVERS ENDROITS.

on doit juger quelle ruïna la plûpart des matériaux pour conftruire leur Batterie, à laquelle ils travailloient fans ceffe; mais jufqu'à préfent ils n'ont encore tiré que de leurs vieilles Batteries, qui font trop éloignées pour pouvoir endommager la Place, dans laquelle ils ont commencé à jetter des Bombes de 9. Mortiers depuis 3. jours. Cependant S. A. R. a non-feulement fait faire des Ouvrages dans les foffés de la Fauffe-Braye, que les Ennemis attaquent, pour leur difputer la defcente; mais auffi toutes les difpofitions poffibles pour une longue & vigoureufe défenfe. De forte qu'on efpére que la Place pourra encore tenir plufieurs femaines & ruïner l'Armée ennemie, qui fuivant la relation des Deferteurs eft déja beaucoup diminuée. Le Comte d'Altheim ayant apporté à S. A. R. des Lettres du Roi des Romains, contenant la nouvelle de la Sédittion de Landaw, on chanta ici Dimanche paffé le TE DEUM.

Zurich, 7. Janvier.

Verue tenoit bon encore le 31. Décembre & coûtera bien cher au Duc de Vendôme. Son Frere fait la Guerre aux Vénitiens; car c'eft ainfi qu'on peut appeller la furprife de leur Château & les dégâts de la Campagne.

Schafhoufe, 8. Janvier.

Vous faurez ce qui s'eft paffé devant Verue jufques au 26. Décembre. Les derniéres Lettres de Milan le confirment, & il y a une Lettre de Lugano du 3. de ce mois qui dit que depuis 3. jours on n'y entendoit plus tirer du côté de Verue; & qu'ainfi on croyoit la Place prife, ou le Siège levé; ce que nous faurons par le premier Ordinaire.

Turin 4. Mars.

Depuis ma derniére il y a eu bien du changement dans le Siège de Verue. Car pendant que les Ennemis tiroient inceffamment fur cette Place avec 28. pièces de Canon & 6. Mortiers, 2. Bombes tombérent le 26. fur le Canal de la Mine du Baftion St. Charles, le percérent & mirent le feu au Saufliffon, & par conféquent à la Mine dudit Baftion, laquelle en fautant fit une Brêche affez grande; mais comme l'Ennemi ne fe préfenta point pour profiter du defordre, on eut le tems de remédier au mal que cet accident avoit fait. Les Ennemis firent cependant femblant de pouffer leur attaque contre le bas Fort, mais le 2. de ce mois, 2. heures avant le jour, ils attaquérent & prirent avec très-peu de perte la Redoute qui étoit dans l'Ifle entre le Po, & on ne fait pas bien comment cet affaire s'eft paffée; on fait feulement qu'environ 120. hommes des Régimens d'Aofte & de Tarantaife, qui gardoient cette Redoute, ont été faits prifonniers de guerre, & que la prife de cette Redoute fut fi prompte & fi fubite que nos Troupes, de Crefcentin n'eurent pas le tems de venir à leur fecours. Le Maréchal de Starembergh qui les devançoit courut rifque d'être fait prifonnier ou tué, ayant trouvé la tête du Pont vers la Redoute occupée par les Ennemis, qui en ôtérent quelques Barques, afin d'empêcher nos Troupes d'y paffer; ainfi ils font reftés les maîtres de ladite Redoute & de la Communication. Nous avons encore un Baftion dans la Redoute qui eft fous le Donjon de Verue, d'où l'on tire inceffamment fur celle que les Ennemis ont prife: on en fait de même du bas Fort avec de l'Artillerie, & de la Redoute que nous
avons

avons de deçà le Po; & S. A. R. a fait venir quelques Mortiers d'ici ap- LETTRES
paremment pour les y bombarder. Tout ce qui nous confole, c'eft que la POLITI-
Place eft pourvue de tout, & peut encore faire une vigoureufe défenfe; il QUES ET
y a dedans un Colonel des Impériaux nommé Freefen, pour commander HISTO-
RIQUES
avec une nombreufe Garnifon. DE DI-

Suivant les nouvelles de Nice, on y appréhende d'être attaqué; c'eft VERS EN-
pourquoi S. A. R. y a fait marcher encore quelques Troupes. DROITS.

Il y a dans la Place 14. à 1500. hommes, & pour 14. jours de vivres;
fi ceux de la Communication fe fuffent opiniâtrés un quart d'heure plus long-
tems, on auroit obligé les Ennemis à fe retirer. Toute l'Infanterie étoit
fur le point d'arriver. S. A. R. effuya durant 6. heures la Moufqueterie
au bord du Po, durant lequel tems l'Infanterie y refta auffi faifant feu fur
l'Ennemi, qui fe fortifie de fon mieux; & nous aurons bien de la peine à l'en
dénicher; tant que pourtant Verue va fe perdre. On commence fort à
crier dans ce Pays contre la Cour Impériale, qui femble facrifier ce Prince
qui l'a fi peu mérité, car fans lui, & fans la forte diverfion qu'il a faite, je
ne fai où l'on en feroit dans l'Europe; & pour reconnoiffance on le va laiffer dépouiller, fans fe mettre en état de l'aider. Les Troupes Impériales
qui devoient être en Italie le 25. du mois paffé font encore dans leurs fours
en Bavière, d'où l'on ne fonge pas à les faire fortir.

Depuis ma dernière les Ennemis n'ont rien avancé à Verue, d'où tou- Turin
tes les heures nous avons des nouvelles par des bombes où l'on enferme 11.
des billets, par lefquels on fait ce qui s'y paffe. Les Ennemis ont auffi fait Mars.
une Batterie de bombes dans la Redoute qu'ils nous ont prife, dont ils bom-
bardent à Crefcentin, & il en eft même déja tombé 3. ou 4. dans la Maifon où eft S. A. R. fans faire aucun mal: ils ont auffi fait marcher des
Sevennes 6000. hommes vers Nice; & nous ont déja coupé toute la Communication avec ladite Place, étant venus camper à Soufpel; ceux qui
etoient dans les Vallées ayant été renforcés par 3. Bataillons font venus occuper Pignerol, où ils prétendent fe fortifier. Monfr. d'Eftaing, qui
commande un Corps de Cavalerie du côté d'Aft, a envoyé chercher de
l'Artillerie à Aléxandrie pour attaquer Alba, qui eft une Place d'importance
pour fa fituation dans le Pays, mais qui n'eft d'aucune défenfe; jugez de
l'efpoir qui refte au Pays qui fe voit entouré de tous côtés. Le Prince
pourtant tient toujours bon dans l'efpérance qu'il lui viendra du fecours; il
faut avoir autant de fermeté qu'il en a pour faire ce qu'il fait. Je ne fai de
quel oeil on regarde dans l'Europe ce qu'il a fait, mais quant à nous, cela
nous furpaffe. Mr. le Chevalier de la Mante, qui étoit allé à Vienne par
ordre de S. A. R. a été pris, en revenant, par les François dans l'Etat de
Gênes fur les confins de celui-ci, il a eu la précaution de jetter fon paquet
qui a été trouvé & apporté à S. A. Royale.

Je vous donnai avis par ma Lettre du 17. du courant, que Mr. de la Genève,
Feuillade, avoit dit que le Roi avoit fait faire des propofitions de Paix à S. 27.
A. R. de Savoye fort avantageufes, & que, quand Sadite Alteffe les voudroit Mars.
écouter, le Roi les lui accorderoit.

Tome XIV.   Z   Je

Lettres
Politi-
ques et
Histo-
riques
de di-
versEn-
droits.

Je vous marquai auffi qu'il étoit à craindre, fi le fecours n'arrivoit pas bien-tôt, que Sadite A. R. ne fuccombât, & qu'il étoit de la derniére importance que l'on preffât vigoureufement la marche dudit fecours. Les nouvelles que je viens de recevoir, tant particuliéres que publiques, m'obligent à vous écrire encore celles-ci pour vous en faire part; & vous comprendrez bien par icelles l'urgente néceffité qu'il y a que S. A. R. foit promptement fecourue du moins par un Corps de 30. à 35000. hommes. Nous apprenons bien qu'il y a des Troupes Danoifes & Pruffiennes, qui font en marche par le Tirol: mais il feroit à fouhaiter qu'elles marchaffent à plus grandes journées & que le nombre en fût plus grand; car les François qui vont joindre tous les Corps qu'ils ont, tant en Piémont que dans le Milanez, compoferont une Armée de plus de 60000. hommes comme vous verrez par le Mémoire ci joint; & même je crois qu'il fera bon, & très-néceffaire que vous ayez la bonté de l'envoyer à Vienne à l'Envoyé de L. H. P. afin de le communiquer à S. A. le Prince Eugène, pour obliger S. M. Impériale à envoyer en Italie un plus puiffant fecours que celui qu'on y a envoyé. En effet, il paroît qu'il feroit beaucoup plus important que S. M. Impériale fe tint feulement fur la défenfive en Hongrie, que de rifquer à perdre S. A. R., & par conféquent tout le Milanez & le refte de l'Italie, puifqu'en abandonnant ce Prince, & en ne lui envoyant qu'un foible fecours, cela pourroit auffi faire échouer l'entreprife d'Efpagne; car la France eft fertile en moyens, & trouve toujours de nouveaux expédiens pour avoir de l'argent & du monde, & l'on fe trompe quand on s'imagine qu'elle n'a ni l'un ni l'autre. Je fai très-certainement qu'il eft paffé à Mouftiers en Tarantaife plus de 16000. hommes de recrues, tant Cavalerie qu'Infanterie, fans ceux qu'on y a envoyés par Mer, outre les Troupes réglées qui étoient en Languedoc, comme auffi celles qui font dans ce Pays qui toutes marchent dans le Piémont; en un mot, le deffein de la Cour de France eft de réduire S. A. R. par la force, & Mr. de Chamillard ne s'occupe qu'à faire de groffes Remifes pour l'Armée d'Italie. Je conclus encore un coup, qu'il vaudroit mieux que S. M. Impériale demeurât fur la défenfive en Hongrie, & envoyât à S. A. un fecours fuffifant pour qu'on puiffe entrer en état de chaffer les François d'Italie & du Piémont: ce qui influeroit beaucoup fur l'entreprife du Royaume d'Efpagne, & qui feroit même alors que les Hongrois écouteroient plus facilement des propofitions de paix; & en cas qu'ils ne le voüulffent pas, on feroit en état de les ranger à leur devoir. Voilà ce que j'ai cru devoir vous écrire, pour que vous ayez la bonté de le communiquer à S. E. Mr. le Réfident de Leurs Hautes Puiffances en votre Ville, auquel je vous prie de faire agréer mes très-humbles refpects, & de le faire favoir à celui de la Cour de Vienne.

LETTRES
POLITI-
QUES ET
HISTO-
RIQUES
DE DI-
VERSEN-
DROITS.

Lettres de Vienne, depuis le 21. *Mars jusqu'au* 29. *Juillet.*

LE Général Heifter eft paffé avec la plus grande partie de fon Armée dans l'Ifle de Schutt, pour faire ombrage aux Hongrois, qui fe font affem-blés au nombre de 10. à 12000. hommes pour mettre en contribution cette Province & celle de Stirie ; & l'on affûre que fur le mouvement dudit Général les Rebelles fe font retirés de nos frontiéres. Cependant les Troupes Im-périales en Hongrie font diminuées de plus d'un tiers pendant cet Hyver par le manquement de vivres, par le froid & par les fatigues qu'ils ont ef-fuyées ; de forte qu'il n'y a pas à préfent 7000. hommes en état de fervir. Le bruit a couru que le Prince Eugéne avoit réfigné la Charge de Préfi-dent du Confeil de Guerre entre les mains de l'Empereur : je m'en fuis in-formé à lui-même, & il m'a dit que cela n'étoit pas ; mais il ne m'a pas nié qu'il ne fe foit paffé quelque chofe par laquelle il a marqué fon mé-contentement. Cependant je fai de bonne main qu'il a fait donner à l'Em-pereur par un tiers, que je n'ai pu encore découvrir, un Mémoire très-long, & bien fort, fur la négligence de cette Cour, fur le peu de fubordi-nation qu'on y trouve dans tous les Départemens, & dans lequel il a dé-montré que de cette maniére il ne feroit plus capable de fervir comme Gé-néral, ni d'en faire les fonctions. On m'a dit que l'Empereur a été fâché de ce qu'il lui a fait préfenter ce Mémoire par un tiers, & le génie de cet-te Cour eft tel, que s'il avoit parlé feulement de la Charge de Préfident du Confeil de Guerre, on ne fe feroit guère mis en peine qu'il eût quitté ; mais l'Empereur fachant trop bien ce qu'il lui vaut comme Commandant de fes Armées, le fit venir hier au matin auprès de lui pour le fatisfaire fur tous fes griefs, & les Miniftres qui font intereffés dans la Banque établie ici de-puis un an, ont réfolu d'avancer fur leur crédit pour la Guerre d'Italie, un million de florins.

Quant aux Troupes du Roi notre Maître, elles n'iront pas en Italie, le Prince n'en ayant pas tant befoin, depuis que les Palatins y marchent : & Sa Majefté n'ayant pas envie de les y faire retourner, avant qu'elles foient entiérement recrutées & payées ; ce qui ne fe pourra pas faire dans fi peu de tems, &c.

P. S. Comme le Prince Eugéne, eft auffi fort mal-content de la conduite du Général Heifter en Hongrie, qui s'eft plus appliqué aux intrigues des Jéfuites qu'aux ordres de la Guerre, je viens d'apprendre que le Général Palfi, qui eft lui-même Hongrois, aura le Commandement des Impériaux en Hongrie.

A la fin, le départ du Prince Eugéne eft fixé pour demain, & l'on a trouvé moyen de remettre 50000. florins en Italie pour les Troupes. Il eft d'accord avec moi que notre Corps qui eft dans le Haut-Palatinat, y doit refter comme un Corps de réferve jufqu'à ce qu'il voye de quel côté l'on en aura le plus befoin, pour le faire marcher, foit en Italie, foit fur le Rhin,

Vienne,
21.
Mars.

Vienne,
15. d'A-
vril.

ou

LETTRES
POLITI-
QUES ET
HISTO-
RIQUES
DE DI-
VERS EN-
DROITS.
ou en Hongrie; & comme les Quartiers de nos Troupes vont jufques aux Frontiéres de la Saxe, je me trompe fort, ou les Suédois auront quelque ombrage de ce que de toutes les Troupes Alliées, les notres feules reftent dans ce voifinage-là. En attendant je travaille toujours à les mettre dans un parfaitement bon état. Le nombre en eft déja de 5500. hommes, & j'efpére qu'elles feront plus de 6000. avant que de marcher; parmi lefquels il y a 2. Régimens de Cavalerie chacun de 800. Chevaux. Nous n'avons aucune nouvelle de conféquence de Hongrie, où les Amis & Ennemis fe repofent un peu. Verue tient bon encore; mais on appréhende extrêmement qu'elle ne fe rende avant qu'elle puiffe être fecourue. Le Roi de Suède, par fes mouvemens tient cette Cour fort en echec, laquelle, par de bons avis qu'on a de leur deffeins, & de leur intelligence avec les Ennemis, a grande raifon de s'en défier. Je crois que le Général Comte de Slick, fera envoyé de l'Empereur pour faire cette Campagne avec le Duc de Marlborough, dont je ferois d'autant plus aife qu'il eft fort de mes Amis, & affectionné au Roi notre Maître.

Les Hongrois ont encore fait une invafion dans la Moravie, & y ont brûlé 24. Villages & Bourgs. Nous en eumes l'avis juftement quand l'Empereur faifoit la revûe de deux Régimens de Cavalerie du Roi notre Maître, lefquels pour cette raifon repafférent fur le champ le Pont de cette Ville, pour marcher en hâte vers ladite Province; mais les Rebelles ont repaffé la Riviére de Mark fans les attendre. Cependant Mr. le Général-Major de Gersdorf, qui commande cette Cavalerie, qui confifte en 1600. Chevaux, en a envoyé trois cens à Anger pour y paffer ladite Riviére, fur le Pont qui y eft, & pour reconnoître l'Ennemi. Ce Détachement n'a rien trouvé dans fon chemin, mais quand il a été de retour près du Pont, un Corps de 600. Houffards & Tolpatfes eft tombé à l'imprévu fur l'Arriére-garde, qui étant foutenue par le refte, ils font tous venus aux mains; & après un combat d'une demie-heure, ils ont renvoyé les Rebelles qui y ont laiffé 119. hommes fur la place; des nôtres il y a eu 16. morts & 18. bleffés, outre 8. prifonniers & un Etendart de Ragotzi, qu'ils ont emmené à Anger, & que Monfieur de Gersdorf va m'envoyer ici demain comme un prefent. Le Danube eft furieufement enflé depuis quelques jours, & l'eau en a été de 10. à 12. pieds plus haute qu'à l'ordinaire; ce qu'on n'a pas vu de mémoire d'homme. Il commence à diminuer depuis hier au matin, & dès qu'il fera dans fon lit ordinaire, Mr. le Général d'Herbeville, fortira de l'Ifle de Schutt, pour le paffer avec les Impériaux, & notre Infanterie pour aller chercher l'Ennemi; & alors notre Cavalerie paffera la Mark pour le joindre. L'on dit que Berezeni eft près de Neuhaufet, avec le gros de l'Armée des Rebelles, & qu'il nous veut faire tête; fi cela arrive, nous aurons bien-tôt des nouvelles d'une bataille. Le Prince Eugène eft à Romanengo dans le Crémonois, & il ne mande autre chofe, fi non qu'il verra ce qu'il pourra entreprendre. Cela fuffit pour me faire croire qu'il médite quelque coup imprévu; car j'ai toujours remarqué qu'il n'en a jamais fait que quand nous avons cru qu'il étoit le plus embaraffé, &c.

Let-

LETTRES
POLITI-
QUES ET
HISTO-
RIQUES
DE DI-
VERS EN-
DROITS.

Ratis-
bonne,
5. Fé-
vrier.

Lettres de Ratisbonne , depuis le 5. Février jusqu'au 18.
Juin 1705.

LE Miniſtre Directeur de Mayence ayant, ainſi que, ſuivant ma précédente du 29. Janvier paſſé, il s'y étoit engagé, fait rapport aux Catholiques en Corps du ſentiment & Réſultat des Proteſtans au ſujet du
Pleinpouvoir en queſtion, il a rapporté pour réponſe là-deſſus, que de la
part des Catholiques on eſtimoit toujours indiſpenſablement néceſſaire un
tel Pleinpouvoir , & que ſans cela aucun des Députez nommés ne voudroit ſe charger d'une ſi importante Commiſſion ; croyant de plus, qu'il falloit s'en remettre au bon plaiſir deſdits Députez, s'ils y vouloient employer
les Miniſtres qu'ils avoient déja, ou en envoyer d'autres en deçà pour cette fin. Pour remplir la meſure, les Proteſtans apparemment leveront la
diſpute en donnant les mains audit Pleinpouvoir ; mais ils ne pourront regarder la réſerve à l'égard des Miniſtres, que comme une nouvelle invention, pour tirer la Députation en longueur, & preſſer en attendant ſur
l'expédition des affaires, dont Son Eminence le principal Commiſſaire viendra chargé. L'on ſe pourroit pourtant bien tromper ſur ceci, vû qu'il n'eſt
pas croyable que les Proteſtans ſe laiſſent amuſer davantage, la reſtitution
des Affaires Eccléſiaſtiques *in priſtinum ſtatum* dans le Bas-Palatinat, & autre part, étant fondée en juſtice, & ſi peu à égaler à ce que les Proteſtans
ont fait juſqu'ici pour le ſoutien de la bonne Cauſe, qu'ils ont à s'y attendre avec raiſon ; & que même l'Empereur, & ſur-tout l'Angleterre & la
Hollande concourront à y porter ſans ceſſe l'Electeur Palatin , puiſque
c'eſt le ſeul moyen de rétablir l'union & la confiance ſi fort altérées entre
les Etats de deux Religions, & requiſes néanmoins pour pourſuivre avec
ſuccès les avantages remportés dans la Campagne paſſée. Quoique ledit
Miniſtre Directeur de Mayence ſe ſoit auſſi donné des mouvemens pour
faire déterminer par un *Concluſum* le châtiment que mérite le procédé injurieux de l'Aſſeſſeur Pyrck de la Cour de Juſtice à Wetzlar, il n'y a pas
pu réuſſir juſqu'à préſent. L'on en a délibéré au Collége Electoral ; mais
dans celui des Princes la délibération en a été ſuſpendue, pluſieurs Miniſtres
ayant écrit à leur Maîtres pour demander des ordres & des inſtructions ſur
ce ſujet. La Diéte ne pouvant pas bien prendre connoiſſance de ces ſortes
d'affaires de Juſtice, il ſemble qu'on la renvoyera à la Députation ordonnée pour faire la perquiſition des excès & abus commis à la ſuſdite Cour
de Juſtice à Wetzlar ; & en uſer autrement, ce ſeroit donner lieu à proteſter de nullité, & ſe commettre avec la Cour Impériale, qui eſt intereſſée en
quelque maniére à ne pas abandonner cet Aſſeſſeur. Le Doyen du Chapitre
de Mayence, le Baron Leyen, ayant décliné l'élection qui s'étoit faite de
ſa perſonne pour l'Evêché d'Aichſtat ; on travaille à faire une nouvelle élection, & le Miniſtre de l'Electeur Palatin en ce Lieu y eſt allé pour la faire
tomber ſur l'Evêque d'Augsbourg, Frere dudit Electeur. Suivant les derniéres

Z 3

Lettres
Politi-
ques et
Histo-
riques
de di-
versEn-
droits.
niéres nouvelles d'Italie, le Pape, le Grand-Duc de Toſcane & la République de Veniſe, doivent avoir fait une Ligue enſemble pour le rétabliſſement de la Paix en ce Païs-là; & pour cet effet être convenus de ſe joindre avec 10000. hommes à celui des deux Partis en guerre qui y donneroit
le premier les mains, & d'y contraindre l'autre. Le tems fera voir ce qui
en eſt; mais une telle Ligue pourroit produire auſſi d'autres ſuites. Au
reſte, toutes les Troupes de Baviére doivent être licentiées maintenant; mais
on dit toujours qu'on leur a inſinué ſous main de ne ſe pas engager autre
part, & que chez les Païſans du Baillage de Munich, ils trouveroient la
nourriture.

Les Proteſtans, ainſi que je l'ai mandé par ma précédente du 5., ayant
conſenti au Pleinpouvoir pour les Députez, afin d'examiner & de régler les
Griefs de Religion, dont ils ont été en diſpute juſqu'ici avec les Catholiques, on travaille à faire des Remarques ſur le Projet d'un tel Pleinpouvoir, que le Miniſtre Directeur de Mayence avoit dreſſé, il y a quelque
tems déja, & pour l'ajuſter enſuite. L'empreſſement que ce Miniſtre fait
maintenant voir, pour pouſſer & finir cette affaire de la Religion, eſt
grand & extrême: & c'eſt le Pere Gardien, que les Chapitres de Magdebourg, Halberſtadt & Minden ont envoyé en deçà, qui y donne lieu; mais
avec tout cela l'effet ne laiſſe pas de paroître toujours éloigné. Il ſe dit
pourtant, mais ſeulement à l'oreille, qu'il y a une ſecrete Négociation ſur
le tapis avec l'Electeur Palatin, pour remettre les affaires de la Religion
in priſtinum ſtatum dans le Bas-Palatinat, & l'on s'en promet un bon ſuccès, s'il eſt favoriſé dans ſes vûes; ce qui ſe verra en ſon tems, & juſque-
là il ſera à propos de recevoir ceci avec diſcrétion. Le Miniſtre de Mayence ayant d'ailleurs communiqué *per Dictaturam* une Lettre fort ample, que
les États-Généraux ont écrite aux Electeurs, Princes & Etats de l'Empire
& à la Diéte, pour ſe plaindre de la nonchalance qu'ils faiſoient paroître, tant pour pourvoir à la conſervation de la Conquête de Landaw,
qu'aux *Requiſita* pour pourſuivre les avantages remportés la Campagne
paſſée, les exhortant à y mettre d'autres ordres, autrement qu'Eux, les
États-Généraux, ne pourroient continuer davantage les meſures priſes
& les efforts faits juſqu'à préſent; cedit Miniſtre recommanda hier à l'Aſſemblée de mettre promptement la main à ce qui reſtoit à régler à l'égard de
l'exécution du *Concluſum* concernant la préſente Guerre. Mais on a envoyé
ladite Lettre des Etats-Généraux aux Maîtres pour demander des Inſtructions ſur la réflexion & la réponſe à faire là deſſus; & il ſemble, qu'on ne
touchera point à la matiére y mentionnée, que l'on n'ait vu auparavant
quel ſera le Réſultât du Congrès des Etats du Cercle de Baviére, qui va ſe
tenir en cette Ville, & commencera le 19. du courant. Son Eminence le
Cardinal s'acquittera, à ce qu'on dit, des fonctions de Commiſſaire de
l'Empereur à ce Congrès, & eſt attendu pour cette fin Mardi prochain,
ſes Equipages étant arrivés hier en partie. Comme ce fut Lundi paſſé qu'à
Aichſtat s'eſt faite la nouvelle élection d'un Evêque, le choix eſt tombé
ſur le Chanoine & Chantre, le Baron Knepel; ainſi la négociation du Miniſtre

niftre de l'Electeur Palatin, pour faire élire l'Evêque d'Augsbourg a été infructueufe pour la feconde fois. Le Chapitre en doit alléguer pour excufe,
que l'état de cet Evêché étoit tel qu'il demandoit fon propre Evêque; mais la
véritable raifon eft, à ce qu'il paroît, qu'on n'a pas trouvé à propos, d'augmenter par un fi beau Bénéfice le pouvoir de la Maifon Palatine dans l'Empire. Au refte les Miniftres du Roi de Pruffe font après pour fe mettre en
grand deuil de la mort de la Reine, & l'on croit que cet Evènement produira des changemens en bien des chofes.

Lettre de Ratisbonne, du 23 de Février 1705.

MA derniére étoit du 12 de ce mois. Depuis ce tems-là les Proteftans
ont déclaré & donné *ad Protocollum* leurs Remarques fur le Projet du
Plein-pouvoir pour les Députez, qui doivent examiner & régler les Griefs de
Religion; & les Catholiques ayant été affemblés là-deffus en Corps, on faura
bientôt ce qu'ils y auront trouvé à redire. L'on fait par avance, qu'ils
feront des difficultés fur ce que les Proteftans mettent pour Règle de
la difcuffion & décifion defdits Griefs de Religion les Traités de Weftphalie, prétendant qu'après celui de Ryfwick ceux-là ne peuvent plus
avoir aucun lieu. Mais c'eft proprement dire qu'eux Catholiques n'ont
pas intention de vuider cette affaire, pouvant bien croire que les Proteftans
ne s'éloigneront jamais defdits Traités de Weftphalie, comme d'une Sanc-
tion Pragmatique, & n'admettront pas non plus de celui de Ryfwick la
Claufe fameufe de l'Article IV. & l'extenfion injufte qu'on lui donne,
faifant le principal chef des Griefs qu'ils ont. Cependant on attend quel fuccès aura eu la fecrette Négociation avec l'Electeur Palatin; c'eft dequoi l'on
n'eft pas encore informé. Mais ce Prince-ci, en remettant les chofes *in
priftinum ftatum* dans le Bas-Palatinat, pourra lever par-là tous les obftacles, qui fans cela fe rencontreront apparemment dans les délibérations fur
les *Requifita* à pourfuivre la guerre. Son Eminence, le Principal Commiffaire, qui arriva ici Jeudi paffé, fit publier le lendemain, *per Dictaturam*, un
Decret Commifforial pour recommander à la Diète d'entamer fans ceffe ces
délibérations, & fur-tout pour convenir d'une Caiffe Militaire; & l'ouverture
de l'Affemblée des Etats de Bavière s'étant faite le même jour, l'Archevêque de Saltzbourg, comme Directeur, a fait propofer auffi parmi les *Deliberanda* pour l'exécution des Réfultats de l'Empire émanés au fujet de la
préfente Guerre, de pourvoir promptement à la Caiffe Militaire. Sadite Em.
paroîtra Mécredi ou Jeudi prochain en perfonne, & en qualité de Commiffaire de l'Empereur dans cette Affemblée, pour y expofer plus particuliérement les intentions de Sa Majefté Impériale; & l'on croit que cela ira à
des demandes d'argent pour le Contingent des Campagnes paffées. La démarche du Margrave de Bareith, qui a fait entrer des Troupes du Roi de
Pruffe dans fa Réfidence, ainfi que dans fes autres Places fortes, & remis par-
là au pouvoir dudit Roi tout fon Païs, donne lieu à bien des réfléxions & des
raifonnemens. L'on en doit auffi être extrêmement allarmé au Cercle de
Franconie; & l'on dit que le Prince Héréditaire, qui craint des fuites préjudiciables pour fa fucceffion, eft allé à Drefde pour prendre en cette oc-
currence confeil du Roi de Pologne fon Beau-frere. Jufqu'ici l'on ignore

ce

LETTRES
POLITI-
QUES ET
HISTO-
RIQUES
DE DI-
VERS EN-
DROITS. ce qui a porté ledit Margrave à une telle réfolution; mais on croit communément que c'eft en vertu d'un Traité de fucceffion éventuelle, fait, il y a
déja quelque tems, entre le Roi de Pruffe & la Ligne de Brandebourg-Culm-
bach. Au refte, le Miniftre de Wurtemberg ayant été mandé par le Duc
fon Maître de fe rendre auprès de lui, partit pour Stutgard en pofte Mardi
paffé, & il a été enjoint par un Refcrit Impérial au Magiftrat de cette Ville,
de ne plus permettre à qui que ce foit d'y faire des Levées. Celles de l'Empereur n'avanceront guère par-là, les Troupes de Bavière n'ayant pas grande envie de prendre fervice. Mais cette défenfe arrêtera celles du Roi de
Pologne, qui jufqu'à préfent fe font faites avec beaucoup de fuccès.

Lettre de Ratisbonne, du 2 Mars 1705.

LEs Catholiques ayant, à l'Affemblée de la Diète Vendredi paffé, communiqué leurs Contre-Remarques fur celles que les Proteftans ont faites fur
le Projet du Plein-pouvoir pour les Députez qui doivent examiner & régler
les Griefs de Religion, la principale de ces Contre-Remarques roule fur ce
que j'en ai déja mandé dans ma précédente du 23 du mois dernier, & ils
font de plus difficulté d'admettre que cette affaire foit traitée de Corpore ad
Corpus, ainfi qu'il eft pourtant ordonné par les Traités de Weftphalie;
prétendant au contraire que les Députez ayent à faire leur rapport du
fuccès de leur Commiffion à la Diète, & à recevoir de celle-ci en Corps les
Réfolutions néceffaires là-deffus. Mais comme les Proteftans ne pourront
pas y donner les mains, fans faire brêche eux-mêmes auxdits Traités de
Weftphalie, & aux Loix fondamentales de l'Empire, qui en font réful-
tées, ils n'en pourront auffi inférer autre chofe, finon que tout aboutit feû-
lement à les amufer par ces chicanes, & à fe prévaloir cependant de l'approche de la Campagne, pour les faire confentir à la Caiffe Militaire, & aux
autres chofes y requifes; en quoi toutefois on fe pourroit bien trouver
trompé. Au Collège des Princes, les Directoires fondèrent à la délibération
de Vendredi paffé les Miniftres fur les Inftructions dont ils étoient déja
pourvus à cet égard, & fur le Decret Commifforial que fon Eminence le
Principal Commiffaire avoit fait publier fur ce fujet; mais la plupart des
Proteftans ayant fait entendre qu'ils n'en avoient pas encore reçu, &
ayant fur-tout répréfenté l'impoffibilité par rapport audit Décret Commifforial, l'affaire eft demeurée-là. A ce qu'on apprend, l'on ne fe preffe pas
auffi trop dans l'Affemblée Circulaire des Etats de Bavière, d'expédier les
Deliberanda. Auffi fon Eminence n'y a pas encore paru en qualité de Commiffaire de l'Empereur pour expofer fa Commiffion. Elle a néanmoins fait
délivrer fa Lettre de créance, & l'on eft impatient de favoir en quoi confiftera fa propofition. Ce délai fait juger en attendant, que le terrain n'eft
pas encore affez bien préparé pour s'en ouvrir, & confirme le foupçon,
qu'elle va à des demandes d'argent pour le Contingent que lefdits Etats
de Bavière n'ont pas fourni pour les Campagnes paffées. L'on dit d'ailleurs que le Duc de Wurtemberg commence à former des prétentions à
la charge d'Ulm, à raifon des dommages que fon Païs a fouffert par la
furprife de cette Ville, & que, fous ce prétexte, il pourroit bien avoir
l'in-

Lettres Politi-
ques et Histori-
ques de Divers
Endroits

l'intention de s'en rendre maitre; ce qui feroit un nouveau fujet de jaloufie & d'ombrage dans l'Empire. Selon les Lettres qu'on a reçues à Augsbourg par la Pofte d'Italie, le Duc de Vendôme a bien emporté par affaut le Fort qui couvroit la communication entre Crefcentin & Verue; mais n'ayant pu s'y maintenir que quatre heures feulement, il en a été chaffé avec perte de plus de 2000 hommes & quelques Pièces de Canon.

Lettre de Ratisbonne, du 9. Mars 1705.

LEs Etats-Généraux ont derechef écrit à la Diéte pour exhorter les Etats de l'Empire à pourvoir aux *Requifita*, non-feulement pour mettre Landau en état de défenfe, mais auffi pour maintenir & pourfuivre dans la Campagne prochaine les avantages remportés dans la précédente; & ils y ont mêlé des reproches fenfibles du peu d'empreffement qui a paru jufqu'ici pour cette fin. Les Markgraves de Bareith & de Bade ayant remercié par écrit l'Empire des Charges de Général Feldt-Maréchal, qui leur ont été conférées, ont auffi recommandé de mettre au plutôt, en vertu & en conféquence des Réfultats de l'Empire, ordre aux chofes qui manquent encore pour entrer en Campagne; & il eft apparent qu'on délibérera inceffamment là-deffus, bien qu'il y en ait qui croyent que par le *Conclufum* du 11. Mars de l'année paffée on a déja pourvu à tout, & que le refte devant être terminé & réglé dans les Cercles, il ne tient qu'à l'Empereur d'en ordonner la convocation, & de lever ainfi l'obftacle qui a arrêté par-ci par-là l'exécution dudit *Conclufum*. Cependant les affaires de la Religion étant fi fort traînées en longueur à deffein, n'avanceront pas la Réfolution. Et à l'égard de la *Caiffe Militaire*, dont il s'agit principalement, beaucoup femblent être du fentiment qu'elle pourra être formée des Revenus de la Baviére, qu'on dit monter à 15000. florins par an en argent, outre les *Praeftationes* naturelles; & que celles-ci ne valent pas moins. Son Eminence le Principal Commiffaire, au lieu d'expofer en perfonne fa Commiffion à l'Affemblée des Etats du Cercle de Baviére, leur en a fait infinuer un Decret Commifforial. Par fon contenu il eft enjoint en premier lieu à cette Affemblée, d'exécuter le fufdit *Conclufum* du 11. Mars; mais l'Empereur fe promet auffi, que ce Cercle ayant moins fouffert que les autres de l'Empire, il ne fournira pas feulement fon Contingent, mais même qu'il l'augmentera. Il faut voir ce qu'on réfoudra là-deffus; mais, à ce qu'on apprend, plufieurs Membres de ce Cercle doivent faire voir qu'ils ne font pas en état de fournir le Contingent, bien loin de l'augmenter. On n'entend plus parler des prétentions & du deffein du Duc de Wurtemberg fur la Ville d'Ulm; & même fon Miniftre n'eft pas encore de retour.

Lettre de Ratisbonne, du 16. Mars 1705.

CE fut le jour même de ma précédente, le 9. de ce mois, que fut mife en délibération la Lettre du Roi des Romains, ainfi que celle des Etats-Généraux des Provinces-Unies, & le Decret Commifforial, pour fournir fans ceffe les Contingens, & mettre fans délai ordre aux autres chofes néceffaires pour la Campagne prochaine. Et quoique le Miniftre de Magdebourg avec d'autres, faute d'Inftruction & d'Ordres là-deffus, ayent réfervé leurs fuffrages, on ne laiffa pas, dans l'Affemblée du Mecredi fuivant au Collége des

Princes, de former un *Conclufum* qui porte en fubftance, que Sa Majefté Impériale feroit requife par un *Reichs Guthachten* de départir des Mandemens excitatoires aux Cercles, pour y faire régler & terminer ce qui eft requis à l'exécution du *Conclufum* du 11. Mars de l'année derniére ; & par lequel il eft fuffifamment pourvu à une *Caiffe Militaire*, & aux autres *Requifita*, en propofant en même tems à Sa Majefté Impériale de faire tirer des Arfenaux de Baviére les Canons dont on aura befoin, à condition toutefois que la reftitution s'en fera un jour. Mais comme dans le Collége Electoral on eft encore après pour convenir d'un *Conclufum* à cet égard, on n'a pas pu non plus paffer à la Re & Correlation pour en arrêter enfuite un Réfultat des trois Colléges. Cependant la Saifon & la Campagne avancent, & les délibérations dans l'Affemblée Circulaire des Etats de Baviére n'ont pas jufques-ici un meilleur fuccès : ces Etats ayant repréfenté par un Mémoire en forme de Réponfe préliminaire, toutes les exactions énormes qu'ils ont fouffert, & fouffrent toujours, & demandant d'y être foulagés ; après quoi ils fe faigneront encore pour concourir au maintien de la Caufe commune. D'ailleurs rien ne s'eft paffé ici qui mérite quelque attention, finon que le Miniftre du Landgrave de Heffe-Caffel s'eft plaint par un Mémoire du procédé du Confeil Aulique, en s'arrogeant la jurisdiction & la connoiffance du différend entre les Prétendans à la Comté de Ritberg, quoique ce foit un Arriére-Fief du Landgraviat de Heffe-Caffel, & qu'ainfi la première inftance en appartenoit audit Landgrave fon Maître ; demandant aux Etats de l'Empire & à la Diéte de le foutenir dans la jouïffance de fes droits contre un tel procédé dudit Confeil Aulique. Et que le Duc de Mecklenbourg-Strelitz a fait communiquer par le Miniftre de Zell, qui eft chargé de fon fuffrage de Ratzebourg, un Ecrit par lequel il fait voir que c'eft contre l'Accord fait avec le Duc de Mecklenbourg-Swerin, que celui-ci lui retient les 9000. Ecus de revenu, qui ont été affignés fur le Péage de Boitzenbourg, fur ce qu'il refufe de faire livrer les Contributions du Pays de Strargard à la Caiffe commune établie à Roftock, ledit Accord l'autorifant d'en ufer ainfi. Il n'y a point de doute, que le Landgrave ne foit favorifé dans fa demande ; mais la communication de l'Ecrit du Duc de Mecklenbourg-Strelitz s'étant faite feulement fous main, je ne fai s'il produira grand effet. Le 10. de ce mois paffa par ici un nommé Francifco Marenda qui s'eft qualifié Nonce du Pape, venant de Cracovie en Pologne & allant à Rome ; mais comme on n'a rien entendu dire d'un Nonce en Pologne de ce nom, on préfume que c'eft l'Evéque de Pôfen que le Roi de Pologne a promis de remettre entre les mains du Pape ; vu qu'il eft accompagné d'un homme qui a fort l'air de quelque Officier qui l'efcorte. Selon d'autres avis pourtant, ce feroit l'Evéque d'Ermlandt, que ledit Roi auroit dépêché de Drefde vers le Pape au fujet du Cardinal Primat. On eut hier la nouvelle que le Fortin qui couvroit la communication entre le Camp du Duc de Savoye à Crefcentin & Verue ayant été à la fin emporté, cette Ville feroit entrée en capitulation fur l'offre que le Duc de Vendôme lui en auroit fait faire, avec menace, en cas de refus, & d'une plus grande opiniâtreté, de ne lui en accorder aucune. Ainfi il eft à craindre

LETTRES
POLITI-
QUES ET
HISTO-
RIQUES
DE DI-
VERS EN-
DROITS.
Ratisbon-
ne, 23
Mars.

·dre qu'on n'apprenne par la première Poſte la reddition de cette Place, & que
·e Duc de Savoye ne ſoit réduit par-là à faire ſa paix à tout prix.

Lettre de Ratisbonne, du 23. Mars 1705.

L E Collége Electoral n'ayant pas encore formé ſon *Concluſum* dans l'affaire
qui concerne les *Requiſita* pour la Campagne prochaine, rien n'a auſſi pu
être déterminé ſur ce chapitre dans les Aſſemblées ordinaires que la Diète a tenues la ſemaine paſſée. Cependant on a rendu publique la Réponſe du Cercle de Franconie à la Lettre exhortatoire du Roi des Romains ſur
ce ſujet, & par laquelle ce Cercle déclare que ſon Contingent eſt prêt auſſi-
bien que les autres choſes néceſſaires. Celui de Suabe, à ce qu'on apprend,
ne ſera en défaut de rien non plus. Mais les délibérations de celui de Bavière aſſemblé en cette Ville, n'avancent guères, & l'on n'y a pas encore arrêté le *Quantum* des Troupes, que pluſieurs Etats s'excuſent de fournir ſur le
pied du Réſultat de l'Empire, alléguant leur impoſſibilité après tout ce qu'ils
ont ſouffert durant les troubles dans ces Quartiers. Le Chapître de l'Evêché
ſur-tout fait ici de groſſes plaintes à cet égard, & s'eſt même ſervi de cette raiſon pour ne pas rendre compte des Revenus de l'Evêque depuis trois ans, &
pour n'en pas délivrer le provenant au Baron de Paſſung Vice-Statdhalter de
l'Empereur dans le Haut-Palatinat, qui a eu la commiſſion de le demander audit
Chapître, & s'eſt arrêté ici quelques jours pour cette fin; & pour qu'à la Cour
Impériale une telle conduite ne ſoit pas priſe en trop mauvaiſe part, le Chapître a dépêché le Chanoine Comte de Kreith pour la juſtifier au poſſible, &
repréſenter en même tems la ruïne & la miſére à laquelle cet Evêché ſe
trouve réduit. Ledit Baron de Paſſung & le Vice-Chancelier d'Amberg ont
d'ailleurs cherché à emprunter ſur l'hypotheque du Haut-Palatinat 100000 E-
cus; mais ils n'y ont pas réuſſi, quoiqu'ils ayent offert d'autres ſûretés en cas
de quelque changement de l'état des choſes dans ledit Palatinat. On dit que
cet argent étoit deſtiné à pourvoir les Troupes de Sa Majeſté, notre auguſte
Maitre, des choſes dont elles auroient encore beſoin pour ſe pouvoir mettre en marche; mais ce fond ayant manqué, il y faudra ſuppléer par d'autres voyes.

Celles du Roi de Pruſſe ſont déja en mouvement pour prendre la route d'Italie, & une partie a paſſé aujourd'hui par ici ſur le Pont du Danube. Au
reſte, comme c'étoit Jeudi dernier le Jour & la Fête du Roi des Romains, Son
Eminence le Principal Commiſſaire la célébra chez les PP. Carmes par une
Meſſe pontificale, & enſuite par un grand Feſtin en maigre, auquel furent
conviés tous les Miniſtres de la Diète. Celui de Wurtemberg n'eſt de retour que
d'hier au ſoir; on ſaura apparemment bien-tôt le véritable ſujet de ſon excurſion.

On n'a point encore de nouvelles certaines de la reddition de Verue;
cependant quelques avis arrivés par la Poſte d'hier l'aſſurent.

Lettre de Ratisbonne, du 30. Mars 1705.

L A Fête de l'Annonciation de Notre-Dame ayant empêché la Diète de
s'aſſembler au jour ordinaire de Mecredi paſſé, le Miniſtre Directeur
de Mayence, pour regagner ce jour perdu, non-ſeulement l'a convoquée ex-

tra-

traordinairement le lendemain; mais il a auffi fait continuer les délibérations les deux jours fuivans: & quoique dans l'*Anfag Zettal* il ait allégué pour raifon de cette diligence & de cet empreffement, que c'étoit pour finir l'affaire qui concerne les *Requifita* pour la Campagne prochaine, il a néanmoins été vérifié par l'effet ce qu'on avoit d'abord foupçonné, que ce n'étoit qu'un leurre, & qu'il avoit principalement en vue de faire déterminer la fatisfaction que l'Electeur fon Maitre prétend, de la maniére peu refpectueufe dont lui & fondit Miniftre Directeur ont été traités par l'Affeffeur Purck à Wetzlar; auffi lès délibérations de Jeudi & Vendredi n'ont-elles roulé que fur cela. Mais comme tous les fentimens ne conviennent pas là-deffus, quoique pour infpirer une uniformité après la Propofition faite, le Miniftre de Bamberg ait d'abord pris la parole, & réduit cette fatisfaction à caffer ledit Affeffeur, à faire bruler par la main du Bourreau fes Ecrits infames, & à l'obliger de promettre par un Acte exprès, de ne publier jamais de tels Ecrits, comme auffi de fe conduire à l'avenir avec plus de difcrétion & de refpect envers les Electeurs & Princes de l'Empire, rien n'a été conclu jufqu'ici à cet égard; & le Miniftre d'Autriche a fait voir depuis, que fans fe rendre refponfable devant Dieu & devant les hommes on n'y pourroit pas condamner ledit Affeffeur *inauditum & indefenfum.* Samedi pourtant l'affaire touchant le *Requifita* pour la Campagne fut auffi mife en délibération, & le Collége Electoral communiqua fon *Conclufum* fur ce fujet à celui des Princes; mais n'ayant pas encore été dicté, je ne puis mander que l'Ordinaire prochain en quoi ils différent. Cependant les Miniftres du Roi de Pruffe ont infifté fur la convocation des Etats dans le Cercle de la Baffe-Saxe, pour y régler les *Præftanda* felon l'Ordre & les Conftitutions de l'Empire; & que fans cela Sa Majefté, à raifon de fes Etats dans ce Cercle, ne s'eftimeroit tenue à rien de tout ce qui feroit arrêté ici. Lesdits Miniftres du Roi de Pruffe ont de plus fait fentir qu'à l'égard des Opérations de la Guerre on n'en avoit rien communiqué au Markgrave de Bareith, quoiqu'il fût auffi bien pourvu de la Charge de Général Feldt-Maréchal, que celui de Bade, demandant que cela fe fît à l'avenir, moyennant quoi ils s'acquitteroient tous deux de cette fonction alternativement *pari gradu & qualitate;* & ces Miniftres ont encore touché le point des Griefs de Religion, prétendant que les *Conclufa* à cet égard ne doivent pas moins fortir leur effet, que ceux qui concernent la Guerre & fa pourfuite. Par tout ceci il eft aifé de juger de ce qu'on doit fe promettre du *Conclufum,* lorfqu'il viendra à fa perfection; & fi les chofes étoient traitées autrement & dans l'ordre, fans y mêler tant d'artifice, tous ces inconvéniens n'arriveroient pas. L'Evêque de Brixen ayant chargé de fon fuffrage un nommé Lauterbourg, Beau-frere du Miniftre Directeur de Mayence, & le Prince de Lorraine lui ayant pareillement conféré celui qu'il a comme Abbé de Stablo, Mr. de Lauterbourg s'eft légitimé ces jours paffés, par rapport à ces deux Suffrages; & le nouveau Miniftre de Wolffenbuttel, Mr. le Baron Knorr de Rofenroth, étant arrivé avant-hier, voilà le Collége des Princes fortifié de deux Miniftres.

Selon les avis qu'on reçut hier, le Duc de Savoye n'auroit pas feulement été contraint d'abandonner Crefcentin au Duc de Vendôme; mais les Villes de Vil-

Villafranca & Nice se seroient aussi rendues au Duc de la Feuillade. Si cela est ainsi, on en infére que le Duc de Savoye l'a bien voulu, & qu'il faut qu'il se soit déterminé à la fin à faire sa paix.

Lettre de Ratisbonne, du 9. Avril 1705.

DEpuis ma derniére du 30 de Mars passé, la Diéte a été assemblée presque tous les jours, pour finir les affaires concernant les *Requisita* pour la Cam- pagne qui va commencer : la satisfaction que l'Electeur de Mayence prétend de la conduite peu respectueuse de l'Assesseur Purck : les plaintes du Ministre de Hesse-Cassel touchant le procédé du Conseil Aulique, qui s'est arrogé la Juris- diction dans le différend pour la Comté de Ritberg, dont la premiére instance appartient, comme d'un Arriére-Fief, à S. A. S. le Landgrave son Maître ; & les demandes de la Ville d'Augsbourg pour annuller la caution de 75000. flo- rins, que les François, en abandonnant cette Ville, ont extorqué du Magi- trat, pour se faire restituer l'Artillerie, les armes & autres choses, dont son Arsenal a été dégarni, & pour lui procurer réparation des dommages soufferts, comme aussi, en vue de son Etat desolé, de lui accorder quelque modération à l'égard du Contingent & autres *Præstanda* à fournir. On en est aussi venu heureusement à bout, & les *Conclusa* touchant les deux premiéres affaires ayant été achevés Samedi passé, ils furent délivrés le même soir à Son Eminence le Prin- cipal Commissaire, qui partit le lendemain pour Passau, dans la seule intention d'y aller faire les fonctions d'Evêque pendant les Fêtes, & d'en revenir immé- diatement après. Quant aux *Conclusa* sur les deux autres affaires, ils ne furent ajustés qu'hier, & les délibérations ultérieures furent remises jusqu'après les Fêtes. La substance du premier *Conclusum* se réduit à requérir l'Empereur de départir des Mandemens excitatoires aux Cercles, & sur-tout à ceux qui n'ont pas encore été assemblés, pour régler & fournir leur Contingent, avec les autres *præstanda*, suivant les Résultats de l'Empire émanés à cette fin : d'enjoindre aux deux Maréchaux-Généraux qui auroient à commander l'Ar- mée *pari autoritate*, & à prêter le Serment usité, de faire rapport, si & comment chaque Cercle y aura satisfait, & de faire tirer des Arsenaux de Ba- viére les 80 Pièces de Canon avec les munitions & attirails dont on aura be- soin pour la Campagne : Qu'on donnera part de tout ceci à la Reine d'An- gleterre & aux Etats-Généraux des Provinces-Unies en Réponses à leurs Let- tres à la Diéte sur ce sujet : Que la garantie mutuelle des Etats de l'Empire, arrêtée par les susdits Résultats, aura toujours lieu & particuliérement à cette heure contre l'invasion dont certains Pays de l'Empire sont menacés ; & que les Etats du Cercle de Baviére assemblés en cette Ville ayant entrepris de modifier selon leur bon plaisir leur Contingent, on n'aura pas seulement à s'y opposer comme à une chose d'une dangereuse conséquence, & à exhorter ce Cercle de donner son Contingent sur le pied présent par les Résultats de l'Em- pire ; mais aussi à recommander à l'Empereur d'y concourir par son autori- té, & de fournir lui-même sa Cote-part à raison des Etats & Pays de l'Elec- teur de Baviére. Pour ce qui est du second, touchant la satisfaction de l'E- lecteur de Mayence, cette affaire a été déterminée de sorte que l'Assesseur Purck sera démis de sa Charge, & son Ecrit infame sous le titre d'*Echo*, avec

ses

Lettres
Politi-
ques et
Histo-
riques
de Di-
vers En-
droits.

ses autres Lettres, lacéré: lui, après une bonne mercuriale, tenu de s'obliger par un Acte exprès à se conduire à l'avenir avec plus de respect
& de discrétion envers l'Electeur de Mayence & celui de Tréves comme Chef
du Tribunal de Justice à Wetzlar, .& généralement envers tous les Electeurs, Princes & Etats de l'Empire, & leurs Ministres.: à quoi il a été a-
jouté, que l'Empereur ne lui donnera jamais d'Emploi, où il pourroit avoir
occasion de nuire auxdits Electeurs, Princes & Etats de l'Empire. Les deux
autres *Conclusa* n'étant pas encore communiqués *per Dictaturam*, tout ce que
j'en puis dire, c'est qu'ils s'accordent en gros avec la demande des interessés.
Mais comme pour leur faire sortir leur effet, il est nécessaire que l'Empereur
les approuve, il faut voir ce qu'on en dira à Vienne, sur-tout de celui qui
concerne l'Assesseur Purck, auquel, & à la maniére dont cette affaire a été
traitée, il y a fort à redire. En attendant les Ministres du Roi de Prusse ont
déclaré *ad Protocollum*, de n'y prendre aucune part. Ils ont aussi réïtéré à
l'égard du prémier *Conclusum*, que sans une convocation préalable des Etats
du Cercle de la Basse-Saxe pour arrêter les *Præstanda*, ledit Roi ne fourniroit
rien à raison de ses Terres situées dans ce Cercle. Le Ministre de Zell n'a pas
laissé non plus de renouveller son opposition contre une *Caisse Militaire*, *de l'Empire* soutenant que chaque Cercle pourvoyant au besoin de ses Troupes, elle
n'est pas nécessaire, & qu'en tous cas elle devroit être établie des revenus
& contributions qui sont tirez des Pays de l'Electeur de Baviére. Mais d'un
autre côté ceux de Bamberg & de Wurtemberg ont donné à connoître, que
les Contingens des Cercles de Franconie & de Suabe ont déja quitté les Quartiers d'hyver pour se mettre en marche, & que même les premiers sont état
d'arriver le 12 aux environs de Philipsbourg. D'ailleurs, on n'a point encore
d'avis sûr de la reddition de Verue, & ceux qui regardent Nice varient si
fort qu'on ne sait qu'en croire.

Lettre de Ratisbonne, du 20. Avril 1705.

TOut se réduit à ce qu'en même tems que le Ministre Directeur de Mayence a remis entre les mains de Son Eminence, le Principal Commissaire,
les *Conclusa* mentionnés dans ma précédente du 9 de ce mois, Elle lui a délivré en échange un Decret Commissorial sur les *Reichs-Guthachten* touchant la
Députation pour examiner & régler les desordres qui régnent à la Cour de
Justice de Wetzlar, & concernant l'affaire entre l'Evêque de Wurtzbourg &
l'Assesseur Wygandt de ladite Cour de Justice à Wetzlar, Son Eminence
ayant insisté de plus que la communication de ce Decret Commissorial se fît
incessamment à la Diéte *per Dictaturam*. Mais le Ministre de Mayence ayant
remarqué par son contenu les reproches des *Ungebuhr*, qui auroient été commis avant & pendant qu'on a traité ici de ladite Députation, il a décliné u-
ne pareille communication, alléguant qu'il seroit obligé de demander auparavant là-dessus les ordres de l'Electeur son Maitre, lesquels lui ayant été dé-
partis, la communication dudit Decret Commissorial s'est aussi faite. Par ce
Decret l'Empereur, après avoir ressenti, quoique legérement, les susdits
Ungebuhr, confirme le *Reichs Guthachten* au sujet de la Députation, trouvant
d'ailleurs bon que la Diéte concerte au plutôt l'Instruction pour les Députés,

tés, & qu'elle fourniffe un *Reichs Guthachten*, fi avant ou à leur arrivée feulement il faut procéder à l'ouverture des Lieux d'Affemblée de la Cour de Juftice à Wetzlar, que l'Electeur de Mayence, fans la connoiffance & l'approbation de fa Majefté Impériale & des États de l'Empire, a fait fermer de fon chef; comme auffi que le différend entre l'Evêque de Wurtzbourg & l'Affeffeur Wygandt foit renvoyé auxdits Députez pour en décider. On conviendra aifément de l'Inftruction; mais pour ce qui eft du *Reichs Guthachten* il n'en fera pas de même, l'Electeur de Mayence fe croyant en droit d'avoir agi ainfi en vertu de fa Charge de Chancelier de l'Empire: & il eft aifé de voir, que cet Electeur en faifant par-là defifter de la nomination de fon Parent de Schonborn pour remplir la Charge vacante de Vice-Chancelier de l'Empire, il faut que la bonne intelligence entre lui & la Cour Impériale ne foit pas peu altérée.

Au refte, le Comte de Trautmansdorff, Ambaffadeur de l'Empereur en Suiffe, a paffé par ici pour fe rendre à Vienne, & le Baron de Goes pour s'en retourner à La Haye, d'où l'on dit qu'il reviendra ici au plutôt pour y refter en qualité de principal Commiffaire d'Autriche. On prétend que les Suiffes conjointement avec la République de Venife veulent fe mêler de l'Accommodement du Duc de Savoye avec la France, & que c'eft ce qui a donné lieu au rappel du Comte de Trautmansdorff, ainfi qu'à celui du Miniftre d'Angleterre. Suivant les avis qu'on eut hier, Verue doit s'être rendue le 7 de ce mois, & la Garnifon avoir été faite prifonniére de guerre. Ces mêmes avis portent que le Duc de la Feuillade a emporté le Château de Villefranche, & que s'étant déja emparé de la Ville de Nice il en fait attaquer maintenant le Château pour s'en rendre pareillement maitre. Il fe debite en échange que l'Efcadre de Pointis a été battue devant Gibraltar, mais c'eft au tems à vérifier ces nouvelles.

Lettre de Ratisbonne, du 21. Mai 1705.

LA nouvelle légitimation pour fon Eminence, le Principal Commiffaire, n'étant pas encore arrivée ou rendue publique, les délibérations de la Diéte font toujours auffi en fufpens; ce qui joint à la ftérilité de nouvelles qui ne régne ici que trop, fait que je n'ai prefque rien à mander par cet Ordinaire. Cependant les Miniftres ne laiffent pas de s'affembler réguliérement, & le fujet de l'entretien ayant roulé en dernier lieu fur la maniére de porter le deuil de la mort du feu Empereur, le réfultat en a été que ceux dont les Maitres ne touchent pas le Défunt de parenté, ou l'Empereur d'aujourd'hui, n'auront qu'à s'habiller de noir, eux & leurs gens, fans faire tendre les Appartemens, ni draper les Caroffes, permis néanmoins aux Miniftres d'en ordonner autrement.

L'appréhenfion d'une révolte en Baviére, dont je fis mention dans ma derniére Lettre, a fait que les Troupes affemblées à Mospurg fous la conduite du Général Cronsfeldt, fe font faifies de la Ville de Munich, & qu'on travaille maintenant à fe mettre pareillement en poffeffion du Baillage de ce nom, réfervé à l'Electrice pour en tirer fa fubfiftance. Le bruit eft grand & général, qu'un Confeiller de l'Electeur de Baviére, nommé Lier, a été arrêté en revenant de Bruxelles, & qu'on a trouvé fur lui des Lettres & des Inftructions pour un fouléve-

ment

LETTRES
POLITI-
QUES ET
HISTO-
RIQUES
DE DI-
VERS EN-
DROITS.
ment univerfel en Bavière : mais quand on en veut à fon Chien on dit qu'il eft enragé ; & il paroit aux plus fenfés que tout cela n'eft femé que pour fervir de prétexte à l'entreprife fur Munich. Suivant lefdites Lettres & Inftructions, le deffein doit avoir été formé de s'emparer auffi de cette Ville, & de la faccager & bruler enfuite ; & quoiqu'on n'y trouve guère de fonde- ment, le Magiftrat a pourtant fait faire des difpofitions néceffaires pour fe précautionner. Ce qui l'y a d'autant plus excité, c'eft qu'auprès d'une petite Porte murée, pendant les troubles paffez, on a trouvé la muraille percée en divers endroits.

Lettre de Ratisbonne, du 28. Mai 1705.

Ratisbon-
ne, 28.
Mai.
L'INACTION de la Diéte continuant toujours, je me trouve prefque hors d'état de fatisfaire à mon devoir. On fait cependant entendre que la raifon du retardement de la nouvelle légitimation pour Son Eminence le Principal Commiffaire, eft qu'à Vienne on eft bien aife de recevoir auparavant la Réponfe des Electeurs, fur l'Acte ou le Revers que l'Empereur d'aujourd'hui leur a fait délivrer pour confirmer de nouveau fa Capitulation, cette Réponfe de la part des Electeurs de Saxe & Palatin manquant encore. Ledit Acte ou Revers fera tenu public ; mais pour ob- vier que le Collége des Princes ne renouvelle fa proteftation interpofée l'an 1690 au fujet de ladite Capitulation faite fans fa participation, au lieu de le faire *per dictatum publicum*, les Miniftres Electoraux ont propofé à l'Electeur de Mayence de faire réimprimer la Capitulation, & d'y joindre cet Acte ou Re- vers. D'ailleurs le Magiftrat, pour fe précautionner d'autant mieux con- tre le mauvais deffein qu'on pourroit avoir formé contre cette Ville, non- feulement a fait tenir les Portes fermées pendant quelques jours, doubler les Gardes, & patrouiller jour & nuit par les Rues ; mais il a auffi fait arrêter & fortir de la Ville tous les gens fans aveu & fufpects. Comme il s'eft trouvé au nombre de ces derniers un Capitaine, nommé Mandel, Suédois de naif- fance, qui a fervi en cette qualité dans les Troupes de l'Electeur, & qu'on lui a donné des Gardes, le Miniftre de Suède en a fait quelque bruit. Là-deffus on lui a ôté fes Gardes ; mais il lui a été enjoint en même tems de fortir d'ici, & apparemment voilà la Comédie finie par-là.

Quant à la Saifie de la Réfidence & du Baillage de Munich, Son Eminence le Principal Commiffaire a fait infinuer par ordre à la Diéte, que l'Empereur avoit de bonnes raifons pour l'avoir ordonné ainfi, & que ces raifons lui fe- roient communiquées au plutôt ; on croit communément que celle de Con- venance y aura la plus grande part. Au refte, la prife de Mirandole a été confirmée ; & la Garnifon de 800. hommes, dont il y en a 300. de malades, a été faite prifonniére de Guerre.

Lettre de Ratisbonne, du 8. Juin 1705.

Ratisbon-
ne, 8.
Juin,
LA nouvelle légitimation pour Son Eminence le Principal Commiffaire étant arrivée, & ayant été communiquée à la Diéte *per Dictatum*, j'efpére que les dé- libérations qui vont recommencer fourniront matiére à écrire. Le premier fujet de ces délibérations fera apparemment comment s'acquitter envers fon Eminence

des

des complimens de condoléance & de félicitation, fur la mort du défunt Empereur & de l'avénement de l'Empereur préfent au Gouvernement de l'Empire, se feroit par Députation folemnelle, ou autrement; car & les Miniftres Proteftans ne pouvant pas admettre dans fes Titres les termes . . . . & fon Eminence auffi-bien que les Catholiques n'en voulant pas démordre, la Députation s'y pourroit accrocher. Auffi eft-ce uniquement à caufe de cette difpute & formalité que jufqu'ici, des réfolutions de la Diéte n'ont pu être formées des . . . . mais feulement des *Conclusorum Collegiorum.*

Quoique d'ailleurs, fuivant ma Lettre du 21. Mai paffé, l'on ait réglé la maniére de porter le deuil, néanmoins fur ce que fon Éminence a fait entendre qu'il feroit plus refpectueux & décent d'y obferver une égalité, cela vient d'être changé, & la plupart des Miniftres ont déja reçu ordre de draper auffi les Caroffes.

Le Magiftrat eft toujours dans l'appréhenfion qu'on a découvert un mauvais deffein contre cette Ville. Il a requis les bons offices de la Diéte pour qu'il ne foit pas obligé de faire marcher fon Contingent, mais qu'il refte ici en garnifon pour plus grande fureté tant de la Ville que de la Diéte; & cette demande n'étant pas injufte en vue dudit mauvais deffein, on ne pourra guères fe difpenfer de l'appuyer.

Au-refte le Congrès des Etats du Cercle de Baviére affemblés en cette Ville va finir après que fon Eminence lui aura fait infinuer fa nouvelle Légitimation en qualité de Commiffaire de l'Empereur, & fe fera mife par-là en état de recevoir le Réfultat de ce Congrès, qui doit être déja tout dreffé, mais qu'on travaille à ajufter entièrement. Selon les Lettres d'Italie arrivées hier, on doit s'attendre à quelque grande action dans ces quartiers-là.

Lettre de Ratisbonne, du 18. Juin 1705.

DEPUIS ma derniére du 8 de ce mois, fon Eminence par un Decret Commifforial a intimé à la Diéte que l'Empereur avoit trouvé bon, enfuite de ce qui avoit déja été arrêté par feue S. M. I. de reftituer Donaweerts dans fon ancien état de Ville immédiate de l'Empire. On applaudit fort à une fi éclatante marque de léganimité des fentimens de l'Empereur à l'entrée de fon Gouvernement, & l'on s'en promet des fuites agréables en d'autres affaires qui troublent l'harmonie & l'union de l'Empire. Il y en a pourtant qui y trouvent à redire, en ce que l'Empereur a réfolu cette reftitution fans en communiquer préalablement avec les Etats de l'Empire, & ils fe fondent dans le 5. 8. 12. §§ de l'Article V. des Traités de Weftphalie qui en ordonne ainfi: *Quod ad Civitatem Donawerdam attinet, fi in proxime venturis Comitiis univerfalibus in priftinam libertatem reftituenda effe judicabitur ab Imperiis Statibus.* D'ailleurs les délibérations de la Diéte ayant repris leur train ordinaire, le fujet en eft pour le préfent l'affaire de la Religion; la députation à faire à fon Eminence pour s'acquitter des Complimens de condoléance & de félicitation; & la demande du Magiftrat d'ici, qui eft de garder fon Contingent de Troupes pour la fureté de la Ville. Comme à l'égard de la première, & du Plein-pouvoir des Députés pour en examiner & régler les griefs, on eft en conteftation fur ce que les Proteftans prétendent avec raifon que les Traités de Weftphalie, le

De Ratisbonne, 18. Juin.

LETTRES
POLITI-
QUES ET
HISTORI-
QUES
DE DI-
VERS EN-
DROITS.

Receff d'Exécution de Nuremberg, *arctior modus exequendi* , & le dernier Receff de l'Empire de l'an 1654 foient feuls la bafe & la règle pour terminer les griefs de Religion , & que les loix fondamentales foient *nommément* exprimées dans le Plein-pouvoir, & que les Catholiques infiftent de leur côté, que le Traité de Ryfwick y ait auffi lieu. Quoique les principaux Chefs de plaintes réfultent de ce Traité , les Proteftans par un fuffrage commun déclarérent Lundi paffé *ad Proto-Collum*, qu'ils n'en relâcheront jamais rien ; & il faut voir à quoi les Catholiques fe détermineront là-deffus. Quant à la députation à fon Eminence, rien n'en eft arrêté jufqu'ici à caufe de l'obftacle mentionné dans ma précédente ; & l'on aura de la peine à convenir d'un tempérament convenable pour fortir de cet embarras. Mais pour ce qui eft de la demande du Magiftrat, d'autant que le Miniftre de Saltzbourg a remontré qu'en cas qu'on y donnât les mains, fon Maitre & d'autres Etats du Cercle de Baviére ne feroient pas marcher non plus leur Contingent, & que par un Refcript arrivé hier par la pofte à fon Eminence, l'Empereur preffe la Marche des Troupes dudit Cercle de Baviére, elle eft décidée par-là ; & le Receff du Congrès de ce Cercle ayant été figné le 12, ce Congrès eft fini pareillement ; & le *quantum* des Troupes de ce Cercle, qui en vertu de ce Receff paroitront en Campagne, fe réduit feulement à un Régiment de 1500 hommes que l'Archevêque de Saltzbourg fournit, & à un Bataillon de 800 hommes que quelques petits Etats donnent, lesquelles enfemble feront mifes en garnifon à Freybourg. Samedi dernier arriva ici Mr. Oberg, Miniftre d'Hanovre , & partit le même foir pour aller par eau à Vienne. Il a voulu faire accroire qu'il n'y étoit envoyé que pour faire les Complimens de condoléance & de congratulation ; mais on fait que fa principale Commiffion concerne le 9. Electorat, & l'on eft curieux d'apprendre de quelle maniére on s'y prendra à l'égard de cette affaire. Le bruit a été grand pendant quelques jours, d'une grande Action paffée entre les Armées fur la Mofelle à l'avantage des Alliés ; mais comme on n'en a reçu aucun avis par le dernier Ordinaire, ce bruit eft tombé de lui-même. On a été informé qu'on reçut hier d'Italie, d'une entreprife des Impériaux du côté du Lac d'Ifer qui n'a pas réuffi, & où ils ont perdu 1300 hommes : que le Prince Eugène faute de fubfiftance ne pourra pas refter encore longtems dans le Camp qu'il a formé : que le Duc de Vendôme ayant affemblé fon Armée auprès de Verceil marche droit à Turin : que le Duc de la Feuillade fe trouve déja à Rivoli, 7 à 8 lieues plus loin : & que le Duc de Savoye ayant fait abandonner aux Impériaux le Camp de Chivas, les a fait entrer dans la Citadelle de Turin.

Lettre de Ratisbonne , du 29. Juin 1705.

LA Diéte a bien délibéré fur les points qui concernent les gages prétendus du Général de Thungen en qualité de Commandant à Philipsbourg, fur les moyens d'obliger au payement des X. Mois Romains accordés pour pourvoir à la Fortereffe de Philipsbourg, ceux des Etats de l'Empire qui n'y ont pas encore fatisfait ; fur l'indemnifation de la Ville d'Augsbourg, & les propofitions qu'elle a faites à cette fin ; & fur la demande de l'Electeur de Mayence pour avoir voix & féance au Collége des Princes, comme Prélat de
. l'Ab-

l'Abbaïe de Lorfch; mais les fentimens & les fuffrages ont été fi différens & fi partagés là-deſſus, qu'aucun réſultat n'en a pu être formé. En particulier le Roi de Pruſſe par le ſuffrage d'Alberſtadt a donné à entendre ſur le 2. point, qu'il ne croyoit pas que quelque Miniſtre pût ou voulût ſe charger de faire l'Executeur auprès de ſon Maitre, & s'eſt réſervé à l'égard du dernier point, qu'en y donnant les mains, le Duc de Weiſſenfels, à raiſon de. . . . . . feroit auſſi reçu en même tems au Collége des Princes.

Il y a de la meſintelligence entre les Ducs de Saxe-Gotha, Meinungen, & ceux de Hilpertshauſen & Saalfeldt pour la Succeſſion du Duché de Co- bourg. Les derniers ont cherché à faire ſuſpendre le ſuffrage de ce Duché, quoique par une convention éternelle & de la famille ils ayent commis au Duc Régent de Gotha, l'exercice des droits des 3 Duchés de Cobourg, Gotha & Altenbourg, & d'en porter auſſi par conſéquent les ſuffrages au Collége des Princes. Mais les peines pour cette fin ayant été infructueuſes juſques- ici, le Miniſtre de l'Evêque de Brixen, en vertu de la Commiſſion des ſuſdits Ducs de Hilpertshauſen & de Saalfeldt, entreprit à la délibération ci-deſ- ſus mentionnée de voter de la part de Cobourg; à quoi pourtant celui de Saxe-Gotha s'eſt oppoſé ſi vertement, que l'autre n'a pas pu exécuter ſon deſ- ſein. Cependant cette maniére d'agir étant de très-mauvais exemple & d'u- ne dangereuſe conſéquence, pluſieurs Miniſtres en ont marqué leur mé- contentement, & ſur-tout celui du Roi de Pruſſe a déclaré qu'auſſi long-tems que ce préjudice ne ſeroit pas redreſſé, il ne pourroit voter davantage au Collége. Si l'on y perſiſte, cela pourra cauſer de nouveau quelque retarde- ment aux délibérations formelles; & il ſemble que d'autres donnent la main à cette démarche des Ducs de Hilpertshauſen & de Saalfeldt, & qu'ils y ont été excitez pour chagriner le Duc de Saxe-Gotha & ſon Miniſtre ici.

Pour ce qui eſt de la députation à ſon Eminence, le principal Commiſ- ſaire dont j'ai fait mention, d'autant qu'en faiſant ſavoir à la Diéte que le 8 du mois prochain ſeroient célébrées ici les funérailles du feu Empereur, Elle a fait témoigner en même tems qu'il ſeroit de la bienſéance que la députa- tion précédât cet acte de cérémonie, on eſt après à lever l'obſtacle qui s'y rencontre, & je marquerai quel biais on aura choiſi pour cette fin. Se- lon les nouvelles d'Italie l'Infanterie des Troupes de l'Electeur Palatin a joint le Camp des Impériaux à Gavardo, & la Cavalerie celui qui eſt à Navi, mais qu'au reſte les deux Armées ſe tenoient chacune dans leurs poſtes. Les Troupes du Roi notre Maitre, qui ont été en quartier dans le Haut-Palatinat, l'ont à la fin quité, & ſe ſont miſes en marche Mécredi paſſé. Je ſuis, &c.

LETTRES
POLITI-
QUES ET
HISTO-
RIQUES
DE DI-
VERS EN-
DROITS.
De Ham-
bourg, 30
Janvier.

Lettres de Hambourg, depuis le 30. Janvier jusqu'au 2 Octobre.

De Hambourg le 30 Janvier 1705.

L E Sécretaire du Comte de Dona, ci-devant Gouverneur du Prince Royal de Prusse, après avoir été quelque tems à Stockholm, & s'être adressé à la Femme de chambre de la Princesse Ulrique, passa avant-hier avec ladite Femme de chambre par ici. Il débita qu'il iroit rejoindre son Maitre en Prusse, & que la Femme de chambre se rendroit auprès de sa sœur, qui est femme du Valet de chambre du Roi de Suède, & qui, à ce qu'on dit, est en quelque maniére aimée de S. M. Ce voyage n'est peut-être pas sans mystère, & il faut que la Cour de Berlin pense présentement plus à la Princesse cadette de Suède, qu'à la Duchesse Douairiére de Gottorp. L'Ambassadeur Rosenhahn fera grande figure à Berlin, ayant déja engagé six Gentilshommes, dont le prémier sera le Sr. Swanlo, qui a fait jusqu'ici les affaires du Prince Charles de Mecklenbourg. La femme du Lieutenant-Général Rehnscild a passé par ici, pour revoir son mari. Le bruit d'une Paix prochaine entre les Rois de Suède & de Pologne continue toujours. Le Roi de Prusse y doit entrer, & Mr. Rosenhahn ajustera l'affaire à Berlin, promettant à sa Majesté Prussienne la Ville d'Elbingue avec la protection sur Dantzig, en cas qu'Elle veuille contribuer à ce que le Roi de Suède garde la Courlande, moyennant qu'il donne le Duché de Deux-Ponts au Duc de Courlande avec une certaine sômme d'argent pour équivalent de son Duché, & qu'Elle garantisse conjointement avec le Roi de Suède la nouvelle Paix par une assistance réciproque de 12000 hommes contre ceux qui la voudroient enfreindre. Ce font des avis qui viennent du Quartier même du Roi de Suède, & dont on saura dans peu la vérité.

Le Résident d'Angleterre croit que le Duc de Marlborough fera bientôt un tour à Vienne. Il faut donc que le bruit ne soit pas faux, que l'on conférera à ce Duc le Duché de Neubourg; & qu'on lui donnera une Place dans le Collége des Princes, dès-que le Haut-Palatinat sera ajugé à l'Electeur Palatin.

De Hambourg, le 6 Février. 1705.

L E Résident d'Angleterre, qui est ici, eut intention la semaine passée de s'en aller à Hannovre, mais étant arrivé à Zell, il apprit la mort subite de la Reine de Prusse, & rebroussa chemin, nous apportant en même tems la nouvelle de la dangereuse maladie de la Duchesse Douairiére d'Hannovre, quoique les derniéres Lettres qu'on en a reçu fassent espérer sa convalescence. On a fait des changemens parmi les Généraux Suédois. Mr. Guldenstiern, Gouverneur de l'Eveché de Brême, a obtenu le Gouvernement de la Livonie & de Riga; & le Lieutenant-Général Stuart aura le Gouvernement de l'Evéché de Brême, au préjudice de Mr. Welling, qui apparemment demanmandera fon congé. Le Général Rehnfchild eft revêtu du Gouvernement de Poméranie, & le Comte Mellin aura une penfion annuelle & fa démiffion. Le Général Horn eft revenu à Drefde, où l'on fait des préparatifs pour la Campagne prochaine, malgré les difcours qu'on tient toujours de la Paix. Les Gottorpiens agiffent toujours comme s'ils nous en vouloient. Ils ont rétabli Madame Groten, (dont le mari eft accufé d'être faux-monnoyeur) dans la Terre de Bramftede, & déchiré les feaux de la Régence de Gluckftadt appliqués aux Chambres de Groten. Comme la Jurifdiction fur cette Terre relève privativement du Roi d'un tems prefque immémorial, c'eft une infraction ouverte de toutes les Paix; & l'Officier du Roi, qui eft à Bramftede, n'a pas pu faire moins, que de faire arrêter le Notaire du Duc, qui commettoit cette infolence.

Le Courier de Vienne a repaffé par ici, en revenant de Coppenhague, où il a follicité le renvoi de nos Troupes, logées dans le Haut-Palatinat, & en Italie; à quoi le Roi ne confentira peut-être pas avant qu'elles foient payées, & que nous foyons fatisfaits des Subfides ftipulés. Le Confeiller Aulique Petkum eft allé à Schwerin moyenner un Accommodement entre le Duc de Schwerin & le Prince Charles fon frére; je ne crois pourtant pas qu'il y puiffe beaucoup contribuer. Le Duc de Schwérin a été fi malade, qu'il a fait venir un' Médecin de Lubeck. Il eft vrai qu'en Suède on équippera finon toute la Flotte, du moins un nombre affèz confidérable de Vaiffeaux, qui feront prêts au Printems prochain. On en allégue diverfes raifons, dont l'une eft, que le Roi de Suède veut empêcher le Commerce à Nerva aux Puiffances neutres. Je ne fai fi Elles le pourront fouffrir, le Commerce dans la Mer Baltique leur étant trop néceffaire & trop utile, pour y voir une irruption, ou des Loix données, de quelque nature qu'elles foient. .

A Hambourg, le 13. Février 1705.

L A Cour de Gottorp a fait émaner un Edit, qui difpenfe la Nobleffe de faire fonner davantage les Cloches pour la défunte Ducheffe, quoique jufqu'ici Elle n'ait guéres obéi au Mandat de la Chancellerie de Gottorp. Les deux Chancelleries de Gluckftadt & de Gottorp font maintenant en Correfpondance fur l'affaire de Bramftede.

Le fameux Prêtre Winckler, qui eft ici, ayant en une Vocation du Landgrave de Darmftadt, pour être fon Pafteur Aulique & Surintendant-Général des Prêtres, follicite fa démiffion auprès du Magiftrat; mais je ne crois pas qu'il réuffiffe, je crains plutôt que cela ne caufe de nouvelles brouilleries.

Le Duc de Schwerin fe porte mieux, & il eft attendu ici demain avec le Prince Héréditaire de Caffel.

On dit ici que le Roi de Pologne en retournant à Dresde a fait une excurfion à Oranjenboom, où il s'eft abouché à la Chaffe avec le Roi de Pruffe. Eckhard, Confeiller de Wolffenbuttel, négocie ici une bonne Somme de l'argent qu'il a voulu procurer au Roi de Pologne fur le crédit du Czar.

La Bourgeoifie d'ici s'affembla hier, mais elle ne conclut rien qui mérite

LETTRES
POLITI-
QUES ET
HISTO-
RIQUE$
DE DI-
VERS EN-
DROITS.
Ham-
bourg, 20.
Févr.

rite la moindre réflexion. S. E. de Pleſſen doit partir d'ici au prémier jour pour retourner à Coppenhague.

Lettre de Hambourg du 20. Février 1705.

LE Duc de Schwerin, le Prince Héréditaire de Caſſel avec leurs Séréniſſimes Epouſes, un Prince de Heſſe-Hombourg & les Freres du Duc de Schwerin font ici depuis 8. jours, & ſe divertiſſent aux Operas & aux Aſſemblées : les maſcarades & les réjouïſſances ceſſent pourtant, à cauſe de la mort de la Reine de Pruſſe.

Les Lettres que la Comteſſe de Leuenhaupten a eues de Dreſde nous ôtent toute eſpérance d'une Paix en Pologne, & diſent que Sa Majeſté ſe pourroit bien reſoudre à un retour ſoudain dans ſon Royaume.

On a ici des avis ſurs que le Miniſtre des Etats-Généraux, qui va à Vienne, concertera avec la Cour Impériale les conditions de la Paix future, & que la prochaine Campagne ſera infailliblement la dernière.

Le partage de la défunte Ducheſſe de Gottorp eſt fait. Elle a laiſſé plus qu'on n'avoit cru. Monſeigneur l'Adminiſtrateur a pour le moins 200000 écus, & les deux Princeſſes autant.

La fameuſe diſpute de Saltzau ſera décidée par une Juſtice Provinciale particuliére, les deux Maitres étant déja convenus ſur le mandement de convocation, la citation des Parties, le tems & le lieu. Il eſt entraordinaire que le Roi & Monſeigneur l'Adminiſtrateur n'ayant pu s'accorder ſur tant d'autres points, ſoient tombés d'accord ſur celui-ci, qui avoit tant de difficulté. Il ne faut pas deſeſpérer du reſte, & de la diſpute ſur Bramſtede, ſur laquelle les deux Chancelleries ſont en correſpondance; quoique le Conſeil de Stockholm tâche toujours de fomenter de la meſintelligence, comme pluſieurs avis de cette Capitale veulent nous le faire accroire. Weddercop n'y contribuéra pourtant pas; car la Ducheſſe Douairiére de Gottorp n'a pas de confiance en lui, & cela éclateroit davantage, ſi l'on pouvoit ſe paſſer de ce vieux & expérimenté Miniſtre.

Lettre de Hambourg, du 27. Février 1705.

LE Prince Héréditaire de Heſſe-Caſſel eſt parti ce matin d'ici, & le Duc de Schwerin le ſuivra demain. Le Baron Gortz, Conſeiller Privé de Gottorp, eſt parti à l'improviſte de Kiel pour Hannovre, ce qui a cauſé le bruit de la mort de l'Evêque d'Eutin; mais on aſſure, que les affaires domeſtiques du Baron ont eu part à ce voyage, parce qu'il tâchera de ſe défaire de ſes Terres paternelles, pour en acheter d'autres dans le Holſtein. Le Lieutenant-Général Bannier eſt recherché pour la ſeconde fois de la République de Veniſe, qui voudroit en faire ſon Général à la place de feu Mr. du Hamel; & on lui a offert les mêmes conditions, qu'on lui offrit il y a quelques années.

Un Courier venant de Vienne, & allant à Coppenhague, paſſa le 24.

par

par ici. L'Empereur infiftera toujours fur l'envoi de nos Troupes en Italie.
Le bruit eft préfentement général ici, que les Suédois veulent entrer en Saxe; mais j'ai peine à croire qn'ils prennent cette refolution. Les Troupes de l'Evêché de Brême marcheront dans quinze jours, & l'on y fongera aux nouvelles Levées.

Gagenholtz, Confeiller de la Chambre de Gottorp, eft allé à Stockholm, pour demander l'avis de la Ducheffe Douairiére de Gottorp fur plufieurs affaires de la Chambre. Car Monfeigneur l'Adminiftrateur dépend préfentement plus de Madame fa Belle-fœur, & fe conforme plus à fa volonté, qu'il n'a jamais fait: il faut que l'affaire de la Coadjutorerie lui ait infpiré ce changement de conduite.

Lettre de Hambourg, du 6 Mars 1705.

L A réponfe que la Chancellerie de Gottorp a faite à celle de Gluckftadt fur la difpute de Bramftede, eft couchée en termes un peu forts: elle demande que nous quittions notre *Poffefforium*, afin qu'on puiffe enfuite traiter, & prendre en main tous les griefs, préfentés de part & d'autre quelques mois après la Paix de Traventhal. La trop fine politique du Roi de Pruffe donne à penfer aux Alliez. Mr. Rofenhahn eft careffé à Berlin à la vue de Prebendaw, qui en enragera bien, fuivant l'humeur hautaine des Polonois, qui s'en fouviendront dans un autre tems.

Le Gouverneur de Landaw ne veut pas retourner à fon pofte avant que les chofes requifes pour la réparation de la Place y foient arrivées; parce qu'il craint que les François ne la reprennent, avant qu'on y ait fait la moindre réparation.

Le Roi de Pruffe a fait intimer au Clergé de Nordhauffen de faire fonner les Cloches pour la défunte Reine de Pruffe; mais fur fon refus, on a fait ouvrir par force l'Eglife Cathedrale, & fait fonner les Cloches journellement par fix Fantaffins. Tout le Sénat eft dégradé, mais les places ne font pas encore remplies par d'autres perfonnes, quoiqu'on s'y attende à tout moment. La Bourgeoifie de cette Ville s'affembla hier. Elle réfolut l'élargiffement du Payfan qui a imputé au Sénateur Sylm d'avoir tenu un faux Protocole; & d'un autre Bourgeois, que le Préteur avoit fait arrêter, à caufe qu'il avoit craché au vifage d'un Diacre, nommé Mackens. L'approbation de cette réfolution eft pourtant différée jufqu'à la prémiére Affemblée, qui fe tiendra la femaine qui vient.

Lettre de Hambourg, du 13. Mars 1705.

Q UOIQUE le partage de l'Héritage de la défunte Ducheffe Douairiére de Gottorp foit déja fait en quatre portions égales, hormis la Terre de Cronhaguen, que S. A. R. avoit léguée à Monfeigneur l'Adminiftrateur, & que chacun ait tiré plus de 100000 écus en valeur, Mr. Weddercop fufcite pourtant préfentement deux doutes; favoir, fi la dot de la défunte Duchefcheffe, qui fe montoit à 100000 écus, n'étoit pas échue au Duc Régnant privativement par droit d'aineffe, quoique les pactes dotaux continffent le contraire; & fi l'on ne devoit pas partager l'héritage *Secundum Jus Julicum*, par lequel les fils tiroient deux portions & les filles une feulement. Mr. Weddercop a fait cette ouverture au Confeil de Stockholm, & a propofé en même tems de mettre ces deux points en arbitrage, dans l'efpérance de regagner par-là les bonnes graces de S. A. R. ainfi que de la Cour de Suède, & de s'infinuer en quelque maniére auprès de Monfeigneur l'Adminiftrateur, puifqu'il n'eft venu à Kiel qu'après que la diftribution a été faite. Je me perfuade pourtant toujours que chacun gardera ce qu'il a.

Le fujet du voyage du Baron Gortz à Hannovre eft, qu'ayant perdu avec fes fréres un procès confidérable à Wetzlar contre un certain Gropendorf, dont l'exécution a été commife à l'Abbé de Fulde, & que voulant y obéir, il a tâché de s'accommoder avec Gropendorf, par la médiation du Préfident Gortz fon oncle.

Le Réfident de Suède, qui eft ici, prétend avoir des Lettres qui marquent que les Suédois ont brulé tous les Vaiffeaux des Mofcovites à Nien, & même la Fortereffe de Pétersbourg; mais comme cette action doit s'être paffée le 25. de Février, & qu'à peine peut-on en être averti ici par des Couriers, la nouvelle femble encore fujette à caution. Le Czar a écrit ici au Sénat en termes très-forts, fur ce que les Gazetiers de cette Ville impriment toujours tant contre lui & fes Troupes.

Lettre de Hambourg, du 20 Mars 1705.

LE Lieutenant-Général Bannier étant vivement preffé fur une réfolution de déclarer s'il veut accepter le Généralat de la République de Venife ou non, & l'Ambaffadeur de la République qui eft à Vienne étant chargé de cette commiffion, Mr. Bannier, qui ne peut guéres refufer les offres qu'on lui fait, a demandé permiffion à S. A. R. de s'engager pour trois ans.

Il y a quelque mefintelligence entre le Duc de Zell & Monfeigneur l'Adminiftrateur; Bernsdorff & Gortz font auffi brouillés; mais je n'en ai pas encore pu pénétrer le fujet.

Le Tranfport Suédois, dont on parle tant, ne fera pas fi confidérable qu'on l'a débité; puifque fuivant les Lettres de Stokholm il ne fera que de 7 à 8 hommes, outre les 5000 hommes qu'on enverra avec une Efcadre contre les Mofcovites.

L'affaire du malheureux Comte de Bielke n'eft pas en meilleur état à Stockholm; mais on efpére que le Roi de Suède ne voudra pas la pouffer à l'extrémité. La nouvelle qu'on a ici de l'avantage que les Suédois ont eû fur les Vaiffeaux des Mofcovites à Nyen, manque de confirmation.

La Bourgeoifie s'affembla encore hier, parce que le Sénat n'a pas approuvé fes deux derniers *Conclufa*; favoir, que le Payfan qui a affaire avec le Sénateur Sylm, & le Bourgeois Hennings, qui a affronté un Diacre, fortiffent de

pri-

LETTRES
POLITI-
QUES
ET HIS-
TORIQUES
DE DI-
VERS EN-
DROITS.
Ham-
bourg, 27.
Mars.

prifon: la Bourgeoifie y infifte pourtant, ce qui pourra faire naître de nouveaux tumultes.

Lettre de Hambourg, du 27 Mars 1705.

LEs Partifans du Sénateur Sylm, qui eft accufé par un Payfan d'avoir tenu un faux Protocolle, vinrent au Congrès de la Bourgeoifie, qui fe tint lundi paffé, en telle foule à l'Hôtel de Ville, qu'ils furent fupérieurs, & que les prifonniers reftérent tous dans leurs arrêts jufqu'après Pâques, que les Bourgeois fe raffembleront. Le Magiftrat n'eft pas fâché de cette diffenfion, parce que les Parties, qui lui en vouloient toujours ci-devant, s'entrequerellent & fe perfécutent elles-mêmes à préfent, & c'eft pour cela que le Sénat fomentera cette brouillerie auffi long-tems qu'il pourra. Le Sécrétaire de l'Empereur a été chez le Comte de Rantzau à Draguc, pour lui demander fon Contingent au nom de l'Empereur en des termes un peu trop forts, le menaçant de charger S. M. de l'exécution, en cas d'une tergiverfation ultérieure. Sur quoi Mr. le Comte a promis de contenter S. M. I. immédiatement après Pâques.

On aprête plufieurs apartemens au Château de Stettin, où la Femme du nouvel Élu paffera l'Eté, pour être à l'abri de toutes les marches & contremarches des Armées.

Le Confeil de Stockholm a enfin approuvé que le Roi de Suède entre en Saxe, puifqu'on n'a pu le difpofer à la Paix, ni trouver d'autre moyen pour la procurer. Ainfi cette invafion eft réfolue & s'exécutera, vu qu'aucune entreprife extraordinaire des Mofcovites n'en détourne S. M. Suédoife.

Mr. Kettenbourg, Confeiller Privé de Monfeigneur l'Adminiftrateur, eft allé en Pologne: peut-être que ce voyage n'eft pas fans myftère.

Lettre de Hambourg, du 3. Avril. 1705.

JAi des avis certains que le voyage de Mr. Kettenbourg, Confeiller Privé de Monfeigneur l'Adminiftrateur, ne concerne que les affaires domestiques de S. A. Il y a toujours une grande mefintelligence entre elle & Madame Royale; & celle-ci contrevient en plufieurs points à la Convention faite à l'égard de la Tutelle & de l'Adminiftration des Duchez. Mr. Kettenbourg doit donc repréfenter au Roi de Suède, que Madame fa Sœur prévenue contre Monfeigneur l'Adminiftrateur eft mal informée, fuppliant S. M. Suédoife de la porter à ratifier le recès de partage, & à avoir meilleure opinion de fon Beau-frére. Gagenholtz, Confeiller de la Chambre de Gottorp, eft auffi parti pour aller prier le Confeil de Stockholm de travailler au rétabliffement d'une bonne harmonie entre Madame Royale & Monfeigneur l'Adminiftrateur. Il n'y a que l'affaire de la Coadjutorerie, qui oblige le Duc à ménager la Suède; car fans cela, il prendroit d'autres mefures que fes prédéceffeurs. Weddercopf & Gortz font las du joug Suédois, & Bannier entre felon toutes les apparences au Service de la République de Venife, ainfi nous

Tome XIV.   *C   en

LTTERES
POLITI-
QUES ET
HISTO-
RIQUES
DE DI-
VERS EN-
DROITS.

en pourrions profiter. Mr. Rofenhahn prétend du Roi de Pruffe, qu'il évacue la Ville de Nordhaufen. Comme les ennemis du Général Guldenftiern font tout ce qu'ils peuvent pour l'empêcher d'obtenir le gouvernement de Livonie, parce qu'ils craignent de n'avoir pas alors les coudées libres, il pourroit bien garder encore fon ancien pofte dans l'Evêché de Brême. &c.

Lettre de Hambourg, du 24. Avril 1705.

MONSEIGNEUR l'Adminiftrateur a été fi complaifant pendant le féjour du Roi dans ce Pays, qu'il lui a non feulement rendu vifite à Rensbourg, mais qu'il a encore envoyé le Baron Gortz à Gluckftadt pour inviter S. M. à déjeuner à Dannewerth, près de Sleswig. Dë plus, le Roi s'en étant ex-cufé, S. A. s'eft rendue à Dannewerth, & voyant que S. M. y étoit déja paffée, Elle a pris des chevaux, pour la joindre & lui faire la révérence.

La Princeffe de Gottorp va à Wolffenbuttell, pour aller aux Bains avec Madame fa Sœur.

Le Roi de Suède doit être arbitre fur les points conteftés dans l'Héritage de feue la Ducheffe Douairiére, s'il veut s'en charger. Si la République de Venife n'a pas encore engagé un autre Général, Mr. Bannier entrera infailli-blement à fon Service.

Le Régiment du Maréchal, logé dans l'Evêché de Brême, qui devoit mar-cher lundi prochain en Poméranie, eft contremandé, & ne quittera fon quartier que le 14 de Mai, après que le Régiment de Muller, qui eft en Poméranie, aura pris les devans. Le Général Allard, qui eft échangé con-tre Horn, Général du Roi de Suède, eft arrivé ici; mais il n'ofe pourfuivre fon chemin à Drefde, avant que le Roi de Suède ait ratifié cet échange par le Général Horn. Le Comte d'Eyk eft parti pour Ofnabrug. On a ici la nouvelle, que le Roi de Suède donne audience au Miniftre François & à celui de Ragotzi, dans le tems qu'il la refufe à celui des Alliés.

Lettre de Hambourg, du 29. Mai 1705.

CETTE Ville n'a rien fait jufqu'ici pour feue S. M. Elle fe conforme-ra apparemment à ce que les Villes de Lübec & de Brême feront, puis-qu'on ne trouve pas dans les Archives ce qu'on a fait par le paffé. J'ai ce-pendant infinué en plufieurs endroits, que je ne comptois pas qu'on s'émanci-pât à exercer les actes des autres Villes Impériales, dont S. M. le Roi N. M. pourroit être fâché; car Nuremberg, Augsbourg & Francfort firent fonner les cloches auffi-tôt qu'on y apprit la nouvelle de la mort de S. M. I. Com-me je l'apprens fous main, cette Ville enverra fes Deputez à Vienne, & fe-ra chercher par eux la confirmation de fes prétendus priviléges. On auroit appréhendé à Hannovre la négociation de Mr. Rofenkahn à Berlin, fi Mr. de Frefendorf n'avoit pas affuré le Duc d'Hannovre par ordre du Roi de Suéde le 1 de Mai, qu'elle n'étoit pas contraire aux intérêts de fa Mai-fon. On y a donc été tranquille, dans la perfuafion que le mariage du
Prin-

Prince Royal de Pruſſe & de la Princeſſe cadette de Suéde étoit le ſeul but
de toutes les conférences. Mr. de Roſenkahn ira de Berlin en Suéde, où il pourra entrer dans le Conſeil auſſi-bien que le Comte d'Oxenſtiern, qui eſt à
Deux-Ponts.

Le Prince Charles de Mecklenbourg a fait une courſe à la ſourdine à Lubec, pour s'aboucher apparemment avec Guzmer; car le Réſident de l'Empereur ne lui peut pas être utile, ſon crédit n'étant pas exceſſif à Vienne, &
Mr. Werpup étant à Wolffenbuttel, & il a dépêché outre cela ſon Sécretaire vers Mr. de Bernſtorp.

LETTRES
POLITI-
QUES ET
HISTO-
RIQUES
DE DI-
VERS EN-
DROITS.

Lettre de Hambourg, du 5 Juin 1705.

IL y a pluſieurs Marchands à Riga, qui ont cherché à faire garantir ici leurs
maiſons contre tous les maux qui leur pourroient arriver, & ils ont trouvé des gens en cette Ville, qui en ont ſubi la garantie pour 4 mois, à cinq
pour cent.

Le Prince Charles de Mecklenbourg n'a pas ſeulemeṅt intention de tirer
des Terres du Duc ſon Frére, mais il pretend comme le puîné l'entier Duché de Guſtrau, voulant renverſer le Traité fait ici entre les Ducs de Schwe-
riṅ & de Stréliz. Je ſai bien que Mr. Petckum lui inſpire ces ſentimens. Je
ne comprens pourtant pas comment il pourra ſe flatter de l'appui du Roi de
Suéde & des Ducs de Lunebourg, qui ont eu tant de part à la Convention
ſous-mentionnée.

Le Duc de Stréliz ſe remarie pour la troiſiéme fois avec la Princeſſe
de Schwartzbourg-Sonderſhauſen.

On ſonne trois ſemaines les cloches dans le Duché de Lunebourg, & on
y fait ceſſer pendant ſix ſemaines la Muſique: nous ſuivrons cet exemple en
Holſtein.

Je viens de recevoir la très honorée vôtre du 2 du courant. Ernſt Vette
ayant appris que les Zélandois avoient confiſqué ſon Vaiſſeau, a promeſſe de
Coppenhague qu'on vous departira encore un ordre pour reclamer le Vaiſſeau, & pour faire annuller cette confiſcation par les autres Provinces; c'eſt
pourquoi je vous recommande ſes intérêts.

Ham-
bourg, 5
Juin.

Lettre de Hambourg, du 12. Juin 1705.

LE Sécretaire de l'Empereur, qui eſt ici, a eu ordre de ſon Maitre de faire
ſavoir aux Miniſtres Publics qui s'y trouvent, les raiſons que S. M. I. avoit
eues de ſe ſaiſir de la Ville & du Bailliage de Munich, leſquelles raiſons ſont en
ſubſtance celles qui ſuivent. 1. Que l'Électrice de Baviére n'avoit pas ſatisfait
au paſſé avec Elle. 2. Qu'on n'avoit pas agi de bonne foi en rendant l'Artillerie Bavaroiſe, dont on avoit caché une bonne partie. 3. Qu'on n'avoit
pas reſtitué tout ce qu'on avoit pris dans le Tirol, en conformité du Traité.
4. Qu'on n'avoit pas ſeulement fomenté la rebellion en Hongrie, mais qu'on s'é-
toit ſervi auſſi de pluſieurs Emiſſaires, qui avoient tramé une révolte en Bohême.

Ham-
bourg, 12.
Juin.

Et

LETTRES
POLITI-
QUES ET
HISTO-
RIQUES
DE DI-
VERS EN-
DROITS.
Et 5. que pendant la vie de feue S. M. I. cette même réfolution de fe rendre maitre de Munich avoit déja été prife.

Monfeigneur l'Adminiftrateur eft un peu fâché de ce que l'Empereur ne lui a pas notifié la mort de feu fon Pére, & je doute fort que la Lettre de notification vienne, lorfque S. A. S. déclarera au Comte d'Eyk quand il lui délivrera une Lettre de l'Empereur touchant l'envoi du Contingent, qu'Elle fera obligée de renvoyer à l'avenir les Lettres à Vienne, fi le titre de Coadjuteur ne lui eft pas donné, & je doute que la Cour Imperiale reconnoiffe fi-tôt ce Prince pour Coadjuteur.

Pendant que la Lettre en laquelle Mr. Bannier avoit refufé le Généralat de la République de Venife, étoit en chemin, on lui a envoyé la Capitulation, avec la liberté d'y inférer encore ce que bon lui fembleroit. C'eft pourquoi Mr. Bannier eft de nouveau fort tenté, & il pourra bien accepter l'offre de la République fi le Roi de Suéde ne le lui défend expreffément.

Mr. Kettenbourg eft fur fon retour de Pologne. Le Roi de Suéde ne veut pas fe méler dans les difputes qu'il y a entre Madame Royale & Monfeigneur l'Adminiftrateur. Kettenbourg apporte auffi une recommandation du Roi de Suéde à Monfeigneur l'Adminiftrateur pour le Confeiller Provincial Fridéric de Rantau, dont l'effet fera que ce Miniftre entrera dans le Confeil.

Lettre de Hambourg, du 19 Juin 1705.

MR. Lilienfted, qui fuccédera à Mr. Coyet à Wifmar, eft nommé arbitre dans les difputes qu'il y a entre les Héritiers de feue Madame Royale de Gottorp, & décidera fi la dot de Madame Royale eft échue au Duc régnant, comme au Fils ainé tout feul à l'exclufion des autres, & fi l'héritage doit être partagé felon le Droit de Jutlande ou de Holftein.

Le Général Stuart, beau-frére de Rehnfchildt, affure ici que l'Armée Suédoife, y compris le tranfport attendu, & les recrues, n'étoit forte que de 3400 hommes, & qu'une telle repartition avoit déja été faite: que 5000 hommes commandés par le Général Stromberg, fe pofteroient autour de Cracovie, renforcés de 10000 hommes, que Potocky a amenez pour garantir cette Place de toutes fortes d'infultes, afin qu'aucun incident ne trouble le Couronnement: Que le Roi de Suéde marcheroit en perfonne avec 20000 hommes pour livrer bataille aux Mofcovites, qui avoient deffein de diffiper le Congrès de Warfovie: Que 6000 hommes refteroient à Ravitz, & obferveroient avec les partifans de Leffinfcki les mouvemens du Roi de Pologne, pour l'empêcher de rentrer en Pologne: Que ces trois Corps ne s'éloigneroient pas tellement l'un de l'autre, qu'ils ne puffent fe rejoindre en peu de tems: Que fi le Roi Augufte perçoit contre l'opinion dans la Pologne, le Roi de Suéde avoit pris une ferme réfolution d'envoyer un Détachement en Saxe pour faire rebrouffer chemin au Roi Augufte.

Le Général Horn a déja repris le Caraĉtére d'Ambaffadeur, il a de gros appointemens, qui font de 15000 écus par femaine.

Mr. le Brigadier Klinckerftrom a paffé par ici en allant à Stade, & a don-

donné à connoître à fes Confidens que le Roi de Suéde ne menaçoit pas affez les Cours de Lunebourg; que celle d'Hannovre n'en étoit pas fatisfaite,
croyant que fon amitié étoit préfentement plus néceffaire à S. M. Suedoife
qu'en aucun tems, l'Empereur d'aujourd'hui n'étant pas trop bien intentionné
pour Elle, & l'Imperatrice ayant tant d'afcendant fur fon Epoux, quoiqu'Elle
ait pourtant des égards extraordinaires pour la Maifon d'Hannovre.

Le Roi de Suéde a adouci la fentence du Comte de Bielcke, de maniére qu'il conferve la vie & l'honneur, & qu'il a la permiffion de paffer le refte de fes jours fur les Terres de Madame fa Femme; mais fes biens font confifquez, & il n'ofe pas retourner à Stockholm, ni à la Cour, ni entretenir la moindre correfpondance avec qui que ce foit au monde hors de fa famille.

Les Villes de Lubec, Brème & Hambourg ont enfin concerté ce qu'elles feront pour S. M. I. c'eft-à-dire, qu'elles feront fonner pendant quatre femaines les cloches, interdire la Mufique, l'Opera & la Comédie, & que dans la quatriéme femaine les Prêtres feront une efpèce de Sermon funèbre, en expliquant pourtant le texte ordinaire.

Le Docteur Mayer arriva avant-hièr ici, & il va aux Bains de Scwalsbach en compagnie du Docteur Mayer, Surintendant des Prêtres à Brème. Il ne va nulle part qu'il ne foit accompagné de beaucoup de monde, & quand il entre dans une maifon, une centaine de fes anciennes créatures l'environnent, feulement pour le voir fortir.

Le Prince Charles de Mecklenbourg entreprit hièr fon voyage pour l'Armée du Roi de Suéde. Le Comte Piper lui a écrit qu'il feroit bien venu. Je ne crois pourtant pas qu'il vienne à bout de fes prétentions, & que les Miniftres du Cercle fe puiffent dédire de leur garantie du Traité touchant la Succeffion de Guftrau.

J'ai reçu la très honnorée vôtre du 16 de Juin. Ernft Fette eft donc lui-même caufe que la confifcation a été faite, parce qu'il a retardé de s'accommoder.

Lettre de Hambourg, du 26 Juin 1705.

LE Sécretaire de l'Empereur m'a notifié formellement, par ordre de Mr. le
Comte d'Eyk, la mort de feüe S. M. I. & l'avénement de l'Empereur
d'à préfent à la Couronne Impériale.

Monfeigneur l'Adminiftrateur fit commencer dimanche paffé à prier pour la groffeffe de Madame fon Epoufe.

Le Prince Héréditaire d'Hannovre en eft parti pour Weiffenfels avec une très petite fuite, & avec le Confeiller Privé Els, pour y voir la Princeffe Wilhelmine. Si Elle lui plait, il n'y a point de doute qu'il ne s'en enfuive un mariage; & en cas que non, on pourroit penfer à la Fille du Prince Louis, cadet du Duc de Wolfenbuttel, qui eft préfentement auprès de la Reine de Pologne. Il eft vrai que les Etats-Généraux ont propofé ci-devant le mariage, pour rétablir la bonne intelligence entre les deux Maifons de Wolfenbuttel &

d'Hand'Hannovre; mais alors on n'y écouta guéres: d'où l'on infére que Madame de Schulenbourg avoit contribué à ces résolutions, y ayant été portée par son frère, le Général de Schulenbourg, qui étoit allé nouvellement à Hannovre.

Je sai par hazard que la Cour d'Hannovre a fait souvenir le Roi de Suéde & le Conseil de Stockholm de faire donner un Ordre à l'Envoyé Stor, qui est à Ratisbonne, afin qu'il s'intéresse pour l'introduction du Duc d'Hannovre dans le Collége Electoral, & que le Roi & le Conseil de Suéde s'en sont excu-sez, donnant une réponse, qui consistoit en termes dilatoires, & qu'on devoit attendre un changement de conjonctures, dont la Cour d'Hannovre a été très mécontente.

Lettre de Hambourg, du 3. Juillet 1705.

ON traite l'excursion du Prince Héréditaire d'Hannovre, comme une af-faire fort mistérieuse, & on ne veut pas avouer à Hannovre, qu'elle ten-doit à une entrevue avec la Princesse de Weissenfels. Il faut pourtant que dans peu nous soyons éclaircis, si la Princesse a plû au Prince ou non; car il est déja de retour à Piremont, où Monseigneur son Pére est aussi.

Madame Royale a répondu à Monseigneur l'Administrateur touchant la dé-mission de Mr. Bannier, qu'Elle ne trouvoit pas à propos de la lui accorder, qu'Elle ne la lui accorderoit même jamais : Que si pourtant le Général s'opiniâ-troit pour l'avoir, Elle porteroit le Roi de Suéde à l'en détourner, Mr. Ban-nier étant son Vassal. Le Général, qui se seroit volontiers prévalu de l'offre de la République, & qui l'auroit acceptée, n'ose pas présentement s'engager malgré Madame Royale; ce qui sera toujours un obstacle à l'entrée de Mr. le Président Ranzau dans le Conseil d'en haut, les Ennemis de celui-ci n'inter-prétant la Lettre de recommandation du Roi de Suéde, que dans la supposition que Mr. Bannier quite la Cour de Gottorp.

Les Lettres de Raviz portent que le Grand Général Lubomirsky veut se démettre de sa charge, & se retirer sur ses Terres, pourvu que le Roi de Suéde ne s'en prenne pas à elles, ni ne le traite d'Ennemi; mais S. M. Suédoise prétend qu'il se mette à discrétion, ne pouvant pas se fier à lui, ayant été atrapée une fois par son changement.

Le Régiment de Horn, qui étoit ci-devant dans l'Evéché de Bréme, est sur son retour de Pologne, & déja arrivé en Poméranie. Il est diminué de 1000 jusqu'à 300 hommes. Le Régiment de Mellin est aussi revenu en Poméranie, mais le prémier reprendra ses anciens quartiers dans l'Evêché.

Le Landgrave & la Landgrave de Cassel ont voulu venir à Schwerin pour accompagner S M. la Reine-Mére aux Bains; mais il semble que les con-jonctures présentes les ayent fait changer de sentiment. N'étant pas encore ar-rivez, S. M. a déja envoyé son Fourrier ici, & nous l'attendons sur la fin de la semaine prochaine à Altbona, à moins que le Duc de Schwerin ne la fasse inviter à venir de Travemunde à Schwerin, comme on le croit ici, sur-tout si le Landgrave y venoit aussi.

RESOLUTIONS D'ETAT, M. DCC. V.

Lettre de Hambourg, du 10. Juillet 1705.

L'AMBASSADEUR de Moscovie qui est à la Haye a écrit en des termes très-forts au Magistrat d'ici, sur ce que les Gazettiers de cette Ville ont mis dans leurs Gazettes que S. M. Czarienne étoit morte.

Les Marchands d'ici appréhendent fort que la Flotte Françoise qui a été dans le Havre de Brest ne se saisisse des Vaisseaux Marchands qui sont sur le retour de Portugal & de la Mer Méditerranée avec de riches Marchandises, parce que cette perte ruïneroit les plus accréditez à la Bourse.

Le Prince de Saxe-Gotha a quité le Service du Roi de Suéde, & va s'engager chez les Alliez : ce qui prouve que ce Prince est déchu de l'espérance d'épouser la Princesse de Suéde, & qu'il a sacrifié tant d'années & de peines pour rien.

Le Transport Suédois a débarqué en Poméranie près de Wolgast, ce qui donne lieu à divers raisonnemens.

Le Pontife a envoyé un Exprès au Cardinal Primat, pour le détourner encore une fois de couronner Lessinski, avec menace qu'il sera privé de toutes ses Charges & Bénéfices Ecclésiastiques, s'il s'émancipoit à exécuter son dessein. Ledit Pape a ordonné aussi aux autres Evêques & Prélats de Pologne, *sub pœnâ Excommunicationis*, de ne reconnoître point d'autre Roi qu'Auguste, ce qui fera peut-être un Galt dans le prétendu Couronnement : les François n'ont pu empêcher cette résolution du Pape.

Lettre de Hambourg, du 17 Juillet 1705.

MEGERFELDT Lieutenant-Colonel du Roi de Suéde, frère du Lieutenant-Général de ce nom, est arrivé en dix jours de Danzik ici, & a raporté combien le Cardinal Primat avoit été surpris de ce que le Roi de Prusse avoit desavoué qu'il voulût reconnoître le nouvel Elu, qui étoit inscrit dans les Universaux ; & que ledit Cardinal avoit assuré le Général Meyerfeldt, qu'il convaincroit aisément S. M. Prussienne de la vérité de ce qu'on avoit avancé, lorsqu'il lui remit le Mémoire du Résident de Prusse.

Le Résident de Suéde qui est ici pretend savoir certainement, qu'on apprendra du Roi son Maître dans quinze jours, une entreprise à laquelle on ne s'attendoit pas

Le Régiment de Horn passa hier en revue près de Buxtelude, & est rentré aujourd'hui dans ses vieux quartiers.

Le Conseiller Privé Els, qui a été avec le Prince Héréditaire d'Hannovre à Weissenfels, n'est pas retourné avec S. A. à Piremont, mais a fait une course à Cassel. On croit qu'il y est encore, puisqu'on voit presque tous les jours des Estafettes de sa part à Piremont ; d'où l'on infère que la Cour d'Hannovre pense plus à une Alliance avec la Princesse de Cassel, qu'avec celle de Weissenfels.

Turcks, Conseiller Privé de l'Evêque de Wurtzbourg, s'est rendu aussi à Pireremont, & a déclaré au Duc d'Hannovre l'acceffion de fon Maitre au IX. Electorat, faifant en même tems les complimens de félicitation là-deffus.

Mr. le Baron de Gortz, Confeiller Privé de Gottorp, eft de retour des Bains de Scwalsbach. Il dit avoir apris du Prince de Bade même, qu'il s'é- toit plaint du Duc de Marlboroug, de ce qu'il n'avoit pas fatisfait au con- cert qu'ils avoient pris à Raftad, en conformité duquel l'Armée auroit mar- ché par Mayence, au lieu qu'elle avoit pris un detour de 22 lieues : ce qui l'avoit tellement fatiguée, qu'elle avoit été incapable de grandes entrepri- fes.

Lettre de Hambourg, du 24 Juillet 1705.

Ham- bourg, 24. Juillet.

NOus favons enfin ici avec certitude, que Els, Confeiller Privé du Duc d'Hannovre, n'ayant pas trouvé de convenance dans le mariage du Prin- ce Héréditaire avec la Princeffe de Heffe-Caffel, eft allé à Anfpach a- vec un ordre pofitif de conclure fans délai le mariage avec la belle Princeffe d'Anfpach : on efpere auffi que ledit Miniftre y réuffira, foit que cette Prin- ceffe foit déja coiffée du Prince Royal de Pruffe, & que la Cour de Berlin n'y veuille pas confentir. Je fai d'ailleurs de très bonne part, que la Cour de Suede a reproché au Duc d'Hannovre qu'il faifoit trop hâter le maria- ge de fon Prince, quoiqu'on ne l'eût jamais rejetté en recherchant la Prin- ceffe de Suéde, mais qu'on lui eût répondu en termes dilatoires feulement. Le Roi de Suéde fait fonder fous main & en fecret l'Etat de Hollande, & quelques autres Etats, pour recevoir fa Médiation à la Paix future entre les Alliez & la France. Cela pourra réuffir, fi la Cour de Vienne en eft con- tente ; & l'iffue de cette Campagne fera voir, fi la Paix eft fi proche qu'on le croit communément. Le dernier Tranfport Suédois, arrivé en Pomé- ranie, ne paffe pas 5000 hommes. La Reine-Mère arriva à Altena lundi dernier, & a pourfuivi aujourd'hui fon chemin. Elle va par l'Evêché de Brême, & s'arrêtera deux jours chez la Princeffe de la Trémouille.

Le Duc de Schwerin l'avoit invitée à Schwerin, Monfeigneur l'Admini- ftrateur l'a faite prier de venir à Gottrop, & Monfeigneur l'Evêque d'Ofna- brug lui auroit rendu des civilitez fi elle avoit paffé par fon territoire.

Les Lettres d'Hannovre arrivées dans ce moment, apportent la conclu- fion du mariage du Prince Héréditaire & de la Princeffe d'Anspach.

Lettre de Hambourg, du 31. Juillet 1705.

Ham- bourg, 31. Juillet.

CE fut le 26 de Juillet, qu'on publia à Hannovre la conclufion du maria- ge du Prince Héréditaire avec la Princeffe d'Anfpach. La Ducheffe de Weiffenfels, Tante de la Princeffe, a le plus contribué à cette alliance, & elle a ufé de tant d'adreffe avec le Prince quand il étoit à Weiffenfels, qu'il a d'abord plus penfé à fa Niéce qu'à fa Belle-Sœur.

Les Ducs de Zell & d'Hannovre auroient mieux aimé le mariage avec la Princeffe de Caffel ; mais le Prince ayant demandé la liberté du choix, & l'ayant l'ayant obtenue, a préféré la Princesse d'Anspach à toute autre. Je tiens d'ailleurs de très bon lieu, que la principale négociation de Mr. Oberg à Vienne, consiste en ce qu'il travaille sous main à un mariage entre l'Archi- duc Charles & la Princesse d'Hannovre, & l'on est persuadé à Hannovre qu'il réussira.

Comme dans la derniére Assemblée des Bourgeois de cette Ville ceux-ci ont été fort remuans, & qu'ils ont voulu dégrader quelques Sénateurs, Matt- felt, le plus nouvellement élu, qu'on ne vouloit pas reconnoître, parce que le Magistrat l'avoit choisi contre la defense des Bourgeois, s'est démis vo- lontairement de sa dignité, & a entrepris un voyage pour quelques semai- nes: le Magistrat n'a pourtant pas voulu agréer son abdication, prétendant qu'il ne dépendoit pas de lui de renoncer à sa charge sans le consentement du Sénat: en effet les Bourgeois gagnent beaucoup que cet homme ait quitté son poste sur leurs oppositions, ainsi leurs esprits se calmeront, & ils remet- tront apparemment ce Sénateur en sa prémiére fonction, après être venu à bout de leur intention.

Lettre de Hambourg, du 7 Août. 1705.

LEs Hannovriens ne veulent pas consentir que Mr. Oberg négocie à Vienne un mariage entre l'Archiduc & leur Princesse: ils veulent plu- tôt qu'Imhof, Ministre de Wolffenbuttel, s'y donne des mouvemens pour négocier un mariage entre l'Archiduc & la Princesse de Meinungen, alléguant que l'Electeur Palatin avoit déja pensé à cette Princesse lorsque celle d'Ans- pach étoit sur le tapis. On se vante aussi à Hannovre de ce que le Duc de Wolfenbuttel se sert de plusieurs canaux pour rentrer en bonne intelligen- ce avec les Ducs de Zell & d'Hannovre, & l'on ajoute que S. M. d'Han- novre en est encore fort éloignée. Il n'est pas toutefois sans fondement, que le Duc de Wolffenbuttel a fait parler en bien des endroits sur ce sujet; mais il le colore si bien que les Alliez n'en prendront peut-être pas d'ombra- ge. Groot, Envoyé du Duc d'Hannovre, sera rappellé de Stockholm. Ledit Duc d'Hannovre n'étant pas satisfait du Roi de Suéde, fait divulguer par-ci par-là, qu'on reprendra les Conferences pour passer un Traité entre le Roi & le Duc de Zell: mais il est aisé de pénétrer qu'on vise par-là à allarmer un peu le Roi de Suéde, & à l'obliger à avoir un peu plus d'égard pour la Maison de Lunebourg, qu'il n'en a eu depuis quelque tems. Les Suédois nous parlent toujours de choses surprenantes & imprévues, qui arriveront bien- tôt, & dont chacun est dans l'attente d'être éclairci.

Les Lettres de Riga manquent, ce qui donne lieu d'apréhender, que cet- te Place ne soit pas investie par les Moscovites.

Lettre de Hambourg, du 14. Août. 1705.

MONSEIGNEUR l'Administrateur a fait sonner les cloches dans le Hol- stein pour le défunt Empereur, quoique la mort ne lui en ait pas été *D

LETTRES
POLITI-
QUES ET
HISTO-
RIQUES
DE DI-
VERS EN-
DROITS.
notifiée. J'ai vu une Lettre de bonne main de Stockholm, qui contient, que quoique S. M. le Roi de Pruffe n'épargne pas la moindre peine pour avoir la Ducheffe Douairiére de Gottorp en mariage, il fembloit pourtant qu'il ne reuffiroit pas, vu que l'on condamnoit quafi cette Princeffe à un veuvage perpétuel.

Monfeigneur le Prince Charles de Mecklenbourg eft arrivé auprès du Roi de Suéde; mais comme il ne relâche rien de fon air hautain, ayant refufé la danfe à Madame Rehnfchildt dans un Bal où elle l'avoit invité à danfer, il retournera apparemment fans être fort édifié de ce voyage.

Lettre de Hambourg, du 4. Septembre 1705.

ON a à la fin rendu la mort du Duc de Zell publique, & l'on a intimé en même tems la Succeffion de celui d'Hannovre. La Chancellerie pourroit demeurer dans le commencement à Zell. Les Généraux Sommerfelt & Voiyl ont pris de nouveau le ferment d'affurance dans le Pays, & on a affiché les Armes du Duc d'Hannovre dans le Duché de Lawenbourg, par où l'on s'arroge le Séniorat, comme on l'appelle dans la Maifon; puifque jufqu'ici le feul Duc de Zell, *tanquam fenior domûs*, y avoit affiché fes Armes & fon Chiffre. Le Duc de Wolfenbuttel a tout le droit imaginable de prétendre au Séniorat, & par conféquent au Condirectoire dans le Cercle. Il faudra voir qui la Régence de Stade reconnoîtra pour Condirecteur; car il y a des claufes qui demandent préfentement la communication, quoiqu'il ne foit pas à croire qu'elle fe déclare le moins du monde pour l'un ou pour l'autre, avant qu'elle foit informée de l'avis du Roi de Suéde & du Confeil de Stockholm. Les Directeurs du Cercle ont d'ailleurs indiqué au Duc de Schwerin de payer au Duc de Stréliz l'argent du Péage de Boifenbourg vers le 10. de ce mois, en cas qu'il ne voulût pas effuyer l'exécution. Le Duc de Schwerin ne s'y réfoudra pas. Il a pourtant envoyé fon Confeiller Grund à Stade, pour obvier à tous les inconvéniens qui pourroient furvenir à fon Maitre, & à ces fortes de menaces pour l'avenir.

Mr. le Probft Reventlau ira de la part de Gottorp à Vienne, y prendre le Fief. Les Miniftres du Duc affurent qu'il ne fe donnera guéres de mouvemens pour l'affaire de la Coadjutorerie, dans le tems qu'on favoit bien que vu les conjonctures préfentes l'Empereur ne feroit rien ni pour l'un ni pour l'autre.

S. E. de Pleffen arriva hièr ici pour aller en Angleterre. S. E. Mr. le Confeiller Privé Rumohr eft ici auffi. Il dit qu'il prendra préfentement congé de tous fes Amis, ne croyant pas qu'il revienne plus. La Comteffe de Schack & la Frelle Gabeln vinrent auffi hièr en cette Ville, & iront à Aix-la-Chapelle où Mr. le Comte de Schack fe rendra.

S E. Mr. d'Ahlefelt eft venu de Berlin & eft allé à Seftermuhe. La Comteffe Marie Aurore Koningsmarcken a paffé par ici, pour aller à Bordohl.

La Bourgeoifie fut affemblée hièr. Elle ne veut pas fe défifter de la dégradation de ceux dont j'ai fait mention dans ma très humble précédente. Les
Suédois

LETTRES
POLITI-
QUES ET
HISTO-
RIQUES
DE DI-
VERS EN-
DROITS.

Suédois font déja marcher quelques Compagnies, pour faire apparemment l'exécution contre le Duc de Schwerin. Ce n'étoit pas Mr. l'Envoyé Grote, mais un de fes parens, qui a paffé par ici en retournant à Hannovre. L'Envoyé a cependant été rappellé; mais depuis la mort du Duc de Zell, il a eu ordre de refter. à Stockholm.

Lettre de Hambourg, du 11 Septembre 1705.

Q Uoique le Duc de Schwerin ait fait déclarer par fon Confeiller Grund de mettre la Princeffe fa Tante en poffeffion du Couvent de Ruhn, & de payer l'argent du Péage de Boizenbourg au Duc d'Arelitz, la Régence de Stade & le Duc d'Hannovre en qualité de Garants du Traité fait à Hambourg, n'y veulent pourtant pas acquiefcer, ni furfeoir abfolument l'exécution prétendue, que S. A. de Schwerin ne renonce à la Jurifdiction Imperiale dans ces fortes de difputes, & qu'elle ne fufcite après de nouvelles querelles. Les Troupes des Garants étant forties de fon pays, Mr. Grund a porté cette derniére réfolution à fon Maitre, & à moins qu'il n'y condefcende, les 12000 hommes feront logés dans le Mecklenbourg, & demain on faura l'iffue de cette affaire. On opine que les Troupes s'affureront de quelque Place du Duc de Schwerin, fi S. A. donne les mains à toutes les demandes dont peu de tems nous découvrira la vérité. La prémiére de l'Empereur a été auprès du Comte de Ranzau, pour avoir fon Contingent; mais il a ufé de force défaites pour ne le pas payer encore. Cependant le Roi N. M. aura l'Affignation fur lui, au rabais des arrerages que l'Empereur nous doit.

Lettre de Hambourg, du 18. Septembre 1705.

M R. Urbich, après avoir obtenu du Duc de Gotha un Régiment pour l'Empereur, & un autre du Duc de Wolffenbuttel, paffa par ici à Schwerin pour y négocier le 3me. J'ai pourtant peur qu'il ne réuffiffe pas, ou que le Landgrave de Caffel, qui eft préfentement auprès du Duc de Schwerin, ne demande auffi ce Régiment. La Princeffe de Wolffenbuttel a été trouvée au gré du Pére Tonnemant & du Médecin de l'Archiduc: c'eft pourquoi ils ont envoyé fon Portrait à leur Maitre, & il n'y a point de doute que ce mariage ne fe faffe.

Il femble que le Duc d'Hannovre ne difpenfera pas le Condirectoire au Duc de Wolffenbuttel. L'enterrement du Duc de Zell fe fera fans beaucoup de pompe. S. A. a fait un Teftament, à l'ouverture duquel le Duc d'Hannovre affiftera en perfonne. On dit qu'Elle a légué à chaque Confeiller Privé 10000 écus, à l'exemple de feue S. A. d'Hannovre.

Il y a une difficulté au Couvent de Baffum, le Duc d'Hannovre s'y arrogeant le Droit de protection, que feu le Duc de Zell prétendoit auffi, & le Landgrave de Caffel y prétend de même, dans le tems que le Bourg de Baffum, qui reléve du Comte de Tecklenbourg, le reconnoît pour Protecteur. Le Duc d'Hannovre y a fait mettre fes Armes après la mort du Duc

*D 2   fon

LETTRES
POLITI-
QUES ET
HISTO-
RIQUES
DE DI-
VERS EN-
DROITS. son Oncle, & le Landgrave les a fait abattre, & y a envoyé douze hommes pour empêcher les attentats ultérieurs d'Hannovre. On se seroit saisi de la part d'Hannovre de l'Abbesse du Couvent, qui est Madame Marschallen, si elle ne s'étoit pas sauvée à tems. Ce Couvent a dépêché un Chanoine de son corps, Werfébe, à Hannovre, pour prier le Duc de se désister de sa prétention, & de ne s'en prendre pas à lui. L'affaire de Mecklenbourg est enfin ajustée, & les douze hommes destinez pour l'exécution, ont dû quiter les frontières du Duc de Schwerin, moyennant qu'il paye 10000 écus pour les frais de l'exécution, & qu'il s'engage à mettre sa Tante en possession du Couvent de Kuhn, & à payer sans conteste pour l'avenir au Duc de Strélitz l'argent du Péage de Boizenbourg avec ce qui est déja échu. Ce qui concerne la distribution du District de Stargard, que le Duc de Schwerin s'arroge privativé, est renvoyé à un arbitrage ou à un accommodement amiable.

Bibaud, Grand Ecuyer du Duc de Schwerin, a été à Hannovre; je ne sai pourtant pas encore s'il aura reconnu le IX. Electorat au nom de son Maître. Le Duc de Schwerin ne gagne par cette composition, que de n'être pas obligé à renoncer au procès, & à la Jurisdiction Imperiale à l'égard du Traité de Hambourg. S. E. Mr. de Plessen est allé à Schwerin. On dit que le Duc le prendra conjointement avec Mr. Bernstorff pour Médiateur dans les différends qu'il y a entre lui & sa Noblesse.

Lettre de Hambourg, du 25 Septembre 1705.

MR. Elnbich a obtenu du Duc de Schwerin un Régiment d'Infanterie de 600 hommes. Le Landgrave de Cassel lui a offert aussi deux Régimens, si l'Empereur se désiste de soutenir un certain Cornberg, qui est son Vassal, & qui s'arroge pourtant une immédiateté. L'Empereur ne paye rien pour toutes ces Troupes que Mr. Urbich a négociées, bien que chacun ait stipulé quelque faveur pour ses affaires particuliéres, & que les Troupes doivent être restituées complettes. Le Landgrave restera à Schwerin jusqu'au retour de la Reine Mére, auquel tems il se rendra aussi à Altena. Les deux Conseillers de Stade & de Zell, Engelbrecht & Hedeman, sont allez à Ruhn, assister en personne à la restitution de la Princesse dans la possession du Couvent. On ne confirme pas que le Duc de Zell ait légué de certaines sommes à ses Conseillers Privez, il ne les a recommandez à son Neveu qu'en termes généraux. Le 9. Octobre est fixé pour l'enterrement de ce Prince. L'affaire de Bassum pourroit avoir des suites, le Duc d'Hannovre ne voulant pas démordre de son Droit de protection, & ayant déja fait faire de vives remontrances au Landgrave, pour rappeller les douze hommes qui ont abattu les Armes d'Hannovre, & pris possession de l'Abbaye. Il y a eu une Conference à Burgdorff entre Mrs. Berstorp & Fabritius de Zell, & Mrs. le Chancelier Probst & Stein de Wolfenbuttel, dont les uns & les autres ont été satisfaits. Elle concernoit principalement l'affaire de Saxe-Lawenbourg. Le Duc de Wolfenbuttel prétendant avoir un Officier dans ce Duché qui tire ordinairement le tiers des revenus du pays, afin qu'en la distribution il ne relève pas toujours d'Hannovre.

vre. La corde du Condirectoire n'a pas été touchée, puifque le Duc de Wol- fenbuttel n'en forme pas de doute, & que le Duc d'Hannovre ne le lui dif- pute pas. La Communication entre les deux Maifons fera entretenue à l'a- venir par la voie de Zell, où la Régence fera établie.

S. M. la Reine-Mére fera de retour le 15 d'Octobre à Altena. Le Géné- ral Banier eft fort malade à Aix-la-Chapelle. La Bourgeoifie d'ici caffa hièr dans fon Congrès le Havenmeyfter Schmidt, & le Clofter Voigt, auxquels les deux prémiers Bourguemaitres avoient conféré ces Charges il y a plufieurs annees, & réfolu qu'elles foient vendues au plus offrant, & que l'argent qui en proviendra foit employé pour payer la Milice. Je fuis &c.

Lettre de Hambourg, du 2 d'Octobre 1705.

L'Affaire de Baffum dont j'ài ci-devant fait mention, eft quafi finie, l'Abbeffe étant retournée au Couvent, & s'étant foumife au Duc d'Han- novre. Le monde du Landgrave s'étant retiré auffi vers les avenues du Cou- vent, il femble que le Droit du Landgrave foit fondé feulement fur ce que l'Abbeffe s'étant voulu fouftraire à la jurifdiction de la Maifon de Lunebourg a imploré fa protection, laquelle ceffe après que l'Abbeffe rentre en fon devoir. Il y a apparence que la bonne intelligence fe retablira entre les Ducs de Wolfenbuttel & d'Hannovre; celui-ci faifant affez de mouvemens & d'avances pour voir qu'il cherche tout de bon un raccomodement. Mr. Bernftorp fixera fa demeure à Hannovre après l'enterrement du Duc de Zell, & la Chancellerie fera continuée à Zell, Mr. Fabritius y préfidera. S. E. Mr. de Pleffen partit il y a trois jours d'Angleterre. Il fut à Schwerin, & apprit du Duc même qu'il vouloit fe raccommoder avec fes Etats, moyennant que lui & Mr. Bernftorp fuffent chargez de traiter avec fes Confeillers & de vuider leurs différends, à quoi ils donnérent les mains. Le Duc paffa cette déclaration par écrit, bien qu'elle ne fût pas telle que fadite Excellence de Pleffen l'avoit projettée pour convaincre les Etats de l'intention fincère de leur Prince. La Comteffe cadette du Comte d'Egz partira après demain pour Vienne, où elle fera chez la Comteffe de Wallenftedt jufqu'à ce qu'elle y ait quelque avancement parmi les Dames de l'Impératrice.

On dit que l'Archiduc retournera en Allemagne par l'Italie, voyant les difficultez infurmontables de réuffir en Portugal & en Efpagne: à quoi l'on ajoute qu'on fongeroit à faire un Roi des Romains pour obvier à un interrégne, & que pour faciliter la Paix, le Roi de France contribuéra à ce que l'Archiduc parvienne à cette Dignité.

Le Teftament du Duc de Zell a été à la fin ouvert: on y trouve pourtant qu'il fait le fus-dit don de 10000 écus à Mr. Bernftorp, & un pareil à Mrs. Bulau & Fabritius, & un de 6000 au Sécretaire Privé Janus. Le Duc d'Hannovre retranche la Chaffe de feu fon Oncle. Il fait préfent de celle du Liévre à l'Empereur, & tout ce qui dépend de la Fauconnerie a été caffé.

La Bourgeoifie de cetre Ville fut affemblée hièr. Elle força le Magiftrat à donner la main à tout ce qu'elle avoit conclu, favoir à la dégradation de

ceux

ceux qui ont eu part au Mandat, que tous ceux qui fufciteroient des brouilleries à l'Hôtel de Ville feroient punis rigoureufement, & à ce que toutes les Charges que le Magiftrat avoit conférées à fes parens & favoris depuis l'an 1684. feroient ôtées à ceux qui en auroient été gratifiez, & vendues à l'encan; & qu'on érigeroit une Caiffe Militaire de l'argent qui en proviendroit, pour payer la Milice qui foupire après la folde depuis deux ans. Je fuis &c.

Lettre de Coppenhague au Commiffaire des Deurs, du 31. Mars 1705.

MONSIEUR,

Lettre de Coppen- hague, 31. Mars. POUR répondre à la demande que vous m'avez faite, il y a 10. ou 12. jours, de vous informer fi Monfieur l'Ambaffadeur avoit eu audience publique, & de ce qui s'y étoit paffé, j'ai l'honneur de vous dire par la préfente, que cette Audience, dont je doutois encore quelques heures auparavant, fut accordée & prife hier de la manière fuivante. A midi le Grand-Maitre de Cérémonie Lencke vint à notre Hôtel avec deux Caroffes du Roi, chacun à 6. Chevaux, précédez par 4. Laquais de S. M. & à côté de chaque Attelage un Palfrenier, pour prendre Son Excellence, qui fe mit dans le premier Caroffe, à la droite du Grand-Maitre de Cérémonie, & moi avec le Gouverneur du Fils dans le fecond; après quoi fuivit notre Caroffe de deuil tiré par 6. Chevaux. Outre le Cocher & le Poftillon qui le menoient, il y avoit fur le devant un Page, & cinq Laquais derriére, tous avec leurs juft'-au-corps & chapeaux de Livrée; mais le refte étoit en noir. Nous marchâmes ainfi à la Cour, & étant arrivés à la porte nous defcendimes tous des Caroffes: moi & le Gouverneur allames devant jufques dans l'Antichambre du Roi, où Mr. l'Ambaffadeur fut reçu par le Grand-Maréchal de la Cour, qui le mena dans un Appartement attenant, où ils reftérent jufqu'à ce que le Grand-Maitre de Cérémonie, qui étoit allé notifier notre arrivée à S. M. revint faire rapport qu'Elle étoit prête à nous recevoir. Là-deffus moi & le Gouverneur marchames encore devant jufqu'à la porte de la Sale d'Audience, par où S. E. étant entrée avec le Grand-Maréchal & le Grand-Maitre de Cérémonie, nous les fuivimes. Le Roi étoit affis dans un Fauteuil. En entrant dans la Sale Mr. l'Ambaffadeur fit une profonde révérence, une feconde au milieu, & une troifième encore plus profonde en approchant du Trône; à chaque révérence S. M. le falua en levant le chapeau. Durant la Harangue qui fe fit en François, de même que la Réponfe, le Roi refta affis & couvert, n'ôtant le chapeau que lorfque Meffeigneurs les Etats-Généraux furent nommez. La Harangue ne dura pas long-tems, & après que S. E. eut délivré fes Lettres de Créance & entendu la Réponfe de Sa Majefté, elle fe retira avec les mêmes trois profondes révérences. De-là moi & le Gouverneur marchames toujours devant jufqu'à la vieille Sale de la Reine, où Mr. l'Ambaffadeur fut reçu par le Maréchal de la Cour Walter. S. M. étoit pareillement affife: la Harangue fe fit dans la même Langue qu'auprès du Roi; ce

qui

qui fe fit auffi auprès de toutes les autres Perfonnes de la Famille Royale. Après avoit délivré de pareilles Lettres de Créance & reçu réponfe de Sa Majefté, S. E. demanda audience du Prince Royal Chrétien, qui le reçut auffi affis & couvert; & ce fut Monfieur le Miniftre d'Etat Kraag qui répondit de la part de fon Alteffe Royale au compliment de Monfieur l'Ambaffadeur. Enfuite S. E. demanda audience du Prince Charles, du Prince Guillaume, & de la Princeffe de Dannemarck. Les deux Princes fe tenoient debout & chapeau bas. Le Prince Charles répondit lui-même; mais le Prince Guillaume le fit par fon Gouverneur. La Princeffe fe tenoit auffi debout & répondit elle-même. Toutes ces réponfes confiftoient en des expreffions obligeantes, applicables aux complimens que Monfieur l'Ambaffadeur avoit fait de la part de l'Etat. Après quoi nous retournames de la même maniére que nous étions venus. Voilà le commencement & la fin de cette Cérémonie, par où toutes les difficultés qu'on avoit fait naître avant cette Audience viennent d'être entiérement levées.

Après demain Leurs Majeftés partiront furement pour le Holftein. Nous ne ferons pas du voyage, à ce qu'il paroit; ce qui ne me déplaît pas, vu les grandes fatigues qu'il faudroit effuyer & le peu de commodité qu'on peut avoir dans cette Saifon. On croit que ce voyage fera fait dans un mois de tems. J'ai l'honneur d'être Monfieur,

A Coppenhague le 31. Mars 1705.

Votre très-humble & très-obéïffant ferviteur

W. O. P. DORP.

Lettres de Pologne depuis le 10 Janvier jufqu'au 14 Novembre 1705.

Lettre de Pleff, du 10. Janvier 1705.

L'ABSENCE du Roi de Pologne m'arrête toujours ici, fans favoir même encore fi j'aurai à retourner à Cracovie, ou à paffer plus outre, pour rejoindre la Cour. Il faut pourtant que S. M. ait trouvé bien de l'occupation en Saxe pour avoir laiffé paffer le terme préfix du Grand-Confeil, deux matiéres d'importance y ayant été renvoyées pour recevoir leur perfection: c'eft-à-dire le Point du Commandement de l'Armée de la Couronne, qui eft encore en conteftation entre le Grand-Général & celui de la Confédération, & la Ratification de la derniére Alliance conclue avec le Czar; pour laquelle fin le Palatin de Culm, qui a été Ambaffadeur en Mofcovie, eft venu exprès & fe trouve préfentement à Vifniez. On y a repris les Conférences *fub præfidio* du Maréchal de la Confédération; mais ce n'a été que pour limiter le Confeil jufqu'au retour de S. M. Le retardement de ce retour eft cependant confidéré par quelques-uns comme s'il cachoit quelque myftère; & un certain bruit de négociation fecrette de Paix, qui auroit paffé par le canal du Général Horn, occupe fort les Curieux. Mais autant qu'on en peut juger par toutes les apparences, & même felon le véritable interêt du Roi de Pologne, ce bruit ne peut avoir aucun fondement. On n'entend prefque plus rien des Suédois, hormis qu'il doivent avoir élargi

largi leurs Quartiers d'hiver du côté de Pruffe, & avoir féparé leurs Régimens pour faire ceffer plutôt la contagion qui doit régner parmi eux, ayans avec cela ordre de fe tenir prêts à marcher à tout moment. La nouvelle que le Czar eft entré en Lithuanie, avec une Armée de 50. à 60. mille hommes, fe confirme par les Lettres venues en dernier lieu de Wilna. S'ils approchent plus près, les Suédois auront raifon d'être fur leurs gardes. &c. &c. &c.

Lettre de Dantzic, du 8 Juillet 1705.

CETTE Ville eft préfentement dans une terrible allarme, & felon toute apparence à la veille d'un grand malheur. Voici ce qui l'a occafionné. Il y a environ 5. ou 6. femaines que le Roi de Suéde exigea de la Ville de livrer deux grands Seigneurs Polonois qui fe trouvent ici, favoir le Palatin de Marienbourg & le Prince Radzivil; l'avertiffant que fi elle différoit à y fatisfaire, ou qu'elle laiffât échapper fecrettement ces perfonnes, Sa Majefté les demanderoit à la Ville. Là-deffus le Magiftrat écrivit au Comté Piper, pour lui repréfenter qu'en vertu de leurs anciens Priviléges, que le Roi de Suéde avoit promis de maintenir, leur Ville étoit un Azyle pour les Seigneurs Polonois, & que même en cas de trahifon ils y avoient toujours eu recours; que depuis peu elle avoit été très-férieufement requife par le Roi de Pologne de déloger le Commiffaire du Roi de Suéde, mais qu'elle avoit refufé de le faire, & que pour ces raifons elle prioit très-humblement de vouloir l'excufer dans le cas préfent. Le Comte Piper répondit à cette Lettre, que ces exceptions n'étoient pas fuffifantes: que le Roi fon Maitre ne fe foucioit pas tant d'avoir ces Perfonnes, que d'avoir une preuve de l'obéïffance de la Ville; que pour cela il falloit qu'elles fuffent livrées fans délai, ou que S. M. prendroit les mefures qu'Elle jugeroit les plus convenables. Ces menaces furent en même tems expliquées par le Maréchal de Camp Meyerfeld, qui fit favoir au Magiftrat qu'en cas d'un plus long refus, il avoit ordre d'entrer dans les Werders, & de les mettre à feu & à fang; mais que cependant fi les Perfonnes demandées étoient mifes hors de la Ville & de fa protection, il différeroit l'exécution jufqu'à nouvel ordre. Là-deffus la Ville répondit, que comme il étoit impoffible de fatisfaire à cette demande, elle prioit que S. M. voulût bien la laiffer tomber; fur quoi elle n'a eu jufqu'ici aucune réponfe. Mais le Général a eu de nouveaux ordres de procéder à l'exécution, & de l'étendre à tout le Territoire de la Ville & de fes Fauxbourgs, auffi loin qu'il lui feroit poffible de s'en approcher; ce qu'il notifia à la Ville, il y a trois jours, pour lui laiffer le tems de délibérer là-deffus jufqu'à demain. En conformité de quoi les Magiftrats ont été en délibération, & ont écrit encore au Roi de Suéde, & à fon Prémier Miniftre, que plufieurs d'entre eux avoient été d'avis de demander que leur Territoire pût être rédimé moyennant une fomme d'argent; mais qu'on avoit rejetté cet avis, & pris la ferme réfolution de ne pas donner une obole, quoi qu'il en puiffe arriver. Demain le Général reviendra ici pour avoir réponfe; & l'on prétend qu'ils ont écrit encore davantage, en demandant au
Gé-

LETTRES
POLITI-
QUES ET
HISTO-
RIQUES
DE DI-
VERS EN-
DROITS.

Général d'avoir patience jufqu'à l'arrivée de la réponfe. Il n'y a guères d'apparence que le Général veuille leur accorder un plus long délai, puif-qu'il eft connu que la Ville n'eft pas en état de protéger l'étendue de fes Territoites. Vraifemblablement le feu s'allumera ici dans peu, & on en viendra entre S. M. & cette Ville à des hoftilitez réelles, dont les confé-quences ne fauroient être que fatales d'une maniére ou d'autre.

Lettre de Varfovie, du 5 Octobre 1705.

SAMEDI dernier le Roi Staniflas fe rendit à la Cathédrale, où il prêta les fermens entre les mains de l'Archevêque de Lamberg fur les *Pacta Con-venta*. Le jour fuivant, qui étoit fixé pour le Couronnement, le Roi fe ren-dit à 11 heures du matin à la même Eglife, armé de toutes pièces avec une nombreufe fuite de Nobleffe Polonoife & Suédoife. Les prémiers portoient la Couronne & le Sceptre avec les autres Ornemens Royaux. Le Roi étoit accompagné de l'Ecrivain de la Couronne & du Starofte Bobrusky Sapiéha, & la Reine par le Général Horn. Le Roi étant arrivé devant le grand Autel, fe mit en croix fuivant la coutume, & l'Archévêque de Lamberg le facra par l'onction en préfence de l'Evêque de Caminiec & des deux Suffragans de Gnieffen & de Chelm, qui lui préfentérent le Globe, l'Epée & le Sceptre. Enfuite ils habillérent le Roi & la Reine de l'Habit Royal, & leur ayant mis la Couronne fur la tête, ils les intrôniférent fur un Théatre élevé par degrez, couvert de deux Dais, & entouré par les Tra-bans du Roi. On entonna là-deffus le *Te Deum*, durant lequel on fit diverfes décharges de 6 Canons qui étoient au bas du Château. Après cela le-dit Archevêque fit la proclamation en difant, VIVE LE ROI STANISLAS I. ROI DE POLOGNE; ce qui fut répété par le Peuple. Leurs Majeftez fi-rent enfuite leurs dévotions &, communiérent, puis furent conduites, le Roi par l'Evêque de Caminieck & le Suffragant de Gnieffen, & la Reine par le Général Horn, dans leurs Habits Royaux, par un chemin particulier du Château dans la Salle des Sénateurs, étant précédez de leur Cortège. L'Evêque de Caminieck fit un joli Difcours; & après avoir admis les Dé-putez à baifer la main de LL. MM. on fe mit à table. Le Roi dîna fous un Dais, ayant le Général Horn à fa droite & la Reine à fa gauche. Les deux Commiffaires Wafchfchlager & Palemberg dînerent à une table quarrée, & l'autre Nobleffe Polonoife & Suédoife à 3 grandes tables. Le feftin étoit magnifique, & pendant qu'il dura on fit des décharges fur diverfes Santés jufqu'à la nuit.

Lettre de Varfovie, du 14 Novembre 1705.

SUIVANT le rapport d'une perfonne venue de Tykozyn, le Czar fait faire quelque réparation aux Fortifications dudit Lieu, & a ordonné d'en faire autant à Breff & à Grodno. Ses forces à Nur & aux environs de Tykozyn con-fiftent en 9000 Chevaux & 5000 Fantaffins, outre 3000 Saxons, Lithua-niens

*E

niens & Polonois. Les Recrues venues à cette Armée de Moſcovie ſont très-mauvaiſes, la plupart ſont de jeunes Garçons, qui n'ont ni force ni mine. Le Général Cheremethof a eu ordre de s'y en retourner pour appaiſer la révolte à Kan & à Aſtrakan, où les gens du Pays ont maſſacré tous les Etrangers, ſous prétexte que c'étoient eux qui avoient inſpiré au Czar l'envie de faire la guerre, & ſes maniéres nouvelles de tourmenter ſes Sujets. Ce Monarque & le Roi Auguſte paſſent le tems à ſe divertir. Mais la maladie du prémier augmente de plus en plus, de ſorte qu'il a preſque réguliérement tous les jours trois ou quatre attaques de haut mal, qui lui font faire d'étranges contorſions. On confirme avec beaucoup de circonſtances qu'il a non ſeulement fait maſſacrer quelques Prêtres Catholiques en haine de leur Religion, mais auſſi deux de ſes Généraux pour lui avoir apporté de mauvaiſes nouvelles. Il avoit même donné ordre de faire pendre ſon fils, mais Menzikoff le ſauva en faiſant mourir un autre à ſa place. Le lendemain il ſentit de grands remords de conſcience, & ayant enfin appris la tromperie charitable de ſon Favori, il l'approuva, & renvoya le Prince en Moſcovie pour l'éloigner du péril d'un pareil emportement. Il a projetté de changer la Milice de Lithuanie, & de la mettre ſur un autre pied. Il veut auſſi caſſer l'Armée de Wieſnowiski, qu'il ſoupçonne d'être portée pour le Roi Staniſlas, & il appréhende que cette Armée ne traverſe ſes deſſeins. Il ſe ſert pour tout cela des conſeils d'Oginsky, qui ſe dit ſon Serviteur, & qui reçoit de lui de grandes Sommes d'argent. Dans les Patentes qu'il envoie en Moſcovie, il prend le Titre de Roi de Lithuanie, comme auſſi celui de Duc d'Ingrie & d'Eſtonie. La Nobleſſe de Luthuanie le ſait par des Lettres interceptées, mais elle n'en oſe rien témoigner pendant ſa préſence. Ce Titre ne ſe trouve pas dans les Lettres qu'il fait publier en Pologne. Le Roi Auguſte a fort peu de Polonois de diſtinction auprès de lui. Il avoit convié les Maréchaux Lubomirsky & Séniawski, avec le Sous-Chancelier Sckucka & autres de l'aller trouver; mais ils s'en ſont excuſez. Lui & le Czar firent de grandes réjouïſſances ſur les prémiers bruits d'un avantage remporté près du Pont de Varſovie, & d'une heureuſe expédition de Comentousky; mais ils ont appris depuis avec chagrin qu'ils étoient mal fondés, puiſque les Troupes détachées pour ſe ſaiſir dudit Pont, ont été repouſſées par les Suédois, & que Comentousky, ſorti avec 3000 hommes, ayant été vigoureuſement pourſuivi par le Palatin de Kiow, n'en a ramené que quelques centaines.

Lettres de Vienne depuis le 3 Janvier juſqu'au 7 Fevrier 1705. *

Lettre de Vienne, du 3. Janvier 1705.

Vienne 3. Janvier. LE commencement de l'Année a été fort agréable à cette Cour. Avant-hier le jeune Comte de Heiſter apporta la nouvelle d'une grande Victoire que ſon Pére venoit de remporter ſur Ragozki. Il y eut un peu de feinte
à

* Comme on a remis les Lettres ſuivantes après que les précédentes ont été imprimées, on les met ici à la fin de cet Année.

à fon entrée. Car prémiérement, il avoit fait arborer fur le devant de fa Chaife de pofte un grand Etendart Impérial, que les Rebelles prirent autrefois fur le Général Ritfchan, & qu'on a repris dans cette dernière action. Après lui parut une autre Chaife garnie de 8 Drapeaux Hongrois, où étoit Mr. de Verville Miniftre de France auprès de Ragozki, qu'on avoit fait prifonnier. Dans la troifiéme il y avoit 61 Etendarts, & dans la quatriéme deux Officiers avec une douzaine d'Etendarts pliés. Le concours de monde étoit incroyable, fur-tout après qu'on fut la qualité du Prifonnier.

Toutes ces Chaifes demeurérent près de 3 heures devant le Palais Impérial, pendant que le jeune Heifter faifoit fon rapport à Leurs Majeftez, & pendant qu'on délibéroit fur la deftinée de Verville. Mais à vous dire la vérité, on ne le laiffa-là fi longtems que pour contenter le peuple, qui venoit des Fauxbourgs & de toutes parts pour le voir. J'allai d'abord à la Cour, où les avis fur le traitement de ce Prifonnier étoient fort partagez, les uns inclinans à la rigueur, & les autres à la modération; mais les derniers l'emportérent enfin fur les autres, par la réflexion qu'on faifoit, que bien que Verville eût été pris les armes à la main, ayant fort bien fait fon devoir dans le Commandement qu'il a eu, devoit croire que le même cas pourroit arriver dans les Sevennes, à l'occafion de quelques Anglois ou autres Etrangers: De forte qu'il fut mené dans fa Chaife environnée de dix Soldats chez l'Ajudant de la Ville.

Pour revenir à la Victoire, j'aurai l'honneur de vous dire que le Général Heifter ayant paffé la Riviére de Marcké & les Montagnes voifines avec 7000 hommes, & s'étant joint au Comte de Herberftein qui venoit de Presbourg avec 3 à 4000 Fantaffins, s'avança le 26 près de Tirnau, où Ragozki étoit pofté avec toute fon Armée, laquelle felon le récit du Prifonnier montoit jufques à 30000 hommes. Elle étoit compofée de 6000 Tartares bien montés, d'environ 500 François que Verville commandoit, 3 à 400 Saxons qu'on dit y avoir été envoyés par le Roi de Suède, d'environ 27000 Allemands, partie déferteurs, partie forcés à prendre fervice, & le refte de Hongrois.

Le Général Heifter fit fon front auffi large qu'il lui fut poffible, il entrelarda auffi fes ailes d'Infanterie, ce qu'on trouva que les Rebelles avoient fait auffi. Pendant la petite marche que les Impériaux firent le jour de la Bataille, il s'éleva un furieux brouillard accompagné d'une groffe neige, qui fe changérent en un tems fort ferein lorfqu'ils s'approcherent de l'Ennemi. Les Hongrois ayant attaqué les prémiers, percérent d'abord le centre de la prémière Ligne des Impériaux auffi-bien que le Flanc droit, où le Régiment des Cuiraffiers de Cuzani & un Bataillon de Neubourg pâtirent beaucoup: mais la feconde Ligne redreffa bientôt ce mal, & la Cavalerie Impériale ayant culbuté celle des Rebelles, les Talpatches (Infanterie Hongroife) s'en virent tout d'un coup abandonnés. Alors il n'y eut pas grande difficulté à remporter une Victoire complette, qui coûta à Ragozki toute fon Infanterie.

On loue fort la valeur de Mr. Verville, qui non feulement tint toujours

fer-

LETTRES POLITIQUES ET HISTORIQUES DE D* VERS ENDROITS.

LETTRES
POLITI-
QUES ET
HISTO-
RIQUES
DE DI-
VERS EN-
DROITS.
ferme avec fon petit Corps, mais qui auffi pour fa perfonne fe diftingua beaucoup; témoin un des Officiers Impériaux arrivé avec lui, à qui il a fait deux bleffures. On croit que Mr. Golon, Miniftre de Baviére, a péri dans cette action; mais au refte on n'apprend pas qu'il y ait eu des Hongrois de diftinction ou tués ou faits prifonniers.

Le Prince Ragozki alla d'abord, fuivi d'une vingtaine d'hommes, droit à Leopoldftad, qu'il tenoit affiégé depuis quelque tems; & après avoir inutilement tâché de faire accroire aux habitans que la Victoire avoit été de fon côté, il retira fes Troupes de devant cette Place avec l'Artillerie, à la réferve de dix Piéces de batterie & de deux Mortiers qu'il a laiffez aux Impériaux.

Pour le Comte Béréféni, on dit qu'il avoit raffemblé pendant le Combat un Corps de Hongrois fuyards pour revenir à la charge; mais que voyant tout perdu, il s'étoit retiré au-delà du Wague. Les gens bien fenfés ne s'étonnent pas tant de cette Victoire, que de ce que les Hongrois ont été affez bêtes pour hazarder une Bataille, au-lieu qu'ils auroient infailliblement ruiné les Troupes Impériales, s'ils en avoient évité la rencontre, en fe contentant de les harceler. C'eft auffi ce que les Chefs des Rebelles ont avoué aux Miniftres d'Angleterre & de Hollande, lorfqu'ils étoient à Chemnitz, difant qu'ils fe donneroient bien garde d'en venir à une affaire générale. On dit que le Miniftre François & celui de Baviére, par leur trop de vivacité, ont pouffé les Hongrois à prendre cette réfolution téméraire; & j'ai appris en particulier, qu'un certain Lieutenant Impérial a beaucoup facilité cette Victoire, celui-ci ayant pris parti parmi les Rebelles il y a quelque tems, en intention de tuer Ragozki, qui au-lieu de le foupçonner l'avoit fort avancé dans fes Troupes. Le Lieutenant ne trouvant pas moyen d'exécuter fon deffein, paffa dans l'occafion du côté des Impériaux avec quelques Compagnies Allemandes, qui furent fuivies le lendemain, le 27, de 500 autres de la même Nation.

Lettre de Vienne, du 7 Fevrier 1705.

IL ne s'eft prefque rien paffé de nouveau, finon qu'avant-hier un Parti des Rebelles nous rendit une vifite comme l'année paffée, & mit le feu à quantité de Villages, à près d'une lieue à la ronde. La prémière nouvelle que nous en eumes, fut la fumée & la flamme qu'on vit des fenêtres du Palais Impérial, fitué tout près du rempart de cette Ville. Ce Parti auroit pu pénétrer jufques dans les Fauxbourgs, n'y ayant ici en tout que la Garde du Corps de l'Empereur, confiftant en 150 hommes. Mais comme le Général Heifter, par un pur hazard, avoit détaché trois Régimens de Cavalerie dans l'Ile de Schut, pour pouvoir mieux faire fubfifter fes Troupes, l'Ennemi ayant eu vent de cette marche, fe retira vers la nuit.

Les Affaires ont été partagées entre plufieurs Miniftres Impériaux, après la mort du Comte de Caunitz. Le Comte d'Ottingen, Préfident du Confeil Aulique, a eu celles de l'Empire, conjointement avec celles des autres Puiffances qui en font Membres. Le Comte de Harrach, Grand-Maitre, a eu cel-

celles d'Efpagne, d'Italie & de Hongrie. Le Comte de Kinsky, Grand Chancelier de Bohéme, a eu celles des Rois de Suède & de Pologne, par rapport à la Siléfie : mais pour les Affaires Etrangéres qui regardent les Puiffances alliées & autres, il n'y a encore perfonne qui s'en veuille mêler en particulier; de forte qu'il faut en attendant s'adreffer à l'Empereur même, qui
fur la demande qu'on lui en fait, ordonnera une Conférence des principaux
Miniftres & Chefs des Départemens.

LETTRES
POLITI-
QUES ET
HISTO-
RIQUES
DE DI-
VERS EN-
DROITS.

Le Comte de Goes eft arrivé ici de la Haye. On dit que l'Empereur le
porte extrémement pour la Charge de Vice-Chancelier de l'Empire ; mais
autant que j'en puis juger, il y aura beaucoup de difficultés.

Lettres de Ratisbonne du 1. & du 19. Janvier 1709.

Lettre de Ratisbonne, du 8 Janvier 1705.

L Es délibérations de la Diéte n'ayant pas encore été reprifes, il ne s'offre
   prefque rien à mander d'ici. On ne fait pas non plus quand elles recom-
menceront, parce que le Miniftre Directeur de Mayence étant allé avant les
Fêtes trouver l'Electeur fon Maitre à Bamberg, n'en eft pas encore de retour, & ne le fera pas fi-tôt, s'il eft vrai qu'il ait pouffé fon voyage jufqu'à
Mayence. En attendant le Roi de France, fenfible aux artifices de ce Miniftre, & des autres Catholiques, pour éloigner l'examen des Griefs de
Religion, ayant fait fignifier à tous fes Sujets Catholiques, particuliérement
aux Chapitres & Couvens dans les Duchés de Magdebourg, Halberftad &
Minden, qu'au cas d'un plus long délai, ils feroient traités par reprefailles
tout de même que l'étoient les Proteftans dans le Palatinat. Non feulement
il eft arrivé ici de la part defdits Chapitres le Père Gardien Beynenhopf,
pour preffer les Catholiques à mettre fans plus tarder la main audit examen,
& à remédier aux abus. Mais ces Chapitres ont auffi envoyé des Députez
de leur Corps en diverfes Cours Catholiques, pour faire les mêmes inftances,
& fur-tout auprès de l'Electeur Palatin : il faut voir quel en fera le fuccès. En effet le procédé dudit Miniftre de Mayence eft allé fi loin, que
fans avoir égard à ce qu'il doit faire en qualité de Directeur, il a refufé tout
plat de rapporter au Corps des Catholiques un Réfultat de celui des Proteftans,
concernant le Plein-pouvoir pour les Députez qui doivent examiner les Griefs
de Religion, fur lequel les Catholiques, ou plutôt ce Miniftre, infiftent, &
que les Proteftans prétendent être tout-à-fait fuperflu. Cette chicane des
prémiers n'eft bonne qu'à animer & irriter les efprits, & le fusdit Père Gardien ne doit pas faire la petite bouche de fe recrier contre le peu de mefures
qu'on garde avec les Proteftans, dont l'amitié pourtant en cette guerre a
été fi profitable jufqu'à préfent. La préfence d'un principal Commiffaire pourroit remédier à bien des chofes. On dit bien que fon Eminence arrivera vers
le 10 du mois prochain, mais cela n'eft pas certain. On prétend qu'on expédie-
ra alors bientôt les affaires du IX Electorat & du Ban des Electeurs de Cologne & de Bavière, & qu'enfuite le Haut Palatinat fera ajugé à l'Electeur Palatin,

LETTRES
POLITI-
QUES ET
HISTO-
RIQUES
DE DI-
VERS EN-
DROITS. latin, qu'on dit avoir deſſein de paſſer par ici en allant à Vienne , pour y diſpoſer d'autant mieux les choſes. C'eſt ce que le tems fera voir.

Au reſte depuis que les Fortereſſes ſur l'Inn ont été remiſes aux Impériaux, tout eſt tranquille en ces quartiers. Cependant il y en a qui s'inquiétent de ce que les Troupes caſſées reſtent toujours dans le Pays ; & on parle d'une Lettre interceptée , par laquelle les Etats de Baviére ont prié de nouveau l'Electeur leur Maitre de revenir , offrant leurs biens & leur ſang pour le défendre & le maintenir.

Lettre de Ratisbonne du 19 Janvier 1705.

Ratisbon-
ne, 19.
Janvier. L E Miniſtre Directeur de Mayence n'étant pas encore revenu, la Diéte reſte par conſéquent toujours dans l'inaction. C'eſt pourquoi je n'ai pas pu non plus fournir à la correſpondance par l'Ordinaire paſſé , & ce même défaut de matiére & de nouvelles ſubſiſte encore aujourd'hui. Cela ſera apparemment réparé au retour du ſusdit Miniſtre Directeur, & à l'arrivée de ſon Eminence, le principal Commiſſaire, que l'on attend bientôt.

Comme le Roi de Pruſſe perſiſte à vouloir mettre en exécution les repreſailles, ſuivant l'intimation faite à ſes Sujets Catholiques, cette affaire ſera ſans doute la prémière qui occupera le tapis, & elle pourra produire de très grands inconvéniens, lesquels pourtant l'Electeur Palatin peut prévenir & détourner, en redreſſant ſans délai les réformations faites *in Eccleſiaſticis* dans le Bas Palatinat, comme on ſe le promet auſſi de ſon ardeur & de ſon zèle pour le Public & le Bien commun.

Lettres de Wolffenbuttel & de Brunswic depuis le 7 Janvier juſqu'au 24 Août 1705.

Lettre de Wolffenbuttel, du 7 Janvier 1705.

Wolffen-
buttel, 7.
Janvier. C E s Cours-ci ne ſont occupées qu'à faire les Recrues de leurs Régimens, qui ont ſouffert beaucoup dans la derniére Campagne. Comme on trouve des difficultez à ravoir le Régiment de Bernſtorf, que cette Séréniſſime Cour a rappellé du ſervice de Zell, on y a envoyé le Lieutenant-Colonel de ce Régiment Mr. Buſch, afin de réiterer les inſtances qu'on a faites auprès du Duc de Zell, de faire enſorte que ce Régiment fût reſtitué, comme on en eſt convenu avec lui.

Il a couru ici un bruit, que ce Duc ne ſe portoit pas bien ; mais n'en ayant pas de nouvelles ſures, on n'y ajoute pas de foi, & l'on croit qu'en tout cas ce ne ſera qu'une incommodité de goute. Mr. le Conſeiller Privé d'Alvenſleben arriva ici avant-hier, & ne fut à la Cour qu'hier au ſoir ; de ſorte que je ne ſai pas encore ſi c'eſt pour ce qui le concerne lui-même, ou pour les Affaires publiques, qu'il eſt venu ; mais je viens d'apprendre qu'il reſtera quelques jours ici, & je crois que S. A. S. l'y a invité.

Let-

Lettre de Brunswic, du 18 Février 1705.

LETTRES
POLITI-
QUES ET
HISTO-
RIQUES
DE DI-
VERS EN-
DROITS.
Bruns-
wic, 18.
Février.

LE Régiment du Prince Héréditaire d'ici a reçu ordre de se tenir prêt à marcher, & on veut le donner pour Contingent, au-lieu du Régiment du Prince de Béveren, qui reviendra ici avec celui de Bernstorf, ayant tous deux beaucoup souffert dans la dernière Campagne. Il y a ici des Lettres, qui marquent les grandes cruautés que les Rébelles ont exercées aux environs de Vienne; & on mande même que dans cette Capitale, on avoit présentement plus de peur que jamais d'un Siége vers le Printems, parce que les Rébelles sont en grand nombre, & qu'on ne sait pas ce que les Turcs feront. On espére pourtant que l'Ambassadeur d'Angleterre & celui des Etats-Généraux, qui travaillent pour cette Cour, y mettront les affaires en meilleur état. Le Conseiller Privé d'Alvenslében n'a été ici que peu de jours, & est parti ce matin.

Lettre de Brunswic, du 25. Février 1705.

Bruns-
wic, 25.
Février.

COMME j'ai mandé par ma précédente, que le Régiment du Prince Héréditaire d'ici feroit la Campagne prochaine pour le Contingent de cette Sérénissime Maison, on a déja envoyé le Lieutenant-Colonel Busch à Zell pour y presser la marche du Régiment de Darmstad, qui viendra à la place de celui de Bernstorf, lequel étant de retour, celui du Prince Héréditaire partira pour être donné en échange de celui du Prince de Béveren: ce qui ne se pourra faire que quelques semaines après Pâques, le Prince Louis de Bade ne voulant laisser aller aucun Régiment, sans en avoir un autre en la place.

Il y a ici des gens des environs de Nordthausen, qui assurent que le Roi de Prusse étend si loin le *Jus Advocatiæ*, qu'il forme des prétentions sur la Ville de Nordthausen, en y comprenant la Juridiction civile & criminelle, sans laquelle une Ville Impériale ne vaut pas beaucoup. Il a fait arrêter quelques Membres du Sénat, & mettre dans la Maison de Ville l'argent qui étoit en dépôt pour ce Droit d'*Advocatiæ*. On vient encore d'apprendre un plus grand coup que ce Roi a fait, en vertu d'un Traité que les Princes de Culmbach, qui sont mécontens du Margrave de Bareith, ont fait avec le Roi de Prusse; & que ce Margrave, dans sa colère contre le Prince son Fils, a approuvé. Le Prince son fils en doit être au desespoir, & ceux de Wurtzbourg, Bamberg & Nuremberg, le doivent prendre fort à cœur.

La feue Reine de Prusse ne sera emmenée d'Hannover que dans quinze jours d'ici. La pompe sera très grande, & on fait faire un nouveau Drap mortuaire plus précieux que celui qu'on a fait à Hannover. Toute la Noblesse du Païs de Magdebourg a reçu ordre de la recevoir. La Cour d'ici ne retournera que vers la fin de cette semaine à Wolffenbuttel, mais celle de Meinungen partira demain, & la Princesse d'Armstadt aussi-bien que la Princesse de Béveren s'en retourneront après-demain.

Tom. XIV.

Let-

LETTRES
POLITI-
QUES ET
HISTO-
RIQUES
DE DI-
VERS EN-
DROITS.
Wolffen-
buttel,
11 Mars.

Lettre de Wolffenbuttel, du 11 Mars 1705.

COMME le Prince de Béveren, qui est au service du Roi de Prusse, s'est rendu à Berlin pour joindre après cela son Régiment, on se flatte ici que ce Roi, en considération de ses mérites & de l'étroite alliance dont il a honoré cette Sérénissime Maison, donnera bientôt un Régiment à ce Prince, qui a déja fait deux Campagnes comme Lieutenant-Colonel.

Le Régiment de Bernstorf doit être en marche pour se rendre ici, & on conviendra avec le Prince Louis de Bade du tems où celui du Prince Héréditaire se mettra en chemin avec les Dragons d'ici ; & alors celui de Béveren commencera à s'en retourner le même jour.

Les Cérémonies avec lesquelles le Corps de la feue Reine de Prusse a été transporté d'Hannover étant imprimées, vous en serez informé avant que celle-ci puisse vous être rendue.

Mesdames les Chanoinesses de Quedlinbourg insistent toujours sur leur première élection de la Princesse de Weissenfels, & le Roi de Prusse ayant proposé la Princesse ainée de Meinungen, les Chanoinesses n'ont pu encore se résoudre là-dessus, & elles jouissent en attendant du plaisir de se gouverner elles-mêmes.

On dit en secret que le Baron de Stein, qui est au service de Mgr. l'Evêque de Wurtzbourg, se rendra au Conseil Privé d'ici pour tâcher d'obtenir sa démission. Le Baron de Knor, Gentilhomme de Chambre de cette Cour, étant allé il y a quelques semaines sur ses Terres à quelques lieues de Régensbourg, a reçu ordre de s'y rendre en qualité d'Envoyé de cettte Sérénissime Maison, & je crois qu'il y est déja.

Lettre de Wolffenbuttel, du 18 Mars 1705.

LE Duc d'Eisenach ayant envoyé ici un Conseiller de sa Cour, on m'a dit que c'est pour des affaires particulières de sa Maison ; & cet Envoyé est parti pour Berlin, où il doit avoir quelque affaire à négocier.

L'Evêque d'Osnabrug étant de retour de Vienne, a passé par cette Ville pour Hannover, où il s'est arrêté quelques jours avant que de retourner dans sa Résidence.

On n'ajoute pas encore tout-à-fait foi aux bruits que les Suédois font courir d'une invasion en Saxe, & on prétend que le Conseil de Stockholm, après avoir d'abord approuvé cette invasion, a représenté au Roi de Suède, que les Moscovites avançant beaucoup, il valoit mieux s'opposer à eux, & fortifier le parti qui commençoit à paroître en Pologne, lequel se déclarant ouvertement contre les Moscovites, ne feroit point difficulté de leur déclarer la guerre, s'il trouvoit de l'appui.

Le Duc de Zell ne se porte pas bien, il perd l'appétit, qu'il a eu bon jusqu'ici, ce qu'on regarde comme un mauvais augure. Deux des Princes de Béveren font

font allez à l'Armée du Prince Louis de Bade pour y faire la Campagne.

Lettre de Wolffenbuttel, le 21. Mars 1705.

MR. le Baron de Knorr fe feroit déja rendu à la Diéte de l'Empire, puifqu'on dreffoit déja fes Lettres à Régensbourg; mais une maladie inopinée l'a arrêté jufques ici fur fes terres, & l'on dit même qu'elle eft très dangereufe.

Le Prince de Béveren qui a été à Berlin, ayant encore gagné quelque tems, a fait un petit tour à cette Cour, & n'ira que vers la fin de la femaine prochaine à l'Armée, & le Prince fon Frére fera cette Campagne comme Adjudant-Général du Prince Louis de Bade. Le Général a répondu fur la propofition qu'on lui a faite touchant la marche du Régiment de Béveren, qu'il lui étoit impoffible de le laiffer aller avant qu'il en eût un autre en fa place, puisqu'il feroit par-là obligé de rompre les Lignes qu'il falloit conferver avec tant de foin : c'eft pour cette raifon qu'on prendra la réfolution de faire marcher le Régiment du Prince Héréditaire & les Dragons, d'abord après l'arrivée de celui de Berntorf.

Lettre de Wolffenbuttel, du 1 d'Avril 1705.

DEpuis la dernière que j'ai eu l'honneur de vous écrire, Mr. le Confeiller Privé d'Albenslében eft arrivé ici avec Madame fa femme, & après avoir féjourné deux jours ici ils s'en eft retourné. Quelques-uns veulent inférer delà qu'il a eu quelque Commiffion, puisqu'ordinairement il a accoutumé de refter plus longtems ici.

Le Régiment du Prince Héréditaire d'ici ayant paffé en revue, on l'a trouvé en fort bon état; & comme les Recrues des Villes Impériales du Cercle de la Baffe-Saxe marcheront avec les Troupes d'ici, cela retardera à ce qu'on dit leur marche, de forte qu'elles ne partiront que quelques femaines après Pâques.

Le Baron Knorr étant rétabli de fa maladie, doit être arrivé à Ratisbonne vers le 25 du mois paffé, & il commencera d'abord fa fonction. Le Prince Héréditaire d'ici & S. A. R. Madame fon Epoufe iront l'Eté qui vient prendre les Eaux, l'un à Eger, & l'autre à Aix-la-Chapelle.

Lettre de Brunswic, du 22 d'Avril. 1705.

LE Régiment du Prince Héréditaire d'ici fe tient toujours prêt à marcher au prémier ordre; & quoiqu'on ait déja fixé plus de trois fois le jour de cette marche, elle a pourtant toujours été différée, & elle ne fe fera pas avant que ces Troupes ayent paffé en revue devant S. A. S. Mgr. le Duc d'ici. Le Duc de Mecklenbourg-Schwerin paffant hier par cette Ville, Mgr. le Duc alla le chercher pour l'emmener à la Cour, où il logea la nuit, & pourfuivit fon chemin pour Caffel, où il doit aller joindre la Ducheffe fon Epoufe, qui a pris fa route par Hannovre pour aller enfemble au Carlsbad avec le Landgrave de Heffe-Caffel, à ce qu'on dit. Il y a quelques jours que le Lieutenant-Général Mr. de Schuylenburg paffa par ici pour fe rendre à Hannovre.

Lettre de Wolffenbuttel, du 5. d'Août 1705.

APRES que S. A. S. Mgr. le Duc d'ici fut de retour de fon voyage au Harty, où il a fait des préfens à plufieurs Perfonnes, Mr. le Baron de Stein arriva ici, & prit d'abord place au Confeil Privé, attendant fa famille, qui doit arriver dans peu.

Mr. Poley Envoyé de la Grande-Bretagne, qui a résidé quelque tems à la Cour d'Hannovre, doit être relevé par un autre : & comme il a beaucoup de crédit auprès des Sérénissimes Maisons de Brunswic & de Lunebourg, il s'est rendu aussi à cette Cour, pour y prendre congé, & s'en retourner ensuite.

Il y a des Lettres d'Italie, qui portent, qu'après que le Duc de Ven- dôme aura joint le Grand Prieur son frère, ils seront supérieurs en for- ces au Prince Eugène, & que celui-ci a fortement écrit à l'Empereur pour avoir de bonnes remises, afin de se pourvoir de tout ce qu'il a be- soin. Mr. le Baron d'Imhoff après avoir fait les complimens à sa Majesté Impériale de la part de S. A. S. s'est mis en chemin pour revenir ici, & on l'attend pour le tems de la Foire qui va commencer, & pour laquelle on fait de grands préparatifs afin de se divertir après un deuil de deux ans.

> *Lettre de Brunswic, le 24. d'Août 1705.*

LA maladie dont Mgr. le Duc de Zell est attaqué depuis quelque tems augmentant de jour en jour, on reçut la semaine passée des Lettres de sa résidence, qui soutenoient qu'il étoit mort, & quelques personnes sou- tiennent encore cette nouvelle avec une grande assurance : mais comme les avis qu'on tient pour les plus sûrs, portent seulement que ce Duc se portoit très mal, & qu'il étoit effectivement en grand danger de la vie, on n'ajoute point de foi à la prémière nouvelle. On craint fort que ce bon Duc ne puisse relever de cette attaque, à cause de son grand âge.

Il y a quantité d'Etrangers à la Foire qui se tient à présent, parmi les- quels se trouvent le Duc de Mersebourg-Zerby avec Madame son Epouse & la Princesse sa Fille, & le Prince & la Princesse de Meinungue. S. A. S. le Duc de Saxe-Gotha arriva avant-hier au soir avec la Duchesse son E- pouse, c'est pourquoi on continuera les divertissemens cette semaine. Les Ministres qui sont venus à cette occasion, sont Mr. Danckelman, ci-de- vant Envoyé à cette Cour de la part du Roi de Prusse, le Conseiller Pri- vé de Gotha, Mr. Schlinitz, & les deux Lieutenans-Généraux de Polo- gne & d'Hannovre, & Mrs. Fiesenhausen & Sommerfelt. Tous ces Mes- sieurs-là affectent de venir pour leurs affaires particuliéres, & l'on a attendu de Zell Mr. Lescour, mais la maladie de son Maître l'a empêché de venir.

> *Lettres de Hambourg depuis le 2 jusqu'au 23 Janvier 1705.*

> *Lettre de Hambourg, du 2 Janvier 1705.*

PENDANT que Mgr. l'Administrateur a passé ces fêtes à Eutin, le Ba- ron Gortz, & le Conseiller Privé Berckentien ont été ici avec Mr. Weddercop; & quoique le Gouverneur de Wismar, Mr. Ridderhelm, soit aussi ici depuis quinze jours, je ne crois pourtant pas qu'il y ait du mis- tère à l'égard de cette assemblée des Ministres avec ce Général. Cepen- dant il est vrai, que les Suédois augmentent leurs Régimens de Dragons de deux cens hommes, & qu'ils les levent aussi en ces quartiers. On é- quipe de même par Mer en Suède, & on dit que presque toute la Flot- te sortira (ce seroit trop) contre les Moscovites, qui n'ont que quelques Fregates. La Suède y fait la dépense d'un million d'écus, & plusieurs

en

en infèrent, que la Suède pourroit faire ces dépenfes en faveur de la France pour faire une diverfion aux Alliez: mais ayant encore deux Ennemis fur les bras, elle rifqueroit auffi trop en fe déclarant déja..

Le Lieutenant-Général Bannier a dû paffer par Coppenhague, en revenant de Stockholm. Le Général Horn, qui a fa prifon à Drefde, a eu permiffion du Roi de Pologne, d'aller joindre le Roi de Suède pour un mois, ce qui fait renaître en Saxe l'efpérance d'une paix: mais je crois plutôt que Sa Majefté Polonoife a voulu éloigner ce Général de Drefde, afin qu'il n'examinât pas toujours fes actions. Mr. Petkum a obtenu de l'Empereur le caractère de Confeiller Impérial Aulique, pour être en quelque manière à l'abri des pourfuites de fes Ennemis.

Lettre de Hambourg, du 9. Janvier 1705.

L E Traité pour les 4 mille hommes, que le Duc de Marlboroug a ftipulez de la Maifon, en cas que le Château de Traarbach ne fût pas pris, n'eft pas encore renouvellé, cette Forterefſe ayant capitulé. Le Général Major Berghols recommence à efpérer, que les levées de cinq Régimens pour le Duc de Schwerin fe feront encore. Le Landgrave de Darmftadt, ayant donné trois Régimens au Duc d'Hannover, a conditionné avec ce dernier que ces Régimens ne feroient que fur le Rhin & fur la Mofelle.

Un certain Confeiller nommé Forffner, qui eft préfentement dans le fervice d'Anfpach, eft allé à Stockholm, pour y travailler au Mariage du Roi de Suede avec la Princeffe d'Anfpach, croyant que ce Prince eftimeroit en elle outre fa beauté, les égards qu'elle avoit eu pour fa religion, qu'elle avoit préférée à un Royaume, quoique les Impériaux difent qu'on avoit changé de fentiment à Vienne, & qu'on avoit deftiné une autre époufe à l'Archiduc.

On partagera bientôt à Kiel l'héritage de la feue Ducheffe de Gottorp, & c'eft vers ce tems-là que Mr. Weddercop s'y rendra auffi. Le Confeiller de Juftice, Sandhaguen, a ordre de Mgr. l'Adminiftrateur, de fe préparer à partir pour Coppenhague, afin d'y veiller aux intérêts de la Cour de Gottorp.

L'harmonie entre Madame Royale, qui eft à Stockholm, & Mgr. l'Adminiftrateur, diminue de jour en jour. Mr. Weddercop & Gortz, qui font des Créatures du dernier, n'ont pas trop de crédit en Suede. Sur les remontrances de Mr. Patkul, que le Colonel Gortz n'avoit pas fait fon devoir dans la dernière action, le Roi Augufte l'a fait mener prifonnier à Guben fous l'efcorte de fix Fantaffins.

La Bourgeoifie de cette ville fut affemblée hier, elle accorda plufieurs contributions pour payer les Troupes de la Ville & pour équiper fes vaiffeaux de convoi, à condition pourtant qu'on établira une caiffe militaire pour l'avenir, & qu'on nommera des Infpecteurs, à qui on puiffe fe confier. On a auffi réfolu que toutes les charges qui ont été conférées à des perfonnes qui n'en ont rien payé, feroient vendues, ce qui caufera beaucoup de brouillerie.

Lettre de Hambourg, du 16 Janvier 1705.

L E nouveau Réfident de Pruffe a fuivi nos traces à l'égard du Cérémonial avec Mr. le Comte d'Eik, & a agréé l'expédient, par lequel le Réfident d'Angleterre & moi avons terminé la difpute fur la prémière vifite. Ce Réfi-dent

LETTRES
POLITI-
QUES ET
HISTO-
RIQUES
DE DI-
VERS EN-
DROITS. dent nous a déclaré ici par ordre de son Maitre, qu'on accusoit sans raison S. M. Pruffienne d'avoir été caufe que la Diète ne s'eft pas tenue dans le Cercle de la Baffe Saxe, puifqu'elle ne vouloit pas évacuer la Ville de Nordhaufen, mais s'arroger la voix de cette Ville Impériale, le Roi n'exigeant de ladite Ville que ce qui lui avoit été cédé par l'Electeur de Saxe. Nous avons ici des avis certains de Dantzic & de plufieurs autres endroits, que le Roi de France fait travailler à la paix entre les Rois de Suède & de Pologne. Les Alliez en doivent prendre ombrage, & tâcher de la contrecarrer.

Le projet de cette paix doit être, que le Roi Augufte garderoit la Pologne, que Staniflas auroit la Lithuanie, & que fi celui-ci vivoit plus longtems que l'autre il réuniroit la Pologne à la Lithuanie; que la République de Pologne dedommageroit le Roi de Suède par une certaine fomme d'argent. On ne fauroit croire que le Roi Augufte voulût jamais approuver ce projet: cependant il n'eft pas fans fondement, & Mr. Palmquift a voulu fonder Mr. Schmeldau là-deffus à la Haye.

Mr. Bungue, Sécrétaire du Roi de Suède, a été fort fouvent en conference avec Mr. de Bonac à Dantzic: & pendant le féjour du prémier à Paris un certain Broman, qui a été ci-devant Sécrétaire du malheureux Comte de Bielke, & qui eft préfentement engagé en France, a été envoyé vers le Roi de Suède, d'où il a été auffi de retour avant que Bungue fût parti de Paris.

Lettre de Hambourg, le 23 Janvier 1705.

SI l'on doit ajouter foi aux Lettres qui nous viennent du Quartier du Roi de Suède, on a déja voulu nommer quatre Plenipotentiaires, qui doivent affifter à la négociation de la paix avec la République de Pologne; & le Baron Rofenhahn, Préfident de Wifmar, eft fur le tapis pour être le prémier Ambaffadeur, après qu'il aura achevé fon Ambaffade à Berlin: fes Collégues feront, Liffenhaim, Lagerftrom, & Frifendorff, quoiqu'on puiffe encore en fubftituer un autre à Mr. Liffenhaim. Il paroit un ordre févère & rigoureux de la Chancellerie de Gottorp, qui enjoint aux Prélats & à la Nobleffe, fous peine inévitable de fix mille écus, de faire fonner les cloches & interdire la mufique, au fujet de la mort de la Ducheffe. Cela embaraffe bien des gens, qui ont des Eglifes fur leurs terres: car le Roi a fait défenfe de faire aucun changement à la Patente, que le Duc a fait émaner en fon nom feul contre l'ancienne coutume & tous les Traités de paix.

Le Comte de Frife, Gouverneur de Landau, eft fort mécontent de la nonchalance qu'on fait paroitre pour la réparation des fortifications de Landau. Il eft allé à Achaffenbourg, affifter aux Conférences du Margrave de Bade, auxquelles le Comte de Naffau a été auffi admis; & il a déclaré qu'il ne vouloit pas retourner dans fon Gouvernement, avant qu'on eût fait les préparatifs néceffaires pour remettre en bon état les ouvrages ruïnez.

L'Electeur Palatin fonge férieufement à l'inveftiture du Haut Palatinat, & l'on dit qu'il a déja fait ajouter aux armes qu'il a fur un de fes caroffes, la pomme de l'Empire, ce qu'il n'avoit pas fait depuis que l'Electorat avoit été tranfporté à l'Electeur de Bavière.

La Bourgeoifie fut affemblée hier, elle confirma les *Burgerfchlüffe* faits le 8 de ce mois, & réfolut entr'autres que le Clergé ne devoit pas être exempt des contributions, ce qui ne manquera pas de caufer bien du bruit. SUP-

SUPPLEMENT

AUX

MEMOIRES

DE

LAMBERTY.

ANNÉE M. DCC. VI.

MEMOI-

MEMOIRES,

NEGOCIATIONS,

TRAITÉS,

ET

RESOLUTIONS D'ETAT:

ANNÉE M. DCC. VI.

AFFAIRES DES PROVINCES-UNIES.

*Réfolution des Etats-Généraux pour la Nomination des Gé-
néraux de l'Armée pour l'Année 1706, avec leur Lifte; du
14 Février 1706.*

AFFAIRES
DES PRO-
VINCES
UNIES.
Réfolu-
tion tou-
chant les
Généraux
de 1706.

OUï le Rapport des Sieurs Députez de LL. HH. PP. pour les
Affaires Militaires, qui ont conjointement & avec quelques Députez du Confeil d'Etat, examiné de quelle maniére les Généraux doivent être employés pendant la Campagne prochaine, on
en a fait la Lifte ici fpécifiée.

Lif-

Liste des Généraux faits par Leurs Hautes Puissances.

VELD-MARECHAL.

Le Comte de Naffau-Ouwerkerk.

GENERAUX DE L'INFANTERIE.

Le Baron de Baar Seigneur de Schlangenburg, le Comte de Noyelles, le
Prince de Naffau-Frife.

GENERAL DE LA CAVALERIE.

Le Comte de Tilly.

LIEUTENANS-GENERAUX DE L'INFANTERIE.	LIEUTENANS-GENERAUX DE LA CAVALERIE.
De Torfay,	Dompré,
Heukelom,	Baron de Hompefch,
Dedem,	Rhoo,
Friesheim,	Comte d'Ooft-Friefe,
Goor,	Oyen.
Comte d'Oxenftirn,	
Baron de Spar.	

MAJORS-GENERAUX DE L'INFANTERIE.	MAJORS-GENERAUX DE LA CAVALERIE.
Baron de Heyden,	Tengnagel,
Weke,	Prince de Heffe-Hombourg,
Prince de Holftein-Beeck,	Comte d'Erbach,
Charles,	Comte d'Athlone,
Mr. Murray,	Vittinghoff,
Comte de Dohna,	Aurox,
Schrotenbach,	Comte de Naffau la Leck,
Palland,	Prince Guillaume de Heffe-Caffel,
Beinem,	Prince d'Auvergne.
Laader,	
Colyear,	
Belcaftel,	
Weler.	

Ad Honores.

Beham,

Un-

AFFAIRES
DES PRO-
VINCES-
UNIES.

Unckel,
Amelifweert,
Soutlandt.
Vilatte.

BRIGADIERS DE L'INFANTERIE.   BRIGADIERS DE CAVALERIE.

Sacconai,	Saxe-Heilbourg,
Waffenaer,	Matha,
George Hamilton,	Slippenbach,
Verfchure,	Lubert van Eck,
Lorn, ou Duc d'Argyle,	Cralingue,
Gaudecker,	Polterne,
Denhof,	Baltweyn,
Keppel,	Pallant,
Vegelin,	Ramingen,
Waes,	Charles van Eck,
Naffau-Waudenberg,	Groveftein.
Tonham,	
Ziette,	
Trogné,	
Rhinhard,	
Lintelo.	

Lifte des Capitaines de Navires, faits en Mars 1706.

CAPITAINES ORDINAIRES.   CAPITAINES EXTRAORDINAIRES.

De Veer,	Corle,
de Veth,	Teengs le Pere,
Craay,	Van Dueren,
Van den Bofch,	Schap,
Van der Waeyen.	Gaelman,
	Vlooswyck,
	Duinen,
	Crouwelaer,
	Reede Seigneur d'Els.

Lifte des
Capitai-
nes de
Vaiffeaux
en 1706.

Et il en fera donné connoiffance auxdits Velt-Maréchal, Généraux, &
Brigadiers, pour fe tenir prêts pour la Campagne. Que les Généraux des
Troupes étrangéres à la Solde de l'Etat feront avertis par Lettres de fe tenir
auffi prêts pour la Campagne. D'ailleurs les Sieurs Députez de LL. HH.
PP. pour les Affaires Militaires font priez d'examiner plus amplement, avec
quelques Députez du Confeil d'Etat, où les Sieurs d'Opdam Général de

*T   la

Affaires des Provinces-Unies. la Cavalerie & de Slangenburg Général de l'Infanterie pourront être employés la Campagne prochaine, & d'en faire rapport à l'Assemblée. Les Sieurs Députez des Provinces se sont chargez du point de l'emploi de ces deux Généraux pour apprendre là-dessus l'intention des Seigneurs leurs Principaux, se réservant sur cela leur libre délibération.

Résolution de l'Etat pour exhorter les Princes de l'Empire à s'évertuer, du 19 Juin 1706.

Résolution pour porter les Princes de l'Empire à s'évertuer. AYANT reçu une Lettre de la Diéte de Ratisbonne du 4. on a trouvé bon de lui écrire que pour le bien de l'Europe la Diéte devoit réfléchir, que ce qu'elle avoit résolu, aussi-bien que la Cour Impériale, avoit été sans succès, & que l'Empire n'avoit pas contribué la 5me partie de ce qu'il devoit, ce qui tournoit à sa ruïne: que les seuls Cercles de Franconie & de Suabe avoient fourni: que les autres Princes ont pendant deux ans semblé marcher à leur ruïne: mais que Dieu avoit donné une grande victoire aux armes des Alliez, par où les desseins des Ennemis contre l'Allemagne étoient renversez, & par où les Etats croyent que la Diéte doit être persuadée que c'est à présent le tems de réduire l'Ennemi à des conditions d'une bonne Paix: que cependant cela ne sera jamais, à moins que l'Allemagne ne convienne de faire de puissans efforts de son côté pour cet effet, tant en Troupes qu'en autres choses nécessaires, afin d'agir puissamment sur le haut Rhin, & de seconder cet Etat & S. M. Imp. pour conduire ce grand Ouvrage à une fin salutaire: Et qu'on remettra cette Lettre au Résident Mortages, avec des ordres d'employer ses meilleurs offices, pour qu'on contribue à renforcer l'Armée sur le haut Rhin: & que le Prince de Bade sera prié de faire tous ses puissans efforts contre l'Ennemi.

Résolution pour porter le Roi de Portugal à agir, du 19 Juin 1706.

Résolution pour porter le Roi de Portugal à agir. PAR Résomption étant délibéré sur la Lettre de Mr. de Schrumberg du 26 Mai, adressée au Greffier Fagel, avec avis que l'Armée qui s'étoit avancée jusqu'à Almaras avoit rebroussé vers Ciudad-Rodrigo contre l'avis des Généraux Alliez, & sur ce qui s'étoit passé là-autour suivant la Lettre. On a trouvé bon d'accuser par une Lettre au Roi de Portugal, que c'est avec déplaisir que LL.HH.PP. ont reçu avis que ses Généraux contre l'avis de ceux de LL.HH. PP. avoient trouvé à propos que l'Armée qui s'étoit avancée jusqu'à Almaras rebroussât, ou prit un autre chemin que celui de Madrid, sous prétexte de manque de vivres, quoique ces difficultez ne fussent pas insurmontables; par où l'on a perdu une belle occasion de se rendre maître de Madrid, & par conséquent de toute l'Espagne, qui auroit suivi l'exemple de la Capitale, pendant que les Ennemis n'avoient aucune force de considération à opposer: que cette conduite déplait fort à LL. HH. PP. & aux autres Alliez, par où le grand Ouvrage porté par l'Alliance de pousser l'Ennemi de tous côtés, est considéra-
ble-

blement retardé: qu'ainfi LL. HH. PP. efpérent & s'attendent que S. M.
par fa grande fageffe,& fon panchant pour la Caufe commune,donnera fes ordres efficaces pour qu'on pouffe en toute diligence les Opérations militaires,
qu'on ait égard au fentiment des Généraux des Alliez, & qu'on ne perde
point de tems pour profiter de la perte de l'Ennemi par fa retraite de devant
Barcelone, & de la confternation où il eft d'avoir perdu la plus grande partie
des Païs-Bas: que comme cette conjonêture eft certainement favorable pour
porter l'Efpagne dans le pouvoir du Roi Charles III. pendant que les Ennemis
y ont fi peu de forces à oppofer aux armes des Alliez, S. M. Port. eft priée dans
une fi favorable conjonêture d'avancer de plus en plus les progrès en Efpagne,
afin d'avancer l'effet des Traitez; que LL. HH. PP. font perfuadées que S.
M. ne refufera pas de donner cette fatisfaction à fes Alliez, & que S. M. ne
fera rien de contraire aux Alliances, &c.

Réfolution fur un Mémoire du Miniftre de Heffe-Caffel touchant le Payement de Troupes; du Lundi 12. Juillet 1706.

Réfolu-
tion fur un
Mémoire
du Baron
de Dal-
wick.

OUï le rapport du Sr. van Lamsweerder & autres Députez de L. H. P.
pour les Affaires militaires, ayant en conformité, & pour fatisfaire à leur
Réfolution Commifforiale du 1. du courant, examiné conjointement avec
quelques Srs. Députez du Confeil d'Etat le Mémoire du Sr. Dalwich, Envoyé-Extraordinaire du Landgrave de Heffe-Caffel, demandant exécution de
ce qui a été promis du côté de L. H. P. par la Convention, par rapport
aux Troupes de Heffe deftinées pour l'Italie, de quoi il a été plus amplement
fait mention dans les Notules du 1. de ce mois. Sur quoi ayant été délibéré
il a été trouvé bon & entendu, que Copie de ladite Convention fera envoyée au Confeil d'Etat. Et comme le Bataillon de 6 Compagnies, à 80 hommes chacune, dont il a été fait mention dans le fecond Article, n'a pas marché avec les autres en Italie, & que pour cette raifon les Subfides promis
dans le 3. Article doivent être diminuez à proportion, le Confeil d'Etat fera
requis, comme il eft par la Préfente, de dépêcher un Ordonnance néceffaire pour le payement du tiers de la quotepart de l'Etat auxdits Subfides,
lequel payement fe fera des 15000 florins négociez en dernier lieu: qu'on déclarera en outre, comme L. H. P. déclarent par la Préfente, qu'Elles fe
chargent, pour autant que cela les regarde, du payment des Subfides à 70000.
Rifdales mentionnez dans le 8 Article, au lieu de fournir les Chariots & les Hôpitaux, dont on a parlé dans les 6 & 7me Articles; le Confeil d'Etat eft prié
d'expédier pareillement les Ordonnances néceffaires pour le payement du tiers
de la quotepart de l'Etat auxdits Subfides, pour qu'ils foient payez des fraix
de l'Armée. Que pour ce qui regarde le 11me Article touchant le payement
des Subfides arréragez, on repréfentera très-férieufement aux Seigneurs Etats
des Provinces refpeêtives l'obligation où ils font de les payer en vertu du Traité précédent, ainfi que de celui qu'on vient de conclure de nouveau: & les
fusdits Seigneurs Etats feront férieufement priez de fournir, au plutôt chacun
fa quotepart dans lesdits Subfides arréragez: Que quant au 4me. Article, les

Sei-

AFFAIRES DES PROVINCES-UNIES. Seigneurs Etats de Zélande feront de nouveau inftamment priez par Lettre, de faire les difpofitions néceffaires pour le payement du Régiment de Spiegel & de l'Etat-Major du Régiment de Rechtern ; & que les Seigneurs Etats des Provinces qui n'équipent point, feront exhortez de fournir une bonne fomme d'argent fur leur quotepart aux Equipages extraordinaires de l'année derniére & de la courante, afin de faire ceffer les plaintes que la Province de Zélande fait à cet égard, de même que les raifons du mauvais payement dudit Régiment. Et l'Extrait de cette Réfolution de L. H. P. fera remis entre les mains du Sr. de Dalwich pour fervir de Réponfe à fon Mémoire.

Réfolution des Etats-Généraux des Provinces-Unies touchant les Troupes de Munfter ; du Lundi 6 Septembre 1706.

Réfolution touchant les Troupes. APRES avoir délibéré, on a trouvé bon & réfolu de faire fçavoir aux Généraux & Officiers des Troupes de Munfter, qui font au Service de cet Etat, que LL. HH. PP. ayant été informées qu'on a deffein de leur envoyer de nouveaux ordres au nom du Chapitre de Munfter, & cela encore par la moindre partie de ce Chapitre, pour les paffer en revûe par un Commiffaire dudit Chapitre, & leur prefcrire de nouveaux Formulaires, LL. HH. PP. ont trouvé bon, comme ci-deffus, de défendre auxdits Officiers, comme ils défendent effectivement par celle-ci, de n'admettre perfonne fans Leur connoiffance; hormis ceux qui font autorifés par LL. HH. PP. pour cela, fi long-tems que lesdites Troupes feront à la paye de LL. HH. PP. & de n'accepter aucuns ordres de qui que ce foit, fans en donner premiérement connoiffance à l'Etat. Et qu'un Extrait de cette Réfolution de LL. HH. PP. fera Envoyé au Major-Général d'Elberfelt, & aux autres Colonels & Commandants defdites Troupes Munftériennes, pour leur fervir d'information, afin qu'ils fe puiffent régler là-deffus. *Signé :*

WAYEN &c.

L'Adreffe eft à Mr. d'Elberfeld, Colonel d'un Régiment Munftérien au Service des Etats-Généraux des Pr.-Unies ; & cachetée avec le Seau desdits Etats-Généraux.

Réfolution pour écrire au Roi de Suède touchant une Lettre du Roi de Pologne & d'autres de la Régence de Saxe ; du 7 Septembre 1706.

Réfolution pour écrire au Roi de Suède. AYANT été délibéré, il a été trouvé bon & réfolu, qu'il fera écrit à ladite Régence de Saxe, & remis au Sr. de Gersdorff en Réponfe à fon Mémoire, que L. H. P. efpérent que l'appréhenfion où Elles font, que l'intention de
Sa

Sa Maj. Suédoise ne foit de faire une Invafion en Saxe, n'aura point de fuites : que nonobftant cela L. H. P. employeront auprès de Sadite Majefté leurs bons offices pour qu'Elle ne veuille pas troubler les Provinces Saxonnes de Sa Majefté Polonoife, mais donner des affûrances néceffaires contre ladite appréhenfion. Et la Lettre à écrire fur ce fujet, de même que l'Extrait de cette Réfolution de L. H P. feront remis par l'Agent Rofenboom entre les mains dudit Sr. de Gersdorff.

Qu'il fera de plus repréfenté par Lettre à S. M. Suédoife que, quoique L. H. P. ayent peine à croire que Sadite Majefté puiffe avoir l'intention de faire une invafion dans les Etats de Sa Majefté Polonoife en Allémagne, on écrit néanmoins de tant d'endroits, & le bruit eft fi général, que c'eft le deffein de Sadite Majefté, outre que non-feulement la Régence de Saxe, mais auffi divers autres Princes de l'Empire ayant déja conçu là-deffus de l'ombrage en ont témoigné tant d'appréhenfion à L. H. P. qu'Elles n'ont pu différer plus long-tems d'écrire fur ce fujet à Sa Majefté Suédoife. Et comme Sa Majefté s'eft déclarée ci-devant fur les inftances de L. H. P. qu'Elles ont pu efpérer avec raifon, que Sa Majefté ne porteroit pas la Guerre fur le Territoire de l'Allemagne, s'en étant abftenue jufqu'à préfent, L. H. P. fe perfuadent que Sa Majefté Suédoife n'entreprendra pas non plus dorénavant une chofe qui porteroit plus de préjudice à L. H. P. & à leurs Alliez, qui font la Guerre pour la Liberté & la fûreté communes, qu'au Roi de Pologne, puifque par-là non-feulement le Contingent de Sa Majefté Polonoife, envoyé à l'Armée des Alliez pour fes Etats de l'Empire, en feroit retiré & rendu inutile à la Caufe commune, mais que plufieurs autres Princes, qui pourroient ou fe croire obligez par des Alliances à défendre les Provinces Saxonnes, ou concevoir de juftes appréhenfions, par rapport à leur voifinage, que ce feu prêt à être allumé en Allemagne ne s'étendît plus loin, pourroient rappeller leurs Troupes qui combattent préfentement pour le Bien public, & qu'ainfi Sa Majefté Suédoife feroit par une entreprife auffi inefpérée une grande diverfion en faveur de la France & au préjudice de tous les Alliez : que Sadite Majefté s'étant toujours montrée favorable à la Caufe des Alliez, L. H. P. ne fauroient croire qu'Elle ait changé d'avis à cet égard : & que L. H. P. ayant l'honneur d'être fi étroitement alliées avec Sa Majefté par des Traitez réciproques, compteroient fûrement fur les fecours de Sa Majefté, fi Elle n'étoit pas Elle-même engagée dans une Guerre fi onéreufe, qui l'empêche de leur fournir les fecours auxquels Elles s'attendroient autrement : Que L. H. P. ne fauroient croire que Sa Majefté voulût en faifant une invafion en Saxe, & en portant de telle manière la Guerre fur les Terres de l'Empire, faire un fi grand préjudice à L. H. P. & à leurs Alliez, qui l'ont fi fidèlement affiftée au commencement de fa Guerre & dans le tems qu'ils avoient eux-mêmes les mains libres : Que pour cette raifon L. H. P. prient Sa Majefté amiablement, en cas que, contre toute attente, Elle eût formé un tel deffein, de le laiffer tomber en confidération du grand tort qui en réfulteroit à la Caufe commune des Amis & Alliez de Sa Majefté, & de tous ceux qui font la Guerre pour la Liberté de l'Europe : & qu'au cas que,

Sa

Sa Majefté eût l'inclination de terminer la Guerre, L. H. P. offrent encore d'employer à cet effet leurs bons offices tels qu'Elles fauront être agréables à Sa Majefté, pour lequel but Elles ont fait refter le Sr. Haerfolte leur Miniftre à Dantzig. & les Sr. Tulleken & autres Députez de L. H. P. pour les Affaires étrangéres font priez & Committez par la Préfente d'entrer fur ce fujet en conférence avec le Sr. Palmquift, Envoyé-Extraordinaire de Sa Majefté Suédoife, & de le prier d'appuyer ce qui eft ci-deffus par fes bons offices.

Et lesdits Députez feront chargés de communiquer dans une Conférence ces Réfolutions de LL. HH. PP. aux Srs. Miniftres de la Reine d'Angleterre & des Rois de Dannemarck & de Pruffe, des Electeurs Palatin & d'Hannovre, & du Landgrave de Heffe-Caffel, & de les prier de feconder le fujet en queftion par leurs bons offices.

D'ailleurs, l'Extrait de cette Réfolution fera envoyé au Miniftre de L. H. P. à Londres, afin de prier fa Majefté Britannique de paffer de pareils offices auprès de Sa Majefté Suédoife.

Il fera pareillement écrit au Miniftre de L. H. P. à la Cour Impériale pour s'informer de ce que Sa Majefté Impériale aura fait là-deffus, & en faire rapport à LL. HH. PP.

Et enfin, la précédente Réfolution de LL. HH. PP. fera envoyée au Sr. Haerfolte, Leur Miniftre en Pologne, pour agir de concert avec celui de la Grande-Bretagne, & pour détourner le Roi de Suède de l'invafion en Saxe & pour continuer fur ce pied-là.

Réfolution touchant le Dannemarck; du 7 Septembre 1706.

AYANT été délibéré par Réfomption fur la Lettre du Sr. Goes, Envoyé-Extraordinaire de L. H. P. à la Cour de Sa Majefté le Roi de Dannemarck, écrite à Coppenhague le 17, Juillet dernier, & addreffée au Greffier Fagel, au fujet de ce qu'on a vifité au Sundt le Vaiffeau Hollandois la *Demoifelle Sara*, commandé par le Capitaine Pierre Lieves van der Schelling, & qu'on a faifi une quantité de Lin pour être mal déclaré à la Douane, il a été trouvé bon & entendu de prier par la Préfente, & de charger les Srs. Tullecken & autrez Députez de L. H. P. pour les Affaires étrangéres, d'entrer en Conférence avec le Sr. van Stocken, Envoyé-Extraordinaire de Sadite Majefté le Roi de Dannemarck & de lui repréfenter, que L. H P. ne peuvent affez s'étonner de la manière d'agir très-irréguliére & mal fondée dont le Vifiteur & Directeur a ufé à cet égard, d'autant qu'il a encore pu trouver à propos d'y perfifter malgré la Proteftation que le Commiffaire Deurs a faite contre ce procédé, le 12. du mois paffé, en vertu des Traitez: vû qu'il eft notoire que l'Etat n'a non-feulement jamais voulu permettre, mais qu'il a même toujours protefté contre la vifite des Vaiffeaux & Marchandifes apartenans à fes Sujets & paffans par le Sundt, quand même il y auroit quelque foupçon que ces Marchandifes ne feroient pas bien déclarées, foit par rapport à leur quantité, foit par rapport à leur qualité: Que pour

cet-

cette raifon il a auffi été expreffément ftipulé dans le troifième Article du
Traité de Chriftianople en 1645 fait dans ce tems-là entre la Couronne de
Dannemarck & l'Etat pour l'efpace de quarante ans confécutifs, que la Vifite des Vaiffeaux & Marchandifes Hollandoifes paffant le Sundt n'auroit
point lieu, mais que les Maîtres des Bâtimens, qui montreroient leurs bonnes Lettres de Convoi & de Douane, feroient crus là-deffus, & expédiez
fans être arrêtez ou moleftez, en y ajoutant, qu'en cas qu'on trouvât que Sa
Majefté Danoife fût préjudiciée dans fes Péages par des Contrebandes ou fraudes, L. H. P. en étant informées & requifes, employeroient tous les moyens
imaginables & mettroient ordre, autant qu'il eft poffible, à ce que juftice fût
rendue à tous égards à Sa Majefté : Que lorsque le Miniftre de Dannemarck
réfidant ici à la Haye en 1684, eut projetté un nouveau Traité de Péage pour
le faire valoir pareillement quarante ans, & qu'il y eût laiffé gliffer des Périodes qui auroient pu donner occafion à la vifite & à l'arrêt des Vaiffeaux &
Marchandifes Hollandoifes paffant le Sundt, L. H. P. bien loin d'entrer dans
ce Traité, quoiqu'il fût déja affez avancé, proteftérent toujours contre ces Périodes, & contre les raifons alléguées alors par le Miniftre de Dannemarck
pour juftifier ladite prétendue vifite & arrêt en Dannemarck : Que fi jamais
de telles vifites & arrêts s'étoient faits, & qu'on eût jamais exercé des Judicatures dans ce Royaume fur des fraudes commifes par de Bateliers Hollandois
en payant la Douane d'Orifondt, ce n'étoit notoirement que pour des contraventions à l'ancien ufage, & fpécialement audit Traité de Chriftianople, comme y étant directement contraire. Que pour ce qui fe pratique par rapport à
d'autres Péages & Droits, on n'en pouvoit rien inférer pour ce qui doit s'obferver par rapport au Péage d'Orifondt, vû que celui-ci n'eft pas établi fur
des Marchandifes ou Denrées, & que lorfqu'on étoit néanmoins convenu enfuite de faire payer cette Douane pour quelque tems des Marchandifes & Denrées, on avoit réglé en même tems, fur quel pied on en agiroit à cet égard
avec le Maître du Bâtiment & le Négociant, & particuliérement de qui &
quels ordres feroient donnez contre les fraudes de la Douane ; & que comme
tout ce que ci-deffus étoit réglé dans le troifième Article du Traité de Chriftianople, il conftoit, que quand les Maîtres des Bâtimens viendroient à frauder
le Péage d'Orifondt, il n'y feroit point pourvû par Sa Majefté Danoife, ni
procédé par fes Juges contre de tels Maîtres, mais que L. H. P. en étant informées & requifes y mettroient ordre autant qu'il eft poffible. Et à l'égard
de ce que le Miniftre de Dannemarck demandoit au contraire, que les Maîtres Hollandois fuffent recherchez pour caufe du Péage d'Orifondt, & appellez en Juftice en Dannemarck, c'étoit notoirement quelque chofe de nouveau
qu'il demandoit, & qui non-feulement ne fut pas accordé à Sa Majefté Danoife par le Traité de Chriftianople, mais laiffé particuliérement à la connoiffance & aux ordres de LL. HH. PP. Que l'Etat ayant inhéré à ce Droit
bien fondé, ledit nouveau Traité de Péage n'a jamais eu fon accompliffement,
& que c'eft pour cette raifon qu'en 1685, lorfque le Traité de Chriftianople venoit d'expirer, & qu'on ne pouvoit pas convenir du nouveau Traité,
l'Etat foutint en vertu du fecond Article dudit Traité de Chriftianople, qu'il

fa-

AFFAIRES faloit faire revivre dans fa vigueur la Convention de Spire faite en 1544 : Que
DES PRO- des différends étant furvenus fur ce fujet entre la Couronne de Dannemarck
VINCES- & L. H. P. ils avoient été provifionnellement terminez, entr'autres par le
UNIES. Traité Préliminaire conclu à Berlin le 6 Juillet 1688, en forte même que par
le troifième Article de ce Traité il étoit encore ftipulé, que conformément
au Traité de Chriftianople la Vifite des Vaiffeaux & Marchandifes appartenant aux Habitans des Provinces-Unies & paffant par le Sundt n'auroit point
lieu : Que lorfqu'il fut de nouveau négocié en 1701 fur un Traité de Péage,
les Miniftres de Dannemarck tâchérent encore, comme avoit fait le Miniftre Danois en 1684, de faire inférer dans ce Traité quelques Périodes qui
auroient pu donner occafion à la vifite des Vaiffeaux Hollandois paffans le
Sundt, mais que l'Etat les refufa conftamment, croyant qu'il faloit s'en tenir
par rapport à cela aux Traitez précédens ; il y avoit réuffi, comme on peut voir
par le onzième Article du préfent Traité conclu le 15. Juillet 1701.

Que lui Sr. van Stocken confidérant toutes ces raifons, comprendra par
conféquent aifément, combien L. H. P. ont du être furprifes, lorfqu'Elles
ont reçu de leur Miniftre la nouvelle de ladite vifite, arrêt & affignation, &
combien cette furprife a du être augmentée quand L. H. P. ont été informées, que la Déclaration abufive qu'on prétexte en cela de la part du Vifiteur & Directeur du Péage, ne confifteroit pas en ce que la jufte quantité de
livres du Lin ne feroit pas déclarée, mais qu'on prétend qu'il y auroit une
faute commife dans la Déclaration de la qualité de ce Lin, & que la différence en payant le Péage d'Orifondt en monteroit à environ foixante & trois
fols de Hollande ; chofe qui, outre la vifite & l'arrêt très-mal fondé, fait penfer à L. H. P. qu'elle reffemble à une chicanne & véxation, & pour cette
raifon L. H. P. prient Sadite Majefté Danoife, & attendent de fa juftice & de
fon équité reconnues, qu'il Lui plaîra de donner inceffamment ordre, que ladite quantité de Lin faifie foit reftituée au plutôt fans fraix & dépenfes au
Commiffaire van Deurs pour le compte des Propriétaires ou Intereffez, &
que le Directeur du Péage & le Vifiteur, qui ont fait cet arrêt & ce qui
en eft fuivi, ou qui étant fait l'ont approuvé, foient corrigez fur ce fujet comme il faut ; que de pareilles vifites & arrêts ne foient plus entrepris à l'avenir, mais qu'au contraire le contenu du onzième Article du préfent Traité
foit ponctuellement exécuté. Et lefdits Sieurs Députez prieront le Sr. van
Stocken d'appuyer puiffamment cette repréfentation par fes bons offices.

Réfolution touchant les Troupes de Munfter ; du 9me Septembre 1706.

Réfolu- SUR ce qu'on a repréfenté à l'Affemblée, que le Doyen & les Chanoines
tion fur du Chapitre de Munfter avoient envoyé un Commiffaire, nommé Vo-
les Trou- gèdes, pour porter quelques ordres aux Régimens de Munfter qui font au fer-
pes Munf- vice de l'Etat, & que celui-ci étoit parti d'ici pour Oftende, où eft le Régi-
ter. ment de Landsberg en garnifon, pour fe rendre à tous les endroits où font
lefdits Régimens, il a été, après délibération préalable, trouvé bon & entendu
que

que l'Officier commandant à Oſtende ſera chargé par Lettre d'arrêter ledit Commiſſaire Vogèdes, ou tout autre qui, au nom du Chapitre, porteroit quelques ordres auxdits Régimens du Munſter, d'examiner par qui & à quelle fin il eſt envoyé, comme auſſi de viſiter ſes Papiers & de le détenir priſonnier juſqu'à d'autres ordres de L. H. P. qui n'entendent point qu'il ſoit envoyé quelques ordres à leur inſçu auxdits Régimens, de qui que ce puiſſe être: qu'il ſera pareillement écrit aux Srs. Députez de L. H. P. à l'Armée & au Sr. van Ouwerkerck, Velt-Maréchal de s'informer ſi un tel Commiſſaire vient à l'Armée, &, au cas qu'il y vienne, de le faire auſſi arrêter; qu'il ſera enfin écrit & ordonné à l'Officier commandant à Maſtricht, où le Régiment de Nagel eſt en garniſon, de faire la même choſe en cas qu'il y vienne.

AFFAIRES DES PROVINCES-UNIES.

Réſolution ſur un Mémoire du Comte de Goeſſen, Miniſtre de Charles III. Roi d'Eſpagne; du 9. Septembre 1706.

SUR QUOI ayant été délibéré, il a été trouvé bon & arrêté, qu'il ſera envoyé auxdits Srs. Députez de L. H. P. à Bruxelles leur Réſolution du 19. Novembre 1703. en conſéquence de laquelle le Duché de Limbourg a été donné à Sa Majeſté le Roi d'Eſpagne Charles III. & qu'il ſera écrit auxdits Députez, que comme il a été mis ordre par Sadite Majeſté, par rapport au Gouvernement de ce Duché, L. H. P. jugent que ſans la connoiſſance & l'approbation de Sa Majeſté il ne doit y être fait aucun changement: que pour cette raiſon eux Srs. Députez employeront leurs offices auprès des Conſeillers d'Etat & de Brabant, pour qu'ils laiſſent le Duché de Limbourg ſous l'adminiſtration à laquelle Sadite Majeſté l'a aſſujetti, tandis que Sa Majeſté n'en diſpoſe pas autrement; & l'Extrait de cette Réſolution de L. H. P. ſera remis par l'Agent Roſenboom entre les mains du Sr. Comte de Goeſſen.

Réſolution ſur un Mémoire du C. de Goeſſen.

Réſolution ſur une Lettre de Mr. Bruyninx, Envoyé de l'Etat à Vienne; du 9. Septembre 1706.

REçu une Lettre du Sr. Hamel Bruyninx, Envoyé-Etraordinaire de L. H. P. à la Cour de Sa Majeſté Impériale, écrite à Vienne le 18 du mois paſſé, portant entr'autres Réponſe ſur la Réſolution de L. H. P. du 2 du précédent, laquelle regarde les termes du rembourſement des Capitaux & le payement des interêts négociez ſur les Revenus de Baviére; & ſur quoi on lui avoit enfin donné pour Réponſe, que le Réſultat de la derniére Conférence tenue ſur ce ſujet avoit porté, que L. H. P. ſeroient priées de remettre à Sa Majeſté Impériale l'hypothèque de Bijoux & de Perles qu'Elles ont entre les mains de l'Electeur de Baviére, auquel cas Sa Majeſté Impériale acquiteroit entiérement à L. H. P. tout le Capital avec les interêts échus. Surquoi étant délibéré, il a été trouvé bon & réſolu, que le Receveur-Général de Jonge van Elſemeet ſera chargé par la Préſente, de faire connoître aux

Réſolution ſur une Lettre de Mr. Bruyninx.

Plénipotentiaires de l'Electeur de Baviére, avec qui il est accoutumé de traiter sur ces affaires, ladite préfentation, & de faire des instances, pour
qu'il soit donné ordre de payer les termes des interêts & du rembourse-
ment, ou que L. H. P. feront contraintes de remettre lesdits Bijoux contre l'acquit de la dette.

Réfolution touchant les Troupes de Munster; du Lundi 20 Septembre 1706.

Résolu-
tion tou-
chant les
Troupes
de Muns-
ter. ON a lu dans l'Affemblée le Mémoire de Mr. le Réfident Norff, afin que
la Réfolution de Leurs HH. PP. du 6. Septembre touchant leurs ordres
donnés aux Comandans des Troupes de Munster au Service de l'Etat, puisse
être révoquée, fuivant fondit Mémoire.

Ayant été délibéré là-deffus, on a trouvé bon de donner pour réponse audit Réfident Norff, que Leurs HH. PP. perfistent dans Leur Réfolution dudit 6 Septembre, & qu'Elles ne peuvent tolérer qu'on donne aucuns nouveaux ordres auxdits Régimens fans leur communication, fi long-tems qu'ils
feront à leur Service : qu'Elles ne s'oppoferont jamais aux ordres du Chapitre, quand on trouvera bon de les Leur communiquer, & qu'Elles les
trouveront convenir avec les Traités & Capitulations; mais que Leurs HH.
PP. trouvent fort fufpects les ordres fecrets qu'on a voulu donner fous main
aux Troupes desdits Régimens Munftériens, vû que cela est inufité & contre toute justice.

Et que LL. HH. PP. n'ont pas pu voir, fans s'étonner, que ledit Réfident
parle dans fondit Mémoire au nom de quelques Prélats & Capitulaires, avec
la même autorité du Chapitre, comme fi le Siège de l'Evêque étoit encore
vacant, quoique que tout le monde fache le contraire, & que lesdits Prélats
& Capitulaires allégués dans ledit Mémoire ne faffent que la partie inférieure
des Votes du Chapitre; fans confidérer que le Chapitre a déja élu un autre E-
vêque par marjorité de Voix, & felon toutes les Loix & Droits du Chapitre.
Et qu'à cet égard L L. HH. PP. ne peuvent accepter & reconnoître l'autorité desdits Prélats & Capitulaires, dans un tems que le Siège est rempli; &
qu'Elles ne pourront non plus à l'avenir accepter aucun Mémoire du Réfident
Norff fur ce pied-là.

Que LL. HH. PP. font bien aifes cependant d'apprendre que lesdits Prélats & Capitulaires fe veuillent bien tenir aux Traités autant qu'il dépend d'eux,
& d'entretenir l'amitié & la bonne correfpondance avec l'Etat. LL. HH.
PP. croyent qu'Elles ne peuvent donner une meilleure & plus forte preuve
de leur bonne intention que de reconnoître le nouvel Evêque, ainfi qu'Elles le reconnoiffent, étant, comme deffus, élu par majorité de Voix, felon
les Loix & Privilèges du Chapitre : & fans rien entreprendre qui puiffe caufer de l'aliénation ou des troubles; de quoi LL. HH. PP. feroient bien fâchées, & d'être forcées en tel cas non attendu de s'y interreffer. C'est pourquoi Elles attendent de la fageffe & bonne conduite desdits Prélats & Capi-
tu-

tulaires qu'ils éviteront de donner aucune occasion à cela & à troubler le Repos du Voisinage de LL. HH. PP. par où le Païs de Munster y seroit envelop- pé en même tems.

Signé :

VAN BORCH.

Et plus bas :

FAGEL.

Résolution en Réponse à un Mémoire du Baron de Bothmar, Ministre de Hannovre; du 27 Septembre 1706.

LU à l'Assemblée le Mémoire du Sr. Baron de Bothmar, Ministre de Son Altesse Electorale de Brunswick & Lunebourg, priant que le Régi- ment du Général-Major de Berenstorff, présentement au service de l'Etat, puis- se entrer à la Solde de Sa Majesté la Reine de la Grande-Bretagne, pour être remplacé par le Régiment du Colonel de Leurs présentement à la Solde d'An- gleterre : & qu'il soit accordé un Passeport pour trois cens & vingt mille flo- rins à envoyer tous les longs mois aux Païs-Bas Espagnols pour le payement des Troupes de Sadite Altesse Electorale; le tout mentionné dans le Mémoi- re inféré ci-après.

HAUTS ET PUISSANS SEIGNEURS,

LE Soussigné Ministre de Monseigneur l'Electeur de Brunswick-Lunebourg a ordre de représenter à VV. HH. PP. que son Altesse Electorale n'ayant point de Général-Major auprès de son Infanterie à la Solde de la Reine de la Grande-Bretagne, son intention seroit d'y mettre le Général-Major de Berens- torff, avec son Régiment qui est à la Solde de VV. HH. PP. & de le rem- placer par celui du Colonel de Leurs qui est à la Solde de Sa Majesté la Rei- ne de la Grande-Bretagne. Comme cette permutation ne porte aucun pré- judice, & qu'au contraire le Service commun s'en fera mieux, Son Altesse Electorale ne doute point que VV. HH. PP. n'y donnent leur agrément. Le Soussigné Ministre a ordre de les en prier très-humblement, & de vouloir bien faire mettre ce changement sur l'Etat de Guerre qui se fera pour l'an- née prochaine.

Comme on ne trouve pas aux Païs-Bas Espagnols dans la conjoncture pré- sente assez la commodité d'y remettre par Lettre de Change l'argent nécessai- re pour le payement des Troupes, & qu'on est obligé d'y transporter les Es- pèces. VV. HH. PP. sont très-humblement priées de permettre qu'on puisse transporter dans lesdits Païs-Bas chaque long mois de six semaines la Somme de trois cens & vingt mille florins pour le payement des Troupes de Son Al- tesse Electorale, qui sont à leur Solde & à celle de Sa Majesté la Reine de la Grande-Bretagne, & de donner Leur Passeport ou Déclaration nécessaire pour cela. Fait à la Haye ce 27. Septembre 1706.

Signé :

LE BARON DE BOTHMAR.

V 2   *Ré-*

Résolution touchant le Dannemarck; du 1. Octobre 1706.

R Eçu une Lettre du Sr. Goes, priant L. H. P. de vouloir examiner
ſes Lettres du 9. 11 & 20 du mois paſſé, lui Sr. Goes croyant le
contenu des deux premiéres ſi clair qu'elles n'avoient pas beſoin d'élucidation, & quoique le contenu de la troiſième avec les Pièces annéxées ne lui
parût point obſcur non plus, néanmoins lui Sr. Goes eſt d'avis, que
puiſqu'il y a pluſieurs Pièces y jointes qui demandent du tems pour être
examinées, & que L. H. P. ſont occupées de tant d'affaires importantes, il ne ſera pas mal à propos, qu'il ſuppoſe ici les points de délibération, qu'il croit pouvoir réſulter de cette Lettre & des Pièces y
jointes, ſavoir, ſi L. H. P. peuvent trouver bon que leur Miniſtre à la
Cour de Dannemarck ſoit traité d'une manière ſi indigne que jamais Miniſtre
public à cette Cour, ou à quelque autre Cour Chrétienne, n'a été traité de même: qu'on ſe réſerve la liberté à la Cour de Dannemarck de traiter ledit Miniſtre même d'une maniére pire que les propres Sujets du Roi, qu'on lui ſi-
gnifie un Ordre du Roi, parlant de viſite, de citation de confiſcation. & d'autres peines conformes aux Loix de Dannemarck: qu'en un mot ledit Miniſtre
tâche dans les Conférences avec les Srs. Députez de L. H. P. de les induire en erreur en alléguant des faits notoirement abuſifs: qu'on fait. croire au
Roi de Dannemarck, que le Miniſtre de l'Etat parle à Sa Cour. ſans ordre,
lorſqu'il préſente des choſes ſur leſquelles il a reçu des ordres réïtérez de L.
H. P.: qu'un Miniſtre, qui agit en leur nom & par leur ordre, n'eſt point
ſoutenu: que ces points de délibération ſuivoient naturellement du contenu
de ladite Lettre & Pièces annéxées; & que s'il s'y trouve encore quelque
doute, lui Sr. Goes le pourra aiſément lever.

Deplus, ces Lettres portent, outre les points dont il y eſt fait mention,
qu'il il y a encore d'autres affaires à la Cour de Dannemarck ſur leſquelles lui
Sr. Goes croit qu'il ſeroit du ſervice de L. H. P. de l'inſtruire avant ſon départ: priant que, puiſqu'il y en a un trop grand nombre pour être inférées
avec toutes leurs circonſtances dans une Lettre, L. H. P. veuillent l'écouter là-deſſus dans une Conférence avec les Sieurs leurs Députez, ſavoir, quelles meſures L. H. P. ſouhaiteroient, ſi cela dépendoit d'Elles, que la Cour
de Dannemarck prît par rapport à l'invaſion des Suédois en Saxe: ce qu'il
auroit à dire au Roi de Dannemarck, & à ſon Frere le Prince Charles ſur le
dédommagement, qui a été projetté d'être donné audit Prince pour ſa renonciation proviſionnelle à l'Evéché de Lubeck: ce que lui Sr. Goes auroit à faire, tant par rapport à l'ouverture & à l'examen des Lettres qu'on prétend
en Dannemarck, que par rapport à la viſite des Vaiſſeaux Hollandois dans
le Sundt, & particuliérement du Vaiſſeau la *Demoiſelle Sara:* par rapport à
l'Impôt ſur le Sel, qui ſe leve d'un tiers plus fort ſur les Vaiſſeaux Hollandois que
ſur les Danois: par rapport à l'Impôt ſur les Vins de France, qui ſuivant le
rôle du Péage ſont ſix & deux tiers par Barrique, argent de Banque de l'Empire, & qui ſe paye effectivement ſur ce pied-là par les Vaiſſeaux Hollandois, pendant que les Vaiſſeaux Danois ne payent que quatre & un ſixiè-

me

me par Barrique: par rapport à quelque petite Monnoye, argent de Danne- AFFAIRES
marck, qu'on a pris de deux Maîtres Hollandois, & fur la reftitution de laquel- DES PRO-
le on chicanne comme il a été dit alors: par rapport à l'Affaire de Pareira, VINCES-
qu'on croyoit avoir des Effets confidérables, & que les Voleurs trouvoient UNIES,
de la protection en Holftein; & enfin ce que L. H. P. veulent réfoudre fur
les Vaiffeaux Amiraux dans le Sundt, cette affaire étant dans la plus grande
confufion. Sur quoi ayant été délibéré, il a été trouvé bon & arrêté, que
Copie des fusdites Lettres fera communiquée aux Srs. Députez de la Province de Hollande pour les communiquer aux Villes, & que les Srs. Députez de L, H. P. pour les Affaires étrangéres feront chargez de vifiter &
d'examiner tout & d'en faire rapport à l'Affemblée.

Réfolution fur l'Invafion du Roi de Suède en Saxe; du Lundi 4. Octobre 1706.

REÇU une Lettre du Sr. van Vrybergen, Envoyé-Extraordinaire de L. H. P. Réfolu-
à la Cour de Sa Majefté la Reine de la Grande-Bretage, en date de Lon- tion tou-
dres le 7. du mois paffé & addreffé au Greffier Fagel, laquelle porte que le chant l'In-
Secrétaire Harley lui a donné à connoître que Sa Majefté étant informée au vafion du
vrai, que les mouvemens des Troupes, tant fous le Roi de Suède que fous Roi de
le nouvellement couronné Staniflas, tendent à faire par la Siléfie une inva- Suède en
fion en Saxe, Sadite Majefté, pour prévenir cela, autant qu'il eft poffible, Saxe.
a trouvé bon de faire écrire au St. Stanhope, pour qu'il puiffe concerter fur
ce fujet avec L. H. P. que Sa Majefté a fait paffer de pareils offices auprès
du Sr. Schutz, Envoyé-Etraordinaire de Hanovre, le Sr. Harley priant
lui Sr. van Vrybergen de vouloir notifier ce qui eft ci-deffus à l'Etat. Surquoi ayant été délibéré, il a été trouvé bon & réfolu, qu'il fera répondu au
Sr. van Vrybergen, que L. H. P. jugent néceffaire, que les Srs. Robinfon & van Haerfolte, Miniftres de Sa Majefté Britannique & de L. H. P.
préfentement à Dantzig, aillent en Saxe pour employer à ce fujet tels offices qu'ils jugeront convenables: que lui Sr. Vrybergen donnera connoiffance de ceci à la Cour où il eft, afin qu'il foit envoyé des ordres à
cet effet audit Sr. Robinfon en cas qu'il ne foit pas encore inftruit:
qu'on fera favoir ceci audit Sr. van Haerfolte, en lui écrivant de fe préparer à faire le voyage conjointement avec ledit Sr. Robinfon, & qu'on lui
enverra des inftructions ultérieures fur ce qu'il y aura à faire. Et les Srs.
Tullecken & autres Députes de L. H. P. pour les Affaires étrangéres font
chargez par la Préfente & requis de delibérer fur les ordres ultérieurs
qu'il faudroit envoyer fur ce fujet audit Sr. van Haerfolte, & de faire
rapport de tout à l'Affemblée.

Ré-

Réfolution touchant l'invafion du Roi de Suède en Saxe; du Mercredi 6. Octobre. 1706

OUï le Rapport des Srs. Tellecken &c. Sur quoi ayant été délibéré, il a été trouvé bon & entendu, qu'il fera écrit au Sr. van Haerfolte qu'il ait à fe rendre en Saxe avec le Sr. Robinfon auffi-tôt qu'il aura reçu ordre, pour repréfenter au Roi de Suède l'inquiétude où l'on eft par rapport à fon invafion en Saxe: que l'Etat & l'Angleterre ayant le bonheur d'être dans une étroite amitié avec Sa Majefté Suédoife, ils ne doutent point qu'eux lesdits Miniftres ne trouvent la même affection auprès de Sa Majefté: que pour cette raifon ils auront à propofer leurs plaintes: &, pour à l'égard de cette diverfion qui en réfulte en faveur de la France, qui s'en vante déja actuellement, prier Sadite Majefté de vouloir bien délibérer de concert avec eux fur les moyens les plus propres pour lever ces griefs, & qu'il lui plaife de reffortir de Saxe avec fes Troupes: que quant aux motifs qui ont porté Sa Majefté à faire l'invafion dans ce Païs, L. H. P. s'interefferont conjointement avec la Reine d'Angleterre pour qu'il foit donné à Sa Majefté Suédoife une fatisfaction fuffifante; & que l'Extrait de cette Réfolution fera envoyé à la Cour d'Angleterre en la priant d'envoyer de pareilles inftructions au Sr. Robinfon.

Réfolution touchant quelques Points concernans l'Etat de Guerre de 1707.

OUï le Rapport des Srs. Lamsweerde &c. Ayant examiné la Lettre du Confeil d'Etat du 30. du mois paffé, tendante à favoir fi le tiers du Régiment de Sévennois, & l'apointement du Miniftre à Bruxelles, & de fon Chapelain ne devroient pas être portez fur l'Etat de Guerre. Surquoi ayant été trouvé bon d'autorifer par la Préfente le Confeil d'Etat de porter les points ci-deffus fur l'Etat de Guerre, de même que 10000 florins pour être donnez comme une Penfion annuelle au Prince Charles de Dannemarck en dédommagement de l'Evéché d'Eutin; le tout fans préjudicier aux libres délibérations des Seigneurs Etats des Provinces refpectives fur ledit Etat de Guerre.

Réfolution touchant le Voyage de Mr. de Cranenbourg en Saxe; du Mercredi 6. Octobre 1706.

OUï le Rapport du Sr. Tullecken & autres Députés de LL. HH. PP. pour les Affaires étrangéres, qui pour fatisfaire à leur Réfolution Commiffóriale, qu'on doit envoyer à Monfieur de Haerfolte Leur Envoyé-Extraordinaire pour fe rendre auprès du Roy de Suède.

Et ayant été délibéré là-deffus, on a trouvé bon & réfolu, qu'on doit donner des ordres audit Sr. de Harfolte d'aller en Saxe auprès du Roi
de

de Suède, conjointement avec le Sr. Robinſon, l'Envoyé de S. M. Bri- tannique, ſi-tôt que ledit Sr. Robinſon y ſera autoriſé de la part de la Reine d'Angleterre, & de repréſenter conjointement au nom de Sadite Ma- jeſté & de LL. HH. PP. au Roi de Suède l'inquiétude & l'ombrage que Sadite Majeſté & LL. HH. PP. prennent de l'invaſion en Saxe, à l'é- gard du grand tort que cela fait aux Alliés & à la Cauſe commune : que LL. HH. PP. voudroient très-volontiers conferver exactement l'Alliance, & l'Amitié avec S. M. Le Roi du Suède, de laquelle ils ont eu l'honneur de jouïr juſqu'à préſent, ne doutant pas qu'ils ne trouvent S. M. dans la même diſpoſition : & qu'à cauſe de cette Alliance & Amitié mutuelle LL. HH. PP. n'ont pu s'empêcher de faire connoître à S. M. leur juſ- te inquiétude de ſon Invaſion en Saxe, laquelle eſt non-ſeulement fort pré- judiciable à la Cauſe commune; mais pourra être en même tems d'une très- fâcheuſe conféquence, puiſqu'on apprend déja que le Roi de France ſe flatte, & debite que l'arrivée de l'Armée Suédoiſe ſur les Terres de l'Empire s'eſt faite en ſa faveur, pour cauſer une diverſion, & que de l'autre côte pluſieurs Membres de l'Empire en ont effectivement pris beaucoup d'ombrage. Mais nonobſtant tout cela, la confiance que LL. HH. PP. ont ſur l'Equité du Roi & ſon inclination pour le Bien commun, leur fait eſpérer, que ce que les Ennemis debitent, ſera ſans fondement, & ſeulement inventé pour favoriſer leurs Affaires: & que LL. HH. PP. ont appris avec beaucoup de plaiſir l'aſ- ſûrance que S. M. a donnée auxdits Srs. Robinſon & Haerſolte, de ne rien entreprendre qui puiſſe être préjudiciable aux Hauts Alliés : mais que comme l'ombrage d'une Armée Suédoiſe dans l'Empire ne peut être ôté ſi facilement LL. HH. PP. ont bien voulu concourir avec Sa Majeſté Suédoiſe à trou- ver quelque moyen pour appaiſer les Membres de l'Empire & prévenir tou- tes fâcheuſes ſuites; & qu'à telle fin Elles ont trouvé bon de Lui envoyer le Sr. Haerſolte.

Que lesdits Srs. Haerſolte & Robinſon tâcheront de perſuader S. M. par des maniéres les plus convenables de retirer ſes Troupes de la Saxe & des autres Terres qui en dépendent; parce que c'eſt le moyen le plus ſûr d'ôter non-ſeu- lement ladite inquiétude des Hauts Alliés, mais que S. M. les obligera auſſi très-ſinguliérement. Et ſi S. M. a quelque Griefs à faire touchant l'aſſiſtance que la Saxe pourra donner au Roi de Pologne, que LL. HH. PP. ſeront toujours prêtes à s'interpoſer par leurs bons offices, ou autrement, quand Elles en feront requiſes & informées, & qu'Elles ne doutent pas que S. M. la Reine de la Grande-Bretagne n'y veuille auſſi de ſon côté contribuer de ſes bons offices. Qu'au reſte, ledit Sr. Haerſolte agira de concert avec les Mi- niſtres de autres Hauts Alliés qui s'y pourront trouver, pour employer enſem- ble tous leurs bons offices, & qu'il ne doit rien faire que conjointement & a- vec l'Envoyé de Sa Majeſté Britannique.

Qu'un Extrait de cette Réſolution ſera envoyé à Mr. Vrybergen, l'En- voyé-Extraordinaire de LL. HH. PP. à la Cour de Sadite Majeſté la Reine de la Grande-Bretagne, pour donner connoiſſance là où il doit, & inſiſter que le Sr. Robinſon puiſſe être inſtruit & autoriſé de même.

Ré-

AFFAIRES
DES PRO-
VINCES-
UNIES.
Réfolu-
tion tou-
chant le
Danne-
marck.

Réfolution touchant le Dannemarck; du 13. Octobre 1706.

OUï le Rapport des Srs. Tullecken, & autres Députez de L. H. P. pour les Affaires étrangéres, qui en conféquence de leur Réfolution Commiffo-riale du 20. du mois paffé & du 1er du courant, ont examiné la Lettre du Sr. Goes, Envoyé-Extraordinaire de L. H. P. à la Cour de Sa Majefté le Roi de Dannemarck, aujourd'hui ici préfent, & donnant à connoître qu'on ne lui a point encore donné fatisfaction de l'infulte à lui faite le 26. Juin 1704 à une des Portes de Coppenhague en voulant vifiter fes Bagages, de même que par la prétention formée il y a quelque tems d'ouvrir fes Lettres; le tout plus amplement mentionne dans ladite Lettre.

Sur quoi ayant été délibéré, il a été trouvé bon & réfolu, qu'il fera repré-fenté par Lettre à S. M. le Roi de Dannemarck que ledit Sr. Goes étant ve-nu ici, a entr'autres rapporté à L. H. P. l'inclination de Sa Majefté d'entre-tenir toute bonne amitié avec cet Etat : que L. H. P. eftimant beaucoup l'Amitié de Sa Majefté , ont appris cela avec bien de plaifir, & que de leur côté Elles contribueront tout ce qui leur pourra être demandé pour la confer-vation réciproque de la bonne correfpondance: que L. H. P. auroient bien fouhaité d'apprendre en même tems qu'on eût terminé équitablement l'affaire de la vifite des Bagages dudit Sr. Goes à une des Portes de Coppenhague, prétendue par les Officiers de la Douane d'une maniére tout-à-fait extrava-gante, lorfque le 26. Juin 1704 il retournoit de la Cour & de la Campagne à Coppenhague: mais que LL. HH. PP. apprennent à leur regret, que bien loin de donner après plus de deux ans, aucune fatisfaction à cet égard, non-obftant plufieurs inftances que ledit Sr. Goes a faites par des ordres exprès & réïtérez de L. H. P. lesdits Officiers, étant au contraire allez plus loin, ont prétendu d'une maniére innouïe & indécente que ledit Sr. Goes ouvrît en leur préfence les Lettres qui lui étoient addreffées, pour voir s'il n'y avoit point quelque chofe de fujet à la Douane, outre que les Lettres qui lui font portées du Bureau de la Pofte font violées: que L. H. P. ne trouvent pas néceffaire de repréfenter de nouveau à Sadite Majefté l'injuftice des fusdites procédures, vû que cela s'eft fait abondamment à plufieurs réprifes par ledit Sr. Goes en confé-quence des ordres de L. H. P. & eft contraire à tous les Droits & Pratiques, enyers les Miniftres Etrangers: & que ce qu'on veut fonder fur une Ordon-nance pour les Sujets de Sa Majefté Danoife, n'eft nullement applicable aux Miniftres Etrangers, puifqu'ils en deviendroient Sujets à la citation & à la ju-dicature des Officiers & Juges de Sa fusdite Majefté, ce qui étant contraire au Droit des Gens, n'a jamais pu être l'intention de Sa Majefté: que L. H. font dans la ferme perfuafion, que Sa Majefté, dont on loue tant l'équité dans d'autres chofes, ne leur refufera pas la juftice qu'on fait à d'autres, & qu'Elle voudra permettre que ledit Sr. Goes, qui en diverfes occafions a donné des preuves de fon zèle pour les interêts de Sa Majefté, foit traité plus mal que d'autres: que pour cette raifon LL. HH. PP. prient encore Sadite Majefté officieufement, qu'il lui plaife de témoigner par rapport auxdites infultes faites

au

au Miniftre de l'Etat tellement fon indignation contre lesdits Officiers de la Douane, qu'il en puiffe paroître qu'ils ont, en exerçant lesdites procédures indignes, excédé l'intention de Sa Majefté, & qu'ils ne s'émancipent plus à l'avenir d'entreprendre de pareilles chofes: & qu'Elle ne veuille pas permetrre, qu'on faffe au Miniftre de L. H. P. ce qu'on ne fait point à d'autres Miniftres, & ce que Sa Majefté ne verroit pas volontiers qu'il fût fait à fon Miniftre ici à la Haye: qu'enfin L. H. P. attendent là-deffus une Réfolution fatisfaifante de l'équité de Sa Majefté; & que Copie de cette Lettre fera remife entre les mains dudit Sr. Goes, afin qu'il puiffe à fon retour à la Cour de Dannemarck faire toutes inftances convenables pour terminer cette affaire.

Pétition du Confeil d'Etat des Provinces-Unies des Païs-Bas pour l'Année 1707; du 30 Octobre 1706.

HAUTS ET PUISSANS SEIGNEURS,

COMME le Confeil d'Etat eft accoutumé & obligé en conféquence de fa Charge, & en conformité de la Pratique obfervée depuis l'érection de la République, de faire à l'approche de la fin de chaque année une Supputation générale des charges & fraix qui feroient néceffaires pour l'année fuivante, félon la fituation des conjonctures & des affaires où l'Etat pourroit fe trouver, pour la fûreté & le bien d'icelui, de même que pour avancer la profpérité de fes Habitans, & de faire de tous ces befoins & Subfides une Pétition générale aux Conféderez: il n'a pu non plus fe difpenfer de ce devoir pour le préfent, ni différer plus long-tems fes délibérations fur ce fujet; vû que l'Etat étant engagé dans une Guerre onéreufe contre la Couronne de France & fes Alliez, & que la Campagne qui finira tard, devant nonobftant cela être ouverte & commencée de bonne heure au Printems prochain, il faut ménager l'entretems avec d'autant plus d'application, qu'il y a trop de chofes d'un grand embaras & d'une vafte étendue auxquelles il faut pourvoir, & qu'il eft de la dernière conféquence pour le Public de ne point être prévenu par l'Ennemi.

Cependant, Hauts & Puiffans Seigneurs, pour bien difcerner quels efforts il faudroit faire dans ce tems de Guerre qui continue encore, pour l'année qui vient, & par conféquent quels Subfides il faudroit fournir à cet effet, le Confeil a jugé à propos de faire préalablement les deux Réflexions fuivantes: favoir premièrement quels fuccès les armes de V. H. P. & de Leurs Alliez ont eu depuis le commencement de cette Guerre jufqu'à préfent, & de quelle manière on les a obtenus: en deuxième lieu quel ufage il faudroit qu'on fît de ces fuccès, pour parvenir inceffamment fous la bénédiction de Dieu à une bonne & fûre Paix; & ces deux réflexions, étant pefées attentivement, donneront d'elles-mêmes & naturellement occafion de repréfenter le montant des befoins & Subfides qui feront l'objet de cette Pétition générale pour l'année 1707. & pour le fourniffement & l'acquit defquels le confentement des

Marginal notes:
AFFAIRES DES PROVINCES-UNIES.

Pétition du Confeil d'Etat pour 1707.

Seigneurs Etats des Provinces refpectives eft requis à divers égards fans le moindre délai.

Quant aux fuccès de cette Guerre, quoiqu'ils ayent été de tems en tems, par la Grace & la Bonté divine, avantageux, & même fort grands & furprenans dans quelques Quartiers, où les Hauts Alliez ont eu à combattre avec l'Ennemi: ces mêmes fuccès n'ont néanmoins été acquis qu'avec beaucoup de peine, de danger & de hazard; ils ont même été quelquefois fujets à des changemens préjudiciables.

Chaque année de cette Guerre peut fervir à foutenir cette Thèfe & les événemens fuffifent pour en être entiérement convaincu. A la vérité, lorfqu'en 1702. la Guerre fut auffi commencée dans ces Quartiers comme elle l'avoit été auparavant en Italie, les Ennemis furent éloignez des frontiéres de l'Etat, le long du Rhin & de la Meufe, par la prife de Keyferfwerth, de la plûpart des Villes & Forts dans la Gueldre Efpagnole & de Liège; & lorfqu'on fit des Expéditions par Mer contre l'Efpagne, lefquelles après bien des entreprifes inutiles fur Cadix, fe terminérent enfin auffi avantageufement que glorieufement à Vigos: cependant on ne fut pas fans beaucoup d'inquiétude & de danger par rapport aux entreprifes des Ennemis du côté de Nimègue & de Hulft; & l'on fut obligé pour s'en garantir de prendre au Service de l'Etat des Troupes étrangéres, outre les Recrues & les nouvelles Levrées qu'on avoit déja faites. Comme ces progrès & ces efforts bien loin de diminuer l'ardeur des Ennemis, l'ont au contraire augmentée, afin de gagner partout & de maintenir par des Recrues notables de leurs vieilles Troupes & des Levées de nouvelles, & par de grands Magazins fur les frontiéres & par toute forte de préparatifs, la fupériorité des armes contre les Hauts Alliez; V. H. P. conjointement avec Sa Majefté Britannique fe font trouvées obligées en 1703. d'augmenter leurs forces militaires de 20 mille hommes. Et quoique les Opérations de cette même année n'ayent pas été malheureufes dans ces Quartiers, particuliérement au Bas Rhin & fur la Meufe, par la prife de Bonn, de Hui & de Limbourg, & qu'on ait même obtenu l'acceffion du Roi de Portugal & du Duc de Savoye; néanmoins les affaires des Hauts Alliez n'ont pas eu le même fuccès dans les deux Quartiers. On s'eft vu en fort grand danger dans les Païs-Bas vers Maftricht & Anvers: &, en Allemagne, les Ennemis ont eu par leurs propres Troupes & par celles de leurs Alliez une fi grande fupériorité, qu'ils ont de très-bonne heure & avant même la fin de l'Hyver paffé le Rhin, fe rendant Maîtres au côté oriental de ce Fleuve du Fort de Kell & d'autres fituez dans ces Quartiers-là, & pénétrant par des chemins très-difficiles & ftériles jufqu'aux bords du Danube: & qu'ils ont jetté dans une très-grande confternation deux Cercles qui ne font pas des moindres de l'Empire, ainfi que la Comté de Tirol & même l'Archiduché d'Autriche, quoique Vos H. P. euffent envoyé dans ces Quartiers-là du fecours; & pris les célèbres Forterefles de Brifach & Landaw, & étendu enfin par les avantages gagnez au Speirback l'appréhenfion & l'inquiétude pour leurs armes jufqu'au Mein & à la Mofelle. Les Ennemis ouvrirent la Campagne de l'année

née fuivante 1704. d'une manière fort dangereufe pour les Hauts Alliez au Haut Rhin & fur le Danube; de forte que pour détourner un danger fi émi-nent & pour prévenir les fuites funeftes qu'on en appréhendoit même pour l'Etat, Vos Hautes Puiffances conjointement avec Sa Majefté Britannique fe trouvérent obligées d'envoyer encore un nombre confidérable de Troupes dans ces Quartiers-là, avec un tel fuccès, que les Ennemis en furent arrêtez, & que par la fameufe Bataille de Hochftedt qui enfuivit peu après, on rega-gna ce qu'on y avoit perdu auparavant, excepté feulement Brifack & le Fort de Kell. Cependant les armes de Hauts Alliez n'eurent pas le même fuccès dans d'autres endroits, particuliérement en Portugal & en Piémont, où ou-tre la prife du Duché de Savoye plufieurs Places eurent le fort fatal de fuc-comber à la force des Ennemis, quoiqu'il n'y ait pas eu plus de fang ré-pandu que devant Vérue pendant un Siège de plus de fix mois. Ces Suc-cès, Hauts & Puiffans Seigneurs, donnérent la flateufe efpérance que les En-nemis, qui dans Bataille près de Hochftedt & dans le Siège de Verue avoient effectivement perdu deux Armées, ne pourroient fe relever de cette perte, du moins pas affez promptement pour pouvoir empêcher au Printems fui-vant les Opérations militaires des Hauts Alliez le long de la Mofelle & de la Saar, ainfi que dans les Quartiers voifins, où la plus grande partie de la la France eft fortifiée par l'Art, & que les affaires changeroient de face en Piémont, mais cette belle apparence fut trompeufe; les Ennemis reparu-rent les premiers en Campagne fur la Mofelle, avec une Armée redoutable, & fe poftérent fi avantageufement, que l'Armée qui y marcha de nos Quartiers ne pût rien effectuer de confidérable, pendant que les Ennemis fe montroient fi fupérieurs le long de la Meufe, qu'il falut, pour garantir l'Etat des mau-vais accidens, retirer les Trouqes de la Mofelle, avec ce fuccès pourtant, que peu de tems après les Lignes de l'Ennemi furent forcées dans le Brabant Wallon : qu'en Efpagne les affaires prirent une meilleure face par les nou-veaux fecours qu'on y envoya, & par le Siège de Barcelone & la prife qui en-fuivit, & que fur le Haut Rhin les armes des Hauts Alliez pénétrérent par les Lignes de l'Ennemi vers Haguenaw fort avant dans l'Alface; mais que d'un au-tre côté en Piémont prefque tout le Païs fut contraint de fe foumettre aux for-ces des Ennemis, à la Capitale de ce Duché près, qui néanmoins fut extrême-ment menacée, ainfi que deux ou trois autres Villes. Enfin pour venir aux fuc-cès de la derniére Campagne, ils ont été par la Bonté immenfe de Dieu, dont on ne fauroit affez lui rendre graces, fort grands en plufieurs endroits & plus avantageux qu'on n'auroit ofé l'efpérer. En Efpagne la levée du Siège de Bar-celone, de devant laquelle l'Ennemi a été obligé de fe retirer avec perte de prefque toute une Armée, d'un train confidérable d'Artillerie & de toute forte de Munitions de Guerre, a été fuivie de la foumiffion de toute la Principauté de Catalogne & des Royaume de Valence & d'Arragon au Roi d'Efpagne Charles III; & l'on s'eft pareillement rendu Maître de diverfes Villes maritimes dans la Méditerranée. Dans les Païs-Bas on a par la fameufe Bataille de Ra-milly, & par la confufion & la frayeur des Ennemis, qui en eft fuivie, réduit trois Provinces Efpagnoles & plufieurs grandes & puiffantes Villes d'icelles fous l'obeïf-

fan-

fance de Sadite Majefté le Roi Charles III. On s'eft rendu Maître depuis, avec beaucoup de vigueur & de valeur, & en beaucoup moins de tems que jamais de quelques autres Places comme d'Oftende, Menin, Dendermonde & d'Ath; & en Piémont on a fait lever d'une maniére très-glorieufe & mémorable, le Siège de Turin aux Ennemis qu'on a battus, obligés de vuider l'Italie avec grande perte d'hommes, d'Artillerie, de toutes fortes de provifions, & de repaffer par les Montagnes dans leur propre Païs.

Néanmoins tous ces avantages & toutes ces Victoires auffi grandes que furprenantes n'ont été remportés qu'après que les affaires eurent été réduites en Efpagne à la derniére extrémité, à l'occafion du Siège de Barcelone, que les Ennemis avoient formé par Mer & par Terre avant même que l'Hyver fût paffé, & pouffé fi vigoureufement, que, fi le Secours qu'on y avoit envoyé étoit arrivé un peu plus tard, la Ville fe feroit rendue, & fes affaires dudit Roi feroient tombées dans une fort grande décadence: qu'au Rhin, quoique toutes les Troupes Allemandes euffent quitté leurs Quartiers & euffent reçu leurs Recrues, les Ennemis après avoir fait lever le Blocus du Fort-Louïs, avoient regagné Drufenheim & Haguenaw avec un grand train d'Artillerie, qui y étoit, & généralement toutes les Conquêtes faites fur eux l'année précédente, ayant même extrêmement ferré Landaw; & qu'en Lombardie, les Ennemis, ayant remporté près de Monte Chiari beaucoup davantage fur les Alliez, eurent reculé par-là leurs Opérations & affiégé en attendant la Ville de Turin. De toutes ces circonftances, auxquelles il faut ajoûter, que les affaires en Efpagne ne paroiffent pas avoir un fuccès auffi avantageux qu'elles ont eu à l'ouverture de la derniére Campagne, & qu'il faut y envoyer de nouveaux Secours pour s'oppofer aux entreprifes que les Ennemis menacent d'y exécuter l'Hyver prochain: de tout cela, difons-Nous, il paroît évidemment ce qui eft pofé au commencement, que quoique les fuccès de cette Guerre foient avantageux jufqu'à préfent, ils ont néanmoins toujours été accompagnez de beaucoup de peine & de danger; & que quand même les armes des Hauts Alliez auroient été fupérieures à celles des Ennemis, elles n'auroient pu, & ne pourroient maintenir cette fupériorité dans la fuite, fi l'on avoit diminué, on fi l'on diminuoit les efforts qu'on a fait jufqu'ici contre un Ennemi auffi puiffant.

La feconde réfléxion, Hauts & Puiffans Seigneurs, qui, fuivant le jugement du Confeil mérite d'être mûrement confidérée, regarde l'ufage qu'il couvient de faire de tous lesdits fuccès pour le bien de la Caufe commune, & particuliérement de cet Etat. Pour cet effet, il faut, outre les circonftances dont ils ont été accompagnez, comme on l'a dit ci-deffus, pefer la fituation préfente de l'Ennemi, les reffources & les moyens qu'il a de réparer fes pertes, & la vigilance & la promptitude qu'il y employe ordinairement. Quant à fa fituation, il a déja été démontré que par les heureux progrès faits contre lui par les armes de l'Etat & de fes Hauts Alliez, l'Archevêché de Cologne & l'Evêché de Liège ont été délivrez des Garnifons Françoifes: que divers Etats & Provinces en Efpagne & dans les Païs-Bas Efpagnols ont été foumis à l'obéïffance de leur légitime Souverain & Prince: que le Duché de Milan & la Principauté

de

de Piémont font prefqu'entiérement réduits; & qu'il y a de grandes apparences pour plus de Conquêtes en Italie. Outre cela la France ne peut qu'être affoiblie par la diminution qu'elle a foufferte de fa profpérité & de fes Sujets, à l'occafion d'un grand nombre de Réformez qui fe font réfugiez dans ces Provinces, par la diverfion qui s'eft faite par-là d'une grande quantité de fes Manufactures, par les efforts extrêmes, qu'elle a fait pendant cette Guerre, par la grande perte de fes vieilles Troupes aguerries dans les fusdits Combats & Sièges, par la quantité prefque innombrable d'Artillerie & de toute forte de Munitions de Guerre qu'elle a perdue, par le changement réïtéré dans le cours de la Monnoye, par la fortie fréquente d'une grande quantité d'Efpèces d'or & d'argent qui en a été occafionnée, & par la baffe valeur des Obligations publiques & des Billets de Monnoye. Cependant, outre que la préfente Guerre a même fait beaucoup fouffrir par-ci par-là les Sujets & les Provinces des Alliez, qu'elle a caufé par-tout un grand déchet dans la valeur des Biens-fonds, & une diminution notable dans le Négoce, la Navigation & la Pêche, pendant qu'il a falu faire & employer les derniers efforts, & lever à cet effet plufieurs Impôts & des Sommes confidérables de derniers: l'étendue du Royaume de France eft néanmoins fi vafte, & il y a fous fon reffort des Etats & des Provinces fi puiffantes, qu'on peut concevoir avec beaucoup de raifon, comme ont fait nos Ancêtres du tems de la Paix de Weftphalie, une jufte appréhenfion de fa grande puiffance & étendue de fes Domaines le long du Rhin, de la Meufe & dans les Païs-Bas, ce qui a été proprement l'origine de la conclufion de la Paix avec l'Efpagne; de forte que toutes ces raifons, & d'autres encore incomparablement plus fortes, ne peuvent que faire appréhender à préfent une Puiffance auffi énorme, quoiqu'on forme la Réfolution de prendre & de continuer contre elle des mefures qui puiffent être également efficaces & convenables pour maintenir & affermir la fûreté réciproque. Pour être bien convaincu du pouvoir & de la force de la France, on n'a qu'à confidérer fa conftitution du tems de l'Empereur charles V. Quoique ce Prince fût en même tems Roi d'Efpagne & Seigneur des XVII Provinces des Païs-Bas, avec quelles précautions ne procéda-t-il pas contre François I. qui n'avoit que le tiers du Revenu de fes préfens Succeffeurs; & quelles peines n'eut-il pas dans les Guerres contre ce Roi? Mais pour approcher plus de nôtre tems & de la Paix de Weftphalie, il eft notoire que par la ceffion faite de Brifach aux François par cette Paix, du Suntgaw & du Landgraviat d'Alface, leurs Provinces font étendues jufqu'au Rhin, & que le paffage leur eft ouvert jufqu'en Souabe & au Danube: que par les Traitez des Pyrénées, d'Aix-la-Chapelle & autres qui en font fuivis, ils ont reçu les Comtez de Rouffillon & de Conflans fur les Frontières d'Efpagne: que par la ceffion de Thionville, Montmedy & Damvilliers ils ont l'entrée jufque dans l'Archevêché de Trèves: que depuis ils ont conquis outre les Terres fur la Sambre & la Meufe, les Duchez d'Artois & de Luxembourg, le Hainaut, la Flandre & plufieurs Villes importantes, puiffantes & fortes dans ces Provinces, comme Cambray, Valenciennes, Condé, Douay, Tournay, Lille, Ypres, Aire, St. Omer, Arras & plufieurs autres; parmi lefquelles il ne faut pas oublier Duncker,-

AFFAIRES
DES PRO-
VINCES-
UNIES.
kerque, quoique cette Place ait été cédée à la France dans une autre occasion., & par une autre Convention. Avec toutes ces Villes elle s'eft non-feulement fait une forte Barriére & un puiffant Boulevard; mais elle a auffi tellement coupé & démembré le refte des Païs-Bas, qu'elle y a toujours eu le chemin ouvert, & ne laiffe que le nom à la Barriére établie pour l'Etat. Ajoutez à ces Conquêtes l'acquifition de la Franche-Comté, de la plus grande partie de la Lorraine, & de Strasbourg, Ville, qui par fa fituation domineroit feule le Rhin depuis Bâle jufqu'à Philisbourg, quand même elle n'auroit pas au-deffus d'elle Hunningue & Fort-Louïs au-deffous, & qui ayant derriére elle la fertile Alface, & par Phaltzbourg & la Lorraine une communication ouverte avec la France, eft en état de caufer en tout tems de l'appréhenfion à l'Allemagne. On paffe fous filence toutes les ufurpations que cette Couronne a faites depuis la Paix de Nimègue, fous prétexte des Réunions, & par des Procédures judiaires artificieufement entamées par les ainfi nommées Chambres de Metz & de Befançon. Nous confidérons feulement, que de toutes les Forterefles, que la France a acquifes depuis l'année 1648 par des Traitez, ou autrement ufurpées, il n'y en a aucune de perdue, ou de conquife par les Hauts Alliez, finon celle de Menin en échange de laquelle la France s'eft faifie & poffède encore actuellement la Capitale & la plus grande partie de l'Archevêché de Trèves, le Fort de Kell & la Forterefle de Brifack. De forte que cette Couronne, à l'égard de fes Domaines & de fes Etats, n'eft pas moins redoutable qu'elle étoit dans la derniére Guerre, lorfqu'après neuf ans elle ne pouvoit qu'avec beaucoup de peine être portée par l'Empereur, l'Empire, l'Angleterre, l'Efpagne & Vos Hautes Puiffances, à des conditions de Paix équitables; que de plus, cette Couronne au lieu d'avoir l'Efpagne contr'elle, a encore fous fa domination & direction les Royaumes de Navarre & de Gallice, une grande partie de la Caftille & le trafic de laine qui s'y fait, l'Andaloufie & par conféquent Cadix & Séville, de même la Seigneurie de Biscaye en Efpagne, les Colonies & les riches Trefors & Négoce des Indes Efpagnoles en Amérique., & la Province de Luxembourg, de Namur & prefque tout le Hainaut dans les Païs-Bas. On peut conclure de tout cela combien la puiffance de la France eft encore redoutable jufqu'à préfent, & combien elle mérite par-tout une férieufe attention.

Toutes ces circonftances donc du pouvoir de l'Ennemi, de fes reffources, de fa vigilance & de fa promptitude experimentées, de la peine & du hazard avec lequel on a remporté les bons fuccès qu'il a plu à Dieu Toutpuiffant d'accorder aux armes de Vos Hautes Puiffances & de leurs Alliez, & de la viciffitude qu'on remarque ordinairement dans la Guerre, & qu'on a plus d'une fois éprouvée dans la préfente, il paroît évidemment, que de tous ces fuccès on ne fauroit faire d'autre ufage, qu'en les pouffant & pourfuivant avec une ardeur & une application redoublées, fans perdre un moment de tems, & en augmentant même, s'il eft poffible, les efforts qu'on a faits jufqu'à préfent. Les Hiftoires anciennes & modernes ne manquent pas d'exemples de très-grands avantages qu'ont remporté des Princes & des Etats, qui ont fait ufage des Victoires gagnées de cette façon; mais comme on en a auffi plufieurs,

même

même affez récens de grands defavantages qui ont fuccédé aux Victoires dont on n'a pas fait ufage comme il a été dit ci-deffus, il faut y avoir d'autant plus d'attention que le bonheur caufe d'ordinaire une certaine indolence, & que les idées des avantages remportez font fouvent qu'on n'a pas l'opinion qu'il faudroit avoir de la puiffance de l'Ennemi, ni affez d'attention à fes deffeins & à fes démarches.

Les fuites de cet ufage fe réduiront non-feulement à ce que les Conquêtes déja faites & les avantages obtenus pourront être affermis & étendus de plus en plus, mais principalement, que l'Ennemi en pourra être porté dans peu à une Paix conftante : une Paix, Hauts & Puiffans Seigneurs, qui ne confiftera pas feulement en des Traitez ou dans une interprétation arbitraire de l'Ennemi, comme la plûpart des précédentes, & qu'il a auffi pour cette raifon fi legérement rompues ; mais en des réalitez, & telle, qu'étant faite avec une communication fidèle & une concurrence des autres Puiffances, qui font engagées avec l'Etat dans la Guerre, elle pourra durer plufieurs années par l'éloignement de la Puiffance de France des Frontiéres de l'Etat, & par l'établiffement d'une bonne & fûre Barriére, confirmée & affûrée par une commune Garantie des Hauts Alliez.

En attendant, on ne fauroit difconvenir que les fraix indifpenfablement néceffaires pour finir cette Guerre ne foient extrêmement grands & onéreux, fur-tout dans un tems que les bons Habitans doivent fouffrir à plufieurs autres égards une grande diminution dans leurs Revenus & dans leur Effets ; cependant outre que de longues Guerres contre des Ennemis puiffans ont toujours été fort dures & fort onéreufes, & que ce n'eft que par-là qu'on en eft venu à une bonne fin, il vaut infiniment mieux porter encore pour un peu de tems ces charges pour pouffer les grandes victoires qu'on a remportées jufqu'ici par la Bénédiction divine fur les Ennemis, & terminer dans peu la Guerre par une Paix durable, que de s'expofer au rifque de perdre ces avantages en évitant avec ralentiffement ou en différant ces charges, & de traîner la Guerre en longueur pour la voir à la fin terminer par une Paix, qui dans la fuite pourroit devenir auffi dangereufe qu'une Guerre, comme on l'a fait voir plus amplement dans d'autres occafions.

Pour paffer de ces fondemens à l'explication particuliére des chofes qui doivent être l'objet de cette Pétition générale, le Confeil ne peut fe difpenfer de repréfenter premiérement à V. H. P. qu'en cas qu'on ne trouvât pas bon de faire une augmentation, il faudroit du moins prendre plus de Troupes étrangéres à la Solde de l'Etat, & contracter pour cet effet avec des Puiffances qui en ont, conformément à quoi il préfente ci-joint à cette Pétition l'Etat ordinaire & extraordinaire de Guerre pour l'année 1707, lequel continue, outre diverfes autres charges de l'Union, les foldes des Troupes, fans y comprendre celles qui ont été engagées pour des fubfides, priant VV. HH. PP. de vouloir envoyer l'une & l'autre au plutôt aux Seigneurs Etats des Provinces refpectives, & de les apuyer fi bien par leur puiffante Recommendation, qu'il en fuive de prompts confentemens, afin que, comme il a été dit ci-deffus,

fus, on puiffe en venir à une bonne & fûre Paix. Car il eft d'une néceffité indifpenfable de pourfuivre, fans aucune perte de tems, les fuccès qu'il a plu
à la Bonté divine d'accorder aux armes de V. H. P. & de leurs Alliez.

Hauts & Puiffans Seigneurs, la répartition des dépenfes portées fur lesdits
Etats ordinaire & extraordinaire de Guerre, eft également faite felon la quotepart accoutumée, fur-tout à l'égard des Articles qui doivent être payez
précifément & promptement; de forte qu'aucun des Confédérez n'eft chargé à l'égard du Total des Etats de Guerre plus que les autres. A la vérité on a fait quelque changement dans l'arrangement des dépenfes portées fur la répartition de chacun; mais cela ne mérite pas qu'on en parle à préfent, à caufe des diminutions ou des augmentations qu'il y a
falu faire, fuivant l'occafion & les Réfolutions de Vos Hautes Puiffances.

La diminution de l'Etat ordinaire de Guerre ne confifte pour cette fois que
dans les gages des Officiers François réfugiez, morts ou remplacez, à 220.
florins 16. fols & 8. den. par Mois; mais d'un autre côté ce même Etat eft
augmenté en conféquence de la Réfolution de Vos Hautes Puiffances du
6. Octobre 1706, en premier lieu par les apointemens du Miniftre de l'Etat
à Bruxelles, de 500 florins par Mois, & de fon Chapelain à ... lefquels deux
Articles n'avoient pas été couchés depuis le commencement de cette Guerre
fur l'Etat, & viennent d'y être remis depuis l'heureufe réduction de la
plus grande partie des Païs-Bas Efpagnols, & l'établiffement de la Régence au nom du Roi d'Efpagne Charles III. De même que par 10. mille florins par an, que l'on donne comme une Penfion au Prince Charles de Dannemarck en dédommagement de l'Evêché d'Eutin; & enfin, conformément à
une Réfolution de V. H. P. du 9. dudit mois, par l'Article qui regarde les Apointemens des Invalides qui eft de 50000 florins par an, ou de
4166. 13. 4. par mois, vû que le nombre des Troupes de l'Etat eft préfentement fi grand, & que celui des Invalides eft tellement accrû par plufieurs Actions militaires qui font arrivées, qu'il eft impoffible de les entretenir de la fusdite fomme, à moins de l'augmenter; fi bien que ladite diminution étant rabatue de l'augmentation, l'Etat ordinaire de Guerre pour l'année 1707 montera à la Somme de 5347. 18. 4. par mois de plus que l'année précédente.

Il n'y a fur l'Etat extraordinaire de Guerre aucune diminution; cependant
outre l'égalité proportionnée de la Compagnie de Grenadiers à cheval, du Régiment de Cavalerie du Comte d'Albemarle, & l'Agrément de 600 florins par
an, ou de 50 par mois, accordé fur l'augmentation des Soldes à l'autre Compagnie de la Cavalerie Nationale par l'Etat de Guerre, il eft encore augmenté en conformité de ladite Réfolution de V. H. P. du 6. Octobre 1706. 10.
par le nombre que l'Etat doit porter des 3 mille hommes pris à fa Solde & à
celle d'Angleterre, de l'Electeur Palatin, fuivant la Convention en date du 26.
Mai 1706 portant par mois pour la quotepart de l'Etat 14993. 11. 3. 20. par
le tiers du Régiment de Sevennois fous le Colonel Cavalier levé & payé par

l'An-

l'Angleterre pour deux & par l'Etat pour un tiers, celui-ci montant à 3366. fols
16. fl. 10. den par mois; & enfin par l'Apointement du Lieutenant-Général
Rhebinder de l'Électeur Palatin , que S. A. Elect. a du établir en vertu du
8. Article de la Convention que V. H. P. ont faite avec Elle, & qu'Elle a actuellement établi auprès de fes Troupes; de forte que ledit Etat extraordinaire de Guerre pour l'année 1707. montera à la fomme de 19077. florins. 1.
fol, 5. deniers par mois de plus que l'année précédente.

Après l'énumération desdits arrangemens, & après avoir fait outre cela remarquer, que les Soldats font mis fur ledit Etat felon la Lifte ancienne &
connue des Soldes avec l'augmentation pour foulager les Officiers, qui dans
ce tems de Guerre y ont été joints du confentement unanime des Confédérez,
& pour ce qui regarde les Troupes étrangéres en conféquence des Traitez &
Capitulations, le Confeil ne fauroit cacher à V. H. P. combien il eft à de-
firer & utile pour le Bien commun, que les Troupes que V. H. P. ont
actuellement fur pied ne différent vifiblement & ne foient pas moindres
que l'Etat de Guerre le porte, & que, fur les inftances fi férieufes & fi
fouvent réïtérées de V. H. P. & du Confeil, on faffe une bonne fois ceffer
les motifs & les raifons, qui ont donné occafion à cette diminution, & qui
la font encore continuer à préfent. On ne regarde pas par-là ce qu'il
faut rabattre pour les Chevaux & Valets des Officiers, Ecrivains & Solliciteurs, & ce qu'il y a de plus de cette forte, qui font pourtant comptez
dans le Montant des Compagnies, mais aux différends, que les Provinces ont ou entre elles ou avec leurs Confédérez, de même qu'au défaut de
la plûpart d'icelles en entretenant les Compagnies au nombre d'hommes
dont elles fe font chargées, & enfin à la multiplicité des charges qu'on
impofe aux Troupes, & dont elles font tellement accablées, qu'il eft abfolument impoffible de tenir les Régimens & les Compagnies complets.

Les différends dans la Province de Gueldre continuant encore entre les
Quartiers refpectifs fur la répartition des Cote-parts de leur Province font caufe du mauvais payement des Généraux, de l'État-Major grand & petit, des
Régimens & Compagnies, & de plufieurs autres Officiers & Subalternes qui
font de la répartition de ladite Province. Il feroit à fouhaiter que ces différends fuffent levez une bonne fois. Et quand on confidere comment on a
affouvi & terminé autrefois de pareilles diffenfions furvenues foit entre les Confédérez refpectifs au fujet de la Cote-part de chacun aux fraix du Païs, foit
entre des Quartiers de la même Province au fujet de la fubdivifion de fa Cote-part, le Confeil efpére avec confiance qu'on pourtra auffi trouver moyen
d'accommoder ceux-ci, foit par la voye de la Juftice, ou autrement, de la
maniére la plus prompte & la plus efficace , afin que de cette maniére lesdits Généraux & les Troupes , ainfi que les autres Officiers & Subalternes
foient plus exactement payez que ci-devant, & par conféquent le Service du
Païs avancé ; & que la Province de Gueldre porte également avec fes Confédérez les charges de l'Union.

La Province de Zélande n'a pas encore mis fur pied deux Compagnies détachées de fa répartition, & connues fous le nom de Lieutenant-Amiral & Vi-

Affaires des Provinces-Unies. ce-Amiral de la Province. En 1704 on fit voir extérieurement quelque disposition & inclination à cet égard, & il n'y eut que quelques différends de reste par rapport à la forme, sur laquelle le Conseil attendoit alors qu'on s'expliquât plus particuliérement, mais cette bonne disposition paroît depuis s'être évanouïe: de sorte que lesdites deux Compagnies ne sont pas encore *in rerum natura*, & que le montant d'icelles est refusé par cette Province depuis dix-huit mois : de même que l'Escadron de Cavalerie commandé par le jeune Sr. d'Ouwerckerque, autrefois connu sous le nom de Gardes du Corps de Sa Majesté Britannique de glorieuse Mémoire, & un Régiment de Cavalerie de Hesse ; le tout sous prétexte que les Provinces qui n'équipent point n'acquitent point au Collége de l'Amirauté de Zélande leurs Cote-parts à l'armement extraordinaire de Mer; & aux Vaisseaux à bas bord qui autrefois ont été entretenus sur l'Escaut, par lequel refus elle profite plus de 200 mille florins par an. En verité, Hauts & Puissans Seigneurs, il est fâcheux, que l'Union souffre de cette maniére pour des différends entre des Provinces, lesquels, soit dit sans offense, selon l'ordre du Gouvernement & l'obligation mutuelle des Confédérez sont destituez de tout fondement. La Province de Zélande ne sauroit se justifier à cet égard, vû que ne pouvant alléguer d'être cotisée au-delà de sa Cote-part pour les Troupes, ni que ces Troupes soient superflues dans la présente Guerre : & que sans aucun concert aucune délibération préalable avec les autres Provinces, & sans donner spécifiquement ouverture de l'équipement fait par son Collége de l'Amirauté & des fraix qu'elle a portez à cet égard, & par conséquent de ce qu'elle doit encore à cette occasion aux Provinces qui n'équipent point, ou ce qu'elle peut prétendre avec justice, elle refusé, outre le profit qu'elle a fait en ne levant pas les susdites deux Compagnies d'Infanterie, de même que des fraix de l'Armée, des Magazins de fourage, des Fortifications & plusieurs autres choses, les susdits trois Escadrons de Cavalerie, & retient en même tems une somme si considérable comme on vient de dire; le tout uniquement parce que les Provinces qui n'équipent point ne payent pas leur Cote-part pour l'Armement extraordinaire. Il n'est pas moins difficile de justifier la conduite des autres Provinces, qui n'équipant point non-seulement n'ont rien payé, ou du moins très-peu de chose pendant cette Guerre & depuis deux années, pour l'Armement extraordinaire, & qui bien loin de consentir aux Projets de négociation proposez à cet effet, ou de les exécuter après y avoir consenti, ont même décliné la Députation & la représentation faite à ce sujet de la part de leurs Confédérez, quoique ce soit dans la République un moyen reçu sur les fondemens de l'Union & d'une amitié réciproque, & servant à conduire par la persuasion & discussion des raisons de part & d'autre les choses nécessaires au Bien public à une bonne fin & conclusion. Cependant c'est-là la raison pourquoi le Conseil se plaint avec regret, qu'en cas qu'on ne trouve pas bien-tôt un remede convenable, il se perdra un Escadron de Cavalerie, qui a été effectivement au Service du Païs pendant plus de septante ans, & qui a toujours si bien servi, qu'il a été pour cela traité avec distinction,

mê-

même dans un tems que la plûpart des Provinces n'avoient ni Stadthoudre ni Capitaine-Général, & qui eft encore compofé d'Officiers tirez d'autres Régimens pour leur bravoure & bonne conduite, ainfi que de Cavaliers qui fe font diftinguez dans toutes les Actions militaires, & qui, au lieu d'être a- vancez & récompenfez, feront réduits à la mifére & à l'indigence; Que le fus- dit Régiment de Cavalerie de Heffe fera pareillement obligé de fe débander ou fera fouffrir tout le Corps Heffois, chofe contraire aux Traitez & aux Con- ventions faites par l'Angleterre & l'Etat avec le Landgrave de Heffe au fujet de 6 mille hommes à prendre à la folde, auxquels ce Régiment appartient. Il eft enfin à confidérer, de quelle conféquence extrêmement préjudiciable & fatale il feroit pour l'Etat & la Caufe commune, en cas que les autres Pro- vinces procédaffent à proportion, conformément à l'exemple de celle de Zé- lande, à refufer des Troupes fur la répartition de chacune, puifque de cette maniére il faudroit omettre de l'Etat de Guerre cent Compagnies de Cava- lerie pour le moins. C'eft pourquoi Vos Hautes Puiffances font priées de vouloir férieufement fonger à des moyens convenables par lefquels on pour- roit faire ceffer ces inconvéniens, & s'il ne feroit pas néceffaire à cet effet d'envoyer fans plus de délai la Députation arrêtée déja au Printems paffé, a- fin de porter les Provinces difcordantes à cet égard à un commun accord, & de remédier ainfi au refus defdits trois Efcadrons.

Le dernier des argumens qu'on vient d'alléguer eft pareillement applicable à la Province de Groningue, qui, nonobftant toutes les inftances de V. H. P. & de nôtre part, manque depuis cinq ans à fe charger & à lever neuf Compagnies d'Infanterie & une de Cavalerie portées fur fa répartition; & qui de cette façon eft demeurée dans une difproportion avec les autres Pro- vinces de deux Compagnies, qui, fi elles étoient pareillement refufées, jetteroient l'Etat dans la plus grande perpléxité. Pour ces raifons le Con- feil eft obligé de prier encore V. H. P. de vouloir par leur puiffante inter- ceffion diriger les chofes auprès de ladite Province de Groningue de façon que lefdites Compagnies foient levées fans perte de tems, & que tout jufte fujet de plaintes foit ainfi ôté aux autres Confédérez.

De plus, la diminution des Troupes du Païs à la répartition de plufieurs Pro- vinces eft caufée par le payement tardif des Soldes, ou par la déduction pour le prompt payement, de même que par beaucoup d'autres charges & rabais intro- duits fous divers noms, quoique dans une Province plus que dans l'autre; de forte que les Officiers, pour s'en dédommager, tiennent même avec autorité publique & connivence, leurs Compagnies à un plus petit nombre qu'il ne con- vient. Les Troupes étrangéres nonobftant leurs Capitulation ne font pas e- xemptes de ce payement tardif & de ces déductions: les hauts Officiers & Subalternes des Etats-Majors des Régimens font dans divers Comptoirs ou point ou mal payez: il n'en eft pas mieux pour les charriages de l'Infanterie & des Dragons: & divers Généraux fe plaignent avec raifon du mauvais payement de leurs apointemens ordinaires & extraordinaires; ce qui les met dans un grand embaras. Les Prevôts dans les Frontiéres font fi mal fatisfaits par quelques Provinces de leurs Déclarations, quoique faites & liquidées fuivant la Conftitu-

tion

tion du Païs, que le cours de la Juftice militaire en eft fouvent arrêté, & que les Sentences prononcées par le Confeil de Guerre demeurent fans exécution. Et à la fin les Commiffions des Magazins d'Artillerie & de Munitions de bouche & de guerre fe corrompront & expireront; pour lesquelles raifons le Confeil prie férieufement les Provinces, qui ont part auxdits inconvéniens, de vouloir y remédier, & de faire en forte qu'à l'avenir on avance comme il faut le Service du Païs.

Outre ce qu'on vient de dire des Troupes & des Officiers du Païs dans les Frontiéres, on a auffi porté fur l'Etat de Guerre divers doubles interêts des Capitaux négociez du commun confentement des Confédérez pour continuer la Guerre & pour le Bien de l'Etat. Le Confeil fe trouve obligé d'en recommander le payement d'autant plus férieufement, que la lenteur en eft grande & fort préjudiciable à divers égards. Nous avions efpéré depuis l'année précédente, que fur Nos repréfentations fi férieufes au fujet des défectuofitez de la plûpart des Provinces à cet égard, & du délai de quelques-unes d'icelles de plus de trois ans, & comme les arrérages étoient montez par là à 140000 florins, elles fe feroient mieux évertuées; cependant nous n'avons garde de cacher à V. H. P. que bien loin delà les arrérages ont au contraire augmenté depuis, & montent actuellement à plus de 150000 florins, comme on pourroit le prouver fur le champ par les Livres du Comptoir Général de l'Union s'il étoit néceffaire, & fi les Provinces n'en étoient convaincues chacune en fon particulier. Cette défectuofité, Hauts & Puiffans Seigneurs, produit deux inconvéniens fort grands & fort embaraffans, premiérement des plaintes des Créanciers communs, la plûpart Habitans de l'Etat, qui, quoiqu'ils ayent fourni ces Capitaux fur une promeffe folemnelle du payement précis annuel des interêts ftipulez & du rembourfement des Capitaux même par termes, ne peuvent pourtant pas obtenir en conféquence ces interêts, pour ne pas parler du rembourfement du Capital, pendant qu'ils font obligez de porter & de fournir au Païs de grandes & onéreufes taxes & charges, d'autant qu'on ne fauroit remédier à cette défectuofité du Revenu ordinaire du Comptoir Général de l'Union, non-feulement parce qu'il n'eft pas affecté à ce fujet, mais à plufieurs autres charges ordinaires de la Généralité; & que ce Revenu eft tellement diminué par les calamitez de la Guerre, comme on l'a repréfenté autrefois avec beaucoup de circonftances, que les charges ordinaires n'en peuvent être payées que par morceaux & avec délai. Et en fecond lieu la diminution du crédit du Païs, qui néanmoins doit être maintenu de toutes façons, vû qu'il caufe une traite confidérable d'argent de dehors dans ces Provinces, qu'il contribuë par la circulation des Efpèces à l'augmentation des richeffes & de la profpérité, & qu'il donne, particuliérement dans des tems néceffiteux, occafion à l'Etat de pouvoir trouver les Deniers néceffaires à un interêt modique & tolérable, en épargnant les bons Habitans, qui font déja chargez au-delà de leurs forces.

Il faut encore remarquer à cette occafion, qu'il y a pareillement de grands arrérages fur les interêts & les termes de rembourfement des Capitaux négociez pour payer les Dettes de la Guerre terminée en 1697 par la Paix de Ryswick;

&

& qui montent actuellement à plus de 170000 florins ; en forte que de cette maniére le Comptoir Général de l'Union eft en arriére tant à l'égard de cet Article & du précédent, qu'à celui de la plûpart des Sujets de l'Etat, comme il a été dit, de beaucoup plus de trois Millions. On comprend aifément combien cela doit être dur & combien de plaintes, de lamentations & d'embaras cela doit caufer. Pour cette raifon le Confeil d'Etat prie encore V. H. P. de tâcher de difpofer par leur interceffion efficace les Provinces à mettre à ce fujet plus d'ordre qu'auparavant, & à acquiter tellement lesdits arrérages, chacune pour fa Cote-part, que les juftes plaintes des Intereffez ceffent & que le crédit du Païs fe maintienne.

Le Confeil croit qu'il eft inutile de démontrer de nouveau plus amplement, combien il eft néceffaire de pourvoir aux Magazins de foin & d'avoine pour les Troupes de l'Etat qui doivent refter en Quartier d'hyver fur les Frontiéres, ainfi que dans les Païs-Bas Efpagnols, vû qu'on l'a fi fouvent fait comprendre & qu'il eft confirmé par des raifons fi fortes & par une longue expérience des tems paffez.

Au fujet des Magazins de fourage pour l'Hyver prochain, le Confeil a fait le 17 Août dernier une Pétition montant à la vérité un peu plus haut que dans les années précédentes, parce qu'une bonne partie des Troupes de l'État hyvernoit alors dans le Païs, ou dans les Frontiéres, où l'on pouvoit en avoir facilement, & que le Païs n'avoit pas befoin de le demander, mais à préfent la plûpart des Troupes feront obligées de refter dans les Païs-Bas Efpagnols, où par les Marches, les Camps & les Fourageurs des Armées, tout eft tellement mangé, qu'il faut y tranfporter d'ici le foin & l'avoine pour les Magazins. Cependant cette Pétition ne monte pas à beaucoup près fi haut que les précédentes en pareilles occafions, tant parce que le fourage eft à préfent à un prix raifonnable, que parce que le Confeil, en confidération de l'accablement des charges, où les Confédérez fe trouvent actuellement à l'occafion de la préfente Guerre, a mieux aimé ne demander pour le préfent que ce dont il a abfolument befoin, à bien examiner les chofes, & renvoyer à une Pétition fupplétoire ce qui dans la fuite fera requis de plus. Il eft auffi d'une néceffité fi vifible d'affûrer les Frontiéres par des bons Magazins de Munitions de guerre & par des Garnifons convenables, que perfonne n'en fauroit difconvenir. Lorfque la Paix de Ryswick fut faite, & que l'on trouva les Fortifications des Frontiéres fort délabrées, V. H. P. jugérent qu'il étoit néceffaire de les mettre fans délai en état de défenfe, tant par de nouveaux Ouvrages accommodez à la maniére moderne de faire la Guerre, que par des réparations des vieux & délabrez, l'un & l'autre avec d'autant plus de diligence que la maladie du Roi Charles augmentant on attendoit fa mort, qui auffi arriva peu de tems après, & qui a occafionné les troubles qui durent encore actuellement. Les Déniers néceffaires pour cet effet furent d'abord trouvés par négociation ; mais comme ils ne pouvoient pas fuffire, on fit d'autres Pétitions aux Provinces, qui prefque toutes, à l'exception d'une feule, qui jufqu'à préfent n'a rien payé pour cela, firent fur la premiére Pétition des payemens fortables, & les reftans n'en font pas fi confidérables ; de forte qu'on efpé-

re

re que les Affignations données là-deffus feront dans peu acquittées; mais fur la derniére, qui étoit du 23 Avril 1704 de la fomme de 150000. florins, n'é- tant fuivi ni plein confentement ni payement, elle a été à la fin de l'année derniére favoir, le 17. Octobre 1705 convertie par V. H. P. en un Projet de Négociation d'une pareille fomme, dont un Million feroit remis à l'Arti- cle porté fur l'Etat de Guerre touchant les Fortifications hors des Provinces, & cela par maniére de remplacement d'une pareille fomme rembourfée des fix millions qui avoient été négociez en trois termes & que les 500000. florins qui reftoient à un double interêt feroient mis à part fur l'Etat de Guerre, de laquelle fomme de 500000. florins il a déja été employé avec approbation de Vos Hautes Puiffances 300000. florins pour les Fortifications de quelques Pla- ces fur le Demer, & le reftant, auffi loin qu'il pouvoit aller, pour la Cote- part de l'Etat aux 3 mille hommes qu'il a pris à fa Solde de l'Electeur Pala- tin. Sur ce Projet, font arrivées les Réfolutions de toutes les Provinces, excepté celles de Gueldre & d'Utrecht, dont on peut fort bien juger en gé- néral, qu'elles ne s'y oppofent pas; cependant elles accrochent leurs confente- mens à des conditions, qu'il faut ajufter auparavant. Surquoi le Confeil s'é- tant addreffé le 13 Août 1706 par une Lettre à V. H. P. efpére en confé- quence, & les prie en même tems officieufement, que par leur bonne & puif- fante direction les Provinces foient portées au plutôt à des Réfolutions & con- fentemens prompts & fatisfaifans, comme étant de la derniére néceffité, a- fin de pouvoir dreffer & achever les Ouvrages de Fortification indifpenfable- ment requis, déja commencez & même à demi-finis des principales Frontié- res de l'Etat, comme Berg-op-Zoom, Bois-le-Duc & Nimègue : de pou- voir faire ceffer les plaintes amères & les lamentations de plufieurs bons Ha- bitans de l'Etat, qui comme des Entrepreneurs des Ouvrages, Livranciers des Matériaux, ou même comme des Propriétaires des Terres & Maifons démolies, ont à prétendre de l'Etat plufieurs cent mille florins; & enfin de prévenir des troubles & des foulévemens, que le defefpoir de ces gens, dont la plûpart doivent vivre de leur métier, pourroit exciter. Le Confeil applique auffi cela aux défauts de quelques Provinces par rapport à la Pétition ci-devant faite de 750000. florins pour les Retranchemens fur l'Yffel, foit dans leurs confentemens, foit dans l'acquit d'iceux, demandant pareillement à cet ef- fet la recommandation & l'interceffion be Vos Hautes Puiffances.

Comme le foin des Affaires maritimes n'eft pas moins néceffaire que de celles de Terre, pour un Etat fitué comme celui-ci, & dont les Habitans doivent fubfifter principalement du Commerce, de la Navigation, de la Pê- che, des Manufactures, Négoces & Métiers, il eft de néceffité qu'il foit tou- jours pourvû d'un nombre fortable de Vaiffeaux de Guerre & proportion- né aux forces des Voifins, & qu'en conféquence au lieu de ceux qui périffent de tems en tems, foit par vieilleffe, naufrages, ou combats, on en conftrui- fe de nouveaux. Lorfqu'en 1689 on tint plufieurs Conférences fur l'arrange- ment des Affaires matitimes & fur l'Economie du Collége de l'Amirauté, on trouva extr'autres néceffaire & on propofa, que l'Etat feroit toujours pourvû d'une Flote de 96 Vaiffeaux de Guerre pour le moins, & qu'à cet ef-

fet

fet on en conftruiroit tous les ans un certain nombre pour remplacer ceux qui **Affaires** dépériroient de tems en tems, & qu'on établiroit pour cela un certain fonds, **des Pro-** qui feroit peu onéreux, particuliérement en tems de Paix, aux Provin- **vinces-** ces, & qui les affûreroit de nouvelles Pétitions en tems de Guerre, où **Unies.** généralement beaucoup plus de Vaiffeaux fe perdent. Cependant, quelques preffantes inftances qu'on ait fait depuis à cet égard, ce Projet n'a pu être por- té à aucune conclufion, & par conféquent on a été obligé par continuation de faire le 31. Mars 1703 à ce fujet une Pétition de 864000 florins pour la conf- truction de 18 Vaiffeaux du 4e. rang, & de faire former depuis, favoir le 3 Mars 1706, un Projet pour la conftruction d'encore 12 Vaiffeaux de Guerre, fa- voir 6 du fecond & 6 du troifième rang, montant à 870000 florins à trou- ver par négociation, qui pourroit fe faire de nouveau fur le fonds porté en 1696 fur l'Etat de Guerre par voye d'un double interêt d'un Million de flo- rins négociez alors pareillement à la même fin, & lequel Million fera à peu près rembourfé au bout de l'année 1707. Mais jufqu'à préfent il n'y a que les Provinces de Hollande, d'Utrecht & de Frife qui y ayent confenti, cel- les de Gueldre, de Zélande & les autres n'ayant point envoyé leurs con- fentemens à l'un & à l'autre. De cette manière, Hauts & Puiffans Sei- gneurs, la Flote de l'Etat dépérira tout-à-fait, & la République fera mife hors d'état de réfifter à fes Ennemis, qui depuis quelques années ont tâché de fe rendre plus redoutables par Mer: & les Côtes, les Fleuves & les Riviéres du Païs pourront être auffi peu garanties des entreprifes & des invafions des Ennemis, que les moyens de fubfiftance des bons Habitans, qui doivent ê- tre cherchez & acquis par Mer; pour ne pas alléguer amplement de quel a- vantage il eft à un Etat d'avoir la domination de la Mer, combien de tout tems les Nations y ont buté, quoiqu'elles ne fuffent pas tant intereffées au Commerce & à la Navigation que cet Etat, & combien il eft utile & profi- table aux Opérations de Terre en tems de Guerre d'être redoutable par Mer. Pour cette raifon le Confeil d'Etat eft obligé de prier très-férieufement les Confédérez que les confentemens néceffaires foient enfin envoyez fans plus de délai, qu'ils foient confirmez par rapport à ladite Pétition par des fournif- femens réels, & que la Négociation propofée fe faffe; qu'on ait auffi plus de foin que ci-devant des Armemens extraordinaires, qui font très-néceffai- res dans un tems de Guerre, comme celui d'à préfent, tant pour nuire à l'En- nemi, que pour affûrer les Côtes, & effectuer les Traitez faits avec quelques- uns des Hauts Alliez, quoiqu'ils foient néanmoins faits d'une maniére fi dé- fectueufe, que, pour ne pas alléguer beaucoup de circonftances des années précédentes, les Provinces de Gueldre, de Zélande, d'Utrecht & d'Over- yffel font en arriére de plus de 100000 florins fur le double interêt, auquel il a été négocié en 1702 une Somme de deux Millions 984512 flor, faifant la moitié de 5 Millions 969024 requis pour l'Armement extraordinaire de cette année. Mais pour parler principalement des deux derniéres années, il ne pa- roît pas au Comptoir Général de l'Union, qu'outre ce que la Hollande, la Zélande & la Frife pourroient avoir payé aux Colléges des Amirautez réfi dans chez Elles, & ce qui n'eft pas encore rendu comptable, aucun des Con- fé-

fédérez ait encore fourni là-deſſus ni ſol ni maille, ni même conſenti aux Propoſitions de Négociation à porter à un double interêt ſur l'Etat de Guerre,
& qu'on a faites pour faciliter l'affaire: de ſorte que de cette maniére les Colléges des Amirautez d'un côté ſont ſurchargez de groſſes Dettes & de grands
fraix qui les mettent hors d'état de ſatisfaire leurs Mariniers par rapport à leurs
gages, & ſont de l'autre dans l'impuiſſance de faire quelqu'autre Armement convenable, comme on l'a déja vu par expérience, tant à l'égard
du nombre que de l'expédition des Equipages : Qu'il ſoit payé pareillement
aux Amirautez les arrérages des Vaiſſeaux à bas bord, qu'on a été obligé de
tenir ſur l'Eſcaut & ailleurs, juſqu'à ce que les Provinces de Brabant & de
Flandre ſoient heureuſement réduites; & qu'enfin pour la Protection ordinaire du Commerce, de la Navigation & de la Pêche, & pour le maintien
de l'Economie dans les Colléges reſpectifs des Amirautez, les Revenus des
Droits d'entrée & de ſortie ſoient par-tout exactement & également pra-
tiquez, en vertu des Placards & des Ordonnances faites ſur ce ſujet.

De plus, le Conſeil ne ſauroit ſe diſpenſer de recommander encore à cette occaſion aux Confédérez le payement des Subſides aux Hauts Alliez, auxquels ils ſont promis par des Traitez & Conventions ; & que les Arrérages
en ſoient acquitez particuliérement à l'égard du Roi de Portugal, qui s'en
plaint avec de très-juſtes raiſons. Le Conſeil à repréſenté l'année derniére
à V. H. P. combien l'Etat a depuis la préſente Guerre cherché à y engager pareillement cette Couronne, quelle peine on a eue pour cela, & comment on a enfin obtenu le but qu'on s'étoit propoſé, néanmoins ſous des promeſſes ſolemnelles de Subſides, qui, s'ils n'étoient pas acquitez comme il faut,
pourroient faire déchoir de toute l'eſpérance fondée ſur l'engagement avec le
ſusdit Roi. Et comme non-ſeulement toutes ces raiſons ſubſiſtent encore dans
leur entiére vigueur ; mais qu'elles ſont même plus fortes, à cauſe de l'éloignement de l'Armée Portugaiſe juſque dans le Royaume de Valence, & de
l'augmentation des charges que ledit Roi eſt pour cette raiſon obligé de
porter, les Confédérez ſont priez de faire autant de réfléxions ſur ce ſujet
que mérite l'importance de l'affaire, & de ne point, par un mauvais payement
des Subſides promis & dus, donner lieu à quelque ralentiſſement ou changement en Portugal. Outre les preuves que peuvent fournir les années précédentes de cette Guerre, on a vu dans la derniére Campagne d'une maniére
auſſi éclatantte qu'extraordinaire de quelle utilité & importance ſont pour la
Cauſe commune les engagemens avec le Duc de Savoye ; par conſéquent il
eſt de la derniére juſtice qu'un Prince, qui juſqu'à préſent a ſecondé la bonne Cauſe avec tant de ferveur, qui a ſubi pour ainſi dire la perte de preſque
tous ſes Etats, & qui a concouru à les regagner d'une maniére ſi glorieuſe,
quoiqu'épuiſez & preſque démantelez par-tout où l'Ennemi s'en étoit rendu
maître, & à pénétrer juſque dans les Etats des Ennemis, puiſſe jouïr de l'aſſiſtance des Subſides pécuniaires qui lui ſont promis par les Traitez.

On ſouhaite pareillement que les Subſides qui ont été promis au Roi de
Pruſſe, aux Electeurs de Trêve & Palatin, à l'Evêque de Munſter, au Landgrave de Heſſe-Caſſel & au Duc de Wurtemberg, ſoient payez.

Com-

Comme on a vu par toutes les raisons ci-devant alléguées la nécessité des consentemens & de l'accomplissement d'iceux suivant la répartition ordinaire entre les Confédérez, le Conseil doit recommander & prier sérieusement de délibérer sans délai, & de prendre des Résolutions promptes sur les Pétitions faites de tems en tems pour le Bien de la Cause commune, puisqu'en tems de Guerre, & sur-tout dans la présente où l'on a affaire à des Ennemis prompts & vigilans, la lenteur dans les délibérations ne peut causer que beaucoup de préjudice à plusieurs égards.

Qu'on envoye aussi liquidement & promptement les consentemens sans les accrocher à des conditions ou restrictions qui pour la plûpart donnent lieu à des délais., & quelquefois à beaucoup de confusion & de dissension ; & que l'on procéde généralement, en postposant tous les interêts ou vûes particuliéres, & avec une indulgence & déférence qu'on attend avec raison des Membres d'un Corps.

Que les Deniers, qui suivant les consentemens peuvent être levez, soient fournis au tems du au Comptoir Général de l'Union, afin d'être employez sans diversion au Payement des choses pour lesquelles ils sont demandez & accordez.

Et enfin que les Provinces respectives, pour porter également, selon la Cote-part de chacune, les fraix de l'Union, & pour ne point donner occasion à quelque délai ou empêchement des choses, qui, faute d'un payement exact & égal, ne peuvent souvent point être avancées comme il faut, arrêtent une bonne fois les moyens proposez de liquidation & de contrainte, dont on a souvent fait mention dans les Pétitions précédentes, ou tels autres qu'elles jugeront d'un commun consentement pouvoir servir le plus efficacement à obtenir un but si bon & si salutaire.

De plus, les Provinces sont priées de faire lever, chacune chez elle, les Deniers & Revenus nécessaires pour le montant de la Cote-part de chacune aux consentemens accordez, du moins tant qu'on ne consent pas à la levée des Deniers généraux sur toutes les Provinces, & le fournissement d'iceux en faveur de la Généralité conformément aux 6 & 7 Articles de l'Union.

Qu'il plaise pareillement aux Provinces d'arrêter que le Païs de Drente reste sur sa cotisation d'un pour cent à tous les consentemens ordinaires & extraordinaires, outre les 500 florins par mois pour les Fortifications de Coeverden des Deniers qui y sont levez.

Sur tous les Articles précédens que le Conseil s'est cru obligé, en conformité de sa Charge, de représenter & de demander à Vos Hautes Puissances, on attend, pour les raisons ci-dessus plus d'une fois marquées & évidemment démontrées, que cette Pétition générale ne sera pas regardée avec indifférence, & encore moins mise à côté, comme cela s'est quelquefois pratiqué dans l'une ou l'autre Province ; mais qu'on délibérera & qu'on prendra incessamment des Résolutions satisfaisantes à ce sujet.

Le Conseil espére encore qu'au cas que l'année, qui approche de sa fin, expirât auparavant, le cours du payement des Soldes ordinaires & autres fraix nécessaires de l'Union n'en sera ni empêché ni arrêté ; & que les Affaires du

Païs, pendant qu'on délibére là-deſſus, ne demeureront pas en deſordre & en confuſion.

Au reſte, le Conſeil s'en tiendra & ſe réglera, quant au tems requis pour envoyer les conſentemens , à la Réſolution de V. H. P. priſe ſur ce ſujet le 27. Septembre 1629. & regardera en conſéquence les Provinces qui n'auront pas envoyé leurs Réſolutions & conſentemens avant le 1er. d'Avril, comme n'ayant pas pleinement conſenti.

Ainſi fait & pétitionné par le Conſeil d'Etat à la Haye le 30 Octobre 1706.

(Etoit paraphé)   Vt.

A. V. DEDEM

Par Ordonnance du Conſeil d'Etat des Provinces-Unies des Païs-Bas.

S. VAN SLINGELANDT.

Demande des Députez de la Province de Hollande pour empêcher le Projet de percer une Digue ſur le Wael; du 8 Septembre 1706.

Demande
contre u-
ne Digue
ſur le
Wael.
LEs Srs. Députez de la Province de Hollande & de Weſt-Friſe ont propoſé à l'Aſſemblée, que le 22 Mai & 5. Août dernier les Srs. Députez de la Ville de Dort avoient repréſenté aux Seigneurs Etats de ladite Province, ſavoir ledit 22. Mai, comme quoi leurs Nobles Puiſſances & les Seigneurs du Conſeil d'Etat avoient fait le 3. Juin 1701 une Pétition de neuf cens mille florins, à quoi la Province d'Utrecht fournira une ſomme de 150000. florins, & le reſtant ſera payé par tous les Confédérez, ſur une ſuppoſition & un prétexte plauſible, que, l'Etat n'ayant pas de frontiére plus foible que depuis Schenckenſchans juſqu'à l'endroit où l'Yſſel devient inguéable, un peu au-deſſous de Deventer, il faloit en conſéquence faire dans ledit Quartier, tant dans le Bas-Rhin que dans l'Yſſel telles Digues, de même que reſpectivement tels Retranchemens, Redoutes & Contreſcarpes qu'on jugeroit néceſſaires pour la défenſe deſdites Digues & Villes ſituées ſur l'Yſſel, & qu'il faudroit enſuite faire à cette fin un bon Retranchement dans la Betuwe depuis le Wael juſqu'au Bas-Rhin environ à une heure de Gent: Que quoique les Seigneurs leurs Principaux, lorſque cette Pétition fut portée dans cette Province, ayent fait beaucoup de difficultez pour y conſentir , de crainte que ledit Ouvrage & particuliérement le Retranchement dans la Betuwe ne tende au préjudice conſidérable de la Province de Hollande & de Weſt-Friſe en général, & en particulier de quelques Villes dans icelle, au cas qu'il ne fût point établi & modifié prudemment & fidèlement, ils y avoient néanmoins, en conſidération de la défenſe commune, bien voulu enfin déférer & conſentir, à condition que ledit Retranchement ſoit fait de maniére qu'il puiſſe cauſer un changement dans le cours des Riviéres & une diverſion de la Navigation & du Commerce, mais uniquement pour la défenſe du Païs & pour arrêter l'Ennemi; tout comme les Seigneurs leurs Principaux s'imaginent d'être tranquiliſez à cet égard par la Réſolution des Seigneurs Etats de Hollande & de Weſt-Friſe, priſe le 6. Août 1701 ſur le même ſujet.

Que

Que les Seigneurs leurs Principaux ayant trouvé que les choses conte- Affaires nues dans ladite Pétition du Conseil d'Etat ne s'exécutoient point comme on des Pro- l'y avoit posé, & qu'on n'y avoit creusé qu'un Canal au travers de la Betu- vinces- we qui n'avoit nullement la forme d'un Retranchement, mais qui étoit fait de Unies. manière à divertir le cours des Riviéres sans qu'il puisse en aucune façon con- tribuer à la défense du Païs, ils avoient fait là-dessus diverses Propositions & instances, & que bien loin d'avoir reçu à cet égard ni alors ni encore à présent aucune assûrance ou sûreté, ils avoient trouvé au contraire, que par rapport audit Ouvrage on ne butoit qu'à faire une diversion dans le cours des Riviéres sans avoir aucun égard à la défense du Païs; raison qui, alléguée pourtant plau- siblement dans la susdite Pétition du Conseil d'Etat, étoit la seule qui a por- té les Seigneurs leurs Principaux à y consentir. Et que non-seulement les Seigneurs leurs Principaux avoient appris ce que ci-dessus, nonobstant les précautions que la Province de Hollande & de West-Frise avoit résolues con- tre cela en 1701, mais même entendu avec la plus grande surprise, que trois Provinces particuliéres, savoir celles de Gueldre, d'Utrecht & d'O- veryssel avoient pu trouver bon de percer presque ledit Retranchement tra- cé & fait aux dépens des communs Confédérez & destiné à la défense du Païs, non-seulement du côté du Bas-Rhin, mais qu'ils en avoient même fait un commencement du côté du Wael, les Seigneurs leurs Principaux étant informez pour certain, qu'il y a peu de jours que la Province de Gueldre a pris une Résolution dans l'Assemblée de ses Etats sur ce sujet: chose que les Seigneurs leurs Principaux regardent comme de la plus préjudiciable consé- quence; Que nommément trois Provinces s'arrogent le changement d'une chose commencée & entamée aux dépens publics & avec ladite modification & précautions du consentement des communs Confédérez pour un but si sa- lutaire comme la défense du Païs, que les Seigneurs leurs Principaux ne pouvoient se dispenser de porter encore là-dessus à la Table des Seigneurs E- tats de Hollande & de West-Frise leurs inquiétudes avec priére d'y mettre tel ordre qu'on jugeroit nécessaire pour arrêter le succès d'un Ouvrage aussi pernicieux, résolu & mis en exécution par trois Provinces sans la connoissan- ce & même contre l'intention primitive des Confédérez, de L. N. & G. P. en particulier, au grand préjudice de la Province de Hollande & à la ruïne tota- le de plusieurs Villes d'icelle. Et que les Seigneurs leurs Principaux étoient obligez de déclarer à leur grand regret, quoiqu'avec vérité, qu'au défaut de cela ils ne se trouveroient pas en état de pouvoir par continuation satisfaire aux dépenses de l'Etat ou d'y fournir les dus consentemens, comme le tout paroît par la Résolution inférée ci-après, & prise des Seigneurs leurs Princi- paux ledit 2me Août.

Ex-

Extrait des Réfolutions des Seigneurs de l'ancien Confeil de la Ville de Dort, prifes dans l'Affemblée de Leurs Seigneuries.

Lundi, 2. Août 1706.

LE Préfident Bourguemaître Didier Hubert Stoop a rapporté à l'Affemblée de l'ancien Confeil, que les Srs. Bourguemaîtres ayant reçu des avis cer- tains, que non-feulement la Province de Gueldre avoit réfolu dans l'Affem- blée de fes Etats de percer le Retranchement à Panderen dans la Betuwe, & de divertir par-là le courant du Wael au Bas-Rhin & à l'Yffel, mais enco- re que des Députez de la Province d'Utrecht, qui s'y étoient rendus pour prendre infpection *in loco*, avoient rapporté que le Projet de percer ledit Retranchement étoit praticable, & que fuivant toutes les apparences il au- roit un fuccès favorable pour eux ; de forte qu'il n'y avoit plus à douter que ce Projet ne fût mis effectivement dans peu en exécution, à moins qu'on n'y pourvût par des moyens fortables & efficaces. Sur quoi ayant été déli- béré & pris en férieufe confidération la conduite peu convenable qu'on ob- ferve à cet égard, favoir que trois Provinces particuliéres, nommément cel- les de Gueldre, d'Utrecht & d'Overyffel, ofaffent de leur propre autorité & fans le concert & le confentement des communs Confédérez faire quelque chan- gement par rapport à un Retranchement fait fur la Réfolution, du confente- ment & aux dépens des fusdits Confédérez, deftiné à aucun autre but qu'à la défenfe du Païs, & achevé fous l'expreffe modification que du côté du Wael & du Rhin il ne feroit point percé, fi non dans l'extrême néceffité d'invafion d'En- nemi, tellement qu'il ne feroit jamais rendu navigable ou emporteroit quelque diverfion des Riviéres. Et comme Leurs Seigneuries ont de plus confidéré le préjudice irréparable qui rejailliroit par la diverfion du cours des Riviéres fur la Province de Hollande en général, fur plufieurs Villes dans icelle, & fur- tout fur la Ville de Dort en particulier, & que cette Ville fe verroit de cette maniére privée de tous les avantages dont Dieu & la Nature l'ont benie, pré- voyant en cas que cela s'exécutât, avec beaucoup de regret, la ruïne totale & la décadence de leur Ville & de fes bons Habitans, Elles ont trouvé bon u- nanimement & réfolu de porter encore cette affaire à l'Affemblée de L. N. & G. P. & de les prier très-humblement, comme il a déja été fait à diver- fes reprifes par des Propofitions & autrement, de vouloir, pour prévenir l'exécution de ce Projet, employer des remedes efficaces, tels que L. N. & G. P. fuivant leur grande fageffe, jugeront convenables, & de diriger fur- tout, conformément à la Réfolution de L. N. & G. P. du 6. Août 1701 & du. . . Avril dernier, l'affaire dans la Généralité au point que ledit Re- tranchement refte dans l'état où il a été fait du commun confentement & aux dépens publics, comme il a été dit ci-deffus, afin que Leurs Seigneuries foient débaraffées une bonne fois & délivrées de l'appréhenfion fi bien fondée d'u- ne chofe qui contre tout Droit & Raifon cauferoit leur ruïne totale ; & qu'El- les, comme de braves & fidèles Régens, bien loin de la foüffrir, font obligées

gées d'empêcher par toutes les voyes & moyens fortables, d'autant plus que
Leurs Seigneuries, fans diffimuler, doivent déclarer avec une douleur fenfible, que, fi ce Projet a lieu, leurs Habitans ne peuvent manquer de tomber dans la derniére extrémité & décadence, & Leurs Seigneuries rendues incapables de concourir à fatisfaire avec le zéle requis aux befoins de l'Etat,
ou de fournir à cet effet les confentemens néceffaires; autorifant & chargeant
fur ce fujet les Srs. Députez de cette Ville qui vont à la prochaine Diéte,
de donner par lecture ou autrement connoiffance de cette Réfolution à l'Affemblée de L. N. & G. P. en ajoutant telles autres raifons que lesdits Srs.
Députez trouveront les plus fortes pour obtenir ce jufte but de Leurs Seigneuries; Que les Seigneurs Etats de ladité Province de Hollande & de Weft-
Frife ayant trouvé bon d'examiner plus mûrement cette Propofition qui leur
fera faite de la part de la Ville de Dort, les Membres refpectifs de leur Affemblée avoient nonobftant cela chargé leurs Srs. Députez d'en donner pareillement connoiffance à LL. HH. PP. en les priant que les Seigneurs E-
tats des Provinces de Gueldre, d'Utrecht & d'Overyffel foient priez & requis de vouloir durant un tems de neuf femaines, dont les Susdits Seigneurs
Etats croyent avoir befoin pour délibérer & réfoudre fur le fusdit fujet, furfeoir le Projet de percer ladite Digue au-deffous de Panderen fur la Riviére
de Wael avec ce qui en dépend, & de laiffer tout dans l'état où il fe trouve
actuellement. *Sur quoi* ayant été délibéré, il a été trouvé bon & entendu, de
donner connoiffance de cette Propofition aux Seigneurs Etats desdites Provinces, & de les prier de vouloir furfeoir durant ledit tems de neuf femaines
le Projet de percer la Digue au-deffous de Panderen fur la Riviére de Wael
avec ce qui en dépend, & de laiffer tout *in flatu quo.* Les Srs. Députez des
Provinces de Gueldre, d'Utrecht & d'Overyffel ont déclaré fur ladite Réfolution de ne point avouer les prémiffes qui y ont été avancées, & fe font réfervez de faire telle Proteftation que les Seigneurs Etats leurs Principaux
trouveront convenable.

Réfolution des Etats de Hollande touchant une Digue; du 15. Octobre 1706.

Réfolu-
tion des
Etats de
Hollande
fur une
Digue.

LEs Srs Députez de la Province de Hollande & de Weft-Frife ont propofé
à l'Affemblée, que le 8. du mois de Septembre dernier eux Sr. Députez
avoient, au nom & par ordre exprès des Seigneurs Etats de ladite Province
leurs Principaux, donné connoiffance à L. H. P. de ce que les Srs. Députez de la Ville de Dort avoient propofé à l'Affemblée des Susdits Seigneurs
Etats de Hollande & de Weft-Frife, au fujet d'un Retranchement que les Provinces de Gueldre, d'Utrecht & d'Overyffel feroient réfolues de percer proche
de Panderen dans la Betuwe, pour divertir l'eau du Wael dans le Bas-Rhin &
l'Yffel: qu'eux Srs. Députez avoient prié en même tems L. H. P. qu'il
leur plût de requérir les Seigneurs Etats desdites trois Provinces de vouloir
pour un tems de neuf femaines, dont les Seigneurs Etats leurs Principaux
croyoient avoir befoin pour délibérer & prendre une Réfolution fur ce fujet, fur-

feoir

AFFAIRES
DES PRO-
VINCES-U-
NIES.

seoir l'exécution du deſſein de percer ladite Digue au-deſſous de Panderen ſur la Riviére de Wael avec ce qui en dépend, & de laiſſer toutes les choſes dans l'état où elles ſont actuellement: que LL. HH. PP. avoient eu la bonté d'écrire à cet effet aux Seigneurs Etats desdites trois Provinces, mais qu'on n'en avoit encore eu aucune Réponſe: que comme eux Srs. Députez étoient informez à préſent par les Srs Députez de la Ville de Dort, que les Committez des Seigneurs Etats des Provinces de Gueldre, d'Utrecht & d'O-veryſſel étoient d'intention de convenir publiquement à Arnhem le 8 Octobre avec des Entrepreneurs pour faire creuſer les Ouvrages de terre dans le Canal proche de Panderen, avec ce qui en dépend, pour faire percer ladite Digue, comme il paroiſſoit par les Billets affichez ſur ce ſujet & dont on a montré un: & que de cette maniére il ſeroit mis hors de ſon entier une affaire de ſi grande importance durant le tems que les ſusdits Seigneurs Etats de Hollande & de Weſt-Friſe avoient jugé néceſſaire pour pouvoir délibérer & prendre une Réſolution là-deſſus, eux Srs Députez prioient pour cette raiſon LL. HH. PP. de vouloir encore écrire aux Seigneurs Etats desdites Provinces de Gueldre, d'Utrecht & d'Overyſſel, pour faire ſurſeoir pendant ledit tems de neuf ſemaines le deſſein de percer la Digue près de Panderen, avec ce qui en dépend, & qu'on laiſſe toutes choſes dans l'état où elles ſont actuellement. Sur quoi ayant été délibéré il a été trouvé bon & réſolu, de prier encore par Lettre les Seigneurs Etats des Provinces de Gueldre, d'Utrecht & d'Overyſſel de ſurſeoir le Projet de percer ladite Digue avec ce qui en dépend, & de laiſſer tout in ſtatu quo durant ledit tems de neuf ſemaines.

Rapport des Bourguemaîtres de Rotterdam ſur les Requêtes préſentées aux Seigneurs Etats de Hollande & de Weſt-Friſe par les Srs. Pierre de Mey & Jean van der Hoeven, Conſeillers & Prud'hommes de ladite Ville.

NOBLES ET PUISSANS SEIGNEURS,

Requête
des Magis-
trats de
Rotter-
dam aux
Etats de
Hollande
contre
deux
de leurs
Membres.

AYANT eu l'honneur de recevoir avanthier la Lettre de Vos Nobles & Grandes Puiſſances du 16. du courant, par laquelle V. N. & G. P. ſouhaitent d'avoir notre Rapport ſur les Requêtes à Elles préſentées par les Srs. Pierre de Mey & Jean van der Hoeven, Conſeillers & Prud'hommes de cette Ville, nous n'avons pas voulu tarder à ſatisfaire à la demande de V. N. & G. P.; & comme cette affaire qui regarde la Régence de notre Ville eſt non-ſeulement portée aujourd'hui à la délibération des Prud'hommes, mais même fort avancée, & qu'il a été délibéré là-deſſus avec tant d'application des autres Meſſieurs conjointement avec nous qui ſommes Committez pour examiner & peſer le contenu desdites Requêtes, que le Rapport en a été fait encore le même ſoir, nous avons trouvé bon d'envoyer à V. N. & G. P. le Rapport ſuivant.

Nous

Nous trouvons en général, Nobles & Puiſſans Seigneurs, que le but des- dits Supplians eſt de donner à V. N. & G. P. une impreſſion très-desavantageuſe de la Correſpondance de quelques Membres de la Régence de cette Ville, par rapport à quoi nous ne voulons pas déguiſer qu'il y a eu du vieux tems, & qu'il y a encore dans cette Ville des Conférences amiables & des arrangemens préalables ſur des affaires qui regardent des douceurs de la Régence, afin de prévenir toute diſpute & d'entretenir une bonne harmonie. Nous n'avons garde d'ennuyer V. N. & G. P. par des raiſonnemens ſur le ſervice ou deſervice qui réſulte de ces Conférences & arrangemens préalables, puiſqu'on ne peut ignorer qu'ils ſont devenus de toute ancienneté & de tems immémorial quaſi une ſuite de Régences, qui conſiſtent en Aſſemblées ou Colléges; nous trouvons encore moins néceſſaire d'entrer dans ces raiſonnemens, puiſque dans leſdites Requêtes on ne ſoutient pas que de telles Conférences ne conviennent point, mais qu'on ſe plaint du tort qu'on auroit fait à eux Supplians, des irrégularitez & infractions des Privilèges, qui en ſeroient provenues; & on remarque aſſez, que ſi eux Supplians avoient trouvé leur contentement, & que ſi les choſes, dont ils ſe plaignent, n'étoient pas arrivées, ils n'auroient point condamné cette correſpondance.

Nous trouvons de plus, Nobles & Puiſſans Seigneurs, que les plaintes des Supplians ſont de deux ſortes; ſavoir, d'un côté, du tort, qui leur ſeroit fait perſonnellement; &, d'un autre, des irrégularitez qui ſeroient commiſes par la Régence de cette Ville, & même contre les Privilèges du Païs & de cette même Ville.

Pour ce qui eſt de la première ſorte, nous nous perſuadons que ce ne ſera nullement l'intention de Vos Nobles & Grandes Puiſſances de prendre connoiſſance du détail de pareilles querelles, ni de donner occaſion à une infinité de plaintes, qui occuperoient plus que toutes les autres choſes enſemble l'Illuſtre Aſſemblée de Vos Nobles & Grandes Puiſſances.

Dans cette reſpectueuſe attente, Nous paſſerons les plaintes des deux Supplians par rapport au refus de la correſpondance, & les plaintes particulières du Sr. Pierre de Mey, de ce que depuis ſon rétabliſſement dans le Collége des Prud'hommes il a été poſtpoſé à l'égard de l'obtention de la Place de Bourguemaître.

En venant donc aux plaintes des irrégularitez, Nous ſuivrons l'ordre obſervé dans la Requète du Sr. van der Hoeven, où l'on allégue quatre points de prétendues irrégularitez.

Le premier regarde l'établiſſement du Sr. Chrétien Caſteleyn dans la Place de Prud'homme; ce qu'on ſoutient être contraire aux Privilèges donnez à notre Ville par le Duc Albrecht, Comte Guillaume, Philippe Duc de Bourgogne, Duc Maximilien & autres, puiſque ledit Sr. Caſteleyn, lorſqu'il fut fait Prud'homme, n'avoit pas eu cinq ans de ſuite *fixum domicilium* dans notre Ville.

Cet Article eſt auſſi amplement déduit dans la Requête du Sr. Pierre de Mey, & il le fait même ſonner plus haut que la choſe n'eſt en effet, parce

que

que le féjour dudit Sr. Cafteleyn à Amfterdam, bien loin d'avoir été d'une fui-te de vingt ans, n'a commencé que dans fa jeuneffe pour apprendre le Né-goce, a continué pendant quelque tems pour correfpondre avec fon Pere fur le Négoce, & a même été interrompu à plufieurs reprifes long-tems les unes après les autres en demeurant ici.

Outre que ledit Sr. Cafteleyn n'a jamais prêté à Amfterdam le ferment de Bourgeois.

On y infére après ladite Requête fous N°. 3 les Extraits de quatre Privilé-ges des fusdits Seigneurs comme Comtes de Hollande.

Nous ignorons de bonne foi, & nous ne pouvons nous imaginer, quels autres Priviléges, outre ceux dont le Sr. van der Hoeven a fait mention dans fa Requête, il peut avoir eu en vue avec le mot & *autres*.

Quant aux quatre Priviléges dont on vient de parler, il plaira à V. N. & G. P. de remarquer, que pour autant que cela eft applicable au cas préfent, ceux du Duc Philippe de Bourgogne, & du Duc Maximilien & Marie ne portent autre chofe, finon que perfonne ne peut être fait Prud'homme, qu'un Bourgeois: que le Privilège du Comte Guillaume déclare feulement qu'aucun ne peut être cenfé Bourgeois, que celui qui tient domicile avec toute fa demeure: & que dans aucune des deux Requêtes il n'eft allégué, que ledit Sr. Chrétien Cafteleyn, lorfqu'il fut créé Prud'homme, n'auroit pas demeuré à Rotterdam, & même avec tout fon domicile: au contraire dans la Requê-te du Sr. Pierre de Mey on avoue affez clairement, que ledit Sr. Chrétien Cafteleyn, lorfqu'il fut créé Prud'homme, étoit domicilié à Rotterdam.

De forte que les trois derniers Priviléges ne viennent nullement à propos à ce fujet.

Pour ce qui eft du Privilège du Duc Albrecht, nous avouons volontiers, & il eft même en pleine obfervance, que ceux qui viennent de dehors à Rot-terdam, ne font pas habiles à la Régence avant qu'ils y ayent demeuré cinq ans de fuite; & nous fommes d'avis que tout le Texte montre, & que la Rai-fon ne permet pas de douter, que ledit Privilège regarde uniquement ceux qui ne font pas nez dans notre Ville & qui y viennent de dehors, & nulle-ment des Bourgeois nez, qui pour un certain tems ont eu ailleurs leur de-meure. Nous croyons que cela eft fi évident, & qu'il paroît fi clair, qu'on ne fauroit le révoquer en doute.

Pour furplus, nous ajouterons encore une confidération générale qui fera en même tems applicable au troifième point des plaintes touchant l'établiffement du Sr. Schoonhoven Prud'homme, favoir que ces Provinces ont été de toute ancienneté des Provinces de Commerce, que ce Commerce exige fouvent un féjour dans d'autres Païs ou d'autres Villes & Places de ces Provinces, pour apprendre le Commerce, pour faire & entretenir la correfpondance, & autrement; & que fi les Habitans de ce Païs, & à cet égard ceux de notre Ville venoient à déchoir par une telle abfence de leur Droit de Bourgeoifie, & à être mis en parellèle avec d'autres Etrangers venans de dehors, de tels Priviléges tendroient plus au préjudice qu'à l'avantage des Habitans.

Le Sr. Pierre de Mey fait dans fa Requête une diftinction entre le Droit
de

de Bourgeoifie & de *Poorter*, & foutient que le dernier peut fe perdre quand
on demeure ailleurs.

Cependant il avoit avoué peu auparavant, qu'un Bourgeois né ayant fait
fon domicile dans une autre Ville, jouit de nouveau de fon Droit de
Bourgeoifie à fon retour; ledit Sr. Pierre de Mey n'a pas confidéré, que la
diftinction fubtile entre le Droit de Bourgeois & de *Poorter* n'y eft pas applicable.

Car fi un Bourgeois ayant eu ailleurs pendant quelque tems fon domicile,
n'eft pas habile à la Régence avant qu'il ait demeuré tant d'années après fon
retour dans fa Ville natale, & eft obligé d'attendre comme un autre qui vient
de dehors, il n'a en jouïffant de nouveau de fon Droit de Bourgeois, rien
par deffus ceux qui viennent de dehors.

Ce qui eft directement contraire à une Maxime à ce fujet, favoir que le
Droit de Bourgeois né ne fe perd point quand on demeure dehors: Maxime
fi connue & fi pratiquée, quoiqu'elle ait échappé audit Sr. de Mey, & qui
détruit la conclufion qui en fuit immédiatement.

Nous ne pouvons pas voir, Nobles & Puiffäns Seigneurs, qu'on ait entrepris à ce fujet la moindre chofe contre les Privilèges de cette Ville.

Le fecond Point de prétendue irrégularité, regarde la Place de Sécrétaire Subftitué de la Chambre des Pacificateurs qui a été conférée à Henri Rofevelt, natif de Zélande, & qui de l'avis du Suppliant n'eft ni Bourgeois ni
Poorter.

Il eft vrai, Nobles & Puiffäns Seigneurs, que ledit Rofevelt eft né en
Zélande, mais on s'abufe en difant que du tems de fon établiffement il n'a
pas été Bourgeois ni *Poorter*, puifqu'après avoir époufé la Fille d'un ancien
Bourguemaître de cette Ville, il a prêté ferment en qualité de Bourgeois le 10 Mars 1699, & qu'il a entre tems obtenu la qualité de Confeiller de
la Ville de Tholen, renouvellé par deffus cela le ferment ou prêté de nouveau le 8 Janvier dernier, peu de jours avant qu'il fût fait Sécrétaire fubftitué.

Outre cela cette Charge de Secrétaire fubftitué n'eft autre chofe que la
fonction de Clerc, ayant été ftatué entr'autres dans l'Article 14 de l'Ordonnance approuvée dans cette Chambre par l'Octroi de V. N. & G. P. du
dernier Juin 1635, qu'on devroit adjoindre aux Pacificateurs un Clerc habile; & on a donné depuis quelque tems, par des confidérations perfonnelles à
cette fonction de Clerc, le nom de la Charge de Sécrétaire fubftitué fans aucun changement réel, ledit Sécrétaire fubftitué demeurant toujours affecté à
cette feule Chambre.

Nous n'avons jamais entendu, que les Privilèges du Pays excluant les E-
trangers des Emplois, fuffent applicables aux fonctions de cette nature.

Le Sénat n'a pu voir outre cela, que cet Etabliffement dudit Rofevelt
fut contraire à quelques Privilèges.

Et il a fait cet Etabliffement unanimement, ledit Sr. van der Hoeven y
ayant même donné fon fuffrage, lui qui à caufe de l'affinité qu'il y a entre fon
Frere & le dit Rofevelt, ne pouvoit ignorer, non plus que perfonne du Sénat, qu'il étoit né en Zélande.

Le troifième Point de prétendue irrégularité confifte en ce que le Sr. Timon van Schoonhoven, né en France, eft fait Prud'homme de cette Ville.

La mention qu'on fait de la Naturalifation que le même Sr. Timon van Schoonhoven a obtenue de V. N. & G. P. & qui fuit immédiatement après le furnom odieux de *François né*, enveloppe V. N. & G. P. dans le même reproche: Et nous pourrions finir cette matiére en alléguant, que la Régence de cette Ville ne fauroit être blâmée avec fondement, d'avoir conféré des Charges honorables à des Perfonnes qu'elle en a jugé capables, & que V. N. & G. P. y ont même habilitées par leur Octroi dans les termes les plus énergiques.

Nous ne pouvons pourtant pas nous difpenfer de faire reffouvenir Vos Nobles & Grandes Puiffances, que ledit Sr. Timon van Schoonhoven a, dans fa Requête pour avoir un Acte déclaratoire d'habileté à des Emplois honorables ou Acte de Naturalifation, dit que fon Pere & le Pere & la Mere de fon Pere étoient nez à Amfterdam, que fon Pere s'étant rendu à Nantes en France n'avoit point eu deffein de quitter fa Patrie, mais feulement d'apprendre le Négoce.

Que pour cette raifon il y avoit demeuré comme Négociant Hollandois, fans avoir jamais pris des Lettres de naturalité; que la Mere, de lui Timon van Schoonhoven, étoit Fille d'un Négociant de Rotterdam, que lui & fes Parens s'étoient toujours tenus en France comme Etrangers, & qu'ils avoient toujours été réputez pour tels, enforte que pour cette feule raifon fa Mere & fa Sœur étoient élargies de la détention où elles étoient pour caufe de Religion; qu'il avoit fait fa demeure à Nantes jufqu'en 1685. de façon néanmoins qu'il avoit même avant ce tems-là paffé la plus grande partie de fa vie dans ce Pays, & qu'il avoit enfin quitté la France & pris domicile à Rotterdam, où il avoit prêté en 1686 ferment comme Bourgeois & *Poorter* de cette Ville. V. N. & G. P. avoient remis cette Requête entre les mains des Srs. Confeillers & Maîtres des Comptes de leurs Domaines, & après avoir vu par les Documens delivrez la validité de fes argumens, Elles ont accordé, conformément à l'Avis des fusdits Confeillers & Maîtres des Comptes, ledit Acte de Naturalité.

Ledit Sr. van der Hoeven dit dans fa Requête, que cette Conceffion étoit contre les Réfolutions de V. N. & G. P. du 8. Mai 1579. & du 25. Septembre 1670.

Cette allégation, Nobles & Puiffans Seigneurs, nous furprend beaucoup; car quant à la Réfolution du 8. Mai 1579, elle n'eft pas générale, réglant ce qui devoit être obfervé pour ce tems-là; mais c'eft une Réfolution fur un cas particulier, favoir fur la priere d'un nommé Moftaert; ce qui nous fait croire, que dans ladite Requête on peut avoir confidéré la période contenant les motifs des Etats de refufer dans ce tems-là ladite demande, favoir que les Etats ne pouvoient y confentir, faufs les Privilèges qu'ils avoient juré de maintenir, & pour la conféquence de la chofe.

Si avec l'allégation de cette Réfolution on eût eu en vuë les paroles *de recevoir*

voir

voir pas appréhender, ce ne feroit pas Nous, mais la Souveraineté de V. N. & G. P. qui feroit attaquée.

Si on eût eu intention de reprocher à la Régence préfente avec une ef- pèce de blâme la délicateffe de nos Ancêtres, on n'auroit qu'à confidérer contre les circonftances alléguées au fujet dudit Sr. Timon van Schoonho- ven, & que l'on a fait voir à V. N. & G. P. celles de la demande dudit Moftaert, qui notoirement étoit étranger & natif d'Anvers.

Soit donc qu'on prenne les paroles *de ne pas pouvoir* dans un fens gramma- tical, ou dans une fignification plus convenable d'Action mal-féante, relati- vement aux circonftances du cas particulier & de la perplexité des conjonc- tures, à notre avis il ne fauroit fervir de reproche à cet égard, ni à V. N. & G. P. pour avoir accordé ces Lettres de Naturalité, ni à la Régence de cette Ville pour y avoir déféré.

L'allégation de la feconde Réfolution du 25. Septembre 1670 nous fur- prend pareillement, puifque lorfqu'on délibéra fur le remplacement de la Pla- ce derniérement vacante d'un Prud'homme, & que nos voix tombérent fur ledit Sr. Schoonhoven, on lut fur le fcrupule du Sr. van der Hoeven lesdi- tes Lettres de Naturalité, & l'on y trouva fort clairement la période fuivante: *Sans que Notre Réfolution du 25. Septembre 1670. foit un obftacle au Suppliant ou à fesdits deux jeunes Fils.*

Nous ne pouvons donc comprendre ce qu'on a en vue par là; car toute- fois V. N. & G. P. étoient autant en droit de changer entiérement une Réfolution, ou d'en difpenfer dans un cas particulier, ou bien d'y don- ner une explication plus favorable, que de pouvoir prendre ladite Réfolu- tion.

Enfin nous ne pouvons nous empêcher de retoucher encore ce qui a été déja ci-devant allégué au fujet de l'établiffement du Sr. Cafteleyn touchant les fuites du Commerce de ces Provinces.

Outre cette allégation qui concerne directement lesdites Lettres de Natu- ralité, nous voyons qu'on prétend encore qu'on les a obtenues à l'infçu des Prud'hommes, & que ceux-ci n'ont pas délibéré là-deffus, bien loin d'y avoir confenti, ou d'avoir chargé leurs Députez à cet égard.

Nous ne comprenons pas, Nobles & Puiffans Seigneurs, comment un tel argument peut être allégué contre les Lettres de Naturalité même, d'au- tant qu'il fuffit à cette occafion, que tous les Membres de l'Affemblée de V. N. & G. P. & d'entre eux les Députez de notre Ville, y ayent confenti.

Si les Srs. Députez de cette Ville s'étoient trop émancipez, c'eût été un démêlé entre les Prud'hommes & fes Députez, mais on ne fait point men- tion d'une telle difpute; au contraire ledit Sr. Schoonhoven après avoir obte- nu ladite Naturalité a été élu Echevin à deux reprifes, & unefois nommé Pru- d'homme, toutes les deux fois fans contradiction de perfonne, tout ainfi que l'élection de Prud'homme faite en dernier lieu n'a été contredite que par le Sr. van der Hoeven.

Nous nous fommes étendus plus amplement fur ce fujet pour ôter le tour odieux qu'on donne à cette Election.

Ce

Ce qu'on allégue encore enfuite fur ce fujet, que lui Sr. van der Hoeven auroit été forcé à prêter le ferment avant la refomption, tombera de foi-même, lorfqu'il plaira à V. N. & G. P. de confidérer qu'on ne dit point, de quel moyen on s'eft fervi pour cette prétendue violence, comme auffi l'on ne fauroit comprendre comment nous aurions pu y forcer l'Offi-cier.

Il eft vrai que nous l'y avons requis pendant que nous avions fait appeller ledit Sr. Schoonhoven, & qu'en le faifant retourner fans avoir prêté ferment, on auroit donné lieu à conjecturer d'autres raifons.

Outre que dans des affaires de cette nature la preftation de ferment devant la refomption a toujours été faite, & fe fait prefque toujours en changeant la Régence tous les ans.

Et pour ce qui regarde la Proteftation, que ledit Sr. van der Hoeven a prétendu faire contre l'Election dudit Sr. Schoonhoven, nous n'y avons ja-mais pu faire aucune réflexion, n'étant point ufité chez nous de faire des Pro-teftations, & encore moins de les faire enregîtrer, vu que toutes les affaires, fi les Membres ne peuvent pas s'accorder unanimement, fe terminent à la pluralité.

Le quatrième Point de prétendue irrégularité confifte dans une cenfure du Sécrétaire Ysbrants.

Nous n'arréterons pas long-tems V. N. & G. P. fur cet article: la Per-fonne qui fe plaint de ce qu'il prétend lui avoir été infinué, favoir que fes dif-cours fentoient la fédition, eft le Suppliant même. V. N. & G. P. juge-ront d'Elles-mêmes, que les difcours dudit Sieur, dans le Sénat auffi-bien que dehors, fur ce dont il s'agit dans toute cette période, ont été fort a-nimez.

Le Sécrétaire Ysbrants ayant eu l'imprudence de laiffer échaper fur un re-cit animé quelques paroles qui font venues à notre connoiffance, nous a-vons jugé par refpect pour la Régence y devoir faire attention. Nous avons donc à la vérité témoigné notre reffentiment, mais après avoir obtenu fatisfaction nous avons redreffé les chofes en deux fois vingt-quatre heures, fans qu'on en ait jamais fait aucun enregîtrement.

Nous fommes furpris, Nobles & Grands Seigneurs, de trouver qu'im-médiatement après l'Allégation de ce cas on faffe mention des Troubles d'Ef-pagne.

Comme nous nous trouvons en général, dans tout le contenu defdites deux Requêtes, fi fenfiblement touchez, que fi le refpect pour V. N. & G. P. & la dignité de la Régence à nous confiée, ne nous euffent pas retenus, il auroit été impoffible de refuter ces reproches fanglans & cherchez de fi loin, en des termes auffi modérez que nous croyons l'avoir fait: moderation qui, com-me nous nous en flatons, fera plus agréable à V. N. & G. P. que fi nous euffions répondu d'un ton vif à ces reproches.

En effet, Nobles & Puiffans Seigneurs, comment des paroles & des ré-flexions extrêmement odieufes, & alleguées comme des échantillons d'irré-gularité, viennent-elles à propos au détail defdits quatre Points?

Sa-

Savoir premièrement, qu'un Bourgeois né, Fils d'un Bourgeois né qui a é-
poufé la Nièce d'un ancien Bourguemaître de cette Ville, a été élu Prud'homme, quoiqu'il fe fût tenu quelque tems à Amfterdam pour apprendre le Commerce, & pour entretenir correfpondance avec fon Pere, fans y avoir prêté le ferment de Bourgeois, & fans les grands intervalles qu'il a demeuré
dans cette Ville.

En fecond lieu, que le Gendre d'un Bourguemaître de cette Ville ayant prêté il y a quelques années & renouvellé depuis peu le ferment de Bourgeois,
a obtenu la Commiffion de Clerc affeété à une Chambre fubordonnée, fous
le titre plus honnête de Secrétaire fubftitué.

En troifième lieu, que la Régence de cette Ville en remplifant la Place
derniérement vacante de Prud'homme, a confidéré le Sr. Schoonhoven tel
que Vos Nobles & Grandes Puiffances ont jugé à propos de le qualifier.

Et enfin, que nous avons témoigné quelque reffentiment fans conféquence
ou enrégîtrement à quelqu'un de nos Miniftres, au fujet d'une imprudence
à laquelle le rapport du Sr. van der Hoeven avoit donné lieu.

Nous prions V. N. & G. P. de vouloir bien fuivant leur haute fageffe
faire une attention férieufe aux fuites de la préfentation de pareilles Requêtes,
qui viennent d'un mécontentement conçu au fujet des Corrégens, lorfqu'on
les fera avec les expreffions les plus odieufes, & qui pourroient diminuer l'autorité de la Régence dans l'efprit des Sujets: & lorfqu'on les conclurra par
des demandes fi générales, qu'il ne faudroit que conjeéturer au lieu de favoir
précifément ce qu'on auroit proprement en vue & jufqu'où iroit l'intention
des Supplians, fur-tout quand on confidére en même tems que les Exemplai-
res imprimez de ces Requêtes ont été repandus par-tout en grand nombre,
même hors de cette Province & dans plufieurs autres: & qu'ainfi les Supplians ont pu trouver bon de demander non feulement la décifion de Vos
Nobles & Grandes Puiffances, mais même d'arracher le fentiment du Peuple.

Nous efpérons, que toutes ces raifons produiront cet effet, que V. N. &
G. P. confidéreront comme une affaire domeftique ce qui regarde les
plaintes particuliéres au fujet des Corrégens, qu'Elles tiendront pour abfolument mal fondez lefdits quatre Points de plaintes de prétendues irrégularitez,
& qu'Elles renvoyeront enfuite fans délai les Supplians.

Nous fommes en recommandant V. N. & G. P. à la Proteétion du Dieu
Tout-puiffant.

NOBLES, GRANDS ET PUISSANS SEIGNEURS
DE VOS NOBLES ET GRANDES PUISSANCES,
LES OFFICIEUX
Bourguemaitres et Regens de la Ville de Rotterdam.
Plus bas.
Pár Ordonnance d'iceux comme Secrétaire fubftitué,
Signé.
E M. van Welsenes.

A Rotterdam,
le 19. Avril.
1706

*Réfolution des Etats d'Utrecht, pour l'Augmentation de leur Noblef-
fe, du 28. Janvier 1706.*

Réfolu-
tion des
Etats d'-
Utrecht
fur l'Aug-
menta-
tion de
leur No-
bleffe.

L ES Srs. Bourguemaîtres ont fait rapport, que leurs Seigneuries avoient été,
en conféquence de leur Réfolution Commifforiale du 18 Janvier 1706,
deux fois en Conférence avec les Seigneurs Committez des deux Membres
ayant voix, ou avec quelques-uns d'eux, pour concourir à accommoder, s'il
étoit poffible, par tous les moyens les plus amiables, l'Affaire que quelques
Seigneurs de la Nobleffe ont repréfentée le 6. du courant à l'Affemblée des
Seigneurs Etats, & que dans la derniére Conférence il avoit été déclaré de
la part de quelques Seigneurs Nobles, que cette affaire étant domeftique devoit être debattue par les Nobles & le Corps de la Nobleffe même. Ayant
appris avec furprife par ce rapport, que malgré tous les bons offices qu'on a
employez, les Seigneurs Nobles, au-lieu de fatisfaire à l'intention falutaire de
Leurs Nobles Puiffances, tendante à conferver le repos & la concorde entr'Elles, perfiftent au contraire encore à augmenter, par la pluralité de fix voix
contre cinq, les Membres du Corps de la Nobleffe: chofe oppofée à leurs
Réfolutions unanimes & prifes après convocation préalable le 27. Février 1647,
le 29 Août 1659, & le 3. Avril 1660, où l'on a trouvé bon qu'aucune admiffion des Nobles ne fe feroit que conjointement, & que deux Nobles le
peuvent empêcher d'autant plus, qu'on ne fauroit dire que ces Réfolutions
confécutives ayent jamais été révoquées ou enfreintes, pas même par
celle du 16 Avril 1667; parce que les paroles fuivantes, *ils pourront être
admis en tout tems à la pluralité des voix de la Nobleffe, dont le membre fera a-
lors compofé*, alléguées dans le fecond point de ces Réfolutions, font
annullées par une autre de plus fraîche date, & prife unanimement par
la Nobleffe le 1. Avril 1672, laquelle confirme plus amplement que la précédente les fufdites trois Réfolutions. Tout cela ayant été mûrement pefé, &
ayant confidéré en même tems, que la déduction fur l'augmentation des Membres des Nobles remife le 14 Mai 1667 par Meffieurs de la Ville à l'Affemblée des Seigneurs Etats, démontre fuffifamment comment & de quelle maniére on a accoutumé d'augmenter la Nobleffe, & que ce n'eft nullement
une affaire domeftique, comme Meffieurs les Nobles l'ont entendu eux-mêmes, & qu'ils ont à cette fin envoyé le 1. Avril 1672 des Commiffaires,
pour fonder les nouveaux Elus & les Prud'hommes, s'il leur plaîroit de faire
approuver dans l'Affemblée des Etats leur Réfolution du 16 Avril 1667, prife fur l'admiffion des Perfonnes dans le Corps de la Nobleffe, de même que
le deffein des fix Meffieurs Nobles de procéder le 8 Février 1706 à la nomination des Perfonnes, dont on augmenteroit le Corps de la Nobleffe, eft
pareillement contraire au 1 Article du Réglement fait par les Nobles affemblez
le 29 Juillet 1667. portant que Meffieurs les Nobles étant difpofés à augmenter dans la fuite leur Corps, font obligez avant qué d'y procéder, de le
faire connoître aux Députez ordinaires, afin d'en faire d'abord avec eux un
point de Convocation; pour laquelle raifon les Prud'hommes ont chargé &
au-

autorifé les Seigneurs Bourguemaîtres & Députez à l'Affemblée, d'y déclarer
en vertu de la préfente que leurs Nobles Seigneuries tiennent l'augmentation de la Nobleffe arrétée par fix Nobles au 8. Fevrier prochain pour nulle, invalide & de nulle valeur, comme contraire auxdites Réfolutions unanimes de la Nobleffe des dates comme ci-deffus, de même qu'à toutes les
Coutumes bien établies & mentionnées dans ladite Déduction des Prud'-
hommes, & au 1 Article de l'Ordre & Réglement de la Nobleffe, lequel
on avoit fuivi & arrêté unanimement le 24 Juillet 1667 dans l'Affemblée des
Etats, & qu'ils ne veulent ni ne peuvent permettre aucune augmentation
du Corps de la Nobleffe autre que celle qui fe fera conformément tant à la
Pratique conftante obfervée jufqu'ici religieufement par les Seigneurs de la
Nobleffe, qu'au fusdit Réglement de leurs Nobles Puiffances, qui a été de
nouveau approuvé le 27. Avril 1702 par les Seigneurs Etats de la Province, & Seigneurs Bourguemaîtres & Committez pour l'Affemblée, ont pareillement prié de diriger tellement les chofes que tout ceci foit changé
& tourné en une Réfolution des Etats.

Memoires de Mr. de Slangenbourg, en Février 1706.

LE Souffigné prémier Général de l'Infanterie, ayant demandé à vos Hau- Mémoire
tes Puiffances, il y a déja quelque tems, de vouloir l'écouter fur des de Mr. de
affaires de grande importance, Demande que V. H. P. ont trouvé à propos Slangen-
de rendre Commifforiale, & de remettre entre les mains de leurs Députez bourg.
à l'Armée, auprès defquels il a infifté fur la même prière, fans pouvoir par
toutes fes inftances réïtérées obtenir cette grace, s'eft trouvé obligé, pour
fatisfaire à fon devoir, de fupplier encore qu'on veuille l'écouter. Et comme enfin il a plû à VV. HH. PP. de l'agréer, & de lui ordonner par leur
Réfolution du 23 de Janvier, de mettre fes fentimens par écrit, il y obéït
avec tout le refpect dû, proteftant qu'aucun autre motif ne l'a porté à
faire cette demande, que le bien de la Patrie, que fon honneur & fa confcience l'engagent d'avoir à cœur, principalement par deux principes: prémièrement, parce qu'il eft le plus ancien des Généraux du Pays : & en fecond
lieu, parce qu'il eft né Hollandois & qu'il defcend d'Ancêtres qui ont contribué
à pofer la bafe de la République. Pour ces raifons fa confcience, fon honneur & fa fidélité ne lui permettent pas de fe taire; & il fe croit obligé,
pour prévenir la ruïne totale du Pays, d'informer VV. HH. PP. de la conduite tenue dans leur Armée fous les ordres de Mr. le Veldt-Maréchal d'Ouwerkerk, dans la dernière Campagne de 1705, & dans les précédentes depuis le commencement de cette Guerre en 1702.

Pour obferver en cela un ordre exact, il plaîra à VV. HH. PP. de fe
reffouvenir, que l'Armée fous Mr. d'Ouwerkerck a pofté au mois de Mai
de l'année paffée fon prémier Camp fur le Mont de St. Pierre entre Haer-
cours & Maftricht: que cette Armée confiftoit alors en 30. Bataillons &
73. Efcadrons: que Mrs. les Députez de VV. HH. PP. & du Confeil d'E-
tat, avoient ordonné quelque tems auparavant à plufieurs Généraux, & par-
ti-

ticulièrement à Mr. le Veldt-Maréchal Comte de Tilly, au Quartier-Maî-tre-Général Dorf, & au Souffigné, de fe trouver à un Confeil de Guerre.

Que dans cette Affemblée le principal Point de délibération étoit, fi Mr. le Duc de Marlboroug pourroit mener avec lui les Troupes des Hauts Al-liez pour l'exécution du deffein arrêté fur la Mofelle, avant que d'autres Troupes de VV. HH. PP. fe fuffent détachées de la Mofelle pour renfor-cer l'Armée fur la Meufe, afin de couvrir le Pays.

Quoique le Souffigné n'eût eu aucune connoiffance du deffein qu'on avoit fur la Mofelle, ni des Troupes qu'on y avoit poftées, non plus que de leur nombre, & encore moins de l'envoi du Lieutenant-Général Dorf au Prince de Bade, pour prendre des mefures avec lui; cependant après quelque connoiffance obfcure que Mr. de Geldermalfen lui en avoit donné par des Copies de quelques Mémoires, il repréfenta très-humblement à VV. HH. PP. qu'autant qu'il comprenoit la chofe, il croyoit qu'il ne feroit pas de l'intérêt de VV. HH. PP. d'arrêter Mr. le Duc de Marlboroug ni les Troupes Angloifes, puifque autrement les Hauts Alliez pourroient imputer à VV. HH. PP. d'a-voir été caufe que le deffein fur la Mofelle auroit échoué.

Que Mr. le Duc de Marlboroug étant arrivé avec le Corps de [troupes qu'il commandoit près de Coblentz, devoit, inceffamment & fans aucun dé-lai, renvoyer un Détachement alors fpécifié, des Troupes fur la Mofelle, pour renforcer l'Armée fur la Meufe.

Qu'en attendant, l'Armée fur la Meufe devoit fe retrancher furement, pour couvrir le Pays. Tout cela a été approuvé par VV. HH. PP. mais il leur plaîra de remarquer de quelle façon leur Réfolution fur ce fujet a été fuivie & exécutée.

Le Souffigné dira ici, avec leur permiffion, qu'il avoit prédit que le deffein fur la Mofelle ne feroit pas praticable de la maniére qu'on l'avoit formé, & cela par des raifons déduites dans ce tems-là: l'expérience a fait voir, à fon grand regret, qu'il ne s'étoit pas trompé.

Mais laiffant cela à l'écart, il fera voir qu'étant arrivé à l'Armée fur la Meu-fe, il la trouva étendue avec fon Aîle gauche jufqu'à un vieux Retranchement qui n'étoit d'aucune défenfe, ayant été fait l'année précédente pour une Armée bien plus forte & plus confidérable; & que comme celle dont il étoit queftion pouvoit à peine occuper duement la troifième partie de ce terrain, y ayant plus de deux heures & demie de-là à Maftricht, on rifquoit par-là d'atti-rer l'Ennemi, & d'expofer l'Armée à être entierement défaite.

Sur ces repréfentations appuyées par d'autres Généraux, le Veldt-Maré-chal fit changer le Camp, & l'Armée étant plus reſerrée fut mife en fu-reté par un nouveau Retranchement.

Par-là les Ennemis changérent leur deffein d'attaquer l'Armée, en celui de prendre la Ville de Huy, & ne jugérent plus, fuivant le rapport des Defer-teurs, l'attaque praticable, fe contentant de venir fe pofter à une diftance de trois quarts d'heure dudit vieux Retranchement, fans ofer mordre à l'Armée de VV. HH. PP dans fon nouveau pofte, après l'avoir reconnu. Cependant ils fe rendirent maîtres de la Ville de Liège, & fe difpofoient à

at-

attaquer la Citadelle, où le Feldt-Maréchal avoit trouvé à propos d'envoyer encore un Bataillon de fon Armée, favoir celui du Colonel Ripperda, avec le Brigadier Zietes pour y commander. Le mauvais état des
Fortifications de cette Citadelle ne permit pas d'en efpérer une longue
défenfe; & après cette conquête les Ennemis auroient eu une occafion
très-favorable de fe pofter furement fous Maftricht, de couper par-là
l'Armée de VV. HH. PP. & de la mettre hors d'état de couvrir & de
défendre le Pays, fi le deffein échoué fur la Mofelle, n'avoit obligé
l'Armée du Duc de Marlboroug de faire une marche affez diligente pour
arriver à tems fur la Meufe.

Il eft à remarquer ici que ce fut un grand bonheur de ce que l'Ennemi s'attacha à Huy. S'il avoit attaqué auparavant l'Armée de VV.
HH. PP. elle auroit été indubitablement défaite. On lui avoit cependant rendu ce deffein fort facile, parce que l'Armée de l'Etat avoit
ordre de tirer le fourage pour la Cavalerie & les autres Chevaux du
Magazin de Maftricht, & que dès qu'il fut entiérement épuifé, la néceffité exigea de faire livrer par le Diftrict appartenant à l'Etat aux environs de Maftricht des rations pour onze jours. Cela étant confumé
auffi, on fouragea deux fois au-delà du Becker entre Maftricht & Ton-
geren, par où ce terrain fut pareillement ravagé. D'un autre côté on
laiffa toutes les herbes vertes dans les champs entre Liège & le vieux
Retranchement de l'Armée de VV. HH. PP. à la difpofition & au bon
plaifir de l'Ennemi, à qui l'on donna par-là occafion de venir fe camper fi près de ce Pofte, & de mettre fes Gardes pour couvrir les Fourageurs jufques dans, ou du moins devant ce vieux Retranchement: ce
qui non feulement lui fournit de la fubfiftance, mais fit auffi enfuite
crever quantité de Chevaux de la Cavalerie de l'Etat, parce qu'ils n'a-
voient pas eu l'herbe à tems pour les purger & les rafraîchir; & lorsqu'après cela on fe mit en marche pour paffer la Meufe conjointement
avec le Duc de Marlboroug, on fut obligé d'entretenir les Chevaux de
blé & d'autre mauvais fourage.

Le Souffigné croit felon fon foible jugement, que le fervice de VV.
HH. PP. & la fureté du Pays exigeoient qu'on confervât le Magazin de
Maftricht jufqu'à ce qu'on en eût un extrême befoin; & que pour ôter
toute fubfiftance à l'Ennemi, & pour l'empêcher de fonger à d'autres
entreprifes confidérables, à la ruïne & au defavantage du Pays, comme
auffi pour prévenir la néceffité d'exiger des rations des Sujets de l'Etat,
comme cela s'eft fait, on auroit dû avant tout faire couper les herbes
& autres fourages depuis Huy jufqu'à Liège, & de-là jufqu'au Camp des
Ennemis, pour en faire jouïr l'Armée de VV. HH. PP. & conferver
leur Cavalerie.

A la feconde marche de la Meufe, les Armées des Alliez affirent leurs
Camps de la manière fuivante. Le Duc de Marlboroug prit fon Quartier-Général à Oel, & les Troupes qu'il commandoit campérent le long
des Moulins de Quarem jufqu'à Landen. Le Quartier-Général de

AFFAI-
RES DES
PROVIN-
CES PAR-
TICULIE-
RES.

Mr. d'Ouwerkerck étoit à Turine, & la gauche de son Armée s'étendoit jusqu'à Méhaigne. C'est là que les deux Armées restérent pendant quelques jours. Un samedi Mr. van Oyen vint avertir le Soussigné, que Mr. le Duc de Marlboroug souhaitoit qu'il vînt lui parler le lendemain dans son Quartier, ce qu'ayant exécuté, ledit Duc lui dit que Huy ne pouvoit tenir plus longtems, & lui demanda s'il n'y avoit pas moyen d'entreprendre quelque chose contre les Lignes des Ennemis ? Sur quoi le Soussigné répondit, que comme les Ennemis s'y étoient retirez, il falloit les en tirer par un stratagême, jugeant que son projet proposé au mois de Septembre 1703, seroit encore praticable dans cette occasion, savoir d'amuser l'Ennemi du côté de Wossele, & de tâcher d'entrer par surprise dans les Lignes à Hillesheim ou aux environs : que le point principal étoit de percer les Lignes en cet endroit-là, puisque quand on auroit passé la Geete on pourroit aisément se rendre maitre de la Riviere appellée la grande Jausse, qui n'est éloignée de Tienen que d'une heure de chemin ; & que lorsqu'on auroit passé cette Riviére & pris ce poste, on pourroit couper l'Ennemi de Brabant.

Après la prise de Huy Mr. le Duc de Marlboroug entreprit ce dessein, sans en parler ultérieurement au Soussigné ; mais sur des rapports, comme on a appris depuis par des Officiers du Régiment du Colonel Chanclos, que les Postes de Hillesheim & Nederhespen étoient fort foiblement gardez, il fut proposé par Mrs. les Députez à l'Armée dans un Conseil de Guerre tenu par les Généraux de l'Armée de Mr. d'Ouwerkerck, de passer la Méhaigne au-delà de Palais, ce qui fut exécuté le 17. de Juillet, sans qu'on nous donnât la moindre connoissance sur quels avis, ni où ce dessein devoit être entrepris.

Vers le soir du même jour, l'Armée passa la Méhaigne au-delà de Turine, & marcha toute la nuit, suivant celle du Duc de Marlboroug ; mais les Troupes de VV. HH. PP. manquant de bons Guides, la confusion se mit parmi elles durant la nuit. Le lendemain, ayant laissé Landen à notre droite, nous arrivames vis-à-vis d'Hillesheim, tout proche de Nederhespen, où l'Ajudant du Feldt-Maréchal Mr. de Wassenaer vint nous raporter, que l'Avant-garde de Mr. le Duc de Marlboroug avoit forcé la barriére des Lignes ennemies à Nederhespen. Sur quoi l'Infanterie sous Mr. d'Ouwerkerck continua sa marche en toute diligence, & y étant venus nous y trouvames encore l'Infanterie de la grande Armée, vu qu'il n'y avoit pour chaque Ligne qu'un seul Pont, & que la Cavalerie étoit occupée à passer. Mr. d'Ouwerkerck, prenant avec lui quelques Escadrons, que nous devions laisser aller devant, passa & avança dans les Lignes jusqu'auprès du Duc. En attendant, le Soussigné avoit prié le Lieutenant-Général Dedem de faire faire encore quelques Ponts des poutres & planches des maisons qui se trouvoient en dedans des Lignes, afin de faire passer la Geete à l'Infanterie ; ce qu'il fit exécuter avec une diligence si extraordinaire, que l'Infanterie entra très subitement dans les Lignes.

A

A notre arrivée, les Ennemis firent une courte, mais vigoureuse réfistance, se battant toujours en retraite & avec beaucoup de confusion; ce que le Soussigné voyant, il se rendit d'abord auprès du Duc de Marlboroug, pour le féliciter de cette heureuse entrée dans les Lignes, & lui représenter en même tems la nécessité du passage de la Riviére de Jausse, afin de prévenir l'Ennemi & de gagner la Digue. Mr. le Duc remercia le Soussigné, & lui répondit qu'il approuvoit cet avis, & qu'il étoit tout résolu de le suivre; mais que le Soussigné devoit y disposer aussi les autres Généraux. Sur cela je me rendis chez Mr. d'Ouwerkerck, auprès duquel je trouvai le Lieutenant-Général Dopf. Leur ayant représenté la nécessité de ce que ci-dessus, & en même tems annoncé la résolution de Mr. le Duc de Marlboroug, le Lieutenant-Général Dopf parla avant le Feldt-Maréchal, & dit au Soussigné: Que l'Infanterie étoit trop fatiguée, & que les Ponts sur la Jausse ne pouvoient pas être si-tôt prêts. Sur quoi je lui repliquai que ce n'étoit pas à lui d'examiner à quel point l'Infanterie étoit fatiguée, mais que c'étoit mon poste d'en avoir soin puisque j'en étois Général; que les Ponts regardoient sa fonction comme Quartier-Maitre-Général, à quoi j'aurois fourni assez de monde, outre les Charpentiers & leurs suppôts; mais je ne pus les obtenir, & le Feldt-Maréchal commença ensuite lui-même à faire des difficultés là-dessus, apparemment par l'induction de Dopf. Là-dessus le Soussigné alla chercher les Seigneurs Députez à l'Armée, & ne pouvant trouver que Mr. d'Ulenpas, il le pria de vouloir par son autorité & celle de LL NN.PP. faire en sorte que rien ne fût négligé dans cette importante affaire pour gagner la Digue, & prévenir en cela l'Ennemi; puisque tout le bonheur ou le malheur des Armes de VV. HH. PP. & des Hauts Alliez, & principalement la sureté de la République en dépendoient absolument. Mais toutes les représentations du Soussigné furent inutiles, aussi bien que les tentatives que firent d'autres Généraux à ce sujet.

L'Armée sous Mr. d'Ouwerkerck au lieu d'avancer, recula vers le soir, sans passer la Jausse; mais celle du Duc de Marlboroug la passa l'après-midi, & ne fit qu'un seul Pont: la prémiére Ligne, le Bagage & l'Artillerie marchérent par la Ville de Thienen, & la seconde passa sur ledit Pont en-deçà de la Ville.

L'Armée sous Mr. d'Ouwerkerck se mit en marche le lendemain à 9 ou 10 heures, & le Duc de Marlboroug l'attendoit avec la sienne; ce qui donna à l'Ennemi assez de tems pendant la nuit & le lendemain pour les prévenir & passer la Digue. L'Armée de VV. HH. PP. n'arriva que vers le soir dans son Camp à Diepbeeck, & le Duc à Vlierbeeck devant Louvain; de sorte que ce n'est pas Mr. le Duc de Marlboroug, mais le le Lieutenant-Général Dopf & d'autres qui sont cause que l'occasion que nous avions de nous rendre maîtres d'une grande partie du Brabant, avoit été négligée. Le Soussigné n'a pas osé détailler tout ceci dans sa Lettre du 3 Août à Mr. le Conseiller Pensionnaire Heinsius, ni dans celle du 9 du même mois à Mr. le Greffier Fagel. Il n'a pas non plus osé dé-

mon-

AFFAI
RES DES
PROVIN-
CES PAR-
TICULI-
RES.

AFFAI-
RES DES
PROVIN-
CES PAR-
TICULIE-
RES.

montrer que l'entreprife à Nederyfch & Corbay le 30 Juillet n'avoit
pareillement pas été foutenue. Les raifons qui l'ont retenu, font d'un
côté, qu'il efpéroit que VV. HH. PP. feroient examiner une affaire
de fi grande importance, & qu'Elles voudroieut bien écouter leurs
Généraux là-deffus; & de l'autre, qu'il craignoit de déplaire à VV.
HH. PP. en nommant les perfonnes fans leur ordre ou leur approbation.

Ainfi pour éviter tous rapports desagréables, il pria Mr. le Confeiller-Penfionnaire par fa Lettre du 3 Août, de vouloir l'affifter de
fes fages confeils, afin de fe bien conduire dans cette occafion, & dans
de pareilles qui pourroient furvenir dans la fuite. Mais Mr. le Penfionnaire ne jugea pas à propos de lui accorder fa demande, comme
VV. HH. PP. le verront par fa réponfe ci-jointe fous N°. 1.

Ce ne fut que neuf jours après avoir reçu cette réponfe que le Souffigné écrivit à Mr. le Greffier, qui lui répondit, que fa Lettre avoit
été lue par VV. HH. PP. mais qu'Elles n'avoient rien ordonné là-
deffus, fans y ajouter le moindre confeil fur quoi il pût fe régler; ce
qui cependant auroit été très-néceffaire, comme il le peut faire voir
fi LL. HH. PP. l'ordonnent.

Le Souffigné a été d'autant plus furpris de n'avoir point reçu de
réponfe de Mr. le Confeiller-Penfionnaire fur une affaire de fi grande conféquence, que plufieurs Seigneurs de la Régence l'avoient prié
avant le commencement de la Campagne, de concerter tout en toutes rencontres avec Mr. le Penfionnaire, & de fuivre exactement fes
confeils: ce qui lui avoit été recommandé en particulier par Mr. le
Bourguemaître Witzen au nom de la Régence d'Amfterdam, qui en
avoit auffi parlé avec Mr. le Confeiller-Penfionnaire.

Peu après le même Bourguemaître dit au Souffigné, que Mr. le
Penfionnaire lui avoit promis de fe prêter à ce concert, & que je me
vois aller l'en remercier: ce qu'ayant fait, ce Miniftre me le promit
encore, & la même chofe me fut affurée & confirmée enfuite par Mr.
van der Duffen Bourguemaître & Penfionnaire de la Ville de Gouda.

Comme par la Lettre ci-deffus mentionnée du 9 d'Août à Mr. le
Greffier Fagel, à laquelle le Souffigné fe rapporte, il a rendu compte de
ce qui s'étoit paffé le 12 Juillet à Nederyfch & Corbay, & que cette
entreprife s'étoit faite de l'avis de Mr. le Duc de Marlboroug, il ne peut
pas non plus cacher à VV. HH. PP. & croit qu'il eft de fon devoir de
leur notifier auffi, que fe trouvant malade au lit dans le mois de Septembre à Landen, le Lieutenant-Général Hompefch lui avoit dit que
les Lieutenans-Généraux Comte d'Albemarle & Dopf avoient détourné
directement ou indirectement Mr. le Duc de Marlboroug de pourfuivre l'entreprife, qui avoit eu plus de fuccès qu'on n'en avoit attendu: ce
que le Souffigné fit d'abord après entendre au Lieutenant-Général Dopf,
en préfence de plufieurs Généraux qui fe trouvoient autour de fon
lit: & au retour du Comte d'Albemarle, qui étoit alors à Aix-
la-

là-Chapelle, il lui raconta pareillement cet entretien, fans que depuis ni l'un ni l'autre ait retouché cette corde. Mais le Lieutenant-Général Hompefch vint chez le Souffigné avant qu'il eût encore vu & parlé au Comte d'Albemarle, pour tâcher de donner un autre tour à fon précédent difcours, en difant que ces deux Lieutenans-Généraux n'avoient pas parlé fur ce ton-là à Mr. le Duc de Marlboroug, mais que l'ayant joint, lui Hompefch, entre Corbai & Nederyfche, ils lui avoient dit qu'ils alloient notifier à Mr. le Feldt-Maréchal de la part du Duc, que le Lieutenant-Général Oxenftiern ne pouvoit pas paffer à Corbai; de forte qu'au dire du Lieutenant-Général Hompefch, ils devoient pourtant avoir induit le Duc à ne point foutenir l'entreprife, ce que Mr. de Hompefch ne pourra pas raifonnablement desavouer, non plus que d'avoir déconfeillé lui-même la pourfuite de cet heureux fuccès. D'ailleurs, le Souffigné eft toujours prêt à appuyer par ferment, que le Comte de Hompefch lui a dit ce que ci-deffus en tels ou autres termes équivalens; en forte que fur ce pied-là, on ne pourroit pas accufer Mr. le Duc d'être caufe que cette entreprife n'a pas été foutenue.

L'Armée fous Mr. d'Ouwerkerck ayant marché le 30 Juillet à Boffu, l'Infanterie, quoique le Camp eût été changé par trois fois, fe trouva fi ferrée, qu'il auroit été impoffible de la ranger en ordre de bataille, fi les circonftances l'avoient exigé. Le Souffigné eut beau faire des repréfentations là-deffus, il ne put jamais obtenir qu'on y remédiât.

Nous partimes de-là le 15. d'Août, & allames camper à St. Martin & St. Vincent, quelques Régimens d'Infanterie n'ayant point eu de pain pendant fix jours, d'autres pendant cinq jours, & la difette étant fi grande dans l'Armée, que plufieurs Officiers en manquoient eux-mêmes. Ce qui eft encore arrivé depuis plufieurs fois.

Si VV. HH. PP. en veulent examiner la caufe, elles trouveront que les Chariots & Charettes ordonnées de divers endroits, s'en étoient rachetées, comme le Souffigné en a été bien informé. Une bonne partie en avoit auffi été arrêtée par le Colonel Labadie, qui a commandé cet Eté à Roermonde; outre qu'apparemment plufieurs avoient pris une autre route vers les Places de leur domicile.

Le 16. l'Armée marcha à Genappe, par divers ruiffeaux fans qu'on y eût fait faire des Ponts, par des hayes & des bosquets, fans trouver d'ouverture, & par monts & vallées, quoiqu'on eût donné au Quartier-Maître-Général plus de Pionniers qu'il n'en faloit pour préparer les chemins & ouvrir les paffages.

Le 17. l'Armée marcha à Braine-la-Lieu, où l'Infanterie ne trouva pas non plus d'ouverture pour entrer dans fon Camp; & le Souffigné fut obligé de faire alte jusqu'à ce qu'elle fût faite. Tout le Piquet de l'Infanterie fous Mr. d'Ouwerkerck fut tiré de ce Camp de Braine-la-Lieu, & mis fous le commandement du Lieutenant-Général Dompré, pour attaquer à Watelo le Brigadier Jacob, fans en donner la moindre connoiffance au Souffigné, comme prémier Général d'Infanterie, à l'infu

Bb 3

AFFAIRES DES PROVINCES PARTICULIERES.

fu

AFFAI-
RES DES
PROVIN-
CES PAR-
TICULIE-
RES.
fu duquel aucun Détachement ne peut ni ne fe doit faire, en vertu des Réglemens de VV. HH. PP. & du Conseil d'Etat, principalement lors-qu'il n'y a point *periculum in mora*.

Le 18. à minuit, ou une heure après, le Souffigné reçut ordre par un Ajudant de Mr. le Feldt-Maréchal, de marcher le lendemain tout droit en fuivant l'Infanterie de Mr. le Duc de Marlboroug, fans favoir où l'on avoit deffein d'aller. Etant venu jufqu'à un moulin fitué fur la Hulpe, il trouva le défilé occupé par le Bagage, ce qui arrêta l'Armée jufqu'à ce qu'il fut paffé. Après quoi le paffage fut fi difficile, qu'on eut toutes les peines du monde à défiler. Si l'on avoit fait faire des Ponts à quelque diftance de-là à la droite, l'Armée auroit pu paffer auffi commodément que les Vivandiers, qui avoient eu cette précaution.

Mais elle marcha par des bosquets, des chemins creux, des hayes &c. & l'Avant-garde de la première Ligne de l'Infanterie arriva enfin vis-à-vis du Village & Château d'Overyfch à dix heures du matin; mais ce ne fut qu'après midi que l'Arriére-garde de la Cavalerie put y venir.

Après le paffage de la Hulpe, Mr. le Feldt-Maréchal prit les devans & fe rendit chez le Duc de Marlboroug, fans que le Souffigné le revît, ni fans qu'il eût en attendant le moindre ordre ou connoiffance de quelque deffein, jufqu'à ce qu'enfin à 6. heures du foir il lui fut ordonné de venir auprès de LL. NN. PP. les Seigneurs Députez à l'Armée, qu'il trouva chez Mr. le Duc de Marlboroug avec le Feldt-Maréchal.

Ce fut-là que Meffeigneurs les Députez dirent au Souffigné, qu'on a-voit réfolu d'attaquer quatre Poftes de l'Ennemi, à quoi il répondit, qu'il exécuteroit avec tout le refpect imaginable tout ce qu'ils lui or-donneroient: mais comme ils lui demandérent fon avis là-deffus, il s'excufa fur ce que ne fachant pas le plan qu'on avoit formé, & ne connoif-fant aucun de ces Poftes que celui d'Overyfch, il ne pouvoit pas dire fi ces Poftes étoient attaquables, & cette entreprife exécutable ou non Quelque tems après on fit appeller les autres Généraux, qui fur la même propofition répondirent à peu près la même chofe.

Sur quelques expreffions vives du Duc de Marlboroug en préfence des Palfreniers & Valets qui tenoient les Chevaux de leurs Maitres, comme auffi d'un grand nombre d'Officiers, & fur les ordres preffans de Meffei-gneurs les Députez aux Généraux de dire leur fentiment, le Souffi-gné dit enfin publiquement & tout haut, que le jour étoit fur fon dé-clin, qu'il voyoit bien qu'on n'avoit pas deffein d'attaquer l'Ennemi, & que cette propofition n'étoit qu'un ftratagême, pour avoir une échappa-toire afin de pouvoir rejetter toute la faute fur les Généraux de VV. HH. PP. fervans dans l'Armée de Mr. d'Ouwerkerck.

Nonobftant ces remontrances bien fondées, LL. NN. PP. trouvé-rent à propos de forcer lesdits Généraux, même par des menaces, de porter des plaintes à VV. HH. PP. contre tous ceux qui refuferoient de dire leur fentiment, ce qui les obligea d'obéïr; mais n'ayant vu de
tous

tous les quatre Poftes qu'on prétendoit attaquer que celui d'Overyfch, Affaires des
Provin-
ces Par-
ticulie-
res.
ils ne donnérent auffi leur avis que par rapport à celui ci. Il n'y eut que
le Général Salifch qui donna un avis fort ample, compris dans la Lettre
de LL. NN. PP. à Mr. le Greffier Fagel en date du 20. Août. Le
Souffigné n'étant pas au fait de ce Projet, perfifta de ne pouvoir dire fon
fentiment qu'à l'égard du feul Pofte d'Overyfch, & qu'on n'avoit pas
intention d'attaquer l'Ennemi : ce qu'il pouvoit avancer avec d'autant
plus de fondement, que Mr. Churchil étoit déja, avant que les Généraux fuffent appellez, revenu avec l'Avant garde du Détachement qu'il
commandoit, dans la Plaine derriére la Ligne de l'Armée, où le Lieutenant-Général Bulow, qui commandoit la Cavalerie de ce Détachement,
fe trouva auffi.

Après quelques difcours particuliers entre LL. NN. PP. le Duc & le
Feldt-Maréchal, les prémiers trouvérent à propos d'ordonner que le
Souffigné, conjointement avec les Généraux de Tilly, Noyelles & Salifch,
allaffent reconnoître les autres Poftes ; à quoi trouvant de la difficulté, je
demandai que les Généraux de l'Armée du Duc de Marlboroug y vinffent
avec nous : & je repréfentai de plus qu'il étoit trop tard ; mais malgré
cela il falut obéïr : le feul Comte de Noyelles en fut difpenfé, fur ce qu'il
dit qu'il avoit déja vu lesdits Poftes. Nous allames donc à cheval jufqu'à
Hollenberg, où étant arrivés la nuit nous furprit, & nous ne pumes aller plus loin.

De forte qu'ayant vu environ la troifième partie du terrain qu'on prétendoit attaquer, nous fumes obligez de revenir fur nos pas. En chemin faifant le Duc de Marlboroug nous paffa à cheval, fans nous demander comment nous avions trouvé les chofes, & même fans nous parler.
Au retour, nous fimes rapport à Mr. le Feldt-Maréchal que nous trouvames déja au lit ; & ayant envoyé au quartier des Seigneurs Députez, nous apprimes qu'ils étoient auffi déja couchez, de forte
que nous ne pumes leur faire rapport. Pendant toute la nuit, ni
le lendemain, on ne nous parla plus de l'attaque de l'Ennemi, &
l'on ne tint aucune délibération là-deffus ; mais les Armées alliées levérent le camp à quatre heures après-midi, & allérent camper à Waveren.

Il paroit donc par tout ceci, que LL. NN. PP. & le Feldt-Maréchal
avoient déja conclu, fans connoiffance du Souffigné, & avant que les
Généraux euffent vu d'autres Poftes que celui d'Overyfch, de ne point
attaquer l'Ennemi ; ce qui eft encore confirmé & clairement démontré
par la Lettre du Feldt-Maréchal à Mr. le Greffier Fagel de Waveren du
20. Août, fous No. 2. où il plaîra à VV. HH. PP. de remarquer, que le
Général Churchil n'avoit pu percer le Bois de Soignies avec fon Détachement à caufe des abatis, & que pour cette raifon ayant été contremandé, il étoit revenu à l'Armée vers le foir. On ne peut pas desavouer
non plus, que le Lieutenant-Général Bulow, qui commandoit la Cavalerie dudit Détachement, ne fût auffi déja revenu au Camp avant que les
Géné-

AFFAI-
RES DES
PROVIN-
CES PAR-
TICULIE-
RES.

Généraux de l'Armée de Mr. d'Ouwerkerck fussent appellez pour donner leur avis.

Qu'outre cela plusieurs Généraux de mérite de l'Armée du Duc de Marlboroug, avoient déja déclaré auparavant, que l'entreprise n'étoit pas faisable, & que c'étoit la raison pourquoi le Comte de Noyelles, qui connoissoit le terrain, avoit refusé de l'aller reconnoître avec lesdits Généraux.

Le reste de la Lettre du Feldt-Maréchal prouve la chose d'une maniére encore plus convaincante & incontestable. Car il y dit en termes exprès : ,, Le jour de nôtre arrivée nos Généraux ont été jusqu'à deux ,, fois reconnoître d'un bout à l'autre tous les Postes & Places où l'on au- ,, roit dû attaquer; & les ayant trouvez de si difficile accès, qu'ils juge- ,, rent par un rapport unanime que l'entreprise n'étoit pas faisable, il a ,, été résolu de lever le Camp, ce qui se fit hièr."

Comme donc lesdits trois Généraux n'ont vu le terrain que jusqu'à Hollenberg, où ils ne furent envoyez que vers la nuit, qui les empêcha d'aller plus loin, & que le Feldt-Maréchal dit, que les Généraux avoient été reconnoître les Postes *d'un bout à l'autre jusqu'à deux fois*, & qu'ayant trouvé la chose impraticable, il avoit été résolu de décamper, comme on le fit.

Il paroit évidemment par-là que cette résolution étoit déja prise avant que le Soussigné fût appellé par ordre de LL. NN. PP. pour lui faire part du dessein qu'on avoit formé d'attaquer quatre Postes, savoir le prémier à Overysch, le second entre Hollenberg & Overysch, le troisième à Hollenberg, & le quatrième à Nederysch : outre que Mr. Churchil avoit déja été contremandé long-tems auparavant, & que son Avant-garde étoit arrivée à l'Armée avant qu'on fît au Soussigné la moindre ouverture de l'entreprise qu'on méditoit ; mais il paroit informé que les Lieutenans-Généraux d'Albemarle & Dopf, qui avoient vu tous les Postes, avoient été avant lui chez le Feldt-Maréchal, & avoient apparemment contribué à prendre ces mesures. Il est aussi vraisemblable que le Général Salisch en avoit pareillement eu connoissance, mais le Soussigné ne sauroit dire jusqu'où il en avoit été informé.

La vérité de tout ce que ci-dessus conste encore par les paroles suivantes de la Lettre de Messeigneurs les Députez à l'Armée : ,, Car nous ,, trouvâmes, outre l'exposition de trois Généraux qui ont reconnu le ,, terrain, qu'il n'étoit pas propre à y passer avec la Cavalerie, que les ,, Retranchemens des Ennemis étoient de très-difficile accès, & toute ,, leur Armée si avantageusement postée pour les couvrir & pour nous ,, bien recevoir, que nous jugeâmes ne devoir faire aucune tentative ,, pour les attaquer, avant d'avoir écouté là-dessus l'avis de Mr. d'Ou- ,, werkerck & des autres Généraux & Lieutenans-Généraux, & nous les ,, avons trouvés tous, excepté Mr. d'Ouwerkerck, d'un sentiment una- ,, nime."

Le Soussigné se rapporte à l'égard de cet avis à la teneur de cette même

Affai-
res des
Provin-
ces Par-
ticulie-
res.

me Lettre, & se contente de faire remarquer, pour confirmation de ce que dessus, que LL. NN. PP. par les paroles, *Car nous trouvames outre l'expofition de trois Généraux*, ont trouvé Elles-mêmes la chose impraticable fans les trois Généraux.

Mais les bruits calomnieux que d'infignes & infames Diffamateurs ont répandu parmi quelques Membres de la Régence, tant au dedans qu'au dehors du Pays, & même dans des Cours Etrangéres, comme si le Souffigné étoit la caufe que l'Ennemi n'eût pas été attaqué dans ce tems-là, outre plufieurs autres faufetés dont on l'accufe, & entre autres d'avoir entretenu correfpondance avec l'Electeur de Baviére, l'obligent de repréfenter à VV. HH. PP. très-humblement & en forme de plaintes, fauf pourtant tout le refpect dû à Meffeigneurs les Députez, que dans tous les points fpécifiez ci-après, la Lettre de LL. NN. PP. eft entièrement abufive & peu conforme à l'exacte vérité, à moins qu'Elles ne veuillent parler d'autres Généraux, qu'il les prie très-humblement, en ce cas, de vouloir nommer.

Tel eft 1. Que fur le rapport de trois Généraux, favoir du Souffigné, de Tilly & Salifch, on avoit tenu un Confeil de Guerre, où le fentiment des autres Généraux fervans dans l'Armée de Mr. d'Ouwerkerck avoit été écouté fur ledit rapport.

2. Que tous les Généraux avoient été d'un fentiment unanime fur les paroles y fpécifiées, excepté Mr. d'Ouwerkerck. Or le Souffigné ne fe fouvient pas que perfonne que le Général Salifch ait d'abord dit fon fentiment; ce dont VV. HH. PP. découvriront la vérité, en demandant qu'on nomme les Généraux.

3. Que le Duc de Marlborough & Mr. d'Ouwerkerck avoient bien cru l'entreprife praticable; mais que LL. NN. PP. n'avoient pu fe réfoudre à donner leur confentement à une affaire de fi grande importance contre le fentiment de tous les Généraux d'une Armée, à laquelle Elles affiftoient comme Députez.

Il ne paroit pas moins incompréhenfible au Souffigné que Mr. d'Ouwerkerck, s'il avoit jugé la chofe faifable, n'en eût jamais ouvert la bouche en préfence desdits Généraux. Bien loin de-là, il dit que l'entreprife étoit difficile, ce qu'il réïtéra en particulier au Souffigné, qui offre de l'appuyer par ferment toutes les fois que VV. HH. PP. le demanderont.

Une preuve convaincante de cette vérité, c'eft que le Lieutenant-Général van Oyen a dit au Souffigné ici à la Haye, il y a quelques jours, qu'étant allé, quelques heures avant que les Généraux fuffent appellez, par ordre de LL. NN. PP. vers le Village de Hollenberg, pour y reconnoître le terrain, il avoit rencontré en retournant Mr. d'Ouwerkerck, qui lui avoit demandé en quelle fituation il avoit trouvé les chofes; fur quoi ayant répondu, que la Cavalerie n'y pouvoit pas paffer, Mr. d'Ouwerkerck avoit repliqué, *que l'entreprife n'étoit pas praticable*. C'eft ce que VV. HH. PP. trouveront fondé, quand il leur plaîra d'écouter là-deffus Mr. van Oyen fous ferment.

Tom XIV.   C c   Mr.

AFFAI-
RES DES
PROVIN-
CES PAR-
TICULIE-
RES.

Mr. de Heekere Wickers, Député à l'Affemblée de VV. HH. PP. &
Mr. de Ripperda, Gentilhomme de Groningue, comme auffi Mr. le
Confeiller Dorp, pourront attefter, & ne fauroient refufer de le faire,
fi VV. HH. PP. le jugent à propos, que le Souffigné fe trouvant avec
eux ici à la Haye dans le vieux Doele, & lifant à Mr. de Schaegen ladite Lettre de LL. NN. PP. il déclara les fusdits Articles abufifs, ce que
Mr. de Schaegen avoua, auffi-bien que ce qui s'étoit paffé dans l'Armée
de Mr. d'Ouwerkerck, lorsqu'elle campa au mois de Septembre devant Landen. Le Souffigné fe trouvant alors au lit attaqué de fiévre,
quelques Généraux, & enfuite LL. NN. PP. Meffeigneurs les Députez
vinrent lui communiquer un Plan par écrit, ci-joint fous No. 4. pour
fortifier Thienen & Dieft, afin de couvrir les Quartiers d'hiver, & les
mettre en état de pouvoir foutenir un fiège de 8. à 10. jours, pour laquelle fin on vouloit auffi mettre en état de défenfe Haffelt, Haalen,
Herck, St. Tron, Beringen, Bilfen, Borgloon & Brey.

Le Souffigné ne pouvant approuver ce Plan, fur-tout par rapport à
Thienen & Dieft, repréfenta l'impoffibilité qu'il y avoit d'y réuffir, par
le peu de tems, le mauvais état, & le terrain desavantageux de ces deux
Places : Que c'étoit argent perdu ; & que pour les mettre dans l'état
qu'on fe propofoit, il faloit plus d'un an de tems : Que plufieurs des autres Places ne pouvoient pareillement être fi-tôt mifes hors d'infulte.

Que Thienen n'étoit qu'à 3. heures, & Dieft à 4. de Louvain : Qu'il faloit une Armée fuffifante pour couvrir les Travailleurs &
les Garnifons, jufqu'à ce que ces Places fuffent mifes en état de défenfe :
Qu'aucune Armée n'y pouvoit fubfifter, parce que tout le Pays d'alentour étoit faccagé & ruïné, & que les Garnifons, fans être couvertes d'u-
ne bonne Armée, couroient un risque extrême d'être enlevées ; outre
quantité d'autres raifons dont le Souffigné ne veut pas fatiguer VV. HH.
PP. Malgré tout cela, on abandonna Thienen à fon infu, & l'on commença à fortifier Dieft. En vérité il me femble qu'on n'auroit pas dû
propofer à VV. HH. PP. des chofes qui n'étoient pas praticables en fi
peu de tems.

Il en arriva à l'égard de Dieft, au grand regret du Souffigné, comme
il l'avoit prédit.

Mardi on tint, à ce que le Souffigné a appris, un Confeil de Guerre
dans l'Armée, pour délibérer fi l'on tireroit la Garnifon de Dieft ; & le
dimanche d'auparavant, à 3. heures après midi, la Ville avoit déja été
prife par les Ennemis. On y a perdu 4. Régimens d'Infanterie & un de
Dragons, outre les fraix.

Le Souffigné ayant été obligé par fa maladie de fe faire tranfporter fur
un brancard de Landen à Maftricht, après avoir vu par les Projets ci-
deffus mentionnez, qu'on ne pouvoit plus rien entreprendre de confidérable, il fe contentera de dire à VV. HH. PP. qu'en examinant bien
les chofes, Elles trouveront une entiére négligence dans leur Armée, &
une mauvaife conduite, foit en campant, marchant, ou fourageant, tant
avant

avant qu'après le départ du Souffigné de l'Armée de Mr. d'Ouwerkerck, ce qu'il pourra démontrer toutes les fois qu'on voudra l'entendre; & que c'eft manque de pain, de foin & de vigilance, que l'Armée de VV. HH. PP. eft diminuée en hommes & en chevaux.
    Le Souffigné efpére que VV. HH. PP. ne trouveront pas mauvais, qu'il leur repréfente en même tems avec un profond refpeél, qu'en l'Année 1703, après la prife de Huy, l'Armée étant venue camper près de Hannuyville & Vil-le-Begine, il fe tint un Confeil de Guerre par ordre de Meffeigneurs les Députez de ce tems-là, favoir Mrs. de Randwyck, Witfen, Aylua, Renswoude, Almélo & Hop, où fur la propofition d'attaquer les Lignes de l'Ennemi à Wafege, Mierdo & Orp-le-Petit, le Souffigné feul propofa, en préfence de LL. NN. PP. du Duc de Marlboroug & du Feldt-Maréchal, un autre Projet, qui étoit de faire mine de vouloir attaquer ces Poftes, pour tromper les Ennemis, & de percer pendant ce tems-là avec un Détachement de 6000. hommes de Cavalerie & 6000. d'Infanterie leurs Lignes à Hillesheim, ou aux environs. Cette propofition ayant été goûtée, & lui Souffigné ayant prié d'en parler au Lieutenant-Général Dopf, comme Quartier-Maitre-Général, pour voir fi fa mémoire ne le trompoit point, & pour être fûr qu'il ne s'abufoit pas par rapport à Geete & aux Chemins creux, on fit venir Mr. Dopf, qui après avoir entendu le deffein, y contredit fur le champ, difant que les bords de cette Riviére étoient trop hauts pour pouvoir la paffer, & que la chofe n'étoit pas praticable, ce qui vraifemblablement fit changer le Duc de Marlboroug d'avis; car il fut réfolu qu'on ne l'entreprendroit pas, & on laiffa tomber ce Projet.
    Cette propofition du Souffigné fut connue à l'Ennemi deux heures après, comme Meffeigneurs les Députez le manderent alors à VV. HH. PP.
    A préfent le Souffigné va faire voir à VV. HH. PP. que l'année fuivante, fur une Réfolution du Confeil de Guerre, le Brigadier Trogné, à la tête de 5. à 6000. hommes, prit pofte le 14. Juillet, fans la moindre difficulté, dans le Camp de Marfin à Hillesheim, mais qu'il ne fut pas foutenu: ce qui prouve indifputablement de deux chofes l'une, ou l'ignorance du Lieutenant-Général Dopf par rapport au terrain, ou fa mauvaife volonté pour le fervice du Pays.
    Sur-tout fi l'on y ajoute, que le 27. & le 30. Mai de la même année 1704. il fut arrêté dans deux Confeils de Guerre confécutifs, tenus dans le Camp de Loon, Article 4. qu'on devoit marcher & tâcher d'entrer dans les Lignes des Ennemis à Mirdo ou Wafege, & Article 7. que pour cette fin on devoit fe mettre en marche le 1. de Juin: réfolu le 30. Mai, fuivant les Copies ci-jointes fous No. 5. & 6.
    Que là-deffus l'Armée s'étant mife en marche, elle vit en chemin faifant paffer les Ennemis en grande diligence fur la Secker ou Jarn, pour aller camper à Tongeren; & que ces derniers, fur l'avis de l'approche de l'Armée de Mr. d'Ouwerkerck, ayant fait après une cour-

AFFAI-
RES DES
PROVIN-
CES PAR-
TICULIE-
RES.

te alte une contremarche, l'Armée du Pays resta cette nuit campée à Linn & Ramnecourt, & l'Ennemi près des Moulins de Quarem. Le lendemain, 2. Juin, l'Armée de l'Etat leva le Camp & marcha vers Turinne, laissant le Village à sa droite, pour passer au-delà de la source de la Riviére de Jarn & gagner la Plaine. Y étant arrivée Mr. d'Ouwerkerck fut averti que les Ennemis étoient fort disperfez par les contremarches fatiguantes qu'ils avoient été obligez de faire : ce qui le porta à ordonner au Lieutenant-Général Dopf, d'attaquer avec environ 40. Escadrons de l'élite de la Cavalerie l'Arriére-garde des Ennemis, dans l'espérance de les pouvoir amuser jusqu'à ce qu'il pût approcher avec l'Armée pour les combattre ; mais c'est ce que le Lieutenant-Général n'exécuta pas. Ensuite, sur le rapport du Major del Vaux, & de quelques gens du Pays, qu'il n'y avoit pas encore d'Ennemis dans les Lignes de Waffege & de Mirdo, il trouva à propos, étant venu jusqu'à Blehain, de tenir un Conseil de Guerre avec les Maréchaux de Camp & les Brigadiers qu'il avoit avec lui, pour délibérer s'il valoit mieux attaquer l'Ennemi qu'ils avoient devant les yeux, ou marcher vers les Lignes. Le dernier avis fut préféré, suivant la relation du Lieutenant-Général ci-jointe sous No. 7. Ce dont il avoit averti le Feldt-Maréchal, demandant des outils & le reste des Dragons pour travailler aux ouvertures des Lignes des Ennemis, après quoi il s'étoit, suivant ladite relation, mis en marche & étoit arrivé environ à 9. heures devant les Lignes, où il avoit fait commencer à travailler en trois différens endroits, savoir, à Mirdo, à la Barrière de la grande Chauffée, & à Waffege.

Que le Feldt-Maréchal étant arrivé avant onze heures devant les Lignes avec l'Avant-garde de l'Armée, Mr. Dopf l'étoit allé chercher, mais l'avoit manqué, parce qu'il étoit entré dans les Lignes avec les Généraux de Tilly & Noyelle.

Sur quoi étant promptement retourné, & les ayant trouvés dans les Lignes, il pria à deux heures après-midi, n'y ayant pas encore de résolution prise, qu'on en voulût prendre bien ou mal.

Sur ces entrefaites il arriva qu'on vit entre Orp-le-Petit & Jauffe quelques Drapeaux, qu'on disoit confister en 3. Bataillons, ce qui fit prendre la résolution d'abandonner les Lignes, & qui fut d'abord exécutée. En étant sortis, & voyant le mauvais état des Ennemis, on conseilla au Chef des Troupes de l'Etat d'occuper de nouveau les Lignes, & 4. à 500. Grenadiers furent commandez pour aller occuper la Barriére près de Mirdo. Quelques Généraux rentrérent là-dessus avec plusieurs Escadrons dans les Lignes ; mais voyant avancer vers eux quelques Dragons ennemis, ils se retirérent avec la Cavalerie & les Grenadiers, & retournérent à 5. heures après-midi camper à Ville près de Hannuye. Jamais il n'y auroit eu de plus glorieuse invasion pour l'Armée de l'Etat, si l'on avoit bien exécuté les Projets, qui n'avoient pas été formez à la légére, mais après mûre délibération dans les conférences qui s'étoient tenues au Camp de Loon le 27. & le 30. Mai 1704 ; lesquelles ont été
allé-

alléguées ci-devant, & où l'on peut trouver tout ce qui y a été réfolu.

Il plaîra à VV. HH. PP. de remarquer après tout ceci, prémiérement que le Lieutenant-Général Dopf n'a pas obéï à fes ordres, qui étoient, au dire du Feldt-Maréchal; d'attaquer l'Arriere-garde des Ennemis, pour faire gagner à l'Armée le tems d'approcher l'Ennemi & de le combattre.

En fecond lieu, que cela ayant été négligé, & ayant marché vers les Lignes avec le Détachement de Cavalerie & de Dragons qu'il commandoit, il refta hors des Lignes, fans y entrer & y prendre un pofte avantageux, fur-tout, s'il avoit été poffible, fur le Ruiffeau appellé la petite Geete à Orp-le-Petit, afin d'empêcher l'Ennemi de l'occuper. Quelle raifon pouvoit-il avoir d'y faire entrer feulement le Major del Vaux avec 150. Chevaux?

Et pourquoi toute l'Armée refta-t-elle après cela hors des Lignes, & même retourna-t-elle fans la maintenir, fuivant la Réfolution prife au Camp de Loon? Certes celui qui en a été la caufe, a négligé le fervice du Pays, & le Lieutenant-Général Dopf, ou d'autres Généraux avec lui & leurs adhérens, font refponfables de cette négligence.

Le Souffigné n'examinera pas ici ce qui a empêché que le Brigadier Trogné s'étant de nouveau avancé le 2. Juillet avec un Détachement jusques devant Montenacken, ce deffein n'ait pareillement point eu le fuccès qu'on auroit dû en attendre.

Il fe contente de faire remarquer que l'Armée ayant paffé la Méhaigne & la Meufe, entreprit avec un Détachement le bombardement de Namur. VV. HH. PP. trouveront en examinant cette démarche, que ce bombardement fut fi mal réglé, que le Détachement fut bombardé lui-même, & tellement incommodé par le Canon des Ennemis, qu'il fouffrit plus que la Ville même.

L'Armée ayant repaffé la Meufe, & étant campée à Marfin, on forma un nouveau Projet, favoir que le Brigadier prendroit pofte dans les Lignes de l'Ennemi à Hillesheim; & comme on avoit donné un rendez-vous général, où les Troupes de plufieurs autres Places devoient s'affembler, cela fut non feulement bien exécuté le 19. Juillet, mais Trogné entra auffi heureufement dans les Lignes fans trouver d'Ennemi, & les Patrouilles qu'il envoya pour reconnoître toutes les Places d'alentour, n'en découvrirent abfolument point.

L'Armée, au-lieu de marcher comme il avoit été projetté, refta tranquille, ainfi que le Comte de Noyelle, qui devoit foutenir Trogné: ce qu'on rejette préfentement fur le rapport d'un Déferteur de l'Ennemi, & fur un Efpion qui s'étoit auffi échappé.

Il eft donc notoire par-là que Trogné n'a pas été duement foutenu; que s'il l'avoit été on fe feroit de nouveau rendu maître des Lignes de Hillesheim; & que s'il n'eft pas excufable qu'une Armée ait négligé de marcher, il l'eft encore moins que le Détachement fous le Comte de

Cc 3   Noyel-

AFFAI-
RES DES
PROVIN-
CES PAR-
TICULIE-
RES.

Noyelle n'ait pas bougé, pendant qu'il étoit deftiné à foutenir promptement Trogné.

Dans cette occafion il devoit néceffairement arriver de deux chofes
l'une; ou que Trogné trouvât l'Ennemi, ou qu'il ne le trouvât pas:
dans le prémier cas, le Détachement qu'il commandoit ne pouvoit pas
manquer d'être battu: & dans le fecond, le deffein auroit réuffi, &
l'Armée fe feroit emparée des Lignes, fuivant le Projet qu'on avoit formé.

En pareil cas une Armée eft obligée de marcher, d'envoyer par-ci
par-là plufieurs petits Partis pour obferver & reconnoître l'Ennemi, a-
fin d'apprendre ainfi de tems à autre en quelle fituation il fe trouve, &
fi le Détachement a réuffi ou non.

Mais bien loin delà, l'Armée gardant auprès d'elle le Détachement
fous le Comte de Noyelle, ne fe mit en marche que la nuit ou le lendemain pour paffer la Méhaigne; & y ayant appris, qu'à l'approche de
l'Armée ennemie Trogné avoit été obligé de fe retirer à St. Truye,
elle eft retournée dans fon Camp, en regardant comme un grand bonheur que Trogné n'eût pas été entiérement défait.

Le Souffigné prie encore très-humblement VV. HH. PP. qu'Elles veuillent lui permettre de leur rappeller quelles perfonnes fe
font oppofées en 1702. à l'attaque des Villes & Forts dans le haut
quartier de Gueldre, & qui a traverfé le deffein de combattre l'Ennemi
à la Pipelspaye, où l'on avoit certainement la victoire en main; & cela
fous prétexte qu'il y avoit un Marais, ce qui eft abfolument faux, &
par où l'on a laiffé échaper l'Ennemi.

Qui font ceux qui en l'Année 1703. firent tant de difficultés fur le
Siége de Bonn, & empêchérent le Blocus de la Ville de Gueldre par les
Troupes de VV. HH. PP.

Qui eft caufe de la mauvaife conduite fur l'Efcaut & en Flandre, de
même que des fuites qui en réfultérent, & qui mirent leur Pays à deux
doigts de fa perte, & leurs Troupes à Ekeren dans le plus grand danger.

Et quelles perfonnes ont confeillé de rafer fur le champ Bonn & la Citadelle de Liége.

Le Souffigné ne doute pas un moment que VV. HH. PP. en réfléchiffant fur ces circonftances, ne trouvent que tout cela s'eft fait par des
gens qui ont été en tout tems extrémement liez enfemble.

Et fi d'un autre côté il plaît à VV. HH. PP. d'examiner auffi les confeils & les avis que le Souffigné a donnez de tems en tems, Elles reconnoîtront qu'il a fouvent empêché que bien des chofes ne foient allées
encore plus mal qu'elles n'ont fait.

Le Souffigné fe trouve obligé d'informer à cette occafion VV. HH.
PP. qu'il fut averti, avant fon départ de la Haye pour la derniére Campagne, de fe tenir fur fes gardes, parce qu'on s'étoit ligué contre lui; ce
qu'il raconta dans ce tems-là à plufieurs Seigneurs de la Régence.

Qu'é-

AFFAI-
RES DES
PROVIN-
CES PAR-
TICULIE-
RES.

Qu'étant arrivé à l'Armée, il fut pareillement averti, qu'avant fa venue quelques-uns avoient fait une ligue à fon defavantage, que la plupart des affaires les plus effentielles ont auffi été dirigées dans cette derniere Campagne fans fa communication, & qu'il n'a même été employé avec aucun Détachement : ce qu'il eft toujours prêt à prouver.

Le Souffigné ne peut pas comprendre qu'on ofe abufer VV. HH. PP. par de faux rapports fur la capacité du Quartier-Maitre-Général Mr. Dopf dans l'exercice de fes fonctions, vu que le contraire a manifeftement paru dans plufieurs occafions pendant cette Campagne & la précédente.

Jufques-là même que Mr. le Duc de Marlboroug & Mr. d'Ouwerkerck en ont parlé publiquement en termes affez forts, de même que le Quartier-Maitre Général des Anglois Mr. Cadogan.

Mr. le Prince de Waldeck a toujours dit, qu'on gâtoit Dopf en l'élevant trop haut, & qu'on n'auroit après cela aucun fervice de lui ; parce que c'eft toute autre chofe de tracer un Camp, ou d'avoir la direction d'une Armée.

Le Souffigné s'eft cru obligé en confcience & par honneur, de repréfenter tout ce que ci-deffus à VV. HH. PP. parce que plufieurs Seigneurs de la Régence ignorent les véritables circonftances, & que cependant le falut du Pays dépend de bien connoître les fautes paffées, afin d'y pouvoir remédier felon leur haute fageffe : & qu'il n'a pas pu taire, que par la négligence (foit qu'elle ait été caufée par ignorance, ou par quelqu'autre motif) de gagner le Dyll le 18. Juillet, & d'y prévenir l'Ennemi, on lui a donné le tems de mettre tout dans un tel état, qu'il fera dorénavant difficile de l'attaquer en cet endroit-là ou dans les Lignes ; & que par conféquent la République refte en danger, fans qu'on puiffe éloigner l'Ennemi, ni gagner des Poftes abfolument néceffaires pour la fureté du Pays.

Le Souffigné pourra démontrer tout cela plus amplement & plus clairement, fi VV. HH. PP. jugent à propos de l'entendre de bouche.

En attendant il fe flate que VV. HH. PP. voudront bien confidérer les fidéles & bons fervices qu'il a rendus au Pays, & combien il eft dur pour lui de voir que d'infames Calomniateurs cherchent fous main, & fans ofer fe montrer, à le noircir par des menfonges atroces dans l'efprit de la Régence, des Habitans du Pays, & même des Etrangers, & le priver de la grace de fes Maitres, & de l'eftime du Public.

Il a lieu de croire qu'on a en cela des vues dangereufes pour le Pays, parce qu'il a tâché en toute rencontre d'indiquer ce qui n'étoit pas convenable aux intéréts de la République ; comme il a fait auffi par le préfent Mémoire ; donnant à confidérer à VV. HH. PP. de quelle utilité peuvent être toutes les entreprifes au dehors, fi l'on ne met pas la République, & les Pays qui lui appartiennent, en fureté.

Ainfi il croit avoir fatisfait avec refpect à fa confcience, à fon honneur & à fa fidélité, par le préfent Mémoire, qu'il a remis entre les mains

de

AFFAI-
RES DES
PROVIN-
CES PAR-
TICULIE-
RES.
de Mr. le Préſident de l'Aſſemblée de VV. HH. PP. ſuivant la Réſo-
lution ci-deſſus mentionnée.

Le . . Février 1706.

*Recommandation des Meſſieurs d'Utrecht en faveur de Mr. de Slangen-
bourg, du Jeudi 18. Mars 1706.*

Recom-
manda-
tion des
Etats
d'U-
trecht
pour Mr.
de Slan-
gen-
bourg.
LEs Seigneurs Committez de la Ville d'Utrecht ont remis à l'Aſſemblée & fait lire la Réſolution des Sieurs leurs Principaux, priſe aujourd'hui au ſujet de l'Emploi du Sr. de Slangenbourg, comme prémier
Général de l'Infanterie de l'Etat, dont la teneur ſuit ci-après.

Sur quoi ayant été délibéré, il a été trouvé bon & entendu, que ladite Réſolution deſdits Sieurs Bourguemaitres & des Preud'hommes ſera
changée en une Réſolution des Etats, & qu'en conſéquence on écrira
une Lettre à LL. HH. PP. que l'on envoyera avec la Copie aux Seigneurs Députez de cette Province à la Généralité, pour la remettre à
l'Aſſemblée de LL. HH. PP. afin d'en appuyer par tous les offices les
plus efficaces, tant dans cette Aſſemblée qu'auprès des Confédérez reſpectifs, la teneur portant ce qui ſuit.

Ayant été délibéré par réſomption, il a été trouvé bon & réſolu, qu'on
repréſentera par Lettre à LL. HH. PP. que LL. NN. PP. ont trouvé après la lecture de la Liſte formée des Généraux pour la Campagne
prochaine, que le Sr. de Slangenbourg, prémier Général de l'Infanterie
de l'Etat n'eſt pas porté ſur ladite Liſte, mais que les Seigneurs Députez de LL. HH. PP. pour les Affaires Militaires ont été priez de délibérer,
conjointement avec quelques Meſſieurs du Conſeil d'Etat, ſi & où ledit
Sr. de Slangenbourg ſeroit employé dans la Campagne prochaine, & d'en
faire rapport à l'Aſſemblée; que LL. NN. PP. n'ont pu regarder ceci
autrement que comme une affaire fort irréguliére, & contraire au Bien
général du Pays, & particuliérement de cette Province; parce qu'il avoit
plû à LL. HH. PP. de trouver bon de prêter quaſi le Général Comte de
Noyelles à un des Hauts Alliez de cet Etat dans un tems de Guerre ſi
onéreuſe & ſi funeſte contre des Ennemis ſi puiſſans, qui ont à la tête
de leurs Armées des Généraux ſi expérimentez : & que pour cette raiſon
on ne devroit pas paſſer dans les conjonctures préſentes le prémier Général de l'Infanterie de cet Etat, qui s'intéreſſe tant à la proſpérité
de ce Pays, & qui en tout tems s'eſt ſignalé par ſa bravoure & ſa bonne
conduite, s'étant encore évertué il y a peu d'années dans la Bataille
d'Ekeren à la ſatisfaction de l'Etat entier, de quoi il a été même remercié ſpécialement par LL. HH. PP. qu'il a enſuite donné dans la derniére Campagne des avis ſi ſalutaires, moyennant leſquels on auroit pu
ſans doute remporter des avantages conſidérables ſur l'Ennemi, & moyennant leſquels on a même prévenu des deſaſtres conſidérables. Que pour
cette raiſon LL. NN. PP. ſont d'avis que ledit Sr. de Slangenbourg devroit

vroit être employé la Campagne prochaine dans fa fonction, comme Affai-
prémier Général d'Infanterie, & mis par conféquent fur ladite Lifte res des
d'Emplois fuivant fon ordre & fon rang; puifque LL.NN.PP. jugent ces Par-
que c'eft une affaire de très-dangereufe & préjudiciable conféquence, ticulie-
que de laiffer, à la pluralité, fans Emploi convenable un Général de res.
l'Etat, qui a été établi auparavant pour cette fonction par les communs
Confédérez; que faute de cela, & au cas qu'on rejette ce but falutaire de LL. NN. PP. ou qu'on ne l'exécute point, Elles proteftent,
de la maniére la plus férieufe & la plus efficace, de ne point vouloir
être refponfables de tous les dommages & desordres qu'on en aura
à craindre, & qui en pourront arriver à cet Etat en général, & à la
Province d'Utrecht en particulier; LL. NN. PP. fe réfervant expreffément, de mettre alors tels ordres à cet égard qu'Elles trouveront
les plus convenables & les plus avantageux au fervice, foit en rete-
nant leur confentement, ou autrement.

Proclamation de la Ville de Nimégue contre Mr. de Welderen, du 1. Mars 1706.

COMME il arriva hier dans la Diéte du Quartier, que dans le Procla-
tems qu'on alloit recueillir les fuffrages, premiérement au fujet mation
du moyen de contrainte & d'exécution du Confeil d'Etat, & en fe- contre
cond lieu fur les fuffrages mêmes, il s'eft élevé de grands différends Welde-
entre le Sr. Bourguemaitre Pels en qualité de fecond Bourguemaitre ren.
régnant de cette Ville, occupant la feconde place de Préfident dans
cette Affemblée, & le Sr. Baillif de Welderen; que quoique que ledit
Sr. Bourguemaitre répondît avec beaucoup de modération à fes choquantes expreffions, le Baillif continuoit cependant de parler fur le
même ton, jufqu'à ce que ledit Sr. Bourguemaitre refufant & différant
le fuffrage que ledit Sr. de Welderen lui demandoit avec importunité
& infolence, celui-ci n'a pas rougi d'avancer, *Alors je dis que vous êtes
une partie de Coquins.*

Et comme ces termes indécens font capables de révolter tout honnête homme dans la Société, ils font encore moins refpectueux & fans
contredit beaucoup plus choquans pour un auffi illuftre Collége qu'eft
celui des NN.&PP.SS.Etats du Quartier de Nimègue, & abfolument
intolérables, infultans & deshonorans pour LL. NN. SS. Meffieurs
de la Magiftrature de cette Ville, qui a l'honneur dans la fufdite Affemblée de jouïr de la Préfidence en la perfonne de fon Bourguemaitre
régnant; & que lui Sr. Jean de Welderen, malgré tout ce qu'on a
fait pour l'arrèter, s'en eft allé. A ces caufes les Bourguemaitres, E-
chevins & Confeillers de la Ville de Nimègue ne pouvant paffer ces
injures atroces, mais les fentant vivement, n'ont voulu ni pu fe difpenfer de fe réferver par la préfente fur ce fujet leur action contre

AFFAI-
RES DES
PROVIN-
CES PAR-
TICULIE-
RES.

ledit Sr. Baillif de Welderen, & de déclarer provifionnellement, que
LL. NN. SS. tiennent ledit Sr. Baillif de Welderen, à caufe des injures atroces qu'il leur a dites en général & en particulier, *pour le plus
grand Coquin du monde, & un infame Calomniateur, & un Diffama-
teur de la réputation des honnétes gens* , jufqu'à ce qu'il ait fait &
& donné à cet égard à LL. NN. SS. une fatisfaction proportionnée aux
injures qu'il a proférées. De plus LL. NN. SS. font obligées de déclarer, pour autant que cela les regarde, qu'Elles ne veulent pas le reconnoître pour Membre du Quartier, jufqu'à ce qu'il ait réparé duement le
manque de refpect & l'offenfe faite à l'Affemblée de LL. NN. PP. d'une
maniére auffi extravagante.

Publié de l'Auvent, le 1 Mars 1706, par l'Huiffier.

THEOD. VAN LOMEN.

Révocation de la Proclamation précédente, du 22 Mars 1706.

Révoca-
tion de
la Pro-
clama
tion pré-
cédente.

COMME ce qui s'étoit paffé le 23 Février dans l'Affemblée du Quartier a été terminé par une Satisfaction convenable, & que les Différends qui en étoient réfultez ont été affoupis à la fatisfaction des deux
Partis par l'interceffion de bons Amis; à ces caufes, nous Bourguemaitres, Echevins, & Magiftrats de la Ville de Nimégue, en conféquence
de notre Réfolution & Proclamation du 1 Mars, révoquons & annullons
par ces Préfentes, notre dite Réfolution prife & publiée le 1 Mars, la
déclarans, auffi-bien que toutes les Copies qui pourroient en être répandues, pour nulles & de nulle valeur.

AFFAI-
RES DE
LA SUC-
CESSION
D'ORAN-
GE.

*Déclaration du Roi de Pruffe contenant fes derniéres Réfolutions au
fujet l'Accommodement des Différends qui font furvenus touchant le
Partage de la Succeffion d'Orange, faite à la Princeffe de Naffau
comme Tutrice du Prince de Naffau fon Fils, du 23 Février 1706.*

I.

Déclara-
tion du
Roi de
Pruffe à
la Prin-
ceffe de
Naffau.

POUR éviter toutes les Conteftations, Madame la Princeffe de Naffau ne fera point mention de la Claufe concernant le Fidei-commis
du Prince Maurice, ni du Point de la Reverfion. Pareillement a Reine
ne parlera point des Teftamens & Fidei-commis des Princes René, Guillaume I, & Fridéric Henri, laiffant de part & d'autre les chofes à cet é-
gard dans les termes des Teftamens faits par les Ancétres, fans préjudicier
à perfonne.

2.

2.

Le partage du Roi fera fait en la manière fuivante.

Partage du Roi.

AFFAI-
RES LA
SUCCES-
SION
D'ORAN-
GE.

		L.
Honflardyck avec fes dépendances	- - -	6493
Orangne-Polder	- - - - - -	7094
Gravefand	- - - - - -	355
Ryswyck	- - - - -	
La Maifon du Nordeinde	- - -	
Ph. Orange avec les Baronies du Dauphiné	- -	25000
Ph. Les Biens de Bourgogne	- - - - -	20000
Ph. Herftat	- - - - -	2000
Montfort	- - - - -	12465
Buren & fes dépendances	- - - - -	14201
Leerdam & fes dépendances	- - - -	5404
Yfelftein	- - - - - -	17841
Le Péage de Gennep	- - - -	25000
Burenfe Thienden onder Zutphen	- - -	100
M. Pays de Cuyck	- - - - -	23995
M. Lingen	- - - - -	60136
Meurs	- - - -	13790
		233874

Partage du Prince.

M. Terveer	- - - - - - -	3849
M. Fleffingue	- - - - - -	6373
Niervaert	- - - - - -	16835
Breford	- - - - - -	4200
Williamftadt & fes dépendances	- - -	14575
Ph. Viane	- - - - - -	140
Ph. St. With & Rutgenbach.	- - -	2313
Ph. Doesburg	- - - - - -	1101
Loofduynen	- - - -	2345
Dieren & fes dépendances	- - -	5282
Willem & Maria Polder annex. Prince-Landt	- -	7733
Soefdyk	- - - - -	
Loo & fes dépendances	- - -	
Sevenbergue	- - - - -	13345
Liftentot	- - - - -	16471
Threforerie d'Utrecht	- - - -	
Wernehoufe	- - - -	543
Kruytberg	- - - -	

Out

AFFAI-
RES DE
LA SUC-
CESSION
D'ORAN-
GE.

Out Prince-Landt	- - - - -	12209
Ph. Dieſt	- - - - - -	4318
Ph. Zichem	- - - - -	73
Meerhout & Voorſt	- - - -	2073
Ph. Burgraviat d'Anvers	- - - -	574
Ph. Grimbergen	- - -	
Nord-Beveland	- - - -	7443
Warneton & ſes dépendances	- - -	3739
Maiſon de Bruxelles	- - -	101
Hulſter-Ambacht	- - - -	19884
Hoge & Lage Zwaluwe	- - -	11850
Ph. Breda	- - - - -	27259
Ph. Steenbergue	- - - -	24276
Dougen	- - - - -	6357
Naſtendich & Scherpeniſſe	- - -	2904
Piverhout	- - - - -	14302
Bruge	- - - -	14060
Fr. Gerdruydenberg	- - -	15390
		261917

Par le partage ci-deſſus la portion du Prince de Naſſau ſe trouve plus forte que celle de S. M. de la ſomme de 28043 florins de revenu, & par-là Madame la Princeſſe gagne, à peu de choſe près, le préciput de 30000 livres qu'elle a demandé pour les Droits Seigneuriaux des Ter- res d'Orange, Lingen & Meurs; S. M. eſpére que la Princeſſe en ſera contente. Cependant ſi Elle vouloit encore inſiſter à prétendre le préciput entier de 30000 livres, S. M. déclare qu'à la ſignature du Trai- té d'accommodement, Elle ſupléera ce qui manque à la ſomme de 28043 livres, pour rendre complette ladite ſomme des 30000 livres pre- tendues par la Princeſſe.

3.

S. M. ſe chargera de payer les Droits que Madame la Princeſſe d'An- halt peut prétendre ab Inteſtat ſur l'hérédité du feu Roi d'Angleterre, ſuivant la convention qui en a été faite, ſans prétendre à cet égard au- cune ſatisfaction de la part de Madame la Princeſſe de Naſſau. Mais pour mettre à couvert les droits de Madame la Princeſſe d'Anhalt, on nommera dans le partage de S. M. des Terres d'une valeur égale à ces mêmes droits, & qui ſeront affectées à la Maiſon d'Anhalt-Deſſau en cas de reverſion.

4.

Toutes les Dettes actives & paſſives de quelque nature qu'elles puiſ- ſent être, & généralement tous les Effets de l'hérédité (à la réſerve de
ce

ce qui fera excepté ci-deffous), feront partagées en deux moitiez égales; de forte que S. M. fe chargera de payer la moitié de toutes les Dettes paffives, & donnera à cet égard à Madame la Princeffe toutes les furetez qu'elle pourra raifonnablement demander. En revanche S. M. aura la moitié de toutes les Dettes actives; la moitié de la Vaiffelle tant d'or que d'argent; la moitié de tous les Canons qui fe trouveront en nature, avec la Bibliothéque qui eft à la Haye, celle qui eft à Loo demeurant pour Mr. le Prince de Naffau.

5.

S. M. confent qu'on excepte des Dettes actives, les Arrerages des Fermes échus avant la mort du Roi d'Angleterre, & qui font dûs par les Fermiers, voulant bien qu'ils demeurent tout entiers à Mr. le Prince de Naffau. Mais pour ce qui eft des Revenus des Terres échus dépuis la mort du Roi d'Angleterre, il en fera fait un compte exact, & ils feront partagez en deux moitiez égales, dont l'une fera pour S. M. & l'autre pour le Prince. Bien entendu toutefois, que le Prince rabattra fur la portion defdits Revenus les fommes qu'il a reçues par l'ordre de l'Etat, fuppofé qu'elles lui ayent été payées fur ces Revenus échus depuis la mort du Roi d'Angleterre, & non fur les Revenus échus avant cette mort, comme il a été plufieurs fois avancé.

6.

En confidération de ce que S. M. confent que le Prince garde les Arrerages dont il a été parlé ci-deffus, Elle confervera les Revenus de Lingen & de Meurs dont elle a joüi depuis qu'Elle en eft en poffeffion, fans être obligée de les raporter à la Maffe générale des Revenus des Terres de la Succeffion d'Orange.

7.

Le Partage provifionnel fait en l'année 1702 touchant les Ameublement & Pierreries, demeurera dans fa force & vigueur, S. M. ne voulant point former de prétenfions nouvelles à cet égard.

8.

S. M. relâchera fes prétenfions à l'égard des Subfides qui lui font dûs par feue Sa Majefté Britannique, en vertu de Traité de Lingue.

9.

La garantie fera réciproque contre tous les autres Prétendans à la Succeffion, agiffant contr'eux conjointement à frais communs, & enga-

Dd 3   geant

AFFAI-
RES DE
LA SUC-
CESSION
D'ORAN-
GE.
geant auffi réciproquement à cette garantie toutes les Terres de la Suc-
ceffion que le Roi & le Prince de Naffau héritent.

10.

Cette garantie ne doit s'entendre que du corps des Terres, & non de
la diminution des Droits ou des Revenus de ces mêmes Terres, qui
fera fupportée en particulier par S. M. ou par le Prince, en quelque
tems qu'elle puiffe arriver, fans que l'un ni l'autre puiffe demander de
fatisfaction à cet égard.

11.

En cas que cette préfente Déclaration foit acceptée par Madame la
Princeffe de Naffau, S. M. confent que ladite Princeffe demande pour
le Prince fon Fils par avance, & en attendant la conclufion entiére du
Traité d'accommodement, l'Inveftiture des Terres qui fe trouvent en
fon partage, qu'Elle en prenne même la poffeffion avec le confentement de LL. HH. PP. les Etats-Généraux; & notamment celle des
Marquifats de Terveer & de Fleffingue, avec les Droits & Prérogatives qui
y font affectés; à condition toutefois que S. M. pourra pareillement demander l'Inveftiture, & prendre poffeffion des Terres qui font auffi dans
fon partage, avec le même confentement de LL. HH. PP. Fait à
Berlin ce 23 Février 1706.

*Lettre des Etats de Frife aux Etats-Généraux, touchant la Suc-
ceffion d'Orange, du 27 Mars 1706.*

HAUTS ET PUISSANS SEIGNEURS.

Lettre
des E-
tats de
Frife
touchant
la Suc-
ceffion
d'Oran-
ge.
SON ALTESSE la Princeffe Douairiére de Naffau, comme Mére &
Tutrice de fon Fils mineur le Prince Jean-Guillaume-Frifo de
Naffau, *Stadthouder* Héréditaire & Capitaine-Général de cette Province,
nous a encore repréfenté dolemment, qu'après que les Confeillers &
Adminiftrateurs des Domaines de S. M. le Roi de la Grande-Bretagne
de glorieufe mémoire, eurent demandé & obtenu du Haut-Confeil de
Hollande des Provifions de Juftice, pour être maintenus dans les droits
& poffeffions qu'ils foutiennent appartenir au Marquis de Veere & de
Fleffingue, LL. NN. PP. les Seigneurs Etats de Zélande avoient non
feulement par leurs Réfolutions & Ordres audit Haut-Confeil arrêté le
cours ordinaire de la Juftice dans cette affaire; mais qu'après cela lesdits Confeillers des Domaines s'étoient auffi adreffés aux Seigneurs Etats
de Hollande, desquels, à ce que nous fommes informez, lefdits Marquifats relévent pareillement, ils avoient auffi jugé à propos d'ordonner
par

par leur Réfolution en date du 24 Octobre 1705, que le Préfident &
les Confeillers du Haut-Confeil feroient provifionnellement difpenfez de
la judicature dans ladite affaire, fauf pourtant à ceux qui dans la fuite
auroient & obtiendroient le droit auxdits Marquifats & en feroient invef-
tis, d'entamer & pourfuivre leur action & prétention à l'endroit & de
la manière qu'il convient. Que quoique S. A. dans fadite qualité,
n'eût pu penfer, & encore moins attendre, qu'on ajouteroit à cette
interruption provifionnelle du cours de la Juftice, encore d'autres entreprifes préjudiciables au droit dudit Marquis, S. A. avoit pourtant a-
pris avec un extrême chagrin, qu'on travaille dans lesdites Villes de
Veere & de Fleffingue, fur des fondemens frivoles & abufifs, à faire é-
tablir par les Seigneurs Etats de Zélande, que ces Villes ne foient
fujettes, par rapport ni à la Juftice, ni à la Police, à aucun Vaffelage,
& qu'on cherche à prendre des mefures pour aproprier entiérement aux
dites Villes, contre quelque indemnifation ou équivalent, tous les autres Domaines du Marquis qui ont quelque rapport à Veere & à Fleffingue. Et comme S. A. s'imagine que dans la fuite VV. HH. PP. pourroient s'être mêlées de cette affaire, & que du moins Elles en font déja
informées, S. A. a cru devoir nous prier par nos Lettres d'interceffion
auprès de VV. HH. PP. comme Exécuteurs du Teftament de Sa
Majefté Britannique, afin qu'il leur plaîfe de prendre cette affaire à
cœur, & d'empêcher par les moyens qu'Elles jugeront les plus convenables que le Prince de Naffau, qui eft l'Héritier univerfel de ladite Succeffion, ne foit privé d'une manière fi extraordinaire & irréguliére du
droit qu'on foutient lui compéter en cette qualité. Nous avons donc cru
ne pouvoir en aucune manière refufer ladite demande de S. A., tant par
la liaifon naturelle qu'il y a entre Monfeigneur le Prince de Naffau &
notre Province, qu'à l'égard de la chofe même, qui, fe trouvant de la
nature dont elle vient d'être expofée, mérite certainement des réflexions
férieufes & l'interceffion requife.

Nous ne voulons pas entrer dans l'examen & la difcuffion du principal
Différend, que nous laiffons à vuider entre les deux Parties; mais nous
croyons nous être permis de déclarer à VV. HH. PP. que nous avons
de la peine à comprendre comment on peut accorder avec la Raifon, la
Juftice & l'Equité, que dans une affaire en difpute entre deux Parties,
& laquelle a été foumife jufqu'ici fans aucune contradiction au Jugement
d'un Tribunal ordinaire, on arrête non feulement par une Autorité fupérieure, uniquement par des vues politiques, le cours ordinaire
de la Juftice; mais auffi qu'outre cela une des Parties, fe prévalant de
cette interruption provifionnelle, ofe en attendant fe faire Juftice elle-
même, & mettre *via facti* l'affaire hors d'état de pouvoir être enfuite
redreffée & remife dans fon entier par la Procédure, VV. HH. PP. comprendront aifément par le récit fait ci-deffus, que c'eft-là le cas, &
qu'il eft néceffaire d'employer de bons offices pour prévenir une chofe
qui eft en elle-même fi odieufe, fi fcandaleufe, & de fi pernicieufe con-
fé-

AFFAI-
RES DE
LA SUC-
CESSION
D'ORAN-
GE.
féquence, qu'à notre avis on ne fauroit rien imaginer de plus oppofé à
la fureté & à la liberté des Habitans de cet Etat. Nous prions donc
très-inftamment VV. HH. PP. que confidérant l'importance de cette
affaire, Elles veuillent bien comme Exécuteurs du Teftament de S. M.
le Roi de la Grande-Bretagne, de glorieufe mémoire, obvier puiffamment & efficacement à une entreprife fi injufte en elle-même, & fi dangereufe par rapport à fes circonftances & à fes fuites; & que pour cet
effet Elles veuillent employer leur puiffant crédit pour diriger les chofes
en forte, foit par leur interceffion auprès des Seigneurs Etats de Hollande & de Zélande, ou par d'autres moyens que felon leur haute fageffe Elles jugeront les plus convenables, que cette entreprife des Villes de Veere & de Fleffingue foit empêchée, & la chofe laiffée dans fon
entier. Sur quoi fommes.

HAUTS &c. A Leuwaerde le 27 Mars 1706.

DE VOS HAUTES PUISSANCES les
Bons Amis, LES ETATS DE FRISE.

(Paraphé)

S. E. HARINXMA A SLOTEN.

*Mémoire du Miniftre de Pruffe aux Etats-Généraux, du 7. A-
vril 1706.*

HAUTS ET PUISSANS SEIGNEURS.

QUOIQU'en Matiére d'Accommodement des différends fur la
Succeffion d'Orange, S. M. le Roi de Pruffe eût tout lieu de
s'attendre que S. A. Madame le Princeffe Douairiére de Naffau,
pour témoigner réciproquement fon envie d'avancer cet Accommodement, n'auroit point tardé de répondre aux deux derniéres Déclarations de S. M. en date du 6 de Janvier & du 21 du même mois,
celle-ci ayant été faite de bouche en conférence par les Miniftres de
S. M. fur l'Exhortation des Seigneurs Députez de VV. HH. PP. &
donnée enfuite par écrit le 2 de Février, S. A. ayant même été exhortée avant fon départ d'ici de la part de VV. HH. PP. & fu depuis par leur Lettre, de vouloir faire là-deffus fa Déclaration; néanmoins S. M., fans attendre plus longtemps ladite Réponfe de Madame
la Princeffe, a bien voulu donner à S. A. une derniére & éclatante preuve de fon defir fincére pour terminer avec Elle par un promt Accommodement lesdits Différends. Pour cet effet S. M. a fait à S. A. tout
de fuite la troifiéme Déclaration ci-jointe, datée du 23 Février, par laquelle S. M. a non feulement, prefque dans tous les Articles conteftez, beaucoup

coup relâché de ses droits bien fondez; mais Elle s'est aussi accommodée à un tel point aux prétensions de Madame la Princesse, principalement sur le grand Article des 30000 florins de préciput ou revenu annuel, faisant un million de bien en fonds de terre, que S. A. n'eût jamais pu desirer ou souhaitter avec la moindre ombre de justice. Mais comme cette Déclaration n'est qu'un pur effet de la générosité & de la modération de S. M., & qu'Elle ne seroit jamais allée si loin, sacrifiant une bonne partie d'aussi justes intérêts de sa Maison, fondez dans le droit du Sang, & dans les dispositions solemnelles & bien autorisées de ses Ancêtres, n'eût été que S. M. est persuadée que d'un prompt Accommodement des Différends de cette Succession, dépend en grande partie l'affermissement d'une bonne intelligence entre Elle & l'Etat des Provinces-Unies, tant desirée de son côté. Et puisque S. M. a des avis que Madame la Princesse fait encore difficulté de se contenter de cette dernière résolution, qui surpasse même en quelques articles les propres Demandes de S. A., faites par écrit à S. M., & qu'Elle veut encore mettre sur le tapis des prétensions nouvelles & plus difficiles, S. M. s'est trouvée obligée de faire connoître à VV. HH. PP., & de montrer par cette Déclaration ordonnée à son soussigné Ministre, qu'Elle n'a pas intention de relâcher quoi que ce soit au-delà de sadite Déclaration du 23 Février. Et comme de plus il n'est pas juste que S. M. y soit tenue pour toujours, les offres dans une Négociation devant notoirement tomber lorsqu'elles ne sont pas acceptées de la Contre-partie traitante, S. M. veut néanmoins laisser à Madame la Princesse le tems jusques au 1. du mois de Mai prochain, de s'expliquer là-dessus : Et en cas qu'il ne lui plût point d'accepter ladite Déclaration de S. M. devant ce dit 1. de Mai, Elle s'en tiendra entièrement dégagée. Du reste S. M. le Roi de Prusse se souviendra toujours avec reconnoissance que VV. HH. PP. ont témoigné depuis plus de quatre ans leur desir que lesdits Differends sur la Succession d'Orange fussent terminez entre S. M. & S. A. Mr. le Prince de Nassau, par un Accommodement prompt & équitable, & que VV. HH. PP. se sont donné beaucoup de peine pour cet effet. Mais S. M. se promet aussi de leur équité qu'Elles ne lui imputeront rien, si après la grande & dernière démarche que S. M. vient de faire encore par sadite Déclaration du 23 Février, il arrive que ledit Accommodement n'ait néanmoins, contre toute espérance, point de lieu du côté de S. A. Madame la Princesse, vu même que ladite Déclaration va bien au-delà de ce que les Seigneurs Députez, qui de la part de VV. HH. PP. ont assisté aux dernieres Conférences, ont cru devoir servir d'expédient pour conclure à la fin heureusement cette longue & pénible Négociation.

A la Haye ce 7 Avril 1706.

Etoit signé

W. BARON DE SCHMETTAU.

AFFAI-
RES DE
LA SUC-
CESSION
D'ORAN-
GE.

Lettre
de la
Princesse
de Naf-
fau.

Lettre de Madame la Princesse de Nassau, du 12 Avril 1706.

HAUT ET PUISSANS SEIGNEURS,

APRES avoir eu l'honneur de répondre par ma Lettre du 23 Mars dernier avec tout le respect dû à celle de VV. HH. PP. du 26 Février précédent, touchant certain Projet de Partage délivré par S. M. le Roi de Prusse, & les offres qu'Il avoit fait par rapport aux Biens qui conviendroient à l'Etat, j'avois espéré de m'être expliquée sur l'un & l'autre de ces deux points, d'une manière qui auroit entièrement satisfait VV. HH. PP., de sorte que je ne me serois pas attendue à de nouvelles exhortations de leur part à ce sujet. Cependant ayant reçu une autre Lettre de VV. HH. PP. du 25 Mars, j'y ai vu avec surprise, qu'Elles me demandent encore mon consentement audit Projet, sans que j'aye préalablement la positive Déclaration de la garantie de VV. HH. PP. & des Provinces respectives où ces Biens sont situez, comme aussi que je me prête à transiger touchant les Biens qui pourroient convenir à l'Etat, avant la conclusion de l'Accord avec S. M. Prussienne.

Je suis fâchée de devoir témoigner à VV. HH. PP. par la présente, que je me trouve absolument hors d'état de satisfaire à ce qu'Elles souhaittent de moi; & par conséquent je me vois obligée de prier de nouveau VV. HH. PP. qu'Elles veuillent bien ne plus exiger de moi des choses qu'en qualité de Mére & Tutrice d'un Prince mineur, je ne suis pas en droit d'accorder, & qui par conséquent sont impraticables de ma part.

Car quand je considére à quels embarras ladite qualité m'expose, tant à l'égard de ces Demandes qu'au sujet de l'Accommodement même, par plusieurs difficultés qui s'y rencontrent; savoir d'un côté, par un Projet de Partage formé par S. M. Prussienne, lequel n'est nullement avantageux pour le Prince mon Fils; & de l'autre, par les instances reïtérées de VV. HH. PP. pour un consentement qui n'est absolument point en mon pouvoir; je ne puis prendre d'autre résolution, que de laisser le tout en son entier, jusqu'à la majorité du Prince mon Fils, & de conserver & maintenir en attendant ses Droits & Prétentions de la meilleure manière qu'il me sera possible; afin que quand il sera parvenu à l'âge requis, il puisse faire & agir lui-même comme il le jugera à propos. Je suis fermement persuadée que cette résolution de ma part ne pourra être qu'approuvée par VV. HH. PP. & par toute la Terre, & qu'Elles n'en prendront aucun sujet de mécontentement.

Sur quoi &c.

A Leuwaerde le 10 Avril 1706

HAUTS ET PUISSANS SEIGNEURS,

(Signés) LA PRINCESSE DE NASSAU.

Lettre de Madame la Princeſſe Douairiére de Naſſau, du 31 Juillet 1706.

AFFAI-
RES DE
LA SUC-
CESSION
D'ORAN-
GE.

HAUTS ET PUISSANS SEIGNEURS,

J'AI eu l'honneur de recevoir la Lettre de VV. HH. PP. du 20 de ce mois, par laquelle il leur a plû, pour des raiſons y alléguées, de me prier que je fiſſe au plutôt un tour à la Haye, afin que la Négociation entre S. M. le Roi de Pruſſe & Moi puiſſe être réentamée, & enfin achevée, s'il étoit poſſible, par leur interpoſition, promettant d'y contribuer tout ce qui dépend d'Elles.

Je crois de mon devoir de rendre à VV. HH. PP. de très-ſincéres actions de graces de toutes les peines qu'Elles ont priſes, & continuent de prendre, pour effectuer une choſe ſi deſirable: auſſi ſavent-Elles, & j'oſe en apeller, qu'il n'a pas tenu à moi que ces peines de VV. HH. PP. n'ayent eu dès le commencement l'effet deſiré, & que même dans la ſuite ma condeſcendance eſt allée plus loin que le droit de mon Fils mineur ne le permettoit.

Mais VV. HH. PP. ſavent auſſi, que ce qu'on exigeoit de moi dans ladite Négociation, m'a non ſeulement fait appréhender avec juſtice le terrible préjudice qui en réſulteroit au Prince mon Fils, mais que j'ai auſſi outre cela prévu pluſieurs autres difficultés, qu'on ne ſauroit manquer de rencontrer dans cette affaire: c'eſt pourquoi je ne me ſuis jamais expliquée ſur cette condeſcendance extraordinaire, ſans en même tems ſuppoſer la garantie de l'Etat pour ma décharge & ſureté, comme Mére & Tutrice de mon Prince mineur; & en conformité de cela j'ai fait des inſtances très-particuliéres dans la Lettre que je me ſuis donné l'honneur d'écrire à VV. HH. PP. le 23 Mars, pour qu'Elles veuillent m'aſſurer préalablement d'une manière poſitive de ladite garantie.

Et lorſque VV. HH. PP. par leur Réſolution du 20 Avril, m'ont ôté en termes clairs & expreſſifs toute eſpérance de cette garantie, & qu'Elles ont néanmoins inſiſté par une autre Lettre du 22 Mai dernier, que je vouluſſe contribuer de ma part de tout mon pouvoir pour parvenir à une promte fin de ladite Négociation, en y ajoutant que VV. HH. PP. ſeroient charmées ſi, pour avancer cette affaire, je voulois faire un tour à la Haye, j'ai repréſenté là-deſſus à VV. HH. PP. par ma Lettre du 22 Juin, des difficultés & des raiſons que je me flattois être aſſez fortes pour leur faire voir, qu'il n'étoit pas en mon pouvoir de continuer plus longtems la Négociation ſur un Partage *in globo*, & qu'il ne me reſtoit de parti plus ſûr à prendre, ce que j'avois auſſi déja déclaré auparavant, que de laiſſer les choſes dans leur entier, & d'attendre la Majorité du Prince mon Fils, qui eſt préſentement ſi avancée qu'il n'y manque plus qu'un an.

J'avois eſpéré que VV. HH. PP. auroient trouvé mes réflexions ſi

juſ-

AFFAI-
RES DE
LA SUC
CESSION
D'ORAN-
GE.

juftes & fi importantes, & tout fuccès de la Négociation fi fort avancé par-là, qu'Elles n'auroient plus exigé de moi d'aller à la Haye.

Mais voyant le contraire par la fufdite Lettre de VV. HH. PP. du 20 du courant, je pourrois, pour en être difpenfée, infifter encore fur mes précédentes raifons, & y ajouter préfentement, que le Prince de Naffau-Siegen a demandé tant à la Cour de Hollande qu'au Confeil de Brabant une interdiction pénale, par où cette affaire eft tout-à-fait mife hors d'état de pouvoir m'engager à quelque tranfaction avec S. M. Pruffienne, comme VV. HH. PP. en feront fans doute déjà informées par les Confeillers & Adminiftrateurs des Domaines, établis par le Roi de la Grande-Bretagne de glorieufe mémoire, auxquels cette interdiction a auffi été expédiée.

Cependant, comme je n'ofe pas me perfuader préfentement que même ce nouvel incident puiffe détourner VV. HH. PP. de leurs inftances réitérées, & comme leurs peines inutiles me font du chagrin, je me trouve obligée de leur déclarer par la préfente, ce qu'autrement & fans néceffité j'aurois mieux aimé ménager, que je n'ai été induite à cette grande condefcendance de traiter avec le Roi de Pruffe *in globo*, que par la propofition qui me fut faite de la part de S. M pour une Alliance entre le Prince Royal & ma Fille ainée. C'eft-là ce qui m'a porté à la réfolution comprife dans ma Déclaration du 21 Decembre 1705. Mais la chofe étant reftée dans fon entier par les conditions que je m'y étois réfervées, & cette Alliance ceffant aujourd'hui, je ne crois pas être tenue à aucune Déclaration que je puis avoir faite, mais les regarde toutes comme jamais faites.

Comme je ne doute nullement que VV. HH. PP. & toute la Terre n'approuvent que j'aye eu beaucoup de confidération pour l'offre d'une telle Alliance, qui promettoit du luftre & de l'avantage à toute ma Famille, & que par conféquent j'ai pu être menée fort loin par-là dans ladite Négociation, je me perfuade auffi d'un autre côté, que VV. HH. PP. & toute la Terre me tiendront pour pleinement excufée, fi après que cette Alliance eft tombée, je révoque tout ce qui auroit pu porter au Prince mon Fils un préjudice fi confidérable, que fans cette Alliance rien au monde n'auroit pu m'y faire confentir. J'efpère que VV. HH. PP. en étant préfentement inftruites, n'infifteront plus fur ledit Accommodement, foit que j'aille à la Haye, ou non. Sur quoi

HAUTS ET PUISSANS SEIGNEURS &c.

Oranjewout le 31 Juillet

(Signé)

LA PRINCESSE DE NASSAU.

Mé-

AFFAI-
RES DE
LA SUC-
CESSION
D'ORAN-
GE.

Mémoire de l'Envoyé de Pruſſe aux Etats-Généraux, du 12.
Août 1706.

HAUTS ET PUISSANS SEIGNEURS.

LORSQU'après la mort de feue S. M. le Roi de la Grande-Bretagne,
VV. HH. PP. prirent la réſolution d'accepter la charge d'Exécuteurs des Teſtamens de feue ſadite Majeſté & de ſon Alteſſe le Prince
Frédéric-Henri d'Orange, tous deux de glorieuſe mémoire, Elles déclarérent en même tems, qu'au ſujet des Différends ſurvenus entre S. M.
le Roi de Pruſſe & S. A. Madame la Princeſſe Douairiére de Naſſau
en qualité de Mére & Tutrice de Mr. le Prince ſon Fils, VV. HH.
PP. conſeillérent aux deux Parties un Accommodement à l'amiable,
alléguant pour cet effet des raiſons ſolides, & offrant leurs bons offices &
leur médiation pour parvenir à ce but, qu'Elles jugérent le plus ſalutaire & le plus convenable, tant à l'intérêt des deux Parties qu'à celui de
l'Etat. Le Roi de Pruſſe pour marquer ſa confiance & ſa conſidération
pour les ſentimens d'auſſi bons & anciens Alliés que VV. HH. PP., &
porté d'ailleurs, comme S. M. l'eſt naturellement, à préférer la voie de
la douceur dans les Differends avec ſes Amis, & en cette occaſion avec
de proches Parens comme lui ſont S. A. Madame la Princeſſe de Naſſau & Mr. le Prince ſon Fils; S. M. accepta non ſeulement d'abord la
propoſition dudit Accommodement, mais Elle a auſſi facilité en toute
maniére la négociation, quoiqu'elle ait traîné plus de quatre ans,
& qu'elle ait été rendue très-difficile par ceux qui ne trouvoient pas
leur compte dans un tel Accommodement. Il ſeroit trop long & trop
ennuyant d'entrer dans le détail de ce que S. M., en vue de cet Accommodement & par affection pour S. A. Mr. le Prince de Naſſau, a relâché ſucceſſivement de ſes juſtes droits & intérêts. VV. HH. PP. qui en
ont été témoins & toutes les perſonnes impartiales en parcourant les
derniers Actes imprimés, & en particulier les offres de S. M. faites à
Madame la Princeſſe en date du 23 Février de cette année, feront ſans
doute par un mouvement d'équité portés à avouer qu'il n'a point tenu
à S. M. que cet Accommodement n'ait été conclu à l'avantage de S. A.
Mr. le Prince de Naſſau. Quelques-uns des Seigneurs Députez de
VV. HH. PP. l'ont déja reconnu dans les derniéres Conférences, en
déclarant que les deux Parties étoient en apparence ſi près de s'accom-
der, qu'Elles ne pouvoient plus ſe ſéparer ſans conclure. Enfin il ſeroit
aiſé de faire voir par des Déclarations mêmes des S. A. Madame la Princeſſe ſignées de ſa main, que S. M., par ſon inclination pour ledit Accommodement, lui a accordé généreuſement tout ce qu'Elle a deſiré &
dont Elle a témoigné vouloir ſe contenter.

Il eſt d'autant plus ſurprenant qu'après tant de facilitez apportées du

cô-

AFFAI-
RES DE
LA SUC-
CESSION
D'ORAN-
GE.

côté de S. M. pour cet Accommodement, & lorsqu'Elle, aussi-bien que VV. HH. PP. & tout le monde en général, le crut en état d'être signé, Madame la Princesse s'est avisée de faire à VV. HH. PP. par ses derniéres Lettres de nouvelles demandes à l'égard de leur garantie, dans un sens qu'Elles croient trop étendu; comme aussi à l'égard du relâchement de leur convenance, au sujet de certains Biens appartenans à la Succession d'Orange.

Quoique S. M. n'entre point dans ces difficultez de Madame la Princesse, souhaitant même que VV. HH. PP. puissent trouver un tempérament pour contenter là-dessus S. A., Elle y a joint la difficulté de la minorité de Mr. le Prince son Fils, bienque cette raison ne l'ait pas empêchée de traiter de cet Accommodement depuis quatre ans, & que S. A. approchant de sa majorité peut prendre d'autant plus de connoissance de ses propres affaires, & juger qu'un Accommodement aussi avantageux pour lui est plus de ses intérêts que ne sont des Différends avec un bon Parent, comme est le Roi de Prusse.

Il a plû à Madame la Princesse d'alléguer encore comme un obstacle audit Accommodement, les oppositions de Mr. le Prince de Nassau-Siegen, quoiqu'Elle soit ci-devant tombée d'accord que ledit Prince n'étant que collatéral & point descendant des Princes, il n'a point d'action contre la postérité desdits Princes, qui lui est préférable en toute maniére dans cette Succession, tant par le droit du Sang que par les dispositions des Ancêtres. Le Testament & Fidei-Commis du Prince Phillippe-Guillaume, qui est l'unique fondement dudit Prince de Nassau-Siegen, étant d'ailleurs nul aux Pays-Bas d'Espagne, par le défaut de la solemnité essentielle de la suscription, & l'octroi à lui accordé ayant fini à l'égard des Biens situés dans les Provinces-Unies en la personne du Prince Fridéric-Henry substitué par ledit Testament, quand même il auroit pu avoir quelque validité contre les Fidei-commis universels des Ancêtres. C'est aussi par ces raisons évidentes que S. M. ne juge pas digne de réponse en son nom, le Libelle imprimé qu'a fait courir depuis peu de jours Mr. le Prince de Nassau-Siegen, conçu en termes indécens, & qui méritent d'autres ressentimens que ceux de la plume.

Enfin il a plû à Madame la Princesse d'alléguer à VV. HH. PP. encore une raison pourquoi Elle retracte tout ce qui s'est passé sous leur médiation en matiére d'Accommodement, laquelle au jugement du monde raisonnable, & par plusieurs égards, Elle auroit apparemment mieux fait de passer sous silence; outre que les circonstances sont autres qu'on ne les allégue, S. M. ayant en bon Pére toujours voulu laisser le choix & les inclinations libres à son Fils, Monseigneur le Prince Royal.

Comme par tout ceci il est manifeste que Madame la Princesse ne veut point d'Accommodement, & que tout ce qui s'est passé de son côté depuis quatre ans, n'aboutit qu'à amuser les Parties, S. M. le Roi de Prusse a lieu d'espérer que VV. HH. PP. rendant justice à S. M. sur la sincé-

fincérité de fes intentions par les grandes & généreufes offres faites de
fa part à Madame la Princeffe, Elles jugeront équitablement que toutes ces offres tombent en même tems par le refus auffi pofitif qu'Elle en
a fait, & que S. M. a la raifon de fon côté pour foutenir par des moyens juftes & convenables fes prétentions fur la Succeffion d'Orange,
fondées comme elles le font dans le droit du Sang, comme étant forti de
la Branche ainée des Defcendans de la Maifon d'Orange, & encore dans
les Teftamens des Princes René de Naffau & de Guillaume I Bifayeul de
S. M.; comme auffi principalement & fans aucune conteftation dans celui
du feu Prince Frédéric-Henri fon Grand Pére & dans fon Fidei-commis
univerfel y contenu, par droit de primogéniture, fuivant les difpofitions defdits Princes René & Guillaume I.; S. M. remettant du refte à
S. A. Madame la Princeffe fi & comment Elle pourra un jour juftifier
d'avoir refufé un Accommodement des Différends fur la fusdite Succeffion à des conditions auffi avantageufes à Mr. le Prince fon Fils, & d'a-
voir encore perfifté à ce refus dans la derniére conférence tenue avant-
hièr, fe remettant à fa Lettre du 31 Juillet.   Pendant que les chofes
font dans cet état, le Roi de Pruffe a lieu d'efpérer de l'équité de VV.
HH. PP. & les prie très-inftamment qu'en leur qualité d'Exécuteurs
impartiaux defdits Teftamens il leur plaife d'ordonner au Confeil des
Domaines de la Succeffion d'Orange, qu'il donne un accès & une communication égale au Greffe & aux Archives & Chartres de ladite Maifon,
auffi-bien aux Députez que S. M. nommera, que l'ont eu jufques-ici privativement ceux de S. A. Mr. le Prince de Naffau, au grand préjudice
des droits de S. M. Et que de plus un Député de la part de S. M. foit
admis au Confeil des Domaines de ladite Maifon d'Orange, pour voir
de quelle maniére les Effets de l'hérédité, & en particulier ceux du
Prince Frédéric-Henri appartenans fans contredit à S. M. font adminif-
trez, S. A. le Prince de Naffau devant avoir la même liberté d'en
nommer un de fa part. S. M. a outre les fondemens en Droit contenus
dans l'Ecrit ci-joint, d'autant plus de raifon d'y infifter, que ledit Confeil des Domaines n'a point rendu compte de fon adminiftration depuis
la mort du feu Roi de la Grande-Bretagne; & que d'ailleurs il s'eft montré en plufieurs occafions trop oppofé à S. M. dans les affaires les plus
juftes, recevant même les ordres & défenfes de Madame la Princeffe de
Naffau, & en particulier à l'égard de l'entretien des Maifons qui viennent
du Prince Frédéric-Henri, & des Domeftiques qui y font, quoique ledit Confeil tire tous les revenus des Biens dudit Prince, & que la régle
eft valide même entre Particuliers, que celui qui a l'adminiftration
du Bien profitable, doit auffi pourvoir aux charges annexées auxdits
Biens. Ce qui fe pratique à l'égard des Maifons & des Domeftiques
dont Madame la Princeffe eft en poffeffion & d'autres qu'Elle veut
s'approprier, quoique fans fondement en Droit. A quoi de la part de
S. M. fon fouffigné Miniftre a ordre de prier très-humblement VV.
HH. PP. de vouloir remédier, fe rapportant avec leur permiffion à
                                                            plu-

AFFAI-
RES DE
LA SUC-
CESSION
D'ORAN-
GE.

plufieurs Mémoires qu'il a eu l'honneur de leur préfenter fur ce fujet, ce Grief n'ayant pas été levé par la derniére Réfolution de VV. HH. PP. du 29 Juin dernier, dont les raifons feront repréfentées par un Mémoire féparé. Enfin S. M. fe promet de l'équité de VV. HH. PP. qu'Elles voudront traiter dans cette affaire de la Succeffion d'Orange un bon & ancien Ami, Allié & Voifin de leur République, du moins fur le pied d'égalité avec S. A. Mr. le Prince de Naffau, pour ce qui regarde les Biens fitués dans l'étendue de l'Etat, laiffant aux Puiffances étrangéres fous la domination desquelles le refte des Biens appartenans à cette Hérédité eft fitué, leur jurifdiction libre fans autorifer leurs Tribunaux de prétendre à une judicature univerfelle, qui même ne peut avoir lieu entre les Provinces de cette République à l'égard des Biens & Fiefs particuliers, & en peut avoir d'autant moins dans cette Succeffion, qui comprend, outre une Principauté Souveraine qui ne reconnoit point de Juge, encore plufieurs Comtés, Seigneuries & Terres qui en tous cas, & fi l'on ne peut pas convenir d'un arbitrage impartial tant de fois offert de la part de S. M. & auquel Elle eft encore prête, doivent être jugées chacune devant fon Juge compétent. A la Haye ce 12 Août 1706.

Signé

W. B. DE SCHMETTAU.

Mémoire du Baron de Schmettau fur l'Entretien des Maifons de Fridéric-Henri, du 12. *Août* 1706.

HAUTS ET PUISSANS SEIGNEURS.

Mémoi-
re fur les
Maifons
de Fridé-
ric-Hen-
ri.

LE fouffigné Miniftre du Roi de Pruffe ayant fait rapport à *S. M.* de la Réfolution prife par VV. HH. PP. le 29 Juin dernier fur fon Mémoire du 29. Avril, qui a été précédé de nombre d'autres, pareillement préfentés à VV. HH. PP. au fujet de l'entretien des Maifons & Domeftiques apartenans à la Succeffion du feu Prince Fridéric-Henri d'Orange, Grand-pére de S. M, Elle a ordonné à fondit Miniftre de repréfenter derechef de fa part à VV. HH. PP. que leur dite Réfolution ne léve point le grief confidérable & évident qu'il y a dans cette affaire du côté de S. M.; puifque VV. HH. PP. n'ont autorifé le Confeil des Domaines de l'Hérédité d'Orange que de payer une fomme de 8852 livres, à S. M., ou à celui qui aura fon ordre, ajoutant que c'eft pour en payer le *verponding*, ou centiéme denier & charges réelles, & autres points payez, autant que cela peut valoir, & pour le compte de *S. M.* VV. HH. PP. ont ajouté que cette fomme n'eft que pour la Maifon de Honflaerdyck, parce que S. M. en a la poffeffion du confentement de
VV.

VV. HH. PP. fuivant leur Réfolution du 20 Juillet 1702. Et pour ce
qui eft des Maifons de Ryswick & du Nordeynde, S. M. en ayant pris
la poffeffion de fa propre autorité, on ne pouvoit contribuer à leur entretien, tandis que lesdites Maifons ne font pas fous l'adminiftration de
ladite Hérédité. Quoique S. M. ait fait faire d'amples repréfentations
& en détail fur ce que deffus dans les précédens Mémoires de fon Miniftre, néanmoins Elle fe voit obligée de les faire recapituler dans ce
qui fuit; favoir que S. M. eft fortement perfuadée de l'équité de VV.
HH. PP. qu'Elles & toutes les Perfonnes impartiales jugeront qu'il n'y
a rien de plus jufte, que pendant que S. M. ne jouit pas des Biens particuliers du feu Prince Fridéric-Henri fon Grand-Pére fituez dans
les Provinces-Unies, & que le Confeil des Domaines du feu Roi
de la Grande-Bretagne en adminiftre les revenus, ledit Confeil
doit continuer auffi à entretenir les Maifons bâties par ledit
Prince, & en payer aux Domeftiques leurs gages ordinaires, comme
auffi les charges publiques ou *verpondinge*; S. M. ne demandant ici
que ce que ledit Confeil fait à l'égard de toutes les autres Maifons &
Domeftiques appartenans à la Succeffion d'Orange, & en particulier des
Maifons dont S. A. Mr. le Prince de Naffau eft en poffeffion, comme
Soefdyck & Kruytberg, & celles qu'il s'approprie en Gueldre & ailleurs, quoique fans fondement en Droit. La régle en ceci eft que le
Bien profitable dans chaque Province, doit en toute équité entretenir
celui qui eft à charge, comme le font principalement les Maifons des
Princes, qui de notoriété publique ne portent point de profit. Sur ce
fondement on peut alléguer en détail, que pour ce qui eft de Honflar-
dick VV. HH. PP. reconnoiffant Elles-mêmes, que S. M. en a la
poffeffion de leur confentement, & ledit Confeil des Domaines ayant
après un Accord fait là-deffus avec le fouffigné Miniftre par le Receveur Ravens le 9. Novembre 1702., dont Copie eft encore ci-jointe,
ledit Confeil a tort en toute maniére, qu'après un payement de deux
ans de fuite il a de fa propre autorité & fans Connoiffance ni Réfolution de VV. HH. PP. défendu audit Seigneur Ravens au mois de Mai
de l'année 1704 d'en continuer le payement. Ledit Confeil ne peut
point alléguer que les frais ordinaires de Honflardyck ayent été aug-
mentez depuis que S. M. poffédé cette Maifon. Au contraire, ledit
Receveur peut attefter qu'on a diminué lefdits frais de près de 6000
livres depuis que S. M. la poffédé. On ne porte pas en compte non-
plus audit Confeil les frais extraordinaires de ladite Maifon, pour la
commodité ou l'embelliffement, S. M. ayant remis de l'argent pour
cela. Comme donc l'entretien ordinaire de la Maifon, & des Domeftiques de Honflardyck, felon l'état des arrerages ci joints, qui fans compter les charges publiques réelles & autres fe montent par an à 885 florins, VV. HH. PP. jugeront équitablement, qu'on ne peut payer de
la fomme néceffaire pour un an au fusdit entretien de Honslardyck,
deux années échues, & outre cela encore les charges publiques. Quant aux

AFFAI-
RES DE
LA SUC-
CESSION
D'ORAN-
GE.

Maifons de Ryswick & du Nordeynde, S. M. s'en remet aux amples repréfentations faites à VV. HH. PP. par fondit Miniftre, qui montrent évidemment que ces Maifons ayant été en propre & bâties par feu fon Grand-Pére le Prince Frédéric-Henri, perfonne n'y peut prétendre que S. M., fur-tout après l'accord fait avec S. A. Madame la Princeffe au mois de Juillet 1702. A l'égard des Meubles, & de ce qui fe paffa alors, S. M. ne demande auffi que le petit entretien ordinaire defdites Maifons, fpécifié dans ledit Etat fous No. 2., S. M. ayant fourni de fa bourfe plufieurs millers d'écus pour réparer & embellir la Maifon du Nordeynde & fon Jardin qui étoient tout en ruïne, & ceci pour l'ornement de la Ville & le plaifir du Public, ayant auffi dans cet Etat fervi de logement à S. M. le Roi d'Efpagne, au contentement de VV. HH. PP. S. M. veut encore fournir à tout l'extraordinaire, tandis que les difputes fur la Succeffion ne feront pas finies. Enfin S. M. ayant offert très-fouvent que fi S. A. Mr. le Prince peut avoir la moindre prétention fondée fur lefdites Maifons, Elle eft prête à le fatisfaire, dès-qu'Elle fera en poffeffion du Bien de feu fon Grand-Pére le Prince Frédéric-Henri; VV. HH. PP. étant d'ailleurs trop équitables pour vouloir demander que S. M. remette lefdites Maifons fous la direction du Confeil des Domaines, ce qui fembleroit vouloir faire durer pour tousjours leur adminiftration.

Par tout ce que deffus S. M. prie VV. HH. PP. de faire une réflexion équitable fur la longue & pénible follicitation de plus de trois ans faite en fon nom, pour n'avoir que l'entretien néceffaire & ordinaire des Maifons de feu fon Grand-Pére le Prince Frédéric-Henri, qui lui appartient fans contredit, l'extraordinaire qui a été payé par S. M. allant bien au-delà; & d'ordonner audit Confeil des Domaines que tandis qu'il tire & adminiftre tous les Biens profitables dudit Prince fituez dans les Provinces-Unies, il en paye auffi les charges, nommément l'entretien des Maifons dudit Prince, appartenantes à S. M. & les Domeftiques qui y font felon l'état allégué ci-deffus fous Num 2, mettant tel payement à compte à S. M. qu'en particulier il en paye auffi les charges publiques, étant fort fenfible à S. M. que le Bailli de Ryswick a menacé la Maifon du Nordeynde d'exécution pour les charges publiques de ladite Maifon, tandis que S. M. eft ici préfente, quoique lefdites charges duffent être payées du provenu des Biens du Prince Frédéric-Henri, puifque même le Confeil des Domaines tire le revenu du feul Payfan qui appartient à ladite Maifon de Ryswick. Enfin S. M. prie très-inftamment VV. HH. PP. par fon Miniftre fousfigné, de vouloir lui donner la fatisfaction, qu'avant fon départ cette affaire foit terminée par leur Réfolution équitable, & que lefdites Maifons & Domeftiques ne foient pas en ceci de pire condition que ceux de S. A. Mr. le Prince de Naffau; puifque S. M. ne pourroit qu'emporter d'ici une fâcheufe idée de ce qu'Elle doit attendre de fon droit fur la Succeffion d'Orange, fi une petite affaire auffi jufte & auffi claire que celle-ci le-ci après trois ans de follicitation ne pouvoit être terminée fur le pied **Affai-** d'une égalité à fon égard avec S. A. Mr. le Prince de Naffau, qui n'en **res de** fouffre pas le moindre préjudice, S. M. ne lui portant aucun obftacle **la Suc-** que les Maifons & Domeftiques qui lui appartiennent de ladite Succeffion **cession** ne foient entretenus pour fon compte par ledit Confeil des Domaines. **d'Oran-** A la Haye ce 12. Août 1706. **ge.**

Signé.

W. B. DE SCHMETTAU.

Mémoire de l'Envoyé du Roi de Pruffe, avec une Réfolution en Re-
ponfe; du 30. Août 1706.

HAUTS ET PUISSANS SEIGNEURS,

SA MAJESTE' le Roi de Pruffe a été requife par Madame la Com- **Mémoi-** teffe d'Egmont la Douairiére, de s'intéreffer pour elle auprès de **re de** VV. HH. PP., afin de lui obtenir leur protection dans les conjonctures **l'Envo-** préfentes.   Comme ledit Roi fait que le mérite diftingué de Madame la **vé de** Comteffe d'Egmont répond parfaitement à fa qualité & à fa naiffance, **Pruffe.** étant d'ailleurs informé de la conduite prudente & circonfpecte qu'elle a tenue pendant que les François occupoient les Pays-Bas Efpagnols, S. M. s'intéreffe d'autant plus volontiers à ce qui regarde Madame la Com- teffe d'Egmont, priant VV. HH. PP. d'avoir des égards favorables pour fa perfonne & pour fes juftes intérêts, en les recommandant parti- culiérement à Mrs. leurs Députez à l'Armée, de manière que ladite Da- me foit perfuadée que l'interceffion de S. M. lui a été de quelque utilité; S. M étant prête de fon côté à en témoigner à VV. HH. PP. fa re- connoiffance, dans les occafions où il s'agira de leur faire réciproquement du plaifir.   A la Haye ce 30 Août 1706.

Signé   W. BARON DE SCHMETTAU.

SUR QUOI on a envoyé Copie du Mémoire aux Députez à l'Ar- mée, pour les charger d'aporter toute la faveur poffible aux intérêts de la Comteffe, & de dire à Mr. de Schmettau par la communication de la Réfolution, que quoiqu'ils ayent eux-mémes de la confidération pour la Comteffe pour faire tout ce qui dépendra d'eux, ils y font encore plus por- tez par la recommandation de S. M. qui leur fera toujours de poids.

F f 2

Ré-

Résolution sur le Dévaſſelage de Fleſſingue & de Veere, du 7. Septembre 1706.

REçu une Lettre de la Princeſſe Douairière de Naſſau, écrite à Oranjewout le 3. Septembre 1706, portant qu'Elle avoit appris qu'à l'Aſſemblée des Etats de la Province de Zélande tenue le mois paſſé, le Sieur Député de la Ville de Goes avoit remis ſur le tapis l'affaire plus amplement mentionnée dans ladite Lettre, & l'avoit fort preſſée, & que ſur le pied de la Réſolution desdits Seigneurs Etats priſe le mois de Février de cette année, les deux Villes de Fleſſingue & de Veere devoient être déclarées dès ce tems-là à jamais Villes indépendantes & immédiates *De jure* & *de facto*, qui ne ſont ſujettes à aucun Vaſſelage, & qui ont voix comme toutes les autres Villes de la Province, auxquelles elles ſont égaliſées tant à l'égard de la Juſtice qu'à l'égard de la Police, & incorporées à la Comté de Zélande. Que de plus tous les Régens, Colléges ſubalternes, Officiers avec leurs ſuppôts & tous les habitans devoient être regardez comme dégagez des obligations & engagemens qui les lioient en général ou en particulier au Seigneur Marquis, ſans permettre qu'il y ſoit fait jamais aucun changement. Que le Sr. Député de Goes avoit encore ajouté à ſadite propoſition, qu'on devroit écrire à Mrs. les Députez ordinaires de la même Province à l'Aſſemblée des Etats-Généraux, de faire part de cette affaire à LL. HH. PP. comme Exécuteurs du Teſtament de ſadite Majeſté, en déclarant que les Seigneurs Etats leurs Principaux ſeroient toujours prêts, en conſéquence de leur Réſolution du 18 Février 1706, d'entrer en négociation ſur l'équivalent; ladite Princeſſe priant, pour des raiſons alléguées dans ſa Lettre, que LL. HH. PP. veuillent non ſeulement desapprouver cette entrepriſe d'une ou pluſieurs Villes ou Régens de Zélande, ce qu'Elle ſuppoſe & eſpère fermement de la juſtice ſi connue de LL. HH. PP.; mais qu'Elles veuillent auſſi outre cela comme Exécuteurs Teſtamentaires, qualité en laquelle Elles ſont reconnues dans ladite Province, employer tous les offices les plus convenables & les plus efficaces, pour qu'on n'entreprenne plus rien dans la Province de Zélande par où le droit du Seigneur Marquis de Fleſſingue & de Veere puiſſe être enfraint ou annullé; mais que les choſes ſoient laiſſées dans leur entier, juſqu'à ce qu'elles puiſſent être portées en leur tems devant la Juſtice ordinaire. Sur quoi ayant été délibéré, les Seigneurs Députez de la Province de Zélande ont pris copie de ladite Lettre, pour la communiquer plus amplement aux Seigneurs Etats leurs Principaux; & outre cela il a été trouvé bon & arrêté, qu'il en ſera auſſi remis copie entre les mains du Sr. Lamsweerde & autres Députez de LL. HH. PP. pour l'affaire de la Succeſſion, afin de voir & d'examiner tout, & d'en faire raport ici à l'Aſſemblée. Le Sr. Député de la Province de Friſe a inſiſté ſur ce que les Seigneurs Etats ſes Principaux avoient déjà repréſenté

ci-

ci-devant à LL. HH. PP. fur ce fujet, & qu'Elles vouluffent encore écrire là-deffus aux Seigneurs Etats de Zélande.

Mémoire de Mr. de Schmettau fur la Succeffion, du 3 Septembre 1706.

HAUTS ET PUISSANS SEIGNEURS.

APRES qu'il a plû à S. A. Madame la Princeffe de Naffau de rompre, de la maniére qu'il eft connu à VV. HH. PP., le Traité d'un Accommodement à l'amiable, à l'égard des Différends fur la Succeffion d'Orange, S. M. le Roi de Pruffe a, par fes Confeillers - Commiffaires Mrs. de Hymmen & de Gylekes, autorifé par fon plein pouvoir pour les affaires qui concernent les Biens d'Orange dans les Pays Bas Efpagnols, & fait renouveller la poffeffion defdits Biens, prife déja avant la guerre préfente, & immédiatement après la mort de feue S. M. Br. le Roi Guillaume III. de glorieufe mémoire, tant comme héritier *ab inteftat* des Biens de la Maifon d'Orange felon le Droit Coutumier de Brabant, & la Régle *le Mort faifit le Vif*, qu'en vertu du Teftament de feu fon Ayeul le Prince Frédéric-Henri de glorieufe mémoire, reconnu par le Traité de Paix, & les Traités particuliers faits avec ledit Prince de la Couronne d'Efpagne, comme auffi à l'égard de la Baronie de Turnhout, en vertu du Teftament de feue la Princeffe Amélie Douairiére d'Orange Ayeule de S. M. Et quoique cette poffeffion interrompue durant la guerre par la confifcation, ait été renouvellée dans les formes par la prife & inftance réelle, & par les actes poffeffoires réitérez paifiblement de la part de S. M., néanmoins Mr. Pefters Auditeur du Confeil des Domaines a entrepris de fa part de troubler S. M. dans la paifible poffeffion defdites Terres & Revenus; ce qui a obligé lefdits Miniftres & Commiffaires de S. M. de protefter contre ce trouble, & contre celui qui a été fait en même tems, & apparemment de concert avec S. A. Madame la Princeffe de Nauffau par le Penfionaire de la Ville de Dieft le Sr. Zurpele, qui eft auffi Mandataire du Confeil des Domaines, offrant de répondre en Droit & devant le Juge compétent audit Confeil des Domaines & à tous ceux qui voudront s'oppofer à ladite poffeffion de S. M. Mais comme ledit Confeil des Domaines fait parler le Sr. Pefters au nom de VV. HH. PP. & que le fouffigné Miniftre de S. M. a apris qu'il a fait auffi inftance auprès de VV. HH. PP. pour donner ordre à Mrs. leurs Députez à Bruxelles de l'appuyer, ce dont il a paru déja quelque marque auxdits Miniftres de S. M., Elle a lieu de fe promettre de l'Amitié & de l'Impartialité de VV. HH. PP. qu'Elles ne voudront point qu'on fe ferve de leur nom, autorité & pouvoir pour empêcher que cette affaire, regardant les Biens d'Orange fituez aux Pays Bas Efpagnols, n'aille fon train ordinaire devant le Juge compétent; fur-tout confidérant que la difpute eft hors du territoire de l'Etat, & ainfi hors du pouvoir des Exécuteurs Teftamentaires. Que le feu Roi de la Grande-Bretagne n'a tefté

Ff 3   que

AFFAI-
RES DE
LA SUC-
CESSION
D'ORAN-
GE.

Mémoi-
re du Ba-
ron de
Schmet-
tau.

AFFAI-
RES DE
LA SUC-
CESSION
D'ORAN-
GE.

que fur l'autorité de l'Octroi de LL. NN. & GG. PP. les Seigneurs Etats de Hollande & de Weftfrife, qui ne peut pas avoir fon effet hors de leur territoire: Qu'en plufieurs maniéres & occafions trop longues à alléguer ici, il n'a paru que trop à S. M. que depuis la mort de feue S. M. Br., le Confeil des Domaines a été en tout contraire audit Roi de Pruffe, fe conformant aux volontez & aux intérêts de S. A. Madame la Princeffe de Naffau: Que tout ceci, & la jufte apréhenfion de S. M. que ledit Confeil par fon propre intérêt ne prenne le parti de tenir les Biens de la Maifon d'Orange fous un féqueftre perpétuel, font des rai-fons plus que fuffifantes, pour ne point confentir de la part du Roi de Pruffe, qu'il étende auffi fon pouvoir & adminiftration fur les Biens d'Orange fituez hors du territoire de l'Etat, & qui doivent être jugez par les Souverains du Lieu, comme le font les Biens fituez dans cha-cune des Provinces-Unies: VV. HH. PP. font priées au nom de S. M. le Roi de Pruffe que réfléchiffant fur tout ce que deffus, Elles veuillent ne pas autorifer le Confeil des Domaines dans ladite entreprife, ni trou-bler S. M. dans fa poffeffion des Biens de la Maifon d'Orange aux Pays-Bas Efpagnols, prife & fondée fur les bons titres alléguez ci-deffus; mais de laiffer cette affaire à la décifion du Juge compétent, fans que Mrs. les Députez de VV. HH. PP. à Bruxelles s'en mêlent; & qu'au cas qu'on leur eût déja expédié quelqu'ordre là-deffus, fans entendre avant le Mi-niftre fouffigné, il prie très-humblement VV. HH. PP. d'en vouloir fur-feoir l'exécution, afin que S. M. (qui veut entretenir par-tout la bonne amitié avec LL. HH. PP.) ne les trouve pas en oppofition, lorfqu'El-le voudra pourfuivre devant le Juge compétent fes droits fur la Succef-fion d'Orange, fondez fur la proximité du fang & fur les difpofitions in-conteftables de fes Ancêtres, auxquelles feue S. M. le Roi de la Gran-de-Bretagne, comme il paroit par d'autres indices, n'a point voulu, ni même n'a pu déroger par fon Teftament. Fait à la Haye ce 3 Septem-bre 1706.

Signé

W. Baron de Schmettau.

Mémoire de la Princeffe Douairiére de Naffau, du 14 *Septembre* 1706.

HAUTS ET PUISSANS SEIGNEURS.

Mémoi-
re de la
Princeffe
de Nas-
fau.

DEs-que j'eus reçu de VV. HH. PP. Copie du Mémoire que Mr. le Baron de Schmettau leur avoit préfenté le 12 du mois paffé par ordre de S. M. le Roi de Pruffe, & d'une Déduction y jointe de prétendues raifons politiques, tendans l'un & l'autre à obtenir de VV. HH.

AFFAI-
RES DE LA
SUCCES-
SION
D'ORAN-
GE.

HH. PP. non feulement libre accès à tous les Chartres & Papiers qui regardent la Succeffion de S. M. le Roi de la Grande-Bretagne de glorieufe
mémoire, mais auffi admiffion & feffion pour un Député de S. M. Pruffienne dans le Collége des Confeillers & Adminiftrateurs de ladite Succeffion; comme auffi Copie d'un autre Mémoire préfenté par le Baron
de Schmettau pour la même fin le 15 du même mois: Et dès-que j'eus
vu par la Réfolution prife là-deffus le lendemain par VV. HH. PP. qu'Elles avoient trouvé bon & arrêté d'accorder provifionnellement à S. M.
Pruffienne accès à toutes les Piéces, Chartres & Papiers touchant les
Biens qui font tombez en partage au Prince Fédéric-Henri, & les con-
qûetes & acquifitions du même Prince, comme auffi accès à toutes les Piéces Chartres & Papiers concernans le Comté de Neufchâtel, & que VV.
HH. PP. me demandoient de vouloir, s'il étoit poffible, me déclarer le
lendemain fur les autres points contenus dans le fusdit Mémoire du 12
Août, afin que tout pût être promtement examiné & fini, fi cela fe pouvoit, avant le départ de S. M. Pruffienne; j'ai repréfenté
fur le champ, favoir le 18 du même mois, à VV. HH. PP. l'impoffibilité abfolue qu'il y avoit de pouvoir en fi peu de tems me déclarer
pertinemment fur cette demande, & fur les incidens malfondez dudit
Mémoire; & j'ai prié VV. HH. PP., en confidération du préjudice irréparable qui réfulteroit au Prince mon Fils, qu'Elles veuillent laiffer tout
in ftatu quo, fans y faire aucune nouvelle difpofition, jusqu'à ce que j'aye
occafion de remontrer à VV. HH. PP. la nullité de la demande du
Miniftre Pruffien, comme contraire à tous les fondemens des Droits &
de la Pratique.

Et comme VV. HH. PP. avoient fimplement remis ces repréfentations
de ma part du 18 Août entre les mains de Commiffaires, fans me refufer par conféquent le tems néceffaire pour ladite fin, je m'étois fermement imaginée qu'en attendant Elles ne feroient aucune nouvelle difpofition, mais laifferoient les chofes dans leur entier. Il m'a donc d'abord
paru contraire à mes idées, que VV. HH. PP., comme je l'ai apris par
bricole, fans avoir reçu ma fusdite Déclaration, ayent trouvé bon & arrêté par une autre Réfolution prife le 6 Septembre, fur une Lettre des
Confeillers & Adminiftrateurs des Domaines de S. M. le Roi de la Grande-Bretagne, de perfifter dans leur précédente Réfolution du 16 Août,
& d'ordonner audit Confeil de fe régler là-deffus. Mais en réfléchiffant
mieux fur cette derniére Réfolution du 6. Septembre, j'ai cru pour les
raifons fusdites, que conformément à l'intention de VV. HH. PP. elle
ne doit être confidérée que comme un ordre qui regarde fimplement ledit Confeil, mais qui ne difpofe rien contre moi, ni au préjudice du
Prince mon Fils mineur.

Sur ces fondemens & fuppofitions, devant me déclarer au fujet de la
demande faite de la part de S. M. Pruffienne à VV. HH. PP. par ledit
Mémoire du 12 Août, je fuis obligée de les prier qu'Elles veuillent bien
me permettre de le faire, non feulement à l'égard de ce qui n'a pas encore

Affai-
res de
la Suc-
cession
d'Oran-
ge.

re été réglé par la Réfolution de VV. HH. PP. du 16. Août, mais aus-
fi à l'égard de la difpofition qu'il leur a déja plû d'accorder à S. M. Pruffienne, & de tâcher de les defabufer par rapport à cette difpofition accordée; puisque j'apprens avec étonnement que cette Réfolution de VV.
HH. PP. doit avoir été prife fur un raport qui leur avoit été fait, comme
fi.j'avois confenti de bouche à la demande de S. M.Pruffienne, pour autant
qu'il en eft fait mention dans ladite Réfolution. Afin de convaincre entiérement VV. HH. PP. du contraire, il me fera permis d'employer non
feulement mes fusdites repréfentations, que j'ai faites immédiatement après
avoir eu la prémiére connoiffance de la Réfolution de VV. HH. PP., par
lesquelles, après leur en avoir marqué ma furprife, je les ai très-parti-
culiérement prié de vouloir bien laiffer tout *in ftatu quo*; mais auffi en même tems la proteftation folemnelle que j'ai envoyée aux Confeillers & Adminiftrateurs contre l'exécution de cette difpofition accordée.

Si je voulois entrer ici, HH. & PP. SS. dans une réfutation particuliére du préambule & des matiéres accidentelles qui fe trouvent dans ledit
Mémoire, j'aurois lieu de craindre, par l'expérience du paffe, qu'avec
toute la circonfpection dont je pourrois ufer pour n'offenfer perfonne,
j'aurois pourtant le malheur de faire terriblement crier contre moi. C'eft
pourquoi, ne devant m'attendre à autre chofe, & ayant outre cela confidéré que ledit préambule & autres matiéres ne confiftent pour la plupart qu'en des énoncez généraux, qu'on fait pouvoir être facilement
tournez felon le goût d'un chacun, mais qui auffi avec la même facilité
pourroient être réfutez & retorquez en termes généraux; que VV. HH.
PP. font pleinement informées de tout ce qui s'eft paffé, & ne fauroient
par conféquent être imbues de ces énoncez; & enfin que ce préambule &
autres chofes accidentelles ne fervent en aucune maniére, même felon
l'intention de S. M. de quelque fondement à la demande qui y eft
faite, & fur laquelle je dois me déclarer; mais qu'à l'égard de ce point
principal on fe raporte uniquement dans ledit Mémoire à la Déduction y
jointe de prétendues raifons juridiques, & que par conféquent ce préambule & tout le refte dudit Mémoire ne fait notoirement rien à l'affaire, & n'eft nullement *hujus loci, nec temporis*: j'ai jugé pour toutes
ces raifons, que le plus fûr pour moi, & en même tems le plus agréable pour VV. HH. PP., feroit d'éviter ici toute réfutation inutile, &
de m'attacher uniquement à la demande même & à la déduction fur quoi
on prétend la fonder. Au-lieu donc de m'étendre plus loin fur toutes ces
chofes qui ne fignifient rien, je prierai feulement VV. HH. PP. de vouloir bien, outre tout ce qui s'eft réellement paffé dans la Négociation
fur un Accommodement, & dans toutes les Conférences qui ont été fucceffivement tenues à ce fujet, fe reffouvenir encore de ce qui eft arrivé
entre autres à l'égard des deux Comtés de Meurs & de Lingen, des voies
de fait dont S. M. Pruffienne s'eft fervie à ce fujet *fine ullo jure*, & des
déclarations férieufes que VV. HH. PP. lui ont fait Elles-mêmes là-
deffus. Le feul fouvenir de tout cela fuffit, j'en fuis perfuadée, pour rendre

AFFAI-
RES DE
LA SUC-
CESSION
D'OUAN-
GE.

dre tous ces énoncez généraux incapables de faire la moindre impreſſion ſur l'eſprit de VV. HH. PP. Et pour ce qui regarde l'ample paſſage qui ſe trouve fort mal à propos dans ledit Mémoire, touchant la derniére Négociation ſur un Accommodement *in globo*, à quoi l'on ne peut que reconnoître que j'ai été induite par la propoſition dont j'ai ſouvent fait mention, je laiſſe au jugement de VV. HH. PP., & d'un chacun, ſi l'on en a agi avec moi d'une maniére décente.

Pour venir donc à la déclaration que je dois faire ſur la demande de S. M. Pruſſienne, & à ce que j'ai promis, par mes précédentes repréſentations du 18 Août, de démontrer préſentement, je me trouve obligée, quant au prémier, de déclarer à VV. HH. PP. que comme Mére & Tutrice du Prince mineur mon Fils, je ne puis en aucune maniére conſentir à la demande de S. M. Pruſſienne: C'eſt-à-dire que je ne puis conſentir qu'un Député de S. M. ſoit admis & ait ſéance dans le Collége des Conſeillers & Adminiſtrateurs des Domaines de S. M. le Roi de la Grande-Bretagne; ni que quelqu'un de S. M. Pruſſienne ait accès à tous les Chartres & Documens qui regardent la Succeſſion de S. M. Britannique en général, ni même de la maniére limitée dont cela a été accordé à S. M. Pruſſienne par la Réſolution de VV. HH. PP. du 16 Août.

Les raiſons de ce refus, & la nullité de la demande, auſſi-bien que de la déduction ſur laquelle on prétend la fonder, paroîtront clairement à VV. HH. PP. s'il leur plaît de conſidérer, que tout le prétendu droit de S. M. Pruſſienne, en vertu duquel cette demande eſt faite, ne s'étend pas, même de l'aveu propre de S. M., tant dans ledit Mémoire, que dans la Déduction y jointe, à l'hérédité univerſelle de S. M. Britannique, mais conſiſte au contraire en partie dans un prétendu *Jus Fidei-commiſſi*, en vertu du Teſtament du Prince Frédéric-Henri & de celui de René de Châlons, & en partie dans une prétendue ſucceſſion *ab inteſtato* à l'égard de Biens dont on ſoutient que S. M. Britannique n'avoit pu validement diſpoſer par Teſtament en faveur du Prince mon Fils. Toutes les prétentions de S. M. Pruſſienne ſe réduiſent à ces deux ſortes, ſuppoſées de droit.

La nature & la qualité de cette prétention limitée de S. M. Pruſſienne, n'eſt rien d'extraordinaire, mais au contraire choſe très ordinaire dans les Droits, où il eſt clairement expliqué comment on la peut faire valoir, & quelle action on peut intenter pour demander d'une maniére limitée des Biens auxquels on croit pouvoir prétendre, ſoit *jure Fidei-commiſſi*, ou *jure Inteſtati*, & qui ſont compris dans la maſſe d'hérédité d'un autre. Mais c'eſt notoirement une choſe inouïe, que parce que des Biens ſont compris dans la ſucceſſion d'un autre, celui qui y prétend puiſſe aſpirer, ſoit à avoir part à l'Adminiſtration de toute la ſucceſſion, ou à être admis généralement à tous les Chartres & Documens qui regardent une telle ſucceſſion. A peine peut-on imagi-

ner

Affai-
res de
la Suc-
cession
d'Oran-
ce.

ner quelque chofe de plus abfurde & de plus contraire à tous les fondemens de Droit & de Pratique.

Comme donc pour ces raifons la demande de S. M. Pruffienne eft abfolument deftituée de tout fondement, tant à l'égard de l'accès à tous
les Chartres & Papiers, que par raport à la prétendue part à l'Administration, entant que cette demande eft faite en termes généraux, &
s'étend à toute la fucceffion de S. M. Britannique, elle ne feroit pas
moins malfondée quand même elle feroit reftrainte aux Biens fur lesquels S. M. Pruffienne forme des prétentions *jure Fidei-commiffi & In-
teftati*. Car quant aux Biens fidei-commiffaires de René de Châlons, je
crois pouvoir foutenir *fummo jure*, qu'un tel Fidei-commis n'exifte pas,
bien loin qu'il fût en faveur de S. M. Pruffienne. Et pour ce qui regarde les Biens Fidei-commiffaires du Prince Frédéric-Henri, je recon-
nois bien un Fidei-commis de ce Prince, mais je ne tombe pas d'acord
de l'extenfion que S. M. en veut faire à des Biens qui n'y font pas compris. Et quant enfin aux Biens que S. M. Pruffienne prétend *jure In-
teftati*, puisque S. M. Britannique n'en avoit pu validement difpofer par
Teftament, on n'a jamais encore examiné, & bien moins décidé,
quels font ces Biens. Par conféquent, tant que le prétendu droit de
S. M. fur le Fidei-commis de René de Châlons, n'eft qu'une fimple
prétention, qui n'a pas la moindre ombre de fondement, ou qui du
moins n'a été juftifiée en aucune maniére: Tant que S. M. tâche de
comprendre fous le Fidei-commis du Prince Frédéric-Henri des Biens,
qui notoirement n'y appartiennent *nullo jure*, ou qui tout au plus ne
peuvent être regardez que comme difputables pour S. M.: Et enfin,
tant qu'il ne paroit pas par quelque réglement ou décifion quels font
les Biens dont S. M. Britannique n'auroit pu tefter validement; il eft,
felon tous les fondemens du Droit, de la derniére évidence, que puisque tout eft encore en difpute & obfcur, pour ne pas dire deftitué de toute ombre de fondement, S. M. ne peut demander, ni moi
confentir qu'Elle ait part à l'Adminiftration, ou Accès aux Chartres
& Documens: deux chofes également préjudiciables & inouïes.

Et quoique tout ceci ne pût pas paroître aplicable aux Biens du Prince Frédéric-Henri, auxquels feuls s'étend la Réfolution de VV. HH.
PP. du 16 Août, même d'une manière limitée, ne parlant que des
Biens qui font tombez en partage à ce Prince, de même que de fes conquêtes & acquifitions, & des Chartres & Documens qui y ont raport,
comme auffi à la Comté de Neufchâtel, puifque ces Biens pourroient
feuls être dits des Biens indifputables & reconnus du Prince Frédéric-
Henri; je crois pourtant ne pouvoir même avec cette reftriction confentir à la demande de S. M. Pruffienne, & encore moins y être obligée.
Car quand même je n'aurois d'autres raifons de refus, comme en effet
je n'en alléguerai pas d'autres pour le préfent, que celui de S. M.
Pruffienne, malgré toutes mes plaintes réitérées, & malgré les inftances
& bons offices de VV. HH. PP. mêmes, de reftituer & remettre fous
l'Ad-

l'Adminiſtration de VV. HH.PP., comme Exécuteurs du Teſtament de Affai- S. M. Britannique, les deux importantes Comtés de Meurs & de Lingen, res de qui ont été priſes de la ſucceſſion de ſadite Majeſté, & qui reſtent très-injuſ- la Suc- ment occupées, je crois pourtant pouvoir me flater, que cette ſeule rai- cession ſon ſera regardée par toutes les perſonnes impartiales comme valable & d'Oran- ſuffiſante, & qu'aucun Tribunal ne pourra rien ajuger à S. M. Pruſſien- ge. ne de ladite Succeſſion, tout indiſputable que pût être le droit de S. M., avant qu'Elle ne reſtitue ces deux Comtés à la Maſſe de l'Hérédité; ou qu'en tout cas une telle ajudication ne ſauroit ſe faire ſans pronon- cer en même tems que la reſtitution deſdites Comtés doit être faite *ante omnia*.

Par cette démonſtration de l'entiére nullité de la ſuſdite demande, j'eſ- pére qu'on pourra en même tems remarquer ſuffiſamment, que la déduc- tion y jointe de prétendues raiſons juridiques, n'eſt pas mieux fondée. Car pour ce qui regarde le raiſonnement au ſujet de l'accès demandé aux Chartres & Documens, où l'on ſoutient que S. M. Pruſſienne peut for- mer des prétentions *jure fidei-commiſſi* ſur les Biens de René de Châlons & du Prince Frédéric-Henri, & *ab inteſtato* ſur les Biens dont S. M. Britannique n'avoit pu teſter validement, & que les Chartres & Papiers deſdits Biens étoient de la même nature que les Biens mêmes, il s'enſuit en prémier lieu de ce même raiſonnement, que puiſque S. M. Pruſſien- ne ne prétend Elle-même aucun droit à toute la Maſſe de l'Héredité de S. M. Britannique, Elle n'eſt auſſi nullement fondée à demander accès généralement à tous les Chartres & Documens de cette Succeſſion. En ſecond lieu il s'enſuit de ce raiſonnement, où il eſt dit que les Papiers ſont de la même nature que les Biens, que puiſque S. M. Pruſſienne n'a aucun droit aux Biens de René de Châlons, Elle n'eſt non plus en droit de demander accès aux Chartres & Papiers qui concernent ces Biens; & que puiſqu'à l'égard des Biens du Prince Frédéric-Henri, comme auſſi de ceux dont S. M. Britannique n'auroit pu validement teſter, il eſt encore en diſpute & obſcur quels Biens y doivent être compris, il reſte auſſi en diſpute & obſcur à quels Documens S. M. Pruſſienne peut prétendre accès. Outre que quand même, comme il a été dit, il y auroit quelque choſe de clair & d'indiſputable par raport à ces derniers Biens, S. M. ne peut ni ne doit pourtant rien obtenir à cet égard, du- rant l'injuſte retention des deux ſuſdites importantes Comtés.

On ſe forme dans la Déduction une objection, qu'on affecte de réſou- dre. Mais outre qu'on ne l'applique qu'aux Biens du Prince Frédéric- Henri, & qu'on paſſe ſous ſilence les propres Biens de S. M. Britanni- que, puiſqu'à leur égard on n'a pu trouver le moindre prétexte de ſolution, on croit lever la difficulté touchant les prémiers, par une ſéparation, qui notoirement ne peut avoir lieu tant qu'elle n'eſt pas réglée par le Juge.

Quant au ſecond membre de la demande, ſavoir, que quelqu'un ſoit admis de la part de S. M. Pruſſienne dans le Collége des Conſeil-

AFFAI-
RES DE
LA SUC
CESSION
D'ORAN-
GE.

lers & Adminiftrateurs des Domaines de S. M. Britannique, on ne l'appuye dans ladite Déduction fur aucun autre argument que fur l'intérêt que S. M. Pruffienne avoit dans l'Adminiftration & les Revenus
de ces Domaines. Mais fi de nouveau on confidére feulement que
ce prétendu intérêt de S. M. Pruffienne, de fon propre aveu, eft limité de la manière fufdite, favoir qu'il ne s'étend nullement à tous
les Domaines de S. M. Britannique, & nommément point à ceux dont
Elle n'auroit pu tefter validement, & que même à l'égard de cet intérêt limité de S. M. Pruffienne, tout eft encore en conteftation,
obfcur & incertain, on voit clairement le peu de fondement qu'il y
a de vouloir prétendre, en vertu d'un tel intérêt obfcur, d'avoir
part à l'adminiftration, & même généralement & fans aucune reftriction. Il n'eft pas moins évident combien tous les autres paffages
qu'on y ajoute font mal placés, difant qu'on n'a d'autre but dans cette part à l'Adminiftration que le bien commun de la Maffe de l'Hérédité, qu'il n'y a là-dedans aucun préjudice pour le Prince mon
Fils, & que les Loix mêmes n'y mettoient point d'obftacle : tout
cela, avec les allégations du Droit qu'on y applique, ne me paroit
pas, pour les raifons fufdites, avoir befoin de quelque réfutation particuliére, mais tombera ou de foi-même, ou par ce qui a été dit ci-
devant.

J'aurois pu faire paroître à VV. HH. PP. dans un plus grand jour
la force de mes argumens, & réfuter en détail tout ce qu'on trouvera ici d'omis, fi j'étois en conteftation avec S. M. Pruffienne fur cette
demande mal-fondée devant un Juge, ou devant un Tribunal de Juftice à qui il apartînt de décider entre S. M. & moi. Mais quand je
confidére que VV. HH. PP., en qualité d'Exécuteurs du Teftament
de S. M. Britannique, ne font pas Juges des Différends qui fubfiftent
entre le Roi de Pruffe & moi; que leur Affemblée n'eft pas un Col-
lége de Juftice; & qu'Elles-mêmes n'ont jamais entrepris de prononcer fur nos Différends, mais ont toujours referré leurs bons offices
dans les bornes des termes amiables de médiation; d'un côté j'ai cru
de mon devoir, de revétir cette Déclaration de ma part des raifons
que j'ai alléguées, pour faire voir par-là à VV. HH. PP. ce que je
crois fuffifant pour me juftifier devant toute la Terre; mais de l'autre
auffi, je n'ai pourtant pas voulu les importuner de ce qui pourroit
encore être jugé néceffaire & convenable pour une entiére défenfe devant le Juge compétent.

J'efpére donc fermement de l'équité de VV. HH. PP., & ne laiffe
pas de les en prier très inftamment, qu'autant qu'Elles n'ont pas
encore difpofé au fujet de ladite Demande de S. M. Pruffienne, Elles
ne régleront rien là-deffus; & qu'autant qu'induites par un raport
erroné, Elles pourroient déjà avoir fait quelque difpofition à cet égard
de la manière fusdite, Elles en fufpendront l'exécution, & laifferont
tout *in ftatu quo*; puifque je crois avoir des fondemens très-folides

de

de m'oppofer à l'un & à l'autre des points demandez: moyennant quoi je dois, foit dit avec tout le refpect dû à VV. HH. PP. être écou-tée avec ma jufte défenfe devant le Juge compétent. A Oranjewout le 14. Septembre 1706.

DE VOS HAUTES PUISSANCES

Sa très-humble Servante.

Signé.

A. PRINCESSE DE NASSAU.

Réfolution fur l'Accès aux Archives des Domaines de la Succeffion, du 17. Septembre 1706.

REçu une Lettre des Confeillers & Adminiftrateurs établis par S. M. le Roi de la Grande-Bretagne de glorieufe mémoire, & auto-rifez par une Réfolution de LL. HH. PP., en qualité d'Exécuteurs des Teftamens du Prince Frédéric-Henri & de fadite Majefté, écrite ici à la Haye le 14 du courant, portant en fubftance, qu'ils n'avoient pu s'empêcher de rendre compte à LL. HH. PP. qu'on leur avoit re-mis de la part de S. A. la Princeffe Douairiére de Naffau la Proteftation jointe à ladite Lettre, priant qu'Elles veuillent leur donner ordre fur la conduite qu'ils devoient tenir dans cette affaire, afin de fe régler ex-actement là-deffus fuivant leur devoir. Sur quoi ayant été délibéré, il a été trouvé bon & arrêté de fufpendre la Réfolution du 16 Août der-nier. Les Srs. Députez de Gueldre, de Hollande & d'Utrecht ont protefté contre cette fufpenfion.

Mémoire du Baron de Schmettau fur les Papiers de la Succeffion d'O-range, du 18 Septembre 1706.

HAUTS ET PUISSANS SEIGNEURS,

LE fouffigné Miniftre de S. M. Pruffienne fe trouve indifpenfable-ment obligé de porter au nom du Roi fon Maitre fes plaintes à VV. HH. PP. contre le Confeil des Domaines de la Succeffion d'Orange, qui continue à refufer de mettre en effet la Réfolution expreffe de VV. HH PP. prife le 16 Août dernier, en vertu de laquelle il a été ac-cordé par provifion, que S. M. aura vue & copies authentiques de tou-tes les Piéces, Chartres & Papiers concernant les Biens particuliers du Prince Frédéric-Henri, & la Comté de Neufchâtel, quoique par la fe-

con-

AFFAI-
RES DE
LA SUC-
CESSION
D'ORAN-
GE.

conde Réfolution de VV. HH. PP. prife le fixiéme de ce mois fur le
Mémoire dudit Confeil contenant les raifons de leur doute à obéir à VV.
HH. PP., Elles ont perfifté dans leur dite prémiére Réfolution; & que
deplus ledit Confeil fait affez par un Membre de fon Corps qui a l'hon-
neur d'être à l'Affemblée de VV. HH. PP., que la tentative faite en-
core depuis de la part de S. A. Madame la Princeffe Douairiére de
Naffau, pour empêcher l'effet de ladite Réfolution, a été inutile, & que
VV. HH. PP. ont derechef perfifté dans leur dite Réfolution du 16
Août.

S. M. le Roi de Pruffe remettra à VV. HH. PP. comment Elles
trouveront bon de fe reffentir contre ledit Confeil de cette desobéiffance
à trois de leurs ordres confécutifs, vu que leur autorité eft trop intéres-
fée pour fouffrir que ce Confeil, qui doit, fuivant fon propre titre &
l'autorifation de VV. HH. PP., dépendre uniquement de leurs ordres,
ne fuit par-tout que trop ceux de S. A. Madame la Princeffe Douairiére
de Naffau, & jusqu'à prendre ouvertement parti contre S. M., même
dans une affaire auffi jufte que celle de l'accès au Greffe & communication
desdits Papiers, Piéces & Chartres de la Succeffion d'Orange, que S. M.
a demandé en tout droit & dans l'égalité entiére avec S. A. Mr. le
Prince de Naffau, quoique VV. HH. PP. ne l'ayent encore accordée
provifionnellement qu'en partie. Mais le Roi de Pruffe apprenant que
ledit Confeil, fous les prétextes d'une proteftation par Notaire à lui infinuée de la part de S. A. Madame la Princeffe, & de fes inftances réitérées auprès de VV. HH. PP., comme ledit Confeil le fit notifier hièr
audit Miniftre, il a trouvé bon de demander de nouveau l'éclairciffement & ordre de VV. HH. PP., fi malgré ladite oppofition réitérée
par S. A. Madame la Princeffe il doit encore obéir auxdits ordres de
VV. HH. PP.; S. M. n'en pourra inférer qu'une manifefte partialité dudit Confeil pour contrecarrer, en faveur de S. A. Mr. le Prince de
Naffau, tout ce qui eft le plus jufte & même autorifé par VV. HH. PP.
à l'égard des droits de S. M. concernant ladite Succeffion, dont le même Confeil vient de donner des marques évidentes en ce qui s'eft paffé à
Bruxelles, à l'égard des Biens & Terres de la Succeffion d'Orange fituez en Brabant: De quoi le fouffigné Miniftre s'eft plaint par fon Mémoire du 3. du préfent mois de Septembre, fur lequel il n'a point encore eu de réfolution. VV. HH. PP. font trop équitables pour demander que S. M. confie plus longtems fes intérêts confidérables dans ladite Succeffion à des Adminiftrateurs qui s'oppofent en tout à lui, & ne
pas réconnoître que fa requifition fouvent faite eft bien fondée, favoir
qu'un Député de fa part foit admis au Confeil des Domaines pour voir
de quelle maniére les Effets de l'Hérédité, & en particulier ceux du
Prince Frédéric-Henri, apartemans fans contredit à S. M., font gou-
vernés par ce Confeil, qui même n'a point rendu compte de fon Adminiftration depuis la mort du feu Roi de la Grande-Bretagne, de
glorieufe mémoire.

S. M.

S. M. eſt d'autant plus fondée à inſiſter ſur cette requiſition, que Affaires de
la Suc-
cession
d'Oran-
ge. ce n'eſt que ſous les conditions expreſſes, contenues dans ſa Lettre à VV. HH. PP. du 11 Juin 1702, que S. M. a conſenti à l'adminiſtration proviſionnelle dudit Conſeil, ſavoir que le ſouſſigné Miniſtre, ou celui qui ſera ſubſtitué par lui, concoure de la part de S. M. à la-
dite Adminiſtration des Domaines, & qu'il ait accès aux Archives & Documens, le tout dans l'égalité avec S. A. Mr. le Prince de Naſſau. Que ſi leſdites conditions ceſſent, le fondement ſur lequel S. M. a conſenti à ladite Adminiſtration proviſionnelle, ordonnée par VV. HH. PP., ne pourra pas ſubſiſter non plus.

Le ſouſſigné Miniſtre prie très humblement VV. HH. PP. qu'en ré-
fléchiſſant ſelon leur haute prudence à ce que deſſus, Elles ne veuillent pas ſouffrir que leur dite Réſolution proviſionnelle du 16 Août à l'é-
gard de l'accès des Députez de S. M. aux Archives de la Maiſon d'O-
range, non plus que celle du 14 Août à l'égard du payement des Do-
meſtiques & de l'entretien des Maiſons qui appartiennent à l'hérédité du Prince Frédéric-Henri, laquelle demeure auſſi ſans effet, malgré les inſtances réitérées du ſouſſigné Miniſtre, ſoient rendues illuſoires par ledit Conſeil des Domaines, ſous prétexte des oppoſitions de S. A. Madame la Princeſſe, leſquelles ne doivent pas être alléguées contre des ordres exprès & réitérez de VV. HH. PP. Que ſi Elles trouvoient bon d'examiner encore de près l'article de l'Admiſſion d'un Député de S. M. au Conſeil des Domaines, du moins le ſouſſigné Miniſtre a lieu d'eſpérer que VV. HH. PP. voudront maintenir leur autorité, en faiſant ſortir un plein & entier effet à leur Réſolution dudit 16 Août, touchant l'Admiſſion de S. M. aux Archives, après qu'Elles y ont dé-
ja perſiſté deux fois, ne pouvant être que fort ſenſible à S. M. & d'u-
ne conſéquence trop préjudiciable à pluſieurs égards, ſi les oppoſitions de S. A. Madame la Princeſſe, jointes à celle du Conſeil des Domaines, peuvent arrêter l'effet des Réſolutions poſitives de VV. HH. PP., lorſqu'elles ne ſont pas convenables à leurs vues & à leurs intérêts. A la Haye le 18 de Septembre 1706.

Signé

W. B. de Schmettau.

Approbation pour un Inſpecteur du Péage à Grave, du 22 Septembre 1706.

REçu une Lettre des Conſeillers & Adminiſtrateurs établis par S.
M. le Roi de la Grande-Bretagne de glorieuſe mémoire, & au-
toriſez par une Réſolution de LL. HH. PP., en qualité d'Exécuteurs des Teſtamens du Prince Frédéric-Henri & de Sadite Majeſté, écrite ici à la Haye le 20 du courant, portant, que comme par la mort du Sr. Bagay, de ſon vivant Inſpecteur du Péage à Grave, cette charge ſe trouvoit vacante, & qu'il ſeroit néceſſaire de la remplir par quelque
per-

AFFAI-
RES DE
LA SUC-
CESSION
D'ORAN-
GE.

personne habile, lesdits Conseillers avoient jugé de leur devoir d'en
rendre compte à LL. HH. PP., & de leur donner à considérer, si Elles ne trouveroient pas bon d'aprouver qu'Engelbert de Gréve, présentement Echevin à Grave, fût établi en la place du défunt; puisqu'il re-
viendroit par là un avantage assez considérable à la masse de la Succession
de S. M. Britannique de glorieuse mémoire, par le fournissement d'une
reconnoissance à la Trésorerie de deux cens cinquante florins par an, chaque fois au 1 Octobre précisément, demandant là-dessus l'approbation
de LL. HH. PP. Sur quoi ayant été délibéré, il a été trouvé bon &
arrêté, que l'établissement dudit Engelbert de Greve pour Inspecteur
du Péage à Grave sera aprouvé, comme il est aprouvé par la présente,
moyennant qu'il fasse serment, qu'outre ladite reconnoissance il n'a promis ni donné aucun présent, & qu'il n'en promettra ni n'en donnera point dans la suite.

*Plainte des Bateliers sur la Meuse contre le Péage de Gennep, du
28 Septembre 1706.*

LU à l'Assemblée la Requête des Bateliers & Marchands respectifs
qui trafiquent sur la Riviere de Meuse, portant, que S. M. le Roi
de Prusse cherchoit d'introduire à la Maison de Gennep tel Droit de péage qu'il avoit cédé, il y a plus de vingt ans, à S. M. Britannique, qui
depuis ce tems-là avoit fait recevoir ce péage à Grave Qu'eux Supplians se trouvoient tellement chargez par tant de gros impôts, & par
toutes les exactions, concussions & excès que ces Péagers commettent,
que s'ils devoient encore payer cette double prétention jusqu'ici inouïe
de ce nouveau péage de Cléve à Gennep, comme en effet on avoit
déja commencé, les Marchandises seroient envoyées par terre, au
grand préjudice de tous les Péages respectifs, & à la ruïne totale
des Supplians, qui seroient obligez d'abandonner leur trafic sur la Meuse, si l'on n'y mettoit promtement ordre, y ayant déja quantité de
Vaisseaux chargez qui devoient rester à Dordrecht; priant pour ces
raisons que LL. HH. PP. veuillent diriger les choses de sorte qu'eux
Supplians soient une fois pour toutes exents de ce péage de Cléve,
soit à Grave ou à la Maison de Gennep. Sur quoi ayant été délibéré,
les Seigneurs Députez de la Province de Hollande & de Westfrise ont
pris copie de ladite Requête, pour la communiquer plus amplement aux
Seigneurs Etats leurs Principaux: & malgré cela il a été trouvé bon &
arrêté d'en remettre une copie entre les mains du Sr. de Laet &
autres Députez de LL. HH. PP. pour les affaires de la Succession de S.
M. le Roi de la Grande-Bretagne de glorieuse mémoire, afin d'entrer
là-dessus en conférence avec le Sr. de Schmettau, Plénipotentiaire de S.
M. Prussienne, & de le prier qu'il veuille effectuer par ses bons offices,
qu'il ne soit fait aucun changement à l'égard dudit péage, mais qu'il soit
laissé à Grave, & de faire raport de tout ici à l'Assemblée.

Mé-

Mémoire du Miniftre de Pruffe touchant Turnhout, du 30 Septem- tembre 1706.

HAUTS ET PUISSANS SEIGNEURS,

AFFAI-
RES DE
LA SUC-
CESSION
D'ORAN-
GE.

Mémoi-
re tou-
chant
Turn-
hout.

L E fouffigné Miniftre de Sa Majefté le Roi de Pruffe a follicité auprès de VV. HH. PP. une Réfolution fur fon Mémoire du 3
Septembre contre le Confeil des Domaines de feue S. M. le Roi de la
Grande-Bretagne de glorieufe mémoire, ayant repréfenté pour cet effet
par des raifons & des fondemens folides, que le Roi de Pruffe ne peut
point confentir que ledit Confeil étende, comme il fait préfentement en
Brabant, fon pouvoir & fon adminiftration fur les Biens d'Orange fituez
hors du Territoire de l'Etat des Provinces-Unies, & priant VV. HH.
PP. de ne point appuyer en ceci ledit Confeil de leur autorité, fur laquelle le Sr. Pefters Auditeur de ce Confeil fe fonde dans fes procédures devant le Confeil de Brabant. C'eft dans ce même tems que ledit
Sr. Pefters & ledit Confeil caufent un nouveau & plus fenfible grief au
Roi de Pruffe: car agiffant de concert avec la Partie adverfe de S. M.,
& étant apparemment encouragez par une interdiction provifionnelle
obtenue à Bruxelles fur un faux énoncé, & fans avoir entendu les
Confeillers & Miniftres de S. M. munis de fon pouvoir, ils entreprennent de mettre auffi la Baronie de Turnhout fous le pouvoir & l'administration dudit Confeil des Domaines, en y faifant des Notifications &
Ordonnances imprimées pour ne refpecter que les ordres dudit Confeil.

Ce procédé oblige le fouffigné Miniftre, en vertu des ordres pofitifs
qu'il a reçus du Roi fon Maitre, de repréfenter ici très-humblement &
en abrégé à VV. HH. PP., qu'ayant été négocié de la part de la Couronne d'Efpagne avec le Prince Frédéric-Henri de glorieufe mémoire,
fur la ceffion de Turnhout, par le Traité du 8 Janvier 1647, cette Baronie fut, dans le Traité fuivant du 27 Décembre 1647 fait avec le
Prince Guillaume II, effectivement cédée & donnée par ladite Couronne au profit de S. A. Madame la Princeffe Douairiére d'Orange;
que cette Princeffe en a été inveftie, & l'a poffédée tranquillement fa
vie durant; ,, qu'Elle en a difpofé par fon Teftament fait le 7 Sep-
,, tembre 1674 avec Octroi du Roi d'Efpagne, daté du 18 Août de
,, la même année, en ordonnant que fon Petit-Fils le Prince Guil-
,, laume d'Orange, depuis Roi d'Angleterre, prendroit & tien-
,, droit ladite Baronie & tout ce qui en dépend, à charge & condition
,, qu'elle demeureroit liée d'un Fidei-commis par Primogéniture, fe-
,, lon la coutume des Fiefs en faveur des Enfans & Defcendans lé-
,, gitimes dudit Prince: Que faute de tels Enfans & Defcendans la-
,, dite Baronie retomberoit aux quatre Filles de ladite Dame Teftatri-
,, ce, & à leurs Enfans & ultérieurs Defcendans par repréfentation,

Tome XIV. H h ,, pré-

Affai-
res de
la Suc-
cession
d'Oran-
ge.

„ préférant toujours l'ainée suivant les Coutumes Féodoles, comme
il paroit par l'Extrait ci-joint dudit Teſtament, & encore par le Regître du droit de grand Sceau de S. M. Catholique en Brabant, ledit
Octroi en Original devant ſe trouver dans les Archives communes de
la Succeſſion d'Orange.

Perſonne ne peut douter, que le dernier cas de ladite diſpoſition ne
ſoit arrivé par le décès de ſadite Majeſté le Roi de la Grande-Bretagne
ſans avoir laiſſé des Deſcendans, & que cette Baronie ne ſoit ainſi dévolue en plein droit & ſans aucune difficulté à S. M. le Roi de Pruſſe,
comme Fils unique de la Fille ainée de la Princeſſe Emilie Douairiére
d'Orange, n'y ayant que S. A. Madame la Princeſſe Douairiére d'Anhalt, comme la ſeule des quatre Filles qui reſte en vie & a ſurvécu ledit feu Roi : Et comme elle vouloit ſous titre de droit d'Aineſſe faire
prétenſion à ladite Baronie, ſi celui de la repréſentation n'eût pas eu
lieu, en quoi Madame la Princeſſe de Naſſau ſembloit l'appuyer, le Roi
pour prévenir toute dispute avec une Tante qui lui eſt ſi chére, &
dont S. M. fait toute l'eſtime poſſible, elle a bien voulu s'accommoder avec
ladite Princeſſe Douairiére d'Anhalt par une tranſaction confirmée par
S. A. le Prince d'Anhalt-Deſſau ſon Fils, dont il a été fait notification à VV. HH. PP. il y a plus de trois ans: En vertu de laquelle
tranſaction tout le droit de ladite Princeſſe Douairiére d'Anhalt, tant
ab inteſtat qu'autrement, regardant la Succeſſion d'Orange, & en particulier Turnhout, a été cédé à S. M., il eſt évident qu'après cette ceſſion le droit de S. M. à l'égard de Turnhout a été rendu tout-à-fait
inconteſtable. Auſſi S. A. Madame la Princeſſe Douairiére de Naſſau,
reconnoiſſant du moins le droit de Madame ſa Mére, avoit déja renvoyé à elle le Sr. van den Broek, Chef Ecoutête & prémier Officier
de Turnhout. De plus ladite Princeſſe a auſſi avoué elle-même dans un
de ſes Ecrits preſenté à VV. HH PP. en date du 13 Novem-
„ bre 1702., que la Baronie de Turnhout n'a jamais apartenu à
„ aucun des Princes d'Orange, mais qu'elle a été originairement cé-
„ dée à la Princeſſe Douairiére d'Orange, qui en a diſpoſé par
„ ſon Teſtament. C'eſt par le même principe que ladite Baronie n'eſt
point entrée, ni n'a été miſe en compte dans les projets de partage,
qui durant la négociation d'un accommodement ont été faits du côté de
ladite Princeſſe Douairiére de Naſſau, & qui même ont été ſignez de
ſa main: Vu que cette Baronie, étant comme elle eſt, ſéparée des
Biens ſur leſquels on étoit en différend, il n'y avoit en effet aucune
matiére de conteſtation, & ainſi les Parties n'avoient aucun lieu ni intention de faire entrer Turnhout dans l'accommodement. On ne pourra
pas objecter de la part dudit Conſeil, que S. M. ayant conſenti, par ſa
Lettre du 11 Juin de l'année 1702, à ſon adminiſtration proviſionnelle,
Turnhout y doit être compris: Car outre que ledit conſentement a été
donné ſous des conditions expreſſes qui n'ont point été accomplies, & dans
l'intention de faciliter un accommodement proviſionnel, dont on traitoit
alors

alors, l'intention de S. M. n'a point été d'étendre cette administration hors du Territoire de l'Etat, & moins encore sur Turnhout, qui n'est point soumis à l'exécution Testamentaire de VV. HH. PP.

Par ce que dessus S. M. a tout lieu d'espérer de l'équité de VV. HH. PP., qu'Elles voudront bien convenir de son droit clair & incontestable sur la Baronie de Turnhout, & que cette Terre n'appartient pas à la Succession d'Orange, dont on est en dispute: Que de plus ladite Baronie n'est pas comprise dans les Testamens du Prince Frédéric-Henri & du feu Roi de la Grande-Bretagne, dont VV. HH. PP. sont Exécuteurs; mais qu'elle est échue au Roi de Prusse par un troisiéme Testament de la Princesse Emilie, dont VV. HH. PP. ne sont ni n'ont jamais été Exécuteurs, les Srs. Beaumont Held & vander Goes ayant été établis en cette qualité par ladite Princesse Emilie, & ayant rendu déja leurs comptes & délivré les effets héréditaires en l'année 1676, dont ils ont reçu leur décharge par quitance de tous les cinq Héritiers. Tout ceci étant évident, S. M. se persuade que VV. HH. PP. desapprouveront entiérement le susdit procédé du Sr. Pesters & du Conseil des Domaines à l'égard de Turnhout : d'autant plus que ledit Conseil ne pouvant pas, par les bonnes raisons contenues dans le Mémoire du 3 Septembre allégué ci-dessus, étendre son administration hors du Territoire de l'Etat, il le peut faire encore avec moins de prétexte sur la Baronie de Turnhout, qui ne provient pas, comme il a été dit, des Testamens dont VV. HH. PP. sont Exécuteurs. Ainsi comme le principal de leur exécution n'a point lieu à l'égard de Turnhout, l'administration dudit Conseil qui en dépend, ne le doit pas avoir, non plus. Enfin VV. HH. PP. sont priées très-instamment de la part de S. M., de vouloir bien ordonner expressément audit Conseil, qu'il fasse cesser ses atteintes outrageantes faites à la possession de S. M., prise notoirement de ladite Baronie de Turnhout, & de ce qui en dépend, avant le commencement de cette guerre, & qui sa part, après que la confiscation de l'Ennemi eut cessé, fut aussi renouvellée par un Acte solemnel : Tous les Officiers & Magistrats de ladite Baronie ayant prêté serment de fidélité ordinaire à S. M., comme il est à prouver par ce qui s'est passé à cet égard. C'est aussi par ces fondemens incontestables que Mr. de Hymmen, Conseiller Privé de S. M. & son Plénipotentiaire à l'égard des Biens de la Succession d'Orange situez en Brabant, s'est trouvé obligé, & par ordre exprès de S. M., de faire à Turnhout des défenses contraires à la demande du Sr. Pesters, & d'y maintenir par tous les moyens convenables la possession de S. M. contre ledit attentat du Sr. Pesters & du Conseil des Domaines, qui d'ailleurs, comme il n'est que trop connu, profite de toutes les occasions pour donner du chagrin à S. M. A la Haye ce 30 Septembre 1706.

W. B. DE SCHMETTAU.

H h 2

Ex-

*Extrait du Testament de la Princesse Amélie, Dou-
airiére d'Orange, en date du 7 Septembre 1674.*

APrès cela, que notre Petit-Fils le Prince d'Orange prendra &
tiendra la Seigneurie de Turnhout avec tout ce qui en dépend de
la même maniére que nous la possédons, rien excepté ni réservé: comme aussi que ce même Prince poursuivra tout le droit que nous avons
en vertu du Traité de Munster, contre le Roi d'Espagne, tant pour
l'augmentation des revenus de Turnhout qu'autrement, à charge & condition qu'elle demeurera liée d'un Fidei-commis par primogéniture, selon la coutume des Fils, en faveur des Enfans & Descendans légitimes
dudit Prince: & faute de tels Enfans & Descendans ladite Seigneurie
retombera à nos quatre Filles, & à leurs Enfans & ultérieurs Descendans par représentation, préférant toujours l'Ainée suivant les Coutumes Féodales.

*Mémoire du Baron de Schmettau, touchant les Domestiques & Maisons
de Frédéric-Henri, du 30 Septembre 1706.*

HAUTS ET PUISSANS SEIGNEURS,

COMME le Conseil des Domaines de feue S. M. le Roi de la Grande-Bretagne de glorieuse mémoire, n'a point encore mis en effet
la Résolution positive de VV. HH. PP. du 14 Août, regardant l'entretien nécessaire des Domestiques & Maisons du Prince Fridéric-Henri, de glorieuse mémoire, apartenans à S. M. le Roi de Prusse, ni celle du 16 Août, qui concerne l'Admission provisionnelle d'un Député de sadite Majesté aux Archives & Chartres dudit Prince & à ceux de
Neufchâtel, quoique réitérée par deux fois, & ainsi ne devant pas être
traversée par la seule opposition de S. A. Madame la Princesse Douairiére de Nassau; le soussigné Ministre du Roi de Prusse se raportant en
ceci à son dernier Mémoire du 8 de ce mois, prie très-humblement VV.
HH. PP. de lui donner là-dessus leur Résolution, & aussi celle touchant
l'article de l'Admission d'un Député de la part de S. M. au Conseil des
Domaines, afin qu'Elle soit informée aussi-bien que S. A. Madame la
Princesse de Nassau, de quelle maniére les Effets de l'Hérédité, & en-
particulier ceux du Prince Frédéric-Henri, apartenans sans contredit à
S. M., sont administrez, vu que ledit Conseil n'a pas encore rendu
compte de son administration depuis la mort de feue S. M. le Roi de la
Grande-Bretagne. Sur quoi le Ministre soussigné se remet, avec la permission

sion de VV. HH. PP., à ses Mémoires du 12 & du 15 Août. A la
Haye ce 30 Septembre 1706.

Affai-
res de
la Suc-
cession
d'Oran-
ge.

Signé

W. B. de Schmettau.

*Mémoire du Miniſtre de Pruſſe touchant le Péage de Gennep, du 1
Octobre 1706.*

D E eo non eſt quæſtio, an verbis ſatis efficacibus donatio Telonii in
Gennep ab Electore Frederico Guilielmo Regi Magnæ Britanniæ
facta ſit nec ne? Sed de eo quæritur, num ſimpliciter facta an ad perſonas quasdam reſtricta ſit, tum an valeat? Ex inſtrumento autem donationis conſtat eam factam fuiſſe Regi ejusque poſteris, quibus verbis ad
perſonas reſtringitur, proinde ut cum emphyteuſis, quæ ſuâ naturâ ad
omnes hæredes pertinet, ſi emphyteutæ ejuſque poſteris datur, ad alios
hæredes pervenire non poteſt, quam qui inſtrumento conceſſionis com-
prehenſi ſunt. Idque in omni conceſſione uſu venit, ut quoties in ali-
quem & ejus poſteritatem conferunt, ſinguli poſterorum æque ac ipſi
vocati intelligantur, iis vero extinctis res ad concedentem redeat, cum
reſtricta donatio non niſi reſtrictum effectum habere poſſit.

Eſſe autem donationem collatam in Regem ejuſque poſteros (1.) ex
ipſis verbis donationis liquet, quæ ſic concepta ſunt: *Doen oock het ſelve
cederen en overgeven voorgemelte Tol en Licent-geregtigheyt tot Gennep op
de Maaſe, &c. aen* NB. *ſijner Lifden en deſſelfs Naekomelingen uyt kracht
deſes Briefs.* (2.) Ex ingreſſu inſtrumenti & cauſa donationis, ubi ita lo-
quitur Sereniſſimus Donator: *Ende ons daar by beſtandig verſeekert houden,
dat ſijne Lifden allemael tegen ons en de onſe onveranderlijck ſullen conti-
nueren, ende dat tuſſchen ons ende onſe voorſaten ten allen tyde gecultiveert
werde goede verſtandenis ende oprechtige grondhertige vertrouwen op* NB.
*beyderſeyts Huyſen ende poſteriteyt ſal werden voortgeplant, ſoo hebben wy,
&c.*

Quibus verbis ibidem & donatio ad poſteros expreſſè reſtricta, & cauſa reſtrictionis addita eſt, ſcilicet ut & ipſi hujus beneficii nexu devincti
eſſent ad mutua amicitiæ officia ac foedera, quæ tota donationis cauſa
poſteris deficientibus vel extinctis ceſſat. Gratis itaque allegantur verba illa, quæ deinceps ſubjiciuntur, *En ſal ſijne Lifden nogh deſſelfs Erf-
genaemen ende Naerkomelingen hier in nog van ons, nogh iemand anders ee-
nige de minſte verhinderinge niet geſchieden, &c.* Quia ex antecedenti-
bus evidentiſſimum eſt, quos hæredes intelligat, ſcilicet poſteros ſeu des-
cendentes, quorum amicitiam & amicitiæ foedus Donator affectabat, &
quorum cauſâ donationem ſe facere initio teſtatus erat: quia & ſex ipſis

Hh 3

AFFAI-
RES DE LA
SUCCES-
SION
D'ORAN-
GE.

allegatis verbis id conftat, ubi vox *Naekomelingen* adjungitur, & vocem *hæredum* neceffario reftringit, alioquin enim fi hæredes in genere etiam teftamentarii intelligerentur, manifefta pugna & contradictio effet: Pofteris enim inftrumento donationis nominatis & vocatis, non poteft iis res adimi & ad extraneos hæredes transferri, cum donatio ipfis æquè ac primo donatario facta, & illis quoque ex inftrumento jus quæfitum fit.

Nec facit, quod porrò excipitur, plenam difponendi facultatem conceffam effe donatariis, *erffelyck en in eygendom foo als fulcks immermeer te recht kan of mag gefchieden, alfoo en in dier voegen, dat fijn Lifden met defelve Tollen en Licenten fal mogen handelen, doen en difponeren, als met deffelfs eygen inkomen, &c.*

Etenim hæc conceffio primum limitatur ex ipfa natura donationis, quæ cum expreffè limitata fit, non poteft non limitata quoque intelligi facultas Donatario conceffa, & neceffariò reftricta ad naturam & legem donationis, quâ cum vectigal non nifi Regi & Regis pofteris conceffum fit, eorum perfonas egredi non poteft. Nec fanè credendum eft Sereniffimum Electorem beatiffimæ memoriæ Principem, fummum fui Ducatus ad Mofam conterminum Ducatui fluvium vectigal, folo in Principes Araufionum affectu datum, ita donaffe, ut jus hoc Regale Ducatus in extraneos, & potentiffimos quoque Principes, quin & Domui fuæ infeftos alienari ac transferri poffet.

Quæcunque vero fuerit Donationis fententia, certum eft eam neutiquam jure fubfiftere, nec potuiffe hæc vectigalia alienari in præjudicium fucceforis. Primum enim id inde conftat, quia ad Domania Principis feu Ducis Clivenfis pertinent. Bona autem Domanialia conftituta funt in Principatibus ad fuftinendas neceffitates Principis, tuendam Dignitatem, & in genere in ipfius familiæque Principalis alimenta, quæ fi pactis posfefforum imminui, fenfimque aliquid inde detrahi ac delibari poffet, brevi Domanium ita confumeretur, ut vel nova femper Domania Principum conftituenda fucceffori vel huic in fummâ egeftate ac inopiâ vivendum effet, tantum abeft ut habiturus effet, unde fe, familiam dignitatemque exhibere poffet; ut adeo imprimis & meritò Domaniorum alienatio notiffimo Imperii jure in Principatibus planè interdicta, & fucceffori Bona Domanialia & quafi alimenta fua vindicare & revocare integrum fit. Id vero omnium maxime procedit, cum vectigalia funt in Domanio Principis, etenim omnia vectigalia præfertim fluminum funt Imperii, & tanquam Imperii beneficia ab Imperio recognofcuntur; & quemadmodum abfque confenfu Imperii, nec ab ipfo Imperatore conftitui, nec conftituta augeri, ita minus alienari præfertim extra Imperium poffunt: legibus enim Imperii, & jam olim Reformat: Polit: Sigifmundi Imperatoris tit: *von Zollen* expreffè fancitum eft, neminem poffe habere vectigalia, fed qui habent recognofcere ea ab Imperio debere. Vectigalia quippe funt nervi Principatûs, quæ cum remittere Nero vel intempeftivâ vel fictâ indulgentiâ vellet, ipfe Senatus apud Tacitum interterceffit. Hæc enim funt inter ipfa fuperioritatis territorialis jura, quæ alienare à Principatu neutiquam permiffum eft.

Accedit denique, quod fpecialiter quoque pactis majorum gentilitiis in Domo Brandenburgicâ & Clivenfi, omnis rerum, quæ ad Principatum pertinent, alienatio prohibita fit, quæ, uti neceffum videbitur, exhiberi poffunt. Cæterum Reg. Maj. Boruf. non iis tantum, fed & notorio jure Imperii ac Principatuum, quin & ipfo inftrumento donationis illiufque expreffâ reftrictione nititur. Nec in rebus alienari prohibitis, ubi alienationes ipfo jure nullæ funt, nec quæ jure Majorum competunt, fucceffor factum Defuncti præftare tenetur.

AFFAIRES DE LA SUCCESSION D'ORANGE.

Réfolution fur la Lettre du Roi de Pruffe, pour avoir accès aux Archives de la Succeffion, du 6 Octobre 1706.

R Eçu une Lettre de S. M. le Roi de Pruffe, écrite à Charlottenbourg le 27 du mois paffé, tendante à ce que la Réfolution de LL. HH. PP., pour donner accès à S.M., ou à fes Plénipotentiaires, aux Documens & Chartres qui regardent certains Biens de la Succeffion de S. M. le Roi de la Grande-Bretagne de glorieufe mémoire, puiffe fortir fon effet; comme auffi que les Confeillers autorifez pour l'adminiftration des Biens de ladite Succeffion n'ayent point à fe mêler de ceux qui font fituez dans les Pays-Bas Efpagnols, & particulièrement de Turnhout; & dans une Apoftille datée du 28, S. M. demande que LL. HH. PP. veuillent retirer leur Garnifon de Meurs, le tout plus amplement mentionné dans ladite Lettre & le *Poftfcriptum.* Sur quoi ayant été délibéré, il a été trouvé bon & arrêté, qu'on remettra copie de cette Lettre entre les mains de Madame la Princeffe Douairiére de Naffau, pour informer LL. HH. PP. de fes intérêts à ce fujet. Et qu'outre cela on délivrera auffi copie de ladite Lettre aux Srs. de Laet & autres Députez de LL. HH. PP. pour les affaires de la Succeffion, afin de voir & examiner tout, & d'en faire raport ici à l'Affemblée. Les Srs. Députez de Zélande ont pris copie de cette Lettre, pour la communiquer plus amplement aux Seigneurs Etats leurs Principaux.

Réfolution touchant les Archives de laSucceffion.

Affai-
res de
la Suc-
cession
d'Oban-
ge.

*Mémoire de Mr. de Schmettau concernant Turnhout, du 9 Octo-
bre 1706.*

HAUTS ET PUISSANS SEIGNEURS,

Mémoi-
re tou-
chant
Turn-
hout.

ON a repréfenté à VV. HH. PP. tant par la Lettre de S. M. le
Roi de Pruffe du 28 Septembre, que plus amplement dans le
Mémoire de fon fouffigné Miniftre du 30 dudit mois, le tort manifefte
qu'a le Confeil des Domaines de feue S. M. le Roi de la Grande-Bretagne, de vouloir tirer par fon Auditeur le Sr. Pefters la Baronie de
Turnhout fous fon adminiftration, vu que cette Terre ne provenant pas
des Teftamens dont VV. HH. PP. font Exécuteurs, mais d'un Tiers,
favoir de la Princeffe Emilie Douairiére d'Orange, dont VV. HH. PP.
ne font ni n'ont jamais été Exécuteurs; S. M. avoit lieu de s'attendre
de l'équité de VV. HH. PP., que par les raifons alléguées dans fadite
Lettre, & dans le Mémoire de fon Miniftre, il plairoit à VV. HH. PP.
d'interdire audit Confeil des Domaines fa prétendue adminiftration de
Turnhout; d'autant plus que VV. HH. PP., auffi bien que S. A. Madame la Princeffe Douairiére de Naffau, ont déja reconnu le Fidei-
Commis de ladite Princeffe Emilie par l'extradition de la Maifon du
Bois nommé l'Oranjefaal & du grand Collier de perles, la Baro-
nie de Turnhout étant de la même condition, & le feu Roi de la
Grande-Bretagne n'ayant poffédé ces trois articles que fous titre de
Fidei-Commis qui a été ouvert aux fubftituez après qu'il a été décédé fans laiffer de poftérité: auffi ledit Roi n'a, fuivant l'Extrait ci-
joint, reconnu le Fief de Turnhout qu'en vertu de l'inftitution comprife dans le Teftament de ladite Princeffe Emilie. Mais comme ladite
Lettre & Mémoire ont été mis en commiffion, & qu'entre tems le Sr.
Pefters a entrepris d'envoyer des Affiches imprimées à Turnhout, voulant de fait étendre fur cette Baronie l'Apoftille du Confeil de Brabant,
quoique feulement donnée par provifion à l'égard des autres Biens d'O-
range fituez en Brabant, & venans des Teftamens du Prince Frédéric-
Henri & du feu Roi de la Grande-Bretagne, ce qui n'eft point du tout
applicable à Turnhout, ledit Confeil des Domaines ne pouvant prétendre de garder provifionnellement l'adminiftration de cette Baronie qu'il
n'a point, que S. M. poffède actuellement, & à l'égard de laquelle ni la
charge d'Exécuteurs Teftamentaires, moins encore celle d'Adminiftrateurs n'a aucun lieu: Le fouffigné Miniftre eft obligé de prier de la part
du Roi fon Maitre VV. HH. PP., qu'au cas qu'Elles ne fuffent pas encore d'accord avec S. M. fur l'article de ne point étendre leur exécution & adminiftration Teftamentaire au-delà des bornes du Territoire
de l'Etat, que du moins il plaife à VV. HH. PP. d'interdire expreffément & fans délai audit Confeil des Domaines & au Sr. Pefters ledit attentat

Affai-
res de
la Suc-
cession
d'Oran-
ge.

tentat fur Turnhout, renvoyant au Juge compétent cette affaire, comme tout-à-fait différente du cas des autres Biens d'Orange fituez en Brabant. Ladite interdiction eft d'autant plus jufte & néceffaire, que fi le Sr. Pefters vouloit venir à Turnhout, comme il en fait courir le bruit, & y ufer des voies de fait pour en prendre poffeffion, S. M., qui la tient actuellement & au fusdit titre clair & manifefte, ne pourra que s'y maintenir en toute maniére; & ainfi on pourroit entrer là-deffus en troubles & en collifion, ce que S. M. fouhaite d'éviter par cette repréfentation faite à tems.

A La Haye ce 9 d'Octobre 1706.

Signé

W. B. de Schmettau.

Réfolution touchant Turnhout.   *Du* 13 *Octobre* 1706.

ON a reçu une Lettre des Confeillers établis par S. M. le Roi de la Grande-Bretagne de glorieufe mémoire, & autorifez par la Réfolution de LL. HH. PP. en qualité d'Exécuteurs des Teftamens du Prince Frédéric-Henri & de fadite Majefté, écrite ici à la Haye le 12. du courant, contenant en conféquence, & pour fatisfaire à la Réfolution de LL. HH. PP. du 9. d'auparavant, leur raport fur le Mémoire préfenté à LL. HH. PP. par le Sr. Baron de Schmettau, Plénipotentiaire de S. M. le Roi de Pruffe, par lequel il avoit demandé que l'adminiftration & poffeffion de la Baronie & des Domaines de Turnhout fuffent laiffez à S. M. Sur quoi ayant été délibéré, il a été trouvé bon & arrêté, qu'on remettra copie de ladite Lettre entre les mains du Sr. de Laet & autres Députez de LL. HH. PP. pour les affaires de la Succeffion de S. M. de la Grande-Bretagne de glorieufe mémoire, afin de voir & examiner tout, & d'en faire raport ici à l'Affemblée.

Le 13. *Octobre* 1706.

ON a lu à l'Affemblée le Mémoire du Sr. Hemmema, Confeiller Privé & Plénipotentiaire de S. A. la Princeffe Douairiére de Naffau comme Mére & Tutrice de fon Fils mineur le Prince Jean-Guillaume-Frifo de Naffau-Orange, portant qu'il avoit appris par bricole, que LL. HH. PP avoient pris depuis peu de jours fucceffivement plufieurs Réfolutions. La prémiére le 1 d'Octobre fur un Mémoire de Mr.

AFFAI-
RES DE
LA SUC-
CESSION
D'ORAN-
GE.

le Baron de Schmettau du 30 Septembre dernier, touchant l'Exécution
Testamentaire & l'Administration des Biens qui appartiennent à la succession de S. M. de la Grande-Bretagne de glorieuse mémoire, situez
hors de la domination de cet Etat. La seconde, le 2 du même mois
d'Octobre, sur un autre Mémoire dudit Baron de Schmettau du 1 de
ce mois, concernant le Droit de Péage de Gennep. Et enfin la troisième, le 6 du même mois, sur une Lettre de S. M. Prussienne en date
du 27 Septembre, contenant divers points. Que lesdits Mémoires de
Mr. le Baron de Schmettau du 30 Septembre & 1 Octobre avoient été
remis en même tems entre les mains de Madame la Princesse, & du
Conseil de feue S. M. pour informer LL. HH. PP. de leurs intérêts
respectifs; & que la Lettre de S. M. Prussienne avoit été envoyée à Madame la Princesse seule, sans que lui, Conseiller Privé, eût eu encore le moindre avis qu'Elle eût reçu lesdits Mémoires, Lettres & Résolutions, apparemment parce que Madame la Princesse étoit partie pendant ce tems là pour l'Allemagne; priant pour toutes ces raisons plus amplement détaillées dans ledit Mémoire, que LL. HH. PP. veuillent
bien ne se point arroger aucune disposition sur cette affaire, qui appartient à la Justice ordinaire, mais bien de l'y renvoyer, ou du moins en
tout cas n'ordonner rien sur ce sujet, avant que l'information demandée
des intérêts de Madame la Princesse soit arrivée. Sur quoi ayant été
délibéré il a été trouvé bon & arrêté, qu'on remettra copie dudit Mémoire entre les mains du Sr. de Laet & autres Députez de LL. HH.
PP. pour les affaires de la Succession, afin de voir & examiner tout, &
d'en faire raport ici à l'Assemblée.

*Résolution sur la Spécification de ce qui convient à l'Etat touchant la
Succession. Du 8 Octobre 1706.*

Résolu-
tion sur
ce qui
convient
à l'Etat
touchant
la Suc-
cession.

LE Sr. de Laet & autres Députez de LL. HH. PP. pour l'affaire
de la Succession de S. M. le Roi de la Grande-Bretagne de glorieuse mémoire, ayant, en conséquence de leur Résolution Commisso-
riale du 30 Janvier, examiné quels Biens il conviendroit à quelques Provinces, ou à l'Etat en général, de tirer de la masse de
l'Hérédité contre des équivalens raisonnables, ont rapporté que la
Hollande juge que c'est Gertruidenberg & le Clundert; la Zélande, Flessinge & Terveer; & qu'eux Srs. Députez étoient d'avis qu'il
conviendroit encore à l'intérêt de l'Etat d'avoir Breda, Willem-
stad, Steenbergen, Grave & le Pays de Cuyk, avec un libre passage des
Troupes de l'Etat par les Comtés de Lingen & Meurs, comme aussi
qu'il n'y soit fait aucun nouvel Ouvrage de Fortification; & que tous
les Différends que l'Etat ou quelque Province peuvent avoir à l'égard
des Biens de ladite Succession soient accommodez préalablement *simul &*
se-

femel. Sur quoi ayant été délibéré, il a été trouvé bon de prier les Srs. Députez des Provinces de Gueldre, d'Utrecht & d'Overyſſel, de vouloir déclarer ce qu'ils jugent convenir à leurs Provinces en particulier, ou à l'Etat en général. Ceux de Friſe & de Groningue ont déclaré n'avoir aucun ordre de rien exiger pour ce qui conviendroit à leurs Provinces ou à l'Etat; & les Srs. Députez de Friſe ont en particulier, par rapport à Veere & Fleſſingue, perſiſté ſur la Lettre que les Srs. leurs Principaux ont écrite à ce ſujet à LL. HH. PP.

AFFAI-
RES DE
LA SUC-
CESSION
D'ORAN-
GE.

AFFAIRES DE FLANDRE.

Vendredi, 22 *Octobre* 1706.

ON a reçu une Lettre des Srs. Députez à l'Armée, portant qu'ils jugent néceſſaire que 100 ou 150 hommes des Huſſars de Bellanitz ſoient gardez cet hiver au ſervice, & que vers la fin du mois ils ſe rendent à la Haye. Sur quoi ayant été délibéré, il a été trouvé bon qu'on remettra copie de ladite Lettre, pour autant qu'elle regarde les Huſſars, entre les mains du Sr. de Laet & autres Députez de LL. HH. PP. pour les Affaires Militaires, afin de voir & examiner tout, & d'en faire rapport à l'Aſſemblée. Qu'au reſte les Srs. Députez peuvent revenir lorſqu'ils jugeront que cela ſe pourra faire ſans préjudicier au Service de l'Etat.

AFFAI-
RES DE
FLAN-
ERES.

L'Armée Ennemie sous le Commandement des Maréchaux de Villeroy & Boufflers.

Premiére Ligne

80 Rangs Grands Mousquetaires, Gens d'armes, Gardes du corps, faisant en tout Escadrons	20
Deux Regim. Espagnols	4
Royal Allemand	3
	27

L'Infanterie	Bataillons
Orleans	2
St. Suplice Italien	1
Bolonois	1
Alsace	4
Gardes à pied	4
Gardes Suisses	3
Charolois	1
Furstemberg	1
Avissillon	2
Picardie	2
Bretagne	1
Languedoc	2
	24

Cavalerie	Escadrons
Berry	2
Likerke	2
Farante	2
Tolmans	2
Touloufe	2
Daras	2
Quentin	2
Carabiniers 24 Rangs	6
Garde de Baviere	2
	22

Dragons	
Ferrare	3
Walanzar	3
Du Chobon	3
Du Roi	3
La Générale	3
	15

Infanterie	Bataillons
	24
	30
En tout	54

Seconde Ligne

Cavalerie	Escadrons
Le Roi	3
Beauclair	2
Crequi	2
Grovencous	2
Fuente	2
Laraber	2
Frolair	2
Maine	2
Meurs	2
Egmont	2
2 Regim. Espagnols	4
	25

Infanterie	Bataillons
Royal	1
Zurlaube	1
Cambresis	1
La Faille	2
Villars Suisse	3
Essy Suisse	3
Meyer Suisse	3
Brand Suisse	3
Grader Suisse	3
Agenois	1
Sparr	2
Beauvoisis	1
Don Guenno	2
Brie	1
Querrois	1
Bigorre	1
Fusiliers	1
	30

Cavalerie	
Tulongeon	2
Roofe	2
Sicile	2
Baer	2
Belleporte	2
De Tourneau	2
Furstemberg	2
Torigny	2
Royal Etranger	3
	19

Cavalerie	Escadrons
	27
	22
	25
	19
Dragons	15
En tout	108

Lis-

§ LE MARÉCHAL D'ARCO.

Duc de V| Rouffi, Egmont, Souternon, Gaffion.

Levi, |mte d'Evreux, Prince Talmon, Puifegur

Prémiére Ligne.

Dragons.

Notaf { Le Roi, Aquaviva, Notaf }

Cavalerie.

{ Maifon du Roi, Gendarmerie }

Lévidans { Vaudrai, De Mareft, Heider, Courcillon }

Sliimur { Cano, Gaffé, Touloufe, Royal étranger. }

Belle { Pafteur, Ritbourg, fond { Metz Delaryft

Du Rofe Chemeraux, Prince Chimai, Rohan, Magnac,

C Sparre, Trulongeon, Boufeolles.

Seconde Ligne.

Dragons.

Ferrare { Royan, Lefpare, Ferone }

Cavalerie.

Rofen { Royal Piemont, Aubuffon, Rofen, Caetani }

Kembert { La Boulaye, Bellefond, Toulongeon }

Nugen { Nugen, Latour, Ligondez }

{ Chasfouril, Pourieri }

Ordre de Bataille de l'Armée de France en Flandre en 1706.

S. A. E. DE BAVIERE,
MR. LE DUC DE VENDOME, Lieutenans-Généraux.
LE MARECHAL D'ARCO.

Duc de Villeroi,   Mornay,   du Rofel,   d'Antin,   Liancour, Duc de Guiche, Biron, Artagnan. Maréchaux de Camp.   Rouff, Egmont, Souternon, Gaffion.

Caftres,   Villars,   Monroux.

Levi,   Milan,   Arco.   Comte d'Evreux, Prince Talmon, Puifegur

Première Ligne.

Cavalerie.

Notal { Le Roi, Aquitaine, Notef

Marion du Roi, Gendarmerie

Lévidan { Vaudui, De Méuil, Heder, Courcillon

Cuao, Gaffé, Sibnur { Touloufe, Royal étranger.

Gardes de Cologne, Gardes de Baviere

Infanterie.

Du Barc { Le Roi, Cliar

La Marcq { Poitou, La Mrcq

Algerfoul { Royal Roussillon, R. Paler

Mompefu { Gardes Françoifes, Suiffes

Arpajoux { Nivernois, Charoft

Alfize { Defandes, Kenber { Royal

St. Maurice { Maurice, Boumonville

Seive { Béarn, Picardie

Cavalerie.

Frioula { Fauren, Cra vani, La Mottie, Vrioula

Livri { Le Maure, Livri, Krox

Santini { Arco Cologne, Porte, Couraffiers

Carabiniers, Carabiniers Gardes, Gardes d'Espagne, Archi gardes Cologne, Archegardes Bav. Grenadiers Archegardes 1

Dragons.

Belle { Puifeur, Ritbourg, Iiard { Metz Delaryfl

Du Rofel, Puifegur, St. Maurice, la Chaftre
Birkenfeldt, Leide, Charoft, Sefanris, Monteraux. Maréchaux de Camp. Lieutenans-Généraux
Chemersux, Prince Chimai, Robin, Magnac, Sparre, Trulongeon, Bouffolles.

Confians, Ribaucour, Ridberg

Seconde Ligne.

Dragons.

Ferrate { Royan, Lefpare, Feronce

Cavalerie.

Rofen { Royal Piemont, Aubufon, Creceni

Kenber { Royal, La Baulye, Beffefond

Nogen { Toulongeon, Latour, Ligondez, La Cintorie

Apelaier { Egmont, Tarnau, Conde

Infanterie.

Panloys { Leide, Lacrn

Mouchy { Lorraine, Auxerrois

De Beuf { Balhines, Hofilon

P. Grimaldi { Bouferan, P. Grimaldi

Mai { Villars, Mai

Buffon { Calelus

Nuffau { Luxembourg, Nuffau

Lerega { Xaintonge, La Fraile

Orfing { Guiene, Wemel

Monmorency { Monroux, Cruaiere, Conde

Cavalerie.

Beringhen { Sommeri, Tourelle, Mcolta

Cofta { Doutefem, Locatelli, Caval Montauban

Mortani { Dubllol, Fredine, Fontaine, Royal Allemand

Dragons.

Chafbouril, Fouract

Liste des Morts & des Blessez de l'Armée des Alliez à la Bataille de Ramillies le . . . . l . . .

Liste des Morts & des Blessez de l'Armée des Alliez à la Bataille de Ramillies, le 23. de Mai 1706.

CAVALERIE.

	Colonels.		Lieut. Colonels.		Majors.		Capitaines.		Lieutenans.		Cornettes.		Bas Officiers.		Caval. & Drag.		Chevaux.	
	Morts.	Blessez	Morts	Blessez	Morts	Blessez	Morts	Blessez	Morts	Blessez	Morts	Blessez	Morts	Blessez	Morts	Blessez	Morts	Blessez
De l'Aile droite.	1	2	0	0	1	2	2	7	0	7	2	10	3	2	114	227	307	104
De l'Aile gauche.	1	1	0	1	2	1	5	11	4	11	1	10	2	7	131	230	415	131
Des Carabiniers.	0	0	0	0	0	0	1	1	2	2	1	2	0	3	42	95	103	46
Des Gardes.	0	0	0	0	0	1	1	0	0	1	0	2	2	1	11	35	28	20
Des Dragons.	0	0	0	2	1	0	1	5	0	6	0	4	1	5	45	108	137	50
Total - - -	2	3	0	3	4	3	10	24	6	27	4	28	8	18	343	695	990	351

	Morts.	Blessez.
Officiers	34	106
Soldats	343	695
En tout	377	801

INFANTERIE.

	Colonels.		Lieut. Colonels.		Majors.		Capitaines.		Lieutenans.		Enseignes.		Bas Officiers.		Soldats.	
	Morts	Blessez	Morts	Blessez	Morts	Blessez	Morts	Blessez	Morts	Blessez	Morts	Blessez	Morts	Blessez	Morts	Blessez
Des Gardes.	3	3	1	3	2	3	9	37	7	47	7	38	18	64	625	1461
	0	0	0	0	0	0	0	1	0	2	1	2	0	6	16	129
Total - - -	3	3	1	3	2	3	9	38	7	49	8	40	18	70	641	1590

	Morts.	Blessez.
Officiers	48	176
Soldats	641	1590
En tout	689	1766

	Morts.	Blessez.
Tous les Officiers, tant de la Cavalerie que de l'Infanterie	82	282
Tous les Soldats, Cavaliers, Dragons, & Fantalins -	984	2285
Total	1066	2567

AFFAIRES DE FRANCE ET D'ITALIE.

Lettre de Paris, du 8 Novembre 1706.

LE Roi dit avanthier à table, que la Reine d'Espagne étoit retournée à Madrid, à la grande satisfaction de tout le monde. Ensuite, le Roi dit, que son Petit-Fils avoit jusqu'ici suivi ses conseils, & s'en étoit bien trouvé. Qu'à cette heure il vouloit suivre l'exemple de son Petit-Fils, qui épargnoit jusques sur les Dépenses de sa Cour, pour s'en servir à soutenir le faix d'une Guerre si onéreuse. Ce discours allarme tout le monde, & chacun appréhende d'être compris dans la Réforme qui doit suivre cette Annonce.

Le Duc de Berwick a pris Elche, & a remporté outre cela plusieurs petits avantages capables de traîner l'espérance des Ennemis, & même de les faire échouer : d'autant plus qu'on a avis que la Flotte qui devoit apporter le secours, a été dispersée par un coup de vent.

Médavi se met en état de défendre Mantoue, Crémone, Ostiglia, Rovère jusqu'au Printems, auquel on lui a promis du secours sous le Commandement de Monseigneur le Duc d'Orleans. Les Recrues se font moitié par les Officiers, moitié par les Edits du Roi, de lever du monde par Diocése. Quoique cette voie soit capable d'achever le nombre des Recrues, ce ne sont pourtant pas les hommes, quoique rares, qui la rendent difficile, mais le manque d'argent qui augmente tous les jours.

Il se répand un bruit que Minorca s'est déclaré pour le Roi Charles ; mais on ne peut encore le croire ; & on y envoie des Troupes & des Munitions pour prévenir ce changement.

Etat des Quartiers dans lesquels l'Infanterie de Monseigneur le Duc d'Orleans est distribuée.

A Oulx le Quartier-Général de Fenestrelles à la Vallée St. Martin

	Bataillons.			Bataillons.
Bourgogne	2	La Marche		2
Montmorency	1	Vendôme		1
Du Fort	1	Hainaut		2
Mignon	1	La Fére		1
Périgord	1	Farne		1
Menont	1	Royal Vaisseaux		3
Tournesis	2	Marcilly		1
Bezançon	1	Bugei		1

22
Dans

Dans le Briançonnois

	Bataillons.
Royale Artillerie - -	2
Croeey - - -	1
Royal Comtois -	2
Figeraldi - -	1
Berwick - -	1
Royal la Marine - -	2
Quercy - - -	1
Bourck - - -	1
Galmoi - - -	1
	12

A Vienne.

	Bataillons.
Louigni Efpagnol -	2
Bavarois - -	1
	3

A Doult.

Gaflon - - -	1
	1

A Romans.

Tourraine - - -	2
	2

A Valence.

Damas - - -	1
La Fere - - -	1
	2

A Suze.

Piemont - - -	3
Rouergue - -	2
	5

Depuis Suze jusqu'à Mont-genévre.

Normandie - -	3
Beauffe - - -	1

	Bataillons.
Angoumois - -	1
La Saare - -	1
Frouley - -	1
Orleannois - -	2
Breffe - - -	1
Brie - - -	2
Teffé - - -	2
Cordes - -	1
Flandois - -	2
Sanecy - -	2
	19

Savoye.

Auvergne - -	2
La Reine - -	3
Beauvoifis -	1
Gatinois -	1
Lionnois - -	2
Bafigni -	1
La Marine - -	3
La Feuillade -	2
Daufin - -	1
Berry - -	1
Les autres font pris.	
	17

Tarentaife Perche.

Miroménil - -	1
Dillon - -	1
Bretagne - -	1
Cambrefis -	1
Anjou - -	2
Vaudreuil - -	2
Châteauneuf -	1
Louigni François -	2
	11

Somme Totale 94 Bat.

Let-

*Lettre de Mr. d'Andrefelle Intendant des Armées du Duc d'Orleans.
Du Camp de Turin, du 27 Août 1706.*

NOs prémiéres Troupes arrivent aujourd'hui en ce camp, & après-demain toutes celles que nous menons de Lombardie y feront. Le tout avec celles de l'Armée de Piemont fera cent Bataillons & cent dix Efcadrons au moins.

Son Alteffe Royale coucha hier à Crefcentin. Mr. le Duc de Savoye eft du côté d'Albe, à la rencontre du Prince Eugéne avec deux mille Chevaux & 5 à 6000 hommes d'Infanterie; y compris fes Milices; en forte que leur Armée fera environ de 20000 hommes de pied, & de 10000 chevaux effectifs. Nous verrons le parti que prendra S. A. R. fi Elle les attendra dans les Lignes, ou fi après avoir laiffé fes Troupes abfolument néceffaires pour continuer le Siége, Elle marchera à eux.

Mr. le Duc de la Feuillade fit attaquer hièr la Demi-lune & les Contregardes. On emporta ces ouvrages; mais comme il y avoit une Redoute dans la Demi-lune dont on ne put fe rendre maitre, & que Mr. Bertrand Ingénieur qui conduifoit l'attaque fut d'abord bleffé, on ne put fe foutenir dans la Demi-lune, & après trois heures que dura le feu, on fut obligé de l'abandonner. On a refté toute la nuit dans les contregardes; mais comme les logemens n'avoient pu s'y perfectionner, & qu'on étoit vu en revers par la Demi-lune, les deux Compagnies des Grenadiers qui y étoient n'ont pu réfifter à l'effort des Affiegez, qui les ont reprifes ce matin. On travaille à faire de nouvelles difpofitions pour les attaquer de nouveau, mais ce ne fera que quand S. A. R. fera arrivée.

Le Sr. Cambon qui a rendu Goito fans tirer un feul coup, & fans même être attaqué, ayant cru faire merveille de fauver fa Garnifon qui a été conduite à Mantoue, eft en prifon à la Citadelle par ordre de S. A. R., qui a demandé permiffion au Roi de le faire mettre au Confeil de Guerre, dont il fera apparemment traité comme il le mérite.

Autre Lettre du Camp devant Turin, du 28 Août 1706.

QUOIQUE les Ennemis ayent fait fauter plufieurs fois nos Batteries de la Paliffade, on n'a pas laiffé de faire brèche, & avanthier à une heure & demie de la nuit, nous attaquames & primes les deux Contregardes & la Demi-lune qui eft entre deux. On n'a pu garder cette derniére, la brèche étant trop difficile à monter pour les Travailleurs avec des Gabions, & étant défendue par une Redoute qui eft à la gorge, ce qui fit qu'on ne fe logea que fur la brèche. Mais hier au matin les Ennemis à moitié ivres font venus attaquer ces mêmes
Ou-

Ouvrages, & les ont emportez. Si nous avions eu les préparatifs néces-
faires pour les logemens, on les auroit repris fur le champ. On y avoit
fait marcher les Grenadiers de l'Armée, le Régiment de Normandie &
les Dragons Dauphins que l'on renvoya, ayant remis cette entreprife à ce foir ou à demain. Il faudra reprendre le tout à la fois, ne pouvant conferver les Contregardes fans la Demi-lune. Un de nos Capitaines de Grenadiers en eft revenu avec le Capitaine & cinq hommes.
Mr. le Prince Eugéne continue fa route, & joindra dans peu fon
Coufin le Duc de Savoye. Mr. le Duc d'Orleans eft arrivé aujourd'hui
avec une partie de fes Troupes, dont le refte fuit. Nous verrons quelle tentative fera Mr. le Duc de Savoye avec fon gros renfort. Nous
fommes prêts à les bien reçevoir, & je fuis perfuadé qu'il ne fera tout au
plus que retarder la prife fans pouvoir l'empêcher. Les Troupes de Mr.
le Duc d'Orleans montent la Tranchée, & l'on donne un peu de relâche aux
nôtres jufqu'à nouvel ordre. Le Prince Eugéne marche fur le Tan-
naro du côté de Dagaye & d'Albe, pour joindre dans la Plaine de Car-
magnolle, & Mr. le Duc d'Orleans eft venu par les côtés de Chyvas
en deça du Pô.

Quelques Particularitez de la Bataille de Turin, en Sep-
tembre 1706.

LE Duc d'Orleans eft bleffé au bras gauche, dont on croit qu'il fera
eftropié, & a une autre bleffure au haut de la cuiffe. Il a eu vingt-
deux coups de moufquet fur la cuiraffe. Marfin bleffé à la cuiffe a été
fait prifonnier, & en la lui amputant il eft mort dans l'opération. L'Abbé de Grancey, Aumônier du Duc d'Orleans', a été ici, auffi bien que
Mr. Villier le Mainier, d'Aubeterre Maréchal de Camp, de Bonelle,
de Manu, Mrs. de Maulevrier, de Perche & de Feneterre. Mr. de
Bonneval, de Canade, Firmarcon & le Chevalier de Chatillon bleffez,
Tilladet & Mennecillet perdus. Les Chevaux de 10 Regimens Dragons
qui avoient mis pied à terre, font perdus. Les morts font Dauphin, Belle-
Ifle, Vaffe, Verrac, Bellabe, Hautefort, Firmarcon, Lautrec, Languedoc
& Borelli. Le Duc d'Orleans s'eft plaint de plufieurs Officiers, entr'au-
tres du Lieutenant-Colonel du Regiment d'Anjou, qui fur les ordres du
Duc n'a pas voulu donner, & à qui le Duc a fabré un coup par le
vifage.
La Confpiration de l'Abbé de Guifcard eft découverte, & on a trou-
vé les armes que les Coupables avoient cachées dans leurs maifons.
On recommence à tuer des gens dans les Sevennes.

AFFAIRES D'ESPAGNE.

*Relation de la derniére Campagne de l'Armée des Alliez en Ef-
pagne, telle qu'elle a été envoyée de Londres, avec des Lettres de Valence contenant l'éclairciffement de plufieurs faits,
dont on n'avoit pas été affez diftinctement informé.*

Campa-
gne des
Alliez en
Efpagne,
en 1706.

LE 24 du mois de Juin, la Ville de Madrid voyant aprocher l'Armée
des Alliez, commandée par le Marquis das Minas & le Comte de
Galloway, fe foumit au Roi Charles III. On envoya d'abord divers
Exprès & plufieurs Partis de Cavalerie au Roi d'Efpagne, les uns par
la voye de Valence, & les autres par l'Arragon, pour preffer Sa Majefté
de venir à fa Capitale, & d'amener autant de Troupes qu'Elle pourroit; parce que l'Armée des Ennemis, qui avoit fait le Siége de Barcelone, marchant à grandes journées par la Navarre pour revenir dans
la Caftille, & le Corps que commandoit le Comte de las Torres ayant
joint le Duc de Berwick, ainfi qu'avoient fait les autres Troupes qu'ils
avoient dans les autres Provinces, il étoit néceffaire d'affembler auffi
toutes nos Forces, pour conferver notre fupériorité, ou du moins pour
empêcher que les Ennemis ne nous furpaffaffent en nombre. Sa Majefté Catholique ayant été proclamée à Madrid, plufieurs Villes confidérables fuivirent cet exemple, & fe déclarérent pour Elle. Cependant,
le Duc d'Anjou s'étoit retiré à Antiença, à 20 lieues de Madrid,
& à l'entrée des Montagnes de la Vieille Caftille, où il avoit 5000
Chevaux & 16 Bataillons.

Les Efpagnols commencérent alors à faire paroître leur inquietude,
n'ayant aucune nouvelle certaine de la marche du Roi, ni qu'aucunes
Troupes vinffent pour nous renforcer. Cette longue abfence de Sa Majefté caufa plufieurs raports, qui refroidirent l'affection des uns, & dé-
couragérent les autres. Quelques Prêtres à Madrid & à Tolede, ayant
affuré publiquement que le Roi Charles étoit mort & qu'ils l'avoient
vu embaumer, plufieurs Officiers des Troupes Efpagnoles qui avoient
promis de fe déclarer pour Sa Majefté Catholique, manquérent de parole, croyant que ces raports étoient veritables. Et fur les avis qu'on
eut que les François étoient arrivez en Navarre, plufieurs Habitans
d'Arevalos, où Dom Francisco Ronquillo Préfident de Caftille a une
Maifon, furent incitez à prendre les armes, & à leur exemple ceux de
Ségovie proclamérent derechef le Duc d'Anjou; Tolede, Ciudad-Réal
& le Pays de la Manche avoient fait la même chofe, ainfi que firent ceux
de Salamanque & du Pays aux environs; de forte que notre communication avec le Portugal fut coupée, ces Peuples croyant que les Alliez
feroient bientôt obligez par une force fupérieure à fe retirer.

Né-

Néanmoins, ces raports ayant caufé du tumulte parmi la Populace, les plus confidérables entre les Efpagnols étant perfuadez que les bruits de la mort du Roi étoient faux, & continuant à donner des affurances de leur fidélité envers le Roi Charles, nous ne doutions pas que fa préfence ne rétablît toutes chofes. Les nouvelles étant venues que Sa Majefté étoit arrivée à Saragoffe, & craignant que la cérémonie de fa Proclamation, & les fermens qu'on devoit lui prêter, ne l'arrêtaffent trop longtems, le Sieur du Bourguet Maréchal des Logis Général lui fût envoyé avec un gros Parti de Cavalerie, pour repréfenter à Sa Majefté l'état préfent des Affaires, & favoir affurément quelles mefures Elle avoit deffein de prendre.

Nos Généraux ne recevant point de réponfe, & étant informez que les Troupes Françoifes augmentoient aux environs d'Atienga, que les Peuples autour de nous commençoient à faire paroître ouvertement leur inclination pour le Duc d'Anjou, & qu'il arrivoit tous les jours du tumulte & du defordre à Madrid & à Toléde, fongérent à s'affurer de quelque pofte, pour conferver leur communication avec le Portugal, & où le Roi pût nous joindre avec fes Troupes. On jugea que Toléde étoit le lieu le plus propre pour cela, & on réfolut d'y envoyer inceffamment un gros Détachement, fous prétexte de punir les Habitans de cette Ville de leur rebellion, d'y établir un Magafin, & d'y mettre nos gros Bagages en fureté: Que le refte de l'Armée tiendroit la campagne, pour obferver les Ennemis, & fe retireroit à Toléde lorfqu'il feroit néceffaire. Ce Détachement compofé de 2000 Hommes de pied & de 500 Chevaux, commandé par le Lieutenant-Général de l'Artillerie, étoit prêt à fe mettre en marche le 25 du mois de Juillet, lorfqu'on reçut des Lettres du Roi d'Efpagne, donnant avis qu'il alloit commencer à marcher, & qu'il arriveroit le 28 à Molina; mais qu'étant obligé de paffer à 13 lieues des Ennemis, il nous prioit de couvrir fa marche: Que le Comte de Péterborough devoit le joindre, & que les Troupes s'avançoient vers nous avec toute la diligence poffible. Sur ces Lettres, on abandonna le deffein de fe retirer à Toléde, & il fut réfolu que nous marcherions aux Ennemis, dont le principal Corps étoit alors pofté à Xadraque, dans le deffein de les amufer de maniére qu'ils ne puffent envoyer aucun Détachement pour intercepter le Roi. Nous marchâmes donc vers eux. Le terrain étoit fi ferré, qu'il n'y avoit aucun moyen d'en venir à un Engagement général. Nous nous cannonâmes & efcarmouchâmes pendant trois jours. Mais nous étant aperçus que le nombre des Ennemis augmentoit continuellement, on réfolut de retourner au Pofte de Gaudalaxara, le Roi devant être alors hors de tout danger. Ce pofte fut jugé le plus propre pour couvrir la marche des Troupes qui devoient nous joindre, & pour éviter le combat, fi nous le jugions à propos, jufqu'à ce qu'elles nous euffent joint.

Le 1. Août, les Ennemis nous fuivant, les deux Armées étoient en vue l'une de l'autre. Nous campâmes proche de la Ville, y ayant une

Ri-

Riviere entre eux & nous; cet endroit étant le meilleur pour assurer notre jonction, & pour encourager nos Amis à Madrid.

Sur les nouvelles qu'on eut que les Troupes des Ennemis étoient jointes, & qu'ils venoient à nous avec une force supérieure, le Parti du Duc d'Anjou à Madrid leva le masque, & prit les armes contre les Amis du Roi Charles. Le 5. un Détachement de la Cavalerie ennemie entra dans la Ville. Quoi qu'il en soit, les principaux d'entre les Espagnols étoient encore en suspens, en attendant notre jonction & l'issue de toute cette Affaire.

Enfin, le Roi arriva le 8 à notre Camp, avec sa Compagnie des Gardes, 2 Régimens de Cavalerie, & 3. Bataillons, savoir deux Hollandois & un Italien. Le Régiment de Dragons de Milord Raby, une partie de celui de Pierce, un Bataillon Espagnol & un Allemand, arrivérent peu de jours après. On tint alors Conseil de Guerre, dans lequel il fut trouvé impraticable d'attaquer les Ennemis, vu qu'ils étoient avantageusement postez, & beaucoup superieurs tant en Cavalerie qu'en Infanterie; car ils étoient plus nombreux que nous de 25. Escadrons & de 13. Bataillons, & leurs Escadrons étoient plus forts & en meilleur état que les nôtres.

Le Comte de Péterborough, qui étoit venu avec le Roi, retourna à la Flotte. Après avoir ainsi demeuré plusieurs jours à la portée du Canon des Ennemis, & ayant consommé notre Fourage & nos Provisions, on résolut de marcher à Chincon & à Colmenar, pour garder ces Postes aussi longtems que nous pourrions, & nous servir de toutes les occasions dont la fortune nous favoriseroit. Nous y arrivâmes en deux jours de marche; & quoique les Ennemis remportassent quelques petits avantages sur nos Partis & nos Convois, nous demeurâmes près d'un mois dans ce Camp, où rien ne nous manquoit.

On trouva à propos, avant que les pluyes vinssent, de marcher vers les Frontiéres de Valence, & de disposer nos Quartiers de maniére que nous pussions couvrir l'Arragon, le Royaume de Valence & la Catalogne, assurer notre entrée en Castille, & conserver notre communication avec les Côtes de la Mer. Bienque les Ennemis se fussent vantez qu'ils nous préviendroient, & que les Peuples de presque tout le Royaume de Castille se fussent ouvertement déclarez, & eussent pris les armes contre nous, néanmoins nous vinmes à bout de notre dessein, malgré toute sorte d'opposition. Le 15 nous décampâmes de Chincon, & passâmes le Tage à Fonte Duénos, sans aucune interruption de la part des Ennemis, qui traversérent cette Riviere à 4. lieues au dessous de nous. Le 17 le Général Windham joignit l'Armée à Vélès, avec 3. Bataillons Anglois, & le Régiment de Cavalerie du Comte de Péterborough. Il nous aporta des Provisions de pain & de biscuit pour 4. jours.

Les Ennemis marchoient à quelque distance de nous avec toute leur Armée, ayant continuellement un bon Corps de Cavalerie à nos talons,

pour

pour nous obferver. Ils ne trouvérent pourtant pas à propos de nous engager, ni de nous incommoder dans notre marche. Mais le 25. de Septembre, le Duc de Berwick ayant affemblé toutes fes Forces & marché
toute la nuit, traverfa la Riviere Xucar, comme s'il avoit eu deffein de
nous attaquer dans une grande Plaine, à travers laquelle nous devions
paffer, pour gagner la Riviére Xabriel, & venir à nos Provifions que
nous avions laiffées à Réquéna. Il s'avança avec tant de diligence, que
fon Avant-garde parut dans la Plaine en même tems que nous; mais
notre Armée marcha en fi bon ordre & avec tant de réfolution, qu'il
n'eut aucune efpérance de nous engager avec avantage. Quelques Efcadrons de fes Troupes, qui voulurent nous attaquer, furent fi chaude-
ment reçus, qu'ils furent bientôt obligez de fe retirer en grand defordre. Il ne laiffa pas de nous fuivre jufqu'à la petite Riviere Imilta, où
notre Armée étoit formée, & où l'Ennemi eut une belle occafion d'en
venir à une Bataille décifive: mais ayant bien confidéré la contenance
& la difpofition de nos Troupes, il ne trouva pas à propos de l'entreprendre, & nous laiffa continuer notre marche fans aucun trouble. Il
faut ici rendre cette juftice à toutes nos Troupes, tant Officiers que Soldats, à celles des autres Alliez, & aux Portugais, qu'elles ont en toutes fortes d'occafions fait paroître beaucoup de courage & de promtitude
à faire tout ce qu'on leur a commandé: cela nous a mis en état de nous
foutenir au-delà de ce qu'on pouvoit attendre, vu les fatigues & les peines que nous avons eues dans ce ftérile Pays: ce qui, comme il faut l'a-
vouer, eft principalement dû à la fage conduite du Marquis das Minas &
du Comte de Galloway.

Nous continuâmes notre marche le même jour, & gagnâmes les bancs
de la Riviere Xabriel; & toute notre Armée eft depuis venue à fes
Quartiers, le long des Frontiéres de Valence & de Murcie. On a envoyé en Arragon un Détachement des Troupes du Roi d'Efpagne. Nous
avons mis des Garnifons dans Cuença, Réquéna & Cofrentes, par où
nous avons confervé une entrée en Caftille, nos Troupes étant difpo-
fées de maniére qu'elles pourront protéger les Pays qui fe font foumis au
Roi Charles: & fi nous fommes affiftez d'un bon renfort, ou qu'on
faffe quelque puiffante diverfion, qui oblige les Ennemis à affoiblir leur
Armée en faifant des Détachemens, nous avons encore beaucoup de fujet d'efpérer une promte & heureufe conclufion de la Guerre de ce côté-ci.

Les Lettres de Turin du 6 de ce mois, portent que S. A. Royale de Savoye avoit fait inveftir Cazal, dans le deffein d'en faire le Siege dans les
formes.

Les avis de Vérone du 9. marquent que les François avoient fait un
Détachement de Mantoue, d'environ 3000 hommes, qui étoit defcendu
fur le Pô, dans le deffein d'enlever quelque Artillerie, qui eft à Ponte
del Lago Ofcuro; mais que ce Détachement étoit retourné à Oftiglia,
fans avoir rien pu exécuter, à caufe des groffes eaux. Le Comte de Mé-

davi

davi a mis une partie de fa Cavalerie dans le Modenois, pour la faire
fubfifter plus commodément.

Les Lettres de Milan de la même date portent, que Milord Péterborough qui s'y étoit rendu, en étoit parti pour Turin ; que le Duc de
Savoye étoit allé de Pavie vers Cazal, pour faire le Siége de cette Place, pendant que le Prince Eugéne attaqueroit Valence ; & que le Château de Tortone fe defendoit encore. Le Prince de Heffe - Caffel étoit
à Milan incognito ; & on y attendoit dans peu le Prince Eugéne, pour
faire quelques Réglemens Militaires.

Les Lettres de Saxe du 17 de ce mois, difent que le Roi de Suéde
s'étant déclaré pour la Paix, on avoit dépêché un Exprès au Roi Augufte pour lui porter cette nouvelle, & que d'autres Couriers étoient
partis pour diverfes Cours de l'Europe. On ne publie pas encore les Articles de cette Pacification, que les uns étendent fort loin : d'autres la
reftreignent à la ceffion du Grand Duché de Lithuanie au Roi Staniflas,
à trois millions d'écus de contribution aux Suédois, & à la liberté des deux
Princes Sobieski. On écrit de Riga du 8, que le Czar fait le fiége de
la Ville de Wybourg.

Ordre de Bataille de l'Armée d'Espagne.

Prémiére Ligne.

Cavalerie

Lieutenans-Généraux de la droite, Ayrone, Caniano, Aguilar. Maréchaux de Camp. Montainegro, Pinto Funnis.

	Efcadrons.
Gardes du corps.	7
Rouffillon Nucuo	3
Armandaris	3
Caranazal	3
Aineffaga	3
Poffoblanes	3
Afturies	3
	25

Infanterie.

Le Roi Duc d'Anjou. Mr. le Duc de Berwick. Lieutenans-Généraux Geffy, D. Haure. Maréchaux de Camp. Métode, Lanair, D. Elual.

	Bataillons
Bataillons des Gardes	7
La Couronne	3
Teffé	1
Sillery	3
Charollois	2
Barrois	2
Reding	1
Mailly	2
	21

Cavalerie

Lieutenans-Généraux de la gauche. Le Gal, Canal. Maréchaux de Camp. Sifily, Seyba.

	Efcadrons
Rouffillon Viejo	3
Grenade	3
Soentiazo	3
Parabert	2
Villiers	2
Germinot	2
Valegran	2
Berry	3
	20

Seconde Ligne.

Cavalerie

Lieutenans-Généraux de la droite. Villaréal, Asfeldt. Maréchaux de Camp. Amandaris.

	Efcadrons
La Reine	3
Sanvinanfo	3
Sévilla	3
Ordenes	3
	12

Infanterie

Lieutenans-Généraux. Aineffaga, Labadie. Maréchaux de Camp. Manto, Vicenbello.

	Bataillons
Du Maine	3
Berwick	1
Morados	1
Murcia	1
Mádndy tenebron.	1
Narbaéo	1
Ponce	1
Delgadfy avila	1
Hous y Naboa	1
Pufnte	1
Palenfia	1
Sancta Crux	1
Chabes	1
Colarandos	1
Lis le de France	1
Oleron	1
La Sarre	1
	19

Cavalerie

Lieutenans-Généraux de la gauche. Soffeville. Maréchaux de Camp. Médinilla.

	Efcadrons
Milans	3
Ordénio Nuéco	3
Poffe pofts	2
Flépétie	3
Vignaux	2
	13

	Dragons
Grafton	3
Courtebonne	3
Ponville	3
	9

Total	
Bataillons	47
Efcadrons	79

R E.

Relation de ce qui s'est passé en Espagne sous la conduite de Mylord Comte de Péterborough. Sur-tout depuis la levée du Siége de Barcelone en 1706. Avec une Relation de la Campagne de Valence, traduite de l'Anglois.

1ª Relation
de la
condui-
te du
Comte
de Peter-
borough
en Espa-
gne en
1706.

ON peut dire que les plus illuftres Romains & les plus grands Héros d'Athènes, qui avoient rendu des fervices fignalez à leur Patrie, ont prefque toujours eu le fort d'en être mal récompenfez, & de voir que leurs plus belles Actions étoient noircies chez eux, & repréfentées fous un faux jour, par des Efprits malins, qui en recueilloient tout le fruit. C'eft le malheur que le Comte de Péterborough vient d'éprouver ici en Angleterre. Quoique les fervices qu'il a rendus en Efpagne, méritaffent que le Public lui érigeât une Statue, on les a déguifez fous des couleurs empruntées, & on l'a noirci lui-même de la maniére du monde la plus cruelle.

Tous les faux raports qu'on a femez contre lui, n'auroient pas fait la moindre impreffion fur l'efprit des gens un peu raifonnables, s'il eût voulu permettre à fes Amis d'informer de bonne heure le Public de toute fa conduite. Mais il a toujours paru fi délicat là-deffus, qu'ils n'ont pas ofé rompre leur filence, quoiqu'ils fuffent bien difpofez à lui rendre juftice, & qu'ils ne manquaffent pas de Piéces authentiques pour en venir à bout.

D'ailleurs, ceux qui avoient toujours été les témoins oculaires de l'aplication infatigable, & des fuccès prefque inouïs de Mr. le Comte, ne croyoient pas que les bruits mal-fondez qu'on avoit répandus à fon defavantage, puffent avoir un fi mauvais effet qu'ils l'ont trouvé depuis leur retour en Angleterre.

D'un autre côté, lorfque Mr. le Comte lui-même tournoit la vue fur les grands avantages qu'il avoit remportez, il ne pouvoit pas s'imaginer que fes Compatriotes auroient mauvaife opinion de lui. Mais après avoir remarqué fon erreur à cét égard, & vu qu'on en vouloit à fa réputation, il a donné à fes Amis la liberté de le défendre, & il leur a fourni diverfes Copies authentiques d'Ordres, d'Inftructions & de Lettres, afin qu'ils les employaffent de la maniére qu'ils jugeroient la plus convenable à fon fervice.

Je crois donc qu'il m'eft permis de communiquer au Public quelques-unes de ces Piéces, & de raporter ce que j'ai vu de mes propres yeux, durant le féjour que j'ai fait en Efpagne.

Mon unique but eft de juftifier une conduite, qui ne demande qu'à
être

être expofée naïvement pour être admirée, & de marquer ma gratitude à un Seigneur à qui j'ai les derniéres obligations.

On verra par-tout que Mr. le Comte n'oublia jamais fon devoir, &
qu'il mit tout en œuvre pour exécuter des deffeins qu'il n'avoit point
formez lui-même, & qu'il n'aprouvoit pas: qu'il fe joignit volontiers,
& qu'il agit de concert avec ceux qui avoient le Commandement en
chef, après qu'on eut mis les affaires fur un nouveau pied: en un mot,
qu'il ne fe propofa jamais que l'intérêt du Public, & qu'il tâcha de le
foutenir au péril de fa vie, qu'il fembla même prodiguer alors avec
moins de retenue, que dans le tems que l'Armée & la Flotte étoient
fous fa direction.

C'eft un fait que les Miniftres du Roi d'Efpagne, le Marquis das
Minas, Milord Galloway, & le Comte de Noyelles, ne peuvent révoquer en doute. Ainfi, quelque caufe qu'il y eût de notre revers de
fortune en Efpagne, il eft certain qu'on ne fauroit l'attribuer au Comte
de Péterborough, comme je le ferai toucher au doigt, par des preuves
inconteftables.

Les grandes qualitez de Mr. le Comte pour réuffir dans une entreprife de cette nature, font trop bien connues, pour demander que je
m'y arrête; & il me fuffira de dire, que l'événement a juftifié le choix
que la Reine en avoit fait.

La Prife de Barcelone, & fa Défenfe contre les Ennemis, font deux
Actions auffi glorieufes & d'auffi grande conféquence pour l'intérêt des
Alliez, qu'aucune autre qu'il y ait eu dans tout le cours de cette longue
& fanglante Guerre. On rendra juftice à Mr. le Comte, fi l'on avoue
que la prémiére eft uniquement due à fa bravoure & à fa conduite, &
que fans lui on ne feroit pas venu à bout de l'autre.

J'examinerai un peu en détail le Siége & la Défenfe de cette Ville,
dont le Public n'eft pas fans doute trop bien informé.

Lorfque Mr. le Comte fut campé devant Barcelone, il trouva que
les chofes étoient fur un tout autre pied qu'on ne les lui avoit repréfentées. Au lieu de 10000 hommes en armes qui devoient couvrir fa defcente, & renforcer fon Corps de troupes, il ne vit paroître que des Vivandiers & des Payfans qui portoient leurs denrées à vendre. Au lieu
d'une Place affoiblie, & difpofée à fe rendre à fon aproche, il y trouva
une bonne Garnifon prefque auffi forte que fon Armée. Malgré tous
ces obftacles, Mr. le Comte opina deux fois pour le Siége: mais on
peut voir par les Extraits des Confeils de Guerre, que nous allons donner, que c'étoit plutôt dans la vue de fatisfaire le Roi d'Efpagne, que
dans l'efpérance de réuffir.

*Dans un Conseil de Guerre, composé d'Officiers-Généraux, &
tenu à bord du Vaisseau de Sa Majesté la Bretagne à la
hauteur de Barcelone, le 16. Août V. S. 1705, où é-
toient présens.*

LE Comte de Péterborough, le Major-Général Cuningham, le
Major-Général Schratenbach, le Comte de Donnegal, le Brigadier
P. de St. Amant, le Vicomte Charlemont, le Brigadier Richard Gor-
ges, le Brigadier Jaques Stanhope, le Vicomte Shannon, le Colonel
Hans Hamilton Quartier-Maitre-Général, & le Colonel Charles Wills
Adjudant-Général.

,, Dans ce Conseil de Guerre tenu en présence de S. M. Catholique,
,, on nous a demandé s'il étoit à propos de former le Siége de Barcelo-
,, ne, & nous avons opiné d'une commune voix qu'il ne faloit pas l'en-
,, treprendre, pour les raisons suivantes.
,, 1. ,, Parce que tous les Déserteurs s'accordent à dire que la Garnison
,, de cette Place est du moins de 5000 hommes, & que la plupart d'en-
,, ti'eux soutiennent qu'elle va jusqu'à 6 ou 7000. 2. Parce que no-
,, tre Armée n'est forte que de 7000 hommes, en état de rendre ser-
,, vice.

*Voici les Délibérations d'un autre Conseil de Guerre, compo-
sé des mêmes Officiers-Généraux, & tenu au Quartier
du Major-Général Schratenbach, dans le Camp devant
Barcelone, le 22. Août V. S. 1705.*

,, APrès avoir bien examiné les deux Lettres du Roi d'Espagne,
,, datées de ce jour, on demanda au Conseil, s'il est à propos
,, d'attaquer vigoureusement cette Place. La négative l'emporta.
Cependant Mr. le Comte de Péterborough donna sa voix pour l'affirmative, & il en allégua les raisons suivantes.
,, 1. ,, Parce, dit-il, que je sai que la Reine ma Maitresse a une ami-
,, tié toute particuliére pour le Roi d'Espagne, je crois qu'il est de
,, mon devoir de lui marquer une extrême déférence, & de lui com-
,, plaire en tout ce qu'il me sera possible.
,, 2. ,, Parce que le Roi se flate que Barcelone se seroit rendu, si nous y
,, avions fait bréche, & que c'est ce qui l'engage à demander avec tant
,, d'ardeur que nous en formions le Siége.
,, 3. ,, Parce qu'à moins d'une défense expresse de la Reine, il n'y a
,, rien

„ rien qui m'empêche d'obéïr aux Ordres de S. M. Catholique.

Péterborough,

Par A. FURLY.

Résolutions d'un autre Conseil de Guerre, tenu le 25. Août V. S. 1705.

„ L'Attaque de Barcelone durant 18 jours, ne serviroit, selon moi,
„ qu'à perdre le tems & nos Troupes, ainsi je ne crois pas qu'on
„ la doive entreprendre.

HANS HAMILTON.

„ Je ne saurois consentir à la Proposition que le Roi fait d'attaquer
„ Barcelone pendant 18. jours, puisque c'est l'assiéger en forme.

SHANNON.

„ Nous sommes du même avis.

CLERMONT. RICH. GORGES. CH. WILLS.

„ Je me range à l'opinion du Roi, qui souhaite qu'on attaque Barce-
„ lone 18 jours de suite.

P. DE St. AMANT.

„ Je suis du même avis.

JAQUES STANHOPE.

„ Soit qu'on forme le Siége de Barcelone, ou qu'on ne l'attaque pas,
„ je donne ma voix pour l'affirmative.

PETERBOROUGH.

„ Je ne crois pas qu'on doive entreprendre le Siége de Barcelone,
„ pour les raisons que j'en ai déja dites & signées de ma main; cepen-
„ dant je suis prêt à obéïr aux ordres que je recevrai de mes Supérieurs.

HEN. CUNINGHAM. DONNEGAL.

„ Je persiste dans mon prémier avis, qu'on ne doit pas attaquer
„ Barcelone, & je ne voudrois pas y hasarder les Troupes des Etats;
„ mais si Milord Péterborough le veut entreprendre de son chef, je
„ l'y assisterai.

G. Baron DE SCHRATENBACH.

Par A. FURLY.

Ré-

Résultat d'un autre Conseil de Guerre, tenu au Quartier du Comte de Péterborough, le 26 Août V. S. 1705.

„ PUISQUE le Roi d'Espagne a résolu d'attaquer Barcelone durant
„ 18. jours, malgré toutes les raisons invincibles que nous lui a-
„ vons opposées; & que le Comte de Péterborough, notre Général,
„ est de l'avis de Sa Majesté, de même que les Brigadiers St. Amant
„ & Stanhope; nous sommes prêts à seconder les desirs du Roi, pour
„ l'exécution de cette entreprise.
„ D'ailleurs, puisque les Amiraux ont promis d'y employer 52. Piè-
„ ces de batterie, il est bien entendu qu'ils nous fourniront tout ce qui
„ en dépend, les Canonniers & les Hommes nécessaires.

Par A. FURLY.

Résultat d'un autre Conseil de Guerre, tenu au Quartier du Major-Général Cunningham, le 28 Août V. S. 1705.

„ APRES avoir soumis, avec beaucoup de répugnance, notre juge-
„ ment, énoncé dans trois Conseils de Guerre, & appuyé sur des
„ raisons invincibles, au Bon-plaisir de S. M., & au panchant de notre
„ Général, nous n'avons rien vu jusques-ici de tout ce qu'on nous avoit
„ fait attendre. Cependant l'Amiral Wassenaer nous a informé du
„ tems auquel il doit partir avec ses Vaisseaux, & le Général Hollan-
„ dois nous assure qu'il y embarquera ses Troupes. D'ailleurs, huit Dé-
„ putez des Catalans ont déclaré au Comte de Péterborough, qu'ils ne
„ pouvoient pas s'engager à lui fournir aucun nombre d'hommes, pour
„ s'exposer au feu, quelque part qu'on les mît; & nous avons témoigné
„ un extrême chagrin, de ce qu'on nous empêcheroit de rendre aucun
„ service considérable, pour nous amuser à une tentative inutile. Tout
„ ceci bien pesé, l'avis unanime de ce Conseil de Guerre est, qu'on ne
„ sauroit faire l'attaque de Barcelone, durant 18 jours; mais qu'on
„ doit rembarquer incessamment les Troupes pour aller au secours du
„ Duc de Savoye, où il y a plus d'apparence de réussir.

Par A. FURLY.

Nous voyons par-là qu'on avoit résolu de rembarquer les Troupes pour
aller en Savoye, & c'étoit aussi le prémier but qu'on s'étoit proposé dans
l'Expédition de Mr. le Comte. Quoi qu'il en soit, l'Auteur des Annales de
S. M., tout muni qu'il se dit de Piéces authentiques, avance là-dessus des
cho-

choses très-fausses & injurieuses à l'honneur de Milord. Il semble qu'il ait
pris à tâche d'extenuer tous les services qu'il a rendus au Public, & de
lui en ravir même la gloire, l'unique récompense qui lui reste de tous
ses travaux. Le Prince de Hesse lui suggéra si peu le dessein d'attaquer Montjoui, que Milord fut obligé d'en faire un secret à la Cour,
& d'ordonner même, pour le mieux couvrir, qu'on embarquât l'Artillerie & le Bagage du Roi; ce qui excita bien des murmures. Mais ceux
qui veulent attribuer la prise de Barcelone à tout autre qu'à Milord,
peuvent, avec la même justice, lui ôter la gloire de sa défense, & soutenir que cette Place ne fut redevable de son salut qu'à l'arrivée de la
Flotte.

Peut-être que le Public ne m'en saura pas mauvais gré, si je compa-
re ici, en peu de mots, ces deux Siéges de Barcelone. Lorsque nous
l'attaquâmes, la Garnison avoit deux fois plus de Cavalerie que nous,
& nous égaloit presqu'en Infanterie. Mais lorsque les François l'attaquérent, ils avoient une Armée de 24000. hommes, encouragez par la
présence d'un Roi, conduits par un Maréchal de France, & soutenus
par une Flotte, qui étoit sous les ordres de leur Grand Amiral. Les retranchemens & les ouvrages que les Ennemis firent en cette occasion,
étoient seuls capables de ruïner notre Armée, si elle en avoit entrepris
de pareils.

Quoi qu'il en soit, quand nous assiégeâmes cette Place, les 7000 hommes que nous avions, furent partagez en deux Corps, & l'un & l'autre si
heureusement postez, qu'ils ne souffrirent presque point de l'Artillerie des
Ennemis. L'un étoit couvert d'un Fort situé sur le rivage de la Mer,
& l'autre campoit dans un petit Vallon, où, bien qu'à portée de la
Mousquetterie des Murailles, il n'y avoit que les coups perdus des Mous-
quets Biscains, qui pussent l'incommoder. Les attaques se poussérent
avec tant de vigueur, qu'on étoit sur le point d'en venir à un Assaut
général, lorsque la Garnison capitula. Toute l'Europe fut étonnée de
ce prodige, & la Lettre que S. M. Catholique en écrivit à la Reine,
est un témoignage solemnel de la bravoure & de la bonne conduite que
Milord Péterborough y fit paroître.

Lettre du Roi Charles à la Reine de la Grande-Bretagne.

„ MADAME MA SOEUR,

„ JE n'aurois pas tardé jusques-ici à vous renouveller les assurances
„ de mes respects, si je n'avois attendu cette bonne occasion pour
„ le faire, & vous avertir en même tems que Barcelone s'est soumise
„ à moi par Capitulation. Il faut que je rende cette justice en général à
„ tous les Officiers & Soldats, qu'ils se sont très-bien acquitez de leur
„ devoir; & en particulier à Milord Péterborough, qui a marqué, dans
„ toute cette Expédition, une constance, une bravoure & une con-

„ duite, dignes du choix que Votre Majesté a fait de sa personne. Je
„ ne saurois trop me louer du zéle & de l'attachement qu'il a témoigné
„ pour mon service, & il ne pouvoit jamais m'en donner des preuves
„ plus sensibles. C'est là, Madame, l'état où se trouvent ici mes af-
„ faires, par le secours de vos Armes, & l'inclination de ces Peuples en
„ ma faveur. Après une marche de treize heures, les Troupes grim-
„ pérent sur des rochers, & franchirent des précipices, pour attaquer
„ un Château plus fort qu'une Place bien munie, & dont le Comte de
„ Péterborough vous a envoyé le plan. Lorsque la Ville se rendit,
„ il y arriva un tumulte, dont les suites auroient pu être funestes, si le
„ Comte de Péterborough n'y eût remédié par sa présence, & si les
„ Troupes de Votre Majesté n'y eussent observé une discipline & mis
„ en œuvre une générosité sans exemple: leur entrée sauva la Place,
„ & la vie de plusieurs de nos Ennemis. Il ne me reste qu'à vous re-
„ mercier de tout mon cœur, de la nombreuse Flotte, & des braves
„ Soldats que vous avez envoyez à mon secours. Je suis avec respect,
„ un attachement inviolable, & une reconnoissance fort sincére,

„ MADAME MA SOEUR,

Du camp de Sénia devant Bar-
celone, le 22 Octobre 1705.
'„ Votre très-affectionné Frére
CHARLES.

Si nous considérons à présent la défense & le secours de Barcelone,
nous verrons que la conduite & le courage du Comte de Péterborough
n'y ont pas eu moins de part que dans la conquête de cette importante Place. En cet événement, comme presque en tous les autres de son
expédition, il eut à surmonter de grands obstacles. Il ne fut pas longtemps à découvrir que le dessein des Ennemis étoit de reprendre cette
Ville, & pour en renforcer promptement la Garnison, il donna ordre
d'y faire marcher une partie des Troupes qui étoient dans Lérida : mais
elles furent contremandées, parce que la Cour jugeoit qu'on en vouloit plutôt à cette derniére Place. On appréhendoit même très-peu pour
Barcelone, malgré les avis redoublez du Comte, lorsque l'Armée du Duc
d'Anjou n'en étoit qu'à cinq lieues. Sur cela on le pressa fortement
d'abandonner Valence, pour aller au secours de la Catalogne. S'il avoit
fait ce que l'on exigeoit de lui, il se seroit engagé en des desseins té-
méraires, impossibles à exécuter, & qui auroient infailliblement causé la
ruïne des Troupes qu'il commandoit, & la perte même de la personne
du Roi. Dans de si grands embarras, ou plutôt dans des circonstances
où tout paroissoit si desespéré, il prit toujours les résolutions les plus sa-
lutaires, & par une prudence aussi heureuse pour lui-même que pour le
Public, il n'oublia jamais de s'assurer pour toutes ses démarches, du
COR-

confentement unanime des Officiers qui compofoient les Confeils de Guerre, & de mettre par écrit les réfolutions qui le faifoient agir. L'événement ne manqua jamais d'en juftifier la folidité. Il eut de fi bons avis de la pofture & des mouvemens des François, qu'il fe tint toujours fur la gauche de leur nombreufe Armée, & qu'il ne ceffa de les harceler, jufqu'à ce qu'après avoir fait une marche de fix ou fept lieues, il trouva le moyen d'envoyer toute fon Infanterie au fecours de la Place, fur 3 ou 400 bateaux qu'il avoit affemblez. Il prit fi bien fes mefures pour en venir à bout, que fes gens y arrivérent dans le même tems qu'on débarquoit les Troupes de la Flotte. Un renfort jetté fi à propos dans la Place, fut une des plus grandes mortifications que les Ennemis ayent eues, à la levée du Siège près, qu'ils abandonnérent bien vite.

Après la retraite des Ennemis, il fut réfolu par deux fois, dans un Confeil de Guerre général, où fe trouvérent tous les Miniftres d'Etat & les Officiers de l'Armée, que le Roi marcheroit du côté de Valence, & que Milord Péterborough prendroit les devans avec 6000 hommes, pour y difpofer les Peuples à recevoir S. M., & lui frayer le chemin jufques à Madrid.

Voici le réfultat de ce Confeil de Guerre, tenu à Barcelone le 18 Mai 1706, en préfence du Roi, l'Ambaffadeur de Portugal, du Comte de Péterborough, du Prince Antoine Lichtenftein, des Comtes de Noyelles & d'Ulefelt Maréchaux de Camp, des Amiraux Leake & Waffenaer, du Lieutenant-Général Windham, du Prince Henri Landgrave de Heffe, de Paul Methwin Ecuyer envoyé auprès du Duc de Savoye, de Mitford Crowe Ecuyer, du Brigadier Stanhope, des Amiraux Bings & Jennings, & de Don Francifco Zinzerling.

S. M. y fit les Propofitions fuivantes, favoir,

1. ,, Si l'on poufferoit la Guerre dans le Royaume d'Arragon, ou ,, dans celui de Valence?

2. ,, Quelles Troupes on employeroit en Campagne, & quel nom-,, bre il en faudroit laiffer pour la défenfe de la Catalogne?

3. ,, Quel train d'Artillerie eft-il à propos d'avoir, & comment fau-,, dra-t-il régler le Bagage?

4. ,, Quelles Places feront les plus commodes pour y faire des Ma-,, gafins, & comment les remplira-t-on?

5. ,, Par quelles Opérations faudra-t-il commencer, avec efpérance ,, de réuffir?

6. ,, En quel endroit S. M. s'arrêteroit?

7. ,, Où fera le Rendez-vous de l'Armée?

Le Roi finit fon difcours, en témoignant qu'il fe repofoit beaucoup fur la valeur & la prudence de tous les Généraux; & l'Amiral Leake déclara, au nom de tous fes Officiers, qu'ils étoient prêts à rendre tous les fervices qui dépendroient d'eux, pour ce qui regardoit la Marine. Après que chacun eut opiné, il fut réfolu, d'une commune voix, qu'on poufferoit avec l'Armée du côté de Madrid. Cependant, pour mettre

la

la Catalogne à couvert des infultes de l'Ennemi, on difpofa des Troupes de la maniére fuivante.

Troupes qui doivent refter en Catalogue.

Dans Barcelone.

	Hommes.
Le Régiment de la Marine de Wills, Anglois - - -	1000
Celui de Breton, auffi Anglois - - - -	500
Le Régiment de la Ville, ou du Roi - - - -	1000
Du Régiment de Cavalerie de Clariano - - -	150
	2650.

Dans Girone.

	Hommes.
Le Régiment des Fuziliers, Anglois - - - -	500
Celui d'Hamilton, auffi Anglois - - - -	500
Celui de St. Amant, Hollandois - - - -	600
Troupes ⎰ Celui de Don Jofeph Paguéra - - -	400
du Roi. ⎱ Celui de la Députation - - - -	400
Celui de Don Rafaël Nébot, Cavalerie - -	400
Celui de Téraga - - - - -	300
	3100

Dans Lérida.

	Hommes.
Le Régiment de Palms, Hollandois - - -	700
Celui de Jobias, Cavalerie - - - - -	150
	850

Dans Tortofe.

	Hommes.
Le Régiment de Don Antonio Paguéra - - -	500

Total des Garnifons en Catalogne.

Infantere - - -	6100.
Cavalerie - - -	1000.
En tout	7100.

Trou-

Troupes qui reſtent pour mettre en Campagne.

		Hommes.
Infan- terie.	Anglois, que Milord Péterborough envoie par mer à Valence - - - - - - -	1800
	Troupes qu'il y a dans ledit Royaume, inclus le Ré-giment d'Abumadia - - - - -	1200
	Le Régiment Napolitain de Caſtillione - - -	1000
	Celui de Colbatch, Anglois. - - - -	500
		4500

		Hommes.
Cava- lerie.	Les Gardes de Zinzendorf - - - - -	500
	Le Régiment de Morra - - - - -	500
	Ceux de Killegrew & de Cunningham - - -	1000
		2000

Pour l'Artillerie de l'Armée, il fut réſolu de prendre 14 Piéces de Campagne, 4 Canons du ſecond calibre, 2 Mortiers, de la Poudre, des Boulets, des Bombes, & autres choſes néceſſaires à proportion. A l'égard du lieu où S. M. s'arrêteroit, ce Conſeil de Guerre trouva bon qu'Elle s'avançât juſques à Tortoſe, afin qu'étant ſur les Frontiéres d'Ar-ragon & de Valence, Elle pût animer les Peuples par ſon voiſinage, & ſeconder le panchant qu'ils témoignoient en ſa faveur. On crut enfin que l'endroit le plus commode pour le rendez-vous de l'Armée, ſeroit tout auprès de Valence. Le Roi donna les mains à toutes ces Réſolutions, & l'on ne penſa d'abord qu'à les exécuter avec toute la diligence poſ-ſible.

Par Ordre de Sa Majeſté.

FRANC. ADELFO ZINZERLING.

Par A. FURLY.

Ce détail fait voir de quelle maniére on diſpoſa de toutes les Trou-pes que nous avions de ce côté de l'Eſpagne, & l'impatience où étoit Mr. le Comte de Péterborough de marcher vers Madrid. Il en avoit obtenu la Réſolution dans ce Conſeil de Guerre, & il en aſſembla un autre pour la confirmer. On ne doit pas oublier ici les ſoins & la fatigue que Milord ſe donna, pour avoir des Mules qui ſerviſſent à porter le

Bagage de l'Armée. Ce n'eſt pas tout : dans la vue de faciliter notre entrée en Caſtille, il envoya le Lieutenant-Général Windham avec un
Corps de 1500 hommes, pour aſſieger Réquéna, où il y avoit une
forte Garniſon capable de nous incommoder, & la ſeule, on peut dire,
qu'il y eût ſur la route juſques à Madrid. Mais quelle fut la ſurpriſe
de Mr. le Comte, lorſqu'il entendit que le Roi, dès ſon arrivée à Tar-
ragone, avoit changé tout le plan de ſa marche, & réſolu d'aller faire le
tour par Saragoſſe!

*Extraits de diverſes Lettres que Milord Péterborough écrivit
au Roi d'Eſpagne. De Valence le 5 Juillet 1706.*

„ Carthagéne s'eſt ſoumiſe ; il y avoit 500 hommes de Garniſon.
„ Réquéna a capitulé, & nous avons fait les Soldats priſonniers de
„ guerre. Le chemin d'ici à Madrid eſt ſi libre, que les Déſerteurs de
„ l'Ennemi viennent à nous, trois ou quatre à la fois. J'ai écrit au long
„ à Mr. Zinzerling, pour lui faire voir les raiſons preſſantes qui en-
„ gagent, ſi je ne me trompe, Votre Majeſté à ſe rendre au plutôt dans
„ la Capitale de ſes Etats. Elle peut être dans quinze jours à Madrid,
„ & s'aſſurer de la Monarchie d'Eſpagne. Votre marche de ce côté
„ n'eſt point du tout un obſtacle à celle des Troupes vers les frontiéres
„ d'Arragon. Si Votre Majeſté ne veut pas ſe déterminer là-deſſus, je
„ la ſuplie de m'en donner avis; afin que je prenne d'abord la poſte, &
„ que je me rende auprès de ſa Perſonne. Dieu veuille vous amener
„ ici ſans aucun délai.

De Valence le 6 Juillet. 1706.

S I R E,

„ Les Habitans de la Ville de Valence croient qu'il eſt de leur de-
„ voir d'informer Votre Majeſté, qu'ils ſouhaitent avec ardeur
„ qu'Elle veuille bien les honorer de ſa préſence. Je m'en raporte là-
„ deſſus à ce que le Comte de Savella, qui doit être arrité auprès de
„ votre Perſonne, vous dira: il eſt zélé pour votre ſervice, & il con-
„ noit très bien ſon Pays. De mon côté, je ne manquerai jamais de di-
„ ligence lorſqu'il faudra vous ſervir, & je ſouhaite avec paſſion de
„ vous voir au plutôt le plus grand Prince du Siécle.

De-

De Valence le 10 Juillet 1706.

SIRE,

,, **D**ANS la situation où se trouvent nos affaires, il est à craindre
,, que la Cavalerie des Ennemis ne brule toute la campagne jus-
,, ques aux portes de Saragosse. D'ailleurs, je dois avertir Votre Ma-
,, jesté, au Nom de la Reine, que non seulement Elle fait les derniers
,, efforts pour appuyer vos intérêts par-tout où ses Troupes peuvent
,, agir, mais que les Anglois en souffrent beaucoup. J'obéis à vos or-
,, dres à l'égard des Régimens d'Ahumada & de Colbatch. Je vois par
,, la Lettre de Mr. Zinzerling, que Votre Majesté a besoin d'argent.
,, Il m'en est venu quelque peu d'Angleterre; & comme je m'estime
,, fort heureux de trouver les occasions de vous être utile, je vais l'en-
,, voyer à Saragosse. Il n'est rien au monde que je souhaite avec plus
,, d'ardeur, que la Gloire & l'Etablissement de Votre Majesté.

Extrait d'une Réponse du Roi au Comte de Péterborough.

MILORD,

*J*E *dois réponse à trois de vos Lettres du 10 du passé, du 1 & du 5*
de ce Mois, que j'ai reçues en différens endroits. Je trouve que le
voyage que vous méditiez pour Saragosse, dans le dessein de me voir, se-
roit trop difficile. D'ailleurs, puisque la Flotte est attendue à tout mo-
ment, je crois que votre présence est d'une absolue nécessité là où vous ê-
tes, pour diriger cette importante affaire du Duc de Savoye, dont je vous
ai entretenu au long dans quelques-unes de mes Lettres précédentes.

CHARLES.

On peut encore voir par l'Extrait d'une Lettre que Milord Péterborough écrivit à un des Ministres d'Etat d'Angleterre, quelle idée il
avoit de ce voyage.

De Valence, le 13 Juillet 1706.

,, **C**'EST un cruel malheur, de voir qu'après tant de périls & d'ob-
,, stacles surmontez, on s'expose à tout perdre, par des mesures
,, les plus étranges & les plus mal concertées qu'on puisse jamais se
,, figurer. La moindre opposition auroit obligé les Portugais à retour-
,, ner sur leurs pas, s'il en faut croire toutes les Relations que j'ai vues.
,, Jugez quel doit être mon chagrin & ma mortification, quand je me
,, représente, qu'un Dessein si glorieux, & qui ne pouvoit pas manquer
M m 2
,, de

„ de réuffir, eft fur le point d'échouer par ce que je vais vous dire,
„ &c.

„ Malgré tous les avis & toutes les remontrances de Milord, S. M. demeura ferme dans fa réfolution. Je n'examinerai pas les motifs qu'elle en
eut: le fujet eft trop délicat, & il ne feroit pas à propos de le toucher ici.
Quoi qu'il en foit, le bruit courut que le Roi avoit demandé quelque argent pour les fraix de fon Voyage; que Mr. le Comte lui en avoit refufé
tout net; qu'il avoit reçu d'Angleterre 103000 Livres Sterlin pour le fervice de S. M., & qu'avec tout cela il refufoit de payer fes Troupes qui
étoient à Valence. Milord informé de ces calomnies, alla trouver le Roi,
& lui amena Mr. Mead Payeur des Troupes, qui affura S. M., en préfence de Mr. Stanhope, que toutes fes Troupes avoient reçu dix jours de
paye au-delà de ce qui leur étoit dû, & lui produifit les Quitances
qu'il en avoit. Bien plus, lorsque S. M. eut befoin d'argent après fon arrivée à Saragoffe, Elle en avertit Mr. le Comte, qui lui envoya d'a-
bord tout ce qu'il avoit du fien, & ce qu'il put obtenir par fon crédit,
dont S. M. le remercia dans une Lettre fort obligeante qu'Elle lui é-
crivit là-deffus. Ce qu'il y a de cruel pour Mr. le Comte, c'eft qu'on
le réduife dans fa Patrie à fe difculper d'avoir eu part à une affaire,
dont, s'il avoit prétendu s'être mêlé dans un autre Pays, on n'auroit
pas manqué de le débouter fur le champ. Au refte, ceux de Valence témoignérent bien du dépit à l'occafion de la Lettre du Comte de
Cifuentes. D'ailleurs, quand Milord Péterborough envoya le Colonel
Pepper de cette Ville au Roi, pour le folliciter avec inftance de reprendre la marche qu'on avoit d'abord propofée, il eft certain que S. M.,
qui étoit en chemin pour aller à Saragoffe, y confentit, & qu'Elle renvoya le Colonel, avec des Ordres à Milord conformes à cette Réfolution.
Mais auffi-tôt que Mr. le Comte s'apperçut qu'il n'y avoit plus moyen d'y
engager le Roi, il fit avancer toutes les Troupes en Caftille, à la réferve de 900 hommes, qu'il laiffa pour la fureté du Royaume de Valence.
Avant même que d'en venir à cette démarche, il lui falut affembler un
Confeil de Guerre, compofé d'Efpagnols & d'Anglois, pour fe décharger dans les formes de l'obligation où il étoit d'attendre le Roi.

Ce Confeil de Guerre fe tint à Valence dans le Palais du Vice-Roi,
le 26 Juin V. S. 1706, en préfence des Comtes de Cardona, de Savella, d'Elda, & de Péterborough; des Brigadiers Killegrew & Hamilton; & des Colonels Pepper, Southwell, & Allnutt. Voici la Réfolution qu'on y prit.

„ Après avoir vu arriver ici à Valence un Officier envoyé de la part
„ du Comte de Galloway, avec des Lettres pour le Prince de Lichten-
„ ftein, quoiqu'il n'en eût aucune pour le Comte de Péterborough,
„ & avoir mûrement réfléchi fur la fituation des affaires, c'eft l'opinion
„ unanime de tous ceux qui fe trouvent ici préfens, que Milord Péter-
„ borough marche avec toutes les Forces, qui font prêtes à s'embar-
„ quer, non pas proche d'Altéa mais à Réquéna & fur les Frontiéres
„   de

„ de Caſtille, pour aller tout droit à Madrid, ou joindre l'Armée Por-
„ tugaiſe, ſuivant que l'occaſion le demandera.

Par A. FURLY.

Il paroit de-là que les Généraux des Portugais n'avoient aucun ſoin
d'avertir Mr. le Comte de leurs mouvemens; & afin qu'on ne doute
pas de la circonſtance qu'on vient de marquer à l'égard de l'Exprès,
voici la Copie du Certificat qu'il donna lui-même.

*Je ſouſſigné déclare que le 29 Juin dernier je fus dépêché de Madrid par
les ordres du Marquis das Minas & de Milord Galloway, avec des Lettres
pour S. M. le Roi Charles III, que j'ai traverſé aujourd'hui la Ville de
Valence, ſans avoir aucune Lettre de l'un ou l'autre de ces deux Seigneurs
pour le Comte de Péterborough, & qu'ainſi j'ai continué mon voyage pour
aller trouver le Roi. Fait à Valence le 6 Juillet 1706.*

DON JUAN DE FRANQUES Y LUE'GO.

Par A. FURLY.

Il me ſemble que c'éſt un bonheur pour Mr. le Comte d'être expoſé
à la cenſure de ſes Ennemis, non ſeulement lorſqu'il n'y en a pas le
moindre prétexte, ſur-tout lorſque les faits les contrediſent. Il ſouhaitoit avec toute l'ardeur poſſible de marcher tout droit à Madrid, bien
perſuadé qu'il ne faloit que cela pour couronner toutes ſes glorieuſes
entrepriſes, & aſſurer la Monarchie d'Eſpagne à la Maiſon d'Autriche.

Lettre du Roi d'Eſpagne à Mr. le Comte de Péterborough.

MILORD,

*On m'informe de toutes parts du glorieux progrès des Armes des Alliez
en Caſtille, & que la Ville de Saragoſſe, avec preſque tout le Royaume
d'Aragon, m'a reconnu pour ſon légitime Souverain. De ſorte qu'il y a
grande apparence, que dans la ſituation où je vois mes affaires, les Troupes de l'Ennemi qui reſtent en Eſpagne, ne ſauroient m'empêcher de me
rendre maitre de ma Capitale, & par conſéquent de toute la Monarchie.
Ainſi Milord, je ſouhaite avec paſſion, qu'à l'arrivée de la Flotte on y
embarque toutes les Troupes qui ont ſervi du côté de la Mer aux Expéditions d'Alicante & de Carthagène, pour aller au ſecours du Duc de Savoye;
ou en cas que S. A R. n'en ait pas beſoin, pour tenter quelque choſe ſur les
Iles de Majorque & de Minorque.*
Le 3 Juillet 1706.

CHARLES.

Mm 3

Mr. le Comte, qui avoit peut-être les meilleurs avis qu'aucun Général ait jamais eu, crut que S. M. n'étoit pas bien informée du véritable état des affaires, & S. M. fut bientôt convaincue que Milord avoit raison. Cependant on l'accuse d'être un esprit fier & altier, & de n'avoir pas voulu dépendre d'un autre Général, ni même agir de concert avec lui. Mais cela est si faux, que pour prévenir les disputes, soit avec Milord Galloway ou le Général Portugais, Mr. le Comte proposa là-dessus un partage, qui auroit pu satisfaire tout le monde.

Proposition de Milord Péterborough, envoyée au Roi d'Espagne, du Camp de Guadalaxara, le 8 Août 1706.

SIRE,

„ J'ose bien représenter à Votre Majesté, avec tout le respect possi„ ble, que je suis résolu de ne former aucune difficulté, qui pourroit „ en quelque manière porter préjudice aux intérêts du Prince, ou don„ ner le moindre chagrin aux Portugais ou à leurs Généraux. Mes „ Troupes sont indépendantes, & le Parlement les a destinées à des „ services particuliers. Avec tout cela, je propose que le Comte de „ Noyelles, Milord Galloway & moi, ayons le même pouvoir, le „ prémier aura toutes les Troupes de Hollande sous ses ordres; & si „ Votre Majesté me donne les Régimens Espagnols, mon lot sera à „ peu près égal au sien. De cette maniére chacun de nous comman„ dera son Corps de Troupes, & nous pourrons tous ensemble con„ courir au service de Votre Majesté.

Par A. FURLY.

D'ailleurs, en cas que cette Proposition ne fût pas agréée, Mr. le Comte offroit de servir sur le pied de Volontaire; & il me semble qu'on ne pouvoit pas attendre une plus grande marque de soumission d'un Seigneur revêtu du Caractére de Général & d'Amiral, & qui avoit des Lettres de créance en qualité d'Ambassadeur.

Lettre du Comte de Péterborough au Roi d'Espagne, écrite de Valence, le 13 Mars 1706.

SIRE,

„ JE ne saurois m'empêcher de donner à Votre Majesté un avis, qui „ lui paroîtra fort extraordinaire. Je ne voudrois pas lui conseil„ ler de se rendre à Lisbonne, mais de s'embarquer sur de petits
„ Vais-

„ Vaiſſeaux, que j'ai fait carener exprès à Alger & en d'autres Places; AFFAI-
„ de vous ſervir d'un bon vent pour gagner les prémiéres Côtes du RES
„ Portugal; & de vous y mettre à la tête des 25000 hommes, qui ſont GNE.
„ en bon état ſur les frontiéres de ce Royaume-là. Je ne doute pas que
„ ceci ne ſurprenne d'abord Votre Majeſté; mais je puis l'aſſurer que
„ le trajet de Dénia à cet endroit du Portugal, peut ſe faire dans huit
„ jours ſans aucun riſque, puiſqu'il n'y a point de Vaiſſeaux des En-
„ nemis ſur cette Côte.

Mr. le Comte joignit l'Armée des Portugais, auſſi-tôt qu'il put ſur-
monter les obſtacles qui s'oppoſoient à ſa marche. Mais à ſon arrivée
à leur Camp, il trouva les affaires en ſi mauvais état, qu'au-lieu de pen-
ſer à la conquête de Madrid, comme il s'en étoit flaté, ils reculoient
devant l'Ennemi. Malgré tout cela, on cherchoit les moyens de rétablir l'honneur de nos Armes, & pour en venir à bout, la plupart croyoient qu'il faloit hazarder un combat. Milord Péterborough, perſuadé qu'il y avoit trop de riſque à le tenter dans la ſituation où l'on ſe
trouvoit, & que la perte d'une bataille nous enléveroit tout ce que
nous avions en Eſpagne, ne voulut jamais y donner les mains. Quoi
qu'il en ſoit, après avoir reſté quelques jours dans cette Armée, où il
y avoit ſi peu de choſe à faire, il réſolut de paſſer en Italie, pour y exécuter les ordres de la Reine.

*Partie des Inſtructions adreſſées au Comte de Péterborough, en
date du 3 Mai 1705.*

„ DANS toutes les conférences, ou entretiens que vous aurez a-
„ vec quelqu'un des Princes, ou Etats alliez avec nous, ou
„ avec quelqu'un de leurs Miniſtres ou Officiers-Généraux, vous
„ tâcherez d'obtenir par écrit ce qu'ils propoſent & demandent de nous,
„ comme auſſi ce qu'ils offrent de leur côté pour aider à l'exécution
„ de mes deſſeins contre l'Ennemi commun.

*Partie des Inſtructions adreſſées au Comte de Péterborough, &
au Chevalier Cloudeſly Schovel en date du 4 Mai 1705.*

„ APRES vous avoir donné à vous, Comte de Péterborough, la li-
„ berté de ſervir à bord de notre Flotte, ou par Terre, en
„ vertu des Commiſſions & Inſtructions dont vous êtes pourvu; ce-
„ pendant, comme il peut ſe trouver diverſes occaſions où vous
„ pourriez Nous ſervir dans des Négociations importantes, Nous avons
„ jugé à propos de vous accorder, en pareil cas, la liberté de laiſſer la
„ Flotte ſous les ordres du Chevalier Cloudeſly Shovel, & de vous em-
„ barquer, ſuivant que l'occaſion le demandera, ſur quelque petit Vaiſ-
                                                    „ ſeau,

„ feau, pour faire plus de diligence, régler & ajuſter avec plus de prom-
„ titude tout ce qui regardera Notre ſervice, & à quoi Nos Inſtructions
„ ſe raportent.

Inſtructions envoyées au Comte de Péterborough, & au Cheva-lier Jean Leake, en date du 12 Juin 1706.

„ D'AUTANT que par Nos Inſtructions du 2 d'Avril & du 14 de
„ Mai dernier, Nous vous avions ordonné d'envoyer trois ou
„ plus de nos Régimens au ſecours du Duc de Savoye, en cas que Tu-
„ rin fût aſſiégé, Nous voulons aujourd'hui que vous exécutiez cet Or-
„ dre, préférablement à l'entrepriſe ſur Naples; parce que Nous ſou-
„ haitons avec ardeur de ne perdre aucune occaſion d'employer tous
„ nos efforts pour ſoutenir un auſſi bon Allié, quoique Nous n'euſſions
„ pas moins d'envie que l'autre Expédition ſe fît.

Autre Inſtruction envoyée aux mêmes, de la même date, & de la même teneur, à quelques circonſtances près.

„ D'AUTANT que par Nos Inſtructions du 2 Avril & du 14 Mai
„ dernier, dont vous trouverez ici les Copies incluſes, Nous
„ vous avions requis d'envoyer trois ou plus de nos Régimens au ſecours
„ du Duc de Savoye, en cas que Turin fût aſſiégé, Nous voulons au-
„ jourd'hui que vous ne laiſſiez pas de lui envoyer ledit ſecours, avec
„ un nombre proportionné de Troupes des Etats-Généraux, quand
„ même vous aprendriez que la Place eſt rendue, afin de ſoutenir ce
„ Prince, s'il venoit à ſe retirer à Quiéras ou à Coni, & qu'il continuât
„ à ſe défendre.

Lettre du Chevalier Charles Hedges Sécrétaire d'Etat au Com-te de Péterborough. Whitehall le 19 Juin 1706.

MILORD, .

UN Courier eſt arrivé ici de la part du Duc de Savoye, avec des Lettres
du 13 de ce Mois, qui nous aprennent que Turin eſt fort ſerré par
l'Armée de France, ſous les ordres du Duc de la Feuillade: De ſorte que
S. M. vous ordonne, par ſon Inſtruction datée de ce jour, d'envoyer, auſſi-
tôt après l'avoir reçue, du moins trois de ſes Régimens au ſecours de ce
Prince. Nous avons raiſon de croire que la perte même de Turin ne lui feroit pas abandonner la Cauſe commune. Son Alteſſe Royale eſt ſi perſua-
dée du courage & de la bonne conduite de Votre Excellence, qu'elle ſou-
hai-

haite que vous lui ameniez vous-même ce renfort de Troupes. S. M. y a
consenti; mais Elle vous laisse entièrement le choix d'y aller ou de n'y aller
pas, selon que vous le trouverez plus convenable à son service, & à votre
propre commodité. Je suis &c.

AFFAI-
RES
D'ESPA-
GNE.

C. HEDGES.

Les prémiers Ordres de la Reine en date du 12 Juin, par lesquels S.
M. requeroit qu'on envoyât du secours au Duc de Savoye, furent vivement appuyez par le Roi d'Espagne, comme nous l'avons déja remarqué: d'où l'on peut voir, qu'on ne croyoit pas d'avoir besoin à Madrid des Troupes de Milord ni de sa personne.

Résultat d'un Conseil de Guerre tenu au Palais de Guadalaxara, le 19 d'Août 1706.

,, LE Comte de Péterborough ayant fait part à ce Conseil des Ordres
,, positifs qu'il a reçus de la Reine sa Maitresse, d'aller en Italie
,, avec la Flotte, il a été résolu, qu'après avoir exécuté sa Commission
,, dans ce Pays-là, il retournera sans aucun délai, & qu'il tâchera de
,, prendre Port-Mahon. Ledit Comte se charge de plus d'envoyer
,, des Fregates à Lisbonne, pour en transporter l'argent destiné à payer
,, les Troupes, & nous donner des avis qui pourroient contribuer au
,, succès de l'entreprise où l'on s'engage.
Le Marquis das Minas, Milord Galloway, l'Ambassadeur de Portugal, le Comte de Noyelles, Mr. Stanhope, Envoyé de la Reine, & le
Prince Antoine de Lichtenstein, se trouvérent à ce Conseil de Guerre.

Par A. FURLY.

Le Roi avoit si grand besoin d'argent & tant de confiance en Milord
Péterborough, qu'il lui donna plein pouvoir d'en emprunter aux conditions qu'il jugeroit lui-même à propos. Voici l'Acte qui lui en fut
expédié dans toutes les formes.

,, CHARLES, par la Grace de Dieu, Roi d'Espagne, &c. D'autant
,, que le Comte de Péterborough a reçu ordre de passer en Italie avec
,, la Flotte des Alliez, pour le service de la Cause commune, Nous a-
,, vons résolu de lui donner pouvoir & autorité, comme Nous lui
,, donnons par ces présentes, de traiter en Notre Nom avec la Ré-
,, publique de Génes, ou avec quelques-uns de ses Habitans, pour l'Em-
,, prunt de 100000 Pistoles, ou d'une plus grande ou d'une moindre
,, Somme, sur le pied de tel Intérêt & à telles Conditions que ledit
,, Comte jugera à propos; avec plein pouvoir d'ailleurs, non seulement
,, de signer, au Nom de Notre Personne Royale, les Obligations & les

Tome XIV. N n ,, Actes

,, Actes requis pour la fureté de la Somme empruntée; mais auffi d'ac-
,, corder & donner telles Affignations que les Perfonnes intéreffées de-
,, manderont, fur nos Revenus Royaux, & le Patrimoine de nos Ro-
,, yaumes & Pays de Notre Domination, ou fur quelqu'un d'iceux en
,, particulier. En foi de quoi, Nous avons ordonné que ces Préfentes
,, fuffent fellées de notre Seau Royal.

MOI LE ROI.

,, Donné à Guadalaxara
,, le 10 Août 1706.

*Extrait des Inftructions que le Comte de Péterborough reçut
du Roi d'Efpagne, & qu'il devoit exécuter dans fon
voyage en Italie.*

,, APPUYEZ fur votre fage conduite, Nous ne doutons point qu'en
,, vertu de la Commiffion & du Pouvoir que Nous vous avons
,, donné par Nos Lettres Patentes, vous n'obteniez de la République
,, de Génes, ou de fes Habitans, l'emprunt de 100000 Piftoles, &
,, que vous ne preniez les mefures les plus efficaces pour réuffir dans
,, une affaire de fi grande importance.

Milord fe réfolut d'autant plutôt à paffer en Italie, qu'il vit que fa
préfence étoit inutile en Efpagne, dans la fituation où fe trouvoient les
affaires. Quoi qu'il en foit, voici la Copie d'une Lettre que le Comte
de Noyelles lui écrivit après fon départ.

De Villa Verde, le 23 Octobre. 1706.

MILORD

*JE prie Votre Excellence de m'excufer, fi je ne vous ai pas écrit depuis
votre départ de Guadalaxara. La plus grande fatisfaction qui me
refte, c'eft de penfer que nous avons toujours été du même avis. Mais votre fort eft plus heureux que le mien: vous ne voyez en Italie que des
Triomphes, dont on eft redevable à la bonne conduite, qui nous manque
tant ici. Je ne fache rien qui fût plus utile au Roi, ni plus agréable à
vos Amis, que votre promt retour. Faites-moi l'honneur de me placer
dans ce nombre, & de me croire avec une parfaite eftime, &c.*

C. DE NOYELLES.

Peu

Peu de tems après que Milord fut parti de Guadalaxara, il eut la fâ- Affai-
cheuſe nouvelle, que les Ennemis avoient enlevé tout ſon Bagage, res
qu'il avoit laiſſé à Huéte.   Il y perdit la valeur de 8000 Livres Sterling, d'Espa-
gne.
avec tout l'Equipage qu'il avoit préparé pour ſon Ambaſſade à Madrid.
Quoi qu'il en ſoit, à ſon arrivée à la Ville d'Alicante, il y trouva des
Ordres poſitifs de la Cour d'Angleterre, d'envoyer une Eſcadre de la
Flotte aux Indes Occidentales; ce qui rompit le deſſein qu'on avoit formé ſur Port-Mahon.

Le ⁵⁄₇ Septembre 1706, Milord fit aſſembler un Conſeil de Guerre à
Alicante, compoſé des Brigadiers Rich. Gorge & Rob. Killegrew; des
Colonels Jean Pepper, Thom. Allnutt, & Joſ. Stopford; des Lieute-
nans-Colonels George Whitmore, Ellis Cooper, Archibald Hamilton,
Guill. Steward, Thomas Phillips, Salomon Rapin, & Theodore Col-
lier.   Voici les Réſolutions qu'on y prit.

,, Sur les différens Chefs que le Comte de Péterborough a propoſez
,, à ce Conſeil de Guerre, Nous les Officiers, qui le compoſons, ſom-
,, mes de cet avis unanime:

1. ,, Que la moindre diminution de Troupes ici feroit non ſeulement
,, perdre tout le Pays depuis Alicante juſques à Tortoſe, mais qu'elle
,, expoſeroit auſſi l'Armée & la Perſonne du Roi à un danger manifeſte;
,, que ce ſeroit la plus haute folie du monde d'abandonner l'imprenable
,, Château d'Alicante; & qu'à peine les Troupes, que nous avons de
,, ce côté, ſuffiſent pour la Garniſon de cette Place.

2. ,, D'ailleurs, après avoir vu la Commiſſion que le Comte de Pé-
,, terborough a reçue du Roi d'Eſpagne, pour traiter avec les Génois
,, touchant une Somme d'argent, de même que les Billets du Marquis
,, das Minas pour négocier 100000 Livres Sterl. qui doivent être
,, employées à payer les Troupes, & qu'on n'eſpére d'obtenir ces Som-
,, mes que par le moyen dudit Comte, nous croyons que ſon voyage
,, en Italie peut être d'une grande utilité à la Cauſe commune; mais il
,, nous eſt impoſſible de juger du riſque où il s'expoſe en y allant par
,, mer.

Il ne s'écoula pas deux mois, que la ſage prévoyance de ce Conſeil
de Guerre, marquée dans le prémier de ces Articles, & la crainte où
il étoit, furent juſtifiées par ce qui arriva à l'Armée de Caſtille.   Ce fut
pour les mêmes raiſons que Milord Péterborough ne voulut pas amener des Troupes en Italie, où il ſe trouva même qu'on n'en avoit plus
beſoin; puiſque peu de jours après s'être mis en mer, il eut le bonheur de rencontrer le Vaiſſeau nommé *la Galére Marie*, qui lui annonça la glorieuſe Victoire qu'on venoit de gagner devant Turin.

Le dernier Article du même Conſeil de Guerre fait voir qu'on étoit
bien preſſé d'argent à Valence, & la Lettre que Mr. Stanhope, Envoyé de la Reine auprès du Roi Charles, en écrivit à Milord, peut
ſervir à le confirmer.   En voici l'Extrait.

De

De Valence *le* 12 *Octob.* 1706.

MILORD,

*JE vous dirai feulement en peu de mots, que depuis votre départ nos af-
faires font allées de mal en pis. Vous favez que vous nous laiffâtes
bien munis d'argent, & vous pouvez juger là-deffus avec quelle impatience nous attendons votre retour, &c.*

Il n'eft pas de mon fujet de m'arrêter ici aux autres Négociations que
Milord fit en Italie : mais pour ce qui regarde la principale, il y réuffit
au-delà de tout ce qu'on efpéroit, & il retourna heureufement à Valence avec les Sommes tant defirées. S. M. Catholique fut fi contente
du zéle & de l'activité de Milord dans ce voyage, qu'Elle l'honora de
l'Inftrument qui fuit.

LE ROI,

„ ILLUSTRE Lord, Comte de Péterborough, d'autant que par les
„ Ordres que vous avez reçu de la Séréniffime Reine de la Grande-
„ Bretagne, il vous eft permis d'aller avec quelques Vaiffeaux de la
„ Flotte, à des Expéditions fort néceffaires pour le bien de la Caufe
„ commune, je me flate que le zéle que vous avez toujours témoigné
„ pour mon fervice, vous engagera à ne rien oublier pour venir à
„ bout des deffeins qu'on médite. D'ailleurs, fi après que vous les
„ aurez accomplis, ou qu'ils feront en état de réuffir, vous jugez à
„ propos de retourner dans ces Royaumes, vous trouverez en ma Per-
„ fonne Royale toutes les marques de fatisfaction que vous avez fujet
„ d'attendre.

MOI LE ROI.

A Valence le $\frac{4}{15}$ Fév. 1707.

Par Ordre du Roi
Notre Seigneur.

Don ENRIQUEZ DE GUNTER.

Il me femble que ce Témoignage eft plus que fuffifant, pour détruire
les infinuations malignes qu'on a répandues, & le bruit qu'on a fait courir du prétendu chagrin de ce Monarque contre Milord Péterborough.
Les deux Lettres fuivantes peuvent fervir au même but.

Lettre du Roi d'Espagne audit Comte.

MON CHER LORD,

J'Ai éprouvé en tant d'occasions le zéle & l'ardeur que vous avez pour mes Intérêts & pour ma Perſonne, que je me flate, qu'après avoir eu la gloire de me mettre en poſſeſſion de la Catalogne, je vous devrai auſſi ma déí.ivrance des preſſans beſoins où je me vois réduit. Vous pouvez repré-ſenter le véritable état de mes affaires à mes bons Sujets, & les animer les uns & les autres, & Catalans & Valenciens, à me donner des mar-ques, dans cette occaſion, de leur zéle & de leur fidélité. Ne perdez point de tems. Je ſerai toujours avec la même affeĉtion, &c.

CHARLES.

A Barcelone, la Nuit du 30 Mars 1706.

Autre Lettre du Roi au même.

MILORD,

J'Eſpére que cette Lettre vous trouvera heureuſement arrivé à l'endroit où vous deviez aller en partant d'ici. L'Empereur mon Frére m'a écrit dans ſes derniéres Lettres, qu'il a réſolu de m'envoyer le Duc de Moles pour ſon Ambaſſadeur. Si ce Duc eſt à Génes, vous m'obligerez beaucoup de prendre de bonnes meſures pour le faire paſſer ici en ſureté, en cas qu'il n'ait pas le bonheur de venir avec vous. Soyez toujours perſuadé de mon eſti-me conſtante & parfaite, & de ma reconnoiſſance.

CHARLES.

De Valence le 11 Oĉtob. 1706.

Dans un Conſeil de Guerre, qui ſe tint à Valence le $\frac{4}{17}$ Février 170$\frac{5}{6}$, Milord opina de la maniére ſuivante.

,, Une Guerre offenſive fait de l'éclat, & donne quelque réputation
,, aux Généraux & aux Troupes; mais la défenſive eſt ſouvent plus uti-
,, le au Public.

,, La ſituation où nous ſommes requiert de vigoureux efforts en Italie,
,, ou en Eſpagne. On ne peut rien dire de poſitif, à moins qu'on ne
,, ſache l'état de la Flotte; & ſans être appuyez par mer, les meilleu-
,, res diſpoſitions en Italie deviennent inutiles. D'ailleurs, ſi les Enne-
,, mis marchent du côté de Murcie, on ſe trouvera réduit à paſſer le
,, Tage en leur préſence, ſans pontons, & ſans aucun des préparatifs
,, néceſſaires pour cela. Si nos Troupes s'avancent en Caſtille, & qu'on

Nn 3   ,, ne

,, ne pourvoie pas à la défenfe de la Catalogne, il faut alors que Ma-
,, drid tombe entre nos mains, ou tout eft perdu. Enfin fi l'on at-
,, tend de bonne heure une Flotte dans ces mers, on doit fur-tout
,, veiller à la confervation de la Catalogne, & du refte que nous a-
,, vons.

Bientôt après Milord quita l'Efpagne, mais il eut toujours à cœur le
fuccès des affaires de ce côté-là : & dans une Lettre qu'il écrivit d'Italie,
il appuya de nouveau fur les avis qu'il avoit donnez dans ce Confeil de
Guerre.

Lettre du Comte de Péterborough à l'Ambaffadeur auprès du
Roi de Portugal. De Turin le 21 Avril 1707.

MILORD,

,, JE vous affure que j'ai un panchant tout particulier à être votre
,, ferviteur. Plût à Dieu que vous fuffiez délivré de toute inquietu-
,, de, dans le tems que j'efpére d'être moi-même en repos! Il me fem-
,, ble qu'il y a quelque orage qui menace l'Efpagne. Mais, Milord,
,, je vous prie de faire attention aux conféquences d'une Bataille per-
,, due au Printems. Je fai que mes raifons, quoique bonnes, ne feront
,, d'aucun poids auprès des Généraux. Je vous promis en partant,
,, de vous envoyer les mefures que j'avois propofées au Roi, & qui
,, me fembloient devoir réuffir à coup fûr. Je vous prie d'affurer le Roi
,, de mon attachement inviolable à fes intérêts, & que rien ne pourra
,, jamais le diminuer, &c.

Cette Lettre fait voir avec quelle pénétration Mr. le Comte jugea de
l'état des affaires en Efpagne, & tout ce que nous avons raporté jufques-ici eft une preuve convaincante, que jamais il n'agit par un principe d'envie & de reffentiment, quoique fes Ennemis l'en ayent accufé. D'ailleurs, toute cette Relation eft fondée fur des Piéces authentiques & originales, ou plutôt ce n'en eft qu'un fimple Recueil: & fi
le Public juge là-deffus de la conduite de Milord, on ne peut que lui
donner des éloges pour les grands fervices qu'il a rendus à la Caufe commune.

Relation de la Campagne de Valence.

APRE's que nous fumes les maitres de Barcelone, il fe tint un
Confeil de Guerre, où Milord Péterborough fut d'avis de partager les Troupes, d'en faire marcher la meilleure partie dans le Royaume de Valence, & d'envoyer le refte en Arragon. Lorfqu'il s'agit de
recruter des Troupes délabrées, il faut du tems; mais quelques jours de
re-

relâche, un peu de bonne nourriture, & quelque petite gratification, Affai-
res
d'Espa-
gne. fuffifent pour délaffer le Soldat de toutes fes fatigues, & le difpofer à bien fervir. Mr. le Comte n'oublia rien pour obtenir de la Cour la per- miffion de marcher tout droit en Valence; mais il s'y trouva quelques perfonnes qui aimérent mieux qu'on dût la réduction de ce Royaume à leurs prétendues intrigues, qu'aux armes de notre puiffante Reine. Quoi qu'il en foit, il y eut une chaude allarme, fur ce qu'on aprit que le Comte de las Torres amenoit un gros Corps de Troupes difciplinées devant St. Matthéo, qui étoit une Place très-importante, & qui auroit pu fervir aux Ennemis, s'ils s'en étoient rendus les maitres, à couper toute communication entre la Catalogne & Valence.

Le 31 Décembre 1705, le Roi d'Efpagne donna l'Ordre fui- vant à Milord.

LE ROI,

„ ILluftre Comte de Péterborough, Commandant & Général de mes „ Forces, je viens d'aprendre tout à l'heure que Tilly s'eft avancé „ jufques au Bois de Ballivana, avec 1000 hommes d'Infanterie & au- „ tant de Cavalerie, & que les gens du Pays l'ont enveloppé de tous „ côtez. Je crois qu'il eft de mon intérêt de vous donner cet avis, & „ de vous fournir une fi belle occafion de vous fignaler. Je ne doute „ pas qu'elle ne tourne à mon avantage, fi vous y employez la diligen- „ ce que j'attens de votre zéle & de votre bonne conduite. On m'affu- „ re du moins qu'il eft impoffible qu'aucun des Ennemis en échappe, „ fi les Troupes de la Reine, qui font à Tortofe, arrivent affez-tôt pour „ foutenir les gens du Pays.

Là-deffus Mr. le Comte, qui ne regrette rien tant au monde qu'u- ne occafion perdue, ne fe donna point de repos, ni le jour ni la nuit, qu'il ne fût arrivé à Tortofe. D'abord il pria fes Officiers de ne trou- ver pas mauvais qu'il tentât fortune, & qu'il effayât d'obtenir par la di- ligence & la furprife, ce qu'il lui feroit impoffible d'entreprendre à for- ce ouverte. Il eft certain que le Comte de las Torres ne fe défioit pas de fon aproche, jufqu'à ce que les Efpions mêmes de Milord lui en don- nérent l'avis, que Son Excellence avoit tourné en forte qu'il eut tout le fuccès qu'elle en attendoit. Auffi avoit-elle pour maxime de n'em- ployer aucun Efpagnol, dont elle n'eut toute la famille entre les mains, pour lui répondre de leurs actions. D'un autre côté, Milord fépara fon monde en divers petits Corps, leur fit paffer les Montagnes, & les ame- na tous, à la faveur de la nuit, dans un Bourg nommé Traguéra, qui n'étoit qu'à fix Milles du Camp des Ennemis. Il eut befoin ici de toute fa diligence, pour empêcher qu'aucun des Habitans ne leur en portât la nouvelle, & cependant il écrivit ce Billet au Colonel Jones.

„ Vous

„ Vous aurez de la peine à croire le contenu de ce Billet, s'il a le
„ bonheur de tomber entre vos mains. Il n'y a que huit jours que j'é-
„ tois à Barcelone, & je ne doute pas que le Comte de las Torres, qui
„ en reçoit de fi bons avis, n'en foit bien informé lui-même. D'ailleurs,
„ je ne crois pas que jamais hommes ayent été conduits avec tant de fe-
„ cret fi proche de l'Ennemi. Quoi qu'il en foit, les Troupes de Zin-
„ zendorf & de Moras font auffi bonnes que les nôtres, & ferviront à
„ tenir alerte nos Dragons Anglois. Vous pouvez encourager vos Mi-
„ quelets à un pillage, où il n'y aura point de rifque. Cette nouvel-
„ le ne peut que leur être agréable. &c.

Ce Billet fut donné à deux différentes perfonnes, dont l'une, fous
prétexte de trahir Milord, devoit le remettre, à une telle heure du matin, au Comte de las Torres; & l'autre devoit fe tenir caché fur les
Montagnes, & le porter durant la nuit au Colonel Jones. Bientôt après
nos Troupes parurent fur le fommet d'une Montagne voifine, qui n'é-
toit à guéres plus d'une moufquetade du Camp des Ennemis. On peut
voir par les deux Lettres que Mr. Crow, Miniftre de la Reine à Barcelone, en écrivit à Milord, qu'on n'avoit pas trop bonne opinion à la
Cour du fuccès de fon entreprife.

MILORD,

*JE fai bien ce que Votre Excellence penfera du peu de liaifon que vous
verrez entre cette Lettre & mes précédentes. Je compte auffi que vous
ne faites pas grand fond fur tout ce que je puis vous écrire, non plus que
fur toute autre chofe, qui n'eft pas immédiatement fous vos ordres. On ne
voit régner ici que défiance, mécontentement & defefpoir. &c.*

De Barcelone le 12   M. CROW.
    Janvier 1706.

MILORD,

*J'étois auffi mélancolique que le mauvais tems, la fituation de nos affai-
res, & l'incertitude à l'égard du fuccès de votre entreprife pouvoient me le
rendre, lorsque je reçus la Lettre dont Votre Excellence m'a honoré, datée du 10 du courant. Je n'ofois prefque pas l'ouvrir, parce qu'elle me venoit de la Cour: mais je n'en eus pas plutôt lu la première ligne, qu'elle dif-
fipa tous ces nuages, & bannit toutes les vapeurs de ma rate. J'embraffe
mille fois Votre Excellence, & je lui fouhaite tout le fuccès que mérite une
Perfonne dont l'heureufe influence & la fage conduite rétabliffent la fortune des Rois, &c.*

De Barcelone le 14   M. CROW.
    Janvier 1707.

Le Comte de Péterborough paſſa au travers de St. Matthéo, après avoir pris de bonnes meſures pour faire ſemblant de pourſuivre les Ennemis, ſans trop expoſer ſon petit Corps de Troupes, en cas qu'ils fuſſent mieux informez de ſon état, & qu'ils revinſſent de leur terreur panique.

Il étoit à Albocazer, lorsqu'il reçut un Exprès de la part du Roi avec toutes ces triſtes nouvelles à la fois : Que le Duc de Noaïlles entroit en Catalogne, du côté du Rouſſillon, à la tète de 7 ou 8000 hommes : Qu'il y avoit 4 ou 5000 hommes en Arragon, ſous les ordres du Prince Serclas de Tilly, & qu'ils ſerroient beaucoup toutes les Places proche de Lérida : Que le Duc d'Anjou & le Maréchal de Teſſé formoient un autre Corps de 10000 hommes dans le voiſinage de Madrid, & qu'ils ſe mettroient bientôt en Campagne, de même que les Troupes, ſous le Duc de Berwick, du côté de Portugal.

Milord aprit enſuite, que les Troupes qui devoient le joindre, étoient contremandées ; de ſorte qu'il ne lui reſta pour toute conſolation, qu'un plein pouvoir de faire ce qu'il jugeroit à propos, & un renfort de complimens, que le Roi d'Eſpagne lui envoya au lieu de Troupes.

Le 12 Janvier 1706, Milord fit aſſembler un Conſeil de Guerre dans la Ville d'Albocazer, où ſe trouvèrent les Généraux & les Officiers, dont voici les noms : Rich. Gorges, Archibald Hamilton, Rob Killegrew, Thom. Allnut, Edouard Pierce, D. Collbatch, Thomas Allen, Charles Steward, Jaq. S. Pierre, Don Joſeph Bellver, Josline Mead, & Th. Phillips. La réſolution qu'ils y prirent, fut conçue en ces termes.

„ Après avoir examiné nos Eſpions, les Priſonniers & les Déſerteurs „ à l'égard des forces de l'Ennemi, ils convinrent tous que ſa Cava- „ lerie étoit de trois de ſes meilleurs Régimens, d'un de Dragons & de „ 200 Chevaux des Gardes du Duc d'Anjou : Que le Régiment de Ca- „ valerie de Pozo Blanc étoit prêt à les joindre, & qu'un autre Régi- „ ment de Dragons n'en étoit éloigné que de trois jours de marche. Si „ ces Régimens de Cavalerie étoient complets, ils avoient chacun 12 „ Compagnies de 30 Maitres chacune, & ils devoient faire tous en- „ ſemble plus de 2000 hommes, ſans compter l'Infanterie, qui alloit „ juſqu'à près de 2800 hommes. Il paroit au Conſeil de Guerre, par „ diverſes Lettres & Avis, qu'un Corps de 500 Cavaliers & de 1500 „ Fantaſſins s'étoit aproché de Valence, ſous les ordres de Vélaſco, & „ que l'Ennemi marchoit dans le deſſein de les joindre, pour attaquer „ cette Ville, où ils avoient quelque intelligence ſecrette. Lorsque „ nous fimes le Siége de St. Matthéo, nous n'avions que 1000 hom- „ mes d'Infanterie, & moins de 200 Dragons ; mais l'Ennemi, qui n'é- „ toit pas averti de notre marche, fut ſurpris & contraint de ſe retirer „ à la hâte. Nous le pourſuivimes durant une longue & pénible mar- „ che juſques à Albocazer, où le Comte de Péterborough reçut des „ avis de la Cour, que les Troupes réglées du Duc d'Anjou avoient

,, groffi jufques au nombre de 12000 hommes, fur les Frontiéres d'Ar-
,, ragon, & qu'il y en avoit autour de 6000 entre lui & Valence. Mais
,, les 900 Fantaffins qui reftoient à Milord alloient prefque nud pied,
,, & ils fe trouvoient fi fatiguez de toutes les marches à travers les
,, Rochers & les Montagnes, que Son Excellence n'a pas cru devoir
,, paffer outre fans l'avis de ce Confeil de Guerre. Tous les Officiers des
,, Alliez & du Roi d'Efpagne qui le compofent, ont opiné là-deffus
,, d'une voix unanime, qu'on ne doit pas s'avancer vers la Plaine du cô-
,, té de Valence; mais qu'il faut attaquer Pénifcola, & marcher du cô-
,, té de Vinéros, qui eft un Pofte commode pour y attendre les Trou-
,, pes qui nous viennent joindre, & qui n'éft pas fi éloigné de Tortofe,
,, que Milord ne puiffe employer fes Troupes à défendre la Catalogne,
,, & paffer l'Ebre, fi l'occafion le demande, ou même aller au fe-
,, cours de Valence, auffi-tôt qu'il fera un peu renforcé. Il paroit d'ail-
,, leurs à ce Confeil de Guerre, par des Lettres interceptées du Com-
,, te de St. Eftevan Vice-Roi d'Arragon, que le Duc d'Arcos marche
,, avec 5000 hommes de plus, & qu'il n'éft qu'à cinq lieues de Va-
,, lence. Ainfi, puisque les derniers ordres que le Comte de Péter-
,, borough a reçus de la Cour, lui donnent plein pouvoir d'agir en tout
,, de la maniére qu'il lui plaîra, nous croirions faire tort à notre juge-
,, ment, fi nous n'étions d'avis qu'il doit pofter fes Troupes, en forte
,, qu'on ne puiffe pas les couper, ni l'empêcher d'aller en perfonne au
,, fecours du Roi, & de la Catalogne, qui pourroit bientôt en avoir
,, grand befoin.

Par A. FURLY.

Il ne faut pas oublier que les ordres pofitifs qu'on avoit donnez à
Milord, fur des avis chimériques, d'aller au fecours de St. Matthéo,
le détournérent de rendre un fervice beaucoup plus confidérable;
puifqu'il auroit pu devancer les Ennemis, attraper autour de 1000 Chevaux, & fe jetter dans Valence avec 3000 hommes. Ce n'eft pas tout:
d'un côté, le Confeil de Guerre l'exhortoit à ne fonger qu'à la défenfe
de la Catalogne & de la Perfonne du Roi; & de l'autre, S. M. Catholique attendoit qu'il finît la conquête du Royaume de Valence, quoiqu'Elle eût rapellé le peu de Troupes qui étoient deftinées à cette expédition. On peut s'imaginer fans peine, qu'il étoit bien difficile, pour
ne pas dire impoffible, de concilier ces deux opinions, & de fatisfaire
également à l'une & à l'autre. Malgré tout ce contrafte, malgré la fupériorité des forces de l'Ennemi, & la pofture où nous venons de les
voir, Milord exécuta un deffein, que tout autre Général n'auroit pas
même ofé former, je veux dire la Conquête d'un Royaume avec 200
Chevaux & 900 Fantaffins.

Cependant, pour ne pas négliger tout-à-fait les avis du Confeil de
Guerre, Mr. le Comte donna ordre à l'Infanterie de retourner, avec
un

un petit Parti de Cavalerie, à Vinaros, petite Ville à 6 lieues de
Tortofe, & fituée fur le bord de la Mer, où il auroit pu, en cas de
befoin, embarquer l'Infanterie fur des Bateaux, & la faire paffer jufques
dans l'Ebre. Mais tous les Officiers furent furpris, lorfqu'ils virent
qu'il étoit réfolu à pourfuivre l'Armée des Ennemis avec un Parti de
Cavalerie. Leur féparation fut trifte, & leur crainte redoubla, quand
il leur dit qu'il tâcheroit de s'affurer du Royaume de Valence; & que
puifque S. M. en croyoit la conquête poffible, dans l'état où fe trouvoient les affaires, Elle n'auroit pas fujet de fe plaindre de fon entreprife, quelque téméraire qu'elle parût. Enfin, Milord réfolut de ne
repaffer plus l'Ebre, que par un ordre pofitif du Roi, & il s'en expli-
qua bien nettement dans la Lettre fuivante, qu'il lui écrivit là-deffus.

SIRE.

,, L'honneur que Votre Majefté me fait dans fa derniére Lettre,
,, eft capable de me donner affez de courage pour affronter tous fes
,, Ennemis. Vous me promettez, Sire, de vous confier en moi, &
,, vous m'affurez de Votre eftime, & de Votre amitié. C'en eft
,, trop, & la récompenfe eft trop grande; mais je fuplie Votre Ma-
,, jefté de croire, que je ferai tout mon poffible pour ne me rendre
,, pas indigne de vos faveurs. Il n'y a rien de plus vrai, que j'ambi-
,, tionne d'avoir quelque part dans Votre confiance; mais je prens
,, Dieu à témoin, que c'eft plutôt dans la vue de vous fervir, que
,, pour aucun intérêt particulier: je fouhaite Votre établiffement plus
,, que toute autre chofe au monde.

,, Votre Majefté m'a conféré des honneurs que je ne puis méri-
,, ter. Mais, Sire, le Miniftre d'Angleterre & moi nous fommes ap-
,, perçus que nous n'avons eu que fort peu de part dans Vos Con-
,, feils. Si nos avis avoient été approuvez, & fi Votre Majefté m'a-
,, voit confié la difpofition de fes Troupes, elles feroient aujourd'hui
,, en état de s'oppofer à Vos Ennemis. D'ailleurs, fi Votre Majefté
,, m'avoit accordé la permiffion de marcher dans le Royaume de Valen-
,, ce, lorfque je la demandois avec ardeur, & que Vous ne m'euffiez
,, pas retardé fous prétexte de la marche de Troupes imaginaires, il eft
,, très-probable que Vous auriez non feulement un Vice-Roi à Valen-
,, ce, mais auffi tout le Royaume.

,, Je marche tout droit vers cette Ville, avec ce qui me refte de
,, Troupes; je ne faurois prendre d'autres mefures, & pour le fuccès je
,, m'en remets à la Providence. Votre Majefté m'a donné des ordres
,, pofitifs de paffer l'Ebre, pour fecourir ce Royaume: il eft jufte
,, qu'Elle m'en donne de nouveaux pour le repaffer, en cas qu'il faille
,, marcher au fecours de la Catalogne. Si je dois être la victime du

,, tems

,, tems qu'on a perdu malgré moi, je périrai du moins avec honneur,
,, & en homme qui auroit mérité une meilleure fortune. &c.

D'Alcala, le 27 Janvier 1706. PETERBOROUGH.

Au même tems, Mr. le Comte envoya de nouveaux ordres aux 1000
Fantaſſins & aux 300 Chevaux Eſpagnols, qui étoient à Lérida, d'en
ſortir pour ſe rendre à Valence; & en cas que S. M. les rapellât à la
prémiére de ces Garniſons, il écrivit au Colonel Wills, qui s'y trouvoit,
de marcher inceſſimment à ſon ſecours, avec un pareil nombre de Cavalerie & d'Infanterie Angloiſe.

Ce dernier expédient produiſit l'effet qu'il en attendoit, & ces Troupes Eſpagnoles eurent ordre de lui obéïr. D'ailleurs, à la tête de ſon
Parti de Cavalerie, il continua de pourſuivre l'Armée des Ennemis, qui
marchérent durant vingt lieues, avec la même précipitation qu'ils a-
voient abandonné le Siége de St. Matthéo. On peut s'imaginer que ce
Parti, qui paroiſſoit tantôt d'un côté & tantôt d'un autre, & qui al-
larmoit jour & nuit les Ennemis, n'eut pas beaucoup de relâche; &
que Milord, qui étoit obligé de conduire ſes hommes pas à pas, eſſuya une terrible fatigue; occupé d'ailleurs qu'il étoit à inventer à tout
moment quelque nouveau ſtratagême, puiſqu'il n'y avoit pas d'autre
moyen de réuſſir dans cette entrepriſe. On auroit de la peine à me
croire, ſi j'en faiſois tout le détail; mais j'en raporterai une ſeule circonſtance, pour donner quelque idée du reſte.

Après pluſieurs jours de marche, l'Armée des Ennemis ſe rendit à
Nules, qui eſt à trois journées de Valence, & à une de Caſtillion de la
Plana, Ville fort peuplée, riche, pleine de chevaux, & bien intentionnée pour le Roi Charles, quoiqu'elle fût alors entre les mains de
l'Ennemi. Nules au contraire étoit la Ville de tout le Royaume la plus
oppoſée aux intérêts de ce Prince. Il faloit pourtant l'occuper, s'il é-
toit poſſible, avec quelques autres petites Villes murées, qui couvroient
Caſtillion, comme Villa-Réal, Burriana, &c. Mais le moyen d'en venir à bout; puiſque la Place étoit fortifiée de tours réguliéres, qu'il y
avoit de bonnes murailles, que tous les ouvrages en paroiſſoient bien
entretenus, & que les Ennemis y avoient laiſſé, en ſe retirant, 1000
hommes de la Bourgeoiſie ſous les armes, prêts à ſe bien défendre? Quoi
qu'il en ſoit, les Ennemis paſſérent au fil de l'épée tous les habitans
de Villa Réal, ſous prétexte qu'ils leur avoient réſiſté; & dès le lendemain Milord voulut eſſayer, ſi la terreur du même ſuplice ne pourroit
pas opérer quelque choſe ſur les Bourgeois de Nules: de ſorte qu'il prit
une réſolution auſſi hardie que fortunée. A la tête de ſon Parti, il
s'avança juſques aux portes de la Ville, & ſomma les habitans de lui
envoyer au plûtôt le Chef de leur Magiſtrature, ou un Prêtre; avec
menaces qu'il les paſſeroit tous au fil de l'épée ſans aucun quartier,
s'ils attendoient que ſon Artillerie fût venue. Là-deſſus quelques Prêtres,

tres, qui le connoiſſoient, le vinrent trouver ; & afin d'augmenter leur
frayeur, il ne leur accorda que ſix minutes pour lui rendre réponſe. On
lui ouvrit auſſi-tôt les portes ; & ce fut ici que Milord commença à
former ce Corps de Cavalerie, qui ſauva le Royaume de Valence, & qui
prévint en quelque maniére la perte de Barcelone. Quoi qu'il en ſoit, Milord trouva 200 Chevaux dans Nules, où les Ennemis étoient, il n'y
avoit qu'une heure, au nombre de 3000 hommes. Après cette action,
qui obligea les Troupes du Duc d'Anjou à faire le même jour une ſeconde marche pour s'éloigner d'un ſi terrible Ennemi, Mr. le Comte ſe rendit à Caſtillion de la Plana.

Ce fut dans cette Ville importante, & dans quelques autres Places du
voiſinage, que Milord amaſſa près de 800 Chevaux, à la vue, pour ainſi dire, des Ennemis. Ce n'eſt pas tout : il fit courir le bruit que ſon
Armée les pourſuivoit, & qu'après les avoir chaſſez hors du Royaume,
quelques-unes de ſes Troupes reviendroient pour ſe remonter. Cependant il levoit du monde ſous main, & un jour qu'il en paſſa une partie
en revue à un lieu nommé Oropeſa, le Régiment qu'il venoit de rendre complet, fut étonné de voir paroître au pied d'une Montagne,
huit Corps diſtincts de Cavalerie, rangez en bataille & bien équipez. Il
y avoit trois bons chevaux pour chaque Capitaine, deux pour chaque
Lieutenant, & un pour chaque Cornette. Milord permit aux Brigadiers & aux Colonels de choiſir leurs Compagnies, & les autres Capitaines les tirérent au ſort : ils montérent enſuite à cheval, & ils ſe
rendirent aux Quartiers qu'il leur aſſigna.

Dans l'eſpace de huit ou neuf jours, Mr. le Comte ... ... ſur des
Barques, juſques au Port le plus voiſin, des Selles, des Armes, ſur de
l'Equipage qu'il falloit pour remonter les Dragons Anglois & Eſpagnols. D'ailleurs, à ſon arrivée à Vinaros il aprit que les Troupes Eſpagnoles, ... de Lérida, avoient fait une marche dans le Royaume
de Valence, & qu'un Corps de la Milice de ce Pays & de Catalogne
étoit déja au rendez-vous.

Si l'Art de la Guerre conſiſte ſur-tout à ſe procurer de bonnes intelli-
gences, & à donner ſouvent le change à l'Ennemi, on peut dire que
Milord poſſédoit ce talent en perfection. Mais il ſeroit trop ennuyeux
de m'arrêter ici à tout ce détail, & de raporter la différente maniére dont
il inſtruiſoit ſes Eſpions, pour venir à bout de ſes vaſtes deſſeins. D'un
autre côté, jamais on n'a vu des gens ſi effrayez que les Valenciens.
Les deux Lettres ſuivantes en ſont une bonne preuve.

TRES-ILLUSTRE SEIGNEUR,

NOus ſommes infiniment redevables à Votre Excellence, de ce qu'Elle a
formé le deſſein de venir à notre ſecours, & de nous délivrer de l'En-
nemi, qui eſt preſqu'à nos portes. Il connet les hoſtilitez inouies dont
nous vous avons entretenu dans nos Lettres précédentes. Ainſi nous vous

ſui-

*suplions de hâter votre marche, & de n'employer vos Troupes qu'à nous se-
courir. Dieu veuille conserver Votre Excellence un bon nombre d'années,
& dans toute la splendeur qu'Elle mérite.*

De Valence le 26
Janvier 1706.

Les Jurez, Rational, & le Syndic de la Ville de Valence.

VINCENT RAMON, Sécrétaire.

TRES-ILLUSTRE SEIGNEUR,

*POur réponse aux deux Lettres dont Votre Excellence m'a honoré, du 21
& du 24 de ce Mois, je vous dirai que nous, qui connoissons vos bonnes
intentions & le desir de votre cœur, sommes bien mortifiez de voir que vous
n'êtes pas en état de les exécuter à tous égards. Mais je vous suplie très-
humblement, au nom de tant de fidéles Sujets qu'on opprime, de venir à
notre secours, & de nous délivrer de ces grandes tribulations sous lesquelles
on nous fait gémir. Dieu veuille conserver Votre Excellence autant d'années que j'en souhaite pour moi-même, & dont j'aurois grand besoin.*

De Valence le 28. Janvier 1706. 　　　　　CORDONE.

Tous les Officiers croyoient que la Ville de Molviédro arrêteroit tout
court les progrès de Mil—d, puisqu'il n'avoit ni Artillerie, ni Mineurs,
ni aucun Pré—— pour assiéger une Place murée. Mais il leur fit
—éroit d'obtenir par la ruse, ce qu'il ne pouvoit emporter
par la force. En effet il profita si bien de la situation de Molviédro,
qui n'est qu'à une lieue de la mer, d'un côté sur la plaine, & de l'autre sur une petite éminence qui conduit au Château, & il —— avantageusement son monde, avec quelques Piéces de Campagne, que tout
cela formoit de loin une perspective trompeuse.

Après cette disposition, Milord envoya un Officier & un Trompette
à Mr. Mahoni, Commandant de la Place, pour l'avertir que ce ne seroit pas du moins sa faute, si l'on ne prévenoit la ruïne du Pays; qu'on
avoit intérêt de part & d'autre à le conserver, puisque chacun des Prétendans en pouvoit devenir le maitre; que d'ailleurs il souhaiteroit de
s'aboucher avec un homme de sa réputation, & qui étoit son compa-
triote; que leur entrevue ne pouvoit être d'aucune conséquence fâ-
cheuse, & qu'elle pouvoit produire quelque bien; qu'ainsi il étoit prêt
à se rendre, avec dix ou douze Chevaux, dans quelque lieu commode,
entre la Ville & ses Troupes. Milord se flatoit d'y réussir d'autant plutôt, qu'il croyoit que Mr. Mahoni seroit bien aise de capituler, & d'aller joindre le Duc d'Arcos avec sa Cavalerie, pour nous empêcher de
traverser la Plaine, & de gagner le Couvent des Chartreux.

Il faut remarquer ici en passant une circonstance favorable, dont Milord

lord fut bien tirer avantage : c'eft que le Comte de las Torres, un des meilleurs Officiers qu'il y ait en Efpagne, mais foupçonné d'avoir quelque inclination pour la Maifon d'Autriche, venoit d'être rappellé, fous
prétexte qu'il avoit commis des bévues au Siége de St. Matthéo, & qu'on
avoit mis à fa place le Duc d'Arcos, homme de grande naiffance, mais
très-peu expérimenté dans le métier de la Guerre.

Quoi qu'il en foit, Mr. Mahoni, allié de la Comteffe défunte de Péterborough, qui étoit de la Famille de Tomond, envoya un de fes Officiers, pour dire à Milord qu'il fe rendroit inceffamment auprès de fa
perfonne; qu'il ne doutoit pas d'y être en fureté, puifque Son Excellence lui en donnoit fa parole; & qu'il étoit bien aife de lui marquer fes
refpects en tout ce qu'il pourroit avec honneur, & de prendre avec lui
des mefures pour prévenir les defordres qui n'étoient pas une fuite inévitable de la Guerre.

Après qu'il fut venu au rendez-vous avec quelques Officiers des
Troupes d'Efpagne, Milord lui adreffa le difcours en ces termes. Les
,, Efpagnols ont exercé de fi grandes cruautez à Villa-Réal, que je
,, fuis contraint d'ufer de reprefailles; cependant je voudrois épargner
,, une Ville qui eft fous votre protection. Je fai que vous n'êtes pas
,, en état de la défendre avec votre Cavalerie, qui jointe au Duc d'Ar-
,, cos peut vous rendre un meilleur fervice, & me difputer le paffage
,, dans la Plaine de Valence. Je fuis perfuadé que vous abandonnerez
,, bientôt Molviédro, & qu'il vous eft auffi facile d'en fortir qu'à moi
,, d'y entrer. S'il m'eft impoffible de prévenir l'un, il ne vous le
,, fera pas moins d'empêcher l'autre. En pareil cas, il faut que les
,, Habitans foient expofez à la derniére mifére; & je ne vois d'au-
,, tre jour à les en garantir que par une Capitulation, que je fuis
,, prêt à vous accorder, fi vous me promettez de me livrer la Pla-
,, ce dès cette même nuit. Il y a certaines chofes qui fautent d'a-
,, bord aux yeux, & qu'il feroit inutile de diffimuler. Je ne doute
,, pas que vous n'écriviez au Duc d'Arcos de marcher au plus vite
,, à la Chartreufe, & que vous n'ayez deffein de l'y joindre avec
,, votre Cavalerie. Milord lui offrit d'ailleurs, d'un air franc & ouvert en apparence, que s'il vouloit il lui feroit voir fes Troupes &
fon Artillerie, & ajouta qu'il attendoit bien d'autres chofes par mer.

Mr. le Brigadier Mahoni ne difconvint pas qu'il n'eût en vue de
joindre le Duc d'Arcos avec fa Cavalerie, & dit même en fouriant:
,, Je puis bien vous l'avouer, Milord, puifque vous le foupçonnez,
,, & que vous ne fauriez le prévenir. Satisfait de la franchife de
Mr. le Comte, il rentra dans la Ville, & promit de lui envoyer réponfe au bout d'une demi-heure. Un des principaux Officiers Efpagnols
de la Garnifon en fut le porteur, & après que Milord eut tâché en-vain
de le gagner, il lui infinua adroitement des foupçons contre Mahoni,
qui frappérent leur coup.

Quoi qu'il en foit, ce Brigadier ménagea la Capitulation avec une
gran-

grande dextérité, & en Officier habile; mais on ne voulut pas fuivre fes avis. D'ailleurs il convint qu'il ne fortiroit de la Place que vers une heure après minuit, & que Milord ne pafferoit pas plutôt la Riviére; mais fes Officiers l'obligérent à précipiter fon départ, de forte qu'à l'ouïe du henniffement des Chevaux, Mr. le Comte crut que la Garnifon étoit en marche; & pour entretenir la jaloufie qu'il avoit femée, il ordonna qu'on tirât des coups de Moufquet, afin que les prémiers Efpagnols qui arriveroient au Camp de l'Ennemi, fe doutaffent que Mahoni les avoit trahis, & qu'ils en répandiffent le bruit. En effet, après que Milord eut obtenu de cet Officier, qu'un Régiment de Dragons pafferoit la Riviére pour la fureté de fa perfonne, il marcha vers la Place, & l'on vit quelques Officiers Efpagnols fe détacher de leurs Corps, pour aller au plutôt entretenir leur Général de ce qui s'étoit paffé.

Ce n'eft pas tout, dès-que Milord s'apperçut que le Traité prenoit un bon tour, il choifit deux Dragons Irlandois du Régiment de Zinzendorf, qu'il paya bien, & qu'il envoya jouer le rôle de Déferteurs auprès du Duc d'Arcos, avec ordre de lui dire: ,, Qu'ils étoient cachez ,, fous un roc de la Montagne, où ils bûvoient un verre de vin, lors- ,, que tout d'un coup ils avoient entendu raifonner le Comte de Péter- ,, borough avec Mahoni; que le prémier avoit donné 500 piftoles à ,, l'autre, & lui avoit promis qu'il feroit Major-Général fur l'établiffe- ,, ment Efpagnol & Anglois, & qu'il commanderoit un Corps de 1000 ,, Irlandois Catholiques Romains, qu'on levoit pour le fervice du Roi ,, Charles. Sur ce rapport, le Duc envoya Mr. Mahoni prifonnier à ,, Madrid.

Voilà en peu de mots le récit d'une Action peut-être auffi mémorable qu'il en fut jamais, & qui fraya le chemin à la conquête d'un Royaume entier, avec une poignée de Troupes, & prefque fans coup férir. Au refte Milord a reconnu que Mr. Mahoni avoit très bien fait fon devoir, & que fes fentimens étoient fort raifonnables, fi le Duc d'Arcos avoit fait ce qu'il devoit. Milord paffa la Plaine, hors de la vue des Ennemis, & gagna la Chartreufe, d'où il fe rendit à Valence. On ne fauroit exprimer la joie univerfelle qui parut en cette occafion; j'ofe dire qu'elle fut pouffée jufqu'à la folie. Les différens Corps des Pretres & des Moines, revêtus de leurs robes bigarrées, y étoient fous les armes, & formoient des Régimens pour recevoir Milord, qui de fon côté ne manquoit pas de leur faire de grandes civilitez, bien perfuadé que la Caufe commune avoit befon du crédit des Eccléfiaftiques.

Au milieu de tous ces triomphes & de ces acclamations, Milord n'étoit pas fans inquietude, lorfqu'il confidéroit fon état & celui de fes Ennemis. Il n'avoit guéres plus de 3000 hommes dans Valence, qui manquoit de Munitions de Guerre & de Bouche, & ne pouvoit foutenir un Siége en cas de befoin. Le Ennemis étoient dans le voifinage avec près de 700 hommes. A Fuente de Higuéra, c'eft-à-dire à quinze lieues de Valence, il y avoit 4000 Caftillans, qui venoient joindre le
Com-

Comte de las Torres, à préſent renvoyé à la tête de l'Armée, avec Mahoni. D'ailleurs, le Maréchal de Teſſé avoit 10000 hommes à Madrid, & il menaçoit d'attaquer Valence, où il n'auroit pas eu ſans doute l'affront, qu'il eſſuya bientôt après à Barcelone. D'un autre côté,
Milord eut avis qu'au Port d'Alicante on venoit d'embarquer, ſur un
Vaiſſeau Génois, 16 Piéces d'Artillerie de 24 livres de bale, pour ſervir au Siége de Valence.

Afin donc de prévenir l'orage dont cette Capitale étoit menacée, il
faloit non ſeulement diſperſer les 4000 hommes, qui étoient à Fuente
de Higuéra, avant qu'ils puſſent joindre le gros de leur Armée; mais
auſſi enlever les Munitions & l'Artillerie, que les Ennemis deſtinoient
au Siége de cette Place, & dont elle avoit grand beſoin pour ſa propre
défenſe. Mr. le Comte de Péterborough vint heureuſement à bout de
l'un & de l'autre. Il ſurprit les 16 Piéces de Canon, qui étoient de
métal, avec toutes les Munitions de Guerre qui en dépendoient. Le
dernier coup qu'il devoit fraper, ſe trouvoit bien plus difficile; puiſque
le Comte de las Torres campoit entre les 4000 Caſtillans & Milord,
dont les Troupes, deſtinées à cette Expédition, devoient paſſer & re-
paſſer la Riviére de Xucar, tout proche de l'Armée des Ennemis. Quoi
qu'il en ſoit, ceux de Valence furent témoins du zéle, de la diligence
& du ſuccès de Milord: à peine connoiſſoient-ils le danger où ils étoient,
juſqu'à ce qu'ils virent 600 des Caſtillans amenez priſonniers dans leur
Ville, & dont tout le Corps fut battu à platte-couture par 400 de nos
Chevaux & 800 Fantaſſins.

Après une Action ſi vigoureuſe, le Comte de las Torres ne penſa
plus au Siége de Valence; mais il forma le deſſein d'attaquer Alcira &
Suéca, deux Villes ſur la Riviére de Xucar, à cinq lieues ou environ
de la Capitale. Ces deux Places le rendoient maitre du Pont de Cullé-
ra, ſur cette même Riviére, & par ce moyen il ôtoit à Valence les deux
tiers de ſes Proviſions, qui lui venoient de ce côté-là. Cependant Milord, qui étoit bien informé de tous les mouvemens des Ennemis, y
jetta du monde ſi à propos, que l'Officier qu'il envoya dans Alcira, ne
prévint l'Ennemi que d'une demie-heure.

Son Excellence mit dans l'une & l'autre de ces deux Places cinq-cens
hommes d'Infanterie Angloiſe & ſix-cens d'Eſpagnole, avec quatre-cens
Chevaux de cette derniére Nation. Bientôt après Milord conçut un
deſſein, qui n'auroit pas manqué de ruïner toute l'Armée du Comte
de las Torres, ſi l'infame lâcheté de ce Corps d'Eſpagnols ne l'eût prévenu. Le Comte, qui ne craignoit pas d'être attaqué par des Troupes
inférieures, poſtées dans Valence à cinq lieues de ſon Camp, avoit partagé les ſiennes pour la commodité des Quartiers. Là-deſſus Milord
envoya des ordres au Détachement Eſpagnol de ſix-cens hommes d'Infanterie & de quatre-cens Chevaux, dont nous venons de parler, de ſe
mettre en marche de nuit, un tel jour & à une telle heure, pour attaquer un des Quartiers de l'Ennemi, qui n'étoit qu'à deux milles d'An-

gleterre de leur Pofte; & en même tems il marcha lui-même, qui en étoit à quinze milles, avec quelques-unes de fes Troupes. La marche fe fit de part & d'autre avec beaucoup de fecret, & l'Ennemi n'en fut rien jufqu'à ce que nous fumes arrivez dans fon voifinage; mais un de fes Partis de deux-cens Chevaux, qui fe trouva fur la route, mit une telle frayeur dans nos Efpagnols, qu'ils prirent d'abord la fuite, & qu'ils s'entretuérent les uns les autres. Quoi qu'il en foit, Milord, qui n'étoit qu'à une mille des Ennemis, fe retira fans aucune perte.

Voilà en abrégé le récit d'une Campagne, qui n'a peut-être pas fa pareille dans l'Hiftoire, foit à l'égard de la méthode du Général, foit à l'égard du fuccès de fes entreprifes. On peut l'attribuer, fi l'on veut, à fa bonne fortune; mais il eft certain qu'il ne fe fioit qu'à lui-même, & que durant deux Campagnes, il n'envoya prefque jamais un Parti de trente Chevaux, qu'il ne fe mît à la tête. Bien nous valut qu'il fût d'une conftitution affez vigoureufe, pour foutenir cette fatigue, & fuppléer au défaut de fes Officiers, qui n'entendoient pas la Langue du Pays, mais qui d'un autre côté l'en dédommageoient avec ufure, par le tranchant de leurs Epées. Si on rend juftice à ces braves Compatriotes, on avouera que jamais Officiers n'ont effuyé tant de pénibles travaux, ni témoigné tant de conftance, de fermeté & de vigueur, qu'ils en marquérent depuis l'heureufe Reddition de Barcelone, jufqu'à la funefte Bataille d'Almanfa.

La briéveté que je me fuis prefcrite, ne me permet pas de fuivre Milord dans tous les glorieux progrès de fes armes, quoique l'éclat & la variété des Evénemens fuffent capables de m'y engager, fi je ne comptois qu'un jour quelque Plume, plus habile que la mienne, nous donnera une Hiftoire de toutes ces grandes Révolutions, qui font tant d'honneur à la Nation Angloife.

AFFAIRES D'ALLEMAGNE.

Réfolution des Etats-Généraux touchant l'Election de l'Evêque de Munfter, du 20 Août 1706.

AFFAI-
RES
D'ALLE-
MAGNE.

Réfolu-
tion tou-
chant
l'Evêque
de Munf-
ter.

REçu une Lettre de Mr. l'Evêque d'Osnabrug, écrite à Vienne le 10 de ce mois, portant plainte contre la conduite de Mr. Itterfum Miniftre de LL. HH. PP. à Munfter, pour s'être oppofé à fon élection; le tout plus amplement mentionné dans ladite Lettre. Sur quoi ayant été délibéré, on a trouvé bon & arrêté, qu'on répondra à Mr. l'Evêque d'Osnabrug, que LL. HH. PP. ont toujours eu beaucoup d'eftime & d'affection pour fa perfonne, & n'ont jamais douté de fon zéle pour la Caufe commune, ni de fon amitié pour l'Etat. Qu'il auroit été inutile de leur rafraichir pour cet effet la mémoire des fervices rendus

dus par le feu Duc de Lorraine fon Pére, qu'Elles ne les ont pas encore oubliez, & fouhaittent qu'on fe reffouvienne autant des fervices
que l'Etat a rendus & rend encore actuellement à la Caufe commune.
Que LL. HH. PP. ont de la peine à croire, que le Sr. Itterfum, leur
Miniftre à Munfter, ait pu faire quelque chofe qui fût contraire à la
confidération & à l'attachement qu'Elles ont pour Mr. l'Evêque d'Osnabrug, & qu'Elles le prient de ne vouloir point prêter l'oreille à des avis
paffionnez, en particulier à ceux du Comte d'Eck; puisqu'il s'eft tellement
laiffé entraîner au torrent, & s'eft expliqué avec tant de véhémence &
d'emportement fur le chapitre de LL. HH. PP., que fes raports ne fauroient être regardez comme impartiaux, & que LL. HH. PP. ont tout
lieu d'en témoigner du reffentiment. Que LL. HH. PP. ne fe font pas
oppofées à l'élection de Mr. l'Evêque d'Osnabrug, mais qu'ayant vu
l'inclination de la plupart des Chanoines pour Mr. l'Evêque de Paderborn, Elles ont déclaré que fa perfonne leur étoit agréable, comme é-
tant perfuadées de fon mérite & de fes bons fentimens. Que néanmoins
Elles ont laiffé au Chapitre une entière liberté dans leur Election; mais
prévoyant qu'on fongeois à enfreindre & à détruire ce Droit de libre
élection, en donnant exclufion, chofe toujours odieufe en pareil cas, Elles n'ont pu s'empêcher de s'y oppofer, & de donner pour cet effet des
ordres très-précis au Sr. d'Itterfum, qu'il a exécutés. Car LL. HH.
PP. croient qu'il leur importe infiniment que la Liberté d'élection foit
confervée dans un Chapitre fi proche des frontiéres de leur Etat, & que
fes Droits & Priviléges ne foient point enfreints, puisque cela pourroit
caufer de grands desordres & troubles dans leur voifinage. Qu'Elles ne
peuvent qu'attendre de Mr. l'Evêque d'Ofnabrug, qu'en qualité de
Prince & de Membre de l'Empire il n'approuvera pas la reftriction des
libres Elections, quand même elles fe feroient en fa faveur. Que LL.
HH. PP. font encore actuellement du fentiment, qu'il faut laiffer au
Chapitre une parfaite liberté d'élire tel Sujet qu'il jugera à propos, &
qu'Elles ne peuvent s'empêcher d'y infifter de la maniére la plus efficace, fans que cela diminue en aucune façon l'eftime & l'affection qu'Elles ont eu de tout tems & conferveront toujours pour ledit Seigneur
Evêque.

*Lettre de l'Evêque de Munster à l'Etat sur son Election,
du 30 Août 1706.*

HAUTS, PUISSANS, ET TRES-CHERS SEIGNEURS ET AMIS.

Lettre
de l'E-
vêque de
Munster
sur son
Election.

VOS HAUTES PUISSANCES apprendront sans-doute par leur Ministre ici, Mr. Itterfum, & je n'ai pas voulu non plus manquer de leur notifier par cette Lettre faite à la hâte, que quoi-qu'il soit arrivé encore avant-hier un Brevet du Pape au Chapitre, par lequel il lui a été ordonné de différer l'Election encore d'un mois, les bons Amis qui font de mon parti ont pourtant jugé à propos de passer outre, & de m'élire aujourd'hui, *servatis servandis*, pour leur Evêque. Le parti de Lorraine n'a non seulement pas assisté à cette Cérémonie, mais a encore défendu aux Sujets par des Placards publiquement affi-chez, de me reconnoître pour Evêque. Il a même tellement intimidé Mr. le Lieutenant-Général Swarts & les autres Officiers, que malgré toutes les représentations qui lui ont été faites, & les ordres qui lui ont été donnez de la plupart des Chanoines, il n'a ni voulu faire poster quel-ques Troupes de cette Garnison dans la Cour du Chapitre, partie pour plus de lustre, partie aussi pour plus de sureté dans l'Election, ni per-mettre à d'autres Officiers sous ses ordres de le faire.

Comme il paroit donc évidemment par ces violences, & par d'autres, que j'ai encore à appréhender, non seulement quelles difficultez je ren-contrerai pour obtenir la confirmation de la Cour de Rome; mais qu'on travaille aussi de la part de Lorraine à faire casser & annuller mon Election, sous prétexte qu'elle s'est faite contre l'inhibition du Pape, en faisant au contraire, ou établir l'Evêque d'Osnabrug sans autres for-malités par la Cour de Rome, ou du moins en faisant confirmer l'E-lection, qui apparemment tombera sur lui dans un mois d'ici.

Et quoique j'aye bien prévu, qu'en n'obéissant pas à la dernière pro-rogation, je m'exposerai, comme je viens de dire, à un très-grand ha-zard & danger, j'y ai pourtant consenti, même en rejettant toutes les conditions avantageuses qui m'ont été offertes par le Parti contraire; & plein de confiance en la garantie qui m'a été promise de VV. HH. PP. je n'ai pas balancé un moment, sous une telle protection, de risquer non seulement ma propre personne, mais de donner aussi à tous les bons Amis qui me font si fort attachez des suretés suffisantes pour l'indemni-sation requise. Je prie donc très-instamment VV. HH. PP. qu'Elles veuillent bien, sans perdre de tems, employer leurs soins à soutenir cet-te affaire, commencée d'après leurs prudens conseils, & menée au point où elle est par leur coopération; & que pour achever cet ouvrage par leur puissante assistance à leur immortelle gloire, Elles veuillent diriger

les

lès chofes de la maniére la plus efficace, tant à la Cour de Rome qu'auprès de l'Empereur, afin que S. M. I. foit en quelque façon appaifée,
& que le Pape, fur les raifons importantes que tout mon Parti a repréfentées de n'avoir pu attendre une nouvelle prorogation, ne faffe plus
de difficulté de faire examiner la légalité de mon Election; & que trouvant qu'on y a procédé canoniquement & validement, il la confirme
fans autre obftacle & délai. Car il eft connu qu'avant que d'avoir obtenu la confirmation, je ne puis me mêler du Gouvernement Politique,
ce qui m'empêche de témoigner à VV. HH. PP. ma fincére & inviolable amitié avec tout le zéle & tout l'avantage que j'avoue leur devoir. Auffi ne cefferai-je jamais de leur prouver mes fentimens de reconnoiffance par tous les fervices que je faurai leur être agréables,
ayant l'honneur d'être jufqu'à la fin de mes jours

DE VOS HAUTES PUISSANCES

L'Officieux & fidéle Ami &
Serviteur à jamais.

A Munfter le 30.   (Signé)
Août. 1706.

FRANCOIS ARNAUD,
EVEQUE DE PADERBORN,
ELU EVEQUE DE MUNSTER.

*Réfolution touchant l'Evêque de Munfter, du 16. Septembre
1706.*

Réfolu-
tion tou-
chant
l'Evêque
de Munf-
ter.

SUR le raport du Sr. Tulleken & autres Députez de LL. HH. PP.
pour les Affaires Etrangéres, il a été, après mûres délibérations,
trouvé bon & arrêté, qu'il fera repréfenté par Lettre au Chapitre de
Munfter, que Mr. l'Evêque de Paderborn a notifié à LL. HH. PP.
fon Election à l'Evêché de Munfter, faite le 30 du mois paffé, jour
fixé auparavant par unanimité du Chapitre pour cette Cérémonie. Que
comme cette Election, faite d'une maniére réguliére & légitime, a
été très agréable à LL. HH. PP, Elles ont d'un autre côté appris a-
vec chagrin, que quelques Chanoines, qui font la moindre partie du
Chapitre, n'ont pas voulu affifter à ladite Election, pour la rendre par-
là infruCtueufe, s'il étoit poffible. Que LL. HH. PP. ne jugent pas néceffaire de faire mention des voies & moyens qui ont été employez pour
ôter au Chapitre la liberté d'élire Mr. l'Evêque de Paderborn, puisque cela eft connu à tout le monde; mais qu'Elles ne fauroient affez
s'étonner, que quelques Chanoines fe foient laiffez induire par ces voies
& moyens, fi contraires aux Priviléges du Chapitre & au Droit de libre Election, à s'écarter du chemin ordinaire, & à ne point exercer
conjointement avec les autres le Droit qui appartient au Chapitre. Que

LL.

LL. H'L. PP. efpérent cependant, que cette Election étant préfentement faite légitimement, ceux qui n'ont pas trouvé à propos d'y concourir en reconnoîtront la validité, & n'y feront plus d'oppofition,
ou n'entreprendront pas du moins de l'annuller par ces voies de fait,
puifque cela produiroit infailliblement de grands embarras & troubles,
lefquels ceux qui les cauferoient auroient de la peine à juftifier, & qui pourroient avoir des fuites très-fâcheufes, par où aparemment le Chapitre de
Munfter fouffriroit le plus, & fur quoi par conféquent tous ceux qui le
compofent doivent faire toute l'attention poffible. Que LL. HH. PP.
ne peuvent s'empêcher de prier amiablement ceux qui fe font féparez
de ladite Election, de vouloir s'abftenir de toutes voies de fait qui pourroient attaquer cette Election, vu que LL. HH. PP. ne fauroient manquer de s'intéreffer à la confervation du repos dans l'Evêché de Munfter, qui eft fur les frontiéres de l'Etat. Et comme il feroit troublé
par-là, LL. HH. PP., en vertu des Traités & Alliances faits avec le
précédent Evêque de Munfter de vénérable mémoire, fe croient obligées d'affifter le nouvel Elu & le Chapitre, repréfenté par la plupart
des Chanoines, contre toutes actions de violence. Que LL. HH. PP.
ont cru d'autant plus néceffaire d'en écrire au Chapitre, qu'Elles ont
appris que la moindre partie des Chanoines a, fans aucune communication avec LL. HH. PP., envoyé quelques ordres aux Régimens de
Munfter, qui font au ferment, au fervice & à la folde de la République;
laquelle maniére inouïe d'agir ne peut que faire foupçonner à LL. HH.
PP. que ces commencemens proviennent de quelque effein prémédité
de pouffer les chofes encore plus loin: ce dont Elles ont voulu détourner tous ceux qui pourroient avoir de pareilles idées, afin qu'ils ne donnent pas lieu aux troubles & aux malheurs qui ne fauroient manquer
d'en arriver, & auxquels LL. HH. PP. feroient extrêmement fenfibles;
n'ayant au refte aucun autre but dans tout ceci, que la confervation des
Droits & Priviléges du Chapitre, auffi-bien que de la Tranquillité dans
le voifinage de l'Etat.

Lettre de Monfieur G. . . ., écrite de Rome, à Monfieur
M. . . . à Munfter, du 25 Décembre 1706.

MONSIEUR,

Lettre
de Ro-
me fur
l'Elec-
tion de
l'Evêque
de Mun-
fter.

JE vous écris fans partialité ce qui s'eft paffé dans la Congregation Con-
fiftoriale tenue le 23. de ce mois, pour examiner la validité, ou l'invalidité des Elections faites à Munfter à la fin du mois d'Août, & le 30
de Septembre.

Cette Congregation étoit compofée de vingt-fix tant Cardinaux que
Prélats, pour confulter fur une affaire importante, qui a fait le grand
éclat

éclat que tout le monde fait, mais fans pouvoir la décider, le Pape vou- lant la juger après avoir ouï les fentimens des Confulteurs.

On peut dire de cette Congregation, *quot capita, tot fenfus*, puis- qu'il y a eu onze opinions différentes, qui ont été réduites en quatre Claffes.

Il y avoit dans la prémiére de ces Claffes fept Perfonnages entiére- ment dévoués à la France, & à l'Efpagne moderne.

Le Cardinal de la Trimouille, François, & Succeffeur à Rome de Mr. le Cardinal Janfon de Fourbin.

Le Cardinal Giudici, Efpagnol Bourbonifte, & Napolitain.

Le Cardinal Caffoni, grand Ami de Mrs. de Plettenberg & de Furs- tenberg.

Le Cardinal Pignatelli Archéque de Naples, qui n'ofe agir contre les fentimens de la France.

Le Cardinal Prioli, dévoué à la France.

Monfignor Corradini, Napolitain.

Monfignor Paffionéi.

De ces fept voix, il y en a cinq abfolues en faveur de Mr. l'Evê- que de Paderborn, qui font les Cardinaux de la Trimouille, Giudici, Caffoni, Prioli, & Corradini.

Les voix du Cardinal Pignatelli, & de Monfignor Paffionéi, font très- équivoques, en ce qu'ils ont ajoint que fi l'on ne confirmoit pas l'E- véque de Paderborn, il falloit confirmer l'Evéque d'Ofnabrug.

La feconde Claffe, quoiqu'entiérement dévouée à la France, eft plus contraire qu'avantageufe à Mr. de Paderborn, puisqu'on fuppofe fes E- lections défectueufes, & que l'on confeille d'en fuppléer les défauts. Voi- ci les noms des fept Votans.

Le Cardinal Ottoboni, qui a ouvertement embraffé les intérêts de la France.

Le Cardinal Panciatici, Florentin, & François déclaré.

Le Cardinal Sacripanti, qui panche vers les deux Couronnes.

Le Cardinal Panfili Romain, qui a le même panchant.

Monfignor Sergandi.

Monfignor Minotti, qui tous deux font Commenfaux du Cardinal Ottoboni.

Le Pére Damascéno, Moine Conventuel, & dépendant du Cardinal Ottoboni.

Ces fept voix n'étant que conditionnelles, Mr. de Paderborn doit plus les craindre, qu'en efpérer de l'avantage : elles font bien reconnues défectueufes, puisqu'il faut fuppléer à leur défectuofité.

La 3. Claffe a été d'avis qu'il ne faloit confirmer aucune des Elections, mais qu'il faloit conférer l'Evêché à Mr. d'Ofnabrug.

Le Cardinal Carpégna.

Le Cardinal Pauluzzi.

Le Cardinal Nerli.

Le

Le Cardinal Impériale, qui a ajouté qu'il faloit encore examiner, s'il ne valoit pas mieux confirmer Mr. d'Oſnabrug.

Monſignor Oliviéri.

Monſignor Anſaldi.

Ces ſix Prélats n'ont aucune dépendance des Puiſſances Etrangéres, leurs voix ſont abſolues, & fondées ſur les Concordats Germaniques, qui portent ces termes formels. „ Ils nous plaît encore (c'eſt le Pape
„ qui parle) que dans les Egliſes Métropolitaines, & Cathedrales, mê-
„ me non ſujettes immédiatement au St. Siége Apoſtolique, il ſoit fait
„ des Elections Canoniques qui ſoient portées audit Siége, que nous at-
„ tendrons juſqu'au tems de la Conſtitution du Pape Nicolas III. d'heu-
„ reuſe mémoire, qui commence par ce mot, *Cupientes*. Et ledit tems
„ paſſé, ſi elles n'ont été préſentées, ou ſi ayant été préſentées, elles
„ ſont peu Canoniques, nous y pourvoirons; & ſi elles ſont Canoni-
„ ques, nous les confirmerons; ſi ce n'eſt que pour cauſe évidente, &
„ du conſeil de nosdits Fréres (les Cardinaux) Nous eſtimions devoir y
„ pourvoir d'une perſonne plus digne, & plus utile à l'Egliſe, &c.

Les ſix voix de la 4 Claſſe ſont abſolues pour la confirmation de Mr. l'Evêque d'Oſnabrug.

Le Cardinal Altiéri.

Le Cardinal Grimani.

Monſignor Becchetti.

Monſignor Albani.

Monſignor Nuzzi.

Monſignor Gozzadini. De ces ſix, il n'y a que le Cardinal Grimani qui ſoit dépendant de la Cour Impériale.

De ſorte que voila douze voix abſolues en faveur de Mr. d'Osnabrug, contre cinq voix abſolues, deux équivoques, & ſept conditionelles, qui font crier victoire au parti de Paderborn. Ce qu'il y a de ſûr, c'eſt que l'affaire n'a pas été décidée, que le Pape s'en eſt réſervé la déciſion, & que probablement il la fera examiner de nouveau.

Je vous ai rapporté fidellement le Fait, ſans entrer dans aucune diſcuſſion du Droit, parce que je n'ai épouſé aucun parti, & que

Tros, Rutulusve fuat, nullo diſcrimine habebo.

Je ſuis,

MONSIEUR,

A Rome le 25. Décembre 1706.

Re-

Relation véritable de ce qui s'eſt paſſé à Munſter, au ſujet de l'Election de l'Evêque d'aujourd'hui.

Relation
touchant
l'Elec-
tion de
l'Evêque
de Munf-
ter d'au-
jour-
d'hui.

L'Affaire de Munſter a fait tant de bruit, & eſt ſi importante, non ſeulement en elle-même, mais encore par rapport aux circonſtances dont elle a été accompagnée, qu'elle me paroit bien mériter un éclairciſſement qui en donne une juſte idée. Il ne s'agit pas moins que d'une belle Souveraineté dans l'Empire, qui donne le prémier rang dans la Direction des Affaires du Cercle de Weſtphalie. Cette Souveraineté a été l'objet des deſirs de pluſieurs Concurrens, qui ayant mis tout en uſage pour parvenir à leur but, ſe ſont enfin déſiſtez de leurs prétentions, en faveur des Evêques de Paderborn & d'Osnabrug. Pluſieurs grands & puiſſans Potentats ont pris part à cette affaire, & ont ſoutenu avec chaleur le parti qu'ils avoient embraſſé. On a raiſonné diverſement ſur ce ſujet, les uns par paſſion, & les autres par ignorance. Il eſt bien juſte que le Public ſoit informé de la maniére dont les choſes ſe ſont paſſées, afin d'en pouvoir juger ſainement. C'eſt le but que je me ſuis propoſé dans cet Ecrit, où en me contentant de rapporter le Fait, & ajoutant enſuite quelques réflexions ſur le Droit, je m'engage à n'avancer rien contre la bienſéance, ni contre la vérité.

· Expoſition du Fait.

LEs Evêques de Paderborn & d'Osnabrug étoient fort unis; le prémier avoit le plus contribué à l'Election de l'Evêque d'Osnabrug; & celui-ci par reconnoiſſance lui avoit donné le Stathouderat de l'Evêché de ce nom, & avoit tâché de lui procurer quelques amis pour favoriſer ſes prétentions au Siége Epiſcopal de Paderborn.

Un peu plus d'un an avant la mort de feu Mr. l'Evêque de Munſter, l'Electeur de Cologne Evêque d'Hildesheim ayant été attaqué d'une maladie qu'on croyoit plus dangereuſe qu'elle ne le fut en effet, S. A. de Paderborn demanda ſecrettement au Pape un Bref d'Eligibilité pour l'Egliſe d'Hildesheim. Sa Sainteté lui accorda cette grace de la maniére du monde la plus obligeante, en lui faiſant expédier un Indult, par lequel Elle lui donnoit l'alternative de l'Egliſe de Munſter ou de celle d'Hildesheim.

L'Empereur, bon Parent, chaud Ami, & très-éclairé ſur l'intérêt de ſa propre Grandeur, n'eût pas plutôt vu cette Souveraineté vacante, qu'il forma le deſſein de la procurer à Mr. le Prince de Lorraine ſon Couſin germain

D'un autre côté l'Evêque de Paderborn n'avoit guéres moins d'empreſſement pour faire tomber cette haute fortune à l'Evêque d'Osnabrug,

brug, en faveur duquel S. A. avoit tâché de prévenir les efprits, même
avant la mort de l'Evêque de Munfter, qu'on regardoit comme prochaine. Ce n'avoit point été par maniére d'acquit qu'elle avoit agi en
cette occafion ; elle s'y étoit employée de bonne grace, & de bonne foi.
On pourroit produire fur cela plufieurs témoins illuftres & nullement fus-
pects. Il fuffira de citer Mrs. les Barons de Furftenberg, de Méternich
& de Reck. Le prémier avoit trois de fes fils dans le Chapitre de Munfter, & conféquemment il pouvoit difpofer de trois fuffrages. Mrs. de
Méternich & de Reck font Chanoines du même Chapitre, & unis par
les liens du fang avec S. A. de Paderborn, le prémier étant fon Frére,
& l'autre fon Allié. Ce Prince généreux, oubliant fon propre intérêt
pour fervir fon Ami, ne fe contenta pas d'affifter de fes confeils Mr.
d'Oftman Confeiller Privé de S. A. d'Osnabrug. Quelque tems avant
la vacance du Siége Epifcopal de Munfter, ce Miniftre s'étoit rendu à
Newhaufe, lieu de la réfidence de S. A. de Paderborn, pour l'engager
de plus en plus dans les intérêts de fon Maitre, & concerter par avance
de quelle maniére il faudroit s'y prendre pour réuffir, en cas que l'E-
vêque de Munfter vînt à mourir.

Son Alteffe de Paderborn voulant donner un témoignage autentique
du defir fincére qu'Elle avoit de rendre fervice à l'Evêque d'Osnabrug,
follicita fortement Mr. de Méternich fon frére de lui promettre fa
voix. Les priéres & les exhortations du Prince ne produifirent aucun
effet fur l'efprit de Mr. de Meternich. Il refufa hautement & conftamment de fe déclarer pour S. A. d'Osnabrug, & cela en préfence de Mr.
d'Oftman, qui fut témoin de tout ce qui fe paffa dans cette converfation, & qui affurément ne difconviendra pas que ce que l'on avance ici
ne foit très-véritable.

Un fi mauvais début ne rebuta pas l'Evéque de Paderborn, quoique naturellement il n'eût pas lieu d'efpérer beaucoup de fes autres A-
mis, puifque fon propre Frére lui manquoit dans cette occafion. Ce
Prince écrivit à Mr. de Furftenberg pour l'inviter à venir à Newhaufe, fans l'avertir que Mr. d'Oftman y étoit. Ce Seigneur s'y étant
rendu, S. A. lui fit la même propofition qu'Elle avoit fait à Mr. de
Meternich, & le pria inftamment de difpofer Meffieurs fes Fils à
donner leurs voix à l'Evêque d'Osnabrug. Mr. de Furftenberg s'en
défendit conftamment ; & pour adoucir fon refus il protefta au Prince
de Paderborn, *que s'il s'agiffoit des intérêts de S. A. Elle le trouveroit dévoué à fon fervice ; mais que pour tout autre, il étoit réfolu de ne
fe point engager.* C'eft encore un fait dont Mr. d'Oftman peut rendre témoignage, puifqu'il fut préfent à cette converfation. La déclaration de Mr. de Reck ne fut pas plus favorable à S. A. d'Osnabrug.
L'Evêque de Paderborn écrivit à ce Chanoine en des termes fort
preffans. Mr. d'Oftman lui rendit cette Lettre, il joignit fes inftances
à celles de S. A., il les accompagna d'offres très-avantageufes, & n'obtint rien de ce qu'il prétendoit. L'Evêque de Paderborn fit auprès

de

de ſes autres Amis des tentatives ſemblables, mais toutes ſans ſuccès.

Quoique cela ne fût que trop ſuffiſant pour faire connoître à Mr. d'Oſtman les difficultez qu'il rencontreroit dans la Négociation dont il étoit chargé, il n'en brigua pas les voix avec moins d'ardeur, il ſe donna tout le mouvement imaginable pour aſſurer l'Election au Prince d'Osnabrug. Je ne ſai ſi ce Miniſtre ne fit pas jouer d'abord cette certaine machine éclatante, qui, ſelon les Libertins, prépare ſi efficacement à l'Inſpiration; ou ſi la grandeur de ſes promeſſes fit douter qu'on fût dans le deſſein, & en pouvoir de les accomplir; mais toujours il eſt certain qu'il trouvoit par-tout des obſtacles, & aucun moyen de nouer ſa brigue. Dans cet embarras ſi fâcheux pour un Miniſtre aſſuré d'une bonne récompenſe s'il réuſſit, Mr. d'Oſtman eut recours à S. A. de Paderborn, dont il avoit déja éprouvé la ſincérité. Il fit exprès un voyage de Munſter à Newhauſe, quelques ſemaines après la mort de l'Evêque de Munſter, pour découvrir confidemment à celui de Paderborn la ſurpriſe & le chagrin qu'il avoit de voir qu'il n'avoit pu gagner aucune voix, après y avoir employé tant de tems, & s'être donné tant de peines. Ce Prince y compâtiſſoit d'autant plus que ſes démarches ne réuſſiſſoient pas mieux, & que toutes ſes ſollicitations pour S. A. d'Osnabrug ne faiſoient que blanchir.

Sur ces entrefaites, il ſe répandit un bruit à Munſter que l'Evêque de Paderborn avoit un Bref d'Eligibilité. Ce Prélat avoit tenu juſques-là ſon Indult fort ſecret: Il avoit eu même la généreuſe précaution de cacher ce Bref à ſes plus proches, dans la ſeule crainte de préjudicier à l'Evêque d'Osnabrug. Mr. d'Oſtman ne pouvant croire ce qui ſe débitoit à Munſter, voulut s'en éclaircir avec S. A. de Paderborn, qui lui avoua ingénument la choſe, & lui déclara ſans détour que, *puiſque toutes les apparences étoient contre le Prince de Lorraine, du propre aveu de ſon Miniſtre, Elle alloit travailler pour ſoi, & qu'elle croyoit qu'on ne pouvoit raiſonnablement s'en formaliſer.*

Ce fut un coup de foudre pour le Miniſtre, il ne s'en défioit nullement, & il prévit en habile homme que ſon Maitre ne pouvoit avoir un Rival plus dangereux. Sans perdre un moment, il donne avis à la Cour de Vienne de la découverte qu'il a faite. Le Conſeil Impérial s'allarme; & pour démonter d'abord cette contrebatterie, feu Mr. le Comte d'Eck, qui étoit à Munſter de la part de l'Empereur, avec caractère d'Envoyé Extraordinaire, reçoit un ordre ſecret de donner l'Excluſion à l'Evêque de Paderborn, ſi l'on voyoit qu'il eût apparence de réuſſir.

Cet ordre ne fut pas longtems ſecret. Les Miniſtres Impériaux prirent eux-mêmes le ſoin de le publier, avec cette précaution qu'ils ne parlérent d'abord qu'en termes généraux, ſe contentant de dire que *tel auroit l'Excluſion qui s'y attendoit le moins.* Prétendoient-ils par-là intimider les différens Concurrens, & les obliger à ſe déſiſter de leurs prétentions en faveur de S. A. d'Osnabrug? Si c'étoit-là leur deſſein, ils

con-

connurent bientôt qu'ils avoient pris de fauſſes meſures. Une menace qui pouvoit s'étendre à tous les Candidats, & qui, à ce que l'on aſſure de bonne part, étoit effectivement autant pour l'un que pour l'autre, ne ſervit qu'à irriter l'eſprit de Mrs. les Chanoines. Ceux d'entre eux qui ſe font un devoir de ſuivre les mouvemens de leur conſcience, bien loin de ſe laiſſer intimider, ſe réunirent plus fortement que jamais; & mépriſant généreuſement tout intérêt mondain, ils réſolurent dès lors de s'oppoſer avec vigueur à une Excluſion qui tendoit à renverſer la liberté de toutes les Elections.

Les Négociateurs de Lorraine voyant que Mrs. les Capitulaires ne faiſoient pas grand cas de leurs menaces, prirent d'autres meſures. On chercha tous les moyens de parvenir; on eut recours aux intrigues; l'or & la volupté furent mis en uſage; l'intérêt fournit toute ſon amorce; la beauté prêta toutes ſes armes; concluſion, les Lorrains cabalérent ſi bien qu'ils firent un parti.

Cela ne ſuffiſoit pas, il étoit trop foible ce parti: l'union ſi néceſſaire dans ces ſortes d'occaſions, ne régnoit pas parmi les Chefs, dont plus d'un prétendoit à l'Epiſcopat, & ne s'étoit engagé dans ce parti qu'en vue de deſunir celui de l'Evêque de Paderborn. Cette diviſion augmentant de jour en jour parmi les Lorrains, ne ſervit qu'à faire connoître aux plus ſenſez d'entre eux qu'il leur ſeroit impoſſible de réuſſir, à moins qu'ils ne trouvaſſent quelque expédient plus efficace que celui de l'Excluſion, dont ils menaçoient ceux qui auroient la témérité d'entrer en concurrence avec l'Evêque d'Oſnabrug. Comme parmi tous ces Concurrens, l'Evêque de Paderborn leur paroiſſoit le plus redoutable, ils s'adreſſérent à la Cour de Rome, pour obtenir de Sa Sainteté la caſſation du Bref d'Eligibilité accordé à ce Prélat. Le Souverain Pontife étant trop équitable pour leur accorder une demande ſi injuſte, ils ſe retranchérent à ſolliciter une prorogation d'un mois, qu'ils obtinrent avec aſſez de peine, mais dont ils ne retirérent pas tout l'avantage qu'ils avoient eſpéré, comme on le verra plus bas.

Pendant qu'on négocioit ſecrettement cette affaire à Rome, l'Evêque de Paderborn, qui ne s'attendoit à rien moins qu'à cela, travailloit à former un Parti, en prenant pour cet effet toutes les meſures que l'honneur & la conſcience permettent de prendre. Il y réuſſit parfaitement bien. Quatorze Chanoines ſe déclarérent pour lui, ne doutant point qu'étant bien unis, il ne leur fût facile d'attirer à eux pluſieurs de leurs Confréres, qui ne s'étoient encore déclarez poſitivement pour perſonne, mais qui avoient promis de ſe déclarer auſſi-tôt qu'ils verroient un Parti formé capable de réuſſir.

Les Miniſtres d'Oſnabrug mirent tout en uſage pour deſunir ce Parti. Promeſſes, menaces, offres conſidérables, & très tentantes *, tout fut employé, mais en vain. Ces Meſſieurs demeurérent inébranlables. C'étoit inconteſtablement le plus ſûr pour la conſcience,

&

---

* On alla juſqu'à offrir l'Evêché à quelques-uns des principaux de ce Parti

& pour l'honneur. Son Alteſſe de Paderborn ne s'étoit point ſervi de moyens obliques pour les gagner, Elle n'avoit point eu recours
à des voies indirectes pour les retenir, & Elle ne ſemoit rien qui pût
écarter ou reculer le Saint Eſprit. Le mérite du Prince faiſoit ſon principal appui; & tous ceux qui jugeoient ſans paſſion, demeuroient d'accord qu'on ne pouvoit élever à ce Poſte vacant un Sujet plus digne de
le remplir, ni qui poſſédât plus éminemment toutes les qualitez requiſes pour conſerver la tranquillité publique. Soit dit ſans contrecoup ſur
Son Alteſſe d'Oſnabrug à qui l'on n'oppoſe aucune raiſon perſonnelle
qui puiſſe nuire à ſa cauſe. On rend juſtice à ce Prince; on connoît
tout ſon mérite; & l'on eſt perſuadé qu'il en doit avoir beaucoup, puiſque Sa Majeſté Britannique, Sa Majeſté Pruſſienne, & les Séréniſſimes
Electeurs du Palatinat & d'Hanovre ont appuyé ſes intérêts avec chaleur,
auſſi longtems qu'il le pouvoit lui-même raiſonnablement ſouhaiter.

Leurs Hautes Puiſſances les Etats-Généraux des Provinces-Unies ne
s'étoient encore déclarées pour qui que ce ſoit, & n'avoient même recommandé perſonne à Mrs du Chapitre. Bien loin de cela, Mr. le
Baron d'Itterſum, leur Miniſtre, avoit très-ſouvent ſoutenu avec cet air
aſſuré qui ne peut venir que d'un fond de droiture, *qu'il ne rendoit au-*
cun bon office à l'Evêque de Paderborn, dont la perſonne étoit néanmoins
très-agréable à ſes Maîtres. La conduite de ce Miniſtre ne démentoit
pas ſes paroles. Content de faire une ſérieuſe attention à tout ce qui
ſe paſſoit, & d'exhorter Mrs. du Chapitre à choiſir unanimement celui
qu'ils jugeroient le plus propre à remplir dignement le Siége vacant, il
ne ſe mêla d'aucune intrigue, & ne ſe déclara que lorſqu'il ne pouvoit
plus s'en diſpenſer, à moins que de négliger viſiblement l'intérêt de ſes
Maîtres. Ce fut poſitivement, lorſqu'il vit que Son Alteſſe de Paderborn étoit aſſurée de quatorze ſuffrages, & qu'aucun des autres Prétendans n'avoient rien qui en approchât. Ajoutez à cela, que pluſieurs
Chanoines de ceux qui paſſoient pour indifférens, donnoient de jour en
jour aſſurance de ſe joindre aux quatorze dont je viens de parler. C'eſt
un fait de notoriété publique, & dont quiconque aime la vérité ne pourra jamais diſconvenir.

Cependant pour ne point donner ſujet de plainte à aucun des Prétendans, & être en même tems plus ſûr de ſon fait, le Miniſtre de Leurs
Hautes Puiſſances eut encore la précaution d'avertir tous ces Prétendans
en particulier de la néceſſité où il ſe trouvoit de ſe déclarer. Il le fit
pluſieurs fois, en les preſſant de lui faire connoître quelle apparence ils
avoient pour eux-mêmes, & ne ſe détermina enfin, que lorſqu'il vit
par le refus que faiſoient les uns de s'expliquer clairement, & par l'a-
veu ingénu des autres, qu'aucun d'entre eux n'étoit en état de réuſſir.

Mr. d'Itterſum ne ſe fut pas plutôt déclaré pour l'Evêque de Paderborn, que le Comte d'Eck ne parla plus en termes généraux de l'Excluſion qu'il diſoit depuis quelques tems avoir en poche. Il déclara aux
uns & aux autres que cette Excluſion regardoit perſonnellement Son

Al-

Alteffe de Paderborn. Cela furprit également tout le monde. Bien
des gens avoient cru jufqu'alors que la menace de l'Exclufion étoit une
menace en l'air, & n'avoient jamais pu fe mettre dans l'efprit que le Miniftre Impérial eût effectivement deffein de faire une démarche qui ne
pouvoit qu'être très-préjudiciable à fon Augufte Maitre, fur-tout au
commencement de fon Régne. D'un autre côté, ceux qui par la connoiffance qu'ils avoient du caractére de ce Comte, avoient pu croire
qu'il étoit homme à en venir à cette violence, ne pouvoient affez s'é-
tonner qu'il eût différé fi longtems une déclaration de cette nature, pour
la faire précifément après que Leurs Hautes Puiffances eurent recommandé l'Evêque de Paderborn par la bouche de leur Miniftre. Ceux
qui jugent de ce qu'un homme fera, par ce qu'il devroit naturellement
faire, foutenoient que, quand même le Comte d'Eck auroit eu effectivement ordre d'exclure Son Alteffe de Paderborn, il étoit trop prudent pour le faire dans une conjonéture fi peu favorable. *Quelque précifes que foient les Inftructions d'un Miniftre*, difoient ces Meffieurs, *elles
ne le font jamais affez pour lui ôter la liberté de ne les pas fuivre à la rigueur de la lettre, fur-tout lorfqu'il eft évident qu'en le faifant il rendroit un très-mauvais fervice à fon Maitre*. Ils penfoient que du-moins
Mr. d'Eck avertiroit la Cour de Vienne de ce qui fe paffoit à Munfter,
& qu'il n'exécuteroit pas fa menace jufqu'à ce qu'il eût reçu de nouveaux ordres.

C'étoit effectivement ce que l'on devoit préfumer; mais comme l'on
ne doit rien négliger dans ces fortes d'occafions, Mr. d'Itterfum ne
fut pas plutôt informé des menaces du Comte d'Eck, qu'il lui dit, &
lui fit dire par ceux qu'on croyoit avoir quelque pouvoir fur fon efprit,
*qu'en donnant l'Exclufion à l'Evêque de Paderborn, il alloit faire une dé-
marche qui feroit defaprouvée de tout le monde, & qui ne pouvoit avoir que
de très-fâcheufes fuites dans la conjonéture préfente. Qu'au-refte l'Evêque
d'Ofnabrug n'en retireroit aucun avantage, puifque cette Exclufion ne feroit
pas défifter Leurs Hautes Puiffances, qui étoient fermement réfolues d'appuyer jufqu'au bout les intérêts d'un Prince, pour lequel Elles n'avoient employé leurs bons offices, qu'après avoir connu manifeftement que l'inclination du Chapitre étoit pour lui.*

Ces raifons & plufieurs autres, qu'il feroit trop long de raporter ici,
ne firent aucune impreffion fur l'efprit du Miniftre Impérial. Il parut
au contraire plus animé que jamais, & fit demander audience à Son
Alteffe de Paderborn, uniquement dans le deffein de lui notifier l'Exclufion. Quelques difficultez qui fe rencontrérent fur le Cérémonial ayant
empêché que cette Audience ne lui fût accordée, il eut le chagrin de
ne pouvoir exécuter ce projet auffi-tôt qu'il l'auroit fouhaité. On vit
alors à Munfter plufieurs Copies d'une Lettre (*a*) écrite de la Haye,
fur le fujet de l'Exclufion, qui auroit dû, ce me femble, détourner
le

_____

(*a*) *Voyez à la fin de cette Relation, Lett. A.*

le Miniftre Impérial de pouffer cette affaire plus loin, s'il y eût fait quelque attention.

Ce fut à peu près dans ce tems-là que Mr. le Baron de Plettenberg, Grand Prévôt de l'Eglife de Munfter, fe déclara avec Mrs. fes Frères pour Son Alteffe de Paderborn. Certaines circonftances l'avoient retenu jufqu' alors dans le Parti oppofé, mais fans aucun deffein de favorifer les prétentions de Son Alteffe d'Ofnabrug, comme il l'a fait évidemment connoître en plufieurs occafions, longtems même avant qu'il eût formé la réfolution de fe joindre aux Partifans de Paderborn. Ce Seigneur, qui a donné des preuves éclatantes de fon efprit, & de fa capacité dans plufieurs Ambaffades & Négociations importantes dont il s'eft acquité avec beaucoup de gloire, n'eut pas de peine à découvrir que ceux qui dépendoient le plus de la Cour Impériale, malgré toutes leurs proteftations, ne donneroient jamais les mains à l'Election d'aucun autre que de l'Evêque d'Ofnabrug. Pour s'en éclaircir d'une manière à n'en pouvoir douter, il leur repréfenta dans une Conférence de tout le Parti, *combien il leur feroit difficile, pour ne pas dire impoffible, de réunir tous les efprits en faveur de leur Maitre*; & leur propofa enfin un Sujet qu'il croyoit devoir leur être agréable, & auquel ils avoient eux-mêmes fait concevoir de grandes efpérances, en cas que l'Evêque d'Ofnabrug ne pût réuffir. Il les preffa de fe déclarer; mais bien loin de confentir à ce qu'il leur demandoit, ils firent connoître ouvertement qu'ils ne vouloient point d'autre Evêque que Son Alteffe d'Ofnabrug. Après cet éclairciffement, Mr. le Grand Prévôt crut avec juftice, qu'il n'avoit plus rien à ménager, & qu'il étoit quite des engagemens pris avec ces Meffieurs. Néanmoins, pour n'avoir rien à fe reprocher, il leur dit, qu'*il étoit réfolu de prendre fon parti, comme il le jugeroit à propos*. Et ce ne fut qu'après un avertiffement de cette nature qu'il les abandonna à leur divifion, pour embraffer un Parti dont l'union augmentoit de jour en jour.

Mr. de Plettenberg ne fe fut pas plutôt déclaré pour Son Alteffe de Paderborn, que Monfieur le Grand Ecolâtre de Galen jugea à propos de faire la même chofe. De cette manière l'Evêque de Paderborn eut la pluralité des voix pour lui. Ce fut précifément alors que Mr. le Comte d'Eck réfolut de ne plus différer l'Exclufion. Le tems preffoit, l'Election devoit fe faire dans trois ou quatre jours au plus tard.

Le jour même qu'il fe difpofoit à demander audience au Chapitre pour exécuter ce projet, Mr. le Baron d'Itterfum reçut, par un Courier, des Ordres très-précis de Leurs Hautes Puiffances, qui avoient été informées que le Comte d'Eck, malgré les remontrances de leur Miniftre, continuoit dans la réfolution d'exclure l'Evêque de Paderborn; Leurs Hautes Puiffances ordonnoient à Mr. d'Itterfum de mettre tout en ufage pour détourner le Miniftre Impérial d'un deffein qu'Elles ne pouvoient s'empêcher de regarder comme un attentat, qui alloit directement à renverfer la liberté des Elections dans tous les Chapitres d'Allemagne. Le Miniftre des Etats n'eut pas plutôt reçu ces Ordres, qu'il pria Mrs. les Envoyez de Pruſſe, du Palatinat & d'Hanovre, de faire tous leurs efforts pour diſpoſer Mr. le Comte d'Eck à rentrer dans des ſentimens plus modérez. Ces Envoyez, qui avoient déja témoigné pluſieurs fois ouvertement que l'Excluſion étoit un procédé odieux, que leurs Maitres deſaprouveroient, ſe rendirent chez le Miniſtre Impérial, & ſe ſervirent des raiſons les plus fortes pour lui faire changer de ſentiment, mais inutilement. Mr. d'Itterſum voyant que le Comte d'Eck étoit inflexible, ne put alors ſe diſpenſer de lui notifier lui-même les Ordres qu'il venoit de recevoir; il lui en donna même le précis par écrit, afin qu'il ne s'imaginât pas qu'il lui eût parlé de ſon chef; ce qui n'ayant pas encore contenté le Comte d'Eck, Mr. d'Itterſum lui écrivit quelques jours après la Lettre qu'on trouvera à la fin de cette Relation *. Tout cela ne produiſit aucun changement dans l'eſprit du Comte. Il demanda audience au Chapitre, & s'y rendit deux ou trois heures après la viſite de Mr. d'Itterſum, pour y donner l'Excluſion dans toutes les formes.

Un procédé ſi violent & ſi injuſte ſurprit extrêmement la plus ſaine partie du Chapitre: ceux-mêmes qui paroiſſoient le plus attachez à l'Evêque d'Oſnabrug, témoignérent (ſi ce fut ſincérement, je n'en ſai rien) qu'ils deſaprouvoient l'Excluſion. Sur ce que le Comte d'Eck avoit dit à quelqu'un, qu'il ne s'étoit pas déterminé à faire cette démarche, ſans y avoir été ſollicité par quelques Chanoines, on jugea à propos de le prier qu'il nommât les auteurs d'un ſi pernicieux conſeil, puisque tous unanimement nioient de l'avoir donné. Le Miniſtre ſe trouva embarraſſé d'une demande à laquelle il ne s'étoit peut-être pas attendu, & pour ſe tirer d'intrigue tout d'un coup, il jugea à propos de nier qu'il eût tenu un tel diſcours.

L'Excluſion donnée en plein Chapitre à Son Alteſſe de Paderborn, ne ſervit qu'à unir plus fortement ceux qui s'étoient déclarez pour ce Prince; & il n'auroit pas manqué d'être élu trois jours après, ſans un incident tout-à-fait imprévu. Le 29. de Juillet, jour fixé pour l'Election, Mrs. les Chanoines ſe rendirent tous à l'Egliſe, qui étoit remplie d'une foule prodigieuſe de gens venus du Pays, ou des environs, pour aſſiſter à cette Solemnité. Déja le Clergé, la Nobleſſe, & le Peuple avoient pris place. Déja les Chanoines aſſemblez dans le Chœur avoient achevé les pieux exercices uſitez dans ces ſortes d'occaſions; & l'Evêque Suffragant revêtu de ſes Habits Pontificaux montoit à l'Autel pour célébrer la Meſſe du Saint Eſprit, lorſque les Miniſtres Lorrains jugérent à propos de notifier à Mrs. les Chanoines, un Bref de Sa Sainteté, qui remettoit l'Election au mois prochain. On prétend que ce Bref étoit arrivé à Munſter deux jours auparavant. Si cela eſt, j'avoue qu'il n'eſt pas facile de concevoir pourquoi les Partiſans d'Oſnabrug n'en firent pas plutôt uſage; à moins que ce ne fût dans la vue d'empêcher que les autres n'euſſent le loiſir de ſe reconnoître, & de délibérer entre eux, s'il étoit raiſonnable de déférer à la Prorogation, ou de paſ-

* *Lett. B.*

ſer

fer outre. Quoi qu'il en foit, il eft certain que ce procédé parut très-
peu édifiant. On ne peut exprimer quel murmure, quel trouble, quel
fcandale un incident fi peu attendu caufa dans l'Eglife & dans la Ville.
Le Chapitre effuya là un affront d'autant plus fenfible, que jamais ni
l'Eglife de Munfter, ni aucune Eglife d'Allemagne ne s'étoit vue expofée à un fi grand mépris. On auroit pu, & fi j'ofe le dire, on
auroit dû remettre la lecture du Bref jufqu'après l'Election faite; mais
Mrs. les Chanoines, par un principe de refpect, peut-être exceffif,
pour le Saint Siege, réfolurent d'interrompre le Service Divin pour
paffer à la lecture du Bref Apoftolique, auquel ils voulurent bien déférer, pour témoigner au Souverain Pontife une obéiffance à laquelle il
ne s'attendoit peut-être pas lui-même. Sur quoi il eft à remarquer,
qu'on pouvoit fe foumettre, & ne reculer néanmoins l'Election que de
quelques jours, le Bref la renvoyant au mois prochain, *Ad menfem indè proximum.* Ainfi en le prenant à la lettre, on pouvoit élire dès le
prémier d'Août, fans que la Cour de Rome eût raifon de s'en plaindre. Effectivement elle n'auroit dû s'en prendre qu'à foi-même: mais
pour marquer plus de refpect au Pape, & afin d'obferver à toute rigueur l'Obédience & la Filiation, on étendit le fens du Bref en faveur
de Sa Sainteté, & on fixa l'Election au 30. d'Août.

Tous les Capitulaires foufcrivirent à cette Réfolution; mais les Partifans de Son Alteffe de Paderborn, contre qui on avoit extorqué le
Bref, n'en demeurérent pas-là. Ils dreffèrent une exacte & fidéle information de tout ce qui s'étoit paffé, & ils dépêchérent un Courier
Extraordinaire pour la porter au Pape, qu'ils prioient très-refpectueufement dans cet Ecrit de ne point accorder de nouveau délai, proteftant
en même tems, *qu'en ce cas ils ne pouvoient fe difpenfer de paffer outre,
pour les raifons effentielles contenues dans cette Information.*

Le Courier fit bon voyage jufqu'à Infpruck; mais Mr. le Comte Fugger
eut la bonté de lui épargner la peine d'aller plus loin. Apparemment
l'humanité plus forte en ce Seigneur que le droit inviolable des Poftes,
lui infpira de faire arrêter ce Courier, de le décharger de fes dépêches,
& de le renvoyer à Augbourg.

En vertu de cette difpenfe, que le Comte Fugger fe donna lui-
même, du Droit des Nations, le Pape demeuroit expofé à toutes les intrigues du Parti d'Ofnabrug. Ces Meffieurs n'omirent ni
tour ni détour pour profiter de l'intervalle, & pour tromper. Leur
principal but étoit de faire révoquer l'Indult d'Eligibilité accordé à l'E-
vêque de Paderborn; & en effet ç'eût été couper le nœud Gordien.
Mais il n'étoit pas facile de difpofer Sa Sainteté à faire un pas de cette
nature. Ce Pontife connoit l'Evêque de Paderborn pour un des excel-
lens Prélats de l'Eglife Catholique. Bien loin d'avoir jamais rien fait
qui pût lui attirer la difgrace du Saint Siége, Son Alteffe avoit toujours
fait paroître un attachement inviolable, & un profond refpect pour le Chef
vifible de l'Eglife. Il fallut donc avoir recours à la calomnie pour venir à

Tom XIV.   R r   bout

bout de ce que l'on se proposoit. On tâcha de faire accroire au Pape, que l'E-
vêque de Paderborn employoit le crédit des Puissances Hérétiques pour
monter sur le Siége Episcopal de Munster. Nous avons déja vu la fausseté de
cette accusation. Je le répéte : Toutes les démarches du Prince de Paderborn ont été canoniques, & si Son Altesse est appuyée de plusieurs
Souverains, Elle n'en est redevable qu'à son mérite, à la justice de sa
cause, & à la Raison d'Etat. Ce qu'il y a de rare ici, c'est que les
Accusateurs sont coupables de ce qu'ils imputent. Il n'a pas tenu à
eux que les Puissances Protestantes n'ayent favorisé la Brigue de Lorraine; plus d'un Prince, & l'Evêque d'Osnabrug lui-même, ont écrit
fortement pour cela; leurs Ministres ont agi par ordre; on a fait l'é-
loge de Son Altesse dans les Cours Evangéliques; & on a voulu persuader à Leurs Hautes Puissances les Etats-Généraux, *Que quand ce ne*
seroit qu'à cause de ce qui s'est passé en l'année 1672, *ils devoient appuyer*
l'Election du Prince de Lorraine, comme d'un Prince qui seroit le meilleur
& le plus affectionné Voisin qui fût jamais. Le Public sera mieux éclairci de tous ces mistéres, si on lui donne quelque jour, comme on en a
le dessein, une Histoire en forme de la Vacance de Munster.

Mais pour revenir à ce qui se passoit à Rome, je dirai que malgré
tous les mouvemens que se donnoient les Amis de Son Altesse d'Osnabrug pour extorquer la Révocation du Bref d'Eligibilité, le Pape demeura toujours inflexible sur cet article; soit qu'il n'ajoutât pas foi aux
accusations intentées contre Son Altesse de Paderborn, soit qu'il crût
qu'il y auroit de l'injustice à condamner ce Prince sans l'avoir entendu, quand même il auroit été coupable du prétendu crime dont on l'accusoit.

Les Lorrains voyant qu'ils ne pouvoient obtenir ce qu'ils souhaitoient
avec tant de passion, se retranchérent, comme la prémiére fois, à demander une nouvelle prorogation d'un mois, qui leur fut enfin accordée. Cette précaution leur parut nécessaire pour parvenir à leur but,
qui étoit de désunir le Parti de Paderborn. Il leur faloit pour cela
plus de tems que ne leur en donnoit le prémier délai, parce qu'ils
avoient à faire à des personnes dont ils ne connoissoient que trop la
fermeté & le desintéressement.

Comme on n'ignoroit point que les Lorrains feroient encore jouer
quelque puissant ressort, on jugea à propos de se précautionner contre tout ce qui pourroit arriver. Pour cet effet les Capitulaires qui s'é-
toient déclarez pour l'Evêque de Paderborn, voulurent fortifier leur
Parti de deux nouveaux suffrages. On ne peut avoir de voix active ni
passive dans le Chapitre, que lorsqu'on est parvenu à un certain âge, &
lorsqu'on a reçu les Ordres. Mr. le Grand Prévôt avoit un Neveu, &
Mr. le Baron de Furstenberg un troisiéme Fils, qui se trouvoient précisément dans le cas, quoique tous deux Chanoines de l'Eglise Cathédrale
de Munster. On jugea à propos de les porter à se démettre de leurs Ca-
nonicats, afin d'en pouvoir disposer en faveur de deux Sujets qui fussent

fent en état de voter. Ces Démiffions furent faites avec toutes les formalitez requifes & néceffaires. Sa Sainteté à qui elles furent envoyées
les aprouva, & les confirma au grand chagrin des Partifans d'Ofnabrug,
qui mirent tout en ufage pour l'en empêcher. Ils réfolurent à leur
tour de faire quelques Réfignations. S'ils s'y étoient bien pris, cela
leur auroit peut-être réuffi. Mais un conflict de jurisdiction entre Sa
Majefté Impériale & Sa Sainteté, renverfa leur projet. Pour entendre ceci, il faut favoir que les Empereurs, depuis longtems ont prétendu que le prémier Canonicat vacant dans tous les Chapitres d'Allemagne après leur avénement à l'Empire, doit être à leur difpofition.
La Cour de Rome foutient que ce Droit n'appartient point aux Empereurs, à moins que le Pape ne le leur ait préalablement conféré par
une Bulle expreffe. Je n'examine point fi cette prétention de la Cour
de Rome eft bien fondée, ou non ; je laiffe ce foin à ceux qui ont
examiné cette matiére plus que je n'ai fait. Voici de quoi il s'agit.
Sa Majefté Impériale pour fortifier le Parti de l'Evêque d'Ofnabrug,
voulut difpofer d'un Canonicat dans l'Eglife de Munfter, fans avoir
demandé le confentement du Pape. La chofe ayant été propofée au
Chapitre, ceux du Parti d'Ofnabrug foutinrent qu'on devoit déférer à
la Nomination de l'Empereur. Les Partifans de Paderborn s'y oppoférent, & appuyérent leur oppofition de plufieurs raifons, entre lefquelles une des plus fortes, à mon avis, eft que la Nomination de l'Empereur en faveur du Prince François de Lorraine, ne fût prefentée au
Chapitre qu'après la difpofition déja faite par le Chapitre.

Si les Partifans d'Osnabrug avoient travaillé avec tant de vivacité à
Rome, ils n'avoient pas été plus tranquilles à Munfter. Je ne parlerai
point des moyens dont ils s'étoient fervi pour tâcher de gagner quelques nouveaux fuffrages ; cela me méneroit trop loin, & m'obligeroit à
raporter certaines particularitez, qui ne feroient pas honneur à des Eccléfiaftiques, dont la conduite devroit répondre au caractére. C'eft
pourquoi je me contenterai de dire qu'ils mirent tout en ufage pour
parvenir à leurs fins, fans pouvoir feulement attirer à leur Parti aucun
des Capitulaires qui s'étoient déclarez pour l'Evêque de Paderborn. Enfin ayant obtenu du Pape un fecond Bref qui prorogeoit l'Election jufqu'au 30 du mois de Septembre, les Lorrains crurent avoir un nouveau
fujet de triomphe, & fe flatoient déja que la condefcendance que témoignoit pour eux la Cour de Rome, feroit entiérement perdre courage à
la plus nombreufe & à la plus faine partie du Chapitre. L'intimation
du prémier Bref ayant caufé beaucoup de fcandale à caufe des circonstances dont nous avons parlé, ils jugérent à propos de notifier le fecond
délai plufieurs jours avant le 30 d'Août. Mais ils eurent l'imprudence
de fe vanter affez ouvertement, que cette reffource ne leur manqueroit
pas au befoin, & que fi par le moyen de cette nouvelle prorogation ils
ne pouvoient parvenir à leur but, ils étoient affurez que Sa Sainteté
leur en accorderoit autant qu'ils lui en demanderoient. Non contens

R r 2   de

de cela ils firent réitérer plufieurs fois l'Exclufion donnée un mois auparavant à l'Evêque de Paderborn, mais avec auffi peu de fuccès.

Mrs. les Chanoines du Parti de S. A. de Paderborn furent extrêmement furpris, lorfqu'on notifia au Chapitre ce nouveau Bref. Perfuadez de l'équité du Souverain Pontife, ils avoient efpéré, qu'après avoir examiné leurs raifons & leurs proteftations, il leur laifferoit la liberté d'élire au jour marqué par le prémier Bref. Mais ayant apris que leur Courier avoit été arrêté à Infpruk, comme nous l'avons déja dit, ils connurent que Sa Sainteté avoit été furprife, & crurent avec juftice qu'Elle ne pourroit pas les blâmer, s'ils paffoient outre. Dans cette confiance, ils repréfentérent à tout le Chapitre affemblé, la néceffité qu'il y avoit de ne pas différer l'Election, mais d'y procéder le 30 du mois d'Août, en conformité des prémiers ordres du Pape. Le Partifans d'Osnabrug s'y oppoférent, foutenant qu'on devoit déférer à la feconde prorogation, puifqu'on avoit déféré à la prémiére. Enfin, après une affez longue conteftation, la pluralité des voix l'emporta, & on conclut d'élire le 30 d'Août.

Cette Réfolution, à laquelle les Partifans d'Osnabrug ne s'étoient pas attendus, les alarma. Pour la faire échouer, ils employérent le peu de tems qui leur reftoit à cabaler de tous côtez. Offres, promeffes, menaces, rien ne fut négligé. Tout cela leur ayant été inutile, ils trouvérent moyen de gagner Mr. Swarts Lieutenant-Général des Troupes Munftériennes, qui jufqu'alors avoit affecté, au moins extérieurement, de ne prendre aucun parti que celui de fon devoir, qui l'engageoit indifpenfablement à ne fuivre que les ordres donnés par la pluralité du Chapitre. Cette intrigue ne fut découverte que la veille de l'Election, & même affez tard, lorfque Mr. le Grand Prévôt fit favoir au Général, que *le Chapitre ayant réfolu d'élire, fouhaitoit qu'il fit mettre les Troupes fous les armes dans les lieux accoutumez en pareilles folemnitez.* Ce Général, au préjudice de fon ferment, répondit * *qu'il ne pouvoit pas obéir à cet ordre, en ayant reçu de contraires du Grand-Doyen.* Un refus de cette nature n'étoit que trop capable d'alarmer des perfonnes qui auroient eu moins de fermeté que Mrs. les Chanoines du Parti de Paderborn; mais leur conftance étoit à l'épreuve de tout ce qui pouvoit arriver. Ils ne fe laifférent point effrayer, quoique certains Efprits, ou timides, ou mal-intentionnez, priffent le foin de leur infinuer qu'ils avoient tout à craindre, ayant la Milice contre eux; jufques-là qu'on voulut perfuader à Mr. le Grand Prévôt qu'il n'étoit pas en fureté de fa vie.

Le 30 d'Août étant arrivé, ils fe rendent au Chœur pour affifter à l'Office, & enfuite procéder à l'Election. Lorfqu'il fut queftion de célébrer la Meffe du Saint Efprit, l'Evêque Suffragant ne parut point, & tous les autres Prêtres dépendans du Chapitre, intimidez par les

Lor-

---

* *Cette defobéiffance de Mr. Swarts eft d'autant plus furprenante, qu'il n'avoit pas fait difficulté d'obéir à la pluralité du Chapitre le 29. de Juillet lorfqu'on croyoit faire l'Election. En effet, malgré les défenfes du Grand Doyen, les Troupes avoient été fous les armes ce jour-là.*

Lorrains & par le Grand Doyen, fe retirérent, ou s'excuférent de célébrer, fous différens prétextes. On avoit auffi défendu aux Chantres
d'entonner le *Te Deum*. On avoit encore eu la ridicule précaution d'empêcher qu'on ne pût fonner les Cloches. Les Timbaliers & les Trom-
pettes avoient reçu du Grand Doyen des ordres très-précis, de ne point
faire leurs fonctions dans cette Solemnité. Ces ordres avoient été accompagnez de terribles menaces, & même on n'en demeura pas aux
menaces; car le Timbalier étant déja dans l'Eglife, le Grand Doyen le
fit appeller, & ne l'eut pas plutôt dans fa maifon qu'il l'y retint en arrêt.

Tout cela n'empêcha pas que la Meffe du Saint Efprit ne fût célébrée.
On alla enfuite au Chapitre, où, après toutes les formalitez requifes &
néceffaires, l'Evêque de Paderborn fut élu unanimement par dix-neuf
Capitulaires, malgré les Proteftations de ceux du Parti d'Osnabrug, qui
ne jugérent pas à propos d'y entrer. Sur quoi il eft à remarquer, que
le Grand Ecolâtre de Galen, qui devoit faire la vingtiéme voix, s'ab-
fenta auffi pour des raifons qui ne font connues que de lui feul, mais
fans prendre aucune part aux Proteftations qui furent faites par les quatorze Partifans d'Osnabrug, qui fe contentérent de protefter en leur
nom, & au nom d'un autre Capitulaire abfent, dont ils avoient reçu la
procuration.

L'Evêque élu fut proclamé, & inftallé fuivant la coutume; les
Chanoines, & la Nobleffe préfente, lui firent leurs foumiffions. Malgré les précautions que le Parti contraire avoit prifes, il fe trouva des
Trompettes, & un Gentilhomme qui favoit jouer des Timbales fupléa
au défaut du Timbalier arrêté dans la maifon du Grand Doyen. On
chanta le *Te Deum* fans le fecours des Chantres ordinaires; & fi la Mufique ne fut pas des plus harmonieufes, au moins tout fe fit avec beaucoup de dévotion & de zéle. En un mot l'Election fut très Canonique, à moins qu'on ne veuille dire qu'il y ait eu de l'irrégularité, parce que le Général ne voulut pas permettre qu'on tirât le Canon, comme cela fe pratique dans ces fortes d'occafions.

Après l'inftallation du nouvel Evêque, il fut queftion de le conduire
à la Sale où s'affemblent les Etats du Pays, & dans le lieu où l'on garde les Archives. C'eft une efpéce de *prife de poffeffion*, qui à la vérité
n'eft pas effentielle, mais qu'il eft bon de ne pas négliger. Pour ne pas
commettre S. A., on eut la précaution d'envoyer quelqu'un pour voir
fi les portes étoient ouvertes. Sur les affurances qu'on eut qu'elles
l'étoient, l'Evêque élu fe mit en chemin accompagné des Chanoines,
& de toute la Nobleffe; mais on fut fort étonné de trouver les portes
fermées. Les Nobles, indignez de l'affront qu'on leur faifoit, & encore plus de la fupercherie dont on avoit ufé en les laiffant ouvertes jufqu'au moment qu'ils fortoient de l'Eglife, ouvrirent eux-mêmes ces
portes, & introduifirent S. A., à qui ils réitérérent leurs foumiffions;
après quoi ce Prince fut conduit par le même cortége dans le lieu où il
demeuroit avant l'Election; & ce fut-là qu'il fut félicité par les Miniftres

de-

de Pruffe, des Provinces-Unies, & d'Hanovre, au nom de leurs Maîtres.

Le prémier foin du Prince élu, & des Electeurs, fut d'informer Sa
Sainteté de ce qui s'étoit paffé, & des raifons qu'ils avoient eu de faire
ce qu'ils avoient fait. Ils envoyérent par un Courier *l'Inftrument de
l'Election* à Sa Sainteté, avec priéres de la vouloir confirmer, puisqu'elle étoit tout-à-fait légitime. *L'Inftrument de l'Election* n'arriva
pas à Rome auffi-tôt qu'on l'auroit fouhaité, ce qui fut un fâcheux con-
tre-tems pour S. A. de Paderborn; car il ne faut point douter que le
Souverain Pontife, équitable comme il eft, n'eût accordé la confirmation, s'il eût été alors informé du fait, & des motifs qui avoient
porté Mrs. les Capitulaires à procéder à l'Election.

Enfin le mois de Septembre étant prêt d'expirer, foit que les
Lorrains n'euffent pas jugé à propos de demander une troifiéme Prorogation, foit que le Pape n'eût pas voulu leur en accorder, ils commencérent à dire qu'ils vouloient procéder à l'Election d'un Evêque
au jour fixé par le fecond Bref du Pape. Ce jour étoit le 30 de Septembre. La veille, le Comte de Galen, qui avoit fuccédé au Comte d'Eck, ayant eu audience du Chapitre ne parla point de l'Exclufion
donnée au Prince de Paderborn. Le même jour le Grand Doyen convint fecrettement avec ceux de fon Parti de fe trouver le lendemain au
Chapitre, fans en faire avertir les Capitulaires qui avoient élu l'Evêque
de Paderborn. Ceux-ci étant informez de cette réfolution par quelque
Ami, ne manquérent pas de fe rendre à l'Eglife dans le tems que les
autres y entroient. Ils affiftérent conjointement à l'Office, & à la Meffe du Saint Efprit. Ils entrérent enfuite tous enfemble au Chapitre.
Le Grand Doyen, devenu Chef du Parti d'Ofnabrug, quoique jufqu'a-
lors il eût toujours protefté le contraire, preffa le Grand Prévôt de fe
retirer, fous prétexte qu'ayant élu l'Evêque de Paderborn un mois auparavant, il ne croyoit pas que lui, ni ceux qui avoient procédé à cette
Election, en vouluffent faire une nouvelle, & qu'ainfi il étoit bien jufte qu'on cédât à lui Grand Doyen, & à fes Confréres, la Sale du Chapitre, pour y pouvoir élire en toute liberté. Mr. le Grand Prévôt répondit qu'on ne les interromproit point dans tout ce qu'ils jugeroient à
propos de faire, mais que la Sale du Chapitre étant également pour tous
les Chanoines, on avoit mauvaife grace d'exiger de la pluralité des Capitulaires qu'ils en fortiffent. Enfuite il les conjura de vouloir faire les
chofes dans l'ordre, & d'éviter le fcandale qui n'étoit déja que trop
grand. Les exhortations & les raifons de Mr. de Plettenberg furent
inutiles. Le Grand Doyen, bien loin de fuivre de fi falutaires confeils,
jugea à propos de fortir du Chapitre avec douze autres Capitulaires. Ils
entrérent dans le Chœur de l'Eglife, en fermérent les portes, bien ré-
folus de n'y pas laiffer entrer les autres Chanoines. Ceux-ci étant demeurez dans le Chapitre au nombre de dix-neuf, car il faut encore remarquer que le Grand Ecolâtre de Galen qui devoit faire le vingtiéme,
ju-

jugea à propos de s'abſenter, & de mortifier ſa voix; ceux-ci, dis-je, voulurent donner à Sa Sainteté une nouvelle preuve de leur profond reſpeƈt, en procédant à une nouvelle Eleƈtion. Quoiqu'aucun d'en-tre eux ne doutât de la validité de la précédente, ils ne laiſſérent pas d'obſerver dans celle-ci toutes les formalitez qui avoient été obſervées dans l'autre. L'Evêque de Paderborn fut élu pour la ſeconde fois, un-animement, légitimement, & canoniquement. Il ne s'agiſſoit plus que de le proclamer. Les 19. Eleƈteurs ſortent du Chapitre pour entrer dans le Chœur, dont ils trouvent les portes fermées. On ne voulut pas les ouvrir, de ſorte qu'ils furent contrains de proclamer l'Evêque é-lu; dans la Nef de l'Egliſe; après quoi ils ſortirent pour ſe rendre chez S. A. de Paderborn, afin de l'informer du nouveau Droit qu'Elle venoit d'acquérir.

Les 13. Capitulaires qui s'étoient enfermez dans le Chœur, & qui é-toient munis des procurations de deux Chanoines abſens, proclamérent un moment après S. A. d'Osnabrug au ſon des Timbales &. des Trom-pettes. On fit pluſieurs décharges du Canon; & il faut avouer que ſi ces ſortes de bagatelles peuvent légitimer une Eleƈtion, ils auront gain de cauſe.

Voilà un récit naïf & ſincére de ce qui s'eſt paſſé à Munſter depuis le mois de Juillet juſqu'au dernier jour de Septembre. J'aurois pu y ajou-ter une relation de toutes les irrégularitez, & violences inouïes qui ont été exercées par les Partiſans d'Osnabrug, avant & après cette derniére Eleƈtion: mais il y a des choſes qu'il vaut mieux ſuprimer que publier, & qui d'ailleurs trouveront peut-être place dans un Ouvrage plus éten-du.

Réflexions ſur le Droit.

QUoique ce qu'on a raporté au commencement de cet Ecrit ſuf-fiſe pour donner une connoiſſance aſſez étendue de ce qui s'eſt paſſé dans l'affaire de Munſter, on a jugé qu'il ne ſeroit pas inu-tile, pour la plus grande ſatisfaƈtion des Curieux, d'étendre un peu da-vantage quelques-uns des principaux faits qu'on a avancez à ſujet, & d'en éclaircir les circonſtances les plus remarquables, en y ajoutant les réflexions de quelques Perſonnes auſſi équitables que judicieuſes.

Ceux qui ne liſent que pour ſe divertir, & s'inſtruire en même tems de ce qui ſe paſſe de conſidérable en Europe, ne demandent qu'une relation ſimple & véritable des faits dont il s'ágit; & c'eſt pour eux préciſément qu'on a travaillé dans la prémiére Partie. Mais on trou-ve par tout, & particuliérement dans ce Pays, des gens dont la cu-rioſité & l'exaƈtitude s'accommode de tout ce qui leur peut fournir juſ-qu'aux moindres lumiéres; & on a cru leur devoir faire part dans cet-te ſeconde Partie de tout ce qu'on a pu recueillir touchant cette af-faire.

On.

On ne prétend pas nier que la Politique n'ait des voies cachées, &
quelquefois même fort obliques: mais on croit pouvoir avancer avec affez de fondement, que ceux qui font profeffion de s'apliquer à cette
fcience, entendent fineffe le plus fouvent où il n'y en a point, attribuant
les événemens les plus naturels & les plus ordinaires à des refforts inconnus & à des caufes occultes, qui ne fubfiftent que dans leurs idées
purement imaginaires.

L'Election qui vient de fe faire depuis peu à Munfter, a été regardée de bien du monde fur ce pié-là. L'importance du Pofte dont il
s'agit, & les liaifons qu'on fait qu'a l'Empereur avec la Maifon de Lorraine, avoient fait prévoir de longue main aux Politiques, que Sa
Majefté Impériale ne négligeroit rien pour faire tomber fur l'Evêque
d'Osnabrug le choix des Chanoines de Munfter. Ces mêmes Politiques, dont la pénétration fait ordinairement bien du chemin inutilement,
n'en font pas demeurez là. Au contraire, prévenus que la fituation de
l'Evêché de Munfter dans le voifinage des Provinces-Unies, intéreffoit
Leurs Hautes Puiffances au choix de celui qui doit être pourvu de cette Souveraineté, ils n'ont pas manqué de fe perfuader fauffement, qu'Elles s'étoient donné bien des mouvemens pour la faire tomber fur l'Evêque de Paderborn qui vient d'en être revêtu.

Il eft cependant très-conftant que Leurs Hautes Puiffances, dont la
prudence n'a pas jugé à propos d'entrer trop avant dans une affaire qui
ne les regarde qu'indirectement, ou qui peut-être ont appréhendé que
la Religion qu'ils profeffent ne rendît leur appui plus nuifible que profitable
à celui auquel Elles l'offriroient, n'ont point voulu prendre de mefures pour
favorifer aucun des Prétendans. L'Empereur, le Duc de Lorraine & l'E-
vêque d'Ofnabrug écrivirent chacun en particulier, immédiatement a-
près la mort du feu Evêque de Munfter, aux Etats-Généraux, pour
demander leurs bons offices dans la future Election en faveur du même
Evêque d'Ofnabrug; & Leurs Hautes Puiffances témoignérent qu'Elles auroient beaucoup de joie d'avoir ce Prince pour voifin dans l'Evêché de Munfter, fi le Chapitre de cette Cathédrale avoit du panchant
à l'élever à cette Dignité.

Ce ne fut auffi qu'en vue de fonder la difpofition du Chapitre, que
Mr. d'Itterfum fut envoyé la prémiére fois à Munfter. Bien loin que
ce Miniftre portât avec lui des ordres d'appuyer l'Evêque de Paderborn, on ne favoit pas même alors qu'il eût un Bref d'Eligibilité; &
perfonne n'ignoroit à Munfter, du moins parmi les Capitulaires, que
ce Prélat étoit à la tête du Parti qui vouloit élire l'Evêque d'Ofnabrug; de forte que le Miniftre de Leurs Hautes Puiffances n'avoit garde
de s'engager à appuyer un Prince qui paroiffoit n'avoir aucunes vues
pour l'Epifcopat dont il s'agiffoit.

Il eft vrai que les chofes n'en demeurérent pas longtems-là. Mr.
d'Itterfum, toujours attentif à tout ce qui fe paffoit à Munfter, quoiqu'il eût réfolu de demeurer éternellement dans les bornes d'une exacte

acte impartialité, s'apperçut bientôt que la plus nombreuse partie du ‹AFFAI-RES D'ALLE-MAGNE.› Chapitre n'étoit nullement inclinée pour l'Evêque d'Osnabrug ; mais que tout au contraire elle panchoit entiérement pour l'Evêque de Paderborn. Il aprit ensuite que ce dernier, desespérant de faire réussir l'Election en faveur de l'Evêque d'Osnabrug, & voyant que la plupart des Chanoines s'offroient à l'élever lui-même à la Dignité Episcopale de leur Eglise, s'étoit enfin déterminé à profiter de cette bonne disposition.

Ce changement n'en produisit aucun dans la conduite du Ministre de Leurs Hautes Puissances, qui se contenta d'observer à l'écart tout ce qui se passoit, avec sa vigilance & son exactitude ordinaires. Il auroit été à souhaiter que le Comte d'Eck, Envoyé Extraordinaire de l'Empereur, se fût contenu dans les bornes d'une pareille modération ; mais ce Ministre, non content de donner atteinte à la liberté de l'Election, en menaçant hautement les Chanoines de l'indignation de Sa Majesté Impériale s'ils n'élisoient l'Evêque d'Osnabrug, fit connoître qu'il avoit ordre de donner l'Exclusion à l'Evêque de Paderborn, comme en effet il le déclara quelques jours après au Chapitre de Munster.

Ce fut alors que Mr. d'Itterfum se crut obligé de faire quelque démarche pour empêcher ce Ministre d'exécuter une résolution si injuste, & si contraire à la liberté des Chapitres d'Allemagne ; & cette démarche est précisément la prémiére qu'on puisse dire avoir été faite de la part des Etats-Généraux dans l'Affaire de Munster.

Un pareil Acte d'Exclusion paroit si diamétralement opposé aux Loix de l'Empire, c'est-à-dire aux Concordats Germaniques, à l'Instrument de la Paix de Westphalie, & aux Capitulations mêmes de l'Empereur, qu'il ne faut que consulter ces Actes pour en voir les dangereuses conséquences. On ne doit donc pas s'étonner que les Etats-Généraux, & tous les Princes qui prennent quelque intérêt dans cette Election, en ayent été dans la derniére surprise. Non seulement cette Exclusion tend à ravir aux Capitulaires la liberté des Suffrages; mais elle va à rendre Sa Majesté Impériale entiérement Maitresse des Elections, & à faire dépendre d'Elle, en quelque façon, toutes les Souverainetez Ecclésiastiques d'Allemagne. Quel Sujet, je vous prie, quelque mérite qu'il ait d'ailleurs, pourra se flater desormais de parvenir à ces importantes Dignitez, s'il ne fait paroître un entier dévouement pour Sa Majesté Impériale; & si, aux dépens même de la Patrie, il ne donne tête baissée dans toutes les vues de la Cour de Vienne? Qui des Capitulaires, si les Exclusions ont lieu, osera jamais refuser sa voix à celui que l'Empereur aura désigné, puisqu'après un tel refus, ceux qui auront eu cette hardiesse, doivent s'attendre à l'Exclusion, si jamais l'envie leur prend d'aspirer eux-mêmes à se faire élire? Il ne sert de rien de répondre que Sa Majesté Impériale se réserve seulement le Droit d'exclure un ou deux des Prétendans dans chaque Election, de ceux qui lui sont alors suspects. Ce nombre suffira toujours pour faire craindre

aux Chanoines, qui ne feroient pas de la Faction Impériale, que cette
fatale Exclufion ne tombât infailliblement fur eux.

Au refte fi toute Exclufion, felon ce qu'on vient d'avancer, doit
paroître odieufe à ceux qui favent quelle étendue doit avoir la liberté
des Suffrages dans les Elections, quelle penfée doit-on avoir eu de celle qui fut publiée contre Son Alteffe de Paderborn, préfentement E-
vêque de Munfter? Il n'eft prefque pas concevable que le Parti de
l'Evêque d'Ofnabrug ait eu le crédit d'extorquer un pareil Acte
de Sa Majefté Impériale contre un Prince du Corps Germanique,
dont tout le crime confifte à avoir donné fon confentement pour
fe voir élever à une Dignité, dont la meilleure partie du Chapitre de
Munfter, du confentement du Pape, l'a jugé le plus digne. A-t-on
bien penfé qu'une démarche fi hautaine tendoit à rendre fufpect à tout
le Corps Germanique, un Prince de l'Empire à qui Sa Majefté Impériale ne venoit que de protefter, dans deux Lettres qu'Elle lui avoit
écrites le 8. de Juin & le 3. de Juillet de cette année, qu'Elle avoit
pour lui toute la confiance imaginable? Une flétriffure fi publique ne
méritoit-elle pas bien qu'on fpécifiât, dans l'Acte d'Exclufion, les raifons qui obligeoient l'Empereur à traiter avec tant de dureté un Prélat
d'une fi haute diftinction? Les Miniftres de Vienne n'ont pas jugé à
propos cependant de faire entrer Sa Majefté Impériale dans aucun détail;
foit qu'on n'eût rien de raifonnable à alléguer contre l'Evêque de Paderborn; foit qu'on eût honte d'aller directement contre les témoignages d'eftime & de confiance qu'on favoit qu'il avoit reçus plufieurs fois,
& même depuis peu de l'Empereur. On n'eft pas même plus éclairci
aujourd'hui fur ce fujet, qu'on le fut alors.

Une conduite fi oppofée dans un fi petit efpace de tems, a donné
lieu à bien des gens de foupçonner les Miniftres de l'Empereur d'a-
voir fait expédier l'Acte d'Exclufion à l'infu de Sa Majefté Impériale,
tant pour fatisfaire aux importunitez des Partifans de l'Evêque d'Osnabrug, que pour tâcher de décourager ou d'intimider ceux de l'E-
vêque de Paderborn. On demeure d'accord qu'il y a de la témérité
à vouloir faire paffer pour des faits, des foupçons de cette nature;
mais il faut avouer que les Miniftres d'Osnabrug fe font fervi de terribles moyens pour avancer les affaires de leur Maitre, & retarder celles
de fes Concurrens.

On ne fait pas trop bien comment le Pape fur un faux Expofé fe lais-
fa furprendre, jufqu'à accorder une chofe d'une telle importance; mais
il paroit que le Bref de Prorogation fut plutôt extorqué qu'obtenu,
par les preffantes follicitations des Miniftres de Vienne & d'Osnabrug.
On obferva même fi peu de formalitez dans fa conftruction, qu'on a
lieu de croire que Sa Sainteté n'eût pas été fâchée que les Chanoines
de Munfter n'y euffent pas eu plus d'égard, qu'ils en avoient eu pour
l'Acte d'Exclufion de Sa Majefté Impériale.

Effectivement les Membres de cet illuftre Chapitre en auroient agi
à

à peu près de même, s'ils n'euffent point voulu profiter de cet incident, pour donner à Sa Sainteté des marques éclatantes de leur fincére & fi- liale foumiffion envers le St. Siége Apoftolique. Deux raifons nous portent à ne pouvoir douter de ce qu'on avance. La prémiére, c'eft que les Chanoines de Munfter, bien affurez qu'à eux feuls appartient le Droit de fixer le jour de l'Election, & fe trouvant déja affemblez au jour marqué pour cet effet, lorsque les Miniftres d'Osnabrug produi- firent le Bref du Pape, pouvoient légitimement procéder à l'Election avant que d'en faire l'ouverture. La feconde, c'eft qu'après la lecture même du Bref, les Capitulaires pouvoient toujours foutenir que le Pa- pe n'avoit pas le pouvoir de déroger aux Concordats Germaniques, ou tout au moins taxer le Bref de Nullité, puisqu'il n'y étoit fait aucune mention, que Sa Sainteté dérogeât à ces mêmes Concordats : ce qui auroit dû y être exprimé en termes exprès, fi le Pape eût cru avoir ce pouvoir, ou eût eu intention de le faire croire.

Les Lorrains voyoient affez la foule de Nullitez, dont le Bref qu'ils avoient furpris étoit accompagné. Il étoit à craindre de-plus, que la Cour de Rome ne vînt à être defabufée du change qu'on lui avoit fait prendre ; & tout le Parti Lorrain preffentoit la force des raifons que les Capitulaires avoient à alléguer à Sa Sainteté fur la Prorogation, malgré la complaifance qu'ils avoient eue d'y déférer. Que faire, quel parti prendre dans une conjoncture fi preffante ? On continua comme on a- voit commencé, on eut recours aux mauvaifes pratiques. Les Lorrains, en un mot, engagérent les Impériaux à violer le Droit des Gens pour faire plaifir à l'Evêque d'Osnabrug, & l'on arrêta, fans aucun refpect pour Sa Sainteté, ni pour le Chapitre de Munfter, des Dépêches capa- bles de découvrir à Rome la mauvaife foi d'une puiffante Cabale. On pourroit ajouter ici quelques réflexions fur la violence & l'injuftice d'un tel procédé, fi l'on n'aimoit mieux les laiffer faire au Lecteur équita- ble, pour répondre à ceux qui blâment le Chapitre de Munfter de n'avoir pas obéi à la feconde Prorogation, après avoir déféré à la pré- miére.

On croit avoir déja affez infinué que les Chanoines qui ont élu Son Alteffe de Paderborn, avoient des motifs très-forts & très-juftes pour fe difpenfer d'obéir au prémier Bref du St. Pére mal informé, s'ils n'avoient eu, comme on a déja dit, un véritable defir de lui donner ce témoignage de leur déférence. On va plus loin ; & l'on ofe avancer que les mêmes Capitulaires euffent fans doute accepté le fecond délai, s'ils euffent cru le pouvoir faire fans intéreffer leur confcience, en man- quant à la fidélité qu'ils doivent au St. Siége, & à leurs obligations en- vers l'Eglife de Munfter. Ils étoient bien perfuadez que les Lettres qu'ils écrivoient à Rome avoient été interceptées, & qu'ainfi Sa Sain- teté n'avoit pu être defabufée des fauffes impreffions dont elle avoit été prévenue. D'ailleurs, ils étoient bien convaincus, après ce qui étoit arrivé à leur Courier à Infpruck, que toutes les voies d'informer le St.

Siége du véritable état de l'Election, leur étoient fermées par la violen-ce des Impériaux. Pouvoient-ils dans une telle extrémité prendre un parti plus équitable que celui auquel ils s'attachérent, en faisant plus d'attention à l'état déplorable de division où se trouvoit l'Eglise de Munster, qu'à un Bref extorqué par les indignes artifices d'une puis-sante Cabale?

La lecture & l'examen du second Bref ne contribua pas peu à les dé-terminer à l'Election. La teneur de cet Ecrit faisoit voir clairement que le Pape n'avoit eu d'autre but dans cette seconde Prorogation, que de procurer du tems au Chapitre pour appaiser les dissensions & se réu-nir, afin de parvenir plus promtement & plus unanimement à l'Election d'un Evêque qui eût toutes les qualitez requises. Cependant il étoit de notoriété publique à Munster, que les Lorrains avoient employé la tems de la prémiére Prorogation à diviser les Capitulaires, & qu'ils é-toient malheureusement venus à bout de faire une espéce de Schisme dans cet illustre Chapitre. Le Doyen, prémier en Dignité dans ce mê-me Chapitre, non content de s'être dévoué à tous les emportemens des Lorrains, & d'avoir négligé, malgré les remontrances du Nonce Apos-tolique, toute sorte de formalitez pour leur faire plaisir, avoit encore osé, contre la disposition expresse des Sacrez Canons, & la Capitulation qu'il avoit jurée, se mettre à la tête du moindre Parti qui s'étoit décla-ré pour l'Evêque d'Osnabrug. Il avoit fait ensuite tous ses efforts pour rompre & dissoudre l'Assemblée Capitulaire. A la vérité il n'avoit pu venir à bout de son entreprise, mais il s'étoit retiré lui & ses Adhérens du lieu ordinaire où elle se tenoit, pour aller s'assembler ailleurs; se sé-questrant ainsi de la plus nombreuse partie du Chapitre, à la tête de laquelle étoit resté le Prévôt de la Cathédrale. Que pouvoit-on atten-dre, dans une telle situation des affaires, qui pût seconder les bonnes intentions que le Pape avoit marquées dans le second Bref de Proroga-tion? N'avoit-on pas lieu de craindre que ce délai ne servît plutôt à fo-menter la discorde, & que les disputes continuelles, les injures récipro-ques, les haines irréconciliables, & les querelles perpétuelles ne pous-sassent les choses à des extrémitez, d'où s'ensuivroit naturellement quelque fatale effusion de sang? N'étoit-il donc pas plus raisonnable de s'attacher à l'intention du S. Pére, en tâchant de couper tout d'un coup la racine à des maux aussi dangereux qu'inévitables, que de les augmenter par une déférence mal entendue; puisque c'étoit fournir à la Faction Lorraine les moyens qu'elle cherchoit d'intimider le Chapitre & les Habitans de Munster, en jettant par-tout la consterna-tion & le desordre?

Les fâcheux inconvéniens qu'on vient de désigner, n'étoient pas les seuls qui dussent porter le Parti bien intentionné pour le bien & la sûreté publique à hâter l'Election. On va faire suivre les pressantes rai-sons qui ont obligé le plus grand nombre des Capitulaires à élire le nouvel

vel Evêque de Munster, & on les croit affez puiffantes pour déterminer le St. Siége à les aprouver.

Ces raifons tirent toute leur force du Schifme fcandaleux qui régne
entre les Capitulaires, lequel ne fauroit finir qu'avec la vacance du Siége Epifcopal. Cette fatale divifion a introduit une efpèce d'Anarchie
dans le Diocéfe de Munster, dont les Affaires Spirituelles fouffrent auffi-bien que les Temporelles. On a vu dans la prémière Partie le defordre qu'excita la Faction Lorraine le jour fixé pour la prémière Election,
& le grand fcandale que cela caufa aux bonnes ames, qui étoient accou-
rues de toutes parts pour affister à cette Cérémonie. On ne pouvoit pas
prévoir ce qui auroit pu arriver de pareil dans la fuite, fi l'on n'avoit
hâté l'Election : mais il eft certain que la fituation du Diocéfe, qui con-
fine de toutes parts avec les Provinces *Evangéliques*, met les *Catholiques*
qui habitent la Frontière dans la neceffité de recourir prefque journellement à leur Evêque, & d'implorer fa protection pour fe conferver l'Exercice libre de la Religion. A qui veut-on qu'ils s'adreffent dans une
fi longue vacance, & pendant une fi funefte divifion ?

Les Affaires Temporelles en fouffrent bien davantage. Les Ministres
d'Etat, répandus dans le Diocéfe pour avoir foin des Affaires Civiles ou
Militaires, les Gouverneurs des Villes, les Commandans des Fortteref-
fes, & les Officiers de la Milice, ne fachant à qui obéir, demeurent
dans une confternation qui expofe le Pays à de grands périls. La Nobleffe & les autres Etats de la Province font dans une perplexité fort def-
avantageufe à la Patrie. Les Officiers de Juftice ne favent à qui avoir
recours pour la faire exécuter. Les Feudataires & les Vaffaux ignorent
à qui ils doivent s'adreffer pour recevoir l'inveftiture, ou pour rendre
leur hommage. Et tout cela tend à un bouleverfement capable d'é-
branler les fondemens de l'Etat.

Ce n'eft pas tout. On fait que l'Evêque de Munster eft le prémier
Condirecteur du Cercle de Weftphalie. Les autres Directeurs ne fauroient diriger les exécutions qui leur font adreffées de la part de S. M.
Impériale & des Souverains Tribunaux, qu'en commun avec l'Evêque
de Munster : ce qui ne pourra point avoir lieu, au grand defavantage
des Parties, tant que le Chapitre de cette Cathédrale fera divifé.

En un mot, les Affaires du Cercle en particulier, & celles même de
l'Empire en général, n'en fouffrent pas moins : elles demeurent fans ê-
tre expédiées, foit par le manque des Délibérations du Chapitre, foit
par l'animofité ou la diverfité des Suffrages : ce qui aporte beaucoup de
dommage aux affaires du Corps Germanique, & à celles de fes Alliez.

Il y auroit bien d'autres raifons à produire pour juftifier le procédé
des Chanoines dans cette Election ; mais celles qu'on vient d'alléguer
fuffiront pour faire voir qu'elle n'étoit pas moins légitime que néceffaire. On n'auroit donc plus rien à dire fur cette matière, fi on ne fe
croyoit obligé de parler des principaux motifs de la feconde Election, a-
fin de fatisfaire la délicateffe de quelques perfonnes, qui prétendent que

cette Election femble donner quelque atteinte à la validité de la prémié-re.

La Maxime qui porte, que *l'abondance de Droit ne peut jamais nuire*, fuffiroit feule pour répondre à cette difficulté : car on ne voit pas pour-quoi une Action Canonique, & faite dans toutes les formes, peut être affoiblie par une action toute pareille qui confirme la précédente. Au contraire, la feconde Election fait également honneur à ceux qui ont élu, & à celui qui a été élu. Il eſt glorieux à S. A. de Paderborn, que les Chanoines de fon Parti, après avoir eu un mois de tems pour réflé-chir fur leur choix, & pour examiner plus à fond les grandes qualitez de celui fur qui ils l'avoient fait tomber, ayent unanimement confirmé ce même choix. D'un autre côté, on ne fauroit aſſez louer les Chanoi-nes de fon Parti, que les Miniſtres de l'Empereur & de l'Evêque d'Os-nabrug n'ont ceſſé de folliciter, de careſſer ou de menacer pendant tout ce tems-là, d'avoir conſtamment perſévéré dans les réfolutions que leur confcience & le bien de leur Eglife leur fuggéroient.

On inſiſtera peut-être malgré tout cela fur l'inutilité d'une feconde Election, puiſque la prémière étoit juridique & dans les formes. Mais fans entrer dans toutes les confidérations qui ont porté les Partifans du nouvel Evêque de Munſter à cette feconde démarche, on fe contente-ra d'en rapporter deux qui paroiſſent de la derniére importance.

La prémière eſt que les Chanoines de ce Parti n'ayant point fait la prémière Election en vue de defobéir au fecond Bref du Pape, quoi-que mal informé, mais feulement pour remédier aux maux dont leur Eglife fe voyoit affligée, furent ravis de donner au St. Siége cette nouvelle marque de déférence. Sur quoi ils réfolurent de procéder, le jour fixé par le fecond Bref, à une deuxiéme Election.

La feconde eſt qu'ils étoient très·bien avertis, que les Impériaux & les Lorrains, qui avoient proteſté contre la prémière Election, prétendoient tirer de grands avantages de celle qu'ils avoient réfolu de faire feuls ce jour-là, fe flattant que le Pape ne pourroit point ba-lancer à fe déclarer ouvertement pour ceux qui auroient fuivi exac-tement fes ordres; & ce fut auſſi pour defarmer entiérement les Par-tifans d'Osnabrug, & leur ôter jusqu'aux moindres prétextes, que ceux de Paderborn voulurent bien recommencer leur Election.

Enfin on croit être en droit de conclure de tout ce qu'on a rap-porté dans cet Ecrit, qu'il n'y a peut-être jamais eu d'Election plus Canonique & plus inconteſtable que celle de S. A. de Paderborn à l'Evêché de Munſter. Cette Election s'eſt faite après une mûre dé-libération des Capitulaires, dans une entiére liberté des fuffrages, & à la pluralité des voix. Tous les moyens qui ont été employez pour y parvenir, font légitimes, & appuyez fur l'ufage de l'Eglife de Munſter & fur le droit des Concordats d'Allemagne. Elle tombe fur un Prélat d'une naiſſance & d'un mérite diſtinguez, auquel l'Empe-reur & toute l'Allemagne n'ont rien à reprocher. Le Pape même le
crut

crut digne, comme on a déja dit, de cette dignité, avant qu'il en fût Affai-
revêtu, puisque Sa Sainteté lui accorda pour cet effet un Acte d'Eli-res
gibilité : de forte qu'il n'y a pas lieu de douter que le St. Pére, def-d'Alle-
abufé des fauffes impreffions qu'on avoit tâché de donner à Sa Sain-magne.
teté, & convaincu des bonnes intentions de la plus nombreufe & de
la plus faine partie du Chapitre de Munfter, ne donne des marques de
fon équité paternelle, & de fon zéle pour les facrez Canons, en con-
firmant fans délai une Election fi légitime & fi Canonique.

On a jugé à propos de joindre ici par forme d'Apendix les
noms des Capitulaires qui ont élu Son Alteffe l'Evéque de
Paderborn ; comme auffi les noms de ceux qui ont élu S. A.
Séréniffime d'Ofnabrug.

Noms des dix-neuf Chanoines qui, compofant la Majorité du
Chapitre, ont élu S. A. l'Evéque de Paderborn, avec leurs
Alliances, &c.

MR. Ferdinand Baron de Plettenberg, Grand Doyen de Paderborn, & Grand Prévôt de Munfter. Feu Mr. fon Frére avoit
époufé la Sœur du Pére de Son Alteffe de Paderborn.

Mr. Heidenrich Louis, Baron Drofte de Vifchering, Préfident de la
Chambre, & le plus ancien de tous les Capitulaires de Munfter.

Mr. Adolphe Henri, Baron de Vifchering, Chantre.

Mr. Jufte, Godefroi, Adrien, Baron Drofte de Vifchering. Ces
trois Mrs. font Fréres.

Mr. François Jean de Vitinghof, dit Scheil, Grand Celerier, & Prévôt du vieux Dôme.

Mr. Bernard, Baron de Plettenberg, Frére du Grand Prévôt de ce
nom.

Mr. Philippe Louis de Nagel.

Mr. Michel-Théodore-Adolphe de Reck. Son Oncle maternel avoit
époufé en fecondes nôces une Sœur de S. A. de Paderborn.

Mr. Ferdinand Antoine, Baron de Furftenberg. Sa Tante a époufé
Mr. le Baron de Méternich, Frére ainé de S. A. de Paderborn.

Mr. Jean Bernard, Baron Drofte de Senden, Grand Ecolâtre de Spire.

Mr. Guillaume Hermand Ignace Ferdinand, Baron, Wolf Méternich
de Gracht, Frére de l'Evéque élu.

Mr. Jufte Matthieu de Twickel de Havixbeck, Neveu de Mr. le
Grand Ecolâtre de Spire.

Mr. Nicolas Hermand de Ketteler.

Mr. Frédéric Maurice, Baron de Plettenberg, Frére de Mr. le
Grand Prévôt de Munfter.

Fer-

Ferdinand Frédéric, Drofte *ex Erwite*.

Mr. Maurice Théodore-Antoine, Baron Drofte de Senden, Neveu de Mr. le Grand Ecolâtre de Spire.

Mr. Guillaume-François-Adolphe, Baron de Furftenberg, Frére du fusdit Ferdinand Antoine de Furftenberg.

M. N. N. Wolf de Guttenberg.

M. N. N. Twickel de Havixbeck, Neveu de Mr. le Grand Ecolâtre de Spire.

Noms des Chanoines, qui compofant la Minorité du Chapitre, ont élu par quinze fuffrages, le Séréniffime Evêque d'Of-nabrug, avec leurs Alliances.

MR. de Landsberg, Grand Doyen, Frére de François-Gafpar-Fer-dinand de Landsberg, actuellement au fervice du Séréniffime & Révérendiffime Evêque d'Osnabrug.

Mr. de Neffelrade, Tréforier: il dépend de la Cour Impériale.

Mr. de Schmifing, Vidame, Oncle de Mr. de Kerfenbrug, à qui le Prince de Lobcowits a réfigné pendant la Vacance, un Canonicat de Munfter, en faveur du Séréniffime & Révérendiffime Evêque d'Osna-brug.

Mr. Henri de Schmifing, Chanoine d'Osnabrug & de Munfter, Fré-re du Vidame, & Oncle du fusdit Réfignataire Mr. de Kerfenbrug.

Mr. de Wachtendonck, Confeiller du Séréniffime & Révérendiffime Evêque d'Osnabrug.

Mr. de Londsberg, Bourfier, Frére du fusdit Mr. François-Gafpar-Ferdinand de Landsberg.

Mr. de Merfeld. Il a un Neveu actuellement à Rome, à qui le Sé-réniffime & Révérendiffime Evêque d'Osnabrug a promis de réfigner fa Prébende de Munfter.

Mr. de Brabek, allié de Mrs. de Landsberg, & Parent de Mr. de Wachtendonck.

Le Séréniffime & Révérendiffime Evêque de Breflaw, Oncle de S. M. Impériale, & proche Parent du Prince d'Osnabrug.

Mr. de Walpot, Parent de Mrs. de Wachtendonck & de Vehlen.

Mr. de Sparr.

Mr. de Vehlen, Allié de Mrs. de Schmifing, Parent de Mr. de Walpot, & Chanoine d'Osnabrug.

Mr. François-Gafpar-Ferdinand de Landsberg, Chanoine d'Osna-brug, & au fervice de Son Alteffe de Lorraine, comme on l'a marqué ci-deffus.

Mr. de Galen Dinklage, Chanoine d'Osnabrug, & Allié de Mrs. de Landsberg.

Mr.

Mr. de Kerfenbrug, Chanoine d'Ofnabrug, à qui, comme on l'a dit, le Prince de Lobcowits a réfigné, pendant la Vacance, fa Prébende de Munfter, en faveur de S. A. de Lorraine.

A.

Lettre d'un Ami de la Haye écrite à fon Ami à Munfter.

MONSIEUR,

J'Ai apris avec une furprife qu'il ne m'eft pas poffible de vous exprimer, que les Miniftres Impériaux qui font à Munfter menacent de donner l'Exclufion à S. A. Mgr. l'Evêque de Paderborn. Il faut croire charitablement que, quoi qu'on en dife, on n'a pas deffein d'exécuter cette menace : car il n'eft pas concevable que S. M. Impériale, fage & équitable comme Elle eft, voulût fouffrir qu'on fit en fon nom une démarche qui répugne à l'équité, & qui ne manqueroit pas de chagriner tous les Princes de l'Empire ; puifqu'Eux ou leurs Parens feroient expofez au même affront, s'ils avoient le malheur de fe trouver en concurrence avec les Favoris de la Cour de Vienne. Qui oferoit prétendre, dans la fuite, aux Dignitez auxquelles la naiffance, & une certaine profeffion donnent un Droit légitime, fi S. A. de Paderborn étoit traité avec tant d'indignité, & cela uniquement parce qu'on croit que fes prétentions font un obftacle à l'élevation de Mgr. l'Evêque d'Ofnabrug? Que deviendroit la Liberté des Elections, s'il dépendoit d'une Puiffance d'exclure qui bon lui femble? Les Chapitres ne feroient plus que pour la forme : femblables en cela aux Parlemens de France, auxquels il ne refte plus de tous leurs anciens Droits & Priviléges, que l'honneur de vérifier fans ofer y faire la moindre oppofition, les Edits émanez du *bon plaifir* de S. M. Très-Chrétienne. Je ne vous parle point, MONSIEUR, des influences pernicieufes qu'un abus de cette nature, s'il étoit toléré, auroit par rapport à ce que les Allemands ont toujours eftimé de plus cher au monde. Ces influences, ou, pour mieux dire, ces fuites, auffi infaillibles que dangereufes, d'un projet que je veux efpérer, qui n'aura point lieu, vous font auffi bien connues qu'à moi. Je fuis perfuadé que Mrs. les Chanoines de Munfter font trop pénétrans, pour ne pas voir qu'une complaifance hors de faifon tireroit à conféquence pour l'avenir. Il ne fe peut pas qu'ils n'ayent des fentimens dignes de leur naiffance. Cela étant, il ne faut point douter qu'animez d'une noble indignation, ils ne s'oppofent de toutes leurs forces, & avec fuccès, aux entreprifes qu'on pourroit former pour donner atteinte à la liberté de leurs Délibérations. On s'imagine peut-être, qu'ayant toujours eu pour S. M. Impériale tout le refpect qui lui eft dû, cette illuftre Affemblée fe laiffera facilement intimider. Mais la confervation de

fes Priviléges ne répugne en aucune maniére au refpect qu'Elle doit au
Chef de l'Empire. C'eft même lui en témoigner un tout particulier,
que de ne pas déférer à des ordres qui peuvent avoir été obtenus par
furprife; puifque cette efpéce d'oppofition à fa volonté, eft une preuve
autentique qu'on s'intéreffe à la gloire de ce grand Prince, & qu'on le
connoit trop équitable pour conferver le moindre reffentiment d'une démarche que Mrs. les Chanoines ne peuvent s'empêcher de faire, pour
peu qu'ils veuillent écouter les mouvemens de leur confcience & de
leur honneur. Après tout, j'en reviens à ce que j'ai eu l'honneur de
vous dire au commencement de cette Lettre. Je ne puis me mettre
dans l'efprit que S. M. Impériale ait donné des ordres de cette nature,
contre un Prince qui a bien mérité de l'Empereur, de l'Empire, & de
la Caufe Commune. Quelquefois un Miniftre, pour des vues particuliéres, peut bien de fon chef faire des menaces qu'il n'a garde d'exécuter, de peur d'encourir la difgrace de fon Souverain. En un mot, il
me femble que S. A. de Paderborn doit perfifter dans fon deffein, & ne
pas fe laiffer intimider par l'apréhenfion chimérique d'une Exclufion
qu'on ne pourroit lui donner, fans qu'une partie confidérable d'un fi
cruel affront rejaillît fur des Puiffances dont l'amitié n'eft pas à mépri-
fer, comme l'a très-bien expérimenté l'Augufte Maifon d'Autriche, qui
eft trop politique & trop reconnoiffante pour vouloir mécontenter en
aucune maniére, fans néceffité, ceux qui font fon plus folide appui. Je
fuis avec une parfaite eftime,

MONSIEUR,

Votre très-humble & très-
obéïffant Serviteur, &c.

A la Haye le Mardi 20. Juillet 1706.

B.

Lettre écrite à Mr. le Comte d'Eck, Miniftre de l'Empereur,
par Mr. le Baron d'Itterfum, Miniftre de Leurs Hautes
Puiffances les Etats-Généraux, &c.

MONSIÉUR,

POur vous faire plaifir, & puifque vous témoignez le fouhaiter, je
veux bien vous donner par écrit, ce que j'eus l'honneur de vous
dire lundi dernier, au nom & par ordre exprès de LL. HH. PP., pour
tâcher de détourner l'Exclufion dont on menaçoit S. A. l'Evêque de
Paderborn, & qui fut effectivement donnée en plein Chapitre, deux ou
trois

trois heures après les fortes inftances que je vous avois faites au nom de
mes Maitres, pour prévenir les fâcheufes fuites que pourroit avoir une
démarche de cette nature.

Je vous déclarai que LL. HH. PP. m'avoient ordonné de vous dire,
qu'Elles avoient apris avec une extrême furprife, que vous aviez deffein de donner l'Exclufion à un Prince dont la perfonne leur étoit très-
agréable, & en faveur duquel Elles n'avoient employé leur recommandation auprès de Mrs. du Chapitre, qu'après y avoir été déterminées par
l'inclination apparente des Capitulaires. Que cette recommandation
étant actuellement fondée fur une pluralité de voix, certaine & connue,
Elles ne pouvoient pas croire qu'on voulût traiter de cette maniére un
Prince de l'Empire qui a bien mérité de la Caufe Commune. Et que
fi on procédoit à l'Exclufion, LL. HH. PP. ne pourroient juger autre
chofe de cette conduite, fi ce n'eft qu'on auroit deffein de choquer leur
Etat, puifqu'on témoigneroit fi peu de confidération pour Elles, dans
une affaire où LL. HH. PP. ont un intérêt fi effentiel. Qu'un procédé de cette nature leur donneroit jufte fujet de croire qu'Elles feroient
très-mal récompenfées des grands & importans fervices qu'Elles ont rendus, & rendent actuellement à S. M. Impériale & à la Maifon d'Autriche. Que LL. HH. PP. font toujours dans la même intention, &
en état de continuer des fecours dont les grands avantages font connus à toute la Terre: mais que fi on en venoit à l'Exclufion, cela
ne pourroit que refroidir confidérablement le zéle qu'Elles ont témoigné jufqu'ici pour les intérêts de S. M. Impériale & de la Maifon d'Autriche. Que ce refroidiffement feroit d'autant plus grand,
qu'on fe feroit porté à cette extrémité, précifément dans le tems
que non feulement l'apparence, mais encore toute la raifon & l'équité
étoient pour Elles; le Prince qu'Elles recommandent, ayant actuellement & de notoriété publique la pluralité des voix pour lui. Que
LL. HH. PP. n'ayant rien plus à cœur que le maintien de la Liberté, des Droits & Priviléges de leurs Voifins, & ne s'étant déterminées,
comme je vous l'ai déja dit, à recommander S. A. l'Evêque de Paderborn à Mrs les Capitulaires, qu'après avoir reconnu évidemment qu'il
y avoit pour lui une grande inclination dans le Chapitre, il leur feroit
très-defagréable que les Miniftres Impériaux, voyant qu'ils ne peuvent
réuffir dans leur recommandation, fe ferviffent d'un moyen fi inouï &
fi odieux, dans l'efpérance qu'ils pourroient par-là faire échouer celle
de LL. HH. PP. Qu'en ce cas, Elles ne pourroient qu'être fenfibles
au dernier point à la dureté d'un femblable procédé, perfuadées qu'Elles méritent une tout autre confidération de S. M. Impériale.

J'ajoutai à cela, par ordre exprès de LL. HH. PP., que l'Exclufion
ne pouvant que produire un très-mauvais effet pour l'Evêque d'Osnabrug, tant ici que dans toutes les autres Elections futures, LL. HH.
PP. vous prioient inftamment de ne pas donner ladite Exclufion, afin
de prévenir tous les mauvais effets qu'elle produiroit infailliblement, fe

per-

perſuadant que vous auriez cet égard pour Elles, ſur-tout dans une affaire où leur Etat a un intérêt très-eſſentiel, & où Elles ſe ſont conten-
tées d'employer leurs bons offices, étant bien éloignées de vouloir rien
faire qui puiſſe tendre à donner la moindre atteinte à la liberté de
l'Election, qui doit être maintenue dans tout ſon entier. Que ſi
nonobſtant toutes ces remontrances faites au nom de LL. HH. PP.,
vous perſiſtiez dans le deſſein de donner l'Excluſion, Elles m'ordonnoient de continuer à agir en leur nom auprès de Mrs. du Chapitre,
& de leur recommander le plus fortement qu'il me ſeroit poſſible la perſonne de l'Evêque de Paderborn, en les aſſurant que LL. HH. PP.
les maintiendroient contre tous, dans la jouiſſance de leurs juſtes
Droits & Priviléges.

Voilà, MONSIEUR, ce que j'eus l'honneur de vous dire lundi
matin, & ce que Mrs. les Miniſtres de Pruſſe, du Palatinat & d'Hanovre avoient repréſenté auparavant, à ma prière; parce que j'aurois
ſouhaité d'éviter l'éclat que pouvoit faire cette Déclaration, ſi j'étois
obligé de vous notifier moi-même les ordres que j'avois reçus de mes
Maîtres. Je ſuis,

MONSIEUR &c.

Le prétendu Pactum *ſur lequel ſe fonde la Maiſon de*
Gottorp, & qu'Elle prétend avoir conclu avec le Chapitre
de Lubeck dans l'Année 1647, *en ſoi-même nul & im-*
parfait.

COMME le Séréniſſime Prince & Seigneur Frédéric, Prince Héréditaire de Norvégue & Duc de Sleswyck, Holſtein, Stormar
& des Ditmarſes, Comte d'Oldenbourg & de Delmenhorſt, notre très-
gracieux Prince & Seigneur, a fait de nouveau repréſenter à nous Doyen
& Chanoines de l'Egliſe Cathédrale de Lubeck, par ſon Envoyé le
Révérend & Noble Seigneur Jean Frédéric de Winterfeld, Grand
Prévôt & Chanoine de ladite Egliſe. Cathédrale de Lubeck, Doyen
d'Euthin, Conſeiller Intime de S. A. S. & Grand-Bailli d'Apenrade;
& comme ſans cela il eſt univerſellement connu à tout le monde, que
par les Traités de Munſter & d'Osnabrug tous les Archevêchez &
Evêchez ſécularifez, de-même que pluſieurs Principautez, Villes &
Provinces ont été offertes, affignées & remiſes à différens Princes &
Etats, tant Etrangers que du Saint Empire Romain, comme une récompenſe ou dédommagement demandé pour la perte de leurs Pays,
& que ce point de ſatisfaction ou dédommagement n'étant pas encore
tout-à-fait fini, il y a de pernicieux deſſeins ſur le tapis à l'égard de
cet

cet ancien Evêché de Lubeck, lesquels (ce que Dieu veuille détour- AFFAI-
ner) s'ils parvenoient à leur exécution, & que cet Evêché tombât en RES
des mains étrangéres, ne pourroient que caufer de grands préjudices D'ALLE-
& dommages à cet Evêché. Outre qu'il y a même à craindre, comme MAGNE.
il eft arrivé à d'autres, une incorporation entiére avec perte de tous
fes Droits & Priviléges, par où la Principauté de Holftein recevroit un
Voifin redoutable : S. A. S. pourtant, par l'affection particuliére qu'Elle a toujours témoignée pour cet Evêché & pour notre Chapitre, auffi-bien que par l'étroite correfpondance qu'Elle a toujours entretenue
avec la Sérénifîime Maifon de Holftein, & fes foins paternels pour fon
cher Fils S. A. Jean George, poftulé Coadjuteur, veut bien employer
tous fes foins pour détourner, par la voie des Lettres & l'envoi couteux
des Miniftres, ces pernicieux deffeins, & conferver inviolablement cet
Evêché & le Révérend Chapitre dans fa liberté d'Election, & dans la
jouiffance de tous les autres Droits & Priviléges qui lui appartiennent.
Et quoique tout cela ne puiffe être exécuté fans de grandes peines &
dépenfes exceffives, qui en partie ont déja été employées, & qu'on
fera encore obligé d'employer à l'avenir, S. A. S. néanmoins perfuadée,
comme Elle a lieu de l'être, que le Révérend Chapitre eft d'intention de n'élire dorénavant d'autre Evêque de la Branche de Holftein-
Gottorp, réitére fes affurances déja ci-devant données, de n'avoir pour
but que la confervation de cet Evêché & du Chapitre, & de le laiffer
jouïr du Droit de libre Election qu'il a toujours eu, & de tous fes autres Droits & Priviléges, qui refteront *penitus falva*, fans la moindre
altération, de vouloir regarder toujours cet Evêché comme un Etat de
l'Empire, & ne jamais penfer à aucune incorporation ou autre chofe
préjudiciable. Que bien loin de-là, S. A. S. veut en tout tems protéger l'Autorité & les Prééminences du Révérend Chapitre, & contribuer à défendre fes Libertés & Droits contre qui que ce foit, offrant
pour cet effet très gracieufement, en cas que le Chapitre le demande,
d'en donner des affurances réelles; mais proteftant auffi d'un autre côté, en cas de refus, & fi l'on n'acceptoit point fes offres généreufes, de
ne vouloir pas répondre de toutes les fuites préjudiciables qui en pourroient rejaillir fur l'Evêché; ou que dans la fuite Mrs. les Suédois ne le
lui offriffent & cédaffent en propre; auquel cas le Révérend Chapitre auroit à fe reprocher d'être caufe de tous les embarras & changemens qui
pourroient lui arriver, & S. A. S. protefte & déclare en être innocen-
te. Après avoir mûrement délibéré fur cette Propofition de Mr.
l'Envoyé, & ayant confidéré en même tems que tous les Membres
du Révérend Chapitre font obligez *vi præftiti juramenti* de transmettre
à leurs Succeffeurs au Chapitre le Droit de libre Election, vu que le
principal effet de ce ferment doit être la confervation de l'Evêché, à
quoi l'on doit faire d'autant plus d'attention dans cette conjoncture dangereufe qui menace le Chapitre d'un Changement total, & dans la ferme
attente que les Succeffeurs n'auront pas lieu de blâmer ou d'attaquer

cet-

cette réfolution prife fans précipitation , dans une néceffité urgente, pour la confervation du Chapitre ; il a enfin été réfolu & déclaré formellement par ces préfentes, que fi S. A. S. veut à l'avenir, comme par le paffé, veiller conftamment aux Prééminences, Libertés & Droits de cet Evêché & du Chapitre, & les défendre contre qui que ce foit, en détournant gracieufement, fidellement & fans aucune récompenfe, le projet ci-devant formé, qu'on ne perdra pas de vue dans la fuite, d'un Changement préjudiciable au Droit de libre Election d'un Evêque, auquel le Chapitre ne prétend jamais confentir : Qu'alors & en ce cas le Révérend Chapitre , par reconnoiffance, élira fucceffivement & immancablement outre le Seigneur Evêque régnant & le Seigneur *Coadjuteur* déjà poftulé, encore fix Princes de la Branche de Holftein-Gottorp; ce qui d'un commun accord ne fe doit étendre qu'au Duc Régnant de Sleswick-Holftein, & au Prince fon Frére l'Evêque d'à préfent, avec leurs Héritiers mâles ; bien entendu pourtant que fuivant l'ancienne coutume le Chapitre en foit duement requis, & qu'il obferve tout ce qui fe doit obferver en pareille occafion : Que les Chanoines des deux Religions, tant de la Catholique-Romaine & de la Confeffion d'Augsbourg, feront tolérez comme ci-devant fans être troublez en aucune maniére, fuivant la teneur de la Paix de Religion & des Recès publiez dans l'Empire; comme auffi que cet engagement ne pourra jamais préjudicier en rien à l'Autorité, aux Prééminences, Libertés & Droits de cet Evêché & du Chapitre, quelque nom qu'ils puiffent avoir fans exception aucune : Qu'en particulier l'ancien Droit de libre Election ne pourra fouffrir par-là aucun préjudice , & qu'on ne cherchera jamais à y porter la moindre atteinte, fous quelque prétexte ou raifon que ce puiffe être, bien loin de fonger à quelque incorporation. De plus le Chapitre fe réferve expreffément de ne vouloir être tenu à élire tel ou tel desdits Princes, mais d'en pouvoir choifir celui qu'il jugera à propos. *Item* que l'Elu fera obligé d'accepter une Capitulation, qui fera dreffée par le Chapitre *pro re natâ* , fuivant l'exigence des tems & des circonftances. Que cet Evêché & Chapitre ne pourront jamais être appellez aux Diétes du Holftein ou autres Affemblées de cette Principauté, ni chargez de Quartiers Militaires, Contributions ou autres Impôts réels ou perfonnels, ni en tems de Paix ni en tems de Guerre; mais que cet Evêché reftera en tout tems un Etat féparé, libre, indifputable, & imméjiat du Saint Empire Romain. Que fi pourtant il arrivoit qu'on contrevînt à l'une ou à l'autre de ces conditions, ou que contre toute attente (ce que le Dieu tout-puiffant veuille détourner) il ne reftât tôt ou tard de ces deux Séréniffimes Fréres de la Maifon de Gottorp & de leur Poftérité qu'un feul Héritier mâle, alors, comme aucune Election ne fauroit avoir lieu où il n'y a qu'un Sujet éligible, ce libre engagement tombera *ipfo juré* en pareil cas, de-même que lorsqu'il n'y auroit dans l'une ou dans l'autre de ces deux Branches de Gottorp aucun Prince de la Religion Luthérienne ou Catholique-Romaine.

Dans

Dans ces deux cas cette convention fera nulle & de nulle valeur, & aucun Prince de quelque autre Branche de Holftein ne pourra fonder là-desfus de juftes prétentions pour la Succeffion, mais le Chapitre reftera en Droit d'élire librement, & fans contradiction quelconque, foit ledit dernier Héritier de la Branche de Gottorp, ou tel autre Prince ou Perfonne qu'il jugera à propos. Comme donc S. A. S. peut voir d'une maniére convaincante par cet Acte obligatoire, le conftant & très-refpectueux attachement du Chapitre pour fa Séréniffime Maifon, & qu'Elle peut être perfuadée que les Succeffeurs des Chanoines actuels reconnoîtront trop bien les grands mérites de la Maifon de Holftein pour s'en éloigner jamais, le Chapitre efpére entiérement que S. A. S. agréera cet engagement, & qu'à l'avenir, fuivant fes gracieufes promeffes, Elle veillera de plus en plus aux intérêts de cet Evêché & de ce Chapitre; que dans cette attente, fe fiant entiérement & fans autre fureté fur la parole & les promeffes de S. A. S., il fe promet qu'Elle lui fera remettre en conféquence les Léttres reverfales telles qu'elles ont été dreffées par le Chapitre, après qu'Elle les aura fignées de fa main & fcellées du Sceau de fes Armes. En foi de quoi, & pour entiére affurance de l'inviolable validité de ce que ci-deffus, le préfent Acte a été approuvé *in pleno Capitulari Conventu*, & fcellé du Sceau du Révérend Chapitre. Fait à Lubeck le 6. Juillet 1647.

Remarques fur la défectueufe & invalide Convention faite le 6 Juillet 1647, entre S. A. S. le Duc Frédéric de Holftein-Gottorp de pieufe mémoire, & le Chapitre de l'Evêché de Lubeck au fujet des futures Elections d'un Evêque.

PErnicieux desseins. C'eft-là la bafe & l'unique fondement de cette Convention; mais en effet ce n'eft qu'une pure invention, & un prétexte deftitué de tout fondement. On a fait feuilleter dans les Pays étrangers tous les Protocoles de Paix de Munfter & d'Osnabrug qui s'y trouvent, & on y a vu exactement enrégiftrez tous les Avertiffemens & Mémoires des Intéreffez dans ladite Paix, mais pas un feul mot de ce qui doit avoir été délivré ou déclaré audit Congrès de la part de S. A. S. le Duc de Holftein-Gottorp, touchant l'Evêché de Lubeck & fa confervation; de forte qu'il n'eft pas croyable que rien ait été propofé dans les formes à ce fujet. Les Actes publiquement imprimez, & les autres Avis de ce tems-là, qu'on a recherchez avec toute l'application imaginable, n'en font aucune mention, & encore moins des pernicieux deffeins qui devoient avoir été fur le tapis à l'égard de cet Evêché. Où eft-ce donc qu'on pourra voir ces foins tant exaltez, & ces grandes dépenfes faites pour cet effet de la part dudit Duc? Mais il paroit bien que la Maifon de Gottorp doit avoir elle-même formé quel-

quelque deffein fur l'Evêché, deffein qu'Elle n'a même pu cacher dans le texte de cette Convention, puisque les paroles (*ou que Mrs. les Sué-dois pourroient eux-mêmes le lut offrir & céder en propre*) démontrent affez clairement, que ladite Maifon a été en négociation là-deffus avec la Couronne de Suéde ; & c'eft apparemment à quoi les grands fraix dont il eft tant parlé dans la Convention, ont été employez.

2. *Droit de libre Election qu'il a toujours eu.* Cum propria confeffio fit *omnium probationum maxima*, le Chapitre accepte ici *utiliter* la propre confeffion de la Maifon Ducale, que la libre Election d'un Evêque a appartenu de tout tems au Chapitre ; fur-tout puisque ce Droit eft plufieurs fois répété clairement dans la fuite de la Convention, & que les Chanoines contractans avouent eux-mêmes en termes exprès, que, VI PRÆSTITI JURAMENTI *ils font obligez de tranfmettre à la Pof-térité ou à leurs Succeffeurs dans le Chapitre ce Droit de libre Election.*

3. *Le principal effet de ce ferment qui doit être la confervation de l'Evêché, mérite attention.* Perfonne ne fauroit trouver à redire que le Chapitre ne penfe, auffi-bien que chaque Particulier, à fa confervation, pourvu que cela ne fe faffe pas d'une maniére illicite : car fur ce pied-là il n'eft pas même permis de fauver fa propre vie, *Non funt fa-cienda mala ut eveniant bona.* De tels Actes qui promettent des Bénéfices longtems auparavant, fans une due Election préalable, & qui, fuivant le raifonnement de la Convention, les affurent, ou les établiffent d'une maniére obligatoire dans fix cas, difant oûtre cela que S. A. S. peut être perfuadée que les Succeffeurs dans le Chapitre ne s'éloigne-ront jamais de la Maifon Ducale, font expreffément défendus dans le Droit Canon, qui ne veut abfolument rien fouffrir de prémédité dans un Succeffeur.

C. 10. *C.* 11. *C.* 13. *&c. C.* 17. *x. de Fil. Presbyt. ordinandis vel non.* Tous ceux qui font élus fur des Accords & Conventions faits auparavant, font déclarez *indigni & inidonei.*

C. 26. *de Elect. & Elig. Poteftate.* Et de tels Accords font *facris Canonibus inimica, deteftabilia & iniqua.*

C. 5. *§. de Pactis. Ipfis etiam legibus Gentilium inhibita, turpia, & divini plena animadver-fione Judicii digna.*

C. 2. *§. de Conceff. Præb.* C'eft pourquoi auffi tous ces *Pacta fub quovis modo aut formâ verborum facta, & NB. directè vel indirectè viam ad vacatura Beneficia aperientia,* font expreffément défendus, annullez & condamnez.

C. 2. *de Conceff. Præb. in VI. & fupra citatis locis. Et quidem, licet eadem ob benè merita cum Patrono ipfo facta fint.*

C. 5. *§. de Elect. & Elig. Poteft. Et licet à majori parte Capituli, minori rationabiliter contradicente, facta fint.*

C. 1. *§. de his quæ fiunt à majori parte Capituli. C.* 29. *de R. I. in VI.*
De

De forte que tous les justes Decrets Impériaux, en date de Vienne du
27. Décembre 1684, en date d'Eberfdorff du 2 Octobre 1696, & de
Luxembourg du 4 Juin 1698, par lesquels ladite Convention a été cas-
fée & annullée, font inébranlablement fondez fur les Statuts mentionnez du Droit Canon, auffi-bien que fur l'Inftrument de la Paix Art. V.
§. 16. & 17.

Il n'eft pas non plus permis d'abandonner ou de diminuer en aucune
maniére, fur quelque crainte imaginaire, le plus beau bijou de tout un
Corps, & de priver les Succeffeurs d'un Droit auffi confidérable que celui de la libre Élection. *Ceffat enim Electio dum libertas adimitur eligendi.*
C. 3. de Elect. & Electi poteft. in VI.

Dans ce tems-là, favoir au mois de Juillet 1647, il n'y avoit abfolument plus rien à craindre touchant la Sécularifation de l'Evêché de Lubeck. La fatisfaction pour la Suéde étoit réglée à Munfter & à Osnabrug; & il ne reftois plus que celle de Heffe-Caffel, qui n'avoit pas mis
l'Evêché de Lubeck au nombre de fes prétentions. Le Roi de Danemarc, Frédéric III, qui pour plufieurs raifons avoit infifté audit Congrès fur une compenfation, avoit, à l'exemple de feu fon Pére le Roi
Chrétien IV, généreufement déclaré de ne point envier à l'Evêché le
maintien de fes Droits: Auffi doutoit-on fi peu de fa confervation, que
le Député du Chapitre au Congrès, le Chanoine Jean Wahrendorff,
écrivit de Munfter le 2 Juin de la même année, & ainfi quatre femaines feulement avant la date de la fusdite Convention, à fes Collégues,
qu'il dit, *quod notandum*, être alors en très-petit nombre préfens à Lubeck, rejettant abfolument leurs intrigues avec la Maifon de Gottorp,
leur repréfentant le févére jugement de Dieu, & donnant commiffion à
fon Confrére Louis Schmidt, de protefter *in cafu neceffitatis* de fa part
dans l'Affemblée du Chapitre contre ces menées, y ajoutant abfolument,
que pourvu que le Chapitre voulût, en conféquence de fon devoir & de
fon ferment, déclarer tout ce qui lui appartenoit, il fe faifoit fort de
conferver encore cette fois fes droits dans leur entier; ce font fes propres termes. A quoi il ajouta encore, qu'il étoit obligé de croire que
la chofe avoit été concertée avec le Miniftre Plénipotentiaire de Suéde
Mr. Salvius; mais qu'il doutoit fort que fon deffein pût réuffir fi-tôt,
& cela fondé fur plufieurs idées qui lui tenoient à l'efprit au fujet des
fpéculations ou moyens qui pouvoient l'y avoir induit. Enfin il appuya la confiance qu'il avoit tant en fa négociation qu'en la réalité des
efpérances qu'il avoit déja données à ce fujet, fur ce que les Miniftres
Impériaux, Suédois, & tous généralement, avoient réfolu d'un confentement unanime, que les Evéchez Evangeliques refteroient dans la jouïffance de tous leurs Droits, & en particulier de celui de libre Election,
comme on le pouvoir voir par la décifion des Griefs de l'Empire, qu'il
joignoit à fa Lettre. Cette même Lettre décrit d'une maniére très-clai-
re & précife toutes les circonftances de ce tems-là, & de quelle façon
ledit prétendu *Pactum* a été tramé, faifant voir évidemment que le danger

ger qu'on fait fonner fi haut de la part de la Maifon de Gottorp, n'a été qu'une fauffe allarme, par où ladite Cour, & les Chanoines qui lui é. toient attachez, ont intimidé leurs crédules Confréres. Si le danger avoit été fi grand, & que la Maifon de Gottorp eût été en droit de demander une fatisfaction, comme quelques autres Etats de l'Empire l'étoient, elle auroit dû propofer ces changemens importans, qu'on avoit concertez fans le confentement de l'Empereur *tanquam Superioris* au Congrès, les y faire approuver & inférer dans l'Inftrument de la Paix, comme cela s'étoit fait à l'égard de l'Evêché d'Osnabrug, & elle n'auroit pas dû régler cette affaire fous la cheminée, comme elle a fait, ladite Cour étant obligée d'avouer elle-même, que non feulement l'Original de cette Convention ne fe trouve pas dans le Protocolle du Chapitre, mais qu'il n'y en eft pas même fait la moindre mention. Mais comme elle n'a pas jugé à propos d'en agir dans les formes, S. M. Impériale a très-juftement decreté le 27 Décembre 1684, qu'on s'en devoit tenir par rapport audit *Pactum* à la difpofition de l'Inftrument de la Paix, qui détermine cette affaire en termes très-clairs dans l'Art. V. §. 16. & 17.

4. *Si S. A. Séréniffime veut à l'avenir, comme par le paffé, veiller conftamment aux Prééminences, Libertés & Droits de cet Evêché & du Chapitre, & les défendre contre qui que ce foit, en détournant gracieufement & fidellement, fans aucune récompenfe, le projet ci-devant formé, & qu'on ne perdra pas de vue dans la fuite, d'un changement préjudiciable au Droit de libre Election d'un Evêque, auquel le Chapitre ne prétend jamais confentir. Alors & en ce cas le Révérend Chapitre, par reconnoiffance, élira fucceffivement & immancablement, outre le Seigneur Evêque régnant & le Seigneur Coadjuteur déja poftulé, encore fix Princes de la Branche de Holftein-Gottorp.* Pour voir comment cette promeffe a été tenue de la part de la Maifon de Gottorp, on n'a qu'à lire le *Recès de Gluckftadt* de l'Année 1667, & les Ecrits publics, imprimez par ordre de ladite Cour même en 1684 & 1696, où elle s'engage dans les termes les plus forts, à procurer l'alternative à la Branche Royale, de forte que le Chapitre eft par conféquent dégagé de fes promeffes & engagemens, fuppofé qu'il en eût contracté par ladite Convention. Certes il eft étonnant comment le Parti contraire ofe encore infifter fur cette Convention, & avancer impunément des chofes fi oppofées. La Branche Royale n'a pas mieux tenu les promeffes faites à la Cour de Gottorp dans le *Recès de Gluckftadt*, n'ayant pas fait depuis ce tems-là le moindre pas pour les exécuter, & par conféquent elle n'a pas donné lieu à cette derniere Cour de remplir les fiennes. Mais il y a encore une autre remarque à faire fur ce *Paffage*, par laquelle les vues de la Maifon de Gottorp par rapport à l'Evêché de Lubeck, paroîtront encore plus clairement. Dans la prétendue Convention il a été ftipulé, que le Chapitre élira fix Princes de Gottorp, c'eft-à-dire fix Individus l'un après l'autre de cette Branche de la Maifon de Holftein.

ſtein. Cette Succeſſion dans l'Evêché auroit pu s'étendre bien au-delà AFFAI-
RES
D'ALLE-
MAGNE. de cent ans, & fournir par conſéquent aſſ.z de tems pour trouver oc-caſion de ſe l'incorporer à perpétuïté. Cependant les Miniſtres de ce Prince, jugeant que cela étoit encore trop peu, ont voulu y ſuppléer par une interprétation, & ont mis dans l'Art. 2 du *Recès de Gluckſtadt*, que le Chapitre a promis de s'attacher dans ſes Elections à ſix Prin-ces ou Générations de ladite Maiſon. Qui ne voit quelle différence il y a entre ſix Perſonnes & ſix Générations? Six Perſonnes peuvent ſe-lon la Direction Divine mourir en peu de tems l'une après l'autre, & venir même à manquer toutes dans une ſeule année; au-lieu que ſix Générations ſubſiſtent pluſieurs ſiècles avant de s'éteindre. Dans le *Traité de Travendahl* Art. 8, ces mêmes Miniſtres profitant du tems & de l'occaſion, ont tout à fait omis les Perſonnes, & ont mis ſimple-ment en leur place ſix Générations. Quand donc la Maiſon de Gottorp, comme elle le ſoutient, auroit acquis par ledit Traité un *jus abſolutè quæſitum*, ſans réfléchir, ſuivant les régles d'une ſaine interprétation, ſur le *Relatum* & les Accords auxquels l'Art. 8. ſe rapporte, le Chapi-tre peut aiſément voir à quoi le tout aboutit, & ce qu'il a à eſpérer ou à craindre.

5. *Que s'il arrivoit qu'on contrevînt à l'une ou à l'autre de ces con-ditions, ou que contre toute attente (ce que le Dieu tout-puiſſant veuille détourner) il ne reſtât tôt ou tard de ces deux Séréniſſimes Fréres de la Maiſon de Gottorp & de leur Poſtérité, qu'un ſeul Héritier mâle, alors, comme aucune Election ne ſauroit avoir lieu où il n'y a qu'un ſeul Sujet éligible, ce libre engagement tombera* ipſo jure *en pareil cas, de même que quand il n'y auroit dans l'une ou dans l'autre de ces deux Bran-ches de Gottorp aucun Prince de la Religion Luthérienne ou Catholique-Romaine. Dans ces deux cas, cette Convention ſera nulle & de nulle valeur &c.* Ces paroles ſont fort expreſſives, & prouvent évidemment, que quand même on voudroit tomber d'accord, que ledit prétendu *Pactum* étoit en bonne & due forme, & que par conſéquent du tems de la *Paix de Travendahl*, où le feu Evêque de Lubeck, auſſi bien que ſon Frére le Duc Régent Frédéric dernier, vivoient encore, non ſans eſpérance de Poſtérité, on y auroit pu faire réflexion, & ſtipuler de part & d'autre quelque choſe de ſolide ſur ce fondement; les circonſ-tances étoient pourtant du depuis tellement changées, que non ſeule-ment le Chapitre a été en droit de paſſer la Maiſon de Gottorp dans l'Election d'un Coadjuteur en 1701; mais que S. M. le Roi de Danne-marc & de Norvégue a pu avec juſtice, après la mort deſdits deux Freres, appuyer l'Election faite alors, à la pluralité des voix, de ſon Frére S. A. le Prince Charles. Quant au Chapitre, aucune perſonne raiſonnable ne ſauroit douter, que quand même il auroit contracté ci-devant quel-que obligation légitime par une telle Convention, ce qui pourtant n'eſt pas, il ne ſe ſoit malgré cela trouvé en l'Année 1701, du tems de la derniére Election d'un Coadjuteur, dans le cas ſpécifié par les paroles

ex-

expreſſes que nous venons d'alléguer, en vertu deſquelles le prétendu
Pactum étoit *ipſo jure* nul & de nulle valeur; car dans toute la Maiſon
de Gottorp il ne ſe trouvoit alors qu'une ſeule Perſonne éligible, ſavoir
le préſent Adminiſtrateur S. A. le Prince Chrétien-Auguſte, lequel,
vu NB. qu'aucune Election ne ſauroit avoir lieu où il n'y a qu'un ſeul
Sujet éligible, le Chapitre, en vertu des paroles du *Pactum*, avoit pleine liberté de paſſer & d'élire un autre, étant dégagé à perpétuïté de ſes
prétendus engagemens avec cette Maiſon; car le feu Duc Frédéric, le
dernier, ne pouvoit pas poſſéder l'Evéché ſuivant ſes Statuts, puiſqu'il
étoit Duc régnant, ſon Fils le Prince Charles-Frédéric étoit encore dans
le berceau. Et ſi l'on objecte préſentement de la part de la Cour de
Gottorp à S. A. le Prince Charles de Dannemarc dans des Ecrits publics le défaut d'âge, quoique du tems de l'Election en 1701 il fût entré dans ſa vingtiéme année, & ainſi *ſecundum obſervantiam Capituli*
Majeur; outre que S M. Impériale lui avoit encore accordé *veniam æ-*
tatis, à combien plus forte raiſon ne peut-on pas retorquer l'argument
contre ce petit Prince, qui n'avoit alors qu'un an & deux ſemaines?
Parvulis enim committere regimen Eccleſiarum, ſuſtinendum non eſt.

§ 3. *x. de qual. & ordine præficiend.*

De ſorte que S. A. l'Adminiſtrateur de Gottorp étoit le ſeul de
toute cette Maiſon qui pouvoit être propoſé à l'Election, *cum in Elec-*
tione idem ſit non eſſe, & non idoneum eſſe.

§. 22. §. 26. §. 27. § 53. *x. de Elect. & Electi poteſtate.*

Pour ce qui regarde S. M. le Roi de Dannemarc, quoiqu'il ait pareillement conſenti à ladite Convention dans l'Art. 8. du *Traité de Traven-*
dahl, en conſidération que le Duc Frédéric alors vivant pouvoit attendre une nombreuſe Poſtérité du mariage qui avoit déja été béni d'un
Prince, & que le feu Evèque pourroit même ſe remarier & avoir lignée,
ces motifs ſont pourtant venus à ceſſer entiérement par la mort dudit
Duc Frédéric, & encore en dernier lieu par celle de S. A. l'Evèque,
de ſorte que ſelon toutes les regles de la ſaine interprétation on ne ſauroit plus juger que ces paroles du 8. Article du *Traité de Travendahl* &
du *Recès de Gluckſtadt* de 1667 dont il y eſt fait mention, obligent encore S. M. à ſoutenir contre la vérité, contre les Statuts, contre tant
de Decrets Impériaux, & même contre le devoir & l'amour naturel pour
S. A. ſon Frére, & à retirer pour ainſi dire du tombeau cette Convention, où elle n'étoit pas entrée, du moins quant à ſes parties eſſentielles, & qui en elle-même étoit inacceptable & déja annullée *ipſo jure*,
ſur-tout puiſque ſes Séréniſſimes Fréres ont été traitez en tout tems avec
tant de violence & d'illégalité, & avec ſi peu d'égards pour S. M., que
quand même on auroit voulu laiſſer paſſer cette Election avec tout le reſte, cela ſeul & le maintien de l'autorité de ſa Maiſon Royale exigeoient
indiſpenſablement qu'on s'y oppoſât. Par tout ceci il paroit que la Cour
de Gottorp ne peut avoir d'autre but que d'exciter une guerre dans les
Pays du Nord, en voulant faire de cette affaire un cas de la Garantie du

Trai-

Traité de Travendahl, & en cherchant d'y mêler d'autres Puiſſances, qui n'étant engagées quaſi à rien, ne peuvent non plus s'ériger en Garants dans le cas dont il s'agit, à moins qu'Elles ne veuillent ſans aucune néceſſité protéger les caprices & les violences, offenſer à deſſein un Ami & Allié ſi conſidérable que S. M. Danoiſe, & donner beau jeu à leurs propres Ennemis, qui ont grand ſoin de ſouffler ce feu. *Quod enim nullum eſt, nullum producit juris effectum. Et pacta de unâ re vel perſonâ in aliam rem vel perſonam extendi non debent.*

L. 27. §. 4. ff. de Pactis. C. 8. x. de Tranſact.

Si les Hauts Garants du *Traité de Travendahl* ſe ſont engagez à perſuader S. M. Danoiſe, d'acquieſcer audit *Pactum* de l'Année 1647, au *Recès de Gluckſtadt* de 1697, & aux Promeſſes y contenues, qui ne s'étendent que ſur ce qu'on peut prouver avoir été conclu le 6 Juillet 1647, ils ne ſe ſont obligez à autre choſe qu'à laiſſer ledit *Pactum* dans ſa validité ou invalidité; mais ils ne ſe ſont pas engagez à priver un malheureux Tiers, tel qu'eſt le Chapitre, de ſes Droits & Priviléges: ils ne ſe ſont pas engagez à défendre à S. A. le Prince Charles de Dannemarc, qui eſt pareillement un Tiers & non pas Partie contractante, d'accepter cette Dignité dans le tems qu'elle lui eſt très-humblement offerte & d'une manière légitime par un Chapitre qui en a le droit, qui eſt libre & qui ne dépend de perſonne. Ils ne ſe ſont pas engagez à forcer un Allié auſſi puiſſant & auſſi utile pour la Cauſe commune que S. M. Danoiſe, d'étouffer ſon affection naturelle pour ſon Séréniſſime Frére, & de lui laiſſer ſouffrir des violences & des injuſtices inouïes, que S. M., ſelon ſa bonté & ſa juſtice, détourne volontiers du moindre de ſes Sujets, & s'en fait même un devoir. Encore moins leſdits Hauts Garants ſe ſont-ils engagez à forcer S. M. Danoiſe de mettre à côté la gloire & l'autorité de ſa Maiſon Royale, & de ſouffrir qu'un de ſa Famille ſoit traité avec plus de fierté que S. A. l'Adminiſtrateur ne traiteroit un Particulier, avec qui elle pourroit avoir un procès devant le Conſeil Aulique. Ce n'a jamais été la coutume des grands Rois & autres Souverains, de mettre des conditions ſi injuſtes dans un Traité, ou de les garantir; même ils ne ſouffrent pas que leurs Miniſtres étendent juſques-là, ou expliquent de cette manière leurs Traités & Garanties.

6. Le préſent Acte a été approuvé in pleno Capitulari Conventu, & ſcellé du Sceau du Révérend Chapitre. *Fait à Lubeck le 6. Juillet 1647.* Perſonne ne ſauroit douter que ſi une pareille Convention doit être en aucune manière valide, il faut qu'elle ſoit faite & approuvée *in generali Conventu Capitularium; quia quod omnes tangit, ab omnibus debet approbari.*

C. 29. de Reg. Jur. in VI.
Et in cauſis arduis omnes de Capitulo vocari debent.

C. 42. x. de Elect. C. 33. de Præb. in VI. Panormit. ad C. 1. de his quæ fiunt à maj. parte Cap. n. 15.

Et

Et qu'eſt-ce qui ſe peut traiter de plus important dans un Chapitre, que de pareils Engagemens? Or qu'on n'en pas agi unanimement dans cette affaire, ni même communiqué la choſe aux Abſens,
cela ſe voit clairement dans la Lettre ci-devant alléguée du Chanoine
Wahrendorff, écrite de Munſter en date du 2 Juin 1647. Et ſi l'on
veut prendre la peine d'examiner les Regiſtres des *diſtributionum quoti-*
dianarum du Chapitre de ce tems-là, lesquels ont été réguliérement
conſervez, on trouvera que dans la même Année 1647, il n'y a jamais
eu au-delà de ſept à huit Chanoines qui y ayent eu part; de ſorte qu'il
n'eſt pas croyable que dans ladite Année le Chapitre ait été une ſeule fois complet. Même le Protocolle du Chapitre du 29 Mai de ladite Année, auquel jour S. A. le Prince de Gottorp fit faire par le
Préſident du Chapitre même, Mr. Jean-Frédéric de Winterfeld, la
Propoſition générale, qui a été miſe dans ſa perfection par la prétendue Convention, & dans laquelle Aſſemblée ils s'agiſſoit en même
tems d'élire encore trois Perſonnes ſuggérées ſous main par la Maiſon de Gottorp, fait voir clairement qu'alors il n'y avoit outre ledit
Préſident & Mr. le Doyen que ſix Chanoines préſens, de dix-ſept dont
le Chapitre étoit alors compoſé. Mais le Protocolle ne dit rien de
la ſuite de cette Négociation, ni d'aucune Réſolution du Chapitre en
vertu de laquelle les ſix Perſonnes ont été gliſſées dans le *Pactum*: de
ſorte qu'on peut aiſément juger comment cette affaire s'eſt paſſée,
& qu'elle n'a jamais été réglée en plein Chapitre. Mais quand même cela auroit été fait, cette Convention n'en ſeroit pourtant pas
meilleure, ni plus acceptable; puiſqu'elle a été conclue *absque con-*
ſenſu Superiorum & Cæſaris, & de re quæ ſecundum omnia jura, divina
& humana, non erat in commercio. La prétendue date du *Pactum* fait
auſſi naître quelque ſcrupule, vu que dans l'Art. 2. du *Recès de*
Gluckſtadt de l'Année 1667, & dans pluſieurs autres Copies communiquées depuis pluſieurs années par la Chancelerie de Gottorp, elle a
été miſe au 6 Juillet 1647. Mais l'ainſi nommé Original, produit le
7 Janvier 1704 à *Hambourg*, eſt manifeſtement daté du 7 Juillet de
la même Année 1647; témoin l'Atteſtation du Sécrétaire du Chapitre
de Hambourg, laquelle le Miniſtère de Gottorp a fait imprimer lui-
même. On laiſſe au Lecteur impartial à juger de la raiſon de toutes
ces contradictions & irrégularités qui ſe trouvent dans les circonſtances dudit *Pactum*; comme auſſi s'il ſuffit de dépêcher des Originaux de
cette importance, ſans la moindre Signature, ſeulement *ſub ſigillo Ca-*
pituli? Qu'on ne nous diſe pas que c'eſt l'uſage. Cet uſage ne vaut
rien, étant notoire par le Droit Canon, *quod conſuetudo, quæ Eccleſiis*
gravamen infert, non valeat.
   C. 1. X. *de Conſuet.*
   C 14. X. *de Elect. & Elect. poteſt.*
   Il faut donc bien diſtinguer ici entre un Original qui déroge aux
Droits du Chapitre & qui en change toute la conſtitution, & entre
                                             un

un fimple Bail ou Lettres de Canonicat, afin de ne point caufer de Affai-
RES
D'Alle-
magne. foupçon au fujet du Sceau, qui n'eft gardé que par un feul, ou que par peu de Perfonnes.

Mémoire touchant la Comté de Rantzau, en 1706.

Toutes les Lettres de Vienne ayant rapporté que l'Empereur pafferoit un *Mandatum Reftitutorium fine claufulâ* dans l'Affaire de la Comté de Rantzau, le Direétoire du Cercle, captivé par la Cour de Gottorp, au gré de laquelle ce Mandat ne feroit pas, en étant a-verti, a fait tenir ici une Conférence entre Mrs. Liffenheim & du Croff, pour éluder ce Mandat Impérial, & pour mettre la Comté de Rantzau en féqueftre : mais comme on apprit Vendredi paffé, que le Mandement de l'Empereur n'étoit pas encore expédié, on a voulu faire femblant d'être neutre, & on n'eft pas venu à la conclufion du féqueftre. On a demandé à la Cour de Gottorp, de reftituer la Comté de Rantzau au Comte ; mais celle-ci l'a refufé nettement, & déclaré qu'elle effuyeroit plutôt toutes les extrémitez, que de renon-cer à la poffeffion de la Comté. Là-deffus on fera propofer au Com-te de Rantzau, qu'il demeurera dans la jouïffance des Revenus & de la Jurisdiétion de la Comté, mais qu'il ne fe fera pas voir dans la Comté pendant le Procès ; & que le Direétoire nommera quelqu'un qui tirera les Revenus de la Comté, & qui y adminiftrera la Juftice au nom du Comte. Voilà jusques où l'on en eft venu jusqu'ici : mais dès-que l'on faura quand l'Empereur décrettera le *Mandatum Reftitu-torium*, on conviendra du féqueftre.

Cependant il eft contre les Conftitutions & les Recès de l'Empire, de mettre en féqueftre une Terre qui n'eft pas *litigiofa*, & fur la-quelle le Procès eft engagé à Vienne par la Cour de Gottorp ; même il faut que Mr. le Comte y foit rétabli d'abord, & que les Prétenfions de Gottorp à la Comté foient vuidées *in Petitorio*, puisque l'ancien Axiôme, *Spoliatus ante omnia reftituendus*, n'eft pas encore aboli. La propofition du Direétoire n'eft auffi qu'un féqueftre doré ; & n'eft-il pas injufte, de vouloir défendre au Comte de Rantzau de rentrer dans fa Comté, pendant la durée d'un Procès injuftement fufcité ? Le Roi de Danemark, qui eft Garant de la Vente de la Comté, ne peut pas conniver non plus que le Comte de Rantzau, qui eft membre du Cer-cle, foit tellement opprimé, & ruïné par des Juges partiaux. Mr. Lis-fenheim en eft un de la part de Suéde ; & Mr. du Cros eft le fe-cond, quoiqu'il ait été à Wo'ffenbuttel de la part de Gottorp, qu'il ait mis le féqueftre fur le tapis, & qu'il faffe préfentement le per-fonnage du Miniftre de Wolffenbuttel, pour mettre fa propofition en exécution. Que jugera-t-on donc d'un homme qui eft à deux mains ?

Let-

Mémoire
touchant
la Com-
té de
Rantzau

Lettre touchant la Comté de Rantzau, en 1706.

DEPUIS peu il ne se passe pas grand' chose touchant l'Affaire de Rantzau. Mr. Lissenheim a eu des Lettres de Stade qui marquent que la Régence approuvoit le tempérament proposé au Comte. de Rantzau par Mr. du Cros. Ce du Cros a dépêché là-dessus un Exprès à Wolffenbuttel, pour porter le Duc à écrire à Mgr. l'Administrateur, qu'il ne s'éloignât pas de cet expédient; mais je ne crois pas que le Comte de Rantzau y veuille entendre, puisqu'il lui est très-préjudiciable, & il attendra son sort de Vienne. On ne sait pas encore quand le Mandement Restitutoire sera dépêché à la Cour Impériale; mais les Ministres du Directoire disent hautement que la Cour de Gottorp n'obéira pas, & que le Directoire ne l'y peut pas forcer. N'est-ce donc pas déclarer assez la partialité?

Le Comte de Rantzau sera dans peu de jours ici.

Factum au sujet de l'Affaire de la Comté. de Rantzau, en 1706.

L'AFFAIRE que la Cour de Gottorp a nouvellement suscitée à Mr. le Comte de Rantzau, doit naturellement intéresser, je ne dirai pas tous les Princes & tous les Alliez de l'Empire, mais généralement tous ceux, ou qui en Gens de probité aiment la justice, ou qui en habiles Politiques demandent au moins qu'on en sauve les apparences. Dans celle-ci on a violé tous les droits jusqu'à ceux même de l'Hospitalité; & dans toutes les actions publiques faites depuis que l'Europe est civilisée, on aura de la peine à développer une injustice aussi dénuée que celle-ci de toutes les couleurs, qu'une main artificieuse fait lui donner dans une affaire tant soit peu problématique & douteuse. Comme il importe à Mr. le Comte de Rantzau que le Public soit informé de ce Fait, non moins curieux que dangereux en lui-même & dans ses suites, on l'exposera d'une maniére naïve & succincte, en n'avançant rien qu'on ne puisse soutenir par des preuves incontestables.

Les Sujets de la Comté de Rantzau s'étant mis en train depuis quelque tems de s'opposer aux Réglemens & aux Ordres de leur Seigneur, ils en étoient venus à la fin à une rebellion ouverte. Ils avoient d'une maniére prophane, en chantant des Hymnes, comme si le Dieu de la Paix étoit un Dieu de Discorde; ils avoient, dis-je, forcé le Château, & mis en liberté des gens qui y étoient en arrêt; & glorieux d'une expédition si criminelle, ils étoient revenus le lendemain pour se saisir, comme ils ont fait, des gages qui y avoient été mis pour des Taxes non payées. Ce fut en l'absence de Mr. le Comte; & ce Seigneur

n'ayant

n'ayant pas de Troupes lui-même pour mettre ſes Sujets à la raiſon, prit la réſolution de s'adreſſer à S. A. Monſeigneur l'Adminiſtrateur des Duchez de Sleſwig & de Holſtein, ſon plus proche voiſin, pour lui en demander. Un Traité fut conclu entre eux à ce ſujet, daté du 4. Décembre 1705. Il portoit, ,, Qu'on accordoit une Compagnie de Dra-,, gons à Mr. le Comte durant l'eſpace d'un mois, pour s'en ſervir à ,, punir ſes Sujets rebelles, à condition que durant ce tems Mr. le ,, Comte les entretiendroit à ſes dépens: Et il y fut expreſſément ſti-,, pulé, que ce mois écoulé cette Compagnie ſortiroit de ſes Terres, ,, ſans s'y arrêter ſous quelque prétexte que ce pût être.

Cela fut fait dans la chaleur des prémiers mouvemens. Mais Mr. le Comte venant à réfléchir, que pour éviter toute ſorte de jalouſie, il étoit de ſon intérêt de ne ſe ſervir pour cette entrepriſe que de l'aſſiſtance des Troupes du Cercle de la Baſſe Saxe, dans laquelle ſa Comté eſt ſituée, il s'adreſſa à cette fin aux Princes Directeurs de ce Cercle. Les Princes entrèrent d'abord dans ſes raiſons. Ils lui promirent de l'aſſiſter des Troupes du Cercle, non ſeulement pour ſupprimer la Rebellion, mais pour punir encore vigoureuſement ceux qui en étoient les Auteurs; & pour venir plus promtement à cette fin, ils en donnèrent la commiſſion à Monſeigneur l'Adminiſtrateur, qui étoit le plus à portée. Si bien que par-là cette Compagnie de Dragons, accordée auparavant par ce Prince, devint une Troupe du Cercle.

Doublement muni, & de l'autorité du Cercle, & du Traité conclu avec la Cour de Gottorp, Mr. le Comte crut avoir lieu de ſe repoſer entiérement ſur la fidélité de ces Troupes. Mais on ne le laiſſa pas longtems dans cette erreur; car bien avant l'expiration du tems limité, il s'apperçut qu'il s'étoit attiré des Hôtes violens & dangereux, qui la force à la main cherchoient à labourer la terre d'autrui; & qui bien informez de ce qu'ils avoient à faire, s'ils avoient autre choſe en vue que d'avancer l'intérêt de leur Maitre finement, direz-vous, & ſous main. Nullement: c'étoient des gens d'honneur qui dédaignoient de fauſſer ſous main, & de commettre un crime lâchement; puiſqu'au lieu de ſupprimer la Rebellion, ils la fomentoient viſiblement, juſqu'à laiſſer échapper, en préſence même des gens de Mr. le Comte, ceux qui en étoient les Chefs, & qui avoient été commis à leur garde. Ils firent encore plus. Ils déclarérent ſans façon aux Sujets de ce Seigneur, que deformais le logement du Soldat ne ſe feroit plus à ſon gré, mais conformément aux aſſignations de ceux qu'on appelloit les Députez des Sujets. Ces Députez, c'étoient juſtement les prémiers Auteurs de la Rebellion; de ſorte que les coupables, leurs frères en iniquité, démeurèrent exemts des logemens, & que tout le fardeau tomba ſur ceux qui s'étoient tenus dans le devoir.

On ne manqua pas de proteſter en forme due ſelon les Conſtitutions de l'Empire contre ces violences manifeſtes, ni de ſolliciter bien promtement à la Cour de Gottorp le rappel de ces Troupes, auſſi-tôt que

le tems ftipulé fut écoulé. Quand le Comte en parla à la Foire de
Kiel à Monfeigneur l'Adminiftrateur: Oui-dà volontiers, lui dit-il,
de même que fes Miniftres, rien de plus jufte. Mais nous n'en avons
pas nous feuls le pouvoir. Il faut s'adreffer pour cela au Cercle, puisque ce font de fes Troupes. Ce prétexte étoit frivole. Car outre que c'eft
une difpofition ridicule que de vouloir fervir un homme contre fon gré,
& plus longtems qu'ils ne le demande, la Lettre des Princes Directeurs écrite à Monfeigneur l'Adminiftrateur, portoit précifément: Que
ce Prince pour le bien du Public affifteroit de fes Troupes Mr. le Comte, en cas qu'il en eût encore affaire, & conformément à fes befoins.
Il n'en avoit plus befoin affurément. Il étoit plutôt de fon intérêt de
fe pourvoir d'autres Troupes pour chaffer celles-ci. Cependant il fallut
paffer par-là. On s'adreffa donc de nouveau aux Princes Directeurs du Cercle, & ces Princes conformément aux defirs de Mr. le Comte, firent
expédier une Lettre à Monfeigneur l'Adminiftrateur, dans laquelle ils
prioient Son Alteffe de vouloir bien retirer fes Troupes de la Comté,
puifque le tems qu'elle avoit elle-même ftipulé avec Mr. le Comte
étoit écoulé, & que d'ailleurs le Cercle avoit toujours laiffé dans la libre difpofition de ce Seigneur de fe fervir de ces Troupes, ou de ne
s'en fervir pas; & de ne s'en fervir que tandis qu'il le jugeroit lui-même à propos. Une Copie de cette Lettre fût envoyée en même tems
à Mr. le Comte, & ce Seigneur ayant fait fommer fur cela la Cour de
Gottorp de s'acquiter de fa parole, on y fit naître de nouvelles difficultez.

Les Sujets de la Comté de Rantzau, dirent Mrs. les Miniftres de cette Cour, nous ont communiqué leur griefs. Il faut du tems pour les
examiner, & voir cependant comment Mr. le Comte s'y prendra pour
y remédier. Et depuis quand, répondit-on, eft il permis à un Etat de
l'Empire de s'ériger en Juge des Différends qui peuvent furvenir dans
un autre Etat du même Empire entre le Seigneur & fes Sujets? Et
quelles Loix l'autorifent à prendre en fa protection les Sujets d'autrui, fans le confentement de leur Supérieur? Rien de plus injufte,
rien de plus contraire à la Bulle d'Or, & à toutes les autres Conftitutions de l'Empire.

Cependant la Cour de Gottorp, qui marchoit à grands pas au but
qu'elle s'étoit propofé, fit infinuer aux Princes Directeurs du Cercle,
qu'il feroit de dangereufe conféquence de retirer fes Troupes de la
Comté, pendant que la Rebellion n'y étoit pas encore fupprimée. Les
Directeurs du Cercle étoient alors Sa Majefté Suédoife pour la Duché
de Brème, & Son Alteffe Séréniffime de Brunfwig-Lünebourg-Wol-
fenbuttel. Ils ne comprenoient point fans-doute ces Princes le des-
fein pernicieux de la Cour de Gottorp, c'eft pourquoi ils entrérent dans
les raifons qu'elle avoit fu leur faire valoir; & ayant communiqué leur
réfolution à Mr. le Comte, ils l'exhortérent à terminer au-plutôt les
différends qu'il avoit avec fes Sujets. Ce Seigneur furpris de cette nouvelle.

velle réfolution des Princes Directeurs, contraire à la précédente, fit publier, pour ôter toute forte de prétexte, une amniftie générale dans fa Comté, & conftitua des Commiffaires pour écouter les griefs de fes Sujets, & pour y remédier en cas qu'ils en trouvaffent de véritables. Mais ce fut encore en-vain; puifque ceux d'entre fes Sujets qui témoignérent d'abord leur envie à l'accepter, furent intimidez & maltraitez jufqu'au logement de cinq à fix Dragons dans une feule maifon de ces miférables, pendant qu'un Emiffaire de cette Cour, Avocat de profeffion, ne ceffoit d'animer les plus mutins de fe fouftraire de la fujettion de leur Seigneur, & de fe foumettre à la protection de Gottorp.

Enfin cette Cour trouva à propos de lever le mafque. Une Lettre fut infinuée à Mr. le Comte fous les noms des Séréniffimes Tuteurs de Son Alteffe le Duc Charles-Frédéric, datée à Gottorp le 7. Avril 1706., & fignée Chriftien-Augufte, nom de Mr. l'Adminiftrateur. Elle portoit: ,, Que la vente du Bailliage de Barmftéde faite par ,, le Duc Frédéric leur Ancêtre au Comte Chriftien de Rantzau ,, Grand-Pére du Comte d'aujourd'hui, en 1649, & puis érigé en ,, Comté de l'Empire, étant nulle, à caufe que non feulement le Duc ,, Jean-Adolphe leur Ancêtre avoit en 1688 introduit dans leur Mai ,, fon le Droit d'Aineffe, & obligé fes Succeffeurs à ne jamais rien a ,, liéner du Patrimoine de leur Famille, mais encore que cette Confti ,, tution Pragmatique avoit été confirmée par l'Empereur Rodolphe ,, de glorieufe mémoire; ils avoient trouvé à propos de lui dépêcher ,, trois Députez pour lui en faire ces Remontrances, & pour lui pré ,, fenter en même tems la remife totale de la vente, quoique ce fût ,, encore par manière de grace; puifque les objections, difoient-ils, ,, qu'ils avoient à y faire n'étoient pas en petit nombre: Qu'ils efpé ,, roient que Mr. le Comte auroit de juftes égards à ces Remontran ,, ces, & que pour s'exemter de plufieurs grands inconvéniens, il fe ,, déclareroit conformément à leurs defirs.

Ce n'eft pas ici le lieu d'examiner ce vain prétexte, quoiqu'il foit clair comme le jour, que quand même cette prétendue Conftitution Pragmatique du Duc Jean-Adolphe feroit véritable, le Duc Frédéric qui a fait cette vente, n'étoit pas moins Duc Régent de Holftein que le prémier, & que celle-ci n'a pas moins été confirmée non feulement par l'Empereur de la même manière qu'on prétend que l'autre le foit, mais encore par le Roi de Dannemarc, & par tous les autres Ducs & Princes de Holftein alors en vie. Que d'ailleurs dans le Contract de vente, on a renoncé, en paroles nettes & précifes, à de femblables exceptions. Et qu'enfin, fi la raifon alléguée par Mrs. de Gottorp étoit valable, le titre qu'ils ont aux deux Duchez feroit encore infiniment plus douteux; puifque nonobftant l'Acte figné par le Roi Frédéric à fon Avènement au Trône & confirmé par Serment, pour rendre à jamais ces Duchez inféparables de la Couronne de Danne

X x 2   marc;

marc; puifque nonobftant tout cela, dis-je, Chriftien III, porté par l'amour qu'il avoit pour fes Cadets ne laiffa pas d'y contrevenir, fi-bien que tout le Droit du Duc de Holftein d'aujourd'hui eft fondé fur cette contravention.

Mais fans entrer dans l'examen de cette affaire, il fuffit pour le préfent de dire, que Mr. le Comte n'eut pas plutôt reçu cette Lettre, qu'il y répondit par des proteftations folemnelles & en forme. Il déclara, que comme c'étoit à l'Empereur à connoître de ce différend, il étoit prêt à fe foumettre à la décifion de Sa Majefté Impériale; & ne doutant point que la Cour de Gottorp ne voulût faire de-même, comme elle y étoit obligée, il la prioit de nouveau de vouloir retirer fes Troupes.

La Cour de Gottorp répondit, qu'elle fe foumettoit volontiers à ce jugement, elle fit même quelques pas à cette fin; mais ce ne furent que des grimaces, puifque fans autre forme de procès elle prit incontinent après poffeffion de la Comté. Le 10 Avril le Château fut forcé, quelques portes de chambres furent rompues, & on fe faifit des Archives qu'on y trouva. On annonça par des Affiches aux portes des Eglifes, que c'étoit pour le Duc Charles-Frédéric que fes Tuteurs venoient de prendre cette poffeffion, & l'on fomma le 14 du même mois tous les Habitans de la Comté de prêter le Serment de fidélité à leur nouveau Prince. Un des Confeillers de Mr. le Comte s'étant préfenté d'abord avec deux Notaires, pour protefter, comme il fit en forme, contre cette prife de poffeffion, il fut repouffé rudement & chaffé de la Comté; & étant revenu enfuite avec les mêmes Notaires, la veille du jour deftiné pour la reception de l'hommage, pour protefter de nouveau contre cet Acte, on lui donna des Gardes dès le moment qu'il fut arrivé, en lui difant par maniére de raillerie, que c'étoit pour fa gloire & pour fa fureté qu'on en ufoit ainfi. On menaça ceux des Habitans, qui pour éviter le crime de perfidie voufoient fe retirer de leurs maifons, de fe faifir en ce cas de tous leurs effets, & on n'eut pas même le moindre égard aux remontrances des Notaires, que Mr. le Comte d'Egk, Miniftre de l'Empereur, y avoit envoyez pour protefter folemnellement contre toutes ces violences commifes au mépris de l'autorité de Sa Majefté Impériale fur les Terres de l'Empire.

Voilà le récit exact de cette étrange entreprife, fi hideufe dans toutes fes circonftances qu'il n'eft pas befoin de l'exaggérer. C'eft la caufe de l'Empereur, de tous les Princes, & de tous les Alliez de l'Empire. Sa Majefté le Roi de Dannemarc y eft particuliérement intéreffée. Le Comte de Rantzau, outre fa qualité de Comte de l'Empire, eft encore à caufe de fa Comté de Levenholm Vaffal de ce Prince. Les Ancêtres de ce Comte ont depuis plufieurs Siécles fervi fidellement les Rois de Dannemarc: & comme ces Princes de leur part les ont comblez de leurs bienfaits, voudroient-ils laiffer détruire leur ouvrage? Mais il y a encore un intérêt infiniment plus preffant; c'eft celui du

Roi

Roi même. On s'attaque à lui principalement dans cette affaire. La AFFAI-
RES
D'ALLE-
MAGNE. situation de cette Comté enclavée dans ses Terres; l'entrée de tout le Holstein avec ses Marches entierement ouverte de ce côté-là; le tems même où Sa Majesté vient de donner une marque éclatante de son extrême modération; plusieurs autres raisons font connoître également à tout le monde, & la part que ce Prince débonnaire y doit prendre, & de quel esprit sont animez ses adversaires. Que cela va ajouter un nouveau prix & un nouvel éclat à cette heureuse modération de Sa Majesté! & l'on ne doute nullement, que mettant dans une égale balance tout ce que le Dannemarc, tout ce que la Cour de Gottorp vient de faire; là, une modération jusqu'à être exposée à des interprétations sinistres; ici, des violences jusqu'à la fureur; toute l'Europe ne se déclare pour Sa Majesté, en cas que par l'obstination de la Partie adverse, elle soit réduite enfin à se rendre justice à Elle-même, par la force que Dieu lui a mise en main.

Réponse au Factum précédent.

ON a débité en secret, comme une chose indigne de voir le jour, un Factum pour le Comte de Rantzau. C'est véritablement un Libelle, rempli de calomnies & d'invectives. Il n'est pas, ce semble, de la dignité d'un grand Prince, de qui on ôse parler avec tant d'impudence, de souffrir qu'on réponde à ces invectives & à ces calomnies. Cependant, quoique la Conduite de la Cour de Gottorp justifie pleinement l'équité & la sincérité de ses intentions en cette affaire de Barmstéde, on veut bien encore détromper le Public de plusieurs choses, que l'Auteur de ce Libelle avance sans aucun fondement.

Sur quelle raison d'Etat ou d'Intérêt, ce misérable Auteur dit-il, *Que l'Affaire, que la Cour de Gottorp a nouvellement suscitée au Comte, doit naturellement intéresser tous les Princes & tous les Alliez de l'Empire?* quelle part doivent y prendre l'Angleterre, la Hollande, & les autres Alliez? sinon que cet habile Politique veuille faire entendre que la tranquillité du Cercle va être troublée, & que ces troubles auront des suites funestes pour la Cause Commune.

Mais, comme ce n'est pas la Cour de Gottorp qui veut troubler le repos du Cercle, puisqu'elle se soumet aux voies ordinaires de la Justice, à la décision de Sa Majesté Impériale, & aux sentimens du Directoire, il faut que l'Auteur de ce Libelle sache, que le Comte de Rantzau excite d'autres Puissances à rompre la Paix en Holstein, ce qui n'est que trop véritable, *les habiles Politiques le reconnoissent, & les gens de probité ne condamnent point très-assurément la Cour de Gottorp.* On ne veut pas croire qu'en Danemarc on approuve ce Libelle; mais puisqu'on y introduit le Roi de Danemarc, comme faisant son affaire

propre

propre de celle du Comte de Rantzau, on a grand fujet de s'étonner
qu'on ait fouffert qu'il y foit parlé *des Droits de l'hofpitalité violez*. Peut-
on, fans effronterie, en accufer fi fauffement la Cour de Gottorp? &
peut-on, fans une extrème confufion, donner lieu de rappeller le fouvenir de l'hospitalité violée?

Si on vouloit juftifier les Sujets du Bailliage de Barmftéde, il n'y auroit rien de plus aifé: les exactions inouïes du Comte, fon avarice infa-
tiable & très-fordide, & fes cruautez, dont ils viennent de publier un
recueil très-curieux, les juftifient pleinement. On n'a qu'à entendre
leurs plaintes & leurs gémiffemens, & à s'informer de toutes les tentatives & de tous les efforts qu'ils ont fait pour fecouer un joug fi acca-
blant & fi tyrannique.

Quant à la conduite du Comte de Rantzau pour reprimer ce qu'on
appelle *une rebellion ouverte*, cette conduite fait pitié, & a été d'un homme fort mal avifé & fans aucune pénétration, tantôt d'un emportement
jufqu'à la fureur, & tantôt d'une légéreté extraordinaire. De fon propre mouvement il a demandé des Troupes à la Cour de Gottorp. A
peine les eut-il obtenues, qu'il en demanda au Directoire; & à peine
le Directoire lui en eut il donné, qu'il traita pour en avoir du Roi de
Dannemarc, toujours fans jugement.& toujours inconftant. En cela feul
très-réfolu, qu'il a mis tout en ufage pour fufciter le Roi de Dannemarc,
& pour allumer dans le Cercle une Guerre, qu'on peut bien dire *qui in-
téreferoit tous les Princes & tous les Alliez de l'Empire*, & qui fans doute renverferoit tous les lauriers & toutes les profpéritez de la Caufe Commune. On n'ignore point ces pratiques du Comte, l'attention qu'on
y a faite, & les irréfolutions dont on a été agité.

L'Auteur du Libelle parle *de l'infidélité* des Troupes de Gottorp dans
le Bailliage de Barmftéde, *de ces hôtes violens & dangereux*; & continue
en des termes pleins de paffion fans aucune preuve, & même fans aucune apparence de vérité.

Car en quoi les Dragons de Gottorp, accordez à la priére du Comte, lui ont-ils été infidelles? C'eft qu'ils n'ont pas voulu être les Ministres & les Inftrumens de fa tyrannie, c'eft que la Cour de Gottorp n'a
pas voulu les laiffer à l'entiére difpofition du Comte de Rantzau, facrifier les Sujets du Bailliage à fa colére & à fa vengeance, & donner le
couteau à un furieux. Cette compaffion, ces fentimens fi équitables,
& cette prudence de la Cour de Gottorp ne pouvoit fatisfaire l'animofité du Comte. Il s'adreffe au Directoire, pour avoir des Troupes. Le
Directoire, perfuadé de la juftice & de la modération de la Cour de Gottorp, requit S. A. S. Monfeigneur le Duc Adminiftrateur d'envoyer
des Troupes dans le Bailliage, pour y mettre ordre à la révolte dont le
Comte accufoit les Sujets. Mais le Comte vouloit des Troupes à fa difpofition, qui ne dépendiffent que de fes ordres, & qui les exécutaffent,
quelque violens & dangereux qu'ils puffent être. Rebuté de la fageffe &
de

de la prévoyance du Directoire, qui ne trouva pas à propos de rappeller les Troupes pendant que le defespoir des Sujets du Comte de Rantzau
pourroit les porter aux derniéres extrémitez contre leur Seigneur. Le
Directoire ne voulant pas aussi laisser ces mêmes Sujets exposez à la fureur du Comte, le Comte s'adressa au Roi de Dannemarc : & on fait
pour très certain, que le Roi de Dannemarc avoit condescendu à lui
laisser quelques Compagnies. Cela ne fut pas exécuté; parce que le Comte de Rantzau prétendoit en pouvoir disposer absolument; ce que le Roi,
aussi juste qu'éloigné de toute violence, ne voulut pas souffrir.

On ne sauroit pas trouver étrange après cela, que les Sujets du Comte de Rantzau ayent eu recours à la protection de la Cour de Gottorp,
pour les délivrer des violences insupportables du Comte. Le Directoire avoit trouvé bon que la Cour de Gottorp envoyât des Troupes dans
ce Bailliage; & les Sujets eurent par-là quelque raison de croire que la
Cour de Gottorp, comme la plus à portée de les protéger, pourroit aussi le faire plus efficacement. D'un autre côté, les justes prétentions de la Cour de Gottorp sur ce Bailliage lui donnoient droit d'é-
couter les plaintes des Sujets, & de les recevoir sous sa protection. Il
n'y a rien en cela, ni de la part de la Cour de Gottorp, ni de la part
des Sujets du Bailliage de Barmstéde, qui ne soit permis, qui ne soit
très-équitable, & même qui ne soit pratiqué très-souvent dans l'Empire.

Si les Sujets avoient pu prendre confiance en l'Amnistie générale que le
Comte, dit-on, fit publier, ils en auroient été ravis, comme de se voir par-
là exempts des dépenses, des inquiétudes, du danger, & de la misére où
le Comte les avoit plongez.

Le Directoire auroit vu avec plaisir ces Sujets plus heureux & mieux
traitez, rentrer sous l'obéïssance de leur Seigneur; & tout prétexte auroit été levé, de laisser plus longtems dans le Bailliage les Troupes de
Gottorp, que le Directoire avoit trouvé bon de ne point rappeller auparavant. Mais le Comte de Rantzau, pendant qu'il proposoit une Amnistie, & ordonnoit des Commissaires pour faire raison aux Sujets sur
leurs griefs, prenoit des mesures pour pouvoir continuer de traiter ces
pauvres gens avec autant de cruauté & aussi impitoyablement qu'il a toujours fait. Ils le savoient, & connoissoient sa mauvaise foi par une longue & malheureuse expérience. Doit-on être surpris de leur ferme résolution à ne vouloir pas s'y exposer ?

Quant à ce que la Cour de Gottorp *a enfin levé le masque*, elle a pu
& elle a dû le faire, puisqu'elle a un droit évident & incontestable sur
le Bailliage; mais *elle a d'abord levé le masque* dans toutes les régles ordinaires de la Justice. L'Auteur du Libelle a été contraint par la force
de la vérité de rendre ce témoignage. Lorsque cet Auteur appelle un
vain prétexte les raisons sur lesquelles le droit de Gottorp est fondé,
c'est qu'il est très mal-habile Jurisconsulte, ou de mauvaise foi. Voyez,
je vous prie, ce beau raisonnement; & y en eut-il jamais & de plus con-
vain-

vaincant & de plus clair? *Quand même*, dit-il, *cette prétendue Constitution Pragmatique du Duc Jean-Adolphe seroit véritable, le Duc Frédéric
qui a fait cette vente n'étoit pas moins Duc Régent de Holstein que le premier; & celle-ci n'a pas été moins confirmée, non seulement par l'Empereur
de la même manière qu'on prétend que l'autre le soit, mais encore par le Roi
de Dannemarc, & par tous les autres Ducs & Princes de Holstein alors
en vie.*

Est-ce donc que ce galant-homme veut faire douter, *que le Duc Jean-
Adolphe ait introduit dans la Maison Sérénissime de Gottorp le droit d'ainesse, & obligé les Successeurs à ne jamais rien aliéner du Patrimoine de
leur Famille?* Veut-il aussi faire douter qu'il soit vrai, *que cette Constitution Pragmatique a été confirmée par l'Empereur Rodolphe?* Personne
n'en doute pourtant: l'Empereur, le Directoire, & sans-doute le Roi
de Dannemarc même, tous en sont convaincus. S'il prenoit envie à
celui qui avec tant d'audace le veut faire révoquer en doute, d'en venir
voir à Gottorp les Actes en original, il s'en retourneroit très-convain-
cu de la vérité *de cette Constitution Pragmatique, & de la Confirmation
de l'Empereur Rudolphe.* Revenons au raisonnement. Il est si solide *que
la Cour Aulique ne peut se dispenser après cela de prononcer en faveur du
Comte de Rantzau.* Le Duc Jean-Adolphe a défendu d'aliéner jamais les
Domaines de la Maison: Donc le Duc Frédéric les a pu vendre, puisqu'il
n'a pas été moins Prince Régent que le Duc Jean-Adolphe. L'Empereur
Joseph n'est pas moins Empereur que l'étoit l'Empereur Rodolphe, &
tous les Empereurs précédens: Donc l'Empereur Joseph peut abolir
tout ce qu'a fait l'Empereur Rodolphe, & tout ce qu'ont fait les Empereurs précédens. Cette raison est merveilleusement convaincante, &
suffit au Comte de Rantzau pour faire voir à l'Empereur & à tout le
monde, *que depuis que l'Europe est civilisée, on n'a point vu de pareille
injustice que celle de la Cour de Gottorp.*

Donc tout Prince Régent peut renverser les Constitutions de sa Maison & de l'Etat. Tout Roi, à son Avénement à la Couronne, ou quand
bon lui semblera, pourra détruire ce qui aura été établi depuis le commencement de la Monarchie. Quel renversement & quelle confusion,
si chaque Prince avoit l'autorité de révoquer & d'anéantir les dispositions
de ses Ancétres, sur-tout celles qui n'ont été faites que pour l'agrandisse-
ment, pour la sureté & pour la gloire de leurs Descendans! Que de-
viendront donc nos Biens, nos Priviléges, nos Libertez, si l'autorité
des Princes n'étoit bornée & modérée par la volonté & par les Ordonnances de leurs Prédécesseurs? Comme il n'y a rien de plus impertinent que cette raison, il seroit inutile de s'y arrêter davantage.

Si le Duc Frédéric n'a pu aliéner son Patrimoine, comme il est constant
qu'il ne l'a pu faire; si la Confirmation d'un Empereur ne peut abolir
celle d'un Empereur précédent, ni porter préjudice à un tiers, beaucoup moins le consentement du Roi de Dannemarc & de tous les Ducs
& Princes de Holstein, a-t-il pu rendre valable la vente de ce Bailliage,
nul-

nulle d'elle-même par tant de raisons incontestables qu'allégue la Cour
de Gottorp.

Voyez encore, ou une très-noire malice, ou une très-profonde ignorance de l'Auteur de ce Libelle. *Si la raison*, dit-il, *alléguée par Mrs.
de Gottorp étoit valable, le titre qu'ils ont aux deux Duchez seroit encore
infiniment plus douteux; puisque nonobstant l'Acte signé par le Roi Frédéric
à son avénement à la Couronne, & confirmé par serment pour rendre à
jamais ces Duchez inséparables de la Couronne de Dannemarc; puisque
nonobstant cela, dis-je, Christien III, porté par l'amour qu'il avoit pour
ses Cadets, ne laissa pas d'y contrevenir, si bien que tout le droit du Duc de
Holstein d'aujourd'hui est fondé sur cette Contravention.*

Mais il n'y a rien de plus évidemment faux. Christien I. Pére de
Frédéric, à son avénement à la Couronne de Dannemarc en 1448,
promit solemnellement aux Sénateurs du Royaume, qu'il ne souffriroit
jamais que la Duché de Sleswic fut unie à la Couronne de Dannemarc.
En cela Christien se conforme à la Déclaration de Waldemar III. de
l'an 1326, par laquelle il est porté expressément, que jamais la Duché
de Sleswic ne sera unie à la Couronne de Dannemarc, & que jamais la
Couronne de Dannemarc & la Duché de Sleswic ne pourront être pos-
sédées par un seul Prince: Item *Ducatus Sudersutiæ, Regno & Coronæ
Daciæ, nunquam unietur nec annectetur ita, quod unus sit Dominus utri-
usque.* On seroit donc bien fondé à demander, pourquoi les Rois de
Dannemarc ont contrevenu à une disposition si claire & si autentique,
en s'appropriant une partie de la Duché de Sleswic?

Il a raison, l'Auteur du Libelle, *de ne vouloir point entrer dans l'examen de cette affaire.* Cela ne lui réussiroit pas mieux que d'avoir voulu
d'autres impressions, qu'il est très-aisé de reconnoître, & qui n'ont d'autre fondement que l'animosité, le mensonge & l'imposture.

Le Comte de Rantzau auroit très-bien fait si sur les déclarations juridiques que lui fit faire la Cour de Gottorp, il n'eût fait autre chose que
se soumettre à la Décision Impériale; & si en cela il avoit imité la Cour
de Gottorp qui s'y étoit soumise, & qui alors n'avoit point d'autre dessein.

Mais les pratiques du Comte, pour éluder le jugement de l'Empereur,
& pour mettre l'affaire en état de ne pouvoir plus être vuidée que par
les voies de fait, contraignirent la Cour de Gottorp à prendre possession
du Bailliage. Tout ce qui se fit en cette occasion par la Cour de Gottorp, n'a été que des formalitez nécessaires pour cet Acte de possession;
& parmi plusieurs faussetez qu'on allégue de ce qui se fit alors, celle-ci
est insigne & très-impudente: *Que la Cour de Gottorp n'eut aucun égard
aux Remontrances des Notaires, que Mr. le Comte d'Egk Ministre de l'Empereur avoit envoyez pour protester solemnellement contre toutes ces violences commises au mépris de l'Autorité de Sa Majesté Impériale sur les Terres de l'Empire.*

Le Comte d'Egk est bien peu jaloux de la dignité & de l'honneur de

Tom XIV.   Y y   l'Em-

l'Empereur son Maitre, & il fait bien peu ce qui est dû au Caractére
d'un Ministre de l'Empereur, s'il a souffert que des Notaires envoyez
de sa part n'ayent pas été écoutez, & ayent été mal-traitez. Il a son
Caractére & l'Autorité de Sa Majesté Impériale trop à cœur pour avoir
voulu se taire, si on lui eût donné de la sorte sujet de se plaindre ; &
puisqu'il ne l'a point fait, & qu'il n'en a marqué aucun ressentiment,
il est sans doute faux que la Cour de Gottorp en cette occasion lui en ait
donné sujet. Le récit que l'Auteur du Libelle appelle *un récit exact de
cette étrange entreprise, si hideuse dans toutes ses circonstances*, n'est rien
moins qu'un véritable récit : c'est un tissu de calomnies & d'invectives,
comme il a été dit ; & ce sont de grandes, mais frivoles paroles, quand
il dit : *Que c'est la Cause de l'Empereur, de tous les Princes & de tous
les Alliez de l'Empire.*

Malheur à la Cour de Gottorp, qui s'est attirée si imprudemment
tous les Alliez & tous les Princes de l'Empire. Pour ce qui est de l'intérêt que le Roi de Danemarc y veut prendre, comme l'assure si positivement & si hardiment l'Auteur de ce Libelle, on n'en sait encore
autre chose, sinon que Sa Majesté a fait connoître que ses Prédécesseurs ont garanti l'achat que fit un Comte de Rantzau de ce Bailliage ;
& que par cet engagement Sa Majesté se croit obligée de garantir le
Comte de Rantzau ; la Chancellerie de Glukstadt en écrivit à la Chancellerie de Gottorp ; on s'en rapporte à la réponse que fit la Chancellerie de Gottorp à celle de Glukstadt.

Au reste, quelque intérêt que puisse prendre le Roi de Danemarc
en cette affaire, on est très-persuadé, quoiqu'en dise l'Auteur du Libelle, que Sa Majesté fera paroître en cette rencontre les mêmes sentimens de justice & de modération dont Elle a donné depuis peu des
marques dans une affaire plus importante, & qui la devoit toucher de plus
près.

On demeure d'accord qu'il n'y a point de Prince plus équitable que
le Roi de Dannemarc, quand il agit de son propre mouvement, & on.
ne peut assez se louer de ce qu'il a rejetté les instances pressantes & les
propositions du Comte de Rantzau, qui a voulu porter le Roi à entreprendre en sa faveur des choses qui sans doute auroient eu des suites très-
dangereuses *pour l'Empereur, pour les Alliez, & pour tous les Princes de
l'Empire.*

Ce Monarque, que l'Auteur du Libelle appelle *débonnaire*, terme de.
raillerie & de mépris, laissera sans-doute agir la justice pendant que la.
Cour de Gottorp ne refusera pas de s'y soumettre. Cette équité de Sa Majesté ne sauroit être exposée *à des interprétations sinistres*, au contraire, on
la comblera de louanges ; & bien loin que Sa Majesté, quelque grande que.
fût *l'obstination de la Partie adverse, veuille se rendre justice à Elle-même par
la force que Dieu lui a mise en main*, & demander *que toute l'Europe se
déclare pour Elle*, Sa Majesté usera sans doute *de cette heureuse modération*, qui déja lui a ajouté un nouveau prix & un nouvel éclat.

C'est

C'eſt de l'Auteur du Libelle, de ſes pitoyables raiſonnemens, de ſes expreſſions ridicules, & de ſon galimatias, qu'on ſe raille ici. Du reſte, ſi la Cour de Gottorp vouloit juſtifier par des exemples la priſe de poſſeſſion du Bailliage de Barmſtéde, elle pourroit alléguer ce qu'ont fait pluſieurs autres Puiſſances, des Rois, des Princes & des Alliez de l'Empire, en pareille occaſion, & pour un même ſujet.

Mais les exemples ne ſuffiſent pas toujours, pour juſtifier pleinement. On fait à Gottorp, ce que même n'ont point fait *des Alliez & des Princes de l'Empire, & des Rois auſſi*; & ſe relâchant beaucoup de ſes droits la Cour de Gottorp veut bien, *par une heureuſe modération, qui ſans doute lui doit ajouter un nouveau prix, & un nouvel éclat*, s'en rapporter à la Déciſion de Sa Majeſté Impériale, & en attendant aux Conſeils & à la Réſolution du Directoire.

AFFAIRES DE SUEDE, DE POLOGNE, ET DE HONGRIE.

Affai-
res de
Su..
de Po-
logne
et de
Hon-
grie.

Ordre à la Suéde pour un Jour d'Actions de Graces pour les Victoires de 1704 & 1705, pour le 9 Mars 1706.

DEPUIS le dernier Jour d'actions de graces que nous célébrâmes le 12. Février 1704, par ordre de S. M. notre très-gracieux Roi, pour les heureux ſuccès dont il avoit plû au Tout-Puiſſant de bénir juſqu'à ce tems-là les juſtes Armes de S. M. contre ſes Ennemis; ce grand Dieu plein de miſéricorde a continué tellement ſes bienfaits & manifeſté ſa grace envers nous en tant de différentes maniéres, que S. M. tant en cette conſidération générale, que particuliérement par égard aux bénédictions que cet Etre Suprême a répandu juſqu'ici ſur ſes juſtes armes & deſſeins, a ordonné par tout ſon Royaume ce Jour ſolemnel d'actions de graces; & c'eſt pour le célébrer duement & chrétiennement, que nous ſommes auſſi venus dans cette ſainte Aſſemblée, non ſeulement dans le deſſein d'offrir à Dieu nos actions de graces pour ſa miſéricorde infinie, mais auſſi de témoigner une ferme confiance, que ce même Dieu qui a conduit & fortifié juſqu'ici S. M., l'aſſiſtera auſſi à l'avenir, pour pouvoir exécuter & achever ce qu'Elle a été obligée d'entreprendre pour ſa propre conſervation & la ſureté du Royaume. Si nous réfléchiſſons ſur l'Année 1704, nous trouverons que par l'Aſſiſtance Divine les vues pernicieuſes de l'Ennemi ont été en différentes occaſions traverſées & rendues infructueuſes, vu que les affaires de Pologne ont été menées au point que la République, après le détrônement du Roi qui a cauſé cette guerre ſanglante, a procédé enfin à l'Election d'un autre Roi; & que S. M.; par la priſe de la fameuſe Fortereſſe de Lemberg,

AFFAI-
RES DE
SUEDE,
DE PO-
LOGNE,
ET DE
HON-
GRIE.

berg, a eu occasion d'affoiblir le Parti contraire de ce côté-là, & en
même tems d'y mettre les fondemens pour un secours & un renfort considérable en faveur du Roi nouvellement élu. Comme aussi que S. M.,
en revenant de cette heureuse expédition a chassé & poursuivi les Forces Ennemies depuis la Vistule jusques au-delà des Frontières de Pologne vers l'Oder, où elles ont été défaites en deux différens endroits,
outre la perte qu'elles ont soufferte ci-devant & dans le même tems par
les Généraux de S. M. dans la grande Pologne & près de Posen en plusieurs rencontres, de même qu'en Courlande par les Troupes de S. M.
sous le commandement du Lieutenant-Général Comte de Leuwenhaupt,
qui y ont remporté, comme il est connu, une victoire considérable sur
l'Ennemi.

Si nous considérons après cela ce qui s'est passé en l'Année derniérement écoulée, 1705, nous ne pouvons que reconnoître que S. M. a
jouï pareillement de toute l'assistance de la Providence qui a donné à
ses armes & à ses entreprises tant de succès, que les Forces redoutables de
l'Ennemi ont été d'un côté & contre le Czar retenues & arrêtées
par les Troupes de S. M., & que de l'autre elles ont été défaites &
chassées en deux Batailles, la prémiére en Courlande sous le brave &
prudent Général ci-devant nommé, & la seconde à peu près dans le
même tems près de Varsovie par le Corps de Troupes que S. M. y
avoit envoyé sous le Lieutenant-Général Charles Nieroth, pour protéger les Etats de Pologne. Deux victoires d'autant plus considérables,
qu'elles ont été gagnées par peu de monde sur des Ennemis en grand
nombre. Outre qu'elles ont produit cet effet, que les vues de l'Ennemi ont été arrêtées par-là, & que S. M. a gagné sans beaucoup d'obstacle le tems & l'occasion d'exécuter ce qui avoit été projetté &
commencé l'Année précédente; jusques-là que les Etats de Pologne,
sous le maintien & la protection de S. M. ont non seulement pu s'assembler pour couronner leur Roi nouvellement élu, & ôter de cette façon
au précédent Roi, ennemi de S. M., toute espérance de regagner la
Couronne; mais aussi renouveller avec S. M. la Paix d'Oliva par un
Traité avantageux à S. M. & au Royaume, & s'allier avec Elle d'une
maniére bien plus étroite, pour le bien & la défense des deux Royaumes. Pour toutes ces raisons, & pour suivre le glorieux exemple que
S. M. a bien voulu donner à nous ses fidelles Sujets, en reconnoissant
avec respect ces grandes merveilles de Dieu à qui Elle attribue toute la
gloire de ce qu'Elle a fait jusqu'ici, & en nous exhortant à demander
conjointement avec Elle par nos humbles & ferventes priéres, la continuation de son assistance & de ses bénédictions, pour arrêter & renverser
les mauvais desseins des Ennemis, & achever, à la gloire de son Saint
Nom, ce qui reste encore à faire pour l'avancement de la tranquillité
& la sureté du Royaume notre chére Patrie, & en particulier d'une bonne & heureuse Paix, qui est le principal but des justes armes de S. M.

Il

Il nous convient donc à tous, & à chacun en particulier, de peſer Affaires de
Suede,
de Po-
logne,
et de
Hon-
grie. murement l'importance des choſes qui viennent de nous être recom-
mandées, & d'offrir (en vertu de notre devoir, en conformité du
pieux exemple de S. M., & en conſidération de notre propre ſalut
temporel & éternel) au Tout-Puiſſant du fond de notre cœur de juſtes actions de graces pour toute l'aſſiſtance dont il lui a plû de bénir & couronner juſqu'ici les deſſeins & les armes que S. M. a priſes
pour notre défenſe. Et pour témoigner ces ſentimens intérieurs a-
vec d'autant plus d'évidence, nous louons & exaltons le Saint Nom de
Dieu qui eſt notre défenſe, & qui par les miracles qu'il a opérés par
notre Roi, nous a procuré tant de bonheur. 'Seigneur! tu l'as agran-
di par ta puiſſance, c'eſt pourquoi nous devons chanter & te glorifier, raconter tes grandes merveilles, & te donner la gloire qui t'appartient. Nous nous réjouïſſons au Seigneur de ſon ſecours & de ſon
aſſiſtance, & nous exaltons ſon Nom redoutable conjointement avec ſa
bonté & ſa miſéricorde de génération en génération. Nous te prions
auſſi, Dieu des Armées! de vouloir continuer à être le bouclier de S.
M., à la défendre de tous côtez, & à la fortifier par ta droite. Veuille
ô bon Dieu! lui accorder la joye de réduire ſes Ennemis, & de les détruire en ton Saint Nom; car ils ſe fient ſur leurs grandes forces: mais l'eſpérance de notre Roi eſt fondée ſur ſon Dieu, qui donne la victoire, &
qui peut également aider par peu ou par beaucoup de forces, afin que nous
ayons encore plus d'occaſions de louer le Seigneur de tout le paſſé, &
de chanter un nouveau Cantique à ſa gloire. Puiſſant Protecteur de
ton Peuple! veuilles avoir ſoin de la Chrétienté, de ton Egliſe ſi chérement rachetée, & de notre chére Patrie: Veuilles être un mur ardent
autour de nos Frontières, & nous redonner la Paix, afin que l'ayant
obtenue de ta grace, nous puiſſions en jouïr longtems ſous le glorieux
& pieux Régne de notre très-gracieux Roi, & en glorifiant ton Saint
Nom, travailler à notre félicité temporelle & éternelle. Pour finir ce
Saint Acte, & pour faire éclater encore plus nos ſentimens de reconnoiſſance, levons-nous & chantons avec une ardente dévotion notre
Hîmne ordinaire. *Te Deum* &c.

Avis

AFFAI-
RES DE
SUEDE,
DE PO-
LOGNE
ET DE
HON-
GRIE.

Avis de l'Avocat-Fiscal Suédois contre le Lieutenant-Général Saxon Otton-Adolphe Paikel, du 22 Janvier 1706. Traduit du Suédois, de l'Accusation intentée par l'Avocat-Fiscal Th. Febman devant la Cour Aulique de Suède, & insinuée le $\frac{11}{22}$ Janvier 1706 à la Cour Aulique.

Avis
contre le
Général
Paikel.

PARMI plusieurs autres Sujets infidelles de S. M. qui ont tellement oublié le devoir de fidélité qui les attache à S. M. notre très-gracieux Roi & Maitre, & qui non seulement n'ont pas assisté de leur service & obéissance sadite Majesté dans la présente Guerre, mais qui se sont même rangez d'une maniére abominable du côté des Ennemis de S. M., leur ayant prêté leur bras, & ayant pris des armes injustes contre leur légitime Souverain, il se trouve aussi Otton-Adolphe Paikel, qui a été ci-devant Lieutenant-Général au service de Saxe, & qui par la Sentence de cette Cour Aulique du 17 de Décembre 1702, (Lit. A.) a déja été condamné, pour avoir méprisé les Ordres de S. M. du 3 Avril 1700, & les Chapitres 8 & 9. *de B. LL. 6 & 7. ejusdem Tit.* la vie, l'honneur & tous les biens. Depuis cette juste Sentence de ce Suprême Tribunal ledit Paikel a continué environ l'espace de trois ans ses hostilitez contre son légitime Souverain, jusqu'à ce que ce grand Dieu, qui a en horreur les sanguinaires & les infidelles, n'a pas voulu retenir plus longtems sa juste punition, mais a tellement dirigé les choses que ce Sujet infidelle & rebelle, dans le tems qu'il se fiot le plus sur son bonheur imaginaire, & étoit sous les armes contre son Roi, ayant été entouré par les Troupes victorieuses de S. M., a été attrappé *in flagranti scelere* & fait prisonnier, servant d'exemple à toute la terre que des actions si noires échappent rarement à la juste punition. Or quoique les crimes & les délits de Paikel soient si atroces, que selon la Sentence de ce Tribunal Royal il a mérité de perdre la vie, l'honneur & tous les biens, S. M. pourtant, par sa grande & incomparable douceur & clémence, a bien voulu, en vertu de sa Lettre du 21 Décembre dernier, remettre cette affaire à un nouvel examen, dans lequel il sera permis au Criminel de produire toutes ses prétendues raisons, pour qu'on puisse prononcer là-dessus comme sur les délits du Criminel ainsi que les Loix l'exigent. C'est pour ces raisons que moi soussigné demande très-humblement *nomine officii*, qu'après que ce Vénérable Tribunal aura écouté les exceptions de l'Accusé, qui peuvent lui servir d'autant moins d'aucune défense qu'il a été pris en flagrant délit, il soit condamné à subir la punition bien méritée qui lui a été infligée par la juste Sentence de ce Tribunal & par les Loix y alléguées, afin que sa mort & son
exé-

exécution infpire de l'horreur à d'autres, & les détourne de pareilles
machinations & entreprifes pernicieufes.

De Vos Excellences

   Et

De tout ce Vénérable Tribunal

     Le trés-humble Serviteur

      Tʜ. Fᴇʜᴍᴀɴ.

Vers fur l'Alliance des Rois de Suéde & de Pologne, du 11. Août 1706.

In Varfavienfe Fædus Caroli XII, & Staniflai I. Suecie & Polonie Regum. Anni millessimi septingentesimi quinti.

  E Ffutientes omina ftridulæ
   Inverfa parræ, quæfo, recedite :
   Curvate frontem præ pudore,
    Bellæ animæ mala tot minatæ.

  Quem lingua fannis veftra dicaverat,
  Cælum colentis munere C A R O L I
   Nunc fceptra S T A N I S L A U S Orbis
    Fulgida Sarmatici gubernat.

  Indutus oftro fœdera roborat
  Convulfa, gentes unit in avia
   Paffim vagatas, & fidelis
    Recreat indolis Optimates.

  Quicunque fratrum fanguine civium
  Enfes abhorret tingere, neutiquam
   Palantis A U G U S T I cruentis
    Illecebrisve minisve cedet.

  Cui terga vertit gratia N U M I N I S
  Et jufta apricas fert Nemefis plagas,
   Non ille mortalis juvari
    Auxilio poterit fodalis.

         Faf-

AFFAI-
RES DE
SUEDE,
DE PO-
LOGNE,
ET DE
HON-
GRIE.

Fastigiati lux diadematis
Volente Reges irradiat DEO:
   Hæc & DEO Reges volente
    Deserit: omnia stant bilance

Cæli suprema. Quo, Briareu, ruis?
Cerrite, quorsum vertere limina
   Tentas Olympi? tactus alto
    Fulmine centimanus jacebis.

Adjunge turmis Encelados tuis
Rhœtosque mixtos Porphyrionibus?
   Armata divino trecentos
    Robore vis CAROLINA cædet.

Hinc ipse stabit CAROLUS: hinc suis
Pensum ministris dividet impigris,
   RHENSCHÖLDIO, NIROTO, ADAMO,
    LEYONHUVUDIO: & hinc togatus

Dux, militari seposito sago,
Frondes olivæ proferet HORNIUS:
   Hinc PURPURATORUM Ducumque
    Cœtera rem manus exsequetur.

Tandemque surgent, auspice CAROLO
Fractis tyrannis, secla feracia
   Virtutis & frugum: nec artes
    Invidiæ quatientur œstro.

Nos poma visent Hesperidum aurea:
Nos mente casta thus super Arcticas
   Spargemus aras: vastus Orbis
    NUMEN HYPERBOREUM timebit.

HOLMIÆ. DIE. ꝟ· AUGUSTI.

MDCCVI.

MAGNUS RÖNNOW.

Let-

AFFAI-
RES DE
SUÈDE,
DE PO-
LOGNE,
ET DE
HON-
GRIE.

Lettre du Sieur Bourby Capitaine de Cavalerie du 29 Janvier 1703 au Castellan de la Samogitie, qui l'a envoyée le 3 de Février de Tilsen à son Fils le Starost Groothusen.

Lettre
de Bour-
by au
Castellan
de la Sa
mogitie.

ETANT de retour d'Ouska de chez M. le Chevalier Piets j'y ai trouvé Stotupianach, le Sr. Fistum Frére de l'Ecuyer du Roi Auguste, le Sr. Krousky Administrateur d'Olez, & plusieurs autres Saxons, qui la plupart blessez se sauvoient de la pourfuite des Suédois. Le Roi de Suéde & le Roi Stanistas, après avoir passé les bois abbattus par les Moscovites, laissérent leur Infanterie derriére, & firent avec la Cavalerie Suédoise & Polonoise quatorze lieues de chemin en huit heures de tems. Les Moscovites s'étoient dispofez en différens Corps dans la circonférence de six lieues feulement, afin de pouvoir s'assembler plutôt à l'approche des Suédois. Mais ceux-ci étant furvenus à l'improvifte, ont culbuté les uns après les autres, les Postes avancez compofez de 3, 5 à 6 Régimens Moscovites. Les Fuyards mirent l'épouvante dans les Camps, de forte que les Suédois ne purent venir à une action générale. Cela fe passa le 25 Janvier. Le Roi Auguste se sauva avec peine de Grodno, & fe retira vers Varfovie, après avoir donné ordre de charger fur des Chariots 100000 Ecus argent comptant, avec fon Argenterie pour l'envoyer avec une petite escorte par Augustowa à Helka en Prusse. Mais le tout fut pris par un Parti Suédois qui fe rencontra fur cette route. Le 26, fur l'avis que le Général Moscovite Menzicof avoit fait partir 800000 Ducats pour les envoyer en lieu de fureté, le Roi Stanistas détacha quinze Compagnies pour aller à leur pourfuite, lesquelles ayant rencontré l'Equipage de Chasse du Roi Auguste, & appris par les Chasfeurs le chemin qu'avoit pris cet Argent, le pourfuivirent fi bien qu'il fut pris. Le 27 les Suédois taillérent en piéces à Cora, à deux lieues de Grodno, trois des meilleurs Regimens Moscovites, parmi lesquels étoit celui des Gardes du Czar. On a trouvé à Grodno 150 Piéces de Canon. On n'y voyoit que des Saxons & des Moscovites estropiez & blessez.

P. S. Les Suédois ont envoyé à la pourfuite de l'Emmeri par trois chemins différens. Le Sr. Grinsky, Enfeigne du Diftrict de Volumnie, s'est fauvé ici avec bien de la peine. On a fu de lui une bonne partie de ces nouvelles.

Lettre du Prince Ragotzki aux Etats-Généraux des Provinces-Unies, du 22 Juillet 1706.

MESSIEURS,

LEs généreux fentimens par lesquels VV. HH. PP. ont procuré une heureufe Paix à la Nation Hongroife, ayant produit en nous les effets d'une jufte reconnoiffance, j'embraffe avec plaifir cette occafion, MESSIEURS, pour vous en rendre mes très-obligés remercimens, avec tous les Etats confédérez dont je fuis Duc & Chef.

J'ai cru que le feul but que je m'étois propofé avec la Nation Hongroife d'une Liberté jufte & raifonnable, fuivant les Loix du Royaume, en prenant les armes contre ceux qui avoient cherché depuis longtems à nous opprimer fous le Joug d'un Pouvoir Arbitraire, n'auroit jamais pu être plus puiffamment fecondé, que par la Médiation de VV. HH. PP. & de S. M. la Reine de la Grande-Bretagne; parce qu'il n'y a pas de Gouvernement au Monde, qui connoiffe mieux le prix de la Liberté que vous MESSIEURS, qui vous êtes de tout tems fervis des forces que Dieu vous a données pour la maintenir.

Le fuccès que nous en devions attendre, flattoit très-agréablement nos efpérances d'une Paix prochaine & durable, ayant à faire à un Prince qui pour fa perfonne n'a pas été l'auteur de nos calamités paffées, qui nous a fait donner de fon affection, des affurances auffi fréquentes que de fon vrai defir pour la Paix, & qui a de fi grandes obligations à VV. HH. PP. & à S. M. la Reine de la Grande-Bretagne, que nous avons cru qu'il ne vous pourroit rien refufer.

Ces mêmes confidérations avoient fi fort effacé de nos cœurs toute méfiance, & fait naître en nous une difpofition fi parfaite à faciliter la Négociation de la Paix fous les aufpices d'une Médiation en laquelle nous faifions confifter notre plus grand bonheur, que nous avions cru impoffible que les Traitez n'euffent été conduits à une heureufe fin.

Mais MESSIEURS je me trouve obligé de dire avec une vraie douleur à VV. HH. PP. qu'à peine on étoit entré en matiére, que nous nous fommes aperçu qu'on prétendoit plutôt nous prefcrire de dures Loix, que convenir avec nous des Conditions qu'on auroit pu juger équitables de part & d'autre. Car auffitôt que S. M. Impériale eut répondu à nos prémiéres Propofitions, en revoyant quafi tous les Points effentiels à une Diète, on ne nous a pas laiffé le tems d'y repliquer. Mais comme la Paix devoit plutôt s'attendre de notre defefpoir que de notre confiance & bonne volonté, la Cour Impériale nous a obligés à reprendre les armes, ne voulant pas accorder la moindre prolongation de l'Armiftice au delà du 24 Juillet, malgré toutes les inftances qu'ont fait à cette fin les Miniftres de VV. HH. PP., & ceux de la Reine de la Grande-Bretagne, desquels nous ne pouvons affez

louer

louer les soins; & nous sommes si persuadez de leur équité, que nous osons bien nous fier au rapport fidelle qu'ils vous en feront & à S. M. des véritables causes de la malheureuse rupture des Traités, par les violens conseils de quelqu'un du Ministère de Vienne, duquel la sincérité & les maximes nous sont devenues par-là plus suspectes que jamais.

Nous nous estimions heureux de pouvoir alléguer les justes raisons de nos plaintes à des Puissances dont la vertu fait un très-digne sujet de l'admiration de l'Univers; & si nos armes ont causé quelque diversion à celles de VV. HH. PP. & à celles de S. M. la Reine de la Grande Bretagne, nous ressentons bien plus vivement, par une dure fatalité, les funestes effets pour nous des armes victorieuses des Puissances dont nous vénérons autant la prudence & la valeur, que nous honorons leur Médiation ; puisque leurs conquêtes font enfler l'orgueil de nos Ennemis, pour contribuer à notre oppression, en nous attirant des Troupes de Bavière & de l'Empire ; mais nous nous confions en Dieu, & en la justice de notre Cause, où nous n'avons en vue que le maintien des Loix les plus sacrées du Royaume. Je ne saurois me résoudre qu'avec un extrême regret à embrasser un parti qui m'engagera de nouveau à répandre le sang de mes Concitoyens, après avoir tâché avec tant de sincérité, & aux dépens même de ma Dignité, de seconder les généreuses intentions de VV. HH. PP.; quoique les infractions de nos Loix, les violences faites à nos Personnes & à notre Liberté, les torrens de sang innocent répandus sous le Régne du feu Empereur, dont mes Manifestes font connoître l'horreur ; & le mépris qu'on fait encore aujourd'hui de nos vœux les plus sincéres pour la Paix, justifient assez nos armes chez tous ceux qui ont l'honneur & l'équité à cœur.

Et comme VV. HH. PP. ne pourront qu'être touchées de notre sort, nous les prions de nous accorder leur puissant secours, & de vouloir nous assister par des offices plus efficaces que n'ont été ceux du passé, afin de procurer la Paix à une Nation si injustement affligée, qui se recommande à la continuation de votre Bienveillances, & vous prie de ne pas abandonner celui qui est avec toute la soumission dûe.

MESSIEURS,

DE VOS HAUTES PUISSANCES

A Neuheusel le 22 de Juillet 1706.

Le très-obligé, très-obéïssant, & très-acquis Serviteur,

Signé,

LE PRINCE RAGOTSKI,
Prince de Transilvanie.

F I N. S U P-

Margin note: AFFAIRES DE SUEDE, DE POLOGNE ET DE HONGRIE.

SUPPLEMENT

AUX

MEMOIRES

DE

LAMBERTY.

ANNÉE M. DCC. VII.

MEMOI-

MEMOIRES,
NEGOCIATIONS,
TRAITÉS,
ET
RESOLUTIONS D'ETAT:
ANNÉE M. DCC. VII.

AFFAIRES DES PROVINCES
DE ZELANDE & DE GUELDRES.

Verbal, en forme de plaintes, préfenté à LL. NN. PP. les Sei-
gneurs Etats de la Principauté de Gueldres & Comté de Zutphen,
actuellement affemblez en Diète à Nimègue, par & de la part
des Srs. Bartholt Schaets, *Préfident dans la Magiftrature de*
Wageningue, du Docteur Jean van der Horſt, Gerard van Ede,
& Antoine van der Horſt, *Echevins, touchant ce qui s'eft paſſé*
à Wageningue le 10 *Octobre jufqu'au* 19 *du même mois, au*
fujet de la dépofition des Tribuns par les Collèges, & l'établiffe-
ment de nouveaux Tribuns par les mêmes Collèges, comme auffi
par rapport à la demande que les Tribuns dépofez ont faite aux
Magiftrats d'Arnheim pour avoir leur Compagnie Franche.

NOBLES ET PUISSANS SEIGNEURS,

L Es Souſignez ſe trouvent obligez de répréſenter à VV. NN. PP. avec
tout le reſpect qui leur eſt dû, de quelle manière ils ont été maltraitez
depuis le 10 Octobre jufqu'au 19 du même mois.

Tom. XIV.   *A*   Et

AFFAIRES
DES PRO-
VINCES
DE ZE-
LANDE ET
DE GUEL-
DRES.

AFFAIRES
DES PRO-
VINCES
DE ZE-
LANDE ET
DE GUEL-
DRES.

Plaintes
de quel-
ques Ma-
giſtrats
de Wage-
ningue
aux Etats
de Guel-
dres, &
autres
Pièces.

Et pour ne point ennuier VV. NN. PP. par un long prologue, ils poſent en fait.

Que les Srs. *Bartholt Schaets* & *J. Olive*, comme Députez à la dernière Diétine d'Arnheim, ont fait rapport aux Communes de Wageningue de ce qui s'y étoit paſſé le 4 Octobre ſavoir, que quinze Membres de la Nobleſſe, de dix-ſept qui y étoient préſens, avoient, conjointement avec les Députez des quatre Villes de Harderwyck, Wageningue, Hattum & Elbourg, trouvé bon, que puisque la Ville d'Arnheim avec deux Nobles, vouloient diſpoſer de toutes les Charges politiques vacantes, il en ſeroit dreſſé un Verbal, qui ſeroit ſigné par tous les oppoſans, & remis à la Noble Cour Provinciale de Gueldre.

Que le Sr. *J. Olive* voulant auſſi avoir part à cette diſpoſition des Charges, & le Sr. *Schaets* ſe trouvant aſſiſté par la pluralité des voix de la Magiſtrature, ce dernier s'eſt joint aux quinze Seigneurs de la Nobleſſe & aux trois Villes de Harderwyck, Hattum & Elbourg, qui inſiſtoient qu'en conſéquence de la dernière Diète ce remplacement des Charges vacantes devoit ſe faire le 25 Octobre 1707.

Il eſt très-eſſentiel de remarquer ici, que les Communes n'ont rien à dire dans la diſtribution des Charges Politiques & Militaires, qui appartient privativement au Magiſtrat, témoin le Réglement projetté.

Que le Sr. *J. Olive* ayant parlé au nom des Communes, & le Sr. *B. Schaets* au nom du Magiſtrat, le prémier en a été remercié des Communes, mais le dernier point.

Et comme il y eut beaucoup de fortes paroles, comme ſi le Sr. *Schaets* en ſignant le Verbal, avoit agi contre ſon devoir & ſon ſerment.

Ledit Sr. *Schaets* ayant convoqué l'Aſſemblée du Magiſtrat pour lundi 10 Octobre ſur quelque Lettre de la Cour Provinciale de Gueldres, propoſa à cette occaſion, s'il ne ſeroit pas fort néceſſaire & très-convenable à la tranquillité publique, parce qu'on inſinuoit au Peuple que lui Sr. *Schaets* avoit agi contre ſon devoir & ſon ſerment, en ſignant le Verbal que quinze Nobles & les Députez des quatre Villes ci-deſſus nommées avoient ſigné & délivré à la Noble Cour Provinciale, de propoſer & communiquer ledit Verbal aux Collèges, compoſez des Communautez & des Corps de Tireurs, qui ont établi les Régens, tant Magiſtrats que Tribuns, pour apprendre ſi ce Verbal ſeroit approuvé ou déſapprouvé par leſdits Collèges.

Sur quoi les Seigneurs de la Magiſtrature prirent le 10 Octobre 1707, la Réſolution, que leſdites Communautés & Corps de Tireurs ſeroient priez de s'aſſembler, pour entendre ſi ces Collèges voudroient approuver ou déſapprouver le Verbal.

Là-deſſus le Sr. *Schaets* appella les Maîtres des Communautez & des Corps de Tireurs, & les pria de vouloir aſſembler leurs Collèges à l'heure qui leur fût la plus commode, que le Magiſtrat avoit quelque choſe à leur propoſer quand ils ſeroient tous enſemble.

Les Collèges furent donc convoquez.

Etant aſſemblez ils en firent part par quelques Députez aux Seigneurs de la Magiſtrature.   Sur-

Surquoi tous les Membres qui se trouvèrent présens, excepté *Gysbert van Issum*, se rendirent avec le Sécrétaire dans les Collèges, & leur proposèrent le Verbal, signé par les quinze Nobles & les Députez des quatre Villes, & envoyé à la Cour Provinciale, en demandant comment le vénérable Magistrat auroit à se conduire dans cette occasion, & si le Député *B. Schaets* avoit bien ou mal fait.

A cette occasion il fut proposé en même tems, que les Tribuns osoient convoquer des assemblées sans connoissance du Magistrat, pour traiter d'affaires avec les Tribuns d'Arnheim & donner des Commissions pour d'autres Villes du Quartier de Veluwe.

Comme aussi que les Tribuns vouloient obliger & forcer le Magistrat d'autoriser de pareilles commissions, données à son insçu & sans son consentement, par le Sceau de la Ville.

De plus que les Députez des Tribuns ont obligé le Sr. *B. Schaets* le 8 Octobre 1707, de convoquer l'Assemblée à dix heures du soir, pour faire apposer le Sceau à leur Commission.

Il fut aussi proposé aux Collèges que le Receveur de la Ville ne délivroit point ses comptes conformément au Réglement.

C'est tout ce que le vénérable Magistrat a proposé dans ces Collèges, après quoi leurs Seigneuries en resortirent avec leur Sécrétaire, comme on peut voir par les Extraits ci-joints sous *A.* 1, 2, signez par le Sécrétaire de Wageningue.

A peine Mrs. les Magistrats furent-ils sortis du Collège des Tireurs, qu'on leur envoya des Députez pour les prier d'y vouloir rentrer, & y étant venus on leur donna pour réponse que le Corps des Tireurs avoit résolu qu'ils nommeroient des Députez des leurs, pour traiter sur ces points avec des Députez des autres Collèges.

Les mêmes propositions ont été faites par les Seigneurs de la Magistrature dans les autres Collèges assemblez, qui leur ont donné la même réponse.

Ensuite les Députez nommez par les Collèges ont tenu leurs Conférences à la Maison de Ville, & après quelques délibérations, ils ont prié le Magistrat de vouloir s'y rendre, où étant venus, ils ont déclaré qu'ils avoient trouvé bon de déposer les Tribuns & d'en élire d'autres à leur place.

Que là-dessus ils ont sans concours du Magistrat fait venir le Sécrétaire des Communes *Didier Bos*, & lui ont ordonné de dresser l'Acte réquis pour cet effet; & après l'avoir lu & relu, ils l'ont remis entre les mains d'un Sergeant, pour l'insinuer aux Tribuns remerciez.

Là-dessus on a appris que *Jean Aelders*, un de ces Tribuns congédiez, a osé se transporter pendant la nuit à Arnheim, pour y demander le secours des Volontaires.

Le 11 du même mois les Tribuns nouvellement élus & établis la veille, demandèrent au Magistrat d'être pris à serment, ce qui se fit environ à 9 heures du matin. Tout cela s'est passé fort tranquillement, sans que personne fût en mouvement.

Affaires
des Pro-
vinces
de Ze-
lande et
de Guel-
dres.

Mais environ à 10 heures, on apprit, que ledit *Jean Aelders* étoit reve-nu de sa Commission d'Arnheim, & qu'il avoit apporté la nouvelle que les Volontaires de cette Ville viendroient à leur secours.

Sur quoi l'on s'est aperçu de quelque mouvement parmi les Officiers des Volontaires à Wageningue.

Le Magistrat trouva alors à propos de faire dire au Capitaine de ces Vo-lontaires *G. A. van Issum*, qui étoit aussi un des Tribuns déposez, qu'il eût à se tenir tranquile, sous peine de cent florins d'amende.

Ledit Capitaine *Issum* déclara aussi à la Maison de Ville, qu'il savoit très-bien qu'il avoit prêté serment au Vénérable Magistrat, & que certaine-ment il ne feroit rien contre ses ordres.

Malgré tout cela ce même Capitaine *Issum* osa peu de tems après convo-quer ses autres Officiers avec leurs épées au côté, comme pour tenir Conseil de Guerre, dans l'Auberge nommée *la Cicogne*, au Berghpoort à la Maison de la veuve de *Girard van Veen*.

Mrs. de la Magistrature en ayant eu encore le vent, envoyèrent leur Sergeant *Antoine van Rhyn* dans ladite Auberge, & firent indiquer au Capi-taine *Issum*, qu'il eût à s'en retirer avec ses Officiers, sous une pareille pei-ne que ci-dessus.

A quoi ledit Capitaine avec ses Officiers ne voulurent pas obéïr, mais ils y restèrent au contraire jusqu'à l'arrivée des Volontaires d'Arnheim.

Plusieurs bons Bourgeois & Habitans, voyant le danger qui les menaçoit, ne cessèrent d'insister auprès du Magistrat qu'on voulût leur permettre de venir armez, pour détourner autant qu'il étoit possible les prochaines vio-lences.

Sur quoi l'on battit la caisse & sonna le tocsin, pour assembler autant de monde qu'on pourroit, afin d'empêcher tout mauvais dessein.

La Bourgeoisie assemblée, autant que le peu de tems pouvoit le permettre, voulut d'abord chasser les Volontaires de l'Auberge de la Cicogne.

Mais le Magistrat l'empêcha pour éviter tout malheur.

Cependant leurs Seigneuries, étant averties par leur Sergeant *Antoine van Rhyn*, que les Volontaires d'Arnheim avançoient en grand nombre, avec des chariots & des charrêtes, pourvus de munitions de Guerre & de trois pièces de Canon, trouvèrent bon, pour le maintien de la tranquillité publi-que, d'envoyer leur Sécrétaire aux Officiers Commandans de ces Volon-taires, pour les faire prier de ne vouloir point commettre d'infraction à leur jurisdiction, ni entreprendre aucune violence contre leur Ville, sans quoi on seroit obligé de repousser la force par la force.

Les Volontaires d'Arnheim, commandez par les Srs. *N. Bouwens*, *N. van Bassen*, le Sécrétaire *Swaen*, le Controleur *N. Comans*, & autres Offi-ciers, se moquèrent de cet avertissement, & avancèrent toujours jusques devant les portes de Wageningue. Etant arrivez près de l'Auberge à l'En-seigne du *Monde*, ils y trouvèrent une Sentinelle de la Bourgeoisie, qui les arrêta. Sur quoi ils la prièrent d'entrer dans la Ville, & de dire à Mrs. de la Magistrature qu'ils vinssent hors de la porte pour leur parler.

Là-

Là-deſſus, pour éviter tout malheur & prévenir toute effuſion de ſang, les Srs. *Bartholt Schaets* & le Doĉteur *Jean van der Horſt* ſe rendirent hors de la Ville, ſuivis par les Srs. *Girard van Ede*, & *Antoine vander Horſt*, & immédiatement après le Seigneur *Reynier de Schuylenborgh* ſortit auſſi ; pour apprendre ce qui ſe traitoit entre ces Mrs. de la Magiſtrature & les Officiers Commandans des Volontaires d'Arnheim.

Mrs. les Magiſtrats s'étant approchés juſques devant les Troupes d'Arnheim, le Sr. Préſident *Bartholt Schaets* demanda le Commandant desdits Volontaires, & reçut pour réponſe, qu'on iroit le chercher ſur le champ.

Le Sr. *N. Bouwens* venant donc au grand galop, l'épée à la main, cria, *Nous les tenons, les voici ceux qu'il nous faut*, & paſſant Monſeigneur *Reynier Schuylenborgh*, qui étoit un peu à côté des Seigneurs de la Magiſtrature, ledit *N. Bouwens* lui tombant ſur le corps avec l'épée, lui porta une botte; mais l'autre ſe détournant en fut quite pour une légère bleſſure au menton, & l'épée perça le cou du cheval monté par un nommé *N. Beugel.* Là-deſſus lesdits quatre Magiſtrats auſſi-bien que *Schuylenborgh* furent attaquez violemment: On leur ôta leurs épées & leurs cannes, qu'on ne leur a pas encore rendues à l'heure qu'il eſt. Le Sr. *Antoine vander Horſt* reçut de bons ſouflets qui le firent ſeigner du nez & de la bouche, & ainſi on les traîna priſonniers par la boue juſqu'à un Coche, qu'on avoit mené exprès pour cette expédition, lequel fut fermé par-tout, & garni de Gardes par devant & par derrière & aux côtés, le fuſil à la main & le chien bandé. Le Commandant desdites Gardes appellé *Everard Comans*, avoit pareillement un piſtolet bandé à la main, menaçant de faire caſſer le cou à tous les priſonniers, en cas qu'aucun des leurs fût tué dehors ou dedans la Ville : dans cette vue on fit deſcendre le Cocher, & on l'obligea à ſuivre le chariot. Tout ceci peut être atteſté ſous ſerment, s'il en eſt beſoin, par un Bourgeois qui fut pris en même tems, & qui étant aſſis à côté dudit *Schuylenborgh* ſur le devant du Coche, en a été témoin oculaire & auriculaire, comme il paroit par la Déclaration de ce Bourgeois, ci-jointe ſous B.

Là-deſſus les trois pièces de canon furent menez, en paſſant le Coche où les priſonniers ſe trouvoient, devant la Ville, on en tira quatre ou cinq coups, & on ouvrit ainſi *via faĉti* la porte, par où les dits Commandans entrèrent avec leurs Troupes, qui en entrant caſſèrent toutes les vitres des maiſons voiſines. Les priſonniers furent menez par la Ville juſques ſur la place devant la Maiſon de Ville, où étant arrivez le Sr. *N. Bouwens* s'approcha du Coche, toujours l'épée à la main, & dit à *Schuylenborgh: Chien je te ferai trancher la tête*, ce que le Bourgeois priſonnier a pareillement entendu & atteſté dans ſa Déclaration ſous B.

Enſuite les Magiſtrats priſonniers auſſi bien que *Schuylenborgh* furent traînez par les Gardes à la Maiſon de Ville, où on les traita de la manière du monde la plus cruelle, juſqu'à leur refuſer d'approcher du feu pour chaufer & ſecher leurs pieds froids & humides ; on ne voulut pas même permettre que le Sr. *Schuylenborgh* lâchât l'eau à la place ordinaire ; quoiqu'il priât inſtam-

A 3 tam-

AFFAIRES
DES PRO-
VINCES
DE ZE-
LANDE ET
DE GUEL-
DRES.

AFFAIRES
DES PRO-
VINCES
DE ZE-
LANDE ET
DE GUEL-
DRES.
tamment qu'on l'y fît mener & ramener par trois ou quatre gardes l'épée à la main.

Ce qui porta Mr. le Préfident *B. Schaets* de recommander fort audit *Schuy-lenborgh* de ne pas retenir plus longtems fon eau, mais de la faire au coin de la Chambre d'Audience, où ils étoient détenus prifonniers.

Quelque tems après ledit *Everard Comans*, Commandant des Gardes, entra dans cette Chambre, & annonça la mort au Docteur *Jean van der Horft* & au Sr. *B. Schaets*, fe fervant de ces termes : *Préparez-vous, car à minuit vous devez mourir* ; à quoi il ajouta, *Dieu me damne fi cela n'arrive.*

Sur quoi le Docteur *Jean van der Horft* répliqua, *Si je dois mourir, je prie qu'on me laiffe parler à ma Femme & à un Miniftre, pour me préparer à la mort.*

Peu de tems après le Sr. *Bouwens* vint à la Chambre d'Audience, & fe plaça fur une chaife élevée vis-à-vis des prifonniers, mais ne voyant point le Bourgeois qu'on avoit pris en même tems, il demanda avec grande im-pétuofité ; *Où eft le Bourgeois qui a été pris ? C'eft lui qui a les papiers par où l'on peut prouver des fourberies.*

A trois heures après minuit les Magiftrats prifonniers conjointement avec *B. Schuylenborgh*, furent reconduits de la Maifon de Ville dans le Coche, & menez jufques devant la porte, toujours accompagnez des fufdits Gardes. Là le Coche s'arrêta pendant un long efpace de tems, jufqu'à ce qu'enfin les deux Sergens *Jurien van Manen* & *Antoine van Rhyn*, vinrent leur annoncer de la part des Tribuns, qu'ils étoient dépofez de leurs Char-ges ; après quoi on les mena captifs à Arnheim, où ils arrivèrent à la pointe du jour, & furent mis en prifon dans la Chambre des Communes, gardez par deux Sentinelles dans la Chambre, armez de fufils & l'épée à la main, jufqu'environ à neuf heures du foir ; car le Bourguemaître *Jean van der Horft* fit prier le Sr. *S. Wilbrinck*, Préfident dans la Magiftrature d'Arn-heim, que puifque les prifonniers n'avoient point dormi la nuit précéden-te, ni pendant toute la journée, il eût la bonté d'ordonner que les Senti-nelles reftaffent devant la porte de la Chambre, afin que les prifonniers puffent jouir de quelque repos ; ce qui fut accordé.

Les Sentinelles furent, entre neuf & dix heures du foir, poftées devant la Chambre, où elles reftèrent jufqu'au lendemain à midi.

Alors le Magiftrat d'Arnheim envoya un Sergent pour garder les prifon-niers, lequel refta toujours dans la Chambre, & ne voulut point permettre qu'aucun de ceux qui les vinrent voir avec permiffion du Sr. Préfident *Wil-brinck*, leur parlât, finon à haute voix, & les captifs reftèrent dans cet état jufqu'à la nuit du dimanche au lundi. Ce même dimanche les Volon-taires d'Arnheim fortirent de Wageningue, & n'oublièrent pas de caffer auparavant les vîtres du Sr. *Reynier de Schuylenborgh*.

Ce fut cette nuit entre deux ou trois heures, que *Huybert Bon* ouvrit la ferrure de la Chambre, & y entra une chandelle à la main, difant, *Mef-fieurs, j'ai ordre de vous annoncer que vous ayiez à vous préparer pour être menez ailleurs.* Alors tous les prifonniers fe levèrent, & étant prêts à par-tir demandèrent de parler à Mrs. de la Magiftrature d'Arnheim.

Sur

Sur quoi les Srs. *J. Rugers* & *N. van Hamel* entrèrent dans la Chambre, accompagnez du Bourguemaître *J. Olive*, *Henri van der Blyck* & *Pelgrom van der Weel*, deux Tribuns déposez de Wageningue.

AFFAIRES DES PROVINCES DE ZELANDE ET DE GUELDRES.

Le Bourguemaître *Jean van der Horst* dit alors aux Magistrats d'Arnheim, qu'il ne doutoit point que la Résolution de LL. NN. PP. les Seigneurs Etats de cette Province ne leur fût connue, & que pour cette raison il protestoit au nom de tous les prisonniers contre ce transport à un autre endroit, & contre tout ce qui pourroit encore leur arriver, puisqu'en vertu de cette Résolution les prisonniers devoient être relâchez dans la Ville d'Arnheim même.

Sur quoi le Bourgmaître *N. van Hamel* répondit: *Nous ne respectons pas la Résolution des Etats, mais vous remettons prisonniers entre les mains de ceux qui viennent vous réclamer.*

Peu de tems après on ordonna aux prisonniers de monter dans le Chariot, qui les mena à Wageningue, sous la conduite & en compagnie des Bourguemâitres *Gysbert van Issum* & *Olive*, *Jean de Sterckenborgh* & *François van Eck*, *Henri van der Bleyk*, *Pelgrom van Weel*, & quelques Volontaires de Wageningue, dont les uns marchoient devant & les autres suivoient à pied & à cheval, sans se trouver toujours ensemble.

Lorsque le Charetier eut passé le Village de Renckum, il commença à aller un peu plus vîte, & étant venu à la Maison de Plaisance de Mr. *de Cronenborgh*, Mr. *de Schuylenborgh* le fit arrêter, descendit du chariot & marcha tout droit vers la Briqueterie dudit Sr. *de Cronenborgh*, quoiqu'il fût poursuivi à cheval & à pied par *Pelgrom van Weel* & par les Volontaires.

Les autres quatre prisonniers furent toujours menez vers Wageningue, & étant venus à la fosse où l'on va chercher le sable, ils y trouvèrent une Garde de trois Tribuns déposez, avec six à huit Volontaires de la Compagnie de Wageningue, armez de piques & de fusils, lesquels au-lieu de laisser entrer les prisonniers tout droit dans la Ville, les menèrent le long de la Digue par la Nudepoort, jusques devant la Maison de Ville.

Les prisonniers y étant arrivez, furent menez en haut & conduits dans la Chambre des Tribuns, où les paravants étoient clouez, & où ceux qui les détenoient disoient, *qu'il falloit attendre quelque tems, qu'on se parleroit ensuite.*

Environ les dix heures, *Godert Adrien van Issum*, Capitaine des Volontaires & Tribun dégradé, *Girard de Bruyn*, aussi un des Tribuns congédiez, & *Henri van der Steeg*, vinrent dire aux prisonniers, que s'ils vouloient manger ou boire, il n'avoient qu'à le demander & le faire préparer pour leur argent.

Sur quoi les prisonniers repliquèrent, qu'ils étoient pour le moins Bourgeois & habitans de la Ville, qu'ils étoient suffisamment possessionez, & qu'ils présentoient outre cela de s'engager par une caution personnelle à comparoître toutes les fois qu'on le jugeroit nécessaire; que devant être relâchez en vertu de la Résolution des Etats, ils protestoient contre toutes les violences qu'on commettoit à leur égard. Sur toutes ces répréſentations les prisonniers n'eurent d'autre réponse, que, *nous en ferons rapport.*

De-

Affaires
des Pro-
vinces
de Ze-
lande et
de Guel-
dres.
Depuis ce tems-là jufqu'à la délivrance des prifonniers, ils ont toujours été gardez par les Volontaires d'Arnheim, qui fe tenoient devant la porte ou dans la chambre l'épée à la main, & vifitèrent tout ce qui y fut porté. Une fois pourtant les prifonniers ont remarqué que le fils du Doĉteur *Kruyt-hoff* avoit la garde.

Le prémier jour de leur détention environ vers le midi, les prifonniers, au-lieu d'être écoutez, entendirent qu'on mit une ferrure à vérroux à la porte de leur prifon, laquelle fut ouverte & refermée toutes les fois qu'il fut porté quelque chofe dans la chambre.

La Garde ne laiffa pas auffi pendant la nuit, lorfque les prifonniers devoient jouir de quelque repos, de faire du bruit & du vacarme devant la porte, pour les empêcher de dormir.

Tout cela dura jufqu'au Mécredi 19 Octobre environ à une heure après midi, auquel tems les prifonniers furent relâchez par l'incerceffion de Mr. *Ingenoel*, Bourguemaître Préfident de la Ville de Nimegue.

Après cette délivrance les Volontaires d'Arnheim fortirent de Waguening environ à trois ou quatre heures après midi, pour retourner chez eux, étant commandez par un nommé *N. Breugle.*

Le Gouvernement fe dirige encore actuellement par les Tribuns dépofez & les Magiftrats illégitimement élus.

Les prifonniers déclarent que tout ce que ci-deffus eft la pure & franche vérité, quant à l'effentiel de l'affaire, ne voulant pourtant pas affurer que ce foient précifément les mêmes paroles, quoiqu'ils foient de fentiment qu'on s'eft fervi de termes plus durs, & que le tout généralement eft pire qu'il n'a été rapporté ici, comme on en peut juger par la déclaration de *Henri Ebben*, ci-jointe fous C.

Comme donc tout ceci eft une violence manifefte, nullement tolérable dans un Païs de juftice, les prifonniers s'addreffent en toute humilité à Vos N. P. les priant très-humblement de faire juftice là-deffus, afin que les Supplians ne foient plus expofez à l'avenir à de pareilles violences.

Et comme les Soufignez ne fe trouvent pas encore à l'heure qu'il eft en état d'exercer duement leurs fonĉtions de Magiftrats, de peur de s'attirer de nouveaux chagrins de dehors, ils prient encore inftamment & avec tout le refpeĉt poffible, comme les cinq Collèges & la plupart des Bourguemaîtres de cette Ville ont déja fait, qu'il plaife à V. H. P. d'ordonner qu'on envoie quelques Troupes dans la Ville de Wageningue, pour la fureté de fes Regens, auffi bien que des bons Bourgeois & habitans, & pour les protéger contre toute violence du dehors. Ce que faifant, &c.

En bas il y avoit,

Bartholt Schaets, Jean van der Horst,
G. van Ede, Antoine van der Horst,
Reynier de Schuylenborgh.

Extrait

Extrait du Recès de la Diète ordinaire des N. & P. Seigneurs les AFFAIRES
Etats de la Principauté de Gueldre & Comté de Zutphen, te- DES PRO-
nue à Nimegue dans les mois de Mars & d'Avril, & enfuite DE ZE-
par continuation dans le Mois d'Octobre 1707. LANDE ET
DE GUEL-
DRE.

Vendredi 14 Octobre 1707.

LU la Requête des Femmes, Enfans & autres Parens des Bourguemaîtres, Bourgeois, & Habitans de la Ville de Wageningue, qui en ont
été enlevez le 10 de ce mois & menez prifonniers à Arnheim, où ils font
actuellement détenus, par laquelle ils demandent que L. N. P. veuillent par
l'un ou l'autre moyen procurer & effectuer leur liberté.

Sur quoi L. N. P. ont trouvé bon & arrêté d'enjoindre au Magiftrat
d'Arnheim, comme il lui eft enjoint par la Préfente, de relâcher à vue
d'icelle fur le champ les dits Bourguemaîtres & autres prifonniers, & de faire fortir inceffamment de Wageningue ceux qui s'y trouvent encore de la
Compagnie Franche d'Arnheim, afin que lesdits Bourguemaîtres & autres
détenus puiffent s'adreffer là où ils le jugeront convenir.

S'accorde avec le fufdit Regitre.

M. L. SINGENDONCK.

Verbal de ce qui s'eft paffé le 4 Octobre 1707, dans l'Affemblée A. 1.
du Quartier tenue fur la Convocation de la Ville d'Arnheim.

LA NOBLESSE.		ABSENS.
Mrs. de Rofendael.	Broeckhuyfen à Latmer.	Delen à Laer.
Haerfolte à Yrft.	Broeckhuyfen à Gelderfen	Delen de Harderwyck,
Reneffe van 't Holthuys.	Toorn.	Reede à Hervelt.
Lauwyck de Heuckelom.	Schimmelpenninck à Hun-	
Wynbergen à Glinfthorft.	deren.	
Galen à Bonenbourg.	Reede à Berckeler,	
Effen Confeiller.	Lauwyck à Mifpeler.	
Dedem.	Bentinck à Brieler.	
Bentinck à Berencamp.	Effen à Vanenbourg.	
Lennep à Putten.		

AFFAIRES
DES PRO-
VINCES
DE ZE-
LANDE ET
DE GUEL-
DRE.

Députez des Villes qui ont eu féance à la table.

Arnheim.	{ Swaan. { Rugers.
Harderwyck.	Oofterbaan.
Wageningue.	Schaets.
Hattem.	Schraffert.
Elbourg.	A. Feith.

MONSIEUR le Bourguemaître *Swaan*, Préfident à l'Affemblée, ayant pro-pofé, & en conféquence de la Lettre de Convocation demandé, quel Sujet l'Affemblée vouloit nommer pour la place vacante de Confeiller, Mr. *de Rofendael* répondit, que comme à la dernière Diète extraordinaire on étoit unanimement convenu qu'on procéderoit à ce remplacement le fecond mardi de la prochaine Diète, il falloit s'en tenir là, & que fon fentiment étoit de n'en point défifter. Cet avis fut fuivi par toute la Nobleffe & les Villes, excepté Mrs. *Reneffe à Holthuyfen*, & *Wynbergen à Glinfthorft* de la Nobleffe, & la Ville d'Arnheim, qui nommèrent Mr. *Swaan.*

Malgré cette confidérable pluralité que le Bourguemaître *Swaan* avoit contre lui, il trouva pourtant à propos de conclurre, comme Préfident, a-vec ces deux Membres de la Nobleffe, en fa propre faveur pour la place vacante de Confeiller.

Et quoiqu'il fût prié à diverfes reprifes de n'en point venir à cette conclufion, mais de s'en tenir à la pluralité, il y perfifta pourtant.

Sur quoi Mr. *de Rofendael*, aux inftances de tous les Membres, déclara, que la conclufion du Sr. *Swaan* contre une fi confidérable pluralité de voix, ne pouvoit ni ne devoit être regardée comme une conclufion, mais que l'affaire du remplacement des Charges vacantes reftoit remife jufqu'au 25 Octobre de cette année 1707, à la continuation de la Diète Ordinaire.

Ayant enfuite été propofé de remplir les Charges de Receveur Général de la Province, & de Juge d'Oldebroek, le Préfident conclut avec un feul Membre de la Nobleffe, favoir Mr. *Reneffe à Holthuyfen* & la Ville d'Arnheim, que le prémier de ces Emplois feroit conféré à *Jean de Wynbergen*, & le fecond à *Reneffe de Holthuyfen.* A quoi Mr. le Droffard de *Veluwe* s'oppofa pour lui & les quinze autres Membres de la Nobleffe, auxquels les Villes de Harderwyck, Wageningue, Hattem & Elbourg fe joignirent, tous ces Membres du Quartier de Veluwe ayant enfuite trouvé à propos de dreffer de tout ce qui s'étoit paffé le préfent Acte & de le figner, pour en donner connoiffance à la Cour Provinciale, afin que les perfonnes établies par le Magiftrat d'Arnheim & fi peu de Membres de la Nobleffe, d'une

ma-

manière indigne & contraire à toute forme de Gouvernement, ne fuſſent point reconnues ni reçues en cette qualité.

Actum ut ſupra.

Signé,

J. v. Arnheim.
H. v. Haersolte.
Hessel de Lauwyck.
G. J. v. Galen.
H. v. Essen.
A. v. Dedem.
Charles Bentinck.
B. v. Lennep.
W. v. Bentinck.
W. v. Broeckhuysen.
E. v. Reede.
A. v. Lauwyck.
W. G. J. v. Broeckhuysen.
A. W. Schimmelpenninck van der Oye.
H. v. Essen.
Pierre Oosterbaen, *de la part de la Ville de Harderwyck.*
B. Schaets *pour la Ville de Wageningue.*
Otton Jaques Schrassert *de la part de Hattem.*
A. Feyth *de la part d'Elbourg.*

En bas il y avoit :

S'accorde avec l'Original dudit Verbal, connu à moi ſouſigné Greffier de la Noble Cour Provinciale de la Principauté de Gueldre & Comté de Zutphen,

Signé,

W. Klerck.

C O P I E.   A. 2.

Mémoire pour propoſer aux Communautés & autres Corps de la Bourgeoiſie, ce qui ſuit.

QUE les Srs. *Schaets* & *Olive* ont été envoyez à l'Aſſemblée du Quartier tenue le 4 & 5 Octobre 1707.
Que le Sr. *Swaan* y a propoſé de remplir toutes les Charges vacantes.

Qu'on

AFFAIRES
DES PRO-
VINCES
DE ZE-
LANDE ET
DE GUEL-
DRE.

Qu'on les a remplies de la manière qu'il a été détaillé dans le Verbal, non-obftant qu'on fût convenu à la précédente Diète de n'en difpofer qu'à la prochaine Affemblée du Quartier.

Que là-deffus il eft venu des Députez d'Arnheim, pour traiter ici avec les Communes, fans connoiffance du Magiftrat.

Que le Préfident des Communes a convoqué une Affemblée, fans en donner la moindre part au Magiftrat.

Qu'on a enfuite nommé des Députez pour aller dans les autres Villes, le tout à l'infçu du Magiftrat, qu'on les a munis de Commiffions fignées du Sécrétaire des Communes, & qu'on a voulu obliger les Mrs. de la Magiftrature de les rendre autentiques par le Sceau de la Ville.

Que le Receveur de la Ville ne délivre point fes Comptes, fuivant le Réglement.

Mrs. de la Magiftrature ont réfolu de propofer tout ce que ci-deffus aux Communautés & autres Corps de la Bourgeoifie. Fait à la Maifon de Ville ce 10 Octobre 1707.

En bas il y avoit, Par ordre du Vénérable Magiftrat.

Signé,

J. WICHERTS, *Sécrétaire.*

Je déclare par la Préfente que cette Copie eft conforme à fon Original.

Signé

J. WICHERTS, *Sécrétaire.* 1707.

B.   C O P I E.

MOi foufigné *Henri Ebben*, inftamment réquis par le Vénérable Magiftrat de la Ville de Wageningue, attefte & déclare, qu'étant affis le 10 Octobre 1707, comme prifonnier fur le Chariot où fe trouvoient les autres, j'ai vu & entendu qu'un des Officiers de la garde des Volontaires d'Arnheim, étant à côté du Chariot le piftolet bandé à la main, a menacé de faire caffer le cou à tous les prifonniers, fi aucun des leurs étoit tué dehors ou dedans la Ville: Que j'ai de plus entendu, que le Commandant B. *Bouwens* s'approchant du Chariot devant la Maifon de Ville à Wageningue, l'épée à la main, dit à Mr. *de Schuylenborgh: Chien je te ferai trancher la tête.* Tout ceci fe trouvant conforme à la vérité, j'ai figné la Préfente de ma propre main, offrant, s'il en eft befoin & y étant réquis, de l'appuier en tout tems par ferment. *Actum* le 22 Octobre 1707.

Signé,

HENRI EBBEN.

C O.

C O P I E.

AFFAIRES
DES PRO-
VINCES
DE ZE-
LANDE ET
DE GUEL-
DRE.

MOi foufigné attefte & déclare d'avoir entendu, que lorfque nos Magiftrats furent arrêtez le 10 du courant par les Volontaires d'Arnheim, ces derniers reçurent ordre de leurs Officiers-Commandans de faire
feu, au prémier mouvement que l'un ou l'autre de ces Meffieurs feroient;
qu'ils n'avoient qu'à les tuer, & qu'ils pourroient payer avec les pièces.
Offrant de confirmer ceci en tout tems par ferment, j'ai figné *eo fine* la préfente de ma propre main. Fait à Wageningue le 23 Octobre 1707.

C.

Signé,

HENRI EBBEN.

A P P E N D I X.

ET comme on a imprimé & publié certain Libelle, figné au nom des
Communes Jurées de la Ville de Wageningue par le Docteur *Bos*, &
ayant pour Titre: *Courte & inconteftable Déduction de ce qui s'eft paffé à Wageningue le 10 & 11 Octobre 1707.* Il faut favoir, que cet Ecrit eft rempli
de fauffetés, n'y étant alleguée de tout ce qu'on y avance, aucune preuve
apparente. Et, s'il méritoit d'être duement examiné, V. N. P. & toute la
terre pourroient aifément voir, que les preuves qui y font jointes ne font
rien moins que légales, mais entièrement défectueufes, le contraire paroiffant clairement par le Verbal & les Documens qui y font joints.

*A Leurs N. P. les Seigneurs Etats de la Principauté de Guel-
dre & de la Comté de Zutphen, affemblez en Diète
à Nimegue.*

NOBLES ET PUISSANS SEIGNEURS,

LEs foufignez Maîtres des Communautés & des Corps des Tireurs, ré-
préfentans la Bourgeoifie & les Habitans de la Ville de Wageningue,
fe trouvent obligez de répréfenter amèrement à V. N. P. Qu'ayant été affemblez le 10 de ce mois par ordre du Magiftrat, chacun dans fes Collèges
felon leurs Droits & Privilèges, pour délibérer fur les affaires de la Ville, ce
qui s'eft paffé fort paifiblement, il arriva le lendemain mardi environ à trois
heures après midi le Sr. *Bouwens* avec une troupe de deux à 300 cens Volontaires d'Arnheim & quatre pièces de canon jufques devant les portes de
cette Ville. Sur quoi quatre Magiftrats avec un ancien Bourguemaître fe
rendirent auprès d'eux, pour leur demander ce qu'une telle levée de bou-
cliers devant leur Ville vouloit dire? Mais *Bouwens*, fans les vouloir enten-

Lettre
aux Etats
de Guel-
dre & de
Zutphen.

B 3 dre

AFFAIRES
DES PRO-
VINCES
DE ZE-
LANDE ET
DE GUEL-
DRE.

dre parler, fit d'abord entourer lefdits quatre Meffieurs avec l'ancien Bourguemaître, & ils furent fort maltraitez & battus, quelques-uns jufqu'au
fang; on leur ôta leurs épées & leurs cannes, & on les mit d'une manière
fort ignominieufe comme des criminels fur un Chariot; après quoi ayant ouvert les portes de la Ville à coups de canon, dont plufieurs perfonnes furent dangereufement bleffées, on les mena prifonniers à la Maifon de Ville,
d'où on les fit remonter en Chariot environ à trois heures après minuit, &
ou les mena à Arnheim en prifon, où ils fe trouvent encore actuellement,
après avoir été dépofez, conjointement avec les Tribuns légitimement
établis.

Comme donc par cette manœuvre notre Régence fe trouve entièrement
bouleverfée, & tous nos droits & privilèges enfreints, & que nous ne faurions réfifter à de pareilles violences, nous fommes obligez d'en porter nos
plaintes à V. N. P. les priant très-humblement qu'Elles veuillent bien avoir
la bonté de mettre ordre à tous les déréglemens qui fe commettent encore
actuellement dans notre Ville par lefdits Volontaires, ou bien qu'il leur plaife d'employer tels autres moyens efficaces, par lefquels la tranquillité puiffe
être rétablie, afin que nous obtenions un paifible gouvernement par le rétabliffement des fufdits Magiftrats dans leur prémier état. C'eft la grace que
nous demandons en toute humilité à V. N. P. pour le bien & le repos de la
Bourgeoifie & des Communes.

Signé,

De la part du Corps des Tireurs de *St. Antoine*, B. V. STRAELEN Ancien
Maître de ce Corps. R. MOL, Sous-Maître du même Corps. COR-
NEILLE COEMANS Ancien Maître de la Communauté des Bateliers. NI-
COLAS JAGER Nouveau Maître de la même Communauté. HENRI VER-
MEER, Ancien Maître de la Communauté des Marchands de Drap.
PAUL DEYS VAN VOORN, Maître de la même Communauté. De la
part du Corps des Tireurs de *St. George*, BERNARD JANSEN VAN WES-
TERHOF, Ancien Maître de ce Corps. EVERHARD ROEST, Sous-Maître du
même Corps. JEAN VAN ROEKELT KONING. ALBERT VAN WESTERHOF.
HERMAN ROEST. De la part de la Communauté des Tailleurs, GUIL-
LAUME VAN GENT. HENRI VAN DER STEEGH.

S'accorde avec l'Original entant qu'on
a pu lire les noms,

M. L. SINGENDONCK.

*Aux Nobles & Puiſſans Seigneurs les Etats de la Pro-
vince de Gueldre.*

NOBLES ET PUISSANS SEIGNEURS,

LEs femmes, enfans & autres parens des Bourguemaîtres de la Ville de
Wageningue , enlevez & encore étroitement détenus , répréſentent à
V. N. P. avec un chagrin inexprimable & une mortelle douleur & angoiſſe,
que dans le terrible exploit du 11 de ce mois, lesdits priſonniers , après a-
voir ſouffert ici les plus cruelles inſultes, affronts & dangers de vie, ont été
menez violemment à Arnheim dans la priſon , où ils ſont journellement ex-
poſez à mille duretés & périls ; même , comme ſi l'on vouloit trancher d'un
ſeul coup toute notre eſpérance & conſolation, on les menace de la mort.
Dans cette extrême triſteſſe nous nous jettons aux pieds de VV. NN. PP.
pour les prier le plus humblement & le plus inſtamment qu'il nous eſt poſſible qu'elles veuillent bien par l'un ou l'autre moyen contribuer au ſoulage-
ment de tant de perſonnes affligées , en donnant la liberté aux Bourguemaîtres priſonniers qui leur ſont ſi chers par les liens du mariage & du ſang,
afin que nous puiſſions être tirez de cette mortelle angoiſſe & terrible crainte de plus grands malheurs, & maintenus dans la jouiſſance de notre liberté
& de nos privilèges ſi cherement achetez.   Ce que faiſant, &c.

AFFAIRES
DES PRO-
VINCES
DE ZE-
LANDE ET
DE GUEL-
DRE.

Lettre
aux Etats
de Guel-
dre.

Signé ,

JEANNE ELISABETH GRAMEY , Femme très-affligée. RODOLPHE VAN DER
HORST, Fille fort chagrine. WOTERCKEN VAN EEDE , Fille très-affli-
gée. WILHELMINE VAN DER HORST, Sœur. CUNERA DE RAAY, Sœur.
JEANNE DE RUYTER, Tante. JAQUELINE VAN OMMEREN, Sœur. MA-
RIE VAN OMMEREN , Tante. DIRKJE DE RUYTER. NALECKEN DE
RUYTER, Mère déſolée. HUBERTA VAN OMMEREN, Femme fort cha-
grine. ANNE UWENS, Nièce,

S'accorde avec l'Original entant qu'on
en a pu lire les noms.

M. L. SINGENDONCK.

A

AFFAIRES
DES PRO-
VINCES
DE ZE-
LANDE ET
DE GUEL-
DRE.

A leurs N. P. les Seigneurs Etats de la Principauté de Gueldre & de la Comté de Zutphen, assemblez extraordinairement à Nimegue.

NOBLES ET PUISSANS SEIGNEURS,

Lettre
aux E-
tats de
Gueldre
& de
Zut-
phen.

LEs Soussignez Bourgeois, Communautés, Corps des Tireurs & habitans sous la jurisdiction de la Ville de Wageningue, viennent représenter à V. N. P. avec un profond respect les terribles & inouies violences, dont on n'a jamais eu aucun exemple, qui nous ont été faites dans notre Ville mardi 11 de ce mois, lorsqu'étant dans une profonde tranquillité, le Sr. *Bouwens*, à la tête de deux à trois cens Volontaires d'Arnheim, menant avec eux 4 pièces de Canon, vint devant notre Ville. Quatre de nos Magistrats, savoir, *Bartholt Schaets*, *Jean van der Horst*, *van Eede*, & *Antoine van der Horst*, avec l'Ancien Bourguemaître *van Schuylenborgh*, qui allèrent à leur rencontre pour demander la raison de leur approche & de tous ces préparatifs contre notre Ville, furent d'abord entourez, maltraitez & battus, on leur ôta leurs épées & leurs cannes, on les enferma comme des criminels dans un chariot, & après avoir cassé nos portes avec du canon, on mena lesdits cinq Magistrats à la Maison de Ville, où ils furent gardez par les Volontaires & traitez de la manière du monde la plus indigne, jusqu'à ce qu'à la fin ils furent menez l'après-midi dans ce même chariot & sous l'escorte des Volontaires à Arnheim, où ils sont encore actuellement détenus.

Or comme tout ce procedé tend à l'infraction de nos Droits & privilèges, qui sont foulez aux pieds par de telles violences, auxquelles nous ne nous trouvons pas en état de résister, nous nous trouvons obligez d'en porter nos plaintes à VV. NN. PP. & de les prier très-humblement que par leur bonté ordinaire, Elles veuillent bien *ex plenitudine potestatis* y mettre la main, en examinant l'affaire & décidant là-dessus comme selon leur haute sagesse Elles le jugeront convenir, afin que rassurez de la vigueur de nos privilèges, nous soyons rétablis dans la précédente tranquillité. Nous Supplians devons à cette occasion déclarer, que les susdits Magistrats se sont comportez dans les fonctions de leurs Charges & dans toute leur conduite d'une manière si digne que des Sujets né peuvent rien plus exiger de leurs Magistrats. Sur quoi nous prions Dieu qu'il veuille accorder à VV. NN. PP. un long & heureux Gouvernement, & bénir tous leurs desseins.

En bas il y avoit:

De VV. NN. PP. les très-humbles, très-obéissans & très-fidèles Sujets & Serviteurs,

Signé,

HUB. DEYS VAN VOORN, JEAN VAN DER HORST, W. V. BEYNHEIM comme

me Capitaine, EVERARD VAN BAECK, H. VAN DEN BORN, GIRARD VAN
BROECKHUYSEN, HENRI JANSSEN, W. v. EYMEREN, HENRI VERMEER,
CORNEILLE HENDRICKSEN, DIDIER VERSLYK, W. JORDENS, Députez
du Corps des Tireurs de St. Antoine. HUYBERT JORDENS, ETIENNE
VAN AGHELE, W. v. BAECK, CORNEILLE BRANSEN, GOSEWYN SMIT-
ZIUS, B. v. STRALEN, REYER MOL, Maître du Corps des Tireurs.
NICOLAS VAN DER HORST, T. JORDENS, JEAN JORDENS, HERMAN JA-
COBS, CORNEILLE ROEST, GUILLAUME VAN GENT, ANTOINE TYNAGEL,
H. v. BAECK, GIRARD VAN KREEL, CORNEILLE VAN MANEN, GUIL-
LAUME GERRITSEN, JEAN VAN BEEM, JEAN VAN SUYLEN, HENRI DE
KEMP, JEAN JORDENS, COST JANSEN, GYSBERT TYNAGEL.

AFFAIRES
DES PRO-
VINCES
DE ZE-
LANDE ET
DE GUEL-
DRE.

S'accorde avec l'Original entant qu'on
en a pu lire les noms.

M. L. SINGENDONCK.

*Aux Nobles & Puiſſans Seigneurs, les Etats de cette
Province de Gueldre.*

NOBLES ET PUISSANS SEIGNEURS,

LEs Bourgeois & Habitans de la Ville de Wageningue ſe jettent aux
pieds de VV. NN. PP. pour leur faire les plaintes les plus amères de
l'état déplorable de leur Ville. Le 11 de ce mois nous avons été attaquez
par des Troupes envoyées de la Ville d'Arnheim, qui étant pourvues de
gros canon, ont ſurpris notre Ville, & ſans faire la moindre offre préalable de paix & d'amitié, ils ont ruiné nos maiſons, bleſſé pluſieurs perſonnes, caſſé les vitres, & pris les marchandiſes expoſées ſur les fenêtres.
Leur fureur alla ſi loin qu'ils tirèrent ſur tous ceux qu'ils trouvèrent ſur la
rue, quoique ſans armes, qu'ils amenèrent priſonniers tous nos Magiſtrats
alors préſens, après les avoir dégradez contre notre gré, leſquels ils tiennent encore en arrêt les traitant avec une dureté inouïe juſqu'à les menacer
même de la mort.

Outre cela ils ont rempli les places vacantes dans notre Magiſtrature par
d'autres Sujets à leur fantaiſie, & nous ſouffrons encore journellement des
inſolences incroiables des Troupes qu'ils ont laiſſées ici en garniſon.

Ayez pitié de nous, Nobles & Puiſſans Seigneurs, dans cette extrême
affliction; prenez à cœur, Pères de la Patrie, l'infraction de nos libertés &
privilèges ſi cherement achetez; ſoulagez-nous d'une manière ou d'autre,
ſauvez-nous de l'état le plus déplorable où nous nous trouvons, & prote-
gez-nous contre les terribles dangers que nous craignons encore, ſans quoi
nous ſommes les plus miſérables de l'Univers. Nous mourons du déſir de
voir le ſecours & l'aſſiſtance de VV. NN. PP. dans l'eſpérance ou nous ſom-

Lettre
aux E-
tats de
Gueldre.

Tome XIV.   C   mes

AFFAIRES
DES PRO-
VINCES
DE ZE-
LANDE ET
DE GUEL-
DRE.
mes que peut-être par-là nous pourrons être tirés de l'abîme de notre misé-
re, & jouir à l'avenir de nos libertés & prérogatives.

Dans cette attente, nous sommes, &c.

Signé,

G. v. Schuylenborg , Gysbert Weppelman , Nicolas de Weegh,
Girard de Weegh, Everard Bransen , Albert van Wester-
hoff , Elie van Lakemont , Guillaume Troost le jeune,
Otton Janssen , Girard Hendriksz , Otton Willemsen , Jean
Woutersen van Gelder , Etienne Hendriksz , Guillaume
Verslyck , Jean van Winterswyck, Bernard Janssen, comme
Ancien Maître du Corps des Tireurs de *St. George.* Henri Janssen
van Leeuwen , Henri Thonissen , Corneille Troost , Jean
Teunissen , Henri Gerritsen van Winterswyck, Guillaume
Paulussen , Girard van Beem , Teunis van Aelten , Guillau-
me Dircksen Troost , Etienne Stevens , Nicolas van der
Horst , Isac Huygens , Girard Vermeer , Bernard Bol , San-
der Vos , Hubert Jordens, Pierre Martens , W. v. Eymeren,
Antoine van Loenen , Jaques van Loenen.

S'accorde avec l'Original entant qu'on
a pu lire les noms.

M. L. Singendonck.

C O P I E.

NOus soufignez déclarons, & offrons de confirmer par ferment , ce
que nous avons vu mardi paffé , favoir que les Compagnies d'Arnheim fe préfentèrent avec du Canon devant la maifon de *Breunis van Beek,*
que les Bourguemaîtres & Magiftrats *Schaets, van der Horft , van Eede,
Antoine van der Horft,* Reynier *van Schuylenborg* fortirent de la porte de Wageningue , pour parler avec les Officiers ; qu'ils furent fur le champ entourez, battus & maltraitez en différentes manières , qu'on leur ôta leurs é-
pées, en les forçant d'aller fe mettre fur un chariot. Fait à Wageningue
le 13 Octobre 1707.

Signé ,

Marie Hendricks , Pierre Jans , Branssen Herbers , Gerritje van
Eck , Elisabet Janssen.

C O-

C O P I E.

AFFAIRES
DES PRO-
VINCES
DE ZE-
LANDE ET
DE GUEL-
DRE.

NOus Soufignez déclarons, fous préfentation de Serment, que paffant aujourdhui 13 du mois courant, devant la Maifon de l'Ancien Bourguemaître *van Schuylenborg*, nous avons vu quatre à cinq Volontaires devant la porte, criant à haute voix, *où eft le Coquin*, qu'il forte. Fait à Wageningue le 13 Octobre 1707.

Signé,

ARIANE AERSSEN, Femme de HERMEN ROOMERS. MARIE DE BLY, nommée VAN EEDEN.

Extrait du Réfultat de la Diète ordinaire tenue par les Seigneurs Etats de la Principauté de Gueldre & Comté de Zutphen aux mois de Mars & d'Avril, & enfuite par continuation en Octobre 1707, dans la Ville de Nimegue, le Mécredi 19 Octobre 1707.

LEs Etats ont, après une mure délibération, trouvé bon & arrêté que la Commiffion préfentée & lue hier par les Régens nouvellement élus à Wageningue, ne fera point acceptée; mais que la Réfolution de LL. NN. PP. à l'égard des Perfonnes arrêtées & détenues prémièrement à Arnheim, & à l'heure qu'il eft à Wageningue, fera fuivie & exécutée, auffi bien que le départ de la Compagnie Franche, ou de quelques-uns d'entre eux, de la Ville de Wageningue; & que les Membres de la Régence de Wageningue, qui ont affifté à la dernière Diète, feront reftituez *in integrum*, de même que toutes autres chofes dérangées, après quoi LL. NN. PP. ayant entendu les parties décideront fur ce qui s'eft paffé à Wageningue, comme Elles le jugeront convenir, fuivant l'exigence du cas.

Réfultat
de la
Diète
des Etats
de Guel-
dre & de
Zut-
phen.

Et fur les plaintes réïtérées des Bourgeois, Communautées & habitans de ladite Ville de Wageningue, les Etats ont trouvé bon d'autorifer & de charger les Députez ordinaires du Quartier de Nimegue, comme ils font autorifez & chargez par la Préfente, de dépêcher des Lettres patentes pour la marche de cent vingt-cinq hommes avec les Officiers réquis, à Wageningue, avec ordre exprès & par écrit à l'Officier qui les menera & commandera, de s'y rendre au-plutôt & d'empêcher qu'il ne foit fait de part ni d'autre aucun préjudice ou dommage aux Bourgeois, fans cependant prendre aucun parti, ni fe méler d'affaires qui regardent la Régence, & fi contre toute attendre les fufnommez captifs étoient encore en prifon, de les faire relâcher au nom de LL. NN. PP. En cas qu'il fe trouvât auffi encore quelques Volontaires à Wageningue, ledit Officier Commandant eft chargé de les en faire fortir, & de les faire arrêter s'ils le refufent.

C 2   De

AFFAIRES
DES PRO-
VINCES
DE ZE-
LANDE ET
DE GUEL-
DRE.

De plus LL. NN. PP. ont trouvé bon & arrêté, que *Wilt Jean van Broeck-huyzen à Lathmer* fera réquis & chargé de fe rendre au plutôt à la Haye, pour faire part à l'Affemblée de LL. HH. PP. de ce qui s'eft paffé à Wageningue, & de la Réfolution prife à ce fujet par les Etats; comme auffi pour prier que trois à quatre Compagnies foient envoyées à Wageningue, avec ordre aux Officiers Commandans d'obéir aux ordres de LL. NN. PP. ou à ceux de leurs Députez ordinaires. Enjoignant en outre audit *Wilt Jean van Broeckhuyfen*, de revenir immédiatement après s'être aquité de fa Commiffion, & d'en faire rapport à l'Affemblée des Etats.

En bas il y avoit,

S'accorde avec le fufdit Réfultat.

Signé,

M. L. SINGENDONCK.

Placard des Etats de Gueldre, du 5 Novembre 1707.

Placard
des Etats
de Guel-
dre.

LES ETATS DE LA PRINCIPAUTE' DE GUELDRE ET DE LA COMTE DE ZUTPHEN, *favoir font.* Comme LL. NN. PP. font informées, que les Compagnies des ainfi nommez Volontaires commettent journelle-ment quantité de défordres, qui allarment les bons Bourgeois & habitans, & les expofent à plufieurs infolences & infultes, le tout tendant à les priver de leurs libertés & privilèges chérement achetez; & comme LL. NN. PP. n'ont d'autre but que de maintenir la tranquillité, liberté & privilèges des Bourgeois & habitans contre toute violence tant inteftine qu'étrangère: *A ces caufes,* Elles ont trouvé bon d'y pourvoir, & d'arrêter en conféquence, comme Elles arrêtent & ordonnent par ces Préfentes, que toutes les Com-pagnies des ainfi nommez Volontaires feront caffées dans toutes les Villes de cette Province, & qu'un chacun doit fe ranger fous fa Compagnie de Bourgeoifie ou des Tireurs, lefquelles refteront fur le même pied qu'elles ont été ci-devant, pour la confervation & le maintien de leurs prérogatives & privilèges; &, afin de parvenir au but falutaire que LL. NN. PP. fe propofent en ceci, & qu'on n'y contrevienne point, LL. NN. PP. ont trouvé bon & arrêté, que tant que ladite caffation des Volontaires n'aura pas été réellement faite, il ne fera convoqué ni tenu aucune Diète ou Dié-tine dans les Villes où ces Compagnies Franches fubfifteront encore, & que tous ceux qui refteront dans de pareilles Compagnies, ou s'y engageront en-core, ou les commanderont, feront non feulement déclarez, comme ils le font par ces Préfentes, inhabiles à pouvoir jamais exercer aucune Charge ou Emploi dans cette Province, mais auffi qu'étant appréhendez, ils feront pu-nis corporellement par-tout où on les attrapera, comme des perturbateurs du repos public. Et, afin que perfonne n'en prétende caufe d'ignorance,

nous

nous ordonnons en même tems aux Baillifs & Magiftrats de cette Princi- AFFAIRES
pauté & Comté, de faire publier & afficher ce Placard par-tout, pour qu'un DES PRO-
chacun puiffe s'y règler. En foi de quoi Nous avons fait appofer ci-deffous VINCES
le Sceau fecret de la Principauté de Gueldre & du Comté de Zutphen. Fait DE ZE-
& arrêté à la Diète tenue à Nimègue le 5 Novembre 1707. LANDE ET DE GUEL-
DRE.

Par ordre d'iceux ,

E N G E L B. O P T E N N O O R T H.

Lettre des Etats de la Principauté de Gueldre & de la Comté de Zutphen à LL. HH. PP.

NOBLES ET PUISSANS SEIGNEURS,

NOus avons vu avec beaucoup de fatisfaction la Réfolution de Vos No- Lettre
bles Puiffances du 21 Octobre dernier, fur la propofition faite en no- des Etats
tre nom à LL. HH. PP. par *Wilt Jean de Broeckhuyfen*, touchant les violen- de Guel-
ces inouïes que les Volontaires d'Arnheim ont commifes dans la Ville de Wa- dre & de
geningue, & ce que nous avions réfolu là-deffus, comme auffi fur la deman- Zutphen.
de que nous avions faite aux Confédérez pour l'exécution de nos Réglemens
politiques, fur quoi nous réïtérons ici nos remercimens, en affurant que
nous ferons toujours prêts à leur en témoigner en toute occafion notre jufte
reconnoiffance.

Comme fans doute on tâchera de faire par de mauvais rapports de finiftres impreffions fur les efprits de VV. NN. PP. nous avons jugé à propos de
les informer des mefures que nous avons prifes pour calmer lefdits défordres &
maintenir l'autorité de la haute Régence de cette Province, depuis nos
Réfolutions du 14 & 19 Octobre, defquelles VV. NN. PP. auront fans doute
déja connoiffance.

Ayant vu avec chagrin par la Réfolution de LL. HH. PP. du 23 Octobre,
que quoique nous n'avions demandé que quelques Compagnies de Troupes
pour l'exécution de nos Réglemens politiques, lequel fecours tous les Confédérez font obligez de fe donner les uns aux autres en vertu de l'union, LL.
HH. PP. avoient pourtant trouvé bon de différer l'envoi de ce petit Corps
de Troupes, nous n'avons pu nous empêcher pour le maintien de l'autorité de la Régence, de réfoudre le 29 Octobre que LL. HH. PP. feroient
encore priées en notre nom par *Wilt Jean de Broeckhuyfen*, d'envoyer au-
plutôt quelques Compagnies à Wageningue, pour la fin mentionnée dans
notre Réfolution du 29 du même mois, favoir pour empêcher qu'il ne fût
fait de part ou d'autre le moindre mal ou préjudice aux Bourgeois, fans
prendre aucun parti, ni fe mêler des affaires du Gouvernement; & que fi
contre toute attente LL. HH. PP. continuoient à faire des difficultés fur ce
promt fecours, nous rappellerions des Troupes qui font fur notre répartion
autant de Compagnies que nous jugerions néceffaires pour l'exécution de

C 3 nos

AFFAIRES
DES PRO-
VINCES
DE ZE-
LANDE ET
DE GUEL-
DRE.

nos ordres politiques; & qu'en attendant cinquante hommes des Troupes qui font du côté de la Meufe & dans le Port de St. *André* feroient envoyez à Wageningue, avec ordre de fe regler exactement fur notre Réfolution du 19 Octobre.

Ces cinquante hommes entrèrent effectivement dans Wageningue, après que l'Officier commandant eut prêté le ferment accoutumé au Magiftrat; mais deux jours après ils en furent rappellez, à caufe que le Régiment Marinier du Colonel *Delen* arriva dans cette Province.

Nous jugeames alors néceffaire de ne point mettre ce Régiment en garnifon à Nimegue, parce que le Magiftrat de cette Ville avoit ofé le 20 Octobre, lorfqu'en conféquence de notre Réfolution du 19 cent vingt-cinq hommes de ladite Garnifon devoient être envoyez à Wageningue, fermer les portes à ce Détachement & refufer de le laiffer partir.

C'eft pourquoi nous fimes repartir ce Régiment du Colonel *Delen* dans les Villes de Tiel, Bommel, Wageningue, Hattum & Elbourg, afin de pouvoir nous en fervir pour prévenir de plus grands défordres.

Cette répartition fut faite expreffément pour nous pouvoir paffer par-là du rappel des Troupes néceffaires, parce que dans ce tems de guerre, on ne fauroit guère les retirer de Brabant ou de Flandre, où elles fons néceffaires; auffi avons-nous eu de la peine à réfoudre ce rappel, & nous n'en viendrons jamais là qu'en cas de la dernière extrémité.

Il eft bien vrai que quelques jours auparavant les Bourguemaîtres de Wageningue, après avoir été menez prifonniers d'Arnheim à Wageningue, & avoir été retenus à la Maifon de Ville, furent relâchez, & que les Volontaires d'Arnheim fortirent de Wageningue, par où il fut fatisfait en quelque façon à notre Réfolution du 19 Octobre; mais comme par-là les plaintes que ces mêmes Bourguemaîtres avoient portées à notre Affemblée n'étoient point levées, nous les avons remifes par une Réfolution du 5 de ce mois entre les mains de ceux qui avoient commandé les Volontaires d'Arnheim, & de ceux qui vouloient foutenir cette affaire, afin de nous en faire rapport dans l'efpace de trois jours.

No. 2.

Le même jour nous avons trouvé bon & arrêté de caffer ces Compagnies Franches des Volontaires, qui ne fervent qu'à molefter la Bourgeoifie & à commettre mille défordres, & nous avons fait publier & afficher pour cet effet les Placards néceffaires dans toutes les Villes de la Province.

No. 3.

Et comme le Magiftrat conjointement avec les maitres des Communautés & les Communes de la Ville d'Arnheim, ont fait préfenter le 29 Octobre dans le Quartier de Veluwe, une proteftation folemnelle contre le remplacement des Charges politiques, qui s'étoit fait le 25 d'auparavant par le même Quartier, laquelle proteftation a enfuite été portée par le Droffart à notre Affemblée, où nous l'avons trouvée remplie d'expreffions indécentes & outrageufes pour la Haute Régence; & comme ledit Magiftrat, & les Maîtres des Corps de Metiers & Communes avoient fait remettre cette proteftation à la Cour Provinciale, qui fut empêchée par-là, auffi bien que la Chambre des Comptes d'exécuter nos ordres & réfolutions avec toute la

fûreté

fûreté réquife, nous avons de plus trouvé bon d'ordonner à ladite Cour &
à la Chambre des Comptes, de fe tranfporter fur le champ dans la Ville
de Nimegue, où nous étions alors affemblez, & d'y refter jufqu'à ce qu'il
fût pourvu autrement à leur fûreté, comme VV. NN. PP. pourront voir
par les Réfolutions ci-jointes.

Le Prémier Confeiller de ladite Cour *Pierre Noyen* ayant été informé de
cette dernière Réfolution du 5 de ce mois, refta là-deffus à Nimegue,
pour y attendre les autres Membres de la Cour; mais le Magiftrat de cette
Ville trouva à propos le 6 du courant de faire non feulement arrêter ce Préfident, mais auffi de le tenir en captivité, & il eft encore actuellement
gardé par deux Halebardiers, fans avoir donné la moindre raifon par écrit
de cette détention, quoiqu'on l'eût demandé diverfes fois comme il paroit
par la Lettre que la Cour & la Chambre des Comptes nous ont écrite à ce
fujet, laquelle fe trouve fous le No. 4. & fur laquelle nous avons pris la
Réfolution qui fe voit au No. 5.

Là-deffus le Magiftrat de Nimegue a ôfé envoyer le même jour au Bourggrave *Rantwyck* la Lettre & la Réfolution ci-jointes, No. 6. par où nous
fommes entièrement mis hors d'état de pouvoir continuer notre Affemblée
à Nimegue, & étant en même tems très-fenfiblement offenfez & préjudiciez dans notre droit, pouvoir, & autorité fouveraine, nous avons été obligez de tranfporter notre Affemblée ici à Thiel, comme il plaira à VV.
NN. PP. de voir plus amplement par la Réfolution ci-jointe du 7 de ce
mois.

C'eft ici que nous continuerons à prendre les mefures que nous jugerons
les plus falutaires pour le maintien de la fuprême autorité de cette Province,
& pour l'appui & la confervation du préfent Gouvernement, comme auffi
pour le maintien des droits & privilèges des Villes; ainfi qu'il paroît par les
réponfes des Quartiers refpectifs fur la Proteftation de la Ville de Nimegue,
lefquelles fe trouvent ci-jointes.

Nous nous attendons fûrement que VV. NN. PP. voudront bien continuer dans leur zèle louable, & dans leurs bonnes intentions, à nous fecourir & affifter en cas de befoin & quand nous les en réquererons.

Sur quoi nous recommandons VV. NN. PP. à la protection du Tout-
Puiffant. Thiel le 17 Novembre 1707.

NOBLES ET PUISSANS SEIGNEURS,

De Vos Nobles Puiffances, les bons amis les Etats de la
Principauté de Gueldre & de la Comté de Zutphen.

En bas il y avoit,

Par ordre de LL. NN. PP.

Signé,
B. CREMER.
Ex-

AFFAIRES
DES PRO-
VINCES
DE ZE-
LANDE ET
DE GUEL-
DRE.

Extrait du Réfultat de la Diète ordinaire de LL. NN. PP. les Seigneurs Etats de la Principauté de Gueldre, & de la Comté de Zutphen, tenue à Nimegue, dans les mois de Mars & d'A-vril, & enfuite par continuation dans le mois d'Octobre 1707, du Samedi 29. Octobre 1707.

LEURS NOBLES PUISSANCES, après de mûres délibérations, ont trouvé bon & arrêté, que la Réfolution de LL. HH. PP. du 23 de ce mois, fur la propofition du Sr. *de Broeckhuyfen*, n'eft nullement fatisfaifante vu qu'elle ne contient autre chofe finon, qu'après une nouvelle tentative pour faire obéir aux Réfolutions des Etats de cette Province, & après qu'el-le aura été inutile, LL. HH. PP. délibéreront plus amplement fur les inftan-ces ultérieures qui leur feront faites à ce fujet. Réfolution nullement confor-me à celle que les Seigneurs Etats de Hollande & de Weftfrife ont prife fi cordialement. Auffi cette Réfolution de LL. HH. PP. & le rapport du Sr. *de Broeckhuyfen* de tout ce qui s'eft paffé à cet égard, ont été extrêmement fenfibles aux Etats de cette Province, vu que LL. NN. PP. ont non feule-ment été fruftrez par-là d'une promte affiftance des Confédérez, qu'elles a-voient demandée avec tant de juftice, & en conformité de l'Union, pour avoir feulement quelques Compagnies qui puffent fervir à la fureté des Bour-geois de Wageningue, & à l'exécution des ordres des Etats de cette Pro-vince, comme auffi un ordre aux Commandans des Troupes fur la réparti-tion de cette Province, pour obéir aux Seigneurs Etats de la Province con-formément à la Réfolution prife en 1651, dans la grande Sale, au fujet des Lettres Patentes, mais qu'outre cela Elles font auffi dans l'incertitude au fujet de la Réfolution qu'on prendra fur des inftances ultérieures.

Que comme la Ville de Nimegue, quoique très-inftamment priée par la Nobleffe & les Villes, & encore férieufement exhortée par une nouvelle tentative depuis la reception de la Réfolution de LL. HH. PP. n'a pu réfou-dre, fuivant fa déclaration faite le 28 Octobre dans l'Affemblée du Quartier, de fe conformer aux Réfolutions du 14 & 19 du courant, & que fans fa con-currence les Troupes commandées font empêchées de fortir de la Ville, dont les portes font fermées, ce qui met les Réfolutions des Seigneurs Etats de cette Province hors d'état de pouvoir être exécutées. C'eft à ces caufes que LL. NN. PP. n'ont pu s'empêcher, pour le maintien de leur autorité, de rappeller autant des Troupes qui font fur la répartition de cette Provin-ce, qu'Elles jugeront néceffaire pour fe faire obéir. Pour quel effet il fera écrit aux Commandans des Régimens qui feront rappellez, de fe rendre a-vec leurs Régimens dans cette Province, & dès qu'ils feront arrivez fur les frontières, ou fur le terrain de cette Province, d'en donner avis à la Cham-bre Préfidiale, qui eft autorifée par ces Préfentes à leur donner des Lettres Patentes pour telles places qu'on jugera à propos. Et en cas que lefdits Commandans refufent ou ratardent de fe rendre ici inceffamment après la

re-

reception de cette Réfolution, les Contoirs feront fermez pour eux, & il ne fera plus rien payé aux Compagnies; c'eft de quoi les Srs. Députez Ordinaires font chargez, LL. NN. PP. fe réfervant outre cela de demander raifon aux dits Commandans de leur defobéiffance.

Que comme il a plu à LL. HH. PP. de différer non feulement par leur Réfolution l'envoi d'un promt fecours, à quoi les Confédérez font obligez en vertu de l'Union, LL. NN. PP. n'en font venues qu'avec regret à cette Réfolution, mais qu'Elles y ont été obligées, pour maintenir leur Autorité Souveraine, fans laquelle le Gouvernement de cette Province ne peut fubfifter, ne fuffifant point qu'il ait déja été fatisfait. à quelques articles, à ce qu'il eft dit dans la Réfolution de LL. HH. PP., comme par exemple au relâchement des Magiftrats prifonniers, & au départ des Volontaires d'Arnheim, de la Ville de Wageningue, vu que par-là le crime de Lèze-majefté, commis par les violences inouies defdits Volontaires dans la Ville de Wageningue, n'a été nullement réparé.

En attendant LL. NN. PP. ne peuvent qu'éxalter la cordiale & pofitive Réfolution des Seigneurs Etats de Hollande & de Weftfrife, dont Elles témoigneront en toute occafion leur reconnoiffance, fe croyant pareillement très-obligées à ceux qui fe font conformez à ladite Réfolution de la Hollande.

Au refte LL. NN. PP. ne prétendent pas avoir à répondre des inconvéniens que le rappel de leurs Troupes pourroit produire, n'y ayant que l'incertitude de l'intention de LL. HH. PP. dans les ultérieures délibérations dont Elles parlent dans leur Réfolution, ou bien de ceux qui ont contribué à la prendre, qui y ait donné occafion.

Qu'il fera donné avis à Mr. le Velt-Maréchal du rappel de ces Troupes, afin qu'il puiffe les remplacer par d'autres.

Que comme la Ville de Nimegue refufe encore de laiffer fortir le Détachement de cent vingt-cinq hommes de fes portes, la Chambre Préfidiale doit dépécher fur le champ des Lettres Patentes pour cinquante hommes, tant de la Meufe que du Fort de *St. André*, afin de marcher avec les Officiers néceffaires inceffamment à Wageningue, pour le but mentionné dans la Réfolution du 19 de ce mois.

Que la préfente Réfolution fera envoyée à LL. HH. PP. par *Wilt Jean de Broeckhuyfen*, expreffément chargé de cette commiffion, comme il l'eft par ces Préfentes, avec ordre de la leur délivrer, & d'y ajouter de bouche, que les Etats de cette Province ne dépécheront point les ordres pour le rappel des Troupes avant le retour de *Wilt Jean de Broeckhuyfen*, dans l'attente que LL. HH PP. prendront fur fa propofition une Réfolution fi fatisfaifante & fi falutaire, qu'on pourra fe paffer dudit rappel.

En bas il y avoit,

S'accorde avec les fufdits Regîtres.

Signé,

M. L. SINGENDONCK.

AFFAIRES
DES PRO-
VINCES
DE ZE-
LANDE ET
DE GUEL-
DRE.

No. 2.

Extrait du Recès de la Diète tenue à Nimegue dans les mois de Mars & d'Avril, & enfuite par continuation dans les mois d'Octobre & de Novembre 1707, du Samedi 5 Novembre 1707.

LEURS NOBLES PUISSANCES ayant vu, que les Bourguemaîtres de Wageningue, qui avoient été dépofez & arrêtez, ont été provifionel-lement rétablis, par où il a été fatisfait en quelque façon, quant à ce point, à la Réfolution du 19 Octobre, Elles ont trouvé bon & arrêté, qu'en conformité de ladite Réfolution, les plaintes portées à leur Affemblée par lesdits Bourguemaîtres de Wageningue, feront remifes entre les mains de ceux qui ont commandé les Volontaires, & outre cela de ceux qui prétendent en faire leur affaire, afin d'en faire rapport à LL. NN. PP. dans l'efpace de trois jours.

Autre Extrait.

LEURS NOBLES PUISSANCES ayant reconnu, que journellement il fe commet plufieurs défordres par les Compagnies des ainfi nommez Volontaires, par où les bons Bourgeois & Habitans font tenus dans de continuelles allarmes, & expofez à quantité d'actions injurieufes & infolentes, le tout tendant à les priver de leur liberté & privilèges cherement achetez; & comme LL. NN. PP. n'ont d'autre but que de maintenir la tranquillité, la liberté & les privilèges de la Bourgeoifie & des Habitans contre toutes violences du dehors & du dedans, LL. NN. PP. ont trouvé bon d'y pourvoir, & ont ftatué pour cet effet, comme Elles ftatuent & ordonnent par ces Préfentes, que toutes ces Compagnies des ainfi nommez Volontaires feront caffées dans toutes les Villes de cette Province, & qu'un chacun doit fe rendre à fon Drapeau de Bourgeoifie, dont les Compagnies refteront & fubfifteront toujours comme ci-devant pour la confervation & le maintien de leurs prérogatives & privilèges. Et, afin que ce but falutaire de LL. NN. PP. foit obtenu & qu'on n'y contrevienne point, Elles ont trouvé bon & arrêté, que tant que lesdits Volontaires ne feront point effectivement caffez, il ne fera convoqué ni tenu aucune Affemblée Provinciale ou de Quartier dans les Villes où ces Compagnies fubfiftent encore, & que ceux qui continueront à refter parmi ces Volontaires, ou s'y engageront de nouveau, foit pour fervir ou pour commander, feront déclarez, comme ils le font par ces Préfentes, non feulement inhables à toutes Charges & Emplois de cette Province pour jamais, mais auffi qu'étant attrapez, ils feront punis de mort comme des perturbateurs du repos public, par-tout où on les trouvera. Que cette Réfolution de LL. NN. PP. fera convertie en un Placard, & publiée pour l'avertiffement d'un chacun. Pour quelle fin tous les Officiers & Magiftrats font chargez, d'exécuter quant à eux ponctuellement ce Placard.
Et.

Et LL. NN. PP. autorifent par celle-ci la Cour Provinciale à changer leur Affaires fufdite Réfolution en un Placard, & à le faire émaner fous le nom des Sei- gneurs Etats de la Principauté de Gueldre & de la Comté de Zutphen.

Autre Extrait.

Leurs Nobles Puissances ayant examiné certaine Proteftation préfentée au Quartier de Veluwe par les Magiftrats, conjointement avec les Maîtres des Communautés & les Communes de la Ville d'Arnheim, contre la diftribution des Charges politiques faite par ce même Quartier le 25 Octobre & approuvée par les Etats de la Province, auxquels le Droffart a préfenté le 29 Octobre ladite Proteftation, remplie d'expreffions indécentes & outrageufes contre la Haute Régence, y étant dit en termes exprès qu'on fe fervira des moyens & remèdes qu'on jugera convenables felon les droits de la nature & civils; il a été trouvé bon & arrêté, après de mures délibérations, que parce que cette Proteftation a déja été délivrée à la Cour Provinciale, qui fe trouve empêchée par-là, auffi bien que la Chambre des Comptes d'exécuter les ordres & Réfolutions des Seigneurs Etats de cette Province avec toute la fureté réquife, il fera ordonné à ladite Cour & à la Chambre des Comptes, de fe tranfporter fur le champ, avec tous ceux qui en dépendent, ici dans la Ville de Nimegue où LL. NN. PP. font préfentement affemblez, d'y travailler & d'y refter jufqu'à ce qu'il en foit ordonné autrement & pourvu à leur fûreté & à leurs immunités.

En bas il y avoit,

In fidem Extractorum.

Signé,

P. Beeckman, Sécrétaire.

Le Magiftrat, conjointement avec les Maîtres des Communautés & les N°. 3. Communes de la Ville d'Arnheim, ayant appris par le rapport de leur Député à la Diète, qu'hier 25 Octobre, quelques Membres de la Nobleffe & des petites Villes du Quartier d'Arnheim, ont trouvé bon, contre les proteftations expreffes & folemnelles de cette Ville, d'annuller par manière de ligue, de leur propre autorité, ce qui avoit été conclu & réfolu validement à la dernière Diétine du Quartier tenue à Arnheim le 4 & 5 du Mois courant, établiffant par voie de fait pour Confeiller de la Cour Provinciale, le Docteur *Jean van der Horft*, pour Juge d'*Oldebroeck*, *Arnold Feyth*, & pour Sindic le Docteur *Guillaume van Holte*; A ces caufes les Bourguemaîtres, Echevins & Magiftrats, conjointement avec les Maîtres des Communautés, & du fu & confentement unanime des Communes, ont réfolu, comme ils font par la Préfente, de la manière la plus efficace, *& in optima*

forma,

AFFAIRES
DES PRO-
VINCES
DE ZÉ-
LANDE ET
DE GUEL-
DRE.

forma, pour la confervation des droits, privilèges & prééminences de leur Ville, de protefter, comme ils proteftent par ces Préfentes, tenant & déclarant pour nul & de nulle valeur tout ce qui a été propofé par le Droffart de Veluwe & réfolu le 25 Octobre à la Diète tenue à Nimegue, contre les proteftations de cette Ville: qu'il fera bifé & rayé du Recès, & que les perfonnes établies d'une manière fi irregulière & nulle, ne pourront en aucune façon s'en prévaloir.

Et en cas qu'on ne faffe pas à cette proteftation toute l'attention réquife, les Bourguemaîtres, Echevins & Magiftrats, conjointement avec les Maîtres des Communautés de la Ville d'Arnheim, feront obligez, pour la confervation des droits & privilèges de leur Ville, de fe fervir de tels moyens & remèdes qu'ils jugeront convenables & néceffaires felon les droits de la nature & civils, en déclarant férieufement & fincèrement qu'ils ne veulent pas être réfponfables des mauvaifes fuites que cette affaire pourroit entrainer; Chargeant & réquerant leurs Députez à la Diète, de vouloir avoir foin que cette Proteftation foit inferée dans le Recès de la Diétine du Quartier, & s'ils le jugent à propos, même dans celui de la Diète, permis à eux de faire remettre cet Acte à toutes les perfonnes qu'ils croiront néceffaire d'en informer. Fait à Arnheim le 26 Octobre 1707.

En bas il y avoit,

Par ordre du Vénérable Magiftrat.

Signé,

A. GAYMANS, Sécrétaire.

NOBLES ET PUISSANS SEIGNEURS,

No. 4.

NOus nous trouvons obligez de répréfenter à VV. NN. PP. que dimanche 6 de ce mois, environ à deux heures après midi, le Huiffier à verge *van Lom*, affifté d'un Halebardier eft venu de la part de la Ville de Nimegue annoncer arrêt au prémier Confeiller *Pierre Noyen*, jufqu'à ce que de certaines fentences prononcées contre ladite Ville, (à ce qu'on nous a dit), fuffent caffées, fans que nous fachions encore quelles raifons on a allegué audit prémier Confeiller de ce procédé.

Et, comme Mr. *Noyen* s'étoit rendu d'Arnheim à Nimegue, pour éviter les fuites des Actes qui lui avoient été remis, il a cru qu'il ne pouvoit fe retirer en aucun endroit plus fûr, ni trouver plus de protection que là où VV. NN. PP. étoient affemblées, & qu'il ne pouvoit par conféquent s'attendre qu'il lui dût arriver un tel traitement inouï *in facie Principis;* outre qu'ayant l'honneur d'être prémier Confeiller de la Cour, il devoit jouir des droits & immunités qui compètent à tous les Membres de la Cour auffi bien que de la Chambre des Comptes, en vertu defquelles ils ne peuvent être arrêtez dans aucune Ville.

A

A quoi nous devons ajouter, Nobles & Puiſſans Seigneurs, que ce pro- AFFAIRES
cédé nous a paru d'autant plus étrange, que cet arrêt s'eſt fait le lendemain DES PRO-
après qu'il avoit plu à VV. NN. PP. d'ordonner par leur Réſolution du 5 VINCES
du courant que les deux Collèges, la Cour & la Chambre des Comptes de- DE ZE-
voient ſe transporter à Nimegue, & d'en faire part audit Sr. *Noyen*, ce que LANDE ET
le Magiſtrat de Nimegue n'ignoroit pas non plus, de ſorte que ledit pré- DRE.
mier Conſeiller a été arrêté dans le tems qu'il étoit par ordre exprès de VV.
NN. PP. à Nimegue.

Ce n'eſt donc pas ſeulement les deux Collèges, la Cour & la Chambre des
Comptes, mais même VV. NN. PP. qui ont été grievement leſées par-là,
& c'eſt pourquoi nous n'avons pas voulu manquer de les en Informer, en
les priant très-humblement de vouloir donner ordre que ledit Sr. *Noyen* ſoit
relâché inceſſamment ſans aucuns frais & dommages; qu'il ſoit donné une
ſatisfaction convenable à VV. NN. PP. qui ont été ſi ſenſiblement leſées
dans la perſonne du prémier Conſeiller, & enfin qu'on prenne de juſtes
meſures pour que les deux Collèges ſoient à l'avenir à l'abri de telles inſultes.

Sur quoi, NOBLES ET PUISSANS SEIGNEURS, nous prions le Tout-
Puiſſant, qu'il veuille conſerver VV. NN. PP. & leur Gouvernement dans
un état floriſſant.   A Thiel le 17 Novembre 1707.

En bas il y avoit:

DE VOS NOBLES PUISSANCES,

Les Officieux les Conſeillers, comme auſſi ceux
de la Chambre des Comptes de la Principau-
té de Gueldre & de la Comté de Zutphen.

Plus bas,

Par ordre d'iceux.

Signé,

GUILLAUME MENTHEN.

Le deſſus de la Lettre étoit: Aux Nobles & Puiſſans Seigneurs,
les Seigneurs Etats de la Principauté de Gueldre & de la Com-
té de Zutphen.

AFFAIRES
DES PRO-
VINCES
DE ZE-
LANDE ET
DE GUEL-
DRE.

*Extrait du Recès de la Diète tenue à Thiel dans le mois de No-
vembre 1707. Vendredi le 18. Novembre 1707.*

Lu la Lettre de la Cour & de la Chambre des Comptes,
Fiat infertio.

SUR quoi ayant été délibéré, il a été trouvé bon d'enjoindre au Magiftrat de Nimegue, comme il lui eft enjoint par ces Préfentes, de relâcher inceffamment & dans l'efpace de vingt-quatre heures le prémier Confeiller *Pierre Noyen*, fans aucuns fraix & dépens, faute de quoi LL. NN.
PP. prendront de telles mefures qu'elles jugeront convenables pour effectuer
l'élargiffement dudit prémier Confeiller *Noyen*.

Que cette Réfolution fera envoyée par Lettre au Magiftrat de Nimegue,
afin de lui fervir d'information.

En bas il y avoit,

In fidem Extracti.

Signé,

B. CREMER.

NOBLE, HONORABLE, SAGE, PRUDENT ET TRES-DISCRET
SEIGNEUR, TRES-CHER AMI.

No. 6.

LEs Bouguemaîtres, Echevins, & Magiftrats, conjointement avec les
Tribuns, n'ont pu s'empêcher plus longtems de prendre la Réfolution
ci-jointe, pour prévenir que les loix, privilèges & droits de leur Ville ne
foient plus enfreints, ni par conféquent les fondemens du Gouvernement de
cette Province entièrement détruits par une fupériorité de fuffrages, témoignant qu'ils n'en font venus à ce point-là qu'à regret, & priant Votre
Seigneurie de vouloir bien en donner connoiffance aux autres Membres qui
compofent la pluralité des voix. Sur quoi nous récommandons Votre Seigneurie en la fainte garde de Dieu. A Nimegue le 6 Novembre 1707.

En bas il y avoit,

DE VOTRE SEIGNEURIE,
*Les bons Amis les Bourguemaîtres, Echevins &
Magiftrats de la Ville de Nimegue.*
Plus bas,
Par ordre d'iceux.
Signé,
P. BEECKMAN, Sécrétaire.

LES

LEs Bourguemaîtres, Echevins & Magiftrats de la Ville de Nimegue, ayant, après de mûres délibérations, & avec communication. & concurrence des Tribuns, férieufement confideré, que les Membres des Etats ont durant cette Affemblée de la Province trouvé à propos de faire paffer non feulement contre le fentiment de cette Ville, par une pluralité defpotique & concertée, plufieurs affaires, où fuivant les Loix & Conftitutions de cette Province aucune fupériorité ne fauroit avoir lieu, mais même de ne faire pas la moindre attention aux juftes proteftations de ce Vénérable Magiftrat, ni aux raifons qui y font fi folidement alleguées & foutenues; & étant outre cela de plus en plus confirmez par la lecture & le férieux examen de la prétendue Réfolution prife hier à l'Affemblée par une pareille pluralité arbitraire, que ces Membres liguez commencent de plus en plus à fe mêler dans des affaires qui concernent l'économie, direction, adminiftration & établiffement de la Régence dans les Villes, fur quoi il ne leur a été cédé ni déféré aucun pouvoir ou difpofition, comme aufli qu'ils s'arrogent par la même fupériorité des fuffrages non feulement l'emploi des Troupes, mais aufli le rappel de celles qui font fur la répartition de cette Province, afin de s'en fervir à l'exécution de leurs Réfolutions injuftes, defpotiques & arbitraires, par où les Villes pourroient l'une après l'autre être fubjuguées, & les Loix & Conftitutions de cette Province, de même que les Privilèges, anciennes Coutumes, Libertés & Prérogatives des Villes, entièrement bouleverfées, annullées & foulées aux pieds. A ces caufes, les Bourguemaîtres, Echevins, & Magiftrats, conjointement avec les Tribuns de la Ville de Nimegue, fe trouvant obligez & forcez par les raifons fufdites & plufieurs autres, dont l'ample déduction eft réfervée pour les Conféderez, d'employer préfentement, quoiqu'à regrèt, comme ils ont témoigné diverfes fois par écrit aux Etats de la Province, les moyens & précautions néceffaires, ont trouvé bon & arrêté, de faire entendre par ces Préfentes à Mr. le Bourggrave *Randwyck*, comme Préfident *ad caufas*, que le Vénérable Magiftrat de cette Ville tient toutes les Réfolutions prifes par une telle pluralité defpotique, & nommément celles du 19 & 29 Octobre dernier, comme aufli celle du 5 du courant, pour illégitimes, invalides & nulles, & que pour prévenir qu'il n'en foit pris à l'avenir de pareilles, & qu'elles ne lui foient obftrufes par voie de fait, le Vénérable Magiftrat fe trouve obligé de déclarer par la Préfente, qu'il n'eft pas en état d'affifter deformais à aucune Affemblée de la Province ou du Quartier, ni de pouvoir permettre qu'il en foit tenue aucune dans cette Ville, avant qu'elle & la Bourgeoifie n'ayent obtenu une fatisfaction & réparation convenables des Membres qui les ont fi maltraitez par les mauvais traitemens qu'ils leur ont fait d'une manière fi peu amiable & fi arbitraire.

Les Bourguemaîtres, Echevins, & Magiftrats, conjointement avec les Tribuns, laiffent à ceux qui par leurs démarches defpotiques & arbitraires ont occafionné ces différends, à répondre des fuites fâcheufes qui en peuvent réfulter, le Vénérable Magiftrat ayant déja témoigné ci-devant

par

AFFAIRES DES PROVINCES DE ZELANDE ET DE GUELDRE.

AFFAIRES
DES PRO-
VINCES
DE ZE-
LANDE ET
DE GUEL-
DRE.
par ſes proteſtations , qu'il vouloit & devoit en être réputé innocent.
Et il ſera envoyé Extrait de cette Réſolution au Sr. Bourggrave *Randwyck*
dans ſa dite qualité, en le priant d'en faire part aux autres Membres.

Ainſi fait & arrêté par les Bourguemaîtres , Echevins & Magiſtrats, conjointement avec les Tribuns, le 6 Novembre 1707.

En bas il y avoit ,

Par ordre du Vénérable Magiſtrat.

Signé ,

P. BEECKMAN, Sécrétaire.

Le deſſus de la Lettre étoit : Au Noble, Honorable, Sage,
Prudent & très-diſcret Seigneur , notre très-cher Ami.
JAQUES DE RANDWYCK, Seigneur de Roſſum, Beeck,
Heeſſel , Gameren , Bourggrave de l'Empire & Juge de
la Ville de Nimegue , Conſeiller Extraordinaire de Guel-
dre , Député à l'Aſſemblée de LL. HH. PP. les Seigneurs
Etats Généraux des Provinces-Unies des Païs-Bas , &c.
&c. &c.

Extrait du Recès de la Diète ordinaire tenue à Nimegue aux mois de Mars & d'Avril , & continuée en Octobre & Novembre 1707.

Lundi , le 7 Novembre 1707.

No. 7.
LE Bourggrave *Jaques de Randwyck* ayant prié les Membres préſens de
vouloir s'aſſembler au Château de la Principauté, leur a propoſé, que
le Magiſtrat de Nimegue lui avoit envoyé une Lettre cachetée, en date du
6 de ce Mois, avec une Réſolution y jointe priſe le même jour par les
Bourguemaîtres , Echevins & Magiſtrats de ladite Ville , de la teneur
ſuivante:

Fiat inſertio.

Leurs Nobles Puiſſances n'ayant lu qu'avec le dernier étonnement & chagrin la ſuſdite Réſolution , ont trouvé bon préalablement , que le Bourggrave s'informera dudit Magiſtrat, s'il perſiſte dans cette Réſolution ; ce
que le prémier ayant fait ſur le champ, il a rapporté, qu'ayant envoyé pour
cet effet le Sécrétaire *Beeckman* au Bourguemaître Régent de Nimegue, il
lui avoit donné pour réponſe, que le Magiſtrat de la Ville de Nimegue per-
ſiſtoit dans ladite Réſolution ; qu'outre cela ce Magiſtrat a fait fermer la Maiſon

AFFAIRES
DES PRO-
VINCES
DE ZE-
LANDE ET
DE GUEL-
DRE.

fon de Ville, & l'appartement où le Collège combiné a coutume de s'affembler, ayant fait monter la garde à une Compagnie entière des Bourgeois,
& la pofter devant la Maifon de Ville & ladite Chambre des Députez.

Sur quoi ayant été délibéré, & eu égard que l'intérêt de la Province &
des habitans d'icelle, exige que l'Affemblée des Etats ne fe fépare pas encore, LL. NN. PP. ont trouvé bon & arrêté, que puifque le Magiftrat de
Nimegue a jugé à propos de déclarer, qu'il n'étoit pas en état de pouvoir
affifter à aucune Affemblée de la Province ou du Quartier, ni permettre
qu'il s'en tînt dans cette Ville, l'Affemblée des Etats fera tranfportée à Thiel,
pour y être ouverte le quatorze du courant, & pour y continuer à réfoudre
ce qui fera jugé convenable au bien public & en particulier à l'avantage de
cette Province, principalement auffi pour y prendre les mefures les plus efficaces à réparer le manque de refpeét & l'offenfe faite à la haute Régence
de cette Province par la fufdite Réfolution de la Ville de Nimegue du 6 de
ce mois.

En même tems il a été trouvé bon que la Cour & la Chambre des Comptes, au-lieu de fe rendre à Nimegue, conformément à la Réfolution des
Etats du 5 du courant, fe tranfporteront pareillement à Thiel, pour y continuer leurs Affemblées jufqu'à nouvel ordre. Pour quelle fin il en fera
donné connoiffance aux deux Collèges.

En bas il y avoit:

In fidem fubfcripti.

Signé,

B. Cremer.

Proteftation du Magiftrat de la Ville de Nimegue.

LE Magiftrat de la Ville de Nimegue ayant vu & examiné avec attention la Réfolution du 19 de ce mois *ad caufas*, prife & diétée d'une
manière extraordinaire & irrégulière, & réfumée & publiée fur le champ
avec précipitation, contre toute forme & bon ordre, & étant outre cela
informé par le rapport des Députez du Vénérable Magiftrats *ad caufas*, de
tout ce qui s'eft paffé à l'occafion de cette Réfolution; ayant auffi férieufement & mûrement pefé l'extrême préjudice & defavantage qui a été fait
par-là aux prééminences & prérogatives notoires de cette Ville, fe trouve
pour la confervation d'icelles indifpenfablement obligé de faire inférer au Recès cette déduétion & Proteftation contre tout ce qui a été réfolu ledit jour.

Le Magiftrat de Nimegue doit donc préalablement témoigner avec fincérité, que fon intention n'eft nullement d'entrer dans le détail de ce qui eft
arrivé depuis peu à Wageningue, jugeant néceffaire de fufpendre fon jugement là-deffus jufqu'à ce qu'il foit informé de part & d'autre des circonftan-

AFFAIRES DES PROVINCES DE ZELANDE ET DE GUELDRE. ces effentielles & de la véritable fituation de cette affaire; c'eft alors que le Vénérable Magiftrat fera toujours prêt & porté, à délibérer là-deffus conjointement avec les autres Membres de la Province, & à prendre telle réfolution qui fera jugée conforme à l'autorité & fouveraineté des Etats, & convenable au bien & à la tranquilité de cette Province.

Ledit Magiftrat doit auffi d'avance fe plaindre amèrement, qu'il n'a non feulement pas été déféré aux demandes & prières amiables faites de fa part très-inftamment, & prefque humblement, tant au Quartier qu'aux Etats, de vouloir différer d'un feul jour les délibérations & la réfolution fur l'emploi des Troupes dans une affaire qui concerne la Régence & l'économie d'une Ville qui a voix dans les Etats, puifque cette démarche pourroit caufer une extrême confufion & avoir des fuites fort fàcheufes, ne pouvant être regardée dans une République libre comme celle-ci, que comme fort odieufe & affreufe, lefquelles prières furent accompagnées d'affûrances fuffifantes, que les Perfonnes détenues pour des différends & difputes furvenues dans la Régence de Wageningue, feroient relâchées fur l'interceffion du Vénérable Magiftrat, comme en effet elles ont été relâchées & remifes en liberté prefque dans le même moment, par où par conféquent il a été fuffifamment fatisfait à l'intention des Etats du 14 du courant; mais que bien loin d'accorder ces demandes, on a procédé avec toute la précipitation & irrégularité poffibles à prendre cette Réfolution, & cela de la manière du monde la plus préjudiciable aux prérogatives & prééminences indifputables de la Ville de Nimegue.

C'eft pourquoi le Magiftrat de cette Ville fe trouve obligé en honneur & en confcience, de protefter *in folemniffima forma* contre tous les points de ladite Réfolution, & de la déclarer par conféquent invalide & nulle.

Le prémier de ces points eft, que lorfque dans l'Affemblée du Quartier de Nimegue les plaintes d'une des parties contentieufes, ayant été mifes en délibération, la Nobleffe & les deux Villes de Thiel & Bommel prétendirent forcer par la pluralité celle de Nimegue qui préfidoit alors, à conclurre une chofe fi odieufe qu'eft fans contradiction *in fummo gradu* l'emploi des Troupes dans des différends civils, qui dans un Etat bien reglé ou dans une République ne doivent pas être terminez par le fabre affreux des Soldats, mais affoupis & calmez par un accommodement amiable, arbitrage, décifion juridique, ou autres voies de douceur.

A quoi il faut ajouter, que quoique la Ville de Nimegue fît difficulté, pour ces raifons importantes de prendre une réfolution fur un point fi odieux, & de fe rendre à la pluralité, d'autant que les dites plaintes n'étoient portées que par une des parties, & qu'on n'avoit point écouté ni même réquis l'autre, on a nonobftant cela trouvé bon de produire le 14 du courant, comme une prétendue Réfolution du Quartier, qu'on devoit expédier des ordres à quelques Compagnies de cette Garnifon, de marcher d'ici à Wageningue; mais comme dans les Quártiers de Zutphen & Veluwe, quelques Villes fe trouvèrent apparemment par les mêmes raifons, contraires audit emploi des Troupes, & que les Députez des autres déclaroient qu'ils

n'étoient

n'étoient pas inftruits là-deffus, cette prétendue Réfolution du Quartier de Nimegue n'eut pas encore lieu ce jour-là.

Cependant lesdits deux Quartiers ayant été priez le 19 fuivant par Mr. le Bourggrave *Randwyck* de fe vouloir déclarer là-deffus, & ayant été fait ouverture de leur déclaration, on n'a plus balancé de conclurre la chofe, & d'autorifer les Députez ordinaires du Quartier de Nimegue à dépêcher des ordres pour la marche de cent vingt-cinq hommes de cette Garnifon avec les Officiers réquis, d'ici à Wageningue, quoique les Villes de Nimegue & d'Arnheim, protestèrent publiquement & folemnellement contre cette marche, que dans le Quartier de Veluwe les Députez de Harderwyck n'étoient chargez d'y confentir qu'à la dernière extrêmité, que ceux de Hattum & Elbourg déclaroient encore de manquer d'instruction fur ce point, que ceux de Wageningue étoient abfens, & que dans le Quartier de Zutphen il n'y avoit que la Nobleffe & la Ville de ce nom qui étoient pour l'affirmative, fans avoir le confentement des quatre autres Villes.

Par tout ceci l'irrégularité & nullité abfolue de ladite Réfolution faute aux yeux, & par conféquent auffi la juftice & les raifons indifputables des protestations qui ont été faites contre cette démarche.

Les ordres fpécieux donnez à l'Officier qui devoit commander lesdits cent vingt-cinq hommes, n'ont pas non plus pû tranquilifer le Magiftrat de Nimegue, ni le porter à être imprudemment facile dans une affaire de fi dangereufe conféquence, d'autant que ces ordres fpécieux furent d'abord contrariez par d'autres dont le même Officier étoit chargé.

En fecond lieu, la Ville de Nimegue fe croit extrêmement préjudiciée & lezée de ce qu'outre & conjointement avec ladite Réfolution, on a auffi conclu des chofes qui n'avoient jamais été mifes fur le tapis dans le Quartier de Nimegue, mais fur lefquelles on eft allé aux voix, contre toute forme du Gouvernement de cette Province & de la manière du monde la plus irrégulière, à la table *ad caufas*, où il n'y a que fix Membres, trois de la Nobleffe, & trois des Villes de chaque Quartier, deforte que malgré la proteftation de la Ville de Nimègue, qui eft confidérablement lezée par-là dans fon droit notoire de préfider dans fon Quartier, on a procedé à la conclufion.

Et enfin la Ville de Nimegue eft grievement offenfée de ce que par ces manières irrégulières on lui a ôté la libre délibération fur des affaires fi importantes, telle qu'eft par exemple le refus d'admettre une Commiffion munie du Sceau de la Ville & fignée par le Sécrétaire, nonobftant que la Réfolution unanime du Quartier de Nimegue, prife le 15 Fevrier 1703, porte en termes exprès, que des Membres qui ont une Commiffion munie du Sceau de la Ville & fignée par le Sécrétaire, font feuls admiffibles à toutes les affaires de la Province & des Quartiers ; Réfolution qui a été confirmée religieufement depuis plufieurs années. Telle eft auffi l'envoi d'une Députation à LL. HH. PP. laquelle tendoit principalement à faire marcher quelques Compagnies à Wageningue, pour terminer par la terreur des armes, & par la force des Troupes, des différends civils qui s'y étoient élevez.

   Com-

AFFAIRES
DES PRO-
VINCES
DE ZE-
LANDE ET
DE GUEL-
DRE.

Comme donc par toutes ces manières arbitraires, ci-deſſus déduites, on a enfreint conſiderablement les prérogatives & prééminences inconteſtables de la Ville de Nimegue, & que de cette façon on pourroit prendre contre cette Ville & contre d'autres des Réſolutions qui les priveroient abſolument de tous leurs privilèges & droits cherement achetez, & leur, preſcriroient, ſans leur libre délibération & conſentement, des loix touchant une forme de Gouvernement, qui ſeroit pour elles entièrement déſagréable, dure & tiranique, & dont la ſeule penſée remplit la Ville de Nimegue d'horreur, & lui inſpire un zèle ardent de veiller contre des entrépriſes de ſi dangereuſe conſéquence, & de proteſter par conſéquent encore dans cette vue, outre toutes les raiſons déjà alleguées, *in optimâ formâ*, contre tout ce qui a été, ou pourroit être réſolu de cette nature.

Ledit Magiſtrat prie néanmoins encore très-amiablement & inſtamment, que le tort fait à cette Ville & Bourgeoiſie par quelques Membres, ſoit duement réparé & rédreſſé par les mêmes, avec de telles aſſûrances qui puiſſent perſuader la Ville & la Bourgeoiſie que pareille choſe ne leur arrivera plus, ne pouvant ni ne devant pas être celé, que faute d'une telle ſatisfaction on fera, quoiqu'à grand regret, forcé indiſpenſablement à ſonger de bonne heure aux précautions & moyens les plus efficaces pour conſerver la Ville & Bourgeoiſie de Nimegue dans la jouiſſance de ſes anciennes prérogatives, prééminences, privilèges & libertés.

Déclarant encore expreſſément devoir être réputé innocent de tous les inconvéniens qui en pourroient réſulter.

En bas il y avoit,

S'accorde avec l'Original préſenté & lu dans l'Aſſemblée des Etats à Nimegue le 25 Octobre 1707.

Signé,

M. L. SINGENDONCK.

Réponſe à la Proteſtation du Magiſtrat de la Ville de Nimegue, préſentée à l'Aſſemblée des Etats.

LA Nobleſſe du Quartier de Nimegue, de même que les Députez des Villes de Thiel & Bommel ayant vu avec une extrême ſurpriſe, que le Magiſtrat de la Ville de Nimegue a trouvé à propos de faire lire le 25 du courant dans l'Aſſemblée des Etats certain Mémoire ou Proteſtation, contenant en ſubſtance, que les Réſolutions de ladite Aſſemblée du 14 & 19 de ce mois étoient priſes & dictées d'une manière extraordinaire & irrégulière, & réſumées & publiées ſur le champ avec précipitation contre toute for-

forme & bon ordre, proteftant pour ces raifons contre tout tort & préjudice qui avoit été fait par-là à leur Ville.

Lesdits Seigneurs de la Nobleffe & les Députez de Thiel & Bommel ont
jugé néceffaire d'en faire voir le contraire, & de dire pour cet effet préalablement & en racourci qu'il eft vrai.

Qu'un grand nombre de Volontaires dans la Ville d'Arnheim ont ôfé le
11 Octobre 1707, malgré l'oppofition du Commis du Magazin du Païs,
faire ouvrir ledit Magazin & en tirer quelques pièces de canon avec l'attirail
y appartenant, quoique ce Magazin & l'Artillerie qui s'y trouvent, n'appartiennent pas à la Ville d'Arnheim en particulier, mais à l'Etat.

Que ces Volontaires ne fe font pas feulement rendus maîtres violemment
de cette Artillerie, ce qui attaque directement la fuprême autorité de l'Etat;
mais que les mêmes Volontaires ont aufli mené après cela lesdites pièces
de canon hors de la Ville d'Arnheim, & fe font rendus avec cette Artillerie,
& des fufils & épées à Wageningue.

Qu'ils ont tiré fur cette Ville du canon de l'Etat, & forcé la Bourgeoifie
de les laiffer entrer, commettant mille excès, tant en caffant les vitres qu'en
toutes fortes d'autres manières.

Que lesdits Volontaires ont de plus ôfé mener par force quatre Bourguemaîtres de Wageningue en prifon à la Maifon de Ville à Arnheim, pendant
qu'une partie de ces Volontaires reftèrent à Wageningue, avec l'affiftance
defquels quelques Bourgeois ont caffé les Bourguemaîtres captifs & en ont
mis d'autres en leur place.

Que les quatre Bourguemaîtres étant détenus prifonniers dans la Ville
d'Arnheim, leurs femmes, enfans & parens en ont porté le 14 de ce mois
des plaintes à l'Affemblée des Etats de cette Province, priant que lesdits
Bourguemaîtres fuffent rétablis par l'autorité de LL. NN. PP.

Sur quoi les Etats ont trouvé bon d'ordonner au Magiftrat d'Arnheim,
de remettre les Bourguemaîtres de Wageningue en liberté.

Qu'en même tems la Nobleffe du Quartier de Nimegue, & les Députez
des Villes de Thiel & Bommel, de même que quelques Membres des autres
Quartiers, ont été d'avis, que puifqu'il y avoit déjà plufieurs perfonnes à
Wageningue de bleffées & d'autres menacées de mort, il feroit néceffaire
d'y envoyer trois à quatre Compagnies de la Garnifon de Nimegue, avec
ordre feulement de garantir la Bourgeoifie de toute infulte, & d'empêcher
les violences, fans fe mêler des affaires de la Régence, ni prendre aucun
parti, comme porte expreffément la Réfolution du 19 du courant.

Mais que ce point n'a pas été arrêté ledit jour, à caufe que les Députez
de plufieurs Villes firent difficulté d'y confentir faute d'inftruction.

Le 18 du même mois on préfenta à l'Affemblée des Etats trois requêtes à
la fois, la prémière au nom des Maîtres des Communautés & Chefs des
Tireurs de Wageningue; la feconde des Bourgeois, Communautés & Tireurs, & la troifième des Bourgeois & habitans de la même Ville, contenant toutes des plaintes contre la continuation des violences commifes par
les Volontaires d'Arnheim.

Que

AFFAIRES DES PRO- VINCES DE ZE- LANDE ET DE GUEL- DRE.

Que ces plaintes ayant été prifes *ad referendum* par les Députez des Quar-tiers refpectifs , les Bourguemaîtres de la Ville de Nimegue ont été priez par les Membres préfens du même Quartier , de vouloir porter fans perte de tems cette affaire extrêmement preffante, & où il y avoit *periculum in mora*, à la délibération du Quartier; fur quoi tous les Membres fe rendirent dans la Chambre où l'Affemblée du Quartier fe tient.

Mais lefdits Bourguemaîtres y étant venus auffi , demandèrent, au-lieu de délibérer fur cette affaire importante & urgente , qu'elle fût remife au lendemain ; ce qui fut arrêté fur leurs inftances par tous les Membres du Quartier, & que le lendemain on s'affembleroit précifément à neuf heures du matin, pour délibérer alors fur lefdites plaintes.

Que cette Affemblée au-lieu de neuf heures n'a été indiquée que vers dix heures & demi. Les Membres du Quartier y parurent , mais le Bourgue-maître *van der Linden*, malgré toutes les inftances réïtérées, refufa de former l'Affemblée du Quartier & de mettre lefdites plaintes en délibération ; ce qui obligea les Membres du Quartier, après avoir attendu jufqu'après midi, de fe rendre à l'Affemblée des Etats, & d'y infifter encore fur la Réfolution prife dans le Quartier le 14 Octobre.

Par tout ceci il eft évident que le Magiftrat de la Ville de Nimegue a tort de dire que ladite Réfolution a été prife précipitemment & d'une manière irrégulière , vu qu'aux inftances dudit Magiftrat l'affaire a été différée d'un jour , quoiqu'en pareil cas la nature des chofes exige de délibérer là-deffus promptement & fans le moindre délai.

A quoi il faut ajouter, qu'après être allé aux voix , & la feule Ville de Nimegue y ayant été contraire , le Quartier devoit néceffairement, fur les inftances de toute la Nobleffe & des Députez des Villes de Thiel & Bom-mel, felon l'ordre de la Régence , conclurre à la pluralité des voix.

Que le Magiftrat de Nimegue, quoique fes Bourguemaîtres préfident dans l'Affemblée du Quartier, ne pourra jamais prouver par aucun Acte autenti-que, les privilèges & prééminences, qu'on fait fonner fi haut en termes gé-néraux, fans en jamais rien alléguer de particulier , en vertu desquelles il foit autorifé de différer une affaire portée à l'Affemblée des Etats Généraux & prife *ad referendum* par les Députez des Quartiers, & encore moins d'em-pêcher qu'on ne prenne une Réfolution là-deffus à la pluralité des voix.

Outre que ce feroit une chofe de dangereufe conféquence, fi la Ville de Ni-megue pouvoit différer ou refufer même de mettre en délibération dés affai-res d'importance portées à l'Affemblée des Etats ; car en cas que cela dût dépendre privativement de la Ville de Nimegue , elle feroit feule maîtreffe de toutes les Réfolutions à prendre , ce qui ne fauroit raifonnablement être foutenu, ni fondé fur aucun Acte ou Privilège autentique.

Bien loin delà, le contraire eft inconteftable , vu que ce ne font pas les Bourguemaîtres de Nimegue, mais Mr. le Bourggrave, ou le prémier No-ble qui propofe dans l'Affemblée du Quartier les affaires qui ont été portées aux Etats.

Il eft bien vrai que l'emploi de Troupes dans des chofes qui concernent

le

le Gouvernement politique eft dangereux, fi l'on en abufe, & qu'il ne faut pas fi légèrement avoir recours à ce remède ; mais quand on ne s'en fert uniquement que pour la fûreté des Bourgeois, contre des violences étrangè- res commifes dans leur Ville, avec défenfe de ne fe point meler des affaires de la Régence, comme cela eft dit en termes exprès dans la Réfolution du 19 de ce mois, la chofe eft louable & d'une néceflité indifpenfable, puifque c'eft le moyen de maintenir la liberté.

En effet la République ne fauroit porter le nom d'un Etat libre, fi fes Su- jets ne font pas gouvernez par la juftice & les loix, mais fubjuguez par la violence, & qu'une Ville ou un Bourgeois foit obligé par force d'entrer dans le fentiment d'un autre; car chaque Régent bien intentionné de la Républi- que doit avoir pour maxime fondamentale, qu'il n'y a rien de plus cher que la liberté, & qu'elle ne fauroit fubfifter avec la violence.

Les Bourguemaîtres de Nimegue prétendent, que par l'interceffion d'un des leurs, ceux de Wageningue, détenus prifonniers, ont été relâchez; mais cela ne mérite aucune attention, vu que cela ne leve pas le crime de Lèze-Majefté, commis par les violences des Volontaires d'Arnheim contre la Ville de Wageningue, qui a feffion & voix dans les Etats; à moins qu'on ne veuille dire que chaque Ville eft fouveraine chez elle & indépendante; Principe qui doit être détefté de tous les Régens fincères & fenfez.

Le Magiftrat de Nimegue dit lui-même, que les différends civils ne doi- vent pas être terminez par la force des armes, mais affoupis & calmez par un accommodement amiable, par arbitrage, décifion juridique ou autre pa- reille de douceur.

Par conféquent ce même Magiftrat auroit dû defapprouver les violences affreufes des Volontaires d'Arnheim, & concourir à prendre conjointement avec les autres Membres de l'Etat, les mefures néceffaires pour empêcher ces violences, bien loin de décrier la Réfolution des Etats comme très-pré- judiciable à leur Ville.

Quant à la prétendue raifon que le Magiftrat de Nimegue allègue pour n'avoir pas confenti à la fufdite Réfolution, favoir parce que les parties n'a- voient pas été écoutées, ce n'eft qu'une excufe frivole; car quand il s'agit de violences fi publiques & notoires que celles qui ont été commifes par les Volontaires d'Arnheim dans la Ville de Wageningue, il faut y pourvoir fur le champ & prendre d'abord une Réfolution provifionelle, pour arrêter ces violences & rétablir le bon ordre autant qu'il eft poffible; après quoi on doit entendre les parties & décider felon l'exigence du cas; ce que les Etats de la Province ont affez fait entendre par leur Réfolution fouvent alleguée du 16 du courant.

Outre que c'eft une chofe inouie & qui implique la dernière abfurdité, de prétendre que dans un cas de violences publiques & continuées, les parties foient écoutées avant que les Etats puiffent y pourvoir par des moyens effi- caces; car l'une des parties ayant été attaquée par la force des armes, & traînée en prifon, ne fauroit être écoutée avant d'être relâchée & remife en liberté.

En

AFFAIRES
DES PRO-
VINCES
DE ZE-
LANDE ET
DE GUEL-
DRE.

En prenant la Réfolution du 19 de ce mois, ni la Ville de Nimegue ni celle d'Arnheim ne pouvoient venir en confideration, la prémière par les raifons déduites ci-devant, & la feconde parce que c'étoit d'elle que les violences partoient.

Il eft vrai que plufieurs Députez des Villes des Quartiers de Zutphen & de Veluwe avoient déclaré le 14 de n'être point inftruits fur ce point ; mais fur des ordres reçus depuis ils y ont donné leur confentement dans les Quartiers refpeétifs; de forte que le paffage inferé dans la Proteftation du Magiftrat de Nimegue, comme fi les Villes de Hattum & Elbourg, de même que quatre Villes du Quartier de Zutphen n'avoient pas confenti à ladite Réfolution, eft tout à fait abufif, & n'a pas plus de fondement que le fpécieux grief qu'on y ajoute, que les Officiers qui devoient commander les Troupes deftinées à Wageningue, avoient eu des ordres contraires à l'intention exprimée dans la fufdite Réfolution; à quoi perfonne n'a feulement pas fongé ni dans l'Affemblée du Quartier ni dans celle des Etats, bien loin d'expédier de tels ordres.

Et pour ce qui eft du grand tort qu'on prétend avoir été fait à la Ville de Nimegue par la Réfolution prife le 19 de ce mois, & par la conclufion d'autres chofes qui n'avoient pas été mifes en délibération dans les Quartiers; il eft à remarquer, que nonobftant que toutes les affaires de la moindre importance, fur lefquelles il a été pris une Réfolution Provinciale, & en particulier célle qui fait le fujet de la Réfolution du 19 du courant, avoient été propofées préalablement le 14 Oétobre aux Quartiers refpeétifs, Monfr. le Bourggrave a encore au furplus prié deux fois au nom de la Nobleffe & des deux Villes de Thiel & Bommel affemblées le 19 Oétobre *ad caufas*, le Bourguemaître *van der Linden* de mettre encore l'affaire de Wageningue en délibération dans le Quartier ; mais que ledit Bourguemaître *van der Linden* l'ayant refufé, Mr. le Bourggrave, comme Préfident dans l'Affemblée de la Province, alla lui-même aux voix, fuivant l'ordre du Gouvernement. Et alors tous les Membres de la Nobleffe, de même que les Députez des Villes de Thiel & Bommel furent unanimement de l'avis contenu dans la Réfolution du 19 de ce mois.

Qu'enfuite les fentimens de chaque Quartier furent lus dans l'Affemblée des Etats *ad caufas*, & fuivant l'ordre du Gouvernement on conclut en conformité des avis des trois Quartiers, fans faire réfléxion fi la Ville de Nimegue, qui avec d'autres Villes n'a qu'une fixième voix dans le Quartier, y confentoit ou non.

On regarde pareillement comme très-mal fondé le tort que la Ville de Nimegue prétend lui avoir fait, en ce qu'on n'avoit pas accepté la Commiffion de quelques nouveaux Régens de Wageningue, rendue prefque autentique par le Sceau de la Ville & la fignature du Sécrétaire de ladite Ville.

Grief qu'on prétend fonder fur une Réfolution prife par le Quartier de Nimegue le 15 Fevrier 1703.

Mais cette Réfolution n'eft nullement applicable aux Commiffions préfentées

tées à l'Assemblée Provinciale par les Régens de Wageningue intrus par des Affaires des Provinces de Zélande et de Gueldre.
forces étrangères, elle ne s'étend qu'à des Régens établis légitimement &
sans le bruit des armes, & qui viennent délivrer une Commission munie du
Sceau de la Ville & de la signature du Sécrétaire.

C'est donc avec justice qu'on a refusé d'accepter la susdite Commission.

D'autant plus que si des Députez munis de pareilles Commissions étoient
reçus, les États de cette Province pourroient avec raison être accusez &
blâmez d'approuver indirectement la conduite de ceux qui ont déposé par la
force des armes les Magistrats de Wageningue, du moins pour la plus grande partie, & qui les ont appréhendé violemment, mené & détenu prisonniers, pour en établir d'autres en leur place. On en pourroit inférer encore que des gens intrus par de tels moyens violens dans la Magistrature,
devroient être admis sans contradiction dans l'Assemblée des Etats & reconnus pour des Membres de la Province.

Thèse qui doit faire horreur à tout bon & sincère Régent, vu que par-là
les violences seroient recompensées, une Ville donneroit la loi à l'autre, &
en cas de désobéissance elle l'y forceroit & la subjugueroit; ce qui est non
seulement contraire à tout bon ordre de Régence en général, mais aussi en
particulier à l'union & à la forme du Gouvernement de cet Etat, étant outre
cela de si mauvaise conséquence que par-là tantôt une Ville, & tantôt une
autre se trouveroit exposée au carnage, & par conséquent toute la Province à une ruïne inévitable.

Pour toutes ces raisons la susdite Noblesse & les Députez des Villes de
Thiel & Bommel, sont d'opinion que la Résolution du 19 de ce mois a été
prise légitimement & conformément à l'ordre de la Régence, & qu'il faut
la soutenir.

Au reste leurs Nobles Puissances ne peuvent pas s'empêcher de témoigner
l'extrême surprise avec laquelle Elles ont vu à la fin de ladite Protestation de
la Ville de Nimegue les expressions & menaces inusitées, qu'en cas que la
Résolution du 19 du courant ne fût redressée, la Ville seroit forcée de songer à tems aux précautions & moyens par où elle & sa Bourgeoisie pussent
être inviolablement maintenues dans la jouissance de ses anciennes prérogatives, prééminences, privilèges & libertés.

Ces sortes d'expressions inouies ne tendent qu'au mépris de l'autorité souveraine, & donnent lieu à la Noblesse, de même qu'aux Villes de Thiel &
Bommel de les regarder avec horreur, & les animent à veiller réciproquement contre des choses de si dangereuse conséquence.

La Noblesse & les Députez des Villes de Thiel & Bommel, qui soutiennent n'avoir pas moins de privilèges & prérogatives chez eux que la Ville
de Nimegue, déclarent outre cela, qu'ils n'ont pas eu la moindre pensée en
prenant la Résolution du 19 de ce mois, ni n'en auront jamais de priver
quelqu'un de ses privilèges, mais qu'ils tâchent en toute manière de conserver & maintenir la Régence sur le pied qu'elle se trouve présentement, &
d'empêcher tout ce qui pourroit y causer du changement, & par conséquent
de délivrer de toute violence étrangère la Ville de Wageningue, aussi bien

Tom. XIV. F que

AFFAIRES
DES PRO-
VINCES
DE ZE-
LANDE ET
DE GUEL-
DRE. que toutes les autres Villes & Membres , à qui pareille chofe pourroit arri-
ver ; priant que la Préfente foit inférée dans le Recès de l'Affemblée Pro-
vinciale, en réponfe à la Proteftation du Magiftrat de la Ville de Nimegue.
Ainfi remis à l'Affemblée Provinciale par la Nobleffe du Quartier de Nime-
gue & les Députez des Villes de Thiel & Bommel, le 28. Octobre 1707.

En bas il y avoit ,

Au nom de la Nobleffe du Quartier de
Nimegue & des Députez des Villes
de Thiel & Bommel.

Signé ,

W. Schull.

Réponfe de la Comté de Zutphen à la Proteftation de la Ville de Nimegue.

LA Nobleffe & les Députez des Villes de la Comté de Zutphen , ayant
appris avec furprife & contre toute attente par la Proteftation délivrée
le 25 de ce mois à l'Affemblée Provinciale , de la part du Magiftrat de la
Ville de Nimegue, pour énerver & éluder la Réfolution qui y a été prife le
19 du courant , que ledit Magiftrat a ôfé blâmer cette Comté, comme fi
fon confentement à ladite Réfolution n'avoit pas été unanime , & qu'il n'y
avoit eu que la Nobleffe & la Ville de Zutphen qui y avoient acquiefcé,
fans le confentement & l'approbation des autres quatre Villes, ne fauroient
fe difpenfer d'y répondre & de déclarer, que ledit Magiftrat a avancé cela
très-injuftement & contre toute vérité, vu qu'il eft vrai au contraire, que
non feulement toute la Nobleffe unanimement , mais auffi la Ville de Zutphen & celles de Lochem & Groenloe , qui font enfemble fept voix des
huit dont la Régence de la Comté eft compofée, y ont expreffément confenti, mais qu'auffi les deux autres Villes , favoir Doesburg & Deutichem ne
s'y font pas oppofées, bien loin de protefter contre cette conclufion.

Par où il eft évident que ce que la Ville de Nimegue avance eft abufif &
faux; auffi n'a-t-elle aucun droit de critiquer ou d'attaquer les avis des autres Quartiers, donnez après une mûre délibération & après avoir bien pefé
les chofes.

Il ne lui convient pas non plus de contredire à la conclufion de Mr. le
Bourggrave *Rantwyck*, donnée légitimement & conformément à l'ordre de
la Régence pour cette Réfolution du 19 de ce mois, fur laquelle LL. NN.
PP. croient devoir perfifter. Que LL. NN. PP. ne fauroient s'empécher de
témoigner l'extrême furprife avec laquelle elles ont vu à la fin de ladite Proteftation de la Ville de Nimegue les expreffions & menaces inufitées, qu'en
cas que la Réfolution du 19 du courant ne fût redreffée, la Ville feroit forcée

cée de fonger à tems aux précautions & moyens convenables pour fe maintenir inviolablement dans la jouiſſance de ſes anciennes libertés, prééminences & privilèges.
    Tout cela ne paroît avoir pour but que d'exciter, s'il étoit poſſible, la
bonne Bourgeoiſie , & rendre les perſonnes de LL. NN. PP. odieuſes, ce
qui certainement eſt de dangereuſe conſéquence dans la conjonćture préſente, outre qu'il n'eſt permis à aucun Membre de la Province de s'arroger
une telle ſupériorité ſur les autres ; & ſi chacun vouloit ſuivre ce pernicieux
exemple, quel affreux Gouvernement ne verroit-on point ? Au-lieu que chacun devroit travailler, ſelon le devoir de tout bon Régent, au repos & au
bien de la Province. LL. NN. PP. déclarent qu'en prenant ladite Réfolution du 19 du courant, elles n'ont pas eu la moindre penſée, ni ne l'auront
jamais de priver quelqu'un de ſes privilèges , mais qu'elles tâchent en toute
manière de conſerver & maintenir la Régence ſur le pied qu'elle ſe trouve
préſentement, & d'empêcher tout ce qui pourroit y cauſer le moindre changement & par conſéquent de délivrer de toute violence étrangère la Ville de
Wageningue auſſi bien que toutes les autres Villes & Membres, à qui pareille choſe pourroit arriver, priant que la Préſente ſoit inférée dans le Recès
de l'Aſſemblée Provinciale, en réponſe à la Proteſtation du Magiſtrat de la
Ville de Nimegue.

En bas il y avoit :

        J'atteſte que la Préſente eſt conforme mot
        à mot à l'Original remis hier 29 Octo-
        bre à l'Aſſemblée Provinciale.

Signé ,

             B. CREMER.

Réponſe à la Proteſtation de la Ville de Nimegue.

L A Nobleſſe & les Députez des trois Villes de Veluwe, Harderwyck,
   Hattem & Elbourg, ceux de Wageningue étant abſens , ayant appris
avec beaucoup d'étonnement la Proteſtation délivrée le 25 Octobre à l'Aſſemblée des Etats de la part du Magiſtrat de Nimegue, pour énerver la Réfolution des Etats en date du 19 du même mois , & ayant entendu lire la
réponſe de la Nobleſſe du Quartier de Nimegue & des Villes de Thiel &
Bommel, comme auſſi celle de la Nobleſſe & des Villes de la Comté de Zutphen, déclarent, qu'ils ſe conforment à tous égards au ſentiment de la Nobleſſe & des Villes du Quartier de Nimegue , & de la Comté de Zutphen,
y ajoutant ſeulement pour la juſtification des trois Villes de Veluwe contre
les fauſſes & injuſtes accuſations contenues dans ladite Proteſtation de Nimegue, qu'il eſt très-conſtant, que lorſque la Nobleſſe du Quartier de Ve-
                luwe

luwe a confenti unanimement à la fufdite Réfolution, excepté *Renes à Holt-buyfen*, les Députez de la Ville de Harderwyck ont déclaré avoir ordre de ne confentir à l'emploi des Troupes qu'à la dernière extrêmité, qui éxiftoit dans le cas en queftion, & ceux de Hattem & Elbourg ont fait entendre, qu'ils n'étoient pas encore fuffifamment inftruits fur ce point, mais qu'ils en écriroient à leurs Principaux, pour avoir des ordres plus précis là-deffus. Sur quoi Mr. le Préfident, fuivant l'ordre & la coutume de la Régence, a due-ment conclu pour ladite Réfolution, fans qu'aucune de ces trois Villes y ait contredit, & enfuite lesdites trois Villes ont expreffément déclaré qu'elles fe conformoient en tout à l'avis de la Nobleffe, à quoi ceux de Wageningue fe font non feulement joints, mais ils ont encore demandé très-particulièrement que les Troupes fuffent employées. Ce qui fait connoitre le peu de fonde-ment & la fauffeté manifefte de ce que la Ville de Nimegue avance, à la-quelle il ne convient nullement de fe mêler des avis des autres Quartiers, & de critiquer ce qu'ils ont réfolu après de mûres délibérations & une pleine connoiffance de caufe.

Leurs Nobles Puiffances peuvent pareillement déclarer qu'en prenant la-dite Réfolution, elles n'ont pas eu la moindre penfée, ni n'en auront ja-mais, d'ôter ou de diminuer les privilèges de qui que ce foit, mais qu'au contraire elles tâchent de contribuer en toutes manières imaginables à con-ferver & maintenir la Régence fur le pied qu'elle fe trouve actuellement éta-blie, à détourner tout ce qui y pourroit occafionner du changement, & par conféquent à délivrer la Ville de Wageningue auffi bien que toutes les autres Villes & Membres, des violences qui pourroient leur être faites du dehors; demandant que la Préfente foit inférée dans le Recès de la Diète, en répon-fe à la Proteftation du Magiftrat de Nimegue. Fait à Nimegue le 1 No-vembre 1707.

En bas il y avoit:

Au nom de la Nobleffe & des quatre Villes
de Veluwe, Harderwyck, Wageningue,
Hattem & Elbourg.

Signé,

N. POTGIETER.

Ex.

Extrait du Recès de la Diète ordinaire tenue par LL. NN. PP. les Seigneurs Etats de la Principauté de Gueldre, & de la Comté de Zutphen, aux mois de Mars & d'Avril, & enfuite par continuation dans le mois d'Octobre 1707, *dans la Ville de Nimegue; du Vendredi* 14 *Octobre* 1707.

LU une Requête des femmes, enfans & autres parens des Bourguemaîtres & habitans de la Ville de Wageningue, menez le 10 de ce mois prifonniers à Arnheim & qui y font détenus actuellement, par laquelle les Supplians demandent que LL. NN. PP. veuillent par l'un ou l'autre moien avancer & procurer l'élargiffement desdits Bourguemaîtres & habitans captifs.

Sur quoi LL. NN. PP. ont trouvé bon & arrêté, d'enjoindre au Magiftrat, comme il lui eft enjoint par la Préfente, de relâcher immédiatement après la reception d'icelle lesdits Bourguemaitres & autres perfonnes qui y font détenues, & de faire partir inceffamment de Wageningue ceux qui s'y trouvent encore de la Compagnie Franche d'Arnheim, afin que lesdits Bourguemaîtres & autres Bourgeois & habitans de Wageningue puiffent s'adreffer là où ils le jugeront convenir.

Signé,

M. L. SINGENDONCK.

Extrait du Recès de la Diète ordinaire tenue par LL. NN. PP. les Seigneurs Etats de la Principauté de Gueldre & de la Comté de Zutphen aux mois de Mars & d'Avril, & enfuite par continuation au mois d'Octobre 1707, *dans la Ville de Nimegue. Mécredi* 19 *Octobre* 1707.

LEs Etats ont après une mûre délibération trouvé bon & arrêté, la Commiffion des Régens nouvellement établis à Wageningue, préfentée & lue hier, ne fera point acceptée, mais que la Réfolution de LL. NN. PP. tant à l'égard des perfonnes détenues prémièrement à Arnheim & à préfent à Wageningue, que par rapport au départ de la Compagnie Franche ou de quelques-uns d'icelle de Wageningue, fera fuivie & exécutée, & que les Membres du Magiftrat de ladite Ville de Wageningue qui ont affifté à la précédente Affemblée des Etats feront reftituez *in integrum*, jufqu'à ce que LL. NN. PP. après avoir écouté les parties, ayent décidé fur ce qui s'eft paffé à Wageningue, comme elles le jugeront convenir felon l'éxigence du cas.

Et fur les plaintes réïtérées des Bourgeois, Communautés & habitans de ladite Ville de Wageningue, les Etats ont trouvé bon d'autorifer & de charger les Députez ordinaires du Quartier de Nimegue, comme ils font autorifez

F 3

AFFAIRES
DES PRO-
VINCES
DE ZE-
LANDE ET
DE GUEL-
DRE.

fez & chargez par la Préfente , de dépêcher des Lettres patentes pour la
marche de cent vingt-cinq hommes avec les Officiers réquis , à Wageningue, avec ordre exprès & par écrit à l'Officier qui les menera & commandera, de s'y rendre au plutôt, & d'y empêcher qu'il ne foit fait de part ni
d'autre aucun tort ou dommage aux Bourgeois, fans prendre aucun parti,
ni fe méler d'affaires qui regardent la Régence; &, fi contre toute attente
les fufnommez captifs étoient encore en prifon, de les faire relâcher au nom
de LL. NN. PP. En cas qu'il fe trouvât auffi encore quelques Volontaires
à Wageningue, ledit Officier Commandant eft chargé de les en faire partir,
& en cas d'oppofition, de les arrêter.

De plus LL. NN. PP. ont trouvé bon & arrêté, que *Wilt Jean van Broeckhuyfen à Lathmer*, fera réquis & chargé de fe rendre au plutôt à la Haye,
pour faire part à l'Affemblée de LL. HH. PP. de ce qui s'eft paffé à Wageningue , & de la Réfolution prife à ce fujet par les Etats, comme auffi
pour prier que trois à quatre Compagnies foient envoyées à Wageningue,
avec ordre aux Officiers Commandans d'obéir aux ordres de LL. NN. PP.
ou à ceux de leurs Députez ordinaires, enjoignant en outre audit *Wilt Jean
van Broeckhuyfen*, de revenir immédiatement après s'être acquité de fa commiffion, & d'en faire rapport à l'Affemblée des Etats.

Signé,

M. L. SINGENDONCK.

Extrait du Regître des Réfolutions de LL. HH. PP. les Sei-
gneurs Etats Généraux des Provinces-Unies des Païs-
Bas; du Jeudi 24 Novembre 1707.

Réfolu-
tion des
Etats-
Géné-
raux tor-
chant les
Trou-
bles de
Gueldre.

LEs Srs. Députez Extraordinaires de la Province de Gueldre ont renouvellé à l'Affemblée la propofition qu'ils y avoient faite le 21 de ce mois,
au nom & de la part des Seigneurs Etats de ladite Province leurs Principaux, au fujet des violences que les ainfi nommez Volontaires d'Arnheim
ont commifes contre les habitans de Wageningue, & des autres procédures
irrégulières faites du depuis par les Magiftrats de Nimegue & d'Arnheim,
priant de nouveau très-inftamment, que LL. HH. PP. veuillent fans plus
de délai accorder leur demande, & envoyer en conféquence au plutôt encore un Régiment de Cavalerie & un d'Infanterie dans ladite Province, à la
difpofition des Seigneurs Etats de Gueldre, le tout plus amplement mentionné dans ladite Propofition & dans les Actes du 21 de ce mois. Lesdits
Srs. Députez Extraordinaires ont en même tems, pour plus d'éclairciffement
de leur propofition, déclaré, que l'intention des Seigneurs Etats leurs Principaux eft, de ne vouloir garder lesdits deux Régimens plus longtems dans
leur Province , que jufqu'à ce que les points fuivans foient éxécutez & ob-
fervez exactement, favoir.

I. Que

I.

Que le Placard des Seigneurs Etats de Gueldre pour la caſſation des Volontaires ſoit exécuté, & ait ſorti ſon plein & entier effet.

II.

Que les Membres de la Magiſtrature de Wageningue qui ont été fait priſonniers par les Volontaires d'Arnheim, & enſuite dépoſez de leurs charges, ſoient entièrement & immuablement rétablis, & que les Tribuns qui avoient été congédiez avant l'arrivée desdits Volontaires à Wageningue, reſtent congédiez, tout comme ceux qui ont été mis à leurs places doivent être continuez, juſqu'à ce qu'il en ſoit diſpoſé autrement. Pour cet effet ceux qui ſe croient leſez, pourront s'addreſſer à leurs Magiſtrats, ou bien aux Seigneurs Etats de la Province, de la manière que l'ordre du Gouvernement le demande, afin qu'après une entière connoiſſance de cauſe ils puiſſent décider là-deſſus ſelon la juſtice & l'équité, comme ils jugeront convenir à la conſervation de la tranquillité de ladite Ville.

III.

Que les Seigneurs Etats de Gueldre, & tous les Membres qui les compoſent, aient toute la ſûreté réquiſe dans les Villes de Nimegue, d'Arnheim & par-tout où ils s'aſſembleront, ou ſe trouveront, tant pour leur aſſemblée, que pour leurs perſonnes, Familles, & tout ce qui dépend d'eux, pour venir, reſter & partir, ſelon leur bon plaiſir.

IV.

Que la Cour & la Chambre des Comptes avec tous les Membres, Suppôts & Officiers qui en dépendent, jouiſſent par-tout de la même ſûreté, & des immunités qui leur compètent.

V.

Que les interdictions faites à Arnheim à la Cour Provinciale, comme auſſi au prémier Conſeiller *Pierre Noyen* en particulier, ſoient regardées comme révoquées; & qu'à l'avenir la juridiction de la Cour ſur les Conſeillers & leurs ſuppôts ne ſoit plus violée.

VI.

Que le Sr. *Jean van der Horſt*, nommé Conſeiller par le Quartier de Veluwe, & approuvé par les Seigneurs Etats de Gueldre, ſoit mis en état d'éxer-

AFFAIRES d'éxercer tranquillement & fans empêchement les fonctions de fa charge, DES PRO- comme auffi les Srs. *Arent Feyt* & *Guillaume van Holten* dans leurs emplois VINCES refpectifs. DE ZE-
LANDE ET
DE GUEL-
DRE.

V I L

Que le Sr. *Pierre Noyen*, Prémier Confeiller de la Cour de Gueldre, ar- rêté à Nimegue, foit rélâché en conformité de la Réfolution Provinciale.

V I I L

Que la Chambre des Etats Députez, qui a été fermée à Nimegue, foit rouverte & laiffée & la difpofition du Quartier & defdits Srs. Etats Députez; que pareille chofe n'arrive plus, & qu'à Arnheim les Srs. Etats Députez de Veluwe ne foient non plus empêchés en aucune manière dans le libre & pai- fible exercice de leurs fonctions.

I X.

Lesdits Srs. Députez Extraordinaires déclarent outre cela, qu'il ne fera procedé contre les perfonnes qui ont eu part aux violences commifes con- tre Wageningue, & qui pourroient être coupables d'autres defordres, qu'u- niquement par la voie de juftice, & que s'addreffant avec la foumiffion ré- quife aux Seigneurs Etats de Gueldre, il y fera fait une attention favorable, & décidé là-deffus avec toute la modération poffible.

X.

Que tous ces points ayant été reglez & terminez, il fera accordé & pu- blié une amniftie générale pour le paffé.
Sur quoi, après avoir délibéré & confidéré entre autres, que LL. HH. PP. ont unanimement déclaré par leur Réfolution du 23 du mois paffé, que les Réfolutions prifes fur cette affaire par les Seigneurs Etats de Gueldre, devroient être éxécutées, & qu'en même tems, avant de difpofer fur la demande defdits Seigneurs Etats pour avoir plus de Troupes dans leur Pro- vince, LL. HH. PP. les ont prié & exhorté de faire encore une tentative pour faire exécuter leurs ordres; mais que cette nouvelle tentative, contre la jufte efpérance de LL. HH. PP. a été infructueufe, & qu'au contraire les Magiftrats des Villes de Nimegue & d'Arnheim font allez plus loin, & ont entrepris du depuis encore d'autres chofes tout-à-fait incompatibles avec le bon ordre & les fondemens de la Régence, & qui ne fauroient être jufti- fiées; que par-là non feulement les Réfolutions & ordres des Seigneurs Etats de ladite Province font mifes hors d'éxécution, mais que le procédé de ceux de Nimegue & d'Arnheim attaque auffi directement leur dignité & autorité, & tend à faire un dérangement dans le Gouvernement & dans l'ordre établi

pour

pour cela, que fuivant l'Union , & fuivant les fondemens de la Régence de Affaires
ces Provinces, les Confédérez font obligez à s'entre-aider & affifter contre des Pro-
toute violence, tant au dedans qu'au dehors, pour la confervation de la lé- vinces
gitime autorité des Etats des Provinces , comme auffi pour l'éxécution de lande et
leurs ordres politiques.   Et, après avoir fait particulièrement attention à la de Guel-
modération dont lesdits Seigneurs Etats en ont ufé jufqu'ici dans cette affai- dre.
re , & aux déclarations faites par lesdits Srs. Députez Extraordinaires , tant
à la fin de leur propofition du 21 du courant, que dans l'éclaircifíement qu'ils
en ont donné , & qui fe trouve ci-deffus ; il a été trouvé bon & arrêté, de
donner pour réponfe auxdits Srs. Députez Extraordinaires de la Province de
Gueldre fur leur Propofition, que LL. HH. PP. voient avec chagrin, que
le confeil qu'Elles avoient donné de fi bon cœur aux Seigneurs Etats de ladite Province, pour le rétabliffement & la confervation de la tranquillité &
bonne harmonie dans leur Province, &lequel ils avoient fuivi, n'a été non-
feulement d'aucun fuccès , mais qu'il a même fait un mauvais effet ; que LL.
HH. PP. ne peuvent qu'approuver & éxalter la modération avec laquelle
lefdits Seigneurs Etats en ont agi jufqu'ici dans cette affaire, .& qu'Elles ont
entendu avec plaifir les déclarations faites ici à l'Affemblée par les Srs. Députez Extraordinaires au nom defdits Seigneurs Etats ; que fe repofant abfo-
ment là-deffus, Elles confentent à la demande faite dans la fufdite Propofition, favoir qu'il fera envoyé encore un Régiment de Cavalerie & un d'Infanterie dans la Province de Gueldre , à la difpofition defdits Seigneurs E-
tats, ce qui refte réfolu & arrêté par la préfente ; LL. HH. PP. priant
néanmoins amiablement & inftamment, que lefdits Seigneurs Etats veuillent
par leur fageffe, prudence & bonne conduite , diriger les chofes de telle
forte dans leur Province, que le bon ordre, la tranquillité, l'amitié & bonne harmonie y foient rétablies au plutôt & confervées enfuite pour toujours.

Et les Srs. de *Broeckhuyfen* & autres Députez de LL. HH. PP. pour les
affaires Militaires, font réquis & chargez par ces préfentes , d'examiner ,
conjointement avec quelques Députez du Confeil d'Etat , à nommer par ledit Confeil même, d'où l'on pourroit tirer le plus commodément lefdits deux
Régimens, & de faire rapport de tout ceci à l'Affemblée.

Et comme les Srs. Députez des Provinces de Zélande , d'Utrecht & de
Groningue ont déclaré , qu'ils ne peuvent confentir à la fufdite Réfolution
fans ordre des Seigneurs Etats leurs Principaux , on enverra copie de cette
Réfolution de LL. HH. PP. aux Seigneurs defdites trois Provinces , & ils
feront priez pour les raifons ci-deffus mentionnées, de vouloir fe conformer
à cette Réfolution fondée fur la forme du Gouvernement , afin de prévenir
de plus grandes irrégularités & des fuites plus funeftes.

> *En bas il y avoit,*
>
> S'accorde avec le fufdit Regître.
>
> *Signé ,*
>
> F. F A G E L.

AFFAIRES
DES PRO-
VINCES
DE ZE-
LANDE ET
DE GUEL-
DRE.

Rélation du Magiſtrat d'Arnheim touchant les troubles arrivez au mois d'Octobre 1707 dans la Ville de Wageningue, de même que les Cauſes & Suites d'iceux; avec la Réfutation des Diffi-cultés & des Plaintes faites contre le Magiſtrat d'Arnheim.

Troubles de Wage-ningue & Brouille-ries avec Arnheim.

LEs Magiſtrats d'Arnheim animez par l'exemple des Provinces de Hollan-de, de Zélande, d'Utrecht & Overyſſel, qui ont pris & envoyé à la Gé-néralité leurs Réſolutions au ſujet de l'excluſion des Stadhouders des Provin-ces particulières dans le Conſeil d'Etat, ont réſolu unanimement de concourir & concerter conjointement avec les autres Membres de la Province de Gueldre, pour que cette Province puiſſe ſuivre les traces deſdites Provinces & ſe con-former à ladite Réſolution d'excluſion. C'eſt ainſi que les Députez de la Ville d'Arnheim ont inſiſté & prié de tems en tems dans l'Aſſemblée de la Province ou du Quartier, tant de bouche que par écrit, pour que le point d'excluſion fût mis en délibération; mais quoique la plûpart des Villes de la Province y fuſſent portées, on eut néanmoins de la peine à diſpoſer quel-ques Membres Principaux des Quartiers reſpectifs, à prendre une Réſolu-tion ſur ce ſujet, juſqu'à ce qu'enfin ſur les preſſantes inſtances de ceux d'Arnheim & d'autres Villes des Quartiers reſpectifs il a été réſolu par la Diète du Quartier, de mettre ce point ſur le tapis dans les Quartiers reſpec-tifs & de délibérer & réſoudre là-deſſus, & de porter les Réſolutions priſes à cet égard dans l'Aſſemblée de la Province. Mais puiſque le Sr. *Landdroſt* de Veluwe, qui préſide toujours dans les Diétines du Quartier de Veluwe, qui ſe tiennent au *Landdag*, a trouvé bon de tenir hors de propoſition & de dé-libération des Diétines du Quartier le ſuſdit point d'excluſion, la Ville d'Arn-heim, qui préſide dans toutes les Diétines du Quartier de Veluwe, qui ſe tiennent hors du *Landdag*, a fait en vertu du Droit qu'il a indiſputablement, une Convocation particulière d'une Diétine du Quartier ſur ledit point d'ex-cluſion, faiſant aſſembler vers le 5 Juillet 1707 la Nobleſſe & les quatre Villes du Quartier de Veluwe, pour ne délibérer & prendre Réſolution que ſur cette excluſion, y ayant même en conſéquence de cette Convocation comparu dans cette Aſſemblée quelques Membres de la Nobleſſe & les Com-mittez des quatre Villes, munis d'une Inſtruction de leurs Principaux; & après la prière faite dans l'Aſſemblée, on a lu les Commiſſions des Députez des Villes, & on a trouvé par rapport à la forme d'icelles cette diſtinction & circonſtance, que les Députez de Harderwyck, Hattum & Elbourg é-toient chargez généralement de délibérer & prendre une Réſolution ſur ledit point d'excluſion; mais ceux de Wageningue ſpécialement, afin de voter pour cette excluſion. Enſuite le Préſident a propoſé à l'Aſſemblée les raiſons de cette Convocation tendante à délibérer & prendre réſolution ſur ledit point d'excluſion, ſur quoi étant allé aux ſuffrages, les Membres de la Nobleſſe ont allegué & déclaré, que pour à préſent ils n'étoient pas encore d'inten-tion d'aviſer ſur ce point en général, mais qu'ils croyoient que c'étoit-là un

article

article qui mériteroit d'être agité dans l'Assemblée de la Province & nulle- Affaires
ment du Quartier , faisant ainsi voir leur intention de différer cet ouvrage des Pro-
salutaire & de l'étouffer, s'il étoit possible, dans sa naissance , pour quelle vinces
raison, comme on l'a dit ci-dessus , le Landdrost de Veluwe, qui est un lande et
Membre de la Noblesse, & qui préside à la Diète Provinciale dans les Assem- de Guel-
blées du Quartier de Veluwe, n'a pu être persuadé de proposer & mettre en dre.
délibération dans ces Assemblées du Quartier tenues pendant la Diète Provinciale ledit point d'exclusion , nonobstant qu'il ait été souvent prié & exhorté à ce sujet par des Députez d'Arnheim. Sur quoi il est de plus arrivé, que la Ville d'Arnheim a donné absolument son suffrage, de même que
les Députez de Harderwyck, Hattum & Elbourg, pour cette exclusion, &
que les Commissaires de la Ville de Wageningue ont trouvé bon de suivre
les traces des Membres de la Noblesse directement contre l'instruction & la
Commission de leurs Principaux, remise & lue par ces Commissaires dans ladite Assemblée, en vertu desquelles ils étoient chargez de donner leur voix
pour ladite exclusion à l'exemple des susdites Provinces; qu'il s'est élevé là-
dessus des contestations & des débats , & que loin de prendre ce jour-là une
Conclusion, l'Assemblée a été continuée jusqu'au lendemain ; que les Communautez jurées ou Tribuns dans la Ville de Wageningue ayant décerné une
Commission , ont député quelques-uns d'entre eux pour exhorter les Commissaires à Arnheim à faire leur devoir & à éxécuter la Commission de leurs
Principaux, à quoi ces Tribuns ont eu droit en conséquence du 21 article
du Réglement arrêté par la Régence de Wageningue, ce qui a eu même cet
effet, que sur les remontrances & exhortations desdits Tribuns, les Commissaires de la Ville de Wageningue ont en vertu de la Commission & ordre de
leurs Principaux donné leur voix pour le point d'exclusion. Et comme l'u-
nanimité des voix des Villes jointe à un Membre de la Noblesse , dont la
voix étoit conforme à celle des cinq Villes, emportoit une Résolution valide du Quartier, l'affaire a été conclue par le Président , & on en a formé une
Résolution *sub* N°. 1.

Ce qui s'est passé dans ladite Assemblée touchant la susdite exclusion, a donné aux Tribuns des cinq Villes du Quartier occasion à une Convention qu'ils
ont faite avec connoissance des Magistrats respectifs, de s'entraider à se maintenir les uns & les autres dans la forme d'un libre Gouvernement & par conféquent dans les Privilèges, de même que dans les Réglemens faits & arrêtez de la part de la Régence des Villes respectives du Quartier.

Et , comme c'est par le zèle des Régens d'Arnheim que cette Résolution
du Quartier a été prise, ils se sont apperçu, que de tems en tems on a sans
marquer encore par quels auteurs & mauvaises machinations, suscité entr'eux
& quelques Régens des autres Villes du Quartier sur divers prétextes pervers
& frivoles, de la défiance & des dissensions, sans qu'on puisse nommer ou
démontrer un point, par où lesdites Villes auroient reçu du préjudice de la
part de celle d'Arnheim dans leurs Droits & Privilèges. Et , quoique la Ville d'Arnheim ait envoyé à diverses reprises des Commissaires pour induire les
Villes respectives à la concorde, chose extrêmement nécessaire dans la con-

jonĉture

AFFAIRES
DES PRO-
VINCES
DE ZE-
LANDE ET
DE GUEL-
DRE.

jonĉture préfente, tout a été néanmoins inutile, comme l'événement l'a fait voir, après que les Régens de Harderwyck ont trouvé bon de convoquer contre la forme ancienne de la Régence, d'une manière clandeftine & à l'infçu de la Ville Capitale, les Magiftrats de Wageningue, Hattum & Elbourg à Loo, pour qu'ils y envoyaffent des Commiffaires, afin de délibérer fur quelques affaires, & qu'ils fe font par conféquent arrogé le droit de Convocation, qui notoirement ne compète qu'à la Ville d'Arnheim ; que ces machinations & fuggeftions ont été caufe que lefdits Membres des Magiftrats refpeĉtifs s'étant féparez par un Complot mutuel, de la Ville d'Arnheim, & ayant rompu le lien de la concorde, comme cela a paru dans une Diétine du Quartier, qui a été convoquée par la Ville d'Arnheim vers le 4 Oĉtobre de l'année courante, pour difpofer des Charges politiques vacantes dans le Quartier; &, en conformité de cette Convocation, on a vu comparoitre entr'autres Membres les Régens de la Ville de Wageningue, nommément *Jean vander Horft*, *Barthold Schaats*, *Gerits van Ede* & *Antoine vander Horft*, *Jaques Olive* . . . . *Tffem* & . . . . *Dadtfelaer*, dont les quatre prémiers au-lieu de donner leurs voix pour la difpofition des Charges politiques vacantes, parmi lefquelles il y avoit auffi la place de Confeiller à la Cour de Gueldre, ont trouvé bon de donner conjointement avec d'autres Membres du Quartier leurs fuffrages, afin qu'on difpofât des dites Charges vacantes dans une Diétine du Quartier, qui devoit fe tenir pendant les Diètes Provinciales, quoique la Commiffion & l'inftruĉtion du Magiftrat de la part de ceux de la Communauté jurée y fuffent abfolument portés, & qu'ils fuffent chargez d'opiner pour la difpofition des dites Charges Politiques, & de donner fur-tout leurs voix par rapport à ladite place de Confeiller à leur Conregent *Jean vander Horft* ; & en cas qu'il ne pût point avoir la pluralité des voix, de fe déclarer alors pour le Sr. Bourguemaître *Swaen* d'Arnheim, fans que ces quatre Meffieurs aient voulu déférer aux remontrances & raifons de leurs dits trois Conregens, qui préfentoient ladite Inftruĉtion du Magiftrat & la Commiffion de la Communauté jurée, & remettre l'affaire au Préfident du Quartier; fans déférer non plus aux exhortations réitérées des quatre Tribuns, qui étoient Députez du Collège des Jurez à Arnheim, pour voir & examiner, fi lefdits Commiffaires transgrefferoient pour la feconde fois leur Inftruĉtion & Commiffion, & pour les exhorter de concourir à difpofer des dites Charges Politiques.

Et, comme lefdits quatre Régens de Wageningue remarquoient, que pour ce qui s'étoit paffé & par rapport au point de ladite difpofition des Charges, ils devoient s'attendre au jugement des Tribuns, qui conjointement avec les Committez des Confrairies & Arquebufiers peuvent en vertu du fecond article dudit Réglement arrêté par les Régens de Wageningue, examiner, fi quelqu'un des Régens a fait quelque chofe contre les Droits, Privilèges & fon devoir, & qui, s'il eft trouvé dans le cas, peuvent dépofer ce même Régent ou les Régens fans contradiĉtion, ou aucune forme de Procès, les quatre Régens ont ôfé pour fe fouftraire à un pareil jugement, fans affembler le

Ma-

Magiſtrat, hors de ſaiſon & contre ledit Réglement, faire dépoſer tout le Collège de la Communauté jurée.

Après cette dépoſition il y eut un tumulte dans Wageningue, & les Tribuns de cette Ville en donnèrent connoiſſance aux Magiſtrats & aux Tribuns d'Arnheim, en leur remontrant, que les affaires dans leur Ville étoient dans une telle diſpoſition, qu'il pourroit bien en arriver une effuſion de ſang, priant le Magiſtrat d'Arnheim, comme la Ville la plus proche, de vouloir en conſéquence de la ſuſdite Convention & Aſſociation, envoyer du monde & quelques Bourgeois de leur Ville à Wageningue, afin de prévenir toutes les voies de fait & inconvéniens, comme il paroît par l'Acte *ſub Num.* 2 ; que ſur cette prière le Magiſtrat d'Arnheim aſſembla les Bourguemaîtres *Bouwens* & *van Baſſen* avec quelques Hommes de leur Bourgeoiſie, auxquels on donna ordre d'empêcher les inconvéniens, dont cette Ville étoit menacée, & en cas que contre toute attente on leur fît quelques inſultes, de repouſſer alors la violence par la violence.

Que lorſque ces Gens ſe préſentèrent avec trois Pièces de Canon devant la Ville de Wageningue, uniquement pour effraier les mal-intentionnez, qui vouloient en venir à une effuſion de ſang, & que le Bourguemaître *Bouwens* eut demandé à diverſes repriſes qu'on lui ouvrît la porte occupée & gardée par quelques mal-intentionnez, leur faiſant inſinuer, qu'ils y étoient venus comme amis & non comme ennemis, au-lieu d'ouvrir ladite Porte, on tira à bale de cette Ville ſur les Bourgeois d'Arnheim, ce qui détermina ceux-ci à la prière de ceux de Wageningue à tirer un coup contre la Porte de cette Ville & à l'ouvrir, ſurquoi ils entrèrent dans la Ville, ſans que perſonne ou de la Bourgeoiſie de Wageningue fût maltraité ou tué ; que leſdits deux Bourgemaîtres d'Arnheim déclarèrent aux Régens, Tribuns, Confrairies & Bourgeois de Wageningue les raiſons de leur venue, ſavoir, afin de prévenir tous les inconvéniens, d'empêcher tout deſordre, & de leur laiſſer une entière liberté de pouvoir délibérer & prendre des réſolutions ſur les affaires de leur Ville, comme ils le jugeroient convenable pour le repos & le bien de leur Ville ; que là-deſſus les Communautés jurées & les Committez des Confrairies & Arquebuſiers ayant été convoquez & aſſemblez, comme y ayant droit en conformité du 2 article allegué dudit Réglement, on jugea, que les ſuſdits quatre Echevins de Wageningue, *Barthold Schaats*, *Jean vander Horſt*, *Gerits van Ede* & *Antoine vander Horſt* avoient contrevenu au ſuſdit Réglement de leur Ville, & on déclara enſuite que ces quatre Régens étoient déchus, comme étant des perturbateurs de la tranquillité publique, & dépoſez de leurs Charges d'Echevins, & qu'ils ne ſeroient jamais revêtus d'aucun Emploi dans la Ville. De plus ladite Communauté & les Committez prièrent les deux Bourguemaîtres d'Arnheim, que comme il n'y avoit point de priſon ſûre à Wageningue, de vouloir prendre avec eux les quatre Régens dépoſez, & de les tenir priſonniers à Arnheim ſous un Acte *de non præjudicando*, & avec promeſſe de les renvoyer en tout tems à la réquiſition de la Ville de Wageningue,

AFFAIRES
DES PRO-
VINCES
DE ZE-
LANDE ET
DE GUEL-
DRE.

AFFAIRES
DES PRO-
VINCES
DE ZE-
LANDE ET
DE GUEL-
DRE.

ningue, ce que ceux d'Arnheim firent effectivement & executèrent, comme on peut voir *sub Nᵒ. 3 & 4.*

Il est de plus arrivé, que, sur les plaintes de ces Régens déposez & de quelques personnes de Wageningue, & sans ouïr les Tribuns & Committez des Confraires & Arquebusiers dans leur défense, les Seigneurs Nobles & quelques Villes de Gueldre ont arrêté le 14 Octobre 1707, que lesdits Messieurs de Wageningue déposez & détenus, seroient relâchez & élargis, ce dont on est ensuite convenu par une autre Résolution prise pareillement d'une manière inouïe le 19 Octobre 1717; que lesdits Régens déposez seroient rétablis *in integrum* à tous égards, & qu'on prendroit ensuite, après avoir ouï les parties, une Résolution sur ce qui s'étoit passé à Wageningue; que de plus on détacheroit 125 hommes avec les Officiers nécessaires de la Garnison de Nimegue pour se rendre à Wageningue, sans considérer & avoir égard aux Protestations faites de bouche & par écrit par les Villes de Nimegue & d'Arnheim, qui remontrèrent, que les différends survenus au sujet des Régences ne doivent pas être terminez par les armes, mais par un accommodement à l'amiable, par l'arbitrage, par quelque décision légale, ou par d'autres voies de cette nature; que lesdites Troupes peuvent d'autant moins être employées contre une Ville qui a voix à la Diète, & encore moins sans avoir ouï les parties de part & d'autre; que l'emploi de ces Troupes dans ledit cas, est un point de nature à ne donner aucun lieu aux voix; qu'il seroit dur & intolérable pour deux Villes si considérables de la Province, comme Nimegue & Arnheim, (dont la dernière fournit quelques milliers de plus aux frais publics que tous les Membres de la Noblesse & des Villes du Quartier de Veluwe), de voir que les Soldats, qu'elle entretient elle-même, fussent employez malgré elle contre un de leurs Membres associez; qu'outre ces deux Villes de Nimegue & d'Arnheim, quelques autres du Quartier de Zutphen ne consentoient point à l'envoi de ces Troupes; que les Députez de la Ville de Harderwyck du Quartier de Veluwe étoient seuls chargez d'y consentir à la dernière extrémité; & que les Députez de Wageningue étant absens, ceux de Hattum & d'Elbourg déclaroient n'avoir point d'instruction; qu'en cas que de telles Résolutions pussent être mises en éxécution & avoir leur effet, les Villes pourroient de cette manière être privées de toutes leurs libertez, privilèges & droits, & que par conséquent l'envoi des Troupes ne pouvoit que causer de l'horreur à ceux qui aiment la paix & la liberté, & que pour cette raison on ne devroit pas le faire.

La Ville de Nimegue s'est encore plainte, que bien loin de déférer à sa juste demande, de différer d'un jour la Résolution à prendre sur l'envoi des Troupes, puisque leur Président Bourguemaître le Sr. *Jean Ingenool* & le Bourguemaître *Bouwens* d'Arnheim étoient allez à Wageningue avec connoissance du Président de la Province, pour accommoder à l'amiable les différends survenus, lesquels aussi y étant venus avoient conduit les choses au point que les Messieurs détenus furent relâchez le 19 Octobre, comme on voit *sub Nᵒ. 5.* on avoit au contraire trouvé bon de conclure le 19 Octobre & d'arrêter ladite Résolution sur l'envoi des Troupes, sans que cette Résolution

tion ait pu être changée ou modifiée en aucune façon par la Requête *sub*
No. 6. fignée & préfentée aux Seigneurs Etats de Gueldre par la plupart des
Bourgeois & les plus qualifiez de la Ville de Wageningue, qui après un récit de ce qui s'eft paffé & de la jufte fituation des affaires, ont prié de ne point
envoyer de Troupes dans leur Ville, vu qu'elle étoit en repos & tranquillité; par où on peut voir, que ceux d'Arnheim n'ont point exercé la moindre hoftilité, & qu'on n'a pareillement pas voulu déférer à la repréfentation
des fusdits Srs. *van Yffem* & *Olive* Bourguemaîtres de Wageningue, faite
le 29 Octobre dans la Diète Provinciale, par laquelle ils ont offert que fans
préjudicier aux Droits, Coutumes & Privilèges de leur Ville, tout devroit
être & feroit rétabli comme il a été ftatué & conftitué avant le 10 dudit
mois d'Octobre, favoir avant le changement qui eft arrivé à Wageningue,
& qui ont enfuite offert de rétablir lesdits quatre Régens dépofez comme il
confte par le *No.* 7; mais au-lieu de cela on a trouvé à propos de prendre
une Réfolution en des termes beaucoup plus forts que les deux précédentes,
de même que contre la Proteftation de Nimegue & d'Arnheim, favoir de
faire marcher à Wageningue les Troupes qui font à *St. André*, de rappeller
les Troupes de la Province, de ranger à la raifon les Officiers en cas de des-
obéïffance, & de fermer les Comptoirs. Cependant le Magiftrat d'Arnheim
efpère, que cette Réfolution ne fera pas mife en exécution pour l'amour du
bien public, & que L. H. P. y pourvoyeront comme il convient, par leur
très fage direction.

Ayant ainfi rapporté, conformément à la vérité, ce qui s'eft paffé, le
Magiftrat d'Arnheim levera & refutera les difficultez qu'on leur a objec-
tées, confiftant en ce que lesdits Régens dépofez de Wageningue foutiennent:

1º. Que les différends furvenus entre eux & les Tribuns, devroient être
accommodez & décidez par Leurs Nobles Puiffances les Seigneurs Etats de
Gueldre.

2º. Que la fufdite Affociation ou Convention entre les Tribuns des Villes
refpectives du Quartier de Veluwe eft illicite & illégale.

3º. Que ceux d'Arnheim n'ont pas été en droit d'envoyer fur les plaintes
& à la réquifition des Tribuns de Wageningue leurs Bourgeois à leur fecours.

4º. Que le Magiftrat d'Arnheim ayant forcé le Magazin du Païs, en avoit
enlevé le Canon fans y avoir droit.

Pour lever la première difficulté il faut favoir, que de tels différends font
à confidérer en Gueldre comme domeftiques, & qu'ils doivent être terminés
dans les Villes, où ils ont pris leur origine, par ceux qui y font autorifez &
qualifiez en vertu des Privilèges, Réglemens, & autrement.

C'eft ainfi que le 9 Décembre 1702, le Quartier de Zutphen a déclaré domeftiques les différends par rapport à la Régence de la Ville de Doesbourg.

Pareille chofe a été faite même dans cette Diète Provinciale qui fe tient
actuellement encore, fur les plaintes de quelques Régens depofez à Lochum.

Quant

AFFAIRES
DES PRO-
VINCES
DE ZE-
LANDE ET
DE GUEL-
DRE.

Quant à la feconde difficulté touchant ladite Affociation ou Convention des Tribuns refpeĉtifs, il eft notoire & inconteftable que felon le Droit de la Nature, il eft permis de faire des Conventions & Affociations, & que par conféquent il faudroit que lefdits Régens en qualité d'affirmans démontraffent une prohibition, foit par rapport aux perfonnes contraĉtantes, foit par rapport à la teneur & au contenu de ladite Affociation & Convention, ce qui ne fe pourra faire ni à l'égard de l'un ni à l'égard de l'autre; car quand on confidère les perfonnes, ce ne font point des particuliers, mais ils forment un Collège pourvu de plufieurs prérogatives, & entr'autres à l'égard des Tribuns de Wageningue, celle de pouvoir & devoir conjointement avec le Magiftrat avoir foin, que les Prérogatives & Privilèges des Confraires, Arquebufiers & Bourgeois de la Ville fe maintiennent en conféquence du 9 Article dudit Réglement. Et pour ce qui eft des Tribuns des Villes refpeĉtives en général, il peuvent juger de la conduite des Magiftrats & les dépofer dans quelques Villes du Quartier, conjointement avec les Confrairies & la Bourgeoifie, dans d'autres avec les Committez des Confrairies & Arquebufiers. Et, quand on confidère la nature de cette Convention, on n'a en vue que la confervation d'une libre Régence & de fes privilèges & prérogatives, auxquelles les Communautez jurées participent auffi bien que le Magiftrat, les prémières ayant appris par une trifte expérience du tems paffé, comment & combien leurs Privilèges & Prérogatives ont été violez & diminuez; enforte qu'elles ont jugé de la dernière néceffité de faire la fufdite Convention & Affociation, outre que cette Convention & Affociation ont été faites avec connoiffance & communication des Magiftrats refpeĉtifs des Villes, & qui plus eft avec connoiffance & communication defdits Régens dépofez, qui alors étoient dans la Mágiftrature, qui avant lefdits démêlez n'ont jamais défapprouvé cette Convention & Affociation, & qui par conféquent ne la conteftent à l'heure qu'il eft qu'avec le plus grand ridicule. De plus cette Convention & Affociation doivent être pareillement regardées, comme ayant été faites par les Magiftrats defdites Villes, à caufe de leur approbation, & par conféquent elles font d'autant moins fufceptibles de contradiĉtion, à moins qu'on ne veuille foutenir, que cela ne feroit pas non plus permis aux Magiftrats des Villes refpeĉtives du Quartier des Conventions & Affociations pour la confervation de leur chère liberté, privilèges & prérogatives, mais que cela devroit fe faire en même tems & conjointement avec les Quartiers refpeĉtifs de la Province, ce qu'on ne pourroit foutenir avec aucun fondement & qui feroit contraire à plufieurs exemples, tant des tems anciens que modernes, même déjà dès l'année 1418, comme il confte par la Pièce fub No. 8, & comme on peut de plus voir par la Convention du 16 Février 1579, en vertu de laquelle le Quartier de Veluwe eft venu & a été admis féparément des autres Quartiers de la Province dans l'Union d'Utrecht du 13 Janvier 1572.

Quant à la troifième difficulté par rapport à l'affiftence demandée & accordée, on peut voir par la Convention ou Affociation de l'année 1418, dont on vient de faire mention, que lefdits Tribuns de Wageningue fe
font

font addreſſez avec droit & raiſon à la Ville d'Arnheim comme la Capitale du Quartier, & il a été permis à celle-ci d'accorder l'affiſtence réquiſe, vu que ladite Convention & Aſſociation diſent, que celui, qui reçoit du préju-dice dans ſes prérogatives & privilèges, ou qui appréhende des violences à cette occaſion, peut s'addreſſer à la Capitale du Quartier & demander du ſecours.

Sur cette Aſſociation ſont même fondées la Convention & Aſſociation faites en 1703 le 2 Mars, par les Magiſtrats & Régens des cinq Villes de Veluwe, & in-ſérées ſub No. 9, desquelles les IV & V Articles portent in terminis.

IV.

Comme auſſi que chaque Ville doit faire jouïr chez elle les Bourgeois, Sujets & Habitans, des Droits, Privilèges, Réglemens, Us & Coutumes louables, dont ils ont jouï reſpectivement.

V.

Les Villes reſpectives ſe promettant réciproquement de ſe prêter la main l'une à l'autre, & de ſe maintenir & aſſiſter l'une l'autre pour le maintien de tout ce qui eſt ci-deſſus, & de déterminer tels moyens qu'elles trouveront & jugeront aſſèz efficaces à cet effet.

Tout comme celle d'Arnheim n'a prêté ladite aſſiſtance à autre fin, ſinon pour empêcher toutes violences, & prévenir une effuſion de ſang, dont la Ville de Wageningue fut menacée, & pour faire avoir aux Confrairies & Arquebuſiers une délibération & décſion libres ſur lesdits différends, ſans qu'elle ſoit entrée dans le détail d'iceux, ou qu'elle ſe ſoit arrogée aucune judicature.

Quant à la quatrième difficulté, où l'on accuſe ceux d'Arnheim d'avoir ouvert par force le Magazin du Païs, & d'en avoir enlevé le Canon, le Magiſtrat d'Arnheim ſe voit obligé d'alléguer pour ſa défenſe, qu'avant l'année 1672 ils ont eu près de vingt pièces Canon, nommées *demie Carto-wen*, dont la proprieté leur compétoit en particulier; qu'en 1674 les Fran-çois ayant emporté ledit Canon, l'ont laiſſé dans la Ville de Grave, après la reddition de laquelle il a été mis ſur la Liſte du Conſeil d'Etat & employé pour le ſervice du Païs; que la Ville d'Arnheim a redemandé à diverſes re-priſes ces Canons, étant notoire qu'ils devoient retourner à elle *jure Poſt-liminii* & être reſtituez, & que même le Stadhouder Héréditaire de glorieu-ſe mémoire a voulu, que ces pièces de Canon fuſſent reſtituées à la Ville d'Arnheim, ce qui n'a pourtant pas été fait, étant ſouvent arrivé que lors-que ladite Ville a au beſoin de Canon, le Magiſtrat l'a tiré du Magazin du Païs ſous un Acte de guarantie qu'on donnoit au Commis du Magazin du Païs; qu'après la mort de Sa Majeſté le Roi de la Grande Bretagne de glo-rieuſe mémoire, le Conſeil d'Etat a tâché de faire emporter le Canon qui étoit dans ledit Magazin, mais que les anciens Régens s'y ſont oppoſez ſur

AFFAIRES
DES PRO-
VINCES
DE ZE-
LANDE ET
DE GUEL-
DRE. le fondement qu'il falloit leur reſtituer auparavant leur propre Canon, tout comme il y eſt même reſté juſqu'aujourdhui; que le Magiſtrat d'Arnheim ayant préſenté un tel Acte de garantie audit Commis, celui-ci étant un des anciens Régens a refuſé par une mauvaiſe intention pour cette Régence de l'accepter, ſur quoi le Magiſtrat a réſolu de faire ouvrir par force la porte dudit Magazin, & de n'en tirer que ces trois pièces de Campagne ſans poudre ni plomb. Ainſi le Magiſtrat d'Arnheim laiſſe au jugement d'un chacun qui aime la liberté, s'il a commis quelque choſe qui puiſſe mériter la moindre correction ou blâme. Fait le 6 Novembre 1707.

Par Ordonnance du Magiſtrat d'Arnheim,

HENRI OTTERS, Sécrétaire.

PIECES ANNEXE'ES.

No. I.

Extrait du Regître des Quartiers de Veluwe tenus à Arnheim au mois de Juillet 1707, à la Diétine du Quartier.

Du Mécredi, 6 Juillet 1707.

AYANT été délibéré ſur le prémier point de la Propoſition, ſavoir, ſi les Stadhouders des Provinces particulières peuvent avoir ſéance dans le Conſeil d'Etat, L. N. P. ont entendu, que de la part de quelque Province ou Provinces, perſonne, pour être élu Stadhouder ou Gouverneur, ou ſous quelque autre prétexte, ne doit être introduit dans le Conſeil d'Etat ſans le conſentement volontaire ou contre le gré de quelqu'un des Confédérez, & l'extrait de cette Réſolution ſera envoyé aux Députez à la Généralité, pour leur ſervir d'inſtruction.

Plus bas étoit écrit:

Pro vero Extracta.

Signé,

H. W. v. RUYVEN.

No. II.

LEs Tribuns de la Ville de Wageningue ayant appris avec ſurpriſe que du concours & conſentement des Bourguemaîtres *Jean vander Horſt*,
Bar-

Barthold Schaets, *Gerrit Gerritfz van Ede* & *Antoine vander Horft*, prefque toute la Communauté a été dépofée fur une fuppofition frivole & non fondée, & qu'il eft de plus à craindre que lesdits Bourguemaîtres ne commettent des excès encore plus grands, les fusdits Tribuns, pour conferver la tranquillité de cette Ville & pour prévenir tout defordre, ont trouvé bon de charger *Jean Aalders* de fe rendre à Arnheim, & de demander aux Meffieurs du Magiftrat en conféquence de l'Affociation faite, quelques hommes & Bourgeois de cette Ville, pour aider à les maintenir contre ces violences, & à défendre cette Ville contre toutes ultérieures entreprifes mauvaifes & pernicieufes, promettant de tenir pour valable & jufte tout ce que nos Committez feront à cet égard.

AFFAIRES DES PROVINCES DE ZELANDE ET DE GUELDRE.

Fait à Wageningue, le 10 *Octobre* 1707.

Par ordre d'iceux,

D. Bosch, Sécrétaire.

No. III.

Nous Tribuns & Committez de la Ville de Wageningue prions, faute d'Echevins & jufqu'à ce que la nouvelle Election fera faite, les Régens de la Ville d'Arnheim, de mener à Arnheim, vu que nous n'avons point d'endroit de fureté ici, les Ex-Confuls, favoir *Barthold Schaets*, *Jean vander Horft*, *Gerrit Gerritfz van Ede* & *Antoine vander Horft*, conjointement avec la perfonne de *Regnard van Schuylenborgh* & de les y détenir, jufqu'à ce que le Magiftrat de cette Ville ait pris une autre réfolution là-deffus, demandant de plus des Lettres reverfales, que par-là les Droits de cette Ville ne recevront aucun préjudice, & que lesdits Meffieurs feront renvoyez dès que notre Magiftrat le réquerera. Fait dans la Chambre dè la Communauté & des Committez à Wageningue, le 11 Octobre 1707.

Par ordre d'iceux,

D. Bosch, Sécrétaire.

Pour plus grande Confirmation de la préfente on y a appofé le Cachet fecret de la Ville, imprimé fur le vuide.

(L. S.)

No. IV.

Comme la Communauté de la Ville de Wageningue a jugé convenable pour le repos de cette Ville, de faire arrêter quelques Ex-Confuls, &

H 2

que

AFFAIRES
DES PRO-
VINCES
DE ZE-
LANDE ET
DE GUEL-
DRE.
que n'ayant point de prison sûre, elle s'est addressée pour cet effet à celle de la Ville d'Arnheim sous un Acte *de non præjudicando;*

Nous Soussignez certifions & déclarons, que cela ne doit jamais être allegué par la Ville d'Arnheim au préjudice de la Ville de Wageningue.

Promettant en outre que loin d'exercer là-dessus la moindre juridiction, ou de prendre aucune résolution ou sentence, nous délivrerons à toute heure, à la réquisition de ladite Ville, les susdits Messieurs librement & sans aucune insulte. En foi de quoi nous Soussignez Echevins ici présens avons signé la Présente, avec promesse d'en remettre incessamment sous le Cachet de notre Ville un Acte conforme à la présente.

Fait à Wageningue, le 11 Octobre 1707.

W. A. BOUWENS, D. R V. BASSENN.

No. V.

NOus Bourguemaîtres, Echevins & Conseillers, conjointement avec les Tribuns & Committez de la Ville de Wageningue, avons après une mûre délibération & sur l'intercession & les fortes instances du Sr. *Ignoel,* Bourguemaître de la Ville de Nimegue & du Sr. *Bouwens* Bourguemaître de la Ville d'Arnheim, trouvé bon de faire relâcher les quatre prisonniers Dr. *Jean vander Horst, Barthold Schaets, Gerrit Gerritz van Ede & Antoine vander Horst,* d'autant plus qu'ils ont promis au susdit Sr. *Ignoel* en lui donnant la main, de se tenir cois & tranquiles, les Srs. de la Magistrature se réservant en outre leur Action contre lesdits prisonniers mis en liberté, pour s'en servir quand ils jugeront nécessaire.

Fait à la Maison de Ville, le 18 Octobre 1707.

Par ordre d'iceux.

J. WICHERTS, Sécrétaire.

Et le Sr. *Ignoel* a promis en donnant la main au Sr. Président, d'être caution de ce qui est ci-dessus.

No. VI.

No. VI.

A leurs Nobles Puiffances les Seigneurs Etats du Duché de Gueldre & de la Comté de Zutphen.

AFFAIRES
DES PRO-
VINCES
DE ZE-
LANDE ET
DE GUEL-
DRE.

NOBLES ET PUISSANS SEIGNEURS,

LEs Souffignez Bourgeois & Habitans de la Ville de Wageningue ont vu & lu avec une furprife & étonnement extrémes quatre Requétes, la prémière au nom des Chefs des Confrairies & Aquebufiers ; la feconde au nom des Bourgeois, Arquebufiers & Habitans fous la Juridiction de la Ville de Wageningue; la troifième pareillement au nom des Bourgeois & Habitans de la même Ville de Wageningue ; & enfin la quatrième au nom de la Femme, des Enfans & Parens des Perfonnes détenues, toutes quatre préfentées & remifes à Vos Nobles Puiffances.

Les Souffignez font obligez de dire avec tout le refpect qui leur eft dû, que les trois prémières Requétes ont été écrites & felon toute apparence dreffées par une Perfonne, qui s'étant rendue plus d'une fois coupable de tumulte & de fédition, ne fait que femer de la zizanie, de la diffenfion & dif corde parmi les bons Bourgeois & Habitans.

Qu'elles font notées d'une fauffeté notoire en cachant la véritable fituation des chofes, & comment les prifonniers ont donné lieu à toutes ces affaires, de forte qu'ils n'ont qu'à s'en prendre à eux-mêmes de tout ce qui leur eft arrivé.

Qu'on a pareillement engagé la plupart de ceux qui ont figné, par des perfonnes gagnées pour cet effet par de l'eau de vie, & autres brigues illicites, fans qu'ils aient fçu ce qu'ils ont figné.

Que la moindre partie de ceux qui ont figné, font des Habitans ou Bourgeois, qui demeurent dans la Ville, & que la plupart font des Païfans demeurans dans le voifinage de Wageningue & aux environs.

Pour quelles raifons Vos Nobles Puiffances font priées de ne point ajouter foi à tous ces Réquerans.

Car, fi en effet l'affaire s'étoit paffée comme ces Gens-là le prétendent, & qu'ils n'euffent pas eu le deffein d'abufer Vos Nobles Puiffances, ils n'auroient pas manqué de propofer tout ce qui s'eft paffé dans une Requête en ordre & non pas dans trois, afin de donner à l'affaire d'autant plus d'apparence & de probabilité.

Pour refuter donc radicalement lefdites Requêtes, . & pour en démontrer la fauffeté, l'affaire eft telle, Nobles & Puiffans Seigneurs, que ces prétendus Complaignans avancent contre la vérité, qu'ayant été affemblez le 10 du courant par le Magiftrat, chacun dans fon Collége, ils ont traité les affaires de la Ville pacifiquement fuivant leurs Droits & Privilèges.

Au-lieu que l'Affemblée de ces Collèges loin d'avoir été dans les règles, a

H 3   été

AFFAIRES été tenue par *Jean vander Horst* & *Barthold Schaets* comme principaux Au-
DES PRO- teurs de cette affaire, sans en avoir communiqué avec les Srs. *van Yssum*,
VINCES *Oloven* & *Daetselaer*, ou sans l'avoir convoquée sur ce sujet.
DE ZE-
LANDE ET Que *Jean vander Horst* a dressé de sa propre main & proposé aux Confrai-
DE GUEL- ries & Arquebusiers cinq articles d'un prétendu Grief, à la charge de toute
DRE. la Communauté jurée de cette Ville, comme on peut le voir par la Piè-
ce ci-jointe *sub* N°. 1.

Et qu'il a entrepris sur un prétexte aussi léger & frivole, de déposer *de
facto* contre la stipulation réciproque, l'ordre & les réglemens de la Régence, tous les Tribuns sans les ouïr, de les casser & de les condamner à de
grosses amendes pécuniaires.

Qu'on n'a pas délibéré sur cela avec la plupart des Membres établis pour
cet effet par les Confrairies & les Arquebusiers; & que la nomination a été
faite par quatre Messieurs seulement, le soir après le coucher du Soleil. Et
même, ce qui est à remarquer, par les Ex-Consuls *Jean vander Horst* & *Barthold Schaets*, à l'exclusion de tous les autres Membres du Magistrat, comme on le voit *sub* N°. 2.

Que comme là-dessus les Tribuns déposez étoient menacez de tous côtez,
qu'on leur feroit toute sorte d'insultes & de violences, ils se sont addressez,
pour la conservation du repos & de la tranquillité de la Ville, & pour prévenir une effusion de sang, à la Ville d'Arnheim, d'autant plus que les principaux Bourgeois & Habitans se trouvoient dans le plus grand embarras &
& dans les plus grandes angoisses du monde, en lui demandant un prompt
secours comme à la Ville la plus voisine, qui étoit en état d'empêcher au
plus vite tous les désordres, & de prévenir la ruine totale de la Ville.

Qu'il est vrai, que le Magistrat d'Arnheim a bien voulu envoyer vers cette Ville le Sr. *Bouwens* avec son monde & trois petites Pièces de Canon,
mais sans commettre la moindre violence; cependant comme ces Gens-là
avoient fait demander à diverses reprises, qu'on les laissât entrer tranquilement & pacifiquement, ce qu'on leur avoit refusé chaque fois avec menace
de tuer à coups de fusil ces deux Personnes si elles revenoient, & que de deux
à trois Maisons dans la porte & garnies d'environ 25 Hommes armez d'ar-
quebuses, on tiroit du toit sur les Bourguemaîtres d'Arnheim, il est arrivé
que ceux d'Arnheim après avoir tiré trois ou quatre coups sur la porte, l'ont
ouverte, & sont entrez dans la Ville sans commettre à l'égard de personne la
moindre hostilité ou incommodité, excepté qu'ils se sont assurez de ces deux
Maisons qui étoient dans la porte & garnies de monde, afin d'empêcher qu'on
tirât davantage.

*Etant faux & feint qu'on ait fait la moindre blessure ou le moindre vol de ce
qui étoit sur les fenêtres, ou qu'on ait cassé les vitres, sinon de ces deux Maisons,
qui étoient occupées & garnies d'Hommes & d'Arquebusiers de cette Ville, & d'où
l'on a tiré à bale sur ceux d'Arnheim.*

Pour ce qui regarde l'emprisonnement de Messieurs *vander Horst*, *Schaets*
& *van Eden*, nous sommes informez que ces Messieurs étoient sortis de la
Ville,

Ville, & que s'étant mis à la tête des Bourgeois d'Arnheim ils avoient mis la main à la garde de leurs épées pour commettre des violences.

Cependant, quant à ce qu'il reste à faire de plus à cet égard, nous le laifferons à la bonne & fage direction de nos Magistrats.

Nous prions au reste très-humblement Vos Nobles Puissances de vouloir ajouter une entière foi à ce que ci-deffus, & de rejetter au contraire les trois Requêtes comme remplies de pures fauffetez, & fignées d'une troupe de toutes fortes de Gens, comme aussi de ne plus allarmer notre Ville & nos Bourgeois, en envoyant des Troupes, vu que nous pouvons affurer Vos Nobles Puissances que tout est chez nous tranquile & en repos.

Ce que faifant, &c.

G. VAN ISSUM, Capitaine.
GERRIT BERNSEN.
D. D. BRUER.
GOOSEN JANSSEN.
F. SCHAETS.
GYSBERT VAN NIEWENHUYS.
W. SUERMONT.
J. SPEYERS.
G. MIDDELHOVEN.
A. VAN GENT.
J. OSSEKAMP.
HENRI RYCKSEN.
B. BRANSEN.
J. PAUL VAN DULKEN.
W. A. KRUYTHOFF.
J. AALDERS.
J. VAN STERCKENBOURG, Capitaine de la Bourgeoifie.
F. VAN ECK, Lieutenant de la Bourgeoifie.
EVERHARD BOSCH, comme Lieutenant de la Bourgeoifie, & ancien Juré de la Confrairie des Merciers & Marchands de Drap.
PELGRUM VAN WEEL, comme Enfeigne de la Bourgeoifie, Juré de la Maîtrife des Merciers & Marchands de Drap.
W. VAN KAMPEN, comme Juré de la Maîtrife des Merciers & Marchands du Drap.
H. BEERNTS, comme Juré & Com-

mitté de la Confrairie des Tailleurs.
W. CORNELISSEN.
JEAN JANSSEN.
JEAN PETERS.
HENRI VANDER STEEGH, Adjudant de la Bourgeoifie.
ARIT PETERS.
GERRIT VAN BEEM.
DIDIER BOSCH, Sergeant de la Bourgeoifie.
PIERRE LAMERS.
JEAN LAMERS.
EVERARD VAN BAECK.
PAUL VAN DULKEN.
JEAN MIDDELHOVEN.
+. est la Signature de TYMEN JANSSEN.
ANTOINE VANDER SLYCK.
JAQUES SEGELAER.
PIERRE MEY.
HENRI VANDER BLEYCK.
JEAN VAN DAETSELAER.
AD. LAMERS.
ARIEN SPEYERS.
WOLTER SCHAETS, comme Committé de la Confrairie de St. George.
ANT. SEGELAERS.
W. VAN EDEN, comme Sergeant & Committé de la Confrairie des Merciers & Marchands de Drap.
HENRI

AFFAIRES
DES PRO-
VINCES
DE ZE-
LANDE ET
DE GUEL-
DRE.

HENRI SEGELAER, comme Committé de la Confrairie des Tailleurs.

EVERT VAN BRUMMEN, Adjudant de la Bourgeoisie.

RYCK DE RYCK, Sergeant de la Bourgeoisie.

H. VAN GROENENDAEL.

A. VAN MEKEREN.

JAQUES GEERTSEN.

GERRIT SYNES.

LAMB. VAN BREUCKELING.

B. DE BRUYN.

Ω est la Signature de JEAN. NIC. DE WYBOURG, Masson.

JEAN HUYBERTS, Caporal de la Bourgeoisie.

JEAN VAN HERREVELT, comme Sergeant de la Bourgeoisie.

GUILL. VAN ESSEN.

JEAN DE KEMP, ancien Juré de la Maîtrise.

OTTON VANDER STEEG.

HENRI VERSTEEG.

Moi HENRI DE KEMP, j'ai été abusé dans la Requête par le Parti contraire.

ANT. SEGELAER, comme Sergeant de la Bourgeoisie.

G. VAN CAMPEN, Ecrivain de la Bourgeoisie.

JEAN VAN SETTEN, Docteur.

NIC. VAN OMMEREN, Enseigne de la Bourgeoisie.

W. VAN ACHELEN.

HENRI VAN SETTEN.

GERRIT HENRI PEPPEL.

GERRIT DE BRUYN.

+. Cette Marque a été faite par les propres mains de JEAN JANSSEN.

GERRIT JANSSEN.

EVERARD JACOBS.

JEAN VAN SONNENBERG.

Ceci I=I est la Signature de GEURT BREUNIS.

ARIT GERRITS.

SIMON GERRITS.

LUBBERT JANSSEN.

P. cet Signature a été faite par PIERRE HUYBERTS.

JOACHIM ARYSEN.

JEAN LUCAS.

JOURDAIN SPEYERS.

Æ. Cette Signature a été faite par NIC. CORNELISZ.

GYSBERT VAN BEUSECUM.

No. VII.

Présentation faite par les Srs. van Yssum & Oloven, à la réquisition de Messieurs les Bourguemaîtres de la Ville de Nimegue pour accommoder & ajuster les différends & disputes survenues dans la Régence de Wageningue.

LEsdits Messieurs offrent sans préjudicier aux Droits, Coutumes & Privilèges, que tout doit être & sera rétabli dans l'état où il a été constitué par rapport à la Régence de la Ville de Wageningue avant le 10 du courant, savoir, avant le changement & les troubles arrivez, moyennant quoi ils jugent, qu'il sera satisfait au moins quant à eux aux Résolutions du 14 & 19 de ce mois, ce qu'ils avancent toutefois sous la Protestation comme ci-dessus.

Signé,

G. VAN YSSUM, JAQUES OLOVEN.

S'accorde avec l'original remis & lu le 29 dans l'Assemblée Provinciale.

M. L. SINGENDONCK.

No. VIII.

No. VIII.

Convention du Quartier d'Arnheim.

AU NOM DE DIEU, AMEN.

AFFAIRES
DES PRO-
VINCES
DE ZE-
LANDE ET
DE GUEL-
DRE.

NOus *Henri van Middaghten* & *Didier van Arnheim*, du Corps de la Noblesse; *Henri van Ranst*, Seigneur de Keppel, *Pierre van Steenbergen*,
Otton van Camphuyfen, *Engelbert van Aller*, *Nicolas van Aller*, *Jean van Guel-
dre*, Bâtard; *Alard van Whye*, *Guillaume van Aller*, *Henri van Bremen*, *Gys-
bert van Heerde*, *Arent van Suyle*, *Henri van Byler*, *Lubbert van Achtveld*,
Henri vander Schuer, *Wolter van Meekeren*, *Everard Rennecken*, *Arent ten Voer-
den*, *Everard van Vermuede*, *Engelbert Bentinck*, Vassaux du Païs de Veluwe,
& Nous Bourguemaîtres, Echevins & Conseillers de la Ville d'Arnheim;
Nous Bourguemaîtres, Echevins & Conseillers de la Ville de Harderwyck;
Nous Bourguemaîtres, Echevins & Conseillers de la Ville de Wageningue;
Nous Bourguemaîtres, Echevins & Conseillers de la Ville d'Elbourg; Nous
Bourguemaîtres, Echevins & Conseillers de la Ville de Hattem, située dans
le Veluwe.

Savoir faifons & certifions pour nous & nos Succeffeurs qu'en l'honneur
du Dieu Tout-puiffant, qui eft le souverain arbitre de toute Paix, de fa bien-
heureufe Mère & de tous les Saints, & pour concourir à maintenir les Païs
de Gueldre & la Comté de Zutphen en Paix & en tranquillité, en honneur &
bon état, nous avons confideré & eu foin, en cas que contre toute attente
il furvînt à notre cher & gracieux Seigneur de Gueldre & de Juliers, des
troubles, différends & Guerres, comme cela eft bien avenu du tems paffé,
de les prévenir avec l'aide de Dieu de tout notre pouvoir.

C'eft pour cette raifon que nous avons souvent délibéré & concerté fur ce
fujet, & que nous nous fommes engagez amiablement & paifiblement avec
les Nobles & Vaffaux de la Province de Gueldre & du Comté de Zutphen,
de même qu'avec les trois autres Villes principales de cette Province & Comté, de vouloir & devoir nous affifter réciproquement & de ne recevoir aucun Seigneur, ni de lui prêter hommage, *finon par la plupart des Nobles &
Vaffaux & par les quatre Villes principales unanimement, tous enfemble & fans
féparation, de même que par la plupart des moindres Villes de la Province de
Gueldre & de la Comté de Zutphen, pour les faire refter enfemble dans leurs
Prérogatives & Droits.*

Et comme la Nobleffe de la Province de Gueldre & de la Comté de Zutphen a reçu quatre fois beaucoup de préjudice dans fes Droits & Coutumes,
de même *que les Bourgeois & Habitans des Villes de cette Province & Comté
dans leurs Droits, Privilèges & coutumes, & que dans la fuite ils pourroient être
préjudiciez dans leurs Droits refpectifs, & qu'ils pourroient réquerir, ou, ce que Dieu
ne veuille, perfécuter pour cela Notre Souverain, fans que l'on faffe ceffer ces griefs
felon notre prière,* Nous avons réfolu après une mure délibération, & nous a-

AFFAIRES
DES PRO-
VINCES
DE ZE-
LANDE ET
DE GUEL-
DRE.

vons arrêté unanimement, voulons & devons, *avertis & priez par ceux qui y ont intérêt & qui font préjudiciez*, *nous affembler fur ce fujet & concourir unanimement à faire redreffer ces griefs*, & nous prions notre Souverain & fon Confeil de nous affifter promptement, jufqu'à ce qu'on ait fait juftice aux Complaignans fuivant les Droits du Païs & des Villes, *& à chacun qui feroit obligé de faire fes plaintes dans la Ville principale*, *dont il eft Habitant*, le tout fans préjudicier au Droit de notre Seigneur territorial, à qui nous fommes toujours obligez à cet égard.

S'il y avoit même quelqu'un qui voulût empiéter fur les Droits Seigneuriaux & Terres de notre Seigneur, *nous le maintiendrons & aiderons toujours, comme cela fe doit de toutes nos forces.*

Nous faifons de plus favoir, que fi quelque Seigneur, Noble, Vaffal ou autre homme, dont le nom n'eft pas écrit dans les préfentes, & qui fût exhorté enfuite ou réquis de jurer pareillement cette Convention, il doit le faire en attachant fon Acte au bas de la préfente, & cet Acte fera auffi valide comme fi le nom de ce Seigneur, Noble, Vaffal, ou Homme y étoit inféré & nommé. De plus s'il arrivoit que quelqu'un des Cachets ne fût point appofé à la préfente, ou qu'un ou plufieurs de ces Cachets fût forcé ou caffé, ou que cet Inftrument fût mouillé, moifi, déchiqueté, effacé ou taché, tout cela ne doit pas le rendre invalide on vitieux, mais il fera & reftera toujours dans fon entière valeur, comme s'il étoit cacheté de bons & entiers Cachets & qu'il n'eût aucun défaut, tache ou obftacle.

Nous *Nobles*, *Vaffaux*, & *Villes de Veluwe* avons confirmé unanimement tous les points de cette Convention, & nous avons promis en bonne foi & fait même ferment par tous les Saints, de les éxécuter en honneur & de les tenir parfaitement, autant qu'il nous eft poffible, fans conteftation & fraude; En foi de quoi nous *Henri van Middaghtem*, & *Didier van Arnheim*, Nobles; *Henri van Ranft*, *Pierre van Steenbergen*, *Otton van Camphuyfen*, *Engelbert van Aller*, *Nicolas van Aller* & *Jean van Gelre*, Vaffaux, avons appofé tous nos Cachets à cette Lettre pour nous & nos Succeffeurs, de même que pour les Vaffaux & honnêtes Gens nommez & mentionnés dans cette même Lettre, lefquels ne fignent pas, & pour leurs Succeffeurs, puifqu'ils nous ont donné plein-pouvoir, & nous ont prié de figner tous les points de cette Convention, tout ainfi qu'ils nous ont promis dans les fufdites Villes, & juré de faire & de tenir comme ci-deffus. Et nous Bourguemaîtres, Echevins, & Confeillers des Villes d'Arnheim, Harderwyck, Wageningue, Elbourg & Hattem, promettons de tenir, garder & éxécuter autant qu'il eft en notre pouvoir tous les points de cette Convention, entant qu'ils nous regardent. En foi de quoi chacun a fait appofer à la préfente le Cachet de fa Ville.

Fait en l'année de notre Seigneur
1418, le 3 Mai.

No. IX.

Affaires
des Pro-
vinces
de Ze-
lande et
de Guel-
dre.

No. IX.

*Points, sur lesquels on a délibéré & conferé dans l'Assemblée
des Villes d'Arnheim, de Wageningue, & Hattum, tenue à Arnheim au mois de Mars 1703.*

Vendredi le 20 Mars 1703.

LEs Députez des Villes de Wageningue & de Hattum ayant sur la convocation préalable du Magistrat de la Ville d'Arnheim, en conséquence
des Lettres du 21 Février dernier, comparu à la Chambre du Sénat, ils ont
été remerciez par l'Echevin Dr. *Valenus Swaen* de leur comparition présente
& de la peine qu'ils avoient voulu prendre.

1°. Après la lecture faite des Commissions desdits Députez, on leur a proposé:

2°. que le Magistrat d'Arnheim avoit jugé nécessaire de faire ladite Convocation, pour faire revivre parmi les Villes respectives de ce Quartier, l'ancienne & mutuelle amitié & étroite Correspondence, qui avoit été cultivée
ci-devant entr'elles.

3°. D'autant plus que par la mort du Stadhouder Héréditaire de cette Province de glorieuse mémoire, ce Quartier est retourné dans l'état où il étoit
avant la Régence d'icelui; que pour cette raison on devoit songer à régler de
nouveau le Gouvernement, & à le remettre sur l'ancien pied, la Ville d'Arnheim promettant de contribuer de son côté tout ce qui pourroit tendre en
quelque façon à l'avancement de ce que dessus, dans la pleine confiance que
de l'autre côté on fera de même, chacun chez lui respectivement.

4°. Ainsi, pour faire de nouveau jouir unanimement les Bourgeois, Sujets & Habitans des Villes respectives de tous les Droits, Privilèges, Regle-
mens, Us & Coutumes louables, dont ils ont joui anciennement.

5°. C'est à quoi le Magistrat d'Arnheim tâchera en tout tems de prêter la
main le plus efficacement, & de témoigner d'y être toujours porté, ne doutant point que les autres Villes respectives n'en fassent de même : pour cet
effet il seroit nécessaire de se prêter la main réciproquement l'un à l'autre &
de concerter tels moyens qui seront jugez nécessaires à cette fin.

Pour venir à ce but si désirable, il conviendra sur-tout de faire la disposition
nécessaire par rapport aux points suivans.

1°. De prendre bien ses mesures au sujet de la Régence présente.

2°. De faire ensorte que les Régens actuellement regnans, les Membres
& Députez des Villes respectives puissent prendre séance dans les Diètes Provinciales & du Quartier, tant pour continuer les finances de ce Quartier,
qu'autrement.

3°. D'avoir soin, que les anciens Membres de la Régence des Villes respectives de ce Quartier, & ceux qui ont été rémerciés, en soient exclus
sans y être réadmis.

4°. Que comme la Noblesse a tâché depuis quelque tems de s'arroger une
supériorité assez grande sur les Villes, on devroit y pourvoir le plus efficace-

ment

Affaires
des Pro-
vinces
de Ze-
lande et
de Guel-
dre.
ment à l'avenir, afin qu'elle n'ufurpe de nouveau quelque difpofition par rapport à la Régence, Juridiction & autres chofes qui concernent les Villes.

5°. Que les Arrêts contre ceux de Nimegue feroient levez.

6°. Qu'on devroit fonger à tenir à l'avenir à Nimegue une Diète ordinaire & non pas extraordinaire.

7°. Que le Magiftrat d'Arnheim devroit pareillement propofer qu'il avoit envoyé chez le Sécrétaire *van Ruyven* pour avoir une Lifte de tous ceux qui ont été appointez, mais qu'il l'avoit refufé, difant que cela feroit contraire au 4me. article de fon Inftruction, & priant d'en être difpenfé, comme le Receveur Général *Albert van Deelen* l'avoit fait auffi, s'excufant fur ce que cela feroit pareillement contraire à fon Inftruction ; au-lieu que la Ville d'Arnheim, comme Membre & Capitale de ce Quartier, croyoit néanmoins être en droit de pouvoir demander une telle Lifte, & que pour cette raifon il feroit néceffaire de remédier à l'avenir à cette affaire & à autres de cette nature.

Sur quoi les Députez des Villes de Wageninguc & Hattum ont remercié réciproquement la Ville d'Arnheim des peines qu'elle s'étoit données pour le bien des Villes refpectives de ce Quartier, de même que fes Bourgeois, Sujets & Habitans, & qu'ils contribueroient de leur côté tout ce qui pourroit en quelque manière tendre à l'entretien d'une harmonie & correfpondence étroite & réciproque, priant qu'il leur foit permis de prendre avec eux tous les points propofez, pour délibérer plus amplement & pour communiquer demain leurs fentimens là-deffus.

Sur quoi il a été ordonné au Sécrétaire de donner aux dits Députez des Villes Copie des fufdits points, ce qui a été fait.

Samedi, 3 Mars 1703.

AYANT été délibéré fur les points propofez hier, il a été réfolu & entendu :

1°. Qu'on fera revivre l'amitié mutuelle & la Correfpondence étroite entre les Villes refpectives, autant qu'il eft poffible, comme cela s'eft pratiqué autrefois.

2°. On a pareillement réfolu, & on s'en tient à la Réfolution de mettre la Régence des Villes refpectives fur le pied & dans l'état où elle a été avant le Gouvernement du Stadhouder de l'année 1672, c'eft-à-dire chaque Ville chez elle.

3°. *De même que chaque Ville chez elle doit faire jouir les Bourgeois, Sujets & & Habitans des Droits, Privilèges, Réglemens, Us & Coutumes louables, dont ils ont joui refpectivement.*

4°. *Les Villes refpectives fe promettant réciproquement de fe prêter les mains, de fe maintenir & aider l'une l'autre le plus efficacement, pour le maintien de tout ce que ci-deffus, & de concerter pour cet effet tels moiens qu'elles jugeront les plus efficaces & les plus convenables.*

Quant aux autres fept points on eft convenu 1°, par rapport au prémier, que la forme du Gouvernement demeurera & fera fur le pied où elle a été avant l'année 1672, favoir que quelqu'un étant une fois élu Echevin

ne

ne peut ni ne doit jamais être dépofé, finon pour quelque crime ou par la voie
de la Juftice.

2°. Quant au fecond, que la Seffion des Diètes Provinciales & du Quartier fera tenue & règlée comme elle a été pratiquée avant l'année 1672 jufqu'à préfent, & que les Finances & autres chofes feront règlées au plutôt,
comme on le jugera le plus convenable pour le fervice & l'intérêt du Quartier, laiffant aux Villes refpectives leurs Prérogatives, fans fouffrir qu'il y
foit fait le moindre préjudice à l'égard de l'évocation de leurs Bourgeois &
Habitans, ni à l'égard des éxécutions qu'il faut faire à cette occafion, de forte pourtant que le mot d'Evocation foit entendu & fe rapporte au point des
finances, obfervant celui d'Evocation dans les affaires civiles & criminelles,
comme on en a ufé avant l'année 1672, & encore à préfent, jufqu'à ce
qu'on en foit convenu plus amplement de part & d'autre.

3°. Quant au troifième qu'on devroit éloigner les anciens Meffieurs, qui
fe font excufez, & qui ont remercié de leur propre mouvement, des Diètes Provinciales & du Quartier, de même que du droit de Seffion dans les
Affemblées tant des Députez ordinaires qu'extraordinaires, & d'autres Commiffions hors du Païs, en repréfentant que perfonne ne peut ni ne doit être
admis, à moins qu'il ne foit pourvu d'une Commiffion en forme, fignée par
le Sécrétaire & munie du Cachet de la Ville, & que par rapport à la Seffion
dans l'Affemblée des Sieurs Députez on devroit prier Meffieurs de la Nobleffe de n'entrer en conférence avec aucuns autres Membres des Villes refpectives, finon avec ceux qui dans la fuite feront pourvus d'une Commiffion formelle de la Ville ou des Villes, qui l'auront committé; qu'autrement les
Villes tiendront ce qui a été traité dans la Conférence, pour nul, invalide, &
d'aucune valeur. Et que par rapport aux Commiffions, hors du Païs, on
priera unanimement Leurs Nobles Puiffances dans la prochaine Diète Provinciale, de donner les Commiffions à ceux qui feront chargez par les Committez de la Ville, où la Diète fe tient chaque fois.

4°. Pour ce qui eft du quatrième, on eft pour l'affirmative, & on entend
que Meffieurs de la Nobleffe feront priez par des Lettres ou Réfolutions de
ne plus fe mêler à l'avenir de la Juridiction des Villes refpectives ou de leurs
Droits & Privilèges, ni de fe l'arroger; &, en cas que dans une des Villes
refpectives ou dans des Tribunaux Provinciaux de Veluwe, ou dans quelques
autres Affemblées, qui doivent être compofées des Députez de la Nobleffe
& des Villes, on entreprît quelque chofe qui y foit contraire, on s'en donnera l'un à l'autre le plutôt connoiffance, & on fongera à tels moyens convenables dont on pourra s'accorder réciproquement, & on s'y oppofera de
la part & d'autre également.

5°. Il eft arrêté que le cinquième point fera obfervé, mais d'une manière
convenable.

6°. Le fixième eft entendu devoir s'enfuivre, & fe faire de lui-même.

7°. Quant au feptième, on demandera au Sécrétaire *van Ruyven* fon
Inftruction, à laquelle il s'en rapporte, afin de l'examiner, & de délibérer
enfuite plus amplement là-deffus.

AFFAIRES
DES PRO-
VINCES
DE ZE-
LANDE ET
DE GUEL-
DRE.

I 3

De-

Depuis il a été réfolu & entendu de dreffer par rapport à l'affermiffement de la préfente Régence des Villes refpectives, certain Acte, de même qu'une Amniftie de tout ce qui s'eft paffé, pour être publié dans les Villes refpectives.

Comme auffi un Acte inhibitoire, afin de ne pouvoir pas comparoître dans des Diètes Provinciales & du Quartier (*), comme autrement, & de l'infinuer aux Membres de la Régence qui fe font excufez, ou qui ont remercié de leur propre mouvement.

Sauf que les Villes de Harderwyck & d'Elbourg puiffent fe conformer à tout cela quand elles le trouveront à propos, & y participer.

L'inftruction du Sécrétaire *van Ruyven* ayant été examinée, on a trouvé que le quatrième Article n'étoit pas contraire à ce qui a été demandé, & pour cette raifon il lui a été encore enjoint de remettre la Lifte demandée, au Magiftrat d'Arnheim.

Plus bas étoit,

Par Ordonnance des fusdites Villes.

Signé,

Engelb. op ten Noorth, Sécrétaire.

Plus bas encore.

Les Sieurs Députez des Villes de Harderwyck & d'Elbourg ont approuvé aujourdhui & arrêté ce qu'on a mis ci-deffus en délibération & arrêté dans l'Affemblée des Ville d'Arnheim, de Wageningue & de Hattum, tenue à Arnheim le 3 Mars 1703, excepté feulement ce qui a été établi & arrêté dans le cinquième Article. Fait à Arnheim, le 25 Avril 1703.

Signé,

Henri Wolfsen & Alb. ten Busch.

Copie d'une Lettre écrite par la Ville d'Arnheim à Leurs Hautes Puiffances, le 6 de Novembre 1707.

HAUTS ET PUISSANS SEIGNEURS,

NOus nous trouvons obligez de remercier très-officieufement Vos Hautes Puiffances de ce qu'Elles n'ont pas voulu fuivant leur fincérité & droiture prêter d'abord l'oreille à ce que le Sr. *Wilt Jean van Broeckhuyfen*

tot

_____

(*) *Comme autrement :* on ne comprend pas bien ce que le Traducteur a voulu dire par-là.

tot de Latmer a trouvé à propos de leur propofer à deux reprifes au nom des Etats de cette Province , & de prier à cet égard Vos Hautes Puiſſances d'une manière brufque & inouie d'envoyer des Troupes de cette Province vers la Ville de Wageningue , fous un faux prétexte qu'il y avoit à craindre dans cette Ville-là une révolte publique & une effufion de fang, & que cette Ville avoit enfreint le droit public & l'union , & violé la fuprême autorité de la Régence de cette Province. AFFAIRES DES PRO- VINCES DE ZE- LANDE ET DE GUEL- DRE.

Et qui fe fert dans fa Propofition de plufieurs expreſſions impertinentes & indécentes contre la Ville d'Arnheim , qui de tems immémorial & même depuis fa prémière fondation a eu l'honneur auprès des prémiers Princes, & tous les Sujets de Veluwe auprès des autres Villes principales & municipales de de cette Province , & même auprès de la Nobleſſe, d'être confidérée & refpectée pour la quatrième Ville principale de cette Province & en particulier de ce Quartier, comme le font voir unanimement les Droits réformez de la Province de Veluwe & de Veluwenzoom , qui font encore à l'heure qu'il eſt dans leur pleine vigueur & dignité , de même que tous les Archives; & même qui plus eſt , quelques fiècles avant que les Diètes Provinciales ayent été connues dans cette Province. Nous avançons cela , Hauts & Puiſſans Seigneurs , parce que ledit Sr. *van Latmer* , a été aſſez imprudent que d'ôfer dire en pleine Aſſemblée de V. H. P. que la Ville d'Arnheim étoit fujette de cette Province , & qu'elle étoit *fub reatu*, & qu'il s'eſt fervi de plufieurs autres expreſſions également arrogantes & extravagantes.

Sans qu'il fe fouvienne encore , à ce qu'il paroit, que ni lui ni aucun Noble ne doit ni ne peut être admis à la Diète du Quartier, fans qu'entr'autres la Ville d'Arnheim lui ait donné voix pour être admis.

Qu'il n'ofe paroître dans aucune Diète du Quartier, fans y être convoqué par la Ville d'Arnheim.

Sans fe rappeller auſſi, à ce qu'il femble, qu'il a été il y a quelques années convaincu , fous la Préfidence de la Ville d'Arnheim, d'avoir caché 19030 florins que lui ou fon Receveur fubalterne du Bailliage de Voorft fut obligé de reftituer *una cum expenfis & intereſſe* aux habitans dudit Bailliage.

Outre une fomme encore plus grande qui eſt due encore aujourdhui à ces habitans de la part de feu fon Père dans la même qualité de Receveur du *Verponding*, fans que ces bonnes & pauvres gens puiſſent trouver le moien d'en obtenir le moindre denier.

Il paroît qu'il cherche à exercer fa vengeance contre la Ville d'Arnheim, pour s'exempter, s'il étoit poſſible, de la fatisfaction & de l'exécution de ladite fentence.

Et parce que les Committez de la Ville d'Arnheim avoient noté dans l'amodiation annuelle du *Verponding* un Article de 150 florins que fa Mère avoit tirés fous le nom de *Jean Hendrien*, & qu'on trouva encore après la mort de ladite Mère fur le Verbal de l'amodiation.

C'eſt par-là que Vos Hautes Puiſſances comprendront aifément que ce Sr. *van Latmer* a fait une Propofition partiale , & qui n'eſt pas dans les formes, en taifant la véritable fituation des affaires.

Pour

AFFAIRES
DES PRO-
VINCES
DE ZE-
LANDE ET
DE GUEL-
DRE.

Pour quelle raison nous regardons avec d'autant plus de vénération la très sage & impartiale Résolution de Vos Hautes Puissances, qu'Elles n'ont prise qu'après s'être fait informer de toutes parts, de la vraie situation de l'affaire.

Il seroit à souhaiter pour nous & pour les Villes de Nimegue & de Wageningue, & pour plusieurs autres Villes de cette Province, qui sont encore obligées de se taire de peur d'être maltraitées, qu'on n'eût pu obtenir dans l'Assemblée Provinciale une pareille audience impartiale.

V. H. P. n'auront appris que trop selon toutes les apparences, par la Lettre que la Ville de Nimegue s'est donnée l'honneur d'envoyer à V. H. P. sur le même sujet, & par ce que nos Committez à la Haie leur ont remontré, de quelle façon la Noblesse de Nimegue, conjointement avec celle de Thiel & Bommel, la Noblesse du Quartier de Zutphen avec la Ville de ce nom & les Villes de Lochum & de Grol, ont procedé par une pure pluralité à des Résolutions les plus violentes, qu'un Quartier & une Ville puissent jamais prendre contre l'autre, & comment elles se sont conduites pour épouvanter & effrayer les bons habitans, jusqu'à résoudre non-seulement d'employer & de se servir de Troupes, mais même, lorsque cela ne leur fut point accordé par la sage & louable conduite de V. H. P., d'en venir à cette extrémité de les faire menacer par le Sr. van Latmer, de licencier alors les Troupes de la Province & d'ouvrir de cette façon les Frontières aux Ennemis, de vouloir fermer les Comptoirs, & de renoncer de cette manière assez ouvertement à l'union si solemnellement jurée avec les Hauts Confédérez, le tout avec un zèle prématuré, pour éxécuter peut-être un autre dessein, qui paroît encore couvert & caché.

D'un autre côté V. H. P. doivent être persuadées que non-seulement les Villes de Nimegue & d'Arnheim, ont employé tout ce qui dépendoit d'elles pour conserver tout en repos & en Paix; que les prisonniers ont été relâchez; qu'on a rappellé les Troupes, qui étoient restées à Wageningue, & que même les Régens & Tribuns légitimes, uniquement pour faire voir qu'ils n'avoient en vue que le repos & la tranquillité de leur Ville & de cette Province, ont offert en pleine Assemblée Provinciale par une déclaration écrite, de rétablir tout sur le pied qu'il avoit été à Wageningue avant le 10 Octobre dernier.

Cependant cette présentation trop équitable a été rejettée par le Président *Randwyck*, sans recueillir seulement les suffrages là-dessus; le tout sans qu'on ait aucunement voulu prêter l'oreille à une Requête signée par environ cent des principaux Bourgeois, Jurez des Corps de Metier, & Arquebusiers.

Il est même arrivé, que sans entendre seulement la Ville d'Arnheim, on a tâché de lui ôter *de facto* son droit indisputable, les privilèges & prééminences de convoquer une Diète du Quartier, d'y avoir la Présidence & de conclurre sur toutes les affaires qui doivent être traitées dans les Diétines du Quartier, sur-tout la disposition des Charges politiques, aussi bien que militaires.

C'est

C'eft à cette fin que la Ville d'Arnheim avoit convoqué une Diète du AFFAIRES
Quartier vers le 4 Octobre , avertiffant que le même jour on procéderoit à DES PRO-
la diftribution des Charges Politiques. VINCES

Auffi le Préfident d'Arnheim a-t-il en conféquence de la forme & de l'or- LANDE ET
dre de la Régence, & fur les fondemens de diverfes Réfolutions de la Pro- DE GUEL-
vince & du Quartier , après qu'on eut fait la prière, & qu'on eut lu les DRE.
Commiffions des Députez des Villes , demandé les fuffrages dans le tems
qu'il y avoit comparu dix-fept Nobles ; & lorfque quinze opinèrent fous prétexte d'un accord qu'ils auroient fait dans une Diète Extraordinaire avec un
Commité de la Ville d'Arnheim , malgré les proteftations de trois à quatre
autres Commitez , qui prétendoient qu'on devoit différer cette difpofition
des Charges Politiques jufqu'au 25 Octobre, le Préfident d'Arnheim par ordre exprès a protefté contre, defavoué cet accord, & témoigné d'une manière pathétique qu'aucun Commité n'avoit eu ordre d'y confentir.

Nous croyons pareillement, que de cette manière aucune convention ne
peut être inferée , d'autant plus que trois Commitez contredifent le quatrième, comme non-feulement cela s'eft fait dans cette rencontre, mais que
le Sécrétaire eft chargé de ne point l'enregîtrer. Or Vos Hautes Puiffances
favent, & perfonne ne l'ignore , que dans des chofes, où la pluralité n'a
point lieu, *femper caufa prohibentis fit potior*, quand même la pluralité feroit
contre lui.

Quoique la pluralité fût notoirement dans le cas préfent du côté de la Ville d'Arnheim.

Que néanmoins deux Nobles affurèrent ne rien favoir de cette Convention, de forte qu'après avoir déclaré la Convocation de la Ville d'Arnheim
pour légitime, ils donnèrent leurs voix pour la place de Confeiller vacante,
à notre Échevin & Bourguemaître *Swaen*.

Comme nous avons pareillement donné la voix de cette Ville audit Bourguemaître *Swaen*, la Ville de Wageningue en remettant une Réfolution de
leur part, donna fa voix au Bourguemaître *Jean vander Horft*, à condition
pourtant qu'elle pût avoir fon effet , qu'autrement elle la donnoit au fufdit
Bourguemaître *Swaen*. Harderwyck de même que ceux de Hattum & d'Elbourg étant d'accord avec les quinze Nobles, furent de fentiment que l'affaire fût différée, fans vouloir donner leurs voix par rapport au principal.

Sur quoi le Préfident demandant pour la feconde fois les fuffrages, quoiqu'inutilement, tâcha d'induire avec toutes les raifons imaginables les Membres difcordans du Quartier à donner leurs voix, ou qu'autrement il feroit
obligé de procéder à la conclufion , fuivant l'ordre de la Province & du
Quartier.

Cependant chacun trouvant à propos de perfifter dans fon fentiment, le
Préfident a procédé à la conclufion. Et, comme perfonne n'étoit nommé
à la place de Confeiller, excepté le Bourguemaître *Swaen*, il l'a déclaré
Confeiller.

Sur quoi les quinze Nobles & les quatre Villes ont fu empêcher que ledit
Bourguemaître *Swaen* ne prêtât le ferment.

Tom. XIV.   K   Juf-

AFFAIRES
DES PRO-
VINCES
DE ZE-
LANDE ET
DE GUEL-
DRE.

Jufqu'à ce que le 15 Octobre on a trouvé bon dans la Diète Provinciale d'annuller *de facto* la valide Election du Quartier contre la Protestation de la Ville d'Arnheim, & de faire élire le Dr. *Jean vander Horst*.

Procedé contraire à toutes les anciennes Constitutions, Décisions compromissoriales, & Coutumes réciproques, qui en tout tems ont été observées entre les cinq Villes.

Loin d'en rester là, ils ont même sçu obtenir une prétendue approbation de la Province, le tout sans écouter ou vouloir écouter la Ville d'Arnheim.

Quoique la Ville d'Arnheim ait présenté prémièrement de bouche de vouloir soumettre cette dispute à des personnes impartiales, & ensuite par écrit, on ne l'a point écoutée.

Or comme Vos Hautes Puissances remarqueront, qu'on menace tous les jours d'envahir cette Ville par des forces militaires, ou qu'on a déja envoyé des Troupes à Wageningue, & qu'on alloit y envoyer encore trois Compagnies du Régiment de Delen, & qu'on a contre la Patente de V. H. P. partagé ce Régiment dans le tems qu'il étoit encore sur le Territoire de Hollande, ayant envoyé deux Compagnies à Thiel, deux à Bommel, trois à Wageningue, deux à Hattum & deux à Elbourg, & qu'on continue toujours ces démarches, la Ville d'Arnheim se fondant sur l'union, s'est trouvée obligée de s'addresser très officieusement à V. H. P. & d'offrir encore de vouloir se soumettre par rapport à tous les différends avec la Noblesse & les autres Villes, tant à l'égard de ce qui s'est passé à Wageningue, qu'à l'égard des autres points litigieux, à la médiation amiable & à l'interposition de V. H. P., & faute de cela à l'arbitrage & décision des personnes impartiales, en conformité de l'Union, suppliant très-officieusement V. H. P. de vouloir y pourvoir & s'y interposer promptement, afin que cette Ville ne soit point attaquée ou envahie par des forces militaires, & que loin d'atiser davantage le feu des dissentions & de la discorde intestine, on puisse prévenir toutes les confusions & troubles ultérieurs. Sur quoi priant Dieu pour la prospérité du Gouvernement, des Personnes & des Biens de Vos Hautes Puissances, nous sommes,

HAUTS ET PUISSANS SEIGNEURS,

De Vos Hautes Puissances les très-officieux & bons Amis,

LES BOURGUEMAÎTRES, ECHEVINS ET CONSEILLERS DE LA VILLE D'ARNHEIM.

Plus bas:

Par Ordonnance d'iceux,

Signé,

HENRI OTTERS, Sécrétaire.

A Arnheim, le 6 Novembre 1707.

Le dessus étoit: *A Leurs Hautes Puissances les Seigneurs Etats-Généraux des Provinces-Unies des Païs-Bas.*

Pro-

AFFAIRES
DES PRO-
VINCES
DE ZE-
LANDE ET
DE GUEL-
DRE.

Projet provifionel des Committez de la Bourgeoifie de la Ville d'Arnheim, préfenté au Magiftrat de ladite Ville, le 14 Décembre 1707, avec la Publication qui en a été faite le même jour.

Le 14 Décembre 1707.

PLUSIEURS Bourgeois de cette Ville ont jugé à propos de donner commiffion de propofer au Magiftrat ; non, Nobles & Honorables Seigneurs, en vue de nous mêler du différend qu'ont le Magiftrat, les Jurez des Corps de metier, les Officiers ordinaires de la Bourgeoifie & les Volontaires avec les Seigneurs de la Province, vu qu'ils n'y entrent pas, ni n'y veulent entrer, laiffant les chofes où il convient ; mais de propofer feulement avec tout le refpect & de demander ce qui fuit;

Qu'il plaife au Magiftrat de faire affembler les Corps de Metier refpectifs & la Bourgeoifie de cette Ville, pour faire des Propofitions fur les points fuivans & autres, & d'accorder à cet effet une fureté convenable. *Fiat.*

Pour prier enfuite Vos Nobles & Honorables Seigneuries, que le Placard émané de la part de la Province au fujet des Volontaires, foit publié & affiché comme de coutume. *Fiat.*

Que les Capitaines, Lieutenans & Enfeignes de la Bourgeoifie, qui ont été en place avant le 11 Juin 1705, & qui ont été enfuite dépofez, foient rétablis dans les fonctions, où ils étoient (*).

Qu'il foit permis que les Communautez jurées de cette Ville foient rétablies, comme elles ont été dépofées le 14 Juin 1705, & qu'on remercie ceux qui font à préfent en place, quand même ils auroient été en place avant ladite Date (†).

Que Leurs Nobles & Honorables Seigneuries veuillent révoquer toutes ces Réfolutions, prifes tant par forme de Juftice ordinaire & toutes les Réfolutions politiques, qu'autrement, en conféquence defquelles on a proferit de cette Ville & de fon Echevinage, ou détenu quelques Bourgeois & Habitans, afin de les rétablir d'une manière honorable dans leur honneur, & de les rappeller. *Fiat.*

Extrait du Livre des Publications de la Ville d'Arnheim.

COMME les Bourguemaîtres, Echevins & Confeillers de la Ville d'Arnheim ont été priez par les Committez de la Bourgeoifie, que Leurs Nobles & Honorables Seigneuries veuillent révoquer les Réfolutions prifes, tant par forme de Juftice ordinaire, & les Réfolutions politiques, qu'autrement, par lefquelles on a proferit de cette Ville & de fon Echevinage, ou détenu

quel-

(*) *Les Membres préfens n'ont point eu connoiffance de la dépofition, & peuvent fouffrir que le rétabliffement fe faffe.*
(†) *Le Magiftrat permet autant qu'il dépend de lui le Rétabliffement.*

AFFAIRES
DES PRO-
VINCES
DE ZE-
LANDE ET
DE GUEL-
DRE.

quelques Bourgeois & Habitans, afin de les rétablir d'une manière honorable dans leur honneur & de les rappeller.

Leurs Nobles & Honorables Seigneuries déférant à cette demande, accordent à eux tous la liberté de pouvoir retourner dans cette Ville & fon
Echevinage, & de jouir de toutes les immunitez, les rétabliffant dans leur
entier à tous égards. Et les Sentences & Réfolutions contre eux font révoquées par la préfente, & feront rayées dans les Protocolles.

Plus bas,

Publié le 14 Décembre 1707.

Signé,

E. OUWENS.

*Mémoire & Confidérations fur le Projet provifionnel des foi-difans
Committez de la Bourgeoifie de la Ville d'Arnheim, remis au
Magiftrat de cette Ville le 14 Décembre 1707, & ce qui en
eft fuivi.*

Réponfe
au Projet
précé-
dent.

IL faut remarquer par rapport à l'ainfi nommé & publiquement imprimé
Projet provifionnel des Committez de la Bourgeoifie de la Ville d'Arnheim, remis au Magiftrat de cette même Ville le 14 Décembre 1707, qu'il eft
vrai, que le même jour il s'eft rendu dans l'Affemblée du Magiftrat de cette
Ville dix-huit Perfonnes, favoir, *Henri van Schevichhaven*, ci-devant Huiffier
de la Ville ; *Regnier van Ommeren*, *Jean Wolfhefen*, ci-devant Lieutenant
dans le Régiment du Rhingrave de louable mémoire; *François Ham*, Fils du
Tavernier en Vin *Wemmer Ham*; *Gerrit Ribbius*, Fils du feu Marchand de
Drap *Jean Ribbius* ; le Fils du Marchand de bois *van Krughten*; *Jean Brou-
wer*, Fils du Chaudronnier *Brouwer*; *N. ten Offelaer*, Marchand de Tabac;
Jean Leppingh, Admodiateur des Ecuries de la Ville ; *N. Verlee*, Charon;
N. Veltingh, Maréchal; *Michel Thago* ; *N. Bloemroden*, Luthérien & Sellier;
Rouloff van Olden, ci-devant Admodiateur du Pont ; *Bart. van Amerongen*,
Cordonnier; *N. van Manen*, Teinturier en bleu; *N. Duym*; *N. Innevelt*; &
que ces Perfonnes y on propofé leurs demandes, mais qu'elles n'ont point été
munies de quelque Commiffion de la Bourgeoifie, ou qu'elle n'a jamais été
convoquée à cet effet ni duement affemblée, comme cela fe pratique à
Arnheim.

Et quoiqu'on avance dans ledit Ecrit, que plufieurs Bourgeois avoient
trouvé à propos de commettre lesdites Perfonnes, il eft néanmoins évident,
que le nombre n'en a pas été grand par rapport à la Bourgeoifie de ladite
Ville, dont ils ne font pas la vintième ou trentième partie, & qui à caufe
du

du fufdit défaut d'une Convocation dans les formes, ne peuvent donner de Commiſſion valide.

Que lesdites dix-huit Perſonnes proteſtent dans le ſufdit Projet, qu'elles ne veulent pas ſe mêler du différend qu'avoient le Magiſtrat, les Jurez des Corps de Metier, & les Officiers de la Bourgeoiſie, avec les Seigneurs de la Province, au-lieu qu'elles ont aſſez témoigné le contraire par leur conduite, en demandant au Magiſtrat la publication de la Réſolution Provinciale.

Après avoir accordé la demande, que le Magiſtrat voulût faire aſſembler les Corps de Metier & la Bourgeoiſie, ces Perſonnes ſans l'attendre, ſe ſont attroupées à l'inſçu & ſans la permiſſion du Magiſtrat.

On laiſſe de plus à conſidérer de quelle conſéquence il eſt, que dix-huit Perſonnes ayent ôſé avec une prétendue Commiſſion tumultuaire, éxiger de leur Magiſtrat le rétabliſſement des Capitaines, Lieutenans & Enſeignes de Bourgeois, qui avoient été dépoſez avant le 11 Juin 1705, vu que cette dépoſition étoit faite pour des raiſons ſuffiſantes & valides.

Que leſdites Perſonnes, loin d'y acquieſcer, ont de plus demandé qu'il fût permis de changer les Communautez jurées de la Ville: procedé contraire au Réglement, en vertu duquel aucun Tribun ne peut être depoſé par le Magiſtrat, ſinon par des voyes de Juſtice, ni par la Communauté, les Corps de Metier & la Bourgeoiſie, ſi ce n'eſt que quelqu'un ait contrevenu à ſon ferment & à ſon devoir.

Enfin il ſent aſſez la ſédition & la violence, puiſqu'on a ôſé obliger le Magiſtrat de révoquer la Réſolution priſe, tant par forme de Juſtice ordinaire, & toutes les Réſolutions politiques, qu'autrement, par leſquelles on a proſcrit de la Ville ou détenu quelques Bourgeois, vu que le Magiſtrat avoit toujours procedé à cet égard avec toute la circonſpection poſſible, avec tout l'ordre convenable, & en bonne juſtice.

Et, comme le conſentement a été extorqué du Magiſtrat par la crainte d'une révolte & de quelque violence, les mêmes dix-huit Perſonnes ont inſiſté avec pareille ardeur ſur la Publication demandée, enſorte qu'elles ne vouloient point accorder le tems aux Sécrétaires de dreſſer cette Publication, comme cela ſe doit.

Ils ont auſſi éxigé du Magiſtrat avec la dernière importunité & avec menaces de relâcher inceſſamment *Adam Wichman*, ou qu'ils le feroient eux-mêmes, quoiqu'en préſence de ſix Jurez des Corps de Metier cet *Adam Wichman* eût été banni par une Procédure formelle, & de l'avis des Juriſconſultes impartiaux, & qu'étant revenu malgré ce banniſſement on l'eût mis en priſon.

Quand on conſidère outre cela, que quoiqu'on ait ſatisfait à la teneur de la Réſolution de Leurs Hautes Puiſſances du 24 Novembre dernier, entant que cela regarde la Ville d'Arnheim, & qu'ainſi on n'y eût que faire des Troupes, le Quartier de Thiel aſſemblé a néanmoins, contre les promeſſes qu'on ne forceroit point les Villes de Nimegue & d'Arnheim, de recevoir des Troupes, à moins qu'elles ne le demandaſſent elles-mêmes, envoyé des Soldats à Arnheim, avec ordre d'y entrer ou de mettre le blocus devant cet-

te

AFFAIRES
DES PRO-
VINCES
DE ZE-
LANDE ET
DE GUEL-
DRE.
te Ville, de même que de prêter un autre ferment au-lieu de l'ordinaire dû au Magiftrat, on comprend aifément, que tout cela a caufé une grande inquiétude & crainte à plufieurs Régens & à un grand nombre de Bourgeois les plus qualifiez, & les a fait réfoudre de fe retirer plutôt pour quelque tems, que de s'expofer aux infultes & mauvais traitemens de leurs envieux.

Or, quand même quelques prétendus Bourgeois auroient, après avoir depofé tout le Collège des Tribuns, de facto & fans raifon, entrepris en abfence des plus qualifiez, de depofer pareillement de facto le 18 Décembre fuivant fept Membres du Magiftrat & de mettre à leurs places diverfes Perfonnes non qualifiées, cela, loin d'être conforme aux promeffes faites à L. H. P. par les Srs. Committez de la Province, eft même contraire audit Réglement, fuivant lequel le Magiftrat ou fes Membres ne peuvent être depofez, à moins qu'ils n'aient contrevenu à leur ferment & devoir, auquel cas il n'eft pas même au pouvoir de quelques Perfonnes attroupées de le faire in turba, mais des Communautez, Corps de Metier & de la Bourgeoifie, convoquez par le Magiftrat; c'eft alors qu'on leur remet les griefs & les motifs, comme cela s'eft pratiqué autrefois à l'égard des Bourguemaîtres depofez Brienen & Tulleken.

Pour cette raifon il ne peut que paroître incomprehenfible, que dans la Lettre que les Etats de la Province, affemblez à Thiel, ont écrite le même 18 Décembre à L. H. P. la chofe foit répréfentée tout autrement; & qui plus eft, (*) qu'à ce qu'on avoit dit, qu'autant qu'ils favoient, il n'y avoit encore aucun changement fait dans le Magiftrat à Arnheim, l'on a ajouté, que le Réglement par rapport à la préfente Conftitution de la Régence dans cette Ville autoriferoit les Corps de Metier & les Communautez jurées, d'y changer le Magiftrat en tout tems, felon leur bon-plaifir, fans être attachez à quelque tems, ou obligez de rendre compte de leurs actions à cet égard.

Et que par rapport à la forme de la Régence dans cette Ville, les Etats affemblez à Thiel ne pouvoient rien faire ni donner aucun ordre, au-lieu que par les Troupes arrivées alors à Arnheim, on auroit pu facilement prévenir les attroupemens illicites & les violences qu'on exerçoit contre le Magiftrat, & y mettre ordre.

Pas moins peut-on inférer de la feconde Période ci-deffus alleguée, (†) comme un defaveu des actions de la Bourgeoifie contre leur Magiftrat, lefquels voyant que les Etats de la Province défendent leur prétendu Droit avec des expreffions fi énergiques & illimitées, prendroient delà beaucoup plus d'occafion d'agir à tout moment avec leur Magiftrat pro lubitu.

Delà on comprend aifément, que le Droit des Corps de Metier & Communautez jurées eft fi magnifiquement étalé dans ladite Lettre, afin que fur ce fondement on puiffe fe difpenfer de la Déclaration & des promeffes faites depuis peu à L. H. P. par les Députez Extraordinaires des Etats de la Province,

_____

(*) Cette période eft fi embrouillée qu'on n'ôfe y faire aucune correction.
(†) L'obfcurité qui règne ici ne permet pas qu'on y touche.

vince, & réïteréés dans ladite Lettre, *savoir de ne pas vouloir souffrir*, que par rapport à l'*Election du Magistrat d'Arnheim*, *il soit tenté ou entrepris rien de contraire au Réglement fait & arrêté au sujet de la forme de sa Régence.*

Ce seroit donc envain que les Magistrats de la Ville d'Arnheim, qui ont été déposés, demanderoient par leur Requête quelque redreffement de la Province de Gueldre, ou qu'ils s'y attendiffent, d'autant que les Etats de la Province déclarent d'avance que cela peut se faire, sans examiner si c'eſt hors de saison ou avec raison.

Par conféquent il ne reſte à ces Magistrats dépofez & à ces Bourgeois proscrits que l'espérance, qu'il plaira à Leurs Hautes Puiffances & aux Confédérez respectifs, d'y remédier par leurs bons offices, de telle manière que les Magistrats dépofez, les Tribuns, & Officiers des Bourgeois & autres, soient rétablis dans leurs fonctions, & que tout se trouve dans son ancien Droit.

Copie de l'Acte de Dépofition de quelques Membres du Magistrat d'Arnheim; avec quelques Remarques sur le même Acte, jointes à deux Déclarations en faveur du Sr. Bourguemaître Valenus Swaen.

COMME quelques Meffieurs de la Magistrature se sont enhardis de prendre malgré & à l'insçu des Bourgeois & Corps de Metier de cette Ville diverses résolutions, & de commettre des actions desagreables aux Bourgeois & Corps de Metier, & contraires à leurs Droits & Privilèges, & entr'autres la violence commise tous les jours par les Commiffaires & particulièrement en dernier lieu à Wageningue; Nous Committez des Corps de Metier & de la Bourgeoisie avons desapprouvé tout cela, & trouvé bon de remercier ces Echevins & de les décharger de leur serment, savoir le Docteur *Valenus Swaen*, le Docteur *Guillaume Adrien Bouwens*, *Jooſt Ruger*, *Didier Regnier van Baffem*, *Bernard Sandyck*, & *Pierre van Hamel*, Docteur en Médecine; d'autant plus qu'étant devenus fugitifs, ils se sont souſtraits à la Régence: & le Sr. *Guillaume Tullecken* eſt privé de sa place d'Echevin, non pour les raisons ci-deffus, mais pour d'autres, & déchargé de son serment, avec prière d'insinuer cela là où il convient. En foi de quoi nous avons signé la préfente à Arnheim, le 22 Décembre 1707.

Etoit signé de diverses mains.

La Confrairie des Marchands.

G. HANSEN.
P. FAGOR.
OTTO WYNEN.
JEAN VERLEE.

La Confrairie de St. Joſeph.

GUILL. MULLER.
NICOLAS BOUMAN.
JAQUES NYHOFF.

Le Corps de Metier des Cordonniers.

JEAN HAAK.
PIERRE OTTEN.

Le Corps de Metier des Orfevres.

GUILL. VAN LUNTEREN.

Le Corps de Metier des Tailleurs.

CORNEILLE VAN SUYS.
JAQUES DE GIMMER.

Le Corps de Metier des Boulangers.

MICHEL HERBERTS.
SURTGAAS DUYM.
JEAN VAN TYSSENBERGH.

Le Corps des Maréchaux.

ARIEN OTTENS.

CHRETIEN KLEYN.
HENRI REYNDERS.

Le Corps des Tisserans.

BERNARD TEN ORSELAER.
GERRIT EVERS.

Le Corps des Taverniers.

GU. SCHUURMAN.
JEAN VANDER BURGH.
MICHEL VAN DRIESEL.

Le Corps des Chirurgiens.

H. SELEN.
HENRI TEN HENGEL.

Au nom des Committez des Bourgeois.

H. V. VAN SCHELVICHAVEN.

Plus bas.

E. OUWENS.

Fait à Arnheim, le 22 Décembre 1707.

Remarques sur l'Acte de Déposition.

QUE le droit de prendre des Résolutions & de donner des Sentences tant civiles que criminelles, doit rester, comme anciennement, dans le Collège du Magistrat, sans que la Communauté jurée y ait à redire. Voyez le 18 Article du Réglement.

Qu'aucune Sentence ou Résolution ne doit être alléguée ou nommée, à moins qu'elle ne soit conforme *in forma & substantia* aux Droits & Privilèges.

Sans que jamais aucun Corps de Metier ou la Bourgeoisie ait témoigné qu'elle lui est desagreable ou contraire aux Droits.

20. Si les Volontaires ont commis quelque violence, les Auteurs en ont été punis, quand on les a connus ou pu attraper, même il y en a encore actuellement plusieurs qui sont bannis.

On ne sauroit non plus imputer au Magistrat, que de tems en tems il se commet de nuit des insolences à la rue.

Mais

Mais c'eſt contre tout droit & juſtice, qu'on regarde à préſent avec indif- Affaires férence, que ſix Perſonnes ſe ſoient émancipées de ſurprendre il n'y a pas des Provinces longtems dans ſa própre Maiſon le Juré du Corps de Metier *Gerard Brouwer*, de vinces le battre juſqu'à la mort & de le bleſſer, & que trois Perſonnes ont éxercé dans lande et la Maiſon de Madame la Veuve *Bouwens*, toutes les violences & inſolences de Gueldre intolerables dans un Païs de Juſtice ; & que cette Dame ayant indiqué par dre. leur nom & ſurnom tous les Délinquans avec les Témoins, qui l'ont entendu & vu, on n'ait fait ou éxercé à cet égard la moindre inquiſition ou juſtice.

3°. Que ce qui s'eſt paſſé à Wageningue, a été fait par réſolution expreſ- ſe de tout le Magiſtrat & de la Communauté, excepté que les Srs. *Guillaume Tulleken* & *Valenus Swaen* étant alors abſens, n'ont pas eu la moindre connoiſ- ſance de toute l'expédition contre cette Ville.

Que les Srs. *Wilbrenninck*, *A. A. Tulleken*, *Pierre Eygel* & *Henri Brant- fen* ont pareillement conſenti à l'expédition de Wageningue, du moins qu'ils n'ont pas proteſté contre ces attentats, ce qu'ils auroient dû faire ſi en con- ſéquence de leur devoir d'Echevins, ils n'avoient pas voulu ſe conformer à la pluralité.

4°. Qu'il ne compète ni n'a jamais competé aux Corps de Metier & Com- mittez d'approbation (*) ou de deſapprobation ſur des choſes de cette nature.

5°. Que la faculté de remercier les Echevins ne compète pas aux Corps de Metier & Committez de la Bourgeoiſie, en conſéquence *du ſecond article du Réglement*; mais s'ils viennent à contrevenir aux Droits, Privilèges, & à leur ſerment, ſoit en tout ou en partie, alors il ſera permis *à la Communauté, aux Corps de Metier* & *à la Bourgeoiſie* de les priver inceſſamment de leur place d'Echevins, ſans aucune forme de procès. Sur quoi il faut remarquer:

1°. Que dans cette affaire de dépoſition, on n'a jamais connu ſuivant le 1er. article du Réglement aucune Communauté, en qualité de prémier Mem- bre, qui y eſt qualifié après le Magiſtrat.

2°. Qu'aucuns Corps de Metier n'y ont conſenti, car alors les Teneurs de Livres de chaque Corps de Metier auroient fait la ſignature, comme on le peut voir à la fin du Réglement.

3°. Qu'il n'a pas été non plus permis à *Henri de Schevichaven* de ſigner pour toute la Bourgeoiſie; il faudroit cependant que les Capitaines, Lieute- nans & Enſeignes de chaque Compagnie de Bourgeois le ſignaſſent.

4°. Que les Srs. *Bouwens* & *Baſſam* bien loin de s'être enfuis, étoient partis pour l'Overyſſel, chargez d'une Commiſſion expreſſe du Magiſtrat, & qu'ils y ont rendu compte de leur Commiſſion.

5°. Que le Sr. *Sandyck* eſt parti pour la Hollande, pour dire adieu à ſon Fils qui alloit faire un voyage de Mer.

6°. Que le Sr. *Swaen* étant reſté dans la Ville juſqu'à Jeudi 15 Décembre, a at-

(*) Il manque ici quelque choſe, du moins cela eſt ſi obſcur qu'on n'y comprend rien.

AFFAIRES
DES PRO-
VINCES
DE ZE-
LANDE ET
DE GUEL-
DRE.

a attendu les violences du 14 Décembre, & comme il vit & apprit, que les quatre Messieurs *Wilbrenninck*, *Tulleken*, *Eygel* & *Brantsen* ne vouloient point remédier à la violence que leur avoient faite les 18 Committez, ou employer les Troupes pour l'empêcher, & étant averti par des personnes dignes de foi, que quelques malintentionnez vouloient attenter contre sa personne, il ne s'est retiré que depuis deux ou trois jours, ayant marqué le 19 par Lettre à Messieurs de la Magistrature les raisons, pourquoi il se retiroit, & qu'il attendroit à Utrecht leurs ordres.

7o. Que les Srs. *Ruger* & *van Hamel* ne sont pareillement partis, que parce qu'on avoit laissé entrer les Troupes sans leur faire prêter le serment ordinaire, & qu'on avoit commis impunément les horribles insolences contre la maison & la personne de Madame la Veuve *Bouwens* & de *Gerard Brouwer junior*.

8o. Quant à l'Election faite, il faut savoir que *Wolffen* est natif de la Haye, & n'est devenu Bourgeois que deux ou trois jours avant la prétendue Election, ce qui est contraire au huitième Article du Réglement.

9o. Que suivant le cinquième Article du Réglement, on ne peut disposer d'aucune place d'Echevin, que sur la nomination des Tribuns, qui doivent les présenter au Magistrat le jour de Ste. *Agnès*, quatre jours avant la Conversion de St. *Paul*, pour chaque Place vacante quatre Personnes, dont une doit être élue par le Magistrat.

Que ces personnes éligibles doivent avoir les cinq qualitez suivantes.

1o. Qu'ils fassent profession de la véritable Religion Chrétienne Réformée.

2o. Qu'ils soient nez dans la Province de Gueldre.

3o. Qu'ils ayent été pendant quatre ans Bourgeois de la Ville d'Arnheim, & qu'ils y ayent demeuré.

4o. Que dans le tems de l'Election ils demeurent encore dans la Ville, & qu'ils y ayent & dans l'Echevinage, du moins dans le Veluwe ou Veluwenzoom, des Possessions.

5o. Qu'ils ne doivent pas être apparentez l'un à l'autre jusques au troisième dégré, comme on peut voir dans le 5e. Article du Réglement.

Que par conséquent Mr. *Rosendael* n'est point éligible, puisqu'il n'a jamais été Bourgeois.

Que Mr. *Ham* n'a pas demeuré à Arnheim depuis 25 ans.

Que suivant une Résolution de la Communauté, Mr. *Menten* conjointement avec Mrs. van *Rosendael* & *Ham* ont été déclarez n'être jamais éligibles.

Que le Sr. *Brienen* a été déposé *cum infamia*, & déclaré inhabile du commun accord du Magistrat, de la Communauté, des Corps de Metier & de Bourgeoisie, ce qui ne peut être retracté par cinq Echevins, par violence, sédition & tumulte.

COPIE.

Les Bourguemaîtres, Echevins, & Conseillers de la Ville d'Arnheim certifient, que le Docteur *Valenus Swaen* notre Echevin commun, a été Lundi
le

le 10 du courant avant midi dans notre Affemblée , & qu'il a pris congé de Affaires des Provinces de Zelande et de Gueldre.
nous pour partir pour Nimegue , & que Mardi le 11, lorfqu'on a parlé de
l'affaire de Wageningue & recueilli les fuffrages , il n'a pas été préfent dans
l'Affemblée.

En foi de quoi nous avons fait appofer le Cachet de notre Ville.

Fait à Arnheim , le 29 Octobre 1707.

Par ordre d'iceux ,

Signé ,

A. GAYMANS, Sécrétaire.

Claufula concernens.

C O P I E.

JE déclare par la préfente , fur les inftances de Mr. le Bourguemaître *Valenus Swaen*, que je n'ai jamais eu correfpondance avec lui fur l'affaire de
Wageningue, avant que l'expédition fe fît , ni par Lettre ni autrement,
certifiant que cette affaire a été mife très-inopinément fur le tapis , lorfqu'il
étoit déjà parti la veille pour Nimegue. Fait & figné de ma propre main.

Plus bas.

W. A. BOUWENS.

Mémoire des Habitans d'Arnheim aux Etats Généraux ,
du 23 Décembre 1707.

HAUTS ET PUISSANS SEIGNEURS,

COMME il a plu à Dieu Tout-puiffant de délivrer cette Ville & les bons Mémoire d'Arnheim.
Bourgeois d'une fupériorité violente, fous laquelle non-feulement ceux
de la Régence, mais même les Habitans ont gémi depuis longtems , & que
les Corps de Metier & la Bourgeoifie de cette Ville , après que quelques
auteurs de ces violences ont , fans y être forcés ou engagés par perfonne,
(*) abandonné la Ville & par-là abdiqué la Régence , procedé d'une manière fort régulière & fans le moindre defordre en conformité du Réglement,
fait au fujet de la Régence de cette Ville, à rétablir & à fuppléer le nombre
ordinaire des Régens , & par conféquent pourvu de nouveau la Régence de
tels Sujets habiles , que nous ne doutons pas que conjointement avec les
Mem-

(*) On ne fauroit remédier entierement à la confufion qui fe remarque dans cette
piéce , fans en donner une nouvelle traduction.

AFFAIRES DÉS PROVINCES DE ZELANDE ET DE GUELDRE.

Membres, qui ont demeuré en place, ils ne concourent unanimement à rétablir le repos & la harmonie, & à redreffer plufieurs bonnes chofes délabrées.

Et comme nous avons confideré, que cette Ville, qui à caufe des violences & extravagances commifes, n'a pas affifté pendant quelque tems à l'Affemblée des Etats de cette Province, eft par ce moyen remife en état de pouvoir, comme un Membre confolidé & intégrant, délibérer de nouveau conjointement avec les autres Membres affociez de cette Province, & prendre des réfolutions fur tout ce qui pourroit regarder le Bien public.

Nous n'avons pu, après que tout fut calmé dans cette Ville, & que ceux qui avoient quelque rapport à l'adminiftration des affaires, eurent prété le ferment ordinaire, nous difpenfer d'en donner très-officieufement connoiffance par la Préfente à V. H. P. ne doutant point, qu'elles auffi bien que tous les Confédérez ne prennent part à la joie publique & délivrance, qui eft fi fubitement & fi opinément arrivée à cet égard à cette Ville & à la bonne Bourgeoifie, par la main du Dieu Tout-puiffant, que nous prierons de vouloir bénir de plus en plus V. H. P. de les rendre heureufes dans leur Régence & de les tenir en fa fainte garde. Au refte nous fommes,

HAUTS ET PUISSANS SEIGNEURS,

DE VOS HAUTES PUISSANCES,

Les officieux bons Amis, les Bourguemaîtres, Echevins, & Confeillers de la Ville d'Arnheim.

A Arnheim, le 23 Décembre 1707.

Plus bas,

Par Ordonnance d'iceux.

Publication de la Ville de Nimegue, du 8 Décembre 1707.

Publication de Nimegue.

COMME les Bourguemaîtres, Echevins & Confeillers, de même que les Tribuns de la Ville de Nimegue, ont appris avec la dernière furprife & douleur, que les Membres affemblez injuftement & invalidement à Thiel peuvent non-feulement trouver bon de continuer leur Affemblée invalide & illégale & de faire tort & injuftice, par plufieurs Réfolutions préjudiciables à cette Ville & Bourgeoifie, dans leurs liberté & privilèges, de même que dans leurs anciens Us & Coutumes, fans avoir le moindre égard à toutes les repréfentations & Proteftations fondées & juftes qu'on a faites de tems en tems, & fans confidérer en aucune façon toutes les repréfentations & offres réitérées & équitables, favoir que cette Ville vouloit très-volontiers fe reconcilier & fe réunir ici le plus amiablement avec lesdits Membres, à

con-

condition qu'on lui fît obtenir un redreffement raifonnable des torts fi confidérables & intolérables qu'on a faits à cette Ville & à la Bourgeoifie à divers égards; mais que ces mêmes Membres étant munis de main forte viennent de mettre effectivement en éxécution par la force des Troupes, d'une
manière inouie & inufitée dans un Païs libre , leurs Réfolutions injuftes &
illégales, lorfqu'ils ont ainfi le 4 du courant , fait arrêter fur le grand chemin, & appréhender près de Wageningue, les Sieurs *Jean de Beyer* & *An-*
toine Vofs Sénateurs de cette Ville, les faifant mener enfuite prifonniers dans
cette Ville par une Garde de Soldats , & les détenant; que le lendemain ils
ont été fur un Chariot fous l'Efcorte d'un Officier & douze Soldats, de même
que de cinq Meffagers, dont trois étoient affis à côté de ces Meffieurs fur
le même Chariot & deux le fuivoient à cheval , tranfportez prifonniers à
Thiel, où ces Meffieurs font encore tenus en arrêt & détention, quoiqu'ils
aient tant à Wageningue, lors de leur appréhenfion violente qu'auffitôt a-
près leur arrivée e Thiel, protefté le plus folemnellement de la violence &
du tort, qu'on faifoit à cette Ville dans leurs Perfonnes, & principalement
parce que ces Meffieurs retournoient de la Haye, où ils s'étoient rendus fur
des lettres , & à la réquifition particulière de Leurs Hautes Puiffances, y
ayant été envoyez chargez de la Commiffion du Magiftrat de cette Ville, a-
fin d'entrer avec Leurs Hautes Puiffances en délibération , & en venir à un
accord fur la ceffation de la monnoie de l'Empire de cette Ville, & que leur
retour tendoit à faire rapport à Leurs Nobles & Honorables Seigneuries de
leur dite Commiffion; qu'ils n'étoient pas partis non plus de la Haye qu'avec
connoiffance de caufe , & après avoir pris congé du Sr. Député préfident
alors à l'Affemblée de Leurs Hautes Puiffances ; que pour cette raifon ces
Meffieurs ayant été en Commiffion fur une affaire qui regarde les communs
Confédérez des Provinces-Unies & la Ville de Nimegue en particulier , il
leur compétoit fans aucune exception le libre accès & retour vers cette Ville, fans qu'ils duffent être empêchez à cet égard par quelque arrêt ou autrement, d'aucune manière ou fous aucun prétexte.

Et qu'il a été outre cela , par ordre exprès & au nom des fufdits Etats de
la Province invalidement & irrégulièrement affemblez , arrêté à *St. André*
par des Soldats , trois Bateliers avec leurs Vaiffeaux marchands & d'ordonnance allans d'ici à Rotterdam & vers d'autres Villes de Hollande.

Les Bourguemaîtres, Echevins & Confeillers, de même que les fufdits Tribuns, ne peuvent juger par ces actions violentes finon que la pluralité liguée
& fupérieure de Gens qui fe donnent le prétendu nom des Seigneurs Etats
de cette Province , ont en vue & le deffein fans diffimulation de forcer,
s'il étoit poffible , & de contraindre cette Ville & la Bourgeoifie à reconnoître & à fe foumettre à leurs Réfolutions & ordres defpotiques & injuftes,
& à les foumettre à leur Domination arbitraire, n'ont pu différer plus long-
tems de faire favoir par les préfentes , à tous les Bourgeois & Habitans de
cette Ville , qu'ils ont demandé contre lesdites violences publiques & imploré le fecours & l'affiftence, de même que l'interceffion & les bons offices

des

Affaires des Confédérez refpectifs, que l'on attend auffi indubitablement en conféquen-
des Pro- ce du texte clair & expreffif de l'union jurée.
vinces
de Ze-   Faifant de plus favoir, que comme les Collèges du Magiftrat & des Tri-
lande et buns, lefquels deux Collèges on a chargé fur leur ferment refpectif de veil-
de Guel- ler de concert l'un avec l'autre pour la confervation des Privilèges, Us &
dre. Coutumes louables, Droits & Libertés compétans à cette Ville & Bourgeoifie, remarquent de plus en plus non fans furprife & étonnement, qu'un
puiffant Parti empiète là-deffus, & que cette Ville eft par conféquent mife
dans une fituation à devoir fe maintenir & fe défendre courageufement contre toutes ces atteintes & ufurpations par tous les moyens poffibles, ou à fe
voir autrement foumife éternellement à une domination & efclavage infupportables; & confidérant mûrement d'un côté, que cet affujettiffement, auquel on ne fauroit fonger qu'avec la dernière horreur & déteftation, leur feroit inexcufablement reproché, & donneroit à la Poftérité des raifons très-
juftes de faire des imprécations & déteftations contre leurs os dans les tom-
beaux; fe répréfentant d'ailleurs, & fe rappellant les très louables exemples des
Ancêtres, qui ont en tout tems, même au hazard de leur vie & de leurs Biens,
maintenu cette Ville & Bourgeoifie, & défendu inviolablement leur ancienne liberté; confidérant outre cela duement le zéle infatigable & la valeur extraordinaire, avec laquelle la Bourgeoifie a plufieurs fois défendu & maintenu cette Ville, tant contre l'invafion de l'Ennemi commun, même en
confervant toute la chere Patrie, que contre les oppreffeurs de leur Liberté & Privilèges, particulièrement en 1702, fans s'ennuier ou fe laffer de
toutes les incommoditez & fatigues, quelque grandes & dures qu'elles
ayent été.

    A ces caufes, les fufdits Bourguemaîtres, Echevins & Confeillers conjoin-
tement avec les Tribuns, fe font après communication réciproque promis &
affuré folemnellement, de s'entr'aider l'un l'autre par tous les moyens & par
toutes les voies imaginables, & même s'il eft néceffaire au hazard de leur
vie & de leurs Biens, de s'affifter, défendre, & maintenir contre tous &
chacun en particulier, quel qu'il puiffe être, qui oferoit ou qui oferoient dans
la fuite porter la moindre atteinte aux anciennes Libertez, Privilèges, & Prééminences de cette Ville, ou d'empiéter là-deffus, tenant toutes ces perfonnes
pour mal-intentionnées envers cette Ville & la Bourgeoifie, & fe réfervant
contr'elles très-expreffément leur jufte reffentiment & tous les moyens qu'ils
croiront convenables & néceffaires pour la confervation & le maintien de
ladite Ville & Bourgeoifie, & leurs précieux bijoux; de fe garantir pareillement & de s'indemnifer les uns les autres, de même que tous les Bourgeois
& Habitans de cette Ville, qui à cet égard a effuié ou effuiera dans la fuite
quelque incommodité, perte ou dommage; en recompenfe de quoi ils attendent avec confiance une fidélité d'autant plus grande, accompagnée d'une
valeur & conftance, & d'une patience modérée de la part de leurs bons
Bourgeois & Habitans, vertus héroïques, qu'ils ont témoignées & fait
voir fi cordialement & dans les occafions précédentes contre les Ennemis
com‹

communs de la Patrie, & contre ceux de la Ville & Bourgeoifie en particu- Affaires
lier, d'autant plus que les defleins dangereux contre la liberté & les droits des Pro-
de cette Ville ne font pas moins à craindre & moins grands à l'heure qu'il vinces
eft, qu'ils ont jamais été du tems paffé. Les Bourguemaîtres, Echevins de Ze-
& Confeillers, conjointement avec les Tribuns, déclarant tout comme ils lande et
ont déja déclaré aux Confédérez refpectifs avec cordialité & fincérité, com- de Guel-
me il convient aux Régens & Modérateurs d'une Ville & Bourgeoifie li- dre.
bre, d'attendre plutôt avec patience toutes les extrémitez, & de mettre
plutôt en œuvre autant qu'il leur eft poffible tous les moyens de défenfe, que
de fe foumettre eux, leur Ville & Bourgeoifie pour le préfent, & leur poftérité pour l'avenir, à une fujettion & un efclavage infupportables.

Les fufdits Bourguemaîtres, Echevins & Confeillers, conjointement avec
les Tribuns, ayant appris avec la dernière furprife & mécontentement, que
des gens méchans, mal-intentionnez & mal-affectionnez pour cette Ville &
Bourgeoifie, ôfent repandre & femer plufieurs difcours abufifs, faux & mali-
cieufement forgez, afin de troubler par-là, s'il étoit poffible, & d'allarmer la
Bourgeoifie: *A ces Caufes* les Bourguemaîtres, Echevins & Confeillers, conjointement avec lefdits Tribuns, déclarent qu'ils tiendront ces perfonnes
malicieufes & mal-intentionnées pour des Ennemis de cette Ville & de cette
Bourgeoifie, & qu'ils veulent faire faire des recherches & procédures convenables contre eux, comme perturbateurs de cette Ville & des bons Bourgeois & Habitans, afin que la fidélité foit diftinguée & purgée de l'infidélité ; Déclarant outre cela, qu'ils permettent & veulent avec plaifir, que
tous les Bourgeois & Habitans, qui ne font pas portez à concourir fuivant
leur ferment & devoir, à maintenir, appuier & défendre la Liberté, les anciens Statuts, Coutumes louables, Prééminences, Droits, Prérogatives &
Immunitez de cette Ville & Bourgeoifie, (defquels les Bourguemaîtres, E-
chevins & Confeillers, de même que les Tribuns, font très perfuadez qu'il y en
a fort peu), fe retirent de cette Ville & s'habituent ailleurs, où il leur plaira, ne doutant point, que leurs places ne foient remplies abondamment, &
fuppléer par l'accroiffement & l'augmentation d'autres fincères & braves
Bourgeois & Habitans; c'eft alors que le Monde verra & entendra avec
quelle bonne conduite, fincérité, & valeur, cette Ville & Bourgeoifie font
maintenues, défendues & confervées de concert & avec une concurrence réciproque par les fufdits Bourguemaîtres, Echevins & Confeillers, conjointement avec les Tribuns, fous la fidélité & conftance inaltérables de leurs dits
Bourgeois & Habitans, dans les précieux gages de leurs Liberté & Privilèges,
dont on a fait mention ci-deffus. Ainfi fait & arrêté par les Bourguemaîtres,
Echevins & Confeillers, conjointement avec les Tribuns de la Ville de Nimegue, le 8 Décembre 1707.

De ma connoiffance,

M. L. Singendonck.

Ex-

AFFAIRES
DES PRO-
VINCES
DE ZE-
LANDE ET
DE GUEL-
DRE.

Extrait du Regître des Résolutions de Leurs Hautes Puiffances les Seigneurs Etats-Généraux des Provinces Unies des Païs-Bas; du Lundi, 21 Novembre 1707.

Réfolu-
tion des
Etats-
Géné-
raux tou-
chant les
Troubles
du Quar-
tier de
Nime-
gue.

REçu une Lettre des Seigneurs Etats de Gueldre écrite à Thiel le 19 du courant, contenant plein-pouvoir pour les Srs. *Jean van Welderen tot Valburgh*, Baillif, Juge & Dyckgrave du Bailliage de Nederbetuwe de la part de la Nobleffe, & pour *Matthieu van Eck*, Bourguemaître de la Ville de Thiel, de la part des Villes du Quartier de Nimegue; *Alexandre van der Capellen tot Hagen & Boedelhof*, de la part de la Nobleffe; & *Jean Jaques Gansneb*, nommé *Tengnagel*, Bourguemaître de la Ville de Zutphen, de la part des Villes de la Comté de Zutphen; & *Jean van Arnheim*, Seigneur de *Rosendael à Harseloe* Landdroft de Veluwe, de la part de la Nobleffe; & *Otton Jaques Scraffert*, Bourguemaître de la Ville de Hattum de la part des Villes du Quartier de Veluwe, pour propofer à L. H. P. des affaires qui regardoient l'intérêt de la Régence de ladite Provincé; & lefdits Srs. Députez de la Province de Gueldre ont enfuite propofé à LL. HH. PP. que les Seigneurs Etats de ladite Province leurs Principaux avoient fait faire il y a quelques femaines à LL. HH. PP. par le Sr. *van Broeckhuyfen*, envoyé expreffément ici pour cet effet, un rapport circonftancié des démélez & troubles qui s'étoient élevez dans ladite Province par les voies de fait & procédures violentes entreprifes par les Volontaires de la Ville d'Arnheim contre ceux de Wageningue, & de ce que les fufdits Seigneurs Etats ont réfolu pour y remédier, & pour rétablir & conferver le bon ordre & le repos, avec prière que quelques Compagnies fuffent envoyées pour obtenir un but fi falutaire, afin d'éxécuter les ordres politiques, & pour maintenir la légitime autorité de ladite Province; qu'à la vérité ils avoient efpére & cru, qu'une demande fi bien fondée fur la faine raifon & fur les fondemens unanimement établis ici à la Haye dans la Grande Sale par l'Union & par les Réfolutions de 1651, par tous les Confédérez, ne feroit pas fujette à la moindre difficulté; que lefdits Seigneurs Etats avoient néanmoins vu par la Réfolution de L. H. P. du 23 du mois paffé, que Leurs Hautes Puiffances n'avoient pu trouver bon d'y confentir d'abord, mais de les prier & de leur confeiller de faire auparavant encore une tentative pour faire éxécuter avec douceur leurs ordres, & au défaut de cela d'en donner connoiffance à Leurs Hautes Puiffances, afin de prendre enfuite telle Réfolution que L. H. P. trouveroient convenable conformément à l'Union pour maintenir la légitime autorité des fufdits Seigneurs Etats & pour prévenir tous autres malheurs; que quoique les Seigneurs Etats leurs Principaux euffent fouhaité de recevoir une Réfolution plus conforme à leur demande, ils s'étoient néanmoins reglez fur le Confeil & fur la réquifition de L. H. P. n'ayant en vue que le rétabliffement & la confervation de la tranquillité & du bon ordre dans leur Province, préférant à cet égard les voies les plus douces à toutes autres pour parvenir à ce but, & qu'enfuite ils a-

voient

voient tâché, par une nouvelle tentative, de pouvoir venir à l'éxécution de
leurs Réfolutions légitimes & bien fondées; mais qu'ils avoient trouvé à leur
plus grand regret & déplaifir, que tous leurs efforts & leurs offices employez pour un but fi falutaire avoient été infructueux , & qu'au-lieu que ladite Réfolution de LL. HH. PP. & leur bonne intention, de même que les foins
employez en conféquence par lefdits Seigneurs Etats, euffent été de quelque
bon effet, il paroiffoit au contraire qu'on en avoit été encouragé & comme incité à de nouvelles extravagances & desordres ; que du moins on en
avoit vu les effets peu après , puifque les Seigneurs Etats leurs Principaux
ayant jugé néceffaire pour le fervice, la tranquillité & le Bien de leur Province , & réfolu de faire caffer les Compagnies des Volontaires comme établies
& entretenues contre les fondemens de la Régence , comme étant la caufe
de beaucoup de troubles & les éxécuteurs d'une force injufte, non feulement
on n'y avoit pas obéï dans la Ville d'Arnheim , mais qu'on avoit renforcé
même publiquement par de nouvelles recrues lefdites Compagnies, quoique
le Chef ou le Colonel de ces Compagnies, le Bourguemaître de la Ville d'Arnheim, préfent à l'Affemblée des Etats lorfque cette Réfolution fut prife, a-
voit déclaré auparavant, que fe conformant à la Réfolution des Seigneurs E-
tats, il fe tenoit lui-même pour caffé & ne vouloit plus avoir à faire avec lefdits Volontaires ; qu'outre cela le Magiftrat & les Tribuns d'Arnheim
avoient fait faire à la Cour de Juftice dans cette Ville des infinuations , dont
ils étoient devenus incapables d'éxercer leurs fonctions & d'éxécuter les Réfolutions des Seigneurs Etats leurs Principaux , ce qui avoit auffi obligé &
porté lefdits Seigneurs Etats d'appeller la Cour & la Chambre des Comptes
prémièrement à Nimegue & enfuite à Thiel; que le Magiftrat de Nimegue
étoit venu à ce point d'extravagance, de ne point publier le Placard des fufdits
Seigneurs Etats émané pour caffer lefdits Volontaires, mais qu'il s'arrogeoit
même un pouvoir, qui ne lui compétoit nullement, en annullant & caffant
ce Placard autant qu'il étoit poffible, & en prenant outre cela la réfolution de
ne plus affifter à l'Affemblée des Etats ni du Quartier de Nimegue, ni de permettre que l'Affemblée des Etats s'y tînt davantage, ce qui a obligé lefdits Seigneurs Etats de transferer leur Affemblée à Thiel pour y délibérer fur
les affaires publiques de la Province; que ceux de Nimegue avoient de plus
trouvé bon de faire arrêter le Prémier Confeiller de la Cour de Juftice , lequel étoit dans cette Ville & y demeuroit par ordre exprès des fufdits Seigneurs Etats, pour y attendre les autres Confeillers qui y étoient convoquez,
& de le faire garder dans fa Chambre par deux Hallebardiers de la Ville, fans
alleguer aucune raifon de cet arrêt, malgré les demandes & inftances réïtérées à cet égard par ledit Prémier Confeiller, ne lui ayant été notifié que
de bouche par un des Huiffiers de la Ville qu'il refteroit en arrêt, jufqu'à ce
que la Cour de Gueldre eût annullé certaine fentence prononcée au préjudice
d'un Batelier, Bourgeois de Nimegue; que de plus ceux de Nimegue avoient
fait fermer la Chambre des Députez de ce Quartier, où fe trouvoient tous
les Papiers, Roles des admodiations, Comptes des Troupes , & autres pièces & Documens, en conféquence defquelles il falloit décider les affaires

AFFAIRES
DES PRO-
VINCES
DE ZE-
LANDE ET
DE GUEL-
DRE.

Tom. XIV.   M   cou-

AFFAIRES
DES PRO-
VINCES
DE ZE-
LANDE ET
DE GUEL-
DRE.
courantes, par où les affaires dudit Quartier, des Finances, du payement des Troupes & autres étoient suspendues & prêtes à tomber en confusion, de même que celles du Quartier de Veluwe, où à cause des procédures violentes de ceux d'Arnheim on ne pouvoit non plus délibérer sur les affaires du Quartier; qu'outre tout cela on tenoit dans lesdites Villes des Discours, qui donnoient à des Membres illustres de la Noblesse de justes raisons de craindre pour la sureté de leurs Personnes mêmes dans leurs Maisons hors de ces Villes; outre que lesdits Seigneurs Etats étoient traitez dans ces Résolutions prises à cette occasion par les Magistrats & Tribuns, avec beaucoup de mépris & d'expressions indécentes; qu'en recherchant les raisons & les motifs de ces ordres si rigoureux & si extraordinaires, on n'en trouvoit point d'autres que ceux-ci, savoir, qu'outre un intérêt particulier, les Villes de Nimegue & d'Arnheim n'étant pas d'accord avec tous les autres Membres de la Province par rapport aux Résolutions, qui étoient jugées nécessaires & qu'on avoit prises légitimement pour réparer les procédures violentes commises à Wageningue, les autres Membres bien loin de pouvoir ou de vouloir se conformer aux sentimens de ceux de Nimegue & d'Arnheim, avoient cru que les Résolutions prises de leur côté étoient absolument nécessaires pour rétablir l'ordre & la tranquillité & qu'elles se trouvoient conformes à la constitution du Gouvernement, ayant aussi eu le bonheur que leurs dites Résolutions prises dans une Assemblée solemnelle, quoiqu'avec opposition de deux Membres, ont été louées & approuvées par les Seigneurs Etats de Hollande & de Westfrise, comme ils l'ont déclaré dans leur Résolution du 21 du mois passé; que comme il paroissoit assez par ce que ci-dessus, que la bonne & salutaire intention de LL. HH. PP. contenue dans leur Résolution du 23 Octobre & les bons offices employez en conséquence, n'avoient point été capables de faire l'effet désiré, mais qu'il paroissoit au contraire clairement par ce qui est arrivé, que loin de s'en tenir à quelque mesure, ou règle d'ordre, d'équité ou de justice, on donnoit les mains aux violences des Volontaires; que par-là la suprême autorité des Etats de la Province étoit méprisée & extrêmement lésée, les ordres de la Régence renversez, la subordination ôtée, la Justice violée, les finances dérangées, & qu'ainsi on commettoit chaque jour de nouveaux excès; que pour cette raison les susdits Seigneurs Etats avoient résolu de s'opposer à ces desordres, & d'en arrêter le cours par toutes les voies & moyens convenables; que pour cette raison ils avoient envoyé ici, il n'y a pas longtems, pour la seconde fois, le Sr. *van Broeckhuysen* pour demander l'assistence des Confédérez, & plus de Troupes pour le maintien de leur suprême autorité & l'éxécution de leurs ordres légitimes, en conformité de l'Union & des fondemens de la Régence, & pour déclarer en même tems, qu'en cas de refus ils seroient obligez de rappeller autant de Troupes de leur répartition qu'il seroit nécessaire pour cet effet; que comme cependant le Régiment de *Deelen* étoit arrivé après cette demande dans la Province, ils n'avoient pas alors insisté d'avantage sur leur demande, mais que voyant à présent que de cette façon le repos & l'ordre ne peuvent être conservés dans leur Province, que le Magistrat d'Arnheim augmente les Volontaires, au-
lieu

lieu de les caffer, que les ordres des Etats font meprifez, & que leurs Perfonnes, leurs Familles & leurs Biens ne fauroient être tranquiles par rapport à leur fureté, ils avoient trouvé bon avant que d'en venir au rappel de
leurs Troupes, d'envoyer expreffément ici leur Deputé, dont il a été fait
mention ci-deffus au commencement pour demander en vertu de l'Union &
de l'obligation qui en réfulte, l'affiftance & le fecours de L. H. P. pour le
maintien de la fuprême autorité des fufdits Seigneurs Etats, pour l'éxécution
de leurs ordres légitimes, & pour prévenir de nouveaux defordres & inconvéniens, & que pour cet effet on enverroit au plutôt dans la Province de
Gueldre pour le moins encore un Régiment de Cavallerie & un Régiment
d'Infanterie à la difpofition des fufdits Seigneurs Etats ; qu'eux Députez e-
toient chargez d'infifter très férieufement là-deffus, comme ils le faifoient
par la préfente, affurant en même tems le plus efficacement, que l'intention defdits Seigneurs Etats n'étoit nullement d'employer lefdites Troupes
pour commettre aucune violence, mais uniquement pour empécher qu'il ne
s'en commît de nouvelles, & conferver le repos & le bon ordre dans leur
Province ; Et, que comme ils avoient appris que les fufdits Seigneurs E-
tats étoient blâmez, & qu'on tâchoit de les rendre fufpects, comme s'ils a-
voient le deffein de faire quelque changement dans la Régence préfente &
d'employer les Troupes pour fe vanger de ce qui s'étoit paffé, eux Députez
prioient L. H. P. au nom & de la part defdits Seigneurs Etats leurs Principaux, de ne vouloir point ajouter foi à de tels bruits, & qu'ils déclaroient
folemnellement par la préfente que les intentions des Seigneurs Etats n'a-
voient point été ni n'étoient encore de faire aucun changement dans la préfente conftitution de la Régence, mais que leur ferme intention eft & fera
toujours de maintenir & de défendre la Régence de la Province de Gueldre,
comme elle eft conftituée à préfent, & de conferver la liberté, les Droits
& Privilèges de la Province en général & de chaque Membre d'icelle en particulier, & de n'employer les Troupes que pour cette fin ; qu'ils n'ont pas
eu non plus l'intention ni ne l'ont encore à préfent, de rappeller le paffé,
ou d'éxercer quelque violence à l'égard des defordres préfens, contre ceux
qui auroient commis quelques mauvaifes actions, mais de faire procéder dans
les affaires fuivant les voies ordinaires de la juftice & avec autant de douceur que des Pères pourroient faire dans leurs Familles, en forte qu'ils peuvent fe promettre à cet égard l'approbation de L. H. P. & de tout Homme
raifonnable, comme n'ayant d'autre but que de chercher & d'entretenir la
tranquilité dans la Province & l'affection & la concorde dans la Régence,
moyennant la confervation du refpect dû aux Etats de la Province, fans
lequel aucun Gouvernement ne peut fubfifter ; priant enfin L. H. P. de
vouloir accepter cette Déclaration, comme contenant la véritable intention des fufdits Seigneurs Etats, & de ne point déférer à tout ce qu'on
pourroit prétendre du contraire, demandant encore férieufement qu'on
prenne promptement & fans plus de délai la réfolution d'envoyer un Régiment de Cavalerie & d'Infanterie. Sur quoi ayant été délibéré, les Srs.

M 2 Dé-

AFFAIRES
DES PRO-
VINCES
DE ZE-
LANDE ET
DE GUEL-
DRE.

Affaires Députez des Provinces respectives se sont reservé de se déclarer demain plus
des Pro- amplement sur ce sujet.
vinces
de Ze-
lande et
de Guel-
dres.

Plus bas,

S'accorde avec le susdit Regître.

Signé,

F. Fagel.

Protestation du Magistrat de la Ville de Nimegue. Réponse à cette Protestation, & autres Pièces à ce Sujet.

Protesta-
tion de
Nime-
gue.

LE Magistrat de la Ville de Nimegue ayant vu & mûrement éxaminé la
Résolution *ad causas*, prise & dictée le 19 du courant d'une manière
fort inusitée & irrégulière, de même que résumée d'abord & publiée très précipitamment, sans aucune forme ni ordre, & étant informé de tout ce qui
s'est passé à l'égard de ladite Résolution par le rapport des Committez *ad
causas* de Leurs Nobles & Honorables Seigneuries; ayant même sérieusement &
attentivement pesé le grand préjudice & tort, qui en a été fait aux Prééminences & Prérogatives notoires de leur Ville, se trouve indispensablement obligé
pour la conservation d'icelles, de déduire & de faire enregîtrer la Protestation
qu'il s'est reservée à cette fin. Le Magistrat de Nimegue doit donc d'abord
témoigner avec sincérité que son intention n'est pas d'entrer dans le détail
de ce qui s'est passé en dernier lieu à Wageningue, croyant fort nécessaire
de tenir en suspens son jugement sur ce sujet, jusqu'à ce qu'il soit informé des
circonstances essentielles & de la véritable situation des affaires de part &
d'autre; c'est alors que Leurs Seigneuries seront prêtes & offrent, en conséquence de l'autorité legitimement compétante aux Etats de la Province de
délibérer & de prendre conjointement avec les autres Membres des Etats,
telles Résolutions qu'on trouvera les plus convenables au service & à la tranquilité de cette Province.

Ledit Magistrat doit même se plaindre fort amèrement, que bien loin de
déférer à leur prière pacifique, faite très instamment & d'une manière presque suppliante tant dans la Diète du Quartier, que dans l'Assemblée des E-
tats de la Province, de différer seulement d'un jour les délibérations & Résolutions sur les Troupes à employer dans une affaire, qui concerne la Régence politique & l'économie d'une Ville de cette Province, qui a voix dans
les Etats, chose qui ne peut que trainer après elle beaucoup de confusion,
des suites fâcheuses & des malheurs, & qui dans une République libre comme celle-ci ne peut qu'être affreuse & odieuse, avec l'assurance suffisante,
que les Personnes détenues à Wageningue pour des différends & disputes
fur-

sûrvenües dans la Régence de cette Ville feroient, remifes effectivement en liberté & relâchées par l'interceffion faite de la part de Leurs Nobles & Honorables Seigneuries, comme elles ont été effectivement remifes en liberté & relachées prefque au meme moment, & que par conféquent il a été affez fatisfait à l'intention de la Réfolution des États prife le 14 du courant; on a au-contraire procédé avec toute la précipitation & irrégularité imaginables, en formant la Conclufion dans la fufdite affaire, jufques-là que la Ville de Nimegue en a été confidérablement préjudicié dans fes Prérogatives & Prééminences inconteftables.

Pour cette raifon le Magiftrat de ladite Ville eft indifpenfablement obligé, conformément à fon ferment & à fa Charge, de protefter *in folemniffima forma* contre ladite Réfolution & tous fes points & parties d'un notable (*) grief & par conféquent d'irrégularité, & nullité parfaite.

Prémièrement à caufe que dans la Diétine du Quartier de Nimegue les plaintes d'une des Parties contraires à Wageningue ayant été portées à la délibération, la Nobleffe & les deux Villes de Thiel & de Bommel ont prétendu emporter la pluralité des voix fur la Ville de Nimegue, qui a la Préfidence, & l'obliger à prendre une Réfolution dans une affaire de cette importance, comme l'eft fans contredit *in fummo gradu* l'emploi des Troupes dans des démêlez & différends de Bourgeois, qui dans un Etat & République libre & bien policée doivent être terminez, affoupis & levez, non par l'épée ou la hache affreufe & menaçante des Soldats, mais par un accommodement amiable, par arbitrage, décifion de Juge, ou autres voies convenables.

En fecond lieu, que la Ville de Nimegue ayant pour ces raifons importantes) d'autant plus que les plaintes étoient feulement envoyées d'un côté, fans avoir entendu ou réquis les confidérations & rapport de l'autre Parti) fait difficulté de prendre une réfolution à cet égard, & de laifler emporter la pluralité des voix fur elle dans un point de la dernière conféquence, on a néanmoins trouvé bon d'alléguer le 14 du courant pour une prétendue Réfolution *ad caufas* de la Diétine du Quartier, qu'on expédieroit à Wageningue des Patentes pour quelques Compagnies de la Garnifon de Nimegue, & que làdeffus ces Compagnies s'y rendroient. Cependant, comme dans les Quartiers de Zutphen & de Veluwe il y avoit quelques Villes, qui, apparemment pour les raifons alléguées s'oppofoient audit emploi des Soldats, & que d'autres déclaroient n'en être point inftruites, la prétendue Réfolution du Quartier de Nimegue n'eft pas encore conclue ledit 14.

Les dits deux Quartiers ayant néanmoins été priez le 19 fuivant par le Sr. Bourggrave de *Rantwyck* de vouloir s'expliquer fur ce fujet, & ayant enfuite fait leur déclaration & ouverture, on a trouvé bon de conclure, d'autorifer en méme tems, & de charger les Députez ordinaires du Quartier de Nimegue de dépêcher à Wageningue des Patentes pour cent vingt-cinq Hommes avec les Officiers néceffaires de la Garnifon de Nimegue, quoique

(*) Ceci n'eft pas intelligible, ce qui fait qu'on n'ofe le changer.

AFFAIRES
DES PRO-
VINCES
DE ZE-
LANDE ET
DE GUEL-
DRE.

que les Villes de Nimegue & d'Arnheim proteftaffent folemnellement &
d'une manière précife; que dans le Quartier de Veluwe il n'y avoit que
la feule Ville de Harderwyck qui fût chargée d'y confentir à la dernière extrémité; que ceux de Hattum & d'Elbourg n'en avoient point d'ordre; que ceux de Wageningue étoient abfens, & que dans le Quartier
de Zutphen la feule Nobleffe & la Ville de Zutphen y avoient confenti, fans avoir le confentement des quatre autres Villes.

Tout cela fait voir évidemment l'irrégularité & la nullité abfolue de
ce qui, comme on l'a dit ci-deffus, a été conclu, de même que la validité & juftice irréfragables des Proteftations qui ont été faites contre.

L'apparence fpécieufe des ordres de l'Officier, qui devoit conduire &
commander lefdits 125 Hommes n'ayant pu mettre en repos ni porter
le Magiftrat du Nimegue à fe prêter fi facilement & fi imprudemment
dans une affaire de la dernière conféquence & qui devoit avoir des fuites fi dangereufes, d'autant plus que cette apparence fpécieufe a été effectivement mife au jour, & qu'elle a été contredite par d'autres ordres
y joints.

La Ville de Nimegue fe croit de plus très grievement lefée, en ce que
outre lefdites chofes conclues, on en a conclu encore d'autres, qui dans le
Quartier de Nimegue n'ont jamais été mifes fur le tapis ou en délibération,
mais qu'on en a recueilli les voix d'une manière fort irrégulière contre tout
ordre & forme de Gouvernement, obfervée de tout tems dans cette Province, à la Table *ad caufas*, où il n'y a que fix Membres, trois de la Nobleffe, & trois des Villes de chaque Quartier qui y ont féance, & qu'ainfi
on a formé une Conclufion malgré la Proteftation de la Ville de Nimegue,
qui en étoit notablement préjudiciée & lèzée dans fon Droit indifputable de
Préfidence dans le Quartier.

Et enfin, la Ville de Nimegue fe croit extrêmement préjudicée de ce
que par lefdits procédez irréguliers on lui a ôté la liberté de délibérer dans
des affaires fi importantes, comme le refus d'une Commiffion confirmée &
munie du Sceau de la Ville & fignée par le Sécrétaire, malgré l'unanime
Réfolution du Quartier de Nimegue du 15 Février 1703, portant expreffément & inférant, que des Membres ayant une Commiffion munie du Sceau
de la Ville & fignée par un Sécrétaire, doivent être admis dans toutes les
Affemblées tant de la Province que du Quartier, & point d'autres; laquelle
Réfolution a été confirmée par une pratique non interrompue de quelques
années, de même que par une Députation à L. H. P. tendant principalement
à ce que quelques Compagnies fuffent envoyées à Wageningue, pour y
terminer les différends des Bourgeois par la terreur & force militaire.

Or confidérant, que par les manières arbitraires d'agir, dont on vient de
parler, on a fait des infractions évidentes aux Prérogatives & Prééminences
indifputables de la Ville de Nimegue.

Confidérant auffi, que par une force fupérieure on pourroit obliger la
même Ville & autres à accepter des Réfolutions, par lefquelles on ôteroit
& rendroit infructueufes toutes leurs chères libertés, exemptions & Droits,
&

& qu'on leur donneroit des Loix par une pluralité irrégulière & despotique, AFFAIRES
sans leurs libres délibérations & consentemens, par rapport à une forme de DES PRO-
Régence, qui leur feroit absolument desagréable, dure & fervile, & dont VINCES
l'idée saisit d'horreur la Ville de Nimegue, & l'oblige à s'oppofer due- LANDE ET
ment avec la diligence & ardeur néceffaires à des chofes qui pourroient a- DE GUEL-
voir des fuites fi dangereufes, & de protefter par conféquent encore le plus fo- DRE.
lemnellement & *in optima forma* contre tout ce qui a été dit ci-deffus, pour
les raifons alleguées & qui en cas de néceffité feront encore plus amplement
déduites.

Ledit Magiftrat prie malgré tout cela, auffi amiablement qu'inftamment, que
le tort fait à leur Ville & Bourgeoifie par quelques-uns de leurs Membres affociez, foit redreffé & réparé par eux-mêmes, comme cela fe doit, avec
telle affurance, qui puiffe mettre en repos leurs Ville & Bourgeoifie, qu'il ne
leur arrivera plus de pareilles rencontres à l'avenir, fans que ledit Magiftrat
puiffe diffimuler ni taire, qu'au défaut de cela, ce qu'on n'efpère point, il fera
malgré lui indifpenfablement obligé & forcé de fonger à tems à des précautions
& moyens, par lefquelles ladite Ville & Bourgeoifie de Nimegue, puiffe
être inviolablement confervée dans fes anciens Droits, Priviléges & Prééminences.

Avec cette Proteftation expreffe de ne point être refponfable de toutes les
faites & de tous les inconvéniens qui en pourroient naître & réfulter.

Plus bas,

S'accorde avec l'Original remis & lu le
25 Octobre 1707, dans l'Affemblée des
Etats de la Province à Nimegue.

Signé,

M. L. SINGENDONCK.

Réponfe à la Proteftation remife par le Magiftrat de la Ville de Nimegue, à l'Affemblée des Etats.

LA Nobleffe du Quartier de Nimegue, de même que les Commiffaires Réponfe
des Villes de Thiel & de Bommel, ayant appris avec la dernière fur- à la Pro-
prife, que le Magiftrat de la Ville de Nimegue a trouvé bon de faire lire teftation
le 25 du courant, dans l'Affemblée des Etats, certain Mémoire ou Protefta- précé-
tion, portant en fubftance, que la Réfolution formée le 14 & 19 du cou- dente.
rant dans ladite Affemblée étoit prife & dictée d'une manière très extraordinaire & irrégulière, & réfumée par conféquent & publiée fans aucune
forme & ordre avec beaucoup de précipitation, proteftant pour cette raifon du tort qui en réfulte.

A ces caufes, lefdits Seigneurs de la Nobleffe & les Commiffaires des Villes

AFFAIRES
DES PRO-
VINCES
DE ZE-
LANDE ET
DE GUEL-
DRE.

les de Thiel & de Bommel ont jugé à propos de démontrer au contraire & de dire à cette fin préalablement & en fubftance, qu'il eft vrai.

Qu'un grand nombre de Volontaires ont ôfé ouvrir dans la Ville d'Arnheim, le 11 Octobre 1707, le Magazin du Païs, contre le gré du Commiffaire de ce Magazin, & d'en tirer quelques pièces de Canon & des matériaux néceffaires, quoique ce Magazin & l'Artillerie n'apartiennent pas à la Ville d'Arnheim en particulier, mais à l'Etat.

Que non-feulement ces Volontaires fe font faifi par force de cette Artillerie & de ces matériaux, action qui marque un mepris pour l'Etat & pour fa Souveraineté & autorité; mais qu'ils ont enfuite forti ce Canon hors de la Ville, & ont ôfé de plus fe rendre avec cette Artillerie à Wageningue, le fufil fur l'épaule & l'épée au côté.

Qu'ayant tiré fur cette Ville avec le Canon de l'Etat, ils ont obligé la Bourgeoifie de les y laiffer entrer, & qu'ils y ont commis plufieurs excès, en caffant les vitres & autrement.

Que lefdits Volontaires ont de plus ôfé amener par force prifonniers quatre Bourguemaîtres de la Ville de Wageningue, & les mettre en prifon dans la Ville d'Arnheim à l'Hôtel de Ville; qu'en attendant, une partie de ces Volontaires eft refté à Wageningue, où quelques Bourgeois ont dépofé avec leur affiftance, les Bourguemaîtres prifonniers, & en ont élu d'autres à leur place.

Que les quatre Bourguemaîtres étant détenus prifonniers dans la Ville d'Arnheim, leurs Femmes, Enfans, & Parens ont là-deffus porté le 14 du courant, des plaintes à l'Affemblée des Etats de cette Province, priant Leurs Nobles Puiffances de rétablir lefdits Bourguemaîtres par leur autorité.

Que là-deffus les Etats ont trouvé bon de réquerir le Magiftrat d'Arnheim, de relâcher les Sieurs Bourguemaîtres de Wageningue.

Que la Nobleffe du Quartier de Nimegue, & les Commiffaires des Villes de Thiel & de Bommel, de même que quelques Membres des autres Quartiers ont été d'avis, vu qu'on avoit déjà bleffé & menacé de la mort quelques perfonnes à Wageningue, d'envoyer en même tems à Wageningue trois ou quatre Compagnies de la Garnifon de Nimegue, fans autre ordre, que de garantir la Bourgeoifie de cette Ville de toute infulte, & d'empêcher toutes les violences, fans fe mêler des affaires de la Régence ou d'embraffer à cette fin aucun parti, comme on peut le voir par la Réfolution qui a été prife le 19 de ce mois.

Mais que ce point n'a pas été éxécuté, parce que quelques Villes n'avoient point d'inftruction là-deffus.

Que de plus on a remis le 18 de ce mois à l'Affemblée des Etats trois Requêtes, la prémière au nom des Jurez des Corps de Metier & Arquebufiers de Wageningue; la feconde de la part des Bourgeois, Corps de Metier & Arquebufiers, & la troifième de la part des Bourgeois & Habitans de cette Ville, fe plaignant tous des violences commifes par les Volontaires dans leur Ville, & de la continuation d'icelles.

Que les Quartiers refpectifs ayant pris ces plaintes *ad referendum*, les Bourguemaîtres

guemaîtres de la Ville de Nimegue, ont été priez par les Membres préfens
dudit Quartier, de mettre inceffamment cette affaire en délibération comme étant extrêmement preffante à caufe du *periculum in morâ*, & que là-
deffus tous les Membres fe font rendus dans la Chambre, où le Quartier
s'affemble.

Que cependant lefdits Bourguemaîtres de Nimegue, y étant venus pareillement, au-lieu de délibérer fur cette affaire preffante, & de la dernière importance, ont demandé de la renvoyer au lendemain.

Qu'à la réquifition defdits Bourguemaîtres, il a été arrêté par tous les
Membres du Quartier.

Que les Membres du Quartier s'affembleroient le lendemain précifément
à neuf heures du matin, pour délibérer fur les fufdits griefs.

Que l'Affemblée, au-lieu de neuf heures, ne s'eft tenue qu'à dix heures
& demi, & que les Membres du Quartier y ont comparu.

Cependant le Bourguemaître *vander Linden* a refufé, malgré des inftances
réitérées, de former l'Affemblée du Quartier, & de mettre en délibération
lefdites plaintes, refus qui a obligé les Membres du Quartier, après avoir
attendu jufqu'à minuit, de fe rendre à l'Affemblée des Etats de la Province,
& de s'y rapporter encore à leur Réfolution prife le 14 Octobre, dans la
Diétine du Quartier.

D'où il confte préalablement, que le Magiftrat de Nimegue accufe à
tort ladite Réfolution des Etats, comme prife précipitamment & irrégulie-
rement; puifque ladite affaire a été différée d'un jour à la réquifition de ce
Magiftrat, quoiqu'autrement dans des cas pareils la nature des chofes éxige
qu'on délibère & prenne au plutôt & fans aucun délai une Réfolution là-
deffus.

Ajoutez à cela, que comme on en étoit venu aux voix, & que la Ville
de Nimegue feule étoit d'un avis contraire, le Quartier a été obligé, à la
réquifition de toute la Nobleffe, & des Commiffaires des Villes de Thiel &
de Bommel, de procéder felon l'ordre de la Régence à la conclufion, par la
pluralité des voix.

Outre qu'il feroit de très fâcheufe conféquence & nullement convenable,
que la Ville de Nimegue différât & refufât de mettre en délibération, des
affaires importantes & portées à l'Affemblée des Etats.

Car en cas que cela dépendît privativement de la Ville de Nimegue, elle
feroit feule maîtreffe de prendre des Réfolutions, ce qui ne peut être foutenu par aucun argument, ni n'eft fondé fur aucunes Chartres, Privilèges ou
Prééminences des anciens Ducs.

Au-lieu que le contraire eft inconteftable, vu que c'eft le Sr. Bourggrave
ou le plus ancien de la Nobleffe, & non pas les Bourguemaîtres de Nimegue, qui propofent à l'Affemblée du Quartier les chofes qui ont été mifes
fur le tapis dans l'Affemblée des Etats.

Qu'il eft bien vrai, que l'emploi des Troupes dans des affaires qui concernent la Régence politique, eft de dangereufe conféquence, lorfqu'on en

Tome XIV.   N   abu-

AFFAIRES
DES PRO-
VINCES
DE ZE-
LANDE ET
DE GUEL-
DRE.

AFFAIRES
DES PRO-
VINCES
DE ZE-
LANDE ET
DE GUEL-
DRE.

abuse, & qu'il ne faut pas si facilement se déterminer à employer des Troupes à cet égard.

Mais que quand on les employe uniquement pour la sureté des Bourgeois contre des violences, qui leur ont été faites de dehors, & qui se commettent dans leur Ville, avec défense de ne se point mêler des affaires de la Régence, à quoi tend seulement la Résolution du 19 du courant, une telle Résolution est alors louable & d'une nécessité indispensable, puisque par-là la liberté se maintient.

La République ne pouvant être appellée libre, quand les Sujets sont gouvernez non par la Justice & les Loix, mais par la violence, & quand ils sont tenus comme liez, & qu'une Ville ou un Bourgeois est contraint par la force & la violence d'entrer dans le sentiment d'un autre.

Il faut que tous les Régens bien-intentionnez de la République établissent pour une maxime fondamentale, que rien n'est si précieux que la Liberté, & qu'elle ne sauroit subsister par aucune violence. Ce que les Bourguemaîtres de Nimegue ont prétendu, ne mérite pas la moindre attention, savoir, que par l'intercession d'un de leurs Membres les Bourguemaîtres de Wageningue seroient relâchez, puisque par-là on n'a pu encore redresser le tort fait à la Souveraineté du Païs, par la violence des Volontaires d'Arnheim contre ceux de Wageningue, Ville qui a voix aux Etats; à moins qu'on ne voulût établir pour, principe que chaque Ville ou Membre est souverain & indépendant chez lui.

Mais tous les honnêtes & sages Régens ne peuvent que détester ce principe.

Que conformément aux maximes du Magistrat de Nimegue, les différends civils même doivent être ajustez & terminez non par les armes ou par la force, mais par un accommodement amiable, par arbitrage, décision des Juges ou d'autres voies licites.

Que pour cette raison ledit Magistrat auroit dû desapprouver comme de droit les actions affreuses & violentes des Volontaires d'Arnheim, commises contre & dans la Ville de Wageningue, & prendre conjointement & de concert avec les autres Membres de la Province les mesures nécessaires pour empêcher de telles violences, bien loin de décrier la ferme & indispensable Résolution des Etats de cette Province, comme un grand préjudice causé à la Ville.

Il faut de plus considérer comme une excuse frivole, & prétendue raison la Protestation, que la Ville de Nimegue n'avoit pas consenti que l'on prît cette Résolution, puisque les Parties n'étoient pas encore ouies. D'autant que dans des affaires de violence si ouverte, & commise les armes à la main, par les Volontaires d'Arnheim, dans la Ville de Wageningue, & contre plusieurs Bourgeois d'icelle, il faut y remédier sur le champ & aussitôt qu'il est possible, prendre des Résolutions promptes & provisionnelles pour faire cesser ces violences, rétablir les choses autant qu'il se peut, & ensuite ouir les Parties, afin de disposer ensuite les choses suivant l'éxigence du cas,

com-

comme les Etats de cette Province l'ont entendu en fubftance dans leur Réfolution du 19 de ce mois.

Outre qu'il eft inoui & de la dernière abfurdité, de foutenir, qu'il fau-droit dans le cas préfent d'une violence publique & continuée, ouïr les Par-ties, avant que les Etats de cette Province y puffent pourvoir par des mo-yens officieux ; puifque l'une des Parties étant furprife par la force des ar-mes, forcée, emmenée prifonnière, & tenue en détention, n'a pu être ouie avant qu'elle fût relâchée & mife en liberté.

Il n'y a eu de toutes les Villes de cette Province, que celles de Nimegue & d'Arnheim, qui ayent fait naître des difficultez pour empêcher ladite Ré-folution du 19 de ce mois, & la dernière ne fauroit être mife en confidéra-tion à cet égard à caufe des violences, dont elle eft la caufe. Au-lieu que plufieurs Députez des Villes des Quartiers de Zutphen & de Veluwe, ont déclaré le 14 du courant, qu'ils n'etoient point inftruits fur ce fujet, lef-quels pourtant, après avoir reçu des ordres, y ont donné leur confente-ment dans les Diétines des Quartiers refpectifs ; enforte que les pofitions du Magiftrat de Nimegue inférées dans leur Proteftation, comme fi les Vil-les de Hattum & d'Elbourg, de même que quatre Villes du Quartier de Zut-phen, n'avoient pas confenti à ladite Réfolution, font abfolument abufives & auffi peu fondées que la prétendue affertion. Comme fi on avoit donné aux Officiers, qui devoient commander & mener les Troupes à Wagenin-gue, des ordres contraires à l'intention de la fufdite Réfolution, fur quoi rien au monde n'a été propofé & encore moins arrêté, ni dans l'Affemblée du Quartier, ni dans celle de la Province.

Et, quant au prétendu grand tort qu'on a fait à la Ville de Nimegue, par les mefures prifes dans ladite Réfolution du 19 de ce mois, & par d'autres chofes, fur lefquelles on n'eft pas entré en délibération, ni allé aux opinions dans les Diétines du Quartier ; il faut remarquer, que quoique le 14 Octo-bre, on n'ait pas mis préalablement en délibération, ni recueilli les fuffrages dans les Affemblées des Quartiers fur toutes les affaires de quelque impor-tance que les Etats de la Province ont conclues, & particulièrement fur le contenu de la Réfolution du 19 de ce mois.

Le Sr. Bourggrave Préfident *ad caufas* dans l'Affemblée des Etats, au nom de la Nobleffe & des deux Villes de Thiel & de Bommel, a néanmoins prié le 19 Octobre à deux diverfes reprifes, le Bourguemaître *vander Linden* de fe lever pour recueillir encore les fuffrages dans l'Affemblée du Quartier fur l'affaire de Wageningue ; ce que ledit Bourguemaître *vander Linden* ayant re-fufé, le fufdit Bourggrave comme Préfident dans l'Affemblée des Etats les recueillit, fuivant l'ordre de la Régence. C'eft alors que tous les Membres de la Nobleffe & les Députez des Villes de Thiel & Bommel, fe déterminè-rent unanimement en conféquence de ladite Réfolution du 19 du courant ; qu'enfuite les fentimens de chaque Quartier furent expofez dans l'Affemblée des Etats *ad caufas*, & que la chofe fut conclue conformément à l'ordre de la Régence, fuivant les avis donnez par les trois Quartiers. Sans qu'on puiffe favoir à cet égard, fi la Ville de Nimegue, qui jointe aux autres Vil-

N 2   les

AFFAIRES
DES PRO-
VINCES
DE ZE-
LANDE ET
DE GUEL-
DRE.

AFFAIRES
DES PRO·
VINCES
DE ZE-
LANDE ET
DE GUEL-
DRE.
les n'a qu'une fixième voix dans le Quartier, a confenti à cette conclufion, ou non; puifqu'on ne fauroit que prendre pour mal fondé le prétendu tort, qui a été fait à la Ville de Nimegue, en n'acceptant point la Commiffion de quelques Régens nouvellement intrus dans la Magiftrature de la Ville de Wageningue, fcellée du Sceau de la Ville, & confirmée par la Signature du Sécrétaire de cette Ville.　D'autant plus qu'on fonde ce prétendu grief fur une Réfolution, prife le 15 Février 1703 dans la Diétine du Quartier de Nimegue, puifque cette Réfolution loin d'être applicable aux Commiffions montrées dans l'Affemblée des Etats par les Régens de Wageningue, qui étoient attaquez avec violence, ne l'eft qu'aux Commiffions des Régens légitimement établis fans la force des armes, & qui viennent de produire une Commiffion munie du Sceau de la Ville & fignée par le Sécrétaire.

C'eft donc avec raifon qu'on a refufé une telle Commiffion, d'autant plus qu'en cas qu'on admît de tels Commiffaires avec de pareilles Commiffions, on pourroit blâmer & accufer juftement les Etats de cette Province, en difant que Leurs Nobles Puiffances approuvoient indirectement la conduite de ceux, qui ont dépofé, les armes à la main, appréhendé violemment, amené & détenu prifonniers les Magiftrats de la Ville de Wageningue ou une grande partie d'entre eux, & qui en ont fait mettre d'autres à leur place, & que les Perfonnes intrufes dans la Magiftrature par des moiens auffi violens devroient être admifes fans contradiction dans l'Affemblée des Etats & reconnus pour Membres de la Province.　Prétentions que tous les bons & braves Régens doivent avoir en averfion, puifque fur ce pied-là la violence feroit recompenfée & une Ville donneroit des Loix à l'autre, & y feroit même en cas de defobéiffance fujette & contrainte, ce qui non-feulement eft contraire à tout ordre bien établi de la Régence, mais particulièrement à l'Union & à la liberté de la Régence de l'Etat, & eft même d'une nature & conféquence fi préjudiciables, que toutes les Villes en pourroient être expofées alternativement à une effufion de fang, & toute la Province jettée dans une ruïne inévitable.

Pour toutes ces raifons la fufdite Nobleffe & les Députez des Villes de Thiel & de Bommel jugent, que ladite Réfolution du 19 du courant, a été prife conformément à l'ordre de la Régence.

Ils ne peuvent pourtant pas cacher à Leurs Nobles Puiffances, que c'eft avec la dernière furprife qu'ils ont vu à la fin de ladite Proteftation de la Ville de Nimegue les expreffions extraordinaires & les menaces, favoir qu'au cas qu'on ne redreffât pas la Réfolution du 19 du courant, elle feroit forcée & contrainte de fonger à tems à des précautions & moyens propres à maintenir inviolablement la Ville & Bourgeoifie de Nimegue, dans fes anciens Droits, Prééminences, Privilèges & Libertez; parce que de telles expreffions inouies tendent au mépris de l'autorité Souveraine de la Province, & qu'elles donnent occafion réciproquement à la Nobleffe & aux Villes de Thiel & de Bommel, de les regarder avec horreur & d'engager ces Membres à veiller comme il faut contre des chofes de fi dangereufe conféquence avec toute la diligence & attention imaginables.

La-

Ladite Nobleſſe & les Députez des Villes de Thiel & de Bommel, qui AFFAIRES
ſoutiennent n'avoir pas moins de Priviléges & de Prérogatives que la Ville DES PRO-
de Nimegue, déclarent de plus n'avoir point eu l'intention, en prenant la VINCES
ſuſdite Réſolution du 19 du courant, ni qu'ils ne l'auront jamais, de priver DE ZE-
perſonne de ſes Priviléges , mais qu'ils tâcheront de concourir à conſerver DE GUEL-
& maintenir de toutes les manières convenables & imaginables la Régence DRE.
ſur le pied & dans l'état où elle eſt préſentement, & d'empêcher tout ce qui
pourroit tendre à des changemens , & par conſéquent de délivrer autant
qu'il eſt poſſible la Ville de Wageningue & toutes les autres Villes & Membres, à qui on feroit des violences de dehors.   Priant que la préſente ſoit
inférée dans les Regîtres de la Province, en Réponſe à la Proteſtation du Magiſtrat de la Ville de Nimegue.   Fait & remis à l'Aſſemblée des Etats de la
Province, par la Nobleſſe du Quartier de Nimegue, & les Députez des
Villes de Thiel & de Bommel, le 28 Octobre 1707.

Plus bas,

Au nom de la Nobleſſe du Quartier de Nimegue , & des Députez des Villes de
Thiel & de Bommel.

Signé,

W. SCHULL.

Proteſtation de la Comté de Zutphen , contre celle de la Ville de Nimegue.

LA Nobleſſe & les Députez des Villes de la Comté de Zutphen, ayant Proteſta-
appris avec ſurpriſe & contre toute attente par la Proteſtation remiſe tion de
le 25 du courant, à l'Aſſemblée des Etats de la part du Magiſtrat de Nime- Zutphen
gue, pour énerver & éluder la Réſolution qui y a été priſe le 19 du courant, contre la
qu'ils ont trouvé à propos de blâmer ladite Comté, comme ſi ſon conſente- Ville de
ment à ladite Réſolution n'avoit pas été parfait & entier , mais qu'il n'y a- Nime-
voit eu que la Nobleſſe & la Ville de Zutphen qui y euſſent conſenti, ſans gue.
l'approbation & le conſentement des quatre autres Villes , ne peuvent ſe
diſpenſer de dire & de déclarer là-deſſus, que c'eſt à tort & ſans raiſon que
ledit Magiſtrat de la Ville de Nimegue a fait avancer cela, vu que le contraire en eſt avéré & que non-ſeulement la Nobleſſe y a donné unanimement & expreſſément ſes voix , mais même la Ville de Zutphen, & les
Villes de Lochum & de Groenloe, faiſant enſemble ſept huitièmes de la Régence de ladite Comté , les deux autres Villes de Doesbourg & Deutichem n'ayant pas contredit à la Concluſion & encore moins proteſté
contr'elle.

Tout cela fait voir évidemment le principe abuſif & faux de la Ville de
N 3   Ni-

AFFAIRES
DES PRO-
VINCES
DE ZE-
LANDE ET
DE GUEL-
DRE.

Nimegue, à laquelle il ne convient nullement de controler les avis des autres Quartiers, pris après une mure délibération & confidération des chofes,
de même qu'il ne convient point de contredire à la Conclufion de Sr. Bourggrave de *Randwyck* en prenant ladite Réfolution du 19 du courant, prife
ad caufas, comme il faut & conformément à l'ordre de la Régence ufité
dans cette Province, & auquel L. N. P. jugent qu'il faut s'attacher.

De plus L. N. P. ne fauroient cacher qu'elles ont vu avec la dernière furprife à la fin de ladite Protestation de la Ville de Nimegue, les expreffions
inufitées & les menaces qu'en cas que cette Réfolution du 19 du courant
ne fût point redreffée, elle feroit obligée & forcée de fonger à tems à des précautions & des moyens pour maintenir inviolablement la Ville & la Bourgeoifie de Nimegue dans fes anciens Droits, Prééminences, Privilèges & Libertez.

Tout cela ne paroît tendre qu'à foulever, s'il eft poffible, la bonne Bourgeoifie & rendre odieufes les Perfonnes de L. N. P. ce qui dans les conjonctures préfentes eft affurément d'une dangereufe conféquence, outre qu'un
Membre des Etats n'eft pas plus en droit qu'un autre de s'arroger une telle
fupériorité; & prendre cette liberté, il en réfulteroit une pitoyable Régence, au-lieu que tout au contraire chacun devroit travailler avec un zéle le
plus ardent (comme il convient à tous les braves Régens) à procurer la
tranquilité & le Bien de la Province.

L. N. P. déclarent de plus en prenant la fufdite de Réfolution du 19
du courant, qu'Elles n'ont pas, & n'auront jamais la moindre intention de
priver perfonne de fes Privilèges ou d'y porter atteinte, mais qu'elles tâcheront de toutes les manières imaginables de concourir à conferver & maintenir la Régence fur le pied & dans l'état où elle eft préfentement, & d'éloigner tout ce qui pourroit tendre à quelque changement, & de défendre par
conféquent autant qu'il eft poffible la Ville de Wageningue & tous les autres
Membres & Villes contre toute violence qu'on pourroit leur faire de dehors;
priant que la préfente foit enregîtrée dans le Réfultat des Etats de la Province, pour fervir de Réponfe à la Protestation du Magiftrat de Nimegue.

Plus bas:

J'attefte que la Préfente s'accorde mot
pour mot avec l'Original remis hier
le 29 Octobre à l'Affemblée des E-
tats.

Signé,

B. CREMER 1707.

Réponse d'Harderwyck, Hattum, & Elbourg, à la Pro-
testation de la Ville de Nimegue.

AFFAIRES
DES PRO-
VINCES
DE ZE-
LANDE ET
DE GUEL-
DRE.
————
Réponse
d'Har-
derwyck,
Hattum,
& El-
bourg à
la Protef-
tation de
Nime-
gue.

LA Nobleſſe & les Députez des trois Villes de Veluwe, Harderwyck, Hattum & Elbourg, ceux de Wageningue étant abſens, ayant appris avec ſurpriſe par la Proteſtation remiſe le 25 Octobre à l'Aſſemblée des Etats de la part du Magiſtrat de Nimegue, afin d'énerver la Réſolution des Etats du 19 du même mois, & ayant en même tems entendu lire la Réponſe de la Nobleſſe du Quartier de Nimegue & des Villes de Thiel & de Bommel, de même que celle de la Nobleſſe & des Villes de la Comté de Zutphen, la-dite Nobleſſe de Veluwe & les Députez deſdites trois Villes ſe conforment à tous égards entièrement à la Nobleſſe & aux deux Villes du Quartier de Nimegue & de la Comté de Zutphen, ajoutant ſeulement pour la décharge des trois Villes, ce que la Ville de Nimegue a cherché de leur imputer dans la Proteſtation, d'une manière indécente & avec une fauſſeté manifeſte.

Il eſt au contraire conforme à la vérité, que lorſque la Nobleſſe du Quartier de Veluwe a conſenti unanimement, excepté *Renes tot het Holthuys*, à l'envoi des Troupes, la Ville de Harderwyck a témoigné qu'elle avoit ordre de ne point s'en ſervir, ſinon dans une grande néceſſité, ſavoir dans le cas préſent, & que Hattum & Elbourg ont déclaré qu'ils n'avoient point d'inſtruction ſur ce ſujet, mais qu'ils en écriroient à leurs Principaux pour être plus particulièrement inſtruits là-deſſus.

Sur quoi Mr. le Préſident a conclu, comme il falloit ſelon l'ordre & l'uſage de la Régence, ſans qu'aucune des trois Villes y ait contredit, après quoi leſdites trois Villes ont déclaré qu'elles ſe conformoient entièrement à l'avis de la Nobleſſe, à laquelle ſe ſont joints ceux de Wageningue avec prière expreſſe d'employer les Troupes.

Tout cela fait voir le principe abuſif & faux de la Ville de Nimegue, qui bien loin de ſe conformer aux avis des autres Quartiers, trouve au-contraire à propos de les blâmer quoiqu'ils ayent été pris & conclus après mûre délibération & conſidération des choſes.

Leurs Nobles Puiſſances peuvent pareillement déclarer, qu'elles n'ont point eu l'intention en prenant la ſuſdite Réſolution du 19 du paſſé, & qu'elles ne l'auront jamais de priver perſonne de ſes Privilèges ou d'y porter atteinte, mais qu'elles tâcheront de toutes les manières imaginables de concourir à conſerver & maintenir la Régence ſur le pied & dans l'état où elle eſt à préſent, & de détourner tout ce qui pourroit aboutir à quelque changement, & de délivrer par conſéquent autant qu'il eſt poſſible la Ville de Wageningue & toutes les autres Villes & Membres des violences qu'on pourroit leur faire. Réquérant que la Préſente ſoit inſérée dans les Regîtres des Etats de la Province

AFFAIRES
DES PRO-
VINCES
DE ZE-
LANDE ET
EE GUEL-
DRE.
vince pour fervir de Réponfe à la Proteftation du Magiftrat de la Ville de Nimegue.

Fait à Nimegue le 1 Novembre 1707.

Plus bas:

Au nom de la Nobleffe & des quatre Villes de Veluwe, Harderwyck, Hattum & Elbourg.

Signé,

N. POTGIETER.

Extrait du Réfultat de l'Affemblée des Nobles & Puiffans Seigneurs les Etats de la Principauté de Gueldre & de la Comté de Zutphen tenue comme à l'ordinaire à Nimegue au mois de Mars & d'Avril, & enfuite par continuation au mois d'Octobre 1707.

Vendredi 14 Octobre 1707.

Réfultat
de l'Af-
femblée
des Etats
de Guel-
dre &
Zutphen.
LU la Requête des Femmes, Enfans, & autres Parens des Bourguemaî-tres & autres Bourgeois & Habitans de la Ville de Wageningue, qui ont été emmenez delà prifonniers le 10 du courant, & qui font détenus ac-tuellement à Arnheim, portant prière qu'il plaife à Leurs Nobles Puiffances de procurer d'une manière ou d'autre & d'effectuer l'élargiffement defdits Bourguemaîtres & Habitans prifonniers.

Sur quoi Leurs Nobles Puiffances ont trouvé bon de réquerir le Magiftrat d'Arnheim, comme il eft réquis par les Préfentes, de relâcher incontinent, à la reception d'icelles, lefdits Bourguemaîtres & autres retenus prifonniers, de même que de faire fortir de la Ville de Wageningue ceux de la Compa-gnie des Volontaires d'Arnheim qui fe trouvent encore dans ladite Ville, a-fin que ces Bourguemaîtres & autres Bourgeois & Habitans de la Ville de Wageningue puiffent s'addreffer où ils jugeront convenir.

Signé,

M. L. SINGENDONCK.

Ex-

Extrait du Résultat de l'Assemblée des Nobles & Puissans Seigneurs les États de la Principauté de Gueldre & de la Comté de Zutphen, tenue comme à l'ordinaire à Nimegue au mois de Mars & d'Avril, & ensuite par continuation au mois d'Octobre 1707.

AFFAIRES DES PRO-VINCES DE ZE-LANDE ET DE GUEL-DRE.

Mécredi 19 Octobre 1707.

LEs Etats de la Province ont après une mure délibération, trouvé bon & entendu, que la Commission des Régens nouvellement élus à Wageningue, remise & lue hier, ne sera point acceptée, mais qu'on se conformera à la Résolution de Leurs Nobles Puissances par rapport aux Personnes détenues premièrement à Arnheim & à présent à Wageningue, & qu'on fera partir la Compagnie des Volontaires ou quelques-uns d'entre eux, & que les Membres du Magistrat de ladite Ville, qui ont assisté à la dernière Assemblée des Etats seront entièrement rétablis ; après quoi Leurs Nobles Puissances, après avoir ouï les Parties, prendront sur ce qui s'est passé à Wageningue, telle Résolution qu'elles jugeront convenables suivant l'exigence du cas.

Résultat de l'Assemblée des Etats de Gueldre & Zutphen.

Quant aux diverses plaintes des Bourgeois, Communautez & Arquebusiers, de même que des Habitans de ladite Ville de Wageningue, les Etats de la Province trouvent bon d'autoriser & de charger les Députez ordinaires du Quartier de Nimegue, comme ils sont autorisez & chargez par les Présentes, de dépêcher à Wageningue des Patentes pour cent vingt-cinq Hommes & les Officiers requis de la Garnison de Nimegue, avec ordre exprès par écrit pour l'Officier, qui les menera & commandera, de s'y rendre au plutôt & d'empêcher qu'on ne fasse aux Bourgeois d'un côté ou d'autre la moindre insulte ou violence, sans embrasser pourtant l'un ou l'autre Parti, ou sans se mêler aucunement des affaires qui concernent la Régence ; & si contre toute attente les détenus étoient encore en prison, de les faire élargir & relâcher au nom de Leurs Nobles Puissances ; & au cas qu'il se trouvât encore à Wageningue quelques Volontaires, il est ordonné audit Officier de les faire partir delà, & de les arrêter en cas d'opposition.

De plus Leurs Nobles Puissances ont trouvé bon & entendu, de donner commission & charge à *Wilt Jean van Broeckhuysen tot den Lathmer* de se rendre au plutôt à la Haye, & de donner connoissance à LL. HH. PP. de ce qui s'est passé à Wageningue, & de la Résolution des Etats de la Province, comme aussi de prier qu'on envoye à Wageningue trois ou quatre Compagnies, & qu'on ordonne aux Commandans d'obéir aux Ordres de Leurs Nobles Puissances ou à ceux de leurs Députez ordinaires, le chargeant de plus de retourner incessamment après l'exécution de sa Commission, & d'en faire rapport à l'Assemblée des États.

Signé,

M. L. SINGENDONCK.

AFFAIRES
DES PRO-
VINCES
DE ZE-
LANDE ET
DE GUEL-
DRE.

Extraits du Réfultat de l'Affemblée des Etats de la Province, tenue à Nimegue aux mois de Mars & d'Avril, & par continuation aux mois d'Octobre & de Novembre 1707.

Samedi 5 Novembre 1707.

LEURS NOBLES PUISSANCES ayant appris, que les Bourguemaîtres dépofez & détenus prifonniers à Wageningue ont été provifionellement élargis, en quoi il a été quant à ce point fatisfait en quelque façon à la Réfolution du 19 Octobre, ont entendu, qu'en conformité de cette Réfolution, les plaintes defdits Bourguemaîtres de Wageningue feront remifes entre les mains de ceux qui ont commandé les Volontaires, & enfuite de ceux qui veulent s'attribuer l'affaire, pour faire après trois jours d'infinuation rapport à Leurs Nobles Puiffances.

Autre Extrait.

Réfultat
de l'Af-
femblée
des Etats
de Nime-
gue.

LEURS NOBLES PUISSANCES ayant été informées, qu'il fe commet journellement par les Compagnies des ainfi nommez Volontaires, plufieurs desordres, dont la bonne Bourgeoifie & les Habitans font troublez & expofez à beaucoup d'agitations & infultes, le tout tendant à les priver de leurs cheres Libertez & Privilèges; & Leurs Nobles Puiffances ne cherchant qu'à conferver le repos, la liberté & les Privilèges des Bourgeois & Habitans contre toute violence tant du dedans que du dehors, Elles ont trouvé bon d'y pourvoir, & entendu enfuite, commes Elles entendent & ordonnent par les Préfentes, que toutes les Compagnies des ainfi nommez Volontaires foient abolies dans les Villes de cette Province, & que chacun ait à fe ranger fous fa Compagnie de Bourgeois ou d'Arquebufiers, lefquelles Compagnies de Bourgeois & d'Arquebufiers fubfifteront commes elles ont été de toute ancienneté, pour la confervation & le maintien de leurs Droits & Privilèges. Et, afin que le but falutaire de Leurs Nobles Puiffances foit obtenu à cet égard, & qu'on n'y contrevienne pas, Elles ont trouvé bon & arrêté, que tant que ladite abolition des Volontaires n'aura pas été faite effectivement, il ne fera pas convoqué ni tenu dans telle ou telles Villes aucune Affemblée des Etats de la Province ni du Quartier, & que ceux qui continuent à refter dans la Compagnie de ces Volontaires ou qui s'y engagent de nouveau, ou qui les commandent, feront déclarez, comme ils font déclarez par les préfentes, non feulement pour inhabiles à pouvoir jamais remplir aucunes charges & Emplois dans cette Province; mais même étant appréhendez, de fubir peine corporelle, comme des Perturbateurs du repos public, par-tout où ils feront attrapez; que cette Réfolution de Leurs Nobles Puiffances fera convertie en un Placard, & publiée par-tout pour l'information d'un chacun; Et il eft enjoint aux Officiers & Magiftrats d'éxécuter ce préfent Placard entant qu'il les regarde; en conféquence de quoi Leurs Nobles Puiffances

fances ont autorifé la Cour Provinciale de convertir ladite Réfolution de LL. NN. PP. en un Placard, & de le faire émaner au nom des Seigneurs Etats de la Principauté de Gueldre & de la Comte de Zutphen , comme cette Cour y eſt autorifée par les Préfentes.

Affaires des Provinces de Zélande et de Gueldre.

Autre Extrait.

LEURS NOBLES PUISSANCES ayant éxaminé certaine Proteftation au nom du Magiftrat, Jurez des Corps de metier & Communes de la Ville d'Arnheim, contre la difpofition des Charges Politiques, faite par le Quartier de Veluwe le 25 Octobre dernier, & approuvée par les Etats de la Province, cette Proteftation ayant été délivrée dans le Quartier de Veluwe & remife le 29 Octobre à l'Affemblée des Etats de la Province par le Droffard dudit Quartier, contenant des expreffions indécentes & peu refpectueufes par rapport à la Haute Régence , favoir de vouloir fe fervir contre Elle de tels moyens & remèdes qu'ils jugeront convenables fuivant le Droit naturel & civil; il a été, après une mûre délibération , trouvé bon & entendu, que puifqu'il en a déjà été fait infinuation à la Cour Provinciale , ce qui l'empêche de même que la Chambre des Comptes de pouvoir éxécuter avec fûreté les ordres & Réfolutions des Seigneurs Etats de cette Province , il fera ordonné & écrit à ladite Cour , de même qu'à la Chambre des Comptes & à fes Suppots, de fe rendre fur le champ ici à Nimegue , où Leurs Nobles Puiffances font actuellement affemblées , & d'y délibérer & refter jufqu'à ce qu'il en foit ordonné autrement & pourvu à leur fûreté & immunitez.

Plus bas:

In fidem Extractorum.

Signé,

P. BEECKMAN, *Sécrétaire.*

Proteftation du Magiftrat & des Jurez des Corps de Metier, & de la Communauté de la Ville d'Arnheim.

LE Magiftrat de même que lés Jurez des Corps de Metier & de la Communauté de la Ville d'Arnheim ayant appris par le rapport des Députez de Leurs Seigneuries à l'Affemblée des Etats, que quelques Membres de la Nobleffe & petites Villes du Quartier d'Arnheim ont trouvé bon hier 25 Octobre d'annuller par forme d'une ligue mutuelle & de leur propre autorité , contre les Proteftations fortes & expreffes de cette Ville, la Réfolution & conclufion légitime & valide prife le 4 & 5 du courant dans la dernière Diète du Quartier, tenue ici à Arnheim , en choififfant d'une manière violente

Proteftation d'Arnheim.

O 2   lente

AFFAIRES DES PROVINCES DE ZELANDE ET DE GUELDRE.

lente pour Conféiller de la Cour Provinciale Dr. *Jean vander Horft* , *Arnault Feyth* pour Juge d'Oldebroeck, & Dr. *Guillaume van Holte* pour Ecrivain de la Province. *A ces caufes*, les Bourguemaîtres, Echevins & le Sénat, de même que les Jurez des Corps de Metier ont entendu avec connoiffance préalable & confentement unanime de la Communauté, comme ils entendent par les Préfentes, de protefter comme d'abus, & cela de la manière la plus efficace & *in optima forma*, comme ils proteftent par les Préfentes , pour la confervation des Droits , Privilèges & Prééminences de leurs Villes ; tenant de plus & déclarant pour nul & de nulle valeur , tout ce qui a été propofé & conclu le 25 Octobre dans la Diète du Quartier à Nimegue, à l'Affemblée des Etats de la Province, par le Droffard de Veluwe, contre les Proteftations de cette Ville, dans la ferme perfuafion, que ce qui a été réfolu, fera rayé du Réfultat, & que lefdites Perfonnes ne fe prévaudront pas de leurs Charges obtenues d'une manière irrégulière & nulle , ni qu'ils en feront ufage, ou qu'autrement les Bourguemaîtres, Echevins & le Sénat conjointement avec les Jurez des Corps de Metier de la Ville d'Arnheim feront contraints pour la confervation des Droits & Privilèges de leur Ville, de fe fervir , pour y obvier, de tels moyens & remedes qu'ils jugeront convenables & néceffaires felon le Droit naturel & civil ; déclarant très férieufement qu'ils ne répondront pas de tous les malheurs & inconvéniens , qui pourroient réfulter de cette affaire: ordonnant & réquérant les Députez à l'Affemblée des Etats de vouloir faire enforte que cette Proteftation foit inférée dans le Réfultat du Quartier, & pareillement, s'ils le jugent à propos , dans le Réfultat de la Province , & qu'ils faffent faire infinuation des Préfentes à telles Perfonnes qu'ils jugeront convenable & néceffaire pour leur fervir d'information.

Fait à Arnheim le 26 Octobre 1707.

Plus bas:

Par Ordonnance de Leurs Nobles & Honorables Seigneuries.

Signé,

A. GAYMANS, Sécrétaire.

Encore plus bas.

Pro vera Copia,

Signé,

H. W. VAN RUYVEN.

Let-

AFFAIRES
DES PRO-
VINCES
DE ZE-
LANDE ET
DE GUEL-
DRE.

Lettre & Réfolution de la Ville de Nimegue.

NOBLE, NONORABLE, SAGE, PRUDENT ET TRES DISCRET
SEIGNEUR, TRES CHER AMI.

LEs Bourguemaîtres, Echevins & Sénateurs, conjointement avec les
Tribuns, n'ont pu fe difpenfer plus longtems de prendre la Réfolution
ci-jointe, pour ne pas fouffrir que les Loix, Privilèges & Droits de leur
Ville, de même que la bafe & le fondement effentiel de la Régence de cette
Province, foient plus longtems enfreints & annullez par une pluralité defpotique des voix; témoignant de n'être portez à cette demarche que très-invo-
lontairement, avec prière que V. S. veuille en donner connoiffance aux autres Membres qui ont voix. Et finiffant la Préfente, nous recommendons
V. S. à la fainte garde de Dieu.

A Nimegue le 6 Novem-
    bre 1707.

Plus bas:

> De Votre Seigneurie les bons Amis les Bourgue-
> maîtres, Échevins & Sénateurs de la Ville
> de Nimegue.

Encore plus bas.

Par Ordonnance d'iceux.

Signé,

P. BEEKMAN, Sécrétaire.

LEs Bourguemaîtres, Echevins & Sénateurs de la Ville de Nimegue ayant
après une mûre délibération, de même qu'avec communication & concurrence des Tribuns, pris en confidération férieufe, que les Membres de
la Province durant l'Affemblée préfente des Etats, ont trouvé bon non-feulement d'emporter (*) par-deffus cette Ville à la pluralité defpotique & liguée des chofes, où fuivant les Loix fondamentales de cette Province, elle
ne doit ni ne peut avoir lieu, mais même de ne point faire la moindre réfléxion fur les Proteftations juftes & biens fondées de Leurs Nobles & Ho-
                                                                        nora-

Lettre de
la Ville
de Nime-
gue.

(*) Le Traducteur de cette pièce s'eft fi mal éxprimé ici & plus bas, qu'on a toutes
les peines du monde de deviner ce qu'il à voulu dire.

AFFAIRES
DES PRO
VINCES
DE ZE-
LANDE ET
DE GUEL-
DRE.

norables Seigneuries, ni fur les raifons d'icelles avancées & prouvées fi folidement; & étant confirmez de plus en plus par la lecture & examen fait a-
vec attention de la prétendue Réfolution conclue hier & prife pareillement
dans l'Affemblée des Etats par une pluralité arbitraire des Membres qui l'emportent par leurs voix, que ces mêmes Membres liguez fe mêlent de plus
en plus & empiètent fur des chofes qui concernent l'économie particulière,
la direction, l'adminiftration & la conftitution de la Régence des Villes,
fur lefquelles il ne leur compète, ni n'eft déféré aucun pouvoir ou difpofition, & qu'ils s'arrogent pareillement par une pluralité defpotique non-feulement l'emploi, mais auffi le rappel des Troupes fur la répartition de cette
Province, pour s'en fervir à mettre en éxécution, & à effecteur leurs fufdites Réfolutions injuftes, defpotiques & arbitraires, moyennant lefquelles
les Villes pourroient être fubjuguées l'une après l'autre, & toutes les Loix
& maximes effentielles & fondamentales de cette Province de même que les
Privilèges, anciennes Coutumes, Libertez & Droits renverfez tout d'un
coup, éludez & foulez aux pieds. *A ces caufes*, les Bourguemaîtres, Echevins & Sénateurs, conjointement avec les Tribuns de la Ville de Nimegue, fe trouvant conformément à leur devoir & ferment forcez & néceffitez, pour les raifons alleguées & autres, dont la déduction plus ample
& fondée eft réfervée aux Confédérez, de prendre en main fuivant leur
Déclaration réitérée par écrit & remife à l'Affemblée, les moyens & précautions néceffaires, ont trouvé bon & entendu de faire connoître par les
Préfentes au Sieur Bourggrave *de Randtwyck*, comme Préfident *ad caufas*,
que Leurs Nobles & Honorables Seigneuries, tiennent toutes les Réfolutions prifes & conclues par une telle pluralité defpotique, comme le font
celles du 19 & 29 Octobre dernier, de même que celle du 5 du courant, pour invalides, irrégulières & de nulle valeur, & que pour empêcher qu'il n'en foit pris de pareilles dans la fuite, L. N. & H. S. font
obligées de déclarer par les Préfentes, qu'elles ne font pas en état d'affifter enfuite à aucunes délibérations dans les Affemblées des Etats de la Province ou du Quartier, & qu'elles ne peuvent permettre qu'il s'en tienne davantage dans leur Ville, avant que cette Ville & Bourgeoifie ait obtenu une
fatisfaction convenable, redreffement & reftitution des Membres, qui ont
traité fi mal & d'une manière fi arbitraire & inhumaine leur Ville & Bourgeoifie, en leur faifant ces injuftices notoires.

Quant aux malheurs & inconvéniens qui pourroient réfulter de ces troubles, les Bourguemaîtres, Echevins & Sénateurs, conjointement avec les
Tribuns, en laifferont refponfables ceux qui y ont donné occafion par leur
fufdite manière defpotique & arbitraire d'agir, comme Leurs Nobles & Honorables Seigneuries ont temoigné ci-deffus formellement dans leurs Proteftations & débats, d'en être & d'en devoir être tenues innocentes.

Et il fera communiqué Extrait des Préfentes, par Lettre, au Sieur Bourggrave *de Randtwyck* en fadite qualité, avec réquifition d'en donner connoiffance aux autres Membres.

Ainfi

Ainsi fait & arrêté par les Bourguemaîtres, Echevins & Sénateurs, conjointement avec les Tribuns, le 6 Novembre 1707.

AFFAIRES
DES PRO-
VINCES
DE ZE-
LANDE ET
DE GUEL-
DRE.

Plus bas,

Par Ordonnance de Leurs Nobles &
Honorables Seigneuries,

Signé,

P. BEECKMAN, Sécrétaire.

Le dessus étoit: Au Noble, Honorable , Sage, Prudent, très-discret
Seigneur , très-cher Ami , JAQUES DE RANDTWYCK , Sei-
gneur de Rossam, Beeck, Hesel, Gameren, Bourggrave de l'Em-
pire & Juge de la Ville de Nimegue , Conseiller Extraordinaire de
Gueldre, Député à l'Assemblée de LL. HH. PP. les Seigneurs Etats
Généraux des Provinces-Unies des Païs-Bas , &c., &c., &c.

Placard & Publication sur ce sujet.

LEs Etats de la Principauté de Gueldre & de la Comté de Zutphen, *sa-*
voir faisons. Comme Leurs Nobles Puissances ont appris, qu'il se commet journellement par les ainsi nommez Volontaires divers excès, dont les
bons Bourgeois & Habitans sont troublez & exposez à beaucoup d'agitations
& insultes, le tout tendant à enlever leurs chères Libertez & Privilèges ; &
comme Leurs Nobles Puissances n'ont en vue que de conserver le repos , la
liberté & les privilèges de la Bourgeoisie & Habitans contre toutes les violences du dedans & du dehors ; *A ces causes,* Elles ont trouvé bon d'y pourvoir & d'entendre, comme Elles entendent & ordonnent par les Présentes,
que toutes les Compagnies des ainsi nommez Volontaires soient abolies dans
les Villes de cette Province, & que chacun ait à se ranger sous sa Compagnie de Bourgeois ou d'Arquebusiers , lesquelles Compagnies de Bourgeois
& d'Arquebusiers subsisteront comme elles ont été de toute ancienneté pour
la conservation & le maintien de leurs Droits & Privilèges. Et , afin que
le but salutaire de Leurs Nobles Puissances à cet égard soit obtenu, & qu'on
n'y contrevienne pas, Elles ont trouvé bon & entendu, que tant que cette
abolition des Volontaires ne sera point exécutée effectivement, on ne con-
voquera, & ne tiendra dans ces mêmes Villes aucune Assemblée, ni des E-
tats de la Province ni de Quartier ; & que ceux qui continueront à rester
dans lesdites Compagnies , ou qui s'y enroleront de nouveau , ou qui les
commanderont , seront déclarez non-seulement inhabiles à remplir ou pouvoir jamais remplir aucunes Charges ou Emplois dans cette Province, mais
qu'ils seront même, étant appréhendez, punis comme des perturbateurs de
la tranquillité publique par-tout où ils seront attrapez. Et , afin que personne

AFFAIRES
DES PRO-
VINCES
DE ZE-
LANDE ET
DE GUEL-
DRE.

sonne n'en prétende cause d'ignorance, nous ordonnons à tous les Officiers & Magiſtrats de cette Principauté & Comté de faire publier & afficher, partout les préſentes aux endroits accoutumez pour l'éxécution précise d'icelles. En foi de quoi Nous avons fait appoſer ci-deſſous ſur le vuide le Sceau ſecret de la Principauté de Gueldre & de la Comté de Zutphen. Fait & arrêté dans l'Aſſemblée des Etats à Nimegue, le 5 Novembre 1707.

Plus bas:

Par Ordonnance d'iceux.

Signé,

ENGELB. OP TEN NOORTH.

Extrait du Réſultat de la Diète ordinaire de Nimegue, continuée à Thiel, aux mois de Novembre & de Décembre 1707.

Lundi, 12 *Décembre* 1707.

Réſultat
de la
Diète de
Nimegue
en Nov.
& Dec.
1707.

LEURS NOBLES PUISSANCES ayant appris, que les Bourguemaîtres, Echevins & Preudhommes, de même que les Tribuns de la Ville de Nimegue, ont trouvé bon de faire publier le 8 du courant, une publication extravagante & inouie, contenant pluſieurs principes faux & forgez, ſavoir, qu'une pluralité liguée & ſupérieure de perſonnes qui prétendent uſurper le nom de Seigneurs Etats de cette Province, cherchent à préſent publiquement & ſans la moindre diſſimulation, & ont deſſein de priver la Ville & Bourgeoiſie de Nimegue, de leurs Privilèges, Prérogatives & Prééminences, & de la ſoumettre à une ſujettion arbitraire, le tout ne tendant qu'à mépriſer & enfreindre la ſouveraine autorité & le reſpect qui eſt dû aux dits Seigneurs Etats de cette Province, & à troubler par-là, s'il étoit poſſible, & à allarmer la bonne Bourgeoiſie & les Habitans, & à rendre odieux les Seigneurs Etats.

Leurs Nobles Puiſſances, pour ôter toutes telles impreſſions ſiniſtres, ont bien voulu déclarer de nouveau, comme Elles ont fait pluſieurs fois, que Leurs Nobles Puiſſances bien loin d'avoir jamais eu ou d'avoir encore l'intention de faire aucun changement dans la conſtitution préſente de la Régence, ſont plutôt portées à la maintenir ſur le pied où elle eſt actuellement, & à aſſurer & conſerver les Libertez, Droits & Privilèges de la Province en général, & de chaque Membre, Ville, Bourgeois & Habitant en particulier, ſans leur porter atteinte par aucune Réſolution politique ou autrement, & à faire, en cas de démêlé, déterminer l'affaire par la voie ordinaire de la juſtice, déclarant de plus, que les moyens dont Leurs Nobles Puiſſances uſent, ne ſervent à autre choſe qu'à rétablir, & à entretenir dans cette Province & la Régence d'icelle, le reſpect, l'ordre, le repos, la concorde

&

& l'affection, & que pour témoigner en cela publiquement la véritable & sincère intention de Leurs Nobles Puissances, on écrira à Leurs Hautes Puissances une Lettre de la teneur suivante.

AFFAIRES DES PRO-
VINCES
DE ZE-
LANDE ET
DE GUEL-
DRE.

HAUTS ET PUISSANS SEIGNEURS,

NOus n'avons pu nous dispenser d'envoyer à Vos Hautes Puissances, un Exemplaire de la Publication faite au nom du Magistrat, de même que des Tribuns de la Ville de Nimegue, & remise aujourdhui dans notre Assemblée, pour qu'il plaise à VV. HH. PP. de voir par-là, comment ledit Magistrat de même que les Tribuns continuent à traiter d'une manière & avec des expressions injurieuses & choquantes les Etats de cette Province reconnus pour tels, même par VV. HH. PP.; & combien peu on a obtenu le but salutaire par la Résolution douce & modérée prise jusqu'à présent de notre part, conformément au Conseil sage & prudent de VV. HH. PP.

Pour rester dans la voie de douceur, nous avons fait relâcher incessamment les Bateaux arrêtez, aussitôt que les deux Sénateurs de ladite Ville de Nimegue, *de Beyer* & *Vos*, ont été appréhendez par notre ordre, par un Régent de Wageningue, & menez ici par Nos Huissiers, dans l'espérance que le Magistrat de Nimegue seroit par-là porté à la raison, d'autant plus que l'Arrêt précédent du prémier Conseiller *Noyen*, qui se tenoit à Nimegue par ordre des Etats de cette Province, & qui par conséquent étoit sous la protection du Souverain, est beaucoup moins justifiable que l'Arrêt desdits deux Sénateurs, quoiqu'ils soient pourvus de commission de leur Ville.

Nous ajoutons ici l'Instruction donnée au Colonel *Deelen*, sous le commandement de qui nous avons envoyé à Arnheim, dix Compagnies de son Régiment, deux du Major-Général *de Welderen*, & un Escadron de *Saxe-Hilbourghausen*, pour tenir Garnison dans cette Ville, & pour servir seulement à mettre à couvert les Membres de la Régence des insultes d'une troupe de gens effrénez. Vos Hautes Puissances verront pareillement par ladite instruction notre modération, & avec quelle circonspection nous employons les Troupes. Cependant puisque notre douceur porte le Magistrat de même que les Tribuns à des actions qui deviennent chaque jour plus violentes, dont la ci-jointe Publication extravagante & inouïe est une preuve récente, laquelle ne sauroit être regardée que comme un Ecrit capable de semer la division dans la Régence, & même, s'il étoit possible, parmi les Confédérez.

Nous ne pouvons qu'espérer que la Résolution du 24 Novembre dernier, prise par Vos Hautes Puissances sur la Proposition de Nos Députez Extraordinaires, sera par-là portée sans délai à la pluralité des voix, & que nous obtiendrons dans la suite, quand nous le requererons, un appui commun de Nos Confédérez, afin que les Etats de cette Province, ne soient pas lésez dans leur autorité, au point d'être obligez de se soumettre à un Membre de la Province, dont le devoir est d'obéir aux ordres des Etats. En atten-

Tome XIV. P ten-

AFFAIRES tendant il plaira à Vos Hautes Puiffances de confidérer que ladite Publication
DES PRO- nous mettra dans la néceffité de prendre, quoique malgré nous, des Réfolu-
VINCES tions plus fortes & efficaces pour maintenir la fuprême autorité de la Ré-
DE ZE- gence & la fureté des Membres d'icelle, priant officieufement Vos Hautes
LANDE ET Puiffances de vouloir les regarder, quand elles viendront jufqu'à Elles, non
DE GUEL-
DRE. comme un effet de violence que nous déteftons, mais comme une néceffité
mife en ufage dans la dernière extrémité, & dans aucune autre vue que de
rétablir la tranquillité dans la Province & l'autorité de la Régence.

Nous recommandons Vos Hautes Puiffances à la Protection divine.

Ecrit à Thiel, le 12 Décembre 1707.

DE VOS HAUTES PUISSANCES,

Les bons Amis, les Etats de la Principauté de
Gueldre & de la Comté de Zutphen.

Par Ordonnance de LL. NN. PP.

A. J. V. LIDTH DE JEUDE, Sécrétaire.

Le deffus étoit : A Leurs Hautes Puiffances, les Seigneurs Etats-Généraux des
Provinces-Unies des Païs-Bas.

Publication de la Ville de Nimegue du 8 Décembre 1707. (*)

C O P I E.

*Les Etats Députez de la Principauté de Gueldre & Comté de
Zutphen, ont trouvé bon par les Préfentes, de remettre au Colonel* Deelen, *l'Inftruction fuivante, pour lui fervir d'Information.*

QUE lorfqu'il fera venu près d'Arnheim avec fes Troupes, il enverra
devant, comme cela fe pratique, un Officier, pour donner connoiffance au Magiftrat de ladite Ville de fa Patente, & pour lui prêter ferment,
fur le pied & de la manière comme il a été arrêté en 1651.

Que fi le Magiftrat d'Arnheim refufe l'entrée des Troupes dans la Ville,
& de refpecter la Patente, il en donnera connoiffance fur le champ aux
Etats de la Province; & les Troupes fe logeront en attendant autour de la
Ville dans l'Echevinage, foit dans des maifons ou granges, où il le trouvera

(*) Cette Publication fe trouve ci-deffus, *pag.* 84.

vera le plus commode jufqu'à nouvel ordre , fans faire néanmoins aucun def- ordre ni infultes aux gens des maifons , & qu'il fera tout payer.

Que lui Colonel *Deelen* pourvoira pareillement au pain , à la paille & au chauffage.

Qu'il aura de plus correfpondance avec l'Officier Commandant du Régi- ment de *Saxe-Hilbourghaufen*, afin que tout foit éxécuté felon l'intention des Etats de la Province; qu'il aura foin en général, que le Peuple ne foit expo- fé à aucune infulte.   Cependant, en cas que les Bourgeois ou autres vien- nent à faire une fortie & attaquer fon monde, il repouffera alors la violen- ce par la violence.

Qu'en cas qu'il ne puiffe marcher de bonne grace dans la Ville, il n'ufera pas de violence , jufqu'à nouvel ordre , mais qu'il empêchera en attendant que perfonne n'entre dans la Ville ou en forte ; mais que bien loin delà il l'enferme autant qu'il eft poffible , & qu'il en coupe tous les convois de vivres ; que foit qu'il foit reçu dans la Ville, ou qu'il foit empêché d'y entrer, il en don- nera inceffamment connoiffance aux Etats de la Province.

Que le Colonel *Deelen* avifera en même tems , de quelle manière il juge qu'il pourroit venir le plus commodément dans la Ville.

Ledit Colonel *Deelen* eft de plus chargé , en cas qu'il ait entrée avec fes Troupes dans la Ville d'Arnheim , d'empêcher qu'il ne foit fait la moindre infulte ou le moindre mal aux Bourgeois d'un côté ou d'autre, fans embraffer l'un ou l'autre parti , ou fans fe mêler d'aucune chofe qui concerne la Ré- gence.   Et, fi contre toute attente & contre la Réfolution des Etats de la Province, quelques-uns des foi-difant Volontaires , ou qui que ce puiffe être , venoient à s'attrouper ou fe mettre fous les armes , le Colonel *Deelen* eft chargé expreffément par la Préfente de les diffiper ou de les appréhender , & d'en faire inceffamment rapport à Leurs Nobles Puiffances.

Enfin , il a été ordonné audit Colonel *Deelen*, en cas que les Troupes foient admifes dans la Ville d'Arnheim, de renvoyer inceffamment les deux Compagnies du Régiment du Sieur Major-Général *de Welderen*, à leurs Gar- nifons de Zutphen & Doesbourg.

Ainfi fait le 10 Décembre 1707.

In fidem Copiæ.

A. J. V. LIDTH DE JEUDE, Sécrétaire.

AFFAIRES DE LA SUCCES-
SION D'ORANGE.

*Mémoire du Baron de Schmettau aux Etats-Généraux, du
23 Janvier 1707; avec deux autres annéxés, du 3
& 30 Septembre 1706.*

HAUTS ET PUISSANS SEIGNEURS,

AFFAIRES
DE LA
SUCCES-
SION
D'ORAN-
GE.

Mémoi-
re du Ba-
ron de
Schmet-
tau.

SA Majesté le Roi de *Prusse* ayant eu communication du Mémoire que Son Altesse Madame la Princesse Douairière de *Nassau* a présenté à Vos Hautes Puissances, en date du 17 d'Octobre, pour réponse au Mémoire du Ministre soussigné du 30 Septembre dernier, concernant l'entréprise du Sieur *Pesters*, Auditeur du Conseil des Domaines de feu Sa Majesté le Roi de la Grande-Bretagne de glorieuse mémoire, & qui a pour but de mettre, sous prétexte d'une Interdiction provisionnelle obtenue à Bruxelles sur un faux énoncé, la Baronnie de Turnhout sous le pouvoir & administration dudit Conseil des Domaines; Sadite Majesté a ordonné à Sondit Ministre, de represénter de sa part à Vos Hautes Puissances, sur ledit Mémoire, & en même tems sur celui dudit Conseil des Domaines du 13 d'Octobre dernier, faisant cause commune avec Madame la Princesse; Que Sa Majesté avoit lieu d'espérer, qu'après que de sa part le Ministre soussigné a eu l'honneur d'exposer en détail & en toute évidence à Vos Hautes Puissances, par son dit Mémoire du 30 Septembre, dont un imprimé pour épargner les redites va ci-joint, sous No. I, que la Baronnie de Turnhout n'appartenant pas à la Succession d'Orange, & n'étant pas comprise dans les Testamens du Prince *Frédéric-Henri*, & du feu Roi *Guillaume III*, dont Vos Hautes Puissances font Exécuteurs, mais étant échue au Roi de Prusse par un troisième Testament de la Princesse *Emilie* Douairière d'Orange, dont Vos Hautes Puissances ne font ni n'ont jamais été Exécuteurs, Son Altesse Madame la Princesse n'auroit plus inquiété Vos Hautes Puissances sur cet article; & qu'Elles, de leur côté, auroient bien voulu déclarer, que la Baronnie de Turnhout, située hors du Territoire de l'Etat, étant entièrement séparée de la Succession d'Orange, leur intention n'est point que le Conseil des Domaines étende sur cette Baronnie son Administration, laquelle ne peut regarder que les Biens de ladite Succession d'Orange, désapprouvant que ce Conseil se serve pour cet effet du Nom, de l'Autorité & des Résolutions de Vos Hautes Puissances, lesquelles Résolutions, de même que leur qualité d'Exécuteurs, ne regardent que les Biens provenans de ladite Succession & desdits Testamens, laissant du reste, à Son Altesse Madame la Princesse, la liberté de poursuivre son action à l'égard de Turnhout devant le Juge compétant.

Néanmoins, comme Madame la Princesse, & ledit Conseil des Domaines,

nes, qui en cet Article de Turnhout comme par-tout ailleurs prend manifeftement & avec animofité, parti contre Sa Majefté, ont allégué dans leurs
dites réponfes des raifons & des faits qui pourroient tenir plus longtems en
fufpens ladite Déclaration de Vos Hautes Puiffances ; le fouffigné Miniftre
fe trouve obligé, & par ordre de Sa Majefté, d'y repliquer le plus fuccinc-
tement qu'il eft poffible.

Il eft évident par ledit Mémoire du 30 de Septembre, que de la part de
Sa Majefté on a feulement réquis que Vos Hautes Puiffances ne vouluffent
point fe mêler de l'affaire de Turnhout, comme regardant le Teftament d'un
tiers, dont Elles ne font pas Exécuteurs; & que fur ce fondement Vos Hautes Puiffances vouluffent defavouer le procédé du Sieur *Pefters* qui agit en
leur Nom. Bien loin que par ledit Mémoire, comme on impute abufivement à Sa Majefté, on voulût arrêter le cours de la Juftice, qui eft & demeure toujours libre à S. Alteffe, fans que le Confeil des Domaines ait fujet de
prendre parti avec Elle; car comme ce Confeil ne peut agir qu'en qualité de
Mandataire de V. H. P., & qu'il infulte néanmoins Sa Majefté par fon Auditeur le Sr. *Pefters*, fous prétexte d'Autorifation de V. H. P., perfonne ne
peut trouver à redire que Sa Majefté s'addreffe là-deffus directement à Elles
pour faire ceffer fes pourfuites faites en leur Nom.

Pour ce qui eft contenu dans ledit Mémoire de Madame la Princeffe &
dans celui du Confeil des Domaines, à l'égard de l'Acceptation faite par Vos
Hautes Puiffances de la Charge d'Exécuteurs des Teftamens du Prince *Fridéric-Henri* & du Roi *Guillaume* III.; de la Déclaration fuivie là-deffus de la
part du Roi de Pruffe, en date de l'onzième Juin 1702, & des raifons que
d'un commun concert, Son Alteffe & ledit Confeil en veulent tirer, pour
juftifier que ce Confeil peut étendre fon Adminiftration, non feulement fur
les Biens d'Orange fituez dans les Païs-Bas d'Efpagne, mais en particulier fur
Turnhout; à cet égard on s'en rapporte aux Mémoires que le fouffigné Miniftre a eu l'honneur de préfenter à Vos Hautes Puiffances, favoir, touchant
le prémier Article, à celui du 3 Septembre, dont Copie va ci-joint, fous
No. 2., & à l'égard du fecond, au fufdit Mémoire du 30 Septembre, dans
lefquels on a fuffifamment répondu auxdites allégations; fur lefquels Mémoires Vos Hautes Puiffances n'ont point encore pris de Réfolution. Et que
peut-on dire de la part du Roi de Pruffe de plus pofitif & de plus convain-
quant contre ces objections à l'égard de Turnhout, que ce que deffus? Savoir, que cette Baronnie ne peut, ni ne doit être réglée felon les difpofitions
du Prince *Frédéric-Henri* & du feu Roi *Guillaume* III., vu que Vos Hautes
Puiffances n'ayant aucune qualité d'Exécuteurs Teftamentaires que par lefdits deux Teftamens, Elles ne fauroient fonder fur Turnhout, qui vient
du Teftament d'un tiers, aucun pouvoir d'Exécuteur, & par conféquent ledit Confeil des Domaines ne fauroit contre la teneur de fon propre titre, qui
ne le qualifie que d'Adminiftrateur des Biens provenans defdits deux Teftamens, s'arroger aucune Commiffion de la part de Vos Hautes Puiffances fur
Turnhout, vu qu'Elles-mêmes n'auroient pu de droit autorifer pour cet effet ledit Confeil.

P 3

Pour

AFFAIRES
DE LA
SUCCES-
SION
D'ORAN-
GE.

Pour ce qui est du Décret provisionnel de la Cour de Brabant à Bruxelles, dont on fait tant de bruit, il est clair que ce Décret ne peut regarder que les Terres provenantes desdits deux Testamens, dont Vos Hautes Puissances sont Exécuteurs, & dont il étoit question devant ladite Cour, qu'ainsi ce Décret ne peut nullement s'étendre à Turnhout qui vient du Testament de la Princesse *Emilie*; & comme sur le sens & sur l'étendue dudit Décret il y a litispendence & un Procès communicatoire point terminé devant ledit Conseil; Vos Hautes Puissances voudront d'autant moins approuver qu'on y intervienne de leur part & en opposition contre Sa Majesté. Dans la suite dudit Mémoire de Son Altesse, on veut prendre comme avoué du côté du Ministre de Sa Majesté, que la Baronnie de Turnhout est venue dans la Succession d'Orange, par le Traité du 8 de Janvier 1647, & par celui du 27 Décembre de la même année, commencez encore du vivant du Prince *Frédéric-Henri*, quoi qu'on n'avoit point prouvé que ce fût une prétention dudit Prince en son particulier; de plus on impute à Sa Majesté qu'Elle auroit varié sur son titre, prétendant ladite Baronnie, tantôt en vertu du Testament de feu son Grand-Père le Prince *Frédéric-Henri*, tantôt par celui de Sa Grand-Mère la Princesse *Emilie*; & en dernier lieu en vertu de la Cession de Madame la Princesse Douairière d'*Anhalt*, dans laquelle discussion du côté de Madame la Princesse on évite d'entrer, passant ensuite à de certaines objections; A quoi on replique de la part de S. M. que bien loin dudit aveu supposé, il est évident par le lusdit Mémoire du 30 Septembre que ledit Ministre a soutenu positivement de la part du Roi son Maître, que Turnhout n'appartient pas à la Succession d'Orange, dont on est en dispute; Car bien qu'on avoue de la part de S. M. conformément aux Actes publics, qu'il a été négocié de la part de l'Espagne avec le Prince *Frédéric-Henri* sur ladite Baronnie par le Traité du 8 Janvier 1647, néanmoins Elle n'a été effectivement cédée & donnée par ladite Couronne qu'au profit de Madame la Princesse Douairière d'Orange par le Traité du 27 Décembre 1647, fait avec le Prince *Guillaume* II, & point avec le Prince *Frédéric-Henri*, comme on allègue abusivement, vu que ce Prince, comme il est notoire, mourut le 14 de Mars de ladite année avant la conclusion de la Paix de cette République; Et pour ce qui est de la Cession & du transport de Turnhout, ils n'ont été mis en éxécution par le Roi d'Espagne *Philippe* IV, qu'en faveur de la Princesse *Emilie*, par un Acte solemnel daté le 29 Juillet 1651, dont Copie va ci-joint sous No. 3.

Enfin ledit Ministre allègue dans son dit Mémoire, que Madame la Princesse a déclaré la même chose à V. H. P. le 13 de Novembre 1702, en ces termes. *Que la Baronnie de Turnhout n'a jamais appartenu à aucun des Princes d'Orange, mais qu'elle a été originairement cédée à la Princesse Douairière d'Orange, & qu'Elle en a disposé par Testament;* Confession claire & nette, point sujette à aucune ambiguité, après laquelle on a bien lieu d'être surpris du côté de S. M. de trouver encore S. A. Madame la Princesse de *Nassau* & ledit Conseil des Domaines en opposition à l'égard de Turnhout.

Quant à la censure touchant plusieurs Titres alléguez du côté de S. M. pour le le maintien de Turnhout, cette cenfure eft très-mal fondée, vu que felon la notorieté du droit il eft permis d'agir dans la même affaire par divers titres cumulativement, fans que les uns préjudicient aux autres.   Mais il eft évident par ledit Mémoire du 30 Septembre, que S. M. fonde en principal lieu fon droit fur Turnhout dans la difpofition Teftamentaire de ladite Princeffe Douairière d'Orange, fait avec l'Oétroi du Roi d'Efpagne, & celui de L. N. G. P. les Seigneurs Etats de Hollande & de Weft-Frife; ledit droit de S. M. ayant été rendu tout-à-fait inconteftable par la tranfaétion faite avec S. A. Me. la Princeffe Douairière d'Anhalt, qui feule y pouvoit faire oppofition, en difputant à S.M. le titre de repréfenter feu Madame l'Eleétrice fa Mère.

On paffe aux objeétions particulières faites par ledit Mémoire, & on replique à la prémière, que la Baronnie de Turnhout ayant été notoirement cédée par la Couronne d'Efpagne felon le Traité du 27 Décembre 1647, à la Princeffe Emilie, & le Prince Guillaume II ayant fait lui-même ce dit Traité garenti par V. H. P., Madame la Princeffe Douairière de Naffau, ni le Confeil des Domaines, ne fauroient difputer à la dite Princeffe la faculté d'en difpofer, vu que ladite difpofition a été faite fous l'autorité des fufdits Oétrois folemnels.   Le feu Roi de la Grande-Bretagne l'a auffi ratifiée & l'a reconnue valide de droit & de fait, tant en qualité d'Héritier de feu fon Père le Prince Guillaume II, qui a conditionné & approuvé l'acquifition de Turnhout pour Madame fa Mère dans fon dit Traité du 27 Décembre 1647, fait avec le Roi Philippe IV, qu'en fon propre nom comme Cohéritier de feue ladite Princeffe Emilie, en laquelle Sa Majefté eft entrée en partage avec Mesdames les Princeffes fes Tantes, prenant la poffeffion abfolue du Fief de la Baronnie de Turnhout, donné en partage à Elle, laquelle Baronnie Sa Majefté ne pouvoit pofféder entière felon les Loix féodales de Brabant, fans ledit Teftament de feue Madame fa Grand-mère; ce n'eft auffi que par le même Teftament que ledit Roi a eu la poffeffion de la Seigneurie de Sevenbergen contre l'obligation des 600000 fl. à payer auxdites Princeffes fes Tantes & à leurs Héritiers.

On pourroit encore alléguer plus en détail, que feu Madame la Princeffe Albertine Grand-mère de S. A. Mr. le Prince de Naffau comme Cohéritière, a auffi reconnu la validité de ladite difpofition de la Princeffe Emilie fa mère, fi après tout ce que deffus on pouvoit s'imaginer que perfonne auroit encore fcrupule là-deffus.

A la feconde Objeétion, contenue dans ledit Mémoire on répond, que le Fidei-commis de Turnhout étant inconteftable par ce que deffus, les détractions alléguées n'ont aucun lieu dans le cas préfent, vu que le Roi Guillaume III n'a point été lézé dans fa légitime, & qu'ab inteftat, il n'a eu aucune prétention fur Sevenbergen par les droits de Hollande, fuivant lefquels la répréfentation n'a pas lieu dans les Fiefs; Et quand même elle auroit pu valoir en Brabant, & à l'égard de Turnhout, ce qui eft conteftable, comme il eft dit ci-deffus; néanmoins, un tiers des Biens & revenus de Turnhout, excepté le Château & la Jurifdiétion, auroit été à partager entre les Cohéritiers de Sa Majefté les quatre Princeffes filles de la Teftatrice & leurs tiges;

ce

AFFAIRES
DE LA
SUCCES-
SION
D'ORAN-
GE.
ce qui auroit amoindri la légitime dudit Roi ; & y comprenant encore les legs & ce que Sa Majesté a eu par le Testament de la Princesse *Emilie* sans charge de retour , il est évident que Sa Majesté n'a été nullement lèzée dans sa légitime, de quoi aussi Elle ne s'est jamais plaint. Pour ce qui est de la Trébellianique, elle ne peut pas être prétendue non-plus dans le cas de Turnhout dont il s'agit , puis que le feu Roi n'a pas été chargé à cet égard d'un Fidei-commis universel , mais d'un particulier sur lequel cette détraction , selon le droit ordinaire, n'a point lieu.   Quant aux améliorations alléguées, le Roi de Prusse, comme Héritier Fidei-commissaire de Turnhout , trouvant cette Seigneurie dans un état bien pire & plus délabré qu'elle n'étoit lors que le feu Roi de la Grande-Bretagne en prit possession après la mort de feue Madame la Princesse *Emilie* , ledit Roi de Prusse se réserve à l'égard des détériorations son action contre S. A. le Prince de *Nassau* comme Héritier de feu Sa Majesté.

Par ce que dessus on ne peut considérer que comme frivole la troisième Objection dudit Mémoire, qu'il seroit encore à décider qui auroit droit à Turnhout, vu que les susdits fondemens clairs & incontestables ne laissent pas le moindre doute que dans le Roi de Prusse seul ne réside le droit de tous ceux qui peuvent prétendre à cette Baronnie; ce que le Conseil des Domaines allègue à cet égard des prétentions tirées du prétendu Traité de partage de l'année 1609, étant renversé par ledit Traité clair conclu avec l'Espagne, & encore par la Cession & le transport faits de la part de cette Couronne, comme aussi par la disposition Testamentaire de la Princesse *Emilie* qui n'a jamais été contestée.

Il reste encore à répondre à l'objection touchant les 100000 florins, sous lequel tître on prétend le droit de Rétention sur Turnhout, & on avoue que le feu Roi *Guillaume* III a été chargé par ledit Testament d'avancer cette somme pour les fraix du deuil, dettes & legs de la Princesse *Emilie*; que le feu Roi *Guillaume* devoit être remboursé de cette somme par les biens de Turnhout, dont il pouvoit vendre la valeur égale ou bien les engager pour cette somme, & même que ledit Roi s'il avoit fourni du sien effectivement ladite somme, son héritier, en cas de restitution de ce Fidei-commis en pourroit défalquer autant; Sur quoi pour élucidation du fait, il faut alléguer que Sa Majesté ne peut que témoigner une juste surprise, que tant du côté de S. A. Me. la Princesse, & plus encore de celui du Conseil des Domaines, on ose alléguer un prétendu droit de rétention à l'égards desdits 100000 fl. ; Car, outre que le fournissement effectif desdits 100000 fl. est encore à prouver, vu que le Verbal des Exécuteurs du Testament de la feue Princesse *Emilie* & leur Cahier de partage n'en disent rien, ledit Conseil ne peut aussi & ne doit pour le moins ignorer comme un Article clair dans ledit Verbal & Cahier de partage, dont il a un Original aux Archives, aussi bien que Madame la Princesse de *Nassau* & Sa Majesté en ont chacun un , que suivant ledit Partage le feu Roi *Guillaume* III devoit à la Princesse *Emilie* à sa mort 19500 fl. en restant de Douaire; qu'outre cela on comptoit les arrérages des Terres & revenus de Sevenbergen & de Turnhout, & ce que ledit Roi a pris de plus

en

AFFAIRES
DE LA
SUCCES-
SION
D'ORAN-
GE.

en poffeffion à la mort de ladite Princeffe *Emilie*; que de plus les trois Princeffes Filles & le Roi de Pruffe avec feu fon Frère Monfeigneur le Marggrave *Louïs* pour leur quatrième portion, ont été obligez de laiffer après le partage fait, pour fraix & charges héréditaires chacun entre les mains des Exécuteurs Teftamentaires de la Princeffe *Emilie* la valeur de 15000 fl. ou de
répondre pour autant, faifant enfemble 60000 fl. de forte que fans le contingent du Roi de la Grande-Bretagne, faifant le cinquième, lefdits Exécuteurs
avoient en main pour le payement defdites dettes de l'hérédité en effets comp-
tans 79500 fl. & avec le cinquième du Roi 94500 fl., fans compter lefdits
arrérages des fermes & revenus de Sevenbergen & de Turnhout; Mais outre les fommes fufdites il étoit dû à la mort de ladite Princeffe *Emilie* fa penfion viagère accordée à Elle par V. H. P. de 25000 fl. par an, qui ne fut
point payée depuis vingt ans, faifant en tout 500000 fl. Et comme aux
inftances des Héritiers & felon la réfolution de V. H. P. du 27 Mars 1676,
le Confeil d'Etat a payé cette fomme de 500000 fl. en Obligations dépêchées fur la Généralité felon la fpécification ci-jointe fous No. 4.; lefquelles O-
bligations avec les intérêts échus là-deffus, ont été gardées & profitées par
feue Sa Majefté, quoi que felon la difpofition claire de feue la Princeffe
Emilie, Sadite Majefté n'y eût à prétendre comme Cohéritier que fa cinquième part, il en paroît évidemment que l'Héritier de Sa Majefté, au-
lieu de pouvoir prétendre la reftitution defdits 100000 fl. eft obligé de
reftituer aux Cohéritiers de Sadite Majefté quelques cens mille florins,
& de rendre compte tant du Capital que des intérêts tirez defdites obligations
depuis 30 ans; Ce Compte ayant été fouvent demandé du vivant de Sa Majefté à fon Confeil des Domaines, quoi que fans effet. On réferve fur cet
article à Sa Majefté le Roi de Pruffe fa cinquième portion, comme auffi le
contingent de Madame la Princeffe Douairière d'*Anhalt*.

V. H. P. reconnoîtront à cet Article la bonne foi du Confeil des Domaines qui ofe encore foutenir un droit de rétention de Turnhout en faveur de
l'Héritier de feue Sa Majefté, & par équivalent defdits prétendus 100000
fl. paffant fous filence des faits auffi clairs & incontestables qui détruifent
cette prétention, & mettent en évidence celle que les Cohéritiers de feue Sa
Majefté ont contre fon Héritier.

La quatrième objection dans ledit Mémoire eft, que Sa Majefté le Roi de
la Grande-Brétagne a poffédé Turnhout jufques à fa mort, & que cette Baronnie s'étant trouvée dans fa Succeffion, on en veut inférer que Turnhout
doit être fous l'éxécution de V. H. P., & qu'auffi cette Terre devoit être
demandée des mains de l'Héritier du feu Roi de la Grande-Bretagne. Comme le Confeil des Domaines montre à cet article bien de l'animofité contre
le Roi de Pruffe, & en particulier pour ce qui eft des Terres, dont la poffeffion eft ajugée à Sa Majefté par le Juge compétant, comme de Meurs &
Montfort; on y a à remarquer que ce Confeil ne regarde pas tant les intérêts de l'éxécution Teftamentaire de V. H. P. que ceux de fon adminiftration de tous les Biens poffédez par le feu Roi, fous quelque titre que ce fût;
Cette adminiftration, dont ledit Confeil n'a point rendu compte depuis près

Tom. XIV.   Q   de

AFFAIRES
DE LA
SUCCES-
SION
D'ORAN-
GE.

de cinq ans au grand préjudice de Sa Majesté, trop intéressée pour ne s'en point plaindre à toute occasion, étant assez importante & utile au dit Conseil pour n'en jamais rien quitter de bon gré. Mais outre, comme il est dit ci-dessus, que ledit Roi n'a point nommé, ni n'a pu nommer des Exécuteurs que pour son Testament & pour ses propres Biens, sans avoir pu étendre leur pouvoir sur Turnhout, dont Sa Majesté n'avoit que l'usufruit par le Testament de la Princesse *Emilie*.

V. H. P. ont aussi reconnu & déjà pratiqué le contraire de ladite soutenue de Madame la Princesse & du Conseil dans un autre Fidei-commis porté par le même Testament de ladite Princesse *Emilie*, savoir à l'égard de la Maison du Bois nommé l'*Orange-Saal* & le grand Collier de Perles dont l'extradition a été faite, il y a trois ans, à S. A. Madame la Princesse d'*Anhalt*, & par Elle au Roi de Prusse, en conformité dudit Testament, sans qu'on l'ait eu des mains de l'Héritier du feu Roi *Guillaume*, ni judiciairement; ce qui doit avoir moins de difficulté à l'égard de Turnhout, par la considération que cette Baronnie est située hors du ressort de la République, & que tout ce que Son Altesse Monsieur le Prince de *Nassau* veut prétendre là-dessus doit être poursuivi devant le Juge compétant. Du reste, il a été du côté de Sa Majesté, amplement réprésenté à Vos Hautes Puissances, & par différentes reprises, que la règle, que les Fidei-commis doivent être demandez des mains des Héritiers, a ses exceptions notables, & qu'elle n'a point lieu du tout dans les Fidei-commis des Maisons illustres, moins encore dans les Familles des Princes, étant constituez à perpétuité en faveur des Descendans comme est celui de Turnhout; Ces Fidei-commis ne souffrant aucune détraction, vu qu'ils n'en pourroient être qu'anéantis en passant d'une Lignée à l'autre; ce qui seroit contre l'intention du Testateur; ladite règle ne sauroit être alléguée non plus quand l'Héritier Testamentaire est hors de possession du Fidei-commis, puis qu'alors une autre règle du Droit a lieu, savoir que *dolo facit qui petit quod restituere oportet*, de sorte que ce ne seroit qu'une pure cavillation & chicane, de vouloir mettre en parade à cette occasion ladite règle des Fidei-commis usitée dans les Familles particulières.

Comme par-tout ce que dessus Vos Hautes Puissances jugeront selon leur équité que la demande de Son Altesse Madame la Princesse, à l'égard de la Baronnie de Turnhout est directement contraire au Testament de feue Son Altesse Madame la Princesse *Emilie* Douairière d'Orange, qu'elle n'a aucun fondement dans les deux éxécutions Testamentaires, dont Vos Hautes Puissances sont chargées, & qui n'ont rien de commun avec le Testament de la Princesse *Emilie*; Que de plus cette demande n'a point lieu dans les Fidei-commis particuliers, ni dans ceux des Maisons illustres; qu'elle est aussi directement opposée à la propre déclaration de Son Altesse Madame la Princesse, faite ci-devant à l'égard de Turnhout, & qu'ainsi du côté de Sa Majesté on peut dire à plus juste titre que ne fait Madame la Princesse, que sa dite demande est de la dernière injustice; Sa Majesté a par-tout ceci lieu de se persuader, & prie en même tems Vos Hautes Puissances très-instamment, de ne faire aucune attention à ladite demande de Son Altesse Madame la Princesse,

cesse, ni à celle du Conseil des Domaines qui est trop partial à cet égard, & Affaires même suspect d'intérêt propre ; mais au-contraire de vouloir déclarer sur les de la fondemens solides alléguez ci-dessus, que la Baronnie de Turnhout venant Succes- du Testament de la Princesse *Emilie* Douairière d'Orange, & n'appartenant sion d'Oran- point aux Biens de la Succession d'Orange, ni aux deux Testamens du Prin- ge. ce *Frédéric-Henri*, & du feu Roi de la Grande-Bretagne de glorieuse mémoi- re, dont Vos Hautes Puissances sont Exécuteurs, qu'au contraire cette Ba- ronnie étant entièrement séparée de ladite Succession tant à l'égard de l'ac- quisition, que de la disposition Testamentaire, l'intention de Vos Hautes Puissances n'est pas non plus d'étendre sur cette Baronnie leur pouvoir d'Exé- cuteurs, défendant au dit Conseil des Domaines de se servir du nom & de l'autorité de Vos Hautes Puissances pour cet effet, & laissant du reste à Son Altesse Madame la Princesse de *Nassau*, la liberté de s'adresser à cet égard au Juge compétant.

Cette déclaration est d'autant plus nécessaire que ledit Conseil a déjà ôsé ordonner au Grand Ecoutete de Turnhout de lui envoyer la liste & la nomi- nation des Personnes capables pour en choisir le nouveau Magistrat, à quoi Sa Majesté le Roi de Prusse, comme légitime Possesseur du Fidei-commis de Turnhout, pourvoira de son côté, sans permettre un tel attentat à ses droits de Seigneur de ladite Baronnie, n'ayant pas besoin de tels Administrateurs qui n'ont pas le moindre titre pour se mêler de ce qui provient du Testa- ment de la Princesse *Emilie*. Vos Hautes Puissances sont priées, de la part de Sa Majesté le Roi de Prusse, de vouloir donner sur ce Mémoire, & sur le précédent du 30 Septembre, une prompte, & comme on a lieu d'espé- rer, une favorable résolution.

A la Haye ce 23 de Jan-
vier 1707.

W. B. DE SCHMETTAU.

No. I.

HAUTS ET PUISSANS SEIGNEURS,

LE soussigné Ministre de Sa Majesté le Roi de Prusse a sollicité auprès de Vos Hautes Puissances une Résolution sur son Mémoire du 3 Septem- bre contre le Conseil des Domaines de feue Sa Majesté le Roi de la Grande- Bretagne de glorieuse mémoire, ayant représenté pour cet effet par des rai- sons & fondemens solides, que le Roi de Prusse ne peut point consentir, que ledit Conseil étende, comme il fait présentement en Brabant, son pouvoir & administration sur les Biens d'Orange situez hors du Territoire de l'Etat des Provinces-Unies, & priant Vos Hautes Puissances, de ne point appuier en ceci ledit Conseil de leur autorité, sur laquelle le Sr. *Pesters* Auditeur de ce Conseil se fonde dans ses procedures devant le Conseil de Brabant.

C'est

AFFAIRES
DE LA
SUCCES-
SION
D'ORAN-
GE.

C'est dans ce même tems que ledit Sr. *Pesters* & ledit Conseil causent un nouveau & plus sensible grief au Roi de Prusse ; car allant de concert avec la Partie adverse de Sa Majesté, & étant apparemment encouragez par une interdiction provisionelle obtenue à Bruxelles sur un faux énoncé, & sans avoir entendu les Conseillers & Ministres de Sa Majesté, munis de son pouvoir, ils entreprennent de mettre aussi la Baronnie de Turnhout sous le pouvoir & administration dudit Conseil des Domaines, en y faisant des Notifications & Ordonnances imprimées pour ne respecter que les ordres dudit Conseil.

Ce procédé oblige le soussigné Ministre, en vertu des ordres positifs qu'il a reçus du Roi son Maître, de représenter ici très-humblement & en abrégé à Vos Hautes Puissances, qu'ayant été négocié de la part de la Couronne d'Espagne avec le Prince *Frédéric-Henri* de glorieuse mémoire, sur la cession de Turnhout, par le Traité du 8 Janvier 1647, cette Baronnie fut dans le Traité suivant du 27 Décembre 1647, fait avec le Prince *Guillaume* II, effectivement cedée & donnée par ladite Couronne au profit de Son Altesse Madame la Princesse Douairière d'Orange ; que cette Princesse en a été investie & l'a possédée tranquillement sa vie durant; ,, qu'elle en a disposé par ,, son Testament fait le 7 Septembre 1674, avec Octroi du Roi d'Espagne, ,, daté le 18 d'Aout de la même année, en ordonnant que son Petit-fils le ,, Prince *Guillaume* d'Orange, du depuis Roi d'Angleterre, prendroit & tien- ,, droit ladite Baronnie & tout ce qui en dépend, à charge & condition qu'el- ,, le demeureroit vinculée d'un Fidei-commis par Primogéniture, selon la ,, coutume des Fiefs en faveur des Enfans & Descendans légitimes dudit ,, Prince : que faute de tels Enfans & Descendans ladite Baronnie retombe- ,, roit aux quatre Filles dame Testatrice, & à leurs Enfans & ul- ,, térieurs Descendans par réprésentation, préférant toujours l'aînée suivant ,, les coutumes féodales ", comme il paroit par l'Extrait ci-joint dudit Testament, & encore par le Régître du droit de grand Sceau de Sa Majesté Catholique en Brabant, ledit Octroi en Original devant se trouver dans les Archives communs de la Succession d'Orange.

Personne ne peut douter, que le dernier cas de ladite disposition ne soit arrivé par le décès de sadite Majesté le Roi de la Grande-Bretagne sans avoir laissé des Descendans, & que cette Baronnie ne soit ainsi dévolue en plein droit & sans aucune difficulté à Sa Majesté le Roi de Prusse, comme Fils unique de la Fille aînée de la Princesse *Émilie* Douairière d'*Orange*, n'y ayant que Son Altesse Madame la Princesse Douairière d'*Anhalt*, comme la seule des quatre Filles qui reste en vie & a survécu ledit feu Roi. Et, comme elle vouloit sous titre de droit d'Ainesse faire prétention à ladite Baronnie, si celui de la réprésentation n'eût pas eu lieu, en quoi Madame la Princesse de *Nassau* sembloit l'appuier, le Roi pour prévenir toute dispute avec une Tante, qui lui est si chère, & dont Sa Majesté fait toute l'estime, elle a bien voulu s'accommoder avec ladite Princesse Douairière d'*Anhalt* par une transaction confirmée par Son Altesse le Prince d'*Anhalt-Dessau* son Fils, dont il a été fait notification à Vos Hautes Puissances il y a plus de trois ans ; en vertu

de

de laquelle tranfaction tout le droit de ladite Princeffe Douairière d'*Anhalt*, AFFAIRES tant *ab inteftat* qu'autre, regardant la Succeffion d'Orange, & en particulier DE LA fur Turnhout, a été cedé à Sa Majefté; il eft évident qu'après cette ceffion SUCCES- le droit de Sa Majefté à l'égard de Turnhout a été rendu tout-à-fait incon- SION teftable. D'ORAN-

Auffi Son Alteffe Madame la Princeffe Douairière de *Naffau*, reconnoif- GE. fant du moins le droit de Madame fa Mère, avoit déja renvoyé à elle le Sr. *van den Broeck*, Chef Ecoutete & prémier Officier de Turnhout.

De plus ladite Princeffe a auffi avoué elle-même dans un de fes écrits préfen- té à Vos Hautes Puiffances, en date du 13 Novembre 1702, „ que la Baronnie „ de Turnhout n'a jamais appartenu à aucun des Princes d'*Orange*, mais „ que cette Baronie a été originairement cedée à la Princeffe Douairière „ d'*Orange*, & qu'elle en a difpofé par fon Teftament.

C'eft par le même principe que ladite Baronnie n'eft point entrée, ni n'a été mife en compte dans les projets de partage, qui durant la négo- ciation d'un accommodement ont été faits du côté de ladite Princeffe Doua- irière de *Naffau*, & qui même ont été fignez de fa main: vu que cette Ba- ronnie, étant comme elle eft, féparée des biens, fur lefquels on étoit en différend, il n'y avoit en effet aucune matière de conteftation, & ainfi les Parties n'avoient aucun lieu ni intention de faire entrer Turnhout dans l'accommodement.

On ne fauroit objecter de la part dudit Confeil, que Sa Majefté ayant confenti par fa Lettre du 11 Juin de l'année 1702, à fon adminiftration pro- vifionnelle, Turnhout y doit être compris; car outre que ledit confentement a été donné fous des conditions expreffes point accomplies, & dans l'inten- tion de faciliter un accommodement provifionnel, dont on traitoit alors; l'intention de Sa Majefté n'a point été d'étendre cette adminiftration hors du Territoire de l'Etat, & moins encore fur Turnhout point foumis à l'éxé- cution Teftamentaire de Vos Hautes Puiffances.

Par ce que deffus Sa Majefté a tout lieu d'efpérer de l'équité de Vos Hau- tes Puiffances, qu'elles voudront bien comprendre fon droit clair & incontef- table fur la Baronnie de Turnhout, & que cette Terre n'appartient pas à la fucceffion d'Orange, dont on eft en difpute; que de plus ladite Baronnie n'eft pas comprife dans les Teftamens du Prince *Frédéric-Henri* & du feu Roi de la Grande Bretagne, dont Vos Hautes Puiffances font Exécuteurs, mais qu'elle eft échue au Roi de Pruffe par un troifième Teftament de la Princeffe *Emilie*, dont Vos Hautes Puiffances ne font ni n'ont jamais été Exécuteurs, les Seigneurs *Beaumont*, *Held* & *vander Goes*, ayant été établis en cette qua- lité par ladite Princeffe *Emilie*, & ayant rendu déja leurs comptes & delivré les effets héréditaires l'année 1676, dont ils ont reçu leur décharge par Quittance de tous les cinq héritiers.

Tout ceci étant évident, Sa Majefté fe perfuade que Vos Hautes Puiffan- ces defapprouveront entièrement le fufdit procédé du Sr. *Pefters* & du Con- feil des Domaines à l'égard de Turnhout; d'autant plus que ledit Confeil ne devant par les bonnes raifons contenues dans le Mémoire du 3 Septembre

Q 3   al·

Affaires
de la
Succes-
sion
d'Oran-
ge.

allégué ci-deſſus, étendre ſon adminiſtration hors du Territoire de l'Etat, il le peut faire encore avec moins de prétexte ſur la Baronnie de Turnhout, qui ne provient pas, comme il eſt dit, des Teſtamens dont Vos Hautes Puiſſances ſont Exécuteurs. Ainſi comme le principal de leur éxécution n'a point lieu à l'égard de Turnhout, l'adminiſtration dudit Conſeil, qui en dépend ne le doit point avoir non plus.

Enfin, Vos Hautes Puiſſances ſont priées très-inſtamment de la part de Sa Majeſté, de vouloir bien ordonner expreſſément audit Conſeil qu'il faſſe ceſſer ſes atteintes outrageantes faites à la poſſeſſion de Sa Majeſté, priſe notoirement de ladite Baronnie de Turnhout, & de ce qui en dépend, avant le commencement de cette guerre, & qui de ſa part, après que la confiſcation de l'Ennemi eut ceſſé, fut auſſi renouvellée par un Aĉte ſolemnel; tous les Officiers & Magiſtrats de ladite Baronnie, ayant prêté ſerment de fidélité ordinaire à Sa Majeſté, comme il eſt à prouver par ce qui s'eſt paſſé à cet égard.

C'eſt auſſi par ces fondemens inconteſtables, que Monſieur *de Hymmen*, Conſeiller Privé de Sa Majeſté, & ſon Plénipotentiaire, à l'égard des Biens de la Succeſſion d'Orange, ſituez en Brabant, s'eſt trouvé obligé & par ordre exprès de Sa Majeſté, de faire à Turnhout des défences contraires à la demande du Sr. *Peſters*, & d'y maintenir par tous les moyens convenables la poſſeſſion de Sa Majeſté, contre ledit attentat du Sr. *Peſters* & du Conſeil des Domaines, qui d'ailleurs comme il n'eſt que trop connu, profite de toutes les occaſions pour donner du chagrin à Sa Majeſté.

A la Haye, ce 30 de Septembre 1706.

W. B. de Schmettau.

Extrait du Teſtament de la Princeſſe Emilie, *Douairiere d'Orange, en date de la Maiſon du Bois, le* 7 *Septembre* 1674.

DE plus que notre Petit-fils le Prince d'*Orange*, prendra de nous & tiendra notre Seigneurie & les Terres de Turnhout, avec toutes ſes appartenances, comme nous la poſſédons actuellement, ſans rien excepter ni reſerver; de même que ledit Prince, jouira de tout le Droit & action qui nous revient en vertu des Traitez de Munſter, contre le Roi d'Eſpagne, tant pour l'augmentation des Revenus de Turnhout ou autrement; à condition pourtant que cette Seigneurie ſera & demeurera affectée d'un Fideicommis par Primogéniture, en faveur de ſes Enfans & Deſcendans légitimes, ſuivant le Droit des Fiefs, & faute de tels Enfans & Deſcendans en faveur de nos quatre Filles, & leurs Enfans & ultérieurs Deſcendans par repréſentation, préférant toujours pareillement l'ainée ſuivant les Droits féodaux comme ci-deſſus.

No.

No. II.

HAUTS ET PUISSANS SEIGNEURS,

AFFAIRES
DE LA
SUCCES-
SION
D'ORAN-
GE.

APre's qu'il a plu à Son Alteffe Madame la Princeffe de *Naffau*, de rompre de la manière qu'il eft connu à Vos Hautes Puiffances, le Traité d'un accommodement à l'amiable, à l'égard des différends fur la Succeffion d'Orange; Sa Majefté le Roi de Pruffe à, par fes Confeillers & Commiffaires Meffieurs *de Hymmen* & *Gybkens*, autorifés par fon plein-pouvoir, pour les affaires qui touchent les biens d'Orange dans les Païs-Bas d'Efpagne, fait renouveller la poffeffion defdits biens prife déja avant la Guerre préfente, & immédiatement après la mort de feue Sa Majefté Britannique le Roi *Guillaume III*, de glorieufe mémoire, tant comme héritier *ab inteftat* des biens de la Maifon d'Orange, felon le droit coutumier en Brabant, & la règle *le mort faifit le vif*, qu'en vertu du Teftament de feu fon Ayeul le Prince *Frédéric-Henri*, de glorieufe mémoire, reconnu par le Traité de Paix, & les Traités particuliers faits avec ledit Prince de la part de la Couronne d'Efpagne, comme auffi à l'égard de la Baronnie de Turnhout, en vertu du Teftament de feue la Princeffe *Emilie*, Douairière d'Orange, Ayeule de Sa Majefté. Et, quoique cette poffeffion interrompue durant la Guerre par la confifcation, ait été renouvellée dans les formes par la prife & infiftance réelle, & par des actes poffeffoires, réitérés paifiblement de la part de Sa Majefté; néanmoins Monfieur *Pefters*, Auditeur du Confeil des Domaines a entrepris de fa part de troubler Sa Majefté, dans la paifible poffeffion defdites terres & revenus; ce qui a obligé lefdits Miniftres & Commiffaires de Sa Majefté de protefter contre ce trouble, & contre celui qui a été fait en même tems, & apparemment de concert avec Son Alteffe Madame la Princeffe de *Naffau*, par le Penfionnaire de la Ville de Dieft, le Sieur *Zurpele*, qui eft auffi Mandataire du Confeil des Domaines, offrant de répondre en droit & devant le Juge compétant audit Confeil des Domaines, & à tous ceux qui voudront s'oppofer à ladite poffeffion de Sa Majefté; mais comme ledit Confeil des Domaines fait parler le Sieur *Pefters*, au nom de Vos Hautes Puiffances, & que le Soufigné Miniftre de Sa Majefté a appris qu'il a fait auffi inftance auprès de Vos Hautes Puiffances, pour donner ordre à Meffieurs leurs Députés à Bruxelles de l'appuyer, dont il a paru déja quelque marque auxdits Miniftres de Sa Majefté, Elle a lieu de fe promettre de l'amitié, & de l'impartialité de Vos Hautes Puiffances, qu'Elles ne voudront point qu'on fe ferve de leur nom, autorité & pouvoir, pour empêcher que cette affaire regardant les biens d'Orange, fitués aux Païs-Bas d'Efpagne, n'aille fon train ordinaire devant le Juge compétant; fur-tout confidérant que la difpute eft hors du Territoire de l'Etat, & ainfi du pouvoir des Exécuteurs Teftamentaires; que le feu Roi de la Grande Bretagne n'a tefté que fous l'autorité de l'Octroi de Leurs Nobles & Grandes Puiffances les Seigneurs Etats d'Hollande & de Weft-Frife, qui ne peut pas avoir fon effet
hors

Affaires de la Succession d'Orange. hors de leur Territoire ; qu'en plufieurs manières & occafions trop longues à alleguer ici, il n'a paru que trop à Sa Majefté, que depuis la mort de feue Sa Majefté Britannique le Conseil des Domaines a été en tout contraire audit Roi de Pruffe, fe conformant à la volonté & aux intérêts de Son Alteffe Madame la Princeffe de *Naffau*; que tout ceci & la jufte appréhenfion de Sa Majefté que ledit Conseil, par fon propre intérêt, ne donne dans le parti de tenir les biens de la Maifon d'Orange fous un Sequeftre perpétuel, font des raifons plus que fuffifantes pour ne point confentir de la part du Roi de Pruffe, qu'il étende auffi fon pouvoir & adminiftration fur les biens d'Orange fitués hors du Territoire de l'Etat, & qui doivent être jugés par les Souverains du lieu, de même que le font les biens fitués dans chacune des Provinces-Unies. Vos Hautes Puiffances font priées au nom de Sa Majefté le Roi de Pruffe, que réflechiffant fur tout ce que deffus, Elles ne veuillent pas autorifer le Conseil des Domaines, dans ladite entreprife de troubler Sa Majefté dans fa poffeffion des biens de la Maifon d'Orange, aux Païs-Bas d'Efpagne, prife & fondée fur les bons Titres allegués ci-deffus; mais de laiffer cette affaire à la décifion du Juge compétant, fans que Meffieurs les Députés de Vos Hautes Puiffances à Bruxelles s'en mêlent, & qu'au cas qu'on leur eût déja expédié quelque ordre là-deffus fans entendre le Miniftre Soufigné, il prie très-humblement Vos Hautes Puiffances, d'en vouloir furfeoir l'éxécution, afin que Sa Majefté, qui veut entretenir par-tout la bonne amitié avec Vos Hautes Puiffances, ne les trouve pas en oppofition, lorfqu'Elle veut pourfuivre devant le Juge compétant fes Droits fur la Succeffion d'Orange, fondés fur la proximité du fang, & fur les difpofitions inconteftables de fes Ancêtres, auxquelles feue Sa Majefté le Roi de la Grande Bretagne, comme il paroît par d'autres indices, n'a point voulu, ni même pu déroger par fon Teftament.

A la Haye, ce 3 de Septembre 1706.

W. B. DE SCHMETTAU.

No. III.

Copie de la Ceffion & Tranfport de la Terre & Seigneurie de Turnhout, avec le Château Bancq de Schoonbroeck, & toutes autres Appendences, au profit de la Dame Princeffe Douairière d'Orange, &c.

PHILIPPE par la Grace de Dieu, Roi de Caftille, de Léon, d'Arragon, des deux Siciles, de Jérufalem, de Portugal, de Navarre, de Grenade, de Tolede, &c. à tous ceux qui ces Préfentes verront, Salut. Comme par le Traité de Paix, arrêté entre Nous & les Seigneurs Etats des Provinces-Unies du Païs-Bas, le 30 de Janvier 1648, & publié en la

Vil-

Ville de Munſter, le 17 de Mai enſuivant , & certains points ſéparément **Affaires** conclus entre Don *Gaſpar de Bracamonte*, & *Guſman* Comte de Peneran- **de la** da, Gentilhomme de notre Chambre, de nos Conſeils de Chambre de Juſ- **Succes-** tice, notre Ambaſſadeur Extraordinaire en Allemagne , & notre Prémier **sion** Plénipotentiaire pour le Traité de la Paix générale en notre nom d'une **d'Oran-** part, & Meſſire *Jean de Knuyt*, Chevalier , Seigneur du Vieux & Nou- **ge.** veau Vosmeer , & repréſentant les Nobles de l'Aſſemblée des Etats de la Province de Zélande , Ambaſſadeur Extraordinaire & Plénipotentiaire des Etats Généraux deſdites Provinces pour ladite Paix , & Prémier Conſeiller du feu Seigneur Prince d'Orange de la part d'icelui d'autre , le 21 Décem- bre 1647, plus particuliérement référé au 45 Article du Traité , il a été convenu & promis , que pour entièrement éteindre toutes les actions & prétentions que ledit Seigneur Prince pouvoit avoir envers nous , ou à no- tre charge, Nous céderions & donnerions , au profit de la Dame *Emilie*, Princeſſe Douairière d'Orange , Mère du Seigneur Prince d'Orange à pré- ſent vivant , la Terre & Seigneurie de Turnhout ſituée en notre Duché de Brabant , avec le Château , Bancq de Schoonbroeck , & toutes autres Appendences & Dépendances, Droits & Juriſdictions, ſans rien réſerver, même de faire ſuivre à icelle Dame Princeſſe avec la même Terre & Sei- gneurie de Turnhout , les Villages , Hameaux & autres Droits qui d'an- cienneté ont dépendu & appartenu à icelle Terre & Seigneurie , compris ceux qui par ci-devant ont été vendus & démembrez de notre part, leſquels nous avons pris à notre charge de racheter & d'en contenter & ſatisfaire tous ceux, qui pourroient avoir quelque Droit ou poſſédoient quelques par- ties de ladite Terre & Seigneurie , en la déchargeant de toutes Rentes à ra- chat, deniers levez à intérêt, engagemens & autres charges , ſans rien re- ſerver *à l'effet*, que ladite Dame Princeſſe , ſes hoirs , ſucceſſeurs ou ayant cauſe, *en puiſſent jouir librement , purement & pleinement , ſans aucune controverſe ou en- gagemens ;* Le tout à charge & condition de tenir ladite Terre & Seigneurie de Turnhout avec les appartenances, de nous en Fief, à cauſe de notre Du- ché de Brabant , & que la Religion Catholique y ſera maintenue , ainſi qu'el- le y étoit pour lors, & les Eccléſiaſtiques en leurs biens , fonctions, libres éxercices & immunitez , ainſi qu'il eſt plus particuliérement repris dans le Traité & Accord en dreſſé ſous les reſpectives Signatures deſdits Plénipo- tentiaires, en date que deſſus, dont la teneur eſt telle.

NB. *Ici ſuit de mot à mot le Traité du 27 Décembre* 1647, *& comme il ſe trouve dans le Recueil des Traitez ,* Tom. 3. pag. 527. On y renvoye le Lecteur.

Suite de la Ceſſion & Tranſport.

ET bien qu'en icelle conformité , après ladite publication de Paix, nous ayons, à la délibération de notre très-cher & très-aimé bon Cou- ſin *Léopold Guillaume* , par la grace de Dieu Archiduc d'Autriche, Duc de *Tome XIV.* R Bour-

Affaires
DE LA
SUCCES-
-SION
D'ORAN-
GE.

Bourgogne, &c. Lieutenant-Gouverneur & Capitaine Général de nos Païs-
Bas & de Bourgogne, &c. & par avis de nos très-chers & féaux les gens
de nos Conseils d'Etats & Finances, non-seulement fait racheter les Villages, Hameaux & autres Droits, ci-devant vendus & esclissez de ladite
Terre & Seigneurie de Turnhout, & contenté *ceux qui y pouvoient prétendre*
quelque Droit, soit de propriété ou possession, mais aussi à ladite Dame Princesse
d'Orange, de notre consentement été mise en l'actuelle possession de la même Terre,
avec tout ce qu'en dépend. Il semble toutefois pour plus grande sûreté de la
même Dame Princesse, touchant la réalité de ladite Seigneurie être convenable, ainsi qu'Elle nous a aussi fait réquerir, d'avoir sur ce nos Lettres Patentes en tel cas pertinentes; SAVOIR faisons que nous ces choses considé-
rées ayant pour agréable tout ce qu'a été fait & négocié en ce regard de notre part, & ne désirant rien plus que de pourvoir promptement à l'accomplissement desdites promesses, avec les assurances & solennitez en tel cas nécessaires, avons de notre certaine science, autorité, & puissance absolue,
donné, cedé & transporté, au pied & sur les conditions référées audit Traité, don-
nons, cedons, & transportons par cettes, au profit de ladite Dame Princesse
Douairière d'Orange, ses Hoirs, Successeurs, ou ayans cause, ladite Terre &
Seigneurie de Turnhout, avec le Château, Bancq de Schoonbroeck, & toutes au-
tres Appendences & Dépendences, Droits & Juridictions, sans rien réserver,
avec les Villages, Hameaux & autres Droits qui d'ancienneté ont dépendu & appartenu à icelle Terre & Seigneurie, laquelle nous avons séparée, démembrée & esclissée, séparons, démembrons, & esclissons des
Domaines de notre dit Païs & Duché de Brabant, *pour par ladite Dame*
Princesse, ses Hoirs & ayans cause, la posséder dorénavant paisiblement & per-
petuellement, comme son propre bien, selon les droits, loix, & coutumes du
Païs, à charge que ladite Dame Princesse, ses Successeurs, ou ayans cause,
seront obligez de tenir dorénavant ladite Terre & Seigneurie avec les appartenances comme dessus, de nous en plein fief, à cause de notre Cour féodale dudit Brabant, aux droits de relief, hommage & autres redevances,
que tous autres nos Fiefs de Brabant nous doivent & sont soumis, & au
surplus, que la Religion Catholique y sera maintenue à l'avenir, ainsi qu'elle y est, & les Ecclésiastiques conservez en leurs biens, fonctions, libres
exercices, & immunitez, moyennant quoi mandons & ordonnons aux Lieutenant & hommes de Fief de la dite Cour Féodale de Brabant, de recevoir
ladite Dame Princesse Douairière d'Orange, à Titre que dessus, pour Dame propriétaire & féodale de ladite Terre & Seigneurie de Turnhout, &
ce qu'en dépend; si donnons en mandement, à nos très-chers & féaux les
Chef Trésorier Général & Commis de nosdits Domaines, & Finances,
Chancellier, & gens de notre Conseil en Brabant, Président & gens de notre Chambre des Comptes, audit Brabant, & tous autres nos Officiers, sous
lesquels ladite Terre & Seigneurie est située, & lesquels ci-devant en ont
eu la maniance & recepte, ensemble à tous autres nos Justiciers, Officiers
& Sujets, qui ce regardera, présens ou futurs, qu'ils & chacun d'eux, à
qui il appartiendra fassent, souffrent, & laissent ladite Dame Princesse, ses
Hoirs,

Hoirs, Succeſſeurs, répréſentans ou ayans cauſe, pleinement & paiſiblement jouir & uſer de ladite Terre & Seigneurie en la forme & manière avant dite, procédant par leſdits de nos Finances & Comptes en Brabant, à la Vérification & enterinement de ces Préſentes, ſelon leur forme & teneur, & en rapportant par noſdits Officiers, à qui il touchera, *vidimus* ou Copie authentiques de cettes pour une & la prémière fois, tant ſeulement nous voulons leſdits nos Officiers, être tenus francs, quittes & déchargez, en leurs Comptes, des parties concernantes ladite Seigneurie, ordonnons auxdits de notre Chambre des Comptes d'ainſi le faire, ſans aucune difficulté, car ainſi nous plait-il.

Donné en notre Ville de Bruxelles le vingt-ſixième d'Octobre, l'an de grace mil ſix cens quarante-neuf, & de nos Regnes le vingt-neuvième, paraphé Tuld. ᵛᵗ· plus bas, par le Roi; Monſieur l'Archiduc Lieutenant-Gouverneur & Capitaine Général; le Comte *de Iſenbourg*, Chevalier de l'Ordre de la Toiſon d'or, Prémier Chef; Meſſire *François de Kintſchot*, Chevalier, Seigneur de Rivière, Tréſorier Général; *Louïs Rogier Clariſſe*, Chevalier de l'Ordre Militaire de St. Jaques; & *Philippe le Roi*, auſſi Chevalier, Seigneur de Broechem, Commis des Finances, & autres préſens; Signé *Verrycken*, & étoient leſdites Lettres patentes ſcellées, avec le Sceau de Sa Majeſté en cire rouge, y appendant à double queue de parchemin; plus bas étoit encore écrit, les Chefs Tréſorier Général & Commis des Domaines & Finances du Roi, conſentent & accordent, entant qu'en eux eſt, que le contenu de ces Lettres Patentes ſoit fourni & accompli tout ainſi & en la même forme, & manière que Sa Majeſté le veut & mande être fait par icelles. Fait à Bruxelles au Bureau deſdites Finances ſous les Seigns manuels deſdits Chefs Tréſorier Général & Commis le vingt-neuvième de Juillet 1651. Signé d'*Iſenbourg*, *J. Dennentiers, de Grysperre, Ph. le Roi.* Plus bas étoit encore écrit, Aujourdhui le huitième d'Août 1651, ces préſentes Lettres Patentes ont été vues, lues au Bureau de la Chambre des Comptes du Roi en Brabant, & illec ſelon leur forme & teneur été entérinées & enregiſtrées au Regître des Chartres, Octrois & autres affaires dudit Brabant, y tenu & repoſant, commencant l'an 1646, au dehors marqué de la Lettre M. *fol.* 83, *verſo* & ſequeſtres; paraphé le R. ᵛᵗ· ſigné *B. Havet.* Plus bas, Accordé avec ſon Original ſauf la Lettre, ſigné *J. Verleyſen.*

Collationné à la Copie authentique concordat,

Quod Atteſtor,

H. VAN ASTEN.

R 2

Nº. IV.

AFFAIRES
DE LA
SUCCES-
SION
D'ORAN-
GE.

No. IV.

Extrait du quatrième Chapitre touchant les Actions & Préten-
tions du Verbal tenu par Mr. Elie Heldt, en qualité de Con-
feiller, Maître des Comptes, & Sécrétaire de Son Alteffe la
Princeffe Douairière d'Orange de louable mémoire.

ITEM, l'Action touchant la Penfion viagère pour Son Alteffe, dont il a
été fait mention dans le Mémoire & les Réfolutions à cet égard, augmentée enfuite par Leurs Hautes Puiffances les Etats-Généraux des Provinces-Unies, en conféquence de leur Réfolution du 27 Mars 1676, jufqu'à
500 mille florins, payables en Obligations à paffer par le Confeil d'Etat, en
due forme à la charge de la Généralité; lefquelles ont été toutes dépêchées
enfuite en faveur du Tenant d'icelle le 1 Avril, & confiftent en cinquante
cinq Obligations, chacune de la fomme comme il fuit, favoir,

5 de 10000 florins, font	-	-	-	-	*f*	50000
30 de 5000 florins, font	-	-	-	-	*f*	150000
30 de 4000 florins, font	-	-	-	-	*f*	120000
30 de 3000 florins, font	-	-	-	-	*f*	90000
30 de 2000 florins, font	-	-	-	-	*f*	60000
30 de 1000 florins, font	-	-	-	-	*f*	30000
155					*f*	500000

Et encore pour le Douaire de Son Alteffe de l'année où Elle eft morte,
la fomme de 39000 florins, fur quoi le Sr. Tréforier & Intendant Général
des Finances de Son Alteffe a payé une fomme de 19500 florins, enforte
qu'il en refte encore à payer une pareille fomme de 19500 florins.

ETAT DES
TROUPES
DES AL-
LIE'S EN
M. DCC.
VII.

ETAT DES TROUPES DES AL- LIE'S EN M. DCC. VII.

Traité pour des Troupes, entre S. A. l'Electeur Palatin
& LL. HH. PP., du 6 Juin 1707.

PAR LA GRACE DE DIEU, NOUS, &c.

Traité
pour des
Troupes
avec l'E-
lecteur
Palatin.

SAVOIR faifons, qu'entre Nos Députez & ceux de LL. HH. PP. les E-
tats-Généraux, particulièrement autorifez à convenir des conditions auxquelles ces derniers prendront en leur folde quatre de nos Régimens d'Infanterie, & quatre Régimens de Cavalerie, on a conclu la Convention fuivante.

Con-

ETAT DES
TROUPES
DES AL-
LIÉS EN
M. DCC.
VII.

*Conditions auxquelles S. A. l'Electeur Palatin donne à LL. HH.
PP. les Etats-Généraux des Provinces-Unies quatre Régimens
d'Infanterie, consistant en trois mille & deux cens hommes, &
quatre Régimens de Cavallerie, faisant 1200. Maîtres.*

I.

SADITE Altéffe Electorale donnera de fes Troupes à l'Etat 4 Régimens
d'Infanterie, compofés chacun de 12 Compagnies.

I I.

Chaque Compagnie d'Infanterie fera compofée de,

	Flor.	Sous.
1. Capitaine, à	150.	
1. Lieutenant	45.	
1. Enfeigne	40.	
2. Sergens, chacun à 25. flor.	50.	
1. Capitaine des armes	20.	
3. Caporaux chacun à 17. flor.	51.	
1. Chirurgien	17.	
1. Ecrivain	17.	
2. Tambours chacun à 13. flor.	26.	
3. Garçons tambours chacun à 8. flor.	24.	
1. Solliciteur	12.	5.
49. Soldats, chacun à 12. flor. 5. fous	600.	5.
Parmi lefquels il y a 9 Exempts à 15 fous d'avantage	6.	15.
	1059.	5.

I I I.

De plus S. A. E. donnera à l'Etat 4 Régimens de Cavallerie, compofés
chacun de 6 Compagnies.

I V.

ETAT DES
TROUPES
DES AL-
LIE'S EN
M. DCC.
VII.

I V.

Chaque Compagnie de Cavallerie fera compofée de Maîtres & Chevaux fuivans,

Flor.	Sous.			Perfonnes.	Chevaux.
400.		1.	Capitaine	1.	6.
180.		1.	Lieutenant	1.	4.
145.		1.	Cornette	1.	3.
80.		1.	. . . . .	1.	2.
70.		1.	Maréchal des Logis	1.	2.
79.		2.	Trompettes	2.	2.
35.		1.	Chirurgien	1.	1.
35.		1.	Ecrivain	1.	1.
28.		1.	Solliciteur	1.	1.

40. Maîtres, parmi lefquels font compris
3 Caporaux, un Maréchal & un Sellier,
à 20. flor. d'avantage.

40.	40.
50.	62.

V.

L'Etat Major confiftera en
1. Colonel.
1. Lieutenant-Colonel
1. Major
1. Quartier-Maître.
1. Adjudant
1. Auditeur
1. Chapelain
1. Chirurgien
1. Timbalier ou Tambour.
1. Prevôt avec fes Valets.

Pour la Compagnie du Colonel de Cavallerie on payera, outre le Colonel, un Capitaine à 250. flor. par mois.
Et pour la Compagnie du Colonel d'Infanterie on payera, outre le Colonel, un Capitaine à 150. flor.

V I.

L'Etat Major des fusdits Régimens tant d'Infanterie que de Cavallerie fera
payé

payé fur le même pied que les autres Régimens de l'Etat.   **Les** Haut-bois
des Régimens tireront la même folde que les Soldats.

V I I.

Les Régimens de Cavallerie feront pourvus de bons Chevaux pour les Ca-
valliers, & les Régimens d'Infanterie feront bien habillez & pourvus de fufils, épées & baionettes, tout comme les Troupes de l'Etat.

V I I I.

Pour chaque Soldat d'Infanterie, les Officiers y compris, chaque Compagnie étant comptée à 63 hommes, il fera payé 25 Rifdales, & pour chaque
Maître bien monté, à 47 par Compagnie, 95 Rifdales. Ces erres feront
payez d'abord après la conclufion de la Capitulation.

I X.

Dès que lefdites Troupes feront arrivées fur les Frontières de l'Etat, &
qu'elles auront paffé en revue, elles prêteront à LL. HH. PP. le ferment
de fidélité entre les mains de celui qui fera expreffément autorifé à cet acte;
bien entendu pourtant, que dès qu'elles feront renvoyées, elles feront *eo
ipfo* quittes de ce ferment, & rentreront au fervice & fous l'obéiffance de
S· A. E.

X.

Lefdits 4 Régimens d'Infanterie, & la moitié des 4 Régimens de Cavallerie, complets & tous hommes capables de fervir, feront envoyez fur les
Frontières de l'Etat auffitôt qu'il fera poffible, & pour le plus tard dans 4
femaines après la conclufion de cette Convention, & l'autre moitié defdits
Régimens de Cavallerie doit fuivre dans l'efpace de trois mois.

X I.

La folde defdites Troupes doit commencer du jour qu'elles feront arrivées
fur les frontières de l'Etat, & qu'elles auront paffé en revue, ce qui doit
fe faire d'abord à leur arrivée; & il fera alors payé à ces 4 Régimens d'Infanterie, & à la moitié des 4 Régimens de Cavalerie un mois de 42 jours pour
la marche; & à l'autre moitié defdits 4 Régimens de Cavallerie, qui viendront en dernier lieu, il fera payé auffitôt qu'ils feront arrivez fur les Frontières de l'Etat & qu'ils auront paffé en revue, deux mois de 42 jours.

X I I.

Les Seigneurs Etats-Généraux pourront fe fervir de ces Troupes comme
de leurs propres, mais d'un autre côté ils les laifferont auffi jouir de tous
les

ETAT DES
TROUPES
DES AL-
LIE'S EN
M. DCC.
VII.

les avantages dont leurs Troupes jouiſſent, ſoit pour le ſervice, les recrues, gratifications, chariage, fourages, pain & autres choſes de pareille nature. Ces Troupes Palatines ſeront auſſi aſſignées ſur de bons Comptoirs, & leur payement ne doit jamais être retardé au-delà de trois mois.

XIII.

Leſdites Troupes pourront lever les recrues néceſſaires dans le Païs de S. A. E.

XIV.

Quand il y aura quelques Charges vacantes, elles ſeront remplies par S. M. le Roi de la Grande-Bretagne comme Capitaine Général de l'Etat, bien entendu pourtant que les Officiers des Régimens ſoient avancez ſelon l'ancienneté, & qu'on ait égard à la recommandation de S. A. E., ſi les Officiers, qui ſuivent en rang, ont les qualités néceſſaires, & qu'ils ayent ſervi avec approbation.

XV.

Leſdites Troupes reſteront au ſervice de l'Etat auſſi longtems qu'il les voudra garder, mais elles ne pourront être renvoyées qu'après 8 mois, & lorſqu'on voudra les renvoyer, ſoit toutes ou en partie, S. A. E. en ſera avertie 2 mois auparavant. Pour leur Marche de retour, il leur ſera payé comme pour celle de venue, un mois de 42 jours.

Cette Convention a été faite & conclue ſous l'approbation de S. A. E. & de LL. HH. PP. En foi de quoi elle a été ſignée par N. N. comme Plénipotentiaire de Sadite A. E., & par les Députez de LL. HH. PP. à la Haye, ce 27 Mai 1707.

Nous ſouſſigné Electeur, &c. avons approuvé & confirmé cette Convention en tous ſes points, comme nous l'approuvons, confirmons & ratifions par ces Préſentes, que nous avons ſignées de notre propre main, & y avons fait appoſer notre Grand Sceau, le 6 Juin 1707.

Ordre de Bataille de l'Armée Impériale & des Hauts Alliez de l'Empire, au Camp de Bergheim, le 13 Juin 1707.

S. A. S. Monseigneur le Margrave de Brandebourg Bareith, Lieutenant Général.
S. A. S. Monseigneur le Duc de Wurtemberg Velt-Maréchal Général.

Le Baron de Borner, Général, Maitre de l'Artillerie.　　Général Velt-Maréchal Lieutenant Janus.　　Le Baron d'Eriffa, Général, Maitre de l'Artillerie.
Le Prince de Bareith, Général de Cavallerie.　　Général Velt-Maréchal Lieutenant de Zollern.　　Le Comte de la Tour, Général de Cavallerie.
Le Major Général de Bibra.　　Sternfels, Helmftätt, Fechenbach.　　Le Comte de Fugger.

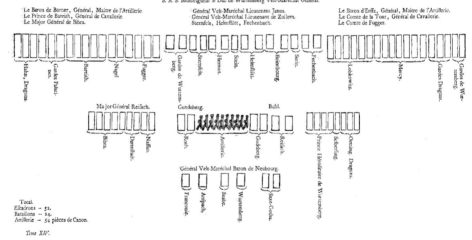

Total.
Escadrons -- 52.
Bataillons -- 24.
Artillerie -- 54 pièces de Canon.

Tome XIV.

Ordre de Bataille de l'Armé

S

Le Baron de Borner, Général, Maitre de l'Artillerie.   tillerie.
Le Prince de Bareith, Général de Cavallerie.   ie.
Le Major Général de Bibra.

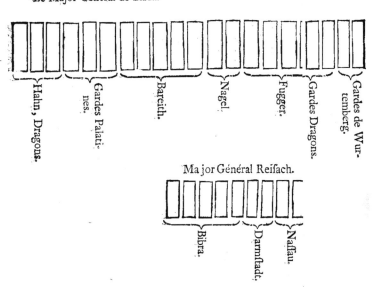

Major Général Reïfach.

Total.
Efcadrons -- 52.
Bataillons -- 24.
Artillerie -- 54 pièces de Canon.

ETAT DES
TROUPES
DES AL-
LIE'S EN
M. DCC.
VII.

Camp
de Dur-
mutz.

Etat des Troupes dans le Camp de Durmutz sous le
Marggrave de Bareith, le 28 Mai 1707.

INFANTERIE.

		Bataillons.
Impériaux.	Feckenback	2
	Stein	1
	Wirtemberg	1
Grenadiers.	Franconie	1
	Suabe	1
	Anspach	1
Franconie.	Boneburgh	2
	Helmstad	2
	Ilten	1
Suabe.	Dourlack	2
	Reisback	2
	Roth	2
	Entzberg	2
	Creys-Baden	2
Wirtem-berg.	Gardes de Wir-temberg	2
	Sternfelds	2
	Horman	2

Total 28.

Chaque Bataillon à 500 Hommes, fait	14000
D'autres commandés	300
Infanterie en tout	14300
Cavallerie	6360

Total 20660

CAVALLERIE.

		Escadrons.
Impériaux.	Mercy	6
	Lobkowitz	6
Franconie.	Bareuth	5
	Bibra , Dragons	5
Suabe.	Ottingen, Dragons	4
	Fugger	4
	Prince Héréditaire de Wirtemberg	4
	Du haut Rhin	2
	Nayet de Munster	2
Wirtem-berg.	Helmstad, Dragons	4
	Gardes de Wirtemberg	2
	Darmstad, Dragons	2
	Wolkering, Dragons	1

Il doit y arriver des Troupes Palatines 6

Total 53

Chaque Escadron de 120 Chevaux fait	6360

ÉTAT DES
TROUPES
DES AL-
LIE'S EN
M. DCC.
VII.

Etat des Troupes de S. A. R. de Savoie pour l'An 1707.

Troupes de Savoie.

CAVALLERIE.	ESCADRONS.	HOMMES.	
Gardes du Corps	2	264	
Piemont Royal	5	650	
Savoie	5	650	
Dragons de S. A. R.	5	650	3514
Dragons Genevois	5	650	
Dragons de Piemont	5	650	
	27	3514	

INFANTERIE.	BATAILLONS.	HOMMES.	
Régimens des Gardes	2	1226	
Savoie	1	600	
Monferrat	2	1200	
Piémont	1	600	
Croix blanche	1	600	
Saluffe	2	1200	
Fufiliers	1	600	
Schulembourg	3	1800	
Saint Nazar	1	600	13826
Maffei	1	600	
La Trinité	1	600	
De Portes	1	600	
Courtanze	1	600	
Cavalier	1	600	
Du Meyrol	1	600	
Ghit	2	1200	
Sainor Julie	1	600	
	23	13826	

Total   17340

Lifte des Troupes de Sa Majefté Britannique, en 1707.

ÉTAT DES
TROUPES
DES AL-
LIE'S EN
M. DCC.
VII.

Troupes
Angloi-
fes.

DANS LA GRANDE-BRETAGNE.	DANS LES PAÏS-BAS.	EN ESPAGNE.	EN PORTUGAL.
Cavallerie.	*Cavallerie.*	*Cavallerie.*	*Infanterie.*
Le Prémier Régiment des Gardes.	Lieutenant Général Lumley.	Major Général Harvey.	Colonel Pearce.
Le fecond Rég. des Gardes.	Lieutenant Gén. Wood.	*Dragons.*	Col. Newton.
Le troifième Rég. des Gardes.	Major Général Cadogan.	Régiment Royal.	Brigadier Sankey.
Un autre Rég. des Gardes.	Major Gén. Palmes.	Brigadier Killegrew.	Col. Stauwix.
Le Rég. des Gardes Grénadiers.	Duc de Schomberg.	Colonel Pearce.	EN IRLANDE.
Un autre Rég. des Gardes Grénadiers.	*Dragons.*	Comte de Naffau.	*Cavallerie.*
Le Régiment Royal des Gardes.	Comte de Stairs.	Régiment François.	Lieut.Gén. Langfton.
	Lieut. Général Rofs.	*Infanterie.*	Colonel Masham.
Dragons.		Comte de Portmore.	Duc d'Ormond.
Brigadier Carpenter.	*Infanterie.*	Colonel Southwel.	*Dragons.*
Comte d'Effex.	Régiment Royal.	Royal Fufiliers.	Maj. Gén. Echlyn.
Mylord Polwart.	Duc d'Argyle.	Lieut. Général Stuart.	Lord Tunbridge.
Mylord Carmichael.	Marjor Général Webb.	Colonel Hill.	Lord Ikerrin.
Infanterie.	Lord Nordhand-Grey.	Comte de Barrymore.	*Infanterie.*
Prémier Rég. des Gardes.	Major Gén. How.	Brigadier Blood.	Maj. Gén. Tidcomb.
Coldftream, Gardes.	Colonel Godfrey.	Major Général Brudenal.	Col. Wetham.
Un autre Rég. des Gardes.	Lieut. Gén. Ingoldsby.	Lord Montjoy.	Col. Rook.
Lieut. Général Earle.	Colonel Lalec.	Colonel Alnut.	Comte d'Inchiquin.
	Brigadier Sabine.	Brigadier Gorges.	Comte de Lorraine.
	Brigadier Tatton.	Lord Mordaut.	Brigadier Wynn.
	Colonel Prefton.	Major Général Farrington.	Col. Lepell.
	Comte d'Orrery.	Colonel Wade.	Lord Lolaci.
	Richard Temple.	Colonel Hamilton.	Col. Gore.
			Roger Bradshaw.

S 2

Bri-

ÉTAT DES TROUPES DES ALLIÉS EN M. DCC. VII.	DANS LA GRANDE-BRETAGNE.	DANS LES PAÏS-BAS.	EN ESPAGNE.	EN PORTUGAL.
	Cavallerie.	*Cavallerie.*	*Cavallerie.*	*Infanterie.*
	Brigadier Handa-fyde.	Major Génér. Meredith.	Lord Mohun.	Col. Price.
	Colonel Livefay.	Colonel Evan.	Colon. Bowles.	Une Compagnie de Bataille aux Gardes.
	Major Général Mordant.		Colon. Allon.	
	Lord Pafton.		Brigadier Maccartney.	
	Colonel Lillingſton.		Col. Caulfield.	
	Thom. Pendegraſs.		Marquis de Montandre.	
	Colonel Townshend.		Colonel Breton.	
	Major Général Maidland.		Col. Watkin.	
	Lord Strathnaver.		Charles Hotham.	
	Colonel Grant.		Col. Elliot.	
	4 Compagnies à la nouvelle Yorck.		Lord Mark Kerry.	
	1 aux Bermudes.		Col. de Magney	
	1 à Terre-neuve.		Col. Sibourg.	
	3 Compag. indépendantes dans la nouvelle Bretagne.		Colonel Bloſſet.	

Liſte des Lieutenans Généraux, Majors Généraux, & Brigadiers des Armées de Sa Majeſté Britannique, en 1707.

Lieutenans Généraux.

Officiers Généraux Anglois.		
Lieut. Gén. Lumley.		Flandre.
Comte de Portmore.		
L. G. Stewens.		
L. G. Erle.		Eſpagne.
Comte d'Orckney.		Flandre.
L. G. Ingoldsby.		Flandre.
Lord Tyrawley.		
L. G. Cholmondly.		L. G.

ETAT DES
TROUPES
DES AL-
LIE'S EN
M. DCC.
VII.

Lieutenans Généraux.

L. G. Langſton.
L. G. Withers.   Flandre.
L. G. Wood.   Flandre.
L. G. Roſs.   Flandre.

Majors Généraux.

Harvey.
Lord Raby.   Pruſſe.
Comte d'Éſſex.
Comte d'Arran.
Major Général Maine.
Major Général Seymour.
M. G. Compton.
M. G. Echlyn.
M. G. Tidcomb.
Duc d'Argyle.   Flandre.
M. G. Webb.   Flandre.
M. G. How.   Hannover.
Marquis de Montandre.   Portugal.
M. G. Farnington.
M. G. Mordaunt.
M. G. Meredyth.   Flandre.
M. G. Cadogan   Flandre.
M. G. Palmes.   Flandre.

Brigadiers.

Lord Montjoy.
Brigad. Sankie.   Portugal.
Gorges.
Holt.
Brigadier Stanhope.   Eſpagne.
Mauartney.   Priſonnier.
Handaſyde.   Jamaique.
Baynes.
Richard Temple.   Flandre.
Comte de Stairs.   Flandre.
Kellum.   Flandre.
Crowther.
Pepper.   Eſpagne.
Comte de Bartymore.   Portugal.

Wynne.

ÉTAT DES
TROUPES
DES AL-
LIÉS EN
M. DCC.
VII.

Brigadiers.

Wynne.   Portugal.
Davenport.
Ogilby.
Pulteney.
Wroth.
Villers.
Lord Northand-Grey.   Flandre.
Tatton.   Flandre.
Sabine.   Flandre.
Sibourg.   Flandre.

AFFAIRES
D'ALLE-
MAGNE ET
PARTICU-
LIERE-
MENT DE
MUNS-
TER.

AFFAIRES D'ALLEMAGNE ET PAR-
TICULIEREMENT DE MUNSTER.

Convocation des Cercles affociez à Heilbron, du 9 Janvier 1707.

P. P.

Convo-
cation
des Cer-
cles à
Heil-
bron.

IL n'eft que trop connu quelles difficultés fe rencontrent aux arrangemens de l'Empire, & pour quelles raifons le nombre réfolu de Troupes n'a pas encore été fourni complet pendant tout le cours de cette dangereufe guer-re, ce qui a mis plus d'une fois l'Empire & principalement les Cercles les plus expofez à deux doigts de leur perte. Nous efpérons bien préfentement qu'un chacun fera réflexion fur les très-falutaires & férieufes repréfentations qui ont été faites tant de la part de S. M. Impériale & de tout l'Empire, que de celle des Hauts Alliez, & que par conféquent les mefures que l'on prendra pour la Campagne prochaine iront mieux que par le paffé. Cepen-dant, comme il n'eft pas encore tout-à-fait fûr fi l'on s'y prêtera dans le tems réquis, & qu'en attendant les Cercles les plus proches du Rhin, font plus que jamais expofez à une irruption des Ennemis & même à une ruïne totale, puifque depuis le départ des Troupes, qui après la dernière Cam-pagne, font ou retournées chez leurs Maîtres dans des Païs fort éloignez, ou ont eu ordre de marcher ailleurs, le nombre de celles qui font reftées du côté du Rhin, eft extrêmement petit, au-lieu que l'Ennemi a mis préfente-ment fes plus grandes forces en quartiers dans l'Alface, en Bourgogne & en Lorraine, & ainfi à portée de les pouvoir promtement affembler dès qu'il voudra, pour paffer le Rhin, renverfer nos poftes, & percer de cette ma-nière non-feulement dans les Cercles les plus proches, mais même dans le centre de l'Empire, par où il fera en état de nous priver tout d'un coup des fruits de tant de belles victoires remportées, & de faire échouer notre ef-pérance d'une paix honorable & folide.

C'eft

C'eft pour ces raifons que S. A. le Marggrave de Bade, comme Lieutenant Général de S. M. Impériale a déja depuis longtems fongé aux moyens de détourner ce danger éminent, & ayant jugé que le plus court & le plus fûr feroit pour le préfent de tâcher à difpofer les Cercles expofez, à fe tenir fur leurs gardes, & à prendre à tems les mefures les plus convenables, il a cru auffi que rien ne feroit plus efficace pour parvenir à ce but, que d'inviter les Directeurs des Cercles affociez à une Affemblée & Conférence en un endroit également commode pour l'un & pour l'autre.

AFFAIRES D'ALLE-MAGNE ET PARTICU-LIERE-MENT DE MUNS-TER.

· Ce projèt falutaire nous ayant été communiqué, nous l'aurions déja exécuté depuis longtems, fi nous n'avions attendu jufqu'à préfent le rétabliffement de Mr. le Marggrave de Bade, très-perfuadez qu'il il y concoureroit utilement par fes bons confeils, & en propofant comme il avoit promis les points qui doivent être mis en délibération ; mais comme l'indifpofition de S. A. augmente au-lieu de diminuer, nous ne doutons nullement que Vos Alteffes n'acquiefcent fans aucune difficulté à la Conférence propofée, & qu'Elles n'approuvent que pour le préfent il n'y foit invité que les quatre Cercles affociez, favoir ceux du Bas-Rhin, de Franconie, de Suabe & du Haut-Rhin, vu que les autres font trop éloignez, & fe trouvent dans des circonftances qui ne laiffent guère efpérer qu'ils fe déclarent auffi promtement que le *præfentiffimum in mora periculum* l'éxige. Nous comptons d'autant plus fur cet acquiefcement, que le but de cette Conférence n'eft nullement que lefdits quatre Cercles fe chargent feuls du fardeau de la défenfe du Haut-Rhin & de l'Empire, mais qu'il foit fait part enfuite aux autres Cercles de ce qui aura été réfolu dans cette Conférence, afin de les exciter & animer à l'acceffion, ou à s'acquitter d'une autre manière de leur devoir.

Nous laiffons donc au bon-plaifir de V. A. fi Elle veut bien envoyer pareillement quelqu'un de la part du Cercle de Suabe, muni d'un Plein-pouvoir, à la Ville Impériale de Heilbron, pour lundi 31 du mois courant, vers lequel tems nous avons déja invité au même endroit les Directeurs des trois autres Cercles, afin de délibérer conjointement fur les points qu'Elle trouvera ci-joints, & dont, felon nous, il s'agit principalement dans cette conjoncture, de bien pefer le tout, & de prendre une Réfolution qu'on jugera convenir.

C'eft fur quoi Nous attendons l'amiable & fraternelle déclaration de V. A., & fommes, &c.

Bamberg, le 9 Janvier 1707.

DELIBERANDA.

1. Comment on peut pourvoir à la défenfe & fûreté du Haut-Rhin?

2. Ce qu'il faut faire pour mettre les deux importantes Places de Landau & de Philipsbourg à l'abri de toute infulte?

3. Comment trouver tout ce qui eft néceffaire, non-feulement pour fe mettre de ce côté-là fur la défenfive, mais auffi pour pouvoir, s'il eft poffibli, agir offenfivement.

4. De

AFFAIRES
D'ALLE-
MAGNE ET
PARTICU-
LIERE-
MENT DE
MUNS-
TER.

4. De quelle manière les quatre Cercles doivent y contribuer de tout leur pouvoir?

5. Comment difposer le plus efficacement les autres Cercles, & même tous les Membres de l'Empire, comme auffi les Hauts-Alliez à une promte & fuffifante affiftance?

6. S'il ne feroit pas bon de pouffer, à l'exemple de quelques Cercles, la levée des Recrues avec tant de vigueur que tout fût complet à la mi-Février?

7. Comment on pourroit foulager lefdits quatre Cercles, déja tout épui-fez, des dépenfes accidentelles, en obligeant chaque Général, conformé-ment à l'équité, à toutes les Alliances, Affociations & aux Conftitutions de l'Empire, à pourvoir eux-mêmes les Troupes qu'ils commandent de tout le néceffaire, foit d'argent, de munitions de bouche & de guerre, de fou-rages, de Chariages & de tout abfolument, fans aucune exception?

8. De quelle façon on pourroit remédier aux marches ruineufes pour les Païs, & éxécuter pour cet effet les Ordres & les Réglemens faits & publiez d'un commun confentement.

LETTRES DIVERSES.

Quelques Lettres de Rome touchant l'Election de l'Evêque de Munfter.

Prémière Lettre, du 11 Janvier 1707.

SAcra Congregatio Rebus Confiftorialibus Præpofita die 23 Decembris proxti à Majore parte Capituli Monafterienfis de perfona R. P. D. Francifci Arnoldi à Metternich Epifcopi Paterbornenfis, nec non à Minori de perfona Sereniffimi Prin-cipis Caroli à Lotharingia electi Olomucenfis & Ofnabruggenfis, vigore Indulto-rum Eligibilitatis prævie à Sanctitate fua ambobus benigne concefforum cenfuit, fi SSmo. Dº. NN. placuerit, Electionem in Epifcopum Monafterienfem de perfona præfati Epifcopi Paterbornenfis à Majore parte Capituli factam, effe confirmandam, cum Claufulâ fupplentes & quatenus opus fit; & facta Relatione, Sanctitas fua Sacræ Congregationis Sententiam benigne probavit. Verum fuppliciter inftante Mi-nori parte Capituli, ut denuo in Sacra Congregatione idem Dubium difcutiatur, Sanctiffimus D. N. clementer indulfit, ut in hac eadem Congregatione, die 27 men-fis Januarii omnino habendâ proponatur Dubium, an fit ftandum vel recedendum à Decifis.

Datum Romæ hac die 11 Januarii 1707.

> G. Cardinalis CARPINEUS.
> GUIDO PASSIONEUS, Secretarius.

Loco ✚ Sigilli.

Se-

Seconde Lettre, du 27 Janvier 1707.

AFFAIRES
D'ALLE-
MAGNE ET
PARTICU-
LIERE-
MENT DE
MÜNS-
TER.

II. Lettre
du 27
Janvier.

PRo novâ Audientiâ juxta Decretum S. Sanctiſſimi, an ſit ſtandum vel recedendum. Et petitâ Dilatione.

Mr. Paſſionei, Secretario.	in deciſis.
P Damaſceno	in deciſis.
Mr. Beccheldi	pro dilatione pro diebus 15.
Mr. Olivieri	in eodem pro diebus 8 unica.
Dr. Albani	in eodem pro diebus 15.
Mr. Coradini	in eodem pro diebus 8.
Mr. Oldoboni	in deciſis.
Mr. Sergandi	in deciſis.
Mr. Noezzi	pro dilatione pro diebus 15.
Mr. Rozzadini	pro dilatione pro diebus 15.

S. Signori Cardinali.

Eminentiſſimo Carpega	pro dilatione pro diebus 15.
Panciatici	in deciſis.
Giudice	in deciſis.
Sacripante	pro dilatione pro diebus 15 etiam.
Paolucci	pro dilatione pro diebus 15 etiam.
Pignatelli	in deciſis.
Martelli	pro dilatione pro diebus 8 etiam.
Caſoni	in deciſis.
Tremoglie	in deciſis.
Pamfilio	pro dilatione pro diebus 15.
Ottobono	in deciſis.
Imperiale	pro dilatione pro diebus 15.
Altieri	pro dilatione pro diebus 15.
Grimani	pro dilatione pro diebus 15.
Prioli	pro dilatione pro diebus 15.

Non ſono intervenuti il Sereniſſimo Card. Nerli, e Mr. Anſaldi.
Votum pro dilatione ad 15.
Proponatur omnino die 10 Februarii, etiam unica tantum parte informante.

Troiſième Lettre écrite de Rome le 29 Janvier 1707.

S. S. NUnc autem fidenter ſcribo, quod Electio C. V. tantum non ſit approbata in Congregatione præterita, ſed quod etiam, licet Reviſio ſit conceſſa, & ad dies quatuordecim prorogata, omnino approbata manebit. Die 11 Februarii Literæ Confirmatoriæ expedientur.

Tome XIV.   T   Qua-

AFFAIRES
D'ALLE-
MAGNE ET
PARTICU-
LIERE-
MENT DE
MUNS-
TER.

Quatrième Lettre, du 10 Février 1707.

PRo nova audientiâ à Sereniſſimo conceſſâ die 27 Januarii ejuſdem anni, quæ a Sacrâ Congregatione reſcriptum fuit dilatum, inſtante minore parte Capituli, & iterum diſcuſſum fuit dubium ab ejuſnet Sereniſſimo aſſignatum: an ſit ſtandum vel recedendum à Decretis.

IV. Let-
tre du 10
Février.

Monſig. Paſſionei Segrio.	in deciſis.
Padre Damaſceno	in deciſis.
Monſig. Beucheldi Soltodrie.	Confirmandam eſſe Electionem Epiſcopi Oſnabrug. & infirmandam Epiſcopi Paderbornenſ. prævio receſſu à deciſis.
Mr. Olivieri	Neutram eſſe confirmandam & recedendum a deciſis, & ex benignitate Sereniſſimi concedi poſſe facultatem Capitulo, & ad mentem, quæ eſt, quoad quatenus Sereniſſimus dignetur hoc probare, ſupplicetur Sanctitati ſuæ bene viſa qua nova Electio pacifice & canonice fieri poſſit.
Mr. Albani	Recedendum a deciſis, & neutram eſſe confirmandam, & quatenus cum clauſulâ ſupplentes, ad favorem Epiſcopi Oſnabr.
Mr. Corradini	in deciſis, abraſâ ab actibus Capitularibus Paderbornenſ. Electione.
Mr. Ottoboni	in deciſis.
Mr. Sergardi	in deciſis.
Mr. Anſaldi	Recedendum à deciſis, & neutram eſſe confirmandam.
Mr. Nuzzi	Recedendum a deciſis, & confirmandam Electionem Epiſcopi Oſnabrug.
Mr. Gozzadini	Recedendum a deciſis, & quoad Epiſcopum Oſnabrug. dilata.
Card. Carpegna	Recedendum a deciſis, & eſſe confirmandam Electionem Epiſcopi Oſnabrug.
Nerli	Recedendum a deciſis, & eſſe confirmandam Electionem Epiſcopi Oſnabrug. per confirmationem vel per novam proviſionem ex Integro Sereniſſimo.
Panciatici	in deciſis.
Giudice	in deciſis.
Sacripante	in deciſis.
Paoluzzi	Recedendum a deciſis, & neutram eſſe confirmandam.
Pignatelli	in deciſis.

Mar-

Martelli	*in decisis.*	
Tremoglie	*in decisis.*	
Casoni	*in decisis.*	
Panfilio	*Recedendum a decisis, & neutram esse con- firmandam.*	
Ottoboni	*in decisis.*	
Imperiali	*Recedendum a decisis, & neutram esse con- firmandam.*	
Grimani	*Recedendum a decisis, & esse confirmandam Electionem Episcopi Osnabrug. Idemque protestatus est Serenissimo referre præju- dicia, quæ in hac Congregatione vel non sunt efficacia, vel forsan injuriosa.*	
Prioli	*in decisis.*	

Suivant les Lettres de Rome du 12 Février, l'affaire de Munster se passa de la sorte.

LA Congrégation s'étant assemblée le 10, il y eut 14 Voix pour persister dans la décision. Le Cardinal *Pamfili*, qui devoit faire la 15me. avoit abandonné le parti de Paderborn. Six Voix furent pour Osnabrug, & six pour annuller les deux Elections. Comme le Sécrétaire alloit prononcer que la pluralité des Voix étoit pour l'Evêque de Paderborn, le Cardinal *Sa- cripente*, qui avoit été du nombre des 14, se leva, & dit qu'il venoit d'a- voir un doute, & qu'il demandoit du tems à y songer. On lui objecta qu'il ne pouvoit pas le faire après avoir voté. Là-dessus les 12 opposans se joi- gnirent à lui, & crièrent que l'on renvoyoit l'affaire. Là-dessus on se sépa- ra en desordre. Ceux qui avoient été pour la décision ayant protesté contre cette irrégularité, dirent hautement qu'ils ne se trouveroient plus à la Con- gregation, parce qu'on les prendroit pour des enfans & des foux. Le Car- dinal *Casoni* protesta même au Pape, que lui & ses Collègues tenoient l'affai- re pour décidée. L'Agent de Paderborn mande qu'il alloit demander les Bulles au Pape, & que soit qu'il les accorde ou non, il enverra un Exprès à S. A. C'est ce qu'on attend avec impatience pour pouvoir prendre des me- sures. Si le Pape tergiverse encore, on croit qu'on enverra des Troupes, pour prendre possession de l'Evêché, & on pourra condamner ce Pontife à une amende de quelques centaines de mille pistoles sous le nom de Con- tributions.

De

AFFAIRES
D'ALLE-
MAGNE ET
PARTICU-
LIERE-
MENT DE
MUNS-
TER.
⸺
Décret
en fa-
veur de
l'Evé-
que de
Pader-
born.

Décret de Clement XI, sur l'Election de l'Evéque de Pader-born à l'Evéché de Munster.

SEreniſſimus auditis votis D. D. Cardinalium & Prælatorum , qui rem totam mature atque exactiſſime diſcuſſerunt , prævio-receſſu ab approbatione alias facta Decreti editi ab hac Sacrâ Congregatione , die 23 Decembris 1706 , ſuper Confirmatione Electionis Epiſcopi Paderbornenſis , neutram Electionem confirman-dam'eſſe decrevit , utraque autem Electione caſſatâ , decrevit inſimul vacanti Eccle-ſiæ Monaſterienſi ex integro providere de perſonâ ejuſdem Epiſcopi Paderbornenſis juxta modum à Sanctitate ſuâ præſcribendum.

Lettre de Mr. Goertz à Mr. Reichenbach, du 17 Décembre 1707.

J'AI lu la Lettre que vous avez trouvé à propos de m'écrire. Comme de toute ma vie je me ſuis fait une règle de ne point entrer ou de me faire une affaire des diſcours des Dames , & que ce dont vous faites mention ne s'eſt paſſé qu'entre trois Dames , vous voudrez bien , Monſieur , qu'en cette occaſion il n'y ait pas d'exception pour moi dans cette règle , d'autant qu'il n'y en a jamais eu d'ailleurs. Monſieur , je ſuis peut-être marié depuis trop peu de tems pour ſavoir ce que c'eſt que l'autorité maritale , & pour la mettre en pratique , ni faire le Pédagogue dans le mariage. Au reſte , j'aurai toujours beaucoup de conſidération pour les caractères dont le Roi votre maître trouvera à propos de vous honorer , & ne ferai pas moins quant à votre particulier ,

MONSIEUR,

Votre très-humble Serviteur,

GOERTZ.

Hambourg, ce 17 Décembre 1707.

Réponſe de Mr. Reichenbach à Mr. Goertz, du 17 Décembre 1707.

QUOIQUE j'aye cru que parmi les Cavaliers le mari fût toujours reſ-ponſable de la conduite de ſa femme, je vois pourtant par votre réponſe, Monſieur, que cette règle doit admettre des exceptions à vo-tre égard, puiſque vous héſitez d'être Pédagogue ou Précepteur de Ma-dame votre femme ; & c'eſt pour cette raiſon que quelque autre ſe char-gera

gera de lui reprocher à la prémière rencontre ce qu'elle a fait contre la AFFAIRES civilité ou contre la manière de vivre.   Ce qui vous fert de réplique à D'ALLE- votre excufe, à laquelle fi vous avez quelque chofe à prétendre, vous MAGNE ET n'avez qu'à me le faire favoir à mon logis d'ici, · où je refterai encore LIERE- jufques à demain au matin, ayant d'ailleurs tous les égards pour les Ca- MENT DF ractères dont le Duc votre Maître trouve à propos de vous honorer. MUNS- Je fuis, TER.

MONSIEUR,

Votre très-acquis Serviteur,

REICHENBACH.

Hambourg, ce 17 Décembre 1707.

Autre Lettre de Mr. Reichenbach à Mr. Goertz, du 18 Décembre 1707.

PUISQU'IL ne vous plaît pas de corriger les fautes de Madame votre Autre femme, vous vous réfoudrez donc de m'en répondre vous-même, fi Lettre de vous ne voulez pas paffer pour celui dont d'ailleurs moi & tout le mon- Reichen- de auront peu d'eftime.   A cette fin vous avez à choifir les armes, le bach. tems & l'endroit, & me le faire favoir à Itzehoe par la prémiere pofte. En attendant, je fuis,

MONSIEUR,

Votre très-acquis Serviteur,

REICHENBACH.

Hambourg, le 18 Décembre 1707.

Je vous fais remettre, pour la feconde fois,   cetteréplique entre les mains.

AFFAIRES DE SUISSE ET DE NEUFCHATEL.

Ordonnance de la Ville de Berne contre les Anabaptiftes, donnée en 1695, & renouvellée en 1707.

Ordon-
nance de
Berne
contre
les Ana-
baptiftes.

NOus les Stadhaudres, Confeillers & Bourgeois de la Ville de Berne, à tous nos Baillifs & Sous-Baillifs, & aux Régens de l'Etat Eccléfiafti-que & Politique , de même qu'à tous nos fidèles , amez & obéïfïans Sujets dans tous les Etats, Comtez , Seigneuries & Territoires de nos Provinces Allemandes, falut. Savoir faifons, que comme nous nous appercevons a-vec une fenfible douleur, que tous les moyens doux & falutaires, que notre chere Régence & nous avons employez fuivant notre devoir contre les foi-difans ANABAPTISTES, qui fe tiennent de tems en tems dans le Païs, n'ont pu avoir d'autre effet, finon d'en augmenter le nombre, plutôt que de le di-minuer, & que ces gens-là ont dans leur doctrine & croyance plufieurs Dog-mes, qui non-feulement font tout-à-fait contraires à l'Eglife Reformée, mais qui renverfent même entièrement l'état du *Haut Magiftrat* & de la *Police*, puifqu'ils *ne veulent point profeffer que l'Etat de Magiftrat foit de Dieu, & encore moins qu'il puiffe être compatible avec la Religion Chrétienne , pour quelle raifon ils refufent de promettre par ferment aux Magiftrats que Dieu & la nature leur ont donnez , ladite fidélité & vérité , ou de s'y obliger; que bien loin delà ils refufent même nettement de défendre & maintenir la chere Patrie en cas de néceffité;* refus, dont il ne peut que réfulter de la confufion & de grands inconvéniens , & qui plus eft, pourroit expofer nos Magiftrats & nos chers fidèles & o-béïffans Sujets à un danger éminent, fi nous fouffrions plus longtems de tel-les gens, ou fi nous connivions à leurs demarches; nous nous trouvons obli-gez de nous en défaire très-férieufement , d'autant plus que bien loin de pou-voir tenir plus longtems pour nos Sujets ceux qui refufent de nous prêter l'obéïffance qui nous eft due, comme à leurs légitimes Souverains , nous les avons déclarez au-contraire par les Préfentes pour des defobéïffans, rénitens & indignes de la Protection & de la Clémence de nos Souverains , & que nous voulons les traiter & punir dans la fuite fur ce pied-là.

Et , afin que nous exterminions avec l'aide de Dieu cette Yvroie de notre Païs, & que nous puiffions découvrir & diftinguer nos chers & obéïffans Su-jets des defobéïffans & rénitens , en affurant les prémiers par des Hérauts, de notre gracieufe volonté, maintien & affection , & en faifant fubir aux autres, en cas que toutes les exhortations fincères foient encore infructueufes, les peines qu'ils ont méritées depuis longtems, & en en purgeant notre Païs; nous avons jugé à propos de faire prendre un hommage général & juré par des Députez envoyez de notre Sénat dans toutes les Places où il fe trouve des gens de cette trempe , & de le faire prêter à tous les hommes qui ont atteint la feizième année de leur âge & plus , enforte que conformément à

notre

notre Ordonnance publiée , il fe fera le plus diligemment de Paroiffe en Paroiffe une lifte très éxacte de tous les hommes , & qu'elle fera remife entre les
mains de nos Députez à leur arrivée ; qu'en prêtant l'hommage, le nom &
furnom de chacun fera lu à haute voix, l'un après l'autre ; que cependant il
en fera par-tout nommé & pris au ferment chaque fois un tel nombre qu'on
puiffe obferver & voir, fi chacun a répété en effet & juré le ferment.

Celui qui fe fouftraira à cet hommage, & qui ne s'y trouvera point , fera
cité dans notre Capitale devant la Chambre établie à cet effet, & s'il ne com-
paroît point à la première, feconde & troifième Citation , & prête le ferment
de fidélité, il fera regardé comme un Homme qui refufe actuellement l'hommage , pour un refractaire & rénitent , & fera tenu pour toujours indigne
de la Protection du Souverain , & éternellement banni du Païs, à moins qu'il
ne puiffe alléguer des raifons valables, qu'il étoit empêché par quelque indifpofition de comparoître, en quel cas un tel fera excufé , mais obligé pourtant de prêter inceffamment le ferment de fidélité.

Or afin que ces gens-là puiffent voir & remarquer, que nous ne cherchons
qu'à maintenir notre état de Souverain , & le repos & la concorde dans notre Païs, & que nous ne voulons nullement porter atteinte à leurs Corps ou
Biens, nous voulons bien accorder à chacun, qui quittera ainfi le Païs pour
toujours, & qui voudra arranger auparavant fes affaires, un mois, à compter du jour de l'hommage, & la permiffion de prendre avec lui tout le Bien
qui pourroit lui appartenir, à fa Femme & à fes Enfans , après avoir payé
les Dettes & fraix , & moyennant cinq pour cent de rabais , à payer comme de coutume, de tous ceux qui quittent le Païs ; en recompenfe de cela , il
fera privé pour toujours lui & fes Enfans, amenez ou nez hors du Païs, du Droit
de la Province & de la Bourgeoifie ; & quand même il fe convertiroit dans
la fuite, il ne pourra pas le prétendre , mais fera confidéré comme un é-
tranger.

Dès que ce terme fera expiré , nos Sous-Baillifs , Sergeants & Maîtres
d'exercices de chaque Communauté & Paroiffe verront & obferveront , s'il
y a encore parmi eux de telles Perfonnes, auquel cas ils les appréhenderont
inceffamment , & les délivreront à leurs Baillifs fupérieurs ; & s'ils négli-
geoient quelque chofe à cet égard, & qu'on s'apperçoive de leur négligence,
ils feront dépofez de leurs Charges.

Les chofes n'en refteront pas-là , bien au-contraire nous voulons auffi que
nos Baillifs faffent rechercher & emprifonner ces Perfonnes par d'autres , &
que les fraix en foient payez de leurs Biens , qui fe trouveront encore dans
le Païs.

Nous ordonnons pareillement à notre Chambre établie, qu'en cas que nos
Sous-Baillifs & Communautez foient tardifs à découvrir & arrêter ces perfonnes, fuivant l'ordre qu'ils ont reçu , elle prendra de ces Communautez des
ôtages, qui feront détenus aux dépens de la Communauté ou de ceux qui
ufent de connivence, jufqu'à ce que ces gens-là foient tous arrêtez & féparez.

Si, comme il eft quelquefois arrivé, ceux à qui il a été enjoint de rechercher

cher & d'arrêter ces rénitens, étoient attaquez, ils fe défendront férieufement & autant qu'il eft poffible, fans être refponfables du dommage qu'ils
auront fait aux affaillans.

A tous ces Gens defobéïffans & réfractaires, pour autant qu'on en aura
mis en prifon après le terme échu, fi toutes les exhortations font inutiles auprès d'eux, on fera, excepté les Miniftres, lecture du ferment de banniffement & on les menera hors du Païs.

Et leurs Biens, après en avoir rabattu les fraix d'emprifonnement & autres faits à leur égard, reviendront aux *Paroiffes*, & on en employera le
revenu annuel pour le fervice des Eglifes & Ecoles, & on établira de tous ces
biens un Comptoir non-feulement dans chaque Diocéfe par rapport à ce qui
lui eft échu, mais même dans notre Chambre ici, & on fpécifiera & notera
tous ces Biens, de même que les fraix, afin qu'on puiffe voir en tout tems
comment on les a adminiftrés.

Cependant, fi ces réfractaires ofoient, nonobftant ledit banniffement, &
contre la volonté du Souverain & le ferment dont il leur a été fait lecture,
revenir dans le Païs, ils feront encore comme ci-deffus, recherchez, empri-
fonnez; &, fi des exhortations & avertiffemens reïtérez font encore fans
aucun effet, ils feront, s'ils ne font point Miniftres, fuftigez, marquez, & bannis de nouveau comme ci-devant.

Et, s'ils s'oublioient jufqu'au point de revenir encore dans le Païs, &
qu'ils fuffent arrêtez, ils feront auffitôt menez fous bonne garde dans notre
Capitale & mis aux fers dans nos prifons, puifque nous avons arrêté de les
condamner aux galères, ou de les envoyer au-delà de la Mer, ou bien de les
punir de mort fuivant l'éxigence du cas.

Quant aux Miniftres que nous tenons pour des Boutefeux & pour des gens
qui révoltent le Peuple, nous voulons qu'ils foient recherchez avec foin,
appréhendez, arrêtez & liez dans nos Prifons publiques, & nous payerons
fur le champ pour recompenfe, pour chaque Miniftre qui nous fera délivré,
cent rifdales, après quoi ces Séducteurs feront envoyez aux Galères ou au-
delà de la Mer, ou punis de mort fuivant l'éxigence du cas, & leurs Biens
tomberont comme il a été dit ci-deffus au profit des *Paroiffes*. après en avoir
payé les fraix.

Auffi nous voulons renouveller par la Préfente, l'article de notre *Placard
contre les Anabaptiftes* du 10 Juillet 1695, favoir que depuis la date d'icelui,
tous leurs Actes, Inftrumens, Ventes, Prétentions, Obligations, & autres
Documens de cette nature foient nuls & de nulle valeur.

Pour ce qui eft de ceux qui reçoivent avec connoiffance & à deffein ces
Anabaptiftes defobéïffans, qui leur prêtent du fecours, feu & lieu, domicile & habitation, nous nous réfervons de procéder contre eux, outre le payement des fraix, avec prifon, interdiction d'ouvrage, banniffement ou autres
peines corporelles.

Afin que ces Anabaptiftes defobéïffans & réfractaires ne fe tiennent nulle
part dans notre Païs & Territoire, qu'ils n'acceptent des fiefs, prennent fervice, ou qu'ils n'y viennent à la derobée ou autrement, nous avons ordonné
dans

dans toutes les Places limitrophes d'Allemagne & d'Italie par un Placard émané, que personne ne doit recevoir dans aucune Ville ou Province sous peine de cinquante livres, qui que ce soit, aucun possesseur de fief, ou foncier, Valet ou Domestique, à moins qu'il ne puisse démontrer par une attestation digne de foi signée du Baillif de son domicile, qu'il est un Sujet honnête & obéissant, & que, si c'est un homme, il a prêté le serment de fidélité; pour quelle attestation, dont nous ferons imprimer & remettre un grand nombre à nos Baillifs, on ne payera que deux *creutser* au Baillif pour le Sceau, & autant à l'Ecrivain, pour y avoir mis son nom. En conséquence de cela les Tenanciers ou les Valets, qui servent hors de l'endroit de leur Patrie, s'y rendront pour prêter le serment & pour en prendre une attestation.

Et, comme les Femmes, qui s'attachent à ces Séducteurs ne peuvent pas être découvertes par le serment ou ledit hommage, nous voulons & ordonnons, que dès à présent, nos gens d'Eglise & Juges Ecclésiastiques fassent du moins une fois par an la visite dans toutes les places de leur Paroisse, pour noter par écrit de Maison à Maison tous les Hommes propres à la guerre, tant vieux que jeunes, de même que les Femmes, & pour prendre connoissance exacte, s'ils assistent fréquemment & avec décence, aux sermons, aux catéchisations, & aux Saints Sacremens, s'ils ne font pas baptiser leurs Enfans à tems ou point du tout, & si cela se fait à tems, s'ils les envoyent à l'école; &, au cas qu'ils se conduisent avec négligence ou indolence comme des Anabaptistes réfractaires, ils seront citez devant le Consistoire, ou autrement exhortez deux à trois fois par les gens d'Eglise à s'acquitter de leur très-humble devoir envers Dieu & le Souverain, & on les instruira pour leur correction; mais s'ils continuent dans la désobéissance, ils seront dénoncez au Grand Baillif, qui les mettra en prison, & les jeunes Femmes qui ont du Bien seront bannies incessamment; quant aux Biens, si elles reviennent dans le Païs, ou en disposera conformément à ce qui a été statué ci-dessus par rapport aux Hommes.

Quant aux vielles femmes, si on ne gagne rien sur elles par des admonitions & exhortations préalables, elles seront mises en arrêt ici sur notre Isle dans des endroits préparez à cet effet, & envoyées à leurs dépens dans une prison perpétuelle, sans les relacher qu'après la promesse d'une due obéissance; & nous voulons que les prisons soient faites de telle manière, que personne ne puisse leur parler ni les relâcher, comme cela s'est pratiqué ci-devant.

Et comme ces Anabaptistes désobéïssans & réfractaires, ayant honte d'aller avec nos autres Sujets obéïssans dans les Eglises, d'assister au Service Divin & de prendre les Saints Sacremens, se séparent malicieusement & à dessein; Nous voulons aussi qu'ils soient exclus des Eglises, & nous ordonnons par les Présentes, que tous les hommes & les femmes qui meurent dans ce Païs-ci dans cette erreur & opiniâtreté, ne soient point enterrez dans aucun cimetière, ou autres endroits destinez aux Sepultures.

Au reste, quant à ce qui n'a point été exprimé dans ce Placard, nous nous en rapportons aux Placards & Ordonnances précédentes, & voulons en

Tom. XIV.　　　　　　　*V*　　　　　　　con-

conféquence qu'il foit enjoint très-férieufement à touś nos Grands & Sous-Baillifs , Miniftres & Sujets , que conformément à l'obéïffance qu'ils nous doivent, & au Serment qu'ils ont prêté , chacun faffe enforte avec diligence & fans délai que notre férieufe intention & volonté foit éxécutée , ce que nous efpérons de chacun en particulier; &.ceux qui , contre toute attente , n'obferveront pas leur devoir, encourront fans faute notre indignation.

Donné. dans notre Grand Confeil
le 20, 22 , 25 & 27 de Février 1695.

Réponfe modefte des Mennonites au Placard de Meffieurs les Régens de Berne , émané contre les ainfi nommez Anabaptiftes.

Réponfe
des Ana-
baptiftes
à l'Or-
donnan-
ce précé-
dente.
NOus croyons que perfonne ne fauroit blâmer, qu'un Chrétien, quelque forte que foit fa vocation aux fouffrances & à la patience , puiffe avec toute la modeftie poffible maintenir fa réputation & la vérité contre des rapports finiftres & des imputations mal fondées, & qu'il y eft même, ce qui plus eft, obligé de la part de Dieu, & pour l'amour qu'il doit à lui-même & à fon Prochain.

Pour cette raifon nous fommes très-fincèrement perfuadez , que les NOBLES ET TRES-HONORABLES SEIGNEURS RÉGENS de la Ville & République de Berne ne trouveront pas contraire à la raifon ni au devoir d'un Chrétien , que nous répondions avec toute la foumiffion & un profond refpect aux Griefs d'un certain *Placard* de LEURS NOBLES. ET HONORABLES SEIGNEURIES , émané en 1695 contre les ainfi nommez *Anabaptiftes* , par lequel ceux-ci non-feulement font exilez de leurs 'Provinces & Etats , mais même en cas de refus ou.de délai de partir, menacez & punis de *prifons* , *banniffemens* , *fuftigation* , *marques de fer rouge* , *Galères & même d'une mort violente* , le tout , en conféquence dudit *Placard* , & pour *trois* principaux *Dogmes*, qui , au jugement de LEURS NOBLES ET HONORABLES SEIGNEURIES , renverfent tout-à-fait l'Etat de Souveraineté & de Politique , comme par exemple.

1. *Puifqu'ils ne veulent pas confeffer que l'Etat de Magiftrature eft de Dieu & avec Dieu , & encore moins compatible avec le Chriftianifme.*

2. *Parcequ'ils refufent de déclarer & de promettre par ferment à leurs Magiftrats , que Dieu & la Nature leur a donnez , la fidélité & vérité qu'ils leur doivent.*

3. *Et qui plus eft , parcequ'ils refufent nettement de défendre & de maintenir en cas de néceffité leur chère Patrie.*

Cependant , pour démontrer clairement & évidemment le faux rapport & le peu de fondement de cette accufation , & pour que nous puiffions prévenir par-là, s'il eft poffible, auprès de tous les Régens de probité, les ména-
ces

ces & les peines, fondées là-deſſus, nous nous jettons non-ſeulement avec AFFAIRES
toute la ſoumiſſion aux pieds de toutes les Divinitez de la Terre , que Dieu DE SUIS-
a élevées en grandeur, & qui ont reçu le glaive tant pour punir les mechans SE ET DE
que pour défendre les bons; mais particulièrement de ceux de LEURS NO- NEUF-
BLES ET HONORABLES SEIGNEURIES DE BERNE, les ſuppliant très- CHATEL.
humblement qu'il leur plaiſe de quitter pour un moment tous les préjugez,
& de jetter leurs yeux avec attention ſur la *Confeſſion* connue & *publique* des
Mennonites, & nous ſommes entièrement perſuadez, que LEURS SEIGNEU-
RIES déclareront tout-à-fait innocens ces pauvres gens par rapport à la prémière accuſation, & qu'elles trouveront par rapport aux deux autres telle
ſatisfaction, qu'aucune Magiſtrature craignant Dieu & à qui jamais la liberté de conſcience fut agréable & la contrainte en averſion, peut à notre avis
vanger ou rejetter, & que par conſéquent ces trois points ci-deſſus ne peuvent pas être mis pour fondement des perſécutions ſanglantes, car c'eſt ainſi qu'ils parlent dans leur *Confeſſion* qui nous eſt commune avec eux, *Artic.*
13. *De la fonction de la Magiſtrature.*

,, En troizième lieu nous confeſſons, croyons & profeſſons auſſi , que
,, Dieu a ordonné la Souveraineté & la Magiſtrature, & qu'il l'a établie pour
,, punir les mechans & pour défendre les bons, comme auſſi pour gouverner
,, le monde, des Provinces & Villes, & pour tenir leurs Sujets en bon ordre,
,, & il ne nous convient nullement de la mépriſer, deshonorer, ou de nous
,, oppoſer à elle, mais bien de la reconnoître comme une Servante de
,, Dieu, de l'honorer, de lui être ſujets & obéïſſans, & prêts à toutes bon-
,, nes œuvres, ſur-tout dans des choſes, qui ne ſont pas contraires à la Loi,
,, volonté & commandement de Dieu. Et nous devons de plus lui payer
,, fidélement le péage, acciſe & contributions, & tout ce qui lui appartient,
,, comme le Fils de Dieu l'a enſeigné & même pratiqué & ordonné à ſes
,, Diſciples de faire de même ; qu'outre cela nous ſommes obligez d'implo-
,, rer conſtamment & dévotement le Seigneur pour eux & leurs Biens, &
,, pour celui de la Patrie, afin que nous puiſſions demeurer ſous leur Protec-
,, tion, gagner notre vie & mener une vie tranquile & paiſible , jointe à
,, toute pieté & honnêteté , & enfin que le Seigneur veuille leur retribuer
,, & recompenſer ici & dorénavant dans l'éternité tous les bienfaits , liberté
,, & faveur, dont nous jouiſſons ici ſous leur louable Gouvernement.

· Or nous Vous ſupplions, NOBLES ET HONORABLES SEIGNEURS,
qui , à ce que nous penſons, donnez toujours lieu à la vérité & à la vertu;
des gens, qui croyent, qui parlent , qui écrivent ainſi , peuvent-ils avec
quelque apparence de vérité être rendus ſuſpects auprès de V. N. S. comme
s'ils n'avouoient point , que l'Etat de la Magiſtrature n'eſt pas avec Dieu
& de lui? Une pareille imputation mal fondée & deſtituée tout-à-fait de toute vérité peut-elle être la baſe d'une Perſécution ſanglante ? Ou y a-t-il perſonne qui puiſſe déclarer le contraire avec plus d'énergie de paroles & d'é-
nonciations, & l'enſeigner plus rondement & avec moins de déguiſement ?
En vérité, NOBLES ET HONORABLES SEIGNEURS , ſi par la grace &
bonté de Dieu nous pouvons obtenir , que vous jettiez vos propres yeux

fur cette Déclaration & Profeſſion ſincère, nous ſommes perſuadez, qu'ils ne pourront être offuſquez par de mauvais rapports ; Vos Nobles Seigneuries abſoudront Elles-mêmes ces innocens de ces imputations ſiniſtres, & les jugeront dignes de leur Protection.

Mais comme le prémier point des chefs d'accuſation eſt irréfragablement demontré faux & mal fondé, par la Profeſſion des Mennonites, nous croyons auſſi que le dernier ne l'eſt pas moins & qu'il tombe de lui-même ; car encore qu'il ſoit vrai, que les Mennonites n'aiment pas eux-mêmes d'être chargez de la fonction de Magiſtrature, qu'ils jugent, que de s'en paſſer, c'eſt atteindre à un plus haut dégré & à un état plus parfait dans la piété, croyant, que celui qui veut ſuivre autant qu'il eſt poſſible la doctrine de l'humble Jéſus, doit ſe défaire de cette charge pour pluſieurs raiſons inportantes; tant s'en faut cependant, qu'ils déclarent dans leurs Confeſſions, que cette fonction ſoit incompatible avec le Chriſtianisme, on ne le trouve nulle part dans leurs Confeſſions, on ne le ſauroit inférer non plus, bien loin de-là, puiſque leurs Confeſſions portent clairement, *que le Magiſtrat eſt ordonné de Dieu, que nous devons le reconnoitre comme un Serviteur de Dieu, ne le point mépriſer, ni le blâmer, ni s'y oppoſer, mais prier Dieu qu'il veuille recompenſer ſa bonne régence, ſon bon gouvernement ici & ci-après dans l'éternité.* Non, Nobles et Honorables Seigneurs, ceux qui parlent & croyent ainſi, bien loin de bannir aucun Magiſtrat de la Chrétienté, de vouloir juger inhumainement de leur Prochain, ou, ce qui plus eſt, de s'arroger la fonction du Juge ſuprême Jéſus-Chriſt, à qui ſeul appartient le jugement ſur ce ſujet, ils croyent ſeulement en toute ſoumiſſion, que le langage du fameux *Tertullien*, qui écrit des prémiers & meilleurs Chrétiens de ſon tems, n'eſt pas tout-à-fait ſans fondement & qu'il eſt même conforme à la vérité: *Un Chrétien n'aſpire pas à la moindre Charge de la Magiſtrature, un Chrétien ne cherche point de place d'Architecte, &c.* ſentiment, auquel ſe ſont joints pluſieurs des prémiers Pères de l'Egliſe Chrétienne.

Quant au ſecond point d'accuſation, où on nous impute, *que nous refuſons de déclarer par ſerment au Souverain notre due fidélité & vérité, &c.* Nous y répondons en toute ſoumiſſion, qu'il eſt vrai, que nous croyons & profeſſons, que toute ſorte de ſermens nous ſont défendus, & qu'il ne nous eſt pas permis en aucune façon d'en prêter, puiſque nous croyons en conſcience, que le Sauveur *Jéſus-Chriſt* les a défendus *Matth.* 5, 34--38. & *Jac.* 5, 12; mais ſi nous pouvions une bonne fois faire comprendre à Vos Nobles et Honorables Seigneuries, que la véritable fidélité & l'établiſſement ſolide de la Régence ne conſiſte point dans le ſerment, mais dans l'obſervation de la fidélité due & promiſe, quel inconvenient & quelle difficulté pourroit-il naître pour Vos Etats de l'omiſſion du ſerment, qui n'a été introduit que par le ſoupçon & en vue de faire d'autant plus valoir la promeſſe ; mais ſi nous éxécutions auſſi religieuſement notre ſeule aſſurance d'oui, ce qui eſt oui, & de non, ce qui eſt non, que d'autres la leur confirmée de ſermens ſolemnels ; & ſi, faute

de

de fidélité nous nous foumettons, qui plus eft, aux mêmes punitions tempo- AFFAIRES DE SUISSE ET DE NEUFCHATEL.
relles des Parjures, comme nous fommes prêts & difpofez à le faire, & ce qui
eft conforme à notre Confeffion de foi ; qu'eft-ce qu'un Magiftrat modefte
& Chrétien peut juger qu'il y manque pour gouverner l'Etat en toute fureté
& tranquillité? c'eft ainfi qu'on parle dans la dernière partie du 15 Article
du Serment. *Nous entendons, que nous devons confirmer tous nos engagemens &*
toutes nos déclarations uniquement avec notre parole d'oui, en ce qui eft oui, & de
non, en ce qui eft non, à condition qu'en tout tems & en toutes affaires nous la faf-
fions valoir, tenions, éxécutions, & que nous nous y conformions envers un cha-
cun auffi fidélement comme fi nous l'euffions confirmée par des fermens folemnels.
C'eft la raifon pourquoi non-feulement LEURS HAUTES PUISSANCES LES
SEIGNEURS ETATS-GENERAUX DES PROVINCES UNIES exemptent
gracieufement du ferment tous les Anabaptiftes dans toutes leurs Provinces,
mais que même entr'autres les *Nobles & Honorables Seigneurs Régens de la Vil-*
le de Rotterdam, ont intercédé pour nous gracieufement au commencement
d'une perfécution précédente, lorfqu'ils écrivirent ainfi aux *Nobles & Hono-*
rables Régens de la Ville & République de *Berne* en date du 14 *Février* 1660.
Nous n'ignorons pas, Très-Eftimables Seigneurs, que quelques Perfonnes emportées
par un zèle indifcret & pervers tâchent de vous faire accroire, qu'il étoit nuifible à
la République de tolérer les Mennonites, mais les raifons qu'ils allèguent n'ont ja-
mais été affez fortes pour nous porter à prendre des Réfolutions dures contre
eux.

„ Car, quoiqu'ils ne croient pas que la fonction du Magiftrat foit permife
„ à aucun Chrétien & qu'ils s'abftiennent même religieufement de prêter
„ des Sermens, deux points dont ils font principalement chargez, cela ne
„ peut pourtant porter aucun préjudice à la République, d'autant qu'ils ne
„ refufent point l'obéiffance au Magiftrat, auquel, quand même il ordon-
„ neroit quelque chofe de defagréable, ils fe croyent obligez en confcience,
„ voulant tellement être liez par leur fimple déclaration, que convaincus
„ de fauffeté & de perfidie, ils fe foumettent volontiers au fupplice des
„ Parjures.

„ Si toutes ces chofes reftent immuablement dans leur entier, nous ne
„ voyons pas que la République en ait à attendre le moindre préjudice.

„ Qu'il y en ait quelques-uns qui par une crainte pieufe, ou plutôt fuperf-
„ titieufe veuillent fe fouftraire à la fonction de Magiftrat & à la preftation
„ du ferment, fans que nous faffions attention aux vains difcours de ceux
„ qui fous le vraiment digne nom de Réformez fuivent la tirannie des Pa-
„ pes, & qui à la faveur des titres illuftres de Réformation & de pureté de
„ foi introduifent le Papifme, dont l'idée de la cruauté exercée autrefois
„ dans cette Ville particulièrement contre les Mennonites, & dont nous
„ avons les preuves renfermées dans nos Archives, ne renaît jamais dans
„ notre mémoire, que notre cœur ne tremble de frayeur, & que nous ne
„ nous rejouiffions de ce que par le fang répandu autrefois nous fommes dé-
„ livrez du joug de la furieufe paillarde.

C'eft ainfi que parlent & qu'écrivent les pieux Pères de notre Patrie, dont
nous

nous reconnoiſſons la grace & la faveur qu'ils nous ont accordée ſur ce fondement , avec un cœur & une ame remplie de gratitude , que nous recon-
noitrons auſſi longtems que nous & notre poſtérité vivrons dans cette Patrie
bénie , & que nous ne pourrons jamais aſſez reconnoitre , eſpérant par la
grace de Dieu , de ne nous en jamais rendre indignés.

Enfin on nous charge d'un troiſième point d'accuſation, ſavoir, *que nous
refuſons nettement de défendre la chère Patrie en cas de beſoin.* Il eſt vrai, Nobles et Honorables Seigneurs, que nous croyons & profeſſons, que *Jéſus-Chriſt* a défendu à ſes Diſciples toute vengeance & revanche, pour quelle raiſon nous nous croyons obligez de nous conformer à ſon ſaint exemple,
à ſa vie & doctrine, de ne lèzer, offenſer ou chagriner perſonne, & encore moins de nous oppoſer à l'Ennemi les armes à la main.

Maxime, dont nous pourrions non-ſeulement démontrer l'ancienneté par
le 12 Canon du Concile de Nicée, de *Juſtin le Martir*, d'*Irenée* & de *Tertullien*, &c. qui ont tous fleuri au ſecond ſiècle de la Chrétienté ; mais ce dont
il eſt ici principalement queſtion, il n'y a, à notre reſpectueux avis, aucun
danger pour l'État & la chère Patrie, ce qui eſt confirmé dans les Provinces-
Unies, par une expérience de plus de cent ans. Si les Mennoniſtes ne peuvent pas par une délicateſſe de conſcience, porter des armes corporelles, ils
peuvent & veulent ſe ſervir des ſpirituelles, en priant d'autant plus ardemment pour la conſervation de la Patrie & de l'Etat, que cette conſervation
de leur liberté de conſcience leur importe beaucoup ; ils ne peuvent qu'addreſſer à Dieu des prières plus dévotes dans les tems de calamité , puiſqu'ils
perdent généralement outre la vie & les biens, le libre exercice de leur Religion ; & pour cette raiſon ils font d'autant plus vivement animez à implorer le ſecours & l'aſſiſtance du Dieu des Dieux & le Seigneur Sabaoth, qu'ils
ont plus à riſquer & à perdre. Toutefois des prières ardentes & efficaces
ne ſont pas les moindres armes des Chrétiens, & celui qui par ce moien peut
mettre Dieu de ſon côté, n'a que faire de boulevárds & de retranchemens,
forts & puiſſans ; en vérité la chère Patrie ne peut qu'etre défendue de tous
côtés, quand un Chrétien porté par l'éguillon de ſa conſcience, la maintient
avec des armes temporelles , pendant que l'autre monte la garde avec des
ſpirituelles & des prières ferventes, tant s'en faut que d'une telle tolérance,
il en doive réſulter de la confuſion & de grands inconvéniens , ou qu'elle
doive mettre, comme Vos Nobles & Honorables Seigneuries le diſent,
le Magiſtrat & les fidèles Sujets en grand danger.

Vraiment ceux qui n'ont pas la moindre ambition de s'introduire dans la
Magiſtrature , qui par conſcience en évitent toutes les charges, qui pour
Dieu & leur conſcience doivent obéir à leurs Souverains, en tout ce qui n'eſt
pas contraire aux commandemens de Dieu , qui leur veulent payer fidélement les Péages, Tributs, & autres Taxes, qui s'engagent par leur oui &
leur non, comme par des ſermens ſolemnels, qui ſe croient obligez de prier
conſtammant & ardemment, pour leurs Souverains & le Bien de la Patrie,
& qui répandent tous les jours dans leurs aſſemblées publiques deſtinées au
culte divin, leurs vœux ardens pour eux, & qui bien loin de lèzer perſon-

ne,

ne, font même toujours du bien à leur prochain, quelle confufion, quels Affaires
troubles, quels dangers y a-t-il à craindre de ces gens-là dans un Etat? de Suisse
 Pour confirmer ce que deffus, non de notre propre témoignage, mais de et de
Neuf-
celui d'un des plus grands Princes & Rois, d'autant plus eftimable à tous les chatel.
Chrétiens Réformez que Sa Majefté étoit un Membre de la même Confeffion de Foi, favoir *Guillaume III*, Roi de la Grande Bretagne, lequel lorsqu'en en 1694, il s'éleva dans le Païs de Juliers, d'un pareil mal-entendu,
une perfécution contre les Mennonites, eut la bonté d'écrire en faveur de
nos Frères la Lettre fuivante à l'Electeur Palatin.

MON FRERE,

„ L'AMOUR que j'ai pour tous les Chrétiens, & les Repréfentations Lettre
„ qu'on m'a faites des mauvais traitemens qu'on fait fouffrir à certains du Roi
Guillau-
„ Proteftans foi-difant Mennoniftes dans votre Province de Juliers, m'obli- me III à
„ gent d'intercéder pour eux auprès de votre Dilection, pour que vous veuil- l'Elec-
„ liez trouver bon de vous faire faire un rapport éxact & précis des procé- teur Pa-
„ dures violentes dont on a ufé à leur égard, & dont je m'affure que vous latin.
„ ferez fenfiblement touché à caufe de leur innocence, & que vous donne-
„ rez vos ordres de les délivrer de la punition dont ils font ménacez, & de
„ les rétablir dans l'entiere poffeffion de leurs Biens & Effets. Je me fuis
„ prêté d'autant plus volontiers à cette interceffion, par l'affurance qu'on
„ m'a toujours faite de l'efprit refpectueux & pacifique de ces Perfon-
„ nes, qui fe conduifent avec une foumiffion & obéiffance parfaite envers
„ leurs Magiftrats, menant une vie paifible & laborieufe, & contribuant
„ fans murmure aux Impôts de l'Etat & du Païs où ils habitent & au-
„ quel ils fe rendent utiles par leur affiduité & travail. C'eft par cette con-
„ fidération que je n'ai pu leur refufer cette recommandation pour leurs per-
„ fonnes & intérêts, perfuadé comme je fuis, que vous les jugerez dignes de
„ votre Protection, & qu'ils mériteront par des preuves d'une fidélité in-
„ violable qu'ils doivent à votre Dilection, des marques de votre bonté &
„ clémence, ce que je reconnoitrai en de pareilles occafions où je pourrai
„ témoigner à V. D. combien je fuis;

MON FRERE,

Votre très-affectionné Frère,

GUILLAUME R.

Au Camp du Mont St. André,
 ce 11 Août 1694.

 Cette Lettre de recommandation fut fi efficace & produifit un effet fi falutaire, que Son Alteffe Electorale fit ceffer là-deffus gracieufement toute
per-

perfécution ultérieure, relàcha les Prifonniers, & les rétablit autant qu'il étoit poffible dans la poffeffion de leurs Biens.

Nous ne pouvons pas nous difpenfer de rappeller à Vos NOBLES & HONORABLES SEIGNEURIES, ce que les Nobles & Honorables Seigneurs les Régens de la Ville d'Amfterdam, vous ont écrit en date du 11 Février 1660 en notre faveur: „ Il y a une forte de gens, qui depuis une longue fuite
„ d'années ont vécu dans notre Ville fort tranquilement & paifiblement,
„ fous notre Régence & fous celle de nos Prédéceffeurs, & qui y vivent de
„ même encore aujourdhui comme dans plufieurs autres Villes de cet Etat,
„ contribuant & fourniffant volontiers aux fraix de la République, autant
„ qu'il leur a été & eft impofé, confidérant de plus les devoirs de bons
„ Bourgeois & Sujets, & n'ayant manqué en aucune occafion de témoigner
„ une affeftion peu commune envers les Confeffeurs de la Religion Ré-
„ formée.

„ Ayant encore il n'y a pas longtems, lorfque nos Frères les Vaudois fu-
„ rent fi inhumainement difperfez, contribué dans cette Ville, uniquement
„ fur notre recommendation, une fomme d'environ fept mille livres argent
„ de Hollande, pour être employée à l'entretien defdits Vaudois.

„ C'eft pour cette raifon, TRÈS-HONORABLES & ESTIMABLES SEIGNEURS,
„ qu'ayant égard à icelles, nous n'avons pu refufer de faire fentir l'effet de
„ notre charité Chrétienne auxdits nos bien amez Bourgeois, &c.

Telle eft la bonté & la débonnaireté avec laquelle LEURS NOBLES & HONORABLES SEIGNEURIES ont parlé, n'étant pas peu appuiez en cela par le Noble & Honorable Magiftrat de Rotterdam, dans leur fufdite Lettre écrite à V. N. & H. SEIGNEURIES: „ Nous n'avons jamais pu être por-
„ tez à refufer aux Mennoniftes quelques avantages de Bourgeois, & en
„ vérité nous ne nous en fommes pas répenti jufqu'à préfent, car nous n'a-
„ vons jamais trouvé, que les Mennoniftes aient jamais fous le prétexte de
„ Religion, ce qui eft pernicieux à toutes les Républiques, tâché de tra-
„ mer quelque chofe dans l'Etat, mais que bien loin delà ils ont payé tou-
„ jours avec plaifir & fans murmure les péages & taxes, & tout ce qu'un
„ Sujet doit à fon Souverain, & qu'ils ont même affifté de leurs larges au-
„ mones les Réformez perfécutez ailleurs pour la Religion, & fur-tout en
„ dernier lieu les Vaudois nos Frères en la Foi, qui ont été maltraitez im-
„ pitoyablement par le Duc de Savoye, inftigué par les Emiffaires du
„ Pape.

Comme donc pour conclufion, NOBLES & HONORABLES SEIGNEURS, le prémier chef d'accufation eft abfolument faux & contradiftoire avec les vraies paroles de la Confeffion des Mennoniftes, comme la lumière l'eft avec les tenèbres; d'autant plus que les dangers appréhendez des deux autres font à notre avis, entièrement levez, & que ceux-ci font confirmez par des Documens inconteftables, qu'eft-ce que des innocens peuvent attendre des pieux Pères de la Patrie, finon qu'ils jouiront de la gracieufe Proteftion de V. S. qu'ils feront à couvert de toute punition & perfécution, fondées fur ces faux rapports & fur cette appréhenfion mal fondée, & qu'ils feront pro-
tegez

tegez comme des moutons paisibles dans le sein des fidèles Nourriciers ? Comment est-il possible, NOBLES & HONORABLES SEIGNEURS, qui travaillez avec tant de tendresse & d'empressement à délivrer vos pauvres & très-malheureux Confrères envoyés aux Galères en France, & qui tâchez dans une Pacification d'y porter d'autres Puissances, que vous puissiez vous-mêmes condamner aux Galères parmi les plus profanes & les plus grands malfaiteurs, des gens d'ailleurs non impies, mais qui diffèrent en quelques points de religion de Vos SEIGNEURIES, que vous puissiez les enfermer dans de sombres Prisons, les fustiger, ou les exterminer d'une manière ou d'autre par une mort violente? Non, bien loin delà! & Dieu garde les Protestans, qui ont sacrifié leur sang & leurs Biens pour la liberté de conscience, & qui devroient avoir banni conjointement avec le Papisme toute intolérance, qu'une tache aussi ineffaçable souille jamais leur réputation!

Nous n'ignorons pas que V. N. & H. S. diront, que votre intention n'est point de chasser ces gens-là du Païs, où de les exterminer par la mort, avant de leur avoir ordonné par un Placard de vuider le Païs & de s'en aller; cependant quoique nous ayons souhaité de tout notre cœur, qu'ils se rendissent incessamment suivant votre ordonnance, avec leurs femmes & leurs enfans dans le Palatinat ou ailleurs, ou dans notre bienheureux Gosen sous l'ombre des ailes des Pères de notre Patrie, vos Frères en la Foi, & dont Dieu qui fait lever son Soleil sur les bons & sur les méchans, & qui envoye la pluie sur les justes & sur les injustes, recompensera indubitablement à présent & ci-après l'amour & la modération; nous ne saurions néanmoins que faire ressouvenir Vos SEIGNEURIES avec toute la soumission possible, qu'une telle peine n'est guère moins en substance que celle de mort, quoiqu'elle ait effectivement l'apparence d'humanité, car nous avons non-seulement un instinct naturel & inextinguible pour notre Patrie ou Païs natal, suivant même l'opinion des Payens; mais une infinité de gens qui gagnent leur vie par l'agriculture & le travail de leurs mains, sont chassez de leur Patrie, réduits avec leurs femmes & enfans, ou à la besace ou à la dernière pauvreté, qui après avoir navré la chair & les os, emporte les innocemment exilez par une mort languissante & traînante.

Ajoutez y, NOBLES & HONORABLES SEIGNEURS, que plusieurs de nos Frères en la Foi, mariez à des Réformez & ayant des Pères, Mères, Frères ou Sœurs de cette Religion, sont par un amour tendre & naturel, si étroitement liez ensemble, qu'il n'y a que la mort qui puisse les séparer: toutefois nous avons souvent vu par les Persécutions précédentes, que ceux qui en conséquence de votre Ordonnance avoient quitté le Païs, étoient obligez d'abandonner leurs maris ou leurs femmes, qui, pour être de la Religion de Vos Seigneuries, ne pouvoient pas trouver à propos, avec une perte si grande de Biens temporels, de suivre leurs pauvres Epoux, circonstances qui sont d'autant plus dures, tristes & funestes, qu'il a plu à Vos Seigneuries d'accorder aux maris ou femmes qui restoient dans le Païs, la liberté de se remarier à d'autres & d'abandonner les premiers.

Et ces mêmes circonstances sont sans contredit, pour la plus grande partie,

la raison que tant de milliers de vos Frères en la foi gémiffent & languif-
fent en France, dans les Prifons & Couvens ou fur les Galères; l'inftinct naturel pour leur Patrie, l'amour pour leurs Femmes & Enfans, le revenu annuel, & la fuftentation les ont arrêtez dans un Païs, où ils pouvoient voir
longues années auparavant par l'abolition des Privilèges, le renverfement
des Eglifes & Ecoles, la caffation des Edits, le baniffement des Miniftres,
&c. qu'on ne pouvoit que s'attendre à une ruïne totale & à une perfécution
affreufe, & néanmoins les innocens méritent à bon droit votre compaffion,
dont nous prions très-humblement, que quelques goutes puiffent réjaillir fur
vos propres Compatriotes & vos fidèles Sujets, qui, fi Vos SEIGNEURIES
pouvoient le trouver bon, voudroient volontiers payer, comme nous le
croyons fermement, leur liberté de confcience avec une Taxe annuelle de
leurs Perfonnes, afin d'être exempts par votre clémence du fervice Militaire,
comme cela fe pratique dans les Provinces de LEURS HAUTES PUISSANCES
les Seigneurs Etats-Généraux des Provinces-Unies, ou comme Vos NOBLES &
HONORABLES SEIGNEURIES pourroient le juger à propos.

Et c'eft pour cette raifon, NOBLES & HONORABLES SEIGNEURS, que Nous
fouffignez vous prions pour l'amour de Dieu, qu'il vous plaife de jetter fur
ces pauvres & miférables, des yeux de miféricorde & de clémence, de leur
accorder un fûr azile fous l'ombre de vos ailes, & de les renfermer fous le
libre éxercice de leur Religion & confcience dans des bornes fi étroites,
qu'il n'y ait jamais le moindre danger à appréhender pour votre Etat & vos
Perfonnes.

Nous ne doutons point, que s'ils peuvent obtenir le prémier de votre bonté, ils ne fe foumettent à celui-ci avec toute la gratitude, fidélité & acquiefcement, & nous ferons & demeurerons dans cette favorable attente,

NOBLES ET HONORABLES SEIGNEURS,

DE VOS NOBLES ET HONORABLES
SEIGNEURIES,

Les très-humbles & très-obéiffans Serviteurs,

*Les Mennoniftes dans les Païs-Bas, & en
leur nom comme Committez*,

Signé,

GUILLAUME VAN MAURICK,	HERMAN SCHYN.
JEAN WILLINK JANSZE.	JAQUES VORSTERMAN.
ABRAHAM JACOBSZE FRIES.	CORNEILLE BEETS.
FRANÇOIS VAN ACKEN.	

Mé-

Mémoire au fujet de la Vallée de St. Martin, dans les Vallées de Lucerne.

LA Vallée de St. *Martin* s'eft révoltée durant toute la guerre contre fon légitime Maître, ainfi elle a été poffédée par les François. Cette Vallée dont tous les habitans font Proteftans, eft préfentement fans Temples, fans Miniftres, fans Maîtres d'Ecole, & par conféquent fans aucun Exercice de Religion. Ils ont paffé tout le tems de la guerre, fans bénir les mariages, & fans baptifer les Enfans, excepté un petit nombre, que Mr. *de Belcaftel* a fait baptifer par rufe, envoyant des Miniftres fur les plus hautes Montagnes du voifinage pour ce fujet. Ladite Vallée eft préfentement fous l'obéiffance de fon légitime Souverain, le Duc de Savoye. Il eft très-certain, felon les avis qu'en a reçus Mr. *de Belcaftel*, que ces gens-là font dans le chemin de tomber dans l'Athéifme, fi on ne leur donne pas quelque fecours. L'Inquifition fait fes efforts pour les faire changer de religion. Ils ont obtenu le pardon de Son Alteffe Royale, mais ils ont été fi ruinés par la guerre, qu'ils n'ont pas dequoi acheter un livre de prière; fi la Reine & les Etats-Généraux n'y donnent ordre, ils tomberont ou dans le Papifme ou dans l'irréligion. Il y a dix Temples à bâtir, quatre grands & fix petits, fi la Reine & Leurs Hautes Puiffances veulent les fecourir, toutes les Vallées feront tranquiles, & fournies de Temples & de Miniftres, par ceux qu'on y a établis depuis le commencement de la guerre, par la charité de la Reine.

Mémoire de Monfieur Runckel, *Sécrétaire d'Etat de Leurs Hautes Puiffances les Seigneurs Etats-Généraux des Provinces-Unies, préfenté le 26 Aout* 1707, *à Monfieur le Gouverneur & à Meffieurs du Confeil des Etats de la Souveraineté de Neufchatel & Valangin, & délivré pareillement à Meffieurs le Doyen & Miniftres des Eglifes de l'Etat de Neufchatel, de même qu'à Meffieurs les quatre Miniftres, Confeil & Communauté de la Ville de Neufchatel; & communiqué le même jour à Meffieurs les Bourguemaîtres & Confeil de la Bourgeoifie de Valangin.*

MESSIEURS,

QUOIQUE Mr. de St. Anian, Envoyé Extraordinaire de Sa Majefté la Reine de la Grande Bretagne, vous ait déjà communiqué le 10ᵐᵉ. Article du Traité fait avec Sa Majefté Pruffienne, touchant les Comtez de Neufchatel & de Valangin, néanmoins puifque j'ai des ordres pofitifs de Leurs Hautes Puiffances les Seigneurs Etats-Généraux des Provinces-Unies, de vous en donner pareillement connoiffance de leur part, je m'aquite par la préfente de ma Commiffion.

Mémoi-
re de Mr.
Runckel
à Mrs. de
Neuf-
chatel.

X 2 Vous

Vous ne jetterez pas, Messieurs, vos yeux sur les engagemens que les Hauts Alliez ont faits à votre égard en faveur du Roi de Prusse, sans être remplis de joie & de consolation ; car qu'est-ce qui peut vous arriver de plus avantageux que cette union de toutes ces Puissances, qui combattent avec tant de zèle pour la Paix générale de l'Europe ? qui se font engagez réciproquement d'empêcher que vous ne tombassiez sous la domination de la France, & de vous faire avoir pour Prince un Roi, à qui vous appartenez incontestablement, qui est de notre sainte Religion, plein de tendresse pour son Peuple, & qui le gouverne comme un Père ; véritez connues, & que tous les honnêtes gens qui ont été dans ses Etats, attesteront unanimement.

Bien loin de vouloir supprimer vos anciennes Libertez, Immunitez, Privilèges & Prérogatives, il est d'intention de ne point vous refuser quelques nouvelles permissions qui peuvent vous être importantes & avantageuses, & que vous pouvez raisonnablement demander.

Vos Eglises, parvenues déjà à ce grand lustre, fleuriront de plus en plus sous lui, & on vous accordera toujours de sa part ce qui peut servir à la conservation & augmentation de la Religion parmi vous. Vos jeunes gens pourront se faire enseigner, soit dans les Ecoles dont il est prêt d'augmenter ici le nombre, soit dans ses célèbres Académies de Francfort & de Hall, dans toutes les sciences capables de les rendre célèbres, afin de leur faire avoir des fortunes constantes & éclatantes, & ils trouveront à sa Cour & dans ses Etats des moyens pour employer leurs talens avec avantage.

Ceux qui voudront se consacrer aux armes, rencontreront dans son service toutes les commoditez possibles, afin d'apprendre à fond ce metier, d'exercer la bravoure, qui leur est si naturelle, & de s'établir agréablement. Sa puissance & celle de ses Hauts Alliez vous mettront toujours assez à couvert de toute invasion de la France, & ils porteront tous vos Voisins à avoir pour vous toutes les civilitez que vous pourrez souhaiter. Enfin, Messieurs, soit que vous envisagiez l'affaire du côté du spirituel, soit que vous la regardiez du côté du temporel, vous trouverez toujours dans Sa Majesté le Roi de Prusse, un Prince qui réellement vous est utile.

Tant y a que le Traité que les Hauts Alliez ont fait avec lui, ait eu pour objet de borner votre Tribunal, il vous procure au contraire essentiellement la liberté de rendre justice au Roi de Prusse, & vous fournit les moyens de reconnoitre pour votre Souverain un Prince, dont la domination vous doit être si avantageuse, ensorte que vous n'avez ni à craindre les menaces directes de la France, ni les rodomontades de ses adhérens, qui ont les mêmes vues ; car puisque les Hauts Alliés ont facilement pu comprendre, qu'en cas que vous vous soumissiez au Roi de Prusse, on tâcheroit de vous mettre devant les yeux une infinité de dangers, tant par rapport au présent que par rapport au futur, ils ont pour empêcher qu'on ne vous fît peur par ces moyens, & que cette crainte qu'on tâche de vous inspirer, ne vous privât de la liberté de vos suffrages, fait un Traité entr'eux qui vous met à couvert de tout. Vous connoissez leur puissance, dont la France sent les effets ; vous connoissez la bonne foi qui règne entr'eux ; vous savez que c'est
par

par la religieuſe obſervation de leurs engagemens réciproques qu'ils font ſubſiſter la liberté de l'Europe contre tous ceux qui veulent la ſupprimer, &
vous voyez aiſément, que dans les circonſtances où nous ſommes, & dans
leſquelles la France ſe trouve enveloppée par une guerre ſi funeſte, cette
Couronne n'aura garde de ſe faire de nouveaux ennemis en vous allarmant,
d'autant que le Louable Canton de Berne, dont vous êtes Concitoyens & par
conſéquent tout le Corps Helvétique Proteſtant pourroit venir ſi commodément à votre ſecours à l'heure qu'il eſt contre toutes ſes oppreſſions.

Quant à la ſuite du tems, vous aurez aſſéz vu par le Mémoire de Monſieur de St. Anian, que les engagemens forts & précis dans leſquels on s'o-
blige d'entrer en votre faveur, ſont tels, qu'ils ne vous laiſſent pas la moindre crainte. J'ai ordre de Leurs Hautes Puiſſances de vous promettre de
leur part tout ce à quoi le Miniſtre de Sa Majeſté la Reine de la Grande-Bretagne, s'eſt engagé au nom de ſa Souveraine, & d'agir en tout de concert a-
vec lui. Vous trouvez dans les promeſſes que Mr. de St. Anian vous a déja faites, & auxquelles Leurs Hautes Puiſſances s'engagent pareillement,
tout ce qui vous eſt néceſſaire, pour pouvoir ſans danger & ôter ſans crainte faire juſtice au Roi de Pruſſe, & pour le reconnoitre pour votre Souverain
conformément à ſes Droits.

Il eſt bien vrai, que ſi les moyens, où l'on entre du côté de la France,
avoient l'effet, que les Prétendans François cherchent en les employant, &
que, frappez d'une crainte auſſi mal fondée que celle qu'on cherche à vous
inſpirer, vous reconnuſſiez un des Prétendans François pour votre Souverain; on ne pourroit regarder cette manière, que comme une action que
les menaces & rodomontades de la France vous auroient extorquée contre
vos propres lumières & contre les ſentimens de votre cœur.

Dans un pareil cas les Hauts Alliez vous auroient toujours fait remettre
entre les mains de votre légitime Souverain, par un Traité de Paix, & conformément aux engagemens qu'ils ont contractez. Il eſt vrai qu'alors il en-
treroit dans la poſſeſſion de ſon Bien par une voie qui vous ſeroit beaucoup
moins avantageuſe, que ſi vos propres ſuffrages l'y euſſent appellé; votre
Juriſdiction en recevroit une terrible breche, & vraiment ceux d'entre vous,
qui ſur les menaces & rotomontades ſi frivoles comme celles qu'on vous fait
de la part de la France, auroient gagné les Eſprits pour vous ſoumettre à un
des Prétendans François, ne pourroient pas eſpérer avec raiſon d'avoir beaucoup de part ni à l'eſtime ni à l'honneur de l'affection de Sa Majeſté.

Cependant, comme ce ſeroit toujours un très-grand & ſolide bonheur
pour le Païs en général, que de ſortir de la domination auſſi dangereuſe pour
vous, comme ſeroit celle d'un des Prétendans François, & d'être rétabli entre
les mains de votre légitime Prince, les engagemens inviolables que les Hauts
Alliez ont fait en faveur de Sa Majeſté le Roi de Pruſſe, vous procureroient
toujours pour Souverain l'unique des Prétendans capable de défendre & votre Religion & vous-mêmes.

Auſſi éclairez que Vous êtes, vous jugerez bien, que les Hauts Alliez ſeront en état de ſoutenir ces engagemens faits en faveur du Roi de Pruſſe;

X 3   les

les grands efforts que fait la France pour obtenir la Paix, font affez connus; la jufte caufe des Alliez, leur union, leur puiffance, les pertes que la France a fouffertes depuis quelques ans, l'épuifement de fes Finances, l'oppreffion de fon Peuple, & leur mécontentement, le renverfement de fon Commerce, la confufion que caufent les billets de monnoie, · & une infinité d'autres calamités qui accablent ce Royaume ; tout cela, Meffieurs, vous doit affez perfuader que la France, pour appuier quelqu'un de fes Sujets dans la poffeffion de Neufchatel, ne différeroit pas pour un moment la conclufion d'une Paix, dont elle a fi grandement befoin. Il eft vrai quelle tâcheroit de tirer quelques avantages pour elle en échange, en ce qu'elle abandonneroit celui des Prétendans François que vous auriez choifi. Mais ne vaut-il pas mieux reconnoitre par votre propre choix le Roi de Pruffe pour votre Souverain, que de fournir des moyens à la France, en reconnoiffant un des Prétendans de cette Nation, de fe ftipuler des conditions avantageufes pour elle-même à vos depens.

Je vous l'ai déja dit, & Mr. de St. Anian vous l'a fait voir fortement dans fon Mémoire, que les menaces d'hoftilité qu'on vous a faites ouvertement de la part de la France, de même que celles qu'on vous a répréfentées dans la fuite, ne peuvent point avoir de conféquence effentielle, ni pour le préfent ni pour l'avenir.

J'ajoute à cela, que vous n'avez pas même la moindre raifon de craindre la France par rapport à votre Commerce ; Prémièrement elle n'y peut faire aucune atteinte fans violer fes Alliances avec la Suiffe, puifque vous ferez toujours une partie du Louable Corps Helvétique, quel que puiffe être votre Souverain, & que vous refterez toujours Bourgeois de Berne & dans votre neutralité. En fecond lieu, l'intérêt de la France eft tout-à-fait contraire aux menaces qu'on vous fait, de défendre votre Commerce ; les Bourguignons, qui font dans votre voifinage, ne fauroient payer les taxes énormes dont ils font chargez, finon par le débit de leurs crûs, parmi vous & parmi les autres de la Nation ; la Cavallerie Françoife eft remontée pour la plus grande partie par des Chevaux qu'on fait venir de Suiffe, & le trafic que la France y fait eft la principale reffource qu'elle a durant la guerre, pour avoir les chofes dont elle manque, & pour tirer de l'argent pour celles dont elle abonde. Le Commerce que la France a fait en Suiffe de tant de Marchandifes, dont une partie ne fert que pour le luxe, & la commodité qu'elle a eue par fon Commerce avec cette Nation pour tranfporter fes Effets dans les Etats avec lesquels elle étoit en guerre, ont fourni à ce Royaume des fommes innombrables d'argent, & elle y a en vérité trouvé les moyens les plus efficaces qui ont empéché que fes Finances foient tout-à-fait épuifées depuis longtems. Pouvez-vous donc croire, qu'elle voudroit fe mettre en danger de perdre tous ces avantages en défendant votre Commerce auffitôt que vous aurez reconnu le Roi de Pruffe pour votre Souverain, & qu'elle voudroit, pour prendre fans fondement une vangeance inutile, fe priver du Commerce avec la Suiffe, qui eft prefque l'unique qui lui eft refté?

Remarquez outre cela, Meffieurs, que vous n'avez jamais eu moins à
crain-

craindre qu'à préfent la défenfe de votre Commerce avec la France; vous favez deja, que fi elle vous a quelquefois fourni des grains, ce n'a été que quand elle en avoit abondamment, & par un effet de fon propre intérêt, & nullement par un principe d'affeétion à votre égard.

La Suiffe eft tellemement remplie à préfent de bled, que vous pouvez le faire venir de tous côtez avec la plus grande commodité. S'agit-il du Sel, on s'engagera toujours de vous le fournir pour le même prix, & auffi bon que vous l'avez préfentement de la France; il y a telle abondance de vin à l'heure qu'il eft dans vos Etats, que vos Montagnards qui en achetent, le peuvent prefque avoir pour rien de leurs propres Citoyens.

Tout ce qu'on peut vous dire tant à l'égard des aétes d'hoftilitez qu'on veut vous faire appréhender, qu'à l'égard de l'interruption de votre Commerce, doit faire d'autant moins d'impreffion fur vos efprits, que vous avez déja ci-devant été entre les mains des Princes, qui étoient ennemis de ceux qui poffédoient le Comté de Bourgogne, fans que vous ayez jamais fouffert d'eux aucune offenfe ou infulte.

Je n'ai garde d'alleguer d'autres exemples qui, quoique très-capables de vous raffurer, n'ont pas tant de force. *Charles* V, ce grand & puiffant Empereur, qui poffedoit, outre tant de Royaumes & Etats, la Bourgogne & l'Alface, & qui environnoit prefque la Suiffe, n'a-t-il pas eu à diverfes reprifes de longues guerres avec la France? Les Princes de *Longueville*, qui vous poffédoient, étoient pendant tout ce tems-là toujours dans les Armées de fes Ennemis; cependant vous eft-il arrivé pour cela quelque maúvaife rencontre? N'êtes-vous pas demeurés dans une parfaite neutralité? N'avez-vous pas eu liberté de Commerce dans la Comté de Bourgogne & en Alface, tout comme fi les Princes de *Longueville* avoient été des Généraux de l'Empereur & non des Ennemis?

Charles V favoit fort bien que les engagemens des Poffeffeurs de votre Etat n'étoient pas tirez à conféquence à l'égard de vous, qui n'aviez point de part dans tout cela, & qu vous ne demeuriez pas moins une partie de la Suiffe, quoique fous la domination d'un Prince François.

Il voyoit outre cela, que votre étroite Union avec quelques-uns des Louables Cantons, l'auroit indubitablement enveloppé dans une guerre avec tout le Corps Helvétique, en cas qu'il eût voulu vous opprimer, fous des prétextes auffi frivoles & mal-fondez que ceux qu'on vous répréfente à l'heure qu'il eft; & il favoit bien, que quelque puiffant qu'il fût, la jonétion de la République Helvétique aux forces de fes Ennemis l'auroit jetté dans des embarras, dont il ne fe feroit pas tiré aifément.

En vérité, Meffieurs, vous n'avez pas à craindre du côté de la France, dans la fituation où elle fe trouve, ce que vous n'avez pas fouffert de *Charles* V dans le plus rapide cours de fes viétoires.

Quoique Monfieur de St. Anian vous ait déja fait connoitre de la part de Sa Majefté la Reine de la Grande-Bretagne les principales calamitez que vous avez à craindre, en cas que vous reconnoiffiez un des Prétendans François pour votre Souverain, j'ajouterai néanmoins, puifque cette matière peut à

peine

peine être épuifée, tant elle eft abondante, quelques confidérations à ce qu'il a dit; j'efpère que vous les trouverez très-importantes.

Monfieur le Prince de *Conti* vient de nouveau fur les rangs, quoiqu'il ait contre lui une Sentence folemnelle donnée par tous les Etats avec toutes les circonfpections & toute la connoiffance réquife de la caufe. Pour foutenir cette Sentence, le Peuple des deux Comtez de Neufchatel & de Valangin a fait les plus fortes & les plus étroites affociations, & chaque particulier y eft entré. Vous les avez portées à Berne où elles ont été approuvées. Vous vous êtes oppofez avec un courage digne de vous au Tribunal injufte que le Prince de *Conti* vouloit ériger. Toute l'Europe a loué votre fermeté; &, pour me fervir de cette expreffion, vous avez eu la fatisfaction d'entendre retentir de tous côtez vos louanges. Monfieur le Prince de *Conti* prétend à préfent que vous revoquiez cette Sentence, que vous vous expofiez honteufement à toute la Terre par un changement de cette nature; que vous reconnoiffiez par-là d'avoir commis une injuftice; que toutes vos affociations n'aboutiffoient qu'à maintenir une Sentence injufte, & que Mad. de *Nemours* a poffédé par conféquent par votre moyen le Bien de ce Prince, ce qui le mettroit en droit de vous en demander la reftitution. Et enfin, fur le pied comme il l'entend, rien de ce que vous pourriez faire dans la fuite, ne feroit durable & ferme.

Non, Meffieurs, fa prétention eft fi odieufe en elle-même, fi contraire au Bien de votre Etat, à votre Honneur, à votre réputation, & fi oppofée à vos Conftitutions & aux Inveftitures, en vertu defquelles Rolin de Neufchatel eft entré en poffeffion de ce Comté, que votre courage, votre amour pour la Patrie & votre droiture, vous porteront fans doute à les rejetter avec une fermeté digne de vous.

Monfieur le Prince de *Conti* prétend dans fon *Factum*, que vous êtes obligez de vous foumettre à la Sentence donnée en fa faveur par le Parlement de Paris. Sur ce pied-là une Souveraineté comme celle-ci comprife dans la Suiffe, & entièrement indépendante de la France, feroit diftribuée à la fantaifie de ce Parlement. Au défaut de cela il donne affez à connoitre, en difant pofitivement dans un autre endroit que vous dépendez du Roi de France, comme Poffeffeur du Comté de Bourgogne, que ce Monarque ne manqueroit point de prétexte de s'arroger ce Droit; dans un autre endroit c'eft l'Official de Befançon qui a pu difpofer de votre cas, & fuivant ce principe vous feriez fujet à une Jurifdiction Eccléfiaftique dépendante du Pape. Et enfin le Prince de *Conti* ôfe établir une aliénabilité, qui n'a pas la moindre réalité, en difant, qu'originairement vous n'étiez que de pauvres Pêcheurs, & que toutes vos Libertez, Immunitez, Privilèges & Prérogatives n'étoient qu'un fimple effet de la grace de vos Princes, & que vous étiez fans cette grace un Peuple d'une main morte, inhabile de faire une difpofition teftamentaire fans leur fçu & permiffion. Et vous favez, Meffieurs, combien, fur-tout en France, ces graces, qui ne font qu'un fimple effet du bonplaifir du Prince, ont été revoquées fous les plus foibles prétextes en imputant

aux

aux Sujets des abus, qui les rendent, à ce qu'on dit, indignes de la continuation des faveurs qu'on leur avoit faites.

Si le Prince de *Conti* vous traite à préfent avec tant de mépris, que n'au-
riez-vous pas à attendre de lui dans la fuite du tems, s'il devenoit votre Maître? Et vous devez d'autant plus reffentir le tort qu'il vous fait, que rien
n'a moins de réalité que fa fuppofition.

On fait que la Bourgogne a été conquife par le Peuple du Nord fur le Royaume des Romains, & que par-tout, où ces gens ont établi leur domination, ils ont tellement limité la puiffance de leurs Rois ou Princes, qu'ils é-
toient leur Chef plutôt que leur Maître, & qu'ils ne pouvoient rien faire au
monde, fur-tout dans la Police, fans le confentement des Etats. Les Villes
en particulier, qui dépendoient de la Comté de Bourgogne, ont prefque tous
des Privilèges parfaitement conformes à cette Conftitution fi raifonnable. On
fait combien grands & étendus ont été ceux de la Ville de Befançon par-
deffus tous les autres, & que ceux de la Ville de Neufchatel ont été établis
fur le même pied.

La parfaite uniformité qu'il y a entre les Libertez de l'une & de l'autre le
démontre inconteftablement; outre cela on fait que l'établiffement du Royaume Occidental n'a point donné d'atteinte aux libertez des Peuples & encore moins à celles des Villes, & que par conféquent, lors du rétabliffement
des Royaumes de Bourgogne & d'Arles, les affaires ont toujours demeuré fur
le même pied. On fait auffi que les Ducs, Marquis & Comtes n'étoient que
des Officiers titulaires, & qu'ils n'avoient point de propriété fur les Provinces, dont ils étoient les Préfets; mais qu'ayant profité du depuis des troubles arrivez dans toute l'Europe & dans l'Empire pour s'emparer des Terres,
dont ils n'avoient que l'adminiftration, ils ne pouvoient venir à ce but qu'en
captivant l'affection des Peuples auxquels ils étoient prépofez. C'eft ainfi,
que loin d'être en état d'opprimer leurs anciennes libertez, ils furent obligez
de leur en donner de nouvelles par des Contracts authentiques. On fait enfin que ces Terres étoient pour la plus grande partie incultes, & que pour
y attirer des Habitans, il étoit néceffaire de leur accorder de grands Privilèges, puifqu'ils ne feroient point venus fans une telle condition. Et comme il en eft arrivé que ce Païs eft fi heureux, fi bien cultivé & fi peuplé,
comme nous le voyons aujourdhui, les avantages, qu'on avoit accordez aux
Peuples pour les y attirer, leur font fi propres & fi légitimement acquis,
que jamais aucun Bien le puiffe être.

Si d'ailleurs vous prenez garde à vos deux principaux Actes de Privilèges,
favoir celui d'Ulric & de Berthaud de l'année 1214 & celui de *Jean* Comte
de Freibourg de l'année 1454, vous verrez, que ce font des Conventions
faites entre les Comtes & les Bourgeois, & nullement des confentemens accordez par grace; que le confentement tant de l'un que de l'autre étoit néceffaire dans tout ce qui a été traité; que c'eft une partie de vos anciennes
Loix & coutumes qu'on y a raffemblées par écrit, & que par rapport à celles qui n'y font pas comprifes, on vous laiffe dans votre ancienne ufance;
qu'on a eu befoin de votre confentement, afin d'exprimer ainfi celles qui le

Tom. XIV.   Y   font

font par écrit; que l'Evêque & le Chapitre de Laufanne étoient choifis pour Juges des contreventions qui auroient pu arriver contre les Conventions réciproques, & cela même à la réquifition tant de l'un que d'autre, & que les Comtes s'étoient foumis eux-mêmes au Ban pour une partie de leur Comté, en cas qu'ils n'obfervaffent pas toutes les Conventions faites avec vous; & quand vous avez promis par ferment à votre Souverain de lui obéïr, cela ne va pas plus loin, que jufqu'à ce qu'il ne doit rien vous demander qui foit contraire à vos Privilèges, & fon ferment de vous y maintenir va devant le ferment que vous lui prêtez.

Vous, Meffieurs, vous avez le droit des armes dans votre Ville & dans le Banlieu d'icelle fur tous les Bourgeois & Habitans qui y font, & vous avez le même droit fur ceux de vos Bourgeois qui demeurent dans d'autres Places de la Comté. Vous êtes entrés avec vos Voifins dans une Alliance, vous vous êtes faits leurs Bourgeois; vous êtes venus à leur fecours, & tout cela fans l'intervention du Poffeffeur de votre Etat, & fans qu'ils ayent ôfé s'y oppofer en aucune façon, car ils voyoient bien que vous n'agiffiez que conformément au droit que vous donnoient vos Privilèges & Prérogatives. Vous avez changé d'un confentement réciproque le prémier Juge, auquel vous aviez foumis les différends qui pourroient s'élever entre votre Comte & vous, & vous avez choifi le Canton de Berne à la place de l'Evêque & du Chapitre de Laufanne.

Enfin vos Privilèges font fi peu un effet de la libéralité & de la volonté de vos Comtes, qu'ils ont été contraints de vous y maintenir par ordre de leurs Seigneurs Souverains, & nommément de *Jean* de *Châlons*, qui en 1406 ordonna au Comte *Conrard* de s'y conformer à tous égards.

Tout cela étant indifputable, comment le Prince de *Conti* vous peut-il donc traiter comme des gens, qui dans votre commencement n'étiez que de pauvres Pêcheurs, dont la Succeffion devoit écheoir au Seigneur du Païs, incapable de faire fans permiffion une difpofition teftamentaire, & comme fi vos Princes vous avoient donné cette permiffion par pure grace? Et comme il a voulu tirer de la fervitude qu'il vous attribue originairement, une preuve que votre Etat puiffe être aliéné, ·il en réfulte naturellement, que, puifque vous avez toujours eu de fi grands & beaux Privilèges, & que vous n'étiez foumis à vos Comtes qu'en vertu des Conventions faites entr'eux & vous, ils ne pouvoient point avoir droit de difpofer de votre Etat & fituation à leur bon-plaifir.

Vos Princes ne peuvent pas faire un Bourgeois de Neufchatel fans le confentement de la Ville, bien moins peuvent-ils s'arroger le droit de vous donner un Seigneur & Maître fans votre confentement.

Pour ce qui eft des autres Prétendans François, Monfieur de St. *Anian* vous a déja fait voir, qu'aucun de ceux-là ne pourroit fe maintenir dans la poffeffion de votre Etat, & foit que la France l'oblige à le lui rendre pour une chofe de la même valeur qu'elle pourroit lui offrir, ou foit que cette Couronne veuille affermir le Prince de *Conti*, lorfque les circonftances feront plus favorables à fon deffein qu'elles ne font préfentement, il eft cependant vrai,

vrai, que vous ne pouvez jamais empêcher qu'on ne vous traite comme il le trouvera à-propos, à moins que vous ne foyez appuiez par les Hauts Alliez & par les mêmes Puiffances qui font préfentement en alliance contre la France. Il n'eft pas moins vrai, que vous ne pouvez vous attendre à cette affiftance des Hauts Alliez qu'entant que vous ferez fujets au Roi de Prufle, & que ni leurs engagemens ne peuvent leur permettre d'abandonner fa caufe, vons ne pourriez même avoir aucun prétexte ou raifon d'employer leur fecours contre des oppreffions qu'on vous feroit de la part de la France, parce que vous vous êtes jettez vous-mêmes malgré le confeil qu'on vous a donné, dans les calamitez que vous auriez pu prévenir commodément.

Mais il y en a plufieurs qui difent, nous nous fommes fi bien trouvez avec les Seigneurs François que nous avons eus jufqu'à préfent; le paffé doit nous faire juger de l'avenir, & on veut nous faire craindre des difficultez qui ne nous arriveront jamais.

Monfieur de St. *Anian* vous a déja repréfenté à cet égard que la France, avant qu'elle poffédât la Comté de Bourgogne, n'étoit pas en état de vous opprimer, & que depuis le tems qu'elle en a été la maîtreffe jufqu'à préfent, elle a eu des guerres, qui l'ont obligée à des circonfpections par rapport au traitement de tous les Membres du Louable Corps Helvétique, qui ne lui a pas permis d'en ufer à fon égard comme elle vouloit.

Outre cela n'eft-il pas affez connu, que les Seigneurs François que vous avez eus ont foigneufement fomenté quelque matière de différends, pour pouvoir s'en fervir, lorfqu'ils le trouveroient à propos, & qu'ils ont toujours évité d'expofer fincèrement les chofes capables de donner à votre Etat une fituation tranquille.

Encore, Meffieurs, confiderez, je vous prie, le raifonnement de ceux de la Religion Reformée en France, lorfqu'on les avertiffoit des deffeins de leur Roi contr'eux. Nous vivons, difoient-ils, fous le bénéfice d'un Edit folemnel, qui a été confirmé par les Rois Succeffeurs de *Henri* IV, qui l'avoit d'abord accordé; il nous eft d'un grand fecours que la Maifon de *Bourbon* foit parvenue au Trône; nous fommes ceux qui contribuent le plus à faire fleurir le Commerce dans le Royaûme; nous avons eu pour notre Roi une fidélité à toute épreuve, & il nous en a remercié avec toutes les marques de fatisfaction que nous pourrions fouhaiter; de nous perdre, cela le priveroit d'un nombre infini de fes plus zèlez Sujets, & en fe rendant par-là plus foible, il fortifieroit fes Ennemis. La Couronne a trouvé que nous ne défirons que de vivre tranquilement fous le bénéfice des Edits, de conferver la liberté de notre confcience, & de pouvoir fervir notre Dieu dans la pureté qu'il exige de nous; mais d'un autre côté ils ajoutoient, nos Rois ont fenti notre puiffance, &, lorfqu'ils ont voulu borner nos confciences, ils ont mis le Royaume entier fi près de fa ruine, qu'ils n'oferont plus à l'avenir entreprendre une chofe, dont ils ont expérimenté eux-mêmes les fuites dangereufes.

Ce raifonnement, Meffieurs, n'eft-il pas infiniment plus fort & plus folide que tout ce qu'on peut vous dire, pour vous perfuader que la France n'entre-

Y 2

treprendra jamais rien contre votre Religion ou Liberté? En attendant vous
favez ce qui s'eft paffé, & que la Cour de France ne fe laiffant point retenir
par les Edits folemnels qu'elle avoit accordez, ni par les vrais intérêts du
Royaume, a fçu fe fervir avec tant de fecret de tels moyens que notre Religion eft anéantie en France, comme dans un moment, que tant de milliers
d'ames ont été forcées de l'abjurer, & que ceux à qui Dieu a donné la fermeté & les moyens de fe refugier, fe trouvent privez de leurs Biens & errent
dans tous les coins de l'Europe. Et ces pauvres gens ont dans leurs mifères
encore un avantage, ce que vous Meffieurs, ne pourriez pas efpérer facilement, fi une adverfité pareille à la leur vous furvenoit ; car où iriez-vous
qu'on ne vous accufât point, que vous avez bien voulu vous expofer aux
calamitez que vous fouffrez, & que vous n'avez pas voulu vous fervir d'u-
ne occafion fi favorable & fi légitime qui vous étoit préfentée pour conferver la liberté de vos confciences & la Poffeffion de vos Biens, & qu'on ne
puiffe vous reprocher d'avoir négligé les confeils, que les Puiffances de la
Religion Réformée vous donnent avec autant d'intégrité, de n'avoir point
eu d'égard au bon Droit du Roi de Pruffe, & de n'avoir point profité de la
fituation déplorable où fe trouvent en France ceux de la Religion Réformée.

Confiderez, Meffieurs, combien notre fainte Religion eft haie en France? De méme que la haine que nous porte le Clergé Papifte de ce Royaume, le pouvoir & le crédit qu'il y a ; l'addreffe avec laquelle il fait parvenir à fon but; combien les Priviléges des Peuples y font haïs ; quelle influence la poffeffion de votre Etat donneroit à la France par rapport à toutes les
affaires de la Suiffe ; la facilité que la fituation de votre Païs lui donneroit
pour la foumettre entièrement à fa puiffance; la dépendance où feront toujours tous les Prétendans François; les engagemens qu'ils chercheront à faire
contre vous avec quelques-uns de vos Voifins ; les difficultez que le Louable
Canton de Berne auroit de vous maintenir contre les entreprifes qu'on pourroit mettre en œuvre contre vos confciences & vos Priviléges ; les divifions
qu'on tâche de femer en Suiffe; quelles mefures votre Seigneur & Maître, s'il
étoit François, prendroit dans un cas pareil; & enfin la fituation des pauvres Toggenbourgeois, qui quoiqu'ils ayent des Priviléges à-peu-près de la
même nature que les vôtres, & qu'ils foient moins dangereufement fituez
que vous, & fous un Prince qui n'a point à efpérer de fecours d'importance
d'aucun de fes Voifins pour opprimer fon Peuple, ont néanmoins vu qu'il
s'en eft peu fallu que leur Religion & leur liberté n'ayent fait naufrage.

Ces confidérations feront fans doute dans vos cœurs & vos efprits une impreffion conforme à leur nature, & telle qu'elles doivent produire ; & remarquez, s'il vous plait, Meffieurs, que Leurs Hautes Puiffances, au nom defquelles j'ai l'honneur de vous parler, n'envifagent dans toutes leurs actions
& dans tous leurs confeils, que la confervation de la liberté commune & de la
tranquillité de l'Europe.

C'eft pour parvenir à cette fin glorieufe qu'Elles font la préfente guerre
avec des dépenfes fi exceffives, avec tant de valeur & avec une fageffe fi
pro-

profonde. Vous avez, Meſſieurs, reçu dans la dernière Paix de leur part Affaires
des marques eſſentielles de leur bonté envers vous , & vous voyez la conti- de Suis-
nuation de leurs ſoins à votre égard dans la préſente ſituation où vous êtes se et de
actuellement; non-ſeulement Elles vous donnent leur Conſeil ſalutaire, mais Neuf-
Elles offrent même pour l'amour de vous au Louable Corps Helvétique leur chatel.
puiſſant ſecours contre toutes les oppreſſions de la part de la France; mais
gagnez, Meſſieurs, dans les circonſtances préſentes, par votre conduite, la
continuation de leur ſincère affection, & ſoyez perſuadez qu'Elles vous en
feront ſentir des effets très-eſſentiels.

Pour ce qui me regarde en particulier, je chercherai toujours avec empreſſement des occaſions pour vous rendre des témoignages de mon zéle
pour votre ſervice, & de ma parfaite conſidération pour vous.

Neuſchatel, le 26 Août 1707.

AFFAIRES DE FRANCE.

Ordonnance du Roi de France , pour règler les équipages des Offi-
ciers Généraux & des Troupes dans ſes Armées , & de
quelle manière leurs tables y ſeront ſervies.

Du 15 d'Avril 1707.

S A MAJESTE' étant informée que les Ordonnances qu'Elle a ci-devant Affaires
fait expédier pour règler les équipages des Officiers Généraux & des de Fran-
Troupes dans ſes Armées, & de quelle manière leurs tables y devoient être ce.
ſervies, n'ont point été entièrement exécutées, & que les inconvéniens Règle-
qu'Elle a voulu prévenir par celles du 1. Février 1703 & du 1. Avril 1705, ment
ſont encore ſouvent arrivez ; & voulant en empêcher la continuation, Sa pour les
Majeſté a ordonné & ordonne, que leſdites Ordonnances ſeront ſuivies & Officiers
obſervées pour tout ce qui ne ſe trouve point contraire à la préſente, qui Fran-
y ſervira de Supplément, ſon intention étant que pendant la Campagne pro- çois.
chaine & les ſuivantes les Lieutenant-Généraux , Maréchaux de Camps ,
Brigadiers & autres Officiers Généraux de ſes Armées, auſſi bien que les Colonels d'Infanterie, Meſtres de Camps de Cavallerie & de Dragons , & autres Officiers & les Volontaires qui tiendront table, n'y faſſent ſervir autre
choſe que des potages, & du roti avec des ragouts de groſſes viandes, &
pour les fruits , des compotes , du fromage , du lait & des fruits crus ou
cuits ſans ſucreries, biſcuits, ni maſſepins; de cette manière ils ſe trouveront en état de ſoutenir la dépenſe de leur table & d'y convier un plus grand
nombre d'Officiers.

A l'égard des équipages, Sa Majeſté entend que les Généraux de ſes Armées puiſſent avoir tel nombre de gros équipages & de Chevaux qu'ils jugeront à propos.

Y 3

Que

Que chaque Lieutenant-Général ait feulement 2 ou 3 Charettes ou Chariots, & 40 Chevaux en tout, tant pour lui & ceux de fa fuite, que pour lefdites Charettes, ou un Chariot & 30 Chevaux en tout.

Chaque Brigadier Colonel & Meftre de Camp, une Charette & 20 Chevaux en tout.

Que les Lieutenans-Colonels, Capitaines & autres Officiers Subalternes, ne pourront avoir aucuns gros équipages, foit chariot, charette ou fourgon, ni aucune autre voiture à roue, quelle qu'elle puiffe être, à l'exception toutefois de ceux qui à caufe de leurs infirmitez, pourront avoir une Chaife roulante.

Sa Majefté trouve bon qu'il puiffe y avoir par Bataillon deux charettes ou deux chariots, pour deux Vivandiers, mais à condition que chaque voiture fera attellée de 4 bons Chevaux.

Qu'un Régiment de Cavallerie ou de Dragons, foit de 2 ou 3 Efcadrons, puiffe auffi avoir deux Vivandiers avec deux charettes ou deux chariots, lefquels Vivandiers pourront camper avec le Régiment; &, s'il s'y trouve d'autres Vivandiers, ils ne pourront point avoir de voiture à roue, mais feulement des Chevaux de bâts.

Les autres Vivandiers, qui auront des voitures à roue, feront obligées d'aller camper au quartier du Roi, ou au quartier des Officiers Généraux de la droite ou de la gauche, aux endroits qui leur feront marquez par le Prévôt de l'Armée ou fes Officiers, en tel nombre que les Vivandiers puiffent être, pourvu que leurs voitures foient attellées chacune au moins de quatre bons Chevaux.

Il fera auffi permis à chaque Régiment de Cavallerie ou de Dragons, & à chaque Régiment d'Infanterie, d'avoir un Boulanger avec une charette attellée de même de 4 bons Chevaux.

S'il arrive que les Régimens de Cavallerie, de Dragons, ou d'Infanterie, n'ayent pas des Vivandiers ou Boulangers avec des charettes, il ne fera point pour cela permis aux Colonels ou autres Officiers defdits Régimens, d'avoir des charettes à eux à la place de celles du Boulanger ou du Vivandier, que par le befoin de la fubfiftance du Régiment.

Et comme il fe pourra faire que beaucoup d'Officiers Généraux, auront des Marchands de vin à leur fuite, Sa Majefté ordonne que lefdits Marchands de vin camperont au quartier où feront lefdits Officiers Généraux avec les autres Marchands de vin; & Elle défend très expreffément auxdits Officiers Généraux de les faire loger avec leurs équipages.

Défend auffi très-expreffément Sa Majefté à tous les Officiers Généraux, Colonels & autres Officiers de fes Armées, de fe fervir d'aucune charette des vivres, défendant pareillement aux Directeurs des vivres, d'en donner aucune à qui que ce puiffe être.

Sa Majefté défire, que ceux qui commanderont fes Armées en Chef, fe conforment à ce qui eft en cela de fa volonté, & prennent foin de l'informer des noms de ceux qui y contreviendront, lefquels Elle déclare qu'elle fera demeurer dans une place voifine de la frontière pendant la Campagne.

Man-

Mande & ordonne Sa Majeſté aux Généraux de ſes Armées, à ſes Lieu- Affaires
tenans-Généraux, Maréchaux de Camps, & aux Intendans en ſes dites Ar- de France
mées, de tenir la main à l'obſervation de la préſente, & d'empêcher qu'il n'y ce.
ſoit contrevenu ſous quelque prétexte que ce puiſſe être.

Fait à Verſailles, le 15 Avril 1707.

LOUIS.

Liſte des Généraux François pour la Campagne de 1707.

FLANDRE.

Mr. le Duc de Vendôme.

Lieutenans Généraux.

Mrs. de Gaſſé.
D'Artagnan.
De Gaſſion.
De la Motthe.
D'Albergotti.
De Magnac.
De Liancourt.
De Chemeraut.
De Souternon.
Le Duc de Guiche.
De Biron.
Le Prince de Rohan.
Le Chevalier du Roſel.
Le Marquis de Puiſegur.
Le Prince de Birkenfeldt.

Maréchaux de Camps.

Mrs. de Puyguion.
De Levi.
Bouſolles
Pallavicini.
Conflans.
Coigny.
De Liſle.
Guerchi.
De Luxembourg.

Sparre.
Muret.
Le Marquis de Villars Chandieu.
D'Eſtrade.

Géné-
raux
François
en 1707.

ALLEMAGNE.

Mr. le Maréchal de Villars.

Lieutenans Généraux.

St. Fremon.
Le Comte du Bourg.
Le Marquis de Hautefort.
La Chatre.
Imecourt.
Cheladet.
Manderſcheid.
Vivans.
Pery.

Maréchaux de Camps.

Goulic.
Guaſquet.
Vieux-Pont.
De Croiſſy.
Le Prince de Talmon.
Le Comte de Sezanne.
Dreux.
Le Chevalier de Broglio.
Le Comte de Broglio.
Le Comte de Chamillard.

DAU

DAUPHINE'.

Mr. Le Maréchal de Teffé.

Lieutenans Généraux.

Mongon.
Chamarante.
Sailly.
D'Aubeterre.
St. Pater.
Dillon.

Maréchaux de Camps.

Monforau.
Mauroy.
Vraigne.
Robec.
Muret.
Grancey.

ESPAGNE.

Mr. le Duc d'Orléans.
Le Maréchal de Berwick.

Lieutenans Généraux.

D'Avarcy.
D'Eftain.
Labadie.
Feffy.
Chevalier d'Asfeld.
Jeofreville.
Fierme.

Maréchaux de Camps.

Bligni.
Sylli.
Brancas.
Choifeul.
Chevalier de Maulevrier.

NAVARRE.

Legall.

Lieutenans Généraux.

Darene.

Maréchaux de Camps

Kercado.
Fonboifard.

ROUSSILLON.

Le Duc de Noailles.

Maréchaux de Camps.

Polignac.
Signy.
Fimarçon.

LANGUEDOC.

Mr. le Duc de Roquelaure.

Maréchaux de Camps.

La Lande.
Nilliers.

GUIENNE.

Le Maréchal de Montrevel.

Lieutenant Général.

Mrs. de Rozel.

Maréchal de Camp.

Vibrai.

POI-

POITOU.

Mr. le Maréchal de Chamilly.

Maréchaux de Camps.

Le Comte de Chamilly.
Guebrian.
Vaillac.

BRETAGNE.

Le Maréchal de Château Renault.

Le C. de la Mare.
Le Marquis de Thiange.
Brigadier Clodoré.

NORMANDIE.

Raffant.
Moncaut.
Digurville.

Maréchal de Camp.

Peratie.

AFFAIRES
DE FRAN-
CE.

Vers contre Mr. de Teffé *& Madame* de Maintenon.

Quelque Frondeur qui n'approuvoit pas le choix de Mr. *de Teffé*, a fait cette Chanfon.

  „ On peut croire plus que jamais,
  „ Qu'en Piémont nous aurons la Paix.
  „ Vous penfez que je veuille rire;
  „ Mais, pour nous en perfuader,
  „ Je n'ai qu'un feul mot à vous dire:
  „ C'eft *Teffé* qui va commander.

Vers
contre
Teffé.

Vers fur Madame de Maintenon *&* Ste. Geneviefve.

  „ Pour obtenir la Paix, la vieille *Maintenon*
  „ A *Ste. Geneviefve* adreffa la prière;
  „ Mais la Vierge fimple & fincére
  „ Répondit à fon Oraifon:
  „ Hors du beau tems & de la pluie
  „ Je ne veux me mêler de rien:
  „ Faites-en de même, mamie;
  „ Vous verrez que tout ira bien.

Vers
contre
Mad. de
Mainte-
non.

LETTRES SUR LES AFFAIRES DE FRANCE, D'ESPAGNE, &c.

De Paris, depuis le 1 Février, jusqu'au 14 Novembre 1707.

De Paris, le 1 Février.

AFFAIRES
DE FRAN-
CE.
———
Paris,
1 Févr.

POUR vous inſtruire de ce que l'on dit, que le Roi de Suède voudroit ſe joindre avec nous, il faut ſavoir qu'il y a environ trois mois, que Mr. *Cromſtron* Envoyé de Suède notifia à S. M. la nouvelle peu attendue de la Paix de Pologne, laquelle nouvelle fut auſſi notifiée à l'Electeur de Bavière. Ce Prince écrivit au Roi, qu'il étoit important de profiter de la conjonĉture de cette paix imprévue, en tâchant de gagner les Suédois, & que dans la vue d'un ſecours ſi puiſſant & ſi néceſſaire, S. A. E. voudroit bien ſacrifier quelque choſe de ſes Etats pour rentrer en poſſeſſion du reſte.

Le Roi gouta la propoſition, & fit dreſſer de concert avec l'Electeur des inſtruĉtions pour le Marquis *de Bonac* Envoyé de S. M., & pour le Comte *de Monaſterole* Envoyé de S. A. E. Ces deux Miniſtres devoient ſe rendre auprès du Roi de Suède, en apparence pour le féliciter de la paix d'Alt-Ran-ſtad, mais en effet pour négocier avec le Comte *Piper* Miniſtre de S. M. S. Depuis ce tems-là on a eu pluſieurs avis que la négociation étoit entamée, & l'Envoyé de Suède en cette Cour a toujours flatté nos eſpérances, que le Roi ſon Maitre ſe déclareroit lorſqu'il pourroit le faire en ſureté. Nos Agens auprès de S. M. S. ſemblent confirmer cette eſpérance dans toutes leurs Lettres, mais juſques à préſent il n'y a rien d'aſſuré. On a pourtant en confidence, que le Roi de Suède vouloit obliger l'Empereur à rétablir la Régence de Bavière, comme elle avoit été ſtipulée par le Traité de Lan-dau, conclu après la bataille d'Hochſted, & qu'en conſéquence l'Electrice de Bavière & les Princes ſes enfans ſeroient rétablis en toute ſouveraineté à Munich. On croit que ce ſera le prétexte de l'entrée des Suédois dans l'Empire, de même que celui de redreſſer les griefs de la Réligion Proteſ-tante, & des anciennes prétentions que les Rois de Suède ont ſur les Elec-teurs de Mayence. Cependant cette eſpérance, quoiqu'aſſez fondée, ne peut pas encore paſſer pour une certitude ; d'autant que le bruit vient de ſe re-pandre que le Roi de Suède a abſolument rejetté toutes nos offres, & celles de l'Electeur de Bavière.

Les Lettres d'Eſpagne confirment la groſſeſſe de la Reine, pour laquelle on avoit ordonné des prières publiques dans l'étendue de la Monarchie. Le Roi *Philippe* a déclaré aux Grands ſa réſolution de commander en perſonne l'Armée qui doit agir dans le Roiaume de Valence, & qui doit être compo-ſée de ſeuls Eſpagnols, pendant que ce qu'il y a de François en Eſpagne at-taqueroient l'Arragon, & que le Duc *de Noailles* envahiroit la Catalogne a-
vec

vec de nouvelles forces. On fuppofoit que toutes ces Armées & le Roi AFFAIRES
entreroient en campagne avant le commencement de Mars. DE FRAN-
CE.

Les Fermiers Généraux ont déja converti pour 12 millions fix cens foixante & 15 mille livres de Billets de monnoie. On en porte auffi beaucoup à
l'Hôtel de Ville, & on ne fait pas combien les Receveurs Généraux en ont
converti, mais l'on compte qu'il doit y en avoir dans ces 3 Bureaux pour plus
de 30 millions. Cependant cela ne redonne pas le crédit aux Billets de
monnoie, qui reftent dans le commerce ; au contraire perfonne n'en veut
à la moitié de leur valeur, & l'argent comptant eft toujours fort rare.

De Paris, le 3 Février.

L'ARMÉE du Roi d'Efpagne fe renforce tous les jours, & fon entretien Paris,
eft, comme on l'affure, tellement établi, qu'elle ne fauroit manquer 3 Févr.
du néceffaire.

Plufieurs Lettres de Madrid difent que la Reine eft groffe; avec tout cela
on en attend encore la confirmation.

Le Grand Duc de Tofcane paie une fois pour toutes, pour les quartiers
d'hiver, aux Troupes de l'Empereur 150000 piftolles. Celui de Parme
80000, & le Pape pour le Ferrarois & Bolonois 30000 par mois.

Comme les expédiens pour diminuer la quantité des Billets de monnoie
ne fuffifoient pas, & qu'ils n'ont produit que 30 millions d'argent comptant, le Roi a réquis le Clergé de fournir le refte, qui monte à 25 millions.
Le Clergé l'a accordé, & on eft préfentement occupé à régler de quelle manière on levera cet argent.

La Ducheffe de Bourgogne commence à fe montrer en public.

De Marly, le 16 Mai 1707.

MR. le Marquis de Silly, Maréchal de Camp des Armées du Roi, fer- Marly,
vant en Efpagne, a été envoyé le 26 Avril par Mr. le Maréchal de 16 Mai.
Berwick, & enfuite Mr. Boklay, pour rendre compte à Sa Majefté du gain
de la Bataille qui s'eft donnée à Almanza le 25 entre les Armées de France
& d'Efpagne, & celles des Anglois, Hollandois & Portugais, commandées
par Mr. Dasminas & Mylord Galloway.

Les Ennemis, qui avoient peu de jours auparavant affiegé Villena,
ayant été informez que l'Armée des deux Couronnes marchoit pour fecourir le Château, prirent la réfolution de fe retirer, dans le deffein de raf-
fembler toutes leurs forces pour donner bataille à l'Armée commandée par
Mr. de Berwick, avant que toutes les Troupes, qui étoient en marche pour
la fortifier euffent joint, & s'avancèrent fur les 2 ou 3 heures après midi dans la plaine d'Almanza, & vinrent attaquer l'Armée des 2 Couronnes, qui étoit encore dans fon Camp. Le Canon fut affez inutile de part
& d'autre, car à peine avoient-ils commencé à tirer, que les Troupes fe

Z 2   mê-

mêlèrent avec tant de fuccès de la part des François & Efpagnols, qu'en moins d'une heure & demie, l'Armée des Ennemis a été entièrement dé-faite.

On attend un détail éxact qui doit arriver dans 2 ou 3 jours. Mr. *de Silly* étant parti du champ de Bataille, affure qu'il eft refté au moins 8000 morts fur la place du côté des Ennemis, & ils y ont perdu tout leur Ca-ñon, la meilleure partie de leurs Drapeaux & Etendarts, & il y a un nom-bre confidérable de prifonniers, parmi lefquels il y a 12 Colonels, 16 Lieute-tenans Colonels ou Majors, fans compter tous ceux qui n'étoient pas enco-re arrivez au Camp, & qui auront été pris par les Troupes qui les pourfui-voient dans leur déroute. Il rapporte fur le témoignage d'un Officier, que Mr. *Dasminas* a pris le parti de fe retirer de fort bonne heure, que My-lord *Galloway* a été bleffé d'un coup de feu au travers du corps, que vers une heure après minuit au moment de fon départ le Comte *de Dhona* Lieut-nant-Général des Troupes d'Hollande, & le Major-Général *Feylton* Anglois envoyèrent des Officiers au Maréchal de *Berwick*, pour le prier de recevoir prifonniers de guerre 5 Bataillons, qui étoient perdus dans les Montagnes, où ils n'avoient ni vivres, ni eau, & qui feroient mis au milieu de notre Cavallerie qui s'étoit avancée pour les couper; ce qui leur fut accordée. Mr. *de Berwick* commanda une Efcorte de Cavallerie, pour affurer leur mar-che, jufqu'à ce qu'ils fe fuffent rendus au Camp.

On n'a plus lieu de douter par tout ce que Mr. de *Silly* a dit, que Mr. de *Berwick* ne marche en diligence à Valence, où il devoit faire avancer des Troupes, & s'y pofter enfuite avec toute l'Armée, auffi-tôt après l'arrivée de Mr. le Duc d'*Orleans*, qui a dû le joindre quelques heures après.

Il n'y a de notre part que 4 à 800 hommes tant tuez que bleffez. Entre les prémiers on compte Mrs. de *Polaftron* & le Marquis de *Sillery*, tous deux Colonels & Brigadiers, & Mr. de *Villeneuve* Colonel a été fait prifonnier. On croit Mr. de *Bourville*, Colonel du Régiment d'Infanterie du Maine & Brigadier, bleffé.

Mr. le Maréchal de *Berwick* mande par la Lettre du 27, fans entrer dans un plus ample détail, que depuis le départ de Mr. de *Silly*, il détacha le foir du même jour 25, Mr. le Chevalier d'*Asfeld* vers Fuere Laguena avec toute la Cavallerie & les Dragons de Sa Majefté, lequel obligea 13 Batail-lons ennemis, qui s'étoient fauvez fur une Montagne, à fe rendre prifon-niers de guerre. Les 13 Bataillons étoient commandez par le Comte de *Dhona* Maréchal de Camp Hollandois, & par le Sr. *Schimton* Maréchal de Camp Anglois. Ils furent tous amenez le 26 au camp, de manière que nous avons environ 8000 Soldats prifonniers, & 7 à 800 Officiers, parmi lef-quels il y a 5 ou 6 Maréchaux de Camps, autant de Brigadiers, & 20 Colonels.

On a pris aux Ennemis 20 Drapeaux ou Etendarts & 26 pièces de Canon, qui étoient toute l'Artillerie qu'ils avoient. La plupart de leurs Bagages a auffi été pris auprès de Fuente Laguena.

Mr. le Maréchal ajoute, qu'il ne pouvoit encore dire au jufte la perte que

que nous avons faite, mais qu'il ne croyoit pas qu'elle montât à 2000 hommes, tant tuez que bleffez.

Il n'y a parmi les Efpagnols, d'Officiers de confidération tués, que *Don Dié-*
go, & *Davilla* Brigadiers d'Infanterie. Le Duc de *Sorens* Maréchal de Camp,
qui commandoit les Brigades du Corps, a été bleffé dangereufement de plufieurs coups.

Etat des noms des Bataillons qui fe font rendus Prifonniers de guerre le 25
Avril.

Bel-caftel, *Viffoufe*, *Torfay*, *Lile-marais*, & *Keppefort*, Hollandois; *Geor-
ges*, *Portmore*, *Hille*, *Macaris* & *Breton*, Anglois. Le Bataillon de *Don
Loüts Manuel* de *Camaza*, celui de *Sebaftien* de *Caftro*, celui de *Jofeph* d'*El-
gado*, Portugais.

De Paris, le 25 Juillet 1707.

VOUS NE croirez pas fans doute la ftérilité des nouvelles qui règne ici,
dans un tems qu'on en devroit avoir plus que jamais. Cependant tant
à Paris qu'à Verfailles on fait moins que jamais ce qui ce paffe en Provence.
A Paris on l'ignore de bonne foi, & à la Cour on jure qu'on n'en fait rien.
Néanmoins il ne fe paffe guère de jour qu'il n'arrive des Couriers, mais ils font
tous muets.

Tout ce qu'on a pu découvrir à force de queftions, c'eft que les affaires n'y
vont pas à fouhait. Le Duc de Savoye a paffé le Var fans obftacle, & Mr. de
Sailly fe voyant affailli de tous côtez & mal fervi des fiens, a été obligé de
fe retirer à Graffe, d'où il marchera vers le Corps de Troupes de *Teffé*, qui
doit avoir paffé à Sifteron pour prévenir les Ennethis, & fe mettre fous
le Canon de Toulon, afin de les empêcher de s'étendre dans la Provence.
Mais le mal eft qu'on craint un nouveau remuement dans les Cevennes & le
Vivarez, qui femblent attendre feulement l'occafion de fe pouvoir déclarer
furement. Quelque mine que l'on faffe à la Cour, on paroit extrêmement
troublé de ce contretems, & quoiqu'on dife que Toulon foit mis en état de
défenfe, on craint plus que jamais pour cette Ville-là, tant par rapport à
l'ardeur infatigable de leurs Généraux, que par rapport aux méchantes fortifications de la Place du côté de terre. Il en arriva encore hier au foir un
Courier, & il en a été expédié un autre aujourdhui vers *Teffé*; mais le Public ignore ce qu'ils portent.

Les nouvelles d'Efpagne font plus agréables, & fe publient à pleine bouche. Mr. d'*Asfeldt* nous fait efpérer bientôt la prife de Denia, & Mr.
le Duc d'Orleans s'eft mis en mouvement pour paffer la Segra, afin de
réduire Tortofa, & ainfi acculer l'Archiduc & l'enfermer dans Barcelon-
ne, avant qu'on puiffe venir à fon fecours.

De Paris, le 5 Août 1707.

Paris, 5
Août.

LEs Nouvelles que je mandai par ma dernière, se confirment. Les Lieutenans Généraux *Gobriant* & *Dilon* se sont jettez dans Toulon. On dit
la Garnison forte de 38 Bataillons, faisant en tout environ 11 mille hommes.
Néanmoins l'inquiétude pour cette place augmente, plutôt que de deminuer.
On en a fait sortir les femmes & les enfans. On a sauvé une grande partie
du canon avec d'autres choses, qu'on a transportées à Marseille, pour les
porter de-là ailleurs. On a même commencé à couler à fond les Vaisseaux
du prémier rang. Enfin on fait tout ce qu'on peut pour sauver cette Place,
qu'on a en dernier lieu entourée de retranchemens, qui enferment par leur
étendue la Ville.

Tessé après avoir donné tous les ordres nécessaires, s'est retiré à Aix, pour
aller de-là à Sisteron, où est le rendez-vous pour ses autres Troupes, qui
doivent composer un Corps d'environ 50 Bataillons & 42 Escadrons. Médavi y doit déja être arrivé avec 2 mille hommes de Troupes reglées; & on
espère de se servir de ce Corps pour incommoder l'Armée du Duc de Savoye. Ce Prince nonobstant ces obstacles ne songe néanmoins qu'à faire le siège. La Flotte s'est montrée à la Rade, & nous attendons à tous momens
des Couriers sur l'entreprise des Ennemis qu'on ne compte que de 38 mille
hommes tout au plus. Le Duc a fait publier qu'il n'étoit venu que pour délivrer les Provençaux de la servitude de la France, & les mettre sous sa domination en vertu d'une prétention fort ancienne; & il promet aux habitans
toute sorte de protection, lesquels aussi, soit par un esprit de nouveauté ou
de rébellion, panchent fort pour ce Prince. La Ville de Grasse a donné sur-
tout un exemple éclatant, aiant de son pur mouvement porté au Duc de Savoye une bonne somme d'argent, après en avoir refusé un peu auparavant
une fort médiocre à un Général François, qui se retiroit par-là avec son Régiment. Dans ce moment le bruit se repand à l'arrivée d'un Courier, que
les Ennemis ont pris poste sur la Montagne de Ste. *Catherine*; mais c'est
tout ce qu'on a pu en apprendre.

De Paris, le 25 Octobre 1707.

Paris, 25
Octobre.

ON ne paroit plus douter de l'ouverture des tranchées devant Lérida.
Tant les Couriers qu'on reçoit fréquemment d'Espagne que les Lettres
particulières l'assurent. Quoiqu'on ne fasse point de dénombrement du monde qu'on y perd, on sait de bonne part que les Assiegez font une belle ré-
sistance, & n'épargnent rien pour rendre le siège long & difficile. Les Alliez
sont venus jusqu'à 9 lieues de-là, faisant mine de vouloir tenter le secours,
& faisant courir le bruit qu'il leur en doit venir incessamment d'Italie; mais
comme le Duc d'*Orleans* doit avoir reçu avis de la Cour, de ne se laisser sur-
prendre par aucun faux bruit, ni de rompre la poursuite de ses desseins, &
que d'ailleurs il a mandé au Roi que l'Armée de l'Archiduc n'est pas assez
nom-

nombreufe pour hazarder un fecond combat, on fe flatte de voir Lérida bien- AFFAIRES
tôt réduit. Il y en a qui pour faire leur Cour, difent que Lérida étant une DE FRAN-
fois pris, l'Archiduc aura befoin de demander une Flotte pour fe retirer; CE.
mais les Spéculatifs regardent les affaires d'un autre point de vue, difant
que le Siège de Lérida, auffi bien que celui de Dénia & d'autres Places, leur a
couté & leur coutera encore beaucoup de monde, qu'ainfi tout compté tout
rabattu, il fe pourroit que les François au-lieu de fe trouver fupérieurs, comme ils s'en flattent, fe trouveront de beaucoup plus foibles que les Alliez.

Nous attendons à tout moment des nouvelles au fujet du fecours que le
Marquis de *Bay* eft allé mener à la Place de Moura, affiegée par les Portugais. On eft gros des projets qu'on dit être fur le tapis pour ces côtez-là,
& on femble ne point defapprouver à la Cour les fentimens qui occupent
les efprits à cet égard.

De *Paris*, le 28 *Octobre* 1707.

P AR la dernière Pofte la Cour reçut avis que les Etats Généraux avoient Paris, 28
confenti & fait expédier leur confentement pour faire tranfporter les Octobre.
Troupes Palatines en Catalogne. Quoiqu'elle fçût qu'il n'y a point de Flotte dans la Méditerranée pour les tranfporter, elle ne laiffa pas d'en avoir
martel en tête, & on étoit après à expédier des dépêches au Duc d'*Orleans*,
lorfque le Courier que ce Duc avoit dépêché le 13 au foir, arriva. Il remit
les efprits, & rendit la joie; le Courier cria en traverfant Paris, *bonnes nouvelles*. Après que Mr. *Chamillard* eut porté les Lettres au Roi & qu'il en fut
forti, on publia que Lérida étoit prife, bien entendu la Ville, ainfi qu'on s'y
étoit toujours attendu: les circonftances varient; & ce qu'on en fait encore, c'eft que le Duc d'*Orleans* après avoir fait tirer breche, fit faire l'affaut
le 12 entre chien & loup, & fe logea fur la breche. On crut trouver le
endemain l'Ennemi derrière un mauvais retranchement fait derrière la breche, mais on apperçut qu'il s'étoit retiré dans la Citadelle; que le Duc en
fit alors occuper les avenues, & on pilla la Ville, on croit même qu'on la
rafera après la réduction de la Citadelle.

Le Duc mande qu'il l'attaquera du côté de la Ville, comme le plus foible.
Il promet d'en rendre compte dans peu, malgré le nombre de la Garnifon.
Il efpère par cette raifon-là de s'en rendre bientôt maître, la Citadelle étant
fort étranglée.

L'Armée de l'Archiduc s'eft approchée de 3 lieues, fi bien qu'elle n'en eft
éloignée que de 6 lieues; mais le Duc d'*Orleans* mande qu'étant raffuré que
le fecours tant de fois publié étoit encore en Italie, il efpéroit de venir à
bout de fon deffein, fans que les Ennemis ofaffent le troubler; qu'il a néanmoins fait un Détachement de plus de la moitié de fon Armée, pour fe pofter de manière que les Partis ennemis en puiffent faire rapport, & en même
tems être empêchez d'incommoder fes Fourageurs.

Il eft auffi venu un Courier du Maréchal de *Teffé*, avec avis que la neige
ayant bouché tous les défilés, il avoit été obligé de fe retirer; qu'il avoit
                                                                    difpofé

Affaires disposé son Armée de manière qu'en 2 fois 24 heures, il la pouvoit rassem-
de Fran- bler; qu'il avoit détaché Mr. *Médavi* avec un Corps de 12 mille hommes
ce. pour se joindre à celui qui est en Savoye, & tâcher d'y faire une diversion
vers le printems, ou plutôt, si la saison le permet.

De Paris, le 7 Novembre 1707.

Paris, 7
Novem-
bre.
LA joie de la ruine de la Flotte de transport Angloise continue. Depuis le plus grand jusques au plus petit tout le monde y prend part, voyant que le Roi la releve comme une affaire de la dernière conséquence. Quelques Courtisans vont jusques à dire qu'on verra bientôt de quelles suites cet avantage sera accompagné ; que le Portugal se voyant d'un côté attaqué par les François, & de l'autre destitué de l'espérance d'un promt secours, ne pourra jamais résister aux offres généreuses qu'on lui fait de la part des 2 Rois.

On fait dire au Roi de France entr'autres que sa Marine fait de nouveaux progrès, qui paroissent même être des paradoxes, savoir que des Fregattes prenoient des Vaisseaux de guerre du prémier rang. On en dit l'un monté de 90 pièces de canon, l'autre de 84, & le 3 de 60. Trois Vaisseaux de l'Escadre de Mr. Fourbin sont encore à la poursuite des navires marchands, comme aussi grand nombre d'Armateurs, qui se sont dispersez de tous côtés pour attraper les Vaisseaux marchands dans leur suite. Le bruit est qu'il y en a près de 50 déja amenez dans différens Ports de Bretagne.

On recommence à se dire à l'oreille que le Siége de Lérida est converti en Blocus, dans l'espérance d'affamer la Garnison. Cependant on doute qu'on en vienne à bout, vu l'inquiétude où l'on est continuellement d'être attaqué par les Ennemis, qui grossissent leur Armée par les Garnisons qu'ils ont fait venir à eux des Places circonvoisines. D'ailleurs la situation de la Place ne permet pas qu'on puisse l'enfermer par une ligne de circonvallation.

On prétend que le Roi veut que tous les Ducs & Pairs de France, vu la haute dignité qu'ils tiennent & les honneurs que ce rang leur donne, doivent fournir pour la Campagne prochaine certaine somme d'argent avec un nombre de Troupes. Ce bruit fait trembler ceux de ce rang-là. Cependant les Ministres ne s'en sont pas encore ouverts ; peut-être fait-on courir ce bruit exprès, pour voir quel effet il fera dans l'esprit du peuple. Le Parlement de Bezançon s'attribue le jugement de la succession de Neufchatel. Cependant il se repand un bruit que sans avoir égard à l'arrêt du Parlement, on a déja nommé le Roi de Prusse. On dit que le Roi a donné ordre d'y faire marcher quelques Troupes.

Harangue du Prémier Préſident à l'ouverture du Parlement.

NOus avons trouvé à l'ouverture du Parlement un grand nombre d'E-
dits & déclarations du Roi, qui nous ont été envoyées pour être
enregiſtrées à la Cour, qui font toutes pour fournir à S. M. les ſommes
qui lui font néceſſaires pour les preſſans beſoins de l'Etat. Peut-être
pourriez-vous former des difficultez à l'enregiſtrement de tant d'Edits, qui
font tous à charge au Public ; mais nous croyons au contraire que notre
devoir nous oblige de ſatisfaire aux ordres de notre Souverain. Nos Réglemens nous fourniſſent un exemple mémorable, qui nous doit ſervir de
modèle pour la conduite que nous devons tenir à cet égard. Ce fut en
1484. La France venant de perdre *Louïs* XI, & ce Prince ayant laiſſé la
Régence du Royaume à Mad. de B. ſa fille pendant la minorité de *Char-*
les II., le Duc d'*Orléans*, qui étoit alors Prémier Prince du ſang, ne put ſouffrir cette diſpoſition du feu Roi. Il vint s'en plaindre à la Cour, mais il n'en
obtint pas ce qu'il en eſpéroit; la réponce qu'on lui fit, fut qu'il demandoit
à la Cour plus qu'elle ne pouvoit lui accorder; qu'en effet ſon autorité ſe
bornoit à rendre la juſtice aux Sujets du Roi, & ne s'étendoit pas à ce
qui regardoit les finances ou l'adminiſtration de l'Etat, dont le gouvernement ne dépendoit uniquement que de ſon autorité Souveraine.

Voila le modèle que nous devons ſuivre dans la conjoncture préſente. Nous ne regardons qu'avec douleur les exemples contraires, que
les ſuggeſtions & rapports ou d'autres vues, toujours mauvaiſes, ont
quelquefois inſpirées à cette Compagnie. Mais à préſent dans la néceſſite d'u-
ne juſte déférence aux ordres du Roi, comme nous ne pouvons ſervir l'Etat
dans les Armées, ce qui eſt contraire à notre profeſſion, ni fournir de nos
biens, à cauſe de la modicité de nos facultez, il eſt juſte du moins que
nous inſpirions la tranquilité de la paix, au dedans du Royaume, par notre
ſoumiſſion & notre reſpect pour les ordres du Roi.

Haran-
gue du
Prémier
Préſident
du Parle-
ment de
Paris.

AFFAIRES
DE SUE-
DE , DE
POLO-
GNE , ET
DE HON-
GRIE.

AFFAIRES DE SUEDE, DE POLOGNE, ET DE HONGRIE.

Caractères du Roi de Suède, du Roi Auguste, & du Roi Stanislas, par Mr. Stepney.

MONSIEUR,

Caracte-
res des
Rois de
Suède,
Auguste,
& Stanis-
las.

JE vous dirai, comme à un ami particulier, que je hazardai l'autre jour, même sans permission, ce qui n'auroit point dû être, de faire une course en Saxe, tant pour satisfaire ma curiosité de voir ces trois différens Rois, que pour pénétrer autant qu'il m'étoit possible, en quelle situation y étoient les Affaires, & de quelle manière notre destinée est en train d'être dirigée par ce Héros Gothique, qui avec une poignée d'hommes se fait craindre & caresser de toutes les Puissances de l'Europe.

Quant à la Personne de *Charles* XII, elle répondit parfaitement à la description que j'en avois; c'est un long & bel Homme, mais extrêmement sale & mal-propre; sa manière de vivre & son air est plus rustique que vous ne pouvez-vous l'imaginer dans un jeune Homme, & afin que le dehors de ses quartiers ne dementît point le dedans, il a choisi l'endroit le plus plein de boue de toute la Saxe, & une des plus chetives Maisons; la Place la plus nette c'est la Cour, qui est devant la maison, où chacun doit descendre de cheval, & où l'on est jusqu'aux genoux dans la boue; c'est-là où sont ses Chevaux, qui à peine ont des licoux, qui sont couverts de sacs au-lieu de couvertes ordinaires, sans ratelier & sans creche; ils ont la peau rude, le ventre rond, les croupes larges, & les queues coupées; les Palfreniers qui ont soin d'eux ne paroissent pas mieux habillez, ni mieux nourris que leurs chevaux, dont un est toujours prêt & sellé pour le puissant Monarque, qui étant dessus jambe deçà jambe delà fort ainsi au galop, tout seul, avant que quelque autre soit en état de le suivre; il fait quelquefois dix ou douze milles de ce Païs par jour, ce qui fait 48 à 50 de nos milles d'Angleterre, même en hiver, de sorte qu'il est croté par-tout son Corps comme un Postillon. J'allongerois trop ma Lettre, si je voulois vous faire un détail de son habillement, de sa manière de manger, de boire, & de dormir; cependant pour ne pas omettre entièrement ces choses, je vous dirai que son Juste-au-corps est tout bleu avec des boutons ordinaires de laiton, les basques retroussées par devant & par derrière, pour faire voir la vieille veste & le haut-de-chausse de cuir de Sa Majesté, lesquels à ce qu'on m'assure, sont quelquefois si gras qu'ils pourroient être frits; mais lorsque je le vis, ils étoient presque neufs, car il avoit été galant un peu auparavant, ayant été voir l'Epouse du Roi *Auguste* sur son retour à Leipsic, & pour être beau, il avoit mis ce haut-de-chausses de cuir neuf; il ne lui dit pas plus de trois paroles,

mais

mais il parla environ un quart d'heure à un Nain bouffon qu'elle avoit, & puis il la quita; il porte une cravate de crêpe noire, mais le collet de son juste-au-corps boutonné est si serré autour de la cravate, qu'on ne peut pas voir s'il en a une ou non; sa chemise & ses poignets de main sont ordinairement fort sales, & il ne porte point de manchettes, ni de gans, sinon quand il est à cheval; ses mains sont de la même couleur que ses poignets, ensorte qu'on a de la peine à les distinguer. Ses cheveux sont d'un brun clair, fort gras & courts, & jamais peignez qu'avec ses doigts; il se met à diner sans aucune cérémonie sur la prémière selle ou chaise qu'il trouve dans la Chambre, & il commence par un grand morceau de pain & de beure, ayant attaché sa serviette sous son menton, & puis il boit la bouche pleine dans un grand gobelet d'argent de vieille façon; de la petite bière est son unique boisson; à chaque repas il en boit environ deux bouteilles d'Angleterre; car il vuide deux fois son gobelet; entre chaque bouchée de viande il mange un morceau de pain & de beure, qu'il étend avec le pouce; il n'est jamais plus d'un quart d'heure à table; il mange comme un cheval, & ne dit mot pendant tout ce tems. Aussi-tôt qu'il se leve, ses Hellebardiers ou Gardes de Corps se mettent à la même table, & mangent des mêmes plats. Sa Chambre de lit est un très petit apprtement sale, avec des murailles dégarnies, & son lit n'a ni draps ni dais, mais le même matelat qui est dessous lui, retourne dessus lui, & lui sert de couverte; au pied de son lit est sa Chaise percée qui est une vilaine & sale machine de bois; sa Table à écrire est d'une planche de sapin, uniquement soutenue par un bâton, & il a au-lieu d'écroitoire un outil de bois avec la sablière de même. A côté de son lit il a une belle Bible dorée, qui est la seule chose qui paroît belle dans tout son équipage. Il est, comme je viens de le dire, bel Homme & bien-fait, d'une fort belle phisionomie, sans avoir l'air sévère, mais il paroit fort capricieux & têtu, ce qui fait que tous les Alliez le craignent, car il se risque & son Armée aussi facilement qu'un autre qui voudroit se battre en duel.

Il n'a pas témoigné beaucoup de générosité au Roi *Auguste*, qui lui a envoyé carte-blanche pour faire sa Paix, & pour se recommander à son amitié; mais il continue encore à faire tous les jours de grandes duretez à ce pauvre & malheureux Prince, qu'il traite toujours comme un Homme qu'il a entièrement en son pouvoir. Le Roi *Auguste* est un Prince aussi bien élevé qu'on puisse voir, fort obligeant dans ses façons & manières, & généralement estimé de tout le monde, mais à présent il souffre pour toutes ses inconsidérations, & pour sa fausse & perfide Politique, & il trouve, quoique trop tard, qu'un Prince ne doit pas se soumettre absolument & sans réserve à la parole & discrétion d'un autre.

Cependant si ma Lettre n'étoit pas déja trop longue, je vous donnerois quelque information de la Cour du Roi *Stanislas*, car comme je suis ici *incognito* seulement avec un Ami & un Valet, & que d'un autre côté il est impossible que je sois connu, je me suis avisé de faire pareillement un tour à Leipsic; non-seulement j'y ai vu le Roi, mais il s'approcha même de moi & me parla & à mon ami fort gracieusement, croyant que nous étions des Etrangers.

Sa

AFFAIRES
DE SUE-
DE, DE
POLO-
GNE, ET
DE HON-
GRIE.
Sa Cour a un air beaucoup plus noble que celle de fon Maître. Sa Mère &
fon Epoufe y étoient auffi, deux Dames fort bien élevées. C'eft un jeune
Prince long, il a une belle taille, avec une paire de grandes mouftaches, & ha-
billé à la Polonoife, mais qui a de la difpofition à devenir gras, & un peu
fale comme font tous les Polonois. Il étoit logé dans un fort beau Château
du Roi *Augufte*, mais fort à contre-cœur de ce Prince, qui, s'il peut l'évi-
ter, ne veut jamais le voir, & ne peut fouffrir qu'on parle de lui. Néanmoins les Suédois veulent infailliblement l'obliger de le voir, ce qu'il doit
faire, difent-ils, en conféquence du Traité.

Vous m'avez fouvent dit, Monfieur, que vous aimiez à apprendre de mes
courfes, & j'efpere que la préfente vous fera plus de plaifir que ma précédente, car c'eft la defcription fidèle de ce puiffant, fale, & bizarre Monarque. Je fuis, &c.

Vers de Mr. Robinfon, *Envoyé d'Angleterre, fur les Rois* Charles, Augufte, *&* Stanislas, *qui étoient en-femble en Saxe.*

Musa, *peregrinas fi nos comitata per oras,*
　Otia non femper noftra perire finis.
Saxoniam venimus tandem, quo tempore Regum
　Vix quidem vifus, ternio totus adeft:
Hic non fperato diademate cingitur, ille
　Regia deponit fceptra molefta nimis.
Tertius at fati qui difpenfator utrique
　Ut Numen, Regnum dat cuicunque placet;
Ergo age quod felix illis fauftumque fit, ede
　Verfibus & lætis impia Vota veni,
Huic Optes faltem nimia ne mole fatifcat,
　Nec nova temporibus lapfa corona cadat.
Emerito voveas, doleat ne fceptra relicta,
　Neve ferat dulcis tædia longa quies.
Optandum Carolo tantum fortuna reliquit,
　Ut vivat femper moribus ille fuis.
Difcant Mortales, quàm lubrica culmina rerum,
　Cum tales videant Regibus effe vices.

Effigies Magni CAROLI XII. *Suevorum, Gothorum, Vanda-lorum Regis gloriosissimi, post datam* Poloniæ *&* Saxoniæ *Pacem, a quodam extero Milite delineata.* Lipsiæ *apud Joh.* Theod. Boetium 1707.

EFFIGIEM CAROLI *rudia hæc tibi carmina præbent:*
  Si tamen hunc Martem pingere posse datur.
Belligeros Oculos, Frontemque videbis apertam,
  Os mediocre, cui risus amænus inest,
Oblongam faciem Nasi ornat forma virilis,
  Qualem ardor solis facit, adestque color.
Non dices flavos, nec fuscos esse capillos.
  Quam solet, elatæ, dextra movere, comæ.
Cæruleæ Vestis placet ut fert subdita Turba
  Et modus & species: nec variare jubet.
Terribilem Lateri gladium Mavortia pellis
  Accingit, simili more tegitque manum.
Succinctum Pileum, vaná levitate carentem
  Dat Capiti: Collum fascia nigra tenet.
Ornamenta adhibet sibi nulla, modestaque in ipsis
  Mandat Equis: omni ac vult equitare die.
Majestas Regem neglecto in corpore præstat,
  Dum Peditem atque Ducem vestis & arma notant
In parcá Mensá Veneris sibi corrigit ignes,
  Atque levi potu pellit utramque sitim.
Ipse sibi infensus fieret si mollis; & ipsa
  Sæpius est mentis, fracta labore, quies.
Si Dux impavidus, velox, affabilis, æquus,
  Si Rex est clemens, providus & sapiens.
Ingenii Vires Senior Prudentia ducit,
  Falsa odit, profert vera, ubicunque probus.
Pauca loqui mallens, ut tàm meliora loquatur,
  Ni servet, pereat, tam data verba colit.
Tam sibi secretus, nostræ quod proxima luci
  Ipsa Opera, haud hominis mens penetrare queat;
Et Vitæ & Mortis graviora pericula spernens:
  Tot numerans Lauros, Bella quot Ipse gerit.
Nulla audet præclarum Animum tentare Voluptas,
  Nam ratio Mores, intemerata regit.
Consilio constans, tantum virtutis amicus
  Tam sibi severus quàm bonus est aliis.

Portrait du Roi de Suè-de.

A a 3

Quid

AFFAIRES
DE SUE-
DE, DE
POLO-
GNE, ET
DE HON-
GRIE.

Quid verò magni poffit Rex maximus audi?
Quid Belli & Pacis dicere facta valent.

Has humillimas privati obfequii notas
Militari Latinitate vovebat Sacræ
Regiæ Sueviæ Majeftatis pedibus,

V. A. C. S. D. M. S. E. B. C. A. C. A. S. R. M. M.

Vers fur la Conftance de Sa Majefté Suédoife, CHARLES XII.

CE n'eft pas le bonheur qui fait le Héros grand,
Ni le Pilote à qui le vent eft favorable;
L'Orage & le malheur, qui l'un & l'autre accablent,
De leur Art & Vertu font les meilleurs garants.

Jamais le cœur humain n'a été plus conftant,
Qu'eft le tien, *Charles*, que pour rendre variable
Les maux de l'Univers ne feroient pas capables.

Toujours ferme, intrépide, égal, fans changement,
De trois Grands Vizirs Turcs le funefte caprice
De trahir le Sultan, pour nourrir l'avarice,

Ne le prouve que trop par leur tragique fort,
Car pour fervir le *Czar* te faifant mille torts,
Et croyant mettre à bout par-là ta patience,
Rien ne les a perdu que ta feule conftance.

Sonnet, fur Charles XII, *Roi de Suede.*

AFFAIRES
DE SUE-
DE, DE
POLO-
GNE, ET
DE HON-
GRIE.

C'EST aujourdhui, grand Roi, qu'ici nous célébrons
Le jour de ton grand Nom, fi fameux fur la Terre,
Par tes glorieux exploits dans une jufte guerre,
   Qu'avec étonnement & joie nous regardons,

Et dans un jeune Héros, fans pareille admirons,
Qui comme un grand éclair & l'éclat du Tonnère,
Par l'affiftance de Dieu ta confiance entière,
   Défait tes Ennemis, vaincus en toutes faifons.

Mais après avoir eu tant d'illuftres Victoires,
Et relevé fi haut ton immortelle gloire,
   Ne veux-tu pas enfin permettre qu'à fon tour,

L'Amour de toi triomphe & nous donne une Reine,
Qui la paix & la joie avec foi nous ramêne,
   Et nous donne des Héros de ton fang pour toujours.

Ordonnance de l'Empereur Joseph *touchant la Hongrie;
du* 12 *Avril* 1707.

JOSEPHUS, *Dei Gratiâ Electus Romanorum Imperator, femper Auguftus, ac Germaniæ, Hungariæ, Bohemiæ, Dalmatiæ, Croatiæ, Sclavoniæque, &c. Rex, Archidux Auftriæ, Duc Burgundiæ, Brabantiæ, Styriæ, Carinthiæ, Carniolæ, Marchio Moraviæ, Comes Habfpurgi, Tyrolis, & Goritiæ, &c. Univerfis & fingulis Reverendis, Honorabilibus, Spectabilibus & Magnificis, E-gregiis & Nobilibus Prudentibus, item & Circumfpectis præfati Regni Noftri Hun-gariæ, & Partium eidem annexarum, Statibus & Ordinibus, Salutem & Gra-tiam.*

Ordon-
nance de
l'Empe-
reur tou-
chant la
Hongrie.

Tametfi poft tot folliciti Regii animi Noftri impenfas curas, ac tenore etiam be-nignarum Patentium noftrarum ad præfatos Status & Ordines, quoad eorundem Jurium, Libertatum, & Prærogativarum vigore etiam benigni Diplomatis Noftri Regii compromiffam Manutentionem, & obfervationem emanatarum Affecurato-rias, ac occafione etiam inchoati Pacificationis Tractatûs, benignam, eamque Le-gibus Regni conformem Refolutionem, & prout aliàs, ita ibidem etiam de proxi-mùs indicenda Dieta, & fub eadem Gravaminum fienda accommodatione Oblatio-nem noftram, ac per has Regii affectûs, Gratiæque, & clementiæ noftræ luculen-

tas

AFFAIRES
DE SUE-
DE, DE
POLO-
GNE, ET
DE HON-
GRIE.
tas demonstrationes, ab adverso quidem in sinistrum sensum detortas, & ad inescandam, infascinandamque rudiorem Plebem in tranversum explicatas, omninò sperassemus, malecontentorum Hungarorum animos eò permoveri & flecti potuisse, ut tandem concitati per eosdem intestini motus sedari, & pristina Regno quies, & tranquillitas reddi, & restitui, ipsique ad meliorem frugem reduci valuissent, & homagiali obligationi, debitisque obsequiis, ad quæ præstanda Divinis æquè, ac humanis Legibus obstricti essent, correspondissent.

Præter omnem tamen Expectationem nostram, cum manifesto Regalis præeminentiæ, & supremæ Authoritatis, Legumque, & Constitutionum Regni præjudicio, irritum omnem conatum nostrum Paterna conaolentia experimur; Antesignani siquidem eorundem nedum benignas Oblationes nostras acceptare & salutaria pacandæ Patriæ media amplecti, sincerumquè ad componendos motus animum adjicere vellent; Quin potius tenore certarum Patentium suarum, sub Dato Rosnaviæ ex prætenso quodam suo Senatûs Consilio die tertia præteriti mensis Februarii Anni modò currentis infrascripti emanatarum, publicatarum, ac ad Fideles etiam Nostros transmissarum, eosdem in Societatem suam invitare, ac, ut ipsorum Confæderationi contrà omnia Divina, & humana jura initæ Nomina sua, & quidem ante adhuc illegalem, Legibusque Regni damnatum generalem eorundem Conventum, pro die prima affuturi mensis Maji in Campum Onodiensem Comitatui Borsodiensi interjacentem indictum, sub pæna contrà degeneres, uti ab adverso prætenderetur, Patriæ filios sancita, adscribant, commonitos, vanis comminationibus suis à jurata fide, ac Fidelitate Sacro Diademati Nostro debita, in qua hactenùs laudabiliter perstiterunt, dimovere, & ad injusta Arma capessenda disponere conarentur;

Occasione cujus præattacti illegaliter indicti generalis Conventûs sui, uti ex præmissis prudenter conjecturare licet, ulteriores contra Regiam Dignitatem Nostram perniciosas Conspirationes fovere, intestinis calamitatibus fomentum subminjstrare, tot præteritorum temporum cladibus satis afflictam Nationem Hungaricam in mutua Bella, & Cædes concitare, pietatisque in Patriam immemores, Regnum amplioribus periculosis difficultatibus, ac Bellis involvere, & irreparabile eidem damnum per Aureæ, & Argenteæ monetæ, sub prætextu publicarum necessitatum, veriùs tamen proprium commodum, corrasionem, & exportationem, viliùsque Cupreæ inductionem causare, privatosque potiùs suos affectus (dùm unicè Transylvaniæ Principatûs ambitio nonnullorum animos occupasset) quam pacandæ Reipublicæ commodum, quod aliàs tenore priorum Manifestorum suorum præcisè intendere, neque privatum suum quærere proponebant, curare viderentur; Cùm tamen de continua Regni praxi, & Consuetudine, positivisque Patriæ Legibus, Generales Regnicolarum Conventus, seu Dietas Ipsi Regiæ Majestati indicere, ac Status, & Ordines per Regales suas convocare competeret; Secus namque universos ejusmodi Conventus privata cujusvis Authoritate, & præter scitum, ac benignam Annuentiam Regiam indictos pro Conventiculis potiùs Lege vetitis haberi, cujusmodi olim Hafvaniense ex Articulo decimo septimo Anni millesimi, quingentesimi, vigesimi sexti habitum, & ideò cassatum etiam fuisse, constat manifestè; sed & hujusmodi domesticas etiam Ligas & Confœderationes inter Regnicolas, fide mediante, vel aliter qualitercunque factas, vel ut Reipublicæ perniciosas, æquè Legibus Regni, signanter verò Ar-

Articulo vero quadragefimo quarto Anni millefimi, quingentefimi, decimi noni, caffas,
irritas, inanes, & annullatas, Articulo verò quadragefimo Anni millefimi, quin-
gentefimi, trigefimi fexti fub pœna perpetuæ Infidelitatis prohibitas effe, præcitatæ
Conftitutiones unanimi Regis, & Regnicolarum Confenfu fancitæ demonftrant.

    Et queimadmodùm nullas Conftitutiones, & Statuta, nifi Confenfu Regio fir-
mentur, innuente Sigismundi Regis Decreti tertii Præfatione, ac Articulo etiam
decimo octavo Anni millefimi, fexcentefimi, trigefimi quinti, ibidemquè citatâ Le-
ge fubfiftere poffe, clarum effet ; ità in Caffovienfi olim Conventu tempore Bocska-
jano contrà eos, qui eidem Bocskaio adhærere noluiffent, factas Conftitutiones, Ar-
ticulo Pacificationis Viennenfis ad decimum quartum pro in vigorofis declaratas fuif-
fe, liquet manifeftè. Et verò quis non potiùs ipfos motuum iftorum Authores eo-
rumque Principaliores Affeclas, Juramenti, & Officii fui immemores, ac dege-
neres Patriæ Filios, & erga Auguftam Domum noftram Auftriacam, cujus libe-
rali munificentiâ, tot beneficiis, Dominiis, Dignitatibus, & Honoribus tam Pro-
genitores ipforum, quam ipfi quoque ditati, donati & evecti fuère, nimium ingra-
tos meritò exiftimaverit ? qui violatâ fide, & Fidelitate, quibus fe diverfis etiam
Titulis Majeftati noftræ, adeoquè Sacræ Regni Coronæ obftrictos, & obligatos
diffiteri nequeunt, Regiæ tamen Authoritati noftræ irreverenter infultare, Jus
noftrum Regium, quod à Deo accepimus, temerè arguere, ac in perniciem pro-
priæ Gentis, ac Nationis injufta Arma ftringere, Patriam, ac vicinas etiam Pro-
vincias Noftras longè, latequè depopulari, devaftare, & incinerare, Ecclefias
Dei prophanare, & facrilegè exfpoliare, innocentis miferæ Plebis facultates diri-
pere, nulliquè ftatui, fexui vel ætati parcendo, Chriftiano fanguine jam copiofè
effufo impias manus fuas fœdare, non tàm penfi ducunt, quàm de tantis illatis
malis perperam gloriati intumefcunt.

    Ac proindè univerfos & fingulos dicti Regni noftri Hungariæ Fideles noftros,
Dominos Prælatos, Barones, Magnates, Nobiles, Comitatufque, & Civitates
clementer ulterius etiam hortamur, quatenus præattactis illegalibus illis Patentibus,
prout & vanis Comminationibus fpretis, & minùs curatis, à debita Deo, & Ma-
jeftati noftræ, ac facræ Coronæ fide, Fidelitate, & devotione femet nullatenus di-
moveri patiantur, verùm, prout hactenùs laudabiliter, ita impofterum quoque for-
titer perfeverare, omniaque fidelium Regnicolarum, & verorum Patriæ Civium
officia fedulò, ac intrepidè præftare non intermittant. Quos verò hactenus vi, aut
metu coactos vacillare, ac Nomina fua Legibus, ut præmiffum, Regni vetitæ
Confœderationi adfcripfiffe contigiffet, dum tempus fupereft, & adhuc ad finum
Gratiæ Noftræ recurfus patet, quantocyus refipifcere, & ab illicito prædeclarato
Generali Conventu indicto, aut alio ne fors indicendo (quem Nos prouti & ibidem
univerfa cum præjudicio Regiæ Authoritatis noftræ, Legumque Regni, ne fors te-
merariè concludenda, ad mentem etiam præcitatarum Regni Legum generaliter,
& particulariter pro nullis, irritis, caffatis, mortificatis, & annullatis haberi
volumus, & per præfentes declaramus) abftinere, & femet fubtrahere noverint.
Qui autem nec Dei juftitiam, nec Fidelitatem Nobis, ac Sacro Diademati noftro
debitam attendentes, pertinatiâ, & temeritate ducti, adverfas ulterius etiam Par-
tes indurato animo fequi perfeverarent, noverint, fe Perduellium loco habendos,

    Tome XIV.

pœ-

AFFAIRES DE SUEDE, DE POLOGNE ET DE HONGRIE. *pœnamque legalem incurfuros , juftorumque Armorum noftrorum vim, & potentiam experturos. Dabantur in Civitate noftra Vienna Auftriæ , die duodecimâ menfis Aprilis , Anno Domini Millefimo , feptingentefimo feptimo. Regnorum noftrorum Romani decimo octavo , Hungariæ & reliquorum vigefimo , Bohemiæ verò Anno fecundo.*

JOSEPHUS.

(L. S.)

Comes NICOLAUS ILLESHAZY
LADISLAUS HUNIADY.

F I N.

AVERTISSEMENT

AU

RELIEUR,

Pour le Tome XIV. de cet Ouvrage.

CE Volume commence par la Lettre A, & continue jufqu'à R, inclufivement; après fuit une autre R, où on a marqué le Tome XIII. par abus, & dont la prémière page eft déchirée; enfuite viennent les feuilles S. T. V. X. Y. Z. dont les trois prémières font aufli marquées du Tome XIII. par abus: on trouve alors les feuilles *A. * B. * C. * D. * E. * F. - - - - *S. & puis T. V. X. * Y. * Z.; les trois prémières de ces cinq dernières feuilles font fans Etoile: la prémière page du T. eft déchirée: après ces cinq feuilles, l'Alphabet A a continue jufqu'à la fin de l'Année 1706; enfuite vient l'Année 1707, qui commence par la Lettre A. & continue fuivant l'ordre des Lettres jufqu'à la fin de ce Tome.

Le Relieur doit aufli obferver, que dans le commencement de ce Volume les deux prémières pages de la feuille D. font déchirées, à la place defquelles il y en a quatre autres marquées D. & D. 1. pag. 25. 26. 26†, & 26††; il en eft de même à l'égard de la feconde feuille R. fufmentionnée, dont les deux prémières pages font déchirées, & à la place defquelles il y en a quatre autres marquées †R. & †R. 2. A la feuille *F - - - - *S. eft attaché un Carton pour la feuille T. fufdite. Le Titre, *Supplément de l'Année* 1706, doit être mis entre les pages 44* & 45 *. Le Titre, *Supplément de l'année* 1707, doit être mis entre la fin de l'Année 1706, & le commencement de l'Année 1707. On ne manquera pas dans l'arrangement de ce Volume fi on prend garde aux Réclames.

Dans le Tome XIII. il n'y a rien à remarquer, fi ce n'eft qu'on n'a point mis de Cartons pour les pages 127 & 128 de la feuille Q, parce qu'ils y feroient inutiles.

B·E R I G T

BOEKBINDER,

Omtrent het XIV. Deel van dit Werk.

Dit Deel begint met A. en gaat voort tot R. incluis. Daar op volgt weeder een R. daar *Tome XIII.* per abuis onder aan staat/ en waar van de eerste pagina gescheurt is. Dan komt S. T. V. X. Y. Z. waar van de 3 eerste ook *Tome XIII.* geteekent zyn. Dan volgt *A. *B. *C. *D. *E. *F ———— *S. daar op komt T. V. X. *Y. *Z. de drie eerste dier vyf bladen zyn niet met een * geteekent. De eerste pagina van T. is gescheurt. Na die vyf bladen volgt het tweede Alphabet A a. en vervolgens zo verre tot dat het jaar 1706 eyndigt. Voorts komt het jaar 1707. dat zonder hindering voortloopt tot het eynde toe.

Wyders dient nog tot naricht/ dat in 't begin van dit Deel de twee eerste paginaas gescheurt zyn/ waar voor 4 paginaas in de plaats moeten komen/ die geteekent zyn D. & D. 1. pag. 25. 26. 26† & 26††. Als meede van het tweede blad R. daar hier boven van gemeld is/ vind zig ook de twee eerste paginaas gescheurt/ waar voor vier andere in de plaats moeten komen/ geteekent †R. en †R. 2. Aan 't blad *F ———— *S. * is een verbeetert blad gedrukt voor de T. de Cytel/ *Supplément* voor het jaar 1706 moet tussen pag. 44* en 45*, en die van 't *Supplément* 1707 tussen het einde van 1706. en het begin van 1707, geplaast worden. Indien men verders maar agt geeft op de Custos of Reclamen/ zo zal men in de schikking niet missen.

In *Tome XIII.* valt niets te bemerken/ als alleenlyk dat voor de twee gescheurde paginaas 127. & 128. in 't blad Q. geen Carton komt/ maar eeniglyk moet weg gesneden worden.

Imprimé en France
FROC021336010720
24395FR00009B/116